JN429445

프로파일링

Profiling

도서출판 대영문화사

머리말

지난 1990년대 말 이른바 '구제금융 사태'를 기점으로 강력범죄 발생 동향이 이전과는 상이한 경향을 보이고 있다. 2000년 이후에는 매년 평균 1,000여 건의 살인사건이 발생하고 있으며, G7국가들과 치안 상황을 비교했을 때 '비교적 안전하다'는 평가를 내리기가 어려운 지경에 이르렀다. 미국이나 몇몇 유럽 국가 혹은 소설이나 영화 속의 주제로만 접했던 엽기적 연쇄살인사건들이 한국에서도 빈번하게 발생하면서 시민들의 불안감을 가중시키고 있다. 종종 관련 사건을 소재로 한 영화가 제작되면서, 일반인들의 높은 관심을 불러일으켰을 뿐만 아니라, 연쇄살인범들의 실제 모델이 되기도 하는 등 부작용마저 없지 않았다. 바야흐로 『세계는 평평하다』는 어느 외신 기자가 쓴 책제목처럼, 연쇄 강력범죄에 관한 한 한국도 이제 선진국 반열에 오른 것 같다.

2000년 초반 국내에서 잇달아 발생한 엽기적 살인사건들을 계기로, 한국에서는 경찰청을 중심으로 특히 강력범죄 해결을 위한 '범죄심리분석 자문위원회'를 구성했으며, 치안 일선에서도 이른바 프로파일링(criminal profiling)이 수사 기법에 적극 활용되었다. 10개월 사이 무려 9명을 연달아 살해하고, 10명에게 중・경상을 입힌 정두영사건이 발생하는가 하면, 김대두사건 이후 가장 많은 피해자를 살해한 유영철, '서울판 살인의 추억'을 만든 서울 서남부 지역 연쇄살인범 정남규, 100여 명의 부녀자를 연쇄 성폭행한 일명 '대전 발발이' 사건 등으로 프로파일링에 대한 관심이 더욱 고조되었으며, 관련 전문가 양성 필요성이 강력하게 제기되었다. 이후, 관련 분야에 종사할 인력을 수사 부서에 배치하는 등 경찰에서는 상당한 노력을 기울이고 있다.

한편, 미국(FBI), 영국, 독일(BKA), 캐나다(RCMP) 등 선진 각국 경찰에서는 이러한 강력범죄 해결을 위해 오래 전부터 체계적인 노력과 재정 지원, 조직 운용 및 전문가 양성을 도모해 왔다. 또한 각급 형사사법대학(혹은 범죄학부)에서는 관련 전문 강좌를 개설하고, 범죄학자, 심리학자 및 수사 실무가들의 높은 관심 속에서 이론적・실무적 발전이 병행되고 있다.

필자가 이 분야에 관심을 갖게 된 것은 1990년대 말 독일 유학시 연방범죄수사청(BKA)에서 실습을 하면서였다. 그러던 중 2002년 가을, 경찰청 치안정책연구소의 연구 과제를 진행하면서, 미국・독일・캐나다 등지의 프로파일링 부서를 견학하고 담당자들을 인터뷰하는 등 실무 경험을 쌓게 되었다. 캐나다 BCIT에서 행동과학(Behavioral Science), 법과학적 인식(Forensic Identification), 지리학적 프로파일링(Geographic Profiling) 과정을 연수하면서, 본격적인 연구를 하게 되었다. 광역 밴쿠버(돼지농장 살인사건), 시애틀 시 인근 지역(Green River Killer 사건)의 사건 현장을 방문하고, 전문 수사관들과의 접촉을 통해 많은 도움을 얻었다. 특히 케펠(Robert D. Keppel) 교수, 로스모(Kim Rossmo) 박사, 필러(Scot Filer) 수사관과 같은 전문가들의 경험과 환경범죄학(environmental criminology)의 권위자인 브랜팅햄(Paul Brantingham) 교수와 같은 분들의 학문적 도움이 컸다.

프로파일링이 과학이냐 기술이냐에 대한 논쟁은 끊이지 않지만, 범죄 현장(crime scene)에 유류된 물리적 증거가 아닌 심리적 증거를 통해 인간 본성에 내재된 심리적 특성(psychological characteristic)과 행위(behaviour)와의 관련성을 분석함으로써, 수사관으로 하여금 범죄자의 유형을 파악하는 데 도움을 주는 것임에 틀림없다. 또한 최근 각광을 받고 있는 지리학적 프로파일링은 상당한 정도의 학문적·이론적 배경을 토대로, 심도 있는 다양한 연구 결과들이 제시되고 있어서 수사 기법으로서의 활용가능성은 더욱 높아지고 있다. 비록 북미 및 유럽 지역을 중심으로 발전되어 온 관련 분야의 연구 성과들이 우리나라 현실에 곧바로 채택되기에는 다소 문제점이 없진 않지만, 인간 행위와 강력범죄자 심리의 보편성 측면에서 본다면, 적실한 수사 기법으로서 활용 가능하다 할 것이다.

이에 필자는 그간의 연구 성과와 축적된 자료 그리고 실무 경험을 토대로 이 책을 집필, 출간하게 되었다. 이미 국내에서도 관련 분야에 관심 있는 학자, 실무자들의 노력이 결실을 맺어 상당한 정도의 저작물이 출판되고 있다. 그뿐만 아니라, 국외 서적의 번역본까지 감안하면, 일반 독자의 흥미와 지적 욕구를 어느 정도 충족시킬 수 있는 수준에 이른 것 같다. 그렇지만, 선진 각국에 비해 아직 미진한 부분이 적지 않으며, 이 책을 집필하는 데 지침서가 될 만한 국내 자료는 그리 많지 않았던 것이 사실이다. 그래서 앞선 나라들과의 격차를 줄이고, 국내의 관련 분야 전문서로서 새로운 방향을 제시하는 데 도움이 되고자 용기를 내었다. 이 책은 국내외의 관련 최신 자료를 가급적 많이 활용하여 프로파일링, 연쇄 강력범죄자(살인 및 강간)의 심리 상태 및 수사 기법에 대한 이해를 도모할 수 있도록 의도했다. 독자들의 이해를 돕기 위해 전문 서적, 논문뿐만 아니라 인터넷을 통해 입수한 사진 자료 및 국내외 신문기사 등을 적절하게 활용했다. 범죄 현장 및 범인의 모습이 담긴 시각 자료들은 이미 공개된 것이어서 출처를 명기하는 것으로 대신했다. 사건에 대한 혐오감을 줄이기 위해 천연색보다는 흑백 사진으로 편집했다. 이 책의 체계는 관련 자료를 참고하면서 필자가 직접 구상한 것이어서, 체계상의 이견(異見)이 다소 없지 않을 것이다. 국내의 연구 성과들을 적실하게 반영하지 못했거나 국외 관련 자료들을 풍부하게 활용하지 못한 점 등은 후일 개정판을 내면서 반영할 것이다.

이 책은 프로파일링(범죄자 유형 분석기법)의 특성을 감안하여 연쇄 강력범죄 동향, 이론적 논의(개념, 역사, 방법론과 전략), 강력범죄자 분석(성범죄자, 사이코패스, 연쇄살인범), 지리학적 프로파일링, 각국의 활용 실태 및 국내외 사건들을 대상으로 필자가 직접 분석한 자료들 순으로 집필되었다. 끝으로 FBI를 중심으로 피해 방지를 위해 제시된 아이디어들을 함께 정리했다.

사람이 생(生)을 영위해 가면서, 죄 없는 무고한 시민들을 대상으로 자신의 왜곡된 욕망을 충족시키기 위해 귀한 생명을 무참히 살해하는 연쇄살인범들을 예방하고, 더 이상의 피해를 막기 위해 범인을 신속하게 검거하는 것은 치안 당국의 1차적 책무가 아닐 수 없다. 또한 인간의 심리와 범죄행동 간의 관련성을 심도 있게 연구하여 그 성과를 실무자들이 활용할 수 있도록 하는 것은 연구자들의 몫이다. 프로파일링에 관한 흥미 수준을 넘어서 이제는 학문적 발전을 이루어야 할 시점에 이르렀다. 이 책을 집필한 궁극적인 목적은 연쇄 강력범죄를 효율적으로 수사할 수 있도록 학문적·실무적 발전을 도모하는 데 있다.

이 책이 빛을 보기까지에는 많은 분들의 도움이 컸다. 학문적 토대가 일천했던 시기에 필자의 연구를 위해 재정 지원을 해 준 치안정책연구소, 생면부지(生面不知)의 필자에게 많은 자료와 조언을 해 주었던 수많은 외국의 학자들과 형사사법 실무자들, 그리고 자료 정리와 편집에 많은 노력을 해 준 박사 과정의 강소영 조교, 그리고 이 책의 출간을 맡아 준 대영문화사 관계자에게 감사의 말을 전하고자 한다. 이 책의 미진한 부분에 대한 지적과 학문적 발전을 위한 바람직한 조언을 기대한다.

끝으로 필자의 연구를 위해 오랫동안의 국외 체류 일정에도 불구하고 많은 격려가 되었던 두 자녀(지윤, 지수)와 아내에게도 결실의 일부를 함께 나누고자 한다.

2008년 11월

동국관 서재에서 필자

차 례

제 7 장 연쇄살인범의 일반적 특징과 성장 배경 353

제 8 장 연쇄살인범 영역에서 프로파일링 393

제 1 장

프로파일링 I.

서 론

chapter 01

서 론

지난 2004년 7월 중순경, 무더운 여름 날씨가 연일 계속되던 가운데 무고한 시민 20여 명을 살해한 엽기적 연쇄살인범이 체포된 바 있었다. 그 당시, 엄청난 충격과 범죄에 대한 심각한 공포감이 형성되기도 했다. 공교롭게도 필자는 당시 연쇄살인사건 수사 기법과 수사 체제에 대해 연구할 목적으로 캐나다 밴쿠버경찰청(Vancouver P. D.)과 미국 시애틀경찰청(Seattle P. D.) 등에서 연수중이었다. 그곳의 수사 실무자들 역시 한국에서 발생한 당해 사건 내용을 놀라울 정도로 상세하게 알고 있을만큼 일부 선진국에서나 있을 법한 전대미문의 사건을 우리나라에서도 경험하기에 이르렀다.[1] 최근 들어 특정 범죄자에 의해 동종(同種) 혹은 유사(類似) 강력(흉악)범죄가 빈발하는가 하면, 이상심리자 혹은 정신병질자에 의한 범죄가 빈발하는 등으로 통상적인 범죄수사 기법으로 해결하기에 어려운 사건들이 증가하고 있다. 그뿐만 아니라 어린이, 여성을 상대로 한 강력범죄는 시민들의 불안감을 심각하게 증폭시키고 있으며, 경찰의 수사 능력에 대한 불신도 높아지고 있다.[2] 점점 교묘화, 흉

1) http://www.donga.com/fbin/output?f=totalcl&code=cl_&n=200407180018: "11개월간 20명 엽기 살인 30대 용의자 검거": 2003년도 발생한 서울 부유층 일가족 연쇄살인을 포함해 현재까지 밝혀진 것만 모두 20명을 살해한 희대의 살인범이 경찰에 검거됐다. 서울지방경찰청에서는 2002년 무렵 네 차례에 걸쳐 서울시내 단독주택에 침입해 8명을 살해하고, 출장 마사지사 및 전화방 도우미 11명 등을 살해한 혐의(살인)로 2003년 7월 18일 유영철(34·서울 마포구 노고산동)을 검거했다.

2) 지난 2007년 12월 25일 안양초등생(2명) 유괴살인사건이 발생한 바 있다. 경찰이 2008년 3월 16일 사건 용의자인 정○○를 검거함으로써 미궁에 빠졌던 이혜진, 우예슬 두 어린이의 살인사건에 대한 전말이 82일 만에

포화, 지능화되어 가는 범죄 양상에 효율적으로 대처하기 위해 과학적 수사 역량이 더욱 필요한 시점이다. 즉 전통적인 수사 방법이 충분하지 않기 때문에, 수사관들은 약탈적인 폭력범죄를 해결하는 데 도움을 주는 대안적인 기법들을 필요로 한다(Rossmo, 2001: 159).

보통 평균인의 수준에서 저질러지는 범죄라면, 범죄수사관의 추리와 능력에 따라 상당부분 해결이 가능할 것이다. 그런데 이상심리자에 의한 특이한 범죄 수법 혹은 상상을 초월할 정도의 엽기적 방법으로 범행이 저질러질 경우 합리적 추리가 어렵다.[3]

불특정 다수의 피해자를 대상으로 범행 동기가 뚜렷하게 나타나지 않은 채 연쇄 강력범죄들이 빈발하는 가운데, 주도면밀한 범인 및 조직화된 연쇄살인범(organized offender)의 범행 현장(crime scene) 처리 등으로 수사기관이 현장에 유류된 제한된 물적 증거만으로 수사 방향을 설정하기가 대단히 어려운 실정이다.[4]

실제로 연쇄살인범 유영철의 경우, 십여 차례에 걸쳐 무려 20여 명을 연쇄 살해했지만, 범행 현장에 결정적인 물증을 거의 남기지 않은 것으로 알려졌다. 뚜렷한 범행 동기가 나타나지 않고 무작위로 불특정 다수의 피해자를 대상으로 한 범죄사건이 빈발하면서, 수사기관이 범행 현장에 유류된 물적 증거와 피해자의 진술 등으로만 사건을 해결하기가 점점 어려워지고 있다(곽대경, 2001: 2). 그렇지만 이상심리 범죄자라도, 범행시 자신만의 고유하고 특별한 심리적 특징이나 범죄 수법의 흔적을 범행 현장에 유류할 수 있다. 흔히 범행 현장은 "증거의 바다 혹은 보고(寶庫)"라고 한다. 바야흐로 물리적 증거뿐만 아니라, 심리학적 증거, 범인의 행동적·성격적 특성과 같은 보이지 않는 증거도 과학적으로 발견하고 수집해

드러나게 됐다. 그렇지만 수사 과정에서 많은 문제점이 드러나 비판을 받기도 했다.

3) 1986~1990년까지 미국에서 통합범죄보고서(UCR)에 따라 보고된 연간 살인사건 평균이 해마다 20,000건을 넘었다. 이러한 20,000여 건의 살인사건 가운데 평균 5,000여 건이 해마다 해결되지 않은 것으로 분류되었다. 게다가 소위 이상한 살인사건이 해마다 미국에 보고된 모든 살인사건의 평균 15% 정도에 달한다. 이러한 이상한 관계를 가진 많은 살인사건들이 우발적인 그리고 종종 '연쇄살인범들'이라고 일컬어지는 연쇄적인 범죄자에 의해 저질러진다고 의심되고 있다(Godwin, 2001b: 260).

4) 대구지하철 방화사건의 경우, 단일 사건으로 그 피해 규모가 엄청났다. 사고수습대책본부에 따르면 2003년 3월 2일까지 신고된 실종자는 602건, 이 가운데 생존과 사망 그리고 부상이 확인된 287명과 이중 신고 31명 등 실종 신고자 318명만 확인됐을 뿐 284명은 확인되지 않고 있다. 특히 전체 사망자(실종 제외) 197명 가운데 1080호 전동차 안에서 수습된 신원 미확인 시신 142구 등 신원 확인을 기다리고 있는 사망자 숫자도 150명 정도여서, 미확인 실종신고 284명에서 150명을 뺀 130여 명은 미확인 실종자로 처리될 수밖에 없을 정도로 그 피해가 심각했다. 그런데 범인은 이미 수 차례 신경정신과 치료(2급 지체장애자)를 받는 등 심각한 상황에 있었던 것으로 알려졌다(문화일보, 2003년 3월 3일자); 동아일보, 2001년 5월 30일 27면 【김○○ 양 유괴살해범 검거】 김윤지 양 유괴(토막) 살인사건을 상기하면, 이러한 범죄 경향을 짐작할 수 있다. 김○○ 양(4) 납치 토막살해 사건의 범인(최○○, 40)은 경찰에서 "취직이 안 되고 돈이 궁해 ○○양 부모에게 500만 원을 요구할 생각으로 유괴했고 범행 사실을 숨기기 위해 시체를 토막냈다"고 말했다……피해자의 목을 졸라 살해하고 다음날 시체를 토막내 냉장고에 보관했다가 19일과 21일 두 차례에 걸쳐 내다버린 것으로 밝혀졌다.

환란이후 '이유없는 살인' 급증
기존 '관행수사'론 검거 역부족

최근 대형 살인사건이 대부분 미궁 속으로 빠져들고 있는 것은 외환위기 이후 살인 범죄자의 유형이 급변한 데에도 원인이 있다는 분석이 나왔다.

본보가 한국형사정책연구원의 자료를 분석한 결과 2000년대에는 우발적이거나 호기심에 의한 살인 등 '우연한 동기'에서 살인을 저지른 경우가 1970년대에 비해 6배 이상 증가했으며, 자신과 전혀 관계없는 사람을 살해한 경우도 1.5배가량 늘었다.

중장년층 및 고학력자의 비율도 훨씬 높아진 것으로 나타났다.

전문가들은 "이 같은 변화를 고려한 중장기적 대책 마련이 시급한 시점"이라고 지적했다.

▽우발적 살인 급증=가장 두드

시대별 살인범의 유형 (자료: 한국형사정책연구원)

	1970년	2000년
동기	감정적	우연적
피해자와의 관계	대부분 지인. 무관계 타인의 비율은 13%	무관계 타인의 비율이 22.9%
연령	10, 20대	30, 40대
학력	초등학교 졸업이 다수	고졸 이상이 대다수
전과	초범 다수	전과 4범 이상 다수
이혼 전력	5.6%	15.7%

호기심-우발살인등 '무동기' 30년새 6배이상 늘어
전과 4범이상 33%나… 전문 수사인력 양성 시급

달라졌다.

70년대에는 16~30세가 차지하는 비율이 63.7%로 살인 범죄

▽중장기적 대비책 마련해야=전문가들은 이 같은 살인 범죄자의 질적 변화에 따른 국가 차원의

최근의 특이범죄 동향에 대한 언론 보도 기사(동아일보)

야 할 시점에 접어들었다.

우리나라보다 강력범죄 발생 빈도가 훨씬 높은 미국에서는 오래 전부터 FBI의 행동과학부(BSU)를 중심으로 범죄자의 심리 상태와 범죄자의 특성(*Modus Operandi*: MO)을 반영하는 범행 현장을 중심으로 범죄자 특성과 성격적 특징을 추론해 나가는 범죄수사 기법을 발전시켜 왔다. 즉 미국, 캐나다, 영국에서는 이미 30여 년 전부터 연쇄 강력범죄 수사를 위한 전문화된 프로그램인 ViCAP, ViCLAS, HITS[5] 등 전문화된 수사 기법을 개발 활용함

5) Homicide Investigation Tracking System의 약자. 이 수사 기법은 연쇄살인 범죄가 빈발했던 미국의 워싱턴 주를 중심으로 개발된 프로그램이다. 최근까지 워싱턴 주에서는 테드 번디(Ted Bundy), 그린 리버 킬러

으로써 범인 추정, 용의자 압축 등 수사에 많은 도움을 얻고 있다. 또한 많은 전문 수사관과 학자들의 연구 결과가 상당히 축적되어 상용화(商用化)된 응용 프로그램들까지 일선 경찰 관서에서 활용되고 있다. 그뿐만 아니라 수사 단서를 찾는 데 도움이 될 만한 시사성 있는 연구 결과들이 제시되면서 관련 학회에서 논의되고 있다.

한편 한국의 경우, 지난 2000년 4월을 전후해서 경찰청에서 특이심리 범죄자 혹은 이상 심리 범죄에 대한 효과적인 수사를 도모하기 위해 전문가로 구성된 자문위원회를 발족시킨 바 있다. 그 후 경찰청과 서울지방경찰청에는 담당 부서 및 경찰관을 지정했다. 또한 선진국의 관련 분야 수사 제도에 대한 연구 성과를 채택하여 경찰청에 한국형 '범죄분석팀(ViCAT)'을 설치한 바 있으며, 지방경찰청별로 전담 직원을 임명하고 전문화 교육을 실시하기도 했다. 이를 통해 최근 한국 경찰에서도 강력 사건의 범인에 대한 인적(人的) · 환경적 특성 등에 대한 기록 분석을 통해 종합적 의미를 갖도록 하려는 노력을 전개하고 있다. 강력사건 기록 분석을 통해 당해 사건의 범인상(犯人像) 추정(criminal profiling)에 대한 기초자료를 얻음으로써 사건 수사의 방향 설정 등에 활용하고 있다. 이후 한국형 범죄분석 요원들이 선발, 양성되어 일선 현장으로 배치되고 있다.

필자는 경찰청에서 지원해 준 "강력범죄에서의 범인상 추정 기법 도입에 관한 연구" 과제를 수행하면서, 2002년 12월~2003년 8월까지 캐나다 밴쿠버경찰청, 독일 바덴-뷔르템베르크주경찰에서 연수한 바 있다. 당시 광역 밴쿠버 외곽 지역에서 발생한 일명 '돼지농장 살인사건' 현장을 방문하고, 연방수사관(지리학적 프로파일러)과 밴쿠버경찰청 강력반 수사관들로부터 캐나다 경찰이 운용중인 ViCLAS와 실제 살인사건 프로파일링 사례를 소개받기도 했다. 또한 이 연구 수행을 계기로 후속 연구를 실시했는데, 2004년 6월~8월까지 미국 시애틀경찰청 및 킹 카운티(King County)를 방문한 바 있다. 아산사회복지재단의 지원으로 "지리학적 프로파일링 기법을 이용한 강력범죄 해결에 관한 연구" 과제를 2005년 9월~2006년 8월까지 수행한 바 있다. 그뿐만 아니라 2005년 8월 미국 샘 휴스턴(Sam Houston) 주립대학교에서 개최한 아시아경찰학회(AAPS)에서 발표된 다양한 프로파일링 관련 주제 발표를 접했으며, 그린 리버 킬러(Green River Killer) 사건들을 수사했던 케펠(R. D. Keppel) 교수를 면담하기도 했다. 이러한 연구 활동을 계기로 캐나다 브리티시 컬럼비아대학교에서 법정행동과학(Forensic Behavioral Science), 범죄 현장 수사(Crime Scene Investigation) 및 지리학적 프로파일링(Geographic Profiling) 교육 과정을 경험했다.[6]

(Green River Killer) 사건 등 유사 사례가 특히 많이 발생한 지역이다.

6) 이후 이러한 연구 성과를 국내 학회(한국경찰발전연구학회, 한국공안행정학회, 한국법과학회 등) 및 환경범죄학회(ECCA), 유럽범죄학회(ESC), 아시아경찰학회(AAPS) 등에서 수차례 발표한 바 있다.

범행 현장에 유류된 물리적 증거와 심리학적 증거를 통해 범인의 윤곽을 추정하는 범죄자 유형 분석기법(criminal profiling)과 범인의 주거지와 범행 현장과의 관련성을 지리적으로 압축시켜 주는 지리학적 프로파일링 기법을 체득하고, 한국 경찰에 관련 연구 결과를 제시하기도 했다. 영국, 캐나다, 미국, 일본 경찰에서는 이와 같은 수사 기법들을 일선 수사 현장에서 적극적으로 활용하고 있음을 확인한 바 있다.

한편, 환경범죄학적 관점에서 논의되고 있는 범죄 발생의 상황, 즉 시간(time)과 공간(place) 특성에 대해 관심을 갖고, 사이먼 프레이저(Simon Fraser)대학교 범죄학부에서 1년간 연구했다.[7] 이러한 연구 결과를 토대로, 국내에서 발생한 여러 건의 연쇄 강력범죄들을 지리학적 프로파일링 기법을 활용해 분석한 결과, 대체로 범인은 자신이 친숙하게 여기는 공간에서 범죄를 저지르는 속성을 토대로 범행 장소와 범인의 주거지 간에는 상당한 관련성이 있음을 밝혀낸 바 있다. 범인과 피해자가 최초로 접촉한 장소(encounter), 시체를 유기한 장소(body dump site), 범행을 저지른 장소(attack/murder) 및 범인의 주거지(home/residence) 간에는 일정한 규칙성이 발견되고 있다. 이처럼 지리학적 프로파일링은 범죄자가 가장 있을 법한 장소를 예측하여 범인을 발견/검거하는 데 실질적인 도움을 주는 일종의 과학적 수사 기법이다. 그뿐만 아니라 범행 장소와 사체 처리 장소에 대한 공간적 특성(직선거리와 반경)을 파악함으로써, 연쇄살인과 같은 강력범죄 수사에서 중요한 실마리를 얻을 수 있다. 2008년 5월 현재까지 해결되지 않은 화성사건의 경우, 대부분의 범죄가 특정 지역을 중심으로 반경 4.2km 이내에 집중하는 경향이 있었다. 연쇄살인사건의 경우, 범죄가 진전될수록 범행 장소와 범인의 주거지가 점점 더 가까워지는 유형이 나타나기도 했다. 그뿐만 아니라 외국의 관련 연구에서도 살인 및 강간범인의 경우, 자신의 주거지에서 평균 2~4km 정도 이동해 범죄를 저지르고 있음이 밝혀지고 있다. 나중에 저질러진 범죄와 관련이 있는 시체 유기 장소가 수사에 훨씬 더 도움이 될 수 있는데, 그 장소는 범인의 집 쪽에 더 가깝다는 결론을 얻을 수 있었다.

대체로 연쇄 강력범죄 수사에는 범죄자 유형 분석기법과 지리학적 프로파일링 기법을 동시에 활용하는 것이 효과적이라고 한다. 강력범죄자(살인, 강간, 강도, 방화, 납치)에 대한 인적·환경적 특성 등이 범죄 현장에 심리학적 증거의 형태로 존재하는 바, 현장관찰 및 법의검시 기록 분석을 통해 사건과 범죄자 간 종합적 의미(victim-offender-crime scene)를 갖도록 한다.

---

7) 브랜팅햄(Paul Brantingham) 교수 등은 "범인은 자신의 주거지와 인접한 곳에서 잠재적 범행 기회에 대해 정신적으로 훨씬 더 잘 인식할 수 있는 지도(地圖)를 갖고 있다"라고 언급했다. 또한 환경범죄학에 따르면, 범죄자의 이동성과 범인의 주거지와 범행 대상 지역 간의 관련성을 중시하고 있다 (Godwin, 2001c: 276-277).

전체 형사범죄의 97% 이상이 경찰 단계에서 1차적으로 처리되고 있는 현실에서(서보학, 2005: 198), 경찰 수사의 전문성 확보 및 과학화는 매우 긴요한 과제가 아닐 수 없다. 또한 점증하고 있는 범죄 추세에 대해 효과적으로 대응하기 위한 경찰 단계의 '과학적 수사' 혹은 '수사 방법의 과학화'는 더 이상 늦출 수 없는 현안 과제가 되고 있다. 선진 각국에 비해 한국 경찰의 범죄사건 해결률이 높다고는 하지만,[8] 여전히 미제(未濟) 사건이 쌓여가고 수사 실패 사례들이 상존하는 바, 신속하게 사건을 해결할 수 있도록 지속적이고 전문적인 노력이 필요하다.[9]

2008년 1월부터 국민참여 재판 제도(배심원 재판 제도)의 시행으로 형사소송 절차에서 공판중심주의 및 '증거에 의한 사실 인정의 원칙'—증거재판주의—이 더욱 강조되고 있기 때문에 수사 단계에서의 과학적 방법에 의한 증거의 발견, 수집 및 보존은 실체적 진실 발견과 피의자 인권 보호 차원에서 매우 중요하다. 연쇄 강력범죄 수사와 관련해 과거 검경(檢警)의 수사 실패(無罪判決) 사례는 과학적 수사 방법의 중요성을 더욱 절감케 한다. 사건 해결의 관건이 될 수사 자료의 발견·수집은 여전히 사법경찰(司法警察)의 몫이다. 과학적 초동 수사의 성공을 통해 형사사법기관(특히 경찰)에 대한 신뢰의 회복이 매우 중요하다. 또한 이상심리자에 의한 연쇄 강력범죄 발생 빈도가 높아지고 있는 가운데, 이에 대한 수사기관의 전문 역량의 강화가 긴요시되고 있다. 연쇄살인사건의 경우, 가능하다면 조기에 범인을 검거해서 더 이상의 피해를 줄여보는 노력이 필요하다. 관련 분야에 대한 연구는 학문적 접근뿐만 아니라 수사 실무상의 기법이라는 측면도 있다.

이 연구를 위해 캐나다, 미국, 독일, 영국, 스위스의 문헌과 경찰관서 실무 자료, 연쇄 강력범죄 사건 추적을 위해 개설된 인터넷 사이트를 통한 2차 자료 등을 수집 분석했다. 실무

8) 한국의 경우, 2003년도 경찰에 신고되어 처리된 형사범죄는 827,074건(살인 998건, 강도 7,292건 등)이 발생했으며, 이 중 79.4%가 검거되었다. 경찰청, 『경찰통계연보 2003』(서울: 경찰청, 2004), 141면; 일본의 경우, 2002년도 형사범죄 총 발생 건수는 2,853,739건(살인 1,396건, 강도 6,894건 등)이었으며, 이 중 20.7%가 검거되었다. 警察廳(일본), 『警察白書 平成 15年版』(東京: 경찰청, 2003), 353면; 독일의 경우 2003년에 총 6,572,135건이 발생(교통과실범 및 국가적 법익 침해사건 제외, 살인 2,541건, 강도 59,782건 등)한 가운데, 53.1%의 사건을 해결한 것으로 나타났다. http://www.bka.de/pks/pks2003/index2.html

9) 제주에서 발생한 양○○ 양 사건(2007년 3월 발생, 범인 송○○은 미성년자 유인 등으로 21건의 전과), 안양 초등생들 유괴살인사건(범인 정성현, 반사회적 인격장애) 등의 경우, 범인은 이미 수차례 관련 범죄를 지지른 경험이 있는 자들이었다. 어린이들을 대상으로 한 강력범죄는 대부분 비극적 결과를 초래하고 있어서 치안 당국과 시민들을 매우 긴장시키고 있다. 또한 화성연쇄살인사건을 비롯해, 정두영사건(9명 사망), 유영철사건(20여 명 살해), 정남규사건(14명 살해)처럼 1년여 이상 범행이 지속되는 가운데, 경찰은 범인을 조기에 검거하지 못했다. 또한 대전의 연쇄 강도강간사건(일명 대전 발발이사건), 마포 연쇄 강간사건(마포발발이사건) 등도 범인이 체포되기는 했지만, 사건이 해결되기까지 상당한 시일이 소요된 관계로 많은 시민들이 불안해 한 바 있다.

수사경찰 60%가 신참… '베테랑' 키워야

'新살인의 추억' 악몽 〈下〉 대책은 없나

10여년 전 서울 강남경찰서는 강력반 근무를 선호하는 직원들이 워낙 많아 당시 경찰서장이 고민 끝에 순번을 정해 강력반에 배치했다. 그만큼 수사경찰은 인기 직종이었다.

최근 살인사건이 터지면서 몇 달째 사건 해결에 집중하고 있는 서울 A경찰서는 강력반 형사의 결원을 채우기 위해 지구순찰대 직원들의 의사를 물었지만 희망자가 아무도 없었다. 이 경찰서 서장은 "'수사경찰이 밥에 미쳐야 사건이 해결된다'는 말도 있는데 직원들이 몸을 사리는 모습에 격세지감만 느낀다"며 한숨을 지었다.

살인범죄의 양상이 변하고 있는 것과는 별도로 사건 현장을 지키는 일선 경찰의 사기 저하가 경찰 수사력 빈곤으로 직결되고 있다. 이 때문에 수사경찰의 역량 확보 방안과 사기 진작책이 하루빨리 마련돼야 한다는 지적이다.

▽'지구순찰대' 제도가 범죄예방 장애물=경찰은 지난해 8월 기존 파출소를 지구순찰대로 개편한 것을 수사경찰 사기 저하의 직접적인 원인으로 꼽는다.

경찰청 강희락 수사국장은 "파출소가 담당했던 우범자 관리기능이 약화된 것이 강력범죄 예방능력이 떨어진 이유"라고 말했다. 그는 또 "지구순찰대 근무 직원의 경

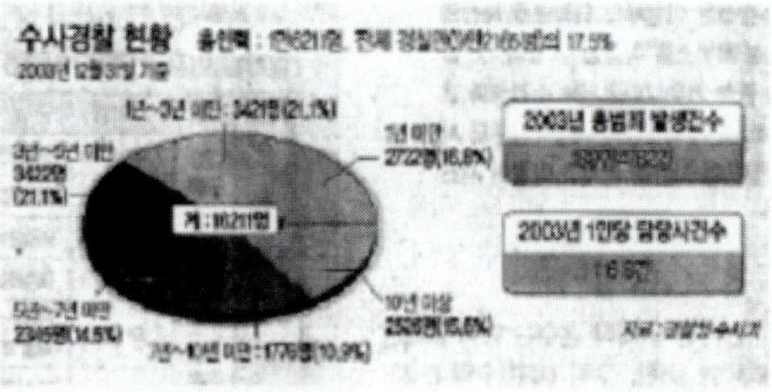

밥먹듯 야근에 활동비 '쥐꼬리'… 사기저하

전담경찰 특채-선진국형 수사 기법 절실

우 3교대 근무가 가능해지고, 각종 수당도 늘어나 수사 파트에서 상대적 박탈감을 많이 느끼고 있는 것도 수사경찰 사기 저하의 다른 이유"라고 진단했다.

비리척결 차원에서 지난해 7월 단행된 수사형사 대폭 물갈이도 한 원인으로 지적되고 있다. 지역 사정에 밝고, 첩보수집 능력도 뛰어난 형사들이 한꺼번에 빠져나가면서 수사의 단서를 찾는 데 애를 먹고 있다는 것.

미제사건이 계속 늘어나는데도 수사본부를 설치하지 않거나 뒤늦게 설치하는 등 주먹구구식으로 일을 처리하는 수사지휘부에 대한 책임론도 끊거져 나온다.

▽베테랑 수사경찰이 없다=외국에 비해 현저하게 낮은 수사경찰의 경력도 문제다. 지난해 말 기준으로 수사경찰은 총 1만6211명, 전체 경찰관(9만2165명)의 17.5%를 차지한다.

그러나 수사경찰의 59%가 경력 5년 미만이다. 10년 이상 경력을 가진 베테랑 수사경찰은 2002년 19.5%에서 지난해 15.6%로 감소했으며, 해마다 낮아지고 있는 추세다. 동국대 경찰행정학과 곽대경 교수는 "외환위기 직후 베테랑 경찰관의 대량 퇴출은 수사력에 있어 커다란 손실"이라고 분석했다.

수사경찰의 경력이 낮아진 것과 반비례해 1인당 담당사건 수는 2002년 91건에서 지난해 116.8건으로 늘었다. 수사활동비 등도 열악하긴 마찬가지다. 형사 1인당 수사활동비는 경찰측이 적정선이라고 파악하는 월 70만원에 훨씬 못 미치는 25만~30만원에 불과하다.

▽전문수사경찰 육성해야=전문가들은 성격이 변화하는 범죄에 대비하기 위해 선진국형 수사기법의 도입과 수사경찰 육성이 병행돼야 한다고 입을 모았다.

경찰청 과학수사과는 이를 위해 7월부터 미 연방수사국(FBI)의 강력범죄자 체포프로그램(VICAP)과 유사한 범죄분석팀을 운영할 예정이다. 이는 과학적 분석을 통해 기존의 수사자료를 분석하고, 피의자에 대한 성격 평가 등을 통해 사건을 종합적으로 분석하기 위한 것이다. 이와 함께 수사경찰을 특채하고, 수사경찰에게 승진이나 인센티브 수당을 주는 방안도 거론되고 있다.

형사정책연구원 최인섭 실장은 "여러 방법을 통해 전문수사경찰을 적극 육성하고, 경력이 풍부하고 노련한 수사경찰로 전담반을 구성해 수사를 담당하도록 하는 등 수사역량 강화에 주력해야 한다"고 말했다.

정원수기자 needjung@donga.com
길진균기자 leon@donga.com
전지원기자 podragon@donga.com

수사경찰의 전문화를 강조하고 있는 언론(동아일보)

부서를 방문해 전문 프로파일러와의 면담 및 경험담 청취, ViCAP, ViCLAS, HITS 프로그램 입력 부서 견학, 지리학적 프로파일링 프로그램 활용 사례 수집, 대학원 과정에 개설된 프로파일링 강좌를 참관하면서 교육과정 및 내용을 취득했다. 상용화된 프로그램 제작사 방문 및 프로그램 개발자와의 인터뷰를 진행했다. 특히 ViCLAS 입력 자료, 지리학적 프로파일링 시연용(試演用) CD, Crime Prevention Analysis Lab Inc.사 Crime Point CD(소프트웨어) 등을 입수하기도 했다.

제2장

프로파일링 I

포스트모던 시대와 각국의 연쇄살인범

1. 포스트모던 시대의 연쇄살인범
2. 연쇄살인범들은 누구인가?
3. 연쇄살인범과 피해자 간의 초기 관계
4. 연쇄살인의 유행: 살인의 통계
5. 연쇄살인범의 유행을 만드는 배경
6. 이전의 연쇄살인범 '유행'
7. 연쇄살인사건의 전 세계적 출현
8. 연쇄살인의 동향: 1970년~2000년
9. 세기의 연쇄살인범들

chapter 02

포스트모던 시대와 각국의 연쇄살인범

1 포스트모던 시대의 연쇄살인범

그는 말쑥하고 운동선수처럼 말을 잘하는 젊은 남성이었다. 그는 신뢰할 수 있을 정도로 예의바르고 인기 있었다. 조심스러워하는 것처럼 보였으며, 자기와 가까운 곳에 있는 사람들을 염려해 주는 사람이었다. 그는 교육을 받았고, 철학적이었으며, 매너가 좋았고, 대학을 졸업해 심리학 학위를 갖고 있었다. 그는 여러 연령대의 많은 친구들이 있었으며, 여성들과는 연인 관계를 갖고 있었다. 많은 다른 여성들은 그를 가장 신뢰하는 남성으로 생각하고 있었으며, 그렇게 믿고 있었다(Vronsky, 2004: 3).

그는 미국 공화당(Republican Party)을 위해 열심히 일하는 자원봉사자가 되기도 했다. 종종 만찬석상의 손님으로 초대받았고, 인기 있는 데이트 상대가 되기도 했다. 장차 주(州) 지사와 같은 가능성 있는 인물, 더 나아가서는 대통령감이 될 수 있도록 잘 가르칠 만한 가치가 있는 사람으로 선배들로부터 인정을 받았다. 그런데, 그는 납치하여 살해하고, 강간하고, 그런 식으로 하여 무려 16개월 동안 20명의 여대생들의 시체를 절단하고, 시체를 강간하는 이른바 시체성애자(屍體性愛者, necrophia, 屍姦)였다. 어떤 시점에서는 무려 4명의 피해자들의 머리를 자신의 아파트에 숨겨놓았으며, 여자 친구의 벽난로에서 다른 살해된 사람의 머리를 태워 없애기도 했다(Keppel & Birnes, 1995: 424-443). 그의 이름은 바로 테드 번디('Ted' Bundy)였다. 번디야말로 포스트모던 시대의 연쇄살인범으로 일컬어지고 있다. 1907년대 말, 처음으로 그의 이름이 알려지게 되었는데, 그는 바로 시점의 연쇄살인범이 되었다. 그 당시로 돌아가면, 언론매체에서는 '연쇄살인범(serial killer)'이라는 용어는 사용되지 않을 시점이었다. 그러한 사건이 증가할 시점이었고, 전문가들이나 경찰에게 상당히 곤혹스러웠던 사건이었음에도 불구하고, 많은 사람들의 마음속에는 그러한 개념들이 없었다.

보스턴 교살자(Boston Strangler)가 그의 12번째 피해자였던 23세의 교회 주일학교 교사를 강간하고 살해함으로써 새로운 시간대에 예고되고 있었다는 것은 암살사건 이후 두 번째 날에, 그것은 정확하게 그 시간 무렵이었다. 학자들의 연구에 의하면, 8건 이상의 연쇄살인사건을 '극단적인' 사건이라고 묘사하고 있으며, 오늘날의 기준에 비추어 보더라도 12명의 피해자는 엄청 많은 것이었다. 상황들은 아주 빨리 악화되었다. 연속되는 시간은 초(超)폭력적이었다. 사람들은 도처에서 살해되었다. 1996년 시카고에서는 술에 취한 한 떠돌이가 암페타민에 열광된 뜨거운 밤에 8명의 간호학과 학생들을 묶고 목을 조르고 칼로 찔러서 살해한 사건이 있었다(Vronsky, 2004: 4).

일반 시민들의 관심을 끌었던 그 당시 첫 번째 대형사건이 1971년 5월 일어났다. 심지어 오늘날의 기준에 의해서조차, 다시 그 피해자들의 숫자는 엄청났다. 경찰은 캘리포니아 주

〈여적〉 살인의 유혹

'살인의 추억'은 창세기까지 거슬러 올라간다. 카인이 들에서 동생 아벨을 돌로 쳐 죽인 것이다. 인간의 역사가 시작될 때 살인이 그곳에 있었다. 살인의 어두운 충동과 본능은 인간의 유전자에 각인되어 있는지 모른다. 살인의 피는 인간의 대지를 흥건히 붉게 물들여 왔다. '죽음의 의사' 해럴드 시프먼은 영국 사회에 큰 충격의 소용돌이를 몰고 온 바 있다. 존경받는 의사였던 그가 살해한 환자는 215명. 희생자의 대부분은 중년과 노년의 여성들이었다. 이들은 주로 모르핀 과다 투여로 살해됐다. 그는 복역 중 자살해 연쇄살인 동기는 베일에 가려졌다. "인간의 생사를 주무를 수 있다는 데 쾌감을 느꼈을 것이다", "내면 깊숙이 도사린 어떤 불안감을 떨쳐버리기 위해서였다"라는 추정이 있을 뿐이다.

파스칼은 "인간은 신과 악마 사이에서 부유한다"고 했다. 인간은 신과 악마, 천사와 짐승의 중간자라는 것이다. 만물의 영장이라는 인간은 같은 인간을 가장 지능적이고 잔인하게 죽이는 지구 유일의 종(種)이다. 인간의 어두운 본성과 사회 환경, 그리고 개인적 상처와 생(生)의 의지의 좌절 등이 어우러져 살인의 역사를 써 나가고 있다. ……

경향신문, 2006년 8월 2일 30면(이연재 논설위원)

의 복숭아 과수원에서 26구의 임시 농업노동자들의 시체를 발굴해 냈다. 4명이나 되는 자녀들의 아버지이면서 계약노동자인 후안 코로나(Juan Corona)라는 자가 살인사건들에 대한 혐의를 받게 되었다. 언론의 후속 보도도 없었으며, 언론에 따르면, 코로나는 단순한 미치광이처럼, 흥분된 것처럼 그리고 일종의 이상한 동성애자로 보였다. 피해자들은 모두 임시 농업노동자였으며, 멕시코인들인 그들의 죽음에 대해 거의 애도하지 않았다.

2년 후 이와 마찬가지로, 휴스턴에서 27명이나 되는 떠돌이 청년들에 대한 콜(Dean Corll)의 살인사건 보도들이 순식간에 사라졌다. 왜냐하면, 그는 남부의 "가난한 백인 동성연애자"였기 때문이다. 그가 죽고, 그의 비행(非行)들에 의해 일방적인 피해자들만 남았다. 재판도 열리지 않았으며, 그의 범행에 관한 이야기고 없었고, 아무도 그 사건들에 관심을 기울이지 않았다.

1978년 美 연쇄살인범에 365년刑

"빨리 집에 가자. '샘의 아들(Son of Sam)'이라도 나타나면 어떻게 해." "그래. 어? 누구세요?" 1977년 7월 어느 날 저녁 미국 뉴욕 브루클린. 차 안에서 한 쌍의 연인이 대화를 나누고 있었다. 갑자기 나타난 한 사나이가 조수석 창문 쪽에서 총을 쏘았다. 여자는 즉사했고, 남자는 얼굴에 총탄을 맞았다. 그는 의식이 흐려져 가는 순간 총을 쏜 사나이와 눈이 마주쳤다. 그는 웃고 있었다. 바로 '샘의 아들'이었다. 뉴욕은 공포에 떨었다. 저녁만 되면 주민들은 문을 꼭꼭 걸어 잠그고 외출을 삼갔다. 연쇄살인범 '샘의 아들' 때문이었다. 1976년 여름 이후 1년간 그는 6명을 살해하고 7명에게 중상을 입혔다. 그는 주로 한밤중 차 안에 있는 연인들을 노렸다. 살인 무기는 44구경 권총. 사람들은 그를 '44구경 살인자'라고도 불렀다. 언론매체에는 연일 그의 얘기가 끊이지 않았다. 그는 경찰과 언론에 자신의 살인 행각을 자랑하는 편지를 보냈다. '샘의 아들'이라는 이름으로였다.

브루클린 살인 현장에서 운 좋게 살아남은 목격자가 나타나면서 수사는 활기를 띠게 되었다. 경찰은 1977년 8월 마침내 '샘의 아들'을 체포했다. 그는 데이비드 버코위츠라는 24세의 우체국 직원이었다. 경찰에 체포되는 순간 그는 웃으며 말했다. "뭐 하다가 이제야 오는 거야." 그는 전형적인 사회 부적응자였다. 겉으로는 유순해 보였지만 속으로는 분노를 키우고 있었다. 친부모에게서 버림받은 그는 외톨이였다. '샘'은 옆집 사람의 이름이었다. 그는 샘이 키우는 개가 매일 짖어대며 자신에게 살인할 것을 명령한다는 둥 횡설수설했다. 정신이상으로 꾸며 재판을 피해 가려는 것처럼 보이기도 했다. 1978년 6월 12일 뉴욕 법원은 그에게 365년 형(刑)을 선고했다. 뉴욕 주에는 사형 제도가 없기 때문이다. 그는 뉴욕 아티카 형무소에 갇혀 있으며 숨을 거둘 때까지 그곳에 머무를 가능성이 크다. 체포된 이듬해 미 연방수사국(FBI)의 저명한 범죄심리분석관 로버트 레슬러는 그를 면담했다. 버코위츠는 "사회의 관심과 집착이 살인에 대한 환상을 부채질했다"고 실토했다. "사람들이 나를 '스타'로 취급했어요. 사회가 온통 연쇄살인범에 매혹된 것 같았죠. 나는 '샘의 아들'이라는 로고까지 만들 생각이었어요."

동아일보, 2006년 6월 12일 23면(정미경 기자)

1800~1995년까지 미국에서 발생한 연쇄살인사건들에 관한 최근의 연구에 따르면, 알려진 살인사건들 가운데 45% 정도는 1975년에서 1995년까지 20년 동안에 발생한 것들이라고 한다(Hickey, 2002: 132). 1976~1997년경, 버코위츠(David Berkowitz)는 뉴욕 시 퀸스에서 계획적으로 여성들에게 총격을 가한 자였다. 조롱하듯이 'à la Jack the Ripper'라고 쓰고, '샘의 아들(Son of Sam)'이라는 서명을 한 채, 경찰과 언론기관에 편지를 보냈다. 뉴욕시는 완전히 공황 상태에 빠졌다. 버코위츠가 체포되었을 때, 살인범이 얼마나 온순한 태도로, 부드러운 그리고 땅딸막하게 보였는지, 놀라지 않을 수 없었다. 또다시 검은 개(black dog)로부터 명령들을 받는다고 주장하면서, 그는 완전히 미치광이처럼 보였으며, 그것으로 충분히 설명이 되었다. 이러한 연쇄살인범에 관한 모든 연쇄적 범죄들의 양상은 어느 정도 벗겨졌다.

이러한 범죄들은 납득이 안 되는, 미친 괴물의 놀라울 정도의 폭발적인 행동이었으며, 이른바 'Jack the Ripper(찢는 사람, 살인광)'에 대한 경험과 함께, 1880년대에 아직도 뿌리를 두고 있는 인식으로 이해되었다. 잭 더 리퍼(Jack the Ripper)에서 보스턴 교살자(Boston Strangler)에 이르기까지, 그 사이에는 많은 사건들이 있었다.

그러나 무엇이 일어나고 있었는지 정확하게 파악하려는 시도들은 거의 없었다. 이러한 살인사건들은 동물의 행위처럼, 사람들과는 서로 분리된 행동으로 인식되었다. 종종 "성적(性的) 욕망에 의한 살인자들(lust killers)"이라고 불렸으며, 현대의 산업화된 세계의 증상이라고 여겨졌다. 그 가운데에서 테드 번디는 신포스트모더니즘적 연쇄살인범의 모델이라고 정의될 수 있다(Vronsky, 2004: 6).

그의 이야기는 1977년에 콜로라도에서 처음 드문드문 흘러나오기 시작했다. 젊은 여성들 17명을 살해한 사건들과 관련되었을 때, 그리고나서 그의 두 번에 걸친 탈옥(脫獄) 사건과 플로리다에서 발생한 연쇄적인 세 건의 살인사건 이후 그의 사건 관련 내용들이 전국 각지에서 억수같이 쏟아졌다. 그가 범행 대상으로 삼았던 피해자의 상당수는 모범적인 대학생들이었다. 그리고 그 역시 모범 대학생이었다. 플로리다에서 진행된 번디의 재판 과정은 TV로 생중계되었다. 그리고 그의 베일에 싸인 생활이 드러나기 시작했다. 연쇄적으로 사람을 살해한 다중살인범의 특이한 생활 유형에 관한 내용이 인기 있는 이야깃거리로서 자리잡기 시작했다.

그는 우리들 가운데 많은 사람들과 비슷했다. 아주 매력적인 대학생이었고, 귀여운 폴크스바겐 버그(Volkswagen Bug)를 몰고다니는 야망에 찬 청년이었다. 그는 잭 더 리퍼의 업데이트된 그리고 인류평등주의적인 버전이었다. 우수한 상류사회적 특성을 가진 살인범은 모든 젊은 중산층이야말로 사회적 지위 향상을 지향하는 전문직업인들로서 장차 미국 사회를 이끌어갈 것으로 생각했다. 다른 말로 하면 과거의 연쇄살인범들과는 달리 그는 '그들' 가운데 한 명이 아니라 '우리들' 중의 한 명이었다.

번디 사건 이후 코로나, 콜과 샘의 아들의 범죄들이 다른 양상을 띠기 시작했다. 알려진 것 이상으로 최근에 더 많은 연쇄살인범들이 있었다는 것을 알게 되었다. 번디가 살인을 저지르기 시작하던 그 지역 인근에서, 여성들의 신발에 대해 특별한 기호증(fetishist)을 갖고 있던 브러도스(Jerry Brudos)가 1968년에서 1969년 사이에 무려 4명의 여성들을 살해했으며, 피해자들의 발을 잘라버렸다(Vronsky, 2004: 6).

미시간에서 콜린스(John Norman Collins)라는 자는 1967년에서 1969년 사이에 무려 7명이나 되는 젊은 여성들을 살해했다. 명백히 유죄가 인정될 만했지만, 미쳤다는 이유로 재판을 받지 않은 자들이 있었다. 그래서 그들에 대해 결코 많은 것이 알려지지 않았다.

캘리포니아의 산타 크루스에서 프레지어(John Frazier)라는 자는 1970년에 5명을 살해했으며, 또한 산타 크루스에서 켐퍼(Edmund Kemper)라는 자는 1972년에서 1973년 사이에 8명의 여성을 살해했다. 그리고 거의 같은 시점에 산타 크루스에서 다시 한 번 사건이 발생했는데, 뮬린(Herbert Mullin)이라는 자가 13명이나 살해했다.

1970년대 종반 무렵으로 가면서, 비앙키(Kenneth Bianchi)와 부오노(Angelo Buono)는 10명이나 되는 그들의 범죄 피해자들을 할리우드에 있는 언덕 주변에 묻었으며, 윌리엄스(Wayne Williams)는 그가 살해한 22명의 피해자들 가운데 마지막 5명을 애틀랜타에 소재한 강가에 던져버렸다. 그 때 코팅햄(Richard Cottingham)은 살해된 피해자들의 머리와 손을 절단했으며, 토르소(torso) 모양으로 된 피해자들의 시신을 뉴욕에 있는 싸구려 여인숙에서 태워버렸다. 지금에 와서야 많은 사람들이 이것이 무엇이었는지 알게 되었다(Vronsky, 2004: 7).

FBI가 그곳에 왔을 때, 살인범 자신에게 물어봄으로써 살인범이 범행 당시 생각했던 것, 그리고 왜 그렇게 했는지에 대해 알아내려고 노력했다. 그러한 인터뷰를 통해 새로운 범죄자 프로파일링 시스템이 등장하게 되었다. 그러는 동안에 더욱더 새로운 보고서들이 생성되었고 신속하게 나오게 되었다.

시카고에서 한 중년 남성은 성공적인 건설계약자였다. 그는 지역사회에서 존경을 받고 있었고, 매년 폴란드 건국 기념일 퍼레이드를 이끌어 왔다. 그는 여가 시간에 지역 병원에서 '포고(Pogo)[1] 어릿광대(Clown)' 복장을 한 채 아픈 어린이들을 즐겁게 해 주는 자원봉사를 하고 있었다. 그는 민주당 지역구 책임자였으며, 한때 카터 대통령의 영부인인 카터

1) 용수철 달린 죽마(竹馬)를 타고 뛰어다니는 놀이나 그 놀이 기구.

최고령 연쇄살인범 부부, 레이와 페이 코플랜드

고령화 사회가 되어가며 심심찮게 '노인이 누구를 죽였다'라는 류의 기사를 찾아볼 수 있다. 그렇지만 대부분의 사건은 우발적인 경우인데 반해 소개될 내용은 돈을 위해 수많은 사람을 죽인 어떤 부부에 대한 사건이다. 1989년 8월 20일, 네브라스카의 범죄센터(112와 같은)로 한 통의 전화가 걸려 왔다. 어떤 농장에서 일하던 중 수많은 인골을 발견하고, 자신 역시 그와 같은 신세가 될까 두려워 도망쳤다는 내용이었다. 그곳은 레이 코플랜드가 운영하는 농장이었고, 그 말을 들은 경찰은 곧 한 가지 사건에 주목했다. 사실 이전부터 코플랜드가 사기(詐欺) 사건에 관련된 것으로 추정하고 있었고, 그 공범자로 여겨지던 잭 맥코믹이 바로 제보자일 것으로 추정한 것이다. 곧 잭 맥코믹을 수배해 같이 찾아간 농장에서 수많은 인골을 발견하며, 후두부를 관통한 총알이 레이 코플랜드가 소유하고 있던 22구경 라이플로 밝혀져서 체포하게 되었다고 한다.

레이와 페이 코플랜드

레이 코플랜드는 부랑자를 고용해 일을 시키며 부랑자 명의로 계좌를 열고 수표를 만들어 거래를 시킨다. 그리고 어느 정도 진행이 되면 고의로 부도를 내고 물건(소였던 것으로 보임)을 자신이 취한 다음, 입을 막기 위해 부랑자를 살해했다. 즉, 잭 맥코믹은 죽기 전에 도망친 셈이었다. 1914년생 레이 코플랜드와 1921년생 페이 코플랜드가 체포될 당시의 나이는 75세와 69세로 세계 최고령 연쇄 살인범 부부였다. 검거 후 살펴보니 그들은 범행 일지를 작성하고 있었는데 일지에는 고용했던 부랑자들의 이름이 적혀 있고 일부에는 (x)표가 되어 있어 그들의 범행을 증거하고 있었다. 총 5건의 살인이 인정되었으나 밝혀지지 않은 희생자가 더 있을 것으로 추정되어 12명 이상을 살해했을 것으로 추정되고 있다. 그들은 법정에서 사형을 선고받았지만 1993년 레이 코플랜드는 노환으로 사망, 페이 코플랜드는 1999년 종신형으로 감형되었으나 2004년 12월 감옥에서 사망했다.

출처: http://kr.blog.yahoo.com/funnyblog/1280814(2008년 1월 10일 검색)

(Rosylnn Carter) 여사가 시카고에 있는 한 지역사회를 방문했을 때, 그녀를 에스코트한 사람 중 한 명이었다. 그는 자신의 집에서 기어들어갈 만한 지하실 공간에 시체를 묻었는데, 경찰이 28명의 소년들과 젊은 남성들의 시체가 서로 묶여 있는 것을 발견했다. 그래서 게이시(John Wayne Gacy)는 "어릿광대는 살인을 잘 해낼 수 있다"는 그의 주장에도 불구하고 33명의 피해자들을 살해한 혐의로 유죄 평결을 받았다.

미주리 주의 한 시골에서, 친절한 75세된 농부와 그의 사랑스러운 백발의 69세된 아내를 위해 일하고 있던 남자가 농장의 한 구역을 쟁기로 갈던 중에 두개골을 발견했다. 그 노동자는 그 사실을 경찰에 신고했다. 그 땅에 대한 계속된 수색을 통해 5명의 남성들 시체가 드러났다. 모두 머리에 22구경 라이플 소총에 의한 총상의 흔적이 있었다. 그 집에서는 노트도 발견되었는데, 그 농장에 임시직으로 고용된 사람들의 명단이었다. 그 이름들 가운데 몇 명은 불길한 X자로 표시되어 있었다. 침실 방 안의 위층에서 침대 위에 펼쳐진 패치워크 퀼트(patchwork quilt)를 발견했는데, 농장 들판에 매장된 피해자들의 옷에서 찢어진 천 조각들을 가지고 그 부인이 만든 것이었다. 그 부부는 레이(Ray)와 페이 코플랜드(Fay Copeland)였다. 유죄가 인정되어 미국에서 나이가 가장 많은 사형수가 되었다.

신시내티 주 한 병원의 의무(醫務) 요원이었던 하비(Donald Harvey: 일명 '죽음의 천사)'에게 베개나 혹은 플라스틱 백으로 눌러 숨을 못 쉬게 하여, 혹은 산소 호흡 장치를 끊어서 34명의 노인 환자들을 살해한 혐의가 인정되었다. 다른 사람들은 비소(砒素, arsenic), 쥐를 죽이는 독약, 청산가리(cyanide), 인공 항문세정제(colostomy cleaner), 접착제, 제거제 등으로 살해했다고 한다. 그는 "나는 내가 한 일이 옳았다고 여긴다. 나는 그들의 고통으로부터 그들을 벗어나게 했다……나는 그들에게 호의를 베풀었을 뿐이다"라고 말했다. 오하이오에서 형(刑)이 선고된 후, 하비는 켄터키로 추방되었으며, 거기에서 또 다른 9건의 살인사건에 대해 유죄가 인정되었다. 그 후 이웃을 살해한 것에 대한 재판을 받으러 오하이오로 돌아왔다. 결국 그는 총 58건의 살인사건에 대해 자백했다(Vronsky, 2004: 7-8).

"여성 48명 내가 죽였다"…美 희대의 살인범 자백

1980년대 초반부터 미국 워싱턴 주에서 발생한 이른바 '그린 리버(Green River)' 연쇄살인사건의 용의자인 게리 리지웨이(54)가 여성 48명을 살해했음을 인정했다고 미 언론들이 5일 보도했다. 전직 트럭 도장공인 리지웨이는 시애틀 킹 카운티 고등법원에서 열린 재판에서 사형을 면하는 조건으로 자신이 48건의 살인사건을 저질렀음을 인정했으며, 내년 열릴 선고공판에서 가석방 없는 종신형을 선고받을 것으로 보인다고 AP통신이 전했다. 그는 이에 따라 미 역사상 최악의 연쇄살인범으로 남게 됐다 ……시애틀 타임스는 사건 발생 당시 10대와 20대였던 희생자 중 상당수가 매춘 전력이 있었다고 보도했다. 리지웨이는 재판에서 "나는 워싱턴 주의 희생자 명단에 있는 48명을 살해했다"며 "잡히지 않고 원하는 만큼 죽일 수 있다고 생각했기 때문에 매춘부들을 노렸다"고 자백했다. 당초 1984년 리지웨이를 용의자로 지목했으나 증거 부족으로 체포하지 못한 미 수사 당국은 1987년 그의 자택에서 타액을 채취한 뒤 유전자 분석 기술이 발달한 2001년 DNA 분석을 통해 그를 체포했다. 살인사건은 1982년 여름부터 84년까지 집중적으로 발생했으며, 초기 희생자들이 잇따라 워싱턴 주 그린 리버에서 발견돼 이 사건은 그린 리버 연쇄살인사건으로 불려 왔다.

국민일보, 2003년 11월 7일 10면(남혁상 기자)

리지웨이(Gary Ridgway)가 2003년 11월, 매춘 여성들을 대상으로 저지른 48건의 그린 리버(Green River) 살인사건에 대해 유죄가 인정될 때까지, 하비는 미국의 여느 연쇄살인범이 저지른 사건들보다도 가장 많은 피해자들에 대해 유죄가 인정된 기록을 갖고 있었다. 그는 1952년 4월 15일 오하이오 주 버틀러(Butler) 카운티에서 출생했다. 가장 많은 피해자를 살해한 연쇄살인범 가운데 한 명으로 알려지고 있다. 87명을 살해한 것으로 주장하고 있으며, 공식적인 사망 숫자는 어떤 곳에서는 36명에서 57명에 이른다. 그는 스스로 '죽음의 천사(Angel of Death)'라고 공언했으며, 2008년 1월 현재 오하이오 주 한 교도소에서 종신형을 선고받고 복역중이다.[2)]

2 연쇄살인범들은 누구인가?

통계적으로 말하면, 연쇄살인범으로 확인된 자들은 보통 평균 이상의 지능을 갖고 있는 백인 남성인 것으로 밝혀졌다. 비록 몇몇 범인은 그들이 처음 살인을 저지를 때, 열 살 정도로 어렸을지라도, 대부분은 20대 혹은 30대에 살인을 시작한다(Vronsky, 2004: 8).

미국의 콜(Carroll Edward Cole, 1938년 5월 출생, 1985년 12월 6일 사형 집행됨)은 어렸을 때 주도면밀하게 어린 소년(같은 나이의 반 친구)을 물에 빠뜨려 죽였는데, 그의 나이 겨우 열 살 때였다. 어른이 될 때까지 여성들을 상대로 계속해서 9건 이상의 살인사건을 저질렀다. 16명의 피해자를 살해한 바 있으며, 1980년 체포되어 1985년 47세의 나이에 사형당했다.[3)]

콜은 아이오와 주 시수(Sioux) 시에서 태어났다. 아버지가 제2차 세계대전에 참전하는 동안, 콜은 어머니 슬하에서 자랐다. 그는 어머니가 남성을 '접대하는' 모습을 지켜봐야 했다. 그녀는 종종 콜을 때리면서 아버지에게 그 사실을 말하지 못하도록 겁을 주기도 했다. 심지어 아버지가 전장에서 집으로 돌아왔을 때, 아주 작은 잘못을 한 것에 대해 종종 어머니한테 채찍으로 그리고 손으로 두들겨 맞기도 했다. 학교에서는 '여자 이름(girl's name)'을 지녔다고 아이들로부터 조롱을 당했다. 그래서 그는 항상 중간 이름인 에디(Eddie)라는 이름을 사용했다고 한다. 콜이 몇 년 후 자백할 때까지, 그 소년의 사망 사건은 사고로 취급되었다. 범인의 IQ는 무려 154 정도나 되었다고 한다. 주거 침입 절도, 부랑, 방화, 자동차 절도와 같은 범죄를 저질러 빈번하게 형을 선고받은 바 있다.

2) http://en.wikipedia.org/wiki/Donald_Harvey(2008년 1월 17일 검색)
3) http://en.wikipedia.org/wiki/Carroll_Cole(2008년 1월 17일 검색)

적어도 한 번은 자살을 하려고 시도한 적도 있었다. 여성을 살해하는 것에 대한 환상을 갖고 있었노라고 자백한 그 정신병원에서 여러 차례 자살을 시도했다. 비록 사이코패스로 진단을 받았지만, 그가 정신병과 반대되는 인격장애를 가졌다고 하여 곧바로 처벌을 면했다. 후자(정신병)와는 달리 전자(인격장애)는 정신과 의사의 치료가 불가능한 것이었다. 결국 살인적 환상에 토대를 둔 행동을 저지르기 시작했다.

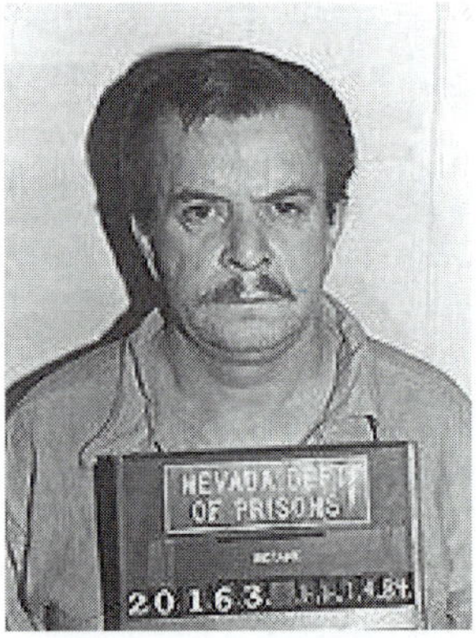

네바다 주 교도소에서의 콜

그는 성행위를 하기 위해 바(bar)에서 여성들을 물색하곤 했다. 비록 많은 여성들이 그 다음날 아무런 해를 입지 않았지만, 콜은 '방종한' 여성으로 인식한 피해자들, 특히 결혼한 여성들을 끊임없이 살해했다. 그 여성들은 자신에게 경멸스러운 어머니를 연상시켰기 때문이다.

그의 첫 번째 피해자는 벅(Essie Buck)이라는 여성이었다. 범인은 1971년 5월 7일 캘리포니아 주 샌디에이고에 소재한 선술집에서 피해자를 물색했다. 목을 졸라 살해한 후 시체를 자동차 트렁크에 싣고 운전했으며, 나중에 물 속에 수장했다. 그로부터 2주 후, 그는 신원 미상의 한 여성을 살해했으며 근처 비슷한 숲속에 시체를 매장하기도 했다.[4)]

1973년 7월 범인은 바에서 종업원으로 일하던 파셜(Diana Pashal)이라는 여성을 만나 결혼했다. 그녀 역시 알코올 중독자였다. 그들은 늘 다투고 싸웠다. 범인은 종종 자신만의 시간을 갖고자 집을 떠나곤 했다. 그가 집을 나가 있는 동안 살인을 저질렀다. 일부 여성 피해자의 경우, 시체를 어느 정도까지 먹기도 했다. 1979년 9월, 자신의 아내였던 파셜을 목졸라 살해했다. 8일 후, 이를 의심한 이웃 주민이 경찰에 신고했다. 그런데, 경찰관들은 파셜의 시신이 담요로 싸인 채 옷장 안에 밀려들어가 있었다. 납득이 잘 안 가지만, 경찰은 그녀가 심각할 정도로 술을 많이 마셔서 사망한 것으로 판단했다. 결국 범인이었던 콜은 신문을 받은 후 별다른 처벌 없이 석방되었다.

1980년에, 콜은 다시 라스 베이거스에서 결혼했다. 그 해 말 무렵에, 그는 세 명의 여성들을 살해했으며, 마지막 피해자를 살해한 것에 대한 용의자로 체포되었다. 비록 그가 정확하게 기억하지는 못했지만, 그보다 더 많은 숫자가 될 것이라고 덧붙였다. 콜은 과거 9년 동안 적어도 14명의 피해자를 살해했노라고 주장하면서 자백하기 시작했다. 그가 범죄를 저지를 때는 늘 술에 취해 있었다.

4) http://en.wikipedia.org/wiki/Carroll_Cole(2008년 1월 17일 검색)

바트쉬(Juergen Bartsch)라는 독일 남성은 1962년에서 1966년에 걸쳐 5명의 소년을 살해한 자다. 그가 처음 사람을 살해하기 시작한 나이는 겨우 15세였다. 이는 미국의 캘리포니아에서 연쇄살인을 저지른 켐퍼(Edmund Kemper)와 같다. 그는 1963년에 자신의 할아버지, 할머니를 총으로 쏴서 살해한 바 있다. 성인이 되어서도 계속해서 6명의 성인 여성을 살해했으며, 그의 어머니, 어머니의 가장 친한 친구를 각각 살해했다. 앞서 소개한 바 있는 코플랜드(Ray Copeland)와 같은 농부처럼, 몇몇 연쇄살인범의 경우 나이가 무려 75세 정도되는 경우도 있었다. 그는 결국 자신의 부인과 함께 1991년 미주리 주에서 5명을 살해한 죄로 사형을 선고받았다(Vronsky, 2004: 8).

종종 연쇄살인범들은 두 명 정도가 합세한 팀의 형태로 범행을 저지르는 경우가 있는데, 그들은 남편과 아내 관계 혹은 남자 친구와 여자 친구 관계 등으로 구성된다. 두 명 혹은 그 이상의 사람들로 구성된 사이비종교 단체원들에 의해 저질러지는 연쇄살인도 종종 발견된다. 미국에서 연쇄살인범들은 비록 흑인 남성들, 히스패닉계, 원주민 그리고 심지어 에스키모들에게 종종 살인 혐의로 유죄가 선고되기는 하지만, '한 명의 백인 남성'인 경우가 가장 빈번한 형태다.

흑인 연쇄살인범들의 사례는 최근 들어 급증하고 있는 추세다. 1975년 이전에 보고된 전체 사건의 10%에 불과했는데, 최근에는 21%까지 증가하고 있다(Hickey, 2002: 133; Jenkins, 1993: 47-60). 빈번하게, 그리고 항상 그런 것은 아니지만, 연쇄살인사건이 같은 인종 내부에서 저질러지는 경우가 많다. 예를 들면 백인 연쇄살인범이 백인을 살해하고, 흑인 연쇄살인범은 흑인을 살해하는 경우다.

1800년에서 1995년까지 미국에서 확인된 399명의 연쇄살인범에 관한 최근 연구에 의하면, 그들은 2,526명에서 3,860명 정도에 이르는 살해된 피해자들에 대해 살인죄의 책임이 있었다(Hickey, 2002: 35). 62명의 연쇄살인범은 전체 연쇄살인범의 16%를 차지하며, 이들은 400명에서 600명 정도의 피해자를 살해한 것으로 알려져 있다. 알려진 75%의 여성 연쇄살인범은 1950년 이래 두드러지고 있다. 전체 여성 연쇄살인범 가운데 1/3 가량은 그들의 살인 범죄를 공범(共犯)과 함께, 종종 남성과 함께 저질렀다.

비록 연쇄살인범의 피해자들이 종종 강도를 당하기도 했지만, 연쇄살인을 저지르게 된 가장 빈번한 범행 동기는 성적 통제와 지배였다. 많은 피해자들이 살해되기 전 혹은 살해 후 강간을 당했으며, 결박행위, 고문, 시체 절단행위 그리고 식인(食人)행위가 연쇄살인사건에서 보기 드문 경우는 아니다. 연쇄살인에 대한 다른 범행 동기는 경제적 이익을 위한 경우, 사이비 종교의식, 정치적·사회적 혹은 도덕적 의무감(사명감을 갖고 저지르는 연쇄살인), 어머니가 자녀들을 살해하는 경우에서 발견되는 배려감 그리고 동정심, 종종 의료적 상황에서 나타나는 연쇄살인사건 등이다(Vronsky, 2004: 9).

3 연쇄살인범과 피해자 간의 초기 관계

이러한 많은 사건에서 살인범과 피해자는 서로 알지 못하는 비면식 관계이거나 혹은 아주 최근에 만났던 낯선 관계다. 대부분의 피해자는 강도를 당하는 동안에 살해된 것이 아니었으며, 그들의 살인범과 언쟁이나 논쟁에 관련되지 않았다. 그들(피해자)은 살인범과 개인적 혹은 사업상의 거래 관계도 아니었다. 살해된 모든 피해자는 낯선 사람들이었다. 그들을 살해함으로써 얻는 사악한 만족감은 그들의 사망에 대한 중요한 범행 동기였다. 1800년에서 1995년까지 미국의 연쇄살인범 326명에 대한 연구에 의하면, 87%의 범인이 그의 피해자들 가운데 최소한 1명의 비면식 피해자를 살해했다고 한다. 그리고 70% 정도는 비면식 관계에 있던 피해자만 살해했다고 한다. 이러한 각각의 사례에서, 살인범들은 범행 후 그들에 대한 추적될 만한 것들을 주의깊게 숨겼는데, 겉으로는 평범한 사람처럼－예를 들면, 농부, 의사, 사업가, 별로 해를 입히지 않는 떠돌이, 학교 교사, 법대생, 부(副)보안관, 사무실의 관리자 등－행세했다. 일단 살인을 저지른 후, 그 살인범은 며칠 동안, 몇 주 혹은 몇 달 동안 범죄를 멈춘 채 새로운 피해자를 물색했다. 그리고 또다시 반복해서 살해했다(Vronsky, 2004: 9).

누군가가 그들이 살해하고 있는 장면을 알아차릴 때까지, 살인범들은 보이지 않아서 기억할 수도 없으며, 눈에 띄지도 않는다. 경찰에 따르면, 대부분의 살인범들은 사람을 죽이고 나서 자신들이 정말 살인하게 될 줄은 몰랐다고 한다. 범인들은 언쟁이 한참 극에 달아올랐을 때, 적의에 찬 분노 상태에서 혹은 다른 범죄를 저지르는 과정에서 종종 우발적으로 사람을 살해했다.

종종 살인사건을 막 저지른 자기 자신을 발견한 자들에게 후회감과 공포감이 아주 빨리 압도하게 된다. 대부분의 범인들은 수동적으로 범죄 현장에 주저앉아서 경찰이 도착하기를 기다리는 경우도 있다. 몇몇 범인들은 자기가 막 살해한 피해자의 시체를 부드럽게 덮기도 하며 씻어내기도 한다. 그들은 조용히 경찰에 투항하기도 하며, 곧바로 자백하기도 한다. 범인들은 교도소 안에서 인생을 끝내게 될지 혹은 그렇지 않을지에 상관없이, 대부분은 결코 다시 살인을 저지르지 않을 것이다. 오늘날 대다수의 살인사건이 가해자와 피해자가 심지어 서로 아는 사람들 사이에서 일어나고 있지만, 그 비율은 상당히 줄어들고 있다. 어떤 사람이 비면식 관계에 있는 범인에 의해 살해될 가능성은 지난 30여 년간 엄청나게 증가했

다.[5)]

피해자들을 냉혹하게 살해하겠다는 의도로, 연쇄살인범은 주도면밀하게 그리고 잔인하게 그들의 피해자들을 물색한다. 연쇄살인범의 범행 동기가 피해자와 범인 간의 관계 안에 있는 요소들로부터 일어나는 것은 아니며, 대개는 서로 관계가 없다. 연쇄살인범은 범인 자신에게만 알려져 있는 복잡한 범행 동기 때문에, 일반적으로 비면식 관계에 있는 사람들을 범행 대상으로 삼는다. 왜냐하면, 범행 대상을 찾기가 어렵기 때문에, 또한 연쇄살인범은 고문하고 살해하기에 더 쉬운, 익명의 피해자를 빈 칸 채우기 식으로 인식하면서, 비면식 관계에 있는 자를 선호한다. 한때 연쇄살인사건은 "모르는 범인이, 모르는 피해자"를 살해하는 사건으로 불려져 왔다. 그러나 이러한 상황에 대해 충분하게 많은 수의 예외 상황들이 있었기 때문에(연쇄살인범들은 필요하다면, 또한 자신들 주변에 있는 사람들 쪽으로 범행 방향을 돌릴 것이다), 다음과 같은 다른 용어들이 적용될 것이다: "동기 없는 살인사건들(motiveless homicides)", "오락삼아 살인 저지르기(recreational killings)", "스릴을 즐기기 위한 살인(thrill kills)" 그리고 마지막으로 "연쇄살인사건들(serial murders)"(Vronsky, 2004: 10).

연쇄살인범들은 경찰에 체포되지 않도록 자신의 통제 범위 내에 있는 모든 것을 이용한다. 그래서 그들은 또다시 살인을 저지를 수 있도록 자유로워진다. 마피아처럼, 전문 암살자들은 또한 경찰에 의해 체포되는 것을 피하고, 많은 피해자를 살해한다는 것이 논쟁거리가 될 수 있는 반면에, 표면적으로 그들은 돈을 위해 살해하며, 그리고 피해자들은 살인범 자신에 의해서가 아니라 암살 의뢰인에 의해 개별적으로 범행 대상이 된다. 그런데, 연쇄살인범들은 그들 자신의 개인적 만족을 위해 살인을 저지르고, 그들 자신만의 이유 때문에, 범행 대상자를 조심스럽게 물색하고 있다. 그들의 살인사건은 종종 높은 성적인 욕망 때문에 일어나지만, 좀처럼 재산상의 이익을 가져다 주는 것은 아니다.

한때, 연쇄살인범들은 '대량살인범들(mass murderers)'이라고 불린 적이 있었다. 그러나 오늘날에는 갑자기 격분하여 혼자서 광분(狂奔)해 자살을 감행하는 동안에 수많은 피해자들을 무차별적으로 살해하는 개별 범죄자에게 해당되는 용어로 쓰인다. 이러한 대량살인범들은 통제력을 상실한다. 완전히 광분하게 되며, 그들은 곧바로 현장에서 체포되거나 경찰에 의해 사살되는 경우가 많다. 혹은 그러한 살인범들은 일단 지치기 시작하면 그들이 소지하고 있던 무기류를 이용해 자살을 감행한다.

그와 달리, 연쇄살인범들(serial killers)은 그들이 저지른 살인사건들 사이에, 정상적인

---

5) 이른바 범행 동기를 추정할 수 없는 범죄들('묻지 마 범죄', '무동기성 범죄' 등)이 증가하고 있다.

일상생활로 돌아간다. 그들은 통제되며, 그들이 저지르는 것이 무엇인지를 인식하고 있으며, 빈틈없이 행동하여 체포를 면하려고 한다. 몇몇 살인범들은 경찰의 수사 매뉴얼을 꼼꼼하게 읽어보기도 한다. 그리고 자기 자신을 경찰 수사 절차 전반에 걸쳐 익숙하게 만든다.

연쇄살인범은 종종 비면식 관계에 있는 피해자를 범행 대상으로 삼아 그들의 신원 확인과 체포되는 것을 어렵게 만든다. 게다가, 연쇄살인범 가운데 1/3 정도는 아주 이동성이 강하며, 전혀 발각되지 않은 채 1년에 수천 마일을 옮겨 다닌다. 그들은 여러 경찰 관할구역을 넘나들며 계속해서 살인사건을 저지름으로써 수사가 난관에 부딪치도록 만든다.[6)]

얼마나 많은 피해자들이 있어야 연쇄살인범을 개념 정의할 수 있는지에 대해 전문가들 사이에 논란이 있다. FBI처럼, 몇몇 전문가들은 최소한 3명 정도의 피해자가 있어야 한다고 주장한다. 대부분의 전문가들은 살인사건이 벌어지는 사이에 일종의 '냉각기(cooling-off)'가 있는 서로 분리된 상황에서 피해자들이 살해될 때, 이를 연쇄살인사건이라고 하는 개념 정의에 동의하고 있다. 약간 다르게 정의하는 경우도 있는데, 서로 분리된 상황에서 간격이 있는 냉각기와 함께, 두 명 혹은 그 이상의 살인사건을 저지르는 경우 연쇄살인범으로 정의하기에 충분하다고 한다(Vronsky, 2004: 10-11).

어떻게 그리고 왜 연쇄살인범들이 사람을 죽이고 또 죽이는가? 몇몇 전문가들은 연쇄살인은 "일종의 중독이다"라고 말한다. 단순하게 설명하면, 일단 그들이 살인을 시작하게 되면(종종 그들은 첫 번째 살인사건을 우연하게 저지른다), 연쇄살인범들은 자기 자신이 피해자를 번갈아가면서 맹렬하게 찾아 나서도록 만드는 성적(性的) 환상이 결부된 살인을 저지르면서 시작되는 강렬한 순환 속에 중독된 것을 발견하게 된다. 잔인하게 살인하도록 이끌리면서, 냉각 기간과 함께 정상적인 일상의 삶으로 복귀하는 것이 이어지면서, 감내할 수 없을 정도의 모든 스트레스, 실망감 그리고 상처들과 함께, 다시 살해하는 것에 대해 환상을 느끼기 시작하는 욕구가 재발되는 쪽으로 이끌린다. 살인을 저지르는 순환 속으로 일단 범행이 유발되면, 그것은 거의 중단되지 않는다. 이러한 문제의 가장 심각한 측면은 점점 연쇄살인범으로 발전해 가는 범인이 유일하게 갖고 있는 살인에 대한 환상으로서, 이것이 야말로 연쇄살인범에게 편안함과 위안을 주는 것이라는 점이다.

연쇄살인범이 한 번 그 선을 가로질러서 실제로 그의 환상들을 깨닫고, 실제 살인사건이 환상만큼 만족스러운 것이 아니라는 것을 발견하게 되면, 그는 깊은 우울과 절망감에 빠져든다. 살인이라는 현실 속에서 환상을 통해 그가 얻어내려는 동일한 만족감을 얻기 위한 시도를 하면서, 다시 살해하는 쪽으로 그 자신을 내몰아가는, 심지어 더욱더 강렬한 살인이

6) 미국의 번디(Ted Bundy)의 경우, 전형적인 이동성이 강한 연쇄살인범이라고 할 수 있으며, 국내의 경우는 정두영의 사례가 이러한 유형에 속한다 할 것이다.

동반되는 환상을 불러일으킨다. 시간이 지나면서, 이러한 중독적인 악순환 속으로 빠져들게 되면, 연쇄살인범은 더욱더 광포해진다. 그리고 살인범이 체포되거나 심신이 쇠약해질 때까지, 살인에 대한 빈도와 폭력성이 기하급수적으로 상승하게 된다. 살인행위가 더 이상 자신을 만족시킬 수 없는 시점에 도달하면서, 그 밖의 어떤 것도 그들의 살인 질주(career)를 방해하지 않는다면 자발적으로 중단한다. 이러한 측면은, 범인이 전혀 확인되지 않은 채 몇몇 해결되지 않은 연쇄살인사건들이 불가사의하게 중단되는 이유가 여기에 있다. 다른 연쇄살인범들은 자살을 감행하기도 하며, 또 다른 범죄를 저지르는 쪽으로 이동하게 되거나 자기 스스로 경찰서를 찾아가게 된다 (Vronsky, 2004: 11-12).

4 연쇄살인의 유행: 살인의 통계

얼마나 많은 연쇄살인사건이 발생할까? 이 세상 어딘가에서 거의 매월 새로운 연쇄살인 사건이 경찰에 신고되고 있다. 남극에서는 예외이지만, 어떤 대륙에서도 예외는 없다. 알래스카에서 뉴질랜드에 이르기까지, 남아프리카에서 중국, 심지어 한국에 이르기까지 연쇄살인사건 사례들은 증가하고 있는 것처럼 보인다. 제3세계에서, 그리고 서서히 산업화된 선진국에서는 놀랄 정도로 급속하게 증가하고 있다 (Vronsky, 2004: 15). 어떤 사람도 절대적으로 남자, 여자, 어린이, 노인, 부자, 가난한 자, 무명의 신분이 낮은 자, 베르사체(Gianni Versace) 살해범이 보여 준 사례와 같이 유명인사 누구든지 연쇄살인범의 잠재적인 피해자가 될 수 있다.[7] 그 어떤 것도 잠재적인 피해자가 되는 것을 완전히 면하게 해 주지는 않는다. 그리고 연쇄살인범이 다른 연쇄살인범에 의해 살해될 수 있는 경우가 있을 수 있다는 것을 누군가가 확실하게 보여 줄 수 있지 않은가? 1970년 콜(Dean Corll)은 적어도 27명의 젊은 남성을 살해했는데, 그 살인사건의 공범 중 한 명이었던 헨리(Elmer Wayne Henley)에게 살해당했다.[8]

7) 이탈리아 출신의 세계적인 패션 디자이너였으며, 1997년 7월 15일 플로리다 주 마이애미 해변에서 괴한(Andrew Cunanan)에게 암살당했다. 그 사건이 발생한 지 얼마 되지 않아서 범인은 자살한 것으로 판명되었으며, 그의 시체가 보트에서 발견되었다. 경찰은 범인이 베르사체를 암살한 같은 총기로 자살한 것으로 결론내렸다. 출처: http://en.wikipedia.org/wiki/Gianni_Versace(2008년 4월 1일 검색)

8) 콜(Dean Corll, 1939. 12. 24~1973. 8. 8)은 미국의 연쇄살인범이다. 그보다 어린 두 명의 공범들(David Brooks와 Elmer Wayne Henley)이 있었다. 그들은 텍사스 주 휴스턴에서 대량살인을 저질렀는데 이 세 명의 범인들은 적어도 27명의 소년을 살해한 혐의를 받고 있었다. 결국 콜은 공범이었던 헨리의 총에 맞아 살해되었다고 한다. 출처: http://en.wikipedia.org/wiki/Dean_Corll(2008년 4월 1일 검색)

앞에서 언급한 바와 같이, 모든 연쇄살인범이 비면식 관계에 있는 자들은 아니다. 많은 경우에 그렇다. '동기 없는' 그리고 비면식의 낯선 살인범들의 비율이 증가하고 있는 가운데, 연쇄살인에 관한 통계들이 어딘가에 묻혀 있다. 그 통계는 1970년대 이래, 깜짝 놀랄 정도로 드라마틱하게 증가해 왔다. FBI 보고에 따르면, 동기 없는 범죄들은 1976년의 경우, 모든 살인사건 가운데 8.5%를 차지했으며, 1981년에는 17.8% 그리고 1986년에는 22.5%를 차지했다. 연쇄살인사건이 범행 동기가 뚜렷하지 않은 것으로 인식되었으며, 그러한 범주로 분류되었다. 오늘날, 연쇄살인사건은 그들의 성적인 요소 때문에, 종종 중죄와 관련된 것으로 개념 정의되고 있다(Vronsky, 2004: 15).

1995년에 미국에서 살인사건의 통계치가 최고 정점을 나타낸 바 있었다. 엄청날 정도로 55%의 피해자(총 11,800명)가 비면식 그리고 알려지지 않은 범인에 의해 살해당했다(U.S. Department of Justice, 1996; Vronsky, 2004: 15). 여기서 더 나아가기 전에, 분명히 해야 할 것이 하나 있다. '비면식'이라는 의미는 수사를 통해 피해자가 살인범을 몰랐다는 사실이 확실하게 확인된 것이다. 이것은 연쇄살인범이 임의로 지목한 범죄 피해자뿐만 아니라, 예를 들면 강도범죄를 저지르는 도중에 낯선 범인에 의해 가게의 점원이 총격에 의해 사망한 것도 포함한다.

한편, '알려지지 않은 사람들'이라는 의미는, 피해자들이 그 살인범을 알았는지 여부를 수사관들이 단순히 몰랐다는 것을 의미한다. 이것은 살인범이 낯선 자였을 필요는 없다는 점이다. 단지 피해자와의 관계가 확인되지 않았거나 혹은 이러한 통계들이 기초하고 있는 보충적인 보고서에 입력되지 않았다는 것을 의미한다. 과거에는 특히 언론매체 부문에서 '비면식 관계자'와 '알려지지 않은 사람'이 저지른 살인사건을 한 덩어리로 하면서, 여기서 설명한 것처럼, 범주 분류에 관한 모호성에 주의를 기울이지 않은 채, 비면식 관계자에 의한 연쇄살인사건이 전체 살인사건의 50%에 육박하고 있다고 놀랄 만한 기사를 내보내면서, 그러한 경향이 있었다(Vronsky, 2004: 16). 게다가, FBI는 정치적 이유 때문에, 그러한 실무상의 관행을 억제하려는 노력을 거의 기울이지 않았다(Riedel, 1998: 206-219; Vronsky, 2004: 16에서 재인용). 연쇄살인범 피해자 통계 숫자가 두 가지 범주-비면식 및 알려지지 않은 범인-로 분류된다는 사실이다. 전체 살인사건 통계 가운데 이러한 범주에 속하는 비율이 계속 증가하고 있다.

1990년대 전반에 걸쳐, 미국에서 살인사건 비율(살인범의 전체 숫자와는 달리)은 상당한 정도로 감소하고 있다. 1991년 인구 100,000명당 9.8명에서, 2000년 4.1명 수준으로 낮아졌다(Vronsky, 2004: 16). 그러나 2001년 이래 그 비율은 다시 서서히 증가하고 있다.[9] 이 수치는 2001년 9월 11일, 테러리스트들이 공격하면서 사망한 사람들의 숫자가 포함되지 않은 것이다. 게다가 알려지지 않은 사람과 비면식 관계자에 의해 저질러진 살인사건의 통계치는 2001년에 발생한 모든 살인사건 가운데 57.7%에 해당하는 비율에 도달해 있다. 그 숫자 가운데 비면식 관계자에 의해 저질러진 살인사건은 13.1%였으며, 피해자와 가해자 간의 관계가 단순히 알려지지 않은 관계였던 살인사건은 44.6%에 달했다. 그러한 살인사건들 가운데 어느 정도의 사건들이 연쇄살인범에 의해 저질러졌는지에 관한 정확한 통계치는 없다. 2001년에 단지 62.4%의 살인사건만이 해결되었다는 사실을 보더라도 좋은 징조는 아니다. 1961년 이래 그 비율은 계속해서 감소되고 있는 바, 그 해 미국의 살인사건 8,599건 가운데 94%는 통상적으로 해결되었다. 오늘날, '완벽한 살인사건'을 잘 처리해 낼 수 있는 기회가 꾸준히 증가해 점차 50:50 쪽으로 가고 있다(Wyden, 1963: 4).

얼마나 많은 신원 확인이 되지 않은 연쇄살인범이 최근에 나타났는가? 연쇄살인범은 다른 형사사법 관할구역으로 이동하면서, 그리고 다른 범죄들 때문에 체포되었거나, 죽었거나, 살해당했거나, 자살을 했거나 혹은 단순히 나이를 먹어 늙었기 때문에, 성숙해졌기 때문에, 그리고 그러한 범행에 싫증이 났거나 혹은 이전에 언급한 것처럼 범죄에 대한 환상이 깨졌기 때문에 살인을 멈춘다. 그러한 해결되지 않은 연쇄살인사건의 다수는 불가사의하게 자발적으로 중지한다. 예를 들면, 악명 높은 조디악 킬러(Zodiac Killer)는 1968년에서 1969년 사이에 샌프란시스코에서 6명에서 37명 정도의 피해자를 살해했다. 1960년대 캘리포니아 북부 지역에서 연쇄살인을 저지른 범인으로, 그의 신원은 아직까지 밝혀지지 않았다(체포되지 않았음). 여러 명의 피해자들 가운데 신원이 확인된 경우는 7명 정도다.[10]

슬레이어(Southside Slayer)는 1984년 초반 로스앤젤레스에서 12명의 흑인 여성을 살해한 자다. 도들러(Black Dodler)는 샌프란시스코에서 거의 20년 전에 14명의 게이 남성을 살해한 바 있다. 그린 리버(Green River) 살인사건은 불가사의하게도 1984년에 멈췄으며, 2001년까지 미제사건으로 남아 있었지만, 몇 년 전에 범인이 체포되었다(Vronsky, 2004: 16).

연쇄살인범도 종종 살인을 멈추는 경우가 있다. 그리고 자기 자신이 체포되도록 허용하거나 혹은 자살을 감행하거나 혹은 자발적으로 살인을 그만두거나, 조용히 자신이 왔던 곳으로 되돌아가는 등 개인적 특성에 달려 있다. 일부 연쇄살인범은 살인을 멈춘 후, 다른 범죄로 체포되기도 한다. 그리고 드살보(Albert H. DeSalvo; 보스턴 교살자), 롤링(Danny Rolling; 게인스빌의 살인자)처럼 갑자기 범행을 자백함으로써 끝을 내기도 한다. 명백하게도, 연쇄살인범이 범행을 멈추기 전에 피해자에 대해 알려진 확인된 숫자는 없다.

9) 한국에서는 2000년 이후 연간 평균 1,000여 건 정도 살인사건이 발생하는 것으로 알려져 있다. 출처: 경찰청 홈페이지 제공, http://www.police.go.kr/infodata/whitePaperView.do?id=5445(2007년 경찰백서) 참조.

10) http://en.wikipedia.org/wiki/Zodiac_Killer(2008년 4월 1일 검색)

켐퍼(Edmund Kemper)는 자신의 어머니를 살해한 뒤 조용하게 경찰에 가서 투항했는데 자신의 살인 질주를 끝내기 전에 10명의 여성을 살해했다고 자백했다.

그 반면에, 루카스(Henry Lee Lucas)는 그의 어머니를 살해함으로써 범행을 시작했으며, 그가 진정 사랑했다고 말한 유일한 사람-13세의 자신의 동거녀-을 살해하기까지, 수십 년 동안 살인행위를 계속했다. 적어도 루카스에 따르면, 그녀는 360번째 피해자였다. 그의 주장은 아직 논쟁의 여지가 아주 높다(Vronsky, 2004: 17).

그런데, 아주 단기간에 체포되더라도, 범인이 살인이 진행되는 중간 시기에 있다면 아무도 연쇄살인범을 멈추게 할 수 없다. 쇼크로스(Arthur Shawcross)는 뉴욕 주 북부 지역에서 처음에 두 어린이를 살해했으며, 곧바로 체포되었다. 그리고 1987년 석방되기 전까지 14년 동안 교도소에서 복역했다. 그는 범행을 그만둔 곳에서 다시 시작했으며, 뉴욕 주 로체스터에서 다시 체포되기까지 21개월 동안 무려 11명의 여성을 살해했다.

1958년 뉴저지에서 비겐왈드(Richard Biegenwald)라는 자가 첫 살인사건을 저지른 후 체포되었으며, 1975년 석방되기 전까지 17년 동안 교도소에서 복역했다. 그는 1983년 체포될 때까지 추가로 적어도 7명의 피해자를 살해했다.

캐나다 토론토에서, 17세의 우드콕(Peter Woodcock)이라는 자가 1956년 9월에서 1957년 1월 사이에 두 소년과 한 소녀를 살해했다. 그는 제 정신이 아니었다는 이유로 유죄가 입증되지 않았다. 대신 정신병원에 입원했다. 그는 45년 동안 그 시설에서 치료를 받았으며, 점진적인 석방을 위한 교정교육을 받아 결국 사회로 복귀할 수 있게 되었다. 1991년 7월 13일, 당시 52세가 된 우드콕에게 정신병원 시설을 벗어나 시내로 걸어가 피자를 한 개 사가지고 병원으로 돌아올 수 있도록 처음으로 3시간짜리 통행 허가가 부여되었다. 병원 땅을 떠날 수 있기 전에, 병원시설의 경계지역 숲 속에 있는 병원에 치료차 수용되어 있는 동료에 의해 우드콕은 구타와 항문성교를 당하고, 칼에 찔려서 결국 사망했다. 범인은 통행허가증을 이용해 경찰서 부근까지 거의 2마일 정도 걸어가서 그 범죄에 대해 자백했다. 연쇄살인은 불치병(不治病)처럼 보인다. 살인을 저지르면서 느끼는 연쇄살인범의 욕구는 시간이 흐르거나 교도소에 수감되는 것을 통해 완화되지는 않는다. 오로지 살인 그 자체만이 그것을 가능케 한다.

얼마나 많은 연쇄살인범과 피해자들이 있는지 정확하게 추정해 내는 것은 불가능하다. 1987년 미국 법무부에서는 그 당시 미국 내에 연쇄살인범이 1,000명에서 2,500명 정도에 이르는 것으로 추산했다(Newton, 1992: 6; Vronsky, 2004: 18). 다른 인용 자료에 따르면, 그 당시 연쇄살인범의 숫자가 최대 6,000명 정도에 이를 수 있다고 했다(Giannangelo, 1996: 5; Vronsky, 2004: 18). 워싱턴 주 그린 리버 지역에서 리지웨이(Gary Ridgway)가 1982년에서 1984년까지 21개월 동안 무려 48명의 여성을 혼자서 살해했다. 2001년 48명을 살해한 혐의로 종신형을 선고받은 미국의 '게리 리언 리지웨이'는 20년간 결혼생활을 이상 없이 유지했고 30년 동안 직장을 다녀 겉보기에는 평범한 이웃이었다(내일신문, 2006. 1. 31: 21). 놀랄 정도로, 얼마나 많은 살인 범죄 총건수가 미국에서 매년 발생하고 있는지 정확하게 알고 있는 사람은 없다. 모든 보고 자료들이 일치하지도 않는다.

최근까지 살인사건이 감소하고 있는데, 거의 20,000~22,000여 건 정도가 미국에서 매년 발생하고 있다고 알려져 있다. 그러나 일부 자료들에 의하면, 보고 절차에 따른 변수들이 있기 때문에 최대치가 40,000여 건에 달한다고 추정되기도 한다(Newton, 1992: 6). 2000년에는 살인사건 수가 15,586건으로 감소되었지만, 2001년에 15,980건으로 다시 증가하기 시작했다. 그러나 이것은 9·11사건 피해자의 숫자가 포함되지 않은 것이며, 이것을 합치면 2.5%가 증가한 셈이다. 2002년도 예비조사 통계에 의하면, 살인사건 발생 숫자에서 0.8% 정도 추가적인 증가가 있을 것으로 예상되었다. 이러한 최근의 비율은 미국 전역에 분포되고 있는 바, 노스 이스트 지역에서는 4.8% 정도 감소했지만, 웨스트 지역에서는 5.2% 증가하고 있는 것으로 나타났다. 인구 100만 명의 대도시에서는 살인 발생 건수가 4% 정도 감소한 것으로 나타났다. 인구 50,000명에서 100,000명 정도 되는 도시에서는 2002년에 6.7%나 감소했다. 교외 지역에서는 이상할 정도로 살인사건이 12.4%나 증가한 것으로 나타났다(Federal Bureau of Investigation, 2003). 이러한 통계 수치에는 불가사의하게 실종된 것처럼 보이는 사람들의 숫자가 포함된 것은 아니다(Vronsky, 2004: 18).

종종 인용되는 1984년의 미국 보건부(U.S. Department of Health) 보고서에 따르면, 매년 180만 명의 어린이들이 집에서 사라지고 있다고 추정된다. 그 가운데 95%는 가출자 명단에 올라가며, 90% 정도는 14일 내에 집으로 돌아온다고 한다. 나머지 남아 있는 가출자 171,000명은 단순히 계산되지 않고 있다. 실종자 가운데 다른 5% 정도는 유괴 범죄의 피해자였다. 72,000명 정도가 부모들에 의해 유괴되었다. 통계에 따르면, 나머지 18,000명의 어린이들과 청소년들은 추가적인 설명 없이 단순히 사라진 셈이다. 만약 아무도 처음에 그들이 실종되는 것을 알았더라면, 실종된 성인들의 운명은 심지어 판단하기 더 어렵다(Newton, 1992: 6).

1971년, 후안 코로나(Juan Corona)는 엄청난 수의 연쇄살인범 시대를 열었다. 그의 26명이나 되는 떠돌이 피해자들 가운데 그들의 무덤이 발견될 때까지 어느 누구도 실종자로 신고되지 않았다. 오늘날까지 5명의 피해자 이름이 확인되지 않고 있다. 그는 1934년 멕시코에서 태어났으며, 1950년대 캘리포니아 주 유바(Yuba) 시로 이사해 농장에서 일했다. 결혼해서 4명의 딸을 두기도 했다.[11] 수십 명의 노동자를 살해한 미국의 연쇄살인범으로 알려진

"48명 연쇄살인범도 평범한 이웃처럼 보여"

"영화 「양들의 침묵」에 나온 렉터 박사(앤서니 홉킨스 연기)는 실존했던 범인 3명을 조합해 만든 인물입니다. 이러한 연쇄살인범들은 대상자를 먹잇감으로 생각하지만 이웃에 사는 사람들은 연쇄살인범을 정상인으로 생각합니다." 메리 앨런 오툴 FBI 범죄분석관은 서울 프레스센터에서 열린 국제 심포지엄 '범죄와 사이코패시'에 주제 발표자로 참석해 연쇄살인범들의 위험성에 대해 이같이 강조했다. 오툴 분석관은 지난 25년간 FBI에서 범죄분석관으로 일해 온 경험을 바탕으로 연쇄살인에 대한 생생한 사례와 구체적 분석, 범죄자에 대한 특징에 대해 설명해 심포지엄 참석자들의 이목을 모았다.

오툴 분석관은 2001년 48명을 살인한 혐의로 체포돼 종신형을 선고받은 '게리 리언 리지웨이'라는 미국의 연쇄살인범을 예로 들면서 그는 검거 직후 "아내를 사랑하고 아이들을 사랑한다"고 이야기했지만 그녀를 죽이겠다고 결심한 것은 "결혼한 지 6개월이 지나면서부터였다"고 말했다. 그는 이어 "게리는 잡히기 전까지 20년간 결혼생활을 이상 없이 유지했고, 30년 동안 직장을 다녀 겉보기에는 평범했다"며 "연쇄살인범들은 엄청나게 능숙한 연기자라는 사실을 명심해야 한다"고 설명했다. 연쇄살인범은 직업, 학력, 종교, 가정 유무 등 외관상 공통점은 거의 없다. 범죄 방식에 대해서도 유사점을 찾을 수 없다. 오툴 분석관이 20년 넘게 현장에서 얻은 결론은 '연쇄살인범'은 아무 관계가 없는 사람들을 사냥감으로 보는 포식적 행동을 취한다는 것이다.

오툴 분석관은 "연쇄살인범 가운데 연쇄 강간살인범이 가장 극단적인 폭력범죄자"라며 "연쇄 강간살인의 범죄 현장에는 폭력과 성, 사이코패시가 얽혀 있다"고 말했다. 사이코패시(psychopathy)는 겉모습은 멀쩡해도 속에는 양심의 가책 없이 끔찍한 범죄를 저지를 수 있는 반사회적 성격장애를 일컫는 심리학 용어다. 그는 이어 "폭력의 성격이 도구적"이라며 "연쇄 강간살인범은 반복해서 살인하는 것에 대해 죄책감을 못 느끼고 대개는 성적 욕구 충족을 위해 살인을 저지르는 도구적 폭력을 사용한다"고 덧붙였다.

내일신문, 2005년 12월 13일 21면(고성수 기자)

그는 2008년 3월 현재, 캘리포니아 주 코코란(Corcoran) 교도소에 수감되어 있다.

루카스(Henry Lee Lucas)에 의한 몇몇 피해자는 아직도 신원이 확인되지 않고 있다. 그에 대한 재판이 진행되는 동안, 그들의 시체가 발견될 당시, 그들이 입고 있었던 옷가지의 성분에 따라서 이름이 붙여졌다. 루카스가 오클라호마에서 히치하이킹하던 여성을 태워 주었는데, 피해자는 오로지 양말만 착용한 상태로 지하수로에서 시체로 발견되어 경찰에 신고되었으며, 법정에서는 '오렌지색 양말(Orange Socks)'이라는 이름이 붙여졌다.

코팅햄(Richard Cottingham)이라는 범인에 의해 살해된 10대 소녀는 타임스 스퀘어(Times Square) 호텔 인근에서 발견되었는데, 두부(頭部)가 심하게 손상되어 신원 확인이 어려웠다. 몇몇 시체는 게이시의 집에서 이름이 확인되지 않은 성명 불상의 상태로 발굴되었다(Vronsky, 2004: 19).

11) http://en.wikipedia.org/wiki/Juan_Vallejo_Corona(2008년 4월 1일 검색)

연쇄살인이 생소한 현상은 아니지만, 지난 30여 년간 사건면에서 굉장한 증가가 있었다. 미국에서 알려진 모든 남성 연쇄살인범의 80% 정도는 1950년에서 1995년 사이에 나타났다. 1975년과 1995년 사이에 알려진 연쇄살인범들은 미국에서 1800년에서 1995년 사이의 모든 남녀 연쇄살인범들 전체 숫자의 45%를 차지했다(Hickey, 2002: 132). 1960년에서 1990년 사이에 확인된 연쇄살인사건들은 무려 940%나 증가했다(Newton, 1992: 4). 1980년 초반 연쇄살인사건의 급격한 증가는 미국 전역을 공포에 휩싸이게 할 만큼 패닉 상태로 몰아넣었다. 가장 놀랄 만한 것은 통계인 바, 엄청나게 많은 어린이들이 연쇄살인범들에 의해 유괴되고 있다는 사실이 신뢰할 만한 출처로부터 등장하기 시작했다는 점이다. 의회에서는 미국이 '연쇄살인범 전염병'에 직면하고 있다고 선언하면서, 이러한 문제를 자세하게 살펴보기 시작했다. 심지어 애틀랜타의 질병통제센터에서는 미국에서 사망 원인의 증가를 놓고 연쇄살인범에 대한 평가와 관련해 논쟁에 들어갔다.

1990년대에, 연쇄살인사건과 연관되어 모두 분류된 두 가지 이야기가 있다. 첫째는 「양들의 침묵」이라는 영화였으며, 그것은 FBI 프로파일러들의 생각과 렉터(Hannibal Lecter)라는 연쇄살인범의 인격 특징에 대해 대중들의 이해 쪽으로 소개되었다. *American Psycho*라는 엘리스(Bret Easton Ellis)의 책에 대한 논쟁, 연쇄살인범 거래카드 시장, 런던의 연쇄살인 관련 웹사이트에 관한 AOL 폐쇄 조치, 연쇄살인범들이 만든 수공예품 시장 그리고 연쇄 살인문화 유행에 모두 기여했던 그들의 가공품에 대한 온라인 경매, 1990년대는 언론매체에 의해 중요하게 보도되었던 연쇄살인의 계속되는 유행을 만들었다(Vronsky, 2004: 19).

다섯 명의 대학생을 살해하고 잔인하게 시체를 절단한 사건을 실제로 생방송하기 위해 1990년 8월, 텔레비전 위성 트럭들이 플로리다 주 게인스빌로 긴급 출동했다. 1991년 7월에는 450여 명의 언론사 기자들이 다머(Jeffrey Dahmer)의 재판 과정을 보도했다. 그는 위스콘신과 오하이오 주에서 17명의 피해자들을 식인(食人)한 혐의로 기소되었다.

1990년 중반에, 20년 동안 신문의 헤드라인을 장식한 폭발사건의 주인공이었던 Unabomber로 알려진, 카친스키(Ted Kaczynski)라는 연쇄폭파범을 체포한 소식을 방송하기 위해 언론단체들은 그의 후속 재판에 대한 접근이 가능하도록 특별 조치를 얻어내는 데 6,500달러를 지불했다.

그의 몽타주는 1987년 유타 주 솔트레이크 시 컴퓨터 가게에서 폭파사건이 발생한 후 목격자의 진술에 토대를 두고 작성된 것이다. FBI는 이 그림을 전국에 Unabomer에 대한 스케치로 배포한 바 있다. 실제 범인은 카친스키였다. 그는 우수한 수학자이자 대학교수였다. 수많은 폭파사건을 저질러 많은 사람을 살상했으며, 결국 1996년 4월 3일 체포되었다.

이탈리아 패션계의 거물인 베르사체(Gianni Versace)를 마이애미 해변에서 살해한 사건은 1997년 연쇄적인 탐닉적 살인사건에 대한 이슈를 언론사 헤드라인으로 몰아갔다.

2001년에는 그린 리버 살인사건의 용의자로서, 게리 리지웨이가 체포되었는데, 그 사건은 20여 년 동안 미제사건으로 남아 있었다.

연쇄살인사건은 계속 이어지고 있다. 2002년 가을, 벨트웨이 스나이퍼(Beltway Sniper) 살인사건이 또 하나의 연쇄적인 탐닉적 살인사건(serial spree killing) 사례로서 텔레비전에 생방송으로 보도되었다.

2003년 5월, 경찰은 루이지애나주 바튼 루지(Baton Rouge)에서 7건의 연쇄 강간살인사건에서 의심을 받고 있었던 한 남자를 체포했다. 이어서, 그 해에 워싱턴 주 경찰은 리지웨이에 대해 48건에 달하는 엄청난 살인사건에 대한 형사책임을 부과하면서, 그린 리버 살인사건에 대한 종결을 발표했다.

목격자의 진술에 의거, 작성한 Unabomber 몽타주[12)]

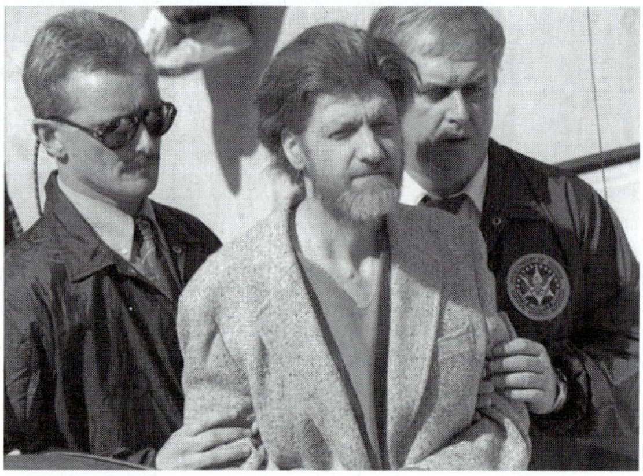

1996년 4월 체포될 당시의 카친스키[13)]

경찰에 따르면, 2004년 2월에는 트럭 정류장 주변에서 여성을 범행 대상으로 살인을 저질렀던, 차축이 긴 수송트럭 운전사 살인범을 찾으려고 아칸소와 미주리 법집행기관들이 텍사스와 오클라호마의 법집행기관들과 합류했다. 1999년부터 2004년까지 4개 주에 걸쳐

12) http://images.encarta.msn.com/xrefmedia/sharemed/targets/images/pho/t052/T052290A.jpg(2008년 4월 1일 검색).

13) http://cache.eb.com/eb/image?id=74222&rendTypeId=4(2008년 4월 1일 검색)

서 대부분 매춘 여성이었던 10명의 피해자의 시체가 하천 혹은 다리 주변에 유기되었다.[14)]

2004년 봄, 캔자스 주는 미국에서 연쇄살인범이 가장 들끓는 지역이 되어 버렸다(Vronsky, 2004: 20). 위치타에서는 25년 동안 침묵이 지난 후 'BTK 교살자(Strangler)'라고 알려진 신원이 확인되지 않은 연쇄살인범이 이전의 범행 피해자들 가운데 한 명에 대한 신원과 시체 사진을 형사사법 당국에 편지로 보냄으로써 그들과 갑자기 접촉하게 되었다. 그 살인범은 1974년에서 1986년 사이에 편지와 전화로 경찰을 조롱하면서, 4명의 가족을 포함하여 적어도 8명의 피해자를 살해했다. 그는 종종 피해자들의 집에 들어갔으며, 낮에 고문하고 목졸라 살해하기 전 그들의 전화선을 절단하기도 했다.

1979년에, BTK 교살자가 접촉을 끊어버렸다. 1986년 비키 웨걸(Vickie Wegerle) 살인사건을 제외하고, 그 사건은 그와 처음 연관된 것이 아니었다. 그는 살인행위를 중단한 것처럼 보였고, 1987년에 BTK 전문수사팀은 해체되었다. 2004년 1월, 캔자스 신문에서는 BTK 살인사건의 첫 번째 희생자가 살해된 지 13년이 된 것을 상기시켰다. 오테로(Otero) 가족을 목졸라 살해한 사건이었다. 6주 후에, 경찰은 살인범에 의해 촬영된 비키 웨걸의 시체 사진들이 편지 형태로 위치타 신문사에 송부되었다는 사실을 발표했다. 경찰은 BTK 살인범이 지난 20년 동안 다른 범죄를 저질러서 아마도 교도소에 수감된 경력이 있을 것이며, 그렇게 되면 신원이 확인될 수 있다는 희망을 갖고 교도소 입감자에 대한 기록들을 상세하게 살펴보게 되었다. 그러는 동안, 캔자스 시 경찰 당국은 같은 해 4월, 1977년과 1993년에 걸쳐 여성들을 상대로 12건의 강간 및 목졸라 사람을 연쇄 살해한 한 용의자에게 범죄 혐의가 있다고 발표했다. 기소된 피고인은 캔자스 시내의 폐기물 수집 회사에서 감독자로 근무하는 43세의 결혼한 남성이었다. 그는 피해자들의 DNA 흔적과 연관되었다. 9명의 백인과 3명의 흑인 여성이었으며, 연령대는 15세에서 36세에 이르렀다.

경찰에 따르면, 피해자들 가운데 11명은 매춘 여성이었다. 그런 반면, 12번째 피해 여성은 정신적으로 약간의 질병이 있었으며, 시내를 이리저리 떠돌아다니는 자로 알려져 있었는데 모르는 사람들이 태워 주는 자동차에 타곤 했다.

캐나다에서는 경찰이 픽튼(Robert Pickton)이라는 연쇄살인범을 수사하는 동안, 무려 2,500만 달러를 지출했다고 한다. 그는 밴쿠버 지역에서 사라진 약 60여 명의 여성들에 대해 의심을 받고 있었다. 그들 중 많은 여성들은 시내 중심가에서 매춘을 위해 호객행위를 했으며, 마약중독자들이기도 했다. 수사관들은 18개월 동안 22명의 시체 잔류물들을 찾아내

14) "Texas woman might be serial killer victim," San Antonio Express-News http://news.my sanantonio.com/story.cfm?xla=saen&xlb=180&xlc=1131955, February 21, 2004: Vronsky(2004: 20)에서 재인용.

고, 몇몇 실종된 여성들과 연관되는 DNA 증거물들을 찾기 위해 용의자의 돼지농장 바닥의 흙을 체로 골라내기 시작했다. 2004년 당시, 픽튼은 15건의 1급 살인 혐의로 기소되어 있는 상태였다. 그러나 2004년 1월, 경찰은 돼지농장에서 추가로 9명의 여성들에 관련된 증거물을 발견했다고 발표했다. 9명 중 6명은 DNA 검사를 통해 신원이 확인되었다. 검찰에서는 추가되는 살해 건수들과 함께 픽튼을 기소하겠다고 법원에 통지했다(Vronsky, 2004: 21-22).

논의의 무대를 미국의 태평양 연안 쪽으로 돌리면, 리지웨이(Gary Ridgway)가 48명을 살해한 장소와 멀지 않은 곳에, 데이비드(David)와 미셸 노테크(Michelle Knoteck)라는 부부가 적어도 네 명을 고문하여 살해한 혐의로 재판정에 서게 되었다. 그들의 전원풍 농장인 화이트-피켓 담장을 웃는 모습의 얼굴로 장식했다.

그러는 중에, 캘리포니아에서 해안을 따라 남쪽으로 더 가서, 피터슨(Scott Perterson)이라는 자가 그의 임신한 부인 래시(Laci)를 살해한 혐의로 법정에 서게 되었다. 그의 변호 내용에 따르면, 그 살인사건의 실제 범인인 연쇄살인범에 의해 자신이 짜맞추어진 것이라고 주장했다(Vronsky, 2004: 23).

5 연쇄살인범의 유행을 만드는 배경

약 30년 동안 세상의 모든 곳에서, 우리를 무섭게 만드는 연쇄살인광들의 도살행위 때문에 거의 숨을 쉬지 못할 정도로 놀랐을 것이다. 비록 진실이 신화보다는 더 모자이크된 것일지라도, 역사가는 정말 무엇이 일어났는지 알고 싶어한다. 연쇄살인범의 이러한 유행은 실제 범죄사건을 다룬 많은 문학 서적들, 정부간행물과 그것을 보여 주었던 매스미디어의 스토리만큼 단순한 것이 아니다. 그렇다. 마치 연쇄살인범에 대한 유행이 1970년대에 시작되었다고 느껴지는 것이 사실이다. 그러나 첫째, 우리가 알아야 할 것은 지난 반 세기 동안 인구가 급속도로 증가했다는 사실이다. 그만큼 더 많은 사람들과 더 많은 피해자 그리고 더 많은 연쇄살인범이 생긴 것이다.

둘째, 20세기 초반에는 텔레비전이 아직 존재하지 않았으며, 신문들이 유선 서비스와 오늘날 수준만큼의 신문 연합과 연결되지 않았었다. 연쇄살인범에 관한 이야기들은 종종 지역을 넘어서까지는 보도되지 않았다. 그리고 역사가들은 과거에 발생했던 비교가 될 만한 사건들을 확인하는 데 어려움을 겪었다. 1960년대에 뉴스 보도는 유선 서비스, 현대적인 커뮤니케이션과 법인체적 회사 합병에 의해 매우 중앙집중화되어 있었다. 그리고 우리에게 선례가 없었던 연쇄살인에 대한 갑작스런 전염성에 관한 이해를 도와 주면서, 심지어 멀리 떨어진 곳에서도, 연쇄살인범들에 관한 이야기들이 1970년대와 1980년대에는 더 광범위하게 보도되었던 것 같다. 어떤 곳에서 발생한 복합적인 살인사건들에 대한 보도들이라도 이제는 거의 큰 뉴스가 되었으며, 유선 서비스라는 전국적인 배급망을 통해 받을 수 있게 되었다.

마지막으로, '연쇄살인범의 유행'은 1980년대 초반의 많은 놀랄 만한 범죄 통계들이 미국 법무부와 방범(防犯) 로비, 피해자 지원단체로부터 쟁점이 되었다는 사실에 기인할 수 있다는 것이다. 정확하게, 그 시기의 FBI는 새로운 프로그램들에 필요한 재정 마련을 위해 정부에 로비를 하고 있었다. 동일한 사람들에 의해 범죄가 저질러지고 있었지만, 형사사법 관할의 불일치(연계된 사건에 대해서는 장님과 같다고 불렸다) 때문에, FBI는 몇몇 살인범들의 신원이 확인되지 않고 있다는 사실을 알게 되었다. 이러한 쟁점들을 해결하기 위한 광범위한 데이터베이스 시스템을 요청하게 되었다.

버지니아 주 콴티코(Quantico)에 소재한 FBI의 행동과학부(Behavioral Science Unit: BSU)-「양들의 침묵(Silence of the Lambs)」이라는 영화로 유명해진-가 인질범들에 대한 심리학적 연구를 위해 만들어졌으며. 범인들의 행동을 확인될 수 있는(구별 가능한) 유형으로 모델화하기 위한 시도로서, 심리학과 연쇄살인범들에 관한 수사 기법들을 연구하기 시작했다.

1979년과 1983년 사이에 BSU의 요원들은 성적(性的) 동기에 의해 살인사건을 저지른 36명의 교도소 수감자들과 인터뷰를 수행했다. 그 중 29명은 연쇄살인범이었다. 어린 시절의 회상에서 그들이 범죄를 저지를 때 가장 공포스러웠던 내용과 범행 동기까지 포함된 상세한 질문이 그들에게 주어졌다. 살인범의 가족들, 친구들과 알고 지내는 사람들 그리고 그들이 범죄를 저지른 동안 생존해 있던 피해자들에 대한 사항까지 광범위하게 인터뷰했다. BSU는 살인범들에 의해 희생된 118명의 피해자들에 관한 상세한 내용들까지 연구했다. 즉 그들의 직업과 생활 스타일, 생물학적 통계, 그리고 피해자들이 살인범을 만난 장소, 피해자 시체에 대한 부검 기록, 그리고 시신이 발견될 당시의 상황들이 포함되었다. 이들 모든 데이터는 FBI의 프로파일링 시스템을 위한 기초 자료로 활용되고 있다.

프로파일링 시스템이 미국 전역의 서로 다른 곳의 연쇄 범죄들에 유용하게 활용되기 위해서는 몇 가지 종류의 공식적이며 중앙집중화된 조직, 아주 상세한 범죄 자료들을 수집하는 시스템과 그것을 분류하는 시스템, 그리고 그러한 내용들을 분석해서 활용할 수 있도록 해 주는 것이 요구되었다.

정확하게 동일한 시기(1981~1983년)에, 미국 연방 국회의사당의 중요한 세 위원회에서 폭력 증가 문제, 연계 수사의 맹점, 어린이 유괴, 아동 포르노그래피, 연쇄살인범들; 법무부 장관 소속의 폭력범죄 태스크포스(Task Force), 민사법 및 헌법적 권리에 관한 하원 위원회; 미국 상원의 형사사법위원회 소속 상원의원 스펙터의 소년사법 소위원회 등이었다 (Vronsky, 2004: 24).

1981년 이러한 청문에 대한 시작은 몇몇 굉장한 아동 살인사건들로 인해 강조되었다. 애틀랜타 주에서 윌리엄스(Wayne Williams)라는 자가 흑인 청소년과 청년들을 연쇄 살해한 혐의로 체포되었다. 뉴욕에서는 패츠(Patz)라는 아이가 학교로 가는 도중에 실종되었다. 그리고 플로리다 주에서는 월시(Adam Walsh)라는 여섯 살 된 어린아이가 쇼핑몰에서 엄마가 어린이를 잠깐 혼자 놔 둔 사이 사라져 버렸다. 그 소년의 목이 베어진 시체의 일부분이 수로에 떠 있는 것이 발견되었다. 주(州)를 벗어난 자동차가 그 범죄에 연관된 것으로 알려졌다. 그러나 범인의 신원은 끝내 밝혀지지 않았다. 나중에 그 범인이 툴(Ottis Elwood Toole), 루카스(Henry Lee Lucas)의 공범(그 두 사람은 고속도로를 돌아다니면서 총 360명의 피해자를 살해한 것으로 의심받고 있었다)이었을 것이라는 사실에 대해 몇몇 논쟁거리가 되었다.

존 월시(John Walsh)는 죽은 애덤의 아버지로, 피해자들과 실종된 어린이 후원회의 일원이 되었으며, *America's Most Wanted* 프로그램의 사회자가 되었다. 아들이 살해된 후, 슬픔에 잠긴 존 월시는 상원 관련 위원회에서 최근의 연쇄살인사건 사례들을 설명하면서, 실종된 어린이들이 대부분 연쇄살인범들에 의해 살해되었다는 것을 주장하고 또 증언했다 (Vronsky, 2004: 25). 월시가 지적한 문제점은 바로 연계 수사가 제대로 이루어지지 않는 것과 다수의 형사사법 관할구역을 넘나드는 사건에서, 법집행기관들 간에 자료와 정보를 조정 통합하는 데 실패했다는 점이다. 이러한 약점들 때문에, 어딘가 대규모 시체더미에서 발견될 때까지 젊은 사람들이 아무 흔적도 없이 사라지고 있었다.

매년 180만 명의 어린이들이 실종되고 있다고 지적한 연방 보건부의 논쟁거리가 된 보고서를 인용하면서, 월시는 매시간 205명 실종자 가운데 상당수는 살해된 채 발견된다고 증언했다. 그리고 실종된 어린이들의 95%는 가출로 처리되고 있으며, 그들 가운데 95%는 14일 이내에 집으로 돌아온다는 사실을 설명하는 데 실패했다(Jenkins, 1994: 58-59). 대신에 언론사 헤드라인에서는, "매시간 205명의 어린이들이 실종되고 있다"라고 절규하고 있었다. "이런 믿기지 않는 그리고 헤아릴 수 없을 정도로 매년 50,000여 명의 어린이들이 사라지고 있으며, 아이들이 나쁜 이유로 유괴되고 있다"라고 월시는 증언했다(Gill, 2000).[15] "이 나

15) John Gill, "Missing Children: How Politics Helped Start the Scandal," FatherMag.com, 2000 http://www. fathermag.com/006/missing-children/abduction_2.shtml: Vronsky(2004: 25)에서 재인용.

라는 시체가 절단된, 목이 베어진, 강간당한, 목이 졸려 숨진 어린이들로 깔려 있다"라고 그는 경고한다.[16)]

미국 전역의 어머니들은 서둘러 잠가놓은 문 뒤에서 아이들을 관리했다. 그러나 월시가 인용했던 50,000명이라는 숫자는 어디에서 나온 것인가? 길(John Gill)에 의한 최근 연구에 따르면, 그것은 로드 아일랜드 출신의 민주당 상원의원 펠(Claiborne Pell)이 1981년에 미국 보건 및 노동부(Department of Health and Human Services: HHS)가 매년 50,000여 명의 아이들이 사라지고 있다고 주장한 내용을 처음 공식적으로 제기했다. HHS에 근무하는 공무원들은 그렇게 추정되고 있다는 내용을 부인했으며, 펠 의원 보좌관 역시 그들이 어떤 공무원에게 말했는지 정확하게 기억할 수 없다고 했다.

청문회가 진행되면서, 모든 종류의 불확실한 진술들이 녹음되었으며, 언론사에 배포되었다. 어슬렁거리는 연쇄살인범들로 추정되는 알려지지 않은 범인들에 의한 동기 없는 살인사건들의 비율을 끌어올리면서, 가장 유력한 경향은 FBI가 작성하고 UCR가 분류하고 있는 "알려지지 않은 자 그리고 비면식 관계자"라는 개념을 한 가지로 형태로 결합시키는 것이었다 (Vronsky, 2004: 25).

이런 "분명치 않은 수학적 방법"을 사용함으로써, 모든 살인사건들 가운데 거의 25% 정도가－해마다 총 4,000명에서 5,000명 정도－연쇄살인범들에 기인한 것으로 주장되었다. 당시 미국인들을 건져낼 수 있는 유일한 것은 의회로부터 재정적 지원을 얻어내는 것이었다. 이러한 주장은 언론과 실제 범죄사건을 다루는 작가들에게 매우 즐겁게 선택되었다. 심지어 연쇄살인사건에 대한 신중한 학문적 연구들이 이러한 큰 숫자들을 만들어 내기도 했다.

그러나 이러한 숫자들은 결코 현실적인 것은 아니었다. 현재까지 모든 사람들이 그것을 알아야 한다. 1800년에서 1995년까지 약 195년 동안 미국에서 알려진 연쇄살인범들에 의해 살해된 피해자들의 추산된 최대 숫자는 단지 3,860명 정도라고 한다 (Hickey, 2002: 242). 이들 피해자 가운데 최대 숫자는 1975년과 1995년 사이에 살해된 1,398명의 피해자들이었다. 그래서 피해자의 숫자는 평균 한 해 동안 70명 정도가 되는 셈이다. 비록 우리가 알려지지 않은 피해자들의 숫자를 계산하더라도, 매년 거의 3,500명이라는 숫자가 그렇게 빈번하게 소문으로 퍼트려지는 곳은 거의 없다. 그러나 하루에 70명이라는 숫자보다, 한 해에 3,500명의 피해자들이란 숫자가 더 잘 선전된다.

기록에 대해, 1981년에서 1990년 사이에 캘리포니아에서 발생한 1,498건의 어린이 살인사건에 대한 연구에 따르면, 존 월시가 주장한 것처럼 비면식 관계가 아닌 연쇄살인범들,

---

16) Michael Fumento, Hudson Institute, *American Outlook*, Spring 2002 http://www.fumento.com/exploit.html: Vronsky(2004: 25)에서 재인용.

그러나 친척들－주로 부모들－이, 나이가 9세까지에 이르는 어린이의 가장 빈번한 연쇄살인범이라는 사실이 확인되었다. 비면식 관계자들은 5세에서 9세까지 어린이들을 대상으로 한 살인사건의 14.6%에만 관련되었다. 10세에서 14세까지 어린이들에 대한 살인사건의 경우, 이들이 차지하는 비율은 28.7%였다. 살인범의 관계는 이 두 가지 연령집단에서 10.4%~20.1%에 달하는 살인사건의 경우 각각 알려지지 않았다(Vronsky, 2004: 27). 피해자와 알고 지내는 관계에 있던 사람이 각 연령 그룹에서 피해자의 30.2%와 39.2%를 각각 살해했다. 살인범들 가운데 여성이 차지하는 비율은 36.4%에서 18.7%을 점하고 있었다. 부모를 포함하여 친척들이 피해자의 44.8%에서 11.9%를 각각 살해했다(Chew, Lew, & Wang, 1999: 151-169). 10세에서 14세에 이르는 어린이들 가운데 그들을 살해한 범인들의 이면에 있는 전체 사건들 가운데 범행 동기가 논란이 된 경우는 60.9%에 달했다. 총기류가 사용된 사례는 전체 사건들 가운데 64.2%를 차지했다. 범행 장소가 공공장소였던 경우는 전체 사건들 가운데 51.5% 정도였다. 요약하면, 어린이들은 집에서 친척들에 의해 살해되었다. 반면에 이동성 있고, 독립적인 나이가 더 많은 청소년들은 처음에 알고 지내는 사람들에 의해 살해되었다. 그리고나서, 낯선 사람들에 의해 공공장소에서 살해되었다.

아주 종종 인용되는 30,000에서 45,000건의 믿기지 않는 비면식 관계자에 의한 어린이 유괴사건은 1980년대에 훨씬 더 빈번하게 도전적인 상황이 되었다. 사람들이 의아하게 생각하기 시작했다: 이러한 유괴사건이 어디서 발생했는가? 왜 그들은 문서상으로 신고되지 않았는가? 그 일화와 같은 소문들은 어디에 기인하는가? 이러한 유괴 범죄를 저지르는 연쇄살인범은 누구인가? 최종적으로, 의회에서는 실종되거나 유괴된 어린이들에 관한 정확한 통계 자료들을 확인할 수 있는 "실종, 유괴, 가출 및 버려진 아이들에 관한 전국의 사건 연구(NISMART: The National Incidence Studies of Missing, Abducted, Runaway, and Thownaway Children)"라고 불리는 프로그램을 후원했다(Vronsky, 2004: 27).

그 연구에 따르면, '유괴'에 관해 두 가지 개념 정의들이 있다고 결론짓고 있다. 법률적 차원의 것과 공중에 의해 지지되고 있는 고정관념적 유괴 등 일반 시민의 인식으로는, 어린이 유괴란 피해자가 낯선 사람에 의해 먼 거리로 옮겨질 때, 석방 대가로 돈을 요구하고, 하룻밤이 지나거나 더 이상의 시간이 지난 경우 혹은 살해되었을 때 발생한다.

1993년 클라스(Polly Klaas)의 유괴 살인범[17] 혹은 최근에 해결된 스마트(Elizabeth

17) 클라스(Polly Klaas, 1981. 1. 3~1993. 10. 11)는 미국의 살인사건 피해자였다. 12세 때 유괴되었으며, 많은 사람들의 관심을 끌었다. 강간당한 후 목이 졸린 채 살해당했다. 범인은 데이비스(Richard Allen Davis)였으며, 유죄가 인정되어 1996년 사형이 선고되었다. http://en.wikipedia.org/wiki/Polly_Klaas (2008년 4월 2일 검색).

Smart)에[18] 관한 유괴사건 같은 범죄야말로, 어린이들에게 낯선 사람에 의해 취해진 협박에 관한 일반 시민의 인식에 들어맞는다. 그러나 법률은 일반 시민들의 인식보다 더 광범위하다. 예를 들면, 캘리포니아 법원은 유괴를 "피해자가 유인을 당하거나 강제로 20피트보다 더 멀리 이동했거나, 움직이지 않았다면 30분 이상 오랫동안 잡혀 있었을 때"라고 정의하고 있다(Finkelhor, Hotaling, & Sedlak, 1992: 226-243). 그래서, 1980년대, FBI가 매년 평균 90,000여 건의 강간사건들을 보고했을 때, 여전히 아이로 정의되는 10대 소녀들이 보통 피해자의 1/3에서 절반 가까이 차지했다. 이러한 많은 범죄 상황은 어린이 유괴에 대한 법률적 정의에 쉽게 들어맞는다. 따라서 30,000건에서 45,000여 건에 달하는 '유괴된 어린이'에 관한 보도 기사는 그러한 어린이들에 대한 개념 정의 하에서 등장했다. 그러나 그들이 두려워했던 어린이 유괴 방식에 관한 개념 정의에서, 이것은 일반 공중들이 생각하고 있었던 것은 아니었다.

유괴에 관한 일반 시민들의 인식 범주 내에서, NISMART 연구는 어린이 유괴 통계를 재평가했다. 연구에 따르면, 유괴에 관한 일반 시민들의 고정관념적 인식 속에, 1976년에서 1988년까지 12년 동안 미국에서 매년 평균 43명에서 147명의 아이들이 피해를 당했다는 것이 확인되었다. 그것은 우리가 자세히 듣고 있는 낯선 사람에 의한 어린이 유괴사건에 관한 아주 드문 일화적인 그리고 언론 보도 기사와 더욱더 일치되는 통계를 제시하고 있다. 사실상 낯선 사람에 의한 유괴 및 살인사건은 아주 드문 범죄라는 것이다. 1980년대 초반에 과장되고 잘못 소개된 통계에 의해 촉발된 공포와 걱정에 대한 정도가 위험의 실상을 훨씬 더 앞질렀다.

1981년과 1983년으로 돌아가면, 워싱턴에서 위원회 청문회가 열렸을 때, 언론에서는 상원 청문회와 다양한 언론사협회 쪽을 집중 공격했다. *Time, Newsweek, Life, Omni, Psychology Today, Playboy* 그리고 *Penthouse*와 같은 대규모 발행 부수 잡지의 기사들은 아이들에게 종종 피해를 주는 어슬렁거리는 익명의 괴물들에 의해 저질러지는 무감각한 무작위적 살인사건의 '전염성'에 의해 미국이 역병에 걸린 듯한 그림을 그렸다.

모든 그러한 공포스러운 그리고 아마도 과장된 비명들이 몇몇 결과로 이어졌다. 1982년 의회에서, '실종어린이법(The Missing Children's Act)'을 통과시켰고, 1984년에는 '실종어린이지원법(The Missing Children's Assistance Act)'을 통과시켰다. 레이건(Ronald

18) 스마트(Elizabeth Ann Smart, 1987년 11월 3일생)는 유타 주 솔트레이크 시티에서 2002년 6월 5일 14세 때 유괴되었다. 9개월 후(2003년 3월 12일) 생존한 채로 발견되었다. 자기 집에서 약 18마일 정도 떨어진 곳에 억류되어 있었으며, 범인은 미첼(Brian David Mitchell)과 바지(Wanda Ileen Barzee)였다. 살아 돌아오면서 북미 지역 및 세계적 언론의 높은 관심을 받은 바 있다. http://en.wikipedia.org/wiki /Elizabeth_Smart_kidnapping(2008년 4월 2일 검색).

Reagon) 대통령은 FBI 콴티코 행동과학부(BSU)에 위치하게 될 '국립폭력범죄분석센터(National Center for the Analysis of Violent Crime: NCAVC)' 설치를 개인적으로 발표했다. 성적(性的) 동기에 의한 살인범죄에 대한 BSU의 연구 결과로 수집된 자료들은 오늘날 폭력범죄자 검거 프로그램(ViCAP: Violent Criminal Apprehension Program)으로 알려진 프로그램에서 응용되고 있다. 연쇄범죄자가 그들의 관할구역에서 활동하고 있다는 것을 경찰이 의심할 때, 살인사건에 관해 188개 항목으로 이루어진 표준 ViCAP 질문지를 채울 수 있으며, 알려지지 않은 범인에 관한 프로파일을 요청하면서, 수사 지원 부서에 그 질문서를 제출할 수 있다. 질문서 양식상에, 빈 칸을 채워야 할 질문의 내용은 피해자의 시체가 발견된 장소에 대한 설명에서부터, 폭행의 특징에 관한 상세한 내용, 피해자 시체 절단 행위, 용의자 자동차에 대한 그리고 피해자가 조우한 적이 있다면, 범인이 피해자에게 접근한 방법에 이르기까지 다양하다.

ViCAP 범죄보고서의 결과는 이중으로 되어 있다. 첫째, 그 답변 내용에 관한 컴퓨터 분석을 통해, 범죄자를 북미 지역 어디에서, 그 범인이 이전에 저질렀을 법한 다른 범죄들과 연계시킬 수 있는 패턴들을 확인시켜 준다. 각각의 연쇄살인범은 그가 종종 모르고 있는 자신만의 개인적인 특징을 가진 것으로 알려져 있다. 완전하게 작성된 ViCAP 질문들은 이러한 개인적 특징을 확인시켜 줄 수 있으며, 그러는 동안 컴퓨터가 그것을 다른 사건들과 대조시켜 줄 수 있다.

둘째, ViCAP 보고서에 의해 공급된 자료는 범죄분석가들에게 살인범을 프로파일링할 수 있도록 해 주며, FBI는 상당히 유용한 그러나 아주 완벽하지는 않은 기법을 개발했다. 그 보고서에 들어 있는 자료들에 관한 분석은 종종 범인의 인종, 연령, 사회적 지위, 고용 상태, 지능 그리고 성적 선호도에 대한 높은 가능성을 확인시켜 준다. 그가 어떻게 옷을 입었으며, 심지어 그가 몰고 다니는 차량의 모델에 대한 가능성까지 확인시켜 준다. 성공적인 프로파일링은 용의자의 폭을 아주 좁혀 줄 수 있다(Vronsky, 2004: 27-29).

이것은 연쇄살인범에 의해 저질러진 행동에 관해 확인될 만한 방법이 있다는 것을 의미한다. BSU의 연구가 수행된 이래, 어떻게 그리고 왜 연쇄살인범이 발전되어 왔고, 그들의 살인적 중독에 기인하여 행동하고 있는지에 대해 많은 것들이 알려졌다.

6 이전의 연쇄살인범 '유행'

펜실베이니아 주의 교수였던 젠킨스(Philip Jenkins)는 아마도 연쇄살인사건 통계에 관한 한 가장 인정받는 폭로자일 것이다. 그는 법무성의 행동과학부에서 이용할 목적으로, 집계된 알려진 모든 연쇄살인범에 관해 활용되는 목록을 언급하고 있다.

그는 1992년에 1990년부터 1970년까지 미국의 연쇄살인범에 관한 FBI 목록에는 447명의 이름과 1970년부터 1992년까지의 추가적인 365명의 명단이 포함되어 있으며, 그 명단은 2,636명의 피해자와 연결되어 있었고, 추가적인 1,839명에게는 용의점이 있다는 것을 알았다. 그러나 목록을 꼼꼼하게 확인한 후에, 젠킨스는 명단이 중복되고 있는 엄청난 결함을 발견했다. 예를 들면, 맨슨(Manson) 가족 사건에서 1969년 연쇄살인사건의 피해자의 숫자가 실제 그것보다 세 번 이상씩 등재되어 있으면서, 유죄를 선고받은 각 살인범들이 동일한 피해자 목록에도 할당되어 있었다(Jenkins, 1994: 26-27). 젠킨스는 '의심스러운 피해자' 범주를 활용하면서, 피해자들이 중복된 그러한 유사한 사건들과 360건의 살인사건을 자백한 루카스(Henry Lee Lucas)와 같은 의심스러운 자백을 발견했다. 그래서 좋은 소식은 FBI가 주장한 것보다, 최근 연쇄살인범과 그 피해자의 숫자가 적다는 것이다. 나쁜 뉴스는 젠킨스에 따르면, 지난 30여 년 동안 연쇄살인사건에서 명백한 증가가 있다는 점이다. 이전에 생각했던 것만큼 큰 정도는 아니지만, 더욱 나쁜 것은 그럼에도 불구하고 사실이라는 점이며, 그것은 우리들이 처음 알게 된 것이 아니다. 그것은 지난 수백 년 동안, 연쇄살인 유행에 대한 이전의 몇몇 유행이 있었는데, 젠킨스는 이전의 두 시기, 즉 1911~1915년, 1935~1941년 동안에 밀려오는 듯한 연쇄살인사건들의 물결이 있었다는 것을 확인했다. 현대의 더 많은 연쇄살인사건 중 몇몇 사건이 중복되면서, FBI 목록들은 좀더 이전 사건의 존재를 완전히 간과했다는 사실을 발견했다.

FBI 연구에 따르면, 1900년에서 1924년까지 25년 동안 총 13건의 연쇄살인사건을 목록에 올려 놓고 있다. 그러나 단순히 『뉴욕 타임스』의 기사를 돌이켜봄으로써, 젠킨스는 1911년에서 1915년까지 그 짧은 5년 기간 동안에 무려 17건의 연쇄살인사건의 물결을 확인했다! FBI가 그 이전에, 미국의 연쇄살인사건이 유행하고 있음을 과소 평가하고 있었다는 것이 확실하다. 예를 들면, 무어(Henry Lee Moore)는 1911년에서 1912년 사이에 23명 이상 전 가족을 살해했던 이동성(traveling) 연쇄살인범이었다. 그러나 그에 관해서는 거의 알려지지 않았다. 그는 단순히 각주에 인용되는 정도였다.

1911년 1월에서 1912년 4월 사이, 텍사스와 루이지애나 주에서 40명의 피해자들이 해결되지 않은 도끼 살인사건의 형태로 살해되었다. 무어가 저지른 살인사건들과 매우 유사하게도, 1911년 1월 루이지애나 주 레인(Rayne)에서 온 가족이 무참하게 살해되었는데, 어머니, 그녀의 자녀 3명이 그들의 침대에서 난도질당한 채 살해되었다.

1911년 2월, 루이지애나 주 크롤리(Crowley)에서 10마일 정도 떨어진 곳에서 베이어스

(Bayers) 가족 3명이 살해되었다. 2주일 후, 라파이예트(Lafayette)에 있는 4명의 가족이 살해되었다. 4월에 살인범은 텍사스 주 산 안토니오(San Antonio)에서 5명의 가족을 살해했다. 모든 피해자들은 밤에 그들의 침대에서 살해되었으며, 피해자들의 집에서 아무것도 없어진 것이 없었다. 1911년 11월, 살인범은 라파이예트로 돌아왔으며, 6명의 가족을 살해했다. 1912년 1월, 한 명의 여성과 3명의 자녀들이 크롤리에서 살해되었다. 이틀 후, 레이크찰스(Lake Charles)에서 5명의 가족이 그들의 침대에서 살해되었으며, "그가 피를 위해 이단자를 처벌할 때, 그는 천한 자들－5명의 인간들－의 비명을 잊지 않았다"는 쪽지가 남겨져 있었다.

1912년 2월, 살인범은 한 여성과 3명의 자녀들을 살해했는데, 그들은 텍사스 주 버몬트(Beaumont)의 침실에서 자고 있었다. 3월에, 텍사스 주 글리든(Glidden)에서 한 남자와 한 여성 그리고 그들의 4명의 자녀들이 자다가 난도질당해 살해되었다. 4월에, 산 안토니오에서 5명의 가족이 또 살해당했다. 그리고 이틀 후, 텍사스 주 헴스테드(Hempstead)에서 3명이 살해당했다. 그 살인사건들은 아직까지 해결되지 않았다.

뉴욕에서는 1915년 3월 19일, 한 살인마가 아파트 건물 안에서 심부름을 가던 다섯 살짜리 어린이를 살해했다. 그는 "H. B. Richmond, Jack-the-Ripper"라고 자신의 이름을 서명하여 그리고 다시 살인을 저지르겠다고 협박하면서 조롱하는 듯한 내용의 편지를 아이의 부모와 경찰에 보냈다. 5월 3일, 그는 복도에서 놀고 있던 네 살짜리 사내아이를 죽였다. 그리고 시체를 집의 계단 밑에 밀어넣었다. 범인의 신원은 확인되지 않았다.

1915년 뉴욕에서, 다시 15구의 갓 태어난 아이들의 시체가 발견되었는데, 일종의 '아기농장' 운영과 연계된 것처럼 의심되었다. 이러한 살인사건들은 모두 경악할 만한 사건이다. 일부 사건은 그 당시에 광범위하게 보도되었다. 다른 사건들은 그렇지 않았다. 그러나 오늘날에는 그 사건들이 잊혀졌다. 잭 더 리퍼(Jack the Ripper)사건은 5명의 피해자를 살해한 사건으로서, 불후의 명성을 가질 정도로 잊혀지지 않았지만, 루이지애나 주와 텍사스 주 도끼 살인범은 49명을 살해한 사건이었지만 완전히 잊혀졌다(Vronsky, 2004: 29-31).

중요한 차이점은 런던사건의 경우, 거대한 신문사들의 중심에 있었지만, 루이지애나 주와 텍사스 주의 경우는 그렇지 않았다는 점이다. 잭 더 리퍼의 이야기는 다시 회자되며, 인기 있는 전설이나 소설의 일부가 되었다. 그런데, 루이지애나 주와 텍사스 주의 도끼 살인범은 일반인의 인식과 관심에서 멀어졌다. 연쇄살인사건 '유행들'은 그것들이 살인사건인 만큼 보도되는 수준에 그치고 있다.

7 연쇄살인사건의 전 세계적 출현

지난 30여 년 동안 연쇄살인사건의 출현은 미국만의 독특한 문제는 아니다. 비록 미국이 연쇄살인사건에 대해 가장 중요한 지역이긴 하지만, 이러한 경향을 전적으로 대표하는 것은 아니다. 최근 전 세계에서 보고된 모든 연쇄살인사건의 76%는 미국에서 일어난 것이지만, 21%는 유럽에서 일어났다. 영국의 경우, 유럽에서 발생한 사건의 28%를 차지하며, 그 다음으로 독일 27%, 프랑스는 13%를 차지하고 있다 (Newton, 2000: 2).

다음은 20세기 범죄사를 다시 쓰게 한 각국의 주요 연쇄살인범들이다.[19]

20세기 각국의 주요 연쇄살인범들

- 루이스 가라비토(콜롬비아) = 1991년부터 5년간 189명을 살해한 혐의로 지난 2000년 5월 835년형을 받고 보고타 감옥에 수감됐다.[20]
- 페드로 로페스 몬살베(에콰도르) = '안데스의 괴물'이란 별명을 가지고 있으며 지난 1980년 57명의 어린이를 성폭행 · 살해한 혐의로 유죄 판결을 받았다. 당시 실제로는 최대 300명 이상을 살해했을 것으로 의심받았다.
- 자베드 이크발(파키스탄) = 100명의 어린이를 토막 살해한 혐의로 2000년 3월 사형을 선고받았다.
- 델피나, 마리아 데 헤수스 곤살레스 자매(멕시코) = 자매가 함께 윤락업소를 운영하며 80명의 여성과 11명의 남성을 살해한 혐의로 지난 1964년 40년형을 선고받았다.
- 아나톨리 오노프리옌코(우크라이나) = 어린이 10명을 포함 52명을 살해한 혐의로 지난 1999년 사형선고를 받았다. 불과 5개월 사이 43명을 살해해 충격을 줬다.
- 안드레이 치카틸로(구소련) = 지난 1978~90년 성욕 충족을 위해 어린이 35명과 젊은 여성 17명 등 52명을 성추행하고 살해한 뒤 희생자의 심장과 위 등 신체 일부를 먹기까지 하는 엽기적인 연쇄살인을 저질렀다. 교사 출신의 연쇄살인범은 자신이 살던 마을의 이름을 따 '로스토프의 백정'이라고 불렸으며 지난 1994년 2월 사형됐다. 그리고 48명을 살해한 또 다른 러시아의 연쇄살인범이 "범죄를 후회하지 않으며 간수들은 오히려 나를 존경한다"는 뻔뻔스런 말을 해 충격을 던졌다.
- 알렉산드르 피추시킨(33) = 이 살인범은 2007년 범행 일체를 자백한 뒤 무기징역을 선고받고 감방 생활을 하고 있다. 러시아 언론들은 그를 '체스판 살인자'로 부른다. 그가 체포 뒤 "체스판 칸 수(數)에 해당당하는 64명을 살해하려는 계획을 세웠다"고 실토했기 때문이다.[21]

---

19) http://www.donga.com/fbin/output?f=cls&n=200407180068&main=1(2008년 4월 23일 검색)

20) 소년 189명 죽인 살인마-콜롬비아 835년 형 선고(문화일보, 2000년 5월 27일, 8면), 보고타=AFP연합, 콜롬비아 최악의 연쇄살인범 루이스 알프레도 가라비토(42)가 8~16세의 소년 189명을 살해한 혐의로 징역 835년을 선고받았다고 26일 사법부 소식통이 밝혔다. 이 같은 장기형은 지난 수 주간 11개 법원이 각기 별도로 진행한 32개소의 재판에서 선고된 형량을 합한 것이다.

- 존 웨인 게이시(미국)=아마추어 광대 출신의 미국 역사상 최악의 연쇄살인범으로 '광대 살인광'으로 불렸다. 33명의 젊은이들을 성폭행, 고문하고 목졸라 죽였으며 사체를 자신의 집에 파묻는 대담함을 보였다. 지난 1994년 3월 사형됐다.
- 마르셀 프티오(프랑스)=제2차 세계대전 당시 독일의 프랑스 점령 기간 동안 24명을 살해했으며 1946년 사형됐다.
- 데니스 닐센(영국)=1978~83년 런던 북부 자신의 집에서 15명의 젊은이를 살해한 혐의로 종신형을 선고받았다. 사체를 삶아 변기에 버리는 방식으로 증거를 인멸하려 했으나 인근 하수구가 막히는 바람에 엽기 살인 행각이 들통났다.
- 피터 서트클리프(영국)='요크셔의 살인마'라는 별칭을 지녔으며 지난 1975~80년 창녀 등 13명의 젊은 여성을 살해해 전국을 공포에 떨게 만들었다. 다른 미제(未濟) 살인사건들의 혐의도 받고 있다. 지난 1981년 종신형이 선고됐다.
- 로즈메리 웨스트(영국)=영국 글로스터에 있는 자신의 집에서 친딸을 포함해 10명을 죽인 혐의로 1995년 종신형을 받았다. 남편인 프레드릭 웨스트와 함께 9명을 더 살해했을 것으로 의심받고 있다. 남편은 재판을 앞두고 감옥에서 자살했으며 자살 전 12명을 더 살해했다고 밝혔다.
- 미국의 텍사스 주 엘파소와 국경을 사이에 두고 마주보고 있는 멕시코 북부 후아레스 시에서는 1993년 이후 공식적으로 258명의 여성들이 희생됐으며 멕시코 검찰은 2004년 1월 '후아레스 사건'을 전담할 특별검사를 임명해 수사를 계속하고 있으나 아직까지 범인의 윤곽을 찾지 못하고 있는 상황이다.22)
- '죽음의 의사' 해럴드 시프먼(56)의 손에 목숨을 잃은 피해자가 215명에 달한다는 공식 조사 결과가 나와, 영국 의사인 시프먼은 사상 유례 없는 희대의 살인마로 기록될 전망이다.

중앙일보, 2008년 4월 2일자

1) 영국 사례

영국에서 경찰은 1971년부터 1987년 사이에, 글로스터(Gloucester)에 사는 로즈메리(Rosemary)와 웨스트(Fred West)에 의해 저질러진 12건의 연쇄살인사건을 찾아냈다. 그들의 16세 딸이 1987년 사라졌었다. 다른 사건에서, 런던의 한 아파트 빌딩의 거주자가 화

21) 중앙일보, 2008년 3월 13일자. 로이터 통신 보도에 따르면 그는 러시아 타블로이판 신문 「트보이 덴(당신의 날)」과의 인터뷰에서 "(범죄를 위해) 너무도 많은 시간과 정열을 쏟았다. 내가 후회한다고. 절대 아니다"고 강조했다. 그는 "간수들은 나와 얘길 하거나 내게 질문을 하는 것이 금지돼 있다"며 "그러나 자기들끼리 '저 친구는 진짜 영웅이야'라고 수군대는 얘길 자주 들었다"고 자랑스레 말했다. 피추시킨은 희생자들을 모스크바 남쪽의 외진 숲으로 유인해 살해한 뒤 배수구에 던져 넣었다. 대부분의 피해자는 중년 이상의 사람들이었으며 알코올 중독자와 같은 사회부적응자들이었다. 그는 15년 전 처음으로 자신의 친구를 살해한 뒤부터 연쇄살인의 유혹에 빠져들기 시작했다. 그는 "누군가의 목숨을 빼앗는다는 느낌이 힘을 솟게 했으며 신이 된 듯한 기분을 느끼게 했다"고 태연스럽게 말했다(유철종 기자).

22) http://www.donga.com/fbin/output?f=cls&n=200407180068&main=1(2008년 4월 23일 검색)

장실의 물이 잘 빠져나가지 않는다고 고충을 호소했다. 그래서 배수관 관리회사 직원이 관(管)을 점검했는데, 기름기가 있는 시체 잔류물의 조각들에 의해 막혀 있는 것을 발견하게 되었다. 닐센(Dennis Nilsen)이라는 전직(前職) 경찰관이 같은 아파트에서 살았으며, 16명의 청년을 살해한 후 그 시체를 칼로 토막을 내 화장실 변기에 버리고 물을 내렸다고 자백했다 (Vronsky, 2004: 32).

한편, 영국에서 벨(Mary Bell)이라는 여성(1957년, 뉴캐슬 출생)은 자신이 겨우 11세였을 때(1968년 검거), 이따금씩 서로 분리된 상황에서 두 소년(4세짜리 Martin Brown과 3세짜리 Brian Howe)을 살해하고, 그 시체를 절단했다. 만약 연쇄살인사건을 서로 분리된 상황에서 두 건 이상으로 저질러진 사건이라는 개념으로 받아들인다면, 이 여자는 아마도 역사상 가장 어린 나이의 연쇄살인범으로 기록될 것이다 (Vronsky, 2004: 8). 그는 12년간 복역 후 1980년 석방되었으며, 영국 어디선가 새로운 이름을 갖고 새 삶을 살고 있다.[23]

2000년, 영국의 의사였던 시프먼(Fred Shipman)은 15명의 노인 환자들을 살해한 혐의를 받고 있다. 실제 피해자는 약 400명 정도 되는 것으로 추정되었다.[24] 그는 일반 외과 의사였으며, 영국의 연쇄살인범으로 알려져 있다. 같은 해 1월 30일, 15명의 피해자를 살해한 혐의가 인정되어 종신형이 선고되었다. 가장 나이 어린 피해자는 루이스(Peter Lewis)라는 41세의 남성이었다고 한다. 범인은 웨이크필드(Wakefield) 교도소에서 복역중 2004년 1월 13일, 자신의 58번째 생일날 하루 전에 맞춰 목을 매달아 자살했다.[25] 아마도 근현대사에서 가장 많이 사람을 살해한 범인으로 추정된다.

영국판 '살인의 추억'으로 불리며 미궁에 빠졌던 성매매 여성 연쇄살인사건의 유력한 용의자가 모습을 드러냈다. 영국 경찰은 2006년 12월 21일 입스위치(Ipswich) 지역의 성매매 여성을 연쇄 살해한 혐의로 라이트(Stephen Wright, 48세)를 기소했다고 밝혔다. 경찰은 성매매 여성을 표적으로 삼았다는 점, 시신이 모두 발가벗겨진 채 발견되는 등 살해 수법이 비슷하다는 점을 들어 동일범의 소행으로 판단했다. 서포크(Suffolk) 시의 걸(Stewart Gull)이라는 경찰관은 "사건의 두 번째 용의자로 체포한 라이트를 범인으로 확신하고 있으며 이에 대한 충분한 증거를 확보했다"고 밝혔다. 맨 처음 용의자로 지목된 수퍼마켓 종업원 톰 스티븐스(37세)는 보석으로 풀려났다.

---

23) http://en.wikipedia.org/wiki/Mary_Bell(2008년 4월 2일 검색)
24) http://en.wikipedia.org/wiki/Harold_Shipman(2008년 4월 2일 검색). 일설에는 215명의 피해자를 살해했다는 충분한 증거가 있다고 하며, 그 가운데 80%는 여성들이었다고 한다.
25) Harold Frederick("Fred") Shipman(1946. 1.14~2004: 1.13).

영국의 연쇄살인범 라이트와 희생자들[26]

영국 경찰은 그러나 라이트의 범행 일지에 대해서는 자세히 설명하지 않았다. 화물차 운전수인 라이트는 집에서 체포됐다. 그는 성매매 여성들이 거주하는 입스위치 홍등가 근처에서 살아왔으며 피해자들을 잘 알고 있는 것으로 전해졌다(한국일보, 2006. 12. 23: 11).

다섯 명의 성매매 여성들(Gemma Adams 등)이 살해된 이 사건은 1975~80년 잉글랜드 북부에서 성매매 여성 열세 명을 살해한 일명 '요크셔의 살인마' 피터 서트클리프를 연상시키며 영국을 공포에 몰아넣었다. 일단 연쇄살인범이 몇몇 살인사건에 대해 유죄선고를 받게 되면, 관계 당국은 형사사법 관할구역 내에서 더 이상 동일한 추가적인 사건을 추궁하지 않는다(Vronsky, 2004: 32).

2) 프랑스 사례

프랑스의 파리경찰은 1998년 3월 22일 파리를 공포의 도가니로 몰아넣은 일명 '바스티유의 야수(Beast of Bastille)'라고 불리었던 조르지(Guy Georges)를 체포했다고 발표한 바 있다. 그는 일곱 명의 여성들을 강간하고 살해했다.[27] 그는 프랑스인 어머니와 미군 병사 사이에서 태어났으며, 어렸을 때 부모에게 버림받고 입양 가정에서 성장했다. 세상에 대한 분노 속에서 자랐으며, 1991년에서 1994년 사이에 발생한 3건의 강간 및 살인사건에 대해 의심을 받고 있는 중이었다. 피해 여성들을 성폭행했으며, 묶고 살해한 후 목을 베기도 했다. 피해자는 모두 젊은 여성들이었으며, 그들 중 일부 피해자는 칼 혹은 면도날로 목까지 잘려져 있는 상태로 침대에 묶여 있는 채로 발견되었다. '불안정한 자'로 언급되면서, 조르지는 고집스러운 성범죄자였으며, 싸구려 호텔과 목장 등에서 한동안 기거했다고 한다. 법정에서, 범인은 검사(檢事)에 의해 '악의 화신'이라고 불렸다. 그리고 정신의학자들은 범인

26) http://news.bbc.co.uk/2/hi/uk_news/england/suffolk/6202343.stm(2006년 12월 21일 검색)
27) http://www.geocities.com/verbal_plainfield/a-h/georges.html(2008년 4월 2일 검색)

이 가진 살인의 욕구는 치료될 수 없다고 경고했다. 2001년 4월 5일 가석방 없는 25년 간의 유기 징역이 선고되었다. 프랑스에는 사형 제도가 없다. 한때 자살을 기도하기도 했으며, 여전히 바스타유에 관련된 일련의 몇몇 범죄들에 대해 용의자로 지목되고 있다(Vronsky, 2004: 32).

프랑스와 벨기에를 무대로 최소 9건의 연쇄살인을 저질러 '아르덴의 괴물'이라는 별명이 붙은 프랑스인 미셸 푸르니레(Michel Fournire)가 범죄 사실을 자백한 것을 계기로 유럽 각국이 범죄 수사 공조 체제를 활성화할 방침이다. 독일과 프랑스 및 스페인 법무장관들은 2004년 7월 19일 현재 추진중인 범죄 기록 교환 시스템을 서둘러 구축하겠다는 뜻을 밝혔다. 독일은 2003년 한 해 동안 800만 건의 범죄 기록을 조사했지만 외국에서 기록을 넘겨받은 경우는 3,800건에 불과했다고 한다. 푸르니레는 1987년 프랑스 법원에서 강간 등 혐의로 7년 징역형을 선고받고 구류 기간 초과를 이유로 몇 달 뒤 풀려났다가 2003년 6월 미성년자 납치 등 혐의로 벨기에에서 체포돼 수감중 연쇄살인 사실을 자백했다. 프랑스 경찰은 푸르니레의 범행이 드러남에 따라 미궁에 빠져 있던 30여 건의 사건을 재수사하게 되었으며, 벨기에 경찰은 지난 20년 간 실종된 15명의 소녀들이 푸르니레의 범행과 관련이 있는지를 조사중이다(한국일보, 2004. 7. 21: 19).

프랑스 희대의 살인마 법정 출두 온국민 촉각

프랑스와 벨기에에서 14년간 7명을 살해해 수십 년 만에 '최악의 살인마'로 꼽히는 남성이 최근 법정에 출두해 전 국민의 시선이 집중됐다. 프랑스 북부 샤를르 빌 메지에르(Charleville-Mezieres) 법정에 한 백인 노인이 들어서자 장내는 곧 조용해졌다. 까칠한 얼굴에 매서운 눈빛을 한 그의 이름은 미셸 푸르니레(65). 그는 프랑스와 벨기에에서 일곱 명의 소녀와 여성을 살인, 강간한 혐의를 받고 있다 ……미구잡이로 살인을 저지르던 푸르니레는 2003년 벨기에에서 13세 소녀를 납치하려다 체포됐다. 겁에 질렸던 소녀는 4년이 흐른 뒤 이 날 비공개 증인으로 그와 다시 맞섰다.

푸르니레는 2006년 프랑스로 본국 송환돼 수감중이다. 고소장에 따르면 그는 주로 12~22세의 젊은 여자들을 죽였다. 살인을 처음 저지른 때는 1987년. 남부 오세르 지방에서 17세 소녀 이사벨 라빌을 죽인 뒤 우물가에 무참하게 버렸고, 시신 중 일부는 프랑스 동부에 있는 아내의 집에서 발견됐다. 그는 운전하는 동안 범죄 대상을 점찍은 뒤 길을 묻는 척하면서 차 안에 납치하는 수법으로 범죄를 저질렀다. 피해자들은 부인이 동승하고 있어 별다른 의심을 하지 않았다. 부인은 수년 간 남편의 범행을 도왔다. 이 날 그는 살해 혐의에 대해 일부 시인하면서도 1990년 20세 영국인 여교사, 19세 프랑스 소녀 살인사건에 대해서는 연관성을 부인했다.

중앙일보, 2008년 4월 2일자

3) 이탈리아 사례

유럽에서 이탈리아도 연쇄살인사건 증가에서 예외는 아니다. '플로렌스의 괴물'이라고 불리는 잘 알려진 사건에서 소개된 바와 같이, 범인은 1968년에서 1985년 사이에 여덟 명의 커플을 살해했으며, 경찰과 언론사에 피해자들의 시체 일부를 편지로 우송하기도 했다. 또 다른 사건에서, 20대의 청년 두 명－그 가운데 한 명은 베로나(Verona)의 유명한 성형외과 의사의 아들이었고, 다른 한 명은 독일 보험회사의 베로나 지점의 관리자 아들이었다－은 27건의 살인사건에 대한 책임이 있었다. 한 피해자는 십자가가 부착되어 있는 끌로 이마가 관통되고 못이 박힌 채 살해된 신부(神父)였다. 더 최근인 1997년 9월, 경찰은 아풀리아(Apulia)에서 적어도 8명의 노인 여성들을 살해한 혐의로 한 범인을 체포했다. 각각의 피해 여성들은 건물 1층 거주자였다. 베로나에서 사건이 일어나는 동안에, 스타바닌(Gianfranco Stavanin)이라는 자가 1998년 1991년부터 1994년 사이에 여섯 명의 여성들을 살해한 후 그 시체를 절단하고, 잔존물들을 가까운 들판에 매장한 혐의로 유죄가 입증되었다(Vronsky, 2004: 33).

1998년 같은 해 겨울, 이탈리아는 제노아에서 몬테 카를로에 이르는 해변 휴양지를 따라 운행되는 기차에서 벌어진 여성들에 대한 놀랄 만한 연쇄살인사건으로 인해 엄청난 충격에 빠졌다. 살인범은 자신이 만든 특수 열쇠로 기차 내에 있는 여성 화장실 내부 문을 열면서 여성들을 놀라게 했다. 그는 피해자를 살해한 후 그 문을 다시 잠그고, 기차가 터널 같은 곳을 통과할 때 실내가 어두워지면 자신의 좌석 칸으로 돌아왔다고 한다. 열차 승무원이 잠긴 화장실 문을 체크하기 위해 돌아다닐 때, 살인범은 이미 훨씬 먼 곳의 역에서 하차한 다음이었다. 경찰은 결국 47세의 전문 도박꾼 출신 범인을 체포했는데, 그는 경미한 범죄를 자주 저지른 빌란시아(Donato Bilancia)였다. 그는 6개월 동안 총 17건의 살인사건에 대한 혐의가 추가되었다. 피해자는 아홉 명의 남성, 여덟 명의 여성이었다. 기차 안에 있던 여성과 길가에 있던 매춘 여성뿐만 아니라, 범죄와 관련된 자, 친구들 그리고 아는 사람들도 포함되었다. 한 피해자의 경우, 그는 목이 졸린 채 살해되었으며, 나머지 피해자는 총에 맞아 죽었다(Vronsky, 2004: 33).

4) 벨기에 사례

벨기에는 납득이 안 될 정도로 유럽에서 가장 끔찍한 연쇄살인 지역으로 떠오르는 것 같다. 두트로(Marc Dutroux)라는 범인과 두 명의 공범－그 중 한 명은 범인의 전처인 44세인 마틴(Michel Martin)－에 대해 8년 동안 재판을 기다린 끝에, 1990년대 중반 공포스러운 유괴, 강간 그리고 네 명의 소녀들을 살해한 사건에 대해 2004년 3월 마지막으로 재판이 진행되었다. 두트로는 이전에 강간범으로 유죄를 선고받은 적이 있었으며, 소아 성기호증의 변태성욕자로서 또한 다섯 번째 피해자를 살해한 혐의로 기소당했다. 두트로가 주장하는 공범(共犯)은 그들의 비밀스러운 지하 감옥에 피해자(소녀)를 가두어 둔 채 굶겨 죽인 혐의가 있었다. 법정에서 두트로는 유괴한 소녀들을 강간한 행위에 대해 인정했으며, 피해자의 일부는 8세 정도된 아이들이었다. 그러나 그들을 살해한 것에 대해서는 부인했다. 소녀들의 시체와 공범이 그의 가옥과 토지 내에서 발견되었다. 경찰은 또한 2명의 아이들을 구출했는데, 12세 그리고 14세 된 아이들은 범인의 집에 있는 우리에서 발견되었다. 두트로는 12세의 피해 아동을 79일 동안 감금하고 있는 동안에, 최소한 20번 정도 강간했음을 시인했다.

1997년 10월, 벨기에 관계 당국은 팬디(Andras Pandy)로 확인된 헝가리 출신의 75세 프로테스탄트 목사에 대해 자신의 전처 2명과 4명의 자녀들을 살해한 혐의로 기소했다. 그의 딸 아그네스(Agnes)는 아버지가 5명의 가족－어머니, 두 남자 형제들, 계모와 그의 딸－을 살해하는 데 도와 주었다고 자백했다. 그 사건은 관련된 가족들이 없어진 것과 연관성이 있을 것으로 보고 수사가 진행중이었다. 관계 당국에서는 1993년 팬디 목사와 친족 관계였던 헝가리 여성의 12세된 딸의 실종사건과 아그네스가 연관성을 갖고 있는 것으로 추정해 왔다. 팬디는 브뤼셀에 있는 자신의 집에서 확인되지 않은 숫자의 고아와 집이 없는 루마니아 아이들을 돌봐 주고 있었다고 보도되었다. 그 아이들은 1989년 공산 독재자 초우세스쿠(Nicolae Ceausescu) 정권이 전복된 루마니아 민주화혁명 당시에 고아가 되었거나 집이 없어진 아이들이었다. 그들은 팬디 목사가 설립한 YDNAP(PANDY라는 철자를 거꾸로 쓴 것)라는 자선단체에 입양되었다. 그들은 거기서 오랜 시간 동안 그의 보호를 받으며 머물렀다. 그런데 아무도 그들에게 무슨 일이 일어났는지 혹은 그들이 집으로 돌아갔는지 알지 못했다. 또한 벨기에에서, 경찰은 그들이 몬스(Mons)라는 도시 주변에서 6명의 여성들의 절단된 신체의 일부가 담긴 30여 개에 달하는 가방들을 여기저기 뿌려놓은 연쇄살인범을 어디선가 찾고 있는 중이라고 시인했다. 그 시의 검찰청 당국자에 의하면, 1997년 3월 첫 번째 봉지가 발견된 이래 8명의 수사관들과 경찰책임자가 700명을 탐문 조사했으며, 6백 여 가지의 자료들을 얻었다고 발표했다.

살인범은 남성일 것으로 추정되며, 아마도 그 지역의 사정을 잘 알고, 역사적인 배경 지식을 갖고 있는 것으로 추정되었다. 벨기에 당국에서는 계속 도망다니는 연쇄살인범을 프로파일링하는 작업에 도움을 얻기 위해 미국 FBI 관련 부서에 협조를 요청했다. 그 연쇄살인범은 피해자들의 토막난 시체의 일부를 특별한 장소에 놓아 둠으로써 관계 당국을 조롱하는 것처럼 보였다. 시체의 일부를 담고 있는 것으로 발견된 마지막 봉지는 루 세인트 심포리엥(Rue St. Symphorien)에 있었다. 세인트 심포리엥이라는 거리는 3세기경 참수(斬首)된 프랑스의 성인(聖人) 이름을 딴 것이다. 살인범은 손으로 시체를 절단하지는 않았다. 그는 피해자들의 시체를 기계－통나무를 찍을 때 사용하는 12인치 간격으로 원형 날이 서 있는－의 롤 속으로 통과시켰다. 그래서 각 신체 토막들은 아주 정확하게 1피트로 측정되었다(Vronsky, 2004: 33-35).

5) 제3세계 국가 사례

로페즈(Pedro Alonso Lopez)는 20세기에 가장 많은 사람을 살해한 연쇄살인범 중의 한 명이다. 그는 콜롬비아의 원주민 태생으로, 콜롬비아, 페루 그리고 에콰도르에서 300여 명의 어린 여자아이들을 살해한 것으로 알려져 있다. 매춘부였던 어머니는 그가 8세 때, 여동생을 위해 집에서 쫓아냈다고 한다. 집에서 쫓겨난 뒤 그는 소아 성기호증 남자에게 잡혔으며, 자신의 의사에 반해 항문성교를 당했다. 18세가 되었을 즈음, 교도소에서 갱단에게 강간을 당했으며, 그를 공격한 자들 가운데 3명을 죽임으로써 복수를 했다. 그는 석방되자 페루로 이민을 갔다. 거기서 피해자를 데리고 도망치려고 할 때 시장 통에서 화난 군중들에 직면할 때까지, 적어도 그는 100여 명의 여자아이를 살해했다. 그는 에콰도르로 이사갔다. 거기에서는 여자아이들이 "좀더 정숙하고, 믿음직스럽고, 더욱 순진해 보였다"고 말했다. 1980년 체포될 때까지 일주일에 여자아이 3명씩을 살해했다. 홍수가 나서 매장되어 있던 피해자들 53명의 모습이 드러났다. 소녀들의 나이는 8세에서 12세 정도였다.

1999년, 콜롬비아 경찰은 140명의 어린이 살해사건과 연관성이 있는 가라비토(Luis Alfred Garavito)를 체포했다. 경찰은 8세에서 16세 정도에 이르는 대부분 114개로 절단된 소년들의 신체 일부를 발견했다. 가라비토는 7명의 어린이들 중 가장 나이가 많은 아이였다. 그는 아버지에게 반복적으로 구타당했으며, 2명의 이웃 남성에게 강간을 당했다. 또한, 가라비토는 심각한 알코올 중독자였으며, 우울증과 자살 감행 우려 때문에 치료를 받았다. 그는 대부분의 살인사건들을 과음 후에 저질렀다고 말했다. 그는 겨우 5년 동안의 정규학교 교육을 받았으며, 16세 즈음에 가출했다. 처음에는 가게의 점원으로 일했으며, 종교적인 물건과 기도 카드를 길거리에서 판매하고 다녔다. 검사는 가라비토가 대부분의 피해자들을 길거리에서 만났으며, 약한 술과 약간의 돈을 주면서 그들의 환심을 샀다(Vronsky, 2004: 35)[28]고 말했다.그는 1991년부터 어린이 189명을 살해한 혐의로 2000년 5월 '835년형'을 선고받고 현재 보고타 감옥에서 복역중이다(경향신문, 2004. 7. 19: 4).

28) Internet Crime Archives, "Serial Killer Hit List-Part 1," http://www.mayhem.net/Crime/ serial.html

미국의 텍사스 주 엘파소와 국경을 사이에 두고 마주 보이는 멕시코 북부 후아레스 시에서는 1993년 이후 공식적으로 258명의 여성들이 희생됐으며, 멕시코 검찰은 2004년 1월 '후아레스 사건'을 전담할 특별검사를 임명해 수사를 계속하고 있으나 아직까지 범인의 윤곽조차 밝히지 못하고 있는 실정이다.[29]

브라질에서 16세 청소년이 2007년 말부터 12명을 연쇄적으로 살해한 사건이 발생해 충격을 주었다. 3월 28일 일간지 에스타도 데 상파울루 등 현지 언론의 보도에 따르면 브라질 남부 리오그란데 도술 주(州) 노보 암부르고 시(市)에 거주하는 16세 청소년이 연쇄살인 혐의로 체포됐다 (연합뉴스, 2008. 3. 29).[30] 이 청소년은 지난 3월 24일 한 상인(39세)에게 스무 발의 총격을 가해 살해한 혐의로 경찰에 체포된 뒤, 2007년 말부터 노보 암부르고 시에서 잇따라 발생한 살인사건이 모두 자신의 소행이라는 사실을 실토했다. 살해 동기는 너무나 사소한 것이었다. 자신을 놀리거나 여동생과 사귀려는 사람, 자신의 여자 친구에게 친절을 베푸는 사람을 살해했다는 것이다. 총격을 가해 살해한 상인은 이 청소년의 귀를 잡아당기며 야단을 쳤다가 잔인하게 보복을 당했다. 경찰 관계자는 "문제의 청소년은 앞으로도 3명을 더 살해할 계획이었으며, 동기는 대부분 사소한 것이었다. 또한 자신의 범행 사실을 너무나도 태연하게 설명하는 데 놀랐다"고 말했다. 체포된 청소년은 심각한 결손가정에서 자란 것으로 알려졌다. 어머니(32세)는 마약 밀매 혐의로 교도소에 수감됐다가 현재 가석방 상태이며, 4명의 삼촌들은 각종 범죄 혐의로 현재 모두 수감중이다. 경찰은 우선 이 청소년을 사회교육센터에 넘겨 정신 감정을 의뢰했으며, 법원은 45일 후 감정 결과가 나오는 대로 수감 여부를 결정할 방침이라고 한다.

2000년 3월 16일, 라호레(Lahore)에 있는 파키스탄 법원은 이크발(Javed Iqbal)에게 100명 이상의 어린이들을 살해한 혐의로 사형을 선고했다. 사비르(Sabir)로만 알려진 13세짜리 소년을 포함해서 세 명의 공범들에게도 유죄가 선고되었다. 사비르는 구치소에서 42년간 복역하도록 형이 선고되었고, 나머지 두 명의 공범에게는 사형이 선고되었다. 그가 죽인 아이들은 대부분 거지들이었다. 그가 항문성교 혐의를 받자 그 아이들은 범인이 사전에 체포되도록 했는데, 그에 대한 보복으로 아이들을 살해했다고 이크발은 경찰에게 편지를 썼다. 2001년 10월 25일, 이크발과 사비르는 감방에서 죽은 채로 발견되었다. 교도소 관계자들에 의하면, 그들은 독극물을 먹고 자살한 것이 명백하다고 한다. 파키스탄 최고법원이 그들에

29) http://www.donga.com/fbin/output?f=cls&n=200407180068&main=1(2008년 4월 24일 검색) 외국의 엽기적 연쇄살인광 사례들 참조.

30) http://kr.news.yahoo.com/service/news/shellview.htm?linkid=57&articleid=2008032902432592701&newssetid =57(2008년 3월 29일 검색)

게 내린 사형 선고에 대한 이크발의 항소 내용을 듣기로 동의한 지 4일 후에 곧바로 자살을 감행한 것이다.[31)]

제1세계와 제3세계 사이의 어딘가에 속하는 남아프리카의 경우, 최근에 상당히 많은 연쇄살인범들 숫자－약 35명에 달할 정도－를 갖게 된 데에는 몇몇 이유들이 있다. 최근에 체포된 혹은 현재 남아프리카에서 석방되는 것으로 알려진 사람은 마지칸(Lazarus Mazikane), 몬트섀그와(Kaiser Motshegwa)와 같은 자들인데, 이들은 나스렉(Nasrec)에서 51건의 어린이, 여성 강간 및 연쇄살인을 저질러 고발되었다. 시톨(Moses Sithole)은 38명의 피해자를, 마크(Cederic Maake; the Wemmer Pan Killer)는 27명의 피해자를, 사이먼(Norman Afzal Simons; the Station Strangler)은 22명의 피해자를, 타왈라(Sipho Agmatir Thwala; the Phoenix Strangler)는 19명의 피해자를, 리버 몬스터(the River Monster)는 10명의 피해자를, 마졸라(Simon Majola)와 엔코시(Themba Nkosi; the Bruma Lake serial killers)는 8명의 피해자를 각각 살해한 자들이다.

6) 인도 사례

최근 인도 뉴델리 인근 노이다의 빈민가에서 발생한 엽기적인 아동 연쇄살인사건으로 인도 전역이 들끓고 있다. 특히 이번 사건에서 부모들이 실종된 자녀에 대한 수사를 당국에 지속적으로 촉구했음에도 불구하고 경찰이 이를 무시한 것으로 드러나, 인도 빈민가에서 치안 부재의 심각성이 사회적인 문제로 부각되고 있다고 인터내셔널 해럴드 트리뷴(IHT)이 2007년 1월 8일 보도했다. 산업지구인 노이다 지역에서 실종된 아이들 17명의 시신이 발견된 것은 12월 29일이었다(문화일보, 2007. 1. 8: 29). 마을 뒤쪽의 한 하수구에서 조각난 유골과 시신들이 들어 있는 몇 개의 포대가 경찰에 의해 발견된 것이다.

범인은 이 지역의 부유한 사업가와 그의 하인으로 그들은 동네 어린이들을 마구잡이로 유괴해 강간한 다음, 시체를 토막내 하수구에 버린 것으로 알려졌다. 또 시신들의 대부분이 몸통이나 두개골 등 일부가 사라진 상태여서 아이들의 장기(臟器)가 불법으로 매매되었을 가능성도 제기되고 있다. 부모들의 연이은 신고에도 이를 수수방관하던 경찰은 최근 실종된 성인 여성을 추적하던 중 범인을 검거했고, 그 과정에서 어린이 살해사건의 전모가 밝혀진 것이다.

인도의 국가인권위원회에 따르면, 연평균 45,000여 명의 어린이가 실종되고 있으며, 이는 대개 중부의 자르칸드와 차티스가르, 안드라 프라데시, 오리사 주(州) 등 상대적으로 개발

31) Internet Crime Archives, "Killers on the Run," http://www.mayhem.net/Crime/killersat large.html: Vronsky, 2004, p. 36에서 재인용.

이 낙후된 지역에서 발생하고 있다. 또한 범죄자들은 경찰 수사를 요구하거나 언론에 사건 내용을 알릴 만한 힘이 없는 저소득층을 범행 대상으로 삼고 있는 것으로 알려졌다.

인도 경찰이 어린이 사체가 들어 있는 포대를 옮기는 모습[32]

7) 중국 사례

중국은 엄청난 속도로 자본주의화되고 있으며, 또한 많은 연쇄살인사건들이 보고되고 있다. 2004년 4월, 중국 경찰은 돼지농장 주인의 아들인 29세의 청년 황용이라는 자의 토지에서 매장된 여러 구의 시체를 발굴했다. 그는 이미 인터넷 카페와 비디오게임 센터에서 유인한 17명의 고등학생을 살해했노라고 자백했다. 그는 피해자들을 테이블에 묶어놓은 채 고문하고 목을 졸랐으며 절단했다. 범인의 설명에 따르면, 그는 "엽기적인 살인행위의 경험"을 하고 싶었다고 한다.

중국 허베이 성(河北省)에 사는 쑤밍이라는 26세의 남자는 71세에서 93세에 이르는 37명의 노인 여성들을 상대로 연쇄 강간범죄를 저질렀다. 범인은 노인 여성들이 "통제하기에 수월"했었다고 경찰에서 밝혔다. 양신하이는 오늘날까지 중국에서 가장 악명 높은 연쇄살인범이라고 할 수 있는데, 65명을 살해하고, 23명의 여성을 강간했다.

선전(深圳)의 남부 지역 시에서는 어떤 부부가 직장을 구하러 온 17명을 살해한 바 있다. 베이징(北京)에서는 택시 운전사와 그의 아내가 7명을 살해했는데, 피해자들 가운데에는 4명의 매춘 여성이 포함되었다. 이들의 시체는 잘게 썰려져 있었고, 시체 일부는 범인들이 먹기도 했다고 한다. 난징(南京)에서는 스낵 가게를 운영하는 자가 다른 업소와의 경쟁을 매우 걱정하던 차에, 경쟁 가게에서 만드는 물건에 쥐약을 투입하여 38명을 죽게 만들었다(Vronsky, 2004: 22).

시멘트 트럭 운전수인 화뤼주오라는 자가 2003년 사형을 당했는데, 그는 베이징에서 만리장성 근처 셰라톤 호텔 주변 노상에서 14명의 매춘 여성들을 납치하여 살해했다. 그는 피해 여성들에게 수갑을 채워 자기 밴(Van) 승용차에 태우고 강간한 다음, 시체들을 시내 주변의 쓰레기더미에 버렸다.

32) http://news.bbc.co.uk/2/hi/south_asia/6216717.stm(2006년 12월 29일 검색)

허난 성(河南省) 중심 도시에 4명의 살인 갱들은 2000년에 71명을 살해한 뒤, 몇 달 동안 도망다녔다. 그들은 주택에 침입하여 망치로 마구 때려서 사망하게 하는 범행 수법을 썼다. 일단 내부에서 집의 거주자들을 살해하고, 종종 남자 피해자들은 고기를 토막내는 큰 칼로 성기를 거세하기도 했다. 그들은 전화카드와 천으로 된 마스크(담뱃불로 태워서 눈구멍을 낸)를 범행 현장에 남겨두었다.

2001년 허난 성에 두안궈쳉이라는 29세의 경비원이 있었는데, 이 자는 13명의 여성을 살해한 혐의로 고발되었다. 피해자 중의 상당수는 살해 당시 빨간색 드레스를 입고 있었다. 2003년 7월, 중국에서 두 명의 연쇄살인범은 떠돌이 거리 노동자와 부랑자를 대상으로 범행을 저지른 것으로 고발되었다. 29세의 남자는 16명의 부랑자를 살해했으며, 20세의 다른 한 명의 범인은 10명의 떠돌이 노동자를 살해한 혐의를 받고 있었다(Vronsky, 2004: 36-37).

8) 한국 사례

2004년 7월 18일 경찰에 검거된 유영철은 모두 20명을 살해한 것으로 드러남에 따라 국내에서는 역대 가장 많은 인명을 살해한 연쇄살인범으로 남게 됐다. 이에 앞서 가장 많은 사람이 살해된 것은 1975년의 김대두사건으로, 범인은 서울, 경기도 평택, 전남 광산 등 전국에서 아홉 차례에 걸쳐 강도 강간, 일가족 몰살 등 무차별 살인 행각을 벌여 모두 17명을 살해했다.

1982년 4월 27일 경찰관으로 근무하던 우범곤 순경이 경남 의령에 소재한 동네에서 대규모 살인사건을 저질렀다. 범인은 동거하던 자신의 여자 친구와 말다툼을 하던 중 화가 무척 난 상태에서 집을 나와 경찰이 관리하는 무기고로 갔다. 당시 지서에는 다른 동료 경찰관들이 모여 있었으며, 거기서 그는 술을 마시기 시작했다. 만취 후, 소총과 몇 개의 수류탄을 포함하여 무기류를 손에 넣었고, 저녁 무렵에 무장을 한 채 또 술을 마셨다. 주민들을 보호해야 할 자신의 임무를 망각한 채 집집마다 찾아다니면서 침입을 시도했다. 그리고 피해자들에게 총격을 가했고, 어떤 집에는 수류탄을 투척하여 일가족을 몰살시키기도 했는데, 그는 약 8시간 동안 이러한 범행을 지속했다. 경남 의령군에 소재한 몇몇 동네에서, 마지막으로 두 발의 수류탄을 자신의 몸에 부착시킨 채 다른 세 명의 인질들을 붙잡아 놓고, 그 수류탄을 터뜨려 자신을 포함한 마지막 피해자들을 살해했다. 이 사건으로 57명을 살해하고, 35명에게 부상을 입혔으며, 우범곤은 전형적인 광포성/격분 살인범(spree killer)으로 분류되었다.[33]

33) http://en.wikipedia.org/wiki/Woo_Bum-kon#Uireyeong_massacre(2008년 4월 3일 검색)

대량 살인사건

대량 살인사건(mass murder)은 보통 동시에 혹은 비교적 짧은 시간 동안에 많은 숫자의 사람들을 살해하는 행위다. 대량 살인사건은 개인들 혹은 집단에 의해 저질러질 수 있다. 광포성/격분 살인범들(spree killers)은 피해자들에게 단독으로 공포스러운 폭행을 저지르는 범인을 일컫는 용어이며, 범인이 많은 사람을 살해할 수 있지만, 동시에 그러한 행위를 저지르는 것은 아니다. 역사적으로 가장 많은 피해자를 살해한 대량 살인사건은 종종 인종적 혹은 종교적 이유로 전체 집단들 혹은 지역공동체 사람들을 전멸시키기 위한 시도들이었다. 이러한 일부 대량 살인사건들은 집단학살의 형태로 발견되며, 다른 사건들은 인류에 대한 범죄로 나타나기도 한다. 그러나 종종 그러한 범죄들은 거의 유죄로 인정되지 않거나 어떤 형태로도 전혀 처벌되지 않는 경우가 있다.

http://en.wikipedia.org/wiki/Mass_murder(2008년 4월 3일 검색)

유영철사건 : 범행에 사용된 망치와 수사 결과를 발표하는 경찰(좌)과
현장 검증에서 경찰의 토막 사체 발굴 모습(우)[34]

이 밖에도 1986년부터 1988년까지 친아버지와 친동생, 자신에게 돈을 빌려 준 이웃 등 모두 다섯 명에게 청산가리를 이용해 독살하고 한 명은 미수에 그친 희대의 여성 연쇄독살범 김선자도 있다. 화성연쇄살인사건은 1986년 9월부터 1991년 4월까지 경기 화성 일대에서 부녀자 10명이 연쇄적으로 성폭행당한 뒤 살해되는 등 장기간에 걸친 잔혹한 살해 수법으로 인해 '세계 100대 살인사건'에 포함되기도 했다. 지춘길은 1990년 3월부터 같은 해 11월까지 주로 노인들이 사는 외딴집에 침입해 노인 6명을 살해하고 불을 질렀으며, 이 과정에

34) http://www.donga.com/news/donga_album/donga_album/800.html(2008년 4월 24일 검색)

서 4명은 중상을 입었다. 1994년에는 김기환 등 7명이 이른바 '지존파'를 결성해 감금용 철창과 시체 소각용 화덕까지 갖추고 사업가 부부 등 5명을 잔인하게 살해한 사건이 발생했다. 이들은 부유층에 대한 적개심을 드러냈고, 이들 중 일부는 '담력을 키운다'며 인육을 먹는 잔인함을 보였다. 1994년 "내 나이만큼 사람을 죽이겠다"며 살인 일기까지 기록한 가짜 택시 운전사 온보현은 귀가하는 여성을 택시로 납치, 살해하는 등 부녀자 6명을 납치해 이 중 2명을 살해했다.

1996년에는 일명 '막가파'라고 불리는 5명이 귀가하는 여성을 납치하고, 구덩이에 산 채로 파묻는 잔인한 범죄를 저질렀다. 2000년에는 정두영이 부산, 울산, 경남 지역의 부유층을 범행 대상으로 삼아 철강회사 회장 부부 등 9명을 잇따라 살해한 사건(8명 중상)이 있었으며, 2002년 택시 운전사로 위장한 강도살인범들(김경훈, 허재필)이 6명의 부녀자를 살해했고, 이어 정남규는 2004년부터 2006년까지 13명 살해(중상자 1명은 나중에 치료중 사망)하고 20명에게 중상을 입혔다(국민일보, 2004. 7. 19: 6; 경향신문, 2002. 1. 12: KU).

2005년 한 해 동안 천안 지역 주변에서 무려 9명을 연쇄살인한 범인(김모, 43)이 같은 해 11월에 체포된 바 있다. 그는 4건의 강도짓과 3건의 특수절도 등 18건의 강력범죄를 저지른 것으로 드러났다(동아일보, 2007. 2. 26: 14; 중부매일, 2007. 2. 13).

8 연쇄살인의 동향: 1970년~2000년

연쇄살인사건의 증감은 이해하고 있지만, 왜 지난 30여 년 동안 그러한 사건들이 증가하고 있는가에 대해서는 제대로 이해하지 못하고 있다. 일부 범죄학자들은 연쇄살인범이 더 많아진 것이 아니라, 잠재적인 피해자가 많은 것이라고 설명하고 있다.

에거(Steven A. Egger)는 "사건을 연계시킬 수 없는(linkage blindness)"이라는 신조어를 만들어 낸 뉴욕 주의 연쇄살인범 컴퓨터 분석 프로그램 HALT의[35] 책임자였다. 에거는 살인사건 피해자의 다른 범주들보다 그들이 살해되었을 때 "덜 사망하는" 어떤 유형의 사람들을 죽이는 사회적 촉진에 대한 사건들이 증가하고 있다고 언급했다. 그에 따르면, 매춘 여성들, 호모 섹스를 찾아다니는 집 없는 떠돌이들, 가출 청소년들, 나이 많은 노인들 그리고 도시 중심부에 거주하는 가난한 사람들은 미국 사회에서 교외에 사는 중산층 출신의 백인 여자 대학생들보다 "덜 사망하는" 사람들로 받아들여지고 있다. 좀더 전통적인 관점에

35) HALT: Homicide Assessment and Lead Tracking System is similar in principle to ViCAP and is now called ViCAPS in New York State.

따르면, 피해자가 될 수 있는 빈번한 유형들은 그들이 유지하고 있는 생활 스타일에 의해, 그들 자신의 살인사건을 '손쉽게' 만든다고 한다.

에게에 따르면, 오늘날 우리의 문화가 실제로, 이러한 연쇄살인범을 부추겨서 "덜 사망하는" 사람들 쪽으로 범행 대상이 증가하도록 하고 있다. 살해문화(killng culture)는 실제 범죄사건을 다루는 문학, 소설, 영화, 뉴스에 의해 개념 정의되고 있는 바, 이 모든 것들은 연쇄살인범들이 경찰을 따돌리는 기술, 범행의 성격에 초점을 맞추고 있다. 그래서 피해자들은 단순한 이야기의 소품에 불과하며, 혹은 더 나쁜 경우에는 그들 자신의 죽음이 정당화되기도 한다. 예를 들면, 에거는 「양들의 침묵(The Silence of the Lamb)」이라는 영화에서 두 명의 연쇄살인범들의 역할을 무시하고 있지만, 1990년대 초반에 연쇄살인범과 프로파일링 개념이 본질적으로 유행하는 문화 쪽으로 소개되었다. 에거는 관중들은 앤서니 홉킨스(Anthony Hopkins)가 연기한 영리하고 복잡 미묘한 그리고 점잖은 하니발 박사(Dr. Hannibal)를 "the Cannibal(식인광)"과 동일시했다. 그리고 그는 영화에서 실제로 스타가 되었지만, 그러나 FBI 요원 스탈링(Clarice Starling)으로 연기한 조디 포스터(Jodie Foster)는 그렇지 않았다.

에거(Egger, 1998: 74)는 이 연쇄살인범을 잔인하고 가학적인 동물에서 반영웅(antihero)으로 바꿔놓았던 것은 앤서니 홉킨스의 훌륭함 때문이 아니라 연기력에도 불구하고 일반 대중은 우리 사회에서 연쇄살인범의 역할을 동일시하거나 심지어 찬양하도록 미리 프로그램되어 있다고 걱정하고 있다.

에거는 "받아들일 수 있는" 그리고 "받아들일 수 없는" 연쇄살인범에 대한 그러한 경계가 우리 사회로 하여금 연쇄살인에 대해 가치를 부여할 수 있는 길을 포장하고 있으며, 그들의 배우자를 살육한 '정상적인' 살인범들 위에 있는 위치로 그를 올려놓았다고 말한다. 많은 사람들에게 연쇄살인은 용기, 개체성 그리고 독특한 영리성의 상징이다. 많은 사람들은 재빨리 연쇄살인범을 그들로 하여금 반역을 꿈꾸도록 하며, 혹은 사회적 악을 채찍질하는 것을 허용해 주는 인물로 바꾸어 놓을 것이다.

사회비평가 셀처(Mark Seltzer)는 또한 이러한 관점의 해석에 동의하고 있다. 그에 따르면, 미국에서의 연쇄 살해문화는 초기의 독특했던 미국의 문화적 관습을 밀어냈다고 한다. 셀처는 실제 범죄사건을 다룬 문학, 일주일에 한 번씩 방영되는 범죄 스토리 영화와 뉴스들을 그가 상처받은 문화—찢어진 그리고 열어제쳐진 시체들과 사람들과 함께 일반 대중의 매료, 충격과 정신적 쇼크 그리고 상처 주변에 집단적으로 모여드는—라고 부르는 연쇄살인에 대한 책임과 연관짓고 있다. 연쇄살인범들에 관한 이러한 종류의 문화적 파종(播種, insemination)은 낙태를 하고자 자신을 찾아온 여성들을 살해한 크림(Thomas Neil Cream)

박사와 같은 19세기의 연쇄살인범에 대해 연구했던 역사학자 맥라렌(Angus McLaren)의 분석에서도 영향을 받았다.

맥라렌은 크림 박사가 저지른 범죄들은 "대체로 그러한 범죄들을 만들어 낸 사회에 의해 결정된 것"이었다고 제안하고 있다. 크림의 범죄가 일어나던 시간과 장소는 빅토리아 시대의 런던이었는데, 낙태를 하고자 했던 임신한 미혼 여성들은 가장 강한 비난과 경멸의 대상이었다. 맥라렌에 따르면, 연쇄살인범은 사회로부터 격리된 버림받은 자로서 인식되기보다는, 자기 마음대로 그 사회의 수준에 맞추어진 형벌들을 자기 스스로 단순히 실행하는 것으로 보았던 무법자라기보다는 오히려 과도하게 사회화된 자로 이해될 수 있을 것 같다(McLaren, 1993).

오늘날 연쇄살인사건 중에서 만약 피해자가 사회에서 버림받은 자일 경우에는 더더욱 무관심하다. 그린 리버 킬러(Green River Killer)였던 리지웨이(Gary Ridgway)를 체포한 것과 48명의 매춘 여성들에 대한 살인사건에 대한 그의 유죄는 일상적인 매스미디어의 관심을 받았을 뿐이었다. 대부분의 사람들이 번디(Ted Bundy)나 커내난(Andrew Cunanan)을 알고 있지만, 켄달 '스틴키' 프랑수아(Kendall "Stinky" François) 혹은 서프(William Lester Suff)와 같은 범인들이 비교적 많은 사람들을 살해했음에도 불구하고, 그러한 이름을 갖고 있는 연쇄살인범을 아는 경우는 거의 없다.

13명의 살해된 피해자와 함께, 캘리포니아 주 레이크 엘시노(Lake Elsinore) 지역에서 1986년부터 1992년까지 살았던 서프는 로스앤젤레스 텔레비전 방송의 용이한 추적을 벗어나 살인을 다시 저지르면서 비교적 눈에 띄지 않았다. 서프는 마약에 중독된 거리의 여성들을 살해했다. 그리고 그 시체들을 스트립몰 뒤편에 있는 대형 쓰레기통에 넣었다. 그러나 심슨(O. J. Simpson)사건이 진행되는 도중에 서프사건이 재판에 회부되었다. 분노한 유명인의 손아귀에서 코카인에 중독된 13명의 죽은 매춘 여성들이 브렌트우드(Brentwood)에 있는 샤이니 화이트 스타벅스에서 살해된 2명의 피해자들과 비교되는 것이 왜일까? 그리고 뉴욕 주 롱 아일랜드에서 17명이나 되는 거리의 매춘 여성들을 살해했던 리프킨(Joel Rifkin)은 어떨까? 콜린 퍼거슨(Colin Ferguson) 근처에 살면서 기차로 통근하는 "비교적 괜찮은" 직장에 고용되었던 6명의 사망 사건을 보도하기에 바빠서, 매스미디어에서는 그의 스토리를 무시했다. 리프킨사건은 17명의 피해자들이 살해되었음에도 불구하고 거의 드러나지 않은 채 감춰졌다. 만약 '세인펠드(Seinfeld)'라는 사건 내용이 그것을 농담거리를 만들지 않았더라면, 우리는 심지어 그의 이름조차 알 수 없을 것이다(Vronsky, 2004: 37-41).

9 세기의 연쇄살인범들

1) 전형적인 연쇄살인범 테드 번디

연쇄살인범들의 제국에 관한 모든 통로는 번디(Ted Bundy)에게로 이어진다. 그는 아주 조직화된 범죄자로, 경찰은 범행 현장을 밝혀내지 못했다. 처음에 17명의 피해자들이 실제로 살해된 범행 장소를 밝혀내지 못했고, 피해자들 가운데 6명(혹은 그 이상)은 오늘날까지 여전히 실종된 상태로 남아 있다. 번디는 자기 스스로를 "연쇄살인에서 유일한 박사"로 언급하기도 한다(Vronsky, 2004: 102). 잭 더 리퍼에서 보스턴 교살자까지는 "그 때의" 연쇄살인범들이고, 번디는 "오늘날의" 연쇄살인범이다.

번디의 이야기는 수많은 다양한 내용의 책들에서 아주 상세하게 언급되었으며, 살인사건에 관한 수많은 백과사전들에서 요약되었다. 그는 전형적인 조직화된 살인범이었으며, 또한 '파워/통제형(power/control)' 혹은 '분노-흥분형(anger-excitation)' 살인범이었다(Vronsky, 2004: 103).

번디는 1946년 11월 24일 태어났다. 그리고 1989년 1월 24일 전기 의자에서 사형이 집행됐다. 그는 범행을 하는 동안 수많은 가명(Chris Hagen, Ken Misner, Richard Burton, Officer Roseland 등)을 사용한 바 있다.[36] 1975년 8월 16일 한때 체포되어 수감되었는데, 1977년 12월 30일 탈옥했고 그 후 1978년 2월 15일 다시 체포되었다. 그는 워싱턴, 오리건, 유타, 아이다호, 콜로라도, 플로리다 주 등 미국 전역에 걸쳐서 범행을 저질렀으며, 범행 기간은 대체로 1974년 1월부터 1978년 2월까지로 추정된다. 실제로 살해한 피해자들은 19명에서 36명 정도에 이른다고 한다.

10여 년 동안 상당한 정도의 부인에도 불구하고, 비록 현재까지 실제 범죄 피해자들의 숫자는 정확하게 밝혀지지 않았지만, 번디는 결국 30여 건에 이르는 살인사건을 자백했다. 추정치에 따르면, 29건에서 100여 건에 달한다고 하며, 일반적인 추정치는 약 35명 정도 된다고 한다. 번디는 피해자들을 몽둥이로 때리기도 하고, 목을 졸라 살해했으며, 물론 강간하고, 심지어 시체와 성관계를 한 경우도 있다고 한다.

36) http://en.wikipedia.org/wiki/Ted_Bundy(2008년 4월 3일 검색)

(1) 초기의 생활

① 어린 시절

1946년 9월에 테드의 어머니는 버몬트 주에 있는 미혼모를 위한 시설인 '엘리자베스 룬드 홈(Elizabeth Lund Home)'으로 혼자 떠났는데 지역의 교회 목사 부인이 동행해 주었다. 테드 번디는 1946년 11월 24일 버몬트 주 벌링턴에 있는 사회복지기관에서 코웰(Theodore Robert Cowell)이라는 이름으로 태어났으며, 22세 때 루이스 코웰(Louise Cowell)로 바꿨다. 그 해 11월에 테드를 출산한 후 루이스는 필라델피아로 돌아갔으며, 테드를 석 달 동안 버몬트에 남겨두었다(Vronsky, 2004: 103).

필라델피아에 돌아왔을 때, 아버지인 샘 코웰(Sam Cowell)은 어떤 알려지지 않은 고아원에서 테드를 양자로 입양한 것처럼 했다. 루이스는 자기가 테드의 누이인 것처럼 행동했다. 태어날 때부터 번디는 이미 FBI가 조사를 통해 발견된 43%의 성적 동기의 연쇄살인범들의 범주–그는 편부모 슬하에서 성장했다–에 이미 포함되어 있었다.

코웰 가족은 매우 엄한 감리교 신도들이었으며, 루이스의 임신 사실을 몹시 수치스럽게 여겼다. 테드가 그의 출생 이력에 관한 비밀을 해명했을 때, 아무도 정확하게 알지 못했다. 그의 아버지의 정체에 대해서는 아직까지 알려져 있지 않다. 번디의 출생증명서에는 "Lloyd Marshall"이라는 이름이 등재되어 있었다. 엘리너 루이스 코웰(Eleanor Louise Cowell)이 나중에 언급한 바에 의하면, 전역한 군인이었던 "잭 워딩턴(Jack Worthington)"이라고 불리는 남성의 꼬임에 빠져서 아이를 갖게 되었다고 한다. 번디의 가족들은 이 이야기를 믿지 않았다. 그런데, 폭력적이고 학대적인 루이스의 아버지였던 새무얼 코웰(Samuel Cowell)에 관해 의심을 표명했다.

사회적 낙인을 피하기 위해, 번디의 조부모였던 새무얼과 엘리너 코웰은 그를 그들의 아들이라고 주장했다. 그들의 성(family name)을 따르게 함으로써, 번디는 테오도어 로버트 코웰(Theodore Robert Cowell)이 되었다. 그는 자라면서, 엘리너 루이스 코웰을 자신의 나이 많은 누나라고 믿고 있었다. 번디의 전기를 쓴 작가 미처드(Stephen Michard)와 에인스워스(Hugh Aynesworth)에 따르면, 그는 실제로 고등학교에 다닐 즈음에서야 루이스가 자신의 어머니라는 사실을 알게 되었다고 한다.

태어나 최초 4년 동안 번디와 그의 어머니는 필라델피아에서 외할머니와 함께 살았다. 1950년, 번디와 그의 누이("Sister": 실제로는 엄마) 루이스는 워싱턴 주 타코마(Tacoma)로 이사하게 되었으며, 그곳에서 그녀는 교회의 비서로 고용되었다. 거기서 루이스는 납득이 잘 안 되지만, 자신의 아들의 성을 코웰(Cowell)에서 넬슨(Nelson)으로 바꾸었다.

1951년, 그들이 이사한 지 1년이 지나서, 루이스는 타코마 제일감리교회에서 개최된 미혼 성인들을 위한 모임에서 조니 번디(Johnnie Culpepper Bundy)라는 남성을 만났다. 그는 해군에서 전역한 자였으며, 지역의 재향군인회 병원에서 요리사로 근무하고 있었다. 그 해 5월, 조니와 루이스는 결혼했고, 법적으로 그의 성을 "번디"로 개명시켜 주면서, 조니는 곧바로 테드를 받아들였다.

얼마 되지 않아서 번디의 가족은 4명이 되었다. 번디는 아기인 동생을 돌봐 주느라 많은 시간을 보냈다. 조니 번디는 그를 캠핑 여행과 "아빠-아들 간의 특별활동"들에 함께하려고 노력했다. 그러나 그 소년은 감정적으로는 의붓아버지와 멀어져 있었다.

공립학교에서 그의 급우들은 번디를 영리하고, 행복해 보이며, 다른 많은 친구들로부터 인기 있고 학업 성적이 우수한 학생으로 기억하고 있었다. 번디는 타코마에 소재한 우드로 윌슨(Woodrow Wilson) 고등학교의 모범생이었다. 그리고 지역의 감리교회에서 "감리교 청소년부"의 부회장을 맡는 등 적극적으로 활동했다. 번디는 내성적이었는데, 나중에 고등학교 "벽을 찼다"고 말하기도 했으며, 사회적 발달이 방해될 정도로 사회적 행동을 이해할 수 없었다고 했다. 사회적 활동의 외형은 유지했지만 그는 다른 사람들과의 관계를 어떻게 지속시킬 수 있는지에 대해 자연적인 감각이 없었다.

그의 친구들에 따르면, 번디는 예민하고 지적이어서 "재빨리 알아차리는" 유머 감각을 갖고 있었다고 한다. 번디는 매일 신문을 배달하면서 이동하고 접근하기 위해 확인된 길을 알게 되었다. 고등학교 시절 한때 번디에 관한 사람들의 기억 속에 갑자기 먹구름이 끼기 시작했다. 그의 학업 성적은 보통 수준으로 떨어졌다. 그는 더 이상 중학교에서만큼 인기가 있지 않았다. 그는 주장하기를, 집에서는 학교로 보내 주도록 도와 줄 수 있는 역할 모델을 갖지 않았다고 한다. 아무도 그것을 설명할 수 없는 몇몇 이상한 이유 때문에, 일단 학교에 들어갔지만, 그는 더 이상 그곳에 적응하지 못했으며, 외톨이가 되었다.

그는 친구 간의 우정이 어떠했는지 그리고 사회적 상호작용에 무엇이 깔려 있었는지를 이해하지 못했음을 기억하고 있다. 여러 방식으로 번디에 관한 설명들이 있었는데, 그는 전형적인 고등학생이었다. 그는 고등학교에서 가장 인기 있는 학생들 가운데 한 명은 아니었고 가장 혐오를 받는 학생들 가운데 한 명도 아니었다. 즉, 그는 우리들 대부분과 비슷했다.

몇 해가 지나면서, 플로리다에서 연쇄살인사건이 발생했는데, 번디는 어린 나이에, 그 자신의 일부로 여기곤 했다. 그것을 "실제 존재하는 것"이라고 부르면서, 성(性)과 폭력에 관한 이미지에 매료되었다. 심지어 고등학교를 졸업하기 전에, 강박 관념에 사로잡힌 절도범, 상점 절도범이었으며, 그리고 아마추어 범죄자가 되어가고 있었다. 스키를 타는 것에 대한 열정을 유지하기 위해, 번디는 스키와 관련 장비를 훔치고, 스키 리프트 티켓을 위조하기도 했다. 비록 이러한 범죄 기록들은 나중에 삭제되었지만, 그는 청소년기에 두 번씩이나 체포되었다. 그가 14세였을 때, 여덟 살짜리 앤 버(Ann Marie Burr)가 그의 타코마 이웃 근처에서 사라졌다. 수년이 지나서 경찰은 번디가 그 실종사건에 책임이 있었을 거라고 의심했다(Vronsky, 2004: 104-105).

1989년 플로리다에서 번디가 전기 의자에서 사형당한 뒤, 수사 관련 저널리스트인 맥퍼슨(Myra MacPherson)은 그 미스터리를 해결하기 위해 살인을 저질렀던 그의 성격이 어떻게 형성되었는지에 대해 번디의 내면을 깊이 파헤쳐 보려고 시도했다. 필라델피아에서 어머니와 함께 있었던 시절에서 4년 후 워싱턴 주 타코마로 갑작스럽게 떠남으로써, 번디의 성장 과정이 비약된 것에 대해 맥퍼슨은 놀랐다. 어린 소년 테드가 할아버지, 할머니와 함께 살았던 그 4년 동안의 시간에 대해 아무것도 알려진 것이 없었다(MacPherson, 1989).

② 대학 시절[37)]

1965년 타코마 시의 우드로 윌슨 고등학교를 졸업했으며, 푸젯 사운드 대학교(University of Puget Sound)에 입학할 때 상을 받기도 했다. 그곳에서 가을 학기를 시작하여 심리학, 아시아학 과정을 선택했다. 같은 대학에서 2학기를 마친 후, 시애틀 소재 워싱턴대학교(University of Washington)로 전학했다. 대학생 시절에, 번디는 야채가게에서 포장일을 맡았다. 퀸 앤 힐(Queen Anne Hill)에 있는 시애틀 세이프웨이(Seattle Safeway)라는 수퍼에서 일하기도 했으며, 다른 특별한 직업을 갖기도 했다.

심리학에 관한 공부를 하는 도중에, "시애틀의 자살방지 핫라인", 즉 시애틀과 그 주변도시 내에서 활동하는 이른바 자살위기관리센터에서 야간 자원봉사를 하기도 했다. 거기서 그는 전직 여자 시애틀 경찰관을 만나 함께 일하기도 했다. 당시 그녀는 범죄사건을 다루는 애송이 작가였던 앤 룰(Ann Rule)이었다. 번디와 그의 범죄들과 친숙해지면서, 룰이라는 작가는 나중에 번디에 관해 가장 유명한 전기를 쓰게 되었다.

1967년, 그는 대학생이었던 브룩스(Stepanie Brooks, 가명)와의 관계를 시작했다. 그 이후 그 여대생은 1968년 졸업한 뒤 부모가 있는 캘리포니아의 집으로 돌아갔으며, 번디와의 관계를 끊었다. 그리고 그녀는 번디가 성숙되지 않았으며, 야망이 없다고 표현했다. 앤 룰이라는 작가에 따르면, 번디가 자신이 태어난 버몬트 주 벌링턴으로 방문하기로 결정한 그 시점이었다고 한다. 거기서, 룰은 그는 지역의 기록 관련 부서를 방문했으며, 결국에 그 부모에 관한 비밀을 알게 되었다고 썼다. 그것을 알게 된 후, 번디는 더욱더 집중적이고 지배적

37) 이하 내용들은 http://en.wikipedia.org/wiki/Ted_Bundy(2008년 4월 3일 검색)에 게재된 것을 요약하여 소개한 것이다.

인 사람이 되었다. 1968년에 그는 록펠러(Nelson Rockefeller)의 대통령 선거활동에 관련된 사무실에서 일하게 되었다. 록펠러의 지지자로서, 1968년 마이애미에서 개최된 공화당 집회에 참석하기도 했다.

테드 번디가 한때 살았던 워싱턴대학교의 U구역 내의 집[38]

1972년 워싱턴대학에서 심리학 전공으로 졸업했다. 그 후 곧바로, 그는 주(州)공화당을 위해 일하러 다시 갔다. 그러면서 당시 주지사였던 에반스(Daniel J. Evans)와 긴밀한 관계를 가졌다. 선거 기간 중, 번디는 주지사의 경쟁 상대였던 민주당 인사를 쫓아다녔다. 그의 연설을 녹음하고, 그 내용을 에반스에게 개인적으로 보고했다. 민주당 측에서 대학생인 척하는 번디의 행동을 알아차렸다. 1973년 가을에, 번디는 푸젯 사운드 대학교에 있는 법과대학(Law School)에 입학했다. 그러나 성적이 좋지 않았으며, 수업을 빠지기 시작하여 결국 1974년 봄 학기에 학교를 중퇴했다.

1973년 여름, 캘리포니아로 사업상의 여행을 떠나면서, 그는 새로운 모습과 태도를 가진 스테파니의 삶으로 돌아갔다. 이 시간은 그에게 진지했고, 법과대학에 입학한 동기에 걸맞게 전문가로서의 열정을 바쳤다. 그뿐만 아니라 엘리자베스와의 관계를 계속했고 다른 존재에 대해서는 거의 인식하지도 않았다. 그 해의 남은 기간 동안에, 스테파니의 환심을 사려고 무척 노력했고 그녀는 번디의 청혼을 받아들였다. 그런데 2주일 후, 1974년 새해가 좀 지나 그녀의 전화 요청에 답변하는 것을 거부하면서 무례하게 그녀를 비방했다. 그는 나중에 그 제의를 거절했으며, 그녀와의 관계를 단절했다. 그리고 "내 자신이 그녀를 가질 수 있다는 것을 증명해 보이고 싶었다"고 말했다. 이러한 관계 단절 후 몇 주일이 지나 그는 워싱턴 주에서 살인적인 분노를 나타내기 시작했다.

(2) 살인사건들

① 1단계 살인: 워싱턴을 중심으로

앤 룰과 전임 킹 카운티(King County) 수사관이었던 케펠(Robert D. Keppel)을 포함하

38) http://www.eriksinfobase.com/images/forsale_objects/House%20Ted%20Bundy%20 seattle %20u-district %20light%20blue%20two%20story%20mass%20murder%20serial.jpg(2008년 4월 6일 검색)

여 많은 번디 전문가들은 번디가 십대 초반부터 거슬러가서 살인행위를 시작한 것으로 믿고 있다. 1972년에서 1973년의 기간 동안에, 그가 첫 번째 실질적인 살인행위를 저질렀다는 것을 의미했다. 알려지고 시인했던 그의 초기 살해사건들은 그의 나이 27세 되던 1974년에 저질러졌다.

1974년부터 워싱턴 주 시애틀에서 시작된 첫 피해자는 1974년 1월 조니 렌즈(Joni Lenz, 가명)였다. 동년 1월 4일, 한밤중이 약간 지나서, 그는 지하실에 있는 18세 된 조니 렌즈라는 여자의 침실에 들어갔다. 그녀는 워싱턴대학교의 무용과 학생이었다. 그는 피해자가 잠들어 있던 침대 프레임의 금속봉을 빼내서 마구 때렸고, 자궁검사용 거울과 함께 피해자를 성폭행했다. 그 다음날, 피해자는 룸메이트에 의해 혼수 상태인 채로 발견되었으며, 피해자는 피에 흠뻑 젖은 채로 누워 있었다. 조니는 자고 있다가 쇠파이프로 구타당했지만 살아남았다. 그러나 영구적인 뇌손상을 입어 고통을 받았다.

그리고 겨우 4주 후 번디는 다음 희생자 린다 앤 힐리(Lynda Ann Healy)를 찾아낸다. 피해자는 워싱턴대학교의 대학생이었다. 1974년 1월 31일 밤에, 번디는 힐리의 방에 침입했다. 그녀를 기절시켰으며, 그녀에게 바지와 셔츠를 입힌 후 침대 시트를 몸을 감은 채 그녀를 데리고 사라졌다. 거의 한 달에 한 명꼴로 여성들이 사라지기 시작했다. 1974년 3월 14일 올림피아(Olympia)에서, 번디는 에버그린 주립대학(The Evergreen State College)에 다니는 19세의 도나 게일(Donna Gail)이라는 여학생을 납치하여 살해했다.

1974년 4월 17일, 엘렌버그(Ellensburg)에 소재한 센트럴 워싱턴 주립대학(Central Washington State College) 캠퍼스에서 수전 랜쿠르(Susan Rancourt)라는 여성이 사라졌다. 나중에 같은 대학의 다른 두 명의 여학생들이 팔에 깁스를 한 남성을 만났던 것을 기억해 냈다–한 번은 그날 저녁에, 한 번은 그날 밤보다 3일 전에–. 그 남자가 폴크스바겐 비틀에 자신의 책들을 싣는 것을 도와달라고 했다는 것이다.

다음은 캐시 파크스(Kathy Parks)였는데, 그녀는 1974년 5월 6일, 오리건 주 코발리스(Corvallis)에 소재한 오리건 주립대학교(Oregon State University) 캠퍼스에서 마지막으로 목격되었다. 브렌다 볼(Brenda Ball)은 여대생이 아닌 최초의 피해자였는데, 1974년 6월 1일 워싱턴 주 버리엔(Burien)에 소재한 플레임 타번(The Flame Tavern)을 떠난 후 결코 다시 볼 수 없게 되었다.

번디는 호킨스(Georgeann Hawkins)를 살해했다. 피해자는 워싱턴대학교에 다니는 여학생이었으며, 카파 알파 테타(Kappa Alpha Theta)와 캠퍼스 내 여학생 클럽의 한 회원이기도 했다. 1974년 6월 11일 이른 아침 시간에, 그녀는 남자 친구 기숙사에서 여학생 클럽하우스까지 길게 뻗어 있는 통로를 걷고 있었다. 그 이후 호킨스는 결코 눈에 띄지 않았다. 목격자에 따르면, 다리에 깁스를 한 남자가 그 날 저녁, 그 장소에서 자신의 작은 가방을 옮기는 데 어려움을 겪고 있는 것을 보았다고 한다.

번디의 워싱턴 지역에서의 살인행위는 1974년 7월 14일 절정에 달했는데, 워싱턴 주 이사콰(Issaquah에) 소재한 사마미시 호수 주립공원(Lake Sammamish State Park)에서 밝은 대낮에 오트(Janice Ott)와 나스룬드(Denise Naslund)를 납치한 것이다. 8명의 다른 사람들이 그 날 경찰에게 자신을 "테드(Ted)"라고 했던 왼쪽 팔에 멜빵을 한 잘생긴 젊은 남자에 관해 진술했다.

그들 가운데 5명은 여성이었는데, "테드"라는 자가 자신의 폴크스바겐 비틀 자동차에서 요트(sail boat)를 내리는 것을 도와달라고 했다고 한다. 그들 중의 한 명은 '테드'와 함께 그의 자동차가 있는 곳까지 멀리 갔다. 그런데 거기에는 요트가 없었다. 그와 함께 더 동행하도록 유혹을 받기 전이었다. 세 명의 목격자들은 그가 요트에 관한 얘기를 하면서 오트에게 접근하는 것을 봤다고 증언했다. 그와 함께 일행이 되어 호수에서 걸어가는 모습을 끝으로 그녀는 결코 다시 살아 있는 채로 볼 수 없었다. 4시간 후, 나스룬드라는 여성이 흔적도 없이 사라졌다. 1974년 8월 사마미시 호수에서 대략 6킬로미터 떨어진 곳에서 시체 두 구가 발견되고나서야 실종 사건의 의미가 드러나기 시작했다.

킹 카운티의 수사관들은 지금 용의자와 그의 자동차 둘 다에 대해 특징을 묘사한 기록을 갖고 있었다. 일부 목격자들은 수사관들에게 그들이 만났던 테드라는 자가 말끝을 끊는 투의 캐나다식의 악센트를 갖고 있었다고 진술했다.

곧바로 시애틀 전 지역에 걸쳐 용의자에 관한 전단이 뿌려졌다. 사마미시 호수의 용의자에 관한 스케치와 인상 착의에 관한 내용이 지역 신문들과 텔레비전 뉴스 기사로 방송된 것을 본 후에, 번디의 여자 친구와 워싱턴대학교의 심리학과 교수 중의 한 명 그리고 앤 룰이라는 이전의 직장 동료 등 모든 사람이 그를 가능한 용의자라고 경찰에 신고했다. 경찰은 매일 200여 건의 단서가 될 만한 신고를 접수했지만, 아주 말쑥한 법대생에 관한 조언에 대해 특별한 관심을 보이지 않았다.

공원에서 약 1마일 정도 떨어진 이사콰 근처의 90번 주간(州間)고속도로에서, 1974년 9월 7일 오트와 나스룬드라는 피해자의 유류품이 발견되었다. 여성들의 유류품을 따라서 추가로 피해자의 대퇴골과 척추뼈가 발견되었다. 사형 집행 직전에 번디는 그 뼈들이 호킨스의 것이라고 확인해 주었다. 1975년 3월 1일과 3일 사이에 힐리, 랜쿠르, 파크스 그리고 볼의 두개골과 턱뼈(다른 해골의 잔류물이 아닌)가 이사콰의 동쪽 지역에 있는 테일러 산(Taylor Mountain)에서 발견되었다. 몇 년 뒤, 번디는 또한 맨슨(Donna Manson)의 시체를 거기에 묻었다고 주장했다. 그러나 그녀에 관한 흔적은 발견되지 않았다.

② 2단계 살인: 유타 주와 콜로라도 주를 중심으로

그 해 가을, 번디는 솔트레이크 시티(Salt Lake City)에 소재한 유타대학교의 법과대학에 출석하기 시작했다. 거기서 그는 10월경에 살인을 재개했다. 낸시 윌콕스(Nancy Wilcox)라는 여성이 유타 주 홀러데이(Holladay) 시에서 1974년 10월 2일 사라졌다. 윌콕스는 폴크스바겐 비틀에 탄 후 마지막으로 목격되었다.

1974년 10월 18일, 번디는 미드베일(Midvale) 경찰서장 스미스(Louis Smith)의 딸인 17세의 멜리사 스미스(Melissa Smith)를 살해했다. 그는 강간하고, 항문성교를 일삼고, 결국 목졸라 살해했다. 그녀의 시체는 9일 후에 발견되었다. 다음의 피해자는 로라 에이미(Laura Aime)였다. 역시 17세였으며, 그녀는 1974년 10월 31일 유타 주 레히(Lehi)에서 있었던 할로윈(Halloween) 파티로 떠난 뒤에 사라졌다. 그녀는 알몸 상태였으며, 두들겨 맞았고, 목이 졸린 시체로 한 달 뒤에 어메리컨 포크 캐년(American Fork Canyon)에 있는 강뚝 위에서 추수감사절(Thanksgiving Day)에 하이킹을 온 사람에 의해 발견되었다.

유타 주 머레이(Murray)에서 1974년 11월 8일, 캐롤 다론치(Carol DaRonch)가 거의 죽을 뻔한 상태에서 도망쳐 나왔다. 머레이 경찰서의 로스랜드(Roseland)라는 경찰관에게, 번디가 패션 플레이스 몰(Fashion Place Mall)에서 자신에게 다가와 그녀의 자동차를 누군가가 부수려고 한다고 말했으며 그리고 그와 동행해서 경찰서로 가자고 했고 그녀는 그의 자동차에 탔지만, 안전띠를 매라는 그의 지시를 거절했다고 한다. 그들은 잠시 동안 차를 타고 갔고, 번디가 갑자기 그녀의 어깨를 잡아당겼으며, 그녀의 손에 한 쌍의 수갑을 채우려고 했다. 반항하자 범인은 그 두 고리를 같은 손목에 채웠다. 그 다음 번디는 쇠지레를 갑

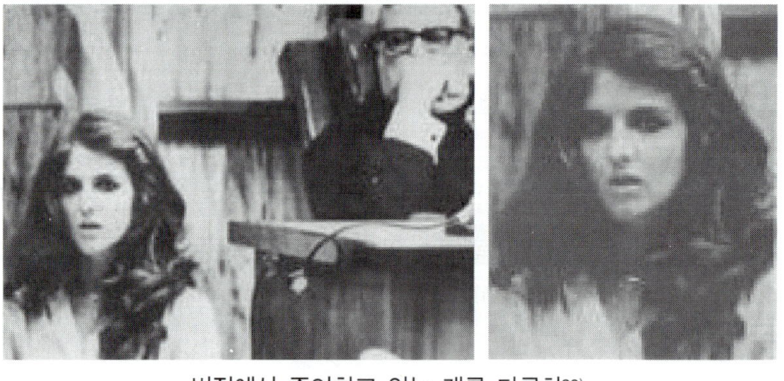

법정에서 증언하고 있는 캐롤 다론치[39]

39) http://www.crimelibrary.com/graphics/photos/serial_killers/notorious/bundy/7a.jpg (2008년 4월 6일 검색); http://caroldaronch.com/imgs/daronch_p.jpg(2008년 4월 6일 검색)

자기 빼들었다. 그러나 다론치는 그것이 그녀의 두개골을 부수기 전에 그것을 잡았다. 그녀는 그리고나서 차문을 열었으며, 고속도로 쪽으로 굴러 떨어졌다. 그래서 살인자로부터 도망칠 수 있었다. 후일 납치에 실패한 다론치에 의해 범인이 지목된다.

한 시간이 지나, 유타 주 본티풀(Bountiful)에 소재한 뷰몬트 고등학교(Viewmont High School)에 나타났다. 거기서 드라마 클럽의 공연이 시작되려고 하는 참이었다. 그는 드라마 교사에게 접근했으며, 학생에게 접근하면서 주차장으로 나와 한 자동차를 확인해 줄 것을 요청했다. 둘 다 정중히 거절했다. 그 드라마 교사는 연극 공연이 종료되기 전, 이번엔 숨을 가쁘게 쉬고 있는, 엉망이 된 그의 머리와 주름이 풀려진 셔츠를 잠깐 다시 보았다. 다른 학생은 그 남자가 강당 뒤에 숨어 있는 모습을 봤다. 뷰몬트 고등학교 학생이었던 17세의 데비 켄트(Debby Kent)가 연극 중간에, 자기 오빠를 데리러 갔다가 결코 다시 볼 수 없게 되었다. 나중에 수사관들은 뷰몬트 고등학교의 외부에 있는 주차장에서 작은 열쇠 하나를 발견했다. 그것은 캐론 다론치를 채웠던 수갑을 푸는 데 사용된 것이었다.

1975년, 그는 여전히 유타대학교 법과대학에 출석하고 있었다. 번디는 그의 범죄를 콜로라도로 옮겼다. 1975년 1월 12일, 캠벨(Caryn Campbell)이 콜로라도 주 스노매스(Snowmass)에 소재한 와일드우드(Wildwood) 여관에서 사라졌다. 그곳에서 그녀는 약혼자와 그의 아이들과 함께 휴가를 보내고 있는 중이었다. 그녀는 엘리베이터 문과 그녀의 방 사이의 50피트 정도 되는 짧은 거리에서 어디론가로 사라졌으며, 그녀의 시체는 1975년 2월 17일 발견되었다.

그 다음에는 베일(Vail) 스키 강사였던 커닝햄(Julie Cunningham)이 1975년 3월 15일 사라졌다. 그리고 올리버슨(Denise Oliverson)이 1975년 4월 6일 그랜드 정션(Grand Junction)에서 사라졌다.

교도소에서, 번디는 콜로라도 수사관들에게, 그는 커닝햄에게 접근하려고 크러치를 사용했다고 자백했다. 스키 부츠를 자기의 자동차로 옮기는 데 도와달라고 했다고 한다. 그 자동차에서, 번디는 쇠지레를 이용하여 마구 내리쳤다. 그리고 수갑을 채워 움직이지 못하게 했다. 그리고나서 호킨스 살인사건과 아주 유사한 범죄로 그녀를 목졸라 살해했다.

컬버(Lynette Culver)는 1975년 5월 6일 아이다호 주 포카텔로(Pocatello)에 있는 그녀가 다니는 중학교 운동장에서 실종되었다. 몇 년 뒤 죽음의 행렬 동안에 번디는 컬버를 납치했으며, 홀리데이 인(Holiday Inn)이라는 모텔 근처에 빌려놓은 방으로 그녀를 데리고 가 강간했다. 그리고 피해 여성을 모텔 안에 있는 욕조에서 익사시킨 후, 강에 그 시체를 유기했다고 자백했다.

유타로 돌아온 후, 1975년 6월 28일에 커티스(Susan Curtis)가 사라졌다. 번디는 커티스

살인사건을 사형 집행 전 바로 수분 전에 자백했다. 커닝햄, 컬버, 커티스 그리고 올리버슨의 시체는 끝내 발견되지 않았다. 그러던 중, 워싱턴으로 돌아와 수사관들은 방대한 용의자 명단에 우선순위를 매기기로 했다. 1975년 무렵에 발전된 기법을 사용하면서 그들은 각각의 다른 사람들에 대해 서로 다르게 보이는 용의자들의 리스트(Lynda Healy의 같은 반 학생들, 폴크스바겐 자동차의 소유자들 등)를 교차 확인하기 위해 컴퓨터를 사용했다. 그리고 한 명단에서 그 이상으로 나타나는 용의자들을 확인했다. '테오도어 로버트 번디(Theodore Robert Bundy)'는 4개의 서로 다른 명단에서 나타난 25명 중의 한 명이었다. 그리고 그의 사건 파일은 체포에 관해 유타 주로부터 요청이 왔을 때, "수사가 되어야 할" 서류더미 속에서 두 번째였다.

(3) 체포, 첫 번째 재판 그리고 도주

번디는 1975년 8월 16일 솔트레이크 시티에서 한 경찰관이 차량을 정지시키는 과정에서 우연히 체포되었다. 그의 자동차를 수색하는 과정에서 스키용 마스크, 쇠지레, 수갑, 쓰레기 봉지, 얼음송곳 그리고 다른 물품들이 발견되었다. 그러한 물건들은 경찰의 판단으로는 대부분 주거침입 절도용품이었다. 번디는 신문을 받는 동안, 스키를 타는 데 마스크가 필요하며, 쓰레기더미에서 수갑을 발견했다고 설명하면서 시종 냉정했다.

1급 살인 혐의로 기소되었을 때, 카메라 앞에서 웃고 있는 모습[40)]

공판정의 피고인석에서 재판을 받고 있는 테드 번디[41)]

40) 여러 명의 피해자들을 살해한 혐의로 1급 살인죄(first degree)로 기소된 사실이 언론에 공개되는 시점에서, "나는 무죄"라고 주장하며 카메라 앞에서 여유를 보이는 범인의 모습이다. http://en. wikipedia.org/wiki/Ted_Bundy(2008년 4월 3일 검색)

41) http://www.thebiographychannel.co.uk/images/biographies/main/400_bio_homepage_main. jpg(2008년 4월 6일 검색)

그의 아파트를 수색한 후, 경찰은 번디를 경찰서에 데리고 가 다론치와 본티풀사건의 목격자들 앞에서 라인업을 시켰다. 그들은 그를 '경찰관 로스랜드' 행세를 한 그 남자라고 확인했다. 그리고 켄트가 사라지던 그 날 밤 무대 쪽에 숨어 있었던 그 남자라는 것을 확인했다. 1주일 동안의 심리 기간, 번디는 1976년 3월 1일 다론치의 납치사건에 대해 유죄가 인정되었다. 그리고 15년 징역형을 선고받고 유타 주 교도소에 수감되었다. 콜로라도 당국의 관계자들은 살인사건에 대한 유죄 혐의를 찾고 있었다. 그런데, 번디는 거기서 재판을 받기 위해 인도되었다.

1977년 6월 7일, 캠벨(Caryn Campbell) 살인사건에 대해 재판을 준비하는 과정에서, 번디는 아스펜(Aspen)에 소재한 피트킨 카운티(Pitkin County) 법정으로 신병이 인도되었다. 재판이 진행되는 동안, 그는 법원도서관을 방문할 수 있는 기회가 주어졌다. 거기서 그는 창문이 있는 2층 건물에서 뛰어내려 도주했다.

체포되어 번디는 아스펜으로 돌아갔을 때보다는 규모가 작은 글렌우드 스프링스(Glenwood Springs) 구치소에 수감되었다. 그는 금속 절단용 쇠톱 날과 현금 500달러를 구했다. 그는 나중에 다른 교도소 수감자로부터 그 날(blade)을 얻은 것이라고 주장했다. 그는 천장에 용접되어 붙어 있는 작은 금속판을 톱으로 잘랐다. 그리고나서 몸집이 훨씬 작아지도록 다이어트를 한 후, 그 구멍을 통과할 수 있을 정도로 적당하게 몸을 만들었다.

번디의 재판을 담당한 아스펜 법원의 판사는 1977년 12월 23일 캠벨 살인사건 재판이 1978년 1월 9일 재개된다고 밝혔으며, 콜로라도 스프링스로 재판 지역을 바꾸었다. 번디는 글렌우드 스프링스 구치소 밖으로 이송되기 전에 도주해야 했다. 1977년 12월 30일 밤에 번디는 따뜻하게 옷을 입었으며, 책을 꾸렸다. 그리고 그의 이불 밑에 파일을 넣어서 마치 그가 자고 있는 모습으로 보이게 만들었다. 구치소 직원과 부인은 그날 저녁에 없었다. 구치소 직원의 아파트로 내려가 문을 열고 밖으로 나갔다.

번디는 자유의 몸이 되었다. 그러나 그는 그 춥고 눈 내리는 콜로라도 밤의 추운 겨울날 맨발이었다. 그는 고장난 영국제 스포츠카(MG)를 훔쳤으나, 그것은 결국 산에서 멈춰서 버렸다. 번디는 강한 눈보라가 몰아치는 한밤중에 70번 주간 고속도로변에 발이 묶였다. 그러나 다른 한 운전사가 그를 베일이라는 지역으로 태워 주었다. 거기서 버스를 타고 덴버(Denver) 쪽으로 갔다. 그리고 오전 8시 55분발 비행기를 타고 시카고로 날아갔다.

(4) 번디의 마지막 분노: 플로리다 주에서

번디는 그 때 미시간 주 앤 아버(Ann Arbor)로 가는 암트랙(Amtrak; 기차)을 탔다. 그곳 YMCA에 방 하나를 잡았다. 1978년 1월 2일 그는 앤 아버 바(bar)로 갔다. 그는 로스

보울(Rose Bowl) 스타디움에서 개최된 워싱턴대학교의 풋볼 팀(Huskies)이 미시간대학교의 풋볼 팀에 승리하는 모습을 지켜봤다. 그는 나중에 앤 아버에서 자동차를 한 대 훔쳤으며, 플로리다 주 탈레하세(Tallahassee)로 가기 위해 버스를 타기 전에 그 자동차를 조지아 주 애틀랜타(Atlanta)에 버렸다. 1978년 1월 8일 탈레하세에 도착했다. 거기서 그는 하겐(Chris Hagen)이라는 가명을 사용해 식사를 제공하는 하숙집에서 방을 빌렸다. 그리고 거기서 상점 절도, 지갑 낚아채기, 자동차 절도 등을 포함하여 수많은 경미한 범죄들을 저질렀다. 그는 미스너(Kenneth Misner)라는 학생의 신분증을 훔친 뒤 사회보장카드와 출생증명서를 복사하고나서 버렸다.

번디가 탈레하세에 도착한 지 1주일이 지난 1978년 1월 15일 수퍼보울 선데이가 개최되는 이른 시간에, 2년 반 만에 그동안 억제되었던 심각한 폭력적 살인사건 충동이 발동했다. 번디는 새벽 3시경, 플로리다 주립대학교의 카이 오메가(Chi Omega) 여학생클럽에 들어갔다. 거기서 레비(Lisa Levy)와 보우먼(Margaret Bowman)이라는 두 명의 여학생들을 살해했다. 레비와 보우먼은 몽둥이로 심하게 두들겨 맞았으며, 나중에 목이 졸린 채 살해되었다. 레비는 성폭행을 당했다. 그의 계속되는 범행을 막은 것은 리자 레비의 엉덩이에 있던 물린 자국이었다. 후일 깨문 자국은 법정에서 결정적인 유죄의 증거가 되었다.

카이 오메가 여학생클럽의 챈들러(Karen Chandler)와 클레이너(Kathy Kleiner)는 잠자는 동안에 무자비하게 두들겨 맞았으며, 중상을 입었다. 카이 오메가 여학생 클럽을 나와서, 번디는 그곳에서 몇 블록 정도 떨어진 다른 가정집에 침입했으며, 플로리다 주립대학교의 학생인 토머스(Cheryl Thomas)를 몽둥이로 심하게 내리쳐 중상을 입혔다.

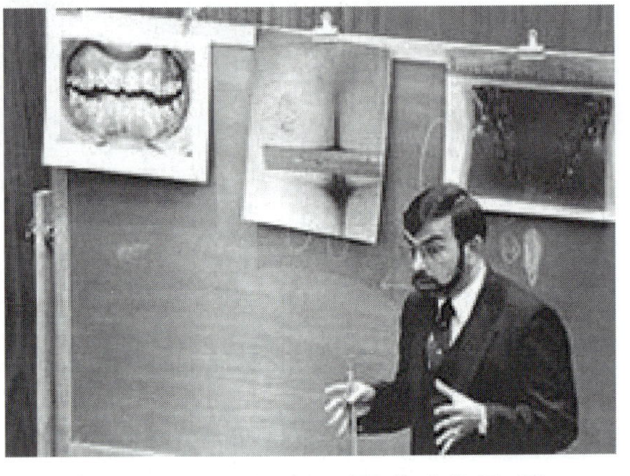

리자 레비 엉덩이의 깨문 자국에 대해 증언하고 있는 법치과학자 로웰 레빈 박사[42]

1978년 2월 9일, 번디는 플로리다 주에 있는 레이크 시티(Lake City)로 여행을 갔다. 거기에 머무르는 동안, 12세의 리치(Kimberly Leach)라는 여자아이를 납치하여 강간하고 살해했다. 그리고 시체를 조그만 돼지우리에 던져버렸다. 그녀는 그의 마지막 피해자였다.

42) http://www.crimelibrary.com/serial_killers/notorious/bundy/14.html; 그는 재판 당시 Chief Consultant in Forensic Dentistry to New York City's Medical Examiner라는 직책을 맡고 있었다.

1978년 2월 12일, 번디는 또 다른 폴크스바겐 비틀 자동차를 훔쳤다. 그리고 영원히 탈레하세를 떠났다. 그리고 플로리다 주에서 서쪽을 가로질러 다른 주(州)로 향했다. 1978년 2월 15일, 새벽 1시가 조금 지나서, 번디는 펜사콜라(Pensacola) 경찰서의 리(David Lee)라는 경찰관에 의해 불심검문을 당하면서 정지를 당했다. 그때 그 경찰관은 자동차 번호판과 면허증을 체크했는데 그 자동차는 도난 차량으로 판명되었다.

플로리다 주 법집행기관(Florida Department of Law Enforcement)에서는 그 다음날 이른 아침에 지문을 채취했다. 그는 곧바로 탈레하세로 이송되었다. 이어서 칼레하세와 레이크 시티에서 발생한 살인사건들에 대한 형사 책임을 지게 되었다. 그는 나중에 카이 오메가에서 벌어진 살인사건에 대해 재판을 받기 위해 마이애미로 이송되었다.

(5) 유죄의 인정과 사형 선고

번디는 1979년 6월 데이드 카운티(Dade County) 순회재판소 카워트(Judge Edward D. Cowart) 판사 입회하에 카이 오메가 살인사건들에 대한 재판을 받게 되었다.

법원에서 임명한 다섯 명의 국선 변호인들이 있었음에도 불구하고, 그 자신이 스스로를 변호하기를 주장했다. 심지어 보우먼의 시체를 발견한 경찰관을 포함하여, 목격자(증인)들

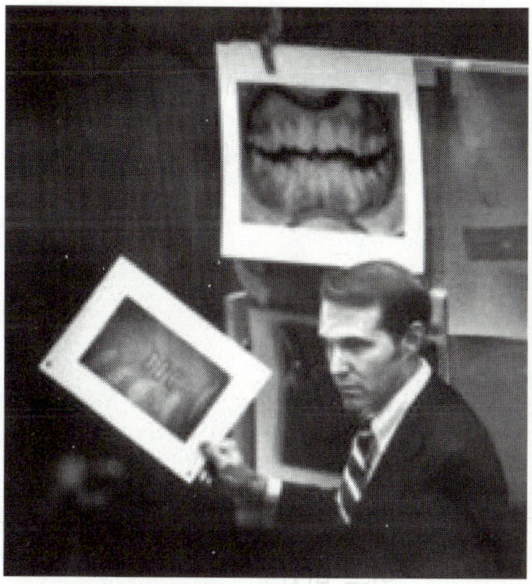

카이 오메가 살인사건 재판에서 제시된 증거(물린 흔적)를[43] 설명하고 있는 모습(좌)과 재판에서의 테드 번디(우)[44]

43) http://en.wikipedia.org/wiki/Ted_Bundy(2008년 4월 3일 검색). 본문에 제시된 사진은 법치과학 분야의 권위자 소버론(Richard R. Souviron)의 젊은 시절 모습(테드 번디 재판 과정)이다. http://www.forensic-dentalscience.com/images/rrs.jpg(2008년 4월 7일 검색)

44) http://www.monstropedia.org/images/2/2b/Ted_Bundy_2.jpg(2008년 4월 6일 검색)

을 교호신문cross-examined)하기도 했다. 그는 심슨(Larry Simpson)이라는 주의 부검사에 의해 기소당했다.

두 가지 증거들이 결정적인 것으로 증명되었다. 첫째는, 카이 오메가 클럽의 멤버인 니어리(Nita Neary)였는데, 살인사건이 발생하던 날, 아주 늦게 기숙사로 돌아오는 길에 번디가 그곳을 떠나는 것을 목격했다고 한다. 그리고 법정에서 그를 확인했다.

둘째는, 끔찍한 살인사건을 저지르는 동안에, 번디가 리자 레비의 왼쪽 엉덩이를 깨물었다. 그런데 명확하게 깨문 자국을 남겼다. 경찰은 번디의 치아 모양을 석고틀로 채취했다. 그리고 법치과학 전문가는 그것들을 레비의 상처를 찍은 사진과 대조했다.

번디는 모든 살인사건에 대한 혐의가 인정되어 사형을 선고받았다. 그 형벌을 확인하면서, 코워트 판사는 그에게 유죄를 선고했다: "당신에게 전기 의자에 의한 사형을 선고한다. 당신이 죽을 때까지 당신의 몸을 통해 전류가 흐르게 될 것이다. 젊은이여, 당신의 몸을 잘 보살펴라. 나는 당신에게 그것을 진지하게 말했다. 제발, 당신의 몸을 잘 챙겨라. 내가 이 법정에서 경험했지만, 완전히 쓰레기 같은 인간을 보게 된 것은 엄청난 비극이다. 당신은 총명한 젊은이다. 당신은 훌륭한 변호사가 되었을 수 있다. 그리고 당신이 내 앞에서 그러한 변호사 실습을 하게 된 것이야말로 좋은 경험이 되었다. 그런데 당신은 다른 길을 갔다. 당신 자신을 잘 보살펴라. 나는 당신에 대해 어떤 동정심도 느끼지 않는다. 나는 당신이 그것을 알게 되었으면 한다. 다시 한 번, 당신 자신을 잘 보살펴라."

1980년 킴벌리 리치 살인사건에 대해 재판을 받게 되었다. 그는 모든 사건에 대해 다시 유죄가 인정되었다. 원칙적으로 리치의 옷과 일치되는 섬유가 자동차에서 발견되었기 때문이다. 그리고 그가 학교에서 리치를 납치해 데리고 가는 것을 목격한 증인도 있었다.

킴벌리 리치 살인사건에 대한 사형 선고 직후의 모습[45]

1984년 10월, 번디는 킹 카운티의 살인사건 수사관이었던 케펠(Bob Keppel)을 접촉하게 되었는데, 그린 리버 살인사건에 대한 수색을 진행하는 데 도움을 주었으며, 그 사건에 관한 자신의 통찰력과 분석 내용을 제공했다. 케펠과 그린 리버 살인사건 전담반 라이처트(Dave Reichert) 수사관은 플로리다에서 사형 집행 대기중인 번디를 인터뷰하려고 이동했다. 두 수사관들은 나중에 번디

45) http://en.wikipedia.org/wiki/Ted_Bundy(2008년 4월 3일 검색)

가 저지른 것으로 의심받고 있는 해결되지 않은 살인사건들에 관한 상세한 내용을 얻기 위한 목적으로 진행된 이러한 인터뷰가 수사에 실제로 별 도움이 되지 않았다고 털어놓았으나 그들은 번디 자신의 내면 세계에 대해서는 훨씬 더 많은 통찰력을 제공했다.

번디는 1988년 다시 케펠을 만났다. 그의 항소들이 모두 기각되면서(번디는 그 이전의 1986년 3월 4일, 1986년 7월 2일, 1986년 11월 18일 사형집행장에 대해 모두 항소했다), 사형 집행이 임박해졌다. 번디는 그가 중요한 범인이었던 워싱턴 주에서 발생한 8건의 해결되지 않은 살인사건들을 자백했다. 번디는 케펠에게 그들이 처음에 생각했던 4건이 아닌, 5명의 피해자 시체들이 테일러 산에 있다고 진술했다.

번디는 다른 사형 집행을 지연시키거나 혹은 가능하면 사형이 종신형으로 바뀌기를 기대하면서, 사건에 대한 폭로 내지는 부분적인 자백을 활용하고자 했다. 한때 번디를 위해 법적인 지원을 하던 사람들은 피해자의 많은 가족들에게 플로리다 지사에게 탄원서를 팩스로 보내 주기를 요청하기도 했으며, 유족들이 사랑하는 피해자의 유해가 있는 것을 알아내기 위해 번디에게 선처를 요청해 달라고 부탁하기도 했다. 한 가족을 제외하고 모든 유족들은 그러한 요청을 거절했다.

케펠과 다른 사람들은 번디가 자신의 범행을 자백하면서 자신이 저지른 범죄에 관해 불충분한 내용을 제공했다고 보고했다. 그리고 그에게 더 많은 시간이 주어진다면, 더 많은 다른 시체 유기 장소를 진술하기로 약속했다고 했다. 그러나 그 술책은 실패했으며, 번디는 일정에 따라 사형을 당했다.

사형 집행되기 하루 전날, 번디는 돕슨(James Dobson)과 텔레비전 인터뷰를 하게 되었

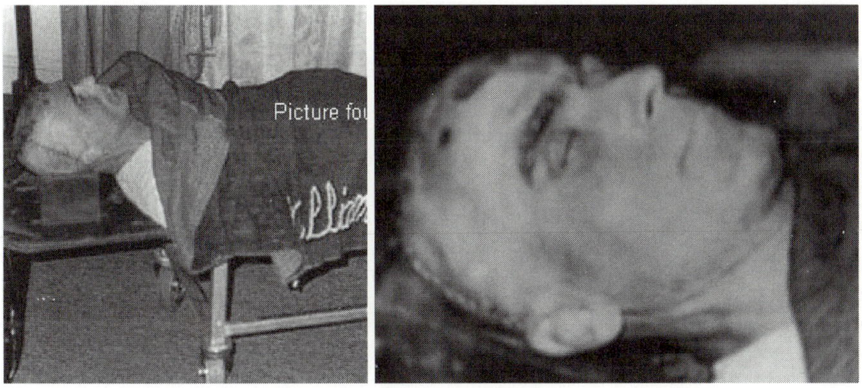

사형 집행당한 후 테드 번디[46]

46) http://ist.psu.edu/faculty_pages/jjansen/academic/courses/ifsm390/examples/deadted. jpg(2008년 4월 6일 검색); http://www.gravesights.org/TedBundyB.jpg(2008년 4월 6일 검색)

다. 그는 가족에 중점을 두고 있는 기독교계 조직의 대표였다. 인터뷰 동안 번디는 그의 범죄에 관한 '뿌리'는 포르노그래피였다고 반복해서 주장했다. 그는 포르노그래피가 자신으로 하여금 살인을 저지르도록 원인을 야기하지 않았던 반면에, 폭력적 포르노그래피에 대한 탐닉은 그의 폭력성을 만들고 형성시켜, 설명하기가 너무 무서울 정도의 행동으로 바꾸는 데 영향을 주었다고 진술했다. 그는 매스미디어에서 그러한 폭력성을 느꼈으며, "특별히 성적인 경향의 폭력"은 자신으로 하여금 "테드 번디가 되는 길로 내몰았다"고 주장했다.

유죄가 인정된 살인사건(FBI Case No: 251163P2)은 3건, 자백한 사건은 28건, 적어도 36건에 대해 용의자로 지목되어 있었다. 첫 살인은 1974년 1월 31일 워싱턴 주에서 시작되었으며, 마지막 살인은 1978년 4월 플로리다에서 저지른 사건으로 끝을 맺었다. 워싱턴 주에서 11건, 콜로라도 주에서 3건, 유타 주에서 8건, 플로리다 주에서 3건, 인디애나 주에서 2건 그리고 캘리포니아 주에서 1건의 살인을 저지른 것으로 추정되고 있다. 2건의 1급 살인, 3건의 1급 살인 미수 그리고 2건의 주거침입 절도사건에 대해 유죄가 인정되었고, 킴벌리 리치에 대한 살인사건으로 사형이 선고되었다.[47]

번디는 감옥에서 친구들에게 어느 주(州)에 사형 제도가 없는지 알아보도록 했는데, 그 자신이 사형만은 면할 만큼 똑똑하다고 믿었던 것 같다. 1989년 1월 24일, 그는 전기 의자 위에서야 자신의 생각이 틀렸다는 것을 깨달았다. 그의 주장에 따르면 36명의 여자들을 살해했다고 말했지만, 그 자신의 자백에 의하면 최소한 100명이 더 있을 거라고 했다.

(6) 범행 수법과 피해자들에 관한 프로파일들

케펠과 함께 연쇄살인에 대해 논할 때, 번디는 연쇄살인범들은 그들의 습관을 시간과 상황에 따라서 바꾼다고 말했다. 이것은 번디 자신에게는 들어맞았다. 예를 들면, 번디는 그에게 알려진 두 명의 피해자들, 조니 렌즈와 린다 힐리의 집으로 침입했다. 그러나 카이 오메가 살인사건이 발생하던 날 밤까지 그가 마지막에 체포되기 직전에 그녀의 집에 있는 피해자를 다시 공격하지는 않았다.

그럼에도 불구하고, 그의 범죄 경력 대부분에 걸쳐서 해당되는 일종의 범행 수법을 갖고 있었다. 그는 공공장소에서 잠재적 피해자에게 접근하곤 했다. 심지어, 대낮에 혹은 많은 사람들이 붐비는 곳에서, 사마미시 호수에서 오트와 나스룬드를 납치할 때 그랬다. 혹은 리치를 학교에서 납치하기도 했다. 번디는 다양한 방식으로 피해자의 환심을 샀다.

다른 시점에서는 공식적인 인물로서 위장하기도 했는데, 다론치에게 접근할 때에는 경찰관 행세를 했다. 리치를 살해하기 전 날에는 소방서의 버튼(Richard Burton) 행세를 하면

47) http://www.crimelibrary.com/criminal_mind/profiling/keppel2/1.html(2008년 4월 6일 검색)

서, 플로리다의 다른 젊은 소녀에게 접근했다. 그러나 그녀의 오빠가 현장에 도착하자 황급히 그 장소에서 도망치기도 했다.

번디의 모든 피해자들은 백인 여성이었다. 그리고 그들의 대부분은 중산층에 속하는 배경을 갖고 있었다. 거의 나이가 15세에서 25세에 이르는 여성들이었고, 대부분의 피해자는 대학생들이었다. 앤 룰의 책에 따르면, 번디의 대부분의 피해자들은 긴 머리카락을 지니고 있었는데, 1973년 한때 번디와 연인 관계였던 여성 스테파니 브룩스와 같은 외모를 지닌 여성들이었다. 룰에 따르면, 첫 번째 여성에게 가졌던 번디의 분노가 그의 연쇄적인 살인 고리에서 중요한 범행 동기 요소였다고 한다.

자동차로 피해자들을 유인한 후, 번디는 쇠지레와 같은 몽둥이로 피해자의 머리를 내리쳤는데, 범행 도구는 자동차 밑바닥에 은닉하고 다녔다. 발견된 모든 시체의 두개골에 따르면, 리치 살인사건을 제외하고, 둔기로 공격한 흔적들을 보여 주고 있다. 그리고 리치를 예외로 하고, 모든 시체에서 목졸라 살해한 흔적들을 보여 주고 있다.

번디의 피해자들은 캐시 파크스의 살인사건에서처럼, 피해자들이 사라진 곳으로부터 상당히 먼 곳으로 이동되었다. 그는 오리건에서 워싱턴까지 260마일이 넘는 거리를 운전하기도 했다. 번디는 범죄를 저지르기 전에 술을 마시기도 했으며, 다론치는 그가 숨쉴 때 술냄새가 났다고 증언했다.

하그메어 수사관에 따르면, 번디는 자기 자신을 그의 초기 몇 년 동안에 아마추어이며 충동적인 살인범으로 생각하고 있었다. 그리고나서 그의 전성기 혹은 약탈자 단계라고 생각하는 국면으로 접어들었다. 그에 따르면, 이러한 살인 국면은 힐리를 살해하는 시기를 전후하여 시작되었다고 한다. 그는 자신이 살인자로서 자신의 기술이 합당하다고 생각되는 피해자를 물색하기 시작했다.

살인이 이어지면서, 번디는 쇠톱으로 적어도 피해자 수십 명의 목을 절단한 것으로 알려지고 있다. 그는 나중에 테일러 산에서 발견된(Rancourt, Parks, Ball, Healy) 심하게 훼손된 머리들을 마지막으로 처리하기 전에 상당한 시간 동안 그의 방이나 아파트에 보관하기도 했다. 그는 앤더스(Meg Anders)의 머리를 여자 친구인 맨슨의 벽난로에서 소각하기도 했다. 번디 피해자들의 몇몇 두개골은 앞니가 빠진 채 발견되었다. 번디는 시체 매장 장소였던 테일러 산에 여러 번 반복해서 피해자들의 시체를 찾아가 시체들과 몇 시간 누워 있거나 그 시체들에게 화장을 하기도 했으며, 시체들이 부패해서 번디가 남아 있는 시체들을 포기할 때까지 분해되어 가는 시체들과 성적 관계를 갖기도 했다.

사형당하기 직전에, 번디는 시간(屍姦)을 할 목적으로 호킨스의 시체에 다시 돌아가기도 했다고 시인했다. 번디는 자기의 범죄에 관한 기념품을 계속 보관하고 있었다고 자백했다.

1975년 범인의 아파트를 수색했던 유타 주 경찰은 생활용품이 보관되어 있는 방에 숨겨놓은 사진첩과 보석에서 풀려난 직후 집으로 돌아왔을 때 번디가 처분한 사진들을 제대로 수색하지 못했다. 그의 여자 친구인 앤더스는 한때 여자들의 옷으로 가득 찬 그의 방 안에 있었던 가방 하나를 발견하기도 했다.

(7) 정신 감정

1987년 12월, 번디는 7시간 동안 뉴욕대학교의 메디컬 센터에 근무하는 루이스(Dorothy Otnow Lewis)에게 정신 감정을 받았다. 루이스에게 번디는 그의 어린 시절, 특히 그의 외할아버지/할머니(새무얼과 엘리너 코웰)와의 관계에 대해 설명했다. 독재자처럼 못살게 구는 외할아버지에 관해 이미 확고하게 굳어진 인상과 함께, 번디는 그를 흑인, 이탈리아인, 가톨릭 교도 그리고 유대인을 증오했던 괴팍스러운 사람으로 묘사하고 있었다.

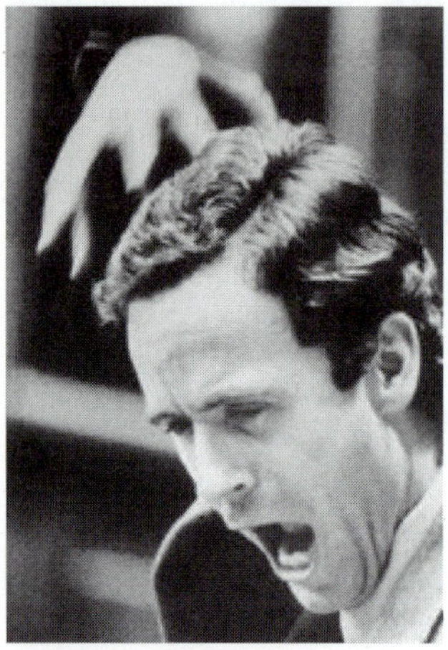

킴벌리 리치의 살인사건 재판 과정에서 분노하고 있는 번디48)

그의 외할아버지가 동물을 학대하고, 가족들이 기르는 개를 때리고 이웃집 고양이의 꼬리를 잡고 돌리고 하는 장면에 대해 계속 진술했다. 친척들에 따르면, 그는 또한 루이스에게 교회 집사였던 외할아버지가 그의 온실에 대규모 포르노그래피 수집품을 보관하고 있었으며, 번디와 그의 사촌은 그 장면을 오랫동안 몰래 훔쳐보곤 했다고 진술했다.

그의 외할머니는 온순하고 복종적이었으며, 우울증 때문에 치료를 받기 위해 때때로 병원에 다녔고, 그녀의 인생이 끝날 무렵에 광장공포증 환자가 되었다고 말했다.

루이스의 여동생 줄리아는 그녀의 어린 조카와 관련된 불온한 사건들을 기억하고 있었다. 낮잠을 자려고 코웰의 집에 누워 있었을 때, 줄리아는 코웰의 부엌에 있었던 칼들이 자신의 주변을 둘러싸고 있는 모습을 발견했다. 당시 세 살짜리 어린 테드가 침대 옆에 서 있었고, 그녀를 보고 웃고 있었다고 한다.

플로리다에 도망가 있는 동안 30켤레가 넘는 양말을 구입하기 위해 훔친 신용카드를 사용했다. 그는 개인적인 특별한 습벽 이상의 것은 아니라고 믿으면서, 발과 관련된 물건들에 대한 물품기호증 환자가 되고 있었음을 기꺼이 시인했다.

48) http://en.wikipedia.org/wiki/Ted_Bundy(2008년 4월 3일 검색)

2) 존 웨인 게이시

게이시(John Wayne Gacy, 1942-1994)는 미국에서 가장 악명 높고 많은 피해자를 살해한 연쇄살인범들 중 한 명이다. 그는 1980년 33명의 젊은이와 소년들을 살해한 혐의를 받았다.[49] 1978년 무렵 피스트(Robert Piest)라는 15세 소년이 실종되었다(Schechter, 2003: 196). 피스트는 명랑하고 꿈 많은 학생으로서 메인 웨스트(Maine West) 고등학교의 모범생이었다. 방과 후 약국에서 물건 정리하는 일을 보조하고 있었다. 그가 실종되던 날 어머니에게 여름철 일거리를 찾기 위해 지역의 건축 도급업자인 게이시를 만나러 그가 일하고 있는 지역의 약국 쪽으로 간다고 했다. 피스트의 어머니는 그녀의 생일 파티에 함께 가려고 아들을 데리러 약국으로 갔다. 그녀는 기다렸지만 피스트가 게이시의 자동차 쪽으로 나간 후 그 아들은 다시 살아서 돌아오지 않았다. 피스트의 부모가 아들의 실종 사실을 신고하자 경찰은 게이시를 추적했고, 그가 10년 전 수감되었던 사실을 알아냈다. 당시 경찰은 게이시에 대해 집중적으로 감시하기 시작한 때였다. 10년 전 게이시는 항문성교를 한 혐의로 체포되었으며, 그 때 피해자는 15세의 소년이었다. 게이시는 즉시 체포되었고, 수색영장을 발부받은 수사팀이 그의 집을 수색했다.

경찰은 그 집 마룻바닥 밑에 매장된 27구의 피해자들 가운데 최초로 한 명의 유품을 발견했다. 2구의 시체들이 뒤뜰에서 발견되었으며, 피스트의 시체를 포함하여 4구의 시체는 데스 플레인 강(Des Plaines River)에서 발견되었다. 단서를 찾기 위해 수사관들은 방을 샅샅이 뒤졌고, 의심이 가는 증거물들이 하나둘씩 나오기 시작했다. 그 중에는 노인과 어린 소년이 성관계를 갖는 사진이 실린 포르노 잡지도 있었으며, 배설물이 묻은 진동 딜도(성행위 도구)도 있었다. 주택과 차고에 숨겨둔 것들 중에는 장신구, 옷가지, 지갑 등과 같은 여러 소년들의 것이 분명한 개인 물품들이 나왔다. 게이시의 많은 피해자들은 매춘 남성들이었다. 그는 종종 비밀 수사관처럼 행세하기도 했으며, 피해자들이 자동차에 타자마자 그들에게 수갑을 채웠다.

한편 거실 벽장 바닥에는 뚜껑 문이 있었고, 그 문을 열자 무언가 가득 차 있는 바닥 밑 공간이 나타났다. 수사관들은 그 속을 비워낸 후 역겨운 오물더미를 확인했다. 그것은 구역질나는 끔찍한 범행의 증거들이었다. 돼지기름 덩어리처럼 변해 버린 썩은 살점들, 썩어서 까맣게 되거나 건조된 채 살이 붙어 있는 뼈도 발견됐다. 증거물이 나오자 게이시는 즉시 자신의 잔인한 범행을 자백했다. 6년이 넘는 기간 동안 33명의 젊은 남자들을 고문하고 살

49) http://www.sun-sentinel.com/topic/crime-law-justice/crimes/murder/john-wayne-gacy-PEHST002275.topic(2008년 4월 25일 검색)

어릿광대 복장의 게이시 모습들[50]

해한 그는 미국에서 가장 추악한 연쇄살인범이 되었다. 초기에 이 소식이 알려지자 사람들은 그 사실을 믿지 않으려고 했다. 범행이 너무 잔인하기도 했지만, 공공연히 알려진 게이시의 사람됨 때문이었다. 겉으로 드러난 사실만 보면 적어도 게이시는 지역사회의 중심인물이었다. 그는 열정적인 사업가로 성공했고, 지역사회의 문제와 자선(慈善) 사업에도 기여한 바가 컸다.

그러나 법원에서 임명한 정신과 의사가 게이시를 조사하자 그의 전혀 다른 면모가 드러났다. 게이시는 입버릇이 사나운 알코올 중독자인 아버지 밑에서 자랐다. 아버지에게서 자주 '계집애(sissy)'라는 비웃음을 듣고 자랐다. 게이시는 우울증 환자였으며, 동성애 성향 때문에 심각한 자기혐오감을 가진 채 성장했다. 그러나 그는 '정상'처럼 보이려고 이른 나이에 결혼하고 아이오와 주 워털루(Waterloo)에 정착했으며, 그곳에서 프라이드 치킨 가게를 운영했다. 이처럼 나무랄 데 없는 모습을 갖춰가는 동안에도 그는 미성년인 소년들을 유혹하고 능욕하는 은밀한 생활을 유지했다. 1968년 항문성교를 한 혐의로 체포된 그는 10년형을 선고받았으며, 그의 아내는 판결이 있던 당일 이혼소송을 제기했다.

게이시는 수감 동안에는 아주 모범적인 생활을 했고, 수감된 지 채 2년이 되기 전에 가석방되었다. 그는 시카고에 다시 자리를 잡고 재혼을 했으며 도급 사업을 시작했다. 그러나 오래지 않아 그의 가장 음흉한 충동들은 더 소름끼치는 행태로 나타났다. 자신의 사악한 욕망을 채우기 위해 고문과 살인을 자행하는 인간 약탈자, 교활하고 무자비한 '가학자'가 되어

50) http://library.thinkquest.org/04oct/00803/photo_gallery_framedpics/Gacy_one.png(2008년 4월 25일 검색)

있었다. 희생자의 일부는 그와 면식이 있는 관계이거나 직원이었으며, 대부분은 거리의 소매치기나 가출 소년이었다. 게이시는 종종 경찰관 행세를 하면서 버스 정류장이나 '버그하우스 스퀘어(Bughouse Square)'라는 좁은 동성애자 구역에서 범행 상대를 물색했다. 집에 돌아와서는 어린 소년에게 수갑을 채운 채 항문성교 행위와 고문을 행한 뒤 끔찍한 '교살행위(rope strick)'를 자행했다. 긴 나일론 밧줄로 고리를 만들어 소년의 목에 씌운 다음 나무로 된 망치 손잡이를 노끈 안에 넣은 뒤 손잡이를 천천히 돌리는 식이었다. 소년이 목에 졸려 죽을 때쯤이면 게이시의 성적 쾌감은 절정에 달했다.

소년이 죽은 후, 게이시는 사체를 벽장 바닥에 있는 좁은 공간에 처박았다. 그의 집에서 나온 오물더미는 모두 29구의 부패한 시신들이었다. 결국 좁은 공간에 빈 자리가 없어지자 그는 시체를 가까운 강가에 버렸다. 게이시는 법원에서 자신이 이중인격으로 고통받는다고 호소했다. 범행을 저지른 것은 '잭(Jack)'이라는 이름의 사악한 자아가 있기 때문이라고 주장하며, 자신이 처벌받아서는 안 된다고 주장했다. 배심원들은 1980년 3월 12일, 단지 2시간 정도 판단한 끝에, 게이시에게 33명의 피해자를 살해한 혐의로 유죄를 평결했다. 그 다음날, 배심원들은 단 2시간 15분 정도 고민한 후 범인에게 사형을 선고했다.[52]

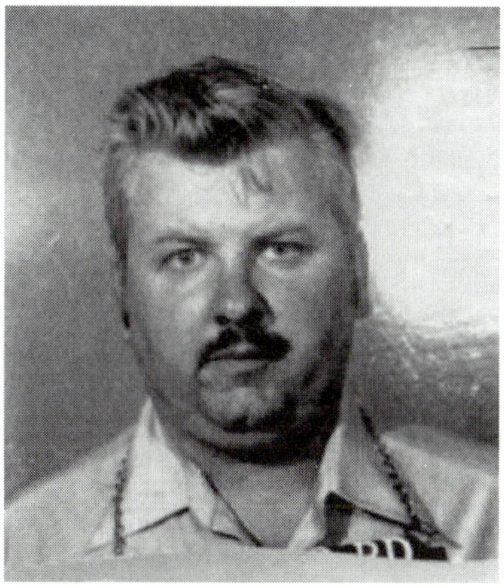

경찰에 체포된 게이시(mug shot)[51]

형(刑)이 집행되기까지의 14년이라는 기간 동안 게이시는 수십 점의 기괴한 그림을 그렸는데, 그 중 대부분은 서커스 광대, 디즈니 캐릭터였다. 그의 작품들은 일부 전문가 사이에서 제법 소장할 만한 가치가 있는 것으로 간주되었다. 게이시는 자신의 사악한 명성에 자부심을 느꼈으며, 자신을 주제로 "양장본 서적 11권, 반양장본 서적 31권, 영화 대본 2편, 영화 1편, 단발성 브로드웨이 연극, 노래 5곡, 신문 기사 5,000건"이 나왔다는 사실을 자랑하고 다녔다.

1994년 5월 10일 자정이 막 지날 무렵, 게이시는 52세의 나이로 약물주사(lethal injection)를 맞으면서 조일렛(Joilet) 소재 스테이트 교정센터(Statevile Correctional Center)에서 사형이 집행되었다(Schechter, 2003: 196-198).

51) http://www.sun-sentinel.com/media/photo/2005-04/17224475.jpg(2008년 4월 25일 검색)
52) http://www.sun-sentinel.com/topic/crime-law-justice/crimes/murder/john-wayne-gacy-PEHST002275.topic(2008년 4월 25일 검색)

3) 제프리 다머

다머(Jeffrey Lionel Dahmer, 1960-1994)는 1978년에서 1991년 사이에 17명의 남자와 소년들을 살해힌 미국의 연쇄살인범이다. 살인사건의 대부분은 1989년에서 1991년 사이에 발생한 것들이다. 그의 살인행위들은 특히 강간, 시간(屍姦) 및 식인행위(cannibalism)를 포함하여 무시무시했다.[53] 그의 성(姓)은 이제 괴물(monster)과 같은 동의어가 되었다.[54] 다머는 밀워키(Milwaukee)에서 태어나 오하이오 주 바스(Bath)의 쾌적한 중산층 가정에서 성장했다. 다머의 부모는 사이가 매우 나빴고, "언제나 목청껏 소리를 지르며 싸웠다"는 것으로 부모를 기억했다. 끝없이 말다툼을 벌이는 부모는 자신들의 큰아들을 돌볼 여유가 없었다. 친구도 없이 방치된 다머는 그 자신만의 공상의 세계에 깊이 빠져들게 되었다(Schechter, 2003: 200).

다머에게는 별난 취미가 있었다. 작은 동물을 죽여 껍질을 벗기고, 염산(鹽酸)을 부어 살점을 녹이는 것이었다. 그는 집 뒤의 가축 우리에 다람쥐 해골을 모아서 전시했다. 한편 집 옆에 자신만의 은밀한 동물 묘지를 만들어 놓기도 했다. 그러나 사체를 반드시 매장한 게 아니라 때때로 나무에 꽂아두기도 했다. 애정 결핍에 시달린 다머는 자포자기식의 행동에서 위안을 찾았다. 고등학교는 별 탈 없이 다녔지만, 종종 기괴한 행동을 보이기도 했다. 그는 수업 시간에 양의 울음소리를 내기도 했으며, 복도에서 간질 환자처럼 느닷없이 쓰러지기도 했다. 고교 졸업 앨범에 사진을 싣기 위해 우등생들을 모아놓은 자리에 몰래 끼어들기도 했다. 이 장난은 사진을 현상한 뒤에야 발각되었다. 담당교사는 대단히 화가 나서 매직펜으로 다머의 얼굴을 검게 지워버렸다. 이 무렵 다머의 삶은 죽음과도 같은 암흑이 서서히 드리우기 시작했다. 그는 폭음을 시작했으며, 고문, 절단, 죽음에 대한 환상이 갈수록 강렬해지고 강박적인 성격으로 변해 갔다.

1975년의 어느 날, 이웃 소년 몇몇은 다머의 집 뒤편에 있는 숲길을 어슬렁대며 걷다가 충격적인 광경을 목격한다. 개의 목이 잘린 채로 장대에 꽂혀 있었던 것이다. 소년들은 그 근처에서 가죽을 벗기고 창자를 빼낸 개의 몸뚱이가 나무에 못 박혀 있는 것도 보았다.

1978년 다머가 졸업을 앞두고 있을 당시 그의 부모는 지겨운 결혼생활에 종지부를 찍었다. 부부는 이혼했고, 각자의 길을 갔다. 다머는 집에 혼자 남겨졌고, 그는 갈수록 혼란해지는 환상만 그리게 되었다. 다머는 어머니가 집을 떠난 지 몇 주가 지난 뒤, 힉스(Steven Hicks)라는 히치하이커를 알게 되었고, 그를 집으로 초대했다. 둘은 맥주를 나눠 마시고 잡

53) http://en.wikipedia.org/wiki/Jeffrey_Dahmer(2008년 4월 25일 검색)
54) http://www.time.com/time/2007/crimes/16.html(2008년 4월 25일 검색)

재판을 받기 위해 법정으로 들어서고 있는 제프리 다머55)

법정에서 재판중인 연쇄살인범 제프리 다머56)

담을 나누었으며 성관계도 했다. 힉스가 가야 할 시간이라고 말하자 다머는 바벨로 그의 뒤통수를 내리쳤고 목을 졸라 살해했다. 다머는 사체를 집 앞의 바닥 밑 공간에 끌어내린 뒤 절단했고, 비닐봉지에 사체 일부를 담아 두었다. 그 후 뼈를 묻었는데, 이 뼈는 나중에 다시 파내서 쇠망치로 빻아 가루로 만든 다음 집 뒤편의 나무가 우거진 골짜기에 뿌렸다. 다머가 살인 행각을 벌이기 시작했던 이 무렵 그의 나이는 불과 18세에 지나지 않았다.

이후 한동안 그는 공부에 열중했으며, 오하이오 주립대학을 몇 달 다니다가 자퇴한 뒤 군에 입대했다. 그는 동료 군인들에게 술을 마시기 전까지는 '평범한 청년'이었다. 그러나 술에 취하면 전혀 다른 사람으로 돌변했고, 침울하고 공격적이면서 거만한 태도를 보였다. 그는 애초 6년간 군 생활을 하려 했지만 2년 뒤에 전역했다. 제대 후 그는 밀워키 주 근방의 웨스트 앨리스(West Allis)에 있는 할머니 집으로 갔고, 혈액은행에서 일하게 되었다. 1985년에 초콜릿 공장에 취직했으며, 같은 해에 다른 어떤 큰 일을 겪게 되었다. 그 일은 아주 중대하고 무서운 것이었고, 거의 6년 간 잠잠하던 무서운 병세가 되살아난 것 같았다. 그는 게이 바(gay bar)를 돌아다녔으며, 어느 날 밤 한 남자를 만나 호텔에 묵었다. 두 사람은 술에 취했고, 성관계를 가진 후 정신을 잃었다. 다음날 아침 다머가 깨어났을 때 남자는 입에서 피를 흘리며 죽어 있었다. 다머는 가까운 상점에서 여행 가방을 산 뒤 호텔방으로 돌아왔다. 그는 가방 속에 시체를 구겨 넣었고, 택시를 타고 할머니 집으로 향했다. 그곳에서 시

55) http://images.publicradio.org/content/2006/07/06/20060706_dahmer_2.jpg;http://www.readthehook.com/images/issues/2003/0248/cover-dahmer.jpg(2008년 4월 25일 검색)

56) http://www.lib.fit.edu/pubs/librarydisplays/crime/Dahmer.jpg(2008년 4월 26일 검색)

체를 절단하고 유기했다.

1년 뒤 다머는 또 살인을 저질렀다. 클럽에서 동성애자 한 명을 만나 할머니 집으로 데려온 뒤의 일이었다. 그는 죽은 사내의 해골에서 살을 모두 벗겨낸 뒤 엽기적인 기념물을 만들었다. 그 후 얼마 지나지 않아 다음 희생자가 또 나왔다. 다머는 이후 몇 년간 법적인 문제를 여러 번 일으켰다. 그는 음란하고 외설스러운 행동을 보였는데, 1986년에는 몇몇 아이들 앞에서 소변을 보는 행동으로 인해 체포되었다. 2년 뒤 13세의 라오스 소년을 밀워키의 아파트로 끌어들여 진정제를 섞은 음료를 먹인 다음 능욕했다. 2급 성폭행과 음란한 목적의 아동 유괴 혐의로 체포된 그는 10개월의 수감 생활을 했고, 1990년 3월에 석방되었다.

이듬해 다머는 남자 세 명을 더 살해했다. 한때 이웃 주민들은 그의 아파트에서 썩은 냄새가 나는 것을 알았다. 이웃들이 그의 집에 몰려가 불만을 털어놓자 그는 자기 집 냉장고가 고장나서 고기가 썩었다고 해명했다. 그가 무척 미안해했기 때문에 이웃들은 그의 말은 사실로 믿을 수밖에 없었다.

1991년 5월 27일 저녁, 그는 밀워키에서 거의 체포될 뻔했다. 27일 자정이 막 지났을 무렵 벌거벗은 채 피를 흘리는 14세의 한 아이가 어떻게 하든 도망치려고 하면서, 다머와 함께 뭔가를 찾으려고 골목길 속으로 달려가는 것을 두 여성이 목격했다. 경찰은 신고를 받고 출동했고, 경찰관들이 불심검문을 했다. 불심검문 과정에서 그는 또다시 교묘한 말재주로, 그것은 단순히 애인과의 말다툼일 뿐이라고 하면서 경찰을 안심시켰다.

다머에 의해 살해된 피해자들의 사체가 담긴 통을 수사관들이 옮기는 모습[57]

57) http://www.time.com/time/2007/crimes/16.html(2008년 4월 25일 검색)

적어도 17번 다머는 젊은 남자와 소년들을 자기 집으로 데리고 갈 수 있었다. 그 피해자 앞의 12명 그리고 그 후의 4명처럼, 그 젊은 남자는 결국 목이 졸려 살해되었으며, 시체는 토막내어졌다. 다머는 그 두개골들을 마치 기념품처럼 보관하고 있었다. 그는 큰 통에 피해자들의 신체 일부를 저장해 놓았다. 그리고 그것을 먹었다.

이 10대 소년의 유해는 나중에 납골당이나 다름없는 다머의 집에서 다른 유해들과 섞인 채 발견되었다. 이후 두 달 동안 살해한 사람들이 다섯 명이었다고 주장했다. 그러다가 1991년 7월, 무더운 여름날 늦은 밤중에 밀워키의 순찰중인 경찰 두 명은 한 손에 수갑을 차고 그들을 향해 달려오는 정신 나간 사내와 마주치게 되었다. 사내는 숨을 헐떡이면서 순찰차로 달려와 다머의 아파트 건물을 다급하게 가리키며 자신이 죽을 뻔했다는 말을 조급하게 털어놓았다. 경찰은 조사에 착수했고, 믿지 못할 광경을 목격하게 되었다. 또한 그들은 '다머의 공포의 방'도 찾아냈다. 침실의 서랍장은 사체 일부와 절단된 시신을 찍은 폴라로이드 사진으로 가득했다. 그 중에는 젖꼭지 밑 부분이 염산에 녹아 사라진 사람의 몸통 사진도 있었다. 끔찍한 것은 그것만이 아니었다. 경찰은 냉동고 안에서 남자의 두개골 세 개와 장기 일부, 창자, 허파, 간, 신장, 심장을 찾아냈다. 그는 그 심장을 나중에 먹으려 했다고 털어놓았다. 베이킹 소다를 담아둔 상자 옆 냉장고에서도 두개골 하나가 발견되었다. 아파트 곳곳에는 두개골 7개, 완전한 해골 5구, 뼈 조각, 부패한 손, 성기 등 갖가지 신체 부위가 감춰져 있었다. 그 밖에도 염산, 마취제 클로로포름, 방부제 포름알데히드, 전기톱도 세 개나 발견되었다. 이 소름끼치는 증거물들은 모두 11명의 유해였고, 훗날 그는 자신이 모두 17명을 죽였다고 자백했다.

다머의 범죄는 여러 가지 초기적 공포심과 혐오감을 불러일으켰다. 식인(食人)행위, 성행위, 계급과 인종 등등, 다머는 백인이었지만, 대부분의 피해자는 가난한 자들, 흑인, 아시아인 혹은 라틴 아메리카인들이었다.[58] 다머의 끔찍한 범행이 알려지자 미국은 온통 충격에 빠졌다. 1992년 재판에서 변호사는 그의 잔인한 행동들, 예를 들어 "냉동고에 두개골을 보관하거나, 식인을 일삼거나, 시체를 보관한다든지, 시체 성애 증상을 나타내고, 전두엽 절제와 피부 제거를 한 행동"들이 그가 정신병자임을 나타내는 증거라고 주장했다. 그러나 배심원단은 정신이상으로 인한 범행이라는 점을 받아들이지 않았고, 그에게 유죄를 선고했다.

1991년 7월 22일 체포된 후, 다머는 거의 1,000년 정도의 징역형을 선고받았다. 그는 최후 진술에서 죽고 싶다고 말했고, 1994년 11월 교도소에서 다른 재소자의 몽둥이에 맞아 살해되었다.

58) http://www.time.com/time/2007/crimes/16.html(2008년 4월 25일 검색)

다머의 시신은 화장될 예정이었지만, 뇌를 기증하는 문제 때문에 그의 부모 사이에서는 또다시 극심한 논쟁이 벌어졌다. 그의 어머니는 아들이 "남에게 도움을 줄 수 있다면 무슨 일이든 다 하겠다고 입버릇처럼 말했다"고 주장했으며, 아들의 뇌를 연구단체에 기증해 반사회적 행위에 대한 신경학적 원인을 찾을 수 있게 해야 한다며 소송을 냈다. 한편 그의 아버지는 모든 일을 깨끗이 정리하고 싶다면서 아들의 장기를 없애지 못해 안달이었다. 이 문제는 1995년 12월에야 결정이 내려졌는데, 판사는 그의 유언장과 그의 진술을 거론하며 뇌를 화장하도록 지시했다(Schechter, 2003: 202-204).

4) 게리 하이드닉

하이드닉(Gary Michael Heidnik, 1943-1999)은 납치한 여성들을 펜실베이니아 주 필라델피아에 있는 자신의 지하실에 가두어 놓았던 미국의 범죄자다. 그는 비록 두 명의 피해자를 살해했지만, 연쇄살인범이라고 일컬어진다. FBI가 연쇄살인범으로 분류하기 위해 "세 명 혹은 그 이상의 살인사건들"이라고 정의하고 있는 FBI 연쇄살인범 표준에 따르면, 하이드닉은 FBI의 개념 정의에 부합하지 않을 수도 있다.[59]

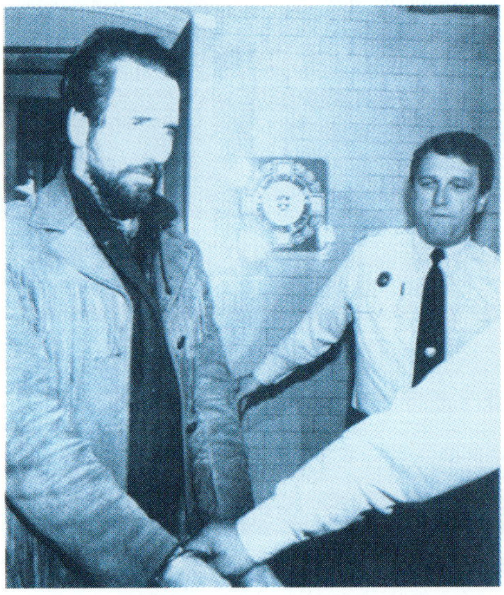

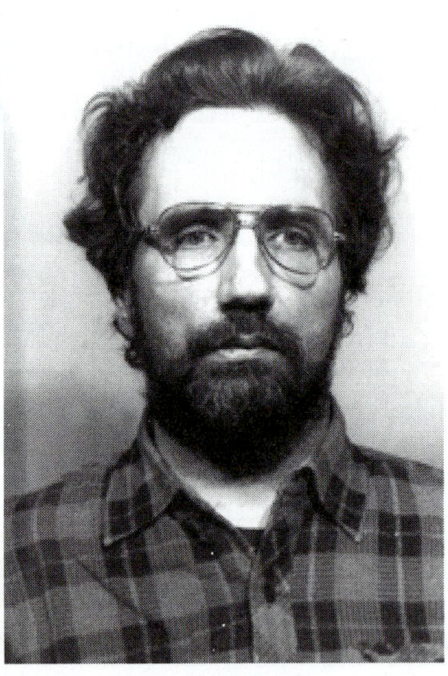

1987년 체포되어 수감되고 있는 게리 하이드닉(mug shot)[60]

59) http://en.wikipedia.org/wiki/Gary_M._Heidnik(2008년 4월 25일 검색)
60) http://www.phillymag.com/images/uploads/articles/5665_article.jpg;http://www.newcriminologist.com/uploads/heidnik%20custody.jpg(2008년 4월 26일 검색)

넬슨(Vincent Nelson)의 여자 친구 리베라(Josefina Rivera)는 1987년 추수감사절에 그와 심하게 다툰 후 자신의 아파트에서 뛰어나간 뒤 사라졌다. 그 후 넉 달이 지난 3월 24일 자정 무렵 그녀가 갑자기 그의 집에 모습을 나타내자 깜짝 놀랄 수밖에 없었다. 그러나 그가 아연해진 주된 이유는 그녀가 연락도 없이 불쑥 모습을 드러내서가 아니라, 그녀는 엉망진창이 된 상태였고, 마치 그동안 포로수용소에 갇혀 있기라도 한 것처럼 마르고 초췌해진 몸 때문이었다.

무엇보다 충격적인 것은 리베라가 털어놓은 믿지 못할 얘기들이었다. 어떤 미치광이가 그녀와 또 다른 여자들을 지하실에 사슬로 묶어두고, 넉 달 동안 강간하고 구타와 고문을 자행했으며, 그들 중 두 명은 사망했다고 말했다. 미치광이는 하이드닉이라는 사람으로, 제일 처음 죽은 여성의 시체를 잘라 리베라와 다른 여성에게 인육을 먹이기까지 했다. 넬슨은 당장 하이드닉을 체포하러 달려가려 했지만, 생각을 바꾸고 911에 먼저 신고했다. 처음에는 경찰도 그의 말을 믿지 않았지만, 다음날 아침 수색영장을 확보한 경찰이 필라델피아 북부에 있는 하이드닉의 누추한 집을 조사했을 때, 그들의 의심은 이내 공포로 바뀌었다. 경찰은 반쯤 벌거벗겨진 채 흑인 여성 두 명이 파이프에 묶여 있는 것을 발견했다. 널빤지 덮개를 씌운 얕은 구덩이 속에는 완전히 벌거벗은 또 다른 여성 한 명도 갇혀 있었다.

위층에서는 리베라가 얘기한 믿기지 않는 범행의 흔적들이 발견되었다. 하이드닉의 주방 냉장고에는 잘게 다진 팔뚝 하나가 들어 있었고, 오븐에 든 넓적한 냄비에는 까맣게 탄 갈비뼈가 있었다. 리베라의 주장은 명백한 사실이었고, 그녀들은 식인을 강요당했다. 물론 하이드닉은 체포되었고, 미국 전역에는 '필라델피아의 지하 감옥', '하이드닉의 공포의 집'이라는 이름으로 소문이 퍼져 나갔다.

하이드닉은 IQ 130을 갖고 있을 정도로 뛰어난 인물이었고, 월스트리트(Wall Street)에서 성공을 거둘 만큼 증권가에서도 능력을 발휘했다. 그러나 증권가에서 경력을 쌓을 운명은 아니었으며, 그의 부모만 보더라도 그 점을 알 수 있다. 하이드닉의 아버지는 거칠고 엄격한 인물이었는데, 어릴 때 아들이 침대를 적시면 오줌이 묻은 침대보를 집 앞에 널어두고 온 동네의 구경거리로 만들기도 했다. 어머니는 알코올 중독자였으며, 하이드닉이 두 살 때 집을 나가 결국 자살했다.

1963년경, 그는 정신병 때문에 군대에서 제대했고, 그 후 약 25년 동안 21차례나 정신병원을 드나들었다. 한편, 그는 10여 차례 이상 자살을 시도했으며, 목을 매달거나 약물 과다복용을 하거나 함부로 차를 몰거나, 전구를 깨뜨린 후 유리가루를 삼키려 한 적도 있었다.

정신이 정상적이었던 시기에는 다양한 일들을 했다. 그는 조무사 교육을 받기도 하고, 군대에서 연금을 모은 돈으로 허름한 3층 건물을 구입해 주인 노릇을 하기도 했다. 또한 종교에 의지하기도 했는데, 1971년에는 교회를 설립해 스스로 관리자가 되어 상당한 신도들을 모으고, 교회 운영을 위해 모은 헌금도 1,500달러나 되었다. 하이드닉은 그 돈을 주식에 투자해서 10년도 되기 전에 50만 달러로 자산을 불렸다. 하이드닉의 성적 취향은 정신 발달이 늦은 흑인 여성에게 향했다. 1978년에 그는 여자 친구들 가운데 한 명에게서 딸을 얻었으며, 같은 해 5월에 여자 친구와 함께 펜실베이니아 주 해리스버그(Harrisburg)에 있는 정신 요양원으로 차를 몰고 갔다. 그곳에는 여자 친구의 언니 앨버타(Alberta)-그녀는 유아 수준의 지능을 가진 34세 여성이었으며, 20년째 요양원에서 생활하고 있었다-가 머물고 있었다. 하이드닉과 여자 친구는 앨버타를 데리고 당일 외출을 허락받았는데, 그녀를 병원에 데려다 주지 않아 경찰에 신고가 들어왔다. 결국 앨버타는 하이드닉의 지하실에서 웅크리고 있는 채로 발견되었는데, 진단 결과 그녀는 강간과 항문성교를 당하고, 오럴 섹스를 강요당해 목 안이 임질에 감염된 상태였다.

결국 하이드닉은 체포되었고, 3년에서 7년형을 선고받았다. 그는 4년 만에 감옥에서 석방되었으며, 수감되어 있는 동안 주로 정신과 치료기관을 전전했다. 그는 판결이 진행되던 어느 날 쪽지를 적어서 경비원에게 전달한 적이 있었는데, 악마가 자신의 목구멍에 쿠키를 집어넣어 그가 말을 할 수 없다는 내용이었으며, 실제로 그 후 2년 반 동안 말을 하지 못했다. 하이드닉은 출소 후 편지를 주고받던 필리핀 여성과 결혼했고, 아들을 낳았다. 그는 여러 흑인 매춘부들과 성관계를 하면서 아내에게 그 광경을 보도록 강요했고, 결국 아내는 넌더리를 내며 떠나버렸다.

피해자들이 공포스러운 고문을 당한 하이드닉의 지하실을 파내고 있는 모습[61]

61) http://www.newcriminologist.com/article.asp?cid=107&nid=10(2008년 4월 26일 검색)

아내가 집을 나가자 그는 자신의 집 지하실에 '아기공장(a baby factory)'을 만들어 여자 열 명을 납치해서 감금하고 임신시킬 계획을 세웠다 (Schechter, 2003: 198-200). 가끔씩 매춘부로 일하는 26세의 리베라는 그 첫 대상이었고, 하이드닉은 추수감사절 당일 그녀를 자신의 집으로 데리고 와 성관계를 가진 후 일명 '하이드닉 책략(Maneuver)'을 꾀했다. 그녀의 목을 졸라 꼼짝 못하게 만든 뒤 지하실로 끌고가서 파이프에 쇠사슬로 묶었다. 이틀 뒤 다시 지능이 약간 모자라는 린제이(Sandra Lindsay)라는 흑인 여자를 데리고 왔고 두 여성은 고문과 폭행, 그리고 매일 강간을 당했다. 그들은 빵과 죽으로 끼니를 때우고, 가끔은 개 사료용 비스킷을 먹어야 했다. 얼마 뒤에는 또 다른 여성들이 끌려왔고, 모두 다섯 명이 지하 감옥에 함께 감금되었다.

그는 여자들에게 전기 충격을 가했고 나사돌리개를 귀에 쑤셔 넣기도 했다. 린제이가 파이프에 손목이 매달린 채로 늘어져 죽은 지 일주일이 지나자 그는 그녀의 시체를 위층으로 가져가 전기톱으로 절단했으며, 잘라낸 머리를 냄비에 담아 요리하고, 가슴 부위를 오븐에 구웠으며, 살점을 믹서기에 넣고 갈았다. 그런 다음 갈아낸 고기를 개 사료와 섞어서 남아 있는 여자들에게 먹였다. 23세의 더들리(Deborah Dudley)가 말을 잘 듣지 않자 그는 그녀에게 전기 충격 요법을 사용했다. 물을 채운 구덩이에 그녀를 밀어넣은 뒤 전기가 통하는 전선을 물에 집어넣어 결국 전선이 쇠사슬에 닿으면서 사망했다. 하이드닉은 그녀의 시체를 며칠 간 냉장고에 보관했고, 이후 뉴저지 주 와튼 주립 숲(Wharton State Forest)에 갖다 버렸다. 그 후 이틀 뒤 리베라는 가까스로 탈출에 성공했고, 당장 남자 친구의 아파트로 달려갔던 것이다.

1988년 7월 1일, 하이드닉은 두 건의 1급 살인을 포함한 18건의 범죄로 유죄를 선고받았다. 통상적인 사형 집행 연기 후에, 결국 1999년 7월 6일 약물주사에 의한 방식으로 사형이 집행되었다.

5) '샘의 아들'로 불린 연쇄살인범 데이비드 버코위츠

버코위츠(David Richard Berkowitz, 1953년 6월생)는 또한 '44구경 권총 살인자' 그리고 '샘의 아들'로 알려진 미국의 연쇄살인범이자 연쇄방화범이다.[62] 한때 그는 거의 1년 동안 뉴욕을 공포의 도가니로 몰아넣었다. 버코위츠는 가까운 곳에 주차를 한 뒤, 연애중인 젊은 커플들에게 무작위로 총격을 가했다. 수리아니(Valentina Suriani)는 그 자리에서 즉사했고, 에소(Alexander Esau)는 병원에서 사망했으며, 세 발의 총탄이 그의 머리에 박혀 있었다.

62) http://en.wikipedia.org/wiki/David_Berkowitz(2008년 4월 27일 검색)

아무도 '샘의 아들'이라는 24세의 뚱뚱보 버코위츠에 대해 의심하지 않았다. 하지만 9개월 동안 뉴욕의 퀸스(Queens) 그리고 브롱스(Bronx)의 늦은 밤거리에서 범죄를 저질러 왔다. 그는 세 명을 죽이고 네 명에게 상해를 입혔는데, 표면상 어떠한 동기도 없었다. 뉴욕시장 빔(Abe Beame)은 기자 회견에서, "우리는 야만적인 살인자로부터 자유로워야 합니다"라고 공표했다.

첫 번째 사건은 1976년 7월 29일 새벽 1시경, 병원의 간호사와 간호 실습생이 브롱스 가(街)에 주차된 올드모바일(Oldsmobile)의 앞좌석에 앉아 이야기를 나누고 있을 때 한 남자가 그들에게 다가와 종이가방에서 총을 꺼내 다섯 발의 총격을 가해 그들 중 한 명이 죽고 다른 한 명은 허벅지에 총상을 입었다. 4개월 후 같은 총이 퀸스 지역에서 자정 이후에 영화를 본 후 집으로 귀가하던 두 명의 여성들에게 사용되었다. 한 남자가 그들에게 다가와 길을 물었고, 그는 단순히 총을 겨누어 그 젊은 여성 모두에게 심하게 총상을 입혔으며, 척추에 총을 맞은 여성은 장애자가 되었다.

1977년 3월 8일, 버지니아 주 보스케리치안(Voskerichian)의 한 어린 학생이 퀸스 가에 있는 그녀의 집에서 겨우 수백 야드 정도 떨어진 가까운 거리에서 얼굴에 총을 맞고 살해되었다.

40일 후, 4월 17일 이른 아침, 에소(20세)와 수리아니(45세)가 브롱스 가에서, 이전에 로라와 발렌티가 총격을 당했던 그 현장에서 불과 몇 블록 정도 떨어진 곳에서 총격을 받았다. 새벽 3시경, 그들은 두 번의 총격을 받고 살해되었다. 수리아니는 현장에서 사망했고, 에소는 범인의 인상 착의에 대해 전혀 진술하지 못한 채 병원으로 후송된 지 몇 시간 만에 사망했다. 며칠이 지난 후, 경찰은 44구경 권총 살인사건에 대해 단지 한 명의 범인만이 책임이 있다는 그들의 논리를 되풀이하고 있었다.[63]

로라와 발렌티에게 총격을 가한 약간 검은 계통의 머리카락을 갖고 있는 남자가 용의자로 추정되었다. 버코위츠는 나중에 자신이 에소와 수리아니의 총격에 책임이 있다고 말했다. 1977년 4월 17일, 에소와 발렌티에 대한 총격 현장 근처 가까운 거리인 뉴욕의 브롱스 가에서 한 경찰관이 손으로 쓴 편지(메모)를 발견했다. 대부분 블록형 대문자로 쓰여져 있는 약간 작은 케이스의 편지에는 뉴욕경찰청(New York Police Department: NYPD) 보렐리(Joseph Borrelli)라는 경감 앞으로 보내는 것으로 주소가 적혀 있었다. 즉 범인은 6번째 범행 현장(동년 4월 17일)에 "나는 괴물이다. 나는 샘의 아들이다"라는 내용의 메모를 남겼다. 버코위츠는 샘의 개(dog)를 통해 악마의 명령을 받았다고 말했다.[64] 철자상의 실수들과

63) http://en.wikipedia.org/wiki/David_Berkowitz(2008년 4월 27일 검색)
64) http://www.cbsnews.com/stories/2004/06/11/national/main622733.shtml(2008년 4월 27일 검색)

연쇄살인범 데이비드 버코위츠[65]

함께 수수께끼처럼, 그 편지는 총격을 가한 범인에게 '샘의 아들'이라는 새로운 이름을 붙여 주었다.[66]

6월 26일 이른 아침 시간에 범인이 다시 퀸스 가에 있는 자동차 유리창을 관통하여 총을 발사해, 또 다른 젊은 연인에게 상해를 입힌 사건(7차 범행)이 발생하자 용의자는 공포와 상관없는 인물일 것으로 추정되었다.

8차 범행은 1977년 7월 31일 이른 시간, 코니 아일랜드(Coney Island)를 바라보고 주차되어 있는, 젊은 한 쌍의 연인이 타고 있는 자동차의 앞 유리를 관통해서 총격을 가했다. 여자는 병원에서 사망했고, 그 남자는 그 후 회복했지만 실명(失明)했다. 그런데, 이번에는 '샘의 아들'이 실수를 저질렀다. 사건이 발생했던 같은 시각, 멀지 않은 곳에서 개를 데리고 산책중이던 한 여자가 소화전 근처에 주차된 자동차에 대해 두 명의 경찰관들이 스티커를 발부하고 있는 모습을 목격하고나서 몇 분 후에, 한 젊은 남자가 자동차에 황급히 오른 뒤 자동차를 몰고 사라졌다. 그날 밤 소화전 앞에 주차되어 스티커가 발부된 자동차는 포드 갤럭시(Ford Galaxie)

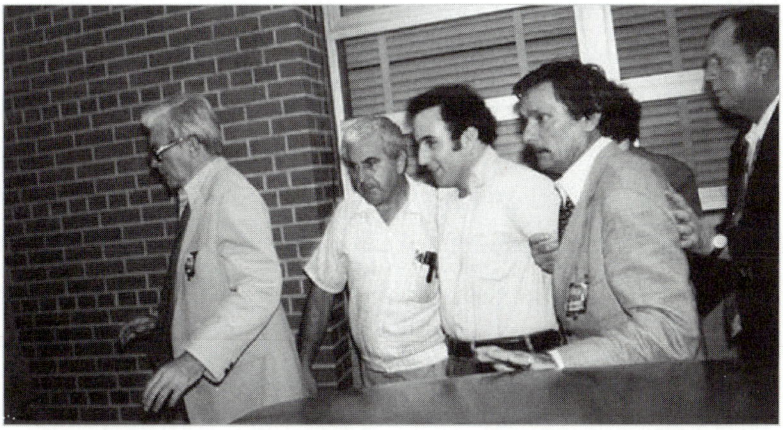

체포된 직후 신문받기 위해 이송중 웃고 있는 버코위츠(1977년 8월 11일)[67]

65) http://www.crimelibrary.com/graphics/photos/serial_killers/notorious/son_of_sam_letters/David-Berkowitz200.jpg(2008년 4월 27일 검색)

66) http://en.wikipedia.org/wiki/David_Berkowitz(2008년 4월 27일 검색)

67) http://graphics8.nytimes.com/images/2007/08/10/nyregion/10berkowitz.span.jpg(2008년 4월 27일 검색)

오직 한 대뿐이었고, 그 자동차는 용커(Yonker)에 거주하는 버코위츠(David Berkowitz)의 소유라고 등록되어 있었다. 그 다음날, 수색을 맡았던 경찰관이 그에게 다가가자 그 경찰관이 TV에 나온 것을 보고, 버코위츠는 곧바로 알아차렸다. 그리고 말했다. "수사관 다우드(Dowd)가 아닌가요? 당신이 결국 나를 잡았군요." 그는 악마 같은 모습이라기보다 의외의 모습을 가진 자였다.

그는 병적일 정도로 여자에 대해 부끄러움이 많았다. 나중에 버코위츠는 그 악마들 가운데, 그가 총으로 쏴서 죽인 개의 시체를 갖고 간 6,000세 된 남자를 죽이라고 재촉하는 악마의 소리를 들었다고 했다. 또한 자신에게 다른 사람을 죽이라고 명령했던 한 악마에게 이웃집 개가 사로잡혀 있었다고 주장했다. 1977년 8월 체포된 지 얼마 되지 않아서, 버코위츠는 1976년에서 1977년 사이에 뉴욕에서 8번의 총격을 가해 6명을 살해하고, 다른 7명에게 부상을 입혔다고 자백했다. 버코위츠는 나중에, 단지 두 건의 사건들에서만 총격을 가했다고 주장하면서, 개인적으로 3명을 살해하고, 4번째 사람에게는 부상을 입혔다고 자백을 수정했다. 버코위츠가 주장하는 바에 의하면, 다른 피해자들은 그가 구성원으로 있었던 폭력적 사탄 숭배 멤버들에 의해 살해되었다고 한다.[68] 버코위츠는 정상인으로 판명되었으며, 그에게는 6명분의 종신형이 선고되었는 바, 부과된 형벌은 도합 징역 365년 형이었다. 1977년 이래 관련 범죄로 교도소에 수감되어 있다.

교도소에서의 버코위츠의 생활에 따르면, 그는 홀과 오츠(Hall & Oates)의 노래 "부자 소녀(Rich Girl)"가 자신의 범행을 자극했다고 주장했다. 그러나 그 노래는 1977년 2월이 되어서야 발표되었다. 그 시점은 첫 번째 4건의 총격사건이 이미 저질러진 후였다. 1979년 버코위츠에 대한 살해 시도가 있었다. 그는 칼로 자신을 공격한 사람의 신원을 밝히기를 거부했다. 그러나 그 범행은 그가 한때 가담했던 사탄 추종자에 의해 저질러졌다고 주장했다. 그는 왼쪽 어깨 밑으로 영구적인 칼자국을 갖고 있는데, 무려 52바늘이나 꿰맨 상처였다. 1987년 버코위츠는 교도소에서 기독교인으로 다시 태어났다. 그의 개인적 증언에 의하면, 동료 재소자가 자신에게 준 기드온(Gideon) 사에서 출판한 포켓용 성경의 시편 34장 6절을[69] 읽고나서 개종(改宗) 순간이 왔다고 한다.

2004년 6월, 그는 첫 번째 가석방을 원하지 않는다고 주장한 이후, 두 번째 가석방을 거부했다. 가석방위원회에서는 그가 교도소 프로그램에서 좋은 성적을 보이기는 했으나 그가

68) http://en.wikipedia.org/wiki/David_Berkowitz(2008년 4월 27일 검색)

69) Psalm 34:6 This poor man called, and the LORD heard him; he saved him out of all his troubles("이 곤고한 자가 부르짖으매 여호와께서 들으시고 그 모든 환난에서 구원하셨도다"). http://www. holybible.or.kr/B_NIV/cgi/bibleftxt.php?VR=NIV&VL=19&CN=34&CV=99&FR=(2008년 4월 26일 검색)

저지른 범죄의 야만성으로 인해 징역형으로 수감되어야 한다고 결정했다. 2006년 7월, 가석방위원회는 버코위츠가 청문회에 참석하지 않은 상태에서, 다시 같은 이유로 그에 대한 가석방을 거부했다. 그는 교도소 내에서 봉사활동에 아주 깊게 관여하고 있으며, 다른 문제 있는 재소자들을 정기적으로 상담하고 있다.70)

2005년 6월, 버코위츠는 이전의 변호사였던 하마츠(Hugo Harmatz)를 고소했는데, 버코위츠 자신에 관한 책을 출판하는 데 필요한 편지들과 개인적인 소지품들에 관한 소유권을 그 변호사가 가져갔다고 주장했다. 버코위츠는 종종 만약 변호사가 피해자의 가족들에게 자신이 벌어들이는 모든 돈을 넘겨 주겠다고 서명을 해야만, 그 소송을 취하하겠다고 말했다.

2006년 10월 25일, 하마츠가 버코위츠의 현재 변호사인 헬러(Mark Jay Heller)에게 문제가 되고 있는 물건들을 돌려 주고, 책 출판으로 생긴 이익의 일부를 뉴욕 주 범죄피해자위원회에 기부하겠다고 동의하면서, 버코위츠와 하마츠는 법정에서 합의를 봤다. 그가 총을 쏴서 사망케 한 모스코비츠(Stacy Moskowitz)의 어머니인 네이사(Neysa)는 2006년 죽기 직전 버코위츠에게 자신은 그의 범죄들에 대해 버코위츠를 용서했다고 하는 내용의 편지를 썼다.

그는 자기 스스로 기사들을 쓰고, 책 그리고 평생 동안의 영화 판권으로 많은 돈을 벌었다(Greig et al., 2007: 22-24.). 버코위츠는 최근에 "희망의 아들: 데이비드 버코위츠의 감옥 저널(Son of Hope: The Prison Journals of David Berkowitz)"이라는 제목의 회고록을 쓰고 있는데 모닝스타 커뮤니케이션(Morning Star Communications) 사를 통해 출판할 계획이다. 버코위츠 자신은 출판 수익금을 받지 않는다. 이러한 과정을 통해 생겨나는 이익의 한 부분은 그가 저지른 범죄들로 인한 피해자들에게 배분될 수 있도록 뉴욕 주 범죄피해자위원회에 돌아가게 된다.

6) '보스턴 교살자'로 알려진 앨버트 드살보

'보스턴 교살자(Boston Strangler)' 사건의 경우는 연쇄살인의 역사상 가장 오랫동안 불가사의로 남은 사건 중 하나다. 드살보(Albert Henry DeSalvo)는 미국 매사추세츠 주 보스턴 시의 범죄자였다. 확실하게 알려진 것은 1962년 6월과 1964년 7월 사이 보스턴 지역에서 11명의 여성들이 살해당했다는 점이다. 모든 피해자들은 강간당한 후 목이 졸린 채 살해당했다. 그 당시 대부분의 사람들은 그곳을 활보하고 다니는 단독 연쇄살인범이 있었다고 생각했으며, 그를 '보스턴 교살자'라고 불렀다. 다른 많은 이들이 수사선상에 포함되었으며, 여기에 두 명의 살인자가 유력하다고 생각했다. 그 이유는 희생자가 모두 55세와 75세 정도

70) http://en.wikipedia.org/wiki/David_Berkowitz(2008년 4월 27일 검색)

연령대의 나이든 여성이었으며, 최후에 살해된 6명 중 5명은 10대 후반과 20대 초반의 여성들이었기 때문이다.

또한 이렇게 나중에 발생한 살인사건들은 다른 사건들보다 훨씬 더 난폭했다. 이러한 이유로 첫 번째 살인자는 나이든 여성(아마 어머니에 대한 증오가 범행 동기로 작용했을 것이다)에게 집착했으며, 그 다음의 살인자는 동일한 범행 수법을 쓰면서 이전의 범행 패턴을 모방했지만, 젊은 여성을 범행 대상으로 삼았다는 몇 가지 증거가 있었다. 그런데 이전에 교살자의 범행으로 돌리지 않았던 몇몇 다른 사건들뿐만 아니라 1965년 초, 드살보라는 한 남자가 당시 일련의 연쇄 강간범죄로 체포되어 11건의 살인사건들 모두를 자백하자 이 모든 추측은 수그러들었다.

드살보는 매사추세츠 주 첼시(Chelsea)에서 프랭크 드살보(Frank DeSalvo)와 그의 아내 샬롯(Charlotte) 사이에서 1931년 9월 3일 태어났으며, 6명의 자식들 중 한 명이었다. 아버지는 육체적 학대를 습관적으로 가하는 폭력적인 자였다. 그리고 1944년 아버지가 두 번째로 교도소에 간 후에 범인의 어머니는 결국 그와 이혼했고, 1973년 11월 25일 42세의 나이로 죽었다. 드살보의 별명은 '보스턴 교살자', '그린 맨(The Green Man)' 혹은 '몸의 치수를 재는 남자(The Measuring Man)' 등이었다. 그는 보스턴 지역에서 13명의 부녀자를 살해한 살인범 '보스턴 교살자'라고 자백한 인물이다. 그의 자백은 의심의 여지가 있는데, 드살보가 실제로 어떤 범죄를 저질렀는지에 관해 논쟁이 계속되고 있다.

드살보는 불량 청소년이 되었으며, 1943년 11월 12세이던 해, 주거침입죄, 성폭행죄 그리고 다른 경범죄들, 폭행, 구타 및 강도행위로 체포되었다. 같은 해 12월, 그는 리먼 스쿨(Lyman School) 소년감화원(1886년 설립된 소년감화원, 1971년 폐쇄되었음)으로 보내졌다. 1944년 10월, 그는 가석방을 받았으며, 신문배달 소년으로 일을 시작했다. 1946년 8월, 자동차 절도 사건을 저질러서 다시 리먼 스쿨로 되돌아가게 되었다. 두 번째 형벌을 종료한 후, 1948년 17세 때 드살보는 가석방 중에 군에 입대했고, 독일에 배치되었다. 독일에 사는 동안 그는 베크(Irmgard Beck)라는 독일 여자를 만나 결혼했다. 그녀는 그가 뉴저지 주 포트딕스(Fort Dix)로 이주했을 때 함께 왔다. 포트딕스에서 드살보는 9세 된 여아를 성희롱한 혐의로 고소당했다. 하지만 그 사건은 그 엄마가 고소를 취하함으로써 사건이 기각되었다. 그 이후 그 사건의 결과로 1956년에 군대로부터 전역당했다. 첫 번째 군복무를 마치고 명예전역을 하게 되었다. 그는 다시 군에 입대하고자 지원했다. 군법회의에서 기소된 것에 불구하고, 그는 다시 명예전역을 했다.[71]

71) http://en.wikipedia.org/wiki/Albert_DeSalvo(2008년 4월 29일 검색)

1960년 1월 드살보와[72] 체포되어 연행되고 있는 모습[73]

당시 그들 부부는 딸아이 주디(Judy)를 얻었으며, 매사추세츠로 돌아왔다. 그 다음 몇 년 동안 드살보는 온갖 일을 했고, 직장 동료들에게는 괜찮은 남자로 여겨졌다. 하지만 그럼에도 불구하고, 모든 것이 잘 되지만은 않았다. 그는 주거 침입으로 여러 번 체포되었고, 그와 아내 사이에는 성적 긴장이 있었다. 그의 딸이 선천적으로 유전병을 갖고 태어난 뒤부터 아내는 성적인 것에 매우 냉담해졌다. 그리고 그녀는 또 다른 장애가 있는 아기를 갖게 될까 겁에 질렸다. 그동안 드살보는 아내에게 하루에 5, 6번씩 성관계를 요구했다. 이 부자연스러운 성적 행위는 곧 드살보가 문제를 일으키는 데 이르렀다.

1950년대 말 무렵, 그 'Measuring Man(몸의 치수를 재는 남자)'에 관해 매사추세츠 여성들로부터 신고가 들어오기 시작했다. 그 남자는 모델 회사에서 왔다고 하면서, 그로 하여금 여성들의 몸 부위 전체에 줄자를 갖다대고 잴 수 있도록 설득했다고 한다.

1960년 3월 17일에 드살보가 주거침입죄로 한 번 더 체포되었을 때, 그는 자신이 '몸의 치수를 재는 남자'라고 자백함으로써 경찰을 놀라게 했다. 그의 범죄가 성폭행과 크게 관련이 없었기 때문에 비교적 너그럽게 2년형을 선고받았다. 일이 없는 한가한 시간에는 선행을 했으며, 11개월 후에 가석방되었다. 그런데, 그것은 그에게 교훈이 되기는커녕 교도소에서 보낸 시간은 그를 더욱 공격적인 약탈자로 변화시킨 듯 보였다.

2년이라는 시간이 흐르는 동안 그는 수백 명의 여성들을 강간했으며(경찰의 추정으로는 300명 정도, 드살보 자신이 과장한 숫자에 의하면 2,000명 정도), 같은 날에 한 번씩 강간한 것보다 더 자주 범행을 저질렀다. 녹색 작업복을 입고 있는 동안에 종종 강간을 저질러 왔

72) http://www.viewimages.com/Search.aspx?mid=51679423&epmid=1&partner=Google(2008년 4월 29일 검색) Albert DeSalvo-Photo by Hulton Archive/Getty Images.
73) http://news.bbc.co.uk/2/hi/americas/1625858.stm(2008년 4월 29일 검색)

기 때문에, 그는 '그린 맨' 강간범으로 알려졌다. 이 강간사건들은 보스턴 교살자 연쇄살인 사건과 같은 기간에 발생했다. 하지만, 당시에 경찰은 그 범죄들 간의 연관성을 전혀 찾아내지 못했다(Greig et al., 2007: 89-92)

범행과 관련하여 피해자들은 2단계로 나뉘는데 1962년을 전후한 제1단계는 다음과 같다.

- Anna E. Slesers(55세)—알려지지 않은 물건으로 성적인 학대를 당했다. 그리고 피해자의 실내복 끈으로 목졸려 살해되었다. 시체는 1962년 6월 14일 발견되었다.
- Mary Mullen(85세)—심장마비로 사망했다. 그런데 자백하는 과정에서 범인(絞殺者)이 그녀를 잡으려고 할 때 넘어지면서 그렇게 된 것이라고 진술했다. 1962년 6월 28일 발견되었다.
- Nina Nicole(68세)—성적으로 학대당했으며, 그녀의 나일론 스타킹으로 목졸려 살해되었다. 1962년 6월 30일 발견되었다.
- Helen Blake(65세)—성적으로 학대를 당했으며, 그녀의 나일론 스타킹으로 목졸려 살해되었다. 1962년 6월 30일 발견되었다.
- Ida Irga(75세)—성적으로 학대당했으며, 목졸려 살해되었다. 1962년 8월 21일 발견되었다.
- Jane Sullivan(67세)—성폭행을 당했으며, 그녀의 나일론 스타킹으로 목졸려 살해당했다. 1962년 8월 30일 발견되었다.

제2단계는 1962년 말부터 1964년까지 살해된 피해자들이다.

- Sophie Clark(19세)—성폭행을 당했으며, 그녀의 나일론 스타킹으로 목졸려 살해당했다. 1962년 12월 5일 발견되었다.
- Patricia Bissette(23세)—성폭행을 당했으며, 그녀의 나일론 스타킹으로 목졸려 살해되었다. 1962년 12월 31일 발견되었다.
- Mary Brown(69세)—칼에 찔렸으며, 몽둥이로 두들겨 맞아 사망했다. 1963년 3월 9일 발견되었다.
- Beverly Samans(23세)—칼에 찔려 사망했다. 1963년 5월 8일 발견되었다.
- Everlyn Corbin(58세)—성폭행을 당했으며, 그녀의 나일론 스타킹으로 목졸려 살해되었다. 1963년 9월 6일 발견되었다.
- Joann Graff(23세)—성폭행을 당했으며, 1963년 11월 25일 목졸려 살해되었다.
- Mary Sullivan(19세)—성폭행을 당했으며, 어두운 색깔의 스타킹으로 목졸려 살해되었다. 1964년 1월 4일 발견되었다.

1964년 10월 27일, 낯선 젊은이가 수사관 행세를 하면서 젊은 여성의 집으로 들어갔다. 그는 피해자를 침대에 묶었으며 성폭행을 저질렀다. 그리고 갑자기 "미안하다"라고 하면서 떠나버렸다. 그 여성이 진술한 범인의 인상 착의는 경찰로 하여금 드살보를 성폭행 범인으로 확인할 수 있도록 해 주었다. 그의 사진이 언론에 공개되자 많은 여성들은 그 용의자를 자신을 성폭행한 그 남자라고 확인해 주었다. 10월 27일, 드살보는 마치 자동차에 문제가 있는 운전자 행세를 하면서, 매사추세츠 주 브리지워터(Bridgewater)라는 지역의 한 집으로 들어가려고 했다. 그 집주인은 후일 브록튼(Brockton) 경찰서장이 된 스프롤스(Richard

Sproles)였다. 그는 결국 그 침입자를 의심하면서, 드살보에게 총을 발사했다. 1964년 11월 3일, 목격자가 몸의 치수를 재는 남자를 떠올리게 한 인상 착의를 경찰에 진술한 이후, 드살보는 '그린 맨' 강간범이라는 혐의로 체포되었다. 드살보는 즉시 자백했고, 정신과 진단을 받기 위해 브리지워터 주립병원으로 이송되었다. 그가 병원에 있을 때, 그곳에서 동료 재소자인 나사르(George Nassar)라는 남자에게 처음으로 고백했다. 그리고 이어서 경찰에게 보스턴 교살자 역시 자신이라고 했다.

경찰은 이렇게 쉽게 그들에게 드살보가 교살자라는 것을 제시해 주었던 것에 기뻐했다. 그렇지만 여러 가지 문제점들이 남았다. 그 중에서도 생존 피해자를 포함해 경찰의 용의선상에서 드살보를 선택해 줄 만한 보스턴 교살자를 봤던 목격자가 아무도 없었다는 것이 가장 큰 문제였다.

그는 성적 범죄들에 대해 '제 정신'이 아니라는 이유로 '무죄 평결'을 선고받고자 했다. 마침내 드살보는 자신의 변호사였던 악명 높은 베일리(F. Lee Bailey)로 하여금 경찰과의 거래를 통해 자신을 '그린 맨' 강간범으로서 종신형을 판결받게 해달라고 했다. 변호사인 베일리는 재판정에서 그의 의뢰인(드살보)을 위한 목적의 일부로서, 교살행위에 대한 자백을 이끌어 냈다. 변호사는 만약 그가 교살행위를 인정하게 되면, 드살보가 연구 대상으로서 정신병원으로 이송될 것이라고 하면서 그를 설득시켰다. 그는 교도소에 구금되는 것을 두려워했다. 그러나 그것은 판사에 의해 받아들일 수 없는 것으로 결정되었다.[74]

체포되어 수감될 당시의 드살보[75]

그러나 결코 그는 공식적으로 교살자 살인사건으로 기소되지는 않았다. 1967년 드살보는 종신형을 선고받았다. 그 해 2월, 그는 브리지워터 주립병원으로부터 두 명의 동료 재소자와 도망치는 바람에 완전히 집중적인 수색을 당하게 되었다. 그가 잠을 잤던 곳에서 경찰 간부 쪽으로 주소가 적힌 노트가 발견되었다. 그 노트에서, 드살보는 그 정신병원의 조건과 자신의 상황에 대한 관심을 불러일으킬 목적으로 도주했노라고 써 놨다. 그 다음날 그는 자신을 포기했다. 그 도주행위로 인해 그는 중(重)구금 교도소로 이송되었다. 월폴(Walpole) 주 교도소는 나중에 6년 후 치료실에서 살해된 장소이기도 하다. 드살보에 대한 살인범 혹은 살인범들은 아직까지 밝혀지지 않았다. 드살보가 실제로 보스턴 교살자였는지에 관해 오랫동안 의문의 여

74) http://en.wikipedia.org/wiki/Albert_DeSalvo(2008년 4월 29일 검색)

75) http://www.crimelibrary.com/serial_killers/unsolved/frankford_slasher/10.html(2008년 4월 29일 검색)

지가 남아 있다. 그가 자백했을 때, 그를 개인적으로 아는 사람들은 그가 그러한 심각한 범죄를 저지를 만한 능력이 있다고 믿지 않았다. '교살자'에 의해 살해된 여성들의 경우, 다른 연령층과 인종적 그룹들이었으며, 범행 수법도 달랐다는 점이 또한 주목되어야 한다.

매사추세츠 주의 문서들에 대해 접근할 수 있었던 작가인 켈리(Susan Kelly)는 그 교살 행위는 단독 범인에 의해 저질러졌다기보다는 여러 명의 살인범들에 의해 저질러졌다고 주장했다. 범죄학자이면서 전직 FBI 프로파일러였던 레슬러(Robert K. Ressler)에 따르면, 모든 교살 살인사건들에 대해 한 사람이 책임이 있는 것 같지 않다고 믿고 있었다.

2000년, 매사추세츠 주의 마블헤드(Marblehead)에 근거한 법과학적 사건들에 집중하고 있던 샤프(Elaine Whitfield Sharp) 변호사는 드살보 가족의 뿌리와 설리번(Mary A. Sullivan)의 뿌리를 찾아냈다. 비록 다른 교살행위들이 그 날 이후에 발생했지만, 설리번은 1964년 마지막 피해자로 알려져 있었다. 전직 기자였던 샤프는 드살보의 이름을 언론매체에서 지우기 위해 캠페인하고, 설리번의 시체와 드살보의 시체를 발굴하여 이를 모으고 정리할 수 있도록 그 가족들을 도왔다. 정부로부터 정보와 추적 증거(예를 들면, DNA)를 얻기 위해 그리고 일반 시민들에게 그 객관적 사실들을 설명하는 데 필요한 서류들을 작성하기 위해 다양한 사람들과 함께 노력하고, 다양한 소송들을 제기했다. 샤프는 드살보의 자백과 범죄 현장에 관한 자료들 간의 다양한 불일치점들을 찾아냈다. 예를 들면, 샤프는 다음과 같은 사항들을 관찰했는데, 설리번에 대한 살인사건과 관련한 드살보의 자백과는 달리, 그녀의 질(膣) 속에는 정액이 없었으며, 손으로 목이 졸린 것이 아니라 끈으로 목이 졸려 살해된 것이었다. 유명한 법의병리학자 바덴(Michael Baden)은 드살보의 사망 시점 역시 틀렸다는 것을 찾아냈다. 켈리가 지적한 것처럼, 몇몇 살인사건들과의 일반적인 불일치점이 나타났다. 샤프는 드살보 가족을 위해 그 사건에 대해 계속 추적하고 있다.

1964년 1월 4일 살해된 19세의 설리번 사건에서, DNA와 다른 법과학적 증거－그리고 켈리의 책에서 얻어낸 단서들－가 그녀의 실제 살인범을 찾기 위해 피해자의 조카인 셔먼(Casey Sherman)에 의해 사용되었다. 셔먼는 그녀의 책 『메리를 위한 장미(*A Rose for Mary*)』(2003)에서 그녀의 죽음에 드살보는 책임이 없다고 주장했다. 예를 들면, 드살보는 설리번에게 성적인 범죄를 저질렀다고 자백했지만, 그런데 그 법과학적 수사는 성적 행위에 대한 아무런 증거도 나타나지 않았다. 그리고 또한 드살보 자신으로부터 실제 살인범, 즉 다른 남성을 숨겨 주고 있는 중이었음을 보여 주는 내용들이 있었다.[76]

드살보는 그가 실제 살인범을 위해 사건을 덮는 중이라고 주장했다. 그는 13명을 살해했

76) http://en.wikipedia.org/wiki/Albert_DeSalvo(2008년 4월 29일 검색)

음을 자백했다. 그러나 보스턴 교살자는 11명의 여성을 살해했다. 드살보는 맨손으로 메리라는 여성을 목졸라 살해했다고 자백했다. 그런데 그 피해자는 스카프와 스타킹으로 목졸려 살해되었다. 그녀의 몸에서 발견된 DNA가 드살보의 그것과 일치하지 않았다.[77]

1973년 11월, 드살보는 동료 재소자였던 한 남자의 칼에 찔려 죽었다. 그러나 그의 죽음은 끝내 결론을 가져오는 데에는 실패했다. 많은 사람들은 드살보가 단지 나사르(George Nassar: 이전의 동료 재소자)에게 언급했던 사건의 일부로서, 그 살인사건들만을 자백했다고 믿었다. 그런데 드살보와 함께 상당한 시간을 보낸 전문가들로부터 나온 일치된 견해는 모든 범죄에 대해 자신의 탓이라고 실제로 자백한 '그린 맨' 강간범으로서 수감된 그 남자가 책임 있는 전설적인 교살자였다는 점이다.

7) 어머니와 할머니를 살해한 에드먼드 켐퍼

켐퍼(Edmund Emil Kemper Ⅲ)는 1970년 초반 활동했던 미국의 연쇄살인범 중 한 명이다.[78] 또한 공범살인자(co-ed killer)로 알려져 있다. 그는 히치하이킹해서 자동차에 태운 6명의 젊은 여성을 살해한 사건으로 그러한 별명을 얻게 되었다. 살해된 피해자는 10명이었다. 거기에 당연히 다른 희생자가 더 있었을 법하지만, 켐퍼는 매우 주의깊게 아무런 흔적도 남기지 않았다. 그런데 살인적 분노가 자신의 어머니에게 분출되었을 때, 결국에는 그도 모든 주의 감각을 잃었다. 범행 기간은 1964년부터 1973년까지(2008년 4월 체포되었으며, 그 당시 59세)였으며, 종신형이 선고되었다. 켐퍼는 1948년 11월 18일, 캘리포니아 주 버뱅크(Burbank)에서 베이비 붐 시대에 연쇄살인범 중 한 사람으로 태어났다. 에드먼드 켐퍼 주니어(Edmund Emil Kemper Jr.)로 알려진 그의 아버지는 제2차 세계대전의 영웅이었고, 총기 수집가였다. 어머니는 스테이지(Clarnell Stage)라고 불렸다. 그는 지능지수가 아주 높았는데 무려 136 정도 되었다고 한다. 그가 다른 연쇄살인범과 공통적으로 갖고 있었던 그 밖의 것은 바로 문제가 된 어린 시절이었다.

그 부부는 에드먼드가 9세 때 이혼했고, 어머니는 그와 여동생들과 함께 몬태나 주 헬레나(Helena)에서 살기 위해 나왔다. 그는 어려서부터 사회병질적 행동을 보였다. 동물을 고문해서 죽이고, 여동생들의 인형에 대해 기괴한 성적(性的) 의식을 거행하기도 했다.[79] 또한 여동생들의 인형을 절단했다. 켐퍼는 키가 매우 크고 영리했으며 그리고 매우 위험스럽게 성장한 정신적으로 문제가 있는 아동이었다.

77) http://www.karisable.com/skazdesalv.htm(2008년 4월 27일 검색)
78) http://en.wikipedia.org/wiki/Edmund_Kemper(2008년 4월 29일 검색)
79) http://en.wikipedia.org/wiki/Edmund_Kemper(2008년 4월 29일 검색)

켐퍼 자신을 방해하고 있는 것은 행동뿐만이 아니었다. 몸집의 크기도 문제가 되었다. 부모들 역시 키가 컸다. 청소년이 되었을 때 그는 동급생들보다 컸다. 큰 키에도 불구하고 그는 이상하게 괴롭힘을 당하는게 두려웠다. 어머니는 끊임없이 그를 꾸짖었으며, 아들에게 창피와 굴욕을 주었다. 그리고 여동생들을 괴롭힐까봐 종종 그를 지하실에 문을 잠그고 거기서 자게 만들었다. 그의 어머니는 확실히 경계성 인격장애를 앓고 있었는데, 이러한 질환은 결국 아들에 대한 분노와 학대를 가하도록 만들었다. 그녀는 아들을 아주 특이한 사람(real weirdo)으로 낙인찍으면서, 켐퍼를 아버지와 함께 살도록 아버지에게 보냈다. 아버지 역시 그를 제대로 다루지 못했다. 아버지는 그가 15세 때 캘리포니아 농장에 있는 친조부모와 살도록 보냈다. 이러한 조치는 잠시 동안 그가 참을 수 있을 정도로 잘 진행되었다. 적어도 전원생활은 그에게 총으로 동물과 새들을 사냥할 수 있는 많은 기회를 제공했다. 그러나 1964년 8월 27일 그는 동물에서 사람으로 옮겼다. 그는 10대 청소년기에 자신의 할머니를 쐈고 그리고나서 그의 할아버지를 쏴 죽임으로써 범죄자로서 인생을 시작했다.

신문(訊問)을 받으며 진술하기를, 그는 "나는 단지 할머니가 총에 맞았을 때 느끼는 기분이 어떨까 막 알아보고 싶었다"고 말했다. 그리고 할머니에게 한 행동에 대해 할아버지가 그에게 화를 낼 것을 알았기 때문에 할아버지도 살해했다고 했다. 당시 그는 정신질환자로 판단되었으며, 치료 감호를 위해 아타스카데로(Atascadero)에 있는 병원으로 이송되었다. 당시 그는 겨우 15세였다.

5년 뒤인 1969년, 그의 키는 무려 6피트 9인치까지 자랐으며, 몸무게는 300파운드(136kg)가 넘었다. 켐퍼는 정신과 의사와 친해졌다. 재소자들에 관한 테스트에 접근이 허용될 정

켐퍼의 할머니(첫 번째 피해자)와 할아버지(두 번째 피해자)의 젊은 시절[80]

80) http://www.crimelibrary.com/serial_killers/predators/kemper/edmund_1.html(2008년 4월 29일 검색)

도였으며, 의사의 신뢰를 얻을 만큼 충분히 지능적이었다. '도제적' 역할을 수행하면서 얻은 지식으로, 그는 의사로 하여금 자신에 대해 좋은 인상을 갖게 했다. 그는 자신의 성격이 개선되었다고 의사를 설득했으며, 병원의 여러 의사들의 의사(意思)에 반해 산타크루스(Santa Cruz)에서 어머니의 보호와 감시를 받는 조건으로 가석방되었다. 또한 나중에 그는 자신이 좋아졌다는 것을 정신과 의사들에게 증명해 보였으며, 자신이 개선되었다는 것뿐만 아니라, 청소년기 범행 기록을 영원히 비밀에 부치도록 납득시켰다.

그의 어머니는 샌프란시스코 만 지역에 있는 대학가 산타크루스로 이사했다. 그 다음 2년 동안 켐퍼는 때를 기다렸다. 그는 경찰관이 되고 싶어서 지원했지만 키가 너무 크다는 이유로 거절당했다. 그는 많은 형사들과 친구가 되었으며, 경찰관이 자주 출입하는 주리 룸(Jury Room)이라고 불리는 경찰관용 바(bar)를 드나드는 술꾼이 되었다.

그는 또 이상한 일을 했다. 비밀수사용 차량으로 경찰관들이 사용하고 있는 자동차와 비슷한 개인 자동차를 구입했다. 그는 그 차를 젊은 여성들을 히치하이킹하는 데 이용했다. 차츰 여자들을 안심시키고 차에 태우는 방법을 터득했다. 그 다음 그는 자동차를 승객 쪽 문이 안쪽에서 열 수 없도록 개조했다. 돌이켜 보면 그가 이러한 순간을 기다려 왔다는 것은 명백했다.

이상하리만치 키가 컸던
연쇄살인범 켐퍼81)

켐퍼는 나중에 캘리포니아 주 산타크루스라는 지역에서 히치하이커 여성 6명을 살해하고 그 시체를 토막냈다. 그리고나서 어머니와 어머니의 친구 한 명을 살해했다. 1972년에서 1973년 사이에 히치하이킹하는 여대생들을 골라 그들을 멀리 떨어진 시골 지역으로 데리고 가 살해하면서 일종의 격분/광포성 살인을 시작했다. 그가 스탠퍼드 대학교에서 18세의 피스(Mary Ann Peace)와 루체사(Anita Luchessa)라는 두 명의 학생을 차에 태웠을 때, 마침내 그 순간이 1972년 5월 7일에 일어났다. 그는 비포장도로로 자동차를 몰았으며, 그 두 피해자들을 칼로 찔러 죽였다. 그리고나서 시체를 자신의 아파트로 가져갔다. 거기서 그는 시체의 목을 베어버리기 전 시체에 성폭행을 가하고 시체들을 해부했으며 시체들의 사진을

81) http://www.geocities.com/koekwaus25/Kemper6.jpg(2008년 4월 29일 검색)

찍었다. 그는 종종 그 시체를 종이가방에 담은 후 근처의 산중턱에 매장했고, 계곡에 묻어 버리기도 했으며, 혹은 들판에 묻기도 했다.

켐퍼의 광기는 통제할 수 없을 정도로 훨씬 심해졌다. 1973년 4월, 부활절 주말쯤, 그는 어머니가 자고 있을 때 망치로 살해하고 목을 베고 강간했다. 그는 어머니의 참수(斬首)된 머리를 다트판으로 사용하기 전에, 참수된 머리에 대해 성적 경멸을 가했다. 그는 또한 그녀의 성대를 잘라냈으며, 그녀의 후두(喉頭)를 쓰레기 분쇄기 밑으로 집어넣고 누르려고 했다. 그런데 그 기계가 딱딱한 조직을 제대로 부수지 못했다. 그것을 세면대 하수구 쪽에 넣어서 역류시켰다. "그녀가 수 년 동안 나에게 욕설을 하고, 비명을 지르고, 고함을 질렀던 것만큼, 그것은 적절하게 보였다"라고 나중에 체포된 후 말했다. 그의 살인적인 충동은 아직 충분하지 않았다. 범죄를 은폐하려고 시도하면서 혼란스러운 가운데, 어머니의 절친한 친구 한 명인 할렛(Sally Hallett)을 초대했다. 그리고나서 그녀도 목졸라 살해했다.

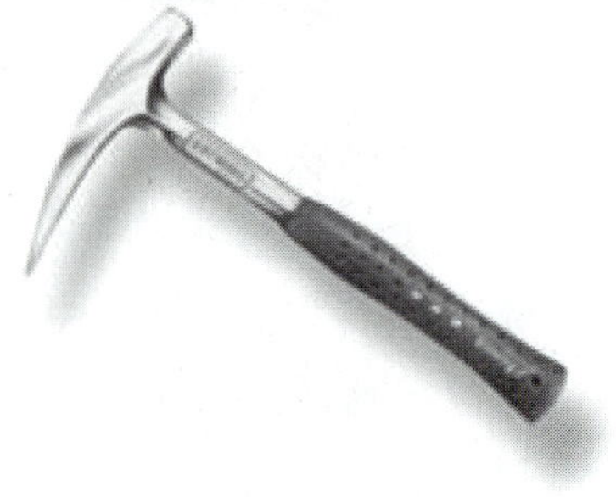

켐퍼가 어머니를 살해했을 때 사용했을 것으로 추정되는 망치[82]

그는 부활절 주일에 자신의 차를 타고 서쪽으로 이동하기 시작했다. 그러나 콜로라도에 도착했을 즈음에, 자신의 게임이 끝났다는 것을 깨달았다. 그가 저지른 범죄들에 관한 내용이 라디오 방송에 나오지 않았을 때 약간 낙담했다. 그 시점에, 그는 산타크루스 경찰서에 근무하는 친구에게 전화를 걸었고, 그가 그동안 저질렀던 일, 언제 그리고 어디서 그런 범행을 저질렀는지를 말했다. 경찰을 불러서 자수했으며, 경찰관으로 하여금 자신을 태우러 올 때까지 기다렸다고 했다. 자신이 공범 살인자라는 것을 자백했다. 겉으로 보기에, 그는 시간증적(屍姦症的)이며 식인적(食人的) 범인이라고 자백하면서 부끄러워하는 기색이 전혀 없었다.[83]

그가 정신이상자라는 이유를 제외하고, 켐퍼의 자백은 합법적으로 빠져나갈 여지가 없었다. 재판에서 그는 미쳤다고 주장했다. 배심원들은 결국 그가 제 정신이었다고 판단했으며, 그에게는 8건의 살인사건들에 대한 유죄가 인정되었다(Greig et al., 2007: 159-161). 그는 사형을 요청했으나 그 당시에는 사형이 유예되었고, 담당 판사는 켐퍼에게 종신형을 선고했다.

82) http://www.mikon-online.com/catalog/images/Geo-Hammer-Vinyl.jpg(2008년 4월 29일 검색)
83) http://en.wikipedia.org/wiki/Edmund_Kemper(2008년 4월 29일 검색)

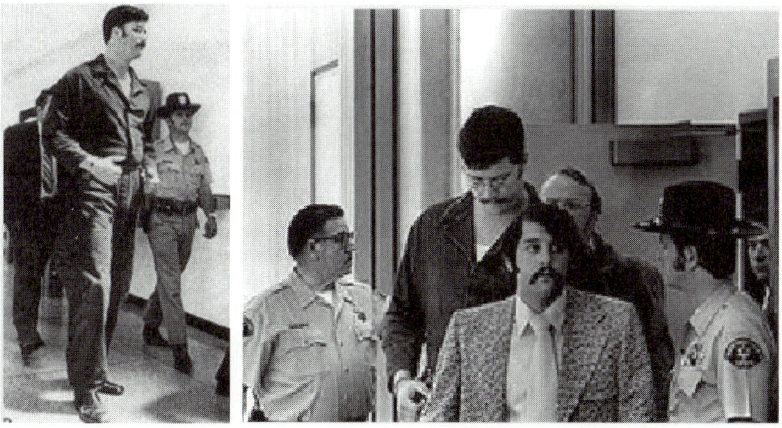

재판을 받기 위해 법정으로 이송되고 있는 켐퍼[84]

어떤 처벌이 적절한가에 관해 질문을 받자, 그는 "고문에 의한 죽음"이라고 분명하게 대답했다. 2008년 현재 그는 교도소에 복역중이다. 켐퍼가 정신병자가 아닌 반사회인이었다는 법원의 판단을 부추기면서, 그는 자신의 악명을 즐기고 있다.

켐퍼가 격분/광포성 살인을 저지를 당시, 캘리포니아의 작은 도시가 '세계의 살인 수도(首都: Murder Capital Of The World)'라는 오명(汚名)을 얻으면서, 산타크루스에는 뮬린(Herbert Mullin)이라는 다른 이름의 연쇄살인범이 활동하고 있었다. 그리고 대학도시의 악명을 더해 가면서, 프레지어(John Linely Frazier)라는 범인에 의해 저질러진 다중살인사건들은 다른 범인이 저지른 다중 살인사건들보다 3년 정도 빨리 진행되고 있었다는 사실이다. 맨슨(Charles Manson) 가족 살인사건들과 유사한 방식으로, 프레지어는 산타크루스의 일가족 5명을 살해했다. 안과 전문의 오타(Victor Ohta)와 그 가족이 피해자였다. 켐퍼가 뮬린에게 그의 시체 매장 장소를 훔쳤다고 화를 내면서 비난하는 등 켐퍼와 뮬린은 잠시 교도소 내 서로 가까운 방을 사용했다. 켐퍼는 일반 교도소 재소자들 가운데 남아 있으며, 그는 바카빌(Vacaville) 주 교도소에 수감되어 있다.[85]

8) 러시아의 연쇄살인범 안드리 치카틸로

1978년과 1990년 사이, 'The Forest Strip Killer'로 알려진 연쇄 성폭행 살인범은 남부러시아 로스토프(Rostov) 인근 지방을 공포로 떨게 했다. 마침내 범인이 체포되었는데, 그는 부드러운 성품의 교사였으며, 치카틸로(Andrie Romanovich Chikatilo)라는 공산당 당

84) http://www.francesfarmersrevenge.com/stuff/serialkillers/kemper.htm(2008년 4월 29일 검색)
85) http://en.wikipedia.org/wiki/Edmund_Kemper(2008년 4월 29일 검색)

원이었다. 그는 러시아의 악명 높은 연쇄살인범으로, '로스토프의 백정' 혹은 '붉은 살인자' 라는 별명이 붙어 있다.[86] 그는 12년 동안, 러시아 소비에트공화국에서 모두 합해 적어도 53건의 살인—여자, 어린이 그리고 부랑자—을 저지른 것이 확실했다. 비록 그들에게 모든 것을 자백했지만, 그 많은 사건들 가운데 단지 살해된 52명에 대해서만 유죄가 인정되었다. 1994년 총살당했다.

그의 어린 시절은 상당히 상처가 깊었으며, 특히 과거 USSR(구 소비에트연방)이 독일과 전쟁을 하게 된 시기였다. 또한 스탈린의 집단농장 운영 계획은 기근을 초래했다. 제2차 세계대전 중 그는 독일군의 공습으로 인한 침상들을 목격했다. 스탈린에 의해 추진된 농업정책 때문에 초래된 대기근 기간 동안, 자신의 형이 동네 사람들에게 잡아먹혔던 증거가 또한 있었다. 전쟁 중에 어린 그는 어머니와 침대를 함께 쓰게 되었다. 그는 종종 침대에 오줌을 싸기도 했다. 그럴 때마다 어머니가 심하게 그를 때리고, 굴욕스럽게 창피를 주었다. 그 전쟁 기간에 나치에 의해 생포되어 구금을 당했던 아버지가 집으로 돌아왔다.

치카틸로는 학교생활을 잘 했지만, 모스크바 국립대학 입학시험에 떨어졌다. 1960년 군복무 기간을 마치고, 로디오노보-네스베타예프스키(Rodionovo-Nesvetayevsky)로 이사갔으며, 거기서 전화회사 엔지니어로 근무하게 되었다. 청년기에, 그의 유일한 성적 경험은 그가 18세 때였는데, 상대는 여동생의 친구인 13세의 여자아이였다고 한다. 그 여자아이와 바닥에서 뒹굴면서 저항하는 여자아이를 붙잡고 사정(射精)을 했다.

치카틸로는 1963년에 결혼했다. 부인은 그전에 여동생이 자기에게 소개해 준 여성이었다. 부부는 1남 1녀를 두었다. 그는 나중에 그의 결혼 시절의 성관계는 최소한이었으며, 부인의 입에 사정을 했고, 정액을 부인의 손가락으로 집어넣도록 했다고 진술했다. 1971년, 그는 통신 강좌를 통해 러시아 문학 전공으로 학위를 받았다. 노보샤크틴스크(Novoshakhtinsk)에서 교사로 경력을 시작했다. 그가 가르치는 학생들을 상대로 한 어린이 성적 학대 문제가 제기되었다. 경찰의 개입 없이 항상 조용하게 문제들이 처리되었었다. 그래서 이 학교 저 학교로 옮겨다닐 수 있게 되었다. 마침내 그는 공장에서 서기(書記)로 일하게 되었고, 소비에트 전역에 걸쳐 많은 사업상의 여행을 하면서 온갖 살인사건을 저질렀다.

1978년, 치카틸로는 샤크티(Shakhty)로 이사갔다. 그곳은 로스트프 온 돈(Rostov-on-Don) 근처의 조그마한 광산 도시였다. 거기서 그는 서류상 처음 살인사건을 저질렀다. 그 해 12월 22일, 그는 9세짜리 어린아이를 자신이 비밀리에 사놓은 오래된 조그마한 오두막집으로 유인해서 강간하려고 시도했다. 아이가 저항하자 칼로 찔러 살해했다. 그는 칼로 어린

86) http://en.wikipedia.org/wiki/Andrei_Chikatilo(2008년 5월 2일 검색)

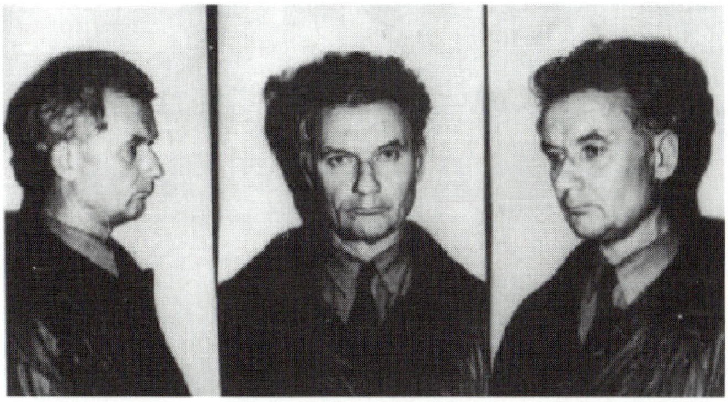

체포될 당시 촬영된 치카틸로(mug shot)[87]

아이를 찌르면서 사정을 했다. 치카틸로는 여성이나 어린이를 칼로 찌르고 베서 살해하는 행위를 통해서만 성적 흥분과 오르가즘에 도달할 수 있었다. 그 소녀의 사망사건에 관련된 증거에도 불구하고, 그 대신 크라프첸코(Alexsandr Kravchenko)라는 자가 체포되었으며, 후일 그 범죄로 재판을 받고 사형당했다고 한다. 그가 첫 번째 저지른 살인사건에 대해 다른 남성이 사형을 당한 셈이다.

그런데, 치카틸로가 저지른 그 첫 번째 살인사건뿐만 아니라 나머지 모든 사건들에 대해서도 일정한 패턴을 갖게 만들었다. 치카틸로는 성교 불능이었기 때문에, 9세된 여자아이를 질식시킨 상태에서 성공할 수 없는 강간행위를 저지르려고 하다가, 손가락으로 피해자를 능욕하는 것으로 끝냈다. 파열된 처녀막에서 나온 피를 보고, 그는 흥분한 것처럼 보였다. 그는 장시간 계속하여 피해자를 칼로 찌름으로써 강렬한 성적 흥분에 의한 격분이 지속되었다. 그러면서 무력, 피, 성관계, 고문 그리고 죽음이 자기의 마음과 불가분적으로 연결되었다.

2년 만에 그는 다시 범죄를 저질렀는데, 피해자는 학교를 농땡이친 17세의 여자아이였다. 그 아이는 한 끼의 밥값에도 기꺼이 성관계를 가질 수 있는 아이였다. 그는 그 여자아이를 숲으로 데리고 갔고 때려 죽였다. 그때 피해자의 한쪽 젖꼭지를 물어뜯어 버렸으며 시체 위에 자위행위를 했다. 그때부터 고문당하고 토막난 시체들의 숫자가 쌓이기 시작했다.

그의 피해자는 대부분 나이가 많은 여성들과 남녀를 구별하지 않은 어린이들과 10대 청소년들이었다. 성인 여성들은 종종 술이나 약간의 돈으로 유인할 수 있었던 매춘 여성이거나 부랑자 여성들이었다. 그는 보통 성인 여성 피해자와 성관계를 시도하려고 했다. 그런데 성기가 발기되지 않았으며, 특히 만약 그 여성이 흐늘흐늘한 그의 성기를 조롱하면 살인적

87) http://ninac.files.wordpress.com/2007/09/chikatilobigmug.jpg(2008년 5월 4일 검색)

분노가 일어났다. 그는 피해자를 칼로 찔러 사망하게 되면 성적 오르가즘에 도달할 수 있었다. 어린이 피해자의 경우 남녀를 구분하지 않았다. 피해자에게 장난감 혹은 사탕을 주겠다고 약속하면서 멀리 외딴 곳으로 유인하곤 했다. 1983년까지 14명의 시체들 가운데 6구의 시체는 발견되지 않았다. 페티소프(Mikhail Fetisov) 장군 휘하에 모스크바 경찰관들이 수사를 지휘하기 위해 로스토프 온 돈으로 파견되었다. 페티소프는 샤크티 주변에 수사를 집중했으며, 버라코프(Victor Burakov)라는 법과학 분석가로 하여금 수사를 지휘하도록 임무를 부여했다.

1984년 다른 15건의 살인사건이 발생했다. 경찰은 많은 공공 교통 정류장이나 역 주변에서 추가 순찰을 실시하고, 사복 경찰관들을 배치했다. 1984년, 치카틸로는 로스토프 버스 정류장에서 이상한 행동을 한다는 것을 알게 된 수사관들에게 현장에서 체포되었다. 그의 서류가방 안에서 밧줄, 긴 케이블 코일과 칼 한 자루가 발견되었다. 그렇지만 곧바로 살인행위로 연결되지는 못했다. 그런데 이전의 사장(社長)들 중의 한 명에게 경미한 절도범죄를 저지른 것으로 경찰의 수사를 받게 되었다. 그 별건(別件) 수사는 경찰로 하여금 합법적으로 치카틸로를 장기간 구금한 상태에서 수사할 수 있게 되었다. 그의 의심스러운 배경이 밝혀졌다. 그렇지만 그에게 살인 혐의를 입증해 줄 만한 충분한 증거가 없었다. 혈액형이 범죄자의 그것과 일치하지 않았다. 즉 혈액형을 분석해 본 결과, 범인에 의해 유류된 정액 샘플과 다르게 나왔다. 그에게 운이 좋게도 용의자의 정액과 혈액형(AB와 A형 혈액형)이 달랐기 때문에 안경을 착용한 그는 의학적으로 제외됨은 물론 용의자 명단에서도 제외되었다. 따라서 그 살인사건들에서조차 치카틸로는 용의선상에서 제외되었다는 사실이 후일 밝혀졌다.

혈액이 아닌 신체상의 다른 액체(침, 소변 등)를 통해, 그들의 혈액형에 대한 흔적을 분비하지 않는 사람들의 20% 속에서 잘못된 음성 반응이 그에게서 나왔다는 약간의 추정이 있었지만, 그가 생존하는 동안에 그것은 결코 증명되지 않았다. 결국 그에게는 다른 사건(별건)으로 유죄가 인정되었으며, 1년의 징역형이 선고되었다. 그는 1984년 12월, 3개월 정도 복역하다가 석방되었다.

우크라이나에 소재한 레프다(Revda)로 사업차 여행을 떠나 거기서 어린 소년을 살해했다. 그 해 7월 자포로지예(Zaporozhye)에서 다시 살인을 저질렀으며, 9월에 레닌그라드에서 살인을 저질렀다.

1985년 중반에 코스토예프(Issa Kostoyev)에게 그 사건을 맡도록 임무가 주어지면서, 시들해져 가던 경찰 수사가 활기를 되찾았다. 로스토프 주변에서 일어난 살인사건들이 강도 높게 재수사되었다. 그리고 알려진 성범죄자들에 대한 다른 신문들이 진행되었다. 1985년

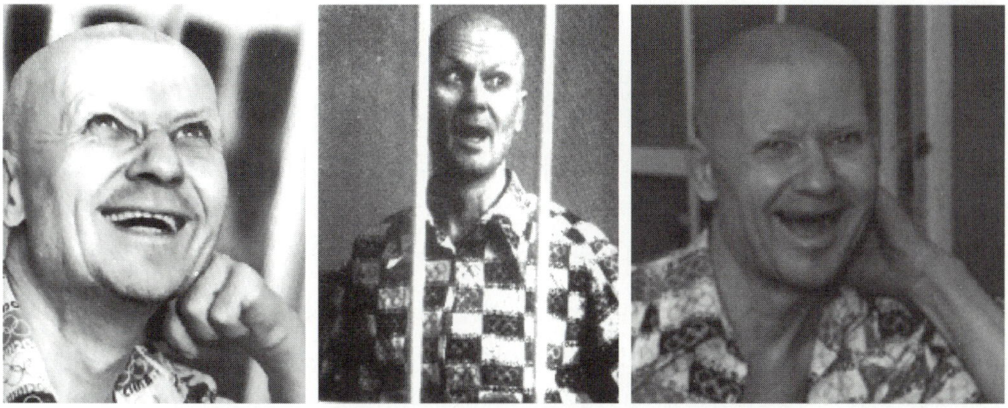

러시아의 악명 높았던 연쇄살인범 치카틸로의 모습들[88]

12월경, 경찰은 로스토프 주변의 기차역들에 대한 순찰을 새로 시작했다. 치카틸로는 경찰 수사를 주의깊게 살펴보았으며, 거의 2년 동안 자신의 욕망을 통제했다. 경찰은 또한 정신과 의사들과 컨설턴트하는 단계를 가졌다. 러시아의 연쇄살인범 수사에서 그러한 컨설턴트는 처음 있는 일이었다.

1988년 치카틸로는 일반적으로 로스토프라는 지역에서 멀리 떨어진 곳에서 살인행위를 재개했다. 그 해 4월, 크라스니-술린(Krasny-Sulin)이라는 곳에서 한 여성을 살해했다. 그리고 그 해에 샤크티에서 2명을 살해한 것을 포함해 다른 8명을 계속해서 살해했다. 1990년 1월에서 11월 사이에 7명의 소년과 2명의 여성을 살해하면서, 그가 살인을 다시 저지르기까지 다시 장기간의 공백이 있었다.[89]

더 많은 피해자들을 찾는 것은 경찰에 의한 광범위한 작전이 되었다. 작전의 일부로서, 많은 수의 경찰관들이 로스토프 주변 지역의 다른 공공장소뿐만 아니라 기차 및 버스 정류장을 순찰하는 쪽에 배치되었다. 중요한 버스 및 기차역들은 정복(正服)을 착용한 경찰관들이 순찰을 했다. 더 작고 덜 붐비는 버스 정류장들에서는 사복(私服)을 착용한 비밀수사관들이 순찰을 돌았다.

그 해 11월 6일, 치카틸로는 코로스티크(Sveta Korostik)를 살해하고 시체를 토막냈다. 범죄 현장을 떠날 때, 레스코즈(Leskhoz) 기차역을 순찰하던 비밀수사관이 치카틸로가 숲에서 나타나는 것을 목격하면서, 그는 불심검문을 당했다. 경찰에 따르면, 그는 의심스러워

88) http://psych.unn.ac.uk/books/pyo71/www01/cannibal/Image10.jpg; http://www.newcriminologist.com/uploads/chikatilo2.jpg; http://crynews.ru/image1/logos/person/5/52/chikatilo_andrey_romanovich.gif (2008년 5월 3일 검색)

89) http://en.wikipedia.org/wiki/Andrei_Chikatilo(2008년 5월 2일 검색)

보였다고 한다. 사람들이 그 해 그 시기에, 숲으로 들어가는 유일한 이유는 야생 버섯을 따러 가는 것뿐이었다. 러시아에서 당시에는 그것이 유행했다고 한다.

그런데, 치카틸로는 버섯을 채취하러 산에 올라가는 사람들의 전형적인 복장과는 다른 모습이었다. 오히려 정장 차림이었다. 게다가, 그는 나이론으로 된 스포츠백을 갖고 있었으며, 그것은 버섯을 담기 위해 가져가는 가방으로는 부적합했다. 두 번째로, 그의 복장은 더러워져 있었으며, 뺨과 귀에 문질러진 핏자국처럼 보이는 것이 있었다. 경찰관은 그를 검문했으며, 그의 신분증명서를 확인했다. 체포에 대한 공식적인 사유가 없어서 경찰관은 치카틸로를 보내 주었다. 그런데 만약 그 경찰관이 범인의 가방을 체크해 봤더라면, 아마도 그는 토막난 코로스티크의 가슴을 발견할 수 있었을 것이다.

경찰관은 사무실로 돌아와 공식적인 일상보고서를 파일로 정리했다. 그 기차역에서 불심검문을 했던 대상자의 이름을 적어 놓았다. 범인과 잠시 조우한 후, 경찰관은 레스코즈 기차역 근처 30피트 정도 떨어진 곳에서 2구의 시체를 발견했다. 그 경찰관이 레스코즈 역 근처에서 의심스러웠던 남자에 관해 보고서를 작성하던 그 날 즈음에 살해된 피해자들 중의 한 명이라는 것이 확인되었다. 그것은 치카틸로가 어린이 살인사건과 간접적으로 연관을 맺었던 두 번째 사건이었다. 어린이를 상대로 한 첫 번째 살인사건은 1978년에 발생했다. 그 당시 남자를 보았다고 하는 목격자의 진술 내용과 나중에 살해된 채 발견된 어린 소녀와 관련된 치카틸로의 인상 착의가 맞아떨어졌다. 그런데 심지어 그 사건이 발생한 후, 경찰은 여전히 체포하고 기소할 충분한 증거를 확보하지 못했다. 그래서 그는 24시간 일주일 내내 경찰의 감시하에 놓이게 되었다. 비밀수사관이 항상 그를 미행했으며, 비디오로 촬영했다.

다시 경찰은 살인사건들과 관련성으로 10일 동안 구금하거나 혹은 석방해야 하는 입장에 놓이게 되었다. 체포하면서 그 경찰관은 치카틸로에 대한 다른 증거 일부를 발견했다. 그의 마지막 피해자는 비록 정신적으로 문제가 있었던 16세의 소년이었지만, 신체적으로 강한 자였다. 범행 현장에서 경찰은 피해자와 살인범 간에 수많은 신체적 저항 흔적을 발견했다. 치카틸로의 손가락은 비교적 최근에 입은 상흔을 갖고 있었다. 검시관들은 그것이 실제로 사람이 깨물어서 생긴 상처라고 결론내렸다. 사실, 그 손가락 뼈는 부러져 있었다. 치카틸로는 결코 상처를 치료하려고 병원을 찾지 않았다. 많은 살인사건을 저지른 후인 1990년, 피해자들 가운데 마지막 피해자가 지역과 떨어진 기차역 인근 숲속에서 발견되었을 때에야 결국 체포되었다. 한 경찰관은 회색 신사복을 입고 손가락과 귀가 잘린 것 때문에, 그의 신원이 확인될 만했고, 근처에 나타나곤 했던 한 남자를 대상으로 불심검문한 것을 기억하고 있었다(Greig et al., 2007: 51-52).

그 해 11월 30일에서 12월 5일 사이에, 치카틸로는 무려 56건의 살인사건들을 자백했다. 그런데 피해자들 가운데 3명은 매장되었지만 발견되지 않았거나 신원을 확인할 수 없었다. 그래서 치카틸로에게는 이 범죄들에 대해 기소가 이루어지지 않았다. 치카틸로가 자백한 범죄 숫자는 경찰을 놀라게 했으며, 경찰에서는 그들의 수사 기록에 36건의 살인사건들만을 등재했다. 수많은 피해자들은 다른 것들과 연결되지 않았다. 그가 범행 대상을 물색하던 동기와 동떨어졌기 때문이며, 다른 피해자는 그 사건들에 연관되지 않았다.

치카틸로가 수감되어 있는 동안 특별한 주의가 기울여졌다. 폭력적이며 그리고 특히 어린이에 대한 성적 범죄는 러시아의 암흑가에서는 '금기시(taboo)'되었다. 문제는 치카틸로가 저지른 범죄 피해자의 몇몇 친척들이 교도소와 관련된 일로 근무하고 있었다는 사실이다. 치카틸로가 재판을 받기 전에, 자칫하면 교도소에서 살해될 가능성이 아주 높아 그가 감방에 있을 동안 24시간 1주일 내내 비디오로 감시가 이루어졌다. 용의자가 종종 수사관들 앞에서 아주 이상하게 행동할 때가 있었지만, 감방 안에서의(아무도 관찰하지 않는다고 범인이 생각할 때) 범인 행동은 아주 정상적이었다.[90]

감방에서 생활하는 동안, 그는 '그 해의 수사관' 상에 대한 후보자를 선정하는 인기 있는 잡지사의 요청에 대한 기사를 읽었다. 그는 그 잡지사에 편지를 보냈는데, 그 상에 대해 자신을 수사한 수사관을 추천했다.

1992년 4월 그는 재판에 회부되었다. 법정에서 그의 기괴하고 파괴적인 행동에도 불구하고, 그는 재판을 받기에 적합하다(재판 능력)고 판단되었다. 재판 기간 중에 유별나게 법정 중앙에 새장 같은 우리(cage) 속에 갇혀 있었다. 그것은 사망한 피해자의 가족들과 친척들로부터 그를 보호하기 위해 만들어진 것이었다. 그 재판은 매우 혼란스러운 분위기에서 진행되었다. 친척들은 고함을 지르면서 협박했으며, 그에게 욕설을 퍼부었다. 정부 당국에 그를 풀어 주어, 그들 스스로 그 범인에게 사형을 집행하도록 해달라고 요구했다. 피해자들의 이름이 거명될 때마다 친척들이 기절하는 사건이 발생했다. 법원 내부에서 경비를 맡은 경찰은 여러 차례 폭동 사태가 발생할 상황을 진정시켜야 했다.

재판은 7월에 종료되었다. 10월 15일까지 선고가 연기되었으며, 그 범인에게는 53건의 살인사건들 가운데 52건에 대해 유죄가 인정되었고, 각 살인사건에 대해 사형이 선고되었다. 마지막 진술 기회가 주어지자 그는 정부와 일부 정치지도자들과 자신의 성불구적 상황(심지어 자신의 바지를 벗은 적도 있었다)을 탓하면서 산만한 진술을 했다. 1930년대 우크라이나에서 발생한 악명 높은 대기근 시절, 자신의 어린 시절의 경험－그의 이웃들이 그의 형

90) http://en.wikipedia.org/wiki/Andrei_Chikatilo(2008년 5월 2일 검색)

피습 방지용 보호 철창 속에서 재판받는 연쇄살인범 치카틸로[91]

을 잡아먹는 것을 봤다고 진술—을 제시하면서 자신을 방어하기도 했다. 그런데 우크라이나의 대기근이 발생한 시점은 1932년에서 1933년 사이였는데, 그 이후 1936년에 치카틸로가 태어났다는 사실이 확인되었다.

재판이 종료된 후, 치카틸로는 그 자신이 공산주의 체제의 피해자라고 주장하면서, 당시의 옐친(Boris Yeltsin) 대통령에게 탄원서를 보냈다. 그는 '새로운 러시아'에서 살고 싶으며, 그에게 남은 여생을 요청했다. 그는 1994년 2월 14일, 옐친 대통령에게 사면을 요청하는 그의 마지막 탄원이 기각된 후, 노보체르카스크(Novocherkassk) 교도소에서 후두부에 한 발의 총격을 가함으로써 사형되었다.

9) 미국의 연쇄살인 여성 범죄자 에일린 워너스

에일린 워너스(Aileen Wuornos)는 1992년 플로리다 주에 의해 유죄가 인정되어 사형 선고를 받은 미국의 연쇄살인 여성이다.[92] 그녀가 많은 희생자를 죽였기 때문도 아니고 예외적인 잔인한 방법으로 죽여서도 아닌, 단지 그녀가 여자라는 단순한 사실 때문에 모든 연쇄살인범 중 가장 유명해졌다. 그녀가 체포되기 전 확인된 내용은 그녀와 같은 연쇄살인범 사건이 없었다는 것이다. 그것은 사실이 아니었다. 워너스 이전에도 많은 여성 연쇄살인자가 있었다. 그러나 그들은 대개 남편을 독살하거나 나이든 병약자를 죽이는 것과 같이 가정 내에서 살인을 저질렀다.

워너스는 1956년 2월 29일 미시간 주의 로체스터(Rochester)에서 에일린 캐럴 피트먼

91) http://www.occhirossi.it/Serial_Killer/Andrej-Chikatilo-2.jpghttp://www.cronicaviva.com.pe/images/stories/cuestion_previa/chikatilo_tribunal.jpg;(2008년 5월 3일 검색)

92) http://en.wikipedia.org/wiki/Aileen_Wuornos(2008년 5월 3일 검색)

(Aileen Carol Pittman)으로 태어났다. 그녀의 어머니는 당시 15세 때인 1954년 6월 3일 아버지와 결혼했다고 한다. 에일린이 태어났을 당시 십대였던 부모는 그녀가 태어나기 전에 이미 이혼한 상태였다. 그들은 결혼생활 동안 슬하에 남매를 두었다. 오빠인 케이스(Keith)는 1955년에, 워너스는 1956년에 각각 태어났다. 사실 부모의 결혼생활은 2년이 채 안 되었으며, 에일린이 태어나기 몇 달 전까지만 결혼생활이 지속되었다.

어머니는 다이앤 캐슬린 워너스(Diane Kathleen Wuornos)였으며, 아버지는 레오 아서 피트먼(Leo Arthur Pittman)이었다. 그녀의 외할아버지/외할머니는 핀란드 출신의 후손이었다. 그녀의 아버지는 그녀가 어렸을 때, 아동 성추행자로 선고받고 캔자스와 미시간의 정신병원에 여러 차례 수용된 바 있다. 그는 아마도 캔자스 주 랜싱(Lansing)에 소재한 캔자스 주립 교도소에서 1969년 1월 30일경, 자기 스스로 목을 매어 자살한 것으로 추정된다.

1960년경, 그녀의 엄마 다이앤은 혼자서 살아갈 수 없어 두 자녀를 포기했다. 그녀는 자녀들을 친정 부모에게 맡기고 떠났는데 친정 부모는 '로리' 자콥 워너스("Lauri" Jacob Wurnos)와 에일린 '브리타' 모일렌(Aileen "Britta" Moilane)이었다. 외할아버지, 외할머니(Lauri와 Britta)는 법적으로 그 두 아이들(에일린과 오빠 케이스)을 입양했다. 범인의 외할아버지, 외할머니에 의해 법률상의 양자/양녀가 된 것이다. 그리고 그들이 살고 있던 미시간 주 트로이(Troy)의 집으로 데리고 갔다. 이것으로는 문제를 해결하는 데 실패했다. 6세 때, 에일린은 그녀와 오빠가 불을 지른 일로 얼굴에 심한 화상을 입게 된다. 15세 때 아이를 낳았으며, 이 아이는 후일 다른 집에 입양되었다. 워너스는 자신이 어린이였을 때, 외할아버지·할머니가 신체적·성적으로 그녀를 학대했으며, 외할머니는 지독한 알코올 중독자였다고 말했다. 러셀(Sue Russell)이라는 작가가 쓴 그녀의 책 『*Lethal Intent*』에서 워너스는 그녀의 외할아버지로부터 채찍 같은 것으로 맞았다고 쓰고 있다. 에일린이 12세가 되었을 때, 자신과 오빠는 로리와 브리타가 자신들의 친부모(생물학적 부모)가 아니라, 실제로는 그들의 외할아버지·할머니라는 것을 알게 되었다.

에일린은 일찍이 학교를 중퇴하고 집을 떠나 거리로 나왔다. 얼마 되지 않아 매춘부로 일하기 시작했다. 에일린은 어렸을 때 오빠와 성관계를 한 것을 포함하여 다수의 파트너들과 성관계를 가졌다고 주장했다. 그녀는 주로 음주 관련 위반행위로 정기적으로 체포되곤 했다. 그녀는 겨우 14세 때 임신을 해서 디트로이트에 있는 산모 시설에서 1971년 3월 23일 아이를 낳게 되었다. 그녀는 가족으로부터 집에서 쫓겨났으며, 지역사회로부터도 버림받았다. 그 아이는 곧바로 다른 가정에 입양되었다. 워너스는 미혼모를 위한 시설에 보내지기 전 숲속에 버려진 자동차 안에 어쩔 수 없이 은신처를 갖게 되었다. 외할머니 브리타 워너스는 1971년 7월에 사망했다.

미국의 연쇄살인 여성 범죄자 워너스의 다양한 모습들93)

비록 에일린의 어머니 다이앤이 나중에 외할아버지인 로리를 살인 혐의로 고소했지만, 공식적으로는 간질환으로 사망했다고 한다. 외할머니가 죽은 후, 그녀와 오빠는 법원의 보호를 받게 되었다. 그녀는 학교에 다니면서도 매춘을 일삼았다.

그녀는 1974년 5월 샌드라 크레치(Sandra Kretsch)라는 가명을 사용했다. 그녀는 음주운전, 질서 파괴적 행동 그리고 달리는 자동차에서 22구경 권총을 발사한 혐의로 콜로라도 주 제퍼슨 카운티의 구치소에 수감되었다. 재판을 받기 전에 그 지역을 이탈해 법정에 출두하지 않음으로써 추가 혐의가 또한 사건에 병합되었다.

1976년 워너스는 플로리다로 히치하이킹을 했다. 거기서 76세 되는 요트 클럽의 회장인 그래츠(Lewis Gratz)를 만나 같은 해 결혼했다. 그들의 결혼식 뉴스는 지역신문의 사회면에 실렸다. 그런데, 그녀는 계속해서 지역의 술집에서 문제를 일으켰다. 마침내 그녀는 폭행 혐의로 구치소에 수감되었다. 또한 남편의 지팡이로 남편을 두들겨 팼다. 그 사건은 남편으로 하여금 그녀에 대해 금지명령을 할 수 있게 했다.

그녀는 미시간으로 돌아왔고, 앤트림(Antrim) 카운티에서 체포되어 1976년 7월 13일 바텐더 머리에 당구공을 던진 사건과 함께, 폭행과 평화 교란 혐의로 기소되었으며, 또한 무면허 운전과 음주 운전으로 영장이 집행되었다.

중년이 된 1981년 5월 20일, 워너스는 무장강도 혐의로 플로리다 주 에지워터(Edgewater)에서 체포되었다. 그녀는 1982년 5월 징역형을 선고받고 교도소에 수감되었으며, 이듬해 1983년 6월 30일 석방되었다. 1984년 5월 1일, 그녀는 키 웨스트(Key West)에 있는 한 은행에서 위조 수표 사용 미수로 형벌이 선고되었다. 1985년 11월 30일, 파스코 카운티에서

93) http://www.clarkprosecutor.org/html/death/US/wuornos805.htm;http://www.news-journalonline.com/special/ wuornos/aileen.jpg(2008년 5월 3일 검색)

발생한 권총 및 탄약 절도사건의 용의자로 이름이 올랐다. 그 때, 워너스는 미시간에서 '로리 크리스틴 그로디(Lori Christine Grody)'라는 그녀의 이모 이름을 '차용'하고 있었다. 1985년 12월, 플로리다 고속도로 순찰대에서는 로리 그로디(실제로는 워너스)를 무면허 운전 혐의로 소환했다. 1986년 1월 4일, 워너스는 마이애미에서 그녀 자신의 이름으로 체포되었다. 그리고 중절도 혐의 및 체포 저항죄 그리고 허위정보에 의한 공무집행 방해로 기소되었다. 마이애미 경찰은 도난된 차량에서 38구경 리벌버 권총과 탄약 한 상자를 발견했다. 1986년 6월 2일, 볼러시아(Volusia) 카운티 부보안관은 자신의 자동차에 그녀가 권총을 넣어놓고 200달러를 요구했다고 남자 동료가 관련 사실을 고발한 사건에 대해 신문하려고 그녀를 구금했다.

워너스는 여분의 탄약을 갖고 다니는 것이 확인되었으며, 22구경 권총이 그녀가 앉아 있던 승객 쪽 좌석 밑에서 발견되었다. 워너스는 이번에 수전 블라호벡(Susan Blahovec)이라는 가명을 사용했으며, 1주일 후 플로리다 주 제퍼슨 카운티에서 속도 위반 스티커를 발부받았다. 1986년에, 제퍼슨 카운티 사건이 있은 지 며칠 지나서 워너스는 자신의 삶에 사랑이 되어 준 동성애자 24세의 티리아 무어(Tyria Moore)를 데이튼(Dayton) 레스비언 바에서 만났다. 에일린과 티리아는 함께 가정을 꾸몄다. 무어는 자신의 일자리인 모텔 여직원을 그만두었다. 에일린은 악명 높은 싸움꾼이 되었고, 항상 주머니에 총을 가지고 다녔다. 티리아를 행복하게 해 주려고 노력했으며, 에일린은 절도와 매춘 행위로 돈을 벌어 자신들의 생활비로 충당하면서 지냈다.

그들은 모텔에서 모텔로 전전했다. 그리고 종종 오래된 헛간에서 자기도 했다. 1987년 7월 데이토나 비치(Daytona Beach) 경찰은 무어와 '수전 블라호벡'을 맥주병으로 한 남성을 때린 혐의에 대해 신문하려고 억류했다.

같은 해 12월 18일, 플로리다 고속도로 순찰대에서는 정지된 운전면허 소지 및 주간고속도로를 운전한 행위로 워너스를 소환했다. 1988년 3월 12일, 카미 마치 그린(Cammie March Greene)이라는 새로운 가명으로, 워너스는 데이토나 비치 버스 운전사를 자신에 대한 폭행 혐의로 고소했다. 그녀는 그가 자신을 버스로 밀어넣었다고 주장했다. 무어는 그 사건의 증인으로 이름이 올라 있었다. 1988년 7월 23일, 무어와 워너스('수전 블라호벡'이라는 가명으로)는 그들이 사용하던 아파트를 손상시켰다고 데이토나 비치의 집주인에게 피소당했다. 그 집주인(남자)은 그 여자들이 카펫를 뜯어냈으며, 그리고 집주인의 허락을 받지 않고 벽을 어두운 갈색으로 칠했다고 주장했다. 1988년 11월 워너스는 제필리스(Zephyrhills) 수퍼마켓에 대해 로또 티켓을 변경시켰다고 하면서 6일 동안 협박 전화를 계속했다.

그녀의 첫 번째 희생자는 멀로리(Richard Mallory)였다. 그의 주요 관심사는 상업적 성매매와 음주였으며, 51세의 전기 기사였다. 워너스는 멀로리를 죽인 것은 강간에 대한 자신의 방어였다고 주장했다. 그녀가 모든 살인사건에 대해 이 같은 주장을 계속하는 동안, 이 경우에선 멀로리가 강간에 대해 유죄 판결을 받았던 적이 있는 것으로 판명되어 그것이 사실일 수도 있어 보였다. 1990년 6월, 플로리다 숲에서 스피어스(David Spears)의 시체가 발견되었다. 22구경 권총으로 총격이 가해졌으며, 이번에는 시체가 벌거벗긴 채였다. 그 때, 또 다른 희생자 카스카돈(Charles Carskaddon)이 발견되었다. 그 다음 희생자는 심스(Peter Siems)였다. 7월 7일 마지막으로 목격되었는데, 친척을 방문하기 위해 출발하던 길이었다. 그의 차는 2명의 여자에 의해 전복되었다.

같은 해 8월, 9월, 11월에 5번째, 6번째, 7번째 희생자가 잇따랐다. 그녀의 피해자들은 모두 중년 백인 남성들이었다.[94] 그들 모두는 22구경 권총으로 희생되었다. 경찰은 연쇄살인범이 체포되지 않은 채 자유롭게 돌아다니게 하고 싶지 않았다. 그러나 결국 그들은 심스의 자동차를 전복시킨 두 여성에 관한 몽타주를 배포하는 데 동의했다. 곧이어, 그 두 여성이 워너스와 무어인 것 같다는 신고가 입수됐다. 1991년 1월 9일, 경찰은 플로리다 주에 있는 오토바이 가게에서 워너스를 체포했으며, 무어는 필라델피아에 있는 그녀 여동생의 집에서 찾아냈다. 무어는 자신의 목숨을 구할 속셈으로, 경찰이 워너스로부터 자백을 얻어내도록 도와 주었다. 약간의 계략이 사용되었다.

무어에게 살인 혐의가 돌아가지 않도록 워너스는 6명의 살인사건을 혼자서 저질렀다고 시인했다. 그녀는 결국 다섯 가지 추가 사형 선고를 받았다. 워너스는 자신이 7명의 남성들을 서로 분리된 사건에서 살해했다고 인정했다. 그런데, 심스에 대한 살인사건은 자백하지 않았다. 그의 시체는 아직까지도 발견되지 않았다. 그녀가 살해한 남성 모두가 자신이 매춘부로 활동하고 있는 무렵에 자신을 강간했거나 혹은 강간하려고 시도했다고 주장했다.

배심원들의 평결은 확실했는데, 1992년 1월 27일 그녀에게 사형이 선고되었다. 운동가들이 사형 폐지 노력을 전개하는 동안에 그녀는 사형수 감방에서 10년을 보냈다. 그러나 워너스 자신은 사형이 집행되기를 요구했다(Greig et al., 2007: 301-302).

플로리다 주 대법원은 그녀가 정신적인 질환이 있어 사형 집행이 불가하다는 주장에 근거하여 사형 집행을 중지해 달라는 두 번의 요청을 기각했다. 주정부의 정신과 의사는 이에 동의하지 않았으며, 그녀의 사형 집행은 정당함을 증명했다. 에일린의 마지막 유언에 따르면, "나는 록(Rock)과 함께 항해하고 있는 중이며, 6월 6일 예수와 함께 독립기념일

94) http://www.clarkprosecutor.org/html/death/US/wuornos805.htm(2008년 5월 3일 검색)Richard Mallory(백인 남성, 51세), Dick Humphreys(백인, 56세), Charles Carskaddon(백인, 40세), Troy Burress(백인, 50세), Peter Siems(백인, 65세), Walter Jeno Antonio(백인, 62세), David Spears(백인, 43세)였다.

(Independence Day)처럼 돌아올 것이라고 얘기하고 싶다. 영화처럼, 큰 모함(母艦)처럼 그리고 그 모두처럼, 나는 돌아올 것이다"라고 했다.[95] 2002년 미국에서 56번째 사형당한 살인범이자 1976년 이래 805번째 사형당한 살인범이기도 하다. 그리고 플로리다 주에서 1976년 이래 여성 살인범으로서 두 번째로 사형당한 자였다. 그녀는 20달러 미만의 비용으로 사형수가 원하는 메뉴가 제공되는 전통적인 마지막 음식을 거부했다. 대신에 한 잔의 커피가 제공되었다.[96] 그녀는 2002년 10월 9일에 약물주사법(lethal injection)으로 사형이 집행되었다.

10) '전형적인' 연쇄살인범 게리 리지웨이: '그린 리버 킬러'

1980년대 워싱턴 주 시애틀에서 48명의 매춘 여성을 살해한 54세된 리지웨이(Gary Ridgway)가 2001년 11월 30일 체포되었다. 그에 대해 2003년 11월 살인 혐의가 인정되었지만, 사형으로 인한 생명 박탈이 용서되자 언론매체들은 리지웨이라는 연쇄살인범으로부터 더 이상 알아낼 만한 것들이 없다고 애석해 했다. 비록 그가 미국에서 가장 많은 피해자를 살해한 것에 대한 기록을 갖고 있지만(아마도 가장 오랫동안 형사사법 당국을 교묘히 빠져나갔을 것이다), 그는 연쇄살인사건 사례들이 종종 불러일으킨 흥미로 인해 일종의 열광한 언론 보도를 교묘히 피해 왔었다.

리지웨이는 평범했으며, 피해자들은 사회 내에서 제대로 대우받지 못하는 거리의 매춘 여성들이었기 때문에, 심지어 엄청난 수의 사망사건이었지만, 워싱턴 주 지역 이외에서는 일상적인 언론 보도 수준 이상으로 분위기를 환기시키지 않았다. 실제로, 리지웨이는 연쇄살인범에 관해 전형적으로 알려진 모든 것을 대표하는 것은 아니다. 1949년에 태어난 그는 시애틀 남부지역의 노동자 계층 이웃들이 거주하는 곳에서 성장한 세 명의 아들들 가운데 중간 아이였다. 알려진 바에 의하면, 어머니는 아들들과 남편에 대해 아주 엄격하게 통제하는 스타일이었다. 리지웨이의 전처들 가운데 한 여인에 의하면, 그녀는 한때 저녁 식사용 쟁반을 아버지의 머리에 내리쳐 부숴버린 적이 있었다고 한다(Archbold, 2003: 132).

어린 리지웨이는 학습지체아였으며 학교에서 두 번이나 낙제했다. 방화를 저지르고, 고양이를 질식사시켰으며, 그로 하여금 그녀를 괴롭힐 수 있도록 함으로써 대가를 치르고, 십대 청소년기에 그는 뚜렷한 이유 없이 6세짜리 소년을 칼로 찔러서 거의 죽게 만들었다.

그는 세 번이나 결혼했다. 첫 번째 부인은 그들의 결혼이 실패했다고 주장했다. 왜냐하면, 어머니가 그를 완전히 지배했기 때문이다. 그런데, 그녀는 그를 사회적으로 그리고 성적으

95) http://www.ccadp.org/aileenwuornos.htm(2008년 5월 3일 검색)
96) http://www.clarkprosecutor.org/html/death/US/wuornos805.htm(2008년 5월 3일 검색)

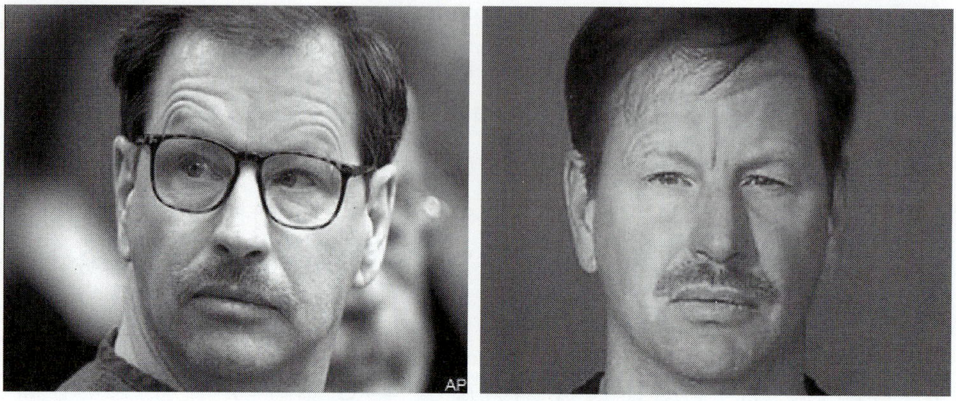

그린 리버 킬러로 알려진 게리 리지웨이[97]

로 정상이었다고 묘사하고 있다.

체포되었을 당시 리지웨이는 자신이 고등학교를 졸업한 후 처음 일을 시작했던 같은 장소에서 시간당 21달러를 받는 트럭 도장공(塗裝工)이었다. 동료 근로자들은 그를 주변 사람들과 잘 어울리는 만족할 만한 동료 근로자로 기억하고 있었으며, 그들은 일이 끝난 후 리지웨이와 곧잘 사교적인 활동을 했었다. 그의 감독을 받았던 몇몇 여성 근로자들은 그는 그들에게 한 번도 소리를 지른 적이 없는 인내심 있는 상급자였다고 회상했다. 그는 20만 달러짜리 주택을 소유하고 있었고, 한 명의 아들, 함께 산책하는 한 마리의 개가 있었으며, 이웃들에게는 친절했다. 교회에도 나갔으며, 재고품 염가 판매(garage sale)도 했다. 암웨이 제품을 팔았고, 친구들도 있었으며, 아주 열심히 성경을 읽고, 종종 집집마다 다니면서 이웃들에게 하나님을 가까이하라고 하면서 전도도 했다.

그는 최소한 48명의 매춘 여성을 목졸라 살해했으며, 시체들을 그가 '덩어리'로 불렀던 숲이 우거진 곳에 매장했다. 그리고나서 부패된 시체와 성관계를 맺기 위해 일상으로 돌아오곤 했다. 그의 두 번째 부인은 그를 항문성교와 구강성교에 완전히 사로잡혀 있는 외로운 인간으로 기억하고 있다. 그의 두 번째 및 세 번째 부인 둘 다, 그가 밖에서 성관계하는 것을 좋아했던 것으로 기억하고 있었다. 그가 체포된 이후에야 그들은 그러한 장소들이 피해자가 묻혀 있거나 가까웠던 지점이라는 사실을 알게 되었다.

그는 1982년에서 1984년 사이 2년밖에 안 되는 짧은 기간 동안에 대부분의 피해자들을 살해했다. 그는 범행 현장에 주의깊게 다른 사람의 담배꽁초와 껌을 갖다 놓기도 했으며,

97) http://media.katu.com/images/070426_Gary_Ridgway.jpg;http://www.king5.com/sharedcontent/northwest/greenriver/stories/L_IMAGE.f88d5cfcee.93.88.fa.80.1b47d8c1.jpg(2008년 4월 2일 검색).

경찰을 따돌리기 위해 시체를 매장했다. 물론 그는 담배를 피우거나 껌을 씹지 않았다. 피해자들의 손톱 밑에 약간의 증거라도 남을 것을 염려하여 그들의 손톱을 다 깎아버렸다. 수사관들을 따돌릴 목적으로, 한 피해자의 시체 주변에 광고용 전단을 떨어뜨리기도 했다. 두 명의 피해자의 해골 잔류물을 자신의 자동차 트렁크에 넣어 자신의 아들과 캠핑을 가면서 다른 주로 옮겨놓았다. 리지웨이는 주도면밀하게 경찰을 혼란에 빠뜨리기 위해 '최후의 만찬(Last Supper)' 시나리오를 만들면서, 피해자 시체 위에 소시지 더미와 송어 그리고 포도주 병들을 올려놓았다고 자백했다. 경찰의 전문용어로서, 범행 현장에 대한 왜곡된 의미를 가져다 주는 것을 각색(staging)이라고 부른다.

리지웨이는 1984년, 경찰이 매춘부를 유혹하는 그를 체포했을 때 용의자가 되었다. 그와 함께 일한 동료들이 종종 그의 등 뒤에서 그것에 관해 농담할 때, 그를 '그린 리버 게리(Green River Gary)'라고 불렀으며, 그 자신의 이름(Gary Ridgway) 첫 글자들이 그린 리버와 같다고 농담을 했다(Vronsky, 2004: 12-14).

용의자가 되자마자, 리지웨이는 그동안 저질러 왔던 살인사건들이 거의 중단되는 것처럼 보였다. 1986년에 한 건, 1988년에 한 건 그리고 다른 한 건은 1998년에 저질렀다고 자백했다. 그런데 경찰은 범인이 다른 관할 구역에서 다른 20건의 살인사건을 저지른 용의자로 의심하고 있었다. DNA 분석 기술의 발전으로 거의 20년 동안 모든 살인사건이 저질러진 후, 드디어 2001년에 리지웨이를 체포할 수 있게 되었다.

지금까지, 리지웨이는 매춘 여성을 살해한 다른 연쇄살인범들과의 차이점이 나타나지 않았다. 코팅햄(Richard Cottingham)과 똑같이 리지웨이는 성실하게 고용된 자였다. 아내가 있었으며, 집을 소유하고, 어린 자녀들을 키우고 있었다. 50세에 다섯 명의 자녀와 아내가 있는, 주택을 소유한 그리고 장기 대출을 갖고 있었던 예이츠(Robert Yates)와 똑같았다. 리지웨이처럼, 예이츠는 스포캔(Spokane) 지역에서 13명의 여성들을 살해하면서 성경 구절을 인용했다. 비록 그들 가운데 많은 자들이 관계를 맺는 데 실패했지만, 그 실패들은 종종 통상적인 이혼 이상의 더 특별한 상황은 아니었다.

13명의 매춘 여성 살해범인 서프(William Lester Suff)와 11명의 피해자를 살해한 범인 쇼크로스(Arthur Shawcross)는 그들이 살인사건을 저지를 때, 오랫동안 관계를 맺고 있었다. 리지웨이는 실제로 오늘날 우리가 알고 있는 연쇄살인범들에 관한 모든 것을 대표하고 있다. 모든 것과 동시의 전혀 아닌 것을 포함하여 '왜'라고 하는 중요한 질문에 대한 대답은 교묘하게 우리를 계속해서 피하고 있기 때문이다.

11) 워싱턴 시 근교 저격범들: 벨트웨이 스나이퍼스 (존 앨런 무하마드와 존 리 말보)

무하마드(John Allen Muhammad)와 말보(John Lee Malvo)가 워싱턴 시에서 2002년 10월 체포되었다. 워싱턴 시 인근지역 순환도로 주변에서 최소한 10명을 총으로 쏴서 살해한 혐의였다. 말할 것도 없이, 17세인 말보의 대리인이 된 41세의 무하마드는 살인행위를 저지른 팀의 중요한 부분을 맡았던 것으로 밝혀졌다.

존 앨런 윌리엄스(John Allen Williams)는 2001년에서 자신의 성을 무하마드(Muhammad)로 개명했다. 그는 루이지애나 주 이스트 보스턴 루지(East Boston Rouge)에서 자랐다. 그의 어머니는 세 살 때 죽었고 아버지는 당시에 없었던 것으로 알려졌다. 무하마드는 할아버지와 고모에 의해 키워졌다. 친척들은 그를 아주 명랑한 아이로 기억하고 있다. 그는 고등학교 때 풋볼팀의 스타 선수였다. 1978년 졸업한 후, 그는 루이지애나 주 방위군에 입대했다. 그리고 그의 고등학교 때 사랑을 나눴던 여자 친구와 결혼해서 아들 하나를 낳았다. 그의 동료 군인들은 무하마드를 사교적이며 친절한 사람으로 기억하고 있다. 종종 자기 아들을 주변 사람들에게 보여 주기 위해 데리고 오기도 했다고 한다.

美 '아무나 저격' 7번째 희생

최근 저격 살인 일지

❶ 2일 오후 6시4분 메릴랜드주 몽고메리 카운티 수퍼마켓 주차장서 55세 백인남성 피살
❷ 3일 오전 7시41분 몽고메리 카운티 카센터 앞에서 39세 백인남성 피살
❸ 오전 8시12분 몽고메리 카운티 주유소에서 급유하던 54세 인도계 택시기사 피살
❹ 오전 8시37분 몽고메리 카운티 우체국 앞서 34세 히스패닉계 여성 피살
❺ 오전 9시58분 몽고메리 카운티 주유소에서 기름 넣던 25세 백인 여성 피살
❻ 4일 오후 9시20분 워싱턴시내서 72세 흑인남성 길 걷다 피살
❼ 5일 오후 2시30분 버지니아 스폿실베니아 쇼핑센터서 43세 백인여성 피격, 중상
❽ 8일 오전 8시9분 메릴랜드 프린스 조지스 카운티서 13세 흑인 중학생 등교 중 피격, 중상
❾ 9일 오후 8시20분 버지니아 프린스 윌리엄 카운티 주유소에서 한 남성 급유 중 피살

범죄 용의자 "나는 神이다" 메모 남겨

[워싱턴=이효준 특파원] 미국 워싱턴시와 메릴랜드·버지니아주 등 워싱턴 인접 지역에서 연쇄 저격 살인 사건이 잇따르고 있는 가운데 9일 일곱 번째 피살자가 발생했다. 범행 용의자는 자신을 '신(神)'으로 자처하면서 경찰에 요구 사항을 밝히기 시작한 것으로 전해졌다.

◇일곱 번째 희생자=버지니아주 경찰은 "9일 오후 8시20분(현지시간)쯤 워싱턴에서 서쪽으로 40km 떨어진 프린스 윌리엄 카운티의 한 주유소에서 급유를 하던 한 백인 중년 남성이 저격당해 현장에서 사망했다"고 발표했다.

한 목격자는 "범행 직후 남성 두 명이 탄 흰색 승합차가 급히 현장을 떠나는 것을 봤다"고 경찰에 진술했다.

사고 직후 경찰은 주변 도로를 차단하고 검문 검색에 나섰으나 범인을 검거하지 못했다. 경찰은 "이 사건과 연쇄 총격 사건과의 관련성을 아직 알 수 없다"고 밝혔으나, 현지 언론은 경찰 소식통의 말을 인용, "지금까지 주유소에서 발생한 저격 사건이 두 번 있었고 이번 범행의 수법도 비슷해 동일범의 소행이 확실해 보인다"고 보도했다.

이로써 연쇄 저격 살인에 따른 희생자는 사망 7명, 중상 2명으로 늘어났다. 경찰 당국은 제보자에게 주는 현상금을 23만7천달러(약 2억8천만원)로 인상했다.

◇"나는 신이다"=경찰은 지난 8일 메릴랜드주 프린스 조지스 카운티 내 한 중학교 주차장에서 범인이 남긴 메모를 발견했다고 현지 지역방송(WUSA)이 보도했다. 메모가 발견된 곳은 이날 13세 중학생에 대한 저격 사건이 발생한 곳이다. WUSA는 "메모는 점을 칠 때 사용하는 태럿(tarot)카드 중 죽음을 상징하는 13번째 카드에 기록돼 있으며, 범인은 '경찰 여러분, 나는 신이다'라고 써놓은 것으로 알려졌다"고 전했다.

워싱턴 포스트는 익명의 소식통을 인용, "범인은 이외에도 경찰들에게 몇 가지 요구사항을 써놓았다"고 전했다. 이에 대해 찰스 무스 몽고메리 카운티 경찰서장은 카드와 관련된 사실의 확인을 일절 거부하면서 "언론이 중요 단서를 노출시켜 수사를 방해하고 있다"고 언론을 비난했다.

수사 전문가들은 메모에 대해 "이런 메모는 대형 범죄 사건에서 흔히 나타나는 것으로 범인은 경찰과의 교감을 통해 자신을 평가받으려 한다"고 지적하고, "자신을 '신'으로 표현한 것은 범인이 생사(生死)를 선택할 수 있는 전지전능한 힘을 갖고 있다는 식으로 느끼고 있음을 보여주는 것"이라고 분석했다.

8일 미국 메릴랜드주 프린스 조지스 카운티의 중학생 총기 피격 현장 주변에서 발견된, 범인이 남긴 카드와 같은 종류의 죽음의 태럿 카드. 범인은 이 카드 위에 "경찰 여러분, 나는 신이다(Dear policeman:I am God)"란 메모를 남겼다.

1999년 콜로라도주 컬럼바인 고교 총격사건 당시 범행을 저지른 에릭 해리스군도 범행 전 노트에 독일어로 '나는 신이다'라고 써놓았었다. joonlee@joongang.co.kr

국내에서도 보도된 워싱턴 스나이퍼사건(중앙일보, 2002년 10월 11일자)

1982년 그의 문제점에 관한 첫 번째 신호들이 나타나기 시작했다. 그는 벌금을 선고받았으며, 임무를 수행하는 것에 실패하여 한 계급 강등되었다. 1983년 그는 장교와 싸움을 하여 또 벌금을 선고받았다. 1985년, 무하마드는 이슬람교로 개종했다. 아내와 이혼했으며, 주방위군을 퇴직하고 연방군에 입대했다. 그는 새로운 여자 친구와 함께 워싱턴 주 포트 루이스(Fort Lewis)로 이사갔다. 1988년 결혼했으며, 그들은 세 명의 자녀를 두었다. 그렇지만, 그의 첫 번째 부인은 그들의 이혼은 아주 괴로웠다고 회상했다. 무하마드는 그녀와 아들의 삶을 부당하게 지배하려고 시도했다. 1995년 무하마드는 정기적으로 아들을 만난 후 첫 번째 부인에게 아들을 돌려보내는 일을 어김으로써 기소당했다.

1990년에서 1992년까지 해외에서 근무했으며, '사막의 폭풍작전(미국의 이라크 침공 작전)'에도 참전했다. 이라크의 방어진지를 따라 설치된 함정들을 불도저로 밀어내는 지뢰 제거 임무를 수행했다. 군복무 시절에, 무하마드는 '우수한' 저격수 등급을 받았다. 이것은 군대에서 가장 우수한 사격 분야 자격증인 셈이다.

무하마드가 체포된 후 얼마 되지 않아서, 『뉴스위크(*Newsweek*)』라는 잡지에서 걸프전에 참전한 범인의 상사였던 베렌트손(Kip Berentson)을 인터뷰했다. 그에 따르면, 그 당시부터 무하마드는 문제가 있었다고 진술했다(*Newsweek*, November 4, 2002: 26). 베렌트손이 말하기를, 다른 16명의 군인들과 그가 함께 잠자고 있는 텐트에 불을 지르고, 누군가가 수류탄 속에 테르밋(thermite)[98]을 던졌다고 한다. 베렌트손은 곧바로 무하마드를 가장 가능성이 높은 용의자로 지목했으며, 군 수사기관에서는 그에게 수갑을 채워 다른 곳으로 데리고 갔다고 진술했다. 그런데, 무하마드의 군복무 기록에는 그 사건에 대해 별다른 언급이 없었다. 사실, 무하마드가 걸프전에서 눈에 띌 만한 기록을 가졌다고 확실하게 지적하고 있다. 1994년 2월, 그는 군을 떠났으며, 가라데 학원을 개원하려고 시도했다. 그러나 그의 노력은 실패했다. 그는 몇 가지 다른 사업 운영을 시도했으나 모두 실패했다. 1999년 두 번째 부인이 이혼 신청을 하자 그는 그에 대응하면서 아주 위협적으로 되었다.

말보는 또한 나이에 비해 작은 소년으로 기억되었으며, 종종 그것 때문에 놀림을 당하기도 했다. 그는 어머니가 없을 때에는 종종 그의 친척이나 다른 보호자의 보호 하에 놓이게 되었다. 그의 보호자들, 선생님들 그리고 친척들은 말보를 대단히 좋아했던 것으로 알려져 있다. 어머니의 보호로부터 다른 사람들의 보호를 받도록 어머니가 말보를 이리저리 옮기자 친척들은 걱정했다. 결국에, 그의 어머니는 그를 안티과로 데려갔다. 거기서 무하마드는 그들을 만났다(DiManno, 2003).

98) 금속 알루미늄과 산화 제2철의 잔분말의 혼합물.

2001년 여름, 무하마드는 워싱턴으로 돌아왔으며, 그의 법적 이름을 윌리엄에서 무하마드로 개명했다. 그와 비슷한 무렵인 2001년 8월, 말보와 그의 어머니가 플로리다로 불법 입국했다. 어떻게 입국했는지는 아직까지 불명확하다. 그 해 2001년 여름, 경찰에서는 무하마드와 말보의 어머니 둘을 알고 있는 사업 컨설턴트인 니콜스(Isa Nichols)의 도움으로 무하마드가 납치했던 아이들을 찾아냈다.

2001년 10월경, 말보는 워싱턴 주 벨링햄(Bellingham)에서 무하마드를 아버지라고 부르면서 합류했다. 두 사람은 부랑자 보호센터에 있는 잠자리에서 함께 자곤 했다. 목격자는 말보가 무하마드를 "아빠(Dad)" 그리고 "선생님(Sir)"이라고 부르는 모습을 기억하고 있었다. 무하마드는 아침 일찍 조깅과 트레이닝, 그리고 이슬람식 다이어트 규칙을 엄격하게 지키면서 필요한 몇 가지 훈련 프로그램을 소년에게 제공했다.

2002년 2월, 무하마드는 야채가게에서 27달러 정도의 가치가 되는 물건을 훔치는 바람에 체포되었다. 같은 달, 이모인 니콜스와 함께 살던 21세의 쿠크(Keenya Cook)는 경찰로 하여금 무하마드가 납치한 아이들을 찾는 데 도움을 주었다. 그녀가 현관문을 열었으며, 얼굴에 총을 맞은 채 살해되었다. 경찰은 그 살인사건을 해결하지 못했지만, 연관성은 명백했다. 같은 해 4월, 무하마드는 옛 군대 동료를 찾아갔다. 그에게 두 자루의 라이플과 1개의 소음기를 보여 주었다. 만약 소음기가 장착되면, 그러한 무기가 얼마나 큰 손상을 입힐 것인지에 대해 확실하게 큰소리쳤다. 무하마드는 따로 떨어지게 되었으며, 어쨌든 그러한 과정이 그의 자녀들이 없어진 것과 그들을 대리인으로 대체하려던 그의 시도와 관련이 있었다.

2002년 6월, 무하마드는 말보를 자신이 어린 시절 고향인 루이지애나의 작은 도시로 데려갔다. 거기서 그는 사촌들을 찾아갔다. 그들은 무하마드가 별반 특징 없이 초췌한 모습이었고, 지저분했으며, 음울한 분위기였다고 기억하고 있었다. 무하마드는 뭔가를 두려워하고 수줍어하는 것처럼 보였다. 무하마드는 그의 사촌들에게 라이플총과 탄약들을 보여 주면서 특수부대(Special Forces)를 위한 일종의 비밀 임무 중에 있다고 주장했다.

그는 루이지애나에 있는 첫 번째 부인과 접촉했으며, 그 후 워싱턴 시 북부 지역으로 향했다. 그곳은 최근에 그의 두 번째 부인이 세 자녀들과 이사를 간 곳이었다. 2002년 6월에서 9월 사이에, 무하마드와 말보가 이동한 것은 분명치 않았다. 9월 10일에, 무하마드가 청색 카프라이스(Carprice) 자동차를 구입했으며, 그 자동차는 나중에 움직이는 스나이퍼의 은신처가 되도록 개조되었다. 무하마드와 그의 자동차는 메릴랜드 주에 있는 두 번째 부인의 거주지 인근에서 발견되었다. 9월 21일, 두 명의 여성이 범인에 의해 앨라배마 주 몽고메리에 있는 주류판매점 밖에서 총을 맞았다. 두 명의 피해자 가운데 한 명은 사망했다. 비록 상세한 내용들은 지금까지 알려지지 않았지만, 경찰은 그 범죄에 무하마드와 말보가 관련되었을 것이라는 몇 가지 종류의 법과학적 증거를 발견했다.

10월 1일부터 22일 사이에, 워싱턴 시와 메릴랜드 지역에서 발생한 일련의 스나이퍼에 의한 총격사건들로 사람들을 꼼짝못하게 만들었다. 모든 사건이 광범위한 고속도로 근처에서 발생했으며, 그 지역의 일상생활에 많은 장애를 초래했다. 학교 외부 활동들은 연기되었으며, 모든 총격사건은 일어나자마자 텔레비전 프로그램에 방영되었다. 그리고 모든 살인행위를 멈추는 조건으로 1,000만 달러를 요구하는 몇몇 통신 내용이 스나이퍼들로부터 접수되었다. 그리고 타로 카드(taro card) 한 장이 범행 현장 가운데 한 곳에 떨어져 있었다고 보도되었다.

스나이퍼들이 전화를 걺으로써 몽고메리와 앨라배마의 총격과 연관되고, 지문을 통해 그들의 신원이 명백해질 때까지, 모든 피해자들 중 10명이 살해되었다. 수배된 용의자들의 인상 착의가 방송으로 몇 시간 동안 알려지게 되면서 차 안에서 자고 있던 범인들이 체포되었다.

2003년 가을, 무하마드와 말보는 분리된 형사재판에서 판사와 배심원들을 대면하게 되었다. 나이 어린 말보가 10번의 총격사건 중 8건을 실제로 저지르는 동안, 무하마드는 단지 '관측병'으로 행동했던 것처럼 보였다. 검찰에서는 어떤 살인사건들에서도, 무하마드가 총격을 촉발시킨 자였다는 것을 명백하게 보여 줄 아무런 증거도 결코 보여 주지 않았다. 그럼에도 불구하고, 그 해 11월, 배심원들이 그에게 사형을 권고하면서 무하마드에게 유죄가 인정되었다.

그러는 동안에, 10대 소년인 말보의 변호인은 말보가 나이 많은 무하마드에 의해 '세뇌'당했다고 변호했다. 광포한 총격사건 이면의 범행 동기는 아직도 분명하지 않은 채 남아 있

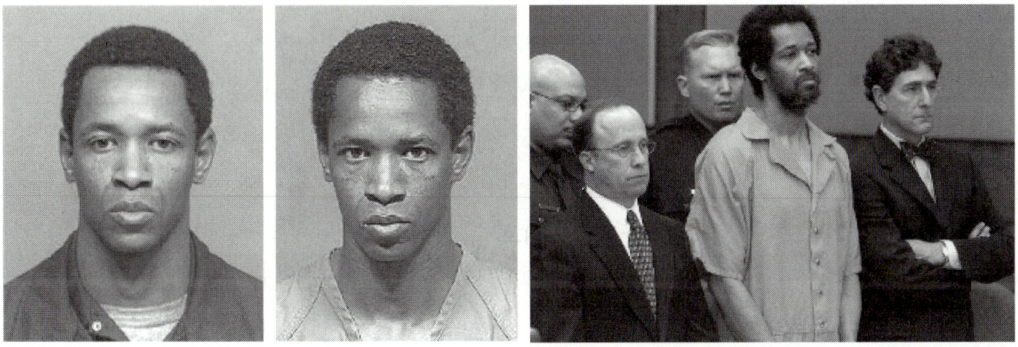

체포되기 전후의 무하마드(우측은 재판정에 출두한 모습)[99]

99) http://www.thesmokinggun.com/graphics/packageart/mugshots/muhammadmug1.jpg;http://www.deseretnews.com/photos/midres/4654785.jpg(2008년 4월 3일 검색).

말보가 무하마드와 함께, 그리고 법정에서의 모습100)

다. 말보의 변호사에 의하면, 총격사건들은 무하마드가 자신의 전 부인-밀드레드-을 살해하기 위한 그리고 자녀 양육권을 다시 찾기 위한 비밀스러운 계획의 일부라는 것이다. 말보에게는 알려 주지 않은 채, 그 계획은 밀드레드를 저격하는 것이었다. 그리고 많은 스나이퍼 살인사건들 중의 단지 하나에 불과한 것처럼 보이도록 했다.

검찰은 그 총격사건들은 전 세계 어린이들을 위해 무하마드가 캐나다 안에 이상적인 공동체를 만들기로 하면서, 1,000만 달러라는 거금을 몸값으로 강탈하기 위해 계획된 것이라고 주장했다.

전형적인 광포한 살인범과는 달리, 그들은 그들 자신의 안전이나 도주를 안중에 두지 않고, 그들 자신을 파괴하기 위한 행동을 하지 않았다. 대신에, 그들은 선별적으로 살해했으며, 체포될 위험을 피해 나갔다. 도주하기 위해 고속도로에 신속하게 접근할 수 있는 기회를 얻을 수 있는 장소를 신중하게 선택하면서 그리고 그들의 자동차를 스나이퍼를 위한 은신처로 개조할 만큼 무하마드와 말보는 주도면밀한 범죄자들이었다(Vronsky, 2004: 238-240).

두 가지 사건에서, 살인을 덥석 저지른 행위는 사회규범으로부터 일련의 경미한 위반행위들에 이어졌다. 커내난은 마약을 거래했으며, 무하마드는 군복무 시절에 순종적이지 않았다. 그의 자녀들을 허락 없이 데리고 갔으며, 전처를 위협했다. 군대에서 직업을 가졌던 가정의 아버지에서, 자신의 자녀들을 빼앗긴 부랑자 보호센터의 침대에 누운 아버지에 이르

100) http://www.baltimoresun.com/media/photo/2002-10/5125649.jpg;http://static.howstuffworks.com/gif/brainwashing-3.jpg(2008년 4월 3일 검색)

기까지, 무하마드는 그의 인생에서 누군가를 비난하지 않고서는 혹은 어떤 종류의 특별한 살인적 복수를 하지 않고서는 그 실패를 극복할 수 없었다.

커내난의 몰락은 유사한 패턴을 반영했다. 커내난과 무하마드 등 광포한 연쇄살인범들을 대량살인범들과는 반대되는 쪽으로 만들었던 것은 아마도 심각한 정신병이 없었기 때문이다. 커내난과 무하마드 둘 다 비교적 능력과 자부심이 있었으며, 그리고 목적 지향적 사람들이었다. 그들은 광포한 살인행위들 쪽으로 자신들을 몰아간 능력을 실천했던 것이다. 이러한 기준과 범주들의 어느 것도 반드시 불변하는 것은 아니다. 몇 년마다 현장에 연쇄살인범이 등장할 때마다, 범인들의 질병적 환상과 상상은 그 이전에 개념 정의된 변수들과 범주들을 허용하지 않는다.

여성들의 옷을 갈기갈기 찢은 것 때문에 런던의 '괴물'로 취급되어 1790년 윌리엄스(Renwick Williams)가 사형당했을 때, 그의 범죄는 인류의 역사에서 설명할 수 없을 정도의 아주 새로운 현장이며, 너무나 부자연스러운 것으로 묘사되었다는 것과 그 범죄가 인간 본성에 대한 존경심을 벗어난 것이어서, 누군가가 거의 불가능한 범죄로 간주했다는 사실을 단지 기억할 필요가 있다. 불행하게도 인류의 역사는 그로부터 멀리 왔으며, 아직 가야 할 길도 멀다. 그러나 불가능한 것은 아무것도 없다.

제3장

프로파일링 I

범죄자 유형 분석기법의 개념과 역사

1. 범죄자 유형 분석기법의 개념과 종류
2. 프로파일링의 종류
3. 행동적 프로파일링의 역사: 미국의 사례를 중심으로
4. 프로파일링의 목적과 유용성
5. 범죄자 유형 분석기법의 효용성 검증 사례
6. 프로파일링에 필요한 사항과 적합한 범죄 유형

chapter 03

범죄자 유형 분석기법의 개념과 역사

1 범죄자 유형 분석기법의 개념과 종류

연쇄살인범들에 관한 범죄자 프로파일링은 경찰에서 활용된 다른 수사상의 기법들보다도 대중의 상상력을 사로잡았다. 프로파일링은 수사상의 경험, 법과학 및 행동과학 분야에서의 훈련, 그리고 이미 알려진 범죄자들의 특징에 관해 경험적으로 확인된 정보에 의존하여 범인을 추려내는 프로파일러의 능력에 달려 있다. 그것은 과학이라기보다는 기법에 가깝다. 분석의 초점은 범행 현장 내에서 범죄자의 행동이다(Cook & Hinman, 1999: 230).

프로파일에 대한 학자들의 견해를 살펴보면 다음과 같다.

프로파일(profile)이란 용어는 사람의 옆모습 또는 외모, 성격과 활동 상황에 대한 개요를 의미한다(McDonald & Michud, 1996; 이종주, 2002: 18에서 재인용). 또한 사전적 의미로는 “대상자의 가장 현저한 특징들을 간단하게 개괄하는 짧고 분명히 인식할 수 있는 전기”로서 정의되기도 했다. 라이더(A. O. Rider)는 개인의 특출한 심리학적·행동적인 성격 특질의 묘사라고 정의하기도 했다.[1] 게버스(V. Geberth)는 매우 유사한 범죄를 저지른 사람

1) 국립과학수사연구소 범죄심리과 범죄분석실, “범죄 프로파일링의 소개”, 「수사연구」 2001년 12월호, 42면. 이

들은 거의 비슷한 인성적 소질(personality traits)을 가진 사람들일 것이라는 가정에 초점을 두었다. 한편, 피니조토(A. Pinizzotto)는 범죄자 유형 분석기법(criminal profiling)은 사실에 기초한 것이며, 분석적·논리적 사고를 요구한다고 했다.

만약 우리가 어떤 사람의 성격을 알고 있다면, 그가 어떤 상황에서 어떻게 행동할 것인지 예측할 수 있을 것이다. 범죄가 정상적인 범주에서 일탈되면 될수록 프로파일링은 더욱 중요해진다. 일상적인 범죄 행위에 대해 전부 프로파일이 형성되는 것은 아니지만, 범행 수법에 기초한 범인 프로파일은 실제 수사에서는 의미가 있다. 프로파일링이 범죄를 저지른 인물을 직접 말해 주지는 않지만, 그런 범죄를 저지를 수 있는 인물 유형을 말해 줄 수는 있기 때문이다.

일반적으로 범죄자 유형 분석기법은 미검(未檢) 상태인 범죄자의 정신병리학적 징후들을 보여 주는 사건에서 가장 효과적으로 활용될 수 있다. 범죄에 대한 심리적 평가는 프로파일링으로 불리는 바, 이러한 범죄자 유형 분석기법의 목적은 범행 현장에 유류된 증거들을 범죄자의 성격 유형에 관한 단서로서 인식하고 해석하기 위한 것이다(Ostenburg & Ward, 2000: 152).

범죄자의 행동은 범죄 현장 혹은 연속적인 동종 범죄 현장에 노출된다. 이러한 범죄자의 행동을 연구함으로써, 유사 범죄자에 의해 저질러졌을 것이라는 추론을 가능케 한다(Jackson & Bekerian, 2001: 2). 1992년 Terrorism, Radicalism, Extremism and International Violence(TREVI)에 의해 채택된 개념 정의는 "사건의 특성 분석에 기초한 범죄자의 묘사를 가능케 하는 시도"다. 콥슨(G. Copson)은 범죄자 유형분석을 "범죄 현장, 피해자 그리고 다른 수집 가능한 증거들에 대한 아주 상세한 평가를 토대로 알려지지 않은 범죄자의 묘사를 추정할 수 있도록 함으로써, 경찰수사 활동에 대한 접근"이라고 정의하기도 한다(Jackson & Bekerian, 2001: 2-3).

범죄자 프로파일링이라는 것은 범죄 행동에 대한 책임이 있는 사람의 형태(type, 類型, 스타일)를 파악하는 것을 돕기 위해 범죄 행동을 수사하고 조사하는 과정이다(Turvey, 2002: xxi). 따라서 훌륭한 수사관이 된다는 것은 다름아닌 훌륭한 범죄 유형 분석가가 된다는 의미다. 즉, 동일인에 의해 저질러지는 범죄는 공통성을 갖는다는 전제 하에 범죄 전의 준비과정, 범행 특성, 피해자 특성, 범행 후 행적에 이르는 수법을 파악함으로써, 범죄자 유형을

자료는 비록 학술논문 형식으로 작성된 것은 아니지만, 관련 분야에 대해 많은 내용을 소개하고 있어서 이 책에서 적극 참고하기로 했다. 범죄분석실에서 제공하고 있는 이 자료는 오스트레일리아 페서릭(Wayne Petherick)이라는 프로파일링 연구가의 자료들이다. 특히 그는 퀸슬랜드대학(Queensland University)에서 심리학을 전공하고, 관련 분야 연구에 깊은 흥미를 가지고 있으며, 특히 수사기관의 프로파일링 응용에 대해 남다른 열정을 갖고 있다. http://www.crimelibrary.com/about/authors/petherick/index.html

추정하는 수사기법을 범죄자 유형 분석기법이라 한다(곽대경, 2001: 6). 이것은 범죄를 저지른 자의 인성적 유형(타입)을 암시하는 범행 현장에 대한 적절한 해석이라는 전제에 근거하고 있다.

실제로 범죄자 유형분석 기법은 다양한 용어로 언급되고 있는데, 행동적 프로파일링(behavioral profiling), 범행 현장(crime scene profiling), 범죄자의 인성 프로파일링(criminal personality profiling), 범죄자 프로파일링(offender profiling), 심리학적 프로파일링(psychological profiling) 등이다(Jackson & Bekerian, 2001: 2).

범죄자 유형 분석기법 혹은 범죄자 프로파일링은 다양한 사용례에도 불구하고, 범죄를 저지른 자의 인성적 유형을 암시하는 범죄 현장에 대한 적절한 해석이라는 전제에 근거한다. 그리고 이것은 어떤 인성적 특성 유형이 유사한 범죄 유형을 나타낼 것이며, 이러한 범죄 유형에 대한 연구를 통해 범죄 수사와 잠재적 용의자에 대한 평가가 가능해진다는 가정에 기초하고 있다.

프로파일링 기법으로 연쇄살인범 검거

경찰이 범죄심리 수사기법인 프로파일링 수사를 통해 동일한 범행을 저지르던 범인을 검거했다. 2006년 12월 4일 서울지방경찰청 형사과는 동년 10월 30일 서울 상계동의 한 주점 여주인을 살해한 혐의로 김모(34) 씨와 민모(34) 씨를 검거했다고 밝혔다. 살인범을 쫓던 경찰은 지난 11월 30일 천안경찰서의 강력범죄 보고서에서 이들을 발견했다. 경찰에 따르면 이들은 2006년 11월 16일 천안시 성정동의 한 원룸에서 정모(여·42) 씨를 살해한 혐의로 체포돼 조사를 받고 있었다. 서울경찰청 형사과 과학수사계는 전국에서 보고된 250여 건이 넘는 강력범죄 보고서에서 이들을 찾아냈다.

경찰 관계자는 "천안경찰서가 검거한 2인조 강도의 살해 방법 등 일부 행동 특징이 상계동 주점 여주인 사건의 프로파일링 결과와 비슷한 점을 발견했다"고 말했다.

경찰은

△ 김모 씨의 주거지가 상계동인 점

△ 위장 접근 방식과 피해자 살해 방식

△ 범행 은폐 수법

△ 성인 채팅에 빠져 있는 등 강한 성적 욕구를 지닌 점 등에 주목했다.

경찰은 상계동 주점 살인사건 현장에서 발견된 족적과 살인사건 증거물인 포도껍질 이쑤시개에 묻은 타액 DNA가 김씨의 DNA와 일치한다는 사실을 밝히고 범행 일체를 자백받았다.

☞ 프로파일링(profiling)이란: '윤곽을 그린다'는 뜻이다. '유사한 범죄를 저지른 이들에겐 비슷한 성격이 있다'를 전제로 범죄 현장의 특성이나 사소한 흔적까지 분석해 범인의 특성이나 심리까지 데이터로 축적해 놓고 있다.

내일신문, 2006년 12월 5일, 20면(윤여운 기자)

프로파일링은 조사하는 기술이고 많은 명칭을 가진 법과학이며 수년간 많은 단계에서 실행된 역사다. 사전과 백과사전에서는 그것을 범죄자 프로파일링(offender profiling)이나 범죄 프로파일링이라고 부르는 경향이 있다. 두 번째로 가장 일반적인 명칭은 심리학적 범죄 프로파일링 혹은 단순히 심리학적 프로파일링이다. 이 마지막 접근 방식의 한 예로서, 프로파일링은 변론 행위 전문가들이 수행한 일종의 범죄조사 분석이라고 주장하는 PARI(Practical Aspects of Rape Investigation)의 버제스와 헤이즐우드(Burgess & Hazelwood, 1995)의 용어법을 살펴볼 필요가 있다. 그들은 프로파일링이 도출된 더 큰 카테고리를 제시하기 위해 법정(法廷), 행동과학(정신치료, 심리학, 정신건강, 거짓말 탐지기 분야), 범죄 수사분석(간접 성격 평가, 모호한 사인[死因] 분석, 기소 전략 등 분야), 범죄 프로파일링(범죄학, 심리학, 법과학 분야의 유사한 기술에서 파일된 범죄행위를 분류·예측하는 방법)들을 활용한다.[2]

프로파일링의 할아버지 격인 테텐(Howard Teten)은 "범죄자 프로파일링은 범죄의 본질과 그것이 저질러진 방식에 대한 분석에 근거하여 범죄자를 확인하는 방법이다. 범죄자의 성격 구성에 대한 여러 측면은 그 범행 전, 범행 중 그리고 범행 후 그 (그녀)의 행동의 선택에 의해 결정된다. 이 정보는 다른 관련된 세부 사항과 물리적 증거와 결합되고 그리고 나서 알려진 성격 유형의 특징과 그 범죄자의 실질적인 묘사를 위한 정신적인 비정상성과 비교된다"고 정의한다.[3]

결국 범죄자 유형 분석가(혹은 프로파일러)는 다음의 세 가지 문제들을 강조함으로써, 폭력적 성범죄 수사를 도와 주게 될 것이다.

- ▶ 범행 현장에서 무슨 일이 일어났는가?
- ▶ 어떤 성격의 범죄자가 이러한 범죄를 저지를 가능성이 있는가?
- ▶ 어떤 것이 그러한 범죄자의 성격적 특성과 가장 유사한가?

범죄자 유형 분석기법이 범죄를 해결해 주는 것은 아니다. 대신에 수사전략 개발, 자료관리 지원 그리고 사건 이해를 도와 주는 데 매우 유용한 도구로서 평가받아야 한다(Jackson & Bekerian, 2001: 3).

범행 현장에 유류된 실마리들은 범죄사건을 해결하는 데 귀중한 가치가 있다. 그런데, 그러한 실마리들이 모두 다 필요한 물적 증거는 아니다. 이러한 실마리들이 범행 현장에 유

2) http://faculty.ncwc.edu/toconnor/401/401lect01.htm. 이 내용은 오코너(Tom O'Connor) 교수가 진행하는 프로파일링 강좌에서 소개한 것이다. 2002년 당시 노스캐롤라이나 웨슬리언대학에서 강좌를 담당했으며, 2008년 3월 현재, Program Manager of CJ and Homeland Security, Director, Institute for Global Security Studies를 담당하고, 오스틴피 주립대학교(Austin Peay State University)에서도 강좌를 진행하고 있다.

3) http://faculty.ncwc.edu/toconnor/401/401lect01.htm

〈지평선〉 화성 연쇄실종

범죄수사 기법인 프로파일링은 이제 일반에도 익숙한 단어가 됐다. 최근 유영철, 정남규 등 희대의 연쇄살인사건과 전국에서 '발바리'들이 저지른 성폭행사건이 잇따르면서 언론에 이 기법이 자주 소개된 때문일 것이다. 간단히 말해 현장 안팎의 정보들을 분석해 범인이 대강 어떤 인물인지를 추정해 내는 방법이다. 사람을 슬쩍 훑어만 보고도 금세 "인도에서 군인으로 복무하다 최근 퇴역했군요"라고 단정짓는 셜록 홈스식 추리도 그런 것이다. 얼굴빛, 몸짓, 옷차림, 말투, 목소리 등 사소한 모든 것이 판단을 끌어내는 정보다.

- 경기 화성지역 주민들이 15년 만에 재현된 '살인의 추억' 악몽에 시달리고 있다. 지난 연말부터 한 달 사이에 여성 3명이 감쪽같이 사라진 것이다. 실종자들의 휴대전화가 꺼진 장소도 인접해 있고, 가족에게 협박 전화도 없었으며, 아직까지 신용카드가 사용되지 않은 등 여러 유사점이 심상치 않다. 그런데도 경찰은 우연이 몇 개 겹쳤을 뿐, 별개 사건이라고 애써 강조하고 있다. 1986년부터 5년 간 부녀자 10명이 희생된 화성연쇄살인사건 때도 그랬다. 여섯 번째 피해자가 발생하고나서야 경찰은 비로소 '연쇄살인'이라는 여론을 받아들였다.

- 어느 나라 경찰이든 일련의 유사 범죄를 가급적 연쇄범죄로 묶고 싶어하지 않는다. 개별적으론 일상 수준의 사건이라도 일단 연쇄범죄로 규정되면 사회적 관심이 폭증하고, 그 때문에 수사 부담도 비할 수 없이 커진다. 그러나 매스컴이나 상사들의 성마른 닦달에 시달리더라도 일단 연쇄범죄로 규정하고나면 수사 효율성은 크게 높아진다. 활용할 수 있는 프로파일링 정보가 그만큼 늘어나는 것이다. 당장 여러 사건의 관련 장소를 연결해 범인의 행동 패턴과 운신 반경을 추정하는 지리학적 프로파일링부터 가능해진다.

- 연쇄범은 육식동물처럼 '영역'이 있어 낯선 곳을 택하는 경우는 드물다. 또 매번 학습하면서 '진화'하므로 영역이 넓어지고 수법도 교묘해진다. 그러고 보면 화성연쇄살인과의 연관성도 무조건 배제할 것은 아니다. 범죄 충동이 한동안 잠복하거나 다른 범죄로 인한 복역 등으로, 상당한 시간차를 두고 범행이 저질러진 사례는 적지 않다. 물론 실종자들이 어딘가에서 무사하길 바라는 심정이야 말할 나위도 없다.……

한국일보, 2007년 1월 15일, 30면(이준희 논설위원 junlee@hk.co.kr)

류될 수 있지만, 충분히 훈련되지 않은 수사관들은 그러한 것들을 놓칠 수도 있다. 그럼에도 불구하고, 행동과학 연구의 결과들은 경찰관들이 가시적인 물리적 증거들(분노, 증오 그리고 공포, 사랑과 같은), 감정의 존재, 그리고 범죄 현장에 남아 있는 다른 인성적 소질들을 인식하는 것을 가르치는 데 적용될 것이다(Ostenburg & Ward, 2000: 153). 바람직한 프로파일을 위한 완전한 기초는 범죄 현장을 잘 조사하는 것이며, 피해자나 참고인들과 적절한 인터뷰를 하는 것이다. 피해자는 심리학적 프로파일에서 가장 중요한 측면들 중의 하나다. 프로파일링은 다른 물리적 증거를 찾는 것과 조화를 이루면서 역할을 한다. 즉 피해자들은 프로파일을 만들어 가는 데 중요한 역할을 한다.

프로파일은 모든 것을 포함할 수 없으며, 하나의 프로파일에서 다른 프로파일로 항상 똑같은 자료를 제공할 수 없다. 범행 현장에 무엇이 떨어져 있었는지, 무엇이 떨어져 있지 않았는지에 관한 문제다. 다양한 심리학적 증거들이 놓여 있는 동안, 물론 물적 증거들이 유류되어 있는 것처럼, 프로파일은 또한 다양해질 수 있다. 완벽한 프로파일을 위해 요구되는 다른 항목들에는 범행에 사용된 흉기를 포함하여 범행 현장과 피해자에 관한 사진, 부검 자료 그리고 그 사건들에 대한 완전한 보고서들이 포함된다(Peak, 2003: 193).

이러한 피해자의 시체에 관한 정보를 통해 프로파일러는 범행 동기를 찾는다. 그러한 프로파일들은 다음과 같은 자료를 포함하게 될 것이다(Ostenburg & Ward, 2000: 153).

- ▶범죄자의 인종(race)
- ▶성(sex)
- ▶연령대
- ▶결혼 상태
- ▶일반적 고용 상태
- ▶경찰이 불심검문할 때의 반응
- ▶성적 성숙도의 정도
- ▶다른 사람을 또다시 공격할 것인가의 여부
- ▶과거에 그/그녀가 유사한 범죄를 저질렀을 가능성
- ▶가능한 경찰 단계의 기록 등

프로파일러가 제일 먼저 우선적으로 관심을 두어야 할 심리학적 증거, 즉 범행 현장으로부터 관찰자(수사관)가 수집해야 할 것은 다름아닌 범죄자의 동기(motive)다. 범죄가 사전에 계획적으로 저질러진 것인지, 아니면 우연히 부주의한 과정에서 발생한 것인지 범행 현장을 통해 알아내야 한다. 이러한 수사상의 기법들은 동기가 부족하고, 정신병질의 존재를 인식할 수 있을 정도의 충분한 자료가 있는 곳에서 사람에 대해 저질러진 범죄에 주로 국한될 수 있다. 만약 잠재적인 용의자가 프로파일링 혹은 일상적인 수사 결과로써 판명된다면, 그러한 자료들은 신문하는 동안에 도움이 될 것이다. 자백에 대한 필요한 조건들 중의 하나는 죄의식이다. 그리고 프로파일링을 통해 얻은 통찰력은 무엇이 그러한 죄의식을 불러일으키는지 혹은 그렇지 않은지에 대한 이해를 제공하는 것이다(Ostenburg & Ward, 2000: 154).

2 프로파일링의 종류

프로파일링이라는 용어는 사람과 사람들에 관한 다양한 종류의 정보를 수집하는 것을 표현하는 데 사용된다. 표현의 명확성을 기하기 위해 우리는 어느 정도 중첩되는 다섯 가지 범주들로 나누어 볼 수 있다(Bartol & Bartol, 2005: 329).

- ▸심리학적 프로파일링(psychological profiling)
- ▸범죄자 프로파일링(criminal profiling)
- ▸지리학적 프로파일링(geographic profiling)
- ▸모호한 사망사건 분석(equivocal death analysis)
- ▸인종적 프로파일링(racial profiling)

1) 심리학적 프로파일링

심리학적 프로파일링은 일반적으로 사람 혹은 사람들, 범죄자 혹은 비(非)범죄자들에 관한 심리학적 표현을 위해 사용되는 것이다. 그것은 제2차 세계대전 중에 전략정보국에 의해 적국의 지도자들과 그들의 기질에 대해 프로파일하기 위해 처음 사용되었으며, 적국의 지도자들이 선호하는 전략과 사고방식들에 관한 내용을 포함하고 있었다. 전쟁 후, 프로파일링은 FBI에서 1970년대 초반경에 다시 그것을 활용하기 시작할 때까지 거의 활용되지 않고 한 구석에 놓여 있는 상태였다.

심리학적 프로파일링의 기본적인 과학적 뿌리는 심리학적 테스트(psychological testing) 혹은 심리(정신)측정학(psychometrics)에 두고 있다. 심리학적 프로파일링이 범죄자의 경향을 설명하기 위해 필수적으로 고안된 것은 아니고, 경향, 결점, 좋아하고 싫어하는 것, 흥미있는 것, 강점 등에 관한 광범위한 행동적 범위를 언급하는 것이라는 점을 이해하는 것이 중요하다. 미식축구 코치들, 사업상의 지도자들, 정치지도자들, 검사들 그리고 다른 전문직업인들이 종종 그들과 적대적인 혹은 반대되는 당사자들에 관한 심리학적 스케치 혹은 심리학적 특성들에 관한 아이디어를 얻기 위해 언급된다.

심리학적 프로파일링의 활용은 연쇄살인범 사건 수사에서 꽤 성공적인 것으로 입증되었다. 비록 전통적이면서 증명된 방법론에 토대를 둔 논리적인 범죄 수사를 대신할 수는 없지만, 심리학의 응용은 엄청난 잠재력을 지닌 추가적인 수사 기법이다(Gilbert, 2001: 290). 수사심리학은 법집행관들로 하여금 그들의 노력에 한계를 긋거나 혹은 그들의 노력을 이끌어 줄 수 있는 정보들을 제공함으로써 그들을 도와 줄 수 있다.

모든 범죄자들은 그들의 범행 수법(MO: *modus operandi*) 외에도 특이한 심리학적 행동 패턴(psychological behavior pattern)을 갖고 있다. 그래서 수사관은 범인의 인성적 특성을 찾아내기 위해 심리학적 프로파일링을 시도하도록 훈련받는다. 범행 현장의 사진, 물리적 증거 그리고 용의자에 관해 보고된 대화 내용들을 분석함으로써 수사관들은 종종 아주 정확한 용의자의 윤곽을 밝혀낼 수 있다. 범죄자의 범행 동기와 인성적 특성을 프로파일하는 데 심리학을 활용하는 것은 완전히 새로운 개념은 아니다. 범죄사건에 대한 심리학적 해결 방식의 기원은 19세기경 소설에 뿌리를 두고 있다. 예를 들면, 앨런 포(Edgar Allan Poe)나 코넌 도일(Arthur Conan Doyle)과 같은 작가들의 작품들이다. 미국에서 처음 프로파일링 기법이 활용된 사례는 1932년 발생한 린드버그(Lindbergh) 유괴사건 수사 과정에서였다. 매우 정확한 심리학적 분석을 통해 정신의학자 쇤펠드(Dudley Schoenfeld)가 주의깊게 사건의 주변 상황과 몸값을 요구하는 협박 편지의 내용을 면밀하게 평가했다. 피해자는 유괴된 지 얼마 안 되어 곧바로 살해되었으며, 피해 어린이는 외롭게 홀로 지내는 남자에 의해 유괴되었다는 결론을 제시했는데, 쇤펠드의 예측은 그 당시 수사 전문가들이 제시한 내용과는 반대되는 것이었다. 그런데, 프로파일이 완전히 정확한 것으로 판명되면서, 범죄 수사에서 심리학적 평가의 가치가 증명되었다. 세상을 놀라게 한 다양한 사건 수사에 종종 활용되면서, 심리학적 프로파일링은 FBI에 의해 그것의 활용과 발전이 있을 때까지만 해도, 비교적 추상적이고 모호한 것으로 남아 있었다.

제대로 된 프로파일의 기초는 범행 현장을 완벽하게 조사하고 피해자와 목격자들을 대상으로 완전하게 신문하고 인터뷰하는 것이다. 프로파일링은 역분류하는 형태다. 혹은 사건을 거꾸로 되돌아가서 분류하는 것이다. 환자를 개인적으로 친밀하게 인터뷰함으로써 환자의 감정적인 질환(질병)을 분류하려는 시도를 하는 정신건강 심리학자들과는 달리, 법집행 부서의 프로파일러들은 경험과 통찰력 그리고 해석을 통해 사건의 정체를 확인하기 위해 범행 현장에 유류된 행동적 단서들로부터 반드시 거꾸로 추적해야 한다. 범행 현장의 많은 유형들은 이러한 형태의 범죄분석에 대해 그 자신을 제공해 준다. 집주인의 개성이 반영된 가구 배치 방식처럼, 범행 현장은 많은 부분에서 범죄자의 행동과 인성적 특성을 반영하는 것으로 추정되고 있다. 명백하게도, 기괴한 범죄들 혹은 수사관들이 정신병적인 흔적의 존재를 확인할 수 있는 범죄들은 특별히 이러한 프로파일링 절차에 잘 들어맞는다. 따라서, 프로파일은 일반적으로 정신적 결함이 엿보이는 용의자들에 의해 저질러지는 살인사건들, 강간 혹은 다른 심각한 범죄 유형들에 제한된다(Gilbert, 2001: 291).

알려진 심리학적 개념들, 과거의 경험 그리고 직감적인 추론을 활용함으로써 프로파일러들은 평가를 위해 수집된 정보를 재평가한다.

심리학적 프로파일링은 법집행 관서 소속 요원이 아닌 정신적 건강 분야의 훈련을 받은 전문가에 의해 실행될 수 있다. 그런데, 예를 들면 FBI의 프로파일 부서에 근무하는 사람들처럼, 숙련된 심리학자로서 경험 많은 수사관들이 이 분야에 엄청난 성과를 거두었다. 프로파일링은 전통적으로 살인사건과 강간사건들에 초점을 맞춰 왔다. 그런데, 그 기법은 어린이 성적 학대, 방화 그리고 유괴를 포함하여 다른 유형의 범죄 수사에도 성공적으로 활용되었다. FBI의 심리학적 프로파일링 프로그램과 아주 근접한 것이 바로 '폭력범죄자 검거 프로그램(Violent Criminal Apprehension Program: ViCAP)'이다(Gilbert, 2001: 291).

2) 범죄자 프로파일링

범죄자 프로파일링은 범죄 그 자체의 특징에 기초한 범인의 인성적 소질 확인, 행동 유형, 지리적 습관과 범죄자의 인구사회적 특징을 확인하는 절차다(Bartol & Bartol, 2005: 330). 몇몇 연구자들에 의하면(Knight, Warren, Reboussin, & Soley, 1998), 범행현장분석(crime scene analysis) 혹은 좀더 기술적인 용어로서 범죄수사분석(criminal investigative analysis: CIA)이라는 용어는 범행현장분석에 기초하여 범죄자의 특징을 찾아내는 수사실무 기법을 설명하기 위해 소개되었다. 그런데, 좀더 간단하게 범죄자 프로파일링이라고 이름을 붙이는 것이 선호되고 있다. 그래서 가장 최근에는 범죄수사분석으로 일컬어지고 있다. 이러한 용어의 사용 및 적용에는 일반적으로 일관성이나 합의된 부분이 적은 것이 사실이다. 종종 이러한 용어들은 비(非)일관되게 사용되며, 변화 가능하다. 그러나 통상적으로는 'criminal profiling'으로 사용된다(Turvey, 2002: 1).

3) 지리학적 프로파일링

지리학적 프로파일링 기법은 다양한 범죄 발생 장소들 중 지역적(location) 그리고 공간적(spatial) 상호관련성에 근거를 두고 알려지지 않은 범죄자의 주거지가 있을 법한 가능성이 있는 지역과 그러한 범죄자에 의해 다음 범죄가 발생할 가능성이 있는 장소를 확인하기 위한 기법이다(Bartol & Bartol, 2005: 330). 그래서 지리학적 프로파일링은 범인이 살고 있을 가능성이 있는 장소를 짐작함으로써 범죄자에 의해 다음 범죄가 저질러질 가능성이 있는 장소에 대해 감시 범위를 좁혀 주고 망을 봄으로써 알려져 있지 않은 범죄자에 관한 수사를 하는 데 도움을 줄 수 있다. 이러한 프로파일링 유형은 기본적으로 범죄자가 잘 알고 있는, 그리고 가장 편안하게 느낄 수 있는 지리학적 영역을 확인하기 위해 노력하는 것이다. 또한 이 프로파일링 기법을 통해 피해자를 찾아내거나 관찰하게 된다. 비록, 범죄자 프로파일링 기법이 범죄와 범죄자의 인구사회적, 동기적 그리고 심리학적 특징들에 관해 전제를 만들지만, 지리학적 프로파일링 기법은 범죄가 발생하는 장소와 그것이 범죄자의 주거지 혹은 범행의 근거지(base)와 어떻게 관련을 맺고 있는지에 초점을 두고 있다. 지리학적 프로파일링 기법은 연쇄적 폭력범죄자들에 대한 수색뿐만 아니라, 연쇄 주거침입 절도범처럼 재산범죄자를 찾는 데에도 유용하다.

4) 심리학적 부검 혹은 모호한 사망사건 분석

모호한 사망사건 분석은 또한 심리학적 평가를 재구성하는 것이라고 일컬어지며, 사망한 자에 대한 감정적인 생활, 행동 유형들 그리고 인식적인 특징들에 관한 재구성이다. 이런 의미에서, 이 기법은 사후적(死後的, postmortem)인 심리학적 분석이다. 그래서 종종 간단하게 심리학적 부검(psychological autopsy)이라고 일컬어지기도 한다. 아주 빈번하게, 모호한 사망사건 분석 혹은 심리학적 부검은 사망사건이 자살에 의한 것인지 여부를 판단하기 위해서도 활용된다. 만약 자살이었다면, 왜 그자가 자살을 시도했는지 그 이유를 판단하게 된다. 심리학적 부검은 다음과 같은 두 가지 중요한 측면에서 범죄자 프로파일링 기법과는 다르다(Bartol & Bartol, 2005: 330).

▸ 프로파일들이 죽은 자에 대해 이루어진다.

▸ 죽은 사람의 신원이 이미 알려져 있다.

심리학적 부검은 분명치 않은, 불확실한 혹은 의심스러운 것으로 분류되는 사망의 원인을 의료진들이 판단하는 것을 도와 주기 위해 처음 사용되었다. 오늘날, 심리학적 부검은 사망에 이르는 동안에 그리고 사망 시점에 이르기까지, 특히 그 사망이 자살사건인 것처럼 보인다면, 사망자가 마음속으로 무엇을 생각하고 있었는지를 판단하는 데 통상 활용된다. 오늘날의 수사 실무상 자살사건의 심리학적 부검과 모호한 사망사건의 심리학적 부검 등 기본적인 두 가지 심리학적 부검 유형이 있다.

자살사건에 대한 심리학적 부검의 목적은 자살의 원인이 된 심리사회적 요소들을 확인하고 이해하는 것이다. 다른 한편, 모호한 사망사건에 대한 심리학적 부검의 목적은 사망에 대한 이유들(살인 혹은 다른 사유)을 판단하기 위한 것이다. 대부분의 사건들에서, 모호한 사망사건에 대한 심리학적 부검은 보험 청구를 목적으로 행해지는 경우도 있다. 비록 일부 보험회사 약관이 보험금 수령자에게 보상을 해 주지만, 만약 그 사망사건이 자살로 판명된다면 그렇지 않다. 그러한 사건에서 보험회사 측의 입장에서는 지불 청구에 대해 보험금이 지불되기 전에 사인(死因, manner)에 관한 판결(ruling)을 갖고 있는 것이 중요하다.

셀킨(Selkin, 1994)은 추가적으로 언급하기를, 심리학적 부검을 실행하기 위한 명백하고 확실한 절차들은 계속 발전되어야 할 부분이며, 수사관들은 심리학적 부검을 실행하기 위해 표준화된 방법론이 확립되기까지는 아직도 긴 여정이 남아 있다고 한다.

5) 인종적 프로파일링

인종적 프로파일링 기법은 "개인의 행동 혹은 범죄를 저지르거나, 저질렀거나 혹은 관련된 것으로 확인된 구체적인 사람에 대해 경찰의 관심을 끄는 정보라기보다는 인종, 민족 혹은 민족적 기원에 의존하여 경찰이 주도하는 활동"으로 개념 정의된다(Bartol & Bartol, 2005: 331).

1990년대 후반, 인종적 프로파일링은 한 세기 동안 심각하고 문제투성이 이슈가 되었다. 인종적 프로파일링은 "범행에 관련된 혹은 관련되었던 것으로 확인된 특별한 개인 쪽으로 경찰의 관심을 이끌어 주는 개인의 행동 혹은 정보라기보다는 오히려 인종, 민족 혹은 민족적 기원에 의존된 경찰 주도의 활동"이라고 한다(Ramirez et al., 2000). 인종적 프로파일링에 관한 명백한 사건들이 유색인종의 사람들에 의해 아주 일반적으로 경험되었는데, 법적으로는 음주운전이라는 용어(driving while intoxicated: DWI)로 인정되는 행위로서, "검정색 상태로 운전" 혹은 "갈색 상태로 운전(보통 약어로 DWB)"하는 현상에 대해 이름을 붙이기 시작했다. 1999년 실시되었던 갤럽(Gallup)의 설문조사에 따르면, 경찰에 의해 정지 및 검문당했던 18~34세에 이르는 72%의 흑인은 그들이 인종적 이유 때문에 정지당했었다고 믿고 있는 것으로 나타났다.

이와 반대로, 경찰에 의해 정지 및 검문당했던 백인 가운데 6%만이 인종적 이유로 경찰에 의해 차를 길가로 정차시키게 되었다고 믿고 있는 것으로 나타났다. 좀더 구체적으로, 유색인종의 지역공동체 구성원들은 타이어의 공기압이 지나치게 낮은, 차선을 변경하기 전에 깜빡이를 적절하게 작동하는 데 실패했거나 혹은 자동차 장비의 결함 그리고 제한 속도의 10마일 정도를 넘어서는 속도 위반과 같은 경미한 교통법규 위반으로 정지당하고 있다고 말한다. 백인들이 월등하게 많이 거주하는 지역을 이동하는 유색인종의 사람들을 경찰이 정지시키고, 그러한 유색인종의 사람들은 이러한 지역에 사는 주민이 아닐 것이라고 경찰관들이 믿고 결과적으로 그런 사람들이 범죄행동에 관련되었을 것으로 의심한다는 것이야말로 다른 일반적인 불평이라고 할 수 있다(Bartol & Bartol, 2005: 336). 인종적 프로파일링에 관한 큰 부분은 많은 소수민족 사람들이 약물을 거래하거나 불법무기와 같은 금지된 물품을 휴대하는 것에 관련되어 있다는 법집행 공무원들의 믿음에 기초하고 있다는 점이다.

템플대학교의 심리학 교수인 램버트(John Lambert)의 도움으로 미국시민자유연합(the

American Civil Liberties Union)은 메릴랜드 주 내 I-95 고속도로상에서 발생한 교통법규 위반에 대한 조사를 실시했다. 조사 결과에 따르면, 메릴랜드 주경찰에 의해 정지를 당했던 속도 위반자들 5,354명 가운데 74.7%는 흑인이었다. 그런데, 메릴랜드 주경찰은 "1995년 1월에서 1996년 9월" 사이에 볼티모어 북쪽 I-95도로선상에서 823명의 오토바이 운전자를 정지시켜 수색한 자료를 발표했다. 이들 가운데 661명 혹은 80.3%는 흑인, 히스패닉 혹은 다른 소수인종이었고 단지 19.7%만이 백인이었다.

이러한 연구에서 조사된 증거에 의하면, 메릴랜드 주경찰에 의해 합법적으로 정지당할 수 있는 'I-95번 주간(州間)고속도로(Interstate Highway)'상의 흑인 오토바이 운전자들의 비율과 이 도로상에서 메릴랜드 주경찰에 의해 구금되어 수색당한 흑인 오토바이 운전자들 비율 간에는 극적이며 통계적으로 매우 중요한 불일치를 보여 준다. 도로교통상의 정지 임무를 수행하고 있는 개별 경찰관들의 동기를 아무도 알 수 없는 반면에, 광범위하고 구체적인 표본이 아주 적절한 자료들이라는 것을 보여 주면서, 여기에 제시된 통계들은 I-95 고속도로에서 근무하는 주경찰의 행동을 통해 의문의 여지없이, 흑인들과 다른 소수인종 오토바이 운전자들에 대한 인종적 차별을 보여 주고 있다(Harris, 1996: 24).

1970년대에서 1980년에 걸쳐 실시된 '마약과의 전쟁(war on drug)'은 '마약 운반자' 프로파일을 개발하는 데 중요한 동인(動因)이었던 것처럼 보인다. 1985년 마약과의 전쟁이 격렬해지면서, 플로리다의 고속도로 안전 및 자동차부(Florida Department of Highway Safety and Motor Vehicles)에서는 마약 운반자를 어떻게 확인할 것인가에 관해 법집행 공무원을 위한 가이드라인을 마련했다. 그 가이드라인은 법집행 요원들로 하여금 빌린 자동차 운전자들, 정직하게 교통규칙을 준수하는 운전자들, 많은 양의 금으로 치장한 옷을 입은 운전자들, 그 지위가 자동차에 적합하지 않은 운전자들과 '마약 거래와 관련 있는 소수인종 집단'을 대표할 만한 운전자들에 대해서는 의심할 수 있도록 했다. 그 당시 다양한 법집행기관들에 관한 구체화되지 않은 결론은 폭발적인 마약거래 사업에 흑인들과 라틴 아메리카 사람들이 주요 가담자들이었다는 점이다. 1986년, 인종적으로 편견이 개입된 마약 운반자 프로파일은 연방의 마약청(Drug Enforcement Administration: DEA)에 의해 미국 전역에 걸쳐 다양한 법집행기관들에게 소개되었다(Bartol & Bartol, 2005: 337). 그 프로파일은 '마약운반작전(Operation Pipeline)'에서 법집행 요원들을 위한 교육 방법으로 광범위하게 활용되었다.

1999년, 샌디에이고 경찰청에 의해 실시된 예비조사에서는 라틴 아메리카인과 흑인들이 다른 운전자들에 비해 훨씬 더 많이 정지당하고 수색당했음을 보여 준다. 뉴저지와 뉴욕에서 실시된 몇몇 연구들에서도 이와 유사한 결과들을 보여 주고 있다(Ramirez et al., 2000).

최근 몇 년 동안, 펜실베이니아, 플로리다, 일리노이와 메릴랜드에 거주하는 소수인종 오토바이 운전자들을 대신하여, 법집행 당국에 의한 인종적 프로파일링이 증거가 없다는 소송들이 제기되었다.

1996년, 뉴저지 고등법원의 판사는 뉴저지 주 턴파이크(Turnpike) 지역을 순찰하는 주 경찰관들이 흑인 오토바이 운전자들에게 부적절하게 신호를 보내고 정지시켰다는 결론을 내리면서, 19건의 마약 소지 사건들을 기각한 바 있다. 10여 개가 넘는 주에서 인종적 프로파일링을 반대하는 법률을 통과시켰다. 그들 중의 다수는 편견 없는 훈련과 정지당한 모든 운전자들에 관한 통계자료 수집을 요구하고 있으며, 많은 주들이 유사한 법률 제정을 고려하고 있다. 간략하게 살펴본 바와 같이, 2001년 9월 11일 발생한 엄청난 재앙은 중동 지역 출신자들과 같은 또 다른 개별 집단에 대한 인종적 프로파일링을 실시하도록 했다.

인종적 프로파일링이 미국에 국한된 것이 아니라는 또다른 국제적 자료가 있다. 1998년 영국 내무부가 실시한 연구에 의하면, 잉글랜드와 웨일스에 있는 경찰관서의 '검문 및 수색 패턴(stop-search)'에 관한 인종 및 소수민족 인구통계 자료를 조사한 바 있다. 그 연구에 의하면, 흑인은 백인보다 7.5배 이상 검문당했으며, 4배 이상 수색을 당한 것으로 나타났다(Ramirez et al., 2000). 1999년 인구조사 통계에 의하면, 영국의 주민들은 93%가 백인이며, 7% 정도가 소수민족이었다고 한다. 결론적으로 조사자들에 의하면, 경험적 연구, 일화(anecdotal)와 같은 증거 그리고 인종적 프로파일링은 사회문제라는 것을 확인시켜 주고 있다. 순전히 인종에 기초한 유용한 프로파일을 지지해 줄 수 있는 증거는 없다는 사실에도 불구하고, 그런 일이 발생한다. 비록 그런 일들이 있었지만, 그리고 다시 심각한 요소가 시민들의 권리를 침해하거나 위반하기 때문에, 인종이나 소수민족 주변을 맴도는 프로파일 모형은 사라져야 한다고 본다.

3 행동적 프로파일링의 역사: 미국의 사례를 중심으로

프로파일링이 새로운 개념은 아니다. 히틀러와 같은 아주 특별히 기괴한 개인들을 이해하기 위해 혹은 이해할 수 없는 범죄 혹은 연쇄적인 범죄 해결을 시도하기 위한 노력으로, 프로파일링에 관한 다양한 변형들이 수년 동안 활용되어 왔다(O'Toole, 2004: 225).

1) 19세기까지 유럽 상황

범죄수사를 목적으로 한 범죄자 유형 분석기법에 대한 최초의 교과서로 출판된 것 중의 하나는『마녀망치(*The Malleus Maleficarum*)』라는 것이다. 이것은 1486년경에 최초로 마녀사냥꾼(witch hunters)들을 위한 전문 안내서로서 출판되었다. 당시의 스페인식 신문(訊問)에 관련된 실무적인 책자였으며, 범인의 확정, 기소 그리고 마녀의 처벌을 도와 주기 위한 것이었다. 마녀에 대한 다양한 프로파일들이 제공되었으며, 이러한 프로파일들 중에서 가장 빈번하게 언급된 것은 지역공동체나 남자 그리고 아이들에게 해로운 혹은 불행스러운 일들을 야기하는 여자라는 것이었다(Turvey, 2002: 2). 다양한 역사적 상황 덕분에 오늘날의 범죄자 유형 분석기법은 범죄 행동에 관한 연구와 정신병질(심리학 및 정신의학)에 관한 연구 및 물리적 증거에 대한 조사(법과학적 수사)를 근거로 하고 있다.

많은 이들은 범죄심리학을 그 범죄자의 신체적 특징과 연관시킨 범죄인류학자들의 노력과 함께, 프로파일링의 기원은 1800년대 초반까지 거슬러 올라간다. 그러한 추적들은 프리스(Jacob Fries, 1820)에서 시작해 19세기 후반 롬브로소(Cesare Lombroso)[4] 그리고 크레치머(Ernst Kretschmer, 1888-1964) 같은 신체 유형 이론가들로 20세기까지 이어진다. 또한 초기 법철학자들은 범죄의 방법과 본질로부터 성격의 특징을 유추하는 방법을 언급했다. 그들 대부분은 정신이상과 책임성이라는 주제에 관심이 있었다. 이 분야의 주요한 인물은 그로스(Hans Gross, 1847~1915)였다.[5]

2) 영국의 잭 더 리퍼 사건

가장 유명한 범죄자 프로파일링 초기의 역사적 사례는 1888년 영국 런던 시내 동부지역에서 별도의 사건으로 분리된 채 5명의 매춘 여성들을 무참히 살해한 범인, 일명 '잭 더 리퍼(Jack the Ripper)'라고 불리는 사건으로 거슬러 올라갈 수 있다(Bartol & Bartol, 2005: 331). 런던수도경찰의 외과 의사였던 본드(Thomas Bond) 박사는 1888년 '잭 더 리퍼'의 마지막 피해자였던 켈리(Mary Kelly)라는 사람의 부검을 맡았다. 본드는 많은 사람들이 믿고 있었던 것과는 반대로, 리퍼라는 자가 외과 수술에 관한 기술이나 지식이 전혀 없었다는 결론을 내렸다. 그러나 본드 박사는 나타난 상처의 패턴과 피해자의 얼굴을 가리기 위해 시트를 사용한 점에 근거하여 범죄의 측면을 재구성하기 위해 이것을 초월했다. 그는 경찰에게 차분하고 악의가 없어 보이는 남자, 옷을 아주 깔끔하게 입은 중년의 남자를 찾으라고 조언했다(Axelrod & Antinozzi, 2003: 104). 리퍼의 모든 피해자들을 조사한 결과에 근거하여,

4) 롬브로소(Cesare Lombroso, 1836-1909)의 범죄인류학적 관점에 따르면, 생래적 범죄인(生來的 犯罪人, a born criminals)에게는 18가지 정도의 신체적 특징들이 있다고 하면서, 적어도 5가지 혹은 그 이상의 특징들을 갖는다고 했다(Turvey, 2002: 4).

5) http://faculty.ncwc.edu/toconnor/401/401lect01.htm

본드는 그러한 범죄는 동일한 범인에 의해 저질러졌으며, “아주 냉정하고 대담한” 남자의 소행이라고 결론지었다. 그의 분석이 감정 자극적인 것으로 생각되었지만, 그 분석은 경찰 당국이 리퍼를 추적하는 데 도움이 되지 않았다. 그는 결코 형사사법 당국에 체포되지 않았다.

비록 사건이 해결되지는 않았지만, 당시 법의병리학자였던 필립(George Baxter Phillip) 박사는 피해자에게 가해진 상처에 기초하여 범인의 인성적 특징을 추정함으로써 경찰수사관들을 돕고자 했다(Turvey, 2002). 그는 그 부상들은 상당한 정도의 기술과 지식을 갖고 가해진 것이었으며, 살인범은 해부학 분야에 대한 정교한 지식을 갖고 있는 자라고 주장했다. 특히, 범인은 채프먼(Annie Chapman)이라는 피해자의 일부 신체 조직을 사후(死後)에 제거한 바 있다고 언급했다. 필립 박사가 느낀 것은 피해자를 칼로 절개한 부분(incision)의 깨끗함과 정확성이었다고 한다(Bartol & Bartol, 2005: 331).

3) 추리 소설의 주인공 셜록 홈스

흥미롭게도, 1887년 영국의 코넌 도일(Arthur Conan Doyle)이라는 작가에 의해 처음으로 만들어진 소설상의 셜록 홈스(Sherlock Holmes)라는 탐정은 범죄자에 대해 흥미를 자아내는 추적 방법에서, 범죄자 프로파일링 기법을 꾸준히 활용했다. 그리고나서, 실제로 모든 탐정 혹은 미스터리 소설에서 중요한 등장인물의 특징은 범죄자 프로파일링에 관련되어 있다. 이처럼 프로파일링이 새로운 발견은 아니다. 코넌 도일의 소설은 우리에게 셜록 홈스라는 완벽한 탐정을 보여 주었는데, 프로파일링을 대중적인 관심으로 도약시킨 것은 이 인물이었다. 셜록 홈스가 등장하는 추리 소설을 잘 읽어보면 그는 사건을 해결하는 데 일종의 프로파일링을 사용했고, 지속적으로 그는 교활한 악한과 정신병적인 악한을 추격했다(Egger, 1999: 242; Peak, 2003: 193).

4) 제2차 세계대전 중 히틀러에 대한 프로파일링

프로파일링은 제2차 세계대전 중, 히틀러(Adolph Hitler)를 연구하고 히틀러가 전쟁에 패했을 경우 어떤 식으로 반응할 것인지에 대해 예측하려고 했던 한 심리학자에 의해 활용되었다(Peak, 2003: 193). 1943년, 미국 CIA의 전신이었던 전략정보국(戰略情報局, OSS: Office of Strategic Services)에서는 히틀러의 프로파일을 만들기 위해 레인저(Walter Langer)라는 한 정신과 의사에게 히틀러의 프로파일을 의뢰했다. 독일군에 대한 전략적 위기에 대한 것을 얻기 위한 시도로서, OSS 간부가 레인저에게 물었다. “만약 히틀러가 쇼를 진행중이라면 그는 어떤 종류의 인간인가? 그의 야망들은 무엇인가? 우리가 그의 심리학적 구조에 관해 알고 싶은 것은 그를 움직이게 하는 것들이다. 그 밖에 히틀러의 뜻에 반해 어떤 일들이 진행된다면, 그가 도대체 무엇을 할 것인지를 우리는 알아야 한다"(Axelrod & Antinozzi, 2003: 104). 이에 레인저는 수많은 놀라운 결론들을 제시했다. 종국에 가서, 가장 호기심을 자아내는 것은 히틀러에게 무슨 일이 벌어질 것인가를 예측하는 것과 관련되었다. 레인저에 의하면, 히틀러는 너무 건강하여 자연사(自然死)하기는 어려울 것이라고 믿었다. 암살 가능성을 제외하지는 않았지만, 히틀러가 만약 전쟁에 패한다면 그는 결코 다른 나라로 망명이나 도피처를 찾지는 않을 것이라고 결론내렸다. 왜냐하면, 독재자는 그 자신이 독일의 구세주라고 확신하고 있었기 때문이다.

그뿐만 아니라 히틀러의 모친 상간과 애정분열증, 배뇨지체증을 증명하는 데 필요한 오이디푸스 증후군을 지적했으며, 전쟁이 끝나면 자살한다고 예측하게 하는 정신역학적 성격 프로파일이었다.[6] 만약 전쟁에 패하는 것이 불가피하면, 히틀러가 자살할 것이라고 레인저는 예측했다. 물론 이것은 독재자인 히틀러가 정확하게 행했다. 즉 그것은 제2차 세계대전 중 미국의 전략정보국(OSS)에 의해 원래 적국의 지도자들과 그들의 성벽(proclivities)을 프로파일하고자 처음 사용되었다. 그것에는 적국 지도자의 선호하는 전략들과 사고방식이 포함되었다.

전쟁 후, 프로파일링은 1970년대 초반 FBI가 그것을 다시 활용할 때까지 거의 방치 상태였다. 본질적으로, 심리학적 프로파일링은 심리학적 테스트 혹은 심리측정학에 기본적인 과학적 뿌리를 두고 있다. 범죄자의 경향을 설명하고자 고안된 것이 아니라 오히려 결점, 실수, 선호하고 싫어하는 것, 흥미있는 것, 강점 등등 광범위한 행동 영역의 경향에 관해 언급하기 위한 것으로 고안된 것이다.

5) 뉴욕의 '미치광이 폭파범' 사건에 대한 프로파일링

미국에서 특히 프로파일링이 주목받게 된 계기는 1940~1950년대 뉴욕 시에서 발생한 '미치광이 폭파범(Mad Bomber)' 사건과[7] 1962~1964년 사이에 13명을 강간 살해한 '보스턴 교살자(Boston Stranger)' 사건 등을 들 수 있다(권창국, 2002: 7). 이 두 사건에 대한 정신과 의사인 브러셀(James A. Brussel)의 프로파일은 유명하다. 1950년대 뉴욕 시를 공포로 몰아넣었던 폭탄을 이용한 연쇄살인사건으로 무척 긴장하게 되었다.

어떤 자가 극장의 좌석에 폭발물을 설치하고 떠나려는 중이었는데, 의자 밑을 칼로 찢어서 연 다음, 그 안에 폭파 장치를 삽입했다. '미치광이 폭파범(또는 미친 폭파범)'이 현장에

6) http://faculty.ncwc.edu/toconnor/401/401lect01.htm
7) 당시 범인은 뉴욕 시 전역에 걸쳐 적어도 39개의 폭탄을 투척했다고 한다(Turvey, 2002: 14).

남겨놓고 떠나면서, 신문사에 보낸 편지를 통해 범인은 뉴욕 소재 콘 에디슨(Con Edison)이라는 전자 전기회사에 불만을 품고 있었던 것이 명백했다. 그러나 근무 기록에 의하면, 그러한 전기회사 직원들은 수천 명에 달했다(Vronsky, 2004: 323).

경찰은 정신과학자이자 뉴욕 주 정신위생 부서의 차장인 브러셀의 도움을 요청했다. 그는 경찰 기록을 검토한 후, 경찰관들에게 "범인의 신체 외관은 좌우 대칭형으로 이루어졌다. 그의 신체는 직각을 이루면서 허리둘레가 크며, 좋은 비율을 이루고 있다. 뚱뚱하지도 마르지도 않은 체격이다"라고 범인이 써놓은 메모와 행동에서 결론을 내렸다. 미치광이 폭파범은 편집증 증세를 앓고 있었다. 이것은 명백한 추론이었다. 그런데, 거기서 브러셀 박사는 정신병원에 입원했던 약 10,000여 명의 환자들을 대상으로 한 크레치머의 연구 내용 쪽으로 방향을 돌렸다. 크레치머는 편집증 환자의 85% 정도가 '근육형' 신체 유형으로 분류했던 모습을 하고 있음을 발견했다.

결론적으로 브러셀 박사는 만약 미치광이 폭파범이 편집증 환자였다면, 실제로 그의 체격이 균형잡힌 좌우 대칭형이었을 가능성은 17에서 20% 정도다. 연쇄살인범들에 관한 당시의 연구에 의하면, 그들이 모두 편집증 환자는 아니지만, 68% 정도의 범인들은 신장과 몸무게 상호간에 적당한 비율로 이루어졌으며, 편집증이 서서히 발전하면서, 대체로 범인이 거의 35세 정도 되었을 무렵에 가장 크게 폭발하는데 미치광이 폭파범이 16년 정도의 활동기를 거친 후 지금은 틀림없이 중년이 되었을 것이라고 결론내렸다(Vronsky, 2004: 324).

미치광이 폭파범이 깨끗하게 가지런히 쓴 편지들을 통해 브러셀은 그는 매우 말쑥하고 '예의바른' 남자라고 추정했다. 그는 아마도 훌륭한 직원이었으며, 항상 시간을 정확하게 지키고, 직무를 최선으로 수행했을 것이다. 폭발물을 다루는 범인의 솜씨에서, 브러셀 박사는 그는 전기공 혹은 파이프 정비공으로 훈련을 받았을 것이다. 그는 항상 옷을 말쑥하게 차려입으며, 면도를 깔끔하게 하고, 직장에서 징계와 관련된 위반행위에 관련되지 않았을 것이다. 그의 편지에 나타난 언어 수준에 따르면, 상당히 교육을 잘 받은 남자로서, 외국 태생이거나 혹은 외국 태생의 사람들과 생활하고 있었던 남자다. 그의 지문 내용으로 판단하건대, 유럽식의 경직성이 약간 나타나며, 미국식 속어(slang)나 구어체(colloquialism) 표현이 미숙하다. 마치 그 편지가 처음에 외국어로 작성되었으며, 그리고나서 영어로 번역된 것처럼 보였다고 결론내렸다.

범인이 칼(극장의 좌석을 찢기 위해 사용된)과 폭발물을 선택한 것 때문에, 브러셀 박사는 미치광이 폭파범이 아마도 슬라브족이거나 폴란드 쪽 사람일 것이라고 추정했다. 그리고 그의 규칙성으로 봤을 때, 아마 로마 가톨릭 신자였을 것이다. 그의 편지들은 뉴욕 혹은 웨스트체스터 카운티(Westchester County) 쪽에서 발송되었다. 브러셀 박사의 판단으로는 범인은 매우 영리해서 자신이 살고 있는 지역에서 편지를 부치지 않았고 아마도 살고 있는 근처에서 뉴욕으로 오는 길에 편지를 부쳤을 것이다. 뉴욕에서 웨스트체스터 카운티를 통과하는 선을 그리면서, 브러셀 박사는 코네티컷의 브리지포트에 도착했다. 그는 거기에 폴란드인들의 거대한 커뮤니티가 있다는 것을 발견했다.

브러셀 박사가 손으로 쓴 편지의 글씨들을 봤을 때, 하나의 성격적 결함이라도 드러나지 않도록 모든 노력을 기울이는 편집증 환자로 추정될 정도로, 모든 글자가 완벽한 형태를 갖추고 있었다. 오직 하나의 예외가 있었는데 그것은 W자였다. 그 글자는 약간 둥글게 씌어 있어 마치 U를 두 개 붙여 쓴 것처럼 보였다. 브러셀에게는 이 글자가 마치 여성의 가슴을 상징하는 것처럼 보였다. 미치광이 폭파범이 쓴 글자들은 아주 잘 써진 알파벳이었는데, 이상하게 써진 이 글씨 때문에 브러셀은 애를 먹었다.

브러셀은 두 가지 요소들에 대해 성적(性的) 동기 탓으로 추정했다. 그리고 범인의 어머니는 아마 죽었거나, 그는 혼자 혹은 나이가 많은 여성 친척과 살고 있을 것이라고 추정했다. 그는 외롭게 지내는 자이며, 친구가 없으며, 미혼이다. 그러나 동성연애자는 아니다. 마지막으로, 미치광이 폭파범은 보수적인 스타일로 옷을 입고 있으며, 새로운 유행 스타일의 복장을 기피하고 있다고 제안했다. 브러셀 박사는 경찰이 미치광이 폭파범을 체포한다면 범인은 아마도 더블 정장을 한 채, 단추가 잠겨 있을 것이라고 얘기했다(Vronsky, 2004: 325).

이러한 정보들로 무장한 채, 경찰은 다시 콘 에디슨 전기회사 퇴직자 파일을 검토하기 시작했다. 기술이 있는, 폴란드 계통의 이름을 갖고, 코네티컷에서 살고 있는, 중년 나이의, 그리고 의료적 문제로 해고된 직원을 찾았다. 메테스키(George Metesky)라는 이름의 남자가 나타났다. 그는 발전기를 닦는 자였으며, 1931년 발전소에서 발생한 사고와 관련이 있었다. 메테스키는 장애를 입었으며, 그로 인해 수당 지급을 청구했다. 그는 사고로 인해 결핵을 앓게 되었다고 주장하면서, 1934년 노동자를 위한 보상을 청구했다. 그 요구가 기각되고나서, 그는 3년 동안 콘 에디슨 전기회사에 모진 편지들을 썼다. 1937년, 그는 편지 쓰기를 멈췄다. 그리고 1940년에 처음 폭발물이 터졌다. 메테스키의 근무 기록에 따르면, 사고가 있기 전 그는 아주 신중하고 꼼꼼한 훌륭한 직원이었다. 그는 로마 가톨릭 신자였으며, 코네티컷주 워터버리(Waterbury)에서 결혼하지 않은 두 명의 나이든 누이들과 함께 한 집에서 살고 있었다. 한편, 그는 남에게 해를 입히지 않는 외로운 남자로 간주되었다. 그가 시내 중심가에 들렀던 이유 중의 하나는 성 패트릭(St. Patrick) 성당 미사에 참석한다는 핑계였다. 나중에 수사를 통해 밝혀진 바에 의하면, 폭탄이 설치된 그곳에 시내 방문객들이 있었다는 것이다(Holmes & Holmes, 2002: 30-31).

표 3-1 미치광이 폭파범에 대한 브러셀 박사의 프로파일링

- 범인은 아마도 50대 중반 나이
- 범인은 아주 말쑥하고 꼼꼼한 그리고 그의 직업에 익숙한 성격이다. 아주 주의깊게 폭탄을 제조하는 것에서부터 편지를 교묘하게 작성하고, 신중한 폭탄 제조 계획에 이르기까지 모든 것이 자신의 깔끔한 성격을 반영하고 있다.
- 폭탄살인범은 흠잡을 수 없을 정도로 과도하게 민감하다.
- 범인은 외국인이거나 아니면 오랜 기간 동안 외국 사람들과 시간을 보낸 자다.
- 범인은 적어도 고등학교를 졸업한 정도의 학력을 가졌으며, 아마도 대학을 졸업한 것 같지는 않다.
- 범인은 동방정교를 믿는 자이거나 로마 가톨릭 신자일 것이다.
- 범인은 뉴욕이 아닌 코네티컷에 살 것이다.
- 범인은 아마도 오이디푸스 콤플렉스로 고통을 받았을 것이다.

출처: Holmes & Holmes, 2002: 30-31.

제공된 정보와 함께 언급된 여러 이유들을 토대로, 경찰이 미치광이 폭파범의 집을 급습했다. 결국 메테스키는 범인으로 체포되었다. 체포되었을 때, 놀랍게도 범인은 경찰본부를 '방문'하기 위해 옷을 갈아 입으러 침실로 가고 있는 중이었다. 프로파일에 언급된 것처럼 범인은 더블 정장을 말쑥하게 차려 입고 단추를 잘 잠그고 있었다. 경찰이 신문하자, 그는 곧바로 자신이 미치광이 폭파범이라고 자백했다. 메테스키는 정신병원에 입원하게 되었다.

메테스키 사건 이래, 경찰은 수사 과정에서 그들을 도와 줄 수 있도록 정신의학자(정신과 의사)의 도움을 활용하기 시작했다. 그런데, 문제는 각각의 정신과 의사가 자신들의 경험과 지식에 의한 프로파일에 기초를 두고 있다는 점이었다. 그리고 경찰이 보스턴 교살자 사건에서 그들을 도와 줄 몇몇 정신과 의사들과 합동으로 일할 때, 그들은 모두가 극단적으로 차이가 있는 프로파일을 갖고 나타났다. 각각의 정신과 의사 개인적인 프로파일링이었지, 좀더 체계적으로 접근이 된 프로파일링이 없었던 것이다(Vronsky, 2004: 325).

그럼에도 불구하고 이 사건은 아마도 지역 단위에서 전문가적 판단이었다는 평가를 받고 심리학적 프로파일에 대한 신뢰를 주었던 최초의 심리학적 프로파일 사례일 것이다. 가슴까지 덮어 주는 더블 정장(正裝)에 관한 언급이야말로 브러셀 박사가 기울인 모든 노력들을 정당화시켜 주었다. 게다가 프로파일 그 자체는 법집행 당국에 의한 모든 수사활동에 큰 도움이 되었다. 그것은 실제로 연쇄 범죄 분야에서 성공적인 사례였다고 평가된다(Holmes & Holmes, 2002: 30-31). 보호시설에 수감된 메테스키는 1974년 석방되어 워터버리로 돌아갔으며, 1994년 90세에 사망할 때까지 거기서 조용하게 살았다(Axelrod & Antinozzi, 2003: 107).

6) 보스턴 교살자

1962년 6월 14일 보스턴에서 55세의 슬레서스(Anna Slesers)라는 여자의 시체가 그녀의 아들에 의해 발견되었다. 그녀는 자신의 벨트로 목이 졸려 살해되었다. 6월이 다 지나가기 전, 세 명의 다른 보스턴 여성들이 또 살해당했다. 85세, 68세 그리고 65세 여성이었는데, 이들 역시 목이 졸려 살해된 채 발견되었다. 언론에서는 '보스턴 교살자'로 알려지지 않은 범인에 대해 보도하기 시작했다. 그리고 경찰은 범인에 대한 프로파일을 만들기 위해 법정신병학자들로 구성된 팀을 요청했다. 정신병학자들은 범인은 어머니에 대한 증오감 때문에 범행을 저지르고 있다고 결론내렸는데 그의 다음 두 살인사건－1962년 8월경, 피해자는 둘 다 상당히 나이가 든 자들로서 75세 및 67세였다－은 이것을 지지하는 것처럼 보였다. 그러나 그 해 12월 5일 20세 가량의 클라크(Sophie Clark)라는 여자가 목졸려 숨져 있는 채로 발견되었으며, 12월 31일 23세의 비세타(Patrica Bissette)라는 여자의 시체가 발견되었다. 사건 해결이 어려워지자, 경찰은 브러셀 박사에게 다시 요청했다.

이전의 다른 프로파일러들이 연쇄살인범은 피해망상과 어머니에 대한 증오 때문에 고통받고 있는 18세에서 40세 미만의 남자라고 결론내린 것과는 다르게, 브러셀은 그 범인은 30세 가량이며, 강한 신체형, 평균 키, 말쑥하게 면도한, 짙은 검은 머리카락을 가졌다고 결론내렸다. 범인은 브러셀의 추측으로는 스페인 혹은 이태리 계통이며, 편집성 정신분열 증세를 앓고 있는 자였다.

이러한 프로파일이 마련되었음에도 불구하고, 경찰은 다섯 명의 여성들이 더 살해될 때까지 아무 단서도 찾아내지 못했다. 피해 여성들은 19세에서 69세에 이르렀으며, 보스턴에서 목이 졸려 사망한 채로 발견되었다. 이 사건이 중단된 것은 프로파일 덕분이라기보다는 범인 자신 때문이었다. 1964년 10월 27일 수사관 행세를 하는 드살보(Albert H. DeSalvo)라는 자가 젊은 여성의 집에 들어갔다. 그는 피해 여성을 묶어놓고 성적으로 폭행하기 시작하더니 갑자기 그녀를 공격했다. 그리고 멈추면서 "미안합니다"라고 말한 뒤 떠났다. 그 여인은 그 후 범인을 경찰에 신고했다. 범인은 다른 강간 피해자에 의해 곧바로 신원이 확인되었고, 그는 강간 혐의로 체포되었다. 그러나 그는 자기 스스로 자백할 때까지 보스턴 교살자였다는 의심을 받지 않았다. 그의 자백의 상세한 내용과 성격에 의해서뿐만 아니라, 범인은 브러셀 박사의 프로파일에 매우 잘 부합되었기 때문에 경찰은 깊은 감명을 받았다.

그의 자백을 확증할 만한 증거들이 없었기 때문에, 드살보는 결코 교살행위에 대해 기소되지 않았다. 그러나 그는 강도 및 강간 혐의로 기소되었으며, 1967년 종신형에 처해졌다. 그런데 6년 후 교도소 내 감방에서 살해당했다.

비록 그가 법의정신병 학자들의 프로파일에 부합되었지만, 드살보와 개인적으로 사귀었던 어느 누구도-부인, 이전의 고용주, 그의 변호사, 교도소 내 정신과 의사, 심지어 그를 하잘것 없는 주거침입 절도범으로 알고 있는 경찰관들조차-그가 보스턴 교살자라고 믿지 않았다. 게다가, 어떤 물리적 증거도 그를 살인사건들과 연관지을 수 없었다. 그리고 범행현장 가까운 어떤 곳에서도 그를 봤다는 목격자가 없었다. 일부 전문가들은 최근에 한 명 이상의 범인들에 의해 살인사건이 저질러졌다고 믿는다. 그러나 왜 드살보는 왜 그가 저지르지 않은 무시무시한 범행들을 자백했을까? 어떤 이들은 강간사건이 유죄로 인정되면 종신형이 선고될 것이라고 믿었다고 지적한다. 세상을 깜짝 놀라게 할 정도의 보스턴 교살자 범죄를 자백함으로써, 그는 그의 가족을 지원해 줄 수 있는 돈을 벌 수 있었다. 그 밖에도 교살행위에 대한 명확한 태도는 경범죄에 대한 단계를 높이는 것이었다(Axelrod & Antinozzi, 2003: 108).

7) 피어스 브룩스와 관련 사건들

재직 로스앤젤레스 경찰청 살인사건 수사관 브룩스(Pierce Brooks)는 현대적인 ViCAP 상의 범죄자료 수집 및 사건의 연관성 분석의 개척자로 알려져 있다. 1957년, 브룩스는 전 해군 장교이자 연안 경비행기 조종사였다. 그는 로스앤젤레스 지역에서 발생한 두 건의 살인사건이 동일한 범인에 의해 저질러졌다고 확신했다. 만약 한 명의 살인범이 두 명의 피해자를 살해했다면, 그는 세 명 혹은 그 이상의 피해자들을 살해했을 것이라고 추정하면서, 브룩스는 수주일 동안 오래된 범죄사건 파일들과 공공도서관에서 신문 기사를 들춰보면서 시간을 보냈다. 브룩스는 사건들에 대해 설명할 수 있는 컴퓨터화된 데이터베이스가 필요했으며, 대부분의 사람들이 컴퓨터에 익숙하지 않았던 시절에 상당히 치밀한 아이디어와 그들이 무엇을 할 수 있는지에 대해 깨달았다. 브룩스는 캘리포니아에 있는 모든 경찰관서가 해결되지 않은 살인사건들에 관한 자료들이 모두 저장된 중앙의 본체와 연결된 컴퓨터 터미널을 가지고 있어야 경찰관서는 다른 관할구역에서 발생한 살인사건의 자료에 접근할 수 있게 된다고 주장했다. 대부분 브룩스의 상관들이 컴퓨터가 뭔지를 몰랐다는 사실은 차치하고, 1957년으로 돌아가 보면, 컴퓨터는 수백만 달러짜리의 거대한 코끼리 같은 존재였다.

8) FBI를 중심으로 한 프로파일링의 발전

누가 범죄자 프로파일링을 "발명했는가"에 대해 대부분의 법집행 전문가들에게 물어보면, 그 답은 아마도 미국 버지니아 주 콴티코(Quantico) 시에 위치한 연방수사국(FBI) 아카데미에 기반을 두고 있는 행동과학부(Behavioral Sciences Unit: BSU)에 주어질 것이다.

헤이즐우드(Roy Hazelwood)와 레슬러(Robert Ressler)를 포함한 수많은 FBI의 전문요원들이 현재의 프로파일링을 개척했다는 것은 사실이지만, 범죄자 프로파일에 관한 아이디어를 창조한 것은 FBI 훨씬 이전이다.

1991년, 조디 포스터(Jodie Foster)가 출연한 「양들의 침묵(The Silence of the Lambs)」이라는 영화는 해리스(Thomas Harris)의 가장 인기 있었던 소설에 기초한 것이다. FBI는 워싱턴 시 근교 숲속 지역에 깊숙이 자리잡고 있는 은밀한 센터를 갖고 있었다. 전문적으로 교육과 훈련을 받은 FBI 요원들이 지하실 방에 앉아서, 미국 전역에서 해결되지 않은 수백 건의 살인사건 파일들과 무시무시한 사건 현장 사진들을 살피면서 분석하고 있었다.

FBI는 1970년에 테텐(Howard Teten)이라는 특별 수사요원에 의해 소개된 프로파일링 기법을 사용하기 시작했다(Turvey, 2002). 그는 FBI 아카데미(National Academy)에서 응용범죄학(applied criminology)이라고 불리는 최초의 프로파일링 코스를 가르쳤다. 그리고 나중에 텍사스 주에 있는 아마릴로(Amarillo)라는 도시에서, FBI 요원으로서 최초로 프로파일을 만들었다(Bartol & Bartol, 2005: 331).

1972년 콴티코에서 새로운 FBI 아카데미가 개설되었고, 당시 시작된 경찰 프로그램에서 응용범죄학 및 인질 협상 교관이었던 멀래니(Pat Mullany), 테텐, 특별수사요원 커쉬(Jack Kirsch)의 주도로 1974년 후반 미연방수사국은 행동과학부(프로파일링 담당부서)를 조직, 발전시켰다. 1975~1977년부터 레슬러, 올트(Dick Ault)와 더글러스(John Douglas)가 그 조직에 합류해서 다양한 임무를 수행했고, 결국에는 응용범죄심리학의 모든 다양한 교육 프로그램의 교관이 되었다. 다른 교관들은 오맬리(Tom O'Malley)와 하퍼(Dick Harper; 둘 다 사회학을 강의했다) 그리고 리스(Jim Reese; 스트레스 전문가)였다.[8]

미 연방수사국 행동과학부(BSU)는[9] 수도 외곽으로부터 약 30마일 정도 떨어진 버지니아 주 콴티코에 있는 FBI 교육시설 내에 자리잡고 있다. 처음에는 인질범과 어떻게 협상하고, 그 범인의 행동을 어떻게 예측할 것인지에 대해 요원들을 교육시키기 위해 설립되었다. FBI 아카데미가 위치한 콴티코는 해병대 기지로 요새화되어 있다. 콴티코에는 핵전쟁 후 정보작전을 위해 만들어진 방공대피실이 있는 지면 밑에 묻힌 채, 국립폭력범죄분석센터(National Center for the Analysis of Violent Crime: NCAVC)가 위치하고 있다. 행동과학부(BSU)는 1970년대 및 1980년대에 범죄자 프로파일링에 크게 기여했다. 연쇄살인범과

8) http://faculty.ncwc.edu/toconnor/401/401syl.htm.

9) 비록 아직까지 종종 BSU로 일컬어지지만, 그것은 실제로 나중에 Behavioral Sciences Service(BSS)로 명칭이 바뀌었다. 그리고 프로파일링 부서는 Investigative Support Unit(수사지원부)로 다시 이름이 바뀌었다. 한 FBI 요원은 "그들은 프로파일링에서 B.S.를 떼어내기를 원했다"고 말했다.

강간범들에 관한 FBI의 분석 시스템은 1970년대 후반에 주로 FBI 요원들이었던 레슬러, 더글러스 그리고 헤이즐우드에 의해 처음 개발되었다. 최근 이 부서는 FBI 아카데미에 있는 국립폭력범죄분석센터(NCAVC)에 소속, 운영되고 있다.

1978년경 몇몇 선별된 범죄사건에 대한 수사 기법으로서 심리학적 범죄자 분석기법을 응용한 것은 FBI에서 주도한 예비연구 프로젝트의 산물이었다(Ressler et al., 2004: 35). 이 프로젝트는 교도소에 수감된 재소자와 수사상 인터뷰를 통해 범죄자 프로파일을 만들기 위해 추진되었다. 즉 FBI 아카데미의 행동과학부(BSU)에 소속된 2명의 특수요원들이었던 레슬러와 더글러스 그리고 성폭행 범죄에 관련된 프로파일링 분야에서 세계적으로 알려진 권위자인 그로스(A. Nicholas Groth) 박사와 버제스(Ann Wolbert Burgess) 등이 이 프로젝트를 위한 연구팀을 구성하게 되었다. 버제스는 코네티컷 주 교정국 성범죄자 관련 프로그램의 책임자였으며, 성범죄로 유죄 선고를 받은 범죄자들을 대상으로 광범위하게 연구활동을 한 임상심리학자이기도 했다.[10] 결국 이 프로젝트-범죄자 성격 인터뷰 프로그램-는 지속적인 체계적 연구의 발전으로 이어졌다. 이 프로그램은 특별한 유형의 범죄에 관련된 범죄자들의 아주 중요한 인성적 특징들, 범행 동기, 태도 그리고 행동 유형을 확인하기 위해 고안되었다.

1970년대에 들어, 해결하기가 매우 어려운 살인사건들이 급격하게 증가했다. 1970년대 후반, 콴티코에 있는 행동과학부(BSU)에서 인질협상교육 부서의 교관이었던 레슬러는 체계화된 접근을 갖고, 인질범의 심리를 이해하는 것은 경찰 대응에 절대적으로 필요하다는 점을 인식했으며, 자신이 활동에 나서야겠다고 결심했다. 레슬러는 그때, 소위 '비면식살인(stranger killing)'이라고 불리던 사건-피해자와 범인이 서로 모르는 관계에서 발생하는 살인사건-에 대해 고민하게 되었다. 레슬러와 BSU에서 온 그의 동료 요원인 더글러스는 유죄를 선고받은 범죄자들에게, 범인들이 생각하기에 왜 살인하게 되었는지를 질문하면서 인터뷰하기 시작했다. 레슬러와 더글러스가 여러 교도소를 다니면서 인터뷰하고 있다는 얘기가 FBI 상층부에 들어가자 그들은 '사회복지적 직무(social work)'는 FBI의 직무 목표가 아니라는 것을 요원들에게 주지시키면서 그들에게 빨리 중단하라고 지시했다. 그렇지만, 다행스럽게도 얼마 되지 않아 그러한 전통적인 FBI 리더십을 가진 상관들은 퇴직했고, 레슬러는 다중살인범의 심리 상태에 관한 연구 프로그램을 추진하기 위한 로비를 시작했다(Vronsky, 2004: 326).

10) 버제스 박사는 또한 보스턴대학교의 간호학부 간호연구 부서의 책임자였으며, 정신병 환자를 돌보는 보건간호학 분야의 임상 권위자이기도 했다. 그는 많은 성범죄 피해자들을 대상으로 광범위한 임상치료와 연구활동을 하고 있다.

레슬러와 더글러스는 인터뷰 프로그램을 재개했으며, 그들이 만났던 사람들로부터 얻은 자료들을 체계화했다. 레슬러, 더글러스 그리고 정신병 간호학 분야 교수인 버제스가 함께 저술한 두 권의 중요한 교재들이 그들과의 인터뷰를 통해 등장하게 되었다. 이 책들-『성적 살인: 유형과 동기(*Sexual Homicide: Patterns and Motives*)』 그리고 『범죄분류 매뉴얼(*Crime Classifi- cation Manual*)』-은 지금 범죄분석 분야의 바이블로 알려져 있다. 동시에, 더글러스와 레슬러는 알려지지 않은 범인-BSU 내에 설치된 부서-에 관한 프로파일링 기법을 다른 FBI 요원들에게 훈련시키기 시작했다.

그런데, 레슬러와 더글러스에게는 어떻게 미국 전역에서 해결되지 않은 다양한 살인사건들에 관한 자료를 수집해서 분석하고 분배할 것인지에 관한 것이 숙제로 남았다. 미국 법무부 연구기금의 활용가능성을 탐색하는 동안에, 레슬러는 브룩스(전임 LA경찰청 수사관)가 경찰실무 현장에서 퇴직했다는 내용과 그가 1957년 처음 제안했던 해결되지 않은 살인사건에 대한 컴퓨터 자료 네트워크를 부활시키고 업데이트하기 위해 35,000달러에 달하는 소규모 연구자금을 지원받게 되었다는 소식을 듣게 되었다. 브룩스는 샘 휴스턴(Sam Houston) 대학교에 머물게 되었고 레슬러가 그를 만남으로써 그 다음 해, 브룩스와 FBI는 힘을 합쳤으며, 자료 수집, 분석 및 배포 시스템을 설계하기 위한 100만 달러에 달하는 연구자금을 지원받았다. 오늘날 그 프로그램은 ViCAP으로 알려져 있다.

유죄 선고를 받은 사람들이 수감된 후에는 일반적으로 범죄자들에 대한 행동분석과학자들의 접근이 어려워진다. 대부분의 경우, 범죄자의 행동을 연구하려는 시도는 개별 사건보고서에 국한된다. 개별 사건 기록은 관련성이 없는 것과 관련성 있는 것을 구별하는 데에는 별 소용이 없으며, 경찰 사건 기록들로부터 회수된 범죄 자료들에 관한 대규모 통계적 분석에 좌우되기 쉽다. 그래서 모든 관련 있는 서류와 타당한 사건 기록들, 직접 관찰 그리고 범인과 직접적인 수사상·임상적 인터뷰에 대한 심사와 결합된 채로, 상소(上訴)가 제기된 수감된 재소자들에 대한 체계적 연구는 범죄자의 행동에 관한 심리학적 본질에 대해 중요한 통찰력을 제공할 수 있다. 의도된 연구에 관한 실행가능성을 판단하기 위해 시험적인 프로젝트가 착수되었다(Ressler et al., 2004: 36).

FBI가 1차적인 관할권을 갖고 있는 혹은 인질 및 테러, 항공기 납치, 강탈·유괴, 암살 그리고 대량살인·다중살인과 같은 사건들에 대해 FBI가 전통적으로 기술적 지원을 제공하고 특수 분야 전문가들을 파견함으로써, 지방의 법집행기관들을 지원해 왔던 범죄들이 연구 대상이 되었다. FBI 아카데미의 법정 교육부(Legal Instruction Unit)와의 연계하에 가이드라인이 마련되었다. 그 때 8명의 유죄 선고된 범죄자들을 대상으로 접근이 이뤄졌으며, 그들이 저지른 범죄들에 대해 인터뷰를 할 의향이 있는지를 알아보게 되었다. 그들은

전 FBI 연쇄살인사건 전담 레슬러 씨 전화 인터뷰 – '성적 환상'이 연쇄살인 부른다

영화보다도 더 무서운 공포가 한국을 뒤덮었다. 2004년 7월 30일까지 21명을 살해한 혐의를 받고 있는 유영철(34) 사건은 한국에서는 좀처럼 볼 수 없었던 '전형적인' 연쇄살인사건이었다. '연쇄살인'은 1975년 미국연방수사국(FBI) 행동과학 연구팀 로버트 레슬러(67)가 쓰기 시작한 용어로 3건 이상의 살인을 저지르고 사건 사이 시차를 두며 한 번에 한 명씩 살해하는 경우를 말한다. 그는 20년간 연쇄살인사건을 전담하면서 범인상(像) 추정(criminal profiling) 기법을 정착시킨 인물. 범인상 추정 기법은 범죄 유형과 범인의 심리, 성장 배경, 전후 행적을 분석해 각각의 유형으로 체계화한 다음 다른 사건의 용의자 추적에 활용하는 것. 한국에서는 이 달 초 범인상 추정 전문팀을 발족시켰다. 미국의 주요 연쇄 살인사건 대부분이 레슬러 씨의 손을 거쳤고, 「양들의 침묵」, 「카피캣」, 「X 파일」 같은 영화나 TV 시리즈가 그를 모델로 삼았다. 동아일보 위크엔드는 레슬러 씨를 전화로 단독 인터뷰하고 연쇄살인범의 동기와 발생 원인, 예방법에 대해 들었다. 그는 현재 버지니아 범죄행동연구소에서 범인상 추정 교육과 강력범죄에 관한 민간 자문역을 맡고 있다.……

■ 살인범은 어렸을 때 길러진다

연쇄살인범은 대개 정신병자로 치부된다. 그러나 미국에서 연쇄살인범의 75%는 체계적인 사고를 하는, 의학적으로 정신이 멀쩡한 사람들이라고 레슬러 씨는 설명했다. 정상인들보다 지능지수(IQ)가 더 높고 천재에 가까운 경우도 있다. 이들은 자신이 목표로 삼은 희생자를 원하는 장소로 꾈 만큼 능수능란하고, 증거를 없앨 만큼 치밀하다. 현장을 조작하는 경우도 흔하다. 수법은 살인이 거듭될수록 점차 정교해지고, 흉포해진다. 이들은 왜 사람을 한 번도 아니고, 여러 차례에 걸쳐 잔인하게 살해하는가. 또 연쇄살인 희생자의 대부분은 왜 여성인가. 레슬러 씨는 그 이유를 비정상적이고 위험한 '성적 환상'에서 찾는다. "이들은 여성을 사람이 아닌 욕구 충족을 위한 물건으로 보죠." 어린 소년들이 연쇄살인의 희생자가 되는 것도 같은 이유다. 이 밖에 사회나 기득권층에 대한 분노, 생물체를 지배하려는 욕구도 동기가 된다.

살인에 대한 환상은 어렸을 때 생겨난다. 그리고 머릿속에서 온갖 상상을 거치면서 정교해지고, 실제 살인으로 이어진다고 레슬러 씨는 덧붙였다. 오랫동안 계획해 왔기 때문에 방법이 매우 잔인하다. 통계적으로는 12세 이전에 비정상적 환상을 만들어낸 뒤 청소년기를 거쳐 발전시키고, 25~35세에 첫 살인을 저지른다. 특히 8~12세에 자신의 역할 모델이 되는 부모가 없을 경우 선악에 대한 판단이 없어진다는 것. "문제는 이런 환상이 자라는 것을 막을 환경이 조성되지 못하는 데 있습니다. 연쇄살인범은 태어나는 것이 아니라 기능을 상실한 가정에서 길러지는 것이죠."……

■ 조기 발견과 예방이 최선

연쇄살인범은 개인적인 성향에 따라 희생자를 고른다. 특정 체형과 연령을 고르거나 일정한 머리색이나 하이힐을 신은 여자 등 자신의 성적 환상에 부합하는 대상을 선택한다. 그 때문에 누구든지 희생자가 될 수 있다. 레슬러 씨는 연쇄살인범의 출현을 막기 위해서는 위험한 성향을 보이는 아동을 일찍 발견해 치료해야 한다고 조언했다. 가장 좋은 방법은 학교에서 특수교육을 받은 교사가 관심을 갖고 식별해 내는 것. 미국에서는 일부 진보적인 학교가 이런 시스템을 운용하고 있다. 일단 연쇄살인을 저지르고나면 정상인으로 교화하기가 힘들기 때문에 이런 예방책은 매우 중요하다. 레슬러 씨는 "한번 살인에 대한 환상을 갖게 되면 10~15년 감옥에 가둬놔도 사회에 나가면 또다시 살인을 반복한다"고 말했다.

그에게 유영철사건에 대한 기사를 보내 분석을 부탁했다. 일부 부유층을 제외한 대부분의 희생자들이 여성으로, 시체를 10군데 이상으로 잘라 유기하는 등 잔인한 수법을 썼으며 이혼한 전처에 대한 복수심에서 살인한 것으로 진술했다는 내용. 레슬러 씨는 "현장을 보지 않아 정확한 분석은 불가능하다"면서 "지금의 정보만으로는 성도착자(sexual psycho)로 보인다"고 말했다. 레슬러 씨는 범인상 추정가(criminal profiler)에게 필요한 가장 중요한 자질로 '균형'을 꼽는다. 사건을 객관화시켜 보지 못하면 분석가 자신이 범인에게 동화될 수 있다는 것. 영화 「양들의 침묵」에서 FBI 요원 스탈링이 렉터 박사의 심리전에 말려드는 것이 한 예. 연쇄살인범을 수없이 만나 본 레슬러 씨지만 그들의 불우한 어린 시절에 대해서는 안타까운 마음이 든다고 했다. 정상적인 가정에서 제대로 자라났더라면 자신은 물론 사회에 그토록 끔찍한 해악을 주지는 않았을 것이기 때문이다. 괴물은 태어나는 것이 아니라 길러지는 것이며, 괴물을 키운 것은 바로 우리 사회다.

동아일보, 2004년 7월 30일 55면(곽민영 기자)

중범죄를 저질러서 여러 주(州) 및 연방교도소에 장기간 수감된 자들이며, 그들이 저지른 폭력범죄의 비중에 따라서 선별되었다. 결과는 매우 고무적이었다. 이러한 응답에 기초하여, 범죄자의 행동에 관한 유형들과 역동성을 더 잘 이해하고자, 범죄자의 행동에 관해 광범위한 그리고 지속적인 체계적인 연구를 위한 계획들이 개발되었다.

확인된 범죄자들과의 인터뷰 기회가 주어지고, 적절한 자료에 대한 체계적인 회복을 보장하기 위한 프로토콜을 발전시킬 필요성을 인식하면서, 해당 훈련 부서에서는 그로스 박사와 버제스의 도움을 약속받았다. 성폭행 범죄 분야의 두 전문가들은 FBI 아카데미에서 강간사건과 어린이를 학대하는 사건에 관해 법집행 요원들을 위한 경찰학교 프로그램을 전문화시켰다. 이러한 전문적인 활동을 통해 법집행기관과 행동과학부 양쪽에서 얻은 학문적 기여를 통합해 가면서, 성적(性的) 목적의 살인범죄자들에 대한 연구에 학제적 접근을 제공했다.

적절한 문헌적 고찰, 그리고 직접적·일차적인 현장 경험과 연구자들의 이전 성과로부터, FBI의 분석팀은 수사상의 신문과 범죄자를 분석하기 위해, 자료의 스케줄을 개발하기에 이르렀다. 이러한 도구는 범죄자들을 인터뷰하기 위한 가이드라인뿐만 아니라, 컴퓨터 분석과 정보의 검색을 허용하기 위해 기록하는 일과 관련성 있는 자료의 코딩을 제공했다. 이러한 규정은 수정과 개정을 계속해 가면서 ① 범죄자의 신체적 특징, ② 범죄자의 배경을 드러냄, ③ 범죄 데이터, ④ 피해자 데이터, ⑤ 그리고 범죄 현장 자료 등 다섯 가지로 나뉜다(Ressler et al., 2004: 37). 그것은 범죄자의 신체적 특징, 의료적·정신병적 이력, 어린 시절의 가정생활과 성장기, 학교 관계, 군복무 관련 사항, 직업 경력, 성적 발달 사항, 결혼 관련 이력, 여가활동상의 흥미, 범죄 경력, 그가 저지른 범죄의 특징, 범행 수법(MO: *modus operandi*), 피해자 선택 방식 그리고 범행 현장 사항을 담고 있다.

일단 평가 일람표가 마련되면 세 가지 성범죄 유형들-성적 살인범, 강간범과 어린이를 성적으로 학대하는 범인 그리고 정신병 시설에 수용된 성범죄자들-에 치중하게 되었다. 1979년 연구 첫 해 동안에, 성적인 문제와 관련되어 살인사건을 저지른 것으로 유죄 선고를 받은 후 미국 전역의 다양한 수감시설에 수용되어 있는 26명의 범인들과의 인터뷰가 이루어졌다. 두 번째 그룹-구금 교도소에 수감되어 있는 강간범과 어린이를 상대로 성적인 범죄를 저지른 범인들-이 인터뷰 스케줄에 포함되었는데, 거의 125명에 이르는 성인 범죄자들이었다. 이러한 인터뷰 대상자는 성인을 성적으로 폭행한 자들과 어린이를 성적으로 폭행한 자들 간에 균등하게 나뉘었다. 성범죄자들은 세 번째 그룹(정신병 시설에 수용된 성범죄자들)에 배치되기 전에, 중(重)구금 처우(정신병 치료) 시설에 수감되었다. 거의 100여 명의 남성 범죄자들이 인터뷰에 응했다. 또다시 동일하게 강간범과 어린이 성폭행범으로 나뉘었다. 그 때 컴퓨터 프로그램들이 자료를 처리하는 데 쓰였다. 이러한 중요한 자료들이 축적되면서, 이 프로그램이 성범죄자에게 적합한 수많은 쟁점들에 관한 정보를 제공할 것으로 기대되었다. 이러한 범죄자의 인성적 특징에 관한 연구 프로그램은 검색될 수 있는 신뢰할 만한 자료로부터 국가 차원의 데이터 뱅크를 설치함으로써, 성적인 살인사건 연구에 기여하도록 고안된 것이다(Ressler et al., 2004: 38).

이 연구에서 도출된 자료로부터, 범죄자 프로파일은 확인될 만한 행동들, 소질들 그리고 특징들에 근거를 두고 발전했다. 그 다음에 그러한 프로파일은 범죄를 수사하고, 범인의 신원을 확인하고 체포하는 지역의 해당 법집행 당국을 도와 주게 되었다. 게다가 그러한 프로파일과 관련된 자료들은 신문 기법과 피의자에 대한 신문 기술을 향상시키는 데, 각각의 범죄자 유형에 대해 가장 효과적일 수 있는 기법들을 확인하는 데 도움을 주었다. 범죄자에 관한 중요한 생물·심리·사회적 요소들을 확인함으로써, 이러한 연구를 통해 조금씩 수집된 지식은 범죄를 예방하는 데 중요한 의미를 갖게 된 것이다.

FBI 요원들은 범죄수사분석관(criminal investigative analysists)으로 알려져 있으며, 범죄자들을 프로파일링하는 데 전문화되어 있다. 의심을 받고 있는 연쇄살인사건들, 어린이 유괴사건들, 테러범들의 범행 그리고 다른 심각하고 폭력적인 범죄들로부터 범죄 자료를 연구하고 있다. 대부분의 연쇄살인사건들에서, FBI 요원들은 실제로 사건 수사, 증거 보전 혹은 용의자 추적에 참여하지는 않는다. 그것은 지역의 경찰관서에서 책임을 지고 있다. 만약 연쇄살인사건들이 서로 다른 형사사법 관할 구역에서 발생한다면, FBI는 요청되지 않는다. 그런데 그것은 꾸며낸 이야기다. FBI 분석관들은 조언을 하는 자격으로 활동하며, 단지 표준화된 13페이지짜리 「폭력범죄자 검거 프로그램(Violent Criminal Apprehension

Program: ViCAP)」 분석 리포트를 FBI에 제출한 해당 지역 경찰관서의 요청이 있을 때만 그렇게 지원한다(Vronsky, 2004: 322).

ViCAP 리포트에서 나온 자료들은 프로파일러(profiler)라고 알려진 컴퓨터에 공급된다. 그리고 컴퓨터의 출력은 해당 지역 경찰관서로 송부되기 전에, 프로파일 양식 안에서 분석관들에 의해 다듬어진다. 비록, 일반적으로 프로파일링이라고 불리지만, 기술적 용어로는 '범죄수사분석(criminal in vestigative analysis: CIA)'이다. FBI 분석관들은 종종 범죄 현장을 방문하기도 하며, 혹은 전문가 훈련을 받고 FBI 분소에 배치된 요원 중의 한 명-현장 프로파일 조정관(field profile coordinator)이라고 불리는-에게 현장에서 임무를 수행하도록 하기도 한다. 보편적으로 FBI 요원들은 훌륭한 교육과 훈련을 받는다. 채용시에는 최소한 대학 졸업을 조건으로 하고 있다. NCAVC에 근무하는 요원들은 종종 다양한 과학 분야 대학원 졸업 학위를 소지하고 있다. 그들은 그야말로 전문적인 훈련을 받고, 고도의 경험을 쌓고, 높은 수준을 교육을 받은 자들이다. 그들은 '마음의 사냥꾼' 혹은 '괴물과 싸우는 사람들'이라고 불릴 정도로 쟁쟁한 요원들이다.

FBI의 ViCAP 팀은 1983년에 브룩스에 의해 설립되었고 부디(Anna Boudee), 핸드플랜드(Ken Handfland), 아이코브(David Icove) 그리고 하울렛(Jim Howlett)으로 구성되었다. 로널드 레이건(Ronald Reagan) 대통령은 1984년에 중요 범죄자를 식별하고 색출하는 것을 주요 임무로 하는 국립폭력범죄분석센터(National Center for Analysis of Violent Crime: NCAVC)의 창설을 선언했다.[11] NCAVC는 비교적 새로운 프로그램이었다. 공식적으로 말하면, 1984년 6월 레이건 대통령의 지시로 설립된 것이다. 그 전에 연쇄살인범 유행이 일어나면서 로스앤젤레스 경찰청에서 브룩스라는 수사관이 살인사건 수사 프로그램을 처음 생각해낸 이래, 그 시점부터 거의 27년이 지나서 NCAVC 프로그램이 개발되고 실제 활용되었다(Vronsky, 2004: 322-323). FBI 프로파일러들이 1979년경 현장에서 활동하기 시작했으며, 1984년 ViCAP과 프로파일링 연구 및 분석이 단지 NCAVC 내에서만 정식으로 형식을 갖추었다. 브룩스가 자신의 아이디어가 현실로 바뀌게 된 것을 보는 데에는 27년이라는 시간이 걸렸다.

1980년대 후반과 1990년대 초반 동안, 학계의 범죄학자들은 연쇄살인자와 프로파일링에 대한 관심을 갖게 되었다. 사실, 그런 관심을 처음 가진 이 중의 한 명은 "1983~1985년의 연쇄살인범의 공포"라는 제목의 기사를 쓴 젠킨스(Philip Jenkins)였다. 다른 범죄학자들의 이름은 에거(Steven A. Egger), 홈스(Ronald Holmes), 히키(Eric W. Hickey), 레빈(Jack

11) http://faculty.ncwc.edu/toconnor/401/401lect01.htm

Levin), 폭스(James Fox), 로스모(Kim Rossmo),[12] 헤일(Bob Hale, 사망), 앱쉬(Jack Apsche), 스크라펙(Candice Skrapec), 스콧(Hannah Scott), 크라우스(Richard Krause), 스파크스(James Sparks), 올슨(Jack Olsen), 크롬웰(Paul Cromwell) 그리고 수많은 이들이 포함되었다. 연쇄살인에 대해 몇 개의 대학 과정이 1990년대 동안에 개설되기 시작했다.

1984년부터 1991년까지, FBI에서는 33명의 주(州) 및 지역 법집행기관 소속 수사관들을 대상으로 프로파일링 절차에 대해 훈련을 시킨 바 있다. 이론적인 분야 습득 단계와 이를 응용하는 단계로 이루어진 그 프로그램은 12개월 간의 집중적인 훈련 및 직접 프로파일링을 경험하도록 한 것이다(Cook & Hinman, 1999: 234).

1992년경, 많은 연구들이 캔터(David Canter)가 운영하는 영국의 서리(Surrey)대학(현 리버풀대학)의 수사심리학 연구그룹(Investigative Psychology Research Group)에 의해 수행되었다. 이들의 접근 방식은 미 연방수사국의 연역적(演繹的, deductive)인 접근과 반대로 귀납적(歸納的, inductive)인 것이었고 광범위한 공간적 원칙들과 함께, 한때는 지리학적 프로파일링으로 불리는 방법들을 활용하기도 했다(현재는 수사심리학적 분석이라 부른다).[13]

1997년경, 프리랜서라 불릴 수 있는 수많은 프로파일러가 웹사이트에 나타나기 시작했다. 이들 초기 몇몇 사람들 중의 한 명은 뉴헤이븐대학의 법과학 프로그램의 졸업생인 터비(Brent Turvey)였다.[14] 또 다른 한 사람은 리버풀대학 졸업생인 고드윈(Grove Maurice Godwin)으로[15] 현재 앨라스카대학 등에 관여하고 있다. 수많은 대학교수들이 또한 프리랜서 프로파일링에 관련되어 있다.

아래는 FBI 소속이었던 테텐(Howard Teten)이라는 프로파일링 전문가의 경험담을 중심으로 소개된 내용이다.[16]

---

12) 그는 캐나다 밴쿠버 경찰청 수사간부로 활약하던 중, 사이먼 프레이저(Simon Fraser)대학교에서 지리학적 프로파일링에 관한 주제로 박사학위를 취득한 후, 경찰직을 그만두고 미국 워싱턴의 경찰재단(Police Foundation) 관련 연구소에서 연구를 수행했다. 필자는 캐나다에서 관련 연구를 진행하던 중 그를 만나 공동 관심사에 대해 의견을 나눈 바 있다. 그뿐만 아니라 2002년 11월 전후 워싱턴 인근에서 발생한 스나이퍼(Snipper) 사건에서 용의자 추적을 위한 지리학적 프로파일링 기법을 수사에 활용하면서, 당시 『타임(*Time*)』지 등에 소개된 바 있다. 그는 2008년 현재, 텍사스 소재 대학에서 강의를 하고 있다.

13) http://faculty.ncwc.edu/toconnor/401/401lect01.htm

14) 캘리포니아에서 일하고 있는 법과학자 터비는 행동증거분석(Behaviour Evidence Analysis: BEA)이라는 방법을 개발했다. BEA는 개발자의 법과학적 지식에 근거하여 범죄와 관련된 물리적 증거를 구체적으로 분석하는 방법이다. 범죄자 유형에 대한 결론은 범죄 장면과 범죄자 행동의 검증에서 이끌어낼 수 있다는 논리적 혹은 합리적 근거에 의존한다. 한편 그에 대해서는 "법집행 경험이 없는 이론가"라는 점에서 실무자들로부터 다소 부정적 평가를 받기도 한다.

15) 그는 현재 Investigative Process Management사 컨설턴트로 활동하고 있다. 특히 그의 프로파일링 접근 방식을 명백히 '귀납적 행동분석 접근(Inductive Behavioral Approach)'이라고 천명하고 있다.

16) http://faculty.ncwc.edu/toconnor/401/401lect01.htm

나는 1970년에 강의 과정으로 FBI 최초의 프로파일링 접근을 개발했다. 그 과정의 제목은 비록 몇몇 교수들이 나중에 psych-crime이라 부르긴 했지만 응용범죄학이었다. 그 과정은 경찰범죄 전문가로 근무하는 동안 처음으로 개발한 개념에 기초한 것이었다. 그 생각은 대략 1961~62년에 생겨난 것이었다. 그럼에도 불구하고 약 7년 간 해결된 사건들을 사용하여 그 접근 방식을 테스트하고 그것을 발표할 때가 되었다고 느끼기 전에 다른 정신적인 문제의 특징들에 대해 확고한 기반을 내가 확신하기 위해 몇몇 정신과 의사들과 확인하는 것이 필요했다.

1970년에 강의계획을 끝냈을 때 나는 FBI 연방아카데미와 로드 스쿨(지역 경찰국의 요청에 의해 교육국 직원에 의해 교육을 받는 지역 학교다)에서 경찰 간부들에게 경찰행정과 경영을 가르치는 본부의 교육국에 배치되었다. 나는 관심이 있는 지방 경찰기구들에 대해 그 과정을 제공할 수 있도록 나의 상관을 설득할 수 있었다. 나는 뉴욕 서포크 카운티(Surfolk County)의 형사국에서 열린 수사관들을 위한 현장 연수에서 첫 번째 발표를 했다. 그 과정은 잘 되었다. 텍사스 아마릴로에서 열린 형사국에서의 다음 발표에서 나는 미제(未濟) 사건을 실례로 사용하는 것을 도입함으로써 그 과정을 확장했다. 그 학기 동안 범인의 프로파일은 사건들 중의 하나가 효율성 있게 하기 위해 개발되었고 그 범인이 식별되었다. 그 과정의 세 번째 발표는 지역 경찰 간부들에 대해 미 육군사관학교에서 열렸다. 선택된 미제 사건을 프로파일하기 위한 시간을 조절하기 위해 그 과정을 확대하는 것이 필요하다는 사실 때문에 나는 뉴욕사무소에 배치되어 있던 미 연방수사국 요원인 팻 멀래니에게 도움을 요청했고 그의 도움을 받았다. 둘이서 그 과정을 가르치고 미제 사건의 프로파일을 하는 우리의 파트너십은 이렇게 시작됐다.

우리의 새로 확대된 FBI 아카데미는 1972년에 열렸다. 실제로 이때 이전에 소화기 교육을 제외한 다른 모든 교육과정은 워싱턴의 본부에서 배웠다. 그런 것들에는 신입요원 교육, 기존 요원 재교육과 특별교육, FBI 연방아카데미가 있었다. FBI 연방아카데미의 프로그램은 1930년대 후반 이후부터 1년에 두 번씩 미 연방수사국이 실시하는 경찰 간부들을 위한 12주간의 교육과정이었다. 각 기(期)는 여러 주(州)에서 온 약 90명의 경찰관과 외국에서 온 대략 10명의 경찰관들로 구성되었다. 새로운 FBI 아카데미의 주요 목적 중의 하나는 확대된 연방 아카데미 교육 프로그램을 허용하는 것이었다. 새 아카데미의 시작과 함께 일 년당 두 기수의 추가가 이루어졌고 학급 규모도 250명으로 늘어나 각 50명의 5개 분반으로 늘어났다. 학급 규모는 이후 각 200명으로 변화되어 왔다.

늘어나는 교수 요구를 조절하고자 교육국은 새 아카데미 개설 이전에 몇 년간 잠재적인 교관들을 확보하기 위해 모든 분야의 요원들을 사정했다. 선택된 그들 요원들은 아카데미 개원 이전에 몇 달 동안 콴티코로 전근되었다. 새로운 조직들이 모든 학생들이 같은 교재와 교육을 받도록 하기 위해 필요한 감독과 기관을 제공하고자 조직되었다. 조직된 부서 중 하나가 행동과학 부서다. 잭 커쉬의 지시 아래 이 부서는 경찰사회 관계, 분규조정 응용범죄학(1971년 연방 아카데미 교과과정에 추가되었다)에 관한 모든 교육을 책임지게 되었다. 응용범죄학은 개념을 교수하는 팀을 이용한 두 팀에 의해 교수되었다. 팻 멀래니와 내가 한 팀을 구성하고 콘래드 하셀과 톰 스트렌츠가 다른 팀을 구성했다. 역시 다른 요원들도 몇몇은 다른 분야를 가르치기 위해 전보되었다. 분규 조정을 가르치기 위한 딕 하퍼, 존 민더만, 알 휘태커뿐 아니라 경찰사회 관계를 가르치기 위해 존 파프(본부에서), 래리 먼로 등이 있었다. 실제적으로 그때 초기의 모든 프로파일링은 팻과 나에 의해 이루어졌다. 그 당시 응용범죄학에 대한 지역 대학의 요청이 드높아서 하셀과 스트렌츠는 그들 교육을 담당했다. 6개월 사이에 알 휘태커는 신입요원 교육부서로 전보되었고 커쉬는 아카데미의 전반적인 경영 위치를 관리하게 되었다. 존 파프는 BSU의 부서장으로서 예정되었다.

1973년에 제임스 브러셀 박사의 『범죄정신과 의사의 사례집(*Casebook of a Crime Psychiatrist*)』(1968)을 읽고 난 후 나는 뉴욕의 브러셀 박사를 방문했다. 그는 모든 의도와 목적에 찬성하고 당시 은퇴했음에도 불구하고 대단히 친절했으며, 프로파일링에 대한 그의 접근 방식에 대해 논의하는 것에 의욕적이었다. 그 다음 해 이후에도 나는 우리의 접근 방식의 유사점과 차이점을 연구하기 위해 때때로 그를 찾아갔다. 그의 접근 방식은 정신병적인 잠재성의 구체적 분야를 찾아서 그것들을 하나의 프로파일로 결합하는 것이었다. 이것은 전체적으로 범죄의 국면에 기초한 전반적인 정신 상태에서 전체적인 인상을 이끌어 내려는 나의 접근 방식과

> 는 약간 달랐다. 우리는 비록 나의 접근 방식이 오류의 위험은 적지만 그의 방식이 더 세부적인 정보를 제공할 수 있다고 결론내렸다.
>
> 1974년에 팻 멀래니와 나는 프로파일링 과정을 기초로 한 원리를 이용하여 인질범 협상 프로그램을 개발했다. 이것은 결과적으로 이 분야에 특화되어 있는 하셀과 스트렌츠에 의해 채택되었다. 또한 이 해 동안에 로버트 레슬러, 로이 헤이즐우드와 딕 올트는 다른 몇 명과 함께 교육부의 행동과학조직으로 배치되었다. 교육의 부담이 극심해졌고 사건 프로파일링 부담도 증가하면서 개념 교육의 팀을 나누고 추가적인 교수들을 채용하는 것이 필요하게 되었다. 레슬러, 헤이즐우드와 올트는 응용범죄학 과정을 모두 가르치게 되었다.
>
> 로버트 레슬러는 1976년에 연쇄살인 기결수와의 면접들을 수행하게 되었다. 많은 면접을 한 후에 그는 1976년 초반에 BSU에 합류한 존 더글러스에 의해 이 프로젝트에 합류했다. 이 프로젝트는 범행 현장에서 일정한 특징들을 찾을 수 있는 이유와 방법에 대해 중대한 양의 정보를 제공할 수 있었다. 이들 면접으을 통해 데이터는 그 정보가 아주 많은 범행현장분석을 수행하지 못한 프로파일러들에게조차도 한 범행 현장에서 심리학적인 인상을 평가하는 데 효과적이 되도록 한다는 점에서 특히 가치가 있었다.
>
> 1973년과 1979년 사이의 기간 동안 프로파일링 과정 교육에 관련된 그들 요원들은 다양한 특수 분야로 옮겨갔다. 하셀과 스트렌츠는 인질 협상 분야로 갔다. 멀래니는 협상과 심리적인 복화술에 초점을 맞추었다. 헤이즐우드는 강간범에게 전문화했고 본래 분쟁 해결 전문가인 토니 라이더는 방화범 등을 맡게 되었다. 딕 올트는 반역자들과 첩자들에 관심을 가졌고 켄 래닝은 아동 학대와 귀신론에 집중했다. 나는 임시로 성적(性的) 살인에 초점을 남기고 있었으며, 또한 비밀 작전과 관련된 심리학적인 문제를 감소시키기 위한 프로그램을 개발하기 위해 접근 방식을 사용했다.
>
> 1979년에 나는 연구개발 부서의 장(長)으로 승진하여 BSU를 나왔다. 같은 해, 레슬러와 더글러스는 원래의 접근 방식을 통상 조직화·비조직화 접근으로 인용되는 것으로 수정했다. 이 수정은 처음에는 심리학적인 기반이 거의 혹은 전혀 없는 기술에 프로파일 기술을 가르치는 것을 용이하게 하기 위한 것이었다.
>
> 그 프로그램은 1979년 이후 상당히 발전해 왔다. 그리고 현재 한 유형 혹은 또 다른 프로파일을 준비중인 약 50~60명의 요원들이 있다. 1983년경에 브룩스는 폭력범죄 데이터베이스를 개발하는 새로 조직된 부서의 컨설턴트로 들어오게 되었고 1980년대 중반에는 경찰요원 프로그램이 경찰 프로파일러의 교육을 허용하게 되었다. 몇 년 후에는 이것이 지속되지는 않았지만 그러나 가까운 미래에 그것이 회복되리라는 몇 가지 조짐은 보인다. 글쎄 아마 이 정도가 내가 기억할 수 있는 전부다. 물론 몇 가지 다른 일도 있다. 먼저, 최초의 프로파일러는 토머스 본드이다. 그는 1888년경 화이트 채플 살인사건이 있었던 때 런던경찰의 검시 의사였다. 그는 군주(君主)를 위해 검시 의사로서 오랜 경험을 바탕으로 한 그의 인상을 기초로 하는 동안은 무엇이 더 훌륭한 프로파일처럼 보이는지를 제시했다. 그의 분석이 얼마나 정확했는지는 물론 알려져 있지 않다. 또 다른 종류의 프로파일은 1929년 뒤셀도르프에서 있었던 페터 퀴르텐 사건에 관련된 칼 베르크 검시 의사에 의해 준비되었다.

1978년 이래, FBI 아카데미의 행동과학부(BSU)는 폭력범죄를 수사하는 지역의 법집행기관들을 지원해 주고 있었다(Gilbert, 2001: 291). 그 부서는 또한 현장에서 인턴십 과정을 통해 프로파일링 기법에서 지역 및 주(州) 수사관들을 교육시키고 있다. 그 부서의 요원들은 현재 그들의 프로파일링 분석에 크게 의존하고 있다. 그들은 이전의 미해결된 수백 건의 사건들을 해결함으로써 신뢰를 얻은 바 있다. 2000년도에 24명의 FBI 요원들이 관련 분야 전문가로 활동하고 있었지만, 연방에서 훈련을 받은 15명의 전문 프로파일러들이 주(州) 단위 혹은 지역 단위 법집행 관서에서 활동하고 있다. 지역 단위 법집행기관에는 비교적 적은 숫자의 프로파일러들이 활동하고 있다. 왜냐하면, 대부분의 법집행 관서들이 광범위한

'러시아판 살인의 추억' 범인에 '유죄'

48명을 살해한 것으로 밝혀진 희대의 러시아 연쇄 살인범에 유죄 평결이 내려졌다. 이번 재판 과정에선 그동안 알려지지 않은 새로운 사실들도 상세하게 드러났다.

모스크바 법원의 배심원단은 25일 1992년부터 2006년까지 48건의 살인과 3건의 살인 미수 혐의로 체포된 알렉산더 피추시킨(33 · 사진)에게 만장일치로 유죄 평결을 내렸다. 러시아는 1996년부터 사형 판결 · 집행을 유예하고 있어, 피추시킨에겐 종신형 선고가 내려질 전망이라고 『모스크바 타임스』는 전했다. 재판 과정에선 모스크바 경찰 당국이 피추시킨의 광란 행각을 막을 수 있는 기회를 놓쳤다는 사실이 밝혀졌다. 2002년 2월 피추시킨은 남자 친구와 결별 위기로 지하철 근처에서 방황하던 마리아 비리체바(24)를 만났다. 피추시킨은 고급 밀수 카메라 상자들을 옮기는 것을 도와 주면 절반을 떼주겠다며 비리체바를 콘크리트 하수관 근처로 끌고 갔다. 목적지에 이르자 그는 "목욕이나 하라"며 비리체바를 8m 아래의 하수관으로 밀어 넣었다. 하수에 쓸려 내려가다 맨홀 근처에서 행인의 도움으로 운좋게 살아난 비리체바는 경찰에 신고했다. 그러나 경찰관은 비리체바 자신의 잘못으로 하수관에 떨어졌다는 내용의 진술서에 서명하라고 강요했다.

피추시킨의 첫 살인 과정도 밝혀졌다. 피추시킨은 18세 때 급우인 오데이추크를 으슥한 숲으로 유인해 목졸라 죽인 뒤 하수구에 버렸다. 그는 법정에서 "첫 번째 살인은 첫사랑과 같아, 결코 잊을 수 없다"는 등 뻔뻔한 태도를 보였다. 그의 체포에 결정적인 기여를 한 것은 마지막 피해자이자 피추시킨이 일했던 수퍼마켓의 동료 여직원인 마리나 모스칼레바(36)의 메모였다. 모스칼레바는 아들에게 남긴 메모에서 "피추시킨과 산책을 나간다"며 피추시킨의 휴대전화 번호를 남겨놓았다. 또 피해자의 코트에서 날짜와 시간이 찍힌 지하철표가 발견됐으며, 피추시킨과 걸어가는 장면이 감시 카메라에 포착됐다. 피추시킨은 모스칼레바의 주검이 발견된 2006년 6월 14일로부터 이틀 만에 붙잡혔다.17)

한겨레신문, 2007년 10월 25일자(이용인 기자)

교육훈련－종종 FBI 아카데미에서 1년 정도나 되는 장기간이 소요되는 인턴십 교육 등－을 필요로 하는 전문가 양성에 많은 자원을 충분히 지원할 수 없기 때문이다.

4 프로파일링의 목적과 유용성

범죄자 프로파일링은 몇몇 지역에서 법집행기관에 의해 수사 대상을 좁혀 주기 위한 가

17) http://kr.news.yahoo.com/shellview.htm?linkid=57&articleid=2007102520161998723(2007년 10월 26일 검색)

치 있는 수단으로 성공적으로 사용되어 왔다. 프로파일링 그 자체로 구체적인 범인의 신원을 제공하는 것은 아니다. 오히려, 그것은 어떤 행동상 특징이나 성격적 특징들에 초점을 맞춘 가운데, 범죄를 저질렀을 가능성이 가장 높은 사람의 종류를 알려 주는 것이다.

보통 범죄자 프로파일링으로부터 기대할 수 있는 대부분의 것은 용의자의 범위를 좁혀 주는 것이다. 비록 이것이 수사상 만전의 해결책(sílver búllet)은 아니지만, 매우 귀중한 도구다. 왜냐하면, 그것은 경찰 당국들로 하여금 그들의 제한된 수사상 자원을 더욱 효율적으로 집중할 수 있도록 해 주기 때문이다. 만약 범인이 A, B 그리고 C라고 하는 특성들을 갖고 있을 것 같다고 한다면, 수사관들은 나머지 알파벳의 특성을 가진 용의자들에 대해서는 추적할 필요가 없다(Axelrod & Antinozzi, 2003: 103).

프로파일링 기법들은 인질사건처럼 다양한 상황에서 활용되어 왔다. 법집행기관들은 인질의 생명을 보호하기 위해 인질범에 관한 가능한 한 많은 것을 알아야 할 필요가 있다. 그러한 사건에서, 경찰은 가능한 범인의 가족 및 친구들과 접근함으로써 그리고 범인과의 구두(口頭) 접촉(verbal contact)－비록 종종 제한되어 있지만－을 통해 도움을 받고 있다. 범인이 취할 것 같은 행동의 진행과 다양한 자극에 대한 그의 반응이 될 만한 것의 관점에서, 경찰은 틀림없이 범인에게 접근할 수 있을 것이다. 프로파일링은 익명의 편지를 쓴 자와 서면으로 쓰여진 혹은 말로 표현된 폭력적 협박을 하는 범인의 신원을 확인하는 데에도 활용되고 있다.

후자의 사건에서, 심리언어학적 기법들이 '협박 사전(threat dictionary)'을 만드는 데 활용되었는데, 그렇게 해서 메시지에 담겨 있는 모든 단어가 컴퓨터에 의해 특별한 범주로 지정된다. 협박 메시지에 사용된 단어들은 일상적인 대화에서 혹은 일상적인 문장들에서 사용된 것들과 비교된다. 메시지에서 사용된 어휘들은 아마도 범인만이 갖고 있는 독특한 '표시(signature)'가 될 만한 단어들을 만들어 낸다. 이런 방식으로, 경찰은 동일한 사람에 의해 쓰여진 몇몇 편지들을 판단할 수 있을 뿐만 아니라, 범죄자의 배경과 심리를 알 수 있을 것이다.

범죄자 프로파일링은 연쇄적 성폭행 후 살인사건과 같은 특별한 범죄들에 대해 유용한 것으로 나타났다. 이러한 범죄들은 범인들의 무작위성(random)과 무동기적 성질(motiveless nature) 때문에 엄청난 공포감을 불러일으킬 수 있다. 그리고 또한 그러한 사건들에 일반인들의 많은 관심이 쏠리게 된다. 그 결과, 법집행 요원들은 가능하면 신속하게 그러한 범인을 체포하라는 일반 시민들의 압력에 놓이게 된다. 동시에, 이러한 범죄들은 정확하게 말하면, 범행의 명백한 무작위성 때문에 해결하기에 가장 어려울 수 있다. 이러한 범죄들이 동기가 없다고 말하는 것이 완전히 정확한 것은 아니지만, 그 동기는 너무나 빈번하게 범인에 의해서만 이해되는 것일 수 있다.

룬드(D. T. Lunde)는 특별한 범인들에 의해 선택된 피해자의 관점에서 이러한 문제를 증명해 주었다. 그가 지적하고 있는 바와 같이, 비록 연쇄살인범이 그의 피해자를 아는 것은 아니지만, 그들의 범행 대상 선택이 무작위적인 것은 아니라고 한다. 오히려, 그것은 범인에게 특별한 상징적인 의미가 있는 피해자의 특징들에 관한 살인자의 인식에 기초한 것이다. 특별한 연쇄살인범의 피해자들에 관한 유사성과 차이점을 분석함으로써 명백히 동기 없는 범죄에서 '동기'에 관련된 중요한 자료를 얻을 수 있다. 이것은 교대로 범죄자 그 자신에 관한 정보를 제공할 수 있다. 예를 들면, 살인사건이 범죄자의 마음속에 있는 가학적 환상의 결과일 수 있으며, 환상에 대한 상징적 측면 때문에, 특정한 피해자가 범행 대상이 될 수 있다(Ressler et al., 1985).

그러한 사건들에서, 수사관들은 시기, 질투 혹은 가족 간의 다툼의 결과로서 혹은 다른 중범죄를 저지르는 동안에 발생하는 살인사건에서 완전히 다른 상황에 직면하게 된다. 그러한 사건들에서, 곧바로 확인될 만한 범행 동기는 범인의 신원에 관한 중요한 단서를 제공할 수 있다. 명백히 범행 동기가 파악되지 않은 사건에서, 법집행기관은 범인의 신원을 확인하려는 노력과 함께 전통적인 수사 기법에 추가해서 다른 방법을 찾아볼 필요가 있다. 이러한 범주에서, 특별히 범인이 범죄 현장에 반복된 범행 패턴을 남기는 범죄의 경우에는 범죄자 프로파일링이 생산적이었다. 확실하게, 프로파일링은 여러 방면－즉 가장 가능성 있는 범죄자들 유형에 수사의 초점을 맞추고, 적극적인 수사 전략과 공판 전략들을 제시하면서 그리고 폭력범죄를 예방하면서－에서 범죄자를 신문하는 데 유용할 수 있다(Peak, 2003: 193).

만약 어떤 사람의 성격을 알고 있다면, 그 사람이 여러 상황에서 어떻게 행동할 것인지를 예측할 수 있을 것이다. 범죄가 정상적인 범주에서 일탈되면 될수록 프로파일링은 더욱 중요해진다.[18] 일상적인 범죄행위에 대해 전부가 프로파일이 형성되는 것은 아니지만, 범행수법에 기초한 범인 프로파일은 실제 수사에서는 의미가 있다. 즉 프로파일링이 범죄를 저지른 인물을 직접 말해 주지는 않지만, 그런 범죄를 저지를 수 있는 인물 유형을 알려 줄 수는 있기 때문이다. 범죄자의 행동은 범죄 현장 혹은 연속적인 동종(同種) 범죄 현장에 노출된다. 이러한 범죄자의 행동을 연구함으로써, 유사 범죄자에 의해 저질러졌을 것이라는 추론을 가능케 한다(Jackson & Bekerian, 2001: 2).

일반적으로 범죄자 유형 분석기법은 미검(未檢) 상태의 범죄자의 정신병리학적 징후들을

18) 최근까지 빈발한 연쇄살인사건의 경우, 사건 발생 초기 피의자가 특정되지 않은 시점부터 프로파일링 기법을 적극 활용했더라면 수사에 도움이 되었을 것으로 추정된다.

보여 주는 사건에서 가장 효과적으로 활용될 수 있다. 범죄에 대한 심리적 평가로서 범죄자 유형 분석기법의 목적은 범행 현장에 유류된 증거들을 범죄자의 성격 유형에 관한 단서로서 인식하고 해석하기 위한 것이다(Ostenburg & Ward, 2000: 152). 범죄자 프로파일링은 대부분 행동과학자들에 의해, 범죄가 저질러졌던 방식 때문에 발각된 어떤 행동상의 그리고 성격적인 특징을 소유하고 있는 용의자 쪽으로 수사 방향을 좁히는 데 활용된다.

그래서 프로파일링의 중요한 목적은 용의자 리스트를 한정하고 재확인하는 데 지역 경찰들을 도와 줌으로써, 그들로 하여금 최선을 다할 수 있는 쪽으로 자원을 곧바로 투입할 수 있게 된다.[19] 그런데, 프로파일링 그 자체는 특별한 용의자를 확정할 수는 없다. 다시 말하면, 어떤 용의자를 드러내고, 주소 혹은 전화번호를 가르쳐 주는 그런 것이 아니다. 그 대신에, 프로파일러들은 알려지지 않은 범죄자와 가장 가까운 형태의 일반적인 인간적인 특성들에 관한 묘사를 스케치하는 것이다.

한편, 홈스(Ronald M. Holmes) 교수 등은 프로파일링의 목적을 다음과 같이 구체적으로 적시하고 있다(Holmes, et al., 2002: 7-10).

- 형사사법기관에 범죄자에 대한 사회적 그리고 심리학적 평가를 제공한다.
- 범죄자가 갖고 있었던 것에서 발견된 성격에 대한 심리학적 평가를 형사사법기관에 제공한다.
- 피의자에 대한 인터뷰 전략을 제공한다.

그뿐만 아니라 FBI의 국립폭력범죄 분석센터(NCAVC)의 요원으로 근무중인 사파릭(Mark Safarik)에 의하면, 프로파일링은 범죄 수사적 측면의 활동이라고 언급하고 있다. 그는 프로파일을 통해 사건에 관해 인종, 성(性), 감정적 연령, 혼인 상태, 정규 교육, 직업, 노동 경력, 타인과의 의사소통 능력, 이전 범죄와의 유사성, 정신적 타락, 범죄 혹은 유죄에 대한 양심의 가책 등의 사항들을 얻을 수 있다고 언급하고 있다. 그런데 이러한 범인의 여러 가지 특성들은 역시 교도소에 수감되어 있는 범죄자들과의 인터뷰를 통해 수집된다고 한다. 또한 범죄자를 이해하기 위해서는 마치 화가의 캔버스와 같이 철저한 범행 현장 파악이 중요하다고 덧붙이고 있다.[20]

프로파일러가 우선적으로 관심을 가져야 할 심리학적 증거, 즉 범행 현장으로부터 관찰자(수사관)가 수집해야 할 것은 다름 아닌 범죄자의 동기다. 범죄가 사전에 계획적으로 저

---

19) http://www.criminalprofiling.ch/introduction.html

20) Safarik, Mark, "Profiling: The use of Behavioral Assessments in the Analysis of Violent Crimes, in: The varieties of Homicide and it's Research Proceedings of the 1999 Meeting of the Homicide Research Working Group FBI Academy, Quantico, Virgiania, Edited by Paul H. Blackman et al.

질러진 것인지, 아니면 우연히 부주의한 과정에서 발생한 것인지 범행 현장을 통해 알아내야 한다. 이러한 수사상의 기법들은 동기가 부족하고, 정신병 질환의 존재를 인식할 수 있을 정도의 충분한 자료가 있는 곳에서 사람에 대해 저질러진 범죄에 주로 국한될 수 있다(Ostenburg & Ward, 2000: 153). 이상과 같이 프로파일링의 목적을 한마디로 표현하면 범죄사건 수사 및 해결에 도움이 된다는 것이다(박광배, 2001: 37).

5 범죄자 유형 분석기법의 효용성 검증 사례

1) 미국에서의 검증 사례

테텐(Teten, 1995)에 따르면, FBI 프로파일링은 77% 정도 되는 사건들에 대해 어느 정도의 도움을 주었고, 45%에 달하는 사건을 해결하면서 결정적인 역할을 제공했으며, 실제로 17%의 사건에서 불상(不詳) 범인(unknown subject)의 신원을 확인하는 데 도움이 되었다고 한다. 레슬러와 버제스(Ressler & Burgess, 1985: 2-6)[21]는 평균 76~93%의 상호신뢰도가 있다고 보고했다. FBI 프로파일러들은 살인을 연구했을 뿐만 아니라, 암살, 강간, 성적 학대, 습관적인 노출, 방화범, 폭파범, '위험한 위반자들(음란전화자, 관음증 환자, 절도광 같은)'도 연구했다.

피니조토(A. Pinizzotto)는 프로파일링의 정확도에 대한 다른 연구들을 수행했다.[22] 피니조토와 핑켈(Pinizzotto & Finkel, 1990: 215-233)은 연구 결과를 통해 범죄자 프로파일링 기법은 속성들, 상호 관계 그리고 예측성에 관한 다차원적 연속성을 포함하면서, 이보다 훨씬 더 복잡하다고 결론을 맺고 있다(Bartol & Bartol, 2005: 332). 많은 프로파일링은 수년간의 경험을 통해 축적된 예감들과 일화와 같은 정보에 기초하여 추정하는 것인 바, 그것은 실수와 오해로 가득 차 있다. 최근에는 프로파일링이 아마 적어도 90%는 기술(art)이며 추측(speculation)이다. 단지 10%만이 과학이다. 전문적인 프로파일러들은 끊임없이 몇몇 인구사회적 변수들에 관한 예측을 제시하고 있지만(예를 들면, 백인 남성으로, 연령은 25~35세 가량), 범죄자의 심리학적 변수들에 관한 정확한 정보를 제공하는 일이 드물다. 게다가 프로파일링은 범죄자의 구체적인 특징을 거의 제공하지 못하며, 또한 그런 식으로 의도하지도 않고 있다. 범죄자 프로파일링은 기본적으로 수사 대상 영역을 좁혀 주기 위해 노력한

21) http://faculty.ncwc.edu/toconnor/401/4011ect01.htm에서 재인용.
22) http://faculty.ncwc.edu/TOConnor/428/428lect01.htm에서 재인용.

다 (Bartol & Bartol, 2005: 332).

경험이 있는 프로파일러들은 연쇄적 범죄자의 프로파일링은 범죄자들 자신의 정신병리학적인 몇 가지 형태를 보여 줄 때, 예를 들면, 가학적 고문 흔적, 내장 적출, 사후 시체에 대해 창상을 가하거나 혹은 절단하는 행위를 보여 줄 때 가장 성공적이라고 한다.

이러한 결론을 극복할 수 있는 이유는 다음과 같다: 상황에서 상황으로 이어지는 행위에서, 정신적으로 장애가 있는 자가 아주 상당한 정도의 일관성을 보여 주고 있다는 점이다. 그런데 정신적으로 장애가 없는 사람들보다 정신적으로 장애가 있는 사람이 행동 유형에서 좀더 일관성이 있느냐 하는 문제는 어떤 사람들은 그렇고, 어떤 사람들은 그렇지 않다고 하는 식으로 여전히 답하기 어려운 문제로 남아 있다. 프로파일링은 연쇄적 성범죄, 예를 들면 연쇄강간, 연쇄 강간살인과 같은 사건들에서 특별히 유용해 보이는 것 같다 (Pinizzotto & Finkel, 1990; Bartol & Bartol, 2005: 332). 이것은 연구자들이 살인사건에 대해 연구를 수행한 것보다 성범죄에 근거한 더 광범위한 연구를 수행했기 때문이다. 비록 최근 몇 년 동안에 수행된 이러한 연구 분야에서 중요하게 얻은 것이 있다 하더라도, 프로파일링은 제한된 연구 기초 때문에, 대체로 사기 범죄, 주거 침입 절도, 강도, 정치적 범죄, 절도 그리고 약물로 야기된 범죄와 관련된 범죄자들을 확인하는 데 별로 효과적이지 않다. 유사한 범죄들에 관해 수집된 광범위한 통계적 자료들로부터 발전된 컴퓨터에 기초를 둔 모델이라고 할 수 있는 범죄자 프로파일은 상당한 정도의 희망을 갖고 있다 (Bartol & Bartol, 2005: 332).

10년이 넘게 FBI의 연구자들에 의하면 "이러한 프로파일에서 유래된 분류 방식을 정당화하려는 체계적인 노력이 없었다"고 한다 (Douglas, Burgess, & Ressler, 1992). 또 지금까지 일반적으로 범죄자 프로파일링에 관한 유용성, 신뢰성 및 타당성에 관한 연구가 거의 없었다고 한다.

피니조토와 핑켈(Pinizzotto & Finkel, 1990)에 따르면, 훈련을 받은 FBI 소속 4명의 전문가들, 프로파일링 훈련을 받은 경찰수사관 6명, 훈련을 받지 않은 6명의 경험 있는 수사관들, 프로파일링에 관해서는 미경험자이지만 6명의 임상심리학자들 그리고 훈련을 받지 않은 6명의 대학생들을 포함한 채 진행된 연구에서, 프로파일링의 정확성에 관한 검증을 시도한 바 있다. 일반적으로, 그 결과는 프로파일링의 정확성을 강하게 지지하는 정도는 아니었다. 훈련을 받은 전문가들은 성범죄자를 프로파일링하는 데 약간 더 정확했다. 그러나 살인범을 프로파일링하는 데는 훈련받지 않은 그룹들보다 훨씬 나은 것은 아니었다. 연구자들은 또한 제공된 정보를 처리했던 전문가 및 비전문가의 방식에서, 그 어떤 질적 차이들을 확인하려고 노력했다. 결과적으로, 비전문가들보다 전문가들이 그 자료들을 다르게 처리하지 않았음을 보여 주었다. 이러한 발견에 따르면, 범죄에 관해 비전문가가 활용 가능한 정보를 처리한 방식이 프로파일 전문가들에 의해 사용된 인식적 방법과 전략들이 식별될 정도로 다르지 않았음을 보여 준다(Bartol & Bartol, 2005: 333).

그런데, 실험의 인위성(人爲性)과 주어진 그룹들에 관한 정보의 질(質)은 이러한 관찰에서 영향력 있는 변수들이 되었을 법하다. 연구자들이 발견한 것에 의하면, 몇몇 훈련을 받은 전문가들이 다른 프로파일러들보다 훨씬 더 관심을 갖고 있었으며, 어떤 영역에서는 훨씬 더 능숙했다고 한다.

연구자들과 사려 깊은 실무자들은 프로파일링에서 또한 상당한 정도의 발전과 발견을 도모할 수 있다. 최근 몇 년 동안에, 범죄자 프로파일링은 인기 있는 영화(예를 들면, 「양들의 침묵」 등)의 관람과 TV 연속극(CSI: Crime Scene Investigation, CSI: Miami, Crossing Jordan, Autopsy)에 대한 광범위한 시청을 통해 대중들의 관심을 많이 끈 바 있다. 그런데, 범죄자의 신원을 확인하기 위해 복잡한 그리고 주의깊은 전략을 활용하고 있는 아주 성공적이며 조사중인 프로파일러들에 대한 대중매체의 소개에도 불구하고, 실상은 훨씬 더 냉혹하다.

특히 만약 사회적 환경이 상당히 다르다면, 인간의 행동 역시 상황과 사회적 환경에 따라서 다양하다는 것을 심리학에서는 일관되게 발견해 왔다. 게다가, 범죄 현장의 특징들과 범죄자의 인성적 혹은 다른 심리학적 특징들과 연관을 맺고 있다는 실험 관찰을 통한 경험적인 자료들은 거의 없다. 위의 논점들에 의하면, 많은 전문적인 프로파일러들이 해묵은 인성이론(personality theory)과 심리학적 원칙들에 의존하고 있으며, 기본적으로 프로파일링과 일반적인 인간 행동에 관한 최근의 연구 문헌들에 별로 익숙하지 않다는 사실을 뒷받침하고 있다. 어떤 이들은 범행 현장 수사에 대해 여러 해 동안의 경험에 기초한 '본능적인 감각들'과 혹은 '직감'에 의해 프로파일링이 가장 훌륭하게 이루어진다고 믿고 있다.

모든 프로파일링이 범죄 해결에 실질적인 도움을 주는 것은 아니라는 점을 상기해야 한다. 오히려 프로파일링이 범죄 해결에 도움이 되는 경우보다 그렇지 않은 경우가 더 많다는 주장도 있는데, 고드윈(Grove M. Godwin)은 프로파일링의 90%는 범죄 해결에 도움이 되지 않는다고 했다(박광배, 2001: 37).

부쉬와 카바너(Busch & Cavanaugh, 1986: 5-23; Godwin, 2001: 69)는 FBI에 의해 제시된 연쇄살인범에 대한 두 가지 분류 방식(조직화된/비조직화된 양분법)을 평가하면서, 이 방식은 서술적이며 대체로 모든 연쇄살인범에 대해 일반화시킬 수 없기 때문에 약점이 있다고 했다. 또한 FBI 제시한 연쇄살인범 모델에 대해 통계학적 지지가 부족하다면서 비평을 한 바 있다. 1993년 발표된 FBI의 한 통계에 의하면(U.S. Department of Justice, 1993),

수사에 프로파일링 기법이 활용된 192건의 사건 중 88건에서 범인이 체포되었으며, 이들 88건의 해결된 사건에서 오직 17%에서만 프로파일링이 실제 범죄 해결에 도움을 주었다는 비판적 견해도 있다(박광배, 2001: 37).

한편, 프로파일링에 관한 최근의 두 가지 연구들에 의하면, 프로파일링 자체를 문제시할 필요성은 없지만, 일부 실무가들이 그들의 프로파일들에서 가장 정확한지에 관한 의문에 대해 살펴본 것이다(Vronsky, 2004: 357).

첫 번째 것은 2000년에 보고된 것에 관한 결과들이며, 전문적인 프로파일러들(그들은 경찰관서에 의해 프로파일을 제출하기 위해 고용된 것으로 알려진) 그룹, 법과학적 혹은 범죄심리학적 훈련을 받지 않은 일단의 심리학자들, 5년 혹은 그 이상의 경험을 가진 경찰관, 심리학, 과학 그리고 경제학 전공 대학 2학년생들의 프로파일링 기술을 비교했다(Kocsis, Irwin, Hayes, & Nunn, 2000: 311-331).

이 연구의 약점은 일단의 프로파일러 그룹은 법집행기관의 요원들이 아니었으며, 방법은 FBI 프로파일러식이다. 그리고 그 테스트에 5명만이 자발적으로 참가했다는 점이다. 다른 그룹은 각각 20~25명 정도의 자발적인 참가자들로 구성되었다. 각 참가자에게는 범인들의 신원과 병리학적인 것들이 연구자들에게 알려짐으로써 종결된 사건의 동일한 수사 파일이 각 참가자에게 제공되었다. 그리고 범인들의 신체적 특징, 인식 절차, 범죄 행동 그리고 사회적 이력 및 습관들을 묘사하면서 프로파일을 정리하도록 했다. 연구자들이 실제 범죄자들에 관해 알고 있었던 것과 비교된 그들(실험 참가자)의 프로파일이 얼마나 정확한지에 관해 점수가 매겨졌다(Vronsky, 2004: 358).

- ▶ 심리학 전공 학생들의 점수가 가장 낮았다.
- ▶ 프로파일러들은 가장 정확했기 때문에 그들의 점수가 제일 높았다.
- ▶ 범죄학 관련 훈련을 받지 않은 심리학자들의 점수가 그 다음이었다.

범죄 행동이나 신체적 특징들과 같은 몇몇 범주에서 심리학자들은 실제로 프로파일러들보다 약간 나았다. 테스트에 5명의 프로파일러들만이 참가했다는 사실에도 불구하고, 전문 프로파일러들은 그들이 할 수 있는 최선의 범죄자 프로파일링을 했음을 의미한다. 심리학적 통찰력이 이러한 유형의 프로파일링에 관한 정확성에서 중요한 요소가 된다는 것은 심리학자들이 두 번째로 잘한 것으로 점수가 매겨졌다는 사실로써 확인되었다.

그런데 놀라운 것은 다른 그룹으로부터 나온 결과들이었다. 정확성 면에서 학생들, 그를 이어 경찰관들, 마지막으로 심리학 전공 학생들이 프로파일러들과 심리학자들 다음이었다는 사실이다. 훈련받지 않은 과학 및 경제학 전공 학생들이 경찰관들보다 더 나은 점수를 받았다는 사실은 문제가 되었다. 왜냐하면 FBI 프로파일러들은 법집행 요원이고, 전문 프로파일러였으며, 게다가 FBI는 그 프로파일러들의 중요한 자격에는 프로파일러 분석관으로서 후속적인 훈련을 받기 전에, 범죄 수사관으로서 장기간 경력이 있어야 한다는 것을 강조하고 있기 때문이다.

다른 연구는 2002년에 수행된 것으로, 동일한 연구자들 팀이 프로파일러의 정확성에 관해 수사 경험의 효과성에 대한 문제를 논쟁하게 되었다. 이번에 그들은 6개 그룹으로 나누었다.

- 최소한 10년 이상의 수사 경험이 있는 31명의 고참 수사관들
- 12명의 살인사건 수사 경험이 있는 형사들
- 최소한 10년 동안 일반 경찰 직무를 수행한 경험이 있는 경찰관으로서 형사교육을 받고 있는 19명
- 경찰학교에서 6주 정도 신규임용 교육을 받고 있는 경찰교육생 50명
- 경찰학교에서 3주 정도 신규임용 교육을 받고 있는 경찰교육생 50명
- 31명의 화학 전공 대학 2학년생들

각 참가자에게 이전의 테스트처럼 동일한 임무가 부여되었다(Kocsis, 2002: 811-823). 결과는 놀라운 것이었다. 화학 전공 대학 2학년생들의 점수가 테스트에 참가한 모든 경찰관 그룹보다 우수했다. 경찰관 그룹 사이에서는 경찰학교에서 신규 임용교육을 받고 있는 예비 경찰관이 살인사건 수사 경험이 있는 수사관보다 훨씬 높은 점수를 얻었다. 몇몇 문제들에 관해서는 다른 경찰관 그룹을 앞질렀다. 이러한 결과들은 수사 경험이야말로 프로파일러들이 직무를 성공적으로 수행하기 위해 필요한 가장 중요한 자격이라고 한 FBI가 주장한 내용과 배치되었다. 연구자들은 역설적으로, 수사관이 더 많은 경험을 가질수록 프로파일링을 하기 위한 목적으로 자료를 해석하는 방식에서, 들어가는 경험이 더 많아진다고 주장하고 있다(Vronsky, 2004: 358-359).

그들이 제안하기를, 수사관들은 수년 동안 일종의 '발견적 학습(heuristics)'[23] 상식을 발전시켜 왔는데, 이는 사실에 근거한 것이라기보다는 오히려 주관적 경험과 인식에 근거를 둔 범죄자들과 범죄에 관한 인상들(impression)이다. 따라서 그러한 선입관적 경험이 없는 대학생과 경찰교육생이 훨씬 더 정확한 프로파일을 산출했다.

이러한 테스트가 프로파일링을 위한 한 사건에서만 제공되었다는 사실과 그러한 특별한 사건의 성질은 아마도 다른 그룹을 능가하는 한 그룹의 성과에 대해 두둔할 수 있다는 것을 기억할 필요가 있다. 그럼에도 불구하고, 만약 프로파일링이 통계적 가능성(확률)에 기

23) 학습을 돕고, 관심을 높이는 학생으로 하여금 스스로 발견케 하는 발견적 지도법.

초하고 있다면, 마치 벨트웨이 스나이퍼(Beltway Sniper) 사건에서처럼, 경험이 더 많은 수사관들일수록, 프로파일을 확률에 대한 인식에 기초로 삼을 가능성이 더 많아진다.

2) 영국에서의 검증 사례

캔터와 앨리슨(Canter & Alison, 2000; Bartol & Bartol, 2005: 333)에 의하면, 범죄자들과 함께 일했던 사람들 혹은 경찰 수사에서 상당한 정도의 경험을 갖고 있는 사람들에게만 이용 가능한 프로파일링을 위한 기술과 지식에 관해 몇몇 특수한 조합들이 있다고 하는 것 또한 오해라고 주장한다.

프로파일링에 관한 최근의 연구자들(Alison et al., 2002; Alison & Canter, 1999)에 의하면, 현대적인 프로파일링 기법에는 두 가지 기본적인 흐름이 있는데, 하나는 사람의 행동유형은 다양한 상황을 거치면서도 일관적이라는 주장과 다른 하나의 흐름은 범죄 스타일과 범행 현장에서 수집된 증거는 직접적으로 특별한 성격적 특징들과 관련이 있다는 주장이다.

한편 프로파일링을 통해 정확하게 범죄자 유형을 예상했는지에 관한 검증 연구('Coals to Newcastle?' Project: CTN)가 영국에서 1994년을 전후하여 실시된 바 있다(Jackson & Bekerian, 2001: 73-76: 박광배, 2001: 37).[24] 프로파일러의 예상 확실성(accuracy of profiler's predictions) 분석에 의하면, 분석 대상이었던 프로파일러에는 임상적 프로파일러들이 22.1%, 통계학적 프로파일러들이 50.4%였다. 정확했던 프로파일링과 부정확했던 프로파일링 간 전체 평균 비율은 2.2 : 1이었다. 그런데 임상적 프로파일러들의 경우는 2.9 : 1, 통계학적 프로파일러들은 1.8 : 1로 각각 나타났다. 즉 임상적 프로파일러들이 더 많은 사례에서 정확하게 예상하는 것으로 나타난 셈이다.

한편 개인 프로파일러들의 경우 1.5 : 1에서 6.8 : 1에 이르도록 편차가 심했다. 당시 임상적 프로파일러들의 예상이 79%(가장 낮은 경우 60%, 가장 높은 경우 89%)나 적중했지만, 나머지 20%는 여전히 부정확한 것으로 나타난만큼 수사관들은 적어도 프로파일링의 5분의 1 정도는 잘못된 것이라는 사실을 염두에 두어야 한다.

CTN 프로젝트에서 분석된 184건의 프로파일 사건에 대해 "경찰 수사에 대한 프로파일러 조언의 효과"에 관한 조사 결과는 <표 3-2>와 같다(답변은 예, 아니오로 구성되었다).

---

24) 이 연구는 런던광역시 경찰(London Metropolitan Police)과 영국 내무부가 공동으로 수행했으며, 영국경찰장협회(Association of Chief Police Officers: ACPO)에서 후원한 사업이었다. 연구 결과는 두 부분으로 나뉘는데, Part I 은 1995년 11월경 콥슨에 의해 출판되었고, Part II는 약간 늦어지면서 1998년 초에 발간키로 했다고 한다. 조사는 관련된 경찰수사관들의 판단을 알아보기 위해 29개의 문항으로 이루어진 설문지를 사용했다. 그리고 분석된 184개의 프로파일 중에서 111건은 서면(writing)으로, 73건은 구두(verbal report) 보고로 이루어졌다.

표에서 나타난 것처럼, 대부분의 사례에서 프로파일러의 조언이 수사활동에 유용한 것으로 나타났다. 그렇지만, 이러한 긍정적 평가는 사건 해결을 도와 줄 수 있는 프로파일러의 능력에 달려 있는 것도, 수사에 관한 새로운 방향을 제시하는 것에 달려 있는 것도 아니다. 심지어는 제공된 정보에 어떤 것을 보태 주는 것에도 좌우되지 않는다. 수사를 하는 데 프로파일링이 도움이 되기는 하지만, 도대체 수사상 어떻게 도움이 되는지를 구체적으로 184건에 대해 분석한 결과가 <표 3-3>에 나타나 있다.

프로파일링이 범인 신원을 확인하는 데 유용하게 사용되었다고 언급한 경우는 184건 중 5건에 불과했다. 대부분의 수사관들은 프로파일러의 조언이 사건이나 범인을 이해하거나 자신의 판단을 재확인하는 데 도움을 주었을 정도라는 반응을 보였다. 전체적으로 보면, 영국의 경찰 수사관들은 프로파일링의 유용성을 대체로 인정하면서도, 개별 사건 해결에 도움이 되었다고 평가하는 데에는 다소 미온적임을 알 수 있다. 따라서 프로파일링 기법이 수사에 도움을 주고 사건 해결에 기여할 수 있기 위해서는 프로파일링의 과학화 및 프로파일러들의 전문성을 높이는 쪽으로 노력해야 한다.

표 3-2 CTN 프로젝트에 나타난 프로파일러 조언의 효과

프로파일이(Did the advice)	예 (Yes, %)	아니오 (No, %)
사건 해결에 도움이 되었습니까?(Assist in solving the case?)	14.1%	78.3%
새로운 수사 방향을 개시하도록 했습니까?(Open new lines of enquiry?)	16.3	82.1
제공된 정보에 뭔가를 보태어 주었습니까? (Add anything to information supplied?)	53.8	38.6
수사상 유용한 것으로 증명되었습니까? (Prove operationally useful?)	82.6	17.4

표 3-3 CTN 프로젝트에 나타난 프로파일러 조언의 수사상 유용성

유용성의 측면(Aspects of usefulness)	빈도	비율(%)
범인의 신원을 확인하는 쪽으로 도움이 되었다(Led to identification of offender).	5	2.7%
사건/범인에 관한 이해를 도와 주었다(furthered understanding of case/offender).	112	60.9%
전문가 조언이 자신의 판단을 재확인시켜 주었다(expert opinion reassured own judgement).	95	51.6%
용의자 신문을 위한 구조를 제공했다(offered structure for interviewing).	10	5.4%
기타(other)	17	2.3%

6 프로파일링에 필요한 사항과 적합한 범죄 유형

1) 프로파일링에 필요한 사항

프로파일의 내용은 범죄 현장에 무엇이 남아 있고, 무엇이 남아 있지 않은지 여부에 따라 달라진다. 범죄 유형에 따라서는 물적 증거(physical evidence)처럼 심리학적 증거의 양(量)이 다르기 때문에 프로파일 역시 달라진다.

폭력범죄 현장은 하나의 스토리, 즉 범인, 피해자 그리고 그들 사이의 상호작용에 관한 특이한 상황들에 의해 만들어진 얘기를 말해 주고 있다. 범행 현장에 유류된 범행의 '단서들(clues)'들은 범죄 그 자체뿐만 아니라 그 범죄에 대해 책임이 있는 사람의 유형, 범인의 범행 동기, 생활 스타일, 환상적인 행동들, 피해자를 물색하는 절차 그리고 범행 전과 후의 행동에 관한 통찰력을 제공할 수 있다 (O'Toole, 2004: 223). 그리고 범인의 신체적, 성적(性的) 그리고 몇몇 사건들에서는 피해자와의 구두(口頭)로 대화를 나눈 내용들의 결과로서, 폭력범죄 현장에 남아 있는 범인의 행동적 그리고 심리학적 요소들인 정신병리학적인 것들도 포함된다. 만약 범인의 정신병리학적인 유류물들이 확인될 수 있을 때에만 폭력범죄가 프로파일될 수 있다. 그러한 범죄들에는 살인, 성폭행, 유괴, 강탈, 폭발물 사용, 뇌물 거래 그리고 협박과 같은 유형들이 포함된다.

프로파일 혹은 범죄수사 분석은 수사상의 도구다. 그것의 가치는 수사관들에게 그것이 얼마나 많은 도움을 제공하는지의 관점에서 측정될 수 있다. 경찰보고서들, 범행 현장 사진들, 목격자들의 진술, 법과학 실험실의 보고서들, 그리고 만약 그 사건이 살인사건이라면 부검 혹은 검시 사진들이 수사를 담당하고 있는 법집행기관의 요원들에 의해 제공된다. 그리고 그러한 자료들은 최소한의 행동적인 세부 사항 혹은 미묘한 차이점들(뉘앙스)을 발견하기 위해 세심하게 조사된다.

강도 높은 평가 절차를 통해 범죄에 관한 '행동상'의 면밀한 계획(청사진)과 범인이 구성될 수 있다. 이러한 면밀한 계획(청사진)은 프로파일러로 하여금 범행 현장에서 발생한 것을 재구성하도록 해 준다.

프로파일러는 인종, 성별, 정서적인 나이(연대기적 연령이라기보다는), 결혼 상태, 공식적인 교육이나 훈련 수준 그리고 직업이나 고용 경력을 포함하여, 범죄자와 그의 생활 스타일에 관련된 광범위한 자료들을 제공할 수 있다. 그러한 자료들에는 다른 사람과 관계하고 소통할 수 있는 범인의 능력에 관한 상세한 내용을 포함하여, 이전 범죄 행동에 대한 유사성, 정신적 타락의 여부, 범죄나 피해자에 대한 뉘우침이나 죄책감, 유사한 범죄를 다시 저지를 가능성, 성적인 기능 장애, 성적 만족을 위한 욕구 혹은 그것을 달성하려는 능력면에서의 장애 등이 포함된다.

프로파일을 만들기 시작하면서, 관계자는 반드시 포괄적인 평가와 사건 자료들에 대해 면밀한 조사를 실시해야 한다. 그리고나서, 프로파일러는 총체적으로 모아진 것으로서 인정되는 모든 범죄 행동을 확인하기 위해 범행 현장을 조사한다. 그러한 범죄 행동들은 범죄 수사상의 암시와 프로파일적 특징들 쪽으로 해석되고 추정될 수 있다.

또한 완전한 프로파일을 구성하기 위해서는 다음과 같은 필수적인 요소들이 거론된다(범죄분석실, 2001: 42).

- ▶범행 현장의 사진: 피해자의 컬러 사진, 피해자 신체에 남아 있는 상처를 확대한 사진, 여러 각도와 위치에서 촬영한 피해자 사진과 범행 현장의 전체적인 사진 등[25]
- ▶이웃 사람들과의 관계:[26] 사회적 자료 및 지역적 자료
- ▶법의학자의 보고서: 신체 손상 범위를 찍은 사진, 약·독물학적 보고서, 정액 및 사체의 상처 여부에 대한 보고서 등
- ▶사건 직전 피해자의 이동 경로: 직장의 위치, 거주지 그리고 범행 현장 직전 마지막 본 장소 등[27]
- ▶사건의 완전한 수사보고서: 날짜, 시간, 위치 등에 관한 표준화된 보고서, 사용된 무기, 사건 결과에 관한 수사관의 재구성, 상세한 목격자 인터뷰 등
- ▶피해자의 배경: 연령, 성, 사건 당시 입고 있던 옷을 포함한 신체적 묘사, 결혼 여부와 결혼 적응 상태, 지능, 학업적 성취, 적응, 생활 스타일과 최근 생활 스타일의 변화, 성격 유형, 성격 특성, 품행, 전 거주지와 현 거주지, 거주지와 범행 현장 간의 관계, 성적 적응, 전현 직업, 가정과 직장에서의 평판, 신체적·정신적 병력 및 치료 관련 내역, 알코올과 약물 남용 같은 개인적 습관, 사회적 습관, 취미, 친한 사람들과 적대적인 사람 유무 등에 관한 자료들이 수집, 확보되어야 할 것이다.

그뿐만 아니라 사파릭(Safarik, 1999)은 프로파일링은 다음과 같은 네 가지 의문 사항을 반드시 고려해야 한다고 제언하고 있다.

25) 강력범죄를 비롯한 중요 사건의 경우, 대부분 범행 현장 및 피해자 신체 주변을 정밀하게 촬영하여 수사 서류에 첨부하는 등 오늘날 범죄수사 실무에서는 거의 일반화되어 있다.
26) 흔히 사회적 지문이라고도 일컬어진다.
27) 이러한 내용은 탐문수사를 통해 확인될 수 있다. 그뿐만 아니라 피해자를 마지막 본 사람 혹은 마지막으로 만난 자가 범인이다.

▸ 왜 이 사람이 피해자가 되었는가?
▸ 왜 이 날 범죄가 발생했는가?
▸ 왜 이곳에서 범죄가 발생했는가?
▸ 왜 이런 범행이 일어났는가?

이러한 의문 사항을 제대로 충족시키기 위해서는 피해자학적 접근이 절대로 요구된다.

2) 고려되어야 할 행동적 특성

범행 현장에서 확인된 역동적 상태로부터 수집할 수 있는 몇 가지 행동적 특성은 다음과 같은 내용을 포함한다. ① 범죄에 이르기까지 상당한 정도의 범행계획들, ② 범인에 의해 사용된 통제의 정도, ③ 범행 현장에서 감정의 점증적 확대, ④ 범인과 피해자 간의 위험 요소 수준, ⑤ 범행 현장의 외관(비조직화된 대 조직화된) 등이다.

(1) 범행계획의 수준

범인이 범죄에 대해 상당한 혹은 많은 측면에 대해 사전에 계획했다는 사실을 제시할 수 있는 행동적 지표들 가운데 하나는 범행 현장에 물리적 증거가 남아 있지 않다는 점이다. 물리적 증거가 별로 없다는 것은 범인이 어떻게 주의를 기울일 것인지를 고민했으며, 그래서 지문, 정액 그리고 모발과 같은 법과학적 흔적을 남기지 않았다는 것을 암시한다.

(2) 통제의 정도

범인이 피해자에게 가한 통제의 양은 종종 피해자를 묶거나 혹은 결박함으로써 피해자의 신체에서 발견되는 표시들과 자국들을 통해 알 수 있다. 만약 묶거나 결박한 모습들이 과도한 것으로 혹은 불필요할 정도로 보인다면, 이전의 유사한 결박 행동에 대한 경험은 범인이 성적인 가학행위자일 수 있다는 것을 암시한다. 그리고 성적인 다른 뭔가를 찾고 있거나 혹은 이러한 성도착적 행동에 관한 위험 신호는 아주 중요하다.

(3) 감정의 정도

피해자가 겪었던 손상과 신체적·정신적 외상은 범인이 범행 현장까지 갖고 왔던 감정 혹은 범행 현장에서 한때 보였던 분노의 정도를 암시할 수 있다. 예를 들면, 범인이 폭행을 가하는 동안 피해자에게 극단적으로 분노한 상태였다면, 피해자에게 야기했던 상처들은 종종 과도한, 광범위한 그리고 심지어는 치명적인 것일 수 있다. 과도한 살상행위는 사망을 야기하는 데 필요한 정도 이상의 과도한 외상과 부상이다. 그리고 종종 그러한 행위는 매우 분노한 범인이 저지른 범행 결과이기도 하다. 논쟁이나 싸움이 격화된 상황은 또한 범행 현장에서 수사될 수 있다. 피해자에게서 발견되는 방어흔(defensive injuries)을 포함하여, 피해자의 얼굴을 심하게 가격한 것과 신체의 다른 부분에 남아 있는 심각한 외상은 범죄가 저질러지는 동안에 감정 격화가 있었음을 암시한다.

이러한 감정 상승은 격한 언쟁과 함께 신체적 공격이 이어지고, 사망의 결과를 야기하는 몇몇 상황들 속에서 범인과 피해자 간에 상호작용이 시작되었음을 암시한다. 범행 현장으로부터 이러한 감정 격화 상황을 어떻게 해석할 것인가를 아는 것은 수사관들에게 매우 중요하다. 왜냐하면, 언쟁에 대한 이유가 결국 범행에 대한 동기를 파악하는 중요한 단서가 되기 때문이다.

⑷ 범인과 피해자 간의 위험 요소 정도

범인과 피해자의 위험 요소 정도는 둘 다 범행 현장에서 중요한 구성 요소다. 그리고 프로파일러가 범죄를 평가하거나 프로파일링할 때에 그것을 이해하는 데 중요하다. 피해자학은 폭력범죄 혹은 연쇄적인 범죄의 피해자에 대한 연구 분야이기도 하다. 피해자학을 발전시키는 전제는 피해자에 관해 알려진 것이 많을수록, 수사관들이 범인에 관한 더 많은 통찰력을 갖게 된다는 점이다. 프로파일러는 피해자의 생활 스타일, 가족, 친구들, 습관, 행동들 그리고 환경을 고려해 가면서, 이 사람이 어떻게 폭력범죄의 피해자가 되었는지에 대해 의문을 가져야 한다. 이러한 의문에 답하기 위해서는 피해자가 높은, 중간 혹은 낮은 정도의 위험에 처해 있었는지 여부에 대해 판단할 수 있도록, 피해자가 갖고 있는 위험 요소의 정도를 반드시 평가해야 한다.

낮은 수준의 위험에 처해 있는 피해자는, 예를 들면 범죄 발생률이 낮은 지역에 소재한 그리고 뒤뜰에 집을 지키는 개가 있는 안전한 피해자의 집 내부에서 주간(晝間)에 일하는 평범한 배경을 갖고 있는 피해자가 살해되는 경우다. 이러한 환경에서 무작위적으로 살인범과 맞닥뜨리면서, 범죄의 피해자가 될 가능성은 매우 낮다. 이러한 경우의 피해자는 범인을 알고 있을 가능성(면식범)이 높다.

그런데 매춘부, 마약 거래자, 히치하이커 혹은 전형적인 위험에 자신을 노출시키고 있는 사람들이야말로, 높은 수준의 위험에 처해 있는 피해자가 될 수 있다. 높은 위험 수준에 처해 있는 피해자와 관련된 범죄들은 프로파일링하기가 매우 어렵다. 왜냐하면, 이러한 사람들은 다른 많은 사람들에 의해서도 피해를 입을 수 있기 때문이다.

그뿐만 아니라 범죄자가 처해 있는 위험의 정도를 파악하는 것도 중요하다. 범죄가 발생한 장소의 관점에서, 범죄가 발생한 날 시간의 관점에서 그리고 범인이 물색한 피해자 유형의 관점에서, 이러한 범죄를 저지를 때 범인은 어느 정도의 위험을 갖고 있었을지에 대해 파악할 필요가 있다.

만약 이러한 다양한 변수들에 관한 분석을 함으로써, 범인의 신원이 확인되고 범인이 체포될 높은 위험 요소가 있다는 것이 암시된다면, 특히 만약 범죄에 관한 다른 측면들에 의해 범인이 범죄를 계획했다는 것이 암시되고 있다면, "왜 이 범죄자가 이러한 위험을 감수하려고 했는지?"에 대한 의문이 제기되어야 한다. 다음과 같은 두 가지 가능한 설명들이 있을 수 있다.

- ▶범인은 특별한 피해자를 지목하고 있었다. 혹은
- ▶이 범인은 감정적으로 혹은 심리학적으로 만족하기 위해, 범죄에서 높은 위험과 높은 스릴의 요소들을 원했다고 할 수 있다.

프로파일러에 의해 도달된 두 가지 결론 가운데 하나도 수사관들에게 매우 도움이 될 수 있다. 만약 첫 번째 결론이 채택되었다면, 이 범인은 특정한 피해자를 원했고 물색했다고 할 수 있다. 따라서 피해자와 그 배경에 대한 강도 높은 수사는 매우 중요하다. 그 범죄가 발생하기 전에, 그들 간에 이미 몇몇 관계 유형들이 존재했을 것이기 때문이다.

반면에, 만약 범인이 범죄를 저지르면서 위험이나 스릴감을 필요로 한다면, 그 '욕구'는 다른 관련되지 않은 사건들에서 혹은 만약 그렇지 않다면, 수사관들에 의해 간과될 수 있는 범인의 배경에 존재할 수 있었다(O'Toole, 2004: 227).

(5) 범행 현장의 외관: 조직화된 그리고 비조직화된 살인사건 현장

살인사건 현장은 그것들이 조직화된 혹은 비조직화된 범행 현장인지 여부에 따라서, 행동적으로 범주화될 수 있다. 살인사건이 아닌 범행 현장은 오로지 이 방식 혹은 다른 방식이다. 그 구분 방식은 범행 현장에서 관찰된 행동상 특징들의 우세한 부분에 기초하고 있다. 조직화된 살인사건 범행 현장에 따르면, "범죄가 저질러기 전, 저질러지는 동안 그리고 범행 후"와 같은 외관상의 순서가 존재한다는 것을 암시한다.

조직화된 범행 현장은 범죄가 발각되는 것을 어렵게 할 목적에서, 치밀하게 계획된 범죄라는 것을 암시한다. 비조직화된 살인사건 현장은 "범죄가 발각되지 않도록 하기 위한 행동 계획들이 없이" 그 범죄가 갑자기 저질러졌다는 인상을 준다. 조직화 혹은 비조직화의 정도는 범인이 피해자에게 접근하는 데 사용된 시도, 공격 방법, 피해자와 범인과의 관계 그리고 범행 현장에서 범인과 피해자 간 일어났을 법한 상호작용의 스타일을 포함하여, 범인의 범행 능력 수준에 대한 굉장한 통찰력을 제공할 수 있다.

범행 현장에서 관찰된 행동을 해석하는 것은 매우 어렵다. 그것은 과학적 혹은 심령학적 추측이라기보다는 오히려 절차다. 프로파일링은 유사한 정신병리와 범인의 인성적 특징들과 함께, 유사한 사건들을 평가한 연구와 수년 동안의 경험에 기초한다. 폭력 범죄자들에 대한 FBI의 연구 경험에 따르면, “유사한 이유 때문에 저질러진 유사한 범죄들은 일반적으로 유사한 범죄자들에 의해 저질러진다”는 것을 강하게 암시한다. 다시 말하면, “만약 당신이 예술가를 이해하고 싶다면, 당신은 그림을 살펴봐야 한다.” 그리고 “범인을 알고자 한다면, 당신은 범죄를 들여야봐야 한다”라고 권고하고 있다(O'Toole, 2004: 227).

3) 범죄자 프로파일링에 적합한 범죄 유형

모든 범죄 유형에 대해 프로파일링 기법이 활용되는 것은 아니다. 범죄자 프로파일링은 대인(對人) 범죄에 가장 적절하며, 결국 심리학적 기능 부전의 징후가 있는 범죄에 대해서만 프로파일이 시도될 수 있다고 한다. 프로파일링을 하는 데 가장 적절한 범죄 유형들은 다음과 같다(Holmes & Holmes 2002: 4).

- ▶가학적 성폭행
- ▶신체 장기 적출(내장 적출 등)
- ▶사체(死體)의 절단 및 사체에 대한 성폭행(necrophilia, 屍姦)
- ▶동기 없는 방화
- ▶치정살인과 원한살인, 강간
- ▶불가사의한 범죄(occult crimes)
- ▶소아에 대한 이상 성욕(pedophilia)을 포함한 어린이 대상 성학대 범죄
- ▶은행강도 범죄들
- ▶외설(음란) 및 테러 목적의 편지 우송 등

언급된 각 범죄 유형에 대해 범죄분석가는 보통 네 가지 단계로 범죄를 구분한다. 첫 단계는 범죄 이전 단계로서 범죄를 실행하기 전의 행동이다. 이 단계는 비록 시간적으로는 가장 먼저이지만 경찰이 정보를 취득한다는 관점에서는 마지막일 때가 많다고 한다. 두 번째 단계는 범죄의 실행이다. 여기서는 희생자를 선택하는 행위뿐 아니라 범죄행위 그 자체도 평가되어야 한다. 살인과 더불어 납치, 고문, 강간 등이 포함되는 경우가 많다. 세 번째 단계는 사체의 유기(遺棄)인데, 어떤 살인범들은 희생자가 발견되든 안 되든지 간에 이런 것에는 전혀 관심을 보이지 않는 반면, 다른 범인들은 발각되지 않도록 사체를 은닉하는 등의 상당한 주의를 기울이기도 한다. 네 번째 단계에서는 범행 후 행동인데, 일부 범죄자들은 범행 당시의 환상을 지속시키기 위해 살인사건의 수사에 끼여들거나 다른 방법으로 범죄와 계속 관련을 맺으려고 한다. 따라서 이 단계는 상당히 중요한 국면이 될 수 있다(국립과학

수사연구소 범죄분석실, 2002: 43).

한편, 캐나다 연방경찰(RCMP) 당국은 ViCLAS(Violent Crime Linkage Analysis System) 입력 대상 범죄 유형을 다음과 같이 정하고 있다.[28]

- ▶해결 혹은 미해결된 모든 종류의 살인사건과 미수 사건들
- ▶해결 혹은 미해결된 모든 성폭력범죄 혹은 미수 사건들
- ▶속임수일 가능성과 피해자가 아직 행방불명 중이라는 것을 강하게 보여 주는 정황들이 있는 행방불명된 자들
- ▶사망한 것으로 알려진 혹은 살해되었을 의심을 불러일으키는 장소에서 발견된 변사체
- ▶모든 유괴범죄[29] 및 미수 사건들
- ▶성폭력에 관한 허위 진술 혹은 살인미수 사건
- ▶상기와 같은 범죄 수사의 성질에 상관없이 수사관의 입장에서 볼 때, 입건된 피의자가 다른 폭력범죄에 관련되었거나 그러한 범죄에 책임이 있을 것 같은 데 대해 합리적 이유를 가진 경우에 ViCLAS에 입력할 수 있다.

4) 훌륭한 프로파일러의 특징

범죄자 프로파일링은 미국 연방수사국(FBI) 내에서 범죄수사 분석기법으로 알려진 절차다. 프로파일러들 혹은 범죄수사 분석가들은 고도의 훈련과 법집행기관의 요원으로서 경험을 가졌으며, 상당한 정도의 정신병리학적인 요소들이 유류된 범행 현장에서 모든 행동적 측면과 해결되지 않은 폭력범죄 현장에 대해 상세한 내용을 연구하는 사람들이다.

어떤 특징들 혹은 소질들이 좋은 프로파일러를 만들어 주는가? 프로파일러가 "범행이 전개되고 있는 것"을 곧바로 파악할 수 있는 요즘의 텔레비전과 영화 속에서 묘사되는 것들과는 반대로, 성공적인 프로파일러는 심령술사와 같은 존재가 아니다. 경험이 많고, 고도의 훈련을 받은 그리고 직관적인 프로파일러는 대단히 많은 상식을 갖고 있으며, 간결하고 논리적인 방법으로 사건에 대한 정보를 생각하고 평가할 수 있다(O'Toole, 2004: 224).

성공적인 프로파일러는 또한 분석적 관점에서 범행 현장과 범죄자-피해자 간의 상호작용을 평가함으로써 범죄에 관한 그 자신의 개인적인 감정을 억제할 수 있다. 무엇보다 중요한 것으로 성공적인 프로파일러는 그 자신의 관점이 아니라 오히려 범인의 관점에서 범죄

---

28) 캐나다 연방경찰(Royal Canadian Mounted Police)은 ViCLAS Crime Analysis Reports 서식을 활용하고 있는데, 이 서식은 총 168개의 문항들이 기재되어 있으며, 34여 쪽에 달하는 책자화된 1개의 서류철이다. 개별 사건마다 1건의 보고서를 작성하며, 피의자·피해자가 동일 서식에 함께 기재되도록 했다.

29) 이혼한 부부의 일방이 몰래 혹은 불법적으로 아이들을 데리고 간 경우를 제외.

를 평가할 수 있어야 한다. 게다가, 성공적인 프로파일러는 인간의 행동에 대한 심층적인 이해 능력, 인간의 성적 활동, 범죄 현장 수사 능력 그리고 법과학적 지식을 소유하고 있다. 그리고 자신이 통찰한 것과 관찰한 것에 대한 해석을 수사관들에게 제공하면서, 폭력범죄 연구에 대한 광범위한 전문 훈련과 경험을 갖고 있다. 성공적인 프로파일러는 범행 현장에서 발생한 역동성을 이해하기 위해, 모든 행동과 범행 현장에 존재하는 행동상의 클러스터들을 반드시 읽을 수 있어야 한다. 이것은 프로파일러가 행동상의 해석을 할 수 있는 유일한 방법이며, 수사관으로 하여금 용의자 풀(pool)을 한계지을 수 있도록 그리고 수사전략을 구상할 수 있도록 도와 줄 것이다(O'Toole, 2004: 227).

제4장

프로파일링 I

범죄자 프로파일링의 방법론과 전략

1. 서언
2. 범죄자 프로파일링에 대한 연역적, 귀납적 접근
3. FBI를 중심으로 한 범행현장분석 모형
4. 캔터(David Canter)의 수사심리학 모형
5. 터비(Brent E. Turvey)의 행동증거분석(BEA)
6. 더글러스(John Douglas)의 방법론
7. 연쇄살인사건의 해결과 일반 경찰의 역할
8. 소결

chapter 04

범죄자 프로파일링의 방법론과 전략

1 서 언

전직 FBI 프로파일러 레슬러[2]

교묘히 도피하는 연쇄살인범의 행각에 맞서 경찰이 가질 수 있는 최고의 무기는 그들의 행동 프로파일(behavior profile)이라고 한다.[1] 범죄자 프로파일링 기법을 발전시켜 온 데에는 크게 두 가지 서로 다른 방법이 제시되고 있는데, 그 하나는 귀납적(inductive) 방법이며, 다른 하나는 연역적(deductive) 접근 방법이다(Holmes & Holmes, 2002: 5). 이 두 가지 방법은 상호 배타적인 것처럼 보이지만, 자세하게 들여다보면 어느 정도 공통점을 갖고 있다.

더글러스(John Douglas), 레슬러(Robert K. Ressler), 버제스(Ann W. Burgess), 하트먼(Carol R. Hartman)은

1) http://faculty.ncwc.edu/toconnor/401/401lects.htm
2) http://www.donga.com/fbin/output?f=totalcl&code=cl_&n=200407290232(2008년 4월 24일 검색)

FBI의 프로파일링 전략을 다섯 단계로 나누었으며, 마지막 여섯 번째 단계는 정확한 혐의자의 체포에 두고 있다. 그 밖에도 영국 리버풀대학 심리학부 캔터(David Canter) 교수가[3] 소개한 수사심리학(investigative psychology)과 미국의 터비(Brent E. Turvey)가 소개한 행동증거분석(behavior evidence analysis: BEA) 방식을 들 수 있다.[4] 특히 터비는 프로파일링 접근 방식에서, 연역적 방법과 귀납적 방법을 각각 비교 소개함으로써,. 양자의 장단점을 제시했다 (Turvey, 1998).[5]

2 범죄자 프로파일링에 대한 연역적, 귀납적 접근[6]

1980년 정신건강협회는 최초로「정신장애에 대한 진단과 통계적 매뉴얼(the Diagnostic and Statistical Manual of Mental Disorders(DSM-III)」에서 외상(外傷) 후 스트레스성 장애(posttraumatic stress disorder: PTSD)가 공식적으로 인정되면서, 처음으로 심리학적 '병리 증후'라는 용어를 사용했다. 그 후 수사상의 특수 용어인 '프로파일(profile)'이라는 단어가 점차 법조계의 관점에서 심리학적 용어인 '병리 증후'라는 단어로 유사하게 사용되었다. 원래 형태에서, 1969년 초반 FBI에서 테텐(Howard Teten)과 멀래니(Pat Mullany)가 가르친 대로, 범죄자 유형 분석기법(criminal profiling) 과정은 '심리학적 병리 증후'와는 그 원형에서 전혀 다른 것이었으며, 완전히 다른 방법론이었다.[7] 그런데, 시간이 지나면서 '프로파일(profile)'과 '신드롬(syndrome)'이라는 두 가지 용어는 몇몇 프로파일이 형성되었던 방법과 후속적인 소송 때문에 부당하게 혼용되었다.[8] 위에서 언급된 것처럼, 모든 프로파일러들이 대체로 똑같은 훈련을 받은 것이 아니며, 똑같을 수도 없다는 사실 때문에 모든 프

3) http://www.liv.ac.uk/Psychology/DeptInfo/StaffProfile/DCanter.html: 캔터 교수는 영국 리버풀대학의 심리학부에 재직하고 있다. 환경심리학을 발전시켰으며,『환경심리학』이라는 저널을 펴내고 있다. 화재(火災)와 인간 행동에 많은 관심을 가졌으며, 정부의 관련 연구에 참여했다. 응급 상황에 관한 사회심리학적 접근을 시도하기도 했다. 또한 영국 경찰에 '범죄자 프로파일링(offender profiling)'을 소개한 최초의 학자가 되었으며 150여 사건 수사에서 많은 기여를 했다.

4) 관련 내용은 범죄분석실, 2002년 1월호, 72면 이하 내용과 페서릭(W. Petherick)이 소개하고 있는 "Criminal Profiling: How it got started and how it is used" 내용 (http://www.crimelibrary.com/criminal_mind/profling/profiling2/1.html)을 비교 참고했다.

5) http://www.corpus-delicti.com/Profiling_law.html

6) 여기에서는 미국의 Turvey(1998)의 논문을 중심으로 소개한다. http://www.corpus-delicti.com/Profiling_law.html

7) http://faculty.ncwc.edu/toconnor/401/401lects.htm

8) United States v. Banks, 1988; United States v. Sokolow, 1989.

로파일링 방법론이 같은 것은 아니다.

사실 터비는 미국에서 본질적으로 다른 두 가지 형태의 프로파일 기법(type)이 범죄수사를 담당한 법집행관들과 범죄학자들에 의해 활용되고 있다고 지적한다.

첫 번째 프로파일링 기법(method)은 귀납적 프로파일링 기법이며, 그것은 개념적으로 심리학적 병리 증후와 수반된 병리 증후 증거들을 해석하는 것과 관련이 있다.[9]

두 번째는 다소 덜 알려진 연역적 프로파일링 기법이다. 이러한 구별과 비교 방법의 목적은 연역적 프로파일링 기법의 대강을 살펴보고, 병리 증후적 증거를 추론함으로써 연역적 방법의 기원, 가정 그리고 방법론들이 근본적으로 귀납적 방법론의 기원, 가정 그리고 방법론과 어떻게 근본적으로 다른지 알아보는 것이다.

1) 귀납적 프로파일링 및 병리 증후

귀납적 프로파일링 접근은 단순한 전제에 의존하고 있는데, 다른 사람들에 의해 저질러지는 범죄들이 유사하다면, 그때 그 범죄자들은 약간의 공통된 성격적 소질들을 또한 공유해야 한다고 전제한다. 그래서 과거의 범죄들, 알려진 과거의 범죄자들 그리고 매스컴을 포함하여 다른 여러 가지 자료 출처로부터 나온 정보들이 수집된다(Holmes & Holmes, 2002: 5).

매우 유용한 설명은 오리건 주 대 로슨(State of Oregon v. Lawson) 사건(1994)과 관련된 판결에서 유래하는데, 변호인은 그의 의뢰인이었던 로슨 씨가 성범죄자 프로파일과 부합하지 않았으며, 그러한 프로파일에 부합하는 자가 한 사람일 수 없다는 내용의 전문가 증언을 이끌어 냈다. 법원은 그 사건에서 "그것이 '병리 증후' 혹은 '프로파일'로 이름붙여지든지 간에, 증거의 형태는 비슷한 상황에서, 과거에 연구된 다른 사람들의 행동과 특정한 개인의 행동을 비교하는 것을 포함하고 있다"는 것을 확인했다.

귀납적 프로파일 방식은 최초의 행동적 특성들 그리고 이전에 연구되었던 다른 범죄자들과 공유되고 있는 인구통계학적 특성들로부터 개별 범죄자에게 일반화된 프로파일이다. 그것은 불완전한 통계학적 분석이며, (종종 표준화된 것과 비교하지 않은 채) 일반화의 산물이라고 한다. 그래서 기술적(記述的)·귀납적 추론이다. 터비는 귀납적·통계적 관용어로부터 서술적인 것을 찾아내고 있는데,[10] 그것은 중요하게 제시된 자료로부터 일반화, 예측, 추정 그리고 결정들을 포함하고 있는 통계의 한 부분인 셈이다.[11]

9) 고드윈(Grove M. Godwin) 박사의 경우, 귀납적 접근을 공개적으로 천명하면서, 연역적 접근에 의한 오류 가능성을 비판하고 있는 입장이다.

10) http://faculty.ncwc.edu/toconnor/401/401lects.htm

귀납적 프로파일들을 자료로 축적하고 통계적으로 일반화하기 위해 널리 사용되는 데이터는 다음의 세 가지 중요한 근거에서 대체로 수집된다.

- 알려진, 수용된 범죄자들 그리고 그러한 연구들이 기초가 되고 있는 임상적 그리고 비임상적 인터뷰에 관한 공식적 그리고 비공식적 연구들
- 프로파일러에 의해 회복된 일화(逸話)와 같은 자료에서 분리된 실무적인 경험들
- 공개된 자료의 출처들은, 예를 들면 미국에서 폭력범죄자의 행위에 대한 자료들을 컴퓨터화된 데이터베이스에 저장하기 위해 신문 기사들이 사적(私的)으로 수집되고, 그렇게 사용되도록 FBI가 이미 승인한 인기 있는 대중매체를 포함한다.

귀납적 범죄자 프로파일링

다른 범죄자들, 범행 현장들 그리고/혹은 피해자들에 의해 알려진 행동들과 암시된 감정들로부터 범행, 범행 현장 그리고 피해자들을 프로파일링하는 절차다. 용어가 제시하고 있듯이, 이 방법은 본질적으로 최초의 통계적 데이터에서 특별한 범죄자의 행동에 이르기까지 추론하는 것이다. 어쨌든 귀납적 프로파일링 기법은 일반적으로 몇몇 통계적 분석의 결과이거나 혹은 사건 외부에 가까이에서 그것의 추론을 찾아내는 것이다.

논리적 사례

대학 구내 주차장에서 대학생들을 살해한 것으로 알려진 80%의 연쇄살인범들은 백인 남성이며, 나이는 20~35세 가량이었으며, 대체로 어머니와 함께 살고 있었고 폴크스바겐 벅스(Volkswagen Bugs: 폴크스바겐 차량 모델명)를 운전하는 자들이었다. 범인은 적어도 세 명의 남자 대학생들을 서로 다른 상황에서 가해했다; 그러한 범인은 주차 공간에서 모두 세 명의 피해자들을 가해했다. 그래서 연쇄살인범이라고 불리는 이러한 프로파일에 딱 들어맞는 이 같은 그룹의 일부라고 할 수 있는 범인은 20~35세 가량의 백인 남성으로서, 어머니와 함께 살면서, 폴크스바겐 벅스를 운전하는 자다.

이러한 유형의 프로파일링 방법에는 확실히 많은 장점들이 있다(Holmes & Homes, 2002: 5). 특히 이 방법은 신속하고 비용이 적게 든다. 이 기법에는 사회학, 심리학, 범죄학 그리고 정신병리학과 같은 학문적 훈련을 받을 필요가 없다는 장점이 있다. 게다가 프로파일러들에게는 인간의 행동을 이해하기 위한 전문 기술이나 지식이 반드시 필요한 것은 아니다. 예를 들면, 이런 유형의 프로파일러들은 프로이트(Sigmund Freud), 제임스(William James), 왓슨(John Watson), 스키너(B. F. Skinner) 그리고 다른 학자들과 같은 초기의 심

11) *The American Heritage Dictionary*, 2nd ed., (Boston: Houghton Mifflin, 1982).

리학 관련 분야 개척자들을 이해할 필요가 없다. 인간의 행동을 이해하려고 했던 그들의 연구 노력에 대한 가치들이 무시될 수 있다. 귀납적 접근 방식에서 발생할 수 있는 것은, 유사한 범행 현장으로부터 추론들이 간단하게 제시된다는 점이다.

이처럼 귀납적 프로파일링 모델의 장점들은 확실히 명백하다. 왜냐하면, 귀납적 프로파일은 무엇보다도 범죄 행동 혹은 범죄 수사 연구에서 요구되는 법과학적 전문지식, 교육 혹은 훈련 없이도 활용하기가 매우 쉬운 방법이기 때문이다. 게다가, 일반적인 프로파일들은 어떠한 많은 노력이나 프로파일러로서 그 분야에 대한 능력이 없이도 비교적 짧은 시간 내에 수집될 수 있다. 그 결과 특성들에 관해 제한 없이 종종 한 페이지 혹은 두 페이지 정도 분량이 된다. 이러한 일반화들을 통해 개별 범죄자에 관한 약간의 비특징적 요소들을 정확하게 예상할 수 있다. 그러나 이 접근 방법에는 충분한 일관성이나 신뢰성이 있는 것은 아니다.[12)]

귀납적 프로파일링 모델의 중요한 단점으로서, 비판적인 사람들에게는 똑같은 것으로 보인다는 점이다.

첫째, 자료 그 자체는 한정된 인구 샘플로부터 일반화되었고 특별히 어떤 사건에 대해 관련되지 않았다는 것이다. 그래서 그것은 원래 특정 개인에 관한 프로파일을 재구성하기 위해 의도된 것이 아니라 자료를 수집하고 축적하는 사람의 지식과 능력에 의존한 채, 적절하게 샘플링되었거나 혹은 그렇지 않은 소규모 그룹의 개인들로부터 일반화되고 평균화된 표시들의 조합인 셈이다.

둘째, 아마도 아주 빈번하게 언급되는 것은 귀납적 프로파일들이 단지 알려진 그리고 체포된 범죄자들로부터 수집된 제한된 자료들로부터 일반화된 그리고 평균화된 것들이라는 점이다. 귀납적 범죄자 프로파일은 체포되지 않은 현재의 범죄자들을 완전히 혹은 정확하게 고려할 수 없다는 점이다. 그래서 그것은 원천적으로 아주 교묘한 혹은 전문 범죄꾼들, 즉 계속해서 법집행 기관의 수사망을 피하는 데 능한 범죄자들에 관한 데이터를 누락시킬 수 있다.

셋째, 그와 같은 몇몇 일반화처럼, 무고한 시민을 범죄와 관련시킬 수 있으며, 연관시켰던 특수한 부정확성을 포함하게 된다는 점이다. 이러한 사례는 귀납적 범죄자 프로파일이 비전문가나 사려깊지 못한 프로파일러에 의해 마치 '오류가 없는 예측 수단'의 일종으로 활용될 때 일어난다.

귀납적 범죄자 프로파일 모델의 가정은 다음 사항들을 포함하고 있다.[13)]

12) http://faculty.ncwc.edu/toconnor/401/401lects.htm
13) http://faculty.ncwc.edu/toconnor/401/401lects.htm

▶ 범인이 누구인지 밝혀지지 않은 채, 동일한 유형의 범죄를 저지르는 알려진 소규모 범죄자 그룹은 우선적으로 알려지지 않은 유사한 개별 범죄자들 쪽으로 정확하게 일반화될 수 있는 개인적 특성들을 보통 공유한다.

▶ 과거에 범죄를 저지른 범인들은 최소한 환경적 조건들에 의해 영향을 받으면서 그리고 같은 일반적인 동기와 종종 특수한 동기들과 함께 존재하는 최근의 범죄자들과 문화적으로 유사하다.

▶ 개별 인간의 행동과 특성들은 일반화될 수 있다. 그리고 심지어는 아주 작은 규모의 표본 안에서 개인적 특성들과 행동에 관한 중요한 통계적 분석을 통해 예측될 수 있다.

▶ 행동과 동기는 시간이 지나도 한 개인에게서 정적(靜的)인 채로 변화하지 않으며, 예측 가능한 특성들이다.

한편, 귀납적 프로파일러들은 다양한 배경을 가지고 있는 일단의 전문가 그룹을 포함하고 있다.

▶ 현직 FBI 프로파일과 전직 FBI 프로파일러들이 이에 해당한다. 현재의 FBI 프로파일들은 평균 1페이지 정도이며, 프로파일의 내용에 대해 설명을 제공하지 않는다. 터비가 토론했던 쟁점에 대해 대부분의 법집행 당국은 프로파일들을 위해 거의 쓸모가 없거나 혹은 아예 없었다.

▶ 범죄자 인성 프로파일을 작성할 때, 법심리학자들과 법정신병리학자들은 오로지 MMPI와[14] 같은 임상적 인성평가 척도들과 인터뷰 절차에 의존한다.

▶ 법집행 당국의 많은 프로파일러들은 조지아 주 수사국에서의 교육을 포함하여 FBI, ATF,[15] 그리고 다양한 주(州) 및 지역 수사 부서에서 교육을 받았다.

▶ 범죄학자들은 범죄 행동을 연구하는 사람으로 정의되며, 그것이 교육, 훈련 혹은 경험을 의미하는 것은 아니다. 범죄학자라는 용어는 일반적으로 범죄에 대한 조치와 수사, 입법 그리고 형법의 활용, 법집행, 사법(司法) 그리고 교정 시스템을 포함하여, 병원학(病原學), 예방, 통제 그리고 범죄 및 비행(非行)의 처우에 관해 학자적으로, 과학적인 그리고 전문적인 연구를 수행하는 사람으로 언급된다. 명단에 오른 사람들의 전문가적 배경에서 반드시 범죄심리학, 이상심리학 혹은 정신병리학과 같은 법의학적 교육이 포함되는 것은 아니며, 물론 폭력적 연쇄살인범 수사와 관련된 종류의 경험을 의미하는 것도 아니다.

14) Minnesota Multiphasic Personality Inventory(미네소타 다면적 인성검사).
15) Bureau of Alcohol, Tobacco and Firearms(알코올, 담배 그리고 총기단속국).

2) 연역적 범죄자 프로파일링

이 방법은 사실 조금 다르다. 범행 현장에 대한 철저한 분석과 범행 현장에 남아 있는 증거를 가지고 프로파일러는 알려지지 않은 범죄자의 정신적 상태(심상)를 그려낸다. 한 건의 범죄분석에서 가장 중요한 요소 중의 하나가 피해자학이라는 것을 경험상 잘 알고 있다. 피해자에 대해 많이 알수록, 우리는 범죄자에 대해 더욱 많은 것을 알게 된다. 게다가, 이러한 관점에서 프로파일은 물리적 그리고 비물리적 증거(사랑, 증오, 복수 그리고 공포 등)로부터 도출된다. 이러한 측면에서 도출된 프로파일은 고통스러울 정도로 느리다(Holmes & Holmes, 2002: 5).

터비가 연역적 범죄자 프로파일링을 정의한 바에 의하면, "범행 현장의 사진에 담긴 것과 같은 법과학적 증거의 해석, 검시보고서, 검시 사진 그리고 가해자 연구를 통한 피해자학, 특별한 범죄자의 범죄 행동에 대한 완벽한 재구성, 그리고 이러한 개인의 패턴으로부터 범죄자의 성격, 수(數), 감정과 동기를 기술하는 것이다"[16]라고 한다. 법과학적 구성에 대한 정보에 중점을 두는 것에 유의하고 유사한 범죄자와 범행에 대한 정보를 배제하는 것에 중점을 둔다. 연역적 범죄자 프로파일은 법과학적 검증과 개별 범죄자의 범행 현장을 재구성함으로써, 이를 통해 범죄를 감소시킬 수 있는 방법 중의 하나다. 범행이 재구성된 후 범행 현장의 특징들이 분석되고 개별 피해자의 특징들이 분석된다.

그렇게 조합된 특징들로부터, 범행 현장에 현존하는 조건들 중에서 특별한 피해자들과 관련이 있는 특별한 범죄를 저지른 개별 범죄자의 특성들로 이루어진 프로파일이 연역적으로 추론된다. 그것은 법과학적으로 그리고 행동적으로나 조심스러운 절차다. 연역적 프로파일링의 절차는 터비에 의해 행동증거분석(BEA)이라고 매우 적절하게 이름붙여진 것인데, 이는 의미를 추론할 수 있는 단독 범죄자의 범행 패턴을 인식할 수 있는 전문분석가의 능력에 달려 있다. 범죄를 저지를 때의 범죄자의 감정들, 범행의 개별적인 패턴들과 범죄자의 성격적 특성들은 특별한 범죄자의 범행 현장에서의 행동과 오로지 피해자로부터 추론된다.

특별한 범죄자를 위한 연역적 범죄자 프로파일을 추론하기 위해 활용된 자료들은 다음의 것들을 포함한다.[17]

① 법과학적 증거: 완전히 분명치 않은 법과학적 분석들은 범죄 행동과 분석될 범행 현장의 특징들에 대한 완전성을 보장하기 위해 프로파일링을 시작하기 전에 실시되어야

16) http://faculty.ncwc.edu/toconnor/401/401lects.htm
17) http://faculty.ncwc.edu/toconnor/401/401lects.htm

연역적 방법의 프로파일링	행동증거분석(BEA), 오로지 범행 현장과 그 범죄자에 의한 피해자와 관련이 있는 법과학적 증거로부터, 특별한 범죄자, 범행 현장(들)과 피해자가 중요하다.
논리적 사례	가슴이 조심스럽게 절개되었고, 젖꼭지들은 가로질러 잘려진 채, 여성 피해자의 시체가 주거지역에서 떨어진 숲의 여울에서 나체 상태로 발견되었다. 피해자의 생식기 주변은 모두 날카로운 것으로 도려내져 있었다. 눈과 목 그리고 얼굴에 나타난 출혈은 목이 압박당했다는 증거였다. 범행 현장에서는 피와 옷이 발견되지 않았다. 피해자는 손목 주변에 벗겨진 타박상과 함께 끈으로 묶었던 자국(색흔)을 갖고 있었다. 그러나 끈은 현장에 있지 않았다. 선명한 타이어 흔적이 여자의 시체가 위치한 곳에서 약 20야드 정도 떨어진 진흙에서 발견되었다. 따라서 이러한 특이한 범행을 저지른 범인은 살아 있는 그녀를 움직이지 못하게 묶었으며 이는 그녀가 발버둥칠 때 입은 찰과상으로 미루어 보아 알 수 있다. 범인은 시체를 처리하기 전에, 손목의 끈을 제거했는데, 우리가 범죄 현장에서 그 끈을 발견할 수 없었다는 사실을 통해 알 수 있다. 목 주변의 끈과 같은 재질로 압박한 흔적과 출혈을 통해 피해자는 질식사한 것으로 보인다. 그 시체가 발견된 지역은 사체를 처리한 곳이며, 실제 범죄 현장이 아니었다. 왜냐하면, 그 현장에 혈흔이 남아 있지 않았다는 사실을 통해 알 수 있었다. 타이어 흔적으로 미루어 범인은 자동차를 갖고 있으며, 그것은 움직이는 것이었다. 이러한 구체적인 모든 것들은 범인이 고용 상태를 거의 유지할 수 있을(직업이 있는) 정도로 유능한 그리고 지적이라는 점과 성적 학대성이 있음을 보여 준다. 이것은 자동차, 증거를 이동시키는 것을 피하기 위해 시체를 처리할 수 있는 2차 현장을 활용한 점, 피해자의 성기를 제거하고, 신체적 고통을 야기할 목적으로 그러나 심각한 손상을 입히지 않으면서 피해자의 젖꼭지를 주도면밀하게 절단한 점으로 미루어 연역적으로 암시되었다.

한다. 프로파일러에 의해 아무것도 추정될 수 없다.

② 범행 현장의 특징들: 범행 현장의 특징들은 법과학 보고서들, 법과학적 분석들 그리고 피해자(들)과 가해자 그리고 특정한 범죄가 저질러지는 동안의 범행 현장 위치 간 상호작용의 성질을 제공하는 등 모든 법과학적 서류로써 결정된다. 연쇄강간 혹은 연쇄살인처럼 관련된 일련의 범죄들을 포함하고 있는 경우에, 범행 현장의 특징들은 시간이 지나면서 그러한 것들이 전개되거나 혹은 전개하는 데 실패하면서 개별적으로 결정되고 분석된다. 단독 범행이나 혹은 여럿에 의해 저질러진 사건들에서, 범인의 범행 현장 특징들을 통해 범인의 동기, 범행 수법(MO) 그리고 범행 현장 흔적의 판단을 위한 추론을 내릴 수 있다.

③ 피해자학: 피해자학은 전적으로 피해자의 특성들을 연구하고 분석하는 것이다. 단독범에서 혹은 시간이 지나면서, 개별 범죄자가 피해 대상을 선택하는 특징들은 범인의 동기, 범행 수법 그리고 범행 현장 흔적을 판단하는 데 연역적 추론을 가능하게 한다. 연역적 프로파일링에서는 범죄자만이 아니라 범죄에 책임이 있는 각 피해자들을 프로파일링하는 데 시간이 할애된다.

연역적 범죄자 프로파일링 모형의 장점은 매우 중요하다. 이 모형은 법과학에 대한 전문화된 교육과 훈련, 범행 현장의 재구성 그리고 피해 유형 분석이 요구된다. 이러한 필수적 전문화된 지식 때문에, 프로파일링 절차에 관한 중요한 목적에 크게 기여하면서, 연역적 범죄자 프로파일은 귀납적 범죄자 프로파일보다 더 전문화되는 경향에 있다. 그것은 혐의자 특성의 일반적인 모습들에서 더 독특한 모습으로 나아가고 있다. 연역적 범죄자 프로파일링은 범죄자의 특징적 행동뿐만 아니라, 또한 범행 수법을 확인하는 데 아주 유용하다. 그것은 관련성이 없어 보이는 범죄들과의 연결점을 찾는 데 도움을 준다.

게버스(Geberth, 1995: 45-49)에 의하면, 수법(手法: MO)[18] 혹은 수법적 행동 혹은 범행 방법은 다이내믹하고 학습된 행동이며, 시간이 지날수록 범죄자는 더 익숙해진다. 그것은 범죄를 저지르는 데 필요한 행동들만을 포함한다. 그가 정의한 것처럼, 특징적 행동 혹은 범행의 특징적 측면은 범행을 저지르는 데 요구되지 않는 행동들로 이루어져 있다. 흔적은 범죄자의 범행 현장 분류의 본질을 규명할 수 있는 중요한 인성적 특성들로 구성되어 있다. 이런 중요하고 매우 개별화된 인성적 특징들은 다음과 같은 경우에 명백해진다.[19]

- ▸범죄자가 반복적으로 어떤 특정한 성적(性的) 취향에 관련되어 있을 때
- ▸범죄자가 반복적으로 어떤 특별한 매듭형을[20] 사용할 때
- ▸범죄자가 다른 피해자들에게 유사한 형태의 손상을 가할 때
- ▸범죄자가 충격을 주기 위해 어떤 방식으로 신체를 드러내 보일 때
- ▸범죄자가 고문을 가하거나 혹은 피해자를 불구로 만들거나 혹은 특정한 종교 의식적 행동에 관한 약간 다른 형태에 관련되어 있을 때

연역적 범죄자 프로파일링 방법의 매우 확실한 장점은 이것이 완전히 피해자학과 피해자와 범행 현장 그리고 범죄자 간 상호작용의 성격을 탐구하기 때문에, 아주 기괴하거나 혹은 외관상 중요하지 않은 범죄들에서조차 개별 범죄자의 동기들을 매우 정확하게 지적할 수 있다는 것이다.

게버스(V. Geberth)의 『살인 수사의 실제(*Practical Homicide Investigation*)』(3rd ed)에 따르면 "누구도 동기 없이 행동하지 않는다"라고 통찰력 있게 일깨워 준다. 연역적 범죄자 프로파일링 기법은 물리적인 증거, 피해자, 그리고 중요한 범행 동기를 잘 보여 주는 범죄 현장을 통해 범죄자의 행동을 조사하고, 그러한 특별한 범죄자의 동기를 파악한다. 모든

18) *Modus operandi*라는 라틴어의 약어.
19) http://faculty.ncwc.edu/toconnor/401/401lects.htm
20) 1991년 여름, 한국에서 발생한 대구 성서초등학생 다섯 명이 집단 실종된 사건, 일명 '성서초등학생 다섯 어린이 암매장사건'에서 사체들이 발견된 것과 관련, 일부 피해자들의 옷이 묶여져 있는 방식에 대해 전문가들이 다양한 분석을 제시한 바 있다.

프로파일은 행동 유형에 관한 분석을 통해 만들어진 논의에 견고하게 기초한 논리적 설명이다. 또한 이와 같은 철저함 덕분에 학습된 혹은 경험적 일반화가 분명치 않고 혼란스러운 수사로부터 지켜 줄 수 있다. 현장에서 오랫동안 근무한 수사관이나 특정한 범죄 유형을 수사하는 데 많은 경험이 있는 수사관들은 한 사건에 관해 초기에 이론을 정형화시키는 경향이 있다. 이러한 사건을 수사하는 대신에 그들은 이론을 증명하려고 애쓸 것이다.

연역적 범죄자 프로파일링은 모든 수사적인 분석이 완결될 때까지 이론의 일반화를 막아준다. 연역적 범죄자 프로파일링 방법에서 마지막으로 중요한 장점은 계속적으로 발생하는 개별 범죄자들의 행동을 조사한다는 점이다. 범행 수법 혹은 범죄자의 동기들처럼 뭔가 범죄자의 경력에서 다양한 범죄들을 저지르는 동안에 변하고 발전하는 동안, 연역적 범죄자 프로파일은 주목을 받고 범죄자를 더 잘 이해하는 데 활용된다고 한다.

연역적 범죄자 프로파일링의 단점은 그리 많지 않다. 그러나 주의할 필요는 있다.

첫째, 그것은 빨리 고정되는 것이나 혹은 완전히 고쳐지는 것이 아니다. 그것은 많은 노력과 다양한 기술들이 각 파트의 수사팀에 요구된다.

둘째, 매우 집중화된 과정이기 때문에 감정적으로 극도로 피곤해질 수 있다. 이러한 기법들을 사용하는 것을 배우는 수사관들은 감정적으로 사실에 근거해야 하며 이들과 가까운 사람들과 감정적인 어려움을 토론하는 것에 두려움을 가져서는 안 된다.

셋째, 연역적 범죄자 프로파일은 특정한 알려진 범죄자를 지목할 수 없으며, 범죄자의 독특한 흔적이 알려지지 않고 확인되지 않으면, 어떤 범죄에 대해 혹은 일련의 범죄들에 대해 그들이 책임이 있을 것 같다고 믿고서 말할 수 없다.

연역적 범죄자 프로파일링 방법은 아래의 가정들을 포함하고 있다.[21]

- 모든 단독 범행은 그 자신의 독특한 행동과 동기적 존재에 관해 수사해야 한다. 인간 행동의 특징상 두 가지 사례들이 실제로 닮은 경우는 없다.
- 몇몇 범죄자들은 다른 유사한 범죄자들과 구별되어야 할 독특한 동기와 혹은 행동 양식을 지니고 있다.
- 모든 인간의 행동은 시간이 흐르면서 환경적 그리고 생물학적 요소들에 반응하면서 독특하게 발전한다.
- 범행 수법은 시간이 지나면서 그리고 다양한 범죄를 저지르면서 발전할 수 있다.
- 단독 범죄자는 다양한 범죄를 저지르면서 혹은 심지어 단일한 범죄를 저지르는 동안에도 다양한 동기를 갖게 될 수 있다.

21) http://faculty.ncwc.edu/toconnor/401/401lects.htm

▶ 통계적 일반화와 경험적 이론화가 종종 도움이 되긴 하지만 불완전하며, 궁극적으로는 수사를 그르칠 수 있다. 그리고 수사활동이 태만해지도록 유도할 수 있다.

우리가 한 사건에 관해 모든 해답을 가지고 있다고 생각한다면, 그러한 해답에 들어맞는 증거만 수집할 뿐만 아니라, 철저한 수사가 더 이상 전혀 필요치 않다고 생각할 수 있다.

귀납적 프로파일링 모형은 그것을 활용하는 사람들 측면에서 통일된 훈련과 교육이 대체로 부족하기 때문에, 시간이 흘러감에 따라 재수사를 할 때 신뢰할 수 없는 출처로 판명되었다고 한다. 범죄자의 행동을 묘사할 표준적 용어도 없다. 그리고 범죄 분류 매뉴얼에서 범행 현장을 분류하려는 노력처럼, 발전된 분류법이 정확하게 증명된 것도 아니라고 한다(Burgess, Burgess, Douglas, & Ressler, 1992: 21-22).

DSM이 범죄 수사를 목적으로 고안된 것이 아니라, 처우 목적으로 활용된다는 의도에도 불구하고, 똑같은 구조와 철학을 사용함으로써 그러한 분류들이 DSM으로 발전되었다. 이 실험적인 모형의 채택은 이후 실제 목적에 도움이 되기보다는 분류에서 허위적 · 실험적 수준의 신뢰성을 부여하는 데 불과했다. 이 모형은 원래 구상된 목적에 사용되지는 못했다. 게다가 증명되지 않은 분류와 일관성 없는 용례에 기초를 둔 이전의 통계적 분석들은 철저한 법과학적 재구성, 범행현장분석 그리고 범죄 수사 혹은 법정에서조차 피해자학적 평가를 위한 대체물이 될 수 없다.[22]

부여된 이러한 사실 그리고 귀납적 프로파일 증거로 무장한 채 과욕을 품은 수사관들과 관련된 고도의 프로파일 사건들에서, 경찰관서에 부과된 광범위한 책임, 법정에서 귀납적 프로파일 증거에 대한 일반적인 불인정 그리고 귀납적 프로파일링 방법을 수사관들에게 순수하게 가르치는 관행에 대해 터비는 "이제는 끝나야 한다"고 강조하고 있다.[23]

22) Profiling Criminal Offenders: 오래 전부터 연쇄살인범 프로파일링의 지지로 인해 사회과학자들은 비행기 공중납치범, 불법 체류자들, 마약 밀수자들이 프로파일링 과정에 포함되었고 법원은 프로파일링을 채택함으로써 크게 변화되었다. 전형적인 사례들은 범죄자들로 알려진 그룹의 행동에 관한 특징들이 일치하거나 상응하는 사람을 포함한다. 몇몇 사례들은 U.S. v. Lopez(1971)(특별 항공기 직원들은 잠정적인 비행기 공중납치범을 위해 승객들을 심사했다)과 U.S. v. Martinez-Fuerte(1976)(불법 체류자 심사 조항들)의 사례 그리고 수많은 마약 밀매업자의 프로파일링이 포함되어 있었다. 대부분의 이런 사례들에서는 사회과학자들이 그러한 범죄자들을 탐색하기 위해 직원들을 훈련시키고, 법원에서의 실형을 변호하는 데 포함되어 있었다. 약간의 통계학적인 증거는 그 기술(profiling)이 적어도 60%의 효용이 있음을 보여 주었다. 그러나 근본적으로 법원의 자료에서 인상적인 경찰관의 경험에 바탕을 둔 프로파일링은 그 정당성에서 문제가 있었다.

23) http://faculty.ncwc.edu/toconnor/401/401lects.htm

3 FBI를 중심으로 한 범행현장분석 모형

1) 현장분석 모형 및 프로그램 개요

FBI 프로파일링 부서(profiling unit)의 기원은 테텐과 멀래니 두 사람의 연구로 거슬러 올라가 보면 알 수 있다. 행동과학부(BSU)에 온 더글러스와 레슬러가 널리 알려지기까지 몇 년 안 걸렸다. 테텐이 BSU를 떠난 후 1978년에 더글러스와 레슬러는 프로파일링 절차(profiling process)를 오늘날까지도 유용하게 활용되고 있는 조직적·비조직적 방법론(organized/disorganized method)으로 바꾸어 놓았다.[24] 1979년에서 1983년 사이, BSU 요원들은 교정시설 방문과 배경 조사, 범죄, 범행 현장, 피해자들에 대한 범죄자 인터뷰를 수행하는 등 연구를 했다. 그들은 또한 법정문서, 경찰보고서, 정신병리학 또는 범죄 기록과 같이 더욱더 공적(公的) 정보를 이용했다.[25]

1970년대 이래, FBI 행동과학부에서[26] 근무했던 프로파일러들이 범죄자 인성 프로파일(criminal personality profile)을 제공함으로써 수사 대상을 좁혀 주는 데 지역경찰, 주(州)경찰 및 연방법 집행기관들을 도와 주었다.[27] 1970년대부터 범행 현장을 분석하고, 범죄자 프로파일들을 만들어 왔다. 프로파일을 구축해 나가는 과정에 대한 설명은 현장에서 이루어진 절차와 대비되면서, 국립폭력범죄분석센터(NCAVC)에서 수행되었던 것처럼, 현장에서 벗어난 절차를 표현하고 있다(Ressler et al., 1985). 그러한 시도는 이러한 범죄자 프로파일을 만들어 내는 절차를 설명하기 위해 이루어졌다. FBI 아카데미에 근무하는 특수요원들은 다양한 폭력범죄에 관한 범행현장분석에서, 특히 성폭행 후 살인을 저지른 사건에 관련되는 범행 현장에 대해 전문성을 입증해 주었다.[28]

오늘날 미국의 지역 경찰관서 혹은 캐나다에서는 ViCAP 양식에 기입한다. 그리고 일련의 해결되지 않은 살인사건들, 의심스러운 상황 속에서 사람들이 실종된 사건 혹은 신원이 확인되지 않은 시체들을 분석하기 위해 그 문서를 NCAVC에 제출한다. 그러면 ViCAP 데

24) Petherick, "Criminal Profiling: How to it got started and How it is used", http://www.crimelibrary.com/criminal_mind/profiling/profilings2/1.html?sect=20
25) http://www.crimelibrary.com/criminal_mind/profiling/profilings2/1.html?sect=20
26) 오늘날에는 국립폭력범죄분석센터(The National Center for the Analysis of Violent Crime: NCAVC)의 일부 부서가 되었다.
27) 이 논문은 원래 *Behavioral Sciences and the Law* 4(1986): 401-21에 게재된 것이다.
28) http://www.crimelibrary.com/criminal_mind/profiling/profilings2/1.html?sect=20

이터는 프로파일러 컴퓨터 시스템에 입력된다. 그것은 인공지능적인 시스템이다(Vronsky, 2004: 329). 이것은 컴퓨터 프로그램이 사람들처럼 논리적으로 생각할 수 있도록 입력되어 있다는 것을 의미한다. 물론, 모든 인공지능 시스템은 컴퓨터가 논리적으로 추론하는 몇 가지 규칙에 따라 제한을 받고 있다. 연쇄살인범들과의 수년 간에 걸친 인터뷰와 살인사건 자료들에 대한 연구를 통해 확인된 이러한 규칙들은 'if-then' 연상 작용-예를 들면, "만약(if) 피해자가 덕트 테이프로 묶여 있었다면, 그러면(then) 그 범죄자는 아마도 조직화된 인성적 특징을 가진 범인일 수 있다; 만약 그 범인이 조직화된 인성적 특징을 가진 자라면, 그러면 살인사건에 관한 기념될 만한 물건들이 취득되었을 것이다."-을 사용해 가면서, 몇 줄의 지시 사항으로 표현된다. 이러한 추론화에 대한 몇 줄 가량의 내용들을 서로 조회하면서 컴퓨터에 의해 문제를 추론해 낼 때, 훈련된 사람의 지능처럼 수백만 건의 서로 다른 조합들 안에서 정리될 수 있다.

1990년, 프로파일러(컴퓨터 프로그램 명칭)는 270가지 규칙 하에서 작동되고 있었다. 그런데, NCAVC 연구의 중요한 부분이 연쇄살인범의 행동에 관해 뭔가 새로운 것을 기억할 때마다 그 정보는 프로파일러라는 컴퓨터 프로그램에 새로운 라인의 형태로 프로그램화된다. 프로파일러는 분석전문가인 사람을 대체하는 것이 아니라 단지 하나의 도구일 뿐이다. 그것의 출력물은 전문 프로파일러에 의해 항상 분석되고 재평가되고 있다. 프로파일러는 통계적으로 인간의 결론을 찾아내는 데 사용된다. 종종, 프로파일러와 전문 분석요원이 서로 불일치하는 경우가 있는데, 그러면 그 자료들이 재평가된다. 아마도 잘못된 자료의 일부가 컴퓨터에 입력되었거나 혹은 아마도 분석전문가가 그 혹은 그녀의 평가에서 뭔가를 잊어버렸을 것이다. 분석 과정에서 사람들의 실수는 확인될 수 있다. 왜냐하면, 사람들과 달리 컴퓨터는 절대 잊어버리지 않기 때문이다.

범죄자 프로파일링에 관한 FBI 시스템은 범죄수사분석(Criminal Invstigative Analysis: CIA)이라고 불리고 있는데, 필수적으로 6단계를 거친다(Vronsky, 2004: 330). 즉 FBI 범행현장분석-범죄자 프로파일 생성 절차(Criminal-Profile-Generating Process)-는 그들의 프로파일링 과정으로 구성된 여섯 단계로 나뉜다. 이 단계들은 자료의 입력, 의사결정 절차 모형, 범죄평가, 범죄자 프로파일, 수사 그리고 체포를 포함하고 있는 바, 다음의 중요한 여섯 단계를 갖는 것으로 설명되며, 마지막 단계는 용의자 체포 목적과 관련되어 있다.

- ▶ 프로파일링 입력 단계(profiling inputs)
- ▶ 의사결정 절차 모형(decision-process model)
- ▶ 범죄평가(crime assessment)
- ▶ 범죄자 프로파일(criminal profile) 생성

▶ 수사 단계(investigation)

▶ 범인 체포 단계 등(Douglas, Ressler, Burgess, & Hartman, 2004: 18)

2) FBI의 현장분석 모형에 의거한 프로파일링 절차

(1) 프로파일링 입력 단계

첫 번째 단계는 프로파일링 입력 단계다. 물리적 증거, 범행 현장 사진, 검시(부검 결과) 보고서와 검시 사진, 증인의 증언, 인근 주민들 혹은 그 지역에 관한 정보들, 희생자에 대한 방대한 배경 정보, 피해자가 사망 직전 이동한 지역에 대한 지도(地圖), 경찰보고서를 포함하며, 범죄에 대해 이용 가능한 모든 정보를 수집하는 것과 연관된다(Vronsky, 2004: 330). 즉 자료 수집 단계라고 볼 수 있다.

프로파일러는 이 단계에서 잠재적 혐의자(용의자)들에 대한 일련의 정보를 듣는 것을 원치 않는다. 왜냐하면 그런 정보는 잠재적 혐의자들의 프로파일에 편견을 갖게 하고, 성급하게 방향을 결정짓게 하기 때문이다.[29] 이후 다섯 가지 단계의 기초가 되며, 부정확하거나 잘못된 정보를 입력함으로써 나중에 실시하는 분석에 나쁜 영향을 미칠 수 있기 때문에 유의해야 한다(국립과학수사연구소 범죄분석실, 2001: 43).

프로파일링 입력 단계는 프로파일링 생성 절차를 출발시킨다. 포괄적인 사건 자료들은 정확한 프로파일링을 위해 필수적이다. 살인사건들에서 요구된 자료는 기후 조건 그리고 정치적·사회적 환경과 같은 사건 발생 시점의 지역에 해당한 고유한 요소들을 망라하면서, 범죄에 대한 완전한 개요와 범행 현장에 관한 설명을 포함한다. 피해자에 관한 완전한 배경 자료는 또한 살인사건 프로파일에서 매우 중요하다. 그러한 자료에는 반드시 가정 내의 환경, 고용 관계, 명성, 습관, 공포, 신체적 조건, 인격, 범죄 경력, 가족 관계, 취미, 사회적 품행이 포함된다(Hartman et al., 2004:. 18). 독성학·혈청학적 결과가 포함된 부검보고서, 부검 사진들과 깨끗해진 상처의 사진을 포함하여, 범행 현장에 관련되는 법과학적 자료는 프로파일링 절차에 매우 중요하다. 이 보고서에는 부검의가 발견한 것들, 추정된 사망 시점과 원인 흉기의 유형 그리고 의심되는 상처가 만들어진 과정에 대한 인상을 또한 담고 있어야 한다. 부검 사진 외에도, 공중에서 촬영한 사진들(만약 취득 가능하고 적절하다면)과 범행 현장에 대한 8×10 크기의 컬러 사진들이 필요하다. 현장 지도(법집행 관할구역과 이웃한 구역의 경계들을 보여 줄 수 있는) 외에도, 또한 거리, 방향 그리고 규모를 보여 줄 수 있는 범행 현장 스케치들이 유용하다. 프로파일러는 초기 경찰보고서뿐만 아니라, 이러한

29) http://www.criminalprofiling.ch/introduction.html

모든 배경과 증거 그리고 자료들을 연구한다. 자료와 사진들은 피해자의 위험 정도, 범인에 의해 행사된 통제의 정도, 범인의 감정 상태 그리고 그의 범죄적 치밀함과 같은 중요한 요소들을 보여 줄 수 있다. 실제 사건 자료들에 포함되어 있으면서, 프로파일러가 원하지 않는 정보는 가능한 용의자를 처리하는 것이다. 그러한 정보는 무의식적으로 프로파일러에게 편견을 야기할 수 있으며, 프로파일러로 하여금 용의자에게 부합되는 프로파일을 준비할 수 있게 한다.

(2) 의사결정 절차 모형

두 번째 단계에서는 의사결정 절차 모형을 구성하면서, 살인사건의 기본적인 성격이 파악된다. 그 살인사건이 연쇄적인 것인지 혹은 단일 살인사건인지, 살인행위가 범인의 1차적 목적이었는지 혹은 다른 범죄의 결과인지, 피해자가 고위험성 피해자였는지(예를 들면, 매춘 여성 혹은 히치하이커와 같은), 혹은 중산층의 결혼한 여성과 같이 저위험성 피해자였는지와 같은 사항이다. 모형을 만드는 데 다른 요소들은 피해자가 범행 현장에서 살해되었는지 혹은 그 밖의 다른 장소에서 살해되었는지, 살해행위가 발생했었을 장소의 성질을 포함한다(Hartman et al., 2004: 19).

이 단계에서 프로파일러는 투입물을 의미 있는 질문과 다른 차원의 범죄 행동에 따른 유형으로 구체화한다. 전 단계에서 모아진 모든 정보를 논리 정연하고 이해 가능한 패턴으로 정리한다. 결정 절차는 중요한 패턴 쪽으로 입력 사항을 조직화하고 정리하는 것을 시작한다. 일곱 가지 중요한 결정 요점들 혹은 모형들은 1단계에서 나온 자료들을 구별하고 조직한다. 그리고 프로파일링을 위한 기초가 되는 결정구조를 만든다.

① 살인사건의 유형과 스타일

<표 4-1>에서 언급된 바와 같이, 살인사건들은 유형과 스타일에 따라서 분류된다. 단독 살인사건은 한 명의 피해자가 있는 경우다. 하나의 살인사건인 셈이다. 이중 살인사건은 한 사건, 한 장소에서 두 명의 피해자가 있다는 뜻이다. 3중 살인사건은 한 장소에서, 한 사건이 일어나는 동안에 세 명의 피해자가 사망한 사건을 말한다. 피해자가 세 명 이상인 사건은 대량 살인사건으로 분류된다. 다시 말하면, 한 장소에서 그리고 한 사건에서 네 명 혹은 그 이상의 피해자가 사망했다는 의미다.

② 살인범의 원래 고의

몇몇 사건들에서 살인이 부차적인 행동일 수 있으며, 범인의 원래 고의가 아닐 수 있다. 살인범의 원래 고의(故意)는

표 4-1 범죄 유형과 스타일에 따른 살인사건 분류

Style	Single	Double	Triple	Mass	Spree	Serial
Number of Victims	1	2	3	4+	2+	3+
Number of Events	1	1	1	1	1	3+
Number of Locations	1	1	1	1	2+	3+
Cool-Off Period	N/A	N/A	N/A	N/A	No	No

*N/A: Not Applicable
출처: Hartman et al., 2004: 19의 Table 1.1 재인용.

▸범죄적 사업(criminal enterprise),
▸감정적, 이기적 혹은 구체적 원인별 혹은
▸성적(性的)일 수 있다.

살인범은 그 자신의 행위로서 혹은 그룹의 일원으로서 행동할 수 있다(Hartman et al., 2004: 22).

원래 고의(故意)가 범죄적 사업이었을 때, 그 살인범은 생계로서 범죄에 관한 사업에 연관될 수 있다. 비록 그 피해자에 대해 개인적 악의(惡意)가 없음에도 불구하고, 종종 살인사건이 이러한 사업상의 일부가 될 수 있다. 그 원래 범행 동기는 돈(錢)이다.

원래 범행 고의가 감정적·이기적 혹은 구체적·원인별 이유를 포함하고 있을 때, 범인은 아마도 자기 방어 혹은 동정심(생활 지원 시스템이 제대로 연결되어 있지 않은 곳에서 연민의 정에 의한 살인)의 발로에 의해 살인을 저지를 수 있다. 영아 살인, 어머니에 의한 살인, 아버지에 의한 살인, 배우자 그리고 형제 살인 이면에는 가족 간 분쟁 혹은 가정폭력이 있을 수 있다.

마지막으로, 살인자들은 살인을 위한 성적 동기를 가질 수 있다. 몇몇 범인들은 아마 성적 행위, 시체 사지 절단 및 토막내기, 시체의 내장을 꺼내기 혹은 오로지 범인을 위해서만 성적 의미를 갖는 다른 행동들의 결과로서 혹은 이와 관련되어 살해할 수 있다. 1984~1985년 사이에 캘리포니아 주 캘러베라 카운티(Calaveras County)에서 발생한 사건에서처럼, 종종 둘 혹은 그 이상의 살인범들은 이러한 살인범죄를 함께 저지른다. 그 사건에서 레이크(Leonard Lake)와 응(Charles Ng)은 25명의 피해자를 성적 고문을 통해 살해한 혐의를 받았다.

③ 피해자 측의 위험

피해자의 위험이라는 개념은 프로파일링에 관한 몇몇 절차들에서 연관된다. 그리고 범인이 어떻게 범죄를 저질렀는지에 대한 관점에서 용의자에 관한 정보를 제공한다. 위험은 연령, 직업, 생활 스타일, 신체적 신장, 저항 능력 그리고 피해자의 지역과 같은 변수들을 활용함으로써 판단된다. 그리고 위험은 높음, 중간 정도 혹은 낮음으로 분류된다. 살인범들은 버스 정거장 혹은 고립된 지역처럼 사람들이 쉽게 공격을 받을 수 있는 지역에서 가장 위험이 높은 피해자를 찾는다. 피해자로서 범행 대상이 되지 않도록 하는 사람들의 직업과 일상적인 생활 스타일은 낮은 위험 유형에 속한다. 피해자의 위험 정도에 대한 이러한 정보는 추적중인 범인의 유형에 관한 이미지를 생성해 내는 것을 도와 준다(Hartman et al., 2004: 23).

④ 범죄자 측면의 위험

피해자의 위험에 대한 자료는 범인의 위험 혹은 범죄를 저지르기 위해 범죄자가 취했던 위험에 관한 정보와 통합된다. 예를 들면, 대낮에 복잡한 거리에서 피해자를 납치하는 것은 높은 위험이 따른다. 이런 식으로, 높은 위험 상황에서 납치된 저위험 피해자는 체포되지 않을 것이라는 범인의 믿음, 범죄를 저지르는 동안에 범인이 필요로 하는 흥분 혹은 범인의 감정적 성숙 하에서, 범인이 처리하게 될 개인적 스트레스와 같은, 범인에 관한 생각을 하게 한다.

⑤ 상승작용

상승작용(escalation)에 관한 정보는 이전의 결정 절차 모델에서 나온 사실들과 패턴들에 관한 분석에서 유래된다. 수사 프로파일러들은 범죄가 저질러지는 동안에 행해진 행위들의 연속성을 추론할 수 있다. 이러한 추론으로부터, 잠재적 범죄자가 범죄를(예를 들면, 성폭행을 하기 위해 귀여운 사람을 엿보는 것에서부터 살해하기 위해 강간하는 것에 이르기까지) 상승시키는 것뿐만 아니라, 연쇄적 경향으로 범죄를 반복하려는 잠재적 범죄자에 관해 그들은 판단할 수 있을 것이다. 하나의 사례가 되는 사건은 버코위츠(David Berkowitz)인데, 그에게는 '샘의 아들 살인자'라는 별명이 붙여져 있었다. 10대 소녀들에게 치명적이지 않을 정도로 칼로 찌르는 범행을 시작했으며, 이후에 0.44인치 구경(口徑)의 권총으로 살해할 정도로 상승되었다.

⑥ 시간적 요소들

범죄자 프로파일을 생성하는 데 고려할 필요가 있는 몇 가지 시간적 요소들이 있다. 이러한 요소들은

- 피해자를 살해하기 위해
- 시체와 관련된 추가적인 행동을 하기 위해

▸시체를 처리하기 위해 소요되는 시간의 길이를 포함한다.

범죄가 저질러진 주간 혹은 야간의 시간이 또한 중요하다. 그것은 용의자의 생활 스타일과 직업에 관한 정보를 제공하기 때문이다(그리고 또한 범죄자 측면의 위험 요소에 관련된다). 예를 들면, 범인이 피해자에게 오랫동안 머무를수록, 범인이 범행 현장에서 체포될 가능성이 더 높아질 것이다. 뉴욕의 키티 제노베세(Kitty Genovese) 사건에서 보면, 살인자는 많은 사람들이 범죄 관련 사항을 듣거나 목격함으로써 결국 기소에 이르게 된 지점에서 살인적 폭행을 실행했다. 그래서 피해자 옆에서 시간을 보내려고 하는 살인자는 반드시 주변으로부터 감시가 되지 않는 장소 혹은 범인에게 익숙한 곳을 선택하려 한다.

⑦ 장소적 요소들

피해자가 처음 접근당한, 범죄가 발생했던 그리고 만약 범행 장소와 사망 장소가 다르다면, 장소(location)에 관한 정보는 조만간 범인에 관한 추가적 자료를 제공하게 된다. 예를 들면, 그러한 정보는 살인자가 범행 현장으로부터 피해자를 운반하는 데 자동차를 사용했는지 혹은 피해자가 납치된 시점에서 사망했는지에 관한 자세한 내용을 제공한다.

(3) 범죄에 대한 평가

세 번째 단계는 그야말로 범죄에 대한 평가 단계다. FBI의 프로파일러가 범행 현장이 조직화된 혹은 비조직화된, 혹은 그 두 가지 특징 모두 갖고 있는 범인에 관한 특징을 갖고 있는지 여부를 판단한다. 조직화된/비조직화된 양분법(dichotomy)은 범죄자 프로파일링의 효과성에 대한 최근의 논쟁들에서 둘 다 논의의 여지가 있으며, 프로파일링에 관한 FBI 시스템에서 독특하다. 그것은 1980년대 초반에 수행된 36명의 성적 동기의 살인범들에 관해 이전에 언급된 연구에 기초하고 있다. 범죄자들에 관한 이러한 범주는 FBI식 접근 방법의 핵심 요소다(Vronsky, 2004: 330).

전(前) 단계에서 찾은 것을 기초로 해서, 프로파일러는 이제 범죄자와 희생자의 행동을 재구축하려고 시도한다. 살인이 조직적이었는가? 만약 희생자를 주의깊게 선택하는 살인자를 가정한다면, 그들은 대개 자신에게 주어진 환상을 희생자에게 행동으로 옮겨 현실화하려는 경향이 있다고 할 수 있다. 아니면 비조직적이었는가? 이런 경우에는 충동적이고 잠재된 정신병적 살인자를 가리킨다. 범죄자가 경찰을 혼란에 빠뜨리기 위해 범죄 현장을 조작했는가? 죽음의 원인, 상처 부위 그리고 사체(死體)의 위치와 같은 상세한 정보에 의해 밝혀진 범죄 동기는 무엇인가? 등에 대한 답을 찾으려는 노력이 전개된다(국립과학수사연구소 범죄분석실, 2001: 43).

일반 프로파일링 규칙에 따르면, ① 희생자를 알고 있는 살인자에 의해 나타나는 잔인한 얼굴 상처, ② 우연히 이용될 수 있는 무기를 가지고 저질러진 살인이 총으로 저질러진 살인보다 더 많은 충동을 보여 주며, 희생자와 상당히 가까운 곳에서 살고 있는 살인자를 밝혀 줄 수도 있다. ③ 아침 일찍 저질러진 살인은 대체로 술이나 마약과는 관련이 없다.

범죄자 프로파일을 만들 때 범죄 평가 단계는 사건의 연속성과 범죄자와 피해자의 행위를 재구성하는 것을 포함한다. 이전의 단계에 대한 다양한 결정에 기초하여 어떻게 사건이 일어났는지, 사람들이 어떻게 행동했는지, 어떻게 계획했는지 그리고 어떻게 체계화했는지에 관한 재구성은 범죄자 프로파일을 위해 생성될 구체적 특징에 관한 정보를 제공한다. 평가는 범죄, 조직화된/비조직화된 측면들, 범인의 피해자 선택, 피해자를 통제하기 위해 사용된 전략들, 범죄의 흐름, 범죄의 단계, 범죄에 대한 범인의 동기 그리고 범행 현장의 역동성에 관한 분류에 대해 이루어진다(Hartman et al., 2004: 24).

범죄에 대한 분류는 의사결정 절차 모델에서 대략적으로 만들어진 절차를 통해 이루어진다. 범죄에 관해 조직화된 혹은 비조직화된 것으로 분류하는 것이 처음에는 성적 욕망을 위한 살인(lust murder)에 대한 분류로 소개되었다. 그런데 광범위하게 확장된 이후, 피해자 선택, 피해자 통제 전략들, 범죄의 연속성과 같은 요소들도 포함하고 있다(Hazelwood & Douglas, 1980).

피해자의 시체가 어떤 자세를 취하고 있는지, 피해자가 사망하기 전 혹은 후에 성적 행위가 이루어졌는지, 신체의 구멍에 이물질이 삽입되어 있는지, 흡혈 행위, 시체 절단행위, 시체를 보관하고 있었는지, 피해자의 연령, 무기의 사용 혹은 모든 속박 수단들과 같은 요소들에 따라 통계적으로 조직화된 혹은 비조직화된 살인범이라고 특징지을 수 있다. 범죄자들에 관한 이러한 범주는 FBI식 접근 방법의 핵심 요소다(Vronsky, 2004: 331).

한 개인으로서 조직화된 살인범들은 평균 이상의 지능, 매력적인, 결혼한 혹은 배우자와 함께 사는, 고용된, 교육을 받은, 숙달된 기술이 있는, 질서가 있는, 영리한 그리고 통제된 성격일 가능성이 높다. 그들은 어느 정도의 사회적 세련미를 갖추고 있으며, 범죄자의 손에 포획될 피해자들과 얘기하고 유혹한다. 그들은 피해자에게 신체적으로 매력적인 모습으로 나타날 가능성이 높다. 그리고 피해자는 대체로 범인보다 어리다. 그들은 체포하기가 어렵다. 왜냐하면, 그들은 흔적과 종종 법과학적으로 알려질 수 있는 것을 감추기 위해 엄청나게 먼 거리를 이동하기 때문이다.

그들이 범죄를 저지를 때, 그들은 화가 났거나 혹은 우울했거나 그리고 알코올의 영향하에 있었을 가능성이 있다. 그리고 그 범죄는 종종 이혼, 실직 혹은 경제적 위기와 같은 일종의 개인적인 스트레스에 의해 촉발되었을 수 있다. 그들은 범죄에 관한 매스미디어의 보도기사를 따를 가능성이 높다. 그리고 범죄를 저지른 후에 직장을 바꾸거나 혹은 그 도시를 떠나는 경향이 있다. 살인을 계획하고, 범행 대상을 물색하고, 범행 현장에서 통제한 흔적을 보여 주는 피해자에 대해 폭력적 판타지(섹스, 사지 절단, 고문)를 실행하는 것으로 보여지는 범인은 이른바 조직화된 살인범이다(Hartman et al., 2004: 24). 예를 들면, 테드 번디의 범행계획은 가시성이 높은 지역(해변, 캠퍼스, 스키장 등)에서 젊은 여성들을 성공적으로 납치함으로써 나타났다. 그는 외관상 젊고 매력적이며 그리고 비슷한 피해자를 범행 대상으로 선택했다. 피해자에 대한 그의 통제는 주로 영리한 조작을 통해 그리고 나중에는 물리적 힘을 통해서였다. 이러한 역동적인 것들은 범인이 바라던 환상적 피해자에 대한 물색에 매우 중요했다.

그런 반면에, 비조직화된 범죄자는 다음과 같은 경향이 있다(Vronsky, 2004: 331).

- ▶ 범인은 아무런 계획 없이 충동적으로 범죄를 저지른다.
- ▶ 피해자와 최소한의 대화를 나눈다.
- ▶ 범행 현장에서 발견된 흉기를 사용하거나 범행 후 현장에 유류한 채 떠난다.
- ▶ 시체를 적당한 장소에 위치시킨다.
- ▶ 시체와 성적 행위를 한다.
- ▶ 범행 현장에 시체를 놔둔다.
- ▶ 과도한 시체 절단행위를 함으로써 시체를 비인격화하려고 시도한다.
- ▶ 자동차를 사용하지 않는다.

비조직화된 살인범은 가족들 가운데 출생 순서가 나중일 가능성이 높다. 불안정한 가정에서 출생하며, 가족들에 의해 적대적으로 취급받았거나 부모들은 종종 성적으로 무질서한 기록을 갖고 있다. 범인 자신은 성적으로 금지되어 왔으며, 성적으로 무지하며, 성적인 혐오감을 갖고 있을 수 있다. 그들은 매우 성적인 강박 관념에 사로잡힌 자위행위자일 수 있다. 그들은 조직화된 범죄자들보다 직장이나 주거지에서 더 가까운 장소에서 범죄를 저지른다. 그리고 그들은 알고 지내는 피해자를 살해하며, 범인들보다 나이가 더 많은 피해자를 살해한다.

비조직화된 범죄자들은 이성 간 성관계를 할 가능성이 높으며, 범행 현장에 법과학적 증거를 남긴다. 그들이 처음 피해자와 조우했던 장소에서 다른 장소로 피해자를 옮길 가능성은 별로 없다. 스트레스가 그들의 범죄를 촉발시킨 중요한 요소는 아니더라도 중요한 행동상의 변화들이 그들의 일상적인 행동에서 명백해질 수 있다(Ressler et al., 1986: 288-308; Vronsky, 2004: 332).

범행 현장은 또한 서로 다른 성격 유형을 가진 다양한 살인범들이 있을 때 혹은 범인이 미성숙했을 때 혹은 그의 살인 경력에서 심리학적 변화가 혼합될 수 있다.

이와같이 비조직화된 살인범은 자신의 범행을 치밀하게 계획하는 경향이 덜한 편이다. 우연히 피해자를 택하고 범죄를 저지를 때도 우연하게 행동한다. 예를 들면, 캘리포니아 주 산타 크루스(Santa Cruz)의 뮬린(Herbert Mullin)은 4개월에 걸쳐 다양한 유형의 사람들(예를 들면, 노인, 소녀, 수도사) 14명을 살해한 바 있다. 그런데 그는 구체적 계획이나 피해자를 물색한 흔적을 보이지 않았다. 피해자들은 그가 지나가는 길에서 우연히 만난 사람들이며, 그러한 살해사건은 환상뿐만 아니라 정신병적 충동에 기초한 것들이었다.

범죄가 저질러진 것(만약 범인이 정말 부주의했는지 혹은 비조직적이었는지 혹은 만약 범인이 경찰을 혼란케 하거나 수사 방향을 다른 쪽으로 돌리기 위해 범죄를 그런 방식으로 보이도록 했다면)에 관해 판단하는 것은 수사 프로파일러로 하여금 살인범의 범행 동기 쪽으로 향하도록 도와 준다.

범죄가 진행되었는가? 그 질문은 두 가지 방식으로 답해졌다. 범죄에 대한 한 측면에서 상세한 내용들(흩어진 옷가지와 타이어 자국들)에 따르면, 범인은 고의적으로 범죄를 저질렀음을 보여 주었다. 다른 한편으로(강탈적 측면), 상세한 내용들은 프로파일러들로 하여금 범인이 누구인지를 추측하도록 했으며, 특히 범인은 법집행적 배경을 가졌으며, 성폭행과 가능한 살인 범죄에 관한 원래의 범행 동기를 감추면서 유괴범 수사에 관련된 경찰 절차에 대한 지식을 가지고 있었음을 추정케 했다. 이러한 정보를 토대로, 그 행위가 점차 상승되면서 범인이 더욱더 대담해진다는 가정과 함께 수사 프로파일러들은 용의자와 경찰 간의 의사소통이 계속되도록 조언했다 (Hartman et al., 2004: 24-25).

가족들과의 추가적인 대화가 모니터링되면서, FBI의 행동과학부(BSU)에서 파견나온 프로파일러들은 이 사건의 범인은 독신인 백인 남성이며, 20대 후반에서 30대 초반의 연령 그리고 고용되지 않은 상태이며, 과거 몇 년 이내에 법집행 요원으로 고용된 경험이 있는 자라고 이론화했다. 범인은 CB라디오가 장착된 유지 상태가 양호한 오래된 모델의 자동차를 운전하는 자이며, 그 자동차는 전반적으로 경찰 차량의 외관을 가졌고, 옥외활동을 즐기는 사나이 타입일 것이다.

프로파일이 진전되면서, FBI는 범인에 의한 협박 전화가 가족들과 이루어지는 것을 계속해서 모니터했다. 프로파일에 근거한 수사는 그 지역에 살고 있는 두 명의 남성 쪽으로 좁혀졌다. 그 둘 다 전직 경찰관들이었다. 한 명의 용의자는 제외되었다. 그러나 FBI는 다른 남자에게 점점 많은 혐의점을 두게 되었다. 왜냐하면, 그는 이전에 작성된 일반적인 프로파일에 부합되었기 때문이다. 그는 곧 경찰의 감시하에 놓이게 되었다. 그는 백인 남성이었으며, 이전에 그 지역에서 경찰관으로 고용된 경력이 있는 독신 남성으로 밝혀졌다. 그는 당시 비고용 상태였으며, FBI의 프로파일과 일치하는 자동차를 운전하고 있었다. 전화 부스에서 전화를 거는 모습이 관찰되었다. 전화를 끊은 후, 적힌 사항을 전화기 밑에 붙였다. 그 전화는 피해자 가족들의 주거지로 추적되었다. 전화를 건 자는 가족들에게 용의자가 관찰되고 있었던 전화 부스 쪽으로 나아가도록 몇 가지 사항을 지시했다. “그 지시 사항들은 거기에 붙여져 있을 것이다”라고 전화를 건 자가 말했다.

피해자의 시체는 실제로 범죄가 진행된 곳으로부터 상당히 떨어진 곳에서 발견되었다. 그리고 협박 전화들은 성적인 동기로 저질러진 ‘강간 후 살인범죄’를 경찰 수사로 하여금 다른 방향으로 돌리기 위해 고의적으로 이루어진 것이었다. 범인은 몸값으로 제공된 돈을 결코 취득하려고 하지 않았다. 그러나 다른 쪽으로 유도함으로써 경찰 수사를 따돌릴 것이며, ‘강간 살인’이라는 수사의 초점에서 자신을 벗어나게 할 것이라고 믿었다. 범인은 결국 체포되었으며, 이 범죄에 대해 유죄가 인정되었다.

① 범행 동기

범행 동기는 판단하기 어려운 요소다. 왜냐하면, 범죄자의 내적인 생각과 행동을 다루어야 하기 때문이다. 미리 준비하고, 계획하고, 논리적이고 완벽한 행동계획을 실행할 수 있는 능력을 가지고 있는 조직화된 범죄자의 경우, 범행 동기를 파악하기가 더 쉽다. 한편, 비조직화된 범죄자는 종종 정신적 질병에서 유래되는 범행 동기에 의해 그리고 왜곡된 의식(망상과 환상으로부터 초래되는)의 수반을 통해 범죄를 저지른다.

범죄를 저지르는 동안에 혼란스러운 상황에서 초래되는 공황 및 스트레스뿐만 아니라, 약물과 알코올은 범행 현장에 대한 전반적인 평가를 하는 데 반드시 고려되어야 할 요소들이다(Hartman et al., 2004: 26).

② 범행 현장의 역동성

범행 현장의 역동성은 수사관들에 의해 해석되어야 할 모든 범행 현장에서 일반적으로 나타나는 수많은 요소들 중 하나다.

그러한 사례에는 범행 장소, 사망 원인, 살해 방법, 시체의 위치, 과도한 정신적 충격, 상처의 부위가 포함된다. 수사 프로파일러는 범행 현장의 역동성을 읽으며, 결과가 밝혀진 유사한 사건들에 대한 수사관 자신의 경험에 의거하여 그것들을 해석한다.

FBI 아카데미 행동과학부(BSU)에 의한 광범위한 연구와 중범죄를 저질러 교도소에 수감된 재소자들과의 심층 인터뷰는 범행 현장의 역동성을 구체적인 범죄자의 성격적 특징과 연결시켜 주는 일반적인 실마리에 대한 방대한 지식 체계를 제공했다. 예를 들면, 일부 경찰 수사관들의 일반적인 실수는 특별히 야수적인 광란적 절단 살인사건을 성적 악마의 소행이라고 평가한다는 점이며, 그러한 범죄들이 일반적으로 범죄 경력이 없는 청소년 범죄자에 의해 저질러졌을 때, 알려진 성범죄자들 쪽으로 수사 방향을 오도(誤導)할 수 있다는 점이다.

(4) 범죄자 프로파일 단계

FBI 시스템상의 네 번째 단계는 범죄자 프로파일이다. 프로파일러는 용의자가 소지했을 법한 물건들을 리스트에 올려놓으면서, 종종 범인의 신원 확인, 체포 그리고 신문할 수 있는 전략을 제시하면서, 범죄자의 성격과 알려지지 않은 범죄자에 관해 가능한 신체적・사회적 특징들을 설명하는 보고서를 제공한다. 그 보고서는 프로파일러가 분석해야 할 정보량에 의존하는데 분량도 단순히 몇 단락 정도에서 몇 페이지에 달할 정도로 다양하다.

이 단계에서 프로파일러들은 가장 가능성 높은 혐의자에 대해 초기에 묘사된 것을 체계화한다. 전형적인 프로파일은 행위자의 종류, 성별, 나이(감정적이고 경험적인 나이는 언제나 실제 나이와 맞지 않기 때문에 프로파일에서 분명하게 기술해야 하는 가장 중요한 부분 중의 하나다), 결혼 상태, 삶의 정돈 상태와 고용 내력, 논리적인 성격, 믿음, 가치 체계, 과거에 저지른 비슷한 위반 행위의 가능성을 포함하여 과거 범죄 기록과 경찰에 대한 있을 법한 반응 등이다. 이 단계에서는 프로파일러들이 프로파일과 원래의 자료가 맞다는 것을 확신하기 위해 그들의 예측을 점검하는 '피드백 단계'를 포함한다. 그리고 프로파일을 요청한 경찰서에 범죄자의 식별과 체포하기 위한 전략이 제공되기도 하며, 비슷한 유형의 범죄자가 있을 경우 가장 효율적인 신문이 이루어질 수 있도록 필요한 전략이 제공될 수 있다(국립과학수사연구소 범죄분석실, 2001: 44).

범죄자 프로파일을 만드는 네 번째 단계에서는 그 범죄를 저지른 범인의 유형 그리고 범죄와 관련된 범인의 행동적 구성을 다루게 된다. 일단 이러한 특징의 열거가 이루어지면 수사 전략이 마련된다. 이러한 전략은 어떻게 범인이 다양한 수사상의 노력에 대응할 것인가에 대한 기본적인 이해를 필요로 한다. 범죄자 프로파일에는 배경 자료(인구통계적), 신체적 특징, 습관, 신념과 가치 체계, 그러한 범죄에 이르게 된 이전의 범행, 범죄 후 행동이 포함된다. 피의자 신문, 인터뷰, 수사상 권장 사항, 신원 확인 그리고 범인 체포를 위해 수사상 권장 사항들을 포함하게 된다(Hartman et al., 2004: 26).

이 단계에서는 범죄자 프로파일(피드백 No. 1)을 유효하게 만드는 중요한 수단을 갖게 된다. 프로파일은 반드시 초기의 범죄의 재구성, 증거들 그리고 중요한 결정 절차에 부합되어야 한다. 그뿐만 아니라, 권장 사항을 통해 발전된 수사 절차는 반드시 예상되는 범인의 반응 패턴의 관점에서 이해해야 한다. 만약 일치성이 결여된다면, 수사 프로파일러들은 모든 활용 가능한 자료들을 평가한다.

이와 마찬가지로 한국 사례(모 대학생 교수 협박사건)를 소개하면 다음과 같다.

1992년 1~2월경 모 대학 S교수가 신상에 관한 협박 전화 및 편지에 못 이겨 500만 원을 범인이 제시한 통장에 입금했는데도 불구하고 계속 협박을 해오자 신고된 사건이었다. 당시 피해자를 중심으로 범인을 추정한 프로파일은 다음과 같았으며, 이를 토대로 수사 요원들을 독려하여 사건을 해결했다.

- 범인은 경기도 출신인 남자일 것이다. 왜냐하면, 피해자 진술을 통해 전화 협박시 통화 내용에 의하면, 경상도/전라도/충청도 어투가 발견되지 않았다.
- 협박 편지 작성 방법과 내용을 보면, 워드프로세서 혹은 컴퓨터를 사용했다. 특히 협박 편지를 작성할 때, 손으로 쓸 경우 필적 감정될 것까지 우려한 등으로 보아 주도면밀한 성격을 가진 자일 것이다.
- 협박 편지가 일반 우편으로 우송되지 않은 점, 편지가 피해자의 집 혹은 연구실에 투입된 점으로 미루어 범인은 피해자의 주변 인물일 것이다. 피해자의 평소 활동 반경에 대해 소상히 알고 있는 자일 것이다.
- '어느 졸업생으로부터'라는 문구로 미루어보아 범인은 재학생, 졸업생, 교직원으로 압축되었다.
- 협박 후 입금 여부에 대한 확인 과정에서 범인이 "받았다"가 아니라, "받았더라고 하더라"는 진술로 보아 공범이 있을 것으로 판단되었다.
- 입금된 돈을 여러 차례 다른 예금 통장을 통해 계좌 이체시킨 점으로 보아 금융기관에 익숙한 자일 것이다(최초 입금 계좌는 50대 중반의 여성 명의의 계좌였다.)
- 협박 문건의 내용으로 보아, 단순 금전 취득 목적이 아닌 교리상(教理上) 논쟁 혹은 도덕적 문제에 관한 신념에서 비롯된 범죄로 추정된다.

20여 일간 수사한 끝에 범인을 검거했는데, 당시 범인의 신상 및 범행 목적 등은 위에서 프로파일링한 내용과 매우 일치했다.[30]

(5) 수사 단계

다섯 번째 단계는 수사(investigation)다. 수사는 그 보고서가 지역 경찰관서에 의해 채택되었는지 그리고 수사 전략에 소개되었는지에 달려 있다. 프로파일링 자료를 활용하면서, 경찰은 가능한 용의자의 범위를 좁힐 수 있으며, 체포할 수 있는 방향으로 나아갈 수 있는 전략을 채택할 수 있다. 추가 범죄가 발생하거나 혹은 더 많은 증거들 혹은 자료가 발견된다면, 그 프로파일은 업데이트될 수 있으며, 이 단계에서 확장될 수 있다. 이 단계에서는 프로파일에 부합하는 혐의자들을 추적 수사하는 수사관들에게 문서화된 보고서가 전달된다.

30) 범인은 경기도 출신의, 모 금융기관에서 10년 정도 근무한 전력이 있었다. 범행에 장모와 부인 명의의 예금 계좌들이 동원되었고, 학교 기숙사에서 생활하고 있었다. 독실한 신앙을 갖고 있었으며, 같은 대학의 재학생이었다(아주 모범적인 학생으로 평가받고 있었음). 교수들로부터 신임을 받고 있던 터에 많은 사람들로 하여금 놀라게 했다.

종종 경찰이 혐의자에 대해 미리 언급하지만, 그것이 용의자라고 의심할 만한 충분한 이유가 되는 것은 아니다. 만약 새로운 증거가 이 단계에서 발견되면, 두 번째 피드백 과정이 시작되고, 프로파일은 교정될 것이다(국립과학수사연구소 범죄분석실, 2001: 44).

일단 범죄자 프로파일에 관한 일치성이 확인된다면, 서면화된 보고서가 그것을 필요로 하는 관서에 제공되어야 한다. 그리고 계속적인 수사활동에 추가되어야 한다. 4단계에서 생성된 수사상의 권장 사항들이 적용되고, 프로파일과 일치되는 용의자가 평가된다. 만약 신원 확인, 범인 체포 그리고 자백이 나오게 된다면, 프로파일의 노력에 대한 목표가 달성된다. 만약 새로운 증거가 발견되거나(예를 들면, 다른 살인사건) 혹은 용의자에 대한 신원 확인이 안 되면, 재평가 절차가 피드백 No.2를 통해 이루어진다. 그 자료는 재조사되며, 프로파일이 재확인된다(Hartman et al., 2004: 27).

(6) 검거 단계

마지막 여섯 번째는 검거 단계다. 프로파일의 성공 혹은 실패는 체포된 실제 범죄자의 신원과 비교될 수 있다. 그 결과들은 다양한 데이터베이스에 추가된다. 그리고 장래에 더 나아가서 프로파일링의 정확성을 강화할 목적과 함께, 프로파일러들에 의해 사용된 해석용 알고리즘이 조율된다. 이 단계의 목적은 프로파일과 용의자의 특성을 비교·평가해 보는 것이다. 체포된 경우, 중요한 요소는 면접 기술이다. 이성적으로 피조사자는 그들의 범죄를 자백하거나 적어도 어느 정도까지는 얘기하려고 한다. 게다가 혐의자와의 철저한 면접은 배경 환경의 영향이나 정신적 다양성을 평가하는 데 도움을 줄 수 있다. 한편, 페서릭(Wayne Petherick)에 의하면, 프로파일링을 실시한 사례의 50% 이하에서만 사건이 해결되며, 이 단계에서 결과를 검증할 수 없는 경우도 많다고 한다(범죄분석실, 2002: 45). 일단 용의자가 체포되면, 산출물과 프로파일 생성 절차에서 다양한 단계들 간의 일치 여부가 확인된다. 체포된 용의자가 범죄 사실을 시인하면, 전체 프로파일링 절차의 타당성을 확인하기 위한 상세한 인터뷰를 실행하는 것이 중요하다.

(7) 실제 사건에 대한 프로파일링 절차 적용 사례

오후 3시경, 젊은 여성이 그녀가 살고 있는 아파트의 옥상에서 나체 상태로 죽은 채 발견되었다. 그녀는 얼굴 주변에 심하게 구타당한 흔적이 있었고, 지갑의 가죽 끈에 의해 목이 졸려 있었다. 젖꼭지는 사후에 잘렸으며, 그것은 가슴 위에 놓여져 있었다. 그녀의 넓적다리 안쪽 혈관 쪽에 잉크로 "너는 나를 멈추게 할 수 없어"라는 낙서가 있었다. "Fuck you"라는 낙서가 그녀의 배 위에 쓰여 있었다. 유대인임을 상징하는 형태의 그녀가 평소에 행운의 상징으로 목에 늘 걸고 다녔던 늘어뜨린 장식이 없어졌으며, 범인에 의해 탈취당한 것으로 추정되었다. 팬티가 벗겨져서 그녀의 얼굴 위에 놓여 있었다. 나일론 양말은 벗겨져 난간 근처에 그녀의 팔목과 발목을 감은 채 느슨하게 묶여 있었다.

살인범은 피해 여성이 지니고 있던 피어싱된 귀걸이들을 피해자의 얼굴 양쪽에 좌우 대칭적으로 배치해 놓았다. 우산과 펠트펜이 피해 여성의 성기에 꽂혀 있었으며, 머리빗이 성기 주변 음모에 놓여 있었다. 피해자의 턱과 코뼈는 부러져 있었으며, 어금니가 느슨해져 있었다. 그녀의 얼굴은 둔기에 의한 공격으로 복합 골절 상태가 되었다. 사망 원인은 끈(긴 핸드백 줄)으로 목이 졸림으로써 질식사(교살)된 상태였다. 피해자의 신체에는 타박상, 출혈, 열상(裂傷)뿐만 아니라, 피해자의 넓적다리 위에 살해 후 깨문 흔적들이 남아 있었다. 살인범은 또한 건물 옥상 위에 배변(排便)을 하기도 했으며, 그것을 피해자의 옷가지로 덮어놓았다.

프로파일링을 생성하는 6단계의 절차 범주 내에서, 이 사건에 대한 다음과 같은 논의는 이 절차가 어떻게 진행되는지를 잘 보여 준다(Hartman et al., 2004: 28).

① 프로파일링 입력 단계

범행 현장 증거의 관점에서 보면, 범행 현장에서 범인이 사용한 모든 것은 피해자에게 속하는 것이었다. 심지어 머리빗과 피해자의 시체 위에 뭔가를 쓰기 위해 사용된 펠트펜(felt-tip) 역시 피해자의 지갑에서 나온 것이었다. 명백히 범인은 이 범죄를 사전에 계획한 것은 아니었다. 그는 총, 로프 혹은 피해자의 입을 막기 위한 테이프를 사전에 갖고 있지 않았다. 범인은 아마도 그날 아침 그 장소에서 피해자를 만날 것을 계획조차 하지 않은 것 같았다. 범행 현장은 마치 그 범죄가 우연하게 발생한 것이라는 점을 암시하고 있었다. 다시 말하면, 살인범은 피해자를 몰래 추적하거나 기다린 것 같지 않았다. 범행 현장은 사망 현장과는 달랐다. 최초의 납치 장소는 계단 위였으며, 그리고나서 피해자는 더 멀리 떨어진 곳으로 끌려 왔다.

피해자에 대한 수사는 다음과 같은 사항을 밝혀 주고 있다. 연령은 26세, 체중 90파운드, 신장 4피트 11인치의 백인 여성. 아침 6:30경 일어난 그녀는 옷을 입은 뒤 아침 식사로 커피와 주스를 마셨다. 그리고 데이케어 센터 인근에 있는 직장을 향해 집을 출발했다. 그녀는 그곳에서 장애 아동들을 돌보는 그룹 교사의 일원으로 일하고 있었다. 그녀는 어머니 그리고 아버지와 함께 거주하고 있다. 그녀가 아침에 직장으로 출발할 때, 기분에 따라서 엘리베이터를 이용하거나 계단으로 내려간다. 피해자는 조용한 성격의 여성으로서, 약간 휘어진 척추를 갖고 있었다.

검시관이 작성한 보고서에 포함된 법의학적 정보는 성폭행의 증거가 있는지 혹은 없는지, 어떻게 피해 여성이 폭행을 당했는지 여부뿐만 아니라, 상처의 범위를 판단하는 데 중요하다. 성기에서는 범인의 정액이 발견되지 않았다. 그러나 정액은 피해자의 신체에서 발견되었다. 그것은 범인이 선 채로 피해자의 신체 위에 자위행위를 했음을 보여 준다. 피해자의 넓적다리와 무릎 부위에 육안으로 보일 정도의 깨문 자국(교흔)이 있었다. 범인은 피해자를 살해한 후에 젖꼭지를 칼로 도려냈으며, 시체 위에 뭔가를 써놓았다. 사망 원인은 끈으로 목을 졸라 질식시킨 것으로 되어 있었다. 처음에는 손으로 목을 졸랐으며, 그 다음에는 핸드백의 긴 끈을 이용하여 목을 졸랐다(교살). 범인이 우연히 무기를 사용했다는 사실은, 이 범죄를 저지르기 위해 사전에 준비한 것은 아니라는 점을 시사한다. 아마도 그 칼은 범인이 평소에 소지하고 다녔던 주머니칼 정도였다. 범인은 피해자의 우측 팔과 우측 다리를 결박하는 데 피해자의 벨트를 사용했다. 그러나 범인은 현장을 떠나기 전에 시체를 적당한 곳에 위치시키기 위해 그 결박을 풀어놓았다.

초동 수사보고서에 따르면, 그 아파트 건물의 다른 거주자인 15세의 백인 청소년이 확실하게 아침 8:20경 3층과 4층 사이의 계단에서 피해자의 지갑을 발견했다고 한다. 그는 그날 오후 학교에서 집으로 돌아올 때까지 그 지갑을 갖고 있었다. 그리고 그 지갑을 자기 아버지(백인이며, 40대)에게 건넸다. 아버지는 오후 2:50경 피해자의 어머니에게 그 지갑을 건넸다. 그 어머니가 딸에게 지갑에 대해 알려 주기 위해 데이케어 센터에 전화를 걸었는데 딸이 그날 아침에 출근하지 않았다는 사실을 알게 되었다. 피해자의 어머니, 자매 그리고 이웃 사람이 그 빌딩을 뒤지기 시작했고 시체를 발견했으며, 이웃 사람이 경찰에 신고했다. 경찰은 범행 현장에서 그날 아침에 피해자가 아파트를 떠난 후 피해자를 본 목격자도 발견하지 못했다.

② 결정 절차

성적으로 자극된 유형의 범죄를 저지르는 최초 고의와 함께, 범죄 스타일은 단순한 살인사건이었다. 범행 현장에 관한 조직적이고 정교함에 의해 암시된 어느 정도의 계획성이 있었다. 살인을 저지르려는 생각이 아마도 오랜 시간 동안 범인을 지배했던 것 같다. 아마도 고문과 폭력적인 성적 행동을 보여 주는 가학적 포르노그래피를 즐겨 보거나 수집을 통해 성적 환상들이 시작되었던 같다.

피해자에 대한 위험 요소 평가에 의하면, 피해자는 자신의 신체적 장애에 대해 매우 부끄러워하는 것으로 알려졌으며, 그녀는 데이트를 한 적이 없는 평범하게 생긴 여성으로서, 외로운 생활을 영위해 왔으며, 어떤 공격에 대항하여 싸우거나 비명 혹은 소리를 지르거나 혹은 지를 수 있었던 유형의 피해자는 아니었다. 그녀는 쉽게 지배당했으며, 통제당했고, 특별히 작은 키의 모습으로 보였다.

직업과 생활 스타일에 근거한 자료에 따르면, 피해자는 폭력범죄에 대한 낮은 위험도를 보이는 지역에서 살고 있었으며, 낮은 위험 상황에 처해 있는 셈이었다. 아파트 건물은 23층짜리 공공주택 프로젝트의 일부였으며, 거주자들의 인종적 혼합 비율에 따르면, 거의 50%는 흑인, 40%는 백인, 그리고 나머지 10%는 히스패닉 계통이었다. 그 지역은 중요한 경찰 구역의 경계 안에 위치하고 있었다. 피해자의 주거지나 혹은 인접한 복합건물에서 다른 유사한 범죄들이 신고된 적은 없었다.

범죄자에 대해, 그 범죄는 위험성이 매우 높은 것으로 인식되었다. 범인은 환한 대낮에 범죄를 저질렀으며, 일찍 일어난 다른 사람들이 그 범인을 목격했을 가능성이 있었다. 계단 혹은 엘리베이터 쪽으로 끌려간 피해자에 대해 특별한 패턴은 없었다. 피해자가 우연히 범인이 지나가는 길에서 만났던 것처럼 보였다. 이 범행 현장에서 상승작용을 했을 법한 요소가 존재하지는 않았다. 범죄를 저지른 시간대는 중요했다. 살인범이 범행을 저지르기 위해 피해자와 함께 소모한 시간의 양은 피의자가 체포될 수 있는 위험성을 증가시켰다. 범인이 피해자로부터 귀걸이를 제거하고, 젖꼭지를 칼로 도려내고, 피해자의 시체 위에 자위행위를 하면서 사정을 하는 등의 모든 행동들이 범행 시간의 대부분을 차지했다. 범행 장소를 분석해 보면, 범인이 그 장소에서 다소 편안한 분위기를 느끼고 있었음을 알 수 있다. 범인은 이전에 그 장소에 왔던 적이 있으며, 아마 그 장소에서는 아무도 그 살인 범행을 방해하지 않을 것이라고 여겼을 것이다(Hartman et al., 2004: 29).

③ 범죄 평가

범행 현장은 살인사건이 연속된 사건들 중의 하나가 아닌, 하나의 사건임을 암시하고 있다. 그것은 또한 처음 살인사건을 저지른 것으로 보였다. 그리고 범인은 전형적인 조직화된 범죄자는 아니었다. 조직화된 그리고 비조직화된 두 가지 요소 중에서 범인은 혼합된 범주에 속하는 것 같았다. 범행·사망 현장에 대한 재구성은 범죄의 전반적인 모습을 제공한다. 우선적으로, 피해자가 반드시 스토커를 당했던 것은 아니었으며, 대신에 우연히 마주친 것이었다.

범인은 자신의 성적으로 폭력적인 환상을 실현하기 위해 피해자를 살해했다. 살인범은 알려진 지역에 살고 있으며, 그리고 아침 6:30경 그 장소에 있을 이유가 있는 자다. 또한 범인은 거기에 거주하거나 혹은 이 특별한 한 아파트단지에 고용되어 있었을 것이다(Hartman et al., 2004: 30).

둔기(鈍器)를 사용한 것으로 봤을 때, 범인이 피해자를 통제한 상황을 알 수 있으며, 피해자의 얼굴을 둔기로 가격한 것은 범인의 고의에 관한 첫 번째 암시라고 할 수 있다. 피해자가 범인에게 위협적인 자세를 취하지 않았거나 혹은 그러한 위협을 전혀 하지 않았기 때문에, 아마도 그 피해자가 범행 대상으로 선택되었을 것이다. 왜냐하면, 피해자는 전혀 범인과 싸우지 않았으며, 도망가거나 혹은 비명을 지르지 않았기 때문이다. 피해자는 자신을 납치한 범인을 위협적으로 생각하지 않았던 것처럼 보인다. 그녀가 그 범인을 이전부터 알고 있었거나 혹은 이전에 봤을 것이다(일종의 면식범). 혹은 그 범인이 피해자에게 전혀 위협적이지 않았을 것이다(다시 말하면, 그는 옷을 잘 차려 입은 청소부, 우편배달원 혹은 비즈니스맨). 그래서 아파트단지 내에서 범인의 존재는 피해자에게 아무런 경고나 놀라움을 불러일으키지 않았던 것이다.

범죄가 진행되는 과정에서 살인범은 곧바로 피해자를 의식 불명 상태에 빠뜨렸을 것이며, 반주검 상태로 만들었을 것이다. 피해자의 몸집이 작았기 때문에, 쉽게 들어올려 피해자의 시체를 아파트 옥상 위로 이동시켰으며, 피해자가 의식 불명인 동안에 시체를 절단할 수 있는 시간을 가질 수 있었다. 범인은 피해자의 옷을 벗기고 자위행위에 이르는 성적 환상들을 실행했다. 살인범은 범행 장소에서 시간을 보냈다. 그리고 아마도 이른 아침에 자신의 범행을 방해할 다른 사람들이 아파트 옥상 위로 올라오지 않을 것이라는 사실을 잘 알고 있었다. 왜냐하면, 평소에 범인은 그 장소에 익숙한 상황이었으며, 과거에 이곳에 여러 번 와 봤던 경험이 있기 때문이다. 범행 장소는 계획된 것은 아니었다. 가학적 그리고 의식적(儀式的) 환상은 살인 범행에 대한 성적 동기를 만들어 냈다. 살인범은 피해자를 완전히 지배 및 통제하고 있었음을 보여 주었다. 게다가 범인은 피해자의 인격을 완전히 무시하는 듯한 자세로 만들어 놨다. 살인행위에 대한 뉘우침이 전혀 없음을 보여 주었다.

살인범의 배설물을 덮어놓고 피해자의 시체 위치를 잡아놓는 등 범행 현장의 역동성들(어지러움들)은 서로 잘 맞지 않았으며, 해석이 필요했다.

첫째, 이전에 설명했던 바와 같이, 범죄는 우발적이었다. 범행 현장은 오랫동안 지속된 살인적 환상의 복잡성을 보여 주었다. 일단 범인은 피해자를 살해했으며, 그는 살해행위와 시체를 욕보이는 행위에 대한 일련의 계획을 갖고 있었다. 그런데, 범행 현장 상황 속에서 프로파일러들은 앞뒤가 잘 맞지 않는 모순 — 즉 범인이 자신의 배설물을 덮어놓은 점 — 에 주의해야 한다. 배변을 한 것은 의식적(儀式的) 환상의 일부가 아니다. 그리고 그것은 덮여 있었다. 배설물의 존재는 또한 범죄를 저지르고 피해자를 통제하기(피해 여성을 무의식 상태에 빠뜨린 것) 위해 소요된 시간이 길었음과 범행 시점에 어떤 방해도 개입되지 않았음을 입증해 주는 것이다.

피해자 시체의 위치는 범인이 그 전에 아마 환상에서 혹은 가학·피학적 포르노 잡지에서 봤던 뭔가를 실행한 것임을 입증해 주는 것이다. 피해자는 의식이 없었기 때문에, 살인범이 피해자의 손을 결박할 필요가 없었다. 그런데, 범인은 계속해서 피해자의 목을 결박하고, 결국에는 교살하기에 이른다. 그는 피해 여성의 귀걸이를 의식적(儀式的) 방법으로 위치시켜 놓았다. 그리고 시체 위에다 뭔가를 써놓았다. 이것은 범인이 아마도 마음속에 계속해서 반복했던 일종의 형상을 반영하고 있다. 범인은 피해자의 목걸이를 주머니에 넣어 가져가려고 일종의 기념품처럼 취득했다. 수사 프로파일러들은 시체가 피해 여성의 없어진 유대인 심벌의 형태로 위치시켜 놓았음에 주목했다.

④ 범죄자 프로파일

이전의 여러 단계에서 얻은 자료들에 근거하여 살인범에 관한 범죄자 프로파일이 만들어졌다. 첫째, 용의자의 신체적 특징에 의하면, 범인은 백인 남성이며, 25세에서 35세 가량으로 혹은 피해자와 거의 비슷한 연령대이며, 평범한 외모를 가졌을 것이다. 그 지역 내의 상황에 관해 경계를 하지 않은 것 같다. 그는 평균 정도의 지능을 갖고 있으며, 고등학교 혹은 대학을 중퇴했을 것이다. 그는 군대에서 근무한 경험을 갖고 있지는 않으며, 아마도 고용된 상태는 아닌 것 같다. 그의 직업은 블루칼라(육체노동자) 혹은 기술을 가진 노동자일 것이다. 알코올이나 마약의 영향이 범죄를 저지르는 데 중요한 역할을 한 것 같지는 않다. 왜냐하면, 범죄가 이른 아침에 일어났기 때문에 그런 추정을 할 수 있는 것이다(Hartman et al., 2004: 31).

용의자는 여성들과 일종의 개인적인 관계를 유지하는 데 어려움을 가졌을 것이다. 만약 데이트를 하고 있었다면, 그 자신보다 나이가 어린 여성과 데이트를 했을 것이다. 왜냐하면, 여성과의 관계에서 우월적으로 지배하고 통제할 수 있었어야 하기 때문이다. 그는 성적으로 경험이 없고 부적합하며, 결코 결혼을 한 것 같지는 않다. 그는 포르노그래피를 수집하고 있었고 가학적 성향을 갖고 있었을 것이다. 범행 현장에서 발견된 우산과 자위행위는 명백히 성적 대용물로서 행동이다. 성적 행동은 통제된 공격성을 보여 주고 있었다. 그러나 여성에 대한 분노 혹은 증오는 명백히 존재했다.

살인범은 병적인 호기심과 같을 정도로, 여성으로부터 거절당한 것에 대해 반응하지 않았다. 범인의 습관에 중점을 둔 프로파일에 따르면 살인범이 아침 6:30경 범죄 현장에 나타나는 데에 대한 이유가 있었음을 보여 준다. 그는 아파트단지에 고용되었을 수 있다. 그리고 용무(거래, 사업상)가 있어 아파트단지에 있었거나 혹은 그 아파트단지 주변에 거주하고 있었을 것이다.

비록 범인이 의식 있는 상태의 피해자를 선호했을지라도, 그는 체포되는 것을 원하지 않았기 때문에, 피해자를 의식 없는 상태로 만들어야만 했다. 또한 범인은 피해자가 도와달라고 비명을 지르는 것을 원하지 않았다. 범인이 이미 사망한 피해자의 시체에 대해 성적인 고통을 가하고, 가학적 행동을 한 것은 그가 비조직화된 범죄자였음을 보여 준다. 그는 아마 이전에 정신적 문제로 매우 혼란스런 상태의 사람이었을 것이다. 만약 범인이 살아 있는 피해자에게 그러한 행동들을 했다면, 그는 다른 유형의 성격적 특징을 가졌을 것이다. 사망한 혹은 의식이 없는 피해자에 대해 가혹한 행위를 했다는 사실은 그가 생존한 혹은 의식이 있는 사람과 어떤 역할(상호작용)을 할 능력이 없음을 암시한다.

범행 현장에 따르면, 살인범은 자신의 행동을 정당하다고 느꼈으며, 양심의 가책 같은 것(뉘우침)을 느끼지 않았음을 보여 주고 있다. 자극적인 그리고 욕보이는 듯한 자세로 피해자를 놔두고 현장을 이탈했다. 정확하게 말하면, 범인은 피해자의 시체가 그런 상태로 발견되기를 원했던 것이다. 그는 시체 위에다 그의 메시지를 씀으로써 경찰에 도전했으며, 또한 그 메시지에 따르면 범인은 다른 여성들을 계속해서 다시 살해할 것임을 암시하고 있었다.

⑤ 수사

그 범죄는 지역의 언론기관으로부터 집중적 관심을 불러일으켰다. 왜냐하면 그 살인사건은 대단히 특별했기 때문이다. 당해 지역 경찰관서에서는 살인사건 신고를 접수하고 이에 대응했다. 그들은 범행 현장을 처리할 과학수사반, 검시관실 그리고 카운티 검사실 등 수사부서에 사건 내용을 통보했다. 전문수사팀(task force)이 꾸려졌으며, 곧바로 26명의 수사요원과 간부들이 호출되어 모였다. 집중적인 수사가 진행되었는데, 거의 2,000여 명이 넘는 사람들과 접촉, 탐문하고, 인터뷰하는 것들이 포함되었다. 관할구역 내에서 알려진 성범죄자들에 대한 기록 확인은 별로 성과가 없었다. 예상 가능한 용의자가 시체 위에 써놓았던 글씨와 대조하기 위해 손으로 직접 쓴 글씨 샘플들이 수집되었다. 이러한 유형의 살인범 프로파일에 들어맞을 법한 사람들을 찾기 위해, 그 지역에 소재한 정신병원들이 체크되었다(Hartman et al., 2004: 32).

프로파일을 축적하기 위해 FBI 행동과학부(BSU)와도 접촉이 이뤄졌다. 프로파일 안의 수사상의 권장 사항에는 용의자가 그 건물에 거주하거나 일하고 있을 가능성이 있기 때문에, 경찰이 조만간 용의자를 접촉하게 되리라는 것을 범인이 알고 있었다는 점이 포함되었다. 여하튼 살인범은 자기 스스로 그 수사 과정에 끼어들게 될 상황이었다. 그리고 비록 그가 수사에 협조적인 모습으로 나타날지라도, 그는 실제로 정보를 얻으려고 할 것이다. 게다가 그는 피해자의 가족들과 접촉하려고 할 수도 있다.

⑥ 체포

수사는 피해자의 시체를 발견한 후 13개월 만에 용의자를 체포함으로써 매듭지어졌다. 범죄자 프로파일을 접수한 후, 경찰은 그들이 인터뷰한 22명의 용의자들에 관한 파일을 검토했다. 그 중 한 명이 유력한 용의자로 등장했다. 용의자의 아버지는 피해자와 같은 아파트단지 내 낮은 층 복도 쪽에 살고 있었다. 경찰은 처음에 그 아버지를 인터뷰했다. 그런데 그 아버지는 자신의 아들이 지역에 있는 정신병원에 입원중인 환자라고 진술했다. 경찰은 나중에 아들이 당해 범죄가 발생했던 전날 저녁과 범행 당일 낮에, 병원 측의 정당한 허가 없이 병실을 비웠다는 사실을 알게 되었다.

경찰은 또한 그 아들이 고용되지 않은 상태였으며, 혼자 살고 있다는 것을 알게 되었다. 그가 19세 되던 해(범행 발생 11년 전)에 어머니가 뇌졸중으로 사망했다고 한다. 그는 학업 과정에서 여러 번 같은 학년을 반복하는 등의 문제가 있었으며, 결국 학교에서 낙오되었다. 그는 백인 남성이었으며, 나이는 30세, 결혼하지 않은 독자(獨子)였다. 그의 아버지(한때 권투선수였다)는 육체노동자였다. 소문에 의하면, 용의자는 범죄가 발생하던 그 시점에 팔이 부러져서 깁스를 하고 있었다고 한다. 그의 방에 대한 수색이 실시되었는데, 포르노그래피 수집품들이 발견되었다. 그는 군복무 경험도 여자 친구도 없었다. 여성들과는 거의 불안정한 관계였던 것으로 알려졌다. 그는 우울증으로 고생했으며, 정신과적 치료를 받고 있었고, 입원도 했었다. 그는 범죄 발생 전후에 자살 시도(목을 매달거나 질식 상태를 야기하여 자살하려는 시도)를 반복한 경험을 갖고 있었다.

용의자는 형사 재판에 기소되었으며, 유죄가 인정되었다. 그리고 여성을 살해하고 토막낸 살인죄로 25년형을 선고받고 복역중이다. 그는 그 살인행위를 부인하고 있으며, 피해자를 몰랐다고 주장했다. 경찰은 용의자가 입원, 수용되어 있던 정신병원의 보안 시스템이 느슨했으며, 문자 그대로 용의자가 원하면 왔다 갔다 할 수 있었을 정도였다는 것을 입증했다. 그런데, 재판 과정에서 피고인에 대한 가장 결정적인 증거는 그의 이빨 자국(교흔)이었다. 그 분야 전문가로 알려진 세 명의 서로 다른 치과 의사들이 각각 독립적인 테스트를 실시했다. 의사들 모두가 용의자의 이빨 자국이 피해자의 시체에서 발견된 깨문 자국과 일치한다는 사실에 동의했다.

3) FBI프로파일 시스템의 쟁점과 문제점

일부에서는 FBI의 방법론에 대해 심하게 비판도 한다(Holmes & DeBurger, 1988).[31)]

31) http://www.crimelibrary.com/criminal_mind/profiling/profilings2/1.html?sect=20

연방수사국 요원들이 실제로 살인사건을 수사하는 데 경험이 별로 없으며, 지역 경찰관서의 경우 그러한 복잡한 사건을 수사하려면 경찰관들로 하여금 훈련을 받도록 하는 것이 더 나을 것이라고 주장하기도 한다. 조직적 범죄자가 복수(復讐), 범죄자와 관련된 가정폭력, 중단된 범행들 그리고 마약과 같이 통제된 물질과 관련된 범죄를 저지르는 자를 포함하여(그러나 그러한 것에 한정되지 않은), 비조직화된 범행 현장을 방치하고 떠날 수 있다. 이것은 실제로 범죄자가 다른 그룹의 특성들을 갖고 있을 때, 프로파일로써 한 그룹의 범죄자들의 특성을 분석가에게 부정확하게 제공할 수 있다.

많은 과학자들이 FBI가 운용하고 있는 두 가지 범주(세 가지라면 혼합된 범죄자 유형이 포함된다)의 신뢰성에 대해서뿐만 아니라, 그러한 범죄자 범주들이 실제로 그들의 행위로 돌릴 수 있는 성격적 특징을 보여 주고 있는지에 대해 이의를 제기하고 있다. FBI 시스템을 확인하기 위한 충분한 자료나 과학적 테스트가 없었다. 그 시스템은 단지 36명의 성적 동기에 의해 살인범죄를 저지른 범죄자들과 인터뷰한 것에 기초한 것이다. 물론 36명 모두가 연쇄살인범은 아니었다(Vronsky, 2004: 349).

약 20여 년 전, 그들이 소개한 이래, FBI의 프로파일링 기법은 과학적 검증방법론에 의해 경험적으로 입증되지 않았다. 과학적 완전성에 관한 하나의 척도는 그것이 거짓임을 입증할 수 있는 시도들－그것을 반증할 수 있는 시도들－을 유지시킬 수 있는 가설적 능력이다. 이것은 가정적 추론(hypothetico deductivism)으로 알려진 과학적 증거에 대한 일종의 역설계적 접근이다. FBI식 프로파일링 시스템의 과학적 기초에 대한 그의 비판에서, 호주의 범죄학자 뮬러(Damon A. Muller)는 물이 끓는 온도에 관한 것을 예로 들고 있다. 귀납적 추론을 하면서, 우리는 물이 212°F에서 끓는다는 것이 과학적으로 증명되었다고 추정한다. 왜냐하면, 만약 우리가 이 실험을 수천 번에 걸쳐 반복한다면, 물이 언제나 그 온도에서 끓을 것이기 때문이다(Muller, 2000: 234-64; Vronsky, 2004: 350).

그러나 그것은 잘못될 수도 있다. 만약 당신이 물을 고도가 높은 산에 가져간다면, 물은 그보다 낮은 온도에서 끓을 것이다. 물의 끓는점은 단순히 온도에 의한 것보다 더 복잡한 쟁점들에 달려 있다. 만약 물이 항상 212°F에서 끓는다는 것을 증명하기 위해 시도하는 대신에, 처음으로 그것이 거짓임을 증명하는 시도를 한다면, 우리는 재빨리 그 가설의 신뢰성에 대해 좀더 진정한 과학적 평가로 나타나게 될 것이다.

동일한 결과와 함께, 수천 번의 실험을 반복하는 것이 결정적인 과학적 증거에 반드시 필요한 것은 아니다. 거짓임을 증명하는 것을 유지하기 위한 가설적 능력은 좀더 신뢰할 만한 척도다. 과학적인 것이 될 수 있는 뭔가를 위해서는, 단순히 실험에 의해 반복될 수 있는 것이 아니라, 경험적으로 실험될 수 있는 이론들을 반드시 제시해야 한다.

더글러스에 따르면, FBI 프로파일링 시스템은 체계적으로 과학적인 접근에 토대를 둔 것이 아니라, 궁극적으로는 프로파일러의 주관적 예감에 근거하고 있다고 한다. DNA 테스트, 지문분석 그리고 탄도학분석과 같이 다른 경찰학 분야에서 이러한 종류의 접근 방식을 묵인하지 않을 것이다(Vronsky, 2004: 351).

1989년 4월 19일, 포탑포(gun turret)가 미스터리하게 폭발하면서 USS 아이오와 전함(戰艦)의 배 안에 있던 47명의 선원들이 사망했다. 해군 수사관들은 포탑을 못쓰게 망가뜨린 선원 중의 한 명인 하트윅(Clayton Hartwig)이라는 자가 주도면밀하게 폭발을 야기한 것으로 판단했다. 그는 동료 선원과의 좌절된 동성애적 집착으로 인해 범행 동기가 부여되었다고 주장되었다. 해군 수사 부서(Navy Investigative: NIS)에서는 “의심스러운 사망사건 분석(equivocal death analysis)”－사망의 원인을 판단하기 위해 의도된, 심리학적 부검 유형: 그 사망이 사고였는가, 자살이었는가 혹은 살인사건인가?－을 실시해 줄 것을 요청하면서, FBI의 베테랑 프로파일러인 더글러스(John Douglas), 헤이즐우드(Roy Hazelwood)와 올트(Richard Ault)를 만나게 되었다. 이러한 분석 유형은 범죄자 프로파일링처럼 동일한 원칙과 기법들에 효과가 있다. 범행 대상자의 신원이 확인되고, 알려지지 않은 살인범보다 범행 대상자에 관한 내용이 종종 더 많이 알려지고 있어서, 그것은 범죄자 프로파일링과 거의 구별할 수 없다. 더글러스는 해군 수사 당국에서 제공한 자료들에 대해 난감해하고 있었다. 그리고 하트윅을 프로파일링하는 업무에 포함하는 것을 정중하게 거절했다. 헤이즐우드와 올트는 그들이 곧 후회하게 될 결정에 미리 착수하고 있었다.

해군 수사 당국이 제공한 자료만을 활용함으로써, 표준 절차는 다른 수사기관들과 함께 그러한 요구를 하는 것이었다. 그런데 경찰 당국과는 달리 해군에서는 그 뒤에 아이오와 호 폭발사건은 고(故) 클레이튼 하트윅에 의해 야기된 것이라고 발표했다. 그리고 중요한 증거로서 FBI 프로파일을 인용했다. 해군의 함정 폭발사건 수사를 재조사하는 상원과 하원 위원회 앞에서 그들의 프로파일에 관한 진실을 증언했는데, 올트와 헤이즐우드는 문제를 더욱더 꼬이게 만들었다.

해군에서는 그 전함에 관련된 기계적 결함을 은폐하기 위해 하트윅을 희생양으로 삼으려 했다고 진술하는 주장들이 있었다. 그 문제는 의회의 관심 사항이 되었으며, 하원과 상원 위원회에서 현안 문제를 살펴보게 되었다. 하원 조사 소위원회에서는 어떻게 해군 선원이 다른 생존 목격자 혹은 물리적 증거 없이 자살을 감행했다고 FBI 프로파일러들이 결론을 내린 것인지에 대해 질문하기 시작했다. 1989년 12월 21일, 헤이즐우드와 올트는 그들의 프로파일과 방법론 그리고 BSU의 경험에 관해 위원회 앞에서 증언하도록 소환되었다.

헤이즐우드와 올트는 그들의 프로파일은 항상 결정적이었다고, 의심의 눈초리를 갖고 있는 하원 의원에게 오만하게 주장했다. 그들은 가능성의 척도에 관해 그것을 정당화시키지 않았다. 그들은 상황에 말려들었을 뿐만 아니라, 그들은 모른다고 말했다. 그들의 프로파일은 "활용되었거나 혹은 폐기되었거나 혹은 고려되지 않았다. 그것은 단순히 우리들의 의견일 뿐이다."

법심리학 분야의 한 전문가가 FBI 프로파일러들에게 제출된 몇 가지 목격자 인터뷰들의 타당성에 대해 의문을 가졌다. 왜냐하면, 스트레스에 처해 있는 목격자들을 인터뷰하는 상황에서, 그러한 인터뷰가 경험 있는 임상전문가에 의해 실시된 것들이 아니었기 때문이라는 내용이 언급되자, 올트는 크게 반발하면서 "무엇보다도, 훌륭한 연구자들이 실제 문제에 접근하는 것을 나는 확실하게 판단한다. 범행 현장, 피해자들, 범죄자들 그리고 기타 등등 그리고 지속적인 수사 과정에 대한 경험을 갖지 않았던 사람들을 볼 때, 그것은 우리가 발견하는 전형적인 것이다. 둘째로, 현실에서 당신은 해군 수사 당국과 그런 방식으로는 일을 할 수 없다. 그래서 우리가 그것을 갖게 되는 것처럼, 우리는 자료를 취득해야 한다."라고 말했다(Vronsky, 2004: 353).[32)]

일반적으로 프로파일링에 대한 실패는 과거 일을 들추어낸 것이다. 1970년대 중반 로스앤젤레스에서 일단의 심리학자들이 'Skid Row Slasher'－집이 없는 사람들을 범행 대상으로 한 연쇄살인범－에 관한 프로파일을 작성했다. 체격이 늠름한, 어깨 위까지 늘어진 금발의, 잠재적인 동성애적 경향이 있는 그리고 선천적인 결함이 있을 것 같은 키가 크고 마른 백인 남성에 대한 인상 착의를 밝힌 후, 그 날 실제 Skid Row Slasher는 그가 마지막으로 피해자를 공격했던 범행 현장 근처에 신분증이 들어 있는 두툼한 자신의 지갑을 떨어뜨렸다. 범인 그린우드(Vaughn Greenwood)는 오동통했으며, 중간 정도의 키를 가진 짧은 머리의 흑인 남성이었다.

Skid Row Slasher 사건 이후, FBI의 프로파일링 시스템의 발전에도 불구하고, 아이오와 사건 이래 분석가와 같은 셜록 홈스로서, FBI의 실제 효과성에 대해 의문을 제기하는 추세가 이어졌다.

할리우드는 아슬아슬한 때에 구원자가 되었다. 1991년 2월, 「양들의 침묵」이라는 영화 상영이 궁지에 몰린 FBI 프로파일러들에게 돌파구 역할을 해 주었다. 엄청난 흥행 성적과 조디 포스터 영화에 대한 비판적 성공으로 인해, FBI의 행동과학부(BSU)에 관해 긍정적으로 촉진하는 스토리 쪽으로 재빨리 뉴스미디어의 관심을 다시 받았다. FBI 요원인 스탈링

---

32) House of Representatives, *Review of Navy Investigation of U.S.S. Iowa Explosion*, join hearings before the Investigations Subcommittee and the Defense Policy Panel of the Committee on Armed Services, December 12, 13, and 21, 1989.

(Clarice Starling; 배우 조디 포스터)과 잭 크로퍼드(Jack Crawford; 더글러스, 레슬러와 헤이즐우드를 합성한 인물, 배우는 스콧 글렌[Scott Glenn])는 대중들을 콴티코에 있는 프로파일러들, 해결되지 않은 살인사건들, 조직화된 그리고 비조직화된 범인들의 세계로 끌어들였다. 심술궂게도, 얌전한 식인(食人) 연쇄살인범(Hannibal Lecter; Hannibal "the Cannibal" Lecter, 배우: 앤서니 홉킨스[Anthony Hopkins])이 심지어 더욱더 숭배 대상자가 되었다. 그리고 2000년경, 그는 후속 영화에서 「하니발(Hannibal)」이라는 표제를 붙이게 되었다. 종이 성냥의 덮개와 수사 관련 잡지에 조그맣게 만들어진 광고란은 '범죄자 프로파일링'에 관한 면허장을 제공했다. 프로파일러, 밀레니엄(Millennium) 그리고 CSI와 같은 TV 쇼들은 프로파일러들을 과학자에서 영적인 힘을 갖고 있는 마술가들에 이르기까지 다양하게 묘사하고 있다.

그런데, 과학적 방법론의 결여에 관한 논쟁은 끝나지 않았다. 만약 프로파일링이 과학보다 훨씬 더 기술적인 것이라면, 프로파일의 정확성은 개별적인 프로파일러의 타고난 재능에 달려 있다는 것을 의미한다. 그것은 문제가 된다. 왜냐하면 프로파일러 한 명의 분석 결과를 받아들이는 것은 종종 다른 사람의 재능을 거부하게 되는 것이다. 그 절차는 프로파일러들 간에 상당히 적대적이며 전문성을 위협하는 것이다. 게다가, 응용된 과학적 방법론의 결여는 수사관들을 프로파일링 전문성 밖으로 내몰아서, 그들의 분석이 프로파일러 한 명의 분석만큼 타당하거나 혹은 더 나은 것이라는 결론을 내릴 수 있다. 매클로스키(Frank McCloskey) 의원은 그것을 아이오와 청문회에 회부하면서 "다양한 방식으로 정치가, 교사 혹은 보험업계에 종사하는 사람들이 비슷한 훌륭한 심리학적 기술들을 가졌던 것처럼 보였다. 그것이 그들로 하여금 이러한 몇몇 판단을 하도록 보증해 주고 있는지 나는 모른다"고 말했다(Vronsky, 2004: 356).

개별적인 프로파일러의 재능에 관한 독자성은 복잡한 다양한 관할을 넘나드는 사건들이 종종 요구하는 수사상의 협력(공조수사)에 도움이 되지 않는다. 예를 들면, 카친스키(Ted Kaczynski)가 결국 범인으로 밝혀진 연쇄 폭파사건을 수사하기 위한 Unabomb 특별수사대에서 활용된 프로파일에 의하면, 연쇄살인범은 30대 중반에서 40대 초반이며, 아마도 어느 정도 대학교육을 받았거나 아니면 상당히 전문적인 기술을 갖고 있는 블루칼라 노동자일 가능성이 매우 높다고 제시했다.

그런데 FBI 프로파일러 타포야(Bill Tafoya)는 의견을 달리했다. 살인범은 아마도 대학원 졸업 학위를 가졌을 것이며, 과학 분야 박사학위 – 예를 들면, 전자공학 혹은 수학 분야 – 를 가진 자일 수 있고 나이가 50대 초반일 수 있다. "프로그램과 함께 병행하고" 그의 프로파일을 40세 정도의 비행기 관련 블루칼라 노동자들에 초점이 맞춰진 특별수사대의 당시 수사전략과 일치하는 프로파일로 수정하라는 굉장한 압력이 자신에게 가해졌다고 그는 주장했다(Vronsky, 2004: 356). 카친스키가 체포되자, 타포야가 주장한 것처럼, 그는 53세였으며, 수학 분야 박사학위를 소지하고 있었다.

2002년 가을 무렵, 워싱턴 시 지역을 공포로 몰아넣었던 벨트웨이 스나이퍼(Beltway Snipers) 사건에서 제공된 결론에 대해 프로파일링이 다시 문제시되고 있다. 비록 스나이퍼(저격병)에 관한 FBI의 공식적인 프로파일이 불명확했지만, 전임 FBI 프로파일러들과 민간 프로파일링 컨설턴트들은 거의 만장일치로 그 스나이퍼는 조직화된, 혼자 있고 싶어하는 백인 남성으로서, 30대 중반에서 후반의 나이이고, 스릴을 위한 살인행위였으며, 정치적 혹은 이데올로기적 목적이 아닐 것이라고 과감하게 주장했다. 대신에, 경찰은 두 명의 흑인 남성을 용의자로 체포했다. 41세의 무하마드(John Allen Muhammad)와 17세의 말보(John Lee Malvo)였다. 그들의 범행 동기는 아직 명확하지 않다. 그럼에도 불구하고, 몇몇 목격자들은 '가무잡잡한 피부'의 용의자라고 인상 착의를 진술했다. 그리고 초기의 목격자는 두 명의 '히스패닉' 남성들이라고 말했다. 그러나 경찰은 계속해서 "RWG(Regular White Guys: 일반적인 백인 남자)"로 알려진 용의자에게 초점을 맞췄다.

전임 FBI 대(對)테러정보 요원이었던 스미스(I. C. Smith)가 설명하기를, "첫째 당신이 모든(연쇄) 총격 범인의 80~90%는 백인 남자들이라는 통계를 갖고 시작해라. 그리고나서, 행복하게 결혼한 남성들을 제외시켜라. 그렇게 되면, 내성적인 외로운 유형의 남자들이 남게 된다." 이것은 정확하게 통계적 가능성에 기초를 둔 프로파일링의 중요한 약점이다. 실제로, 과거의 대다수 저격범은 반사회적 성향을 지닌 스릴 추구형 남성 살인범들이었다. 그러나 프로파일은 범인이 통계적 평균에 부합되지 않는 순간에 무너진다. 숫자상으로, 연쇄저격범들은 아직 비교적 드문 현상이지만, 거기에는 변형적인 단독 범인의 출현에 의해 프로파일이 쓸모없게 될 가능성이 높다(Vronsky, 2004: 357).

이것이 막다른 수사에서 덜 중요한 쟁점이 될 수 있었던 반면에, 벨트웨이 스나이퍼들의 사건처럼 신속하게 전개되는 경우, 부정확한 프로파일은 수사상의 노력들을 오도할 수 있으며 생명을 위태롭게 할 수 있다. 연구자들은 지금 오로지 범죄자 프로파일링에 관한 과학적 정확성을 탐구하기 시작하고 있는 중이다. 이것은 어렵다. 왜냐하면, 대부분의 실무 프로파일러들은 그들의 프로파일링 능력에 관한 통제된 테스트들에 협조하기를 거절해 왔다. 그들의 개인적 그리고 전문적인 신뢰성을 염려하는 것에 의심없이, 그들은 반드시 불리하게 점수를 매겨야 한다고 했다.

이러한 비판에도 불구하고, FBI의 방법론은 오늘날 전 세계에서 가장 널리 통용되는 방법들 중 하나로 남아 있다. 전 세계의 다양한 법집행 당국에서 온 요원들로 하여금 세계를 여행하도록 하며, 연방수사국의 협력 프로그램에 참가하도록 하는 것은 일반적 현상이다. 연방수사국에서는 각국에서 온 요원들이 범죄 수사와 같은 영역에 속하는 다른 훈련 프로그램 중에서도 프로파일링 기법을 배운다. 범죄자 프로파일링이 범죄 수사에서 잠재적 혐의자를 좁혀 줄 수 있는 매우 가치 있는 도구로서 지금 널리 인정되고 있다 하더라도, 범죄자 프로파일링의 타당성에 대해 증거가 있는지 스스로에게 자문할 수도 있다. 행동심리학 분야의 연구(Pinizzotto & Finkel, 1990)는 초기 자료에 효율성을 제공한다. 프로파일러는 치료심리학자나 심지어 경험 있는 범죄수사관보다도 더욱 유용하고 타당한 범죄 프로파일을 생산할 수 있다는 것을 보여 준다. 이 연구와 대조적으로, 그 방법은 현실 세계에서 많은 어려움과 압박으로 가득 차 있다는 것을 간과하지 말아야 한다. 그러나 쇼크로스(Arthur Shawcross)와 푹스(Frank Fuchs)의 검거와 같이 세계 도처에서 다양한 사례에 대한 인상적인 성공의 예들은 이 방법이 적어도 난폭한 다른 범죄들을 해결하는 데 도움을 주고 있음을 보여 준다.[33]

그뿐만 아니라 범죄자의 인성 프로파일링(criminal personality profiling)은 법집행기관에서 폭력범죄, 확실히 말하면, 동기 없는 범죄를 해결하는 데 유용한 기법이다. 그 절차는 과거 십수 년에 걸쳐 많은 사건들을 해결하는 데 중요한 도움을 주었다. FBI 내의 국립폭력범죄분석센터(NCAVC)에 근무하는 요원과 다른 분야 관련 전문가들의 연구 노력을 통해 프로파일링 절차가 지속적으로 세련되고, 법집행기관을 위한 실용적인 수사상의 지원 방법이 될 것이라고 여전히 인정받고 있다(Hartman et al., 2004: 33).

4 캔터의 수사심리학 모형

수사심리학(investigative psychology)은 종종 영국의 프로파일러들에 의해 활용되고 있다. 그것은 범인 자신들과 피해자들 간의 사회적 상황 속에서 범인들이 범행을 저지르는 동안에, 개인 간 상호작용으로서 범죄가 분석될 수 있다는 전제에 토대를 둔 이론들의 축적에 기초하고 있다.

수사심리학은 캔터(David Canter)에 의해 발전되었다. 그는 영국의 (환경)심리학자로서, 서레이(Surrey)대학에서 교편을 잡고 있었다. 1986년 런던 수도경찰청(Scotland Yard)의 후원 아래, 런던에서 처음으로 이 기법을 연쇄살인범 및 강간범 뒤피(John F. Duffy)사건－

33) http://www.criminalprofiling.ch/introduction.html

일명 '기찻길 강간범(The Railway Rapist)'–수사에 적용했다(Vronsky, 2004: 360). 특히 연쇄강간범과 살인범들을 확인·체포하기 위해 고안된 심리학적 프로파일링에 관한 주도적 방법론을 발전시켰다(Axelrod & Antinozzi, 2003: 110). 캔터는 1980년대 영국의 악명 높은 '기찻길 강간범'으로 알려진 뒤피를 체포하는 데 기여함으로써 유명해졌다. 뒤피의 범죄에 관한 특징들–장소, 시간, 범행 수법–을 확인함으로써, 캔터는 그 범죄자가 어려움을 겪고 있으며, 자녀가 없이 결혼생활을 하며, 무술에 관심이 있으며, 어느 정도 숙련이 필요한 직업에 종사하는 노동자라는 것을 확인했다. 이것과 다른 정보들을 활용함으로써 경찰은 1,999명의 용의자들 중에서 뒤피를 뽑아낼 수 있었다.

영국에서 발생한 연쇄살인사건으로서, 수도경찰청(Scotland Yard)에서 심혈을 기울여 추적을 한 사건이었으며, 컴퓨터를 이용한 범죄수사 기법의 발전으로 갑작스럽게 해결된 사건이었다. 살인범 뒤피에 관해 간단히 살펴보면, 그는 한때 영국철도회사의 목공으로 근무한 적이 있었으며, 아주 교활한 강간범으로 밝혀졌다. 1982년에서 1986년에 걸쳐, 런던 북서부 지역에 위치한 자신의 집안과 집 주변에서 여성을 상대로 적어도 8건 이상의 강간 및 살인사건을 저지른 자다. 특히 지혈대를 이용하여 3명이나 교살했다고 한다. 피해자들의 사체들이 철로변 주변에 쓰레기처럼 유기되었다. 범인은 종종 철도 승차권을 이용했으며, 철도 주변 지역에 대한 그의 연고감 덕분에 신속하게 범행을 저지르고 현장을 도주했다. 비록 주도면밀하게 조작된 알리바이를 이용하여, 유력 용의자 명단에서 제외되긴 했지만, 그의 성범죄 및 폭력범죄 전과 때문에 그는 2,000명에 가까운 용의자 리스트에 오르게 되었다. 1986년경, 컴퓨터를 이용한 범죄분석 시스템의 발전 덕분에 갑자기 그의 이름이 유력한 용의선상에 오르게 되었다. 생존한 피해자들이 수집된 ID 카드들 가운데 범인인 그를 지목하여, 결국 체포되었다. 1988년 7건에 대해 종신형을 선고받았다. 한편, 1999년 뒤피의 오랜 친구였던 멀캐히(David Mulcahy)가 당시 범행에 함께 가담한 것(공범)으로 밝혀져 체포되었으며, 원범죄자 체포시에 수집된 증거 때문에 재판이 신속하게 열렸다. 그리고 이 두 괴물 같은 범죄자들은 최소한 30년 동안 교도소에 인생을 보내게 되었다.

캔터가 사용한 방법은 FBI에서 사용한 방법과 유사하며 그것들은 본질적으로 주로 두 가지 모두 통계 기법을 사용한다는 점이다. 주요 차이점은 캔터는 그의 이론에 기초한 범죄자 집단 데이터베이스를 계속해서 갱신한다는 것이다.[34] 통계에 의해 알려진 범죄자 집단들이 연구되고, 광범위한 범죄자 그룹들(유형학적으로 알려진)은 정의되고, 알려지지 않은 범죄자의 범죄들은 이러한 그룹과 비교된다. 이것은 비교(혹은 알려진) 범죄자 그룹들과 그들의 유사성 때문에 알려지지 않은 범죄자가 가졌을 법한 특성들의 리스트를 만들어 낸다. 즉 수사심리학의 기원은 리퍼풀대학교의 캔터가 심리학적 개념을 토대로 런던 수도경찰청에서 수사 기술의 통합가능성을 논의했던 1985년으로 거슬러 올라갈 수 있다. 당시 캔터 교수는

34) Egger, S., The Killer among us: An examination of serial murder and its investigation(New Jersey: Prentice-Hall, 1998), http://www.crimelibrary.com/criminal_mind/ profiling/profiling2/4.html(2008년 2월 29일 검색)에서 재인용.

데이비드 캔터 교수[35)]

이것을 가르칠 수 있을지 없을지 자신이 없었다. 그러나 그 유명한 일명 '기찻길 강간범'과[36)] 같은 범죄 수사에서 환경적인 심리학 방법을 적용하기로 결정했다.[37)]

캔터는 대학에 있는 동안, 범죄 수사에 적용하는 방법에 초점을 맞춘 교과 프로그램을 개발했고, 범죄 프로파일 수업을 시작했다. 후일 리버풀대학으로 옮겼고, 그곳에서 세계의 학생들에게 수사심리학 프로그램을 제공했다.[38)] 캔터의 연구는 확립된 심리학 원리들이 적용될 수 있거나 사용될 수 있는 것과 범죄 수사에서 범죄 프로파일링의 발전에 우선적으로 초점을 맞추었다(Egger, 1998).[39)]

캔터의 방법론은 피해자와 범인 간에 상호작용하는 중요한 다섯 가지 측면, 즉 대인 관계의 일관성(혹은 결합도), 시간과 장소의 중요성, 범죄의 특성들, 범죄 경력 그리고 법과학적 인식 등을 분석한 것에 기초를 둔 소위 '다섯 가지 요인 모형(5-factor model)'이라고 일컬어지고 있다. 관련 내용을 좀더 상세하게 살펴보면 다음과 같다(Axelrod & Antinozzi, 2003: 110).

35) http://www.liv.ac.uk/science_eng_images/psychology/Staff_Photos/canter.jpg;http://ijfp.psyc.uow.edu.au/Images/BoardImages/canter.jpg(2008년 5월 2일 검색)
36) http://pluto.spaceports.com/~mot/finch.htm
37) Canter, D. (1995). Criminal shadows: Inside the mind of the serial killer. London: Harper Collins: http://www.crimelibrary.com/criminal_mind/profiling/profiling2/4.html(2008년 2월 29일 검색).
38) http://www.liv.ac.uk/Psychology/DeptInfo/StaffProfile/DCanter.html
39) http://www.crimelibrary.com/criminal_mind/profiling/profiling2/4.html(2008년 2월 29일 검색).

1) 대인 관계의 일관성

대인 관계의 일관성 혹은 개인 간 행동상의 일관성은 범행 관련 변수가 비범죄적인 상황에서 범죄자가 다른 사람들을 다루는 방식상의 변수와의 관련성 여부에 대해 언급하는 것이다(Egger, 1998).[40] 범죄자들은 그들의 일상적인 삶을 살아가면서 사람들을 다루는 방식과 동일하게 범죄 피해자를 다룰 것이라는 추정에 근거하고 있다. 피해자들은 범죄자의 생활 밖에 있는 범죄사건의 중요한 대상으로 재현될 수 있다고 추측할 수 있다. 범죄사건 외에, 범죄자의 일상생활에서 피해자들은 중요한 사람들로서 의미를 갖는다는 것이 또한 추정되었다. 특히 캔터는 이것을 증명하는 과정에서 일화와 같은 증거를 제시했는데, 그러한 사례 중의 하나는 테드 번디였다. 번디가 선택한 피해자는 이전의 여자 친구를 대신한 것으로 밝혀졌다. 범죄자에 의해 수행된 행동들은 범죄자 자신의 심리와 함께 이해가 된다. 예를 들면, 피해자들은 범죄자에게만 중요하다는 이유 때문에 물색된다.

2) 시간과 장소의 중요성

범행 현장들은 범인의 인격적 특징 그리고 그의 주거지와 직장과 관계되는 이유 때문에 선택된다. 어떤 범인들은 범죄를 저지르기 위해 친숙한 장소를 선호한다. 반면에 다른 범죄자들에게는 그것이 별로 관련이 없다. 분석가에게 시간과 장소의 중요성은 범죄자의 이동성에 관한 정보를 제공할 수도 있다. 그래서 주거지 위치와 같은 것에 관한 추론을 도와 준다. 사건의 시간과 장소들이 대체로 범인에 의해 선택되기 때문에, 범행 시간과 장소는 범죄자가 주변 정황을 판단하는 방식을 분명하게 나타낼 수 있으며, 또한 범죄자들이 그들 자신의 범행계획을 평가하는 방식에 따라 강하게 영향을 받을 수 있다. 그래서 이것은 중요한 것처럼 보인다. 예를 들면, 범행 시점은 범죄자의 범행 또는 범행계획에 대한 통찰력을 제공할 수도 있으며, 게다가 범인들의 개인 생활에 관한 중요한 실마리를 제공할 수 있다.

3) 범죄자 특성

범죄자 특성은 연구자들로 하여금 범죄자 그룹을 분류하기 위한 하부 시스템 구축을 가능케 하는 데 활용되었다. 그리고 유행성 범죄에서, 범죄자들이 갖고 있을 것 같은 특성들을 수사관들에게 제공하는 데 사용되기도 한다. 그리고 범죄자 특성들은 수사관이 수행하는 특성 분석에 사용될 것이며, 습관적인 범죄 가해자에 의해 취득되기 쉬울 것이다. 비록 캔터 자신은 FBI가 제시한 두 개의 분류(조직적 혹은 비조직적 범죄자 유형) 간에 겹치는

40) http://www.crimelibrary.com/criminal_mind/profiling/profiling2/4.html(2008년 2월 29일 검색).

부분이 많다고 평가하면서, 이 체계가 별 효용이 없다고 보았다. 그러나 FBI가 범죄자 유형으로 분류한 '조직적 범죄자형 혹은 비조직적 범죄자형'은 범죄 특성을 정의하는 데 사용된 하나의 체계로서 의미를 갖는다고 한다.[41]

4) 범죄 경력

범죄 경력은 범죄자가 과거에 범죄 활동에 가담했는가 안 했는가, 그리고 어떤 종류의 범죄를 저질렀는가로 단순히 평가·결정되고 이것은 최근에 가장 많이 사용된다. 그것은 법과학적 인식과 같은 과거의 개념과 밀접하게 관련되어 있다.[42] 범인은 범죄를 강화시켜 나가는 동안에, 범죄 경력 전반에 걸쳐 그들은 범죄를 저지르는 기본적 방법을 바꾸지 않는다(Vronsky, 2004: 360).

5) 법과학적 인식

증거에 관한 범인의 인지와 증거를 없애려는 시도는 이전의 범죄 경험과 범죄 경력의 범위를 암시한다. 수사심리학이 FBI의 범죄수사 분석과 여러 방법에서 유사하다는 것은 명백하다. 가장 중요한 차이점은 FBI가 조직화된 혹은 비조직화된 범죄자들 유형으로 2분법적 범주를 취하고 있다는 점이다.

증거 수집과 관련된 경찰의 테크닉과 절차에 대해 범죄자가 알고 있었다거나 혹은 범죄자가 이해당사자일 것 같은 증거가 있는가? 법과학적 인식은 장갑 착용, 콘돔 사용, 범죄자의 체액이 묻어난 물품의 제거와 같은 것을 포함한다. 범죄 경력에 대한 평가를 통해 범죄자의 기술을 알 수 있다. 그리고 그것은 주거 침입에서 이전 범죄들을 암시할 수도 있다. 반면에 성폭행 후에 범인이 피해자를 씻기는 방식이야말로 이것이 그의 첫 번째 범행이 아니라는 것을 암시할 수 있다. 범죄 경력 정보는 경찰에게 제공될 수 있는데, 경찰은 정보를 갖고 있으면서 그러한 정보를 알려진 범죄자와 이미 발생했던 용의자들 혹은 과거 두 지역 이상에서 범죄를 저지른 일이 없는 그러한 범죄자를 제외하고, 알려진 용의자군(群)을 추려내면서 비교하게 된다.

또한 캔터는 주기 이론(circle theory)으로 알려진 범죄자 행동모형을 개발했는데, 그것은 환경심리학으로부터 직접적으로 개발된 것이다. '약탈자(marauder)'와 '통근자(commuter)' 가설로 알려진 범죄자 행동의 두 가지 모형은 주기 이론에서 발달되었다. 약탈자 모형은 범

41) Egger, 1998: http://www.crimelibrary.com/criminal_mind/profiling/profiling2/4.html(2008년 2월 29일 검색)에서 페서릭은 캔터의 이러한 비판에 대해 반론을 제기한 바 있다.

42) http://www.crimelibrary.com/criminal_mind/profiling/profiling2/4.html(2008년 3월 2일 검색)

인들이 범죄를 저지를 때, 그들의 동네(집 주변)를 기본으로 하여, "범행을 시작할" 것이라고 전제하는 것이다. 반면에 통근자 모형은 범죄자는 범죄 활동에 관련되기 전에 그들의 동네로부터 먼 거리를 움직인다는 추정을 전제로 한다. 이러한 가설의 기본적인 모형은 아래 그림에서 제시되고 있다. [그림 4-1]은 이른바 '약탈자' 모형이고, [그림 4-2]는 '통근자' 모형이다.

그림 4-1 약탈자 모형

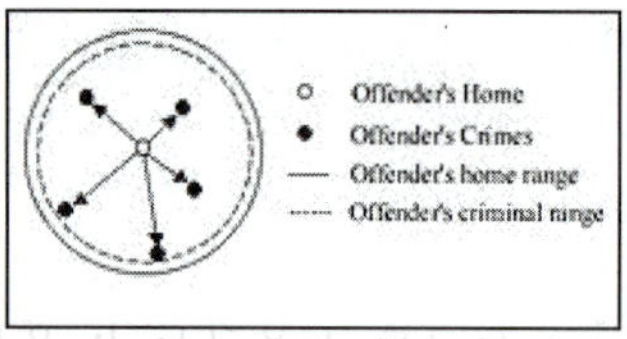

그림 4-2 통근자 모형

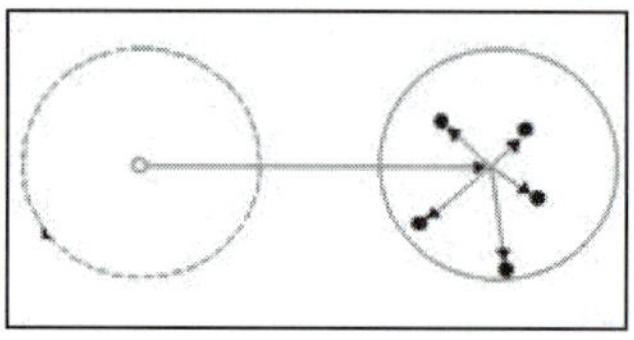

그런데 실제 수사활동에 이 모형을 어떻게 적용할 수 있을지에 관해 이 모형은 일선 수사관들에게 거의 설명할 수 없다는 문제점이 있다고 페서릭은 지적한다.[43] 다시 말하면, 모형을 개발하기 위해 활용된 초기의 연구는 회고적이었으며, 범죄자의 집과 범죄가 밝혀졌던 장소에서 해결된 사건을 활용한 것이었다. 알려지지 않은 약탈자형 범죄자 혹은 통근형 범죄자를 처리하는지 여부에 대해 안다는 것은 실질적으로 불가능해 보이기 때문에, 이 모형의 실질적인 적용에 의문을 제기해야 한다.

범죄의 범위, 집(home)의 범위에 의해 정의된 확인된 거리 문제는 또한 문제가 있다. 왜냐하면, 범죄자의 집으로부터 산출되는 범죄의 크기 혹은 위치와 거리 간의 관계가 불명확하기 때문이다(Canter & Larkin, 1993: 65).[44] 이러한 노력이 뭔가 새로운 것을 반드시 제공해 주는 것은 아니며, 캔터의 몇몇 이론들이 좀더 오래된 그리고 더 널리 활용된 FBI와 다른 기관의 이론들을 단순히 응용한 것처럼 보인다고 또한 언급되었다. 프로파일의 편집에서, 이 모형은 또한 통계적 절차와 범죄 유형들에 관한 참고 자료에 많이 의존하고 있기 때문에, 다름아닌 통계가 수집된 방식과 같은 환경에서 그것을 적용하는 경우, FBI 모형과 같은 유사한 문제점으로 어려움에 처할 수 있다.[45]

43) 페서릭은 이와 같은 부정적인 견해를 표명하고 있다. http://www.crimelibrary.com/criminal_mind/profiling/profiling2/4.html(2008년 3월 2일 검색)
44) http://www.crimelibrary.com/criminal_mind/profiling/profiling2/7.html(2008년 3월 2일 검색).

5 터비의 행동증거분석(BEA)

터비(Brent E. Turvey)는 캘리포니아에서 활동하는 민간 프로파일러다. 그는 성범죄자들과 연쇄살인범들을 광범위하게 인터뷰하면서, 그러한 범인들이 갖고 있는 일반적(공통적) 특성을 찾아내려고 노력했다. 그는 행동증거분석(Behavioral Evidence Analysis: BEA) 방법을 개발했다(Axelrod & Antinozzi, 2003: 111). 즉 행동증거분석(BEA) 방법은 민간인 신분의 범죄 프로파일러로 활동중인 터비에 의해 개발된 것이라고 할 수 있다.[46] 그가 범죄자 프로파일링 분야에 연구를 시작한 것과 관련하여, 인간의 행동과 10대 시절에 한 좋은 친구의 권리들에 관한 엄청난 잘못 때문에 야기된 형사사법 시스템에 대한 연구 동기와 함께 재미있는 내력을 갖고 있다. 그는 대학 학부에서 심리학 분야를 전공하면서, 성범죄자에 관해 연구하기 시작했다. 나중에 성범죄자들이 저지른 범죄에 관해 심층적인 이해를 발전시킨다는 희망을 갖고, 유죄 선고를 받고 교도소에서 수감중인 죄수들과의 인터뷰를 계속 진행했다.

1991년 초, 브러도스(Jerome H. Brudos)라는 투옥된 연쇄살인범과 인터뷰를 가졌다. 그는 브러도스를 만나기에 앞서 그의 범죄에 대한 법정 기록, 사본(寫本) 그리고 다른 보고서를 검토하는 데 수 개월을 보냈다. 만약 그가 이러한 사전 준비 활동을 하지 않았더라면, 브러도스의 범행에 관한 사실과 최종적으로 그러한 범죄에 대한 그의 책임을 쉽게 간과할 뻔했다. 그는 범인에 의해 제공된 구두 보고서와 함께, 확정되고 서류화된 범인의 행위들을 비교함으로써 많은 정보들이 모순의 여지가 있다는 것을 깨닫게 되었다.

투옥된 연쇄살인범인 브러도스와의 첫 번째 인터뷰 후에, 그는 성범죄자를 어떻게 이해할 것인지를 깨닫게 되었다. 행동증거분석은 범죄 프로파일링에 대해 좀더 직감적 접근에 의존하면서, 많은 방법들이 범죄자들의 행동을 조사하는 것으로부터 벗어났을 때, 남는 차이(gap)를 메꾸기 위해 발전되었다. 이러한 그의 행동증거분석은 네 가지 중요한 단계로 분류된다.

1) 1단계: 법과학적 분석

행동증거분석 과정에서 첫 번째 단계는 '모호한(다의적) 법과학적 분석'이라고 알려져 있

45) http://www.crimelibrary. com/criminal_mind/profiling/profilings2/1.html?sect=20
46) http://www.crimelibrary.com/criminal_mind/profiling/profiling2/5.html(2008년 2월 29일 검색)

다. 증거에 관한 해석이 한 가지 뜻 이상을 가질 수 있다는 사실 자체가 어떤 의미로 보면 모호한 것이다. 터비는 범행 현장에서 발견된 물리적 증거는 전형적으로 사실상 모호한 특성이 있다고 한다. 다시 말하면, 어떤 주어진 증거의 일부는 아마도 한 가지 이상의 해석을 제시할 수 있다(Axelrod & Antinozzi, 2003: 112). 그래서 분석상 첫 번째 단계는 가능한 해석을 목록화(目錄化)하고 그럴 듯해 보이는 것을 평가하는 것이라고 한다. 이 단계의 목적은 증거의 뜻에 가장 가깝게 접근하는 것이다. 물리적 증거가 분석되고 해석될 때까지 완벽한 범죄 프로파일을 표현할 수 없기 때문에 그 단계는 중요하다. 모호한 법과학적 분석은 다양한 종류의 출처들을 이끌어 낸다. 그것은 다음과 같은 것에 한정되지 않은 것을 포함하게 될 것이다.

▶ 범행 현장 사진, 비디오, 스케치
▶ 수사관들의 보고서
▶ 증거 기록과 증거 제출 양식들
▶ 검시/부검 보고서, 비디오와 사진
▶ 목격자 및 이웃과의 인터뷰
▶ 또 다른 관련 서면, 인터뷰 혹은 자료
▶ 피해자들이 사망하기 직전 이동한 경로에 대한 지도
▶ 피해자의 배경

2) 2단계: 피해자학적 분석

두 번째 단계는 피해자에 대한 심층적 평가 혹은 피해자학(victimology)을 포함한다. 비록 역사적으로 피해자학이 범죄 프로파일링 중 가장 경시된 분야 중 하나였지만, 범인에게 적용되었던 유사한 방식으로 피해자 역시 프로파일되어야 한다는 점이 인정된다(Ressler & Shachtman, 1992; Turvey, 1999). 비록 그 사건으로 피해자들이 살해당했더라도, 피해자의 관련 프로파일 작성이 포기되어서는 안 되며, 피해자가 살아 있는 상황에서는 피해자는 범인과 관련하여 가장 풍부한 프로파일 정보의 원천이 될 수 있다. 완전한 피해자학은 가능한 한 피해자의 모습을 정확하게 묘사하도록 의도된다. 특정 피해자가 왜, 어떻게, 어디서, 언제 선택되었는지를 결정하는 것은 범인에 대한 방대한 정보를 말해 줄 것이다. 예를 들면, 피해자의 신체적 골격은 범인의 체격과 범인의 완력, 범인이 혼자 일하는지 혹은 다른 사람과 함께 어울려 근무하는지 여부에 대해 많은 것을 암시한다. 싸움을 한 흔적이 존재하는지 혹은 그렇지 않은지 여부는 피해자와 범인이 사귀어 오던 관계였는지 여부를 암시해 준다(Axelrod & Antinozzi, 2003: 112).

범인을 프로파일링하는 데 도움이 되는 한 가지 피해자 특성은 피해자들의 체형(physical build)이다. 만약 재수사 단계에서, 범인이 시체를 처리하기 전에 피해자를 일정 거리에서 옮겼다는 것을 알 수 있다면, 범인은 일종의 근육질 체형 혹은 아마도 단독으로 범행을 저지른 것은 아니었다고 쉽게 추론할 수 있다. 마찬가지로, 만약 범죄자가 싸움 없이(반항 흔적 없이) 피해자를 유괴할 수 있었다면, 그리고 피해자가 원래 의심스러웠다는 것을 알 수 있었다면, 피해자가 범인을 (이전부터) 알고 있다는 것을 추정할(면식범) 수 있으며, 범인이 사회적으로 노련하며, 피해자로 하여금 범인들과 함께 동행하도록 속일 수 있었다는 것을 논리적으로 추정할 수 있다. 한편, 이런 추리들은 단독으로 이루어질 수 없는 반면에, 다른 보강 증거는 보통 이런 암시들을 지지할 수 있을 만큼 유용하다.

3) 3단계: 범행현장분석

세 번째 단계는 범행 현장 특징들로 알려진 것이다. 이러한 특징들은 피해자와 범행 장소에 관한 범죄자 행동 결정과 범죄자에 대한 부차적인 의미를 통해 범행 현장을 확인시켜 주는 구별되는 특징들이다(Turvey, 1999: 121). 이 단계는 범행 현장의 위치, 다른 연관된 범죄와 관련하여 어디에 범행 현장이 놓여 있는지 그리고 범인이 어떻게 피해자에게 접근했는지에 관한 수많은 요소들에 대한 결정을 포함하고 있다. 예를 들면, 적절하게 판단할 수 있는 범행 현장이 법과학적 자료를 비교적 적게 갖고 있다면, 그 때 가서 그 현장이 그러한 현장 중의 하나라고 틀림없이 추론할 수 있다. 만약에 제외하고, 공제하고 혹은 행운에 의해(프로파일러들은 때때로 행운을 갖고 있다고 한다), 이전의 범행 현장을 발견할 수 있다면, 아마도 최근 범죄와 관련이 있는 유용한 법과학적 자료를 증가시킬 수 있는 잠재성을 갖게 된다. 또한 1차적 범행 현장으로 알려진(수많은 상호작용이 일어난) 것은 범인에 대해 특별한 의미를 갖게 될 것이며, 그래서 범인이 누구인가에 대해 결정적인 단서를 제공하게 될 것이다.

4) 4단계: 범죄자 특성분석

행동증거분석의 마지막 단계는 범죄자 특성으로 알려져 있다. 그리고 그것은 세 가지 선행 단계에 의해 파생된 그리고 알게 된 범인의 행동 및 성격적 특성들을 포함한 단계다. 이것은 모든 범죄자의 특성에 관한 마지막 해석이 아니며, 새로운 사실들은 드러나고, 오래된 것은 거부되거나 잘못된 것으로 반증되면서, 계속적으로 업데이트되고 평가되어야 한다. 이전의 단계들로부터 해석될 수 있는 범죄자 특성들은 다음과 같은 자료들을 포함하게 될 것이다(Turvey, 1997; 1999; Geberth, 1996).

▸신체 체형(골격) 및 다른 특성들
▸범인의 성(性)
▸직업상의 위상 및 습관들
▸뉘우침 또는 죄책감
▸범인이 범행에 사용한 자동차의 존재 유무 및 차량 유형
▸범죄 경력, 상습 혹은 연쇄범 여부
▸기술 수준
▸공격성
▸범죄와 관련된 범죄자 거주지/근무 장소
▸질병 치료 경력, 병원 입원 기록
▸혼인상의 지위(이혼 혹은 결혼 상태 유지)
▸인종 혹은 민족적 기원

총체적으로 이러한 정보는 수사관들이 알려진 범죄자들, 용의자들 또는 용의자 집단들을 체크할 수 있는 범죄자의 이미지를 제공할 것이다. 이것은 더 많은 용의자를 제공해 줄 수 있으며, 또한 수사관들이 현재 찾고 있는 용의자의 숫자를 줄여 주는 데 도움을 줄 것이다. 행동증거분석의 핵심적 가정들이 유용한 가운데 두 가지 광범위한 국면들이 있다.

이것의 첫 번째는 범인에 의해 범죄가 초기에 저질러지고 있으며, 그 범죄가 법집행 당국에 의해 수사가 진행중일 때의 수사 단계다. 이것은 또한 알려진 범죄에 대한 알려지지 않은 범죄자로서 언급된다. 이 단계의 주요 목적은 다음과 같다.[47]

▸범죄 수사에서 가능한 용의자 집단을 줄이고 이러한 용의자들에 관한 수사의 우선순위를 매기는 것
▸특이한 범행 현장이 암시하는 것과 행위 유형을 식별함으로써, 잠재적으로 관련된 범죄의 연관성에서 도와 주는 것
▸성가신 범행 증가에 관한 잠재성을 더 심각하거나 더 폭력적인 범죄들(예: 괴롭힘, 스토킹, 관음증) 쪽으로 평가하는 데 도와 주는 것
▸수사관들에게 수사적으로 관련성 있는 방향과 전략들을 제공하는 것
▸전체적인 수사가 궤도를 유지하고 흐트러지지 않게 도와 주는 것

공판 단계는 피고인의 혐의가 있는 것에 대해 알려진 범인을 평가하는 것을 포함하고 있다. 이 단계는 또한 밝혀진 범죄에 대해 밝혀진 범죄자로서 언급될 수 있다. 이 단계의 우선

47) http://www.crimelibrary.com/criminal_mind/profiling/profiling2/5.html(2008년 2월 29일 검색)에서 재인용.

적인 목적은 다음과 같다.[48]

- 특별한 사건에 대한 특성과 법과학적 증거의 가치를 평가하는 절차를 돕기
- 인터뷰 혹은 신문 전략을 발전시키는 과정에서 도와 주기
- 범죄자의 공상이나 범행 동기에 관한 통찰력을 확인하고 이를 획득하도록 도와 주기
- 범죄자의 범행 실행 전, 중과 후의 심적 상태에 대한 식견을 획득하는 것을 돕기(예: 범행계획의 수준, 후회의 증거, 사전 주의 행동 등)
- 범행 수법(범죄자가 범행을 저지르기 위해 해야 할 그러한 것들)에 의해 그리고 특징적 행동들(범죄자가 범행을 저지르기 위해 해야 할 것을 하지 않은 그러한 것들; 보통 신체적 혹은 심리적 요구를 충족시키는 것)에 의해 범행 현장 관련성을 제공하는 데 도와 주기

BEA는 범죄 프로파일을 생성하기 위해 통계적 참조 집단을 활용하지 않기 때문에, 터비는 범죄 행동을 평가할 때, 행동증거분석을 비교문화적 적용 측면에서 평가한다. 그것은 강력한 방법인데, 즉 범행 현장 뒤에 남겨진 모든 물리적 증거, 범인의 행동 및 피해자의 특성을 고려하고 있으며, 전체적으로 그것은 개별 범죄자의 프로파일을 생성한다. 만약 이 방법에 대한 비판이 있다면, 그것은 많은 시간과 실무가들 일부에 대한 교육을 요구하며, 최종 생산물의 질(質)은 분석자들에게 도움이 될 만한 많은 양의 정보에 의해 직접적으로 영향을 받는다는 점이다.

6 더글러스의 방법론

더글러스(John Douglas)는 그의 저서 『어둠에의 여행』에서 프로파일링 과정을 7단계로 나누고 있다 (Douglas & Olshaker, 1997: 12-13). 그의 유용한 접근은 "행동이 성격을 반영한다"는 원칙에 의존한다.

- 범죄자 행동 그 자체 분석(말하자면 범행 수법: 범죄자가 범죄를 효과적으로 하기 위해 무엇을 했는가; signature: 감정적으로 그를 만족시켜 주는 것을 왜 했는가?)
- 범행 현장의 특성에 관한 종합적 분석
- 피해자에 대한 종합적 분석
- 경찰 보고서에 대한 예비적 평가

48) http://www.crimelibrary.com/criminal_mind/profiling/profiling2/5.html(2008년 2월 28일 검색)

▸ 검시(檢視: 剖檢) 기록에 대한 평가
▸ 범죄자 특성에 관한 프로파일의 개발
▸ 프로파일 구축에 따른 수사상 조언

다음 단계는 지역의 수사관과 상담하고 미확인의 피실험자가 "움직이게 하는" 전략을 제안하는 것이다. 이것은 살인 피해자의 가족을 만나고, 가족구성원이 살인자로부터의 냉소적인 전화에 대처하는 방법을 가르치고, 매체와 공동으로 일하는 것 등과 연관된다.

한편, 더글러스는 자신의 홈페이지에서 프로파일러에 관한 내용을 질문과 답변 형식으로 다음과 같이 소개하고 있다.[49]

Q 어떻게 FBI 프로파일러는 수사 사건들을 얻는가?

A FBI는 많은 정보를 얻고 있으며, 일반적으로 최고의 법과학연구소와 장비 등을 가지고 있다. 따라서 자주 지방 혹은 주(州) 법집행기관 요원들이 수사 협력을 위해 방문한다. 여기에는 또한 특수한 이름과 코드가 있다. 예를 들면, 국내 경찰협회=62D, 외국 당국과 같이: 국제경찰협회=163이 있다.

이러한 요청들은 지역사무소를 통해 얻으며 이후 본부로 보내지며 이후 각 단위로 보내진다. 때때로 지역 법집행기관의 사람들이 이러한 경로를 모르기 때문에 그들은 내 구역으로 바로 사건을 가지고 찾아와 프로파일러를 찾는 경우도 있다. 이러한 상황에서 우리들은 최소한 어떻게 진행되는지 그리고 우리가 경찰관들에게 고유의 경로를 알려 주어 이용하게

FBI의 프로파일러였던 더글러스[50]

49) http://www.johndouglasmindhunter.com/faqs.htm
50) http://www.drdonnica.com/images/celeb_Douglas.jpg;http://www.utarocks.com/wp-content/uploads/2007/02/john-douglas.jpg(2008년 5월 9일 검색)

한다. 나는 이것이 확실히 도움이 된다고 생각한다.

지역 경찰서가 FBI의 도움을 청할 때 한 명 이상의 프로파일러가 사건을 할당받고 각 지역사무소의 담당관은 그 지역을 접촉한다. 프로파일러 담당자는 요원으로서 프로파일에 흥미가 있고 게다가 각 지역사무소의 요원으로서 책임을 수행하며 사건을 찾는다. 어떤 큰 지역에서는 한 명 이상이다. 매년 프로파일러는 버지니아 주 소재 콴티코를 1주 혹은 2주 가량 방문한다. 이는 훈련과 범죄 성향 프로파일링과 범죄분석 훈련을 위해서이며 그들은 이러한 판단을 할 수 있도록 훈련받는다. 그들이 프로파일러를 요청할 때는 그 지역에서 콴티코로 보내거나 아니면 지역의 법 집행담당자가 방문한다.

사건에 따라 FBI는 가지고 있는 자료를 제공한다. 어떤 것은 미궁에 빠진 사건일 때도 있고 어떤 것은 국가 전역에 걸쳐 벌어지는 사건일 때도 있다. 이러한 사건들은 우선순위가 매겨지고 어떤 것은 대기 상태로 기다리게 된다. 더 복잡한 사건일 경우는 모아지고 세 명 혹은 그 이상의 프로파일러들이 회의를 하고 참가하며 법집행 담당자들과 프로파일러 사이에 상호작용하며 분석을 하게 된다. 이러한 것들은 모두의 머리를 모아 함께 문제를 풀어나가는 정말 좋은 방법이다.

Q 어떻게 요원이 프로파일러가 되나?

A 어떤 사람들이 프로파일러가 되는지는 분명하다. 흥미가 있고 프로그램에 참가한 사람이다. 지역에 누군가 화이트칼라 범죄나 은행강도 혹은 스파이 활동에 대한 일을 수행하는 사람이 있을 것이며 그들을 방문한 후 인터뷰를 위해 콴티코로 오게 된다. 이러한 사람들이 프로파일러가 될 수 있는 기회는 내가 퇴직할 때보다 더 많다. 1995년에는 모두 10명이 있었다. 그러나 지금은 25명이다.

Q 당신이 찾던 잠재적인 프로파일러는 어떠한 특질을 가지고 있어야 하는가?

A 나는 항상 상상력이 풍부하고 창조적인 사람을 찾았다. 우뇌(右腦)가 발달한 사람들은 의사소통에 소질이 있고 좋은 표현을 쓴다. 자신감이 있는 사람들은 확신을 가지고 말을 하지만 지나치게 자만하지 못하도록 한다. 좋은 프로파일러가 되는 것은 유머 감각이 뛰어나고 자신을 재미있게 만드는 능력이 있어야 한다. 당신이 웃음을 잃을 때 정말 큰 문제에 빠지게 된다.

내가 사람들에게 프레젠테이션할 때 사람들은 항상 내가 어떻게 할지에 대해 놀란다. 그들이 읽어온 것과 내가 생각해 온 것들에 바탕을 두고 그들은 나를 잭 더 리퍼 2세(Jack the Ripper, Jr)로서 기대한다. 내가 웃기고 농담을 할 때 어떤 이들은 항상 나에게 당신을 믿을 수 없다고 말한다. 하지만 나는 안다. 당신들이 당신 자신을 너무 심각하게 여긴다면,

당신들은 당신 자신을 해치는 것이고 인간 관계의 파멸을 가져올 것이라는 사실을.

여러분들은 많은 FBI 요원들이 법에 꼭 맞게 행동할 것이라 생각하지만 사실 매우 드문 일이다. 나는 진정으로 학자적인 사람과 이곳에 오기 전 많은 수사 경험이 없는 사람, 범죄와 범죄자와 충분한 상호작용을 하지 않은 사람 혹은 문제 해결의 충분한 경험이 없는 사람, 문제를 확인하지 못한 사람과 법정 경험이 없는 사람을 가려내 왔다. 이 모든 것들이 본질적인 것이다.

Q 당신은 프로파일러가 되지 못했다면 무엇을 했을 것인가?

A 나는 현장요원으로 남았을 것이다. 대응 수사를 포함하여 은행 강도, 부당 취득, 유괴, 도망자 추적, 내부자에 의한 화이트칼라 범죄 등을 담당하는 요원이 되었을 것이다. 나는 결국 지역 행정관으로 승진했을 것이다. 내가 만약 여기 이 조직에 들어오지 않았다면, 아마 산업 현장에서 산업심리·폭력을 공부하고 상담하는 일을 했을 것이다. 대부분 많은 사람과 생활하는 지역에서 말이다. 나는 내가 많은 다양한 계획을 수행했다고 생각하지 않는다. 단지 정리하는 일에 적임이었다고 생각한다.

7 연쇄살인사건의 해결과 일반 경찰의 역할

악명 높은 몇몇 연쇄살인범들이 일반 경찰활동의 결과로 체포된 적이 있다. 테드 번디(Ted Bundy)의 경우는 순찰경찰관에 의해 체포되었다(Ostenburg & Ward, 2000: 461). 이상한 불장난을 시도한 것과 관련된 가정 내 소란 문제에 대응하면서, 불법주차 스티커를 발부하는 과정에서 체포된 '샘의 아들', 필요한 세금 납부증 혹은 자동차의 도난당한 번호판에 관해 확인하는 과정에서 체포된 '요크셔 살인마(Yorkshire Ripper)', 구직 인터뷰 후에 사라진 실종된 10대와 마지막으로 접촉한 것으로 알려진 자에 대한 추적 과정에서 체포된 '게이시' 사례 등이다. 이러한 사건들의 대부분은 강도 높은 수사의 대상이었다. 사건이 해결되기 전, 그 사건들은 알맞은 정도의 자료 출처들−법과학, 전문인사 그리고 컴퓨터들−을 요구했다.

요크셔 살인마 사건의 경우가 그 사례다. 거의 5년 동안의 공식적인 노력과 함께 약 8백만 달러 상당의 비용이 들었다. 경찰은 '잭 더 리퍼(Jack the Ripper)'의 서명이 들어간 세 통의 편지와 카세트테이프 한 개를 입수했다. 편지들은 더 많은 살인범이 있을 것 같은 기대를 하게 했으며, 경찰을 무능하다고 비웃었다. 결과적으로 감쪽같은 속임수로 판명된 사실들을 분석하는 데 상당한 노력이 허비되었다. 매스미디어의 억측 보도를 접하는 사건들은 똑같이 수사의 방향을 터무니없이 잘못 흐르게 하면서 난처한 정보들을 경찰에게 쏟아붓는 원인이 된다. 모두가 그런 것은 아니지만, 대부분은 허위다. 외부에서 실질적인 정보가 제공되었을 기회와 마찬가지로, 모든 것들에 대해 수사가 이루어져야 한다. 이것은 결국 귀중한 자원이 낭비될 수 있음을 의미한다(Ostenburg & Ward, 2000: 462).

예를 들면, 뉴욕에서는 버코위츠(David Berkowitz)라는 범인이 확인되고 체포되기 전 거의 1년 동안의 수사 기간에 오로지 '샘의 아들' 사건 수사에만 무려 200여 명의 수사관이 투입되었으며, 500만 달러라는 비용이 지출되었다. 버코위츠가 브레슬린(Jimmy Breslin)이라는 기자에게 쓴 편지(Sunday Daily News에서 출판됨)는 그야말로 경찰 핫라인에 자칭 용의자라고 칭하면서, 엄청난 양의 전화가 걸리도록 했다. 며칠 동안, 매일 300여 개의 분리된 수사활동이 결국에는 쓸모없는 정보라고 밝혀진 것을 추적하는 데 동원되었다. ViCAP 프로그램은 그러한 광범위한 수사활동에 대한 요구를 감소시킬 수 있는 가능성을 제공한다.

- ▶지금까지 가능했던 것보다 더 빨리 연쇄살인범을 인식함으로써
- ▶각 사건으로부터 나온 사건 해결의 단서들을 함께 모음으로써 그리고-관련되지 않은 일련의 살인사건들이 마치 연쇄살인범의 범행인 것처럼 인식되었다면-추론함으로써 가능한 용의자 리스트를 수집하고 좁혀 나감으로써
- ▶범인이 체포되었을 때, 다른 해결되지 않은 살인사건들을 깨끗하게 풀기(Ostenburg & Ward, 2000: 462).

8 소 결

이와 같은 여러 형태의 범죄 프로파일링 방법들은 모두 같지는 않으며 이러한 방법들을 실행하는 사람들의 경력도 일률적으로 비슷하지는 않다. 연역적 프로파일링 방법과 귀납적 프로파일링 방법은 서로 각각 장·단점을 지니고 있어서 한마디로 논하기는 어렵다. 범죄 유형, 사건 현장, 피해자 프로파일 등을 토대로 구체적 사례별로 접근할 수 있는 방식이 적절하다. 외견상 차이점이 큰 것 같지만, 수사 실무에서는 상호 보완적·통합적 특징을 갖고 있다.

FBI가 활용는 프로파일링 방법은 수사 분야 종사자들인 전문 프로파일러들이 직무상 과거에 면담 혹은 인터뷰했던 범죄자들과 함께 현재의 범죄자들의 행동을 서로 비교 분석하는 내용을 포함하고 있다. 그리고 비슷한 범죄자들의 연구를 통해 광범위하게 넓은 범죄자

의 그룹을 발견할 수 있다.

캔터 교수가 제시한 수사심리적 방법은 전형적인 수사심리 프로그램 후에 개발된 몇몇의 새로운 조사 기법들과 함께 환경심리학적 방법을 중요시하고 있다. 특히 그는 영국에서 관련 분야에 크게 기여하고 있는 학자로 알려져 있으며, 연구소와 대학을 통해 후학들을 많이 배출하고 있어 주목받고 있다.

터비가 제시한 행동증거분석 방식은 범죄사건의 복구를 위해 법과학에서 언급된다. 그리고 법과학에서 범죄자의 행동을 해석하기 위해 정신의학과 심리학이 사용된다. 행동증거분석은 범죄 프로파일링에 대해 좀더 직감적 접근에 의존하고 있다는 점, 네 가지 중요한 단계로 분류된다는 점이 특이하다. 이 분석 과정에서, 첫 번째 단계는 모호한 법과학적 분석, 두 번째 단계는 피해자에 대한 심층적 평가 혹은 피해자학을 포함하는 것, 세 번째 단계는 범행 현장 특징, 마지막 단계는 범죄자 특성으로 알려져 있다. BEA는 범죄 프로파일을 생성하기 위해 통계적 참조 집단을 활용하지 않기 때문에, 터비는 범죄 행동을 평가할 때, 행동증거 분석을 비교문화적 적용 측면에서 평가하는 바, 범행 현장 뒤에 남겨진 모든 물리적 증거, 범인의 행동 및 피해자의 특성을 고려하고 있다.

특히 FBI의 프로파일링 기법, 수사심리적 기법 그리고 행동증거분석 방법 사이에 주요한 방법상의 차이점은 광범위한 범죄자 그룹의 통계에서는 사용될 수 없다는 점이다. 한 명의 전문가가 한 가지 방법에 심하게 집착하는 것은 불필요하지만 중요한 단계에서는 각각의 방법이 어디에서 오는지를 알고 있는 전문가가 필요하다. 그리고 더 중요한 것은 모든 프로파일링 방법들이 똑같이 만들어지지 않는다는 사실을 알고 있어야 한다는 것이다.

제5장

프로파일링 Ⅰ

성범죄와 프로파일링

1. 폭력의 근원
2. 불법적 성행위 문제와 분류
3. 강간범죄의 이해
4. 성(性)과 연쇄살인
5. 성적 도착(性的 倒錯)과 연쇄살인

chapter 05

성범죄와 프로파일링

1 폭력의 근원

무슨 이유에서 인간은 폭력적으로 행동하는가? 이러한 폭력적 행동에는 몇 가지 상호 경쟁적인 설명들이 있다. 여기에서는 매우 중요한 몇 가지 원인에 대해 언급할 것이다(Siegel, 2001: 326).

1) 개인적 소질

1995년 3월 13일, 토머스 해밀턴이라는 보이스카우트 리더가 평화로운 스코틀랜드의 한 작은 도시에 있는 초등학교에 고성능 장총을 소지하고 들어와 16명의 어린 학생들과 1명의 교사를 살해했다. 이런 공포스러운 사건으로 영국에서는 총기류에 대해 강력한 통제를 하게 되었고(McGuire, 1996: 46), 이후 폭력과 개인 소질 간의 연관성을 입증하는 것으로서 해밀턴의 사례라고 하는 특이한 주장이 나왔다. 30여 년 전 사회학자인 로라 벤더(Laura Bender)는 살인죄 혐의가 있는 소년 범죄자들을 조사했다. 그리고 그러한 청소년들은 비정상적인 뇌파 흐름(electroencephalogram, EEG: 뇌활동을 측정할 수 있는 장치)[1]에 의한 읽

기장애, 학습장애 및 정신이상으로 고통받고 있다고 결론을 내렸다(Bender, 1959: 510-516). 몇몇 살인범은 폭력적 경향을 띠게 하는 비정상적인 대뇌피질 및 내피 순환 네트워크로 인해 시달리고 있다는 최근의 연구 결과들이 제시됨으로써 벤더의 주장이 설득력을 갖게 되었다(Raine, Buchsbaum, & LaCasse, 1997: 495-508).

심리학자인 도로시 루이스(Dorothy Otnow Lewis)와 동료들은 살인을 저지른 청소년들이 주요 신경계 손상(비정상적인 뇌파 흐름[EGG]과 정신운동 기능 손상 및 심각한 발작으로 알려진), 표준 지능 테스트에 근거를 두고 측정된 저지능, 정신이상에 가까운 증상과 과대망상증, 비논리적 사고 그리고 환각과 같은 정신이상 징후로 고통받고 있음을 발견했다(Lewis et al., 1985: 1161-1167; Siegel, 2001: 326).

그림 5-1 시겔 교수가 제시한 폭력의 근원들 예시

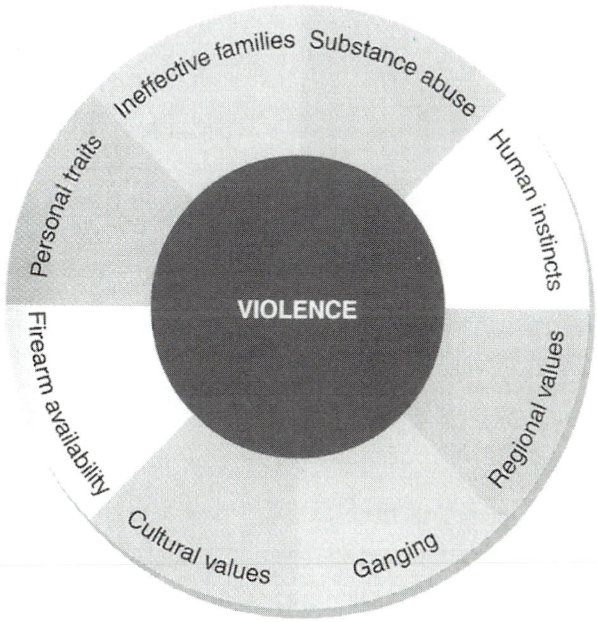

출처: Siegel, 2001: 326의 Figure 11.1.

1) 뇌파이상성(Electroencephalogram Abnormalities)으로 번역되기도 한다. EEG(Electroencephalograph)는 뇌파 측정을 위한 기록계라고 번역되기도 한다. 김보환, 『범죄생물학』(서울: 동국대출판부, 2004: 165).

1998년 『광기에 의한 유죄(*Guilty by Reason of Insanity*)』(2001)라는 책에서, 루이스는 사형을 선고받은 재소자들은 정신적인 장애와 기능 장애 병력을 갖고 있음을 밝혀냈다. 억압(또는 우울), 경계성 인격장애 징후 그리고 정신병리를 포함한 비정상적 인격 구조들은 배우자 및 가족에 의한 다양한 학대의 형태와 많이 관련되어 왔다(Holtzworth-Muroe & Stuart, 1994: 476-497). 즉 살인범이 종종 다른 범죄를 저지르고나서 곧바로 자살하는 경우에서 보듯이 이러한 주장이 별로 놀랍지 않게 되었다. 심지어 더 특이한 주장들도 있는데, 자신이 저지른 범죄로 인해 장차 사형을 당하게 될 것이라고 기대하고 살인을 저지르는 이른바 '자살형 살인범' 형태도 있다(van Wormer & Odiah, 1999: 301-370). 비록 이러한 증거를 통해 폭력범죄자들이 일반인에 비해 훨씬 더 정신이상이 될 가능성이 크다는 것을 암시하고는 있지만, 그들의 범죄를 특징지을 수 있는 단일의 임상적 진단은 없다(Siegel, 2001: 328). 그뿐만 아니라 이러한 조건들이 어떻게 발전되는지에 대해서는 확실성이 없다. 부적절한 사회화와 기능적 장애가 있는 가정생활이 심리학적 그리고 신체적 장애를 유발하는 데 기여할 것이다. 그런데 정신적 이상과 유전적 기질 간에는 또한 긴밀한 연관성이 있다는 증거들이 있다. 예를 들면, 1999년 과학자들은 레트(Rett) 증후군 이면에 있는 불완전한 유전자를 규명했는데, 그것은 청소년들의 정신지체에 대한 가장 일반적 원인 중의 하나였다. 만약 정신장애의 한 형태 이면에 유전자 결함이 있다면, 왜 다른 사람들은 그렇지 않은가?

2) 무기력한 가정

1990년 8월 플로리다 주 게인스빌(Gainesville)에 사는 주민들은 다섯 명의 학생들이 무참하게 살해된 사건으로 큰 충격을 받았다. 신문에서는 왜 피해자가 플로리다대학교의 여학생 4명과 산타페대학의 남학생 1명이었는지에 대해 알아보려고 분주했다. 그들은 10여 차례 이상 칼에 찔렸으며, 여학생들은 강간을 당했다. 성관계를 하는 듯한 자세로 시체가 절단되어 있었으며, 그 중 한 명의 피해자는 목이 잘려 있었다(Associated Press, 1994b: A14). 35세의 떠돌이 대니 해럴드 롤링이라는 남자가 범인으로 체포되었으며, 그는 자신이 끔찍한 범행을 저질렀노라고 자백했다. 13일간에 걸친 법정 증언이 끝난 후, 1994년 3월 24일, 배심원단은 범인에게 사형을 선고해야 한다고 주장했다.

또한 많은 연구를 통해 자녀를 유기하고, 무능한 혹은 학대하는 부모들의 폭력을 추적하고 있다(Marcus & Gray, 1998: 31-42). 결손 혹은 비행 부모들, 무원칙한 훈육 그리고 자녀에 대한 적절한 감독이 결여되어 있으면, 이러한 모든 요인들은 지속적인 폭력범죄와 연관성을 갖게 된다(Lattimore, Visher, & Linster, 1995: 54-83). 비록 성장기의 어린아이들이 개별적 본성에 가까운 성격을 보여 주고 있지만, 어린 시절 성장기에 어떠한 대우를 받았는지와 많은 관련이 있다. 일부 아이들은 다른 아이들에 비해 달래는 데 훨씬 어렵고, 경우에 따라서는 어린아이의 완고한 성격이 나중에 폭력과 행동상의 문제와 관련이 있다(Loever & Hay, 1997: 371-410).

적절한 제한을 가하거나, 합당하고 일관된 원칙을 사용하는 데 실패한 부모들은 아이들의 강압적 행동을 더욱 강화시킨다(Capaldi & Patterson, 1996: 206-231). 어린 시절 부모의 부적절한 행동과 유기에 가까운 행태들의 영향은 온 생애에 걸쳐 폭력적 행동에 영향을 미칠 수 있다(Raine, Brennan, & Mednick, 1997: 1265-1271). 어린 시절 학대를 받거나 유기된 경험을 갖고 있는 아이들이 범죄자가 될 가능성이 매우 높은 부류 중의 하나가 되며, 그래서 지속적 혹은 일관된 범죄 경력을 갖게 될 것이라는 증거가 있다.

3) 학대받은 아이들

많은 연구들에 따르면, 학대받은 것으로 임상적 진단을 받은 아이들은 경우에 따라 학대받은 경험이 없는 아이들보다 훨씬 더 높은 비율로 심각한 수준의 폭력을 포함하여 나중에 비행적(非行的) 행위들에 가담한다는 것을 밝혀냈다(Scudder, Blount, Heide, & Silverman, 1993: 315-323). 살인범이 밝혀진 사건들에서, 어린 시절 심하게 학대받은 사례가 높은 비율로 나타나고 있다(Lewis et al., 1988: 584-588).

학대와 폭력 간의 연관성은 자식에 의해 살해당한 많은 부모들 사건에서 확립되어 왔다. 부친살해범과 모친살해범에서 성적 학대가 또한 일정한 요인이 되고 있다(Siegel, 2001: 328). 루이스는 사형이 선고된 청소년 범죄자 연구에서, 모든 범인이 오랫동안 심각한 어린 시절 학대 경험을 갖고 있음을 밝혀냈다(Lewis et al., 1988: 11-35).

어린이에게 가해지는 신체적 처벌에 관한 중요한 비판 중의 하나는 뉴 햄프셔 대학에 소재한 가족연구실험소의 슈트라우스(Murray Straus)에 의해 제기된 것이다. 그는 연구를 하면서, 부모에 의해 체벌을 받은 아이들은 친형제 자매를 신체적으로 학대할 가능성이 있으며, 나중에는 배우자 학대 그리고 다른 형태의 폭력범죄를 저지를 가능성이 높다는 자료를 제시한 바 있다(Straus, 1991: 133-154).

폭력범죄자에 대한 실질적인 사례 연구를 수행하면서 사회학자 로니 아덴스(Lonnie Athens)는 반사회적 경력들은 종종 사춘기 초기 동안에 폭력적 사건들과 함께 시작되는 일련의 단계에서 형성된다는 사실을 밝혀냈다.

아덴스는 폭력성 그 자체가 어떤 사람이 위험한 폭력적 범죄자가 되도록 하는 데 충분조건은 아니라고 한다. 호전적, 폭력적 행동 그리고 적대감과 같은 폭력적인 모습으로 사회화되기 위해서는 완전한 폭력화 순환 절차를 거쳐야 한다. 많은 폭력화된 어린아이들이 계속적으로 폭력범죄자가 될 수는 없다. 어떤 젊은이들은 나중에 어린 시절에 학대받은 사실을 무시해 버리기도 하며, 규범을 통해 자신의 어린 시절을 재정의한다. 학대와 폭력범죄 간에 연관성이 있다는 사실이 상당히 많은 증거들을 통해 제시되고 있다. 그러나 그것은 또한 옳다: 많은 범죄자들이 학대를 당한 고통이 없으며, 반드시 학대받은 많은 청소년들이 나중에 지속적인 성인 범죄자로 성장하는 것도 아니다(Siegel, 2001: 328).

여성 50여 명 성폭행, 강도범 징역 22년 확정

【서울=뉴시스】 대법원 1부(주심 고현철 대법관)는 50여 차례에 걸쳐 여성 50여 명을 상대로 강도와 성폭행을 저지른 혐의(특가법상 강도 및 특수강간 등)로 기소된 방모 씨(32)에 대한 상고심에서 징역 22년을 선고한 원심을 확정했다. 재판부는 판결문에서 "범행의 동기와 수단, 방법 등 여러 사정을 종합해 볼 때 원심이 피고인에게 선고한 양형이 부당하다고 인정할 만한 사유가 없다"고 판시했다. 방씨는 지난 2005년 3월부터 이듬해 6월까지 서울과 경기 부천 등지에서 손님으로 가장해 병원과 커피숍을 침입하거나 출퇴근하는 여성 50여 명을 상대로 강도와 성폭행을 저지른 혐의로 구속 기소돼 1심과 2심에서 모두 징역 22년을 선고받았다. 현행 형법은 유기징역의 경우 같은 범죄를 수차례 반복하거나 여러 범죄를 한꺼번에 저지르면 형을 가중해 최고 25년까지 선고할 수 있도록 규정하고 있다.

2007년 7월 20일(김성현 기자)

4) 진화적 요소와 원초적 본능

아마도 폭력적 반응들 그리고 감정들은 실제로 모든 인간에게 유전된다. 프로이트(Sigmund Freud)는 인간의 공격성(폭력)은 본능적 욕구에 의해 생성되는 것이라고 믿었다(Siegel, 2001: 329).

인간은 서로 반대되는 두 가지 본능적 욕구들을 소유하고 있는데, 이 두 가지는 인간 행동을 통제하기 위해 상호작용하는 것이라고 주장해 왔다. 그 하나는 에로스(eros)인데, 삶의 본능으로서 자기 성취/완성과 쾌락 쪽으로 사람들을 몰아가려는 성향이다. 그리고 다른 하나는 죽음의 본능(thanatos)으로서 자기 파괴적인 성향이다. 타나토스는 폭력이나 새디즘과 같이 외부적으로 혹은 자살, 알코올 중독 혹은 다른 자기 파괴적 습관과 같이 내부적으로 표현될 수 있다. 공격성이 본능적이었기 때문에, 프로이트는 그러한 것의 치료에 대해 희망을 별로 갖지 않았다.

수많은 생물학자와 인류학자들이 본능적인 폭력 조장적 소질은 인간이라는 종(種)에서 일반적일 수 있다고 또한 추측해 왔다. 공격과 폭력성은 인간을 포함하여 모든 동물에서 태어날 때부터 타고난 본능의 결과라고 주장하는 견해도 있다.

이러한 견해를 주도적으로 옹호한 로렌츠(Konrad Lorenz)는 그의 유명한 책, 『공격성에 관하여(*On Aggression*)』(1996)에서 그 이론을 발전시켜 왔다(Siegel, 2001: 329). 로렌츠의 주장에 따르면, 공격성 에너지는 환경적 영향과는 독립적인 것으로서 타고난 본능에 의해 생성된다고 한다.

기술이 발전하고 더욱 치명적인 무기들이 생산되면서, 인간이라는 종(種)의 멸종 가능성은 점점 더 높아지고 있다. 범죄학에서 진화론적 관점에 따르면, 폭력적 행위들은 주로 남성들에 의해 훨씬 더 두드러지게 저질러지고 있다. 왜냐하면, 인간이 생존해 오는 동안, 성적으로 공격적인 남성들이 아이들을 가장 많이 낳을 수 있었던 것이다. 그러한 남성의 자녀들이 공격성을 유지해 주는 유전자를 갖게 되었다. 모든 동물의 종에서, 남성 혹은 수컷들 간 경쟁의 성공 여부는 경쟁 상대인 적들을 위협하여 쫓아낼 수 있을 정도로 충분한 위험과 공격성을 갖춤으로써 결정된다. 인간 가운데, 바로 그러한 위험성에 대한 악명이 온 생애 동안 지속될 수 있다.

생식력과 강인함을 과시하기 위해 심리학적으로 타고난 욕구는 종종 남성의 경우, 신체적인 힘이 최고조에 달했을 경우 나타난다. 그들은 인생의 다른 어떤 순간보다도 그러한 시기에는 위험을 기꺼이 받아들이게 되며, 결국 그러한 요인 때문에 남성은 심각한 폭력적 경향으로 흐르게 된다(Daly & Wilson, 1994: 253-288).

5) 폭력에의 노출

가정, 학교 혹은 다른 환경에서 늘 폭력에 노출되어 있던 사람들은 그들 자신이 폭력적 수단과 방법에 익숙해질 수 있다. 사회과학자 얼(Felton Earl)은 현재 정부의 재정 지원을 받아 시카고 지역 내 서로 다른 80여 근린공동체에서 임의로 선정된 청소년 8,000여 명을 대상으로 폭력에 이르는 종단적 경로분석을 수행중이다. 그의 연구팀은 어떻게 지역사회가 폭력을 통제하는지를 이해하고, 어느 정도의 폭력에 노출된 것이 장래 폭력을 예측할 수 있는지를 확인하기 위해 청소년들의 폭력 노출 정도에 관해 조사하고 있다(Siegel, 2001: 330).

9~15세에 이르는 청소년들과의 인터뷰를 통해 다음과 같은 사실이 밝혀졌다. 80여 곳의 근린 표본 지역의 청소년들 가운데 많은 수가 폭력의 피해자 혹은 목격자가 된 적이 있었으며, 또한 많은 청소년들이 무기를 휴대하고 있었다고 한다. 연구자들에 따르면, 폭력에의 노출 정도와 폭력적 행위에 대한 자기 보고 간에 강한 상관 관계가 있었음을 밝혔다. 폭력에 노출되었다고 보고한 30~40% 정도의 청소년들이 또한 그들 스스로 폭력적 행동을 과시한 적이 있었다고 한다. 연구에 따르면, 비록 폭력의 성격에서 차이가 있었지만, 여자아이

들도 남자아이들처럼 폭력에 가담하는 것으로 밝혀졌다. 여자아이들은 남자아이들보다 훨씬 더 성폭력 피해자가 되고 있는 반면에, 남자아이들은 싸움, 흉기로 찌르고 혹은 총을 쏘는 폭력행위를 지켜보거나 가담하는 경우가 훨씬 많았다.

이러한 조건 속에서 생활하는 아이들은 점점 더 거칠고 무감각해지는데, 다른 사람들이 자신들의 내면에 다가오지 못하도록 하는가 하면, 그들의 감정을 다른 사람들에게 또한 표현하지 않는다. 다른 약한 사람을 이용하거나 착취하지만, 그 반대로 자신들보다 강하거나 나이가 많은 자로부터 착취당한다. 결과적으로 그들은 인생에 희망이 없다고 점점 느끼게 된다. 그러한 청소년들은 부모와 선생님이 자신들의 성공이나 성취한 것보다는 오히려 실패한 것에 초점을 맞춘다는 것을 알게 된다. 결과적으로 그들은 비행적 갱이나 그룹의 유혹에 쉽게 빠져들 수 있다(Greene, 1993: 106-124). 폭력에 노출되면 어린아이들에게 영향을 미칠 뿐만 아니라 성인에게도 영향을 미친다. 심지어는 경찰관에게조차 영향을 미친다. 연구에 따르면, 폭력과 살인범죄 발생률이 높은 지역에서는 경찰관이 훨씬 더 많이 총기를 사용하는 것으로 밝혀졌다. 심지어 총기 사용에 대한 훈련이 잘된 사람들 사이에서도 위험에 대한 인식이야말로 자기 보호를 위한 폭력적 수단의 사용에 기여하고 있다(MacDonald, Alpert, & Tennenbaum, 1999: 153-164).

6) 약물 남용

폭력과 약물 남용 간에 관련성이 상당히 일반화되어 있다. 사실 약물 남용은 다음 세 가지 방향으로 영향을 미치고 있다(Goldstein, Brownstein, & Ryan, 1992: 459-476).

- 정신약리학적인 연관성이 기분 전환용 물질의 섭취에 대한 직접적 결과가 될 수 있다. 실험 결과에 따르면, PCP와 메스암페타민(필로폰)과 같은 약물을 많이 투약하는 것은 폭력적이고 공격적인 행동을 유발할 수 있다고 한다(Siegel, 2001: 330).
- 알코올 남용은 모든 형태의 폭력과 오랫동안 관련이 있어 왔다. 합리적인 대화와 타협에 대한 능력을 제한함으로써, 동시에 잘못된 의사소통을 하게 만드는 등 음주가 인간의 인식 능력을 감소시키기 때문에, 알코올과 폭력 간의 직접적인 연관이 일어날 수 있다(Collins & Messerschimidt, 1993: 93-100).
- 마약을 투약하는 것은 또한 경제적인 강박적 행동을 유발할 수 있는데, 상습 마약 투약자들은 자신들의 습관을 유지하기 위해 폭력적인 유흥가 지역에 출입하게 된다.

미국의 주요 도시에서 체포된 범죄자들에 대한 마약 복용 테스트에 따르면, 대부분의 범죄자가 또한 마약 남용자라는 사실을 일관되게 보여 주며, 폭력범죄로 체포된 모든 자들의 80%가 마약 복용 테스트에서 양성 반응을 보이고 있다(Feucht, 1996). 또한, 재소자에 대한 조사에 따르면, 범죄자의 대부분이 마지막 범죄를 저지를 당시 마약 혹은 알코올의 영향하에 있었다고 한다(Innes, 1988).

마약과 관련된 대부분의 죽음은 사실상 마약 거래와 약물 남용에서 초래된 내부적인 갈등과 충돌로 인해 야기된 것이었다. 비교적 적은 수의 사람들이 약물 남용자에 의해 마약을 구입하기 위한 돈 때문에 살해되었다(Goldstein, Brownstein, & Ryan, 1992: 473). 상습투약에 대한 유행이 약화되고, 중독자들이 헤로인과 같이 덜 폭력 유발적인 약물 쪽으로 방향이 바뀌면서 폭력과 약물 간의 연관성이 변하고 있다.

7) 총기의 이용 가능성

비록 총기의 이용 가능성이 폭력을 유발하지는 않지만, 그것은 틀림없이 폭력을 조장하는 요소가 된다. 조그마한 언쟁에서 일방이 권총을 휴대했다면, 운명적인 만남으로 악화될 수 있다. 어마어마한 잉여 총기류가 유통되는 미국에서 범죄에 사용된 총기류의 거의 80%는 도난당한 것이거나 혹은 불법적 혹은 적법한 절차 없이 거래를 통해 취득된 것이며, 세계에서 가장 높은 폭력범죄율을 기록하고 있는 것이야말로 결코 우연한 일이 아니다.

다소 교란된 증거에 따르면, 소년교도소에 수감된 80%가 넘는 재소자들이 입감되기 바로 전에 권총을 소지하고 있었으며, 55%는 거의 항상 총기를 휴대했었다고 응답했다(Sheley & Wright, 1993). 통합범죄보고서(UCR)에 따르면, 모든 살인범의 2/3, 그리고 강도범의 거의 40%가 강도를 저지를 때 총기를 휴대한 것으로 나타났다(Federal Bureau of Investigation, 1999).

가족구성원들과 다른 친구들 간에 발생하는 폭행과 폭력사건에서 만약 총기가 사용되었다면, 총기와 관련 없이 공격이 이루어졌을 때보다 사망으로 이어진 경우가 12배나 높게 나타난다(Saltzman, Mercy, O'Carroll, Rosenberg, & Rhodes, 1992: 3034-3047).

8) 문화적 가치들

폭력행위를 설명하기 위해 개별 범죄자에게 초점이 맞추어진 시도들로는 미국에서의 폭력 유형을 설명하기 어렵다. 다양한 범죄 통계 출처에 따르면, 개인 상호간에 발생하는 폭력은 다른 어떤 형태의 공동체 지역에서보다 대체로 거대한 도시지역 그리고 아주 변화한 지역에서 훨씬 더 일반적이다(Joubert & Forsyth, 1988: 10-25).

그런데 만약 다른 사회적 영향력이 폭력범죄에 개입되지 않았다면, 사회적으로 해체된 지역에서 폭력범죄율이 높은 것은 이례적이다(Smith & Brewer, 1992: 279-285). 이러한 비정상적으로 높은 폭력범죄율을 설명하기 위해 범죄학자 볼프강(Marvin Wolfgang)과 페라쿠티(Franco Ferracuti)는 폭력의 하부문화가 존재한다는 것을 제시했다(Wolfgang & Ferracuti, 1967).

하부문화의 규범들은 사회의 중심적이고 주도적인 가치 체계와는 떨어져 있다. 이러한 하부문화에서는 폭력에 관한 잠재적인 이슈가 생활 스타일, 사회화 과정과 개인 상호간의 관계에 영향을 미친다. 비록 하부문화의 구성원들이 주도적인 문화의 가치들을 어느 정도 공유한다고 하지만, 그들은 사회적 갈등과 딜레마를 해결하기 위해 폭력이 사용될 것이라고 믿는다. 어떤 문화적 하부 그룹에서 폭력은 관습과 규범에 의해 정당화된다. 갈등 상황이 문화적으로 정의되는 사회 내에서는 폭력이 정당한 행위로 인정된다. 그러한 갈등적 상황에서 부정적 결과 때문에 범죄를 저지른 개인은 폭력적 수단을 통해 보상을 추구하려는 경향이 있다(Luckenbill & Doyle, 1989: 419-436).

연구에 따르면, 백인들의 폭력범죄율은 실제로 흑인들이 겪는 빈곤과 박탈보다 더 심각하게 영향을 받고 있다고 한다. 샘프슨(Robert Sampson)과 윌슨(William J. Wilson)에 따르면, 장기화된 인종 차별은 흑인들로 하여금 빈곤의 영향에 대해 거의 면역성을 형성시켜 왔다고 한다(Ousey, 1999: 405-425).

(1) 사회운동

급진적인 정치 및 사회운동에 가담하고 있는 자들은 폭력을 유발할 수 있다. 과격단체 구성원들은 자신이 속해 있는 그룹의 가치가 매우 중요하기 때문에, 어떤 희생을 치르더라도 그러한 가치들은 쟁취되어야 하며, 심지어는 폭력을 써서라도 이루어져야 한다고 주장한다(Freilich, Almanzar, & Rivera, 1999: 6555-6583).

비록 많은 단체가 지역적으로 조직화되어 있지만, 일부 단체는 인터넷이나 다른 통신매체(예를 들면, 편지 등)를 통해 그 범위가 전국적이다.

수많은 지역 단위 조직이 나타나지만, 종종 그 방향이 중앙조직에서 채택된 것과는 다른 내용의 견해를 가진 지도자에 의해 조종되기도 한다. 어떤 이들은 그들의 적에게 공격적인 태도를 취하도록 부추기면서 "가장 최선의 방어는 훌륭한 위반이다"라고 추종자들에게 말할 수 있다. 예를 들면, 미국에 대한 외국의 통제나 간섭을 두려워하는 지역의 반정부 무장단체들은 구성원에게 정부 공무원에게 도전하거나 외국에서 온 이민자를 쫓아낼 셈으로 그들을 공격하라고 공개적 혹은 암묵적으로 부추길 수 있다.

너무 극단적 혹은 위험하기 때문에, 구성원들 사이에서 인정받을 수 없을 것으로 여겨지는 개인들조차 인터넷상의 정보에 접근할 수 있으며, 그들이 그토록 바라는 폭력적 수단도 자유롭게 사용할 수 있게 되었다.

(2) 갱(ganging)

경험적 증거들에 의하면, 폭력범죄 발생률은 십대 청소년 갱의 하부문화적 가치들이 지지받는 도심지역에서 가장 높다. 그러한 구성원들은 전형적으로 폭력의 사용을 신봉하는 경향이 있다(Messner, 1983: 997-1007; Messner & Tardiff, 1986: 297-317). 갱단에 가담한 청소년들은 갱단에 속하지 않는 집단보다 총이나 다른 흉기를 갖는 경향이 훨씬 더 높다. 그들은 또한 총을 갖고 있는 아이들과 또래 집단을 형성하려는 경향이 있으며, 집 밖에 총을 갖고 다니려는 경향이 높다(Bjerregaard & Lizotte, 1995: 38-58).

갱단 구성원 의식과 폭력 간의 관련성은 대체로 같은 근원을 갖고 있다. 그것은 마약 거래와 폭력배의 영역 보호와 같은 행동에서 유래될 수 있다. 또한 개인적 복수와 자기 보호를 위해 인식된 욕구에서 생길 수도 있다(Howell, 1999: 208-241). 범죄학자 데커(Scott Decker)가 지적하기를, 세인트 루이스(St. Louis) 갱단에 속해 있는 남자 청소년들과 인터뷰하면서, 폭력이야말로 갱단 소속 의식에 관한 핵심 가치라는 사실을 밝혀냈다. 어떤 소년이 데커에게 밝히기를, 폭력은 구성원들로 하여금 갱이 실제로 무엇인가를 정의하는 데 도움을 준다는 것이다.

데커(Decker, 1994)는 갱단의 폭력이 다양한 이유로 시작될 수 있음을 밝혀냈다.

- 가입 환영식을 하면서 새로운 멤버에게 거친 모습을 보여 주도록 한다.
- 실제로 혹은 인식된 불만 때문에 상대방에게 복수를 하기 위해 폭력이 사용될 수 있다.
- 폭력은 일종의 자기 소유를 방어하기도 하는데, 예를 들면 갱단을 표시하기 위해 낙서한 것을 다른 경쟁 갱단이 이를 망가뜨렸을 때 폭력이 분출된다.
- 다른 외부인들에 의한 습격으로부터 자기들의 영역을 보호하기 위해 폭력이 사용된다.

(3) 지역에 따른 가치 체계

몇몇 범죄학자들은 지역적인 가치들이 폭력을 조장할 수 있다고 지적한다(Williams & Flewelling, 1988: 421-431). 고전적인 연구에 따르면, 사회학자 개스틸(Raymond Gastil)은 살인범죄율과 남부 지역에 있는 주택 간의 중요한 연관성, 즉 남북전쟁을 예견한 관계를 밝혀냈다. 그는 또한 남부 지역 외곽의 살인범죄율은 남부 지역의 이민 유입과 관련되어 있다는 사실도 밝혀냈다(Gastil, 1971: 12-27).

개스틸은 남부 지역의 문화가 폭력을 승인하는 것이 아니라 폭력을 조장한다는 그의 핵심 주장을 다른 학자들이 빠뜨렸다고 반박하고 있다(Gastil, 1975: 60-64). 남부 지역의 하부문화적 관점은 아직도 논쟁이 그치지 않고 있다. 그리고 통합범죄보고서(UCR) 자료에 따르면, 남부 지역의 주들은 비교적 높은 범죄율을 꾸준히 유지하고 있다.[2] 남부 지역의 폭력 하부문화이론을 반박하는 최근의 증거에도 불구하고, 남부 지역 주민의 폭력적 이미지는 여전히 남아 있으며, 불행하게도 계속되고 있는 미신이다(Hawley & Messner, 1989: 481-511).

(4) 국가적 가치 체계

미국, 스리랑카, 앙골라, 우간다 그리고 필리핀과 같은 일부 국가들은 비교적 높은 폭력범죄율을 보이지만, 그 밖의 다른 나라들은 상당히 평화롭다. 사회학자 니폴리틴(Jerome Neapolitin)의 연구에 따르면, 수많은 국가의 특성을 통해 폭력을 예견할 수 있다고 한다. 이러한 특성에는 높은 수준의 사회 해체 현상, 경제적 스트레스, 높은 비율의 어린이 학대, 정부 당국에 의한 폭력의 승인, 정치적 부정부패, 그리고 비효율적인 형사사법 제도 등이 포함된다(Neapolitan, 1999: 259-274).

높은 폭력 수준이 유지되고 있는 나라의 어린이들은 경제적으로 착취당하고, 사회적으로 소외되어 있으며, 끊임없는 폭력에 노출되어 있고, 법률에 대한 희망과 존경심이 결여될 가능성이 높다. 이러한 국가에서는 총기류가 일반적이며, 효율적인 형사사법 제도가 미비하기 때문에, 사람들은 스스로 총기로 무장하거나 혹은 자신들을 보호하기 위해 민간 경호원을 고용하기도 한다.

이러한 각각의 요소들은 폭력범죄, 예를 들면 강간, 살인, 폭행 그리고 강도와 같은 전통적인 보통법(common law) 상의 범죄들과 노동 현장에서의 폭행, 증오 범죄, 정치적 폭력과 같은 새롭게 인식된 범죄에 영향을 미치는 것으로 알려져 있다.

2 불법적 성행위 문제와 분류

1) 성(性)문제에 대한 이해

성이라는 것은 인간 행동에서 널리 퍼져 있는 요소다. 법집행이라는 직무 때문에 경찰이 광범위한 성관계 수사에 관련되는 것은 불가피하다. 성적 관심은 일련의 많은 행위들을 포

2) FBI, Uniform Crime Report, 1998 (Washington, D.C.: Federal Bureau of Investigation, 1999: 9); 또한 Keith Harries, "Crime and Region: Is the South Still Different?" Paper presented at the annual meeting of the American Society of Criminology, Chicago, November 1996 참조; Gregory Kowalski & Thomas Petee, "Sunbelt Effects on Homicide Rates," *Sociology and Social Research* 76 (1991: 73-79); Siegel (2001: 333)에서 재인용.

함하기 때문에, 법률이 모든 가능성을 해결할 수는 없다. 실제로, 어떤 성적 행위는 대부분의 사람들이 '섹스'라고 부르는 것과 명백한 관련을 맺고 있지 않다.

섹스는 불(火, fire)과 같다. 그것이 통제된다면 많은 장점들과 높은 수준의 만족감을 제공하지만, 통제를 벗어나면 수치심, 공포, 죄의식, 상처 그리고 죽음을 불러일으킬 수 있다. "우리가 법률 그 어디에서도 인간의 행동을 단속·억제하기 위한 믿기지 않을 정도의 노력들을 볼 수 없지 않은가? 우리들 자신의 문화는 종종 섹스에 사로잡힘으로써 비판을 받는다. 그러한 비판이 정당화되든지 여부에 관계없이 우리의 가치 체계에 관한 매우 큰 부분, 우리가 공유하고 있는 도덕적 규율의 전통 그리고 우리의 법적 시스템이 성활동에 대한 통제 쪽으로 집중된다는 것은 확실히 사실이다" (Palmiotto, 2004: 176).

성행위에 관한 문제는 법집행의 다른 어떤 측면보다도 다양한 문제와 도전을 유발할 수 있다. 아주 극소수의 행동들은 다른 (그리고 종종 불법적인) 성적 행동보다 훨씬 더 많은 지역공동체의 걱정거리, 공포, 분노 혹은 혼란을 가져오고 있다. 사람들이 성적으로 해야 될 혹은 하지 말아야 될 것은 가치판단이다. 그러한 가치들은 일정한 변화의 상태에 있다. 오늘날 받아들여질 수 있는 것이 과거에는 불법적인 것일 수 있으며, 현재의 불법적인 것이 미래에는 정당한 것으로 받아들여질 수 있다. 미국에서의 성적 가치는 유대교·기독교 역사에 관한 오늘날의 해석을 반영한다. 그러한 해석은 자위행위, 간음, 나체, 간통, 동성애, 매춘, 포르노그래피 그리고 성행위에 관한 다른 모습들에 대해 정당성을 갖게 된다.

오늘날 경찰은 성적 행위에 대한 거의 모든 측면에 대해 일반 대중의 다양한 견해에 직면해 있다. 성은 음악, 영화, 텔레비전, 잡지, 컴퓨터, 책 그리고 예술에서 주요 테마가 되었다. 그리고 동시에 그것에 반대되는 법률을 통과시키고, 성교육에 대해 투쟁하고, 나체와 성적인 속어를 비판하고, 에로틱한 문학에 대한 반대 시위를 하고, 동성애를 혐오하는 것으로부터 고통을 받는다.

일부 주(州)의 법률은 결혼 전 혹은 동거하기 전 성관계를 맺는 것을 불법으로 간주한다. 한때 미국의 어떤 곳에서는 구강 혹은 항문성교 행위가 중범죄로 간주되었던 적이 있었다. 그것은 아직도 일부 주에서는 중범죄로 취급되고 있다. 또한 대부분의 사람들은 종족으로서 동성애에 대해 매우 혐오적이다.

어느 정도의 나이에 성행위를 수용할 수 있는지에 대해 판단할 수 있는 법률도 갖고 있다. 몇몇 주에서는 성인에 대해서는 합의에 의한 성행위를 허용하는 법률을 유지하면서, 다양하고 광범위한 성행위에 대해서는 규제를 계속하고 있다. 경찰관은 종종 법률과 일반시민이 행하고 있는 것들 간에 얽매이게 된다. 만약 경찰관이 모든 성행위에 대한 규제 법률들을 모든 사람에게, 모든 시간에 집행한다면, 대다수의 미국인들이 구치소로 가게 될 것이다.

미국의 법률들은 명백하게도 다양한 성적 행위들에 대해 이를 억제하려는 시도를 하고 있다. 그러나 사람들은 그렇게 많은 통제에 대해 인내할 것이다. 어떤 이는 성행위를 물통 안에 떠 있는 하나의 낚시찌와 동일하게 여기는 경우도 있다. 성적 행위를 강력하게 억제할수록 폭력이나 범죄행위로 분출될 위험성은 더 높아진다. 다른 사람의 성생활을 억제하려고 노력하는 사람들은 오히려 미국의 성범죄 문제를 일으키는 데 기여하고 있다는 증거가 있다. 억압, 비난 그리고 이중적 기준은 무지를 확산시킨다. 그리고 반대로, 성적 혼란, 기능장애, 범죄, 폭력 그리고 죽음을 야기하는 데 기여한다(Palmiotto, 2004: 177).

2) 불법적 성행위에 대한 측면

연구자들은 성범죄자에 대한 일반적인 특성들을 확인했다. 범행 동기, 상승작용, 탐닉 그리고 충동을 포함하여 이러한 소질에 대한 이해는 수사관들로 하여금 범죄를 해결하는 데 도움을 줄 수 있다.

(1) 성범죄의 동기

성범죄 수사에서 가장 중요한 요소들 중의 하나는 범행 동기를 파악하는 것이다. 이것은 사실 알아내는 것이 상당히 어려울 뿐더러, 전모를 파악하는 것이 거의 불가능할 수도 있다. 어떤 성범죄는 너무나 기상천외하여 범행 동기를 이해하는 것이 보통사람의 능력으로는 불가능한 경우도 있다. 수사관들로 하여금 왜 어떤 사람이 형사사법 제도로 인해 곤란해지는지를 더 잘 이해할 수 있도록 도와 주는 가이드로서 성행위에 관한 여섯 가지 동기들이 제시되고 있다(Palmiotto, 2004: 177).

첫째, 그 행위가 다른 성적 경험을 위해 대체될 수 있다. 정상적인 성생활 패턴이 붕괴될 때까지, 사람들은 정상적 혹은 수용 가능한 성생활을 했을 것이다. 그런데, 이혼을 하거나 질병으로 사망했거나 남성이 군 복무차 군에 입대했다거나 혹은 교도소에 수감되었을 때 파트너가 떠나게 된다. 왜냐하면 비만, 성병 혹은 성적 욕구 결핍으로 정상적인 성행위나 해소가 불가능해진다. 그러한 대체 방안을 찾으려고 노력하는 가운데 개인들은 법과 부딪히게 될 것이다.

둘째, 개인은 성적으로 뭔가 다른 것을 요구하는데, 새롭고 자극적인 파트너다. 그러나 시간이 지날수록 동일한 파트너와 같은 집에서, 같은 침대에서, 의무적인 자세로, 금요일 밤, 뉴스 시간이 지난 후, 불을 끄고 진행하는 일상적인 섹스는 지루하고 따분할 수 있다. 즉, 상대방이 원하는 성적 테크닉을 구사하고자 하는 것을 파트너가 거부하는 경우에 어려움이 생긴다. 그러한 욕구를 가진 파트너가 종종 다른 곳에서 성적 해소를 하고자 한다. 만약 그것이 성적으로 연결되었을 때, 그러한 다양함이 인생의 양념처럼 보이게 된다.

셋째, 정상적인 성행위가 이루어질 수 없는 때가 아닌 경우에도 일어나는 성행위는 일종의 기분 전환용이다. 예를 들면, 성적인 문학작품, 영화 혹은 사람의 발, 머리카락 혹은 한 벌의 팬티와 같이 성적 감정을 자극하는 물건과 같이 포함된다. 크로스 드레싱(cross-dressing), 어린이와 같은 복장, 옷에다 오줌이나 변을 보거나, 검정 가죽으로 된 옷을 입거나, 성기를 노출시키거나, 창문 안을 엿보거나, 신체의 구멍에 이물질을 삽입하거나 혹은 고통을 주거나 받는 행위들은 전희(前戱)를 위한 몇 가지 필요한 것들이며, 뭔가를 위한 성적인 환기다. 그러한 성적 시나리오는 경찰의 개입을 불러올 수 있다.

넷째, 실행을 함으로써 성행위의 만족을 증가시킨다. 어떤 사람들은 부드러운 배경 음악을 틀어놓음으로써, 비단 천을 깔아놓음으로써, 에로틱한 영화를 감상함으로써 그리고 성행위 기구들, 알코올 혹은 약물을 복용함으로써 분위기를 조성하기도 한다. 다른 사람들은 체포될 위험성이 있는 장소를 찾기도 하며, 그룹섹스 혹은 크로스 드레싱을 하기도 한다. 그런데 다른 사람들은 고통을 주거나 받으면서, 그들 자신을 어디에 매달아 놓음으로써 혹은 무차별적으로 불을 지르면서, 그들의 성적 만족을 상승시키기도 한다.

다섯째, 행위가 자기 스스로 성적으로 흥분시키는 것으로서, 성적 만족을 위해 추가적으로 다른 사람을 필요로 하지 않는 경우다. 예를 들면, 이러한 사례에는 강렬한 환상과 목을 매다는 것이 포함된다.

여섯째, 성행위가 전통적이고 보수적인 행위규범에 대한 반항적 형태로 나타나는 경우다. 많은 사람들은 금지된 뭔가를 행함으로써 자극을 얻으려는 경우가 있다. 이러한 반항적 성행위 사례에는 간통, 구강 혹은 항문성교, 매춘, 외설적 행위, 공개된 혹은 그룹섹스, 어린이와의 성행위 혹은 좀더 나이가 많은 상대방과의 성행위, 갤로(gallow)[3] 파트너, 직장(直腸)에 주먹을 삽입하거나 에니마스(enemas)[4]를 포함한다.

(2) 상승작용

수사관에게 중요한 두 번째 개념은 성적 상승작용이다. 최근의 연구, 즉 특히 FBI 행동과학부에서 수행된 연구에 따르면, 성범죄자들은 자신의 성적 감정이나 흥분을 상승시킨다는 뚜렷한 증거를 제시하고 있다. 다양한 성적 스타일에 익숙한 사람들은 그러한 한계에서 절

3) gallow는 교수형을 집행할 때 사용된 나무로 된 형틀을 말한다.

4) 원래는 직장에 약물을 주입하는 의료용 기구이지만, 성행위를 위해 사용되기도 한다. 알루미늄으로 된 에니마(enema) 노즐. 특수한 에니마들이 비의료용으로 다양하게 사용된다. 성행위 용품점 등지에서 판매되기도 한다. http://en.wikipedia.org/wiki/Enema(2008년 5월 8일 검색).

대 벗어나려고 하지 않는다. 그러나 다른 사람들은 겉으로는 별로 해롭지 않은 것처럼 시작한다. 그리고 점차 지역사회를 위협하는 수준으로 상승한다. 이러한 상태는 또한 점진적인 퇴화로서 언급된다. 어떤 경우에 개인이 상승작용을 하면서, 그 혹은 그녀는 범죄가 되는 성적 행위 쪽으로 선을 넘는다. 심지어 그들이 저지른 행동에 대해 공포감을 느끼면서, 몇몇 사람들은 그러한 혐오스러운 범죄 쪽으로 빠져든다(Palmiotto, 2004: 178-179).

(3) 성적 탐닉

불법적 성행위에 탐닉하게 된 사람은 종종 그러한 것에 계속 빠져들면서 어떠한 위험도 감수하려고 한다. 반복하려는 경향 때문에 성범죄에 관해 정확한 그리고 최신 자료로 업데이트된 기록들을 유지하는 것이 중요하다. 범죄 수법 파일과 사진 파일들은 특히 중요하다. 많은 주에서는 알려진 성범죄자들을 등록하고, 그들이 거주하는 카운티의 보안관실에 보고할 것을 요구하고 있다.

클리블랜드 대학병원에 근무하는 정신의학자인 레빈(Stephen B. Levine) 박사는 "성적 강박관념은 도착(倒錯), 외설스러운 전화, 노출증, 관음증(觀淫症), 소아 성기호증, 새디즘, 잔혹성, 강간 그리고 마조히즘을 포함하여 광범위한 인간 행동에 영향을 미친다"고 말한다. 전형적인 섹스 탐닉은 사회적인 결함이 있다고 느끼고, 어린 시절 그리고 십대 시절부터 사회적으로 격리되었다고 느끼는 외로운 사람 그리고 심리적으로 혹은 신체적으로, 성적으로 학대받았던 경험을 가진 사람이라고 자기 자신을 평가하는 사람이다(Palmiotto, 2004: 179).

(4) 성적 충동

경찰 수사관들은 일부 사람의 행동은 충동 그리고 전혀 계획하지 않은 행동에 빠지고 싶은 갑작스런 욕구로부터 나온다는 것을 안다. 모든 사람이 충동을 갖고 있지만, 몇몇 사람은 그 충동을 자제할 수 없거나 그러한 충동을 극복할 수 없다. 미국의 몇몇 주에서는 저항할 수 없는 혹은 극복할 수 없는 충동은 범죄행위에 대해 법적으로 변명이 된다. 극복하기 어려운 충동은 상당히 존경을 받는 인생을 영위하고 있는 사람들조차 사리 판단 없이 갑자기 다양한 성범죄를 저지를 수 있는지를 설명해 준다. 경찰 파일들은 그러한 사례로 꽉 차 있으며, 그러한 충동은 종종 피해자보다 범죄자에게 훨씬 더 비극적이다. 모든 중요한 활동에 대한 조건 하에서, 심지어 평균적인 남성이 자신의 나머지 인생 동안 후회하게 될 범죄행위로 빠질 수 있다(Palmiotto, 2004: 179).

3) 성행위 분류하기

광범위한 관점에서 성적 행위는 일반적으로 다음 세 가지 범주로 분류될 수 있다. 즉 합의(合意)에 의한, 불쾌한 그리고 협박에 의한 성행위 등이다. 경찰 개입과 수사는 이 모든 세 가지 유형에서 필요하다. 여기서 제시되는 용어의 정의와 풀이는 『다양한 섹스 스타일의 수사(*Investigation of Variant Sex Styles*)』(Shook, 1990: 111)에서 인용한 것이다.

(1) 합의에 의한 성행위

합의에 의한 성행위(consenting sex)에서 경찰의 개입은 여러 가지 사항의 결과다. 자위행위나 성교행위와 같이 일반적인 행위들은 심각한 심장마비나 뇌졸중을 유발할 수 있다(Palmiotto, 2004: 180).

커닐링거스(cunnilingus: 여성 성기에의 구강성교)를 제공하는 파트너가 만약 질(膣) 속으로 공기를 주입하려고 한다면, 그 공기를 받아들이는 쪽은 색전증(塞栓症: 血栓·공기의 기포 따위로 혈관이 막힘)이 유발되어 갑자기 사망할 수 있다. 펠라티오(fellatio: 음경에 대한 구강성교) 도중에 그것을 받아들이는 쪽에서 그것을 주는 쪽의 기도(氣道)를 폐쇄시킬 수 있으며, 그 결과 질식사할 수 있다. 스스로 목을 매달아 성적 흥분을 느끼게 하는 사건에서(자기색정사, autoerotic), 안전 장치가 제대로 작동하지 않아 결국 사고로 목이 졸려 사망에 이르는 경우도 있다. 성적인 자극을 위해 개인 혹은 단체로 전자 탐침(electrical probes)을 이용함으로써 감전사(感電死)하는 경우도 있다.

매춘부들은 그들의 포주 또는 종종 고객이나 사내에 의해 살해되거나 부상을 입을 수도 있으며, 종종 고객이 포주나 창녀에 의해 강탈을 당하는 수도 있다. 중요한 타인에 의해 간통임이 발각됨으로써 심각한 부상 혹은 사망의 결과가 야기될 수 있다. 합의에 의한 성행위이지만, 경찰의 수사가 개입되어야 할 성행위에 대한 수많은 사례들이 있다. 합의에 의한 성행위와 관련하여 해마다 부상당하거나 사망하는 사람들의 숫자는 알려져 있지 않으며, 그러한 많은 사망사건들은 연구를 어렵게 하면서 허위 혹은 실수로 분류된다. 그러나 사건들의 숫자는 보고된 것보다 훨씬 더 많아 보인다.

종종 경찰은 오로지 법률에 위반된 것이 없다는 것을 밝히는 데 그러한 사건 수사에 수많은 시간을 허비한다. 대체로 법집행 관청들은 상호간에 합의한 파트너들 간에 관련된 성적 위반행위를 수사하는 경우 그러한 사건들이 일반인의 관심과 불만을 야기하지 않고, 그렇게 하는 것이 정치적으로 별 실익이 없으면 우선권을 별로 두지 않는다.

(2) 성가신 혹은 불쾌한 성행위

불쾌한 성행위(annoyance sex)는 개인이나 혹은 지역공동체에 거의 위협을 주지 않는 광범위한 성적 행위 유형이다. 그 행위는 공포심을 야기할 수도 있지만, 협박보다는 노여움이나 불쾌감을 더 많이 유발한다. 성난 친구, 배우자, 부모 혹은 군중들에게 발견되거나 직면했을 때 가장 큰 위험이 생길 수 있다. 그들 중의 어느 누가 성행위자를 부상시키거나 살해할 수 있으며, 관계자 또한 피해자로부터 공격을 받을 위험이 있다.

불쾌한 성행위는 일반적인 경찰상의 문제다. 그럼에도 불구하고, 그러한 사건들에 대해 경찰력 혹은 시간을 투자하는 경찰관서는 거의 없다. 물론 예외는 있을 수 있는데, 협박의 정도, 일반 시민의 압력 혹은 피해자 혹은 이웃들의 사회경제적인 지위에 달렸다.

(3) 협박에 의한 성행위

협박에 의한 성행위(threatening sex)가 이루어지는 동안 부상 혹은 사망할 가능성은 항상 있다. 즉, 협박에 의한 성행위가 이루어지는 동안, 피해자는 두들겨 맞거나, 목이 졸리거나, 칼에 찔리거나, 총에 맞거나, 고문을 당하거나, 화상을 입거나, 감전사되거나, 깨물리거나 혹은 신체의 구멍에 다양한 이물질을 삽입당하기도 한다. 종종 피해자들은 신체적 부상뿐만 아니라 심리적 손상을 입기도 한다. 부상 혹은 사망으로 이어지는 심각한 성범죄 사건의 경우, 대부분의 범죄자가 체포될 때까지 그러한 범죄들을 반복하는 경향이 있기 때문에 우선적으로 수사가 진행된다. 오래된 경찰 관련 속담에도 "한번 성범죄자가 되면, 영원한 성범죄자가 된다"라는 말이 있다(Palmiotto, 2004: 181).

3 강간범죄의 이해

1) 강간의 개념

강간(rape)이라는 말은 *rapere*라는 라틴어에서 유래한 것으로 힘으로 취한다는 뜻한다. 보통법에서는 "강제적으로 그녀의 의지에 반한 여성에 관한 육체적인 지식(앎)"으로 정의된다(Siegel, 2001: 333). 강간은 여성에 관한 무력과 함께 합의 없이 이루어지는 여성에 관한 육욕적인 성관계(성교)라는 용어로 일컬어진다. 즉 강간은 어떤 사람의 의사에 반해 강제로 성행위를 하는 것과 관련되며, 그것은 성적 욕구에 관한 범죄라기보다는 고의와 적극적으로 해할 마음이 있는 살인처럼 잔인한 폭력행위다(Weston et al., 2000: 237).

폭력에 대한 공포로 야기된 합의는 합의가 아니다. 만약 남성 공격자가 피해자의 마음을 정복하기 위해 물리적 힘을 사용한다면, 그래서 피해자가 감히 저항할 수 없다면, 그것은 여성의 의지에 반하는 것이다. 필연적으로, 무력이나 공포는 강간범죄에서 필수적인 요소다. 그것은 몹시 싫어하고 오해되는 그리고 굉장히 놀라운 범죄 중의 하나다.

전통적인 보통법 상의 개념에 따르면, 강간은 결혼도 하지 않고 또한 동거도 하지 않는 여성에 대해 남성이 합의되지 않은 성교를 행하는 것이다. 보통법에서 강간은 남성이 힘에 의해 강제적으로 여성과 성행위를 함으로써, 신체적으로 도움을 받을 수 없거나 정신적으로 무능력한 상태에서 합의할 능력이 없는 여성, 그리고 12세 미만의 여성과 성행위를 했을 때 저질러지는 것이다(Palmiotto, 2004: 181).

미국의 경우 강간범죄자로서의 남성은 반드시 적어도 16세는 되어야 한다. 물론 일부 다른 주에서는 연령을 다르게 규정할 수 있다. 보통법 상에서 강간이라는 것을 확인하기 위해서는 두 가지 기본적인 요소가 요구된다.

첫째로, 성행위는 반드시 여성의 합의 없이 저질러진 것이어야 한다. 만약 여성이 감금 혹은 협박 상태, 강제하에서 행동하거나 그녀가 나이가 어리다면, 정신적으로 무능력 상태이거나 주취 상태 혹은 무의식 상태라면 합의는 유효하지 않다.

둘째로, 여성과의 성교 행위가 있어야 한다. 즉 다시 말하면, 남성의 성기가 여성의 질(膣)을 침입하는 행위를 말한다. 그러한 삽입 행위는 아주 경미할 수 있으며, 사정과는 무관하다(Palmiotto, 2004: 182).

강간은 미국의 통합범죄보고서(UCR)에서 지표 범죄(혹은 중요 범죄, Index Crime)로 등재되는 유일한 성범죄 유형이다. 가장 큰 문제는 많은 피해자들이 그러한 강간 피해 사실을 경찰에 신고하지 않을 수 있다는 점이다. 데이트 강간과 연령이 많은 사람들의 강간사건은 좀처럼 신고되지 않는다는 것을 고려할 때, 실제 강간 건수는 공식적인 통계가 제시하고 있

부녀자 36명 납치 성폭행 한패 셋 구속

출·퇴근 여성 등 부녀자 30여 명을 강제로 끌고 가 성폭행하고 금품을 갈취한 혐의(성폭력범죄 및 피해자 보호 등에 관한 법률 위반)로 서○○(25, 무직), 이○○(25, 알루미늄 새시공) 등 3명이 구속된 바 있다. 범인들은 버스정류장에서 집으로 가기 위해 버스를 기다리던 이모(20) 양을 자신의 승용차에 강제로 태워 성폭행하고 현금 4만 원과 현금카드를 빼앗는 등 36명의 직장 여성과 가정주부를 상대로 강도·강간을 일삼아 온 혐의다. 이들은 범행을 저지른 뒤 피해자들의 나체 사진을 찍어 "말을 듣지 않으면 공개하겠다"고 협박하며 금품을 요구했다.

중앙일보, 1996년 2월 3일자, 21면

는 수치보다 적어도 두 배 정도는 될 것이 틀림없다.

범죄학자들은 강간을 성행위에 대한 강제적 표현이 아니라, 폭력적·강제적인 공격 행동이라고 인식한다.

대학가 원룸 돌며 여대생만 골라 성폭행

대학가 원룸촌을 돌며 여대생을 성폭행한 20대 남성이 경찰에 붙잡혔다. 대구 성서경찰서는 대학가를 돌며 여학생을 성폭행한 혐의로 김모(25) 씨에 대해 구속영장을 신청했다. 경찰에 따르면 김씨는 2007년 6월 10일 오전 2시경 대구 달서구 신당동 원룸촌에서 길 가던 신모(19) 양을 흉기로 위협해 인근 공원으로 끌고간 후 성폭행하고 현금 3만 원을 빼앗은 것으로 전해졌다. 김씨는 이외에도 4차례에 걸쳐 여대생을 성폭행한 혐의가 있는 것으로 알려졌다.

경향신문, 2007년 6월 25일자

인터넷으로 채팅을 하면서 알게 된 여고생과 여대생 85명을 성폭행하고 성행위 장면을 촬영해 온 대학생이 붙잡혔다. 범인은 컴퓨터 채팅 상대였던 C모(18, 여고3) 양을 전철역에서 만나 인근 여관으로 유인, 성폭행하고 성행위 장면을 촬영하는 등 1999년 말부터 2000년 6월까지 여학생 85명을 상대로 범행을 저지른 혐의다. 범행 후 피해자의 소지품과 속옷 등을 챙기고 다시 만나 줄 것을 거절하는 피해자에게는 "이 사실을 가족에게 알리고 속옷 등을 인터넷에 공개하겠다"며 협박까지 했던 것으로 드러났다. 범인은 성적이 우수해 등록금을 면제받는 장학생인 것으로 확인됐다.

중앙일보, 2000년 6월 15일자, 29면

한편, 이러한 강간에 대한 개념 정의로부터 제외되는 성적 행동들은 종종 다른 형태의 범죄 유형으로 포함된다. 예를 들면 다음과 같다.

- 구강성교(fellatio)에 여성을 강제로 참여시키는 남성, 커닐링거스(여성 성기에의 구강성교) 그리고 많은 주에서는 항문성교; 이러한 범죄들은 보통 남색 금지 법령에 의해 통제되며, 그것은 일탈적 성적 관행으로서 법률에 위반된다.
- 여성 혹은 남성이 강제적으로 남성을 성교 혹은 다른 성적 행위에 가담시키는 것
- 여성이 강제적으로 여성을 성적 행위에 가담시키는 것
- 신체적 손상이라기보다는 사회적, 경제적 혹은 직업상의 위해를 가하겠다는 위협을 가하면서 남자 혹은 여자가 강제적으로 실행하는 성교(Randall & Rose, 1984: 47).

2) 강간의 원인

어떤 요인이 남성들로 하여금 강간범죄를 저지르도록 영향을 미치는가? 이 문제에 대한 범죄학자들의 대답은 거의 범죄 그 자체만큼 다양하다. 그런데 대부분의 설명은 다음과 같

은 몇 가지 범주로 나눌 수 있다.

(1) 진화론적 · 생물학적 요인

강간에 대한 한 설명은 남성의 성적 욕구에 관해 진화론적 · 생물학적 측면에 초점을 맞추고 있다. 이러한 관점에 따르면, 강간은 본능적일 수 있으며 자기의 종족을 영속시키기 위한 수단으로서, 나이가 들어감에 따라 발전되는 것일 수 있다고 이해한다. 좀더 원시 상태에서는 강제적인 성적 접촉이 자기 종족을 확대시키고, 자손을 극대화하는 데 도움이 될 수 있었다. 어떤 이들은 이러한 선사 시대적 욕구는 남아 있다고 믿으며, 남성들은 가능하면 많은 여성들과 친밀한 관계를 가질 수 있도록 조장하는 자연적인 성적 욕구를 여전히 갖고 있다고 여긴다(Siegel, 2001: 337).

이러한 진화론적 관점에 따르면, 성적 충동은 가능하면 넓게 자기 종(種)의 유전자를 퍼뜨림으로써 종을 보존하려는 무의식적 욕구와 부합된다는 것이다. 강간은 폭력성뿐만 아니라 성행위와 밀접한 관계가 있다. 엘리스(Lee Ellis)와 같은 생물사회학자에 따르면, 다른 사람에게 성적으로 유혹당한 사람을 소유하고 통제하고 싶은 욕망은 성행위와 관련되어 있다(Ellis, 1991: 631-642).

(2) 잘못된 사회화

생물학적 진화론의 관점과는 반대로 몇몇 연구자들에 의하면, 강간은 현대 사회의 잘못된 사회화의 기능 때문이라고 한다. 러셀(Diana Russell)이라는 여성학자가 쓴 『강간의 정치학(*The Politics of Rape*)』(1975)이라는 책에 의하면, 강간은 실제로 잘못된 행위가 아니라, 미국 사회에서 남자다움으로 여겨지는 특성들에 부합되기 위한 행위라는 것이다.

러셀은 어릴 때부터 소년들은 공격적이고, 강제력을 행사하고, 거칠고 뭔가 지배할 수 있을 것처럼 가르쳐 왔고 동시에 남성은 여성을 지배하도록 가르쳐 왔으며, 그들은 여성이 마치 남성에게 지배당하기를 원한다는 믿음 쪽으로 이끌어 왔다고 주장한다. 또한 남성은 사랑, 존경 그리고 애정을 위한 욕구로부터, 그들의 성적 느낌을 분리해야 한다는 믿음이야말로 남자다운 신비한 매력으로 여기며, 이와 유사하게 성적으로 공격적인 여성은 다른 남성과 싸우며, 남성들로 하여금 자신의 남성다움을 의심하도록 만든다. 성적 불안정성은 남성들로 하여금 자신의 이미지와 남성으로서의 정체성을 북돋우기 위해 강간을 저지르게 할 수 있다. 강간은 여성들로 하여금 자신의 위치에 머물도록 도와 준다고 주장한다.

(3) 초(超)남성적 기질

만약 강간이 남성의 분노와 여성에 관한 평가 절하에 대한 표현이고, 성적 욕구에 의해 동기 부여된 행동이 아니라면, 강간은 소위 남자다운 태도를 갖고 있는 남성이 성적 폭행에 더 관련될 수 있을 것 같다는 주장에 부합한다(Siegel, 2001: 337).

초남성적 기질(hyperma sculinity)을 갖고 있는 남성은 전형적으로 무감각한 성적 태도를 갖고 있으며, 폭행이야말로 남성다움이라고 믿는다. 그들은 위험을 흥미로 여기고, 모욕과 비웃음에 대해서는 과도하게 민감해진다. 성적 정복에 대해 그들은 또한 충동적이며 훨씬 더 자랑하려고 한다. 특별히 알코올을 섭취했을 때에는 통제력을 더 상실할 수 있다(Downs & Gold, 1997: 19-36).

이러한 남성들은 분노에 극히 민감해지고, 성적으로 더 공격적이 될 수 있다. 실제로 성적으로 공격적인 남성들은 여성을 성폭행의 정당한 피해자로 볼 수 있다.

(4) 심리적 이상

다른 관점에서 보면, 강간범죄자들은 어떤 형태의 인성적 장애 혹은 정신병으로부터 시달리고 있는 자로 평가되기도 한다. 연구에 따르면, 수감된 상당한 비율의 강간범죄자들이 정신이상 경향을 보이고 있으며, 다른 많은 수감자들은 여성에게 적대적이며 가학적인 감정을 갖고 있다고 한다(Gebhard, Gagnon, Pomeroy, & Christenson, 1965: 198-205; Rada ed., 1978: 122-130).

(5) 사회적 학습

이러한 관점은 남성들은 다른 행동을 학습하는 것처럼 강간을 저지르는 것도 배워서 그렇게 된다는 점을 지적하고 있다. 그로스(A. Nicholas Groth)라는 학자가 제시한 바에 의하면, 그가 연구한 강간범의 약 40%가 사춘기에 성적으로 피해를 경험한 것으로 나타났다(Siegel, 2001: 338). 개인적으로 성적인 상처를 입은 사람은 신체가 성장하면서 다른 사람에게 다시 성적 상처를 주려는 욕구와 연결될 수 있다(Donnerstein, Linz, & Penrod, 1987; Russell, 1985: 115-116).

심하게 두들겨 맞고, 강간당하고 혹은 고문당하는 여성들이 등장하는 폭력적인 혹은 포르노 같은 영화를 보는 것은 남성들에게 성적으로 더 공격적인 행동들과 관련되어 왔다(Malamuth & Briere, 1986: 75-92). 아주 대표적인 사례에 따르면, '12세의 불행(12-year-old Providence)'이라고 불리는 로드 아일랜드의 소년은 여성이 폭력적으로 강간당한 사건을 다루는 재판이 소개되는 TV 프로그램을 보고난 뒤 풀장의 테이블 위에서 10세 된 소녀를 성적으로 폭행했다(그 사건은 조디 포스터가 주연을 맡은 「피고인(The Accused)」이라는 영화로 제작되었다)(Associated Press, 1984: 50).

(6) 성적 동기

대부분의 범죄학자들은 강간이 실제로 폭력이며, 그것은 성적으로 동기 부여된 것은 아니라고 한다. 그런데, 그것은 모든 강간사건에서 성적 동기를 제외시키기에는 시기상조인 주장일 수 있다(Felson & Krohn, 1990: 222-242).

미국의 범죄 피해조사 자료에 따르면, 강간 피해자들은 연소화되는 경향이 있으며, 강간범죄자들은 나이가 어린 여성들, 추측컨대 더 매력적인 피해자를 선호하는 경향이 있음을 지적하고 있다. 자료는 강간범죄자의 연령과 피해자의 연령 간에 관련성을 보여 주고 있는데, 합의할 만한 성적 파트너로서 나이가 거의 같은 여성을 강간범죄의 대상으로 선택하고 있다고 한다. 그리고 보통 나이 어린 범죄자들이 아주 폭력적이라는 사실에도 불구하고, 나이가 많은 범인들일수록 나이 어린 범죄자보다 피해자에게 해를 끼치는 경향이 있다. 이러한 패턴은 나이가 많은 범죄자일수록 힘과 통제에 대한 욕구로 강간을 저지를 수 있다는 것을 보여 주며, 반면에 나이가 어린 범죄자일수록 성적 만족을 추구하면서 피해자에게 덜 해를 끼치게 하는 경향이 있다(Siegel, 2001: 338).

3) 강간의 역사와 군대

(1) 강간의 역사

강간은 오랜 역사에 걸쳐 범죄로 인식되어 왔다. 그것은 예술, 문학, 영화 그리고 연극의 주제가 되어 왔다. 프랑스의 화가 푸생(Nicolas Poussin)의 작품인 「사비나(Sabine) 여성들의 강간」이라는 그림에서, 리처드슨(Samuel Richardson)이라는 작가의 『클라리사(*Clarissa*)』라는 소설, 윌리엄 셰익스피어의 「러크리스(Lucrese)의 강간」이라는 제목의 시, 「피고인(The Accused)」이라는 제목의 영화에서 성적인 폭력은 그들의 중심 주제가 되고 있다. 초기 문명사회에서 강간은 일반적이었으며, 남성은 여성을 강제로 납치하여 강간함으로써, 여성에 대한 소유권을 주장했다. 이러한 전통은 남성의 단결력과 여성에 대한 그들의 역사적인 지배 쪽으로 이끌었다(Brownmiller, 1975).

사실상, 브라운밀러(Susan Brownmiller)라는 여성 작가의 자주 인용되는 『우리들의 의지에 반하여: 남성, 여성 그리고 강간(*Against Our Will: Men, Women and Rape*)』(1975)이라는 책에서, 중세 동안 단지 화폐경제가 발전된 후에 강간은 범죄로 규정되었다고 주장한다. 그래서 처녀를 범하는 것은 그녀의 가족들에게는 경제적 어려움을 야기했다. 가족들은 결혼하는 신부의 손에 중요한 지참금을 기대했다. 브라운밀러에 따르면, 강간 법제에 의한 성행위 기초를 둘러싼 추가적인 증거는 바빌로니아 법제와 헤브루 법제에서 찾아볼 수 있다. 이러한 고대 인류는 처녀에 대한 강간을 사형으로 처벌될 수 있는 범죄로 인식했다. 그런데, 만약 피해자가 결혼하면 그때에는 여자와 그녀를 강간한 남자 둘 다 똑같이 비난을 받게 된다. 만약 그녀의 남편이 용서하지 않는다면 피해자와 강간범 둘 다 사형에 처해졌다. 중세 때에는 강제로 결혼하기 위한 노력의 일환으로서, 부유한 여성을 납치하여 강간하려는 야망 있는 남성에게는 강간이 다반사였다(Siegel, 2001: 333).

"상당한 재산을 상속받은 여성을 훔치는" 전통에 따르면, 봉건 법률이 얼마나 여성을 거의 고려하지 않았는지 혹은 보호하지 않았는지를 보여 주고 있으며, 여성을 재산처럼 여겼다(Green, 1988: 6). 단지 15세기 말엽, 만약 그 피해자가 귀족계급이었을 때에만 강제적인 성행위는 법률을 위반한 것이었다. 16세기에 접어들 때까지 농부의 아내나 결혼한 여자는 강간 피해자로 인식되지 않았다. 이 시대에 성행위에 대한 기독교적 비난은 마음속에 성욕을 품고 있는 여성을 악으로 선언하고 고발하는 것이었다. 이것은 오로지 모성에 의해서만 되찾을 수 있었다. 강간당한 여성은 거의 자동적으로 그러한 공격을 부추겼다는 의심을 받았다.

(2) 강간과 군대

비록 강간은 군대의 정복 활동과 오랫동안 관련을 맺고 있지만, 1966년 메릴랜드 주 애버딘 무기실험장(Aberdeen Proving Grounds)에서 '강간 고리(Rape Ring)'의 존재가 국영 언론매체를 통해 밝혀지자 온 나라가 발칵 뒤집혔다. 거의 20여 명의 임명되지 않은 군인이 19명의 여성 훈련병을 강간과 성적 학대한 혐의로 기소되었다. 조사에 따르면, 미국 전역의 군기지에서 근무하는 5,000명 이상의 여자 병사들이 이와 유사한 행위를 경험했다고 군 긴급전화를 통해 신고한 것으로 나타났다. 군대 내에서의 이러한 파문은 특히 심각한 상황이었는데, 거기에는 훈련교관들이 관련되어 있었다. 왜냐하면, 군에 신규 모집된 젊은 여성들은 지원, 교육 및 훈육에 대한 문제들 때문에 이들에게 의존적인 상태이며, 교관들은 이러한 여성들에 대해 전반적인 통제권을 갖고 있기 때문이다(Vistica, 1996: 29-31).

군대와 강간 간의 관계는 불가피하다. 기록된 역사에 따르면, 강간은 전쟁과 군대와 연관되어 왔다. 정복 전쟁에 승리한 군대의 병사들은 전리품(戰利品)의 일환으로서 상대국 여성들을 성적으로 소유할 수 있는 것으로 인식되어 왔다. 고대 그리스의 국가들 가운데에는 강간이 전쟁 규칙의 범위 내에서 사회적으로 용인될 만한 것이었다. 십자군 전쟁 기간 동안에,

심지어 기사도적 맹세와 기독교적인 경건심에 의해 표면상으로만 제한되어 있었던 기사들이나 청교도들까지 콘스탄티노플에 입성하면서 강간할 시간을 가졌다. 전쟁에 승리했을 때 여성들이 전리품의 일부라는 믿음은 오랫동안 계속되었다(Siegel, 2001: 334).

4) 강간범죄의 유형

몇몇 강간사건들은 계획적으로 이루어지지만, 다른 한편으로 우발적으로 일어나기도 한다. 범죄 유형에 따라서는 특정한 피해자에게 초점이 맞춰진 경우가 있으며, 그 반면에 주거침입 절도와 같은 다른 범죄를 저지르는 과정에서 거의 추가적인 형태로 발생하는 사례들도 있다. 일부 강간범은 단순한 범죄를 저지르기도 하며, 다른 강간범죄자는 복합적인 범죄자 유형인 경우도 있다. 일부 범인은 혼자서 피해자를 공격하는가 하면, 다른 범인은 여러 명이 혹은 그룹・갱 형태로 강간을 자행하기도 한다(Warr, 1998: 275-288). 왜냐하면, 강간범죄의 형태나 범인이 단순하지 않기 때문에, 범죄학자들은 강간범죄의 상황에 대한 광범위한 다양성에 대해 정의하고 범주화하려고 시도해 왔다. 범죄학자들은 강간범죄 및 다양한 유형의 강간범죄자들의 범행 동기가 있음을 인식하고 있다. 강간범죄자의 인성적 특성을 분류하기 위한 시도로 가장 잘 알려진 것들 중의 하나는 그로스(A. Nicholas Groth)라는 심리학자에 의해 만들어진 것이 있으며, 그는 성범죄자를 분류하고 처우하는 데 전문가다(Siegel, 2001: 334-335). 그에 따르면, 모든 강간범죄자들은 분노, 무력 그리고 성욕 등 세 가지 요소들을 갖고 있다고 한다(Groth & Birnbaum, 1979).

결과적으로, 강간범들은 세 가지 차원, 즉 분노형 강간, 무력형 강간 그리고 가학적 강간 중의 하나로서 분류될 수 있다. 그로스는 강간범죄자 중 55%는 무력형, 40%는 분노형 그리고 나머지 5%는 가학적 강간범죄자들이었다고 밝혔다. 그로스의 중요한 기여 중의 하나는 강간범죄가 일반적으로 폭력범죄의 일종이며, 성적 행위가 아니라는 인식을 갖게 했다는 점이다. 이러한 모든 상황에서 강간은 결국 약탈적 범죄자가 피해자를 선택하여 공격하는 폭력범죄와 관련을 맺고 있다(다른 유형은 Knight, 1997: 58-75 참조).

(1) 갱 형태의 강간과 단독 강간범

여러 명의 범인에 의해 여성이 강간을 당하는 추정 수치에 따르면, 그 범위가 1~26%나 된다고 한다(Ullman, 1999: 123-134). 물론, 보통 인구사회학적 특성, 즉 단독 범인 혹은 여러 명의 범인에 의한 강간 피해냐에 따라서 약간의 차이는 있다. 그런데 여러 명의 범인들에 의해 강간을 당한 여성의 경우, 심하게 두들겨 맞거나 무기를 이용한 훨씬 더 폭력적 상황에 굴복했다고 한다. 갱에 의한 강간의 경우, 단독 범인에 의한 강간범죄보다 훨씬 더 기수(旣遂)에 달하는 경향이며, 갱에 의한 강간 피해자들은 단독 범인에 의해 공격받은 피해자들보다 훨씬 더 저항하게 되며, 상처를 더 많이 입을 가능성이 있다. 갱에 의한 강간 피해자들이 경찰에 더 잘 신고하고 치료를 받고자 하며 자살을 더 생각할 가능성이 있으므로 갱에 의한 강간의 경우, 그 폭력성과 범행 결과면에서 훨씬 더 심각한 것으로 인식되고 있다(Siegel, 2001: 335).

(2) 연쇄강간

강간범들은 일회성 범행을 지지르는가 하면, 다수 혹은 연쇄적 강간범죄를 저지르기도 한다. 연쇄강간범들은 끊임없이 폭력 사용을 증가시키는가 하면, 그렇지 않는 경우도 있다.

워렌(Janet Warren)과 동료 연구진들(Warren et al., 1998: 56-62)의 연구 결과에 의하면, 폭력을 증가시키는 범인들(연쇄강간 범인들의 25%에 해당하는 범인들)은 보통 피해자들보다 전형적으로 나이가 많은 여러 명의 피해자를 공격하는 백인 남성일 경향이 있다고 지적했다. 폭력 사용을 증가시키는 강간범죄자의 경우, 범인의 행동들이 거의 성폭행에만 집중되고 있는 가운데 다른 범죄 유형보다는 제한된 범죄 경력을 갖고 있다.

2001년 1월 31일 원룸촌에 혼자 사는 부녀자 1백 여 명을 성폭행하고 금품까지 빼앗은 혐의(강도·강간)로 용의자가 체포되었다. 범인은 원룸주택 김모(21, 여, 술집 종업원) 씨 방에 수도검침원을 가장해 침입, 피해자를 성폭행하고 현금 2백 80만 원을 빼앗는 등 1999년 11월부터 1여 년 동안 부녀자 1백 여 명을 성폭행하고 7천여 만 원의 금품을 턴 혐의다. 범인은 술집 여종업원들이 몰려 사는 원룸촌을 주무대로 활동했으며 이들이 집에 머무르는 오후 2~6시 수도검침원으로 가장해 범행했던 것으로 드러났다

중앙일보, 2001년 2월 1일자, 27면

어떤 연쇄강간범들은 전격적으로 강간을 저지르는 경우도 있으며, 피해자를 아무 경고도 없이 공격한다. 그런 반면 다른 범인들은 대화를 하면서 말을 건네거나 차를 태워 주는 등으로 피해자를 붙잡으려고 한다. 또한 범행 대상자에게 접근하기 위해 개인적인 혹은 전문적인 관계를 활용한다(Le Beau, 1987: 309-326). 예를 들면, 경찰관들이나 다른 형사사법기관의 법집행 공무원들은 자신들의 권한을 통해 시민들을 강제하여 성적 관계 대상으로 몰아감으로써 종종 기소당하기도 한다. 경찰관들은 불필요한 알몸 수색을 실시하고, 체포 혹은 다른 공적인 기소를 하는 대신에 여성들로 하여금 강제로 성관계를 맺도록 하면서, 집안에 있는 여성들을 감시하기 위해서 망원경으로 엿봄으로써 사건에 관련되기도 한다(Vaughn, 1999: 334-357).

(3) 면식강간

면식 관계에 의한 강간은 주로 피해자와 아는 사이, 예를 들면 가족구성원이나 친구 사이와 같은 관계에서 저질러지는 강간범죄다. 면식 강간의 범위 내에 데이트 강간이라는 범주가 포함되는데, 이것은 상대 여성을 유혹하는 과정에서 성적인 공격을 가하는 행위와 관련된다. 법률상의 (의제)강간으로서, 피해자가 어린이인 경우다. 그리고 부부강간은 합법적으로 결혼한 사람들 사이에서 벌어지는 강제적 성관계를 의미한다.

낯선 사람들과 피해자와 가해자가 어느 정도 알고 있는 사이에서 발생하는 강간범죄의 비율을 추정하는 것은 어렵다. 왜냐하면, 피해 여성들이 알고 지내는 사람들과의 성적 문제 행위에 대해서는 신고하기를 꺼려하는 경향이 있기 때문이다. 어떤 추정치에 의하면, 피해자와 가해자가 서로 아는 사이에서 발생하는 강간범죄의 비율이 약 50% 정도 된다고 한다 (Allison & Wrightsman, 1993: 51).

비면식 강간사건은 아는 사람들 사이에서 발생하는 강간범죄보다 전형적으로 훨씬 더 폭력적이다. 가해자들은 무기를 휴대하고 위협하면서 피해자를 신체적으로 훨씬 더 다치게 한다. 비면식 관계에서 발생하는 강간사건은 공식 범죄 통계에서 과잉 묘사되는 수가 있다. 왜냐하면, 매우 심하게 다친 피해자들이야말로 경찰에 가장 적극적으로 신고하기 때문이다 (Siegel, 2001: 336).

(4) 데이트 강간

데이트 강간은 관계를 만들어 나가기 위해 상대 여성을 유혹하는 상황에서 발생하는 강간범죄와 관련성이 있다. 데이트 남성 혹은 면식 관계의 남성에 의한 성적 강제는 실제로 강간이다(Weston et al., 2000: 237). 데이트 강간에는 하나의 단순한 형태만 있는 것은 아니다. 데이트 첫날에 강간을 당하는 경우도 있으며, 관계가 발전되어 가는 과정에서 강간범죄가 발생하는 경우도 있다. 어떤 경우에는 피해 여성과 가해자가 오랫동안 사귄 후에 강간범죄가 발생하는 경우도 있다. 데이트 혹은 면식강간에서는 범인과 피해자 간에 이전부터 관계가 있어 왔다. 그러나 피해자는 합의 없이 강제로 성관계를 강요받은 경우다.

데이트 강간은 미국에서는 독특한 것이 아니다. 캐나다의 여대생들을 대상으로 한 연구에 의하면, 비록 캐나다에서는 전반적인 범죄 발생률이 미국보다 낮지만, 데이트 강간 범죄의 발생률은 여전히 아주 높다. 조사된 약 1/3의 여성이 신체적, 언어적 혹은 심리적인 성적 강제에 관한 사건들을 경험했다고 한다. 25%의 여성은 자신들이 과거에 원하지 않은 성적 관계를 가졌다고 응답했다(DeKeseredy, Schwartz, & Tait, 1993: 263-277).

한 쌍 중 절반 정도의 여성이 강제적으로 성적 관계를 갖고 있는데, 데이트 강간 혹은 면식 관계의 강간은 남성의 성적 공격이다. 데이트 남성 혹은 면식 관계의 남성에 의한 성적 강제는 실제로 강간이다. 이것은 범죄자와 피해자 간에 사전에 아무런 교제도 없이 그리고 범인은 곧바로 협박을 하거나 혹은 피해자를 정복하기 위해 무력을 사용하는 방식과 같은 전격적인 공격에 의한 강간이 아니다(Weston et al., 2000: 237).

다른 복잡한 현상은 캠퍼스 내 갱 강간인데, 일단의 남성들이 전혀 방어 능력이 없거나 술에 취한 피해자를 공격하는 유형이다. 매우 공공연하게 알려진 갱 강간은 과거 10여 년 전 뉴햄프셔대학, 듀크대학, 플로리다 주립대학, 펜실베이니아 주립대학 그리고 벤틀리대학에서 발생한 사건들이다(DeKeseredy, Schwartz, & Tait, 1993: 263-277).

데이트 강간은 대학 캠퍼스에서 종종 발생하는 것으로 알려지고 있다. 약 15~20%의 여대생들이 강간 혹은 강간 미수의 피해를 입은 것으로 추정된다. 미드웨스턴 캠퍼스에서 수행된 한 자기보고식 조사에 따르면, 100%의 강간 범인들이 피해자를 이미 알고 있었던 것으로 나타났다(Meyer, 1984: 15).

강제적인 성적 만남은 미국 문화에서는 복잡하면서 평범한 것이 되었다. 범죄학자 슈워츠(Martin Schwartz)는 미국의 대학 캠퍼스 내에서 매우 실질적인 소수라고 할 수 있는 여성이 대부분의 주(州)에서 중범죄로 정의하고 있는 강간 혹은 성폭행에 해당하는 사건들을 경험하고 있다는 것이 피할 수 없는 사실이라고 언급했다(Schwartz, 1991: 304-316).

(5) 부부강간

1978년 리드아웃(Greta Rideout)은 자신의 남편인 존(John)을 강간 혐의로 고소했다. 오리건 주에서 발생한 이 사건은 신문의 헤드라인을 장식했다. 왜냐하면, 그것은 아내와 함께 주거공간을 공유하는 동안 부인을 강간했다는 이유로 남편이 기소된 첫 번째 사건이었기 때문이다. 남편인 존은 무죄 석방되었고, 부부는 곧바로 화해를 했다. 나중에 계속된 폭행이 쌓이면서 둘은 이혼했으며, 남편은 교도소에 수감되었다(Allison & Wrightsman, 1993: 85-87).

전통적으로, 법적 배우자인 남편은 그 부인을 강간한 것으로 기소될 수 없다. 이것은 일종의 부부 간의 예외적 면책 사항으로 언급되었다. 이러한 법률적 신조에 관한 기원은 16세기 영국의 헤일(Matthew Hale)이라는 재판장의 판결로 거슬러 올라간다. 당시에 그는 "적법한 아내에게 남편 자신이 저지른 강간에 대해 남편은 유죄가 인정될 수 없다. 왜냐하면, 그들의 상호 부부 관계적 합의와 계약에 의해 약속을 취소할 수 없는 아내는 남편에게 이러한 것을 포기했기 때문이다"(Russell, 1991: 129-139)라고 판결했다.

놀랍지 않게도, 부부 간의 면책 사항이 상당히 중요한 수정을 경험하게 되었다. 1980년,

오로지 3개 주에서만 부부강간에 대한 법률을 가졌지만, 오늘날에는 거의 모든 주에서 부부강간을 범죄로 인식하고 있다. 부부 간의 면책 사항을 폐지한 것이 미국 법원에서 특이한 것은 아니다. 캐나다, 이스라엘, 스코틀랜드 그리고 뉴질랜드에서도 부부 간의 면책 사항이 폐지되었다(Associated Press, 1991: 68).

(6) 법률상의 의제강간

법률상의 의제강간이라는 용어는 미성년자와 성인 간의 성적 관계를 언급할 때 사용되는 용어다. 비록 성관계가 강제로 혹은 강요된 것은 아니지만, 법률 규정을 보면 미성년자는 승낙을 합법적으로 제공할 수 있는 능력이 없기 때문에, 그 행위는 법적으로 합의가 없는 것으로 간주된다.

전형적으로 주의 법률은 합의(행위 능력)할 수 있는 연령에 성관계를 한 것에 대해 형사적으로 소추할 수 없는 연령 이상으로 정의한 것이다. 비록 각 주의 법령이 다르더라도, 불법행위가 일어났는지 여부를 판단하기 위해서는 당사자 간의 연령 차이를 평가한다(Siegel, 2001: 336).

예를 들면, 인디애나 주 법률에는 14세 미만의 소녀와 합의 하에 성관계를 맺은 21세 정도 혹은 그 이상의 남성에 대해 기소할 수 있도록 규정하고 있다. 일부 주에서는, 피고인이 상대방 여성 피해자의 나이가 합법적으로 동의할 수 있는 연령 이상이었다고 잘못 추정한 것에 대해 이의를 제기할 수 있다. 한편, '연령에 관한 착오'를 항변하는 것은 기각당한다. 최근 미국변호사협회에서 조사한 바에 따르면, 미성년 소녀가 법정에서 증언하기를 꺼려하기 때문에, 법률상 의제강간에 대한 기소가 종종 어렵다고 한다.

많은 주에서 나이가 많은 약탈적인 파트너와의 조숙한 성관계에 대한 심리적 상처로부터 미성년 피해자를 보호하기 위해 합법적으로 합의할 수 있는 연령을 상향시킴으로써 법률을 한층 더 강화시켰다(Siegel, 2001: 337).

5) 강간범죄의 실태: 미국 사례를 중심으로

수년 전 UCR 자료에 의하면, 1998년에 93,103건의 강간 혹은 강간 미수 사건이 미국 경찰에 신고되었다고 한다. 즉, 이는 100,000명의 여성 가운데 68명 정도의 비율을 차지하는 수치다(FBI, 1997: 25-28). 비록 이러한 경향이 1980년대 이래 계속 증가하고 있지만, 1994년과 1998년 사이에 약 12% 정도 감소한 가운데, 1990년대에는 10여 년 동안 감소하는 경향을 보이고 있다.

인구밀도가 강간 비율에 영향을 미치고 있으며, 오늘날 대도시 지역에서는 시골 지역보다 훨씬 더 높은 강간범죄 비율을 보이고 있다. 그럼에도 불구하고 도시 지역에서는 시골 지역보다 훨씬 더 높은 강간범죄 감소율을 보이고 있다. 경찰은 신고된 모든 강간범죄자의 거의 절반 이상을 체포하고 있다. 체포된 범죄자의 약 45%가 25세 미만의 남성이며, 60%는 백인이었다. 강간으로 체포된 자들의 인종적 패턴은 거의 일정했다.

마지막으로 강간은 따뜻한 기후와 관련된 범죄다. 즉 대부분의 강간범죄가 7, 8월에 집중적으로 발생하고, 12, 1, 2월에는 매우 낮은 비율을 보이고 있다. 그런데 이러한 자료들은 매우 주의깊게 살펴봐야 한다. 왜냐하면, 미국 범죄 피해자 조사에 따르면, 강간범죄는 종종 축소 보고되기 때문이다. 예를 들면, 1998년 피해자 조사에서는 200,000건의 강간 혹은 강간미수사건이 발생한 것으로 추산했는데, 그 가운데 거의 절반도 안 되는 사건들만 경찰에 신고한 것으로 나타났다. 피해자들이 너무 당황했으며, 아무것도 할 수 없다는 생각 혹은 자기 스스로를 책망하는 등으로 많은 사람이 자신의 강간 피해 사실을 신고하지 않았다. 다른 피해자 조사에 따르면, 적어도 20%의 성인 여성, 15%의 대학 재학 연령대 여성, 12%의 사춘기 소녀가 그들이 살아가는 동안 종종 성적 학대 혹은 성폭행을 경험한 것으로 나타났다(Siegel, 2001: 334). 공식적 통계와 피해자 조사 통계 둘 다 상당한 정도로 강간범죄의 규모를 실제보다 적게 계산하고 있다(Browne, 1992: 3184-3189).

매년 96,000여 건의 강간사건이 미국 전역에서 보고되고 있으며, 보고된 모든 폭력범죄 중 약 6%를 차지한다(Gilbert, 2001: 333). 인구 250,000여 명이 넘는 대도시에서는 강간범죄 건수가 가장 많은 수를 차지하며, 평균 40%가 넘고 있다. 경찰에 보고된 전체 강간범죄 가운데 보통 50%가 약간 넘는 정도로 체포되어 해결되고 있다. 모든 체포된 성인 범죄자들 가운데 70%가 기소되며, 그 중 40% 정도가 결과적으로 유죄 선고를 받는다. 1년 중 여름철 기간 중에 더 많은 강간범죄가 발생하고 있다.

강간은 모든 대인 범죄 가운데 가장 적게 신고되는 범죄로 알려져 있다. 이것은 아마도 범인들에 대한 피해자들의 공포감 때문에 그리고 성적 범죄의 성질에 대한 곤란함을 느끼기 때문이다. 심지어 70%에서 90%에 정도에 이르는 강간사건들이 신고되지 않는다고 추정하는 사람도 있지만, 최근의 연구에 의하면 이것을 증명하지 못하고 있다. 미국의 공공보건부에서 수행한 연구에 의하면, 대부분의 강간사건들이 신고되지 않는다는 광범위하게 퍼져 있는 믿음을 증명하지 못하고 있다. 그 연구는 적어도 57% 정도의 강간범죄 피해자들이 경찰에 범죄 사실을 신고했다고 밝히고 있다. 이러한 자료들은 개업 의사들을 면담하면서 확인된 것이다. 그것은 강간범죄를 신고하지 않는 피해자들이 개인 병원 의사로부터 의학적 치료를 받고자 한다는 것이 일반적으로 알려져 있기 때문이다. 그런데, 이러한 범죄에 대한 신고적 특성이 지난 십 년 동안 상당한 변화를 겪었다. 형사사법 제도에 대해 증가된 신뢰와 성범죄에 대해 이전에 따라다녔던 사회적 낙인의 감소와 같이 많은 요인이 수많은 피해자가 강간범죄를 신고하는 데 영향을 미치고 있다.

강간범죄 혐의자와 피해자는 전형적으로 거의 비슷한 연령대에 속해 있다. 대체로 범인의 나이가 약간 많은 경향이 있다. 연구에 따르면, 피해자-가해자 간 관계에서 갈등이 있다. 비록 대부분의 범죄자들과 피해자들이 서로 알지 못하는 사이였다고 이전의 대부분의 연구들이 제시하고 있지만, 최근의 연구에서는 많은 피해자와 가해자 사이가 적어도 우연하게 서로 아는 관계였음을 암시하고 있다.

폭력의 원인에 관한 국가위원회(The National Commission on the Causes of Violence)가 수행한 연구에 의하면, 53%의 강간범죄가 낯선 사람들에 의해 저질러졌다고 한다. 그런데, 강도사건처럼 다른 사람 대 사람 간에 반대되는 경우에는 상당수의 강간범죄가 아는 사람들과 관련된다. 따라서 피해자와 가해자 간에 서로 아는 사람이 저지르는 강간사건이 모르는 사람이 공격을 가하는 강간사건보다 훨씬 더 잘 경찰에 신고하는 경우가 많다는 것을 수사관들은 알고 있어야 한다. 한 연구에 따르면, 아는 사람들 사이에서 벌어진 강간사건의 거의 30%가 신고된 반면에, 모르는 사람에 의해 저질러진 사건은 고작 3% 정도 신고되었다고 한다.

대전 '원조 발바리' 무기징역… "영원히 사회서 격리해야"

대전지방법원 제4형사부(재판장 박관근 부장판사)는 7년 여 동안 100여 명의 부녀자를 상대로 성폭행 행각을 벌인 혐의로 기소된 '원조 발바리' 이모(46) 씨에 대해 무기징역을 선고했다. 재판부는 판결문에서 "전대미문의 성폭력 범죄를 저지른 데다 성폭행을 당한 피해자와 대다수 국민들이 엄벌에 처하는 게 바람직하다는 의견을 내고 있는 상황에서 재범 위험성이 있는 피고인을 영원히 사회에서 격리시키는 게 필요하다"고 밝혔다. 이씨는 지난 1998년 2월부터 2005년 10월까지 대전과 청주 등 전국의 주택가를 돌며 76차례에 걸쳐 부녀자 100여 명을 성폭행한 혐의로 기소돼 사형이 구형됐었다.

한편 이씨는 구형에 앞서 최후 진술을 통해 "피해자들에게 용서를 빈다", "참회하고 있다"고 말했다. 연쇄 성폭행범 이씨는 2006년 1월 경찰에 붙잡히기 전까지 7년 여 동안 76차례에 걸쳐 100여 명의 부녀자를 성폭행해 충격을 주었다. 특히, 임신중인 여성이 임신 사실을 알리기까지 했지만, 이에 아랑곳하지 않고 성폭행함으로써 피해자는 지금까지도 정신적인 충격에서 쉽게 벗어나지 못하고 있는 것으로 전해졌다. 또, 한꺼번에 부녀자 2~3명을 잇따라 성폭행할 정도로 대담한 범행과 범죄 단서를 남기지 않아 경찰관들 사이에서 '발바리'로 불리며 전국의 부녀자들을 7년 여 동안 공포 속으로 몰아넣기도 했다.

이씨는 지난 1998년 2월부터 2005년 10월까지 대전과 청주 등 전국의 주택가를 돌며 부녀자 100여 명을 성폭행한 혐의로 2006년 1월 경찰에 붙잡혔으며, 사건이 너무 많은데다 일부 피해자들이 진술을 꺼려 최근에서야 검찰의 기소가 이뤄졌다.

노컷뉴스, 2007년 7월 30일자(정세영 기자)

경찰에 신고된 대부분의 강간사건들이 정당하지만, 몇몇 사건들은 그렇지 않다. 최근 경찰에 신고된 모든 사건 가운데 8%는 수사를 통해 근거가 없는 것으로 밝혀졌다. 근거가 없는 강간사건 신고들은 강제적인 강간범죄가 아닌 혹은 강간범죄를 저지르려는 시도(미수)가 있었음을 경찰이 확인한 것들이다. 연방정부는 미국의 26개 주요 도시에서 발생한 강간범죄의 특성을 조사했다. 이 연구는 신고된 그리고 신고되지 않은 강간사건으로부터 피해 정보를 취합한 것인데, 다음 사항을 밝혀 주고 있다(Gilbert, 2001: 334).

- 피해자들은 더 젊고, 독신이며, 소수민족 출신이며, 저소득 가정 출신이다.
- 더 많은 피해가 야간에 발생했으며, 공개된 장소에서 그리고 한 명의 범인과 한 명의 피해자과 관련되어 있다. 절도와 같은 두 번째 범죄는 흔하지 않았다.
- 가장 흔한 것은 칼과 같은 무기였으며, 절반 정도의 범죄에서 사용되었다.
- 대부분의 피해자들은 자기 자신을 보호하기 위한 시도로서 저항했다. 피해자들은 강간을 당하지 않으려고 자기 방어에 나섰으나 오히려 저항은 추가적인 (강간이 아닌) 부상 기회를 증가시켰다.

6) 강간범죄자에 대한 프로파일

(1) 강간범죄자의 일반적 특징

미국에서 강간범죄자들은 대체로 16세에서 20세 정도의 젊은 층에 가장 많이 집중되어 있다. 강간범으로 체포된 거의 44%가 25세 미만의 범죄자들과 관련이 있으며, 범죄의 15% 정도는 17세 혹은 그보다 어린 청소년들에 의해 저질러졌다. 강간범으로 체포된 범인의 58% 정도는 백인이었으며, 41%는 흑인 그리고 나머지는 다른 인종의 사람들이었다.

성폭행범 3,000여 명에 대한 뉴욕 경찰청의 연구에 의하면, 강간범죄 용의자의 일반적인 프로파일을 제시해 준다. 전체 범죄자 중 70% 이상이 나이 29세 미만이며, 75%의 범인은 미혼이었다. 게다가 대부분 교육을 제대로 받지 못했으며, 직업과 관련된 기술이 없었다. 그리고 상당수(23%)가 일련의 동일한 사건을 저지르는 동안에 강도 혹은 주거침입 절도를 저질렀다. 강간범죄자들은 상당한 정도의 상습범이었으며, 다른 유형의 범죄자들보다 훨씬 더 빈번하게 그들의 범죄성을 반복하는 경향을 띠고 있었다(Gilbert, 2001: 334-335).

성적 경향을 지닌 채 범죄를 저지르는 대부분의 범죄자들은 복잡한 상습성을 갖고 있다. 캘리포니아 주 법무부에서 15년 동안 수행한 연구에 의하면, 1,300여 명의 성범죄자들을 조사한 결과 다른 폭력범죄자들이 다른 성범죄를 저지르는 것보다 성범죄자들이 성범죄를 다섯 배나 더 저지를 수 있다는 사실을 확인했다. 이러한 폭력적인 상습 성범죄자 비율이 놀라울 정도로 높아서 14개 주에서는 일부 특별한 성범죄자들로 하여금 일반 교도소에서 형기를 종료한 후에 다시 정신병 치료센터와 같은 중구금 시설에 수용할 수 있도록 허용하는 특별 입법을 하게 되었다. 대부분의 범죄자는 끊임없이 범죄를 저지르는 경향이 있으며, 처우 전문가들이 더 이상 재범할 것 같지 않다는 강한 확신을 갖게 되면 석방될 수 있다. 몇몇 사법 당국에서는 그러한 조치가 헌법에 부합하지 않는다고 생각하고 있으며, 동일한 범죄에 대해 이중 처벌하는 것이라고 비판한다. 미국 연방대법원(U.S. Supreme Court)은 치료되었다고 여겨질 때까지 추가적인 성범죄를 저지를 가능성이 있는 성범죄자들로부터 특별한 기간 제한 없이 시민들을 보호하는 것은 주(州)의 권한이라고 지지하고 있다.

몇몇 구체적인 강간범죄 연구에 의하면, 강간하는 남성들은 극단적인 경우에 이를 정도로 정신적으로 이상이 있는 것은 아님을 제시하고 있다. 비록 많은 강간범들이 다양한 형태의 정신적인 질환을 갖고 있지만, 아주 극소수의 범인만이 범죄적으로 미쳤다고 특징지을 수 있다. 강간범죄자들이 활용하는 수법은 상당히 다양하다. 일부 범죄는 비교적 빨리 피해자를 물색하여 저질러지는 반면에, 대다수 성범죄에서는 어느 정도 범인이 준비하고 계획한다. 그러한 범행 준비 형태나 양은 피해자와 범인이 처음 잠깐 동안 대화를 나누는 수준에서, 범행을 저지르기 전부터 수개월 동안 피해자를 미행하는 정도에 이른다. 갑자기 피해자를 공격하여 범죄를 저지르는 것이라기보다, 범인의 입장에서 피해자를 확실하게 공격하기 쉬운 상황이라고 판단될 때, 많은 강간범죄는 잠깐 동안의 대화를 나누면서 진행된다. 일부 혐의자들은 몇 시간 동안 길거리를 승용차로 혹은 걸어서 습관적으로 잠재적인 보행자 혹은 히치하이커들을 찾으면서 배회하기도 한다.

강간범죄는 일반적으로 몇몇 구조적인 유형 내에서 발생한다. 상당한 정도의 비율, 거의 40%는 옥외의 범행 현장에서 발생한다고 추측된다. 옥외에서 저질러지는 강간범죄는 거의 항상 보행자인 여성이 피해자가 된다. 범인은 피해 여성에게 잠깐 동안의 대화를 나누면서 종종 접근한다. 대화가 이어지면서 용의자는 말이나 행동으로 그의 공격적인 의지를 피해자에게 전달한다.

다른 옥외형(屋外型) 강간범죄에서는 전형적으로 범인이 피해자의 뒤편에서 접근하여 강제로 외딴 곳으로 끌고 가거나 차량에 태운다. 이러한 강간 용의자들은 전형적으로 피해자를 첫 대화에서 끌어들이지는 않는다. 옥내 범죄 현장에서 일어나는 강간은 일반적으로 피해자의 집(주거지)에서 발생한다. 피해자, 시간, 출입 방법 등은 일반적으로 범인에 의해 과거의 치밀한 관찰을 통해 미리 생각해 놓은 것이다. 사전 계획이 결여된 옥내 강간사건들은 종종 사무실이 있는 빌딩, 사방이 둘러싸인 주차장 혹은 구조물, 예를 들면 대학의 건물처럼 낯선 사람들의 출입 장면이 잘 관찰 내지는 감시되지 않는 곳에서 발생한다(Gilbert,

2001: 336).

(2) 강간범의 인성 특성과 프로파일

강간범의 행위에 대한 피해자의 묘사는 진술 능력이 인정되는 사람에 의한 분석, 강간범의 인성적 특성을 반영한다. 피해자에 관한 추가 인터뷰에서 확보된 자료에서 범죄자의 인성적 프로파일이 준비될 수 있다. 강간사건에서 이러한 범죄자 인성 프로파일의 활용에 대한 최근의 흐름은 새로운 수사 기법이 유용성이 있음을 보여 준다. 프로파일들은 강간범을 확인하고 검거하는 데 도움을 준다(Weston, Lushbaugh, & Wells, 2000: 242).

경험 있는 수사관들은 이러한 프로파일들이 연쇄 강간사건을 수사하는 데 매우 유용하다는 것을 믿고 있다. 그러나 이 분야의 전문가들은 모든 강간사건 수사에도 똑같이 유용하다고 믿고 있다. 인성 프로파일을 확대하는 것에는 위험이 따른다. 미국의 법정에서 피고측 변호인에게 개방된 공판 준비시 확인 절차는 오히려 피고를 방어하는 데 이 프로파일을 활용할 가능성이 있다. 피고가 프로파일과 일치하지 않으면 기소할 때 심각한 문제가 발생할 수 있다. 수사관들은 반드시 기소는 합리적 의심 없는 유죄를 입증해야 한다는 것을 명심해야 한다. 피고측 변호인은 재판 과정에서 이러한 합리적 의심을 불러일으키기 위해 범죄자의 인성 프로파일(criminal personality profile)과 피고인 간에 불일치한 점을 활용할 수 있을 것이다.

모든 강간범들에게 적용될 수 있는 특별한 인성 프로파일은 없다. 그런데, 범죄행동 전문가들은 거의 모든 강간범이 일반적으로 무력 확신형, 무력 지향적, 분노 복수형 혹은 기회형 범죄자들과 같이 몇 가지 유형으로 나눌 수 있다는 데 동의한다. 무력 확신형 범죄자는 심리학적으로 자신의 남성다움을 의심하며, 이러한 의심을 떨쳐 버리려고 여성에게 과도한 무력과 통제력을 행사한다. 보통 비면식 관계인 피해자-가해자 사이의 강간사건에서 이러한 경우가 있는데, 이 용의자 유형은 피해자에 대한 감시나 미행을 통해 빈번하게 그러한 범행을 계획한다. 최소한의 폭력을 사용함으로써 무력을 확신하는 강간범은 일반적으로 체포될 때까지 진행성 순환 속에서 강간행위를 계속한다. 무력 확신형 강간범은 이어지는 범행에 대해 양심의 가책 혹은 후회하는 모습을 보일 수 있으며, 사과하기도 하며, 혹은 어떤 다른 방식으로 죄책감을 보이기도 한다. 그러한 후회는 일시적이거나 혹은 대체로 거짓이다. 그러한 용의자는 전형적으로 추가적인 공격 혹은 범행을 통해 여성에 대한 지배력을 지속시키고자 할 것이다(Gilbert, 2001: 336-337).

무력 지향적 용의자들은 그들의 남성다움과 피해자에 대한 지배력을 내세우기 위해 강간한다. 무력 확신형 범죄자와는 대조적으로, 이러한 유형의 용의자는 자신의 남성다움을 의

심하지 않는다. 그러나 여성에 대한 상징적 무력의 형태로서 강간을 활용한다. 이러한 무력 지향적 강간범은 종종 사회적 속임수에 익숙해져 있으며, 범행을 저지르기 전에 피해자와 사귀고 있거나 혹은 알고 있다. 용의자가 범행을 저지르기에 안전한 시간과 장소를 인식할 때, 범인은 자신의 본성을 나타내고 피해자를 제압하기 위한 공격을 하게 된다. 보통 '데이트 강간'이라고 불리는 아는 사람들 간의 강간사건은 대부분 이러한 다양한 범인들의 소행이다. 무력 지향적 강간범은 일반적으로 무력 확신형 범죄자에 의해 나타나고 있는 것보다 더 심각한 폭력을 사용한다.

세 번째 유형인 분노 복수형 강간범은 여성과 사귀면서 과거의 실제 혹은 잘못된 것을 상상하면서, 심리적으로 복수하기 위해 극도의 분노를 사용한다. 분노 복수형 용의자의 범행 수법은 엄청난 폭력적 공격과 피해자를 처벌하기 위해 그리고 타락시키기 위한 자극적인 욕구에 의해 특징지어진다. 극도의 분노가 그러한 복수 지향적 강간범을 특징짓는 반면, 가학적인 범인들은 피해자인 여성을 향해 엄청날 정도의 공공연한 적대감을 보인다. 가학적 강간범은 고의적으로 피해자를 정복하기 위해 필요한 이상의 고통을 가한다. 왜냐하면, 가시적인 고통은 성적으로 흥분된 것처럼 보이기 때문이다. 대단히 비정상적인 성적 조건 때문에 가학적 강간범은 일반적으로 극도의 폭력을 통해서만 성적인 만족을 느낄 가능성이 있다. 그들의 범행은 살인사건으로 결말이 날 가장 높은 가능성을 갖고 있다. 대부분의 가학적 용의자들은 대단히 강박적이며, 강한 상습적 범행 수법을 갖고 있으며, 강간범죄를 저지르는 동안 기록을 하기도 한다.

마지막 유형의 강간범, 기회적 범인은 일반적으로 처음 중범죄를 저지르는 것과 관련하여 두 번째 범죄로서 강간을 저지르는 자다. 예를 들면, 강도 용의자가 상거래상의 강도범죄를 저지르는 과정에서 혼자 있는 피해자를 만나면서 충동적으로 강간을 저지를 수 있다. 이것은 범인의 동기가 직접적으로 성적인 것인 경우에만 해당되는 유형이다. 이러한 강간범죄 협의자는 강간범죄를 저지르는 데 필요한 정도의 폭력 수준만을 사용하며, 종종 범행 현장에서 피해자를 결박하기도 한다. 연구자들에 따르면, 기회적 강간범죄자들의 대다수가 범행을 저지르는 동안 술에 취했거나 혹은 약물의 영향하에 놓여 있었다고 보고하고 있다.

강간범들은 강박 관념에 사로잡혀 있고, 연쇄적인 형태로 범죄를 저지르려는 경향이 있기 때문에, 수사관은 신문하는 동안 가능하면 상세한 내용을 많이 수집해야 한다. 사건과 연결시킬 수 있는 자료들은 과거의 사건들과 용의자를 연결시키는 데 활용될 수 있다. 용의자의 신원과 주소가 알려지면, 수색영장은 가능한 한 반드시 집행되어야 한다. 현재의 사건수사와 과거의 사건들과 연결될 수 있는 모든 물건들은 반드시 안전하게 보존되어야 하며, 분석을 위해 옮겨져야 한다.

유죄를 입증할 만한 증거를 수색하는 동안, 수사관은 반드시 다음과 같은 연쇄강간범의 특징들을 알아야 한다(Gilbert, 2001: 345).

- 연쇄강간범들은 변장을 하지 않는다.
- 주소, 피해자의 사진, 지도 기타의 것이 포함된 노트의 형태로 범행을 증명해 줄 수 있을 정도의 증거들을 남기면서, 그들은 종종 범행을 미리 계획한다.
- 그들은 무기를 소지한다(일반적으로는 칼 따위가 50% 정도의 성폭력사건에서 발견된다).
- 그들은 범행 현장에서 발견된 물건들로 피해자를 결박시킨다.
- 그들은 종종 피해자의 개인적인 물건들을 취한다(만약 절도행위가 상습적인 범행 수법의 일부라면, 그것은 아주 높은 가능성으로 발생한다).
- 그들은 종종 피해자를 고문하는 데 사용된 도구들을 보유하고 있을 것이다(만약 용의자가 가학적인 자라면). 그리고 사진, 비디오테이프 혹은 그들의 주거지 내 혹은 자동차 안에서 공격 그 자체 혹은 피해자에게 전화를 건 것을 녹음한 오디오를 갖고 있을지 모른다.

4 성(性)과 연쇄살인

1) 소아 성기호증 범죄자의 특징

최근까지 어린이에 대한 성적 착취와 학대로 인해 체포된 사례는 거의 없으며, 기소된 경우도 드물다. 또한 재활은 거의 존재하지 않는다고 한다. 어린이에 대한 성학대는 어린이와 성인 간의 성관계다. 어린이들에 대한 성적 착취는 어린이를 이용한 포르노그래피와 매춘과 같은 행위들을 은폐하기 위해 의도된 용어들을 망라하는 것이다(Palmiotto, 2004: 193). 미국의 경우, 일반적인 위반은 법률상의 강간이다. 그러한 범죄 유형에서 피해자는 항상 여성이며, 그 행위는 대체로 합의에 의한 것이다. 강제력은 개입되지 않았다. 유일하게 고려된 사항은 합의한 자의 연령이다. 그 연령은 각 단계별로 입법에 의해 확립되어 있다. 현재 연령에 대한 한계가 부여되면서 법령상의 강간은 미국에서는 일반적인 범죄가 되었다. 법률이 허용하기 전에는 상당한 정도의 성관계가 일어났다.

어린이 성학대 범죄자들은 종종 어린이 박해자 혹은 좀더 정확한 표현으로는 소아 성기호증(pedophilia: 어린이에 대한 이상 성욕)이라고 언급될 수 있다. 소아 성기호증을 가진 자들은 어린이와 성적으로 접촉하고자 하며, 성욕에 대한 환상과 쾌락적 이미지를 어린이들에게 초점을 둔다(Gilbert, 2001: 347). 소아 성기호증은 어린이들이나 청소년이 우선적으로 성적 대상으로 선택되는 상황이다. 어린이들을 성적으로 학대하는 일에 관련된 범인들은 일반적으로 항상 그런 것은 아니지만, 피해자들보다 연령이 높다. 그런데, 그러한 범죄 피해자들은 항상 법률상 어린이로 규정된다. 대다수의 사건에서 범인들은 대체로 성인이기 때문에, 용의자들은 그 피해자보다 상당히 나이가 많다. 소아 성기호증을 갖고 있는 자는 대체로 성인 남성 혹은 성인 여성일 수 있다. 이성 간 성행위, 동성 간 성행위 혹은 둘 다, 결혼했거나 혹은 미혼인 경우가 이에 해당한다. 보고된 사건들은 대체로 젊은 남성들과 관련된다. 그렇지만, 범죄가 별로 신고되지 않기 때문에 판단하기가 어렵다.

'소아 성기호증', 성범죄자 강제 격리

지난 해 우리나라에서 실형을 선고받고 교도소에 입소한 성범죄자는 모두 609명이다. 법무부 범죄예방기획과는 이들의 판결문을 분석해 13세 미만 아동을 대상으로 성폭행이나 강제추행을 저지른 아동 성범죄자 289명을 가려냈다. 다시 이들 가운데 아동성범죄로 전과 3범 이상인 동종 범죄 전과자를 골랐다. 그 결과 116명이 나왔다. 이 같은 작업은 아동 성범죄자 가운데 소아 성기호증(pedophillia) 같은 정신병이 의심되는 이들을 가리려는 목적이다. 범죄예방기획과 관계자는 "정신과 전문의에 따르면 한 번이라도 아동 성범죄를 저지를 경우 성기호증이나 도착증을 의심할 수 있지만 3회 이상일 경우 증세가 심각한 것으로 볼 수 있다"고 설명했다.

법무부는 소아 성기호증과 같은 정신장애를 지닌 성범죄자를 최장 15년간 강제 격리해 치료하는 개정 치료감호법을 12월 14일부터 시행한다고 3일 밝혔다. 법무부는 아동 성범죄자에 대한 분석 결과를 토대로 최대 300명을 수용할 수 있는 '성범죄자 전담치료센터'를 공주치료감호소에 설치한다.

법무부는 우선 12월까지 기존 공주치료감호소 내에 리모델링 작업을 통해 100명 규모의 성범죄자 치료센터를 개소한다. 2010년까지 건물 증축을 통해 모두 300명 규모의 수용 시설을 갖출 계획이다. 수용 규모는 아동 성범죄 전과 3범 이상 성범죄자의 평균 형기가 2년 7개월인 점과 예상 치료 기간을 감안해 산정한 결과라고 한다.

개정 치료감호법에 따르면 아동 성범죄자는 재판에서 정신과 전문의의 진단 · 감정 결과 소아 성기호증 환자로 판정될 경우 판사가 선고하는 형기를 복역하기 전에 치료부터 받게 된다. 치료 효과를 극대화하기 위해선 치료 후 잔여 형기만 복역하는 '대체주의 집행 방식'을 채택했다.

또 성범죄자 전담치료센터에는 정신과 전문의와 임상심리사, 간호사 등 전담 의료 인력을 배치해 24시간 치료 · 감시 시스템을 갖추기로 했다. 성범죄자를 대상으로 재범 위험성을 평가하고 치료하는 프로그램도 개발중이다.

법무부는 이 날 성범죄자의 유전자 정보를 데이터베이스화하는 법안을 11월 국회에 제출한다고 밝혔다. 성폭력범죄로 실형이 확정된 사람의 유전자 정보를 등록해 다른 사건 수사나 재판에 활용한다는 취지다. 인권 침해 소지를 줄이기 위해 유전자 정보의 유출을 방지하는 규정도 포함된다.

중앙일보, 2008년 9월 4일자(정효식 기자)

일반적으로 성범죄자들, 특히 아동 성학대범들은 고도의 강제력을 행사할 뿐만 아니라, 적극적인 범죄자들이다. 국립정신건강연구소의 재정 지원을 받은 최근 연구 결과에 따르면, 어린이에 대한 전형적인 성범죄자는 남성이며, 나이 15세에 학대를 시작하며, 다양한 형태의 비행(非行)에 관련되어 있다. 그리고 평균 117명의 소년들에게 박해를 가하는 것으로 나타났다. 그들의 대부분은 그 범죄를 보고하지 않는다. 이 연구와 다른 많은 연구에 따르면, 소수의 여성 성범죄자들이 보고되고 있다. 캘리포니아에서는 보고된 성범죄자 7만여 명 중 단지 471명만이 여성이다. 주(州) 전역에서 체포된 성범죄자의 1% 정도에도 못 미치는 실정이다. 어린이 성학대 범죄자들은 범행 수법과 동기 측면에서 매우 다양하다. 그런데, 실

소아 성기호증, 원인 파악도 치료도 쉽지 않아

'세계적인 팝 스타인 마이클 잭슨에서 에드워드 이건 뉴욕 추기경, 동네 신발가게 주인까지….' 최근 몇 년간 국내외에서 아동 성범죄와 관련돼 추문을 일으켰던 인사들의 면면이다. 사회적인 명성과 직업, 나이를 가리지 않고 나타나는 것이 바로 아동 성기호증이다. 2007년 국내에서 성폭력 피해를 당한 13세 미만 아동은 1,081명으로 2003년(642명)에 비해 68%나 늘었다. 어린이를 성폭력한 혐의로 입건된 사람도 2003년 637명에서 지난 해는 702명으로 해마다 늘고 있다. 국내에서도 아동을 대상으로 하는 강력 범죄가 급증해 소아 성기호증에 대한 궁금증 또한 늘어나고 있다.

◇ 소아 성기호증은 어떤 병인가?

소아 성기호증은 중증 정신 질환이다. 이 질환을 앓고 있는 환자들은 성범죄로 자신의 힘의 우월감을 확인하며 성적 만족감을 느낀다는 게 전문가들의 설명이다. 소아 성기호증 환자는 아동에 대한 성적 취향을 제외하고는 일반인과 크게 다르지 않다. 이 때문에 본인이 주위에 드러내지 않는 이상 질환을 확인할 방법이 없다.

무엇보다 범죄로 연결될 가능성이 높다는 게 문제다. 일산(2008년 3월) 어린이 납치 미수 사건에서 드러나듯 판단력이 부족하고 힘이 없는 아동들은 범죄의 표적이 되기 쉽기 때문이다.

◇ 치료는 가능한가?

정신과 전문의들은 소아 성기호증의 정확한 원인을 규명하기도 어렵고 치료 역시 쉽지 않다고 말한다. 약물 치료도 소아 성기호증 환자에게는 별반 효과를 나타내지 않는다. 약물을 통해 일시적으로 아동에 대한 성적 욕구를 억제할 수는 있지만 완전히 사라지게 할 수 없기 때문이다. 건국대학교 하지현 신경정신과 교수는 이와 관련 "소아 성기호증은 중증 질환이어서 치료가 쉽지 않다"며 "특히 만성 환자가 많고 범죄를 저질렀을 경우에도 재발 위험이 높다"고 지적했다. 이 때문에 개별 상황에 맞춘 지속적인 치료가 필요하다. 실제로 해외의 경우 아동성범죄자의 경우 출소 이후에도 지속적인 상담과 보호관찰 등을 통해 재발 위험성을 낮추고 있다. 국내의 경우 최근 법무부가 뒤늦게나마 소아 성기호증 등 성도착증을 가진 성폭력 범죄자의 치료·교정을 위한 치료감호 제도의 활용 방안을 모색하고 있는 실정이다.

스포츠서울, 2008년 4월 2일자(임홍규 기자)

제로 모든 범죄자들은 피해자의 취약성, 접근용이성 그리고 피해자들의 의사소통에 대한 어려움들을 최대한 이용한다. 대부분의 범죄자들은 일반적으로 상황적 혹은 선택적 범죄자로 분류될 수 있다(Gilbert, 2001: 348).

상황적 소아 성기호증 범죄자들은 자신의 성적 만족을 위해 완전히 어린이들에게 집중하지는 않는다. 그들이 저지르는 범행 공격은 다른 범죄자들의 공격처럼 계속적 혹은 수많은 공격을 가하는 경향은 아니다. 종종 동년배의 성행위 파트너 여성을 대체하는 수단으로서 어린이들에게 그 방향을 돌리면서, 상황적 범죄자들은 종종 그러한 상황을 극복하기에 불충분한 기술, 낮은 자존감 그리고 일반적으로 부적절한 인성적 소질을 갖고 있다. 범죄자가 성학대의 대상으로 어린이를 선택하는 주요한 이유는 쉽게 다룰 수 있다는 점이다. 그래서 이것은 범인 자신의 아이들이 종종 학대를 당하는 이유를 잘 보여 주고 있다. 아마도 어린이를 대상으로 한 가장 빈번한 상황적 성학대 사건들은 스트레스나 혹은 음주벽으로 인해 어린이를 학대하는 부모나 친척들과 관련이 있다.

선택적 소아 성기호증 범죄자 유형은 어린이들에 대해 일정한, 집중된 성적 선호 경향을 갖고 있다. 그들은 상황적 스트레스나 혹은 부적절한 사교적 기술 때문이라기보다는 오히려 그들이 강하게 유혹을 받고 어린이들을 성적 대상으로 선호하기 때문에 어린이들과의 성행위에 관련된다. 이러한 유형의 범죄자는 더 진부한 어린이 학대자이며, 일반적으로 체포될 때까지 수많은 피해자들에 대해 매우 약탈적이며 책임이 있다. 선택적 범죄자는 범행을 저지르는 데 많은 수법들을 드러낼 수 있으며, 가장 빈번한 수법은 유혹하는 것이다. 유혹에 의한 범행 수법은 감정적으로 혹은 보상으로서 성교 행위가 제공되는 시점까지 점진적으로 피해자의 억제력을 약화시키려고 한다.

두 가지 범죄자 유형은 비면식 피해자와 혹은 범죄가 저질러지는 동안 강제력의 행사와 강하게 연관될 수 있다는 점에 주목할 필요가 있다. 비록 그러한 사건들이 전형적으로 가학적 경향이 있는 선택적 유형의 범죄자와 관련이 있지만, 두 가지 범죄자 유형들은 아마도 오랫동안 끌면서 학대를 하기 위해 피해자를 유혹할 수 있다.

다양한 연구에 따르면, 어린이 학대 범죄자들 가운데 소아 성기호증을 가진 자에 대한 몇몇 일반적인 특성들은 다음과 같이 나타날 수 있다(Gilbert, 2001: 348).

- 일반적으로 범인은 남성이며, 피해자보다 훨씬 더 나이가 많다.
- 범인들은 다양한 사람들에게 피해를 가하고 있다. 많은 경우 피해자가 수백 명에 이르기도 하며, 심지어 일부 범인은 천여 명이 넘는 어린이와 성관계를 맺기도 한다.
- 비록 많은 수의 남성이 학대를 받지만, 여성 피해자를 선호하는 경향이 있다.
- 종종 기능적으로 장애가 있는 가정 혹은 편부모와 살고 있는 피해자 혹은 피해자의 어

머니가 직장에 고용될 가능성이 없거나 장애 혹은 질병이 있는 경우에 범행 대상자로 선정한다.

- 종종 어린이 포르노에 관심을 갖고 있으며, 그러한 자료들을 수집한다.
- 어린이에 대해 과도한 관심을 표명한다. 소아 성기호증을 가진 자들은 종종 어린이에게 쉽게 접근할 수 있으며, 성인들을 제외시킬 수 있는 직장이나 사회적 활동을 추구한다. 특별히 선호하는 연령 범위가 있으며, 접근은 결혼 약속, 고용 혹은 종교적인 것을 통해 이루어진다. 학교의 교사, 운동팀의 코치, 교회의 어린이 담당자, YMCA 혹은 보이스카우트의 지도자, 데이케어 노동자, 베이비시터, 어린이 정신과 의사, 어린이 사진사 혹은 다른 방법으로 어린이들을 일상적으로 접촉하는 자들이 소아 성기호증으로 체포되는 것이 일반적이다. 신뢰받고 있는 지위에서 별로 의심받지 않고 접근하는 것은 착취자의 성적 행위를 은폐할 수 있도록 해 준다.
- 아마도 불안정한 고용 경력을 갖고 있고 빈번하게 이동하는 배경을 갖고 있다.
- 그들은 연령의 범위와 성을 고정시키는 경향이 있다. 어린 소년들을 박해한 자는 여자 아이들에게는 전혀 관심을 나타내지 않았다. 일부 소아 성기호증을 가진 자들은 동성・이성 간의 성행위를 하지만, 대부분의 경우는 한쪽 성을 선호한다. 오랫동안 어린 소녀들이 가장 빈번한 피해자들이었지만, 최근의 연구에 따르면 어린 소년들도 피해자가 되며, 더 위험한 상황이라고 여겨지고 있다.
- 소아 성기호증을 가진 자에 대한 일반적 특성은 종교적으로 적극적인 관련을 맺고 있다는 점이다. 종교적인 사람들은 착한 사람들이 교회에 출석하기 때문에 교회에 다니는 사람들은 모두 착한 사람이라고 추정하는 경향이 있다. 소아 성기호증을 가진 자는 그러한 수준의 신뢰를 형성하려고 노력한다. 일단 그가 멋진 남자(Mr. Nice Guy)로서 확인되면 문은 열려 있다. 사회에서는 어린이 착취자를 마치 학교 주변에서 버버리 코트를 입고 다니는 지저분한 늙은이라고 생각하지만, 현실은 그렇지 않다. 즉 그들 대부분은 지역사회의 지도자로서 그리고 훌륭한 시민으로서 존경을 받는 직업인이다.
- 소아 성기호증을 가진 자는 물건 수집가라고 할 수 있다. 그러한 수집품들은 대부분 그들 자신과 어린이들을 자극하는 데 사용된다. 그러한 것들은 또한 어린이들의 금지 사항을 완화시키는 데 도움이 되며, 다른 사람들의 성관계, 특히 어린이와 성인 간에 성행위하는 장면을 보여 준다. 그러한 수집품은 종종 에로틱한 문학이나 사진들, 성행위 보조기구, 아동심리학과 인간의 성행위에 관한 서적, 일기들, 피해자와 범인이 선호하는 리스트, 사진 촬영장비와 암실, 욕망의 대상이 되는 연령대에 속한 아동 계층에서 좋아하는 비디오테이프 혹은 음악, 다른 소아 성기호증을 가진 자로부터 받은 편지, 청

소년들이 흥밋거리가 되는 다른 많은 것들처럼 유형별로 구색을 갖추고 있다. 그러한 수집품은 매우 중요하다. 그리고 범인은 그것을 필요로 할 때 쉽게 접근할 수 있는 장소에 숨겨 놓는다. 그리고 그러한 수집품을 보호하기 위한 행동이 저질러진다. 만약 소아 성기호증을 가진 자 자신이 곧 체포될 것이며, 다른 대안이 없다는 사실을 깨달았을 때에만 그러한 수집품들을 파괴하는 경우가 발생한다.

소아 성기호증 사건에서 가장 좋은 물리적 증거는 보통 그러한 수집품들이다. 압수수색영장을 발부받으면 경찰관은 반드시 발견될 수 있는 그러한 물건들의 리스트를 작성해야 한다. 그들 자신에 의해 취득된 많은 물건들이 정작 범죄에서는 별 관련이 없는 것처럼 보이곤 한다. 그러나 전체적으로 보면, 그러한 물건들은 그 의도를 보여 준다. 그러나 많은 증거들이 간과된다. 왜냐하면, 경찰관이 그러한 물건들과 소아 성기호증을 가진 자의 의도 간에 관련성을 파악하지 못했기 때문이다. 수사 관련 잡지를 예로 들면, 많은 사람들은 그러한 잡지를 집 주변에 여러 권 겹쳐 쌓아놓는다. 그러나 소아 성기호증을 가진 자의 수집품 가운데 모든 책은 아동들에 관한 이야기들로만 이루어져 있다. 그러한 기사들은 어떤 특별한 방식으로 표시되어 있을 것이다.

협조적인 피해자 관계로 이어지는 유혹적인 결속을 마치 합의(合意)로, 공범(共犯)으로 혹은 범죄행위로 오해해서는 안 된다. 수사관은 반드시 무슨 일이 일어나고 있는지, 소아 성기호증을 가진 자의 결속을 대체할 피해자와 유대를 형성하기 위해 시간을 갖는 것에 대해 알고 있어야 한다. 예방은 어린이 성학대를 종결짓는 열쇠다. 어린이들은 그들의 부모와 성에 대해 이야기하는 것은 권리임을 배워야 한다. 그들은 반드시 받아들일 수 있는 접촉과 받아들일 수 없는 접촉 간의 차이를 이해해야 한다. 부모는 반드시 안전 문제에 관한 다양한 내용을 알려 주어야 한다. 베이비시터에 관해 선택적이어야 한다. 적절한 교육을 통해 어린이들은 성적 착취에 관한 위험을 줄일 수 있도록 가르칠 수 있으며, 만약 나쁜 상황에 처해 있는 그들 자신을 발견한다면 위험을 감소시킬 수 있다(Palmiotto, 2004: 195). 어린이들에 대한 범죄적 성행위는 경찰관들로 하여금 적극적인 범죄 예방 노력을 강구하도록 많은 기회를 제공할 것이다.

2) 성범죄 관련 특이 행동 유형

성범죄는 법률 규정에 의해 불법적인 것으로 개념 정의되는 사람의 행동과 관련된다. 비록 성적인 일탈행위가 사회적 주관성의 문제이지만(소위 어떤 문화에서는 범죄이지만, 다른 문화에서는 그렇지 않을 수도 있는), 미국의 각 주법에서는 그러한 행위들이 수사관에게 중요한 의미가 있는 행위들로 개념 정의해 왔다. 대규모로 그리고 점증하는 교도소 수감자들은 바로 성범죄자들이다. 거의 9만여 명이 다양한 성범죄로 유죄를 선고받고 복역중인데, 미국 전역의 재소자 중 거의 10%를 차지한다. 10여 개 주에서 적어도 성인 수감자 중의 20%는 성범죄자들이다. 특별한 범죄에 대한 성적 동기는 종종 명백하지 않다. 상점 절도범이 물건을 훔치고 숨기는 행위는 성적 만족을 위한 행위와 연관될 수 있다. 반면, 경찰관은 외설스러운 노출에 관한 성적인 이유를 판단하는 데 별다른 어려움을 갖지 않는다. 따라서 민감성과 요령이 성범죄 관련 수사에서 실무적으로 반드시 활용되어야 한다.

성범죄는 전형적으로 피해자에게 충격적이고 놀라운 일이다. 그리고 종종 그러한 범죄는 어린이, 청소년과 관련된다. 경험이 있는 수사관이라면 일상적인 성범죄에 의해 충격을 받지 않을 수도 있지만, 피해자가 거의 굴욕을 당했다고 하는 것을 깨달아야 한다. 결과적으로, 경찰은 신문과 추가적인 접촉을 통해 그 범죄에 대해 상당한 정도의 심각성이 있는 것으로 평가해야 한다. 청소년들과 관련된 모든 범죄에서 수사관은 피해자의 부모나 법적인 보호 책임이 있는 사람들을 반드시 곧바로 접촉해야 한다(Gilbert, 2001: 354-355).

① 노출증

외설스러운 노출로 보통 알려져 있는 노출증(exhibitionism)은 성적인 만족을 위해 성기를 노출시키는 것이다. 특별한 법률 규정에 따라, 범죄자의 성별에 대해 구별이 없거나 혹은 법률이 남성 노출증자에게만 단지 적용되는 경우도 있다. 일부 미국의 주(州)에서는 피해자와 범인이 서로 이성(異性)인 경우를 규정하고 있지만, 그러한 구분을 하지 않은 주도 있다. 노출증 범인들은 강제력을 행사하는 범죄자다. 범행을 저지를 때 전형적으로 고정된 수법을 사용한다. 종종 용의자들은 빌딩의 문 출입구, 주차된 차량 혹은 보행자들이 걸어다니는 창문에서 그 자신을 노출시킨다. 그러한 범죄는 범인이 교정되거나 혹은 수감될 때까지 반복되는 경향이 있다. 대부분의 노출증 범인은 성적 자기 만족감이 결여되어 있고 성적으로 다른 남성에 비해 열등하다고 느끼는 남성이다.

일반적으로 노출증이 있는 범인은 자신이 알지 못하는 비면식적 관계에 있는 여성에게 자기 자신을 노출시킨다. 종종 범죄자는 주의를 끌기 위해 큰 소리를 지르기도 한다. 즉 그때에 범인은 자신의 성기를 노출시키고 자위행위를 한다. 범죄자가 성적으로 미성숙하고 정상적인 성관계를 두려워하기 때문에, 두려워하지 않는 젊은 여성이 선택된다. 이러한 범죄의 수사는 일반적으로 체포로 결말지어진다. 범죄자가 그 범죄를 저지르는 것에 충동적이기 때문에, 일정한 지역성(locality)과 범행 수법이 종종 고정되어 있다. 노출증이 있는 범인은 비정상적이고 불완전한 심리학적 발달 상태를 갖고 있는 자들이다. 연구에 따르면, 어머니가 주도하면서 아버지가 없는 가정의 남성들이 그러한 범죄자들 중에 대부분을 차지한다(Gilbert, 2001: 355).

② 관음증

관음증(觀淫症, voyeurism, 엿보기)은 옷을 입지 않은 다른 사람의 신체를 은밀하게 관찰함으로써 성적 만족을 얻는 것이다. 보통 '엿보는 남자(peeping Tom)'로 알려져 있는 훔쳐보는 자는 전형적으로 젊으며, 노출증으로 발전하게 된다. 성적인 발달장애가 있는 자가 전형적인 관음증을 갖고 있으며, 그는 종종 정상적인 방법으로 성적인 자극을 달성할 수 없다. 성적 만족은 오로지 그들의 존재가 은닉되어 있을 때에만 이루어지며, 나체 상태의 여성을 공개적으로 보는 것을 통해서는 이러한 종류의 성도착자들을 충족시킬 수 없다. 다른 많은 성도착자들처럼, 관음증을 가진 범인은 범행 수법이 다양하다. 어떤 자는 옷을 입지 않은 이성 커플을 볼 때에만 성적으로 흥분하게 된다. 다른 자들은 여성 신체의 특정한 부분을 봄으로써만 만족을 얻을 수 있다. 비록 그러한 노출증적인 자들에 대한 체포율이 높지만, 관음증적 특징을 가진 자들은 거의 체포되지 않는다. 엿보는 남자 범인이 체포되면 그들은 전형적으로 타인의 주거침입죄의 형사 책임을 지게 된다.

5 성적 도착(性的 倒錯)과 연쇄살인

'성적 도착(paraphilia)'은 성적인 왜곡(혹은 倒錯, sexual perversion)에 대한 전문 용어라고 할 수 있다. 글자 그대로 '비정상적인 사랑(abnormal love)'을 뜻한다(Schechter, 2003: 205). 성도착(性倒錯, 性歪曲, perversion)은 사전적 의미로는 일반적으로 비정상적인 것으로 간주되는 성적 만족을 얻기 위한 다양한 수단들이라고 할 수 있다.[5] 도착이란 정통적 혹은 정상적인 행동에서 심각하게 벗어난 것으로 인식되는 인간의 행동 유형을 설명하는 용어이자 개념이다.[6] 성도착증은 성적 충동과 성적 흥분을 위해 비정상적인 상상, 행위를 반복적이고 지속적(적어도 6개월 이상)으로 보이는 정신병적 성장애(性障碍)라고 한다.[7]

비록 그것이 다양하게 벗어난 형태를 언급할 수 있지만, 그것은 종종 대부분 비정상적 혹은 과도한 것으로 판단되는 성적 행동을 묘사하는 데 사용된다. 도착은 비행(非行)과는 다르다. 비행은 사회적 규칙 혹은 규범에 관한 인식된 위반을 의미하기 때문이다. 비록 두 용어가 동일한 것에 적용될 수 있지만, 그것은 종종 경멸적인 것으로 인식된다. 그리고 비록

5) http://dictionary.reference.com/browse/perversion(2008년 5월 4일 검색)
6) http://en.wikipedia.org/wiki/Perversion(2008년 5월 4일 검색)
7) http://www.medirepo.com/sex/paraphill.htm(2008년 5월 4일 검색)

이 용어는 논쟁의 여지가 있지만, 심리학 문헌에서는 성적 도착이라는 용어가 대신 사용된다. 도착의 개념은 주관적이며, 그것의 적용은 문화에 따라 다양하다. 심리학적 용어로서, 그것은 원래 특별히 빈번하게 동성애에 적용되었다. 그런데, 동성애는 더 이상 주류 정신의학에서는 장애로 취급되지 않는다.

심지어 성적인 자유주의자라 할지라도 연쇄살인범에 의해 일상적으로 저질러지는 성적 행위의 사례들을 지지하는 것은 여전히 어려울 것이다(Schechter, 2003: 206). 예를 들면, 보통의 팬티 페티시스트(fetishist: 물품기호증을 가진 자)는 여자 친구에게 섹시한 선물을 사 주는 척하면서 빅토리아 시크릿(Victoria's Secret) 사에서[8] 고급 란제리를 구매할 수 있을 것이다. 혹은 더 극단적인 경우, 저속한 성인 웹사이트에 접속해 여성이 입던 속옷 한 벌을 구매할 수도 있다. 그런데 하이렌스(William Heirens) 같은 연쇄살인범은 여성이 자고 있는 침실에 몰래 침입할 가능성이 더 크다. 그들은 여자의 옷장을 샅샅이 뒤지고 속옷을 꺼내 입으면서 성적 쾌감을 느끼지만, 때마침 여자가 잠에서 깨어나 범인을 발견하는 경우 즉시 그 여자를 죽이고 시체를 토막내어 버린다.

남성들 중에는 자신이 정복한 여성의 음모를 잘라내서 간직하는 식의 다른 형태의 페티시스트가 흔히 존재한다. 연쇄살인범의 경우 그러한 방식은 피해자의 외음부 전체를 잘라내는 유형으로 나타났으며, 전형적인 예로 위스콘신 주의 지역 공동묘지에서 시체를 도굴하던 게인(Ed Gein)을 들 수 있다. 그는 구두 상자가 꽉 찰 만큼 여자들의 생식기를 잔뜩 모아두었다. 성적 관음증의 경우, 일반적인 관음증 환자들은 이웃집의 침실 창문을 엿보는 것으로 만족하는 반면, 연쇄살인범은 더욱 기이한 방식으로 변태 짓을 즐긴다. 그들은 범행의 공범이 피해자를 강간하고 살해하는 것을 지켜보며 자위를 한다. 응(Charles Ng)과 레이크(Leonard Lake)의 사례를 보면, 그들은 여성을 납치해 포르노 비디오를 찍었다. 한편 카메라를 앞에 둔 상태에서 잔인한 성적 고문을 자행하기도 했다(Schechter, 2003: 206).

연쇄살인범의 성생활을 깊이있게 조사해 보면 이들 사이코패스들이 주로 일상적인 성적 도착을 가장 소름끼치고 극단적인 방식으로 실천에 옮겼음을 알 수 있다. 다른 연쇄살인범은 크라프트-에빙(Richard Freiherr von Krafft-Ebing)의[9] 『성적 사이코패스(*Psycho-*

8) http://en.wikipedia.org/wiki/Victoria's_Secret(2008년 5월 4일 검색) Victoria's Secret 사는 여성용 의류와 란제리 그리고 미용 관련 제품을 파는 미국 소매상이다. 2006년 한 해 매출액은 50억 달러가 넘었으며, 10억 달러 정도의 이익을 냈다고 한다. 이 회사는 패션쇼와 카탈로그로 유명하며, 최고의 패션 모델들이 등장한다.

9) 정신의학자(1840. 8. 14~1902. 12. 22)로, 독일에서 출생, 헝가리에서 성장했으며, 하이델베르크대학에서 의학을 전공했다. 스트라스부르(Strasbourg), 그래츠(Graz) 그리고 비엔나(Vienna)에서 대학교수를 지냈으며, 오스트리아 수도에서 법과학 전문가가 되었다. http://en.wikipedia.org/ wiki/Richard_von_Krafft-Ebing(2008년 5월 4일 검색).

pathia Sexualis)』에서 묘사된 말할 수 없는 종류의 행동들, 예를 들면 식인(食人), 흡혈, 시간(屍姦) 등에 탐닉해 왔다. 그리고 몇몇 연쇄살인범의 방식은 너무나 잔인무도하고 병적이고 기괴해서 그에 필적할 만한 상대를 찾기 힘들 정도이며, 성적 일탈에 관한 크라프트-에빙의 광범위한 조사까지도 무색할 정도다.

아래 내용은 정신과학에서 분류한 성도착증을 간략하게 설명한 것인데, 성적 쾌락을 구하는 물건이나 대상에 따라 성도착증을 구별한다.[10]

① 물품기호증(여성물건애, fetishism)

주로 남성에게게 볼 수 있는 경우로 성적 욕구를 위해 여성의 물건에 의존한다. 브래지어, 팬티, 스타킹, 구두, 속옷 등이 주요 대상이다. 드물게 여성의 신체 일부인 머리카락, 손톱, 음모 등을 수집하기도 한다. 성적 오르가즘은 상상을 통한 자위행위로 이루어진다. 사춘기에 시작하여 만성화되는 경향이 있다.

② 복장(의상)도착증(transvestic fetishism)

이성의 옷을 입고 자위행위로 성적 오르가즘에 도달한다. 행위를 금지시키면 심한 좌절감을 보인다. 어린 시절부터 시작될 수 있으며, 여성적인 남성에서 보인다.

③ 노출증(exhibitionism)

자신의 성기를 노출하고 싶은 충동이나 노출 행위를 하는 경우를 말한다. 상대방이 놀라거나 당황하는 데서 성적 흥분과 극치감을 경험하며, 상대방이 무관심하거나 대수롭지 않게 여기면 좌절한다. 노출 이상의 성행위를 요구하는 경우는 거의 없다.

④ 관음증(voyeurism)

다른 사람의 성기나 성행위를 엿보는 데서 성적 만족을 느끼는 경우다.

⑤ 소아성애증(소아 성기호증, pedophilia))

법적으로 가장 문제가 되는 도착증으로 소아(13세 이하)와의 성행위 또는 성적 상상으로 성적 만족을 느끼는 경우다. 대부분의 환자들이 남자이며 중년 이후에 잘 나타난다.

⑥ 새디즘(성적 가학증, sexual sadism)

다른 사람에게 정신적·신체적 괴로움을 주면서 성적 만족을 느끼는 질환이다. 강간, 폭행, 살인 등과 관련될 수 있다.

---

10) http://www.medirepo.com/sex/paraphill.htm;http://www.healthkorea.net/consult/?KSPID=CO007482&faqid=2078(2008년 5월 4일 검색)

⑦ 마조히즘(성적 피학증, sexual masochism)

다른 사람으로부터 받는 가학 행위에서 성적 만족을 느끼는 경우다. 모욕 등 정신적 가학에서부터 구타, 묶임 등 신체적 가학에 이르기까지 다양하다. 여자에게 많고 만성적 경과를 가진다.

그 밖의 장애로는 전화외설증(telephone scatologia), 마찰성욕 도착증(frotteurism), 동물기호증(zoophilia), 노인기호증, 시체성애증(시체기호증, necrophilia), 관장기호증(klisophilia), 불결애증(mysophilia: 오물기호증), 분변기호증(coprophilia), 소변기호증(urophilia: 배뇨기호증) 등 다양한 비정상적이라고 생각되는 성행위가 있다.

이러한 성적 도착은 남자에게 많다고 한다. 50% 이상이 18세 이전에 발병하며 발병 후 도착 행위는 15~25세 사이에 가장 많이 행하고 이후 감소한다. 정신과학적으로 원인을 분석할 때, 성격이 발달하는 시기 중 구순기, 항문기 고착 또는 오이디푸스 콤플렉스 등으로 설명하고 있다. 대부분의 환자들은 치료를 원치 않으나 주변 사람들이 의뢰하여 치료하게 된다. 범죄 행위와 관련하여 의뢰하는 경우가 많다. 그러므로 환자 본인이 치료 의지가 없으므로 치료 효과가 낮다. 가장 일반적인 치료법은 자기 통찰 치료이고, 행동치료로서 비정상적인 상상, 행위가 있을 때 혐오적인 자극(나쁜 냄새 등)을 주는 방법이 있다. 한편 증상에 따라 성적 욕구를 감소시키는 약물 등을 사용할 수도 있다. 그러나 무엇보다도 중요한 것은 예방이므로 소아/청소년기의 바른 성교육과 부모들의 관심이 중요하다.[11)]

'인면수심' 성도착증에 희생된 안양 두 어린이

경기도 안양 두 어린이 유괴 살인사건은 결국 피의자 정씨의 성도착증에 의해 저질러진 '인면수심'의 반인륜적 범죄로 드러나 충격을 주고 있다. 사건을 수사중인 경기지방경찰청 수사본부는 "정씨가 '환각 상태에서 두 어린이의 몸을 만지는 등 1시간 가량 추행했고, 두 어린이가 가족들에게 (추행당한 사실을) 알릴 것을 우려해 두 어린이를 살해했다'고 진술했다"고 밝혔다. 수사본부는 이와 함께 "정씨는 범행 전 술을 마시고 본드를 흡입한 몽롱한 상태에서 담배를 사러 갔다가 두 어린이를 만났으며 어깨를 잡았다 반항해 조용히 하라고 위협한 뒤 집으로 데려온 것으로 밝혀졌다"고 덧붙였다.

앞서 정씨의 범행 동기에 대한 진술이 수차례 바뀔 때마다 "여러 정황상 진실이라고 믿기 어렵다"고 밝혔던 수사본부는 이날 정씨의 진술에 대해서는 "범행 동기를 비교적 상세하게 설명하고 있어 정황상 진실에 가까운 것으로 보인다"고 말해 이 사건이 소아 성기호증 같은 성도착증과 관련된 범죄라는 것을 기정사실화했다. 피의자 정씨는 지난 16일 오후 검거된 이후 21일까지 범행 동기에 대해 '교통사고였다' → '머리를 쓰다듬는데 반항했다' → '어깨를 만졌는데 소리치며 반항해 두 어린이를 벽으로 밀어붙여 숨지게 했다'며 수차례 진술을 번복하면서도 이번 범행이 성(性)과 관련됐다는 사실은 털어놓지 않았다.

11) http://www.medirepo.com/sex/paraphill.htm(2008년 5월 4일 검색)

그러나 3년 전 이웃 주민 김모(54.여) 씨 성추행 등 정씨의 성 관련 범죄 사실이 잇따라 드러난 데다 경찰이 정씨의 집에서 압수한 물품 중 인터넷 동영상 등 음란물이 수천 장 나오면서 두 어린이의 희생도 역시 소아 성기호증과 같은 성도착 증세와 관련된 것이 아니냐는 추측이 강하게 제기돼 왔다. 정씨는 2004년 7월 군포시 금정동에서 실종된 정모 여인(당시 44세)도 한 모텔에서 자신이 살해해 유기했다고 자백했다.

결국 성도착증 환자인 정씨는 나이를 가리지 않고 여성들을 성폭행한 뒤 무참히 살해했음이 드러났다. 특히 어린 생명이 성추행 대상으로 희생됨에 따라 성범죄로부터의 아동 보호 대책이 시급함을 일깨우고 있다. 실제 이번 사건을 담당한 안양경찰서의 한 간부는 "더욱 걱정스러운 것은 음란 폭력 동영상을 쉽게 접할 수 있는 인터넷 환경 등을 고려하면 유사한 범죄가 앞으로 재발될 위험이 높다는 것"이라 말했다.

2006년 2월 서울 용산구 용문동에서도 김모(58) 씨가 당시 11세이던 한 여자 어린이를 가게로 유인, 성추행한 뒤 흉기로 살해한 것은 물론 시신을 불태운 사건이 발생, 국민을 경악하게 했다. 이 사건을 계기로 정부는 지난 해 매년 2월 22일을 '아동 성폭력 추방의 날'로 정하는 등 아동 대상 성범죄 방지를 위한 대책들을 쏟아냈으나 전문가들은 여전히 아동을 대상으로 한 성범죄가 개선되지 않고 있다고 지적하고 있다. 용산 초등생에 이어 이번 안양 두 어린이가 또 그릇된 한 어른의 성적 욕심에 희생된 것으로 밝혀지면서 부녀자, 특히 아동 대상 성범죄에 대한 강력한 대책을 마련해야 한다는 사회적 요구가 더욱 거세질 것으로 전망된다.

(안양=연합뉴스) http://hantoma.hani.co.kr/newstoron/view.html?uid=277412(2008년 5월 4일 검색)

1) 성적 가학증(새디즘)

정신의학 방면의 표준이 되는 참고도서인 『DSM: 정신장애에 관한 진단과 통계적 매뉴얼』에서는 새디즘(sexual sadism)을 두 가지로 구분한다(Schechter, 2003: 206).

첫째는 '가학적 성격장애'인데, 이는 타인의 심리적 혹은 육체적 고통에서 기쁨을 얻거나 쾌락을 느끼는 증상을 말한다. 모든 연쇄살인범들은 바로 이 범주에 속한다고 할 수 있다. 그들이 범행을 통해 보상, 예를 들면 자신이 전능하다는 왜곡된 느낌을 받거나 매체를 통해 유명세를 타든지, 때로는 돈을 벌어들인다 하더라도, 기본적으로 변하지 않는 사실은 그들이 그러한 행동을 즐긴다는 점이다. 그들은 다른 사람에게 고통을 가하고 죽이는 것을 재미있게 여긴다. 그들의 신조는 미국 소설에서 가장 무서운 주인공에 속하는 한 인물이 설명해 준다. 오코너(Flannery O'Connor)의 『착한 사람은 찾아보기 어렵다(*A Good Man Is Hard to Find*)』(1955)[12]에서 정신병자 살인범은 "만족은 없지만, 그러나 비열하다"라고 단

12) 미국의 단편 작가였던 오코너(Flannery O'Connor)가 1955년에 발표한 작품이다. 단편들의 주제는 세례(The River)에서 연쇄살인범(A Good Man is Hard to Find), 인간의 탐욕과 착취(The Life You Save May Be Your Own)에 이르기까지 다양했다. http://en.wikipedia.org/wiki/A_Good_Man_Is_Hard_To_Find(2008년 5월 4일 검색).

언하고 있다.

『DSM』에 따르면, 새디즘의 둘째 유형으로 '성적 가학증'을 들 수 있다. '성적 가학증'은 성적 도착의 주요한 일부다. 상대에게 고통을 가함으로써 쾌락을 얻을 뿐 아니라 그로 인한 흥분이 성적 쾌감을 야기하는 수준에 이르는 색정적인 본능의 도착 증세를 말한다. 연쇄살인범들 모두가 그러한 것은 아니지만, 이 같은 성도착 증세를 나타내는 경우도 많다. 실제로 사람들이 '연쇄살인범'이라는 단어를 들으면 가장 먼저 떠올리는 잭 더 리퍼(Jack the Ripper)나 게이시(John Wayne Gacy) 등은 한두 가지 점에서 성적 가학자들이다.

(1) 새디즘을 창안한 인물

물론 새디즘을 단 한 사람이 '창안'하지는 않았다. 잔인함을 즐기는 것은 인간 심리의 일부며, 인간의 존재만큼 오래되었다. 칼리굴라의 극악무도함이나 블래드 더 임팔러(Vlad the Impaler)와 길 드 레이(Gill de Rais)의 엄청나게 끔찍한 범행에 이르기까지, 자신의 동족을 고문하고 죽이는 데 열광한 이들은 때와 장소를 불문하고 늘 존재해 왔다. 그러나 비교적 최근까지는 이러한 행위를 묘사하는 전문적인 용어가 없었다. '새디즘(sadism)'이라는 용어를 처음 사용한 것은 불과 백 년이 조금 지났을 뿐이다. 이에 따라 '새디즘'은 '연쇄살인범'과 마찬가지로 오래 전부터 있어 온 현상이며, 근대에 접어들어 생겨난 개념인 것이다(Schechter, 2003: 208).

이 유용한 용어를 창안한 인물은 사드(Comte Donatien Alpfonse François de Sade)이며, 흔히 마르퀴스 드 사드(Marquis de Sade, 1740~1814))[13]로 알려져 있다. "화산처럼 격렬한" 성욕뿐만 아니라 극도의 타락한 취향을 지닌 사드는 온갖 괴팍한 행동 때문에 1778년에 바스티유 감옥에 갇혔다. 매춘부들에게 칼질을 하고, 그 상처에 뜨거운 밀랍을 부었으며, 십자가 위에서 자위를 한 것 등은 그가 고소된 이유인 '지나친 행동'의 일부에 불과하다. 그는 몇 년 동안 감옥에 갇혀 있으면서 상상할 수 있는 가장 격렬한 포르노 환상을 꿈꾸며 시간을 보냈고, 그것들을 『저스틴(*Justine*)』, 『규방철학(*Philosophy of the Boudoir*)』, 『소돔의 120일(*The 120 Days of Sodom*)』과 같은 책으로 펴냈다. 그의 많은 작품들이 수감 기간 중에 씌어진 것이며, '새디즘'이라는 용어는 그의 이름(Sade)에서 유래되었다.[14] 1801년

13) 프랑스 문학사에서 가장 악명 높은 작가였다. 그는 종종 "존재했던 인물 중 가장 자유스러운 정신을 가졌던 자"로 비난을 받았다. 그는 성적인 작품을 출품했는데, "잔인함을 즐기는 것"이라는 새디즘 용어를 사용했으며, 그것은 1934년 사전에 처음으로 등재되었다고 한다. 그의 작품은 성적 그리고 정치적 자유를 추구한 것으로 평가되지만, 다른 한편으로는 다중강간범, 고문자 그리고 원시적 살인자였다고 한다. http://www.kirjasto.sci.fi/desade.htm(2008년 5월 4일 검색)

14) http://en.wikipedia.org/wiki/Marquis_de_Sade(2008년 5월 4일 검색)

나폴레옹(Napoleon Bonaparte)은 『저스틴』과 『줄리엣(*Juliette*)』이라는 책의 익명의 저자를 체포하라고 명령을 내렸다. 그래서 사드는 자신의 출판사 사무실에서 체포되었으며, 재판 없이 투옥되었다.

영화 「퀼스(Quills)」를 본 사람이라면 사드가 성과 예술의 해방을 주장한 인물이며, 억압적이고 위선적인 체제 하에서 삶의 열망 때문에 위협받고 부당하게 처형되었다는 생각이 들 수도 있다. 실제로 그는 일반인들이 고상하고 도덕적이고 정숙하다고 여기던 모든 것들을 경멸한 기상천외하게 타락한 귀족이었다. 그의 악명 높은 작품 『소돔의 120일』을 두고, 그 책에 서술된 행동들은 순전히 기괴하고, 대부분의 사람들로서는 상상할 수조차 없기 때문에, 상상할 수 있는 온갖 변태적인 행동의 목록이라고 말하는 것은 정확하지 않다.

(2) 새디즘을 보는 과학적 시선

가학적 행위의 더욱 극단적인 형태를 주시한 최초의 정신과 의사는 독일의 저명한 의사 크라프트-에빙(Richard von Krafft-Ebing)이었다. 그는 '마조히즘(masochism)'이라는 용어를 고안한 것 외에도 병적 심리를 다룬 문학에도 상당한 기여를 했다. 그의 고전적인 저서 『성적 사이코패스(*Psychopathia Sexuallis*)』는 익히 알려진 성적 도착에 대한 광범위한 해설서로, 구체적이고 역사적인 사례를 수백 건이나 다루었다.[15] 이 책이 처음 출판된 1886년에는 그 내용이 너무나 충격적인 것으로 받아들여졌고, 저자는 영국 정신의학협회에서 쫓겨날 뻔하기도 했다. 심지어 오늘날까지도 이 책은 상당히 불온한 것으로 여겨진다. 그는 신경정신 의학자로서, 성적 사이코패스 분야에 개척자적 역할을 했다. 독일과 스위스에서 교육을 받았으며, 32세에 스트라스부르에서 정신과 교수로 임명받기도 했다. 그는 정신이상과 성적 일탈에서의 유전적 기능에서 간질, 진전마비에 이르기까지 다양하게 관심을 가졌다고 한다.[16]

『성적 사이코패스』는 광범위하게 최초의 포르노그래픽 서적으로 간주되고 있다. 특히 그것은 계획적으로 의학(medical science) 서적으로 저술되었기 때문에 주목받고 있다. 크라프트-에빙은 의학적 용어를 라틴어로 광범위하게 묘사하고 있다. 그리고 많은 사람들이 성적(性的) 비행에 관한 흥미로 생각하고 있는 것을 과학적 조사와 열정으로 바꾸어 놓는 데 성공

15) 비록 그의 생애 동안 여러 가지 많은 논문들을 썼지만, 『성적 사이코패스』라는 저술로 잘 알려졌다. 그 책은 1886년 처음 출판되었으며, 국제적인 베스트셀러가 되었다. 그의 연구는 수백 명의 환자들과의 인터뷰로 이루어져 있으며, 그 결과 동성애에 관한 진화론으로 귀결되고 있다. 그의 이론은 동성애를 임신중에 차별적 분화로 이해하고 있으며, 뇌에 대한 성적 전도로 귀결되고 있다. http://www.mcm.edu/ ~doddl/TWU/FS5023/Krafft-Ebing.htm (2008년 5월 4일 검색)

16) http://www.britannica.com/eb/article-9046180/Richard-baron-von-Krafft-Ebing(2008년 5월 4일 검색)

적이었다.

성행위 자세와 비출산적 성행위들에 관한 광범위한 카탈로그는 말할 수 없을 정도로 죄악시되는 그리고 범죄로 인식되었던 행동들에 대해 이름과 설명을 붙여놓았다. 그의 노력은 이러한 행동들에 관해 '성적 도착(sexual perversions)'으로 재명명했으며, 정신의학의 새로운 한 분과 연구 영역으로서, '섹스학(sexology)'에 대한 인식에 영향을 미쳤다. 크라프트-에빙은 다른 행동들을 물품기호증, 마조히즘 그리고 노출증과 같은 용어들로 설명하면서, 새디즘과 동성애라는 용어를 또한 새로 만들어 냈다. 그는 동성애자를 다른 성적 취향을 갖고 있는 일반적인 사람들로 보려고 했던 최초의 전문가들 중의 한 명이었다. 사고에서의 이러한 변화는 이전에 자리잡고 있던 관념에 대해 새로운 주장과 도전의 시작이었다. 이러한 이론적 설명을 트랜스젠더리즘(transgenderism)의 연구에 적용했던 후대의 이론가들에 의해 그의 노력은 수정되었다는 것 또한 반드시 알아야 한다.[17]

한편 이 책의 내용은 연쇄살인에 관한 한 오늘날에도 전혀 새로운 것이 없음을 분명하게 보여 준다는 점에서 의미가 있다. 물론 크라프트-에빙은 '연쇄살인'이라는 용어를 사용하지는 않는다. 그는 독일어에 기원을 둔 '욕정살인(lustmord; lust murder)'이라는 용어를 사용했다. 이 같은 범죄의 본질은 극단적이고 가학적인 성적 폭행이다. 욕정살인자는 단지 누군가를 죽이는 것이 목적이 아니라 사체를 절단하고 성기를 잘라내는 등 사체를 잔인하게 다룸으로써 궁극적인 쾌락을 얻는다. 이처럼 피에 열광하는 새디스트들에게 폭력은 섹스의 대용물이다.

2) 지배욕

가학적인 쾌락은 단지 고통을 가하는 것만을 뜻하지는 않는다. 그것은 힘을 주장하는 것, 즉 피해자를 지배하고, 완전한 굴복 상태로 떨어뜨리려는 욕망과도 반드시 관련이 있다(Schechter, 2003: 216) 이러한 행위의 심리적 근거를 이해하는 것은 어렵지 않다. 전문가들에 따르면, 대다수의 연쇄살인범은 어린 시절 극단적인 형태의 심리적 학대를 받았다. 어쩔 수 없이 그들은 완전히 무력하고 조롱받으면서 성장한다. 결과적으로 그들은 성인이 되고 나면 타인에게 똑같은 상황을 강요하려는 사악한 욕구를 지니게 된다. 다른 사람을 완전히 지배할 수 있음을 보여 주는 것이야말로 그들의 무력감에 깊이 뿌리내린 것을 극복하는 유일한 방법이기 때문이다. 가장 극단적인 형태의 경우, 연쇄살인범들의 지배욕(dominance)은 다른 사람을 완전히 수동적인 대상, 즉 전적으로 자신에게 종속되는 일종의 인형이 되기

17) http://www.mcm.edu/~dodd1/TWU/FS 5023/ Krafft-Ebing.htm(2008년 5월 4일 검색)

를 요구하기도 한다. 자발적인 상대와 정상적인 인간 관계를 맺을 수 없기 때문에 아무런 저항도 하지 않는 죽은 시체에서 만족을 얻으려고도 한다. '여대생 살인범' 켐퍼(Edmund Kemper)는 여대생 희생자들의 시체에 잔혹한 짓을 가했는데, 바로 그의 범행에서 이와 같은 지배욕이 명확하게 드러난다.

게인(Edward Gein)은 1950년대 위스콘신 주의 시체 도굴꾼으로 악명을 떨쳤으며, 그의 범행은 영화 「사이코(Psycho)」, 「텍사스 전기톱 연쇄살인 사건(The Texas Chainsaw-Masscre)」, 「양들의 침묵(The Silence of the Lambs)」의 바탕이 되기도 했다. 한편 그는 끔찍한 외로움을 달래기 위해 중년 여성들의 시체를 파내서 외딴 농가인 자기 집에 가져갔다. 게인은 체포된 후 정신과 의사와 면담하는 자리에서 사체를 '인형 같은 존재'라고 말했고, "그들 덕분에 위안을 얻는다"라고 설명했다(Schechter, 2003: 216).

다머(Jeffrey Dahmer)의 가장 열렬한 충동은 "아주 고분고분해서 내가 원하는 건 뭐든지 다 하는" 사람을 얻는 것이었다. 그는 게인의 시체 성애 방식을 시도했지만 실패하고 말았다. 그는 18세 청년이 죽었다는 소식을 신문에서 읽은 뒤 죽은 청년을 보기 위해 장례식장에 찾아갔다. 다머는 장례식이 끝난 뒤 밤늦게 삽과 손수레를 끌고 묘지에 숨어들었다. 시체를 집에 가져갈 생각이었는데, 땅이 얼어붙어서 포기할 수밖에 없었다고 한다.

이후, 다머는 전혀 움직이지 않는 마네킹을 상대로 성욕을 달래고자 했는데, 그다지 흡족한 결과를 얻지 못했다. 그래서 결국에는 살아 있는 피해자를 '섹스 좀비(sex zombie)'로[18)]

에드워드 게인의 모습과 마지막 피해자의 시신[19)]

18) 움직이거나 걸어가는 모습으로 만들어진 죽은 시체, 죽은 시체 모양으로 꾸민 것.
19) http://images.todaystmj4.com/images/edgein2.jpg;http://www.ed-gein.de/gein/athome2.jpg;http://www.phreak.org/archives/archive01/misc/gifs/ed_gein.gif(2008년 5월 4일 검색)

만들려는 터무니없이 사악한 계획을 세웠다. 그는 젊은이들을 자신의 아파트로 데려온 뒤 마취제를 탄 술을 먹였다. 그런 다음 전동 드릴로 상대의 두개골에 구멍을 낸 뒤, 인조 가죽을 이용해 두뇌에 터키 배스터(turkey baster)를[20] 이용하여 염산을 떨어뜨렸다. 이런 잔혹한 실험 대상들은 당연히 죽고 말았다. 버델라(Robert Berdella) 역시 비슷한 범행을 시도했는데, 그는 동물 진정제를 주사함으로써 사람들을 '섹스 장난감(sex toys)'으로 만들려고 했다 (Schechter, 2003: 217).

교도소로 이송되고 있는 데니스 닐센[21]

영국의 제프리 다머로 불린 닐센(Dennis Nilsen) 또한 광적인 지배욕에 시달렸다. 닐센은 15명의 사람을 살해하는 동안 "죽인 사체를 끌어올려 팔다리가 대롱거리게 매달아 놓았을 때"가 가장 흥분된 순간이었다고 말했다. 그러한 광경은 자신이 희생자에 대해 온전한 힘과 지배를 행사하며, 그 대상이 완전히 굴복한다는 것을 보여 주기 때문이었다.

3) 페티시즘

엄밀한 정신분석학적 의미에서 페티시즘(fetishism, 物品嗜好症)이라는 용어는 어떤 사람(대체로 남성)이 이성(異性)과 관련된 물건, 예를 들면 구두, 브래지어, 나일론 스타킹 등 개인적인 물품이나 특정한 신체 부위에 대해서만 성적 자극을 받는 이상 증상을 뜻한다. 페티시스트(fetishist)는 그러한 물품에 대단히 집착하기 때문에 사실상 상대방 이성은 부수적인

20) http://www.learningthings.us/acatalog/ist2_1078991_turkey_baster.jpg;http://www.flippersandfins.net/Images/TurkeyBasterA.JPG(2008년 5월 4일 검색)

21) http://www.crimelibrary.com/graphics/photos/serial_killers/predators/nilsen/Dennis-Nilsen(1)200.jpg; http://news.bbc.co.uk/2/hi/uk_news/england/1881734.stm(2008년 5월 4일 검색)

편에 속한다. 구두 페티시스트인 남성은 여자 친구보다 여자 친구의 뾰족한 하이힐에 더 큰 흥분을 느낀다. 미국 정신과의사협회에 따르면 "페티시즘 성향을 지닌 사람은 그 대상이 되는 물건을 껴안고 문지르고 냄새를 맡으면서 자위를 하거나, 성관계를 하는 동안 상대방이 그러한 물건을 착용할 것을 요구하기도 한다"(Schechter, 2003: 217).

페티시즘 자체는 본질적으로 해로울 것은 없다. 결국 페티시즘은 피끓는 남성들 대부분이 공유하는 관심이 과장되어 나타난 형태에 불과하다. 더글러스(John Douglas)는 자신의 저서 『범행 동기의 해부(*The Anatomy of Motive*)』에서 "정상적인 미국 남성 가운데 상당수는 레이스가 달린 검은 팬티를 보면 흥분한다"고 지적했다(Schecheter, 2003: 218).

그렇지만 사이코패스(psychopath)들의 페티시즘은 종종 입에 담기 힘들 만큼 극단적인 형태로 표출된다. 예를 들어 평범한 손톱 페티시스트는 유난히 길고 날카로우며 갈고리 형태의 손톱을 가진 여성을 보면 흥분할지 모른다. 그러나 마스터스(R. E. L. Masters)가 자신의 연구 『역사에서의 성범죄(*Sex Crimes in History*)』에서 다룬 성도착자의 경우는 죽은 여자 시체에서 잘라낸 손톱을 씹을 때에만 성적 흥분을 느낄 수 있었다.

더글러스에 따르면, 연쇄살인범들 가운데 72%는 "성장기에 페티시즘에 골몰한 적이 있다"고 한다. 연쇄살인범들이 희생자들의 지갑이나 속옷, 혹은 신체 일부를 '기념물'로 갖는 것 역시 페티시즘 충동 때문으로 설명할 수 있다. 그 중에는 그러한 물품들을 통해 범행 당시의 상황을 떠올리며 자위를 하는 살인범들도 있다는 점에서, 그러한 기념물은 본질적으로 그들에게 강렬하고 변태적인 쾌락을 제공하는 페티시 대상물인 것이다.

4) 복장(의상)도착증

공포 영화에서 여성 복장을 즐겨 입는 사내는 주로 여성을 증오하는 미친 살인자인 경우가 대부분이다. 이러한 전통은 「사이코」의 노먼 베이츠(Norman Bates)에서 시작됐으며, 브라이언 드 팔마(Brian de Palma) 감독의 「드레스드 투 킬(Dressed to Kill)」에서 면도칼을 휘두르는 미치광이 마이클 케인(Michael Caine)에게 이어졌고, 또 「양들의 침묵」의 버팔로 빌(Buffalp Bill)에게서도 나타났다. 「텍사스 전기톱 연쇄살인 사건」에서 주인공 리더페이스(Leatherface)는 여성 가발을 쓴 방식으로 복장 도착(transvestism, 服裝倒錯)을 연출했다(Schechter, 2003: 220).

물론 현실에서는 다르다. 하이힐을 신고 앙고라 스웨터를 입고 뽐내는 남성들은 대부분 코미디 영화 「새장(The Birdcage)」에 나오는 레인(Nathan Lane)만큼만 위험에 처한다. 여전히 연쇄살인범들 가운데는 이성의 복장을 착용하는 사례들이 있다. 맨슨(Charles Manson)과 루카스(Henry Lee Lucas) 두 사람은 어린 시절 억지로 여자 복장을 입어야 했다. 맨슨은 가학적 성향의 삼촌 때문에 여학생 복장으로 학교에 가야 했고, 루카스는 제 정신이라고 볼 수 없을 만큼 타락한 어머니 때문이었는데 그녀는 결국 아들의 손에 죽었다.

소위 '술꾼 교살자(Barfly Strangler)'로 불린 콜(Carroll Cole)도 마찬가지였다. 범죄 소설 작가 뉴턴(Michael Newton)에 따르면 콜은 "친구의 어린 딸을 놀리려고 모여든 주부들의 짓궂은 '모임'에서 단지 그들을 즐겁게 하기 위해 강제로 주름 장식이 달린 치마와 속치마를 입고 차와 커피를 대접해야 했다." 그러나 위 사례들은 복장 도착이라기보다는 아동학대에 가깝다. 당시 장래의 사이코패스들인 이들은 극단적인 굴욕감을 느꼈고, 그 때문에 평생토록 그들 자신과 세상을 증오하게 된 것이다.

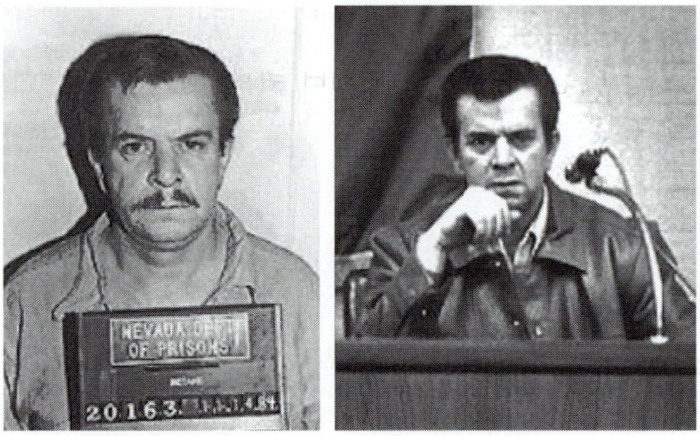

16명을 살해한 캐럴 콜(1985년 12월 사형)[22]

위스콘신 주의 전설적인 미치광이 게인은 노먼 베이츠, 리더페이스, 버팔로 빌의 실제 모델이었다. 그는 복장 도착자라기보다는 좌절한 성도착자였으며, 여성이 되고 싶은 욕구 때문에 여성의 가죽옷을 만들어 그것을 입고 집 주변을 돌아다녔다. 게인은 가학적인 살인광은 아니었다. 비록 2명의 여성을 살해하기는 했지만, 대부분 무덤에서 시체들을 구했다. 무덤을 파내 자신의 어머니와 비슷한 나이든 여자 시체의 가죽을 벗긴 것이었다.

5) 뱀파이어리즘

이상심리학(abnormal psychology) 분야에서 '뱀파이어리즘(vampirism, 흡혈 행위)'은 아주 실제적인 현상이다. 그것은 사람의 피를 마시면서 강렬한 성적 쾌감을 얻는 사람들의

22) http://en.wikipedia.org/wiki/Carroll_Cole;http://www.crimelibrary.com/graphics/photos/serial_killers/predators/edward_cole/9a.jpg(2008년 5월 5일 검색)

변태적인 혹은 성적 도착을 뜻한다. 다만 염두에 둘 점은 비록 흡혈(吸血)이라는 행동 방식이 지극히 혐오스러운 것은 사실이지만, 현실에서 그러한 '뱀파이어'들이 모두 끔찍한 범행을 저지르는 사악한 사이코패스는 아니라는 점이다. 실제로 요즘은 가장 기이한 성적 행동들까지도 제 목소리를 낸다 (Schechter, 2003: 223).

19세기 유럽에서 피에 굶주린 살인광은 베르제니(Verzeni) 한 명만이 아니었다. 그와 마찬가지로 이탈리아인인 에우세비우스 피에다넬(Eusebius Pieydagnelle)이라는 남자는 정육점 앞을 지날 때마다 신선한 피 냄새를 맡으며 흥분했고, 결국 스스로 잔혹한 살인을 저지르기에 이르렀다. 1878년에 그는 여자 6명을 도살했다. 그 후 19년이 지나서 '프랑스의 살인자(French Ripper)' 바셔(Joseph Vacher)는 10명이 넘는 남녀에게 잔인한 짓을 자행했고, 또 피를 마셨다는 사실도 인정했다.

20세기의 가장 악명 높은 연쇄살인범들 중에도 뱀파이어리즘에 빠져든 이들이 있었다. 예를 들어 유난히 타락한 어린 시절을 보낸 페터 퀴르텐(Peter Kuerten)은 새디즘, 뱀파이어리즘, 수간(獸姦), 시체성애를 동시에 자행했다. 어른이 된 뒤 소위 '뒤셀도르프의 괴물(Monster of Düsseldorf)'로 불린 그는 20명이 넘는 남녀와 아이들을 살해하고 종종 그 피를 마심으로써 끔찍한 욕구를 충족했다 (Schechter, 2003: 224).

한편, 퀴르텐과 같은 바이마르(Weimar) 시대에 살았으며, '하노버의 뱀파이어'로 알려진 프리츠 하르만(Fritz Haarman)도 끔찍한 범행을 저질렀는데, 그는 주로 젊은 희생자들의 목젖을 씹어 먹는 습관이 있었다. 황당하리만치 변태적이었던 앨버트 피시(Albert Hamilton Fish)는 하르만의 열혈 지지자였으며, 마치 10대 소녀들이 팝 스타의 기사를 오려 모으듯이 독일 살인광의 신문 기사들을 스크랩해 두었다. 앨버트 피시(1870. 5.~1936. 1.: 전기 의자

독일의 연쇄살인범 페터 퀴르텐[23)]

23) http://www.mugshots.com/IMAGES/P__Peter-Kuerten.jpg;http://frecuenciacero.com.mx/testigosdelcrimen/imagenes/tdc86.jpg(2008년 5월 5일 검색)

로 사형)는 미국의 사도마조히즘(sadomasochism: 가학피학성)적 소아 성기호증자, 고문살인자 그리고 연쇄살인 및 식인자였다.[24] 그는 적어도 한 명 이상의 피를 맛본 것으로 사료된다. 그래도 그 피비린내가 그다지 마음에 들지 않았던 모양이다(Schechter, 2003: 224).

미국의 식인종 제프리 다머도 그랬다. 그는 FBI의 레슬러(Robert K. Ressler)에게 자신이 '호기심'으로 사람의 피를 마셨는데 "그다지 좋은 경험은 아니었고, 아무런 자극도 받지 못했다."고 말했다. 한편 러시아의 '미친 짐승(Mad Beast)' 안드레이 치카틸로(Andrei Chikatilo)는 많은 희생자들의 성기(性器)를 포함해 여러 신체 부위들을 먹어치웠고 또한 피맛도 즐겼다. 20세기의 괴물인 그는 모든 면에서 퀴르텐이나 피시 혹은 다머만큼 잔인한 인물이었다.

비교적 최근 사례로 흡혈을 즐긴 연쇄살인범 중에는 젊은 흑인 마크 새핑턴(Marc Sappington)이 있다. 캔자스 주 캔자스 시티의 빈민가에서 근면한 기독교 신자인 어머니 밑에 자란 새핑턴은 밝고 다정하고 바른 행실의 모든 면에서 모범적인 아이였다. 그런데 사춘기를 지나면서 성격이 완전히 바뀌어 거리의 유혹에 빠져들었으며, 마약을 가까이하게 되었다. 합성 헤로인을 흡입하고, 방부제 용액에 담배꽁초를 적셔 젖은 상태로 흡입하기도 했다. 2001년 3월, 한때 성가대원이었던 그는 강도짓을 하다가 한 청년을 단순한 고의라기보다는 아무런 이유 없이 쏘아 죽였다. 그 후 한 달이 지난 뒤부터 흡혈 행각을 벌이기 시작했다. 아마도 이 무렵 마약의 영향으로 그는 사람의 살과 피를 맛보라고 하는 환청을 듣게 되었다. 4월 17일, 그는 오랜 친구였던 25세의 테리 그린(Terry Green)을 유인해 자신의 집 지하실로 데려갔고 사냥용 칼로 그를 죽였으며, 엉망이 된 시체 옆에 무릎을 꿇고 앉아 시멘트 바닥에 고인 피를 핥아먹었다. 3일이 지난 뒤, 여전히 피에 대한 갈증을 가라앉히지 못한 새핑턴은 다른 오랜 친구인 22세의 마이클 위버(Michael Weaver)를 뒷골목으로 유인해 칼로 찔러 살해한 뒤 피를 빨아 먹었다.

살인을 저지른 후 피에 대한 굶주림이 충족되지 않은 채 집으로 돌아오는 길에, 마침 이웃에 사는 10대 소년인 브라운(Alton "Freddie" Brown)을 발견했다. 그는 소년을 지하실로 데려가 산탄총으로 즉시 살해했다. 그리고 여유롭게 피를 마시고 살점을 먹었다. 그는 남은 유해를 쓰레기봉투에 담은 뒤 산책에 나섰다. 몇 시간 뒤에 돌아온 어머니는 지하실에서 살육의 흔적을 발견하고 경찰에 신고했다. 새핑턴은 곧바로 체포되었다. 구속된 후 그는 한동안 침묵으로 일관하다가 결국 범행을 털어놓았다. 각 매체들은 그에게 '캔자스 시티 뱀파이어(Kansas City Vampire)'라는 별명을 붙여 주었다(Schechter, 2003: 225).

24) http://en.wikipedia.org/wiki/Albert_Fish(2008년 5월 5일 검색)

6) 카니발리즘

인간은 본능적으로 식인(食人, cannibalism)행위에 대한 욕구를 뿌리깊이 감추고 있다. 실제로 식인 풍습은 인간이 진화해 온 과정의 일부분으로 보일 정도다(Schechter, 2003: 226).

최근의 과학적 연구는 사람과 가장 유사한 영장류가 비교적 일상적으로 동족을 잡아먹는다는 사실을 명확히 보여 주었다. 예를 들어, 열대우림 지대의 원숭이를 연구한 하버드대학의 인류학자 리처드 랭햄(Richard Wrangham) 교수는 어른 수컷 원숭이('Figan'과 'Humphrey'라는 이름의) 두 마리가 어린 원숭이 두 마리를 잡아먹는 것을 목격했다. 인류의 초기 조상들이 동족의 사체를 먹었다는 사실은 고고학자들도 확실히 증명했다. 그들은 석기 시대 때 동굴에서 살던 조상들이 동족을 잡아먹었다는 것을 보여 주는 증거를 무수히 찾아냈다.

사람의 뼈가 쪼개져 있거나 두개골이 갈라져 있는 것은 맛있는 골수와 뇌를 꺼내 먹었다는 증거였다. 아프리카에서 뉴질랜드에 이르기까지 지구 전역에서 토착민들은 식인 풍습을 가지고 있었다. 최근 연구에서는 현재 미국 남서부 지역에 오랫동안 거주하며, 평화를 사랑하는 부족으로 알려졌던 차코 아나사지(Chaco Anasazi) 부족에게도 식인 풍습이 있었음이 드러났다. 오늘날 이론에 따르면, 아나사지 부족은 공포를 가하기 위한 수단으로 식인을 자행했는데, 사실상 인류는 식사(dietary)에서 의식(ceremonial)에 이르기까지 갖은 이유들로 인육을 먹어 왔다. 어떤 토착 원주민들은 애정과 존경을 나타내기 위해 친족의 시체를 먹기도 했다. 또한 적을 격퇴한 후 우월감을 드러내기 위해 적의 인육을 먹기도 했다. 희생된 피해자를 먹는 것은 아즈텍(Aztec) 종교의 중요한 부분이었다(Schechter, 2003: 227). 한편, 피지인(Fijians)들도 식인 풍습을 갖고 있었다. 단지 실제 돼지고기보다 'long pig(그들은 사람의 살을 그렇게 불렀다)'라는 인육의 맛을 더 선호했기 때문이다.

그런데 유대교에서의 식인 풍습은 절대적으로 금기시되었으며, 그 금기는 가장 절박한 상황에서만 깨질 수 있었다. 가령, 표류하는 구명정 위에서 죽음을 맞닥뜨린 선원들은 어쩔 수 없이 제비뽑기로 나머지 선원들에게 영양을 제공할 희생양을 골라야 했다. 물론 이때에도 인육을 먹느니 굶어 죽기를 자처하는 사람들이 있을 만큼 식인은 혐오스러운 것으로 간주되었다.

문명인들은 대부분 식인 풍습을 매우 끔찍한 환상으로만 여기기 때문에 식인은 종종 연쇄살인범이 자행하는 만행 중에서 가장 끔찍한 것으로 여겨진다. 토머스 해리스(Thomas Harris)의 『레드 드래곤(*Red Dragon*)』과 속편들에서 극단적인 사이코패스 괴물을 탄생시켰다. 사람의 뇌를 한 입 베어 먹지 않고서는 절대 대서양 횡단 비행기에 오르지 않는 미식가 '식인종 하니발(Hannibal the Cannibal)'을 떠올린 것은 바로 그런 이유 때문이다. 그러나 사실상 연쇄살인범들 가운데 식인을 즐기는 부류는 많지 않다. 식인을 행하는 이들 역시 주로 변태적인 성적(性的) 충동 때문에 일을 저지른다. 사람의 살점을 먹으면서 미식가적 삶의 풍미를 고취했던 하니발 렉터(Hannibal Lecter)와는 달리, 대부분의 악명 높은 식인 살인범들은 희생자를 먹으면서 강렬한 성적 쾌감을 느낀다(Schechter, 2003: 228).

가장 적절한 예로, 소아성애 도착자(소아 성기호증자)인 살인광 앨버트 피시를 들 수 있다. 완전한 미치광이 피시는 책에 나오는 모든 도착적인 행동을 연습해 두었으며, 어린아이의 살점을 먹는 일에 대단히 집착했다. 그는 12세 소녀를 유인해 웨스트체스터 카운티(Westchester County)의 폐가(廢家)로 데려갔다. 그곳에서 아이의 목을 졸라 죽이고 머리를 잘랐고, 가슴, 엉덩이, 복부의 살점을 도려냈다. 그는 '고기'(그는 그렇게 말했다)를 오래된 신문지로 싸서 맨해튼의 자기 집으로 가져가 잘게 썰었고, 당근과 양파, 베이컨 조각과 함께 스튜 요리를 만들었다. 그는 9일 동안에 스튜를 한 번에 조금씩 가끔 먹었고 아이의 인육 맛에 흥분하며 자위를 했다.

'밀워키의 식인종' 제프리 다머 역시 희생자들의 살점으로 잔치를 벌이는 것에 흥분했다. 마지막 조사에서 다머는 수사관 레슬러에게 희생자들을 먹어치우는 것이 "마치 그들이 내 몸의 일부가 되는 것 같은 느낌"을 준다고 했고, '성적인 흥분'을 느꼈다고 털어놓았다. 다머는 자신이 저지른 잔혹한 범행을 자세하게 털어놓으려 하지는 않았는데, 그래도 희생자들 가운데 최소 세 명의 살을 먹었다는 점은 인정했다. 그는 사람의 살로 햄버거용 고기를 만들기도 했고, 다양한 조미료를 첨가해 요리도 해보았다. 그는 심장 하나를 나중에 먹으

1903년 및 사형당하기 2년 전(1934년) 앨버트 피시[25]

25) http://en.wikipedia.org/wiki/Albert_Fish(2008년 5월 5일 검색)

려고 냉동해 두었고, 다른 희생자의 넓적다리 일부를 먹기도 했으며, 피해자였던 24세의 밀러(Ernest Miller)의 경우 운동으로 키워둔 알통이 아주 크고 탐스러워서 기름에 튀겨 먹었다고 했다.

모든 면에서 다머와 피시에 버금갈 만한, 혹은 더 엄청난 인물은 러시아의 사이코 안드레이 치카틸로였다. '미친 짐승(Mad Beast)'이라는 별명이 붙은 치카틸로는 오늘날 FBI가 '비조직화된' 부류로 간주하는 살인범이었다. 만약 그가 중세 시대에 살았더라면 사람들은 그를 늑대 인간으로 불렀을 것이다. 그는 가학적인 욕망과 피에 굶주린 괴물이었고 상상조차 하기 어려운 잔혹한 짓을 벌였는데, 맨손으로 사람의 살을 잡아 뜯고 핏물 속에서 뒹굴고, 혀, 유방, 성기를 게걸스레 먹어치웠다(Schechter, 2003: 229).

20세기 독일에서는 유난히 많은 식인 살인범들이 등장했다. 제1차 세계대전이 끝난 뒤 사회적 혼란 속에서 동성애적 욕정 살인광 하르만(Fritz Haarman)은 거의 50명에 달하는 젊은이들을 살해하고 그 인육을 먹었으며, 남은 것들을 쇠고기 암시장에 팔기도 했다. 마찬가지로 그로스만(Georg Grossman)도 인육을 매매했다. 그는 매춘부들을 살해한 뒤 인육을 돼지고기로 속여 팔았고, 베를린 사람들은 자신도 알지 못하는 사이에 식인종이 되어 버렸다. 그 밖에도 전후 독일의 식인살인범 덴케(Karl Denke)는 여관 주인이었는데, 최소 30명이 넘는 투숙객의 인육을 먹었다고 한다.

아주 최근 독일에서는 인터넷 시대에 걸맞은 최초의 식인(食人) 사건이 발생해 사람들을 깜짝 놀라게 했다. 2001년 봄, "Armin M."이라고 신문에 보도된 41세의 소프트웨어 기술자인 한 남자는 웹사이트에 이런 광고를 실었다.

"구인: 도살자로서 적합한 건장한 남성 모집."

전혀 매혹적이지 않은 광고였지만, 실제로 광고는 효과가 있었다. 43세의 마이크로칩 디자이너 "Bernd Juergen B."라는 사내가 M.의 집 현관에 모습을 드러냈다. 이후 벌어진 사건은 망연자실할 따름이다. 2002년 12월 18일자 『뉴욕타임스(*New York Times*)』 기사는 다음과 같다:

"M.은 상대의 성기를 잘랐다. 그리고 두 남자는 그것을 같이 먹었다. 이후 M.은 B.를 찔러 죽였고, 그 현장을 비디오 카메라에 담았다. M.은 죽은 시체를 잘라서 그 중 일부는 나중에 먹으려고 냉동고에 보관했으며 남은 유해는 자신의 집 정원에 묻어 두었다."

M.은 당시의 경험에 아주 흡족했고, 그래서 자원자를 구하는 광고를 또다시 올렸다. 경찰이 그를 즉시 체포했기 때문에 더 이상 연쇄살인범이 되지 못했다. 이 사건은 독일 전체를 떠들썩하게 했다. 독일의 전문가 한 사람은 할리우드에 책임을 물었다. 「양들의 침묵」, 「하니발」 같은 할리우드 영화들이 식인을 미화했기 때문에 이러한 사건이 발생했다고 말했다.

"그런 사건은 미국 영화에서나 일어날 법하지, 독일은 아닙니다"라고 단언했다. 그렇지만, 공포, 정신병리학, 욕정살인과 관련하여 독일에 풍부한 유산이 남아 있음을 고려해 볼 때, 특이한 견해가 아닐 수 없다(Shechter, 2003: 229).

7) 시체성애증

'애호(愛好, phile)'라는 단어 어미는 어떤 것에 각별히 빠져든 사람을 일컫는 말로, 애서가(愛書家, bibliophile), 포도주 애호가(oenophile), 영국 문화를 사랑하는 친영파(親英派, Anglophile) 등으로 사용된다. 또한 시체애호가(necrophile)라는 말도 있는데, 죽은 사람을 사랑하며, 시체를 관찰하고, 냄새를 맡고, 만지는 것으로 성적 흥분을 느끼는 사람들을 말한다(Schechter, 2003: 232).

미국 문학사에서 가장 존경받은 인물인 에머슨(Ralph Waldo Emerson)은 젊은 아내 엘렌(Ellen)의 죽음에 너무나 망연자실했다. 그는 장례를 치른 지 얼마 지나지 않은 어느 날 밤 묘지에 가서 죽은 아내의 시체를 파내기까지 했다. 그가 아내의 시체를 꺼내서 무엇을 했는지는 아무도 모른다. 이처럼 슬픔에 압도되어 시체성애증을 보이는 사례는 문학에서는 찬사를 받기도 한다. 가령 잘 알려진 민요 중에서 「소란한 무덤(The Unquiet Grave)」에는 고뇌에 찬 청년이 연인의 '진흙처럼 차가운 입술'에 마지막 입맞춤 한 번을 나누려고 묘지를 찾아간다. 비록 시체성애증이 소름끼치는 것이기는 하지만, 위의 사례들은 한 개인이 사랑하던 사람을 잃은 뒤 슬픔을 이기지 못해 연인과의 마지막 포옹을 위해 무덤을 파냈다는 점에서 적어도 이해할 만한 것이다.

한편 플로리다 주 키 웨스트(Key West)에 소재한 마린(Marine)병원에서 방사선 의사로 일한 중년의 코셀(Carl von Cosel, 1877. 2.~1952. 7.)의 사례는 무척이나 소름끼친다.[26] 원래 독일 드레스덴(Dresden) 출신이며, 부인과 두 딸을 버리고 오스트레일리아를 거쳐 미국으로 이민갔다. 아홉 군데 대학에서 학위를 받은 것으로 알려져 있다. 1930년 4월, 한 병원에서 그가 꿈에 그리던 여성을 만났다.[27] 그녀의 이름은 호요스(Maria Elena de Hoyos)였다. 20세의 아름다운 쿠바계(스페인계) 미국인 여성이었는데 그녀가 결핵으로 사망할 때(1931년)까지 둘의 관계는 잘 지속되었다. 1933년, 그녀가 사망한 지 2년 후 무덤에서 호요스의 시체를 옮겼다. 방부제 처리를 했지만 죽은 여인의 시체는 점점 썩어갔고, 결국 시체를 보존하기 위해 코셀은 극단적인 조치들을 취했다. 그리고 자기 집에서 7년 동안 지냈는데, 1940년 호요스의 친척과 관계 당국자들에게 발각되었다.

26) http://en.wikipedia.org/wiki/Carl_Tanzler(2008년 5월 5일 검색)
27) http://www.voltini.com/id43.htm(2008년 5월 5일 검색)

그는 피아노 줄로 뼈를 연결했으며, 1940년에 발견된 호요스의 시체에는 유리로 된 가짜 눈을 만들어 넣고, 피부는 왁스된 비단으로 바꿨으며, 그녀의 원래 모발로 가발을 만들어 놓았다고 한다.[28] 무엇보다 섬뜩했던 것은 그녀의 가랑이 사이에 관을 집어넣어 일시적이나마 '질(vagina)'로 사용했으며, 그 덕분에 시체와 계속 성관계를 했다는 사실이다.

진정한 사랑에 관한 악몽 같은 행각은 7년이나 계속된 뒤에야 세상에 알려졌다. 그러나 아무것도 코셀의 집착을 약화시킬 수 없었다. 그는 1952년에 죽었으며, 죽을 당시에도 그가 사랑했던 여인의 데스 마스크(death mask)를 쓴 인형을 움켜쥐고 있었다. 비록 코셀의 잔인한 행동이 끔찍하기는 했지만, 한 사람의 시체에만 자행된 것이었다. 그러나 다른 악명 높은 시체성애자들은 상대를 가리지 않았다(Schechter, 2003: 233).

아마도 기록에 남아 있는 가장 악명 높은 사건은 프랑스의 젊은 군인 프랑수아 베르트랑(François Bertrand) 상사일 것이다. 그는 1840년대 말에 끔직한 범행을 시작했다. 베르트랑은 시체를 능욕하고 싶은 충동에 파리 묘지에서 묻힌 지 얼마 되지 않은 여자들의 사체를 파냈다. 그리고 '미치광이의 광기'에 빠져 사체를 강간하고, 절단하고, 내장을 꺼냈으며, 때때로 씹어 먹기도 했다. 죽은 이들을 미친 듯이 끌어안을 때 느껴지는 기쁨과 비교하면, "살아 있는 여성을 소유할 때 얻는 기쁨은 아무것도 아니었다"고 털어놓았다.

19세기 프랑스 시체성애자로 26세의 앙리 블로(Henry Blot)는 무덤을 파내 여성의 시체와 성교를 한 뒤 깜빡 잠이 드는 습관이 있었다. 어느 날 블로는 일을 치른 뒤 완전히 정신을 잃었고, 다음날 아침 묘지 관리인은 강간당한 젊은 발레리나의 시신 옆에 곤히 잠들어 있는 그를 발견했다. 블로는 재판을 받았고, 정신병리학의 역사에 영원히 이름을 남기게 되었다. 그는 '타락한 범죄'에 대해 판사에게 타박을 듣고 성난 어투로 이렇게 대답했다. "뭘

코셀(Cosel, 1940년), 호요스(Hoyos, 1926년, 1930년) 그리고 시체(1940년)[29]

28) http://www.voltini.com/id43.htm(2008년 5월 5일 검색)
29) http://en.wikipedia.org/wiki/Carl_Tanzler(2008년 5월 5일 검색)

어쩌란 말입니까? 사람은 취향이 제각각이기 마련이지요. 나한테는 그게 시체일 뿐입니다"(Schechter, 2003: 233).

그 밖에도 100여 구가 넘는 사체와 성교를 한 것으로 알려진 정신박약자인 무덤 파는 일꾼 빅토르 아르디송(Viktor Ardisson)도 빼놓을 수 없다. 결국, 아르디송은 그의 방에서 엄청난 악취가 난다는 신고를 받고 출동한 경찰에 체포되었다. 경찰이 그를 체포할 당시 방에서는 묘지에서 가져온 세 살 된 여자아이의 시체가 발견되었다. 그는 일주일 동안 매일 밤마다 사체의 성기를 구강으로 애무한 것으로 밝혀졌다.

미국에서 가장 유명한 시체성애자는 미국 중서부의 게인(Ed Gein)이었다. 1947년 어머니가 죽은 뒤 홀로 남은 청년은 밤중에 수십 차례나 지역 묘지를 찾아갔다. 그는 무덤에서 중년 여성의 사체를 꺼내 위스콘신 주 플레인필드(Plainfield) 외곽의 낡고 누추한 농가로 가져왔다. 그러나 게인은 유럽의 시체성애자들과는 달리 몇 가지 면에서 큰 차이를 보였다. 첫째, 그의 행동에는 분명 성적인 요소가 나타났지만, 시체와 성교를 하지는 않은 것으로 보였다. 그는 시체의 상태를 관찰하고, 사체의 음부를 제거해 조심스레 보존했다. 또한 사체를 단지 원재료로만 사용했다. 사람 피부로 된 전등갓이나 두개골로 된 사발을 만들었으며, 또 '유방이 달린 조끼'는 여자로 변장할 때 몸에 걸쳤다.

한편 게인은 단지 무덤을 파내고, 시체를 훼손하고, 강간하는 것으로 만족하지는 않았다. 그는 살인도 저질렀다. 플레인필드 묘지에서 중년 여성의 시체를 더 이상 구할 수 없게 되자 직접 살인을 자행했다. 중년 여성 두 명을 죽였고 전리품을 집으로 가져가서 잘라낸 뒤 시체 일부를 다양한 용도로 활용했다. 물론 이러한 점에서 시체성애자인 연쇄살인범보다 더 사악하다. 무덤을 파헤쳐 시체를 성적으로 훼손한 베르트랑, 앙리 블로 같은 변태들이 추악하기는 하지만, 적어도 그들은 이미 죽은 시체를 상대로 혐오스러운 짓을 벌였다. 반면에 시체성애자인 연쇄살인범들은 무덤을 파내지 않고 시체를 직접 만들었다(Schechter, 2003: 234).

연쇄살인범들이 죽은 이들을 상대로 자행한 혐오스러운 짓은 상상을 초월한다. 에드먼드 켐퍼는 여대생의 시신을 강간한 뒤 절단했으며, 적어도 한 번은 머리통을 잘라낸 뒤 성교를 했다. 그와 반대로 '황혼의 살인자(Sunset Slayer)' 클라크(Douglas Clark)는 살해된 매춘부의 머리통을 시체와의 구강성교를 하는 데 썼다. '보이지 않는 수로의 살육자(Butcher of Blind Creek)'라고 불리는 셰퍼(Gerard Schaefer)는 자서전적인 단편 소설에서 자신이 며칠 전에 죽인 여성의 시체를 도로 파내서 썩어가는 유해에 자위를 하는 내용을 담았다. 제프리 다머는 그가 죽인 남자 시체와 구강성교를 하기도 했으며, 죽은 이들의 배를 갈라 내장으로 섹스를 하면서도 쾌락을 느꼈다고 한다.

8) 소아성애증(小兒性愛症 혹은 小兒性嗜好症)

어떤 사이코들에게는 어린아이가 다만 운(運)이 나빠서 그에게 선택된 취약한 사람들과 별 차이가 없는 우연한 표적일 뿐이다. 예를 들어 1920년에 앙골라 루안다에 살았던 판즈람(Carl Panzram)은 미국 영사관과 멀리 떨어지지 않은 공원에서 쉬고 있었다. 그가 벤치에 앉아 있을 때 열 살이 조금 넘은 아프리카 소년이 주변을 맴돌고 있었다. 그는 감옥에서 쓴 소름끼치는 회고록에서 "아이는 뭔가를 찾고 있었다"라고 적었다. "나는 루안다에 소재한 싱클레어 석유회사(Sinclair Oil Company)의 주캠프로부터 약 1/4마일 정도 떨어진 자갈 채굴장으로 그 소년을 데리고 가서 항문성교를 하고 난 뒤 그를 살해했다. 내가 떠날 때 아이의 귀에서 피가 흘러내리고 있었는데, 더 이상 죽일 일은 없었다. 아이는 아직 그곳에 있다"고 쓰고 있다. 판즈람은 아이들을 상대로 몇 차례 더 끔찍한 행각을 저질렀지만, 딱히 아이들만 표적으로 삼지는 않았다. 그는 상대가 누구든 개의치 않았고, 남녀노소를 불문하고 죽이면서 쾌락을 느꼈다.

그러나 전적으로 아이들만 표적으로 삼는 연쇄살인범도 있다. 소아성애 도착자인 살인범들은 아이들을 강간하고 죽이면서 강렬한 가학적 쾌락을 느낀다. 당연히 앨버트 피시가 그 대표적인 예다. 그는 사춘기에서 노년에 이르기까지 평생 동안 아이들, 주로 소년을 대상으로 성적 고문을 자행했다. 그는 늘 장소를 옮겨다녔고, 최소 100명이 넘는 아이들을 강간했고, 뉴욕에서 몬태나 주에 이르기까지 23개 주에서 적어도 15명 이상을 살해했다. 법원이 지정한 정신과 의사의 견해에 따르면, 피시가 상대적으로 더욱 잔인하게 여겨지는 이유는 "아이들과 성추행하는 것 못지않게 학대하는 것에도 관심이 있기 때문"이었다. 피시에게 희생된 아이들은 빈민가의 흑인 아이들이었는데, 그들을 표적으로 삼은 것은 "그런 아이들은 피해를 당하거나 실종되어도 정부에서 크게 신경을 쓰지 않기 때문이었다." 피시는 아이들을 캔디나 용돈을 준다고 구슬려서 지하실로 데려갔으며, 그런 다음 아이들을 감금하고, 강간하고, 고문했다. 때때로 아이들에게 재갈을 물리기도 했는데, 그 자신은 상황만 괜찮다면 아이들에게 재갈을 물리지 않는 쪽을 선호했다고 한다. "아이들의 비명소리를 듣는 것을 좋아해서"라는 것이 그의 설명이었다. 한편 일부 사이코패스들의 경우, 나이가 들면서 성욕이 감소함에 따라 폭력성도 줄어드는 것과는 다르게, 피시는 세월이 갈수록 더욱 잔인해져만 갔다. 1928년에 10세 소녀 그레이스 버드(Grace Budd, 1918-1928)를 납치해서 토막내고 시신을 먹는 극단적인 범행을 저질렀을 당시, 그의 나이는 58세였다(Schechter, 2003: 237).

1928년 5월 25일, 에드워드 버드(Edward Budd; 피해자의 오빠)는 『뉴욕 월드(*New York World*)』라는 일요판 신문에 다음과 같은 광고를 실었다. "시골에서 직장을 구하고자

앨버트 피시에게 희생당한 그레이스 버드30)

하는 젊은 남성, 18세 정도, Edward Budd, 406 West 15th Street." 같은 해 5월 28일경, 그 당시 58세 된 나이든 피시가 에드워드를 고용하는 척하면서, 뉴욕 주 맨해튼에 소재한 버드의 집을 방문했다. 그 때 피시는 자신을 뉴욕 주 파밍데일(Farmingdale)에서 온 농부 하워드(Frank Howard)라고 소개했다. 그가 도착했을 때, 피시는 버드의 10세짜리 여동생 그레이스(Grace)를 만났다. 피시는 버드를 고용하겠다고 약속했으며, 그는 며칠 안에 그를 부르러 누군가를 보내겠다고 했다. 두 번째 방문했을 때, 피시는 버드를 고용하겠다고 동의했으며, 그리고나서 피시는 그날 저녁 여동생의 집에서 열리는 생일파티에 그레이스와 동행할 수 있도록 그의 부모들(Delia Flanagan과 Albert Budd I)을 설득했다. 앨버트는 Equitable Life Assurance Society의 잡역부였다. 그레이스는 여동생과 두 명의 오빠들(Albert Budd II와 George Budd)이 있었다. 피시는 그날 그레이스와 함께 떠났으며, 결코 돌아오지 않았다.

그로부터 7년 후인 1934년 11월, 익명의 편지가 유괴된 소녀의 부모 앞으로 도착했으며, 그 편지는 경찰로 하여금 피시를 추적하게 만들었다. 편지 봉투에는 "New York Private Chauffeur's Benevolent Association"을 의미하는 "N.Y.P.C.B.A." 글자들이 함께 들어간 작은 육각형 모양의 엠블렘이 찍혀 있었다. 그 회사의 청소부는 경찰에 자신은 문방구점에서 그 봉투를 샀으며, 그가 이사 나올 때, 하숙집(200 East 52nd Street)에 몇 개를 놔두고 떠났다고 진술했다.

하숙집 여주인은 피시가 며칠 일찍 그 방값을 계산하고 떠났다고 진술했다. 그녀는 피시의 아들이 그에게 돈을 보냈으며, 그는 하숙집 여주인에게 자신에게 도착할 다음 수표를 잘 보관하고 있으라고 말했다고 했다. 킹(William F. King)이라는 수사책임자는 피시가 돌아올 때까지 밖에서 기다렸다. 그를 신문(訊問)하기 위해 본부로 동행하자고 하자 그는 거리쪽 문에서 킹 수사관에게 양손에 면도칼이 있다고 위협했다. 킹 수사관은 피시를 무장해제시키고, 경찰본부로 데리고 갔다. 피시는 그레이스 버드 살인사건에 대해 부인하려고 하지 않았다. 그레이스의 오빠였던 에드워드 버드를 죽이려고 그 집에 갔다고 말했다.

그 밖에도 20세기 미국에서 다음과 같은 악명 높은 아동 살해범들이 있었다(Schechter,

30) http://en.wikipedia.org/wiki/Albert_Fish(2008년 5월 5일 검색)

2003: 237).

(1) 웨슬리 앨런 도드

앨버트 피시와 마찬가지로 도드(Westley Allan Dodd)도 끔찍한 범행을 공상하며 많은 시간을 보냈다. 그는 편지에 '생각하면 할수록 살인은 더욱 자극적인 듯 여겨졌다'라고 적었다. '나는 남자아이를 죽이는 여러 가지 방안을 계획했다. 또 고문하고, 거세하고, 살점을 먹을 생각도 했는데……나는 주로 아이가 보는 앞에서 성기를 먹는 것에 흥미를 느낀다. 무엇보다도 고문하듯이 그렇게 할 계획이다.' 비록 그는 자신의 가장 잔혹한 환상을 실행하기도 전에 체포되었지만, 그럼에도 불구하고 꽤 많은 범행을 저질렀다. 그는 아이들 셋을 잔혹하게 살해했고, 적어도 175명을 학대했다고 한다.

도드의 소아성애 욕구는 그가 13세였을 때 처음 겉으로 드러났다. 당시 그는 자신의 침실 창가에 서서 지나가는 아이들 앞에 몸을 노출시켰다. 그는 곧 더 적극적인 형태의 학대를 시작했으며, 어린 사촌들, 이웃 아이들과 성적인 '게임'을 하고 놀았다. 중서부의 여름 수련회에서 그가 지도원 역할을 한 것도 어린아이들에게 성적인 접촉을 쉽게 하기 위한 방편이었다. 그는 십대 후반에 이미 약탈자의 면모를 갖추고 있었다. 도드는 아이들을 추행하다가 여러 번 체포되었지만, 가벼운 경고만 받았을 뿐이다. 대개 짧은 철창 신세를 지고 상담만 받았을 뿐이다. 1987년, 8세의 소년을 빈 건물로 유인하다가 붙잡힌 그는 '심각한 경범죄'를 지은 것으로 판단되어 넉 달이 채 안 되는 기간 동안 구속되었다. 당시 도드를 진료한 정신

대표적인 소아 성기호증 연쇄살인범 웨슬린 앨런 도드[31]

31) http://www.dc.k12.mn.us/MSchool/8th%20Grade/Sparboe/ilp/Image3.gif;http://www.geocities.com/trctl11/dodd2.jpg;http://www.crimelibrary.com/graphics/photos/criminal_mind/psychology/evil2/6b.jpg(2008년 5월 5일 검색)

과 의사는 평생 남색꾼(pederast)으로 살게 될 그가 "장차 범법행위를 하게 될 극도의 위험성이 있다"고 정확하게 진단했다. 그러나 그는 도드의 폭력성을 과소 평가하는 심각한 실수를 저질렀는데, 도드가 아동에 대해 변태적인 성충동에 시달리지만, "아이들을 해치고 싶어하지는 않는다"고 결론내렸다.

1989년 9월, 워싱턴 주 밴쿠버의 공원을 '좋은 사냥터'로 선택한 도드는 11세인 니어(Cole Neer)와 10세인 그의 동생 윌리엄(William)을 유괴해서 학대하고 잔인하게 살해했다. 그 후 약 한 달이 지났을 때 도드는 4세의 이셀리(Lee Iseli)를 오리건 주 포틀랜드(Portland)의 놀이터에서 유괴한 후 집에 데려왔다. 그는 아이를 24시간 동안 학대하고 고문했으며, 목을 조른 뒤 시체를 침실 벽장에 매달았다. 도드는 이러한 만행들을 폴라로이드 사진기로 찍었고, 훗날 경찰은 그의 침대 아래 옷가방 속에서 그 사진들을 발견한다. 얼마 뒤 도드는 카마스(Camas)의 극장에서 6세 소년을 납치하려다 체포되었다. 그는 살인 3건과 유괴 미수를 인정했다. 그는 사형선고를 받았고, 1991년 1월 5일, 31세의 나이로 사형에 처해졌다.

(2) 아서 게리 비숍

1951년에 태어난 비숍(Arthur Gary Bishop)은 독실한 모르몬 교도인 부모 밑에서 성장했으며, 학교에서도 뛰어났고, 최상위 보이스카우트인 이글 스카우트(Eagle Scout)에서 상급 순위에 들었다. 고등학교를 졸업한 후 그는 필리핀에서 청소년 전도사로 봉사했다. 이처럼 모범적인 유년 시절을 보낸 그가 어떠한 이유로 극악무도한 사이코패스로 바뀌었는지는 정확히 알 수 없다.

확실한 사실은 그가 20대 중반 무렵 아동 포르노에 중독되었다는 점이다. 1978년, 상사의 돈 1만 달러를 착복한 혐의로 제명된 뒤 그는 '로저 다운스(Roger Downs)'로 개명하고, 솔트레이크 시티(Salt Lake City)의 아파트로 이사를 간다. 그리고 얼마 뒤 어린아이들에게 쉽게 접근하기 위해 불우 아동을 선도하는 단체에 가입한다. 1979년 10월 그는 처음으로 살인을 저지른다. 비숍은 당시 다니엘스(Alonzo Daniels)라는 이름의 네 살짜리 이웃 아이를 자신의 아파트로 유인해 왔다. 그런데 아이가 울음을 터뜨리며 부모에게 이르겠다고 협박하자, 아이를 망치로 내려친 뒤 욕조에서 익사시켰고 큰 마분지 상자에 담았다. 그는 아이의 시체를 자신의 차에 실었으며, 이때 사라진 아들을 찾느라 혼이 빠진 어머니의 곁을 지나치기도 했다. 그는 도시에서 30킬로미터 외곽으로 벗어나 사막에 아이를 매장했다(Schechter, 2003: 238).

제프리 다머가 자신의 시체성애 충동을 꼬마 어린이들을 상대로 해소하려고 했듯이, 비숍은 갈수록 커지는 살인 충동을 배출할 수 있는 더 안전한 경로를 찾으려고 했다. 그는 다

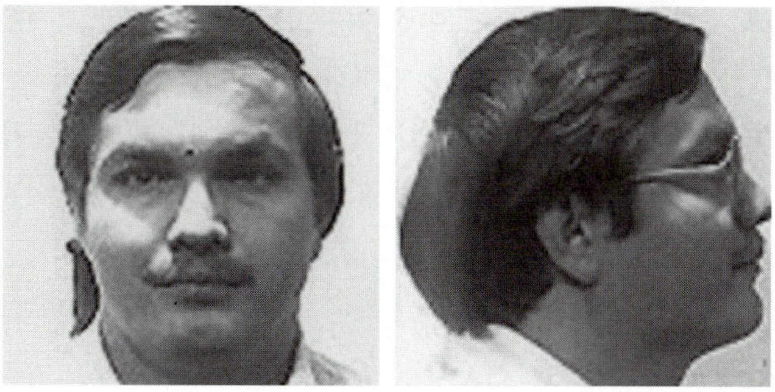

소아 성기호증 연쇄살인범 아서 비숍[32]

니엘스를 살해한 이듬해부터 거의 20명이 넘는 아이들을 살해했다. 그는 아이들을 무작위로 골라 집에 데려가 목을 조르고 익사시키고 폭행해 살해했다. 결국 비숍에게 아이들은 다머의 시체와 마찬가지로 일종의 대용물이었다. 1980년 11월, 비숍은 11세의 피터슨(Kim Peterson)이라는 소년을 롤러스케이트를 사 준다고 유인해 아파트로 데려와 살해했다. 피터슨의 시체는 사막에서 알론조 다니엘스의 옆자리에 묻혔다. 희생자는 계속되었다. 1981년 10월, 4세의 데이비스(Danny Davis)는 수퍼마켓에서 유괴되었고, 1983년 6월, 6세의 워드(Troy Ward)는 운동장에서 납치되었다. 1983년 7월에 비숍은 결국 체포되었다. 수련회에서 자신이 보살피기로 한 13세의 소년을 살해했기 때문이다. 1984년 6주간에 걸친 재판을 받은 그는 극악한 살인 다섯 건에 대해 유죄를 선고받았고, 약물주사법으로 처형당했다(Schechter, 2003: 239).

(3) 로버트 블랙

소아성애 도착자인 살인범이 미국에만 있는 것은 아니다. 이들은 전 세계에 존재하며, 어린 소년들만 표적으로 삼지도 않는데, 영국의 연쇄살인범 블랙(Robert Black)이 그러한 대표적인 사례다. 1947년 서출(庶出)로 태어난 블랙은 생후 6개월에 입양되어 스코틀랜드 하일랜드(Highland)에서 성장했다. 초등학교 때부터 그는 자신보다 약한 아이들을 괴롭히는 비열한 골목대장 노릇을 했다. 그는 또 변태적인 성행위에 대해 조숙한 환상을 품기도 했다. 어린 시절부터 그는 갖가지 물건을 항문에 꽂기를 즐겼으며, 평생 그 버릇을 버리지 못했다(경찰은 그를 체포한 뒤, 와인 병, 전화 수화기, 식탁 다리 등 온갖 기괴한 도구들을 항문에 꽂은 채 스스로 찍은 사진을 발견하고 깜짝 놀랐다). 블랙의 양어머니는 그가 11세 때

32) http://z.about.com/d/crime/1/0/f/X/bishop_gary.jpg;http://www.crimelibrary.com/graphics/photos/serial_killers/predators/arthur_bishop/6b.jpg(2008년 5월 5일 검색)

사망했다. 1년 뒤 그는 학급 동료와 함께 어린 여자아이를 강간하려고 했고, 소년원에 보내진 그는 남자 직원에게 상습적인 성폭행을 당했다.

1962년 15세의 블랙은 소년원에서 풀려났고, 글라스고 외곽 도시에서 배달원으로 일하게 되었다. 그 후 2년간 배달을 다니는 동안 거의 40여 명에 달하는 어린 여자아이들을 괴롭혔다. 그 중에는 7세 소녀도 있었는데, 소녀를 버려진 건물로 데려가서 목을 졸라 의식을 잃게 했고, 옷을 벗긴 뒤 성추행했다. 블랙은 움직이지도 못하는 아이 위에 올라타고서 자위를 한 뒤 그대로 도망쳤고, 얼마 뒤 체포되었다. 이해할 수 없는 점은 경고 수준의 처벌만 받았다는 점이다. 블랙은 곧 악행(惡行)을 반복하게 된다. 여자아이들을 상대로 범행을 계속했으며, 세 건의 음란죄를 저지른 혐의로 1967년에 1년간 수감되었다. 풀려난 뒤 새로운 표적을 찾아 런던으로 향했고, 런던에서 수영장 보조요원으로 일하게 되었다. 그 덕분에 물속에서 놀고 있는 여자아이들을 훔쳐볼 수 있었다. 이 당시 그는 수영장이 문을 닫은 뒤 항문에 빗자루를 꽂고 수영하기를 즐겼다. 블랙이 정확히 언제부터 살인을 저질렀는지는 논란이 있지만, 일부 전문가들은 그가 1969년에 이미 처음 살인을 행했다고 말한다. 의심의 여지가 없는 점은 1982년 7월에서 1986년 3월 사이에 그가 잉글랜드와 스코틀랜드의 접경지대에서 여자아이 셋을 납치해 살해했다는 점이다. 1990년 7월 그는 여자아이를 납치하려다가 현행범으로 체포되었고, 결국 종신형을 살게 되었다. 블랙은 범행 자백을 완강히 거부했지만, 적어도 그가 납치, 강간, 살해한 아이들은 앞서 말한 세 명 외에도 거의 10여 명에 이를 것으로 추정된다(Schechter, 2003: 239-240).

9) 노인성애증

이것은 노인과 연약한 자에 대해 이끌리는 유혹이다. 노인성애증(gerontophilia)은 나이가 많은 사람들을 향한 특별한 성적 취향이다. 종종 그들에게 가해진 새디스트적인 공격을 설명하기도 한다. 나이가 많은 사람들을 폭행하는 데 관련된 동성애적 노인성애 사례도 이에 해당한다.[33] 노인성애는 노년층을 대상으로 나타나는 병적인 성적 집착을 일컫는다. 일부 연쇄살인범은 아이들을 살해하는 것과 같은 이유로 노인들을 범행 대상으로 삼는다. 즉 힘없는 노인들이 손쉬운 표적이기 때문이다. 그러나 가학적인 노인성애 도착자의 경우 노인을 공격하고 살인하는 것으로 변태적 쾌락을 맛본다.

오늘날, 노인성애증은 상당히 젊은 남성에 의해 50세가 넘은 여성을 강간하거나 혹은 성폭행을 하는 경우를 설명하기 위해서만 사용되는 경향이 있다. 그것은 공격이나 복수를 보

33) http://www.depression-guide.com/gerontophilia.htm(2008년 5월 5일 검색)

여 주는 것 이상의 사랑을 표현하는 것은 아니다. 완전히 그런 것은 아니지만, 성적 유혹보다는 성적 새디즘에 관해 성적 욕구라기보다는 오히려 보복적 폭력에 관한 것이다. 노인성애는 종종 어린 시절에, 나이 많은 여성 혹은 남성에 의한 폭력에 복종했던 부적절한 사람들에게서 발견되는 증상이다. 그들은 부모에게 불충분하거나 실망스러웠던 경향이 있던 자들이다. 그래서 그들은 어린 시절에 종종 두들겨 맞았을 수 있다. 그래서 그들은 일반적인 윤리뿐만 아니라, 부모들이 매우 엄격하게 훈육적인 사회 내에서 발견되는 경향이 있다. 예상치 못할 정도로 많은 사람들이 있다는 것은 놀랄 일이 아니다.[34)]

(1) 존 웨인 글로버

출생으로 보아 글로버(John Wayne Glover)는 결코 정신병자 살인범으로는 보이지 않았다. 그는 오스트레일리아 시드니 외곽의 환경이 쾌적한 지역에서 완벽한 중산층의 삶을 살고 있는 50대 후반의 거구의 가장(家長)이었다. 그는 안정된 결혼생활을 유지했고, 사랑하는 두 딸과 편안한 집, 좋은 친구와 이웃을 두었으며, 파이 회사의 판매원으로 직업 또한 안정적이었다. 그는 그 지역사회의 전임 시장과 술친구였으며, 여가 시간을 활용해 지역의 '고령 시민협회'를 위한 자선활동도 했다. 그런데 글로버는 사실상 고령자들과는 사악한 다른 관계가 있었다. 세상에 알려지지 않았지만, 이 친절한 중년 남성은 연쇄살인범이었고, 그의 살인 충동은 노부인들만을 표적으로 삼았다고 한다(Schechter, 2003: 240).

1956년 24세 때 오스트레일리아로 이민간 글로버는 본래 영국에서 태어났고, 몇 년이 채 지나기 전에 한두 건의 음란죄를 저질렀다. 고작 3년의 보호관찰 기간을 둔 그는 또다시 물의를 일으켰다. 그는 훔쳐보기를 한 죄로 1965년에 체포되었다. 잠시 수감생활을 하던 그는 이후 결혼해서 정착했으며 반성하는 듯 보였으나 모든 사이코패스들이 그렇듯, 타락한 본성이 모습을 다시 드러내는 것은 단지 시간 문제였을 뿐이다. 1989년 3월에 그는 연이은 범행을 저지르기 시작했고, 그 때문에 소위 '노파 살인범(Granny Killer)'이라는 별명으로, 오스트레일리아 역사에서 가장 잔인하고 변태적인 연쇄살인자 가운데 한 명으로 낙인찍혔다.

글로버의 특징적인 범행 수법은 노부인의 두개골을 망치로 강타한 뒤, 그녀의 팬티스타킹으로 목을 조르고, 또 돈을 갈취하는 방식이었다. 글로버의 범행 대상은 고령의 할머니들로 연약하고 때로는 병든 경우도 있었다. 피해자의 대부분은 80대였고, 90대가 한 명, 가장 어린 사람이 77세였다. 일부 노부인들은 지팡이 없이는 걷기도 힘든 상태였고, 귀와 눈이 멀거나 암투병을 하는 경우도 있었다. 글로버는 할머니들을 강간하지는 않았음에도 불구하고, 범행에는 성적 동기가 여실히 드러났다. 왜냐하면 그는 할머니들의 양말과 속옷을 벗기

34) http://www.timesonline.co.uk/tol/news/uk/article608089.ece(2008년 5월 5일 검색)

는 데서 쾌락을 느꼈기 때문이다. 그가 살인의 향연을 벌이는 동안에도, 파이 판매원으로 요양원들을 돌아다니는 척하면서 침대에 누워 있는 연약한 할머니들을 괴롭혔다. 그가 다섯 번째 살인을 저지를 무렵, 오스트레일리아 역사상 가장 대규모의 수사대가 그를 체포하려고 나섰다. 1990년 1월에 결국 글로버는 사업차 병원을 방문했다가 늙은 암환자를 성폭행하려 했고, 그 뒤로 수사는 종결되었다. 글로버는 자신의 정체가 탄로난 것을 깨닫고 집에서 자살을 기도했다. 그러나 자살 시도는 실패했고, 경찰의 감시를 받는 동안에도 마지막 범행을 저질렀다. 1991년 11월에 열린 재판에서 그는 여섯 건의 살인에 대해 유죄가 인정되었고, 각각에 대해 종신형을 선고받았다(Schechter, 2003: 241).

(2) 대니얼 레이 트로이어

13건의 살인 전과자인 트로이어(Daniel Ray Troyer)는 1978년에 한 노파를 습격했다. 그는 유타 주 솔트레이크 시티에서 사지가 마비된 71세의 노파를 구타하고 목졸랐으며 강간하려 했다. 당시 그는 구속되었고, 7년이 지난 뒤 가석방되었다. 석방 한 달이 지난 1985년 7월 17일, 그는 83세의 오바드(Drucilla Ovard)를 살해했다. 그녀는 욕실에서 구타당하고 목졸린 채 발견되었다. 비록 강간을 당하지는 않았지만, 범인은 노파를 벌거벗겼고 음란한 자세를 취하게 한 뒤 자위를 했으며, 정액이 묻은 수건을 남겨두었다.

범행 후 2주가 지났을 때, 트로이어는 오바드의 아파트에서 멀지 않은 70세 노인 넬슨(Carol Nelson)의 집에 침입했다. 다행히 넬슨 부인은 집에 없었지만, 주거 침입을 목격한 이웃 주민의 신고로 경찰이 출동해 체포되었으며, 그는 주거침입죄로 1년에서 15년 형을 선고받았다. 트로이어는 3년 뒤 가석방되었다. 1988년 8월 17일, 감옥에서 나온 지 2주가 지났을 때 그는 일자리를 구하기 위해 감호소에서 나왔다. 그리고 바로 이 날 88세의 루카우(Ethel Luckau)가 자신의 집에서 구타당하고 목이 졸린 채 죽어 있었다. 이번에도 희생자의 벌거벗은 시신 옆에서 정액이 묻은 수건이 발견되었다. 범행 현장 두 곳에서 나온 정액은 DNA 검사 결과 트로이어의 것임이 밝혀졌고, 결국 오바드와 루카우를 살해한 혐의로 각각 종신형을 선고받았다. 그렇지만 유타 주 정부는 그가 노부인들을 13명 이상 살해했을 것이라고 추정했다. 오바드보다 일주일 앞서 살해된 69세의 블로젯(Thelma Blodgett), 루카우가 죽은 뒤 6일 후 살해된 73세의 웨스트만(Lucille Westermann)도 트로이어에게 살해당한 것으로 추정된다(Schecter, 2003: 242).

(3) 티에리 폴랭

일명 '몽마르트르의 괴물(Monster of Montmartre)' 혹은 '노부인 살인자(Little Old Lady

Killr)'로도 불린 폴랭(Thierry Paulin, 1963. 11~1989. 4)은 '정상(normal)'의 범주에서 벗어나는 것은 물론, 다른 연쇄살인범들과도 다른 성향을 보였다. 가학적 사이코패스의 희생자들은 대부분 살인자의 성 정체성과 인종을 그대로 드러내게 마련이다. 즉 백인은 백인을 죽이고, 흑인은 흑인을 죽이며, 이성애자 남성은 여성을, 동성애자 남성은 다른 남성을 공격하는 방식이다. 그러나 폴랭은 이러한 범주에서 모두 벗어났다. 1980년대 중반, 파리 몽마르트르 인근에서 탈색된 금발 머리를 한 흑인으로 여성 복장을 한 채로 나이든 백인 여성들 20명 이상을 잔인하게 살해함으로써 당시 그 도시의 노년 여성들을 공포에 떨게 했다 (Schechter, 2003: 242).

1984년, 폴랭은 21세 때부터 범행을 시작했다. 그는 이따금 19세 연인인 장 티에리 마튀랭(Jean-Thierry Maturin)과 동행했으며, 장을 보고 돌아가는 노인의 뒤를 쫓아가 현관문이 열릴 때를 틈타서 가격했다. 그와 공범은 아주 잔인한 살인을 저질렀다. 80세의 마리 슈아(Marie Choy)는 철선에 묶인 채로 표백제를 마신 뒤 폭행당해 살해당했다. 75세의 마리아 미코-디아즈(Maria Mico-Diaz)는 몸이 두 동강이 날만큼 심하게 난도질을 당했다.

1987년에 '몽마르트르의 괴물'은 스물네 번째 생일을 기념하는 뜻에서 1주일 간 세 명을 살해했다. 그 중 한 명이 살아서 경찰에 신고했고, 경찰은 풍성한 금발머리의 복장 도착자인 흑인을 찾아내는 데 큰 어려움이 없었다. 체포된 폴랭은 60세에서 95세 사이의 노파들을 21명이나 죽였다고 자백했다. 그는 1989년에 재판을 기다리던 중 AIDS로 사망했다.

프랑스의 노인성애 연쇄살인범 티에리 폴랭[35]

35) http://www.francesoir.fr/uploads/articles/b45c451bbf94c65ff20c9b1c4757fec5.jpg;http://moreas.blog.lemonde.fr/files/2007/06/jean-thierry-mathurin_dossier_meurtre.1181576292.jpg(2008년 5월 5일 검색)

10) 세계 최악의 성도착자

언뜻 보기에 모든 역사를 통틀어 가장 성적으로 타락한 연쇄살인범을 정하려는 노력은 황당해 보일 정도다. 결국 누가 가장 혐오스러울까? 제프리 다머는 희생자들의 배를 갈라 그들의 내부 장기(臟器)를 보면서 쾌락을 느꼈다고 했다. 프리츠 하르만은 피해자의 목젖을 이로 물어뜯으면서 오르가즘을 느꼈다. 아서 쇼크로스는 살해된 매춘부의 썩어가는 시신을 파냈고, 그 음부를 도려내서 먹으며 성적 쾌락을 맛보았다. 더글러스 클라크는 목을 잘라낸 시체에 펠라티오를 즐겼다. 언덕 위의 교살자(Hillside Stranglers)는 피해자의 목에 하수구 세척제를 들이부으며 강간했다. 그런데, 심지어 이들 엽기적 사이코들 가운데서도 앨버트 피시가 단연 으뜸이다. 대공황(大恐慌) 시대의 욕정살인자 피시는 몇 가지 면에서 유독 괴물스러웠다.

우선 피시는 평생 동안 소아성애 도착자였고, 오직 아이들만 표적으로 삼았다. 게다가 그는 고삐 풀린 새디스트였으며, 아이들을 강간하고 살해했을 뿐 아니라 가장 극악무도하게 고문했다. 어린 소년을 붙잡아 묶어두고 성기를 가위로 잘라낸 뒤 피를 흘리며 죽어가도록 내버려둔 경우도 있었다. 고통을 가하려는 욕망은 피시 자신에게까지 확대되었다. 그는 새디스트일 뿐 아니라 맹렬한 마조히스트였다. 그는 자신을 묶어두고 매질해 줄 여성을 구했을 정도였으며, 그 일을 할 사람을 찾기 어려워지자, 그는 특별히 만든 장비로 스스로 채찍질을 가했다. 그러나 새디즘과 마조히즘은 피시의 이상성격 중에서 일부에 불과했다.

그는 일상적으로 소변기호증(urophilia)－피시는 오줌에 대해 왜곡된 환상을 지녔으며, 주로 어린 소년으로 하여금 그에게 오줌을 싸게 하고, 그 오줌을 마셨다－과 대변기호증(coprophagy, 대변을 먹는)에 관련되었다. 또한 『헨젤과 그레텔(*Hensel and Gretel*)』에서 등장하는 인육을 먹는 괴물이기도 했다. 그는 두 차례에 걸쳐 각각 아이를 토막 내 사체 일부로 스튜를 만들었고, 며칠에 걸쳐 그것을 먹기도 했다. 피시는 강박적인 작가로 외설적인 기록을 남겼고, 자신의 잔혹한 행동을 생생히 담은 편지를 보내는 것을 즐겨했다.

교도소에 있을 당시 피시는 뉴욕 시의 저명한 신경과 의사 워댐(Fredric Wertham) 박사의 정밀 진단을 받았다. 피시가 자신이 가장 즐기는 활동들을 이야기하자 박사는 결론적으로 피시의 삶을 '전대미문의 도착적인' 삶이라고 진단했다. 늙은 피시는 일상적으로 '세상에 알려진 모든 성도착과, 누구도 알지 못하는 성도착까지도' 일상적으로 행했다. 피시는 알코올에 적신 헝겊을 항문에 집어넣은 뒤 불을 붙이기도 했고, 가시 박힌 장미를 자신의 성기에 삽입하고 거울로 쳐다보기도 하다가, 장미를 뽑아내고 꽃잎을 먹기도 했다.

교도관들은 피시가 웅크리고 앉은 자세를 불편해하는 것을 알았는데, 피시는 자신의 사타구니에 바늘을 찔러 넣었고, 그것들이 아직 남아 있다고 설명했다. 아무도 그의 말을 믿지 않았는데, X선 검사 결과 그의 골반 부근에는 실제로 바늘이 20개가 넘게 꽂혀 있음이 드러났다. 워댐 박사는 이 모든 사실을 종합해, 피시가 무려 17가지의 성적 도착에 시달렸다고 진단했다. 박사는 자신의 환자가 전기 의자에 앉지 않게 하기 위해 헛된 시도를 했으며, 피시의 변호사는 이러한 17가지 성도착증을 거론하며 정신이상을 증명하려 애썼다. 박사는 "한 개인이 이러한 모든 성적 이상 증세를 보유했다고 하는 기록은 법학이나 의학 역사에서도 유례가 없다는 점에서 주목할 만하다"는 설명을 항소법원(Court of Appeal)에 제기했다 (Schechter, 2003: 244).

제 6 장

프로파일링 I

사이코패스와 강력범죄

1. 사이코패스와 반사회적 인격장애에 대한 용어의 변천
2. 반사회적 인격장애의 특징과 실태
3. 사이코패스의 인격적 특징과 실태
4. 사이코패스에 대한 심리학적 측정과 변수
5. 사이코패스에 관한 행동적 설명
6. 사이코패스 범죄자와 범행 패턴
7. 사이코패스와 반사회적 인격장애 증상 간의 논쟁

chapter 06

사이코패스와 강력범죄

1 사이코패스와 반사회적 인격장애에 대한 용어의 변천

19세기 초반에, 프랑스의 정신병학자(psychiatrist: 정신병을 연구하고 치료하는 의사) 피넬(Philip Pinel)은 습관적으로 비사회적 그리고 반사회적 행동을 보이는(반드시 범죄자인 것은 아니다), 그렇지만 그 당시에 이해되었던 것처럼 정신병의 징후를 보여 주는 것이 아닌 그러한 자를 구별할 필요를 느꼈다. 그는 이러한 행동장애(behavior disorder)를 설명하기 위해 강박관념이 없는 조증(躁症, manie sans délire-mania without frenzy)이라는 용어로 새롭게 표현했다. 이러한 행동장애에는 잔인함, 무책임성, 부도덕성과 같은 인격적 특징들이 포함된다(Bartol & Bartol, 2005: 119).

1837년 영국의 정신병학자인 프리처드(J. C. Pritchard)는 '도덕적 미치광이(moral insanity)'와 같이 임상적으로 이상한 장애집단에 새롭게 이름을 붙였다. 그들은 종교적, 윤리적 그리고 문화적 행위에 대한 사회적인 기대치를 따르기에는 '정신착란자'이며, 실패자임이 증명되었다. 프리처드에게 이것은 정신병의 한 증거였다. 그의 용어는 근 반세기 동안 일반인들과 의학적 전문가들에게 받아들여지고 사용되어 왔다.

그런데 1888년에, 독일의 정신병학자인 코흐(J. Koch)는 도덕적 미치광이라는 용어는 공인되지 않은 부정적인 의미를 내포하고 있다고 판단했다. 그래서 그는 '정신병적인 열등자

(psychopathic inferiority)'라는 다른 명칭을 제안했다. 사이코패스에 관한 현대적인 개념은 코흐가 붙인 이름에서 직접 유래된 것이다. 정신병적인 열등자는 다양한 행위들을 포함하고 있다. 그런 것들 중의 몇몇은 우리가 오늘날 인식하고 있는 것처럼, 여전히 정신병질적 인격과 결부되어 있다. 그런데 그 가운데 많은 것들은 신경과민적 혹은 인격장애와 같이 연관되어 있다. 초기의 정신병학자들은 사람의 인격에서 기본적인 결함을 만들어 내는 유전적 긴장에 의해 타고난 것처럼, 이러한 장애가 지속적인 것이라고 믿었다. 어떤 측면에서는 오늘날까지 계속되고 있는 몇 가지 의미가 있는데, 즉 "그 악마가 정신병자로 하여금 그런 일을 하도록 한다"고 하면서, 정신병자는 사악한 것이며, 악마의 혈관이자 사회의 도덕적 구조를 파괴하는 데 열중했다는 것이다.

크래펠린(Emil Kraepelin)은 『임상적 정신병학: 의사를 위한 기본서』(1913)라는 저서에서 정신병에 관한 일곱 가지 범주를 기술했다. 그 세부 유형은 흥분(excitable), 불안정한(unstable), 충동적인(impulsive), 괴상한(eccentric), 거짓말쟁이면서 사기성이 있는(liar and swindler), 반사회적(antisocial) 그리고 싸우기 좋아하는(quarrelsome) 등의 유형이었다. 모두 다 타고난 소질적인 성질이라고 기술하고 있다.

널리 알려진 것은 아니지만, 1931년 칸(Kahn)은 정신병에 대한 16개의 소질적인 징후들(trait-syndrome)을 제시했다. 1930년 패트리지(G. E. Patridge)는 정신병(psychopathy)을 정신적인 것이라기보다는 전적으로 사회적 부적응으로 인식했다. 그리고 반사회인(sociopath)이라는 용어를 정신병자(psychopath)로 바꾸었다.

미국정신병학회(American Psychiatric Association: APA)는 1952년 『진단 및 통계적 매뉴얼(*Diagnostic and Statistical Manual: DSM*)』에서 정신병자를 빼내고, 공식적으로 반사회인이라는 용어 혹은 좀더 전문적으로 '반사회적 인격장애(sociopathic personality disturbance), 반사회적 반응'이라는 용어를 채택했다. 증상과 명칭의 확산을 막기 위해 그리고 모호성이 나타나는 것을 억제하기 위한 것이었다.

미국정신병학회는 1968년에 반사회인이라는 명칭을 '인격장애', '반사회적'이라는 용어로 바꾸었다. DSM-Ⅲ(APA, 1990), DSM-Ⅲ-R(APA, 1987) 그리고 DSM-Ⅳ에서는 반사회적 인격장애(antisocial personality disorder)라는 용어는 특히 "어린 시절부터 혹은 청년기 초반에 시작하여 성년기에 이를 때까지 타인의 권리를 무시 혹은 침해하는 유형이 광범위하게 퍼져 있음"을 보여 주는 사람에 대해 언급할 때 계속 사용했다(Bartol & Bartol, 2005: 120).

사이코패스 분야의 세계적인 전문가 중 한 사람인 심리학자 로버트 헤어(Robert Hare) 브리티시 컬럼비아대학교 교수는 1970년, 사이코패스에 관한 세 가지 범주-1차적, 2차적 혹은 신경증적 그리고 사회성 악화―를 개략적으로 보여 주는 유용한 일람표를 제안한 바 있다. 1차적 사이코패스(primary psychopath)만이 '순수한' 사이코패스다. 1차적 혹은 '순수한' 사이코패스는 확실한 동일성이 증명될 만한 심리학적, 감정적, 인식될 만한 그리고 생물학적 차이점들을 갖고 있는데, 일반인들 혹은 범죄자와 사이코패스를 구별할 수 있다. 다른 두 가지 범주는 범죄자 인구 가운데 큰 부분을 차지하는 반사회적 인격을 가진 이질적인 그룹들과 섞여 있다. 2차적 사이코패스(secondary psychopath)는 심각한 감정적 문제들 혹은 범죄자의 내적 갈등 때문에 반사회적 행동 혹은 폭력적 행동을 저지른다. 그들은 종종 억압된 감정을 무의식적으로 행동화하는 신경증 환자(neurotics) 혹은 신경질적 범죄자(neurotic delinquents), 사이코패스 증상자 혹은 단순히 감정적으로 장애가 있는 범죄자 등으로 불린다. 인기있는 대중매체들은 종종 이러한 유형의 범죄자를 '사이코패스적 살인자'로 언급하기도 하며, 조우하는 사람마다 무차별적으로 살해하는 피에 굶주린 듯한 인격장애가 있는 범죄자를 표현하기 위해 고안된 용어로서 다른 사람들의 관심을 끌고자 사용하기도 한다. 세 번째 그룹인 사회성 감소형 사이코패스(dyssocial psychopath)는 그들이 속한 갱단 혹은 가족들처럼 범인의 하부문화로부터 학습한 공격적·반사회적 행동을 보인다. 두 가지 사례에서, 사이코패스라는 명칭을 붙인 것은 약간의 유사성이 있다 하더라도, 행위와 배경은 1차적 사이코패스의 특징들과 거의 유사성을 갖고 있지 않기 때문에 오해의 소지가 있다. 그런데, 2차적 사이코패스와 사회성 악화형 사이코패스 두 가지 모두 높은 재범률 때문에, 종종 부정확하게 사이코패스라고 일컬어진다(Bartol & Bartol, 2005: 120).

사이코패시(psychopathy)의 개념은 클레클리(Hervey Cleckley)의 저작들과 1976년 출판된 『정상인의 가면(*The Mask of Sanity*)』이라는 그의 고전적인 책과 연관되어 있다. 그의 광범위한 임상적인 경험에 기초하여, 클레클리는 장애를 판별할 수 있는 범주를 공식화했다. 반사회적 인격장애에 대한 진단 및 통계적 매뉴얼과는 달리, 사이코패시에 대한 클레클리의 범주는 그 자체로서, 반사회적 행동에 관해 덜 언급하고 있으며, 사이코패스적인 개별 인간들의 생각과 느낌에 대해 더 많이 언급하고 있다(Davison, Neale, & Kring, 2004: 418).

1990년대, DSM(진단 및 통계적 매뉴얼)을 개정하려던 임상의학자들은 'psychopathy'라는 용어를 반사회적 인격장애(antisocial personality disorder: APD)라는 용어로 대체하기로 결정했다(Wade, Travis, Saucier, & Elias, 2006: 588). 그것은 "다른 사람의 권리를 무시하거나 침해하는 광범위한 행동 유형"을 보이는 사람들에게 적용된다.

사이코패스는 범죄심리학의 연구 영역에서 중요한 초점이 되었다. 특히 성인의 범죄 행동과 연관을 맺고 있다. 최근 들어 많은 연구자들이 그 타당성과 의미에 대해 의문을 갖고 있다. 사이코패시(정신병)는 범죄심리학에서 중요한 주제이기 때문에, 이러한 흥미있는 행

사이코패스

카뮈의 『이방인』에서 주인공 뫼르소는 "햇빛이 너무 따가워서 알제리인을 권총으로 쐈다"고 법정에서 태연하게 말한다. 또 증인들은 뫼르소가 어머니의 장례식 때 감정의 동요가 없었고, 장례식을 마치자마자 여인과 수영과 섹스를 즐겼다는 것을 증언한다. 현대 사회에서 소외된 '비극적 인간상'을 그린 『이방인』은 '사이코패스(psychopath)'에 대한 카뮈의 문학적 해석이기도 하다. 사이코패스는 겉은 멀쩡하면서도 죄의식 없이 끔찍한 범죄를 저지르는 반사회적 성격장애자를 일컫는다. 이 용어는 1920년대 독일의 슈나이더 박사에 의해 처음 사용됐다. 주변에서 얼마든지 만날 수 있는 '평범한' 사람이란 의미로 '정장 차림의 뱀'이라고도 한다.

우리나라에서는 지난 2004년 연쇄살인범 유영철이 판결 전 조사에서 사이코패시(사이코패스 증세) 진단을 받았다는 사실이 알려지면서 한때 유행어가 되기도 했다.

연쇄살인범이나 다중살인범의 90%가 사이코패스라는 통계가 있다. 미국의 한 연쇄살인범을 잡고 보니 보이스카우트를 이끌던 평범한 시청 공무원이었다. 10년 전 일본 열도에서는 '소년 살인마'로 떠들썩했던 적이 있다. 중학교 3학년인 그는 같은 동네에 사는 초등학생을 살해한 뒤 신문사에 '도전장'을 보내기도 했다. 세계를 경악시킨 미국 버지니아공대 총기 난사범 조승희는 1차 범행 후 자신의 비디오와 장황한 선언문을 미국 NBC 방송에 보냈다. 그는 비록 음울한 성격의 외톨이였긴 하나 겉으로 보기에 남부럽지 않은 명문대생이었고, 양심의 가책이나 죄의식이 없었다는 점에서 사이코패스로 보인다.

사이코패스 연구의 세계적 권위자이자 『진단 사이코패스』의 저자인 로버트 헤어 박사는 "경쟁을 부추기며 승자만을 인정하는 사회 분위기가 사이코패스의 출현을 돕는 토양"이라고 주장했다.

국제신문, 2007년 4월 20일, 23면

동에 대한 연구와 임상의학적 특징에 관한 설명들이 제시되고 있다. 역사적으로, 사이코패스라는 용어는 광범위한 태도적, 감정적 그리고 행동상의 특징들을 개괄하기 위해 사용된 논쟁거리로서 꼬리표가 붙어 있었다(Bartol & Bartol, 2005: 118-119).

〈지평선〉 사이코패스

'두 자녀와 부인을 둔 주립대 출신의 50대 가장, 보이스카우트 출신의 시청 공무원, 25년 동안 마을 교회에서 운영위원장을 맡은 인물.' 2005년 3월 미국에서 희대의 연쇄살인범 'BTK(묶고 고문하고 죽인다는 뜻으로 범인이 스스로 붙인 이름)'가 검거되자 전국이 충격에 빠졌다. 1974년부터 최소한 10명을 살해한 용의자를 31년 만에 잡고 보니 평범한 시민이었기 때문이다. 영국에서 23년에 걸쳐 215명의 환자를 살해한 혐의로 2001년 붙잡힌 '죽음의 의사' 해럴드 시프먼도 존경받는 의사였다. 그러나 그는 단 한 건도 자신의 유죄를 인정하지 않았다.

■ 겉은 멀쩡하면서도 끔찍한 범죄를 저지르는 반사회적 성격장애자를 일컫는 '사이코패스(psychopath)'라는 용어를 처음 사용한 것은 1920년대 독일 학자 슈나이더다. 그는 발정, 광신, 자기 현시, 의지 결여, 폭발

적 성격, 무기력 등 열 가지 특징을 사이코패스에 속하는 인격 유형으로 규정했다. 일본의 범죄심리 전문가 니시무라 유키는 사이코패스를 '정장 차림의 뱀'이라고 말했다. 전문가들은 사이코패스의 정신 병질(精神病質)은 내부에 잠재돼 있다가 범행을 통해서만 밖으로 드러나기 때문에 주변에선 전혀 알아차리지 못한다고 한다.

- KBS1 TV 'KBS 스페셜'이 2005년 4월 10일 연쇄살인범 유영철사건을 계기로 사이코패스에 대해 조명했다. 유영철은 3차례 사이코패스 검사에서 전형적인 사이코패스로 판명됐다. 흥미로운 것은 사이코패스에 유전적 · 생물학적 비밀이 있다는 미국 브르크하멜 국립연구소(Beureukeuhamel National Research Institute) 연구 결과다. 감정을 지배하는 전두엽 기능이 일반인의 15%밖에 되지 않아 타인의 고통에 무감각하고 양심의 가책을 잘 느끼지 않는다는 것이다. 또 공격성을 억제하는 분비물인 세로토닌이 부족해 사소한 일에도 강한 공격성을 보인다고 한다. 이는 치료와 교화가 쉽지 않다는 점을 보여 준다.
- 사이코패스는 생물학적 요인에 현대 사회의 병폐라는 환경적 요인이 결합돼 있다. 따라서 유일한 해결책은 이런 특징을 조기에 발견해 환경적 요인을 제거해 주는 것뿐이라고 전문가들은 말한다. 문제는 약육강식과 정글의 법칙이 판치는 사회에서 사이코패스의 출현은 필연적이라는 것이다. 사이코패스의 등장은 그 사회가 얼마나 황폐화했는지를 보여 주는 척도인 셈이다.

한국일보, 2005년 4월 11일, 34면(이충재 논설위원)

2 반사회적 인격장애의 특징과 실태

1) 반사회적 인격장애의 특징

반사회적 인격장애가 있는 사람들의 일반적인 특징은 완전히 도덕적 양심과 감정이입이 전혀 없다는 점이다(Wade et al., 2006: 589). 만약 거짓말을 하거나 범죄를 저질러 체포되었다면, 그들은 진심으로 미안하다고 말할 것처럼 보이며, 고치겠다고 약속할 것이다. 그러나 그것은 모두 꾸민 행동에 불과하다. 반사회적 인격장애라는 용어는 타인의 권리를 광범위하게 침해하는 유형의 범죄자를 묘사하는 것이다. 반사회적 인격장애는 더 나아가서 적법한 행위에 관해 사회적 규범을 준수하지 않는 사람들로 표현된다. 그들은 타인의 재물을 손괴하거나 다른 사람을 괴롭히거나 절취하거나 혹은 불법적 직업을 추구하는 등 체포 사유가 될 만한 행위를 반복적으로 저지를 수 있다(Bartol & Bartol, 2005: 120).

반사회적 인격장애(antisocial personality disorder: APD)에 관한『진단 및 통계적 매뉴얼-Ⅳ-TR(이하 DSM)』개념에는 두 가지 중요한 구성 요소들을 포함하고 있다(Davison, Neale, & Kring, 2004: 418).

▸15세가 되기 전에 행동장애의 존재: 무단 결석, 가출, 종종 거짓말하기, 방화 그리고 물

건을 주도면밀하게 파괴하는 행위는 행동장애의 중요한 징후들이다.

▸ 이러한 반사회적 행동 유형이 성인이 될 때까지 지속된다.

그래서 DSM 진단은 반사회적 행동에 관한 확실한 패턴뿐만 아니라, 어린 시절부터 시작된 행동 유형까지 포함하고 있다. 행동장애가 있는 어린이의 60% 이상이 나중에 반사회적 인격장애로 진전되고 있다.

표:6-1 DSM-Ⅳ-TR상의 반사회적 인격장애 범주에 속하는 특징

15세 이후 다른 사람의 권리를 무시하는 광범위한 패턴을 보이고, 1에서 7까지 거기다가 8에서 10까지 중에서 적어도 세 가지 범주에 해당한 경우:

1. 법 위반하는 것을 반복하기
2. 속이면서 거짓말하기
3. 충동성
4. 급한 성미와 공격성
5. 자신의 안전과 타인의 안전을 무시할 정도로 부주의함
6. 신뢰하기 어려운 고용 경력에서 혹은 재정적 의무를 충족시키지 않는 것에서 보여지는 무책임성
7. 회오감의 결여
8. 적어도 18세
9. 15세 되기 전, 행동장애의 증거
10. 정신분열 혹은 열광적 사건 동안에만 전적으로 일어나는 것이 아닌 반사회적 행동

출처: Davison, Neale, & Kring, 2004: 418.

어린 시절에 반사회적 인격장애가 시작된다고 주장하는 것은 그래서 아마도 『진단 및 통계적 매뉴얼』에 대한 정당화될 수 없는 부분이 될 수 있다. 반사회적 인격장애가 있는 성인은 단지 비일관되게 일함으로써, 법률을 위반하거나, 신경이 과민해지면서 신체적으로 공격적인, 채무 이행을 게을리하고 부주의함으로써, 무책임함과 반사회적 행동을 보여 준다. 그 혹은 그녀는 충동적이며, 미리 계획을 세우는 일에 실패한다.

정남규 항소심서 사형

서울 서남부 지역 연쇄살인범 정남규 씨(37)에게 항소심에서도 1심과 마찬가지로 사형이 선고됐다. 서울고법 형사2부는 11일 정씨의 항소심 선고공판에서 범행 당시 '경계선 인격장애'와 '충동조절 장애' 등 정신질환으로 인해 사물을 변별할 능력이나 의사결정 능력에 문제가 있었다는 주장에 대해 "피고인이 인격장애를 갖고 있는 것은 사실인데 범행 당시 심신장애 상태였음을 인정할 만한 증거가 없다"며 1심대로 사형을 선고했다.

경향신문, 2007년 1월 12일, KU면

2) 반사회적 인격장애의 실태

자기애성(自己愛性) 인격장애(narcissistic personality disorder)가 있는 환자들처럼, 반사회적 인격장애가 있는 사람들은 진실에 대해 거의 존중하지 않으며, 그들의 잘못된 행동에 대해 양심의 가책도 거의 느끼지 않는다. 미국 남성들 가운데 3% 정도, 여성들의 경우에는 1% 미만 정도가 반사회적 인격장애자들이라고 추산된다(Wade et al., 2006: 588). 그 비율은 나이가 많은 성인들보다 젊은이들 사이에 훨씬 더 높다. 그리고 장애는 사회경제적인 지위가 낮은 계층의 사람들 사이에서 훨씬 더 빈번하다. 반사회적 인격장애가 있는 사람들은 미국에서 저질러지는 모든 심각한 범죄들의 거의 절반 정도에 대해 책임이 있다고 한다. 반사회적 인격장애는 다른 진단들과 중복이환적(comorbid)이다. 그리고 가장 두드러지는 것은 약물 남용에서다(Davison et al., 2004: 418).

다른 말로, 반사회적 인격장애는 고집스런 범죄자와 가깝게 결합되어 있다. 예를 들면, 거의 80%의 캐나다 연방교도소에 수감되어 있는 거의 80%의 남성 재소자들이 DSM-Ⅲ-R 범주의 반사회적 인격장애에 해당하는 것으로 나타났다. 다른 연구자들은 30%에서 50%에 이를 정도의 조금 더 보수적인 평가를 제시하고 있다. 그러나 일부 수감 시설에서는 50% 이상의 재소자들이 이러한 유형에 해당한다는 것이 이상한 일이 아니라고 할 정도다(Bartol & Bartol, 2005: 120).

3) 반사회적 인격장애의 원인

(1) 중추신경계에서 비정상적인 것들

반사회적인 개인들은 다른 사람들이 행하는 방식을 처벌하는 데 대해 생리학적으로 반응하지 않는다. 이것은 아마도 왜 그들이 감히 다른 사람들을 사망케 할 수 있는 상황들에서 겁없이 행동할 수 있는지에 대한 이유가 될 수 있다. 보통, 어떤 사람이 위험, 고통 혹은 처벌을 예견할 때, 피부의 전기 전도성(electrical conductance)이 변한다. 걱정이나 공포를 암시하는 고전적으로 조건화된 반응이다. 그러나 반사회적 인격장애(APD)가 있는 사람들은 그러한 반응들이 서서히 일어난다. 즉 이것은 그들이 자신의 행위들이 불만족스러운 결과를 갖게 되리라는 것을 배우는 데 필요한 근심이나 걱정을 느낄 수 없다는 사실을 보여 주는 셈이다. 그들이 감정적 각성(arousal)－감정이입, 죄책감 혹은 처벌에 대한 공포 그리고 스트레스 속에서 걱정－을 느낄 수 있는 능력이 없다는 것은 중추신경계에 이상이 있음을 보여 주는 것이다(Wade et al., 2006: 590).

이러한 비정상적인 것이야말로 청년기의 반사회적 행동이 과도하게 두드러지는 사람들로부터, 상습 범죄자가 되는 폭력적이고 반사회적인 십대 청소년들을 구별할 수 있다. 그리고 심지어 반사회적 인격장애가 있으면서 공격 성향도 있는 다른 사람들로부터 사이코패스를 구별해 줄 수도 있다.

15세 정도 되었을 때, 낮은 수준의 생리학적 각성(physiological arousal)을 갖고 있는 소년들은 나중에 24세 정도되었을 때 훨씬 더 폭력적인 범죄자가 될 수 있을 것이다. 그러나 보통 높은 정도의 각성을 갖고 있는 반사회적 청년과 그들의 반응이 전통적으로 조건화될 수 있는 사람들은 성인이 되었을 때, 일반적으로 범죄적 삶에 말려들지 않는다.

(2) 충동 통제에 관련된 문제들에 유전적으로 영향을 받은 경우

반사회적이며 매우 활동적인 혹은 충동적인 사람들은 아마도 좌절과 분노에 대한 반응을 통제할 수 있는 능력이 없는 쪽으로 관련되는 평범한 유전적 장애를 갖고 있을 수 있다.

반사회적 인격장애, 약물 남용 문제 혹은 충동적 행동을 통제할 수 있는 능력이 없는 쪽으로 관련된 장애가 있는 부모들의 생물학적 자녀들의 경우, 심지어 이러한 어린이들이 다른 사람들의 보살핌을 받으며 자라고 있을 때, 이러한 장애들이 스스로 발전될 수 있는 통상적인 위험보다 훨씬 클 수 있다.

통상적으로, 사이코패스 혹은 반사회적 인격장애에 대한 생물학적 특질 혹은 유전인자들은 환경적 경험과 상호작용을 한다. 어린 시절 신체적으로 학대를 받은 소년들에 대한 장기적 연구에 따르면, 결정적인 유전자에서 결점을 갖고 있는 소년들은 평범한 유전자를 갖고 있었으면서 학대를 받았던 소년들보다 나중에 폭력범죄로 훨씬 더 많이 체포되었다고 한다. 비록 학대를 받았던 12% 정도의 소년들만이 이러한 유전적 결함들을 갖고 있었지만, 그들은 나중에 폭력범죄에 대해 거의 절반 정도의 범죄에 대해 책임이 있었다. 그런데 결함이 있는 유전자를 갖고 있었지만 학대받지 않았던 소년들은 나중에 폭력범죄자로 성장하지 않았다(Wade et al., 2006: 592).

(3) 뇌손상

다른 한편으로, 반사회적 인격장애의 더 중요한 원인은 아마도 신체적 학대, 사고, 난폭한 구타 혹은 부상으로 야기된 뇌손상(brain damage)일 수 있다. 사악한 범죄를 저질러서 체포된 바 있는 사이코패스들은 비폭력 범죄자들과 비범죄자들보다 어린 시절에 훨씬 더 심각하고 난폭하게 구타를 당했던 것으로 보인다(Wade et al., 2006: 592).

많은 사이코패스들은 전두엽 기능에 관한 신경생리학적 테스트에서 건강한 사람들만큼 그 기능을 수행하지 못한다. 그리고 전두엽 안에 다른 사람들이 갖고 있는 것보다 적게 회

색물질을 갖고 있다.

감정적 결핍처럼 이러한 신체적 결함들은 또한 반사회적 인격장애가 있는 남성들과 구별시켜 줄 수 있다. 반사회적 인격장애를 연구하는 사람들에게 특별하게 흥미로운 영역 가운데 하나는 전두엽(前頭葉) 전부(前部)의 외피다. 이것은 앞에서 살펴본 바와 같이 미리 계획하고 충동을 통제할 수 있는 기능을 담당한다.

한 PET-Scan 연구에 따르면, 전혀 살해한 적이 없는 사람들이 격렬한 감정 혹은 통제 속에서 살인을 저지른 남성들보다 냉혈한 '약탈자적' 살인범들이 이러한 영역에서 뇌가 덜 활동하고 있다는 사실을 발견했다. 그리고 유년기에 전두엽 전부의 외피 부분이 손상받았던 두 명의 젊은 성인들 – 한 명은 그녀가 15개월 정도 되었을 때 자동차에 부딪혔으며, 그리고 다른 한 명은 뇌종양을 제거한 적이 있었다 – 에 대한 심층 분석에서, 그 둘 다 성장하면서 강박관념적인 거짓말쟁이, 절도범 그리고 냉혹한 규칙 위반자가 되었다. 그들은 직업을 가질 수 없었으며, 미래를 위해 계획을 세울 수가 없었다. 그들은 옳고 그름을 판단할 수도 없었다. 그리고 감정이입이 결핍되어 있었다.

그림 6-1 반사회적 인격장애에 관한 취약성-스트레스 모형

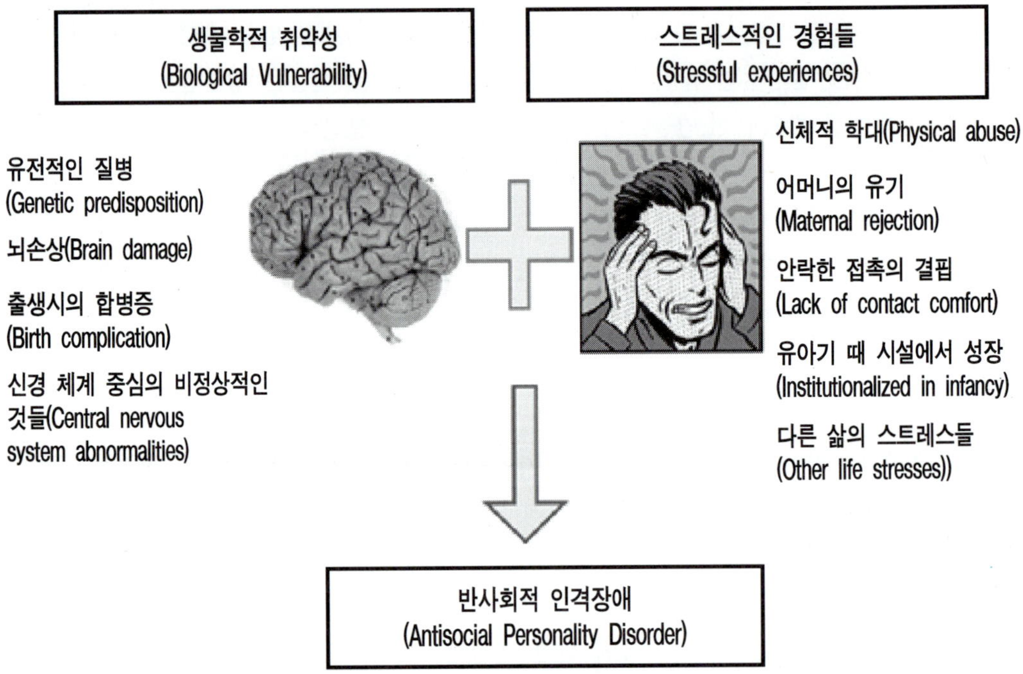

출처: Wade et al., 2006: 591.

그런데, 모든 사이코패스들이 손상된 뇌를 갖고 있었던 것은 아니며, 생물학적인 비정상적인 부분들 그 자체만으로 사이코패스적 인격을 만들어 내는 것은 그리 충분하지 않다는 것을 염두에 두어야 한다. 우울증과 다른 많은 장애들과 함께 한 개인 자신의 취약성이 반드시 외적인 경험 혹은 스트레스들과 결합되어야 한다. 예를 들자면, 갓 태어난 아이에서 18세에 이르는 4,000명이 넘는 소년들에 대한 연구에 의하면, 폭력범죄자가 된 많은 사람들이 전두엽 전부(前部)의 외피에 대한 손상 원인이 된 출생 과정의 합병증, 그리고 어린 시절 어머니로부터 유기 등 두 가지 위험 요소를 경험했다는 사실을 발견했다.

그들의 어머니는 원치 않는 임신을 하게 되었으며, 아기들은 태어난 첫 해에 적어도 4개월 동안 시설에 맡겨져 보호를 받았다고 한다. 비록 소년들의 4.4%만이 두 가지 위험 요소들을 가졌지만, 이러한 소년들은 대체로 조사 대상 표본이었던 소년들이 저지른 모든 폭력범죄의 18% 정도에 대해 책임이 있었다(Wade et al., 2006: 592). 그래서, 취약성-스트레스 모델에 따르면, 반사회적 인격장애가 있는 대부분의 개인들은 생물학적인 취약성이 신체적 학대, 부모로부터 무관심, 사랑과 안락한 접촉의 결핍, 환경적 스트레스들 혹은 잔인함과 냉혹함을 보상받는 문화 속에서 생활하는 것과 결부되어 있을 때 장애가 발달되고 있다(그림 6-1 참조).

4) 반사회적 인격장애의 사례

반사회적 인격장애는 범죄와 폭력 그리고 15세 이후에 발생하는 비행(非行)과 연관이 있다. 이러한 진단이 18세 때까지 주어지는 것은 아니다. 그런데 그것의 필수적인 특징들은 나이가 15세 되기 전 기간 동안에 계속적이고 만성적인 행동장애의 이력을 포함한다. 15세가 된 후 다른 사람들의 권리에 대한 무시와 그러한 권리 위반을 암시하는 광범위한 유형을 틀림없이 보여 주었어야 한다(Sarason & Sarason, 2002: 288).

유죄를 선고받은 길모어(Gary Gilmore)라는 살인범의 경우, 이러한 설명에 잘 들어맞는다. 비록 그의 반사회적 소질들이 그로 하여금 범죄를 저지르도록 했을 수 있더라도, 범죄자 혹은 공격적 행동 그리고 반사회적 인격장애를 구별하는 것은 중요하다. 이상심리학적 관점에서, 반사회적 성격에 관한 결정적인 특징들은 그들이 저지르는 특별한 행동들—은행을 강탈하는 것 혹은 상점 절도를 저지르는 것 등—이라기보다는, 그들의 삶에 대해 특이하면서 깊게 스며든 것이라고 할 수 있다. 마음대로 조작될 수 있고 이용할 수 있는 것 같은 부품으로서, 다른 사람들이 존재하는 곳에서 그들은 항상 게임에 참가하는 것처럼 보인다. 이들을 법률과 관련하여 곤란한 지경에 빠뜨리게 하는 것은 바로 이러한 게임을 즐기는 것이다. 최악의 경우에 반사회적 인격장애가 있는 사람들은 잔인하고, 가학적이며, 폭력적이 될 수 있다. 그들은 좀처럼 걱정(근심)하는 모습을 보이지 않는다. 그리고 죄책감을 느끼지 않는다. 프로이트류의 학자들에 따르면, 반사회적 성격을 가진 자의 마음은 수퍼에고(superego, 초자아: 자아를 감시하는 무의식적 양심)에 관한 '도덕적 경찰관(moral police officer)' 역할이 완전히 결여되어 있다. 반사회적 성격을 가진 자들은 자기 자신을 그들의 문제 원인으로 보지 않는다. 대신에 그들은 자신 안에서 발견된 심각한 결점들을 마치 다른 사람들 안에 존재하는 결함들 때문에 기인하는 것으로 보고 있다(Sarason & Sarason, 2002: 290).

그들이 종종 다른 사람들의 권리를 침해함에도 불구하고, 반사회적 인격장애가 있는 많은 사람들은 범죄 경력을 갖고 있지 않다. 대규모 공동체에 기반한 역학(疫學) 조사에 의하면, 과거의 이력들 때문에, 그들로 하여금 반사회적 인격장애를 가진 것으로 분류받게 된 절반 이상의 사람들이 계속적이며 상습적인 반사회적 행동에도 불구하고, 특별히 체포된 경험을 갖고 있지 않았음을 보여 준다.

발바리는 반사회적 성격장애

희대의 연쇄 성폭행범이었던 대전 발바리 이모(45) 씨는 다정한 남편이자 아버지였으며 평범한 이웃이었던 데다 택시 운전을 통해 경제적으로도 별다른 어려움이 없었던 것으로 드러나 충격을 줬다. 이씨가 100여 건이 넘는 연쇄 성폭행을 저지른 혐의를 받고 있는 사람이라고 믿기 어려웠기 때문이다. 하지만 전문가들은 겉모습은 멀쩡해도 속에는 양심의 가책 없이 끔찍한 범죄를 저지를 수 있는 반사회적 성격장애를 지칭하는 '사이코패시(psychopathy)' 성향을 가질 경우 평소 생활에는 아무런 문제가 없는 경우가 많다고 설명하고 있다. 2001년 48명을 살해한 혐의로 종신형을 선고받은 미국의 '게리 리언 리지웨이(Green River Killer)'는 20년간 결혼생활을 이상 없이 유지했고 30년 동안 직장을 다녀 겉보기에는 평범한 이웃이었다. 자신의 행동이 남들에게 피해를 끼쳐도 죄책감을 느끼거나 후회하지 않는다. 심지어 자신의 행동이 타인에게 피해를 주었는지조차 자각하지 못하는 경우도 많다……사이코패시는 1920년 독일의 심리학자 슈나이더에 의해 처음 소개됐으며 연쇄살인범 유영철도 판결 전 조사에서 사이코패스로 진단받았다.

내일신문, 2006년 1월 31일, 21면(허신열 기자)

도움을 구하는 것이야말로 그들의 행동으로부터 야기되는 법적인 결과를 그들로 하여금 회피할 수 있도록 해 줄 수 있다고 그들에게 알려 주었음에도 그러한 상황들을 제외하고는 반사회적 인격장애를 가진 자들은 전통적인 임상적 조치들 안에서 또한 도움을 구한 것 같지는 않았다.

버트(Bert)의 사례는 게리 길모어(Gary Gilmore) 사건처럼 드라마틱하지는 않다. 그러나 반사회적 인격장애를 가진 것으로 진단받았지만, 아직 법률에 저촉되지 않은 많은 사람들, 혹은 만약 그들이 법률에 저촉되는 행위를 했지만 범죄에 대해 유죄를 선고받지 않은 자들을 대표한다고 할 것이다.

이러한 사람들은 다른 사람들을 어떠한 뚜렷한 관심 없이 무정하게 대한다. 그들은 심지어 자신들과 아주 가까운 사람들에게 해를 끼치면서도 죄책감이 없는 사람들처럼 보인다. 다른 사람들을 이용하고 마음대로 조종하는 것에 대한 흥미야말로 그들의 가장 우선적인 동기인 것처럼 보인다. 그들에게는 행위 결과들을 미리 내다볼 수 있는 능력이 결여되어 있을 뿐만 아니라, 그러한 행위 결과들을 중요하게 여기지 않는다(Sarason & Sarason, 2002: 291).

(1) 버트 사례

버트는 고등학교를 졸업한 후에 막다른 직업(더 이상 출세할 가망이 없는 지위)을 갖고서, 그 스스로 사업을 영위하고자 했다. 그는 적당한 수입과 은퇴하면서 얼마간의 저축한 돈을 갖고 있는 부모에게 자신이 사업을 시작하는 데 필요한 돈을 빌려달라고 요구했다. 5개월 내에 버트의 사업은 망했으며, 부모가 준 돈을 '잃게' 되었다. 몇 개월 후에 새로운 사업을 할 기회를 발견했으며, 버트는 다시 부모에게 자신의 사업을 재개하는 데 필요한 돈을 요구했다. 그들은 동의해 주었다. 그리고 다시 버트의 사업은 실패로 돌아갔다. 그의 부모는 버트를 필사적으로 돕고자 했으며, 그를 믿으려고 했다. 그래서 부모는 실패할 운명에 처하는 활동들에 버트가 종사할 수 있도록 계속해서 도와 주었다. 버트는 자기 스스로 사업을 영위한다는 것에 대한 흥분을 열망하고 있었다. 그런데 사업을 운영하는 데 관련된 모든 상세한 일들에 주의를 기울일 수 있는 능력이 없었을 뿐만 아니라, 어떤 일을 미리 계획할 수도 없었다. 그러나 실패했을 때, 그는 자기를 도와 준 부모와 다른 사람들에 대해 그 실패가 갖는 의미에 대해 별다른 후회감을 느끼지 않았다.

(2) 게리 길모어 사례

게리 길모어 사건은 반사회적 인격장애에 관한 많은 특징들을 보여 주고 있다. 길모어는 두 건의 살인사건을 저질렀으며, 사형을 선고받았다(Sarason & Sarason, 2002: 290). 그는 1977년 사형 집행을 당했는데 미국에서 당시 거의 11년 동안 사형을 집행하지 않다가 처음 집행한 사례였다. 비록 그가 자신의 유죄에 대해 상고하는 것을 거부했지만, 몇몇 상고들이 그를 대신해서 이루어졌다. 그에 대한 사형 집행은 세 번씩이나 연기된 바 있다. 이 기간 동안에 신문에서는 그의 "사형 집행되어야 할 권리를 위한 그의 투쟁"에 관해 보도하고 있었는데, 그는 두 번씩이나 자살을 시도했다.

길모어는 10세 때부터 술을 마시기 시작했으며, 나중에는 암페타민(amphetamines), 코카인과 LSD와 같은 다양한 불법적 약물을 남용했다. 그는 아주 일찍부터 반사회적 인격장애 유형을 보여 주었다. 높은 지능에도 불구하고, 학교 성적은 저조했으며, 종종 무단 결석했다. 그는 반복적으로 학교 친구들의 물건을 훔쳐서 기소를 당했다. 14세 때, 그는 자동차를 훔친 혐의로 청소년 보호원에 보내졌다. 그곳에서 석방된 후 주거침입 절도를 저지른 것으로 인해 여러 차례 구치소에 구금되기도 했다. 결국 20세가 되었을 때 주거침입 절도 및 강도범죄를 이유로 주(州)교도소에 수감되었다.

길모어는 재판 과정에서 정상적인 소송행위 능력이 있는지 여부를 판단하는 평가를 받았다. 그의 지능지수(IQ)는 129 정도였다. 그 범주에서는 가장 높았다. 그의 일반적인 지식은 거의 교육을 받지 않은 사람에 비해 매우 높았다. 그는 많은 단어를 알고 있다는 것과 소설과 뉴스 잡지를 닥치는대로 읽을 수 있다는 사실에 자부심을 갖고 있었다. 그는 마약에 관해 생각할 때를 제외하고는, 기괴한 혹은 이상한 사고 체계를 갖고 있다는 것이 보고되지는 않았다. 성격검사들을 통해 사고장애 혹은 기분장애와 같은 내용들은 나타나지 않았다. 그는 잠을 잘 잤으며, 식욕도 좋았고, 우울해 하거나 근심을 하지도 않았다.

길모어는 반사회적 성격에 대한 행동 특징들을 보여 주었다. 그는 집과 학교에서 규칙을 지키지 않았으며, 술을 마셨다. 아주 어린 나이에 마약에 손대기 시작했다. 14세가 되었을 무렵, 그는 자동차 절도로 체포되었다. 교도소에 있는 동안 그는 그의 잔인함과 폭력적 행동으로 알려졌다. 그는 동정심이 결여된 것처럼 보였으며, 죄책감 같은 것은 느끼지 않았다. 그는 결코 꾸준하게 지속된 직업이나 혹은 오랫동안 지속된 인간 관계를 갖지 않았다. 비록 길모어가 그를 인터뷰했던 전문가와 그의 어린 시절의 경험을 공유하고 있었지만, 그는 가족 관계라는 측면에서 자신의 어린 시절에 관해 알고 있는 것이 거의 없었으며, 어떤 영역에서, 그는 대화를 하는 것 혹은 심지어 그것에 관해 생각하는 것조차 꺼려했다는 것을 알 수 있다.

길모어가 사망한 지 17년 지나서, 작가이자 칼럼니스트인 그의 동생 미칼 길모어(Mikal Gilmore)는 게리 길모어의 가족사에 관한 몇몇 부분에 대해 논의했으며, 1994년 게리의 행동을 이해하는 데 도움이 될 단서들을 내용으로 한 책을 냈다. 미칼 길모어는 그 책에서 가족에 대해 폭력과 어린이 학대는 일상적으로 일어난 일이며, 아이들은 그들의 잘못된 행동의 결과로 공포스러운 분위기에서 살았다고 묘사하고 있다. 그들은 아버지 수중에서 육체적 체벌과 극단적인 심리적 학대를 경험했다. 미칼은 이러한 사건들은 결코 가족 내에서 얘기되지 않았으며, 가족사를 씀으로써, 그가 그러한 것들과 직면하게 될 때까지, 그 스스로 그들의 영향에서 벗어날 수 없다는 것을 느꼈다고 술회했다. 그 이야기는 결국, 아버지와 두 형제의 폭력적 사망으로 끝을 맺었다.

(3) 기타 사례

반사회적 인격장애가 있는 몇몇 사람들은 어릴 때부터 새디스트적이며 폭력적이다. 스미스(Eric Smith)는 열세 살 무렵에, 네 살짜리 아이를 몽둥이로 때리고 목을 졸라 살해했다. 그는 성인으로서 재판에 회부되었으며, 9년에서 종신(終身) 동안에 걸친 징역형을 선고받았다. 그러나 반사회적 인격장애가 있는 사람들은 타인을 속이고 사기치기 위해 자신의 매력적인 부분을 활용하며, 치밀한 사기 방법을 활용한다. 아기 얼굴처럼 생긴 로캔쿠르(Christopher Rocancourt)는 유명 연예인을 속이기도 했고, 수많은 가짜 신분, 예를 들면 영화감독, 밤도둑, 다이아몬드 밀수업자 혹은 금융업자와 같은 것을 이용해 다른 사람으로 하여금 자기에게 돈을 투자하도록 했으며, 자신에게 (약간의 불법적인) 호의를 베풀도록 만들었다. 마지막에 여권 위조로 인해 체포된 후, 그는 관계 당국자들을 설득해 구속 상태에서 벗어났으며, 곧바로 보석(保釋)을 받아냈다(Wade et al., 2006: 589).

3 사이코패스의 인격적 특징과 실태

1) 사이코패스와 헤어 교수의 역할

캐나다 밴쿠버에 소재한 브리티시 컬럼비아대학교의 연구자였던 헤어(Robert Hare) 교수는 사이코패시를 판정하기 위해 광범위하게 이용되는 20여 항목으로 된 체크리스트를 개발했다. 이른바 「사이코패시 체크리스트 개정판(PCL-R: Psychopathy Checklist-Revision」(1990)이다(Wade et al., 2006: 589).

반사회적 인격장애와 사이코패시는 유사한 진단적 범주와 함께 유사한 조건들이라는 점이 명백하다. 실제로 몇몇 사람들은 두 가지가 서로 분리될 수 있는지 여부에 대해 의문을 가져왔다. 그런데, 헤어는 이 두 가지 조건이 곧바로 분리될 만하다고 주장했으며, 다양한 반사회적 행동들—예를 들면 약물 남용과 같은—에 관해 예측하고자 할 때, 반사회적 인격장애에 관한 정확한 진단이 정신병학적 세팅에서 유용했다. 게다가, 헤어 교수는 대부분의 사이코패스들이 반사회적 인격장애에 대한 범주에 부합된다고 지적하고 있다. 그러나 반사회적 인격장애가 있는 대부분의 사람들이 반드시 사이코패스는 아니다. 환언하면, 아주 최근의 DSM 버전(DSM-Ⅳ과 DSM-Ⅳ-R)에서 설명하고 있듯이 사이코패스에 관한 개념 정의와 아주 근접하게 병행하고 있다는 사실에도 불구하고, 반사회적 인격장애는 사이코패스와 같은 종류의 것은 아니다(Bartol & Bartol, 2005: 120).

정신병학적 용어로서 반사회적 인격장애에 관한 설명은 심리학적 용어인 사이코패스에 대한 설명과 매우 유사하다. 그런데, 반사회적 인격장애에 관한 개념 정의는 1차적 사이코패스에 관한 정의보다 더 좁은 개념이다. 왜냐하면, 반사회적 인격장애는 그 개념 정의를 행동상의 지표들 쪽으로 국한시키기 때문이다.

1차적 사이코패스에 관한 헤어 교수의 개념은 감정적(emotional)인 것과 인식적(cognitive)인 측면 둘 다 포함하고 있다. 그럼에도 불구하고, DSM에 관한 각각의 신판(新版)과 함께, 반사회적 성격을 설명하는 데 사용된 특징들이 헤어 교수의 1차적 사이코패스와 행동상의 용어로 점차 유사해지고 있다. 1차적 사이코패스는 그것의 행동적, 인식적 그리고 신경생리학적 특징에서 2차적 혹은 신경증적 사이코패스와 구별된다. 이런 점에서, '사이코패스'를 언급할 때 이것은 1차적 사이코패스를 의미한다. 신경증적, 정신병적인 것도 아니면서, 또한 감정적으로 장애가 있는 것도 아니지만, 보통 알고 있는 것처럼 그러한 범죄자는 독특하다. 1차적 사이코패스들은 보통 화산이 분출하듯이 폭발적, 폭력적 혹은 극도로 파괴적이지는 않다. 그들은 더 사교적이고, 우아하고 구두적(口頭的)으로 능숙해지려는 경향이 있다(Bartol & Bartol, 2005: 121). 그들은 범죄자가 될 수 있다. 사실상, 일반적으로 그들은 법을 끊임없이 위반하는 쪽으로 행동한다. 그러나 많은 사람들이 그런 것은 아니다. 여기서 범죄를 저지르는 사이코패스(criminal psychopath)라는 용어는 반복적으로 반사회적 혹은 범죄 행동에 관련된 1차적 사이코패스들을 구별하기 위해 사용된다.

2) 사이코패스의 특징

사이코패시(psychopathy)에 관한 중요한 특징 중의 하나는 긍정적인 그리고 부정적인 감정 둘 다 부족하다는 점이다. 사이코패시를 갖고 있는 사람들은 부끄러워하는 감정이 없으며, 심지어 그들이 다른 사람들에 대해 외관상으로 갖고 있는 느낌들은 단순히 행동일 뿐이다. 사이코패스(psychopath)는 표면적으로는 매력적이며, 개인적 이익을 위해 다른 사람들을 능숙하게 다루기도 한다. 걱정(근심)에 대한 마음이 결핍되어 있기 때문에, 사이코패스들에게는 실수를 통해 뭔가를 배우는 것이 불가능할 수 있다. 그리고 긍정적인 감정이 결핍되어 있기 때문에, 그들로 하여금 무책임하게 행동하게 할 수 있다. 그리고 종종 다른 사람들에게 잔인하게 굴 수 있다. 클레클리의 설명에서, 다른 중요한 요점은 사이코패스의 반사회적 행위는 스릴을 위해서뿐만 아니라, 경제적인 이익과 같은 뭔가를 얻기 위해 충동적으로 이루어진다는 점이다(Davison, Neale, & Kring, 2004: 419).

대부분의 연구자들은 헤어 교수와 그의 동료들에 의해 개발된 체크리스트를 사용하여 정신병을 진단한다. 그 체크리스트는 정신병적 행동 유형에 관해 두 가지 중요한 클러스터를 확인하고 있다.

첫 번째 것은 감정적 분리(emotional detachment)와 자기애적 성격장애와 유사한 것으로 언급되면서, 이기적이며 다른 사람을 착취하는 자기 존중감이 부풀려진 뉘우침이 없는 개별적 인간을 설명하고 있다.

두 번째 것은 충동성과 무책임한 특징을 나타내는 반사회적 생활 스타일 성격을 보여 준다. 헤어 교수의 체크리스트에 근거해 보면, 사이코패시는 여성들보다는 남성들 사이에서 나타난다.

진단 및 통계적 매뉴얼(DSM) 1번 축에서 제시하는 증상 가운데 사이코패시는 종종 알코올 및 다른 약물 남용과 함께 동시에 질병 증세(comorbid)로 나타난다. 헤어 체크리스트의

[사건과 이슈 2006] 서남부 연쇄살인

연쇄살인범 정남규(37)는 인연도 원한도 없는 사람을 대상으로 살인을 저지르는 이른바 이상(異常) 동기 범죄자였다는 점에서 큰 충격을 주었다. 불특정 다수를 대상으로 한 '묻지 마 연쇄살인'에 시민들은 공포에 떨었다……정남규는 수법과 대담성에서 2004년 20명을 살해한 혐의로 검거된 살인마 유영철을 능가했다……범행 장소를 2004년 길거리, 2005년 주택 등으로 바꿨고 범행 도구 역시 달리 썼다. 정남규의 뇌 속에 악마를 키운 건 무엇일까. 전문가들은 뒤틀린 성장 배경과 행동 중독, 사회적 무관심의 3대 악재를 꼽는다.

2006년 2월 18일 한국일보가 단독 입수한 경찰 면담 보고서에서 정남규는 "10세 때 두 차례, 군 복무하면서 한 차례 성폭행당했다. 수감 생활하면서도 수시로 맞았다"고 했다. 프로파일러(범죄분석요원) 권○○(경찰청 과학수사센터) 경위는 "유년 시절 외상후 스트레스장애(PTSD)를 겪은 뒤 자라면서 타인에 대한 가학적인 분노가 형성됐다"고 분석했다. 유영철도 비슷했다.

행동중독은 인과응보의 부재 탓이 크다. 이수정 경기대 교수는 "강력 범죄를 저질렀는데 곧바로 처벌이 따르지 않자 무감각해지고 자체 학습 과정을 거치면서 하나의 자연스러운 행동이 돼 버린 것 같다"고 설명했다. 면담 보고서에는 "잡히지 않았다면 시체를 토막내고 싶었다. 범행이 보도되는 것을 보면서 더 가혹하게 살해하고 싶었다"는 내용도 있다. 인간적인 상호 관계 없이 고립된 채 살아온 정남규는 자신의 행동으로 인해 많은 사람들의 관심을 끌게 되자 만족감을 느꼈다고 했다.

'죄의식'을 모르는 그의 뻔뻔함과 태연함은 분노를 자아냈다. 현장 검증 때는 유족들에게 발길질까지 했다. 재판정에서조차 "부자를 죽이는 데 희열을 느꼈다"고 말했다. 희생자는 평범한 우리의 이웃, 약자인 여성과 아이였다. 법은 1심에 이어 2006년 11월 21일 항소심에서도 사형을 선고했다. 사회적 무관심은 우리 모두가 풀어야 할 숙제다. 이 교수는 "지속적인 관심을 가져 준 사람만 있었다면 비극을 막았을 것"이라고 말했다. 정남규도 사회에 책임을 돌렸다. "직장도 없고 결혼도 못했다. 살아오면서 즐겁거나 행복했던 적이 없다"고 말했다……

한국일보, 2006년 12월 19일, 8면(고찬유 · 정민승 기자)

한 버전은 증상을 진단하기 위해 어머니들이 평가한 내용에 의존하면서 어린이들에게 사용할 목적으로 개발되었다. 이러한 도구는 사이코패시적 어린아이들이 사이코패시적 성인과 유사하다는 것을 보여 주었다. 그들은 충동적이며, 심각할 정도로 비행적이며, 종종 아주 잔인한 행동에 대해 반성의 기미를 거의 보이지 않았다(Davison, Neale, & Kring, 2004: 419).

3) 사이코패스의 실태

헤어 교수는 일반인 가운데 사이코패스의 분포는 약 1% 정도 되지만, 그런 반면에 성인 교도소 재소자들 가운데 사이코패스는 약 15%에서 25%에 이른다고 믿고 있다. 그런데 몇몇 연구자들에 의하면, 이러한 추정치는 아마도 부풀려져 있을 수 있다고 반박한다(Bartol & Bartol, 2005: 127).

시모어드와 호지(Simourd & Hoge, 2000)에 따르면, 교도소 시설에 수감된 재소자들 가운데 11% 정도만이 사이코패스 범죄자로 분류될 수 있다고 결론지었다. 그들의 연구에 사용된 표본은 폭력범죄를 저질러 최근에 형벌을 선고받고 복역중인 321명의 재소자들로 구성되어 있다. 그 가운데 절반 이상이 이전에 폭력범죄를 저질러 유죄 선고를 받았으며, 거의 모든 재소자들이 광범위한 범죄 경력을 갖고 있었다. 어떤 제한된 인구 분포 내에서, 사이코패스 범죄자에 관한 비율 추정치는 문화적, 인종적, 연령적 혼합 그리고 범죄 경력뿐만 아니라 범행 용이성과 범행 대상이 되었던 인구 분포의 유형에 따라서 달라질 수밖에 없다(Bartol & Bartol, 2005: 127).

흥미롭게도, 미국정신병학회(American Psychiatric Association, 1994)가 추정한 바에 따르면, 대체로 공동체 내에서 반사회적 인격장애의 전반적 분포는 남성의 경우는 3%, 여성의 경우는 1% 정도 된다고 한다. 임상적 표본(다양한 장애로 인해 그러한 치료를 받은)에서는 조사된 표본의 특징에 따라 추정치가 3%에서 30%까지 다양하다. 그런데, 명심해야 할 부분은 반사회적 인격장애가 사이코패스와 동일하지 않다는 점이다(Bartol & Bartol, 2005: 127).

4) 사이코패스의 사례

(1) 데마라 사례

데마라 2세(Ferdinand Waldo Demara, Jr.)라는 '대단한 사기꾼(Great Impostor)'은 고등학교 교육을 받기 위해 서류를 위조하고 끊임없이 수많은 직업을 시도했는데, 전형적인 1차적 사이코패스의 사례라고 할 수 있다. 그가 이용한 몇 가지 사례에 따르면, 사이코패스에

"두려움도 죄의식도 모른다" 귀신보다 더 무서운 사이코패스

정신병이 아닌, 그래서 더 위험한 그들은 누구인가?

밤길 귀신을 만나는 것보다 사람을 만나는 게 더 무서운 세상이다. 무려 21명을 살해하고 2004년 검거된 유영철을 시작으로 지난 몇 년 동안 연쇄살인사건이 빈발하고 있다. 뉴스를 접할 때마다 호러 영화를 보는 느낌이다. 어떻게 인간이 이 같은 범죄를 저지를 수 있는지 수사기관도 명쾌하게 분석해 내지 못하고 있다. 이들 범죄자들은 정신질환자도 아니었고, 그렇다고 피해자에게 특별한 원한이 있었던 것도 아니었다. 그런데 왜 이런 끔찍한 짓을 저지르는 것일까. 이를 설명하는 개념이 '사이코패스(psychopath)'다. 사이코패스는 이성적으로 범죄를 저지르고, 어떤 죄의식도 느끼지 못하는 이상 인격자를 말한다. 실제 유영철은 국내 최초로 사이코패스 진단을 받았다. 2004년 서울 서남부 지역 연쇄살인 사건의 범인 정남규도 사이코패스로 확인됐다. 안양 초등학생 이혜진·우예슬 양 살해사건 피의자 정모 씨도 "사이코패스로 손색이 없다"는 분석이다. 이 분야의 세계적인 권위자인 로버트 헤어 교수(캐나다 브리티시 컬럼비아대학)가 자신의 저서『진단명: 사이코패스』에서 밝힌대로 "가사는 알아도 음악은 모르는 것"이다. 특히 이들은 두려움과 공포의 감정을 알지 못한다. 공포를 모르니 법을 위반했을 때 겪을 수 있는 처벌과 제재 역시 두려워하지 않는다.

사이코패스는 이제 먼 나라 이야기가 아니다. 국내 중범죄자 가운데 약 15%가 사이코패스라는 조사 결과도 있다. 한국의 교도소에도 사이코패스들이 있다. 범죄심리학자인 이수정(경기대) · 조은경(한림대) 교수가 전국 10여 개 중구금 시설 수감자 400여 명을 대상으로 확인해 본 결과 60명 정도인 15%가 사이코패스로 나타났다. 미국보다 절대 비율은 낮지만 가볍게 여길 수 없는 수준이다. 이 교수는 "미국은 마약이 범죄 발생의 촉매제 역할을 하는 경우가 많다"며 "한국에 마약이 일반화되어 있지 않다는 점을 감안한다면 15%는 적지 않은 수치"라고 강조했다.

경향신문, 2008년 4월 2일자

관해 올바로 이해하는 데 도움을 줄 수 있다(Bartol & Bartol, 2005: 121).

데마라는 우선적으로 가짜 신분을 갖는 것에 집착했기 때문에 종종 법률과 접촉하는 사례가 있었다. 그는 한때 하버드대학교에서 심리학 박사학위를 받았던 프렌치(French) 박사의 신분증을 갖고 있기도 했다. 데마라는 다른 위조된 서류를 근거로 장교 임명을 기다리면서 한때 미국 해군에서 근무하기도 했다. 그러나 그는 일상적인 보안심사를 통해 자신의 신원이 발각될 위험성이 있다는 것을 알아차렸다. 그래서 프렌치 박사의 신분증을 갖는 것이 낫다고 판단했다. "이것이야말로 내가 나아갈 유일한 방법이다"라는 내용의 유서를 남기고, 부두의 한쪽 끝에 자신의 옷가지를 남겨둠으로써 성공적으로 자살을 감행한 것처럼 꾸몄다. 해군 장교들은 그가 '사망'한 것으로 받아들였다. 그리고나서 데마라는 프렌치 박사가 되었다. 수중에 인상적인 신분증을 소지한 채, 그는 캐나다의 한 대학에서 철학부 학장이라는 직위를 얻게 되었으며, 성공적으로 수많은 철학 강좌를 가르쳤다. 그리고 학사행정 책임도 맡았다. 그는 의사였던 시르(Joseph Cyr)와 친분을 맺었으며, 오랜 대화를 통해 의학적 기초 지식을 배우기도 했다.

마침내 그는 시르의 중요한 서류들—출생, 세례(洗禮) 그리고 자격 확인, 학교 관계 기록, 의사면허증—을 빌려 복제했다. 그리고 캐나다 해군에서 시르 박사(Dr. Cyr)라는 사람으로서 장교 임명을 받았다. 의학에 관한 그의 지식 향상을 위해 광범위하게 책을 읽었다. 한국전쟁 기간에 데마라(가짜 Cyr)는 전쟁 지역으로 떠나는 구축함에 배치받았다. 그 배는 많은 심각한 부상자들을 수송중이던 작은 한국 배를 만났다. 부상자들은 응급 의료 조치를 위해 선내로 이송되었다. 세 명의 부상자들은 응급 수술을 통해서만 생명을 구할 수 있을 만큼 심각한 상황에 놓여 있었다.

비록 데마라가 이전에 수술 장면을 본 적이 없었지만, 그는 재빨리 관련 책들을 다시 살펴보았다. 숙달되지 않은 손으로 그는 밤새도록 수술을 했다. 새벽녘에, 그는 세 명의 부상자들의 생명을 건졌을 뿐만 아니라, 다른 16명의 환자들까지 성공적으로 치료했다. 데마라(가짜 Cyr)의 행적은 배의 라디오를 통해 방송되었으며, 언론을 통해 그의 사진과 함께 널리 퍼지게 되었다. 진짜 시르 박사는 그 자신의 이름 위에 데마라의 얼굴이 있는 것을 보고나서 충격을 받았다. 곧바로 그는 그것을 폭로했고, 데마라는 캐나다 해군에서 해임되었다. 데마라의 삶은 장기간 폭력범죄와 관련을 맺지 않았던 사이코패스의 전형적 사례를 보여준다(Bartol & Bartol, 2005: 122).

(2) 히스 사례

많은 사이코패스들은 폭력범죄를 저지르는데 그 가운데 몇몇은 극악하고 야수적이다. 데마라처럼 히스(Neville Heath)도 특이한 경력을 갖고 있었는데, 그러한 경력들은 주로 군대 내였다. 데마라와는 달리, 법률 위반이 매우 심각했으며 종종 수감되는 것으로 귀결되었다. 그는 장교로 임관되었다. 즉 영국 공군에서, 육군에서 그리고 나머지 다른 하나는 남아프리카 공군에서였다. 19세 때에 자동차 절도범죄를 저지른 것 때문에, 군법회의에 회부될 때까지 영국 공군의 전투기 대대에서 비행기를 조종했다. 그 때 여러 건의 절도범죄와 주거침입절도를 저질렀으며, 보스털 감옥(Bostal Prison)에 수감되는 형(刑)을 선고받았다(Bartol & Bartol, 2005: 122).

1939년 사면(赦免)을 받았으며, 그는 영국 육군에 입대했다. 그러나 서류 위조 건으로 해임당했다. 영국에 있는 집으로 돌아오는 길에 배에 올랐으며, 그의 과거가 자신을 뒤따라다닐 때까지 남아프리카 공군에서 장교직을 얻게 되었다. 어려움에 처해 있지 않았을 때, 히스는 용감하고 신뢰감 있는 참으로 매력적인 장교로서 그리고 난봉꾼으로 인식되었다.

세 번째 군법회의 후, 그는 아주 가학적인 살인사건에 대한 취향을 발전시켰다.

최악의 경우, 다른 사이코패스의 사례들을 확인할 수 있을 것이다. 악명 높은 맨슨(Charles Manson)은 1960년대 신앙심이 깊은 저항하지 않는 일단의 추종자들을 유혹하는 엄청난 능력을 보여 주었는데, 하나의 가능한 사례다. 가공의 인물 하니발 렉터(Hannibal Lecter)는 가학적 범죄들과 대단한 매력은 스크린의 청중들을 압도했는데, 그것은 다른 한 사례다.

4 사이코패스에 대한 심리학적 측정과 변수

1) 사이코패시에 관한 심리학적 측정

일반적으로, 사이코패시(정신병)를 측정하기 위해 가장 연구의 기초가 되는 수단은 헤어(Robert Hare) 교수가 개발한 22 항목(22-item)으로 된 「정신병 체크리스트(Psychopathy Checklist- PCL)」(1980)다. 그리고 그것의 20 항목으로 개정된(PCL-R)(1991) 내용이다. 좀더 최근에, PCL-R은 제2판으로 개정 출판되었다. 거기에는 법의학적 적용가능성과 연구 결과들에 관한 새로운 정보를 포함하고 있다(Bartol & Bartol, 2005: 129). 제2판은 또한 다른 나라 범죄자들에게 사용하기 위한 목적으로 확장되었으며, 남성 및 여성 범죄자들에 관한 업데이트된 표준적 그리고 유효한 자료들을 담고 있다. 12 항목으로 된 짧은 형식의 개정판이 또한 개발되었는데, 「Psychopathy Checklist: Screening Version(PCL: SV)」이다. 다른 추가 사항들은 「Psychopathy Checklist: Youth Version(PCL: YV)」과 「P-Scan: Research Version」이다. P-Scan은 사이코패스적 특징들에 대해 신속하게 추려내고 용의자들, 범인들 혹은 고객들을 관리하기 위해 가설을 세우기 위한 근거로서 사용되는 스크린 도구다.

그것은 법집행기관, 보호관찰기관, 교도소, 사설기관 및 법의학 연구시설에서 그리고 특별한 사람에 관한 사이코패스적 특징의 존재 가능성에 대한 일부 정보를 얻는 데 도움이 될 수 있는 다른 영역에서 사용할 목적으로 개발되었다. 물론, P-Scan이 실무적으로 유용한 도구로서 사용되려면 더 많은 연구가 필요하다. 모든 다섯 가지 체크리스트들은 개념적으로 그리고 P-Scan의 예외와 함께 심리측정학적으로 유사하다.

PCL 척도들은 대체로 클레클리(Cleckley, 1976)의 사이코패시에 관한 개념에 기초하고 있다. 구체적으로는 남성 교도소, 법의학 혹은 정신병적 증상을 갖고 있는 사람들 사이의 사이코패스들을 확인하기 위해 고안된 것이다(Bartol & Bartol, 2005: 129).

PCL-R이 최근에는 연구용 및 임상용으로 둘 다 가장 빈번하게 사용되고 있어서 높은 관심을 끌고 있다. PCL: YV도 더 광범위하게 연구되기 시작했다. PCL-R은 자기보고서, 행동적 관찰들 그리고 부모들, 가족구성원들, 친구들 그리고 체포 및 법정 기록과 같은 보충적 자료들을 포함하여 다양한 출처로부터 감정적, 개인 상호간, 행동적 그리고 사회적 일탈 양상을 평가한다.

게다가, PCL-R로부터 항목의 등급을 매기는 것은, 예를 들면 직장에서 혹은 학교에서의 행동, 가족들과 친구들 그리고 성적 파트너를 향한 행동, 그리고 범행을 포함해 다양한 영역을 가로질러 정보에 관한 약간의 통합을 필요로 한다(Bartol & Bartol, 2005: 130).

전형적으로, 고도로 훈련된 검사원들이 0~2에 이르는 척도 위에 각 항목별 점수를 매기기 위해 체크리스트(0=일관되게 존재하지 않는, consistently absent; 1=비일관적인, inconsistent; 2=일관되게 존재하는, consistently present) 위에 있는 각 항목에 의해 설명된 성질을 가진 개인의 범위에 의존하면서, 이러한 모든 정보를 사용한다. 그런데, 점수를 매기는 것이 꽤 복잡하며, 많은 시간, 광범위한 훈련과 각 개인에 관한 상당히 많은 양의 배경 정보에 대한 접근이 요구된다.

헤어 교수에 따르면, 30점 혹은 그 이상의 점수는 어떤 사람을 보통 1차적 사이코패스로 분류한다. 몇몇 연구 및 임상적 조합에서, 25점에서 33점까지 범위에 이르는 구별되는 점수들이 종종 사용된다. 21점에서 29점에 이르는 사람들은 '중간적'인 사람으로 분류되고, 그들은 사이코패스적 특징들을 많이 보이는 사람이지만 모든 범주에 적합하지는 않다고 제안하고 있다. 21점 이하에 해당하는 점수를 갖고 있는 사람들은 '비(非)사이코패스들'이라고 간주된다. 사이코패스 범죄자와 비사이코패스 범죄자를 구별하기 위해 그리고 범죄자의 위험성을 판정하는 것과 관련된 교정기관 소속의 심리학자들과 법심리학자들을 돕기 위해, 연구는 PCL의 신뢰성과 타당성을 적극 지원했다(Bartol & Bartol, 2005: 129).

사이코패스 진단은 훈련받은 심리전문가가 범죄자와 장시간 면담한 후 내리게 된다. 주로 사용되는 진단 기준은 헤어 교수가 개발한 사이코패스 평가표(PCL-R)다. PCL-R는 사이코패스의 특성을 구체적으로 나열한 20개의 문항으로 이뤄져 있다. 문항당 최고 점수는 2점으로 전체 40점 만점이며, 보통 30점 이상이면 사이코패스로 본다. PCL-R를 번역해서 검사한 결과, 유영철과 안양 초등학생 살해범 정씨 모두 30점을 넘었다.

경향신문, 2008년 4월 2일(최희진 기자)

게다가, 그 도구는 이론, 연구 및 종국적으로 임상적 실습에 관한 국제적, 이(異)문화 간 의사소통을 원활하게 하는 사이코패스에 관한 판정을 위해 연구자들에게 그리고 정신병원 전문가들에게 보편적인 측정을 제공하고 있다.

현재에는, 비록 북미 지역의 백인 남성 범죄자들 가운데 사이코패스를 확인하는 데 가장 유용한 것으로 보이지만, 전 세계에 걸쳐 사이코패스에 관한 진단을 하기 위한 임상적 도구로서, PCL-R 사용이 점차 증가하고 있다.

흥미롭게도, 릴리엔펠드(Scott Lilienfeld)와 그의 동료들(Lilienfeld, Gershon, Duke, Marion, & de Wall, 1999)은 '침팬지 사이코패시 측정법'으로 불리는, 침팬지를 위한 사이코패시 측정법을 발전시켰다. 예비 자료들에 따르면, 그 측정법은 침팬지들 사이에서, 사이코패스 같은 행동에 관한 신뢰할 만한 측정법이 될 수 있을 것으로 기대하고 있다. 연구자들에 의하면, 사이코패스적 침팬지의 행동에는 과도한 성적 행동, 과감한 행동, 못살게 구는, 침묵적인 허세를 보이는 것과 불끈하는 성질이 포함된다. 이러한 자료들은 사람들 안에 있는 정신병에 대해 잠재적 신경심리학적 기초를 뒷받침해 준다(Bartol & Bartol, 2005: 130).

2) 사이코패시의 핵심 변수

PCL-R에 관한 연구에 따르면, 사이코패시가 성질상 다차원적(multi-dimensional)이라는 점을 강하게 암시하고 있는데 이에 주목하는 것이 중요하다. 전문가들이 PCL-R에 관해 사이코패시의 등급을 매기는 것들이 변수 분석(factor analysis: 다양한 차원들을 구별해 주는 통계적 방법)에 제시되었을 때 적어도 두 가지 행동적 차원들 혹은 행동적 변수들이 등장한다(Bartol & Bartol, 2005: 130).

변수 1은 장애에 관한 개인 간 그리고 감정적 구성 요소들을 언급하고 있으며, 뉘우침, 무감각함 그리고 이기적 습관 그리고 다른 사람들을 교묘하게 다루는 태도를 측정하는 항목들로 이루어져 있다. 이러한 의미에서, 사이코패스는 자신의 요구나 욕구를 충족시키기 위해 대체로 사람들을 이용하는 것에 관한 죄책감(compunctions)을 느끼지 않는다(Bartol & Bartol, 2005: 131).

그런 반면에, 변수 2에서는 사회적으로 일탈적인 생활 스타일과 밀접하게 관련되어 있는 바, 부실한 계획, 충동감, 권태감을 쉽게 느끼는 경향, 자극에 대한 과도한 욕구, 실질적인 목표 의식의 결여와 같은 성격적 특징들을 다루고 있다. 몇몇 연구자들에 따르면, 변수 1은 계획된 약탈적 폭력을 보이는 쪽으로 나타나며, 그런 반면에 변수 2는 자발적이며 억제되지 않은 폭력과 연관을 맺고 있다고 한다.

변수 1은 또한 저항적이며, 정신병 치료 및 처우 프로그램으로부터 이득을 얻을 수 있는 능력이 없는 쪽으로 연관되어 있다.

변수 2는 사회경제적 지위, 교육적 성취 그리고 문화적·인종적 배경과 관련되어 있는 것처럼 보인다. 반면에, 변수 1은 아마도 생물심리학적 영향에 관련되어 있을 수 있다.

그런데, 좀더 최근에 이루어진 청소년과 성인들을 대상으로 한 연구에 따르면, 처음에 제시된 두 가지 차원들을 넘어선, 사이코패스의 핵심에 관한 3차원적(아마도 더 많은 차원들이 있을 수 있음) 행동적 차원들이 있을 수 있음을 보여 준다. 예를 들면, 쿠크와 미시(Cooke & Michie, 2000)의 연구에 따르면, PCL-R 데이터에 관한 그들의 변수 분석으로부터 사이코패스들은 아마도 적어도 세 가지 기본적인 요소들로 구성되어 있음을 발견했다(Bartol & Bartol, 2005: 131).

▸ 거만하고 남을 속이는 인간 관계 스타일

▸ 충동적이며 무책임한 행동 스타일(원래 제시된 변수 2에 가장 가까운)

▸ 부적절한 감정적 반응 등

변수 1과 변수 3은 본질적으로 이전의 연구에서 제시된 원래 변수 1을 세분한 것이다. '부적절한 반응(inadequate reaction)'이라는 용어는 다른 사람들에 대한 진지하고 긍정적인 감정의 결핍과 무감각함의 표현 및 감정이입의 결핍을 언급하고 있다.

PCL-R이 여성 사이코패스에 독특한 몇 가지 요소들을 측정할 수 있는 지표가 될 수 있다는 몇몇 초기의 연구 결과들이 또한 제시되고 있다(Bartol & Bartol, 2005: 131).

5 사이코패스에 관한 행동적 설명

사이코패스의 행동적 특징에 관한 중요한 전문가는 1984년 79세의 나이로 세상을 떠난 조지아 주 어거스타(Augusta)에서 잘 알려진 클레클리(Hervey Cleckley)였다. 그가 전문가로서 인정받는 많은 부분은 시그펜(Corbett Thigpen)과 공동 저술한 『이브의 세 얼굴(*The Three Faces of Eve*)』이라는 논픽션 책의 결과였다. '다중인격' 현상에 관한 책이었는데 동일한 제목으로 1957년 영화로 만들어져 큰 흥행 성적을 올렸다. 그런데 정신병 분야에 대한 그의 중요한 전문가적 기여는 가장 자주 인용되는 1941년 처음 출판된 『정상인의 가면(*The Mask of Sanity*)』에서 발견된다. 이전에 언급된 다른 사이코패스 유형들과 구별하면서, 그 책은 유용한 용어들을 자격이 충분한 혹은 1차적 사이코패스에 의해 증명된 중요한 행동들로 명확하게 그리고 경험적으로 설명하고 있다.

클레클리에 따르면, 외관상 매력적이고 일반 평균인보다 높은 지능을 가지고 있다는 사실은 사이코패스의 중요한 두 가지 특징이다. 그리고 그 두 가지 특징은 처음 접촉하는 동안에 특히 뚜렷하게 나타난다. 많은 사이코패스들은 보통 다른 사람들에게 우호적, 사교적, 호감이 가고 민첩한 인상을 준다. 그들은 종종 교육을 잘 받은 그리고 지식이 많은 사람인 것처럼 보인다. 그리고 그들은 많은 흥미를 보인다. 그들은 언변에 능하고, 자기 스스로 끝까지 어려움 없이 말을 잘할 수 있다(Bartol & Bartol, 2005: 123).

그런데 사이코패스들은 아주 매력적이고 교활해서 이러한 언어적 결점들이 쉽게 드러나지 않는다. 정신측정학적 연구(psychometrics: 측정 수치로 이루어진 표준 심리학적 테스트를 사용하는 연구)에 따르면, 사이코패스들은 보통 일반인들보다 지능 테스트에서, 특히 개별적으로 실시한 테스트에서 높은 점수를 보였다. 사실, 헤어 교수는 수감된 사이코패스들에 관해 많은 연구를 수행했다. 그의 연구 대상 표본이었던 사이코패스들이 아마도 그들 가족 중 최소 지능을 갖고 있었다고 언급하고 있는데, 사이코패스들은 그들의 범죄에 대해 유죄로 선고되는 것을 회피할 수 있을 정도로 머리가 꽤 좋은 편은 아니었기 때문이다. 최근의 연구에서(예를 들면, Ishikawa, Raine, Lenz, Bihrle, & Lacasse, 2001), 범죄자 사이코패스들에 관한 유용한 이분법에 따르면, 그들을 '성공적' 사이코패스(범죄를 저질렀지만 체포나 유죄선고를 잘 피해 나갔던)와 '실패한' 사이코패스(유죄가 입증되어 수감된)로 나눌 수 있다. 사이코패스들은 부드럽거나 혹은 가혹하건 간에, 보통 정신적 장애를 보여 주지는 않는다. 대부분 과도한 근심과 불안, 정신병적 생각, 망상, 심각한 우울 혹은 환상에 관한 징후들이 잘 보이지 않는다.

사이코패스들이 정신적 장애로 인해 시달리지 않는다는 견해에 대해 아무도 동의하지 않는다. 몇몇 임상의학자들은 사이코패스와 정신분열증(schizophrenia)은 장애에 관한 동일한 스펙트럼의 한 부분이라고 주장한다. 일부 법의학자들은 때때로 사이코패스 및 정신분열병자로 분류되는, 즉 정신적으로 장애가 있는 범죄자로 본다고 주장한다(Bartol & Bartol, 2005: 124).

높은 폭력성 혹은 위험한 환자들을 구금하고 있는 중구금 정신병동에서 정신적으로 장애가 있는 것으로 보이는 사이코패스를 발견하는 것이 보기 드문 상황이 아니라는 것을 주장하는 증거들이 있다. 사이코패스에 관한 다른 중요한 특질은 이기적인 것과 다른 사람을 사랑하거나 애정을 줄 수 있는 능력이 없다는 것이다.

클레클리에 따르면, 자기중심적(egocentricity)인 것은 사이코패스에게 항상 나타나며, 본질적으로 바뀌지 않는다. 사이코패스가 다른 사람에 대해 순수함과 의미심장한 애정을 느낄 수 있는 능력이 없다는 것은 절대적이다. 사이코패스가 호감이 갈 수 있지만, 그들은 좀처럼 친근한 친구 관계를 유지하기 어렵다. 그리고 그들은 다른 사람에게 있는 사랑을 이해하는 데 매우 큰 어려움을 갖는다. 깊은 애정이 있는 것처럼 행동하는 데에는 대단한 기술을 갖고 있을 수 있다. 그리고 그들은 적절한 감정을 효과적으로 흉내낼 수도 있다. 그러나 진실한 충성, 따뜻함 그리고 열정은 그들에게 생소한 것이다. 사이코패스들은 무덤덤한 감정적 반응과 정서로 인해 구별된다(Bartol & Bartol, 2005: 124).

사이코패스들은 사랑을 주고받을 필요를 거의 느끼지 않기 때문에, 하나의 집단으로서 사이코패스들은 그들의 가족과 비교적 접촉을 갖고 있지 않으며, 많은 사이코패스들이 그들의 주거지를 빈번하게 바꾼다. 게다가, 그들은 타인의 친절한 행동에 대해 반응하지 않는다. 그들은 외관상으로 감사함을 표시할 수 있는 능력만을 보여 준다. 역설적으로, 그들은 약간의 호의를 베풀 수도 있을 것이며, 누군가에게 어느 날 약간의 동정심을 나타낼 수도 있다. 그리고 다음에 그녀(피해자)의 생명을 빼앗을 수 있다. 사이코패스들은 진실을 상당히 무시하려는 태도를 지니고 있는데, 종종 '병리적 거짓말쟁이'라고 불리기도 한다. 그들은 내면화된 도덕성이나 윤리적 감각이 없는 것처럼 보이며, 특히 부정직함을 통해 개인적인 이익을 얻게 된다면, 정직해야 한다는 마음가짐을 이해할 수 없다. 그들은 다른 사람들에게 올바르고 정직하게 그리고 성실하게 보이도록 할 수 있는 교활한 능력을 갖고 있다. 그러나 성실하다고 하는 그들의 주장에는 실질적인 내용이 없다.

사이코패스들은 사건의 중요성 혹은 그들의 충동적인 행동 결과의 중요성에도 불구하고, 신뢰할 수 없으며, 책임감이 없으며, 예측할 수 없다. 충동성이야말로 사이코패스의 중심적 혹은 기본적인 특징인 것처럼 보인다(Bartol & Bartol, 2005: 124). 그런데 이러한 충동적인 행동의 패턴은 주기적이다. 사이코패스들은 몇 달 동안 계속해서 책임감 있는 시민, 충실한 배우자 그리고 신뢰할 만한 종업원일 수 있다. 그들은 데마라와 히스가 했던 것처럼, 대단한 성공을 경험할 수 있으며, 승진을 할 수도 있으며, 영예를 얻을 수도 있다. 교묘하게, 이러한 사회적으로 바람직한 목적들을 달성하고 있을 때, 그들은 자신의 삶을 갑자기 풀어나갈 수 있을 정도로 무시무시할 정도의 교묘한 기술을 가지고 있다(Bartol & Bartol, 2005: 125).

그의 행동은 어린 시절로 거슬러가면서, 이 사람의 인생 이력은 대단히 무의미한 어리석은 행동의 연속을 보여 주고 있다. 그는 멍청한 일에 혹은 엉터리 소동과 함께 일련의 사건에 끼어듦으로써 몇몇 중요한 병원 진료 약속을 놓쳐 버렸다. 며칠 동안 혼자서 종종 찾아갔던 홍등가 안에서 탈선적 행위를 추적했던 스캔들과 의분(義憤)으로 그는 전도유망한 개인 병원을 어쩔 수 없이 그만두게 되기도 했다. 또한 술에 의한 약간의 영향을 느끼고 있었던 친구와 동행하면서, 자기가 자주 찾아갔던 은밀한 곳에 으름장을 놓았으며, 자신만만하게 한 여성에게 큰소리를 쳤다. 한 방 안에 보기 좋게 배치된 상태에서 네 명이 하이볼(보통 위스키 따위에 소다수 등을 섞은 음료)을 주문했다. 한 시간 혹은 그 이상의 시간 동안에 유리 깨지는 소리, 온갖 욕설이 난무하면서, 이따금씩 "퍽" 하는 소리가 들렸다. 그때 갑자기 날카로운 비명소리가 나자 술집 여주인과 하인들이 쏜살같이 그 방 안으로 들어갔다. 매춘부 가운데 한 명이 기진맥진해 드러누웠으며, 가슴을 수건으로 꽉 껴안고 고통스러운 비명을 질렀다. 그녀의 울부짖음과 흐느껴 우는 소리로, 그의 분별 없는 실수들로, 그녀의 젖꼭지를 물어뜯었다면서 이 사건의 주인공을 고발했다. 거기에 있던 사람들에 의하면, 이러한 불행스러운 사지 절단(토막내기, dismemberment)이라는 사건이 실제로 발생했음을 보여 주었다. 비록 사건 당시에 두 남자가 그녀와 침대에 있었다고 하지만, 그 중 한 명의 남성이 그녀에게 부상을 입혔다는 것에 대해 의심의 여지가 없었다. 그가 야기한 여성의 직업적 장애와 개인적 피해에 대한 배상으로 거액의 돈을 지불함으로써, 잠시 동안 감정이 가라앉으면서 의사는 공개적인 기소는 면하게 되었다.

해결되기 전에, 혐의가 있는 남성은 그 행위에 대해 친구에게 책임을 전가시키고자 설득하려고 시도했다. 다른 남성에게는 그것이 덜 심각할 수 있었다. 그래서 자신의 유명한 그리고 직업적 위치 때문에 법정 활동에 대한 손해와 명예훼손에 대해, 더 쉬운 공격 대상이 되었다고 주장했다. 그런데, 그의 동료는 확고한 태도로 자기 희생을 위한 이 기회를 거절했다(Bartol & Bartol, 2005: 125).

몇몇 이론가들이 제시하기를, 잠재 의식적으로 경험하는 혹은 더 단순하게 피학대적 목적에 의해 그들이 저지른 죄책감을 누그러뜨리고자 자기 파괴적, 자기 모멸적 행위들과 태도들은 처벌될 필요성을 반영한다. 사이코패스가 범죄적 행동으로 빠져들 때, 충동성은 보통 그들로 하여금 전문 범죄꾼처럼 범행을 저지르는 것을 막게 할 것이다. 사이코패스들은 즉각적인 만족을 얻기 위해 못된 범죄행위, 성급하게 계획된 장난질 혹은 동시적으로 혹은 연속적인 범죄들에 더 가담하게 되는 것 같다.

전문 범죄꾼은 범행에 대한 목적과 계획을 갖고 있다. 사이코패스는 충동적이며 장기적인 목적이 결여되어 있다. 사이코패스의 중요한 잘못은 그들이 저지른 범행의 심각성 혹은 비도덕성에 관계없이 양심의 가책과 그들이 저지른 어떤 행위에 대한 죄책감과 감정이 절대적으로 결여되고 있고, 다른 사람들에 끼친 엄청난 정신적 충격에 상관하지 않는다는 점이다(Bartol & Bartol, 2005: 126).

사이코패스들은 인간적 중요성을 기대하지 않기 때문에, 인간적으로 무의미한 것을 얻기 위해 터무니없는 위험을 무릅쓰고, 파괴적인 혹은 반사회적 행동－예를 들면, 문서위조, 절도, 강간, 대소동 그리고 사기범죄－을 저지를 수 있다. 체포되더라도 그들은 진정으로 뉘우치는 감정을 표현하지 않는다. 그들은 곧바로 범죄를 인정하게 되며, 이러한 자백을 다른 사람에게 하면서, 충격 속에서 상당한 정도의 만족을 얻는다. 다른 사람들의 머리를 후려갈겼는지, 자동차를 파괴했는지 혹은 어린아이를 고문했던지 간에, 사이코패스들은 그들이 '지옥과 같은 그런 짓'을 저질렀다고 당연히 말할 것이다(Bartol & Bartol, 2005: 126).

사이코패스들은 다른 사람들이 자신을 인식하는 것처럼, 자기 자신을 볼 수 있는 능력을 거의 갖고 있지 않다. 정상적으로 통찰될 수 있는 사실들을 받아들이는 대신에, 사이코패스들은 그들의 불행에 대해 지역공동체 혹은 가족들에게 비난을 품거나 밖으로 향하게 한다.

흥미롭게도, 교육을 받은 사이코패스들은 사이코패스적 성격 특성에 대해 광범위한 문헌을 인용하면서 그리고 연구 결과를 언급하면서, 빈번하게 말하는 것으로 알려져 있다. 그러나 그들은 자신의 문제가 되는 기괴한 행동들을 내부적으로 잘 들여다볼 수 없으며, 그들의 행동에 관한 합리적 공격에 대처할 수 없다. 그들은 어떤 일을 저지른 것에 대한 자신의 후회를 분명하게 말한다. 그러나 그 단어들에는 감정적 의미와 클레클리가 의미론상의 실어증(失語症, semantic aphasia)이라고 부르는 인격적 특징이 전혀 없다.

존과 콰이(John & Quay, 1962)는 사이코패스는 "단어들을 알지만, 음악은 모른다"라고 언급했다. 이와 유사하게 그랜트(Grant, 1977)도 사이코패스는 "단지 책에 있는 단어의 뜻만 알고, 삶의 의미를 모른다"고 했다. 헤어(Hare, 1996)는 "간단히 말해서, 사이코패스는 의미론적으로 그리고 감정적으로 피상적인 인간으로 보인다"고 결론내렸다(Bartol & Bartol, 2005: 126).

결론적으로, 클레클리가 설명한 많은 부분을 강조하면서, 중요한 행위적 특징은 콰이(Quay, 1965)가 언급한 사이코패스의 뿌리 깊은 그리고 병적일 정도의 자극 추구다. 콰이에 따르면, 사이코패스의 행동들은 스릴과 흥분을 위해 과도한 신경심리학적 욕구에 의해 동기부여된다는 것이다. 경주용 자동차를 운전하는 것, 스카이다이빙, 오토바이 묘기(stunt)와 같은 흥미에 사이코패스들이 빠져 있는 것을 보는 것이 이상한 일이 아니다.

최근 몇 년 사이에, '사이코패스 범죄자'라고 집합적으로 불리면서, 반복적으로 범죄를 저지르는 사이코패스에 초점을 두는 것은 연구 목적을 위해 유용해졌다. 폭력적인 혹은 상습적인 범죄자들인 사이코패스에 집중하는 것은 그들의 배경, 범죄자의 경력 이해 및 행동 유형에 관한 매우 소중한 정보를 제공해 준다. 그러한 연구를 통해, 또한 어떻게 이러한 도전적인 개별 인간 그룹(범죄자들)을 다루고 잠재적으로 처우할 것인지에 관한 중요한 전략들을 제공할 수 있다.

6 사이코패스 범죄자와 범행 패턴

1) 사이코패스 범죄자

사이코패스 범죄자에 관한 주제보다 아마 상습적 범죄자의 범행 발전에 흥미가 있는 심리학자들의 관심을 더 많이 사로잡았던 주제도 없을 것이다. 다시 말하면, 많은 사이코패스들이 연쇄적인 반사회적 행동에 관해 어떤 전력(前歷)도 갖고 있지 않았다는 점과 지속적인 연쇄범

사이코패스

지난 해 여름 전남 보성 앞바다의 '70대 어부 연쇄살인'을 기억한다. 20대 남녀가 익사체로 발견됐고 이어 여대생 2명이 주검이 되어 물 위에 떠올랐다. 연인과 친구 사이로 밝혀진 4명의 젊은이가 여름 휴가를 왔다가 실족했거나 동반 투신한 것으로 보였다. 피해자가 사용했던 휴대폰 덕분에 '엽기적 살인'이 확인됐고, 여죄를 추궁하다 '연쇄살인'으로 밝혀졌다. 지난 달 법원은 죄의식을 전혀 느끼지 않는 가해자에게 "피해자 때문에 상황이 그렇게 됐다며 자신의 행동을 운이나 팔자소관으로 여기고 있다"며 "사회로부터 영원한 격리(사형)"를 선고했다.

- 영화 「추격자」의 소재가 된 '유영철 엽기살인(2003~2004)'도 생생하다. 확인된 피살자만 21명으로, 정부 수립 이후 최대의 연쇄살인이었고, 범행 동기나 검거 후 언행으로 보면 단군 이래 가장 희귀한 범인이었다. "내가 뭘 잘못했느냐. 여자들이 미워 그랬는데 어쩌라고" 식의 변함없는 진술로 대법원에서 사형이 확정됐다. 이어 2006년까지 13명을 희생자로 삼은 '정남규 충동살인'은 영화 「검은 집」에 시나리오를 제공했다. "담배를 피우고 싶듯 살인 충동을 느꼈다"는 그의 진술에 변호사마저 "선처해 달라면 오히려 (내가) 죄를 짓는 것"이라고 했다.

- 이들이 전형적인 '사이코패스(psychopath · 정신병질자)'다. 넓게는 심리적 분야겠지만 엄연히 의학적 질병이다. 감정을 지배하는 뇌의 전두엽이 일반인보다 현격하게 작거나(20% 미만) 공격억제 호르몬(세라토닌)이 적게 분비된다. 전두엽 기능 저하는 유전적으로 왜소한 경우이거나, 후천적으로 세라토닌 분비를 방해하는 요인이 지속됐기 때문이다. 사고로 뇌를 다쳤다거나 스트레스에 장기간 노출된 경우가 대표적이다. 감정 변화가 무디어져 남의 반응을 전혀 개의치 않는다. 쉽게 말해 '자기중심적이고 피도 눈물도 없는 인간' 정도가 될 것이다.

- 안양 초등학생 유괴 · 살해사건의 용의자도 사이코패스임에 틀림없다. 이들이 여성과 어린이를 대상으로 삼는 주된 이유는 '피도 눈물도 없이' 가학적 행동을 하려면 상대가 약해야 하기 때문이다. 나치의 히틀러도 같은 맥락이다. 하지만 살인자들은 오히려 숫자가 적다. 사이코패스에는 어린이도 있다. 잠자리를 생포해 맨손으로 해부한다거나, 다쳐 쓰러진 강아지에게 계속 돌멩이를 던지는 행동도 초기 증상으로 의심된다. 우울증 환자에 대한 관심이 고조되면서 많은 진단과 처방이 나오고 있듯이, 사이코패스에 대한 사회적 관찰과 관심을 늘려야 한다.

한국일보, 2008년 3월 19일자(정병진 논설위원)

죄자가 반드시 사이코패스인 것은 아니라는 점을 강조해야 한다. 여기서 '사이코패스 범죄자' 라는 용어는 광범위한 지속적인 반사회적 행동을 보이는 사이코패스들로 제한된다. 그룹으로서, 그들은 "지배적인, 조작적인, 충동적이며, 위험 감수적인 그리고 반사회적 생활 스타일에 의해 특징지어지는 지배적이면서 교활한 인간들인 경향이 있다. 사이코패스들은 그들의 가장 큰 스릴을 다양한 성적 만족에서 얻고 있으며, 시간이 지나면서 다양한 피해자를 목표로 삼고 있다. 포터(Stephen Porter)와 그의 동료들(Porter et al., 2000: 220)에 의하면, "범죄와 폭력에 그 관련성이 부여된 채, 정신병(psychopathy)은 형사사법 체계 내에서 가장 중요한 심리학적 개념들 중의 하나다"라고 추가적으로 언급하고 있다(Bartol & Bartol, 2005: 127).

2) 사이코패스 범죄자 범행 패턴

그레튼 등(Gretton et al., 2001: 428)에 의하면, 사이코패스 범죄자들은 일반적으로 "윤리와 도덕 감정이 결여되어 있고, 그들 자신의 룰(rule)에 따라서 살며, 자신이 원하고 바라는 것을 충족시키기 위해 냉혈적 · 도구적 협박과 폭력을 사용하는 경향이 있다. 그리고 일반적으로 사회적 규범과 다른 사람들의 권리에 대해 경멸적이다"라고 한다. 많은 사례에서, 이러한 지속적인 범행은 성질상 극도로 폭력적이다. 헤어 교수는 긍정적으로 가정하기를, 사이코패스가 저지른 범행의 용이성…… 침착한 폭력은 일반적으로는 사회를 위해 그리고 구체적으로는 법집행 요원들을 위해 매우 현실적인 중요성을 갖고 있다. 근무중에 사망한 법집행 공무원들의 거의 절반이 사이코패스에 관한 성격적 프로파일에 근접하게 부합되는 범인들에 의해 살해되었다는 사실을 보여 주는 FBI 보고서(1992)를 언급하고 있다. 게다가, 사이코패스 성범죄자들이 저지른 범죄는 다른 성범죄자들이 저지른 범죄보다 더 폭력적이고 야만적이며, 무감정적 그리고 가학적이었다.

게다가, 사이코패스 성범죄자들은 단순히 성적 각성보다 스릴 추구 및 흥분에 의해 더 많이 동기부여되는 것으로 보인다. 집단으로서 사이코패스들은 또한 폭력적인 비(非)사이코패스들보다 훨씬 더 가학적인 것으로 보인다. 그리고 더 다양하고 심각한 형태의 성적 살인사건을 저지른다.

포터와 그의 동료들(Porter et al., 2003)은 살인 범죄를 저질러서 두 곳의 캐나다 연방교도소에 수감되어 있는 남성 범죄자들의 표본에서 거의 절반 정도가 성적 살인범죄자로 분류될 수 있었다는 것을 밝혀냈다. 성적 살인범죄로 분류되기 위해서는 살인사건 이전, 도중 그리고 이후에 피해자와 관련하여 성적 행동을 한 물리적 증거가 있어야 한다(Bartol & Bartol, 2005: 128).

보통 사람과는 달리 가학적이며 야만적인 것으로 묘사되는 연쇄살인범들은 또한 많은 사이코패스적인 특징들을 갖고 있다. 집합적으로, 연구 결과에 따르면, 다른 범죄자들보다 사이코패스들은 다른 사람들의 비성적(非性的) 그리고 성적(性的)인 두 가지 고통으로부터 만족을 얻으려는 경향이 더 많다(Porter et al., 2003). 비(非)사이코패스에 의해 저질러진 많은 살인사건과 심각한 폭력범죄들이 가정 내 싸움 혹은 극도의 감정적 흥분이 일어나는 동안에 발생했다. 이러한 유형의 폭력은 사이코패스 범죄자들에게는 거의 관찰되지 않는다. 사이코패스 범죄자들은 종종 복수 혹은 응보의 형태로 혹은 주취 상태에서 폭력에 연관된다. 비사이코패스들에 의한 대부분의 공격은 그들이 잘 알고 있는 여성을 향하고 있다. 그런 반면에, 사이코패스 범죄자들의 많은 공격은 서로 모르는 남성을 향하고 있다(Bartol & Bartol, 2005: 128).

헤어 등(Hare et al., 1995)에 따르면, 사이코패스 범죄자들에 의해 저질러진 폭력은 비사이코패스들의 폭력을 수반한 '감정적인 색깔이 없는' 무감각한 그리고 냉혈적이었다. 연구에 의하면, 또한 사이코패스적 성격 특징을 갖고 있는 강간범들은 자신들의 범죄를 저지를 때 분노, 복수심, 가학성 그리고 기회주의적인 것과 같은 비성적(非性的) 동기를 더 많이 갖고 있는 것으로 지적하고 있다(Bartol & Bartol, 2005: 128).

서울 서남부 연쇄살인 피의자 "어린 시절 구타 · 성추행 당한 경험 탓"

서울 서남부 연쇄살인사건을 수사중인 서울 남부지검 형사4부는 7일 피의자 정모(37) 씨가 어린 시절 구타와 성추행 경험 탓에 반사회적 성향이 생겨 범죄를 저질렀고 결국 범행 중독까지 이르게 됐다고 밝혔다.

검찰에 따르면 정씨는 어린 시절부터 구타와 성추행을 당해 왔지만 내성적 성격 탓에 피해 의식에만 사로잡혀 줄곧 대인기피증에 시달려 왔던 것으로 드러났다. 특히 정씨의 폐쇄적 성향은 성인이 된 뒤 '사이코패스(psychopath: 반사회적 성격장애)' 기질로 변해 흉포한 범죄를 서슴없이 저질렀던 것으로 검찰은 분석했다. 사이코패스란 주위 반응에 전혀 개의치 않고 범행 자체를 즐기는 성격장애를 말하며 이 때문에 죄의식을 거의 느끼지 않는다. 검찰 관계자는 "정씨는 이후 성추행 등 몇 차례의 범행을 저질렀으나 들통나지 않자 완전범죄를 했다는 성취감에 빠졌다"며 "범행 횟수가 거듭될수록 범행 충동을 이기지 못하는 중독 증세에 이르러 '무동기 범죄'를 저질렀다"고 말했다. 검찰은 그러나 정씨를 공주 치료감호소에 보내 정신감정을 받게 한 결과 분열성 인격장애와 비사회성 인격장애가 혼재돼 범행을 저질렀으나, 범행 당시 사물 변별과 의사결정의 능력이 미약하거나 상실됐다고 보기는 어려운 것으로 나타났다고 설명했다.

한편 검찰은 이 날 강도상해 · 살해 범행을 통해 8명을 살해하고 14명에게 중상을 입힌 혐의(강도살인 등)로 정씨를 구속 기소했다. 이로써 검찰은 서울 북부와 경기도 안양 등지에서 저지른 추가 범행 6건을 포함해 정씨가 자백한 24건의 범행 중 12건을 기소했다.

세계일보, 2006년 6월 8일, 8면(백소용 기자)

3) 사이코패스와 상습범

연구 결과에 의하면, 사이코패스의 상습 범죄율(범죄자가 범죄를 반복하는)이 매우 높다고 한다. 포터와 동료들(Porter et al., 2000)의 연구에 의하면, 사이코패스들은 재범(再犯)을 더 빠르게 저지르고, 보호관찰 규칙을 더 빨리 위반하며, 비(非)사이코패스들보다 수감 기간 동안에 더 폭력적이라고 한다. 한 연구에서, 재소자에 대한 감시받지 않는 일시적 귀휴 프로그램에 입각하여 석방된 남성 범죄자들의 실패율에 대해 조사한 바 있었다. 비(非)사이코패스들의 실패율은 없었던 반면에, 사이코패스들의 실패율은 37.5%였다. 보호관찰 기간 중에 실패율도 또한 조사되었다. 비사이코패스들이 보호관찰 규칙을 위반한 비율이 7%였는데 반해, 사이코패스들의 실패율은 33%에 달했다(Bartol & Bartol, 2005: 132).

세린과 아모스(Serin & Amos, 1995)의 다른 연구는 연방교도소에서 석방된 지 8년 정도 지난 299명의 남성 범죄자들을 추적하여 조사한 것이다. 65%의 사이코패스들은 석방된 지 3년 이내에 다른 범죄를 저질렀던 것과 비교해 보면, 비사이코패스들이 같은 기간 다른 범죄를 저지른 비율을 25%였다고 한다. 퀸시, 라이스와 해리스(Quinsey, Rice, & Harris, 1995)의 연구에 따르면, 교도소에서 석방된 지 6년 이내에, 80% 이상의 사이코패스들이 폭력적으로 성범죄를 저지른 것으로 유죄 선고를 받은 것에 비해, 비사이코패스들의 성범죄 재범률은 20%에 불과했다. 리처드, 케이시와 루센트(Richard, Casey, & Lucent, 2003)가 연구한 바에 의하면, PCL-R상의 높은 점수와 관련하여, 지속적인 범죄 경력에 대한 PCL-R과 PCL: SVA 측정치들은 아마도 폭력적인 상습 범죄율에 관해 어디에서나 사용 가능한 가장 우수한 예측 도구들이다. 사실, PCL-R은 조사자들에게 범죄자들의 범죄 경력이 알려지지 않았을 때조차 재범률을 확실하게 예측할 수 있다.

높은 재범률은 또한 성인 남성 사이코패스 범죄자들의 특징이기도 하다. 간단하게 말하면, 청소년 사이코 범죄자들이 심지어 존재하고 있는지 여부에 대해 논란이 있을 수 있다. 그레튼과 동료들(Gretton et al., 2001)의 연구에 의하면, 5년 동안의 추적 기간이 지나면서, 이러한 범죄자들은 다른 성인 범죄자들보다 구금 상태로부터 더 많이 도주하고, 보호관찰 규칙을 더 많이 위반하고, 비폭력적/폭력적 범죄를 더 많이 저지르는 것으로 나타났다. 성인 범죄자들과 청소년 범죄자들 간에 높은 재범률은 일부 연구자들로 하여금, "그러한 사이코패스 범죄자들을 처우하는 데 그 어떤 행동과학적 프로그램도 제공할 수 없다"라는 결론을 유발하기에 이르렀다(Bartol & Bartol, 2005: 132).

이러한 결과는 부분적으로 사이코패스들이 "자신들의 문제되는 행동을 개선하려고 동기부여되지 않는 경향이 있으며, 종종 그들의 정신병리의 본질과 범위에 대한 스스로 성찰하려는 노력이 결핍되었기" 때문이다(Skeem, Edens, & Colwell, 2003: 26).

7 사이코패스와 반사회적 인격장애 증상 간의 논쟁

최근의 몇몇 연구자들과 임상의학자들은 사이코패스와 반사회인(Bartol & Bartol, 2005: 119)이라는 용어[1]를 섞어가면서 사용하고 있다. 그런데, 순수한 학자들은 사회화가 제대로 되지 않은 사이코패스를 습관적 범죄자로 간주하고 있다. 사이코패스는 범죄자가 될 수도 그렇지 않을 수도 있다.

최근에는 반사회적 인격장애와 사이코패시(psychopathy, 정신병)라는 용어(사회병증 -sociopathy-이라고 일컬어지기도 한다)가 종종 상호 바꿔가면서 사용된다(Davison, Neale, & Kring, 2004: 418). 사이코패스(psychopath: 정신병자)라는 용어는 일반 사람들과 구별되게 하는 정신병적, 개인 간 그리고 신경생리학적 양상을 갖고 있음을 보여 주는 자를 설명하는 데 사용되기도 한다. 그런데, 법률을 위반하는 것과 같은 반사회적 행동은 두 용어들에 관한 중요한 구성 요소인 바, 두 가지 용어 사이에는 중요한 차이가 있다.

헤어, 하트와 하퍼는 반사회적 인격장애에 관한 DSM 진단 방식을 비판했다. 왜냐하면, 그것은 습관적 거짓말쟁이들에 의해, 여러 해 전에 발생한 사건들에 관한 정확한 보고서를 필요로 하기 때문이다. 게다가, 많은 연구자들은 정신병리학 분야에서 진단적 개념이 반드시 범죄자와 동의어가 되어서는 안 된다는 것을 믿고 있다. 그러나 중범죄를 저질러서 유죄 선고를 받은 자들의 75%에서 80% 정도는 반사회적 인격장애 범주에 부합되고 있다. 그와 반대로, 중범죄를 저질러 유죄를 선고받은 자들의 단지 15%에서 25% 정도만이 사이코패스 범주에 부합된다. 게다가, 사이코패스의 현저한 특징인 뉘우침의 결핍은 DSM의 반사회적 인격장애 진단에 대해 일곱 가지 중의 하나에 불과하다. 그리고 이러한 일곱 가지 범주들 중의 단지 세 가지만이 그러한 진단을 위해 존재해야 할 필요가 있다. 그래서 DSM에서 반사회적 인격장애로 진단받은 사람은 사이코패스 개념에 본질적인 뉘우침의 결핍을 갖고 있지 않을 수 있다. 우리가 이러한 분야에서 그 연구를 평가할 때, 통합적인 이러한 발견들을 어느 정도 어렵게 만드는 것은 서로 다른 방식으로, 어떤 사람들은 반사회적 인격장애들로서, 다른 사람들은 사이코패스로서 진단받은 개인들에 관해 수행되었다는 것을 명심하는 것은 중요하다(Davison, Neale, & Kring, 2004: 419).

1) 오늘날 반사회인(sociopath)이라는 용어는 종종 범죄학자들에 의해 처우, 사회복귀 혹은 무력화 조치(incarceration)에 적절하게 반응하지 않는 상습적 범죄자에 관해 언급하기 위해 사용되고 있다.

제 7 장

프로파일링 I

연쇄살인범의 일반적 특징과 성장 배경

1. FBI에서 수행한 연쇄살인범 연구 배경
2. 미국 연쇄살인 범죄자의 일반적 특징
3. 연쇄살인범의 성장 배경
4. 폭력성 유발 요인
5. 폭력에 대한 환상과 살인
6. 범인의 성취도
7. 연쇄살인범의 태도와 신념 상태
8. 성적 학대 경험과 강력범죄

chapter 07

연쇄살인범의 일반적 특징과 성장 배경

1 FBI에서 수행한 연쇄살인범 연구 배경

FBI의 『통합범죄보고서(*UCR: Uniform Crime Report*)』에 나온 통계에 의하면, 놀랄 정도의 성폭행범죄 피해자들의 숫자를 보고하고 있다. 이러한 통계 속에 원래 갖고 있는 복잡한 유형들 중의 하나는 연쇄적 혹은 상습적인 범죄자의 숫자다. 법집행 요원들은 적은 비율의 범죄자들이 많은 숫자의 범죄사건들에 대해 책임이 있는지에 대해 의문을 가져왔다. 다시 말하면, 그들은 상습적인 연쇄 폭력범죄자들의 핵심 그룹이다. 이러한 개념은 청소년 범죄에 관한 한 연구에서 문서화되었다. 다른 연구들에서도 이와 비슷한 결과가 제시되었다. 추정하건대 청소년 비행(非行)의 핵심적인 부분을 차지하는 범죄자들은 거의 평균 6%에서 8%에 이르는 청소년 범죄자들이라고 한다(Ressler & Burgess, 1985: 2-6). 이 문제를 강조하기 위해 법집행기관은 연쇄범죄자를 체포하는 데 도움이 될 수 있는 기법들을 연구중이다. 이러한 기법들은 범죄자의 인성적 특징들에 관해 심층적인 지식을 필요로 한다. 최근까지 심리학적 체계를 이용하여 범죄자들을 인터뷰한 법의학적 임상학자들에 의해 혹은 범죄의 경향과 통계를 연구했던 범죄학자들에 의해 연구가 주로 수행되었다. 데이터베이스에서 누락된 자료들은 수사를 담당하는 법집행기관 입장에서는 중요한 부분이었다. 연구자들은 법집행기관의 관점에서, 범행 현장을 조사하는 수사 절차와 피해자학에 초점을 맞추면서 범죄자를 연구하기 시작했다.

FBI의 첫 연구는 법집행기관의 관점에서 성적(性的) 동기에 의한 살인사건과 범행 현장의 유형에 관한 것이었다. 그 연구에는 프로파일링 절차에 관한 중요한 평가와 FBI 특수요원이 교도소 수감자들을 대상으로 실시한 심층 인터뷰에 관한 평가가 포함되어 있다. 이 인터뷰에는 편집된 자료와 살인범들 자신과의 장시간에 걸친 자유응답식 인터뷰를 통해 얻은 구체적인 질문에 대한 답변 내용을 담고 있다. 36명의 성적 동기에 의해 살인사건을 저지른 범인들에 대한 하위 범주 표본들이 이러한 범인들을 프로파일링하는 데 필요한 추가적인 자료를 발전시키기 위한 분석에서 선별되었다. 여기서 FBI는 36명의 살인범들에 관해 알게 된 내용을 제시하고 있다. 비록 그러한 진술이 36명의 살인범들에게 대부분 들어맞거나 혹은 FBI가 자료를 수집한 범인들의 대부분에게 들어맞더라도, 모든 진술이 모든 범죄자들에게 들어맞는 것은 아니다. 그리고 모든 살인범들로부터 취득한 답변 내용이 모든 질문 사항에 활용될 수 있는 것은 아니다(Ressler et al., 2004a: 73-74).

2 미국 연쇄살인 범죄자의 일반적 특징

1) 미국의 일반 사례

미국에서 발생한 연쇄살인사건에 국한하여 대부분의 사람들이 생각하는 연쇄살인범들의 분류에 따르면, 25~35세 가량의 백인 남성이다. 그들은 정신병자라기보다는 오히려 오늘날 종종 '반사회적 인격장애'라고 일컬어지는 정신병적으로 고통받고 있는 사람이라고 할 수 있다. 적어도 평균적인 지성을 갖고, 그들 중 많은 사람들이 사생아였고 어린 시절 학대당한 경험이 있다.[1] 살인자들 개개인 모두는 유년 시절 동안 심각한 감정적 학대를 받은 경향이 있었다. 그들 모두는 다른 성인들과 유대 관계를 교감할 성숙함을 유지할 수 없는 성적 결함을 가진 성인으로 성장했다.[2]

범인들은 살해를 계획하면서 종종 범죄 사이에 먼 거리를 여행하기도 하고, 개인 특유의 이유로 살해를 하기도 한다.[3] 모든 살인자들이 붕괴되고 궁핍한 가정에서 생겨나는 것은 아니다. 범죄자의 대다수가 그렇지 않은 가정환경에서 인생을 시작했고, 그들 중 대다수는

1) http://faculty.ncwc.edu/toconnor/401/401syl.htm.
2) http://www.criminalprofiling.ch/character.html
3) http://faculty.ncwc.edu/toconnor/401/401syl.htm.

경제적으로 안정적이고 부유한 가정에서 삶을 시작했다. 절반 이상이 어머니와 아버지가 자녀와 함께 살아가는 온전하게 보이는 가족 속에서 유년 시절을 보냈다.[4] 범인들은 아마도 극도로 고독한 자이며, 사회적으로 의미 있는 관계에 부적응된 극소수의 사람이다. 평범한 사람들의 관계 속에서 완전히 격리되어 있으면서, 특히 생생한 기억, 고문에 대한 전도된 환상, 지배 그리고 살인을 탐닉하는 자다. 성적 경향에 의존하면서, 다시 말하면 범인이 여장(女裝) 남성(gay)이든 혹은 동성 연쇄살인범이든 간에 그들의 희생자는 결국 남성 혹은 여성이 될 것이다. 비록 연쇄살인 범죄자가 감정적 혹은 심리학적 기질이 완전히 동요되어 있을지라도, 범죄자가 지능적으로 결핍된 것은 아니다. 그 반대로 평균인 이상의 지능을 가지고 있으며, 보통 평균인보다 더 높은 지능을 갖고 있다고 한다. 그래서 그들은 잔학성을 띤 일련의 범죄를 저지르면서도 오랫동안 경찰 수사망을 충분히 피할 수 있을 정도로 교활한 범죄자들이다(Schechter, 2003: 22). 범인들은 사람을 통제하고자 하는 그들의 욕망을 채워 줄 특별한 타입의 나약한 희생자를 선택하는 경향이 있고, 교살을 하거나 찔러 죽이는 것처럼 손에 도구를 들고 살해하기를 더 좋아한다.[5] 그들은 희생자들에 대한 지배와 제어를 포함하는 가학적 환상에 사로잡힌 경우가 자주 있는데, 이런 환상들은 흔히 성적으로 발현되며 제프리 다머의 경우가 그렇다.

2) FBI 프로젝트에서 분석된 특징

1984년 영국 옥스퍼드에서 개최된 국제법과학협회의 제10회 학술회의(3년마다 개최) 석상에서 미국 FBI 행동과학부 소속의 레슬러(Robert K. Ressler)와 더글러스(John Douglas)는 버제스(Ann W. Burgess)와 다고스티노(Ralph D'Agostino) 교수와 함께 연쇄살인 범죄자에 관한 논문을 발표한 바 있다. 논문의 내용은 당시 켐퍼(Edmund Kemper)와 뮬린(Herbert Mullin)과 같은 연쇄살인범을 포함하여 수감중인 36명의 범죄자를 연구한 것이다. 그들이 발표한 내용에 따르면, 이러한 연쇄살인 범죄자들의 일반적 특성은 다음과 같다(Schechter, 2003: 22-23).

- 살인범들의 출생 연도가 1904년에서 1958년에 이르는 정도였지만, 36명의 살인범들 대부분(모두 남성)은 1940년대에서 1950년대에 성장한 자들이었다. 즉, 연쇄살인범의 대부분은 20세에서 35세 사이였다.
- 대부분 독신이며 백인 남성들이었다. 그리고 보통 장남들(혹은 둘째아들)이었다. 장남이었다는 것은 그들에게 남다른 이점을 제공하고 있었는데, 즉 그 당시 시골에서는 남

4) http://www.criminalprofiling.ch/character.html
5) http://faculty.ncwc.edu/toconnor/401/401syl.htm.

성 우월적인 태도가 있었기 때문이다.

▶ 어렸을 때에는 별로 매력적이지 않았지만, 성인으로서 대부분의 이러한 살인범들은 보통 호감형 외모를 가지고 있었다. 그들의 신장이나 몸무게 등은 평균인들의 범주에 속했다. 아주 적은 숫자의 범인만이 눈에 띌 만한 정도의 장애를 가졌으며, 소년들 혹은 남성들 그룹에서 차별될 정도의 신체적 결함이 있었다(Ressler et al., 2004a: 74).

▶ 범인들은 대체로 영리하고 말쑥하며, 대다수는 보통 혹은 보통 이상의 지능을 가졌는데, 1/3 정도는 아주 뛰어난 지능을 가지기도 했다. 그들 대부분은 영리한 어린이들이었다. 36명의 실험 대상자 중 7명은 90 이하, 대다수가 보통, 11명이 120을 상회하는 지능지수(IQ)를 보였다.[6] 높은 지능에도 불구하고 그들은 학교 교육을 제대로 받지 못한 편이며, 평탄치 못한 고용 경력을 갖고 있고, 일반적으로 비숙련 노동자로 끝나고 말았다.

▶ 그들은 심각한 문제 가정 출신이다. 전형적으로 어린 나이에 아버지로부터 유기되거나 버림받은 경험을 갖고 있다. 또한 성장하면서 어머니가 가정을 책임지는 결손가정에서 자랐다. 대부분의 범인은 초기에는 부모가 함께 사는 가정에서 삶을 시작했다. 어머니들의 절반 정도는 가정주부였다. 어머니는 가정에 있었으며, 아버지는 안정된 수입을 얻고 있었다. 비록 살인범의 아버지 가운데 절반 정도는 미숙련 기술직에 종사했지만, 그들은 꾸준히 고용되었다. 단지 5명만이 경제적으로 하위층 수준의 가정에서 살았다고 보고하고 있다. 그래서 빈곤은 가정의 사회경제적 지위에서 중요한 변수가 되지 않았다.

▶ 범인들은 어렸을 때, 종종 심리학적 때로는 신체적 학대 그리고 성적 학대로 고통을 받은 경험이 있다. 그러한 야만적인 잘못된 학대는 그들을 심각한 모욕감과 쓸모없는 인간이라는 감정을 주입시키게 되었다.

▶ 그들은 정신병, 범죄 경력 그리고 알코올 중독과 같은 오래된 문젯거리를 갖고 있는 가정 출신이다. 아버지와 소원하거나 아버지가 없는 혹은 학대하는 아버지에 대한 복수심 때문에 범죄자들은 남성의 권위적인 모습에 대해 매우 큰 문제들을 갖고 있다. 또한 모든 것을 어머니에 의해 주도당하기 때문에 여성에 대해 강한 적대감을 갖고 있다. 범죄자 인성 조사 프로젝트(Criminal Personality Research Project)에서 검사를 받은 그들의 절반 이상이 그들의 직계가족으로 인해 정신적 질병을 갖고 있었다. 그들의 절반이 범죄 활동과 연관된 부모를 갖고 있었고, 70% 이상이 알코올과 마약을 남용하는 가

6) http://www.criminalprofiling.ch/character.html

족사(家族史)를 갖고 있었다.

▸ 어린 시절부터 정신병적인 문제를 갖고 있는 것으로 판명되었고, 종종 어릴 때부터 시설에서 많은 시간을 보냈다.

▸ 그들의 극단적인 사회적 괴리, 자기 자신을 포함해 세상 안에 있는 모든 사람들에 대한 일반적인 증오 때문에 종종 십대부터 자살 충동을 느꼈다.

▸ 비정상적인 성행위에서 조숙함과 지속적인 흥미를 나타내면서, 물건을 통해 성적 만족을 얻는 변태심리, 관음증 그리고 폭력적인 포르노그래피에 사로잡혀 있었다.

대체로 이러한 연구 결과는 새디즘적 흥미 연쇄살인을 저지른 36명 정도의 적은 표본–모두 백인 남성들–에서 도출된 특성들이라는 점에 유의하는 것이 중요하다. 따라서 다른 특성을 가진 연쇄살인범 유형이 많다는 것을 간과해서는 안 된다.

3 연쇄살인범의 성장 배경

1) 가정적 배경과 어머니

우드콕(Peter Woodcock), 켐퍼(Edmund Kemper), 비앙키(Kenneth Bianchi) 그리고 브러도스(Jerry Brudos) 등의 사건들로부터 이러한 살인범들 모두 어린 시절, 평범하지 않은 가족 상황들과 함께 비정상적 행동을 보였다는 것을 알 수 있다(Vronsky, 2004: 269). 우드콕은 양자로 입양되면서 자신의 부모로부터 포기되었으며, 켐퍼는 신경질적이며 횡포한 어머니에게 학대를 당했고, 비앙키는 어머니의 신경질적인 공포에 복종했으며, 브러도스는 어머니의 업신여김에 복종당했다. 그러나 많은 사람들은 양자가 되기 위해 친부모로부터 포기되며, 많은 사람들은 지배적인 분위기의 어머니 밑에서 성장하지만, 그렇다고 해서 모두 다 연쇄살인범이 되는 것은 아니다.

FBI 요원들이 36명의 성적 동기의 살인범들을 인터뷰했다. 연쇄살인범들도 포함되었으며, 살인범들의 삶과 범죄에 관해 모든 상세한 내용들이 들어 있다. 그리고나서, 어떤 것이 연쇄살인범들에게 범행 동기를 부여했는지에 관한 질문에 대처하기 위해 많은 다른 프로젝트들이 시도되었다. 연쇄살인범은 만들어지기도 하며 태어나기도 한다는 것이 결론이다. 예정된 요소들과 함께 태어난 아이들이 어떤 삶의 경험에 지배당할 때, 그들은 연쇄살인범이 될 수 있는 가능성이 아주 높다. 그러나 그것은 단순하고 예측할 정도로 1, 2, 3단계별로 진행되는 것이 아니다. 연쇄살인범이 되게 하는 것을 해명한다는 것은 마치 행운의 정육면체를 일직선으로 맞추는 것과 같다(Vronsky, 2004: 270).

(1) 가족구성원 간의 관계

가족 간의 상호작용 구조와 질(質)은 어린이들의 성장 과정에서 중요한 변수가 된다. 특히 아이들이 가족구성원과 그 자신과 다른 사람들과의 상호작용을 인식하는 방식에서 그렇다는 내용에 대해 종종 논란의 여지가 있다. 성장하고 있는 어린이의 경우, 어떻게 성인이 되고, 가치 체계와 사회의 다른 구성원들과 관련을 맺게 되는지에 따라서, 그들 부모와 가족구성원에 대한 애착(혹은 애정)의 질(정도)이 중요하다(Ressler et al., 2004a: 74-75). 본질적으로, 이러한 어린 시절의 애착(愛着, 종종 유대라고 불리기도 함. bonding)은 어린이들이 어떻게 가족 외부의 상황을 인식하는지에 관한 중요한 지도(map)로 변할 수 있다. 이런 것 때문에, FBI는 특별히 가족 간의 관계들, 즉 범인이 다른 사람에 대한 애착의 정도를 가장 잘 보여 주는 내부에 있는 특별한 변수들에 관심을 가졌다.

이러한 범인들의 가족사는 다양한 문제들이 가족구조 내에 존재했다는 사실을 보여 주었다. 범인의 가족 가운데 절반 정도는 범죄적 이력을 갖고 있었다. 절반이 넘는 가족들이 정신병적 문제들을 갖고 있었다고 한다. 이것은 관계상의 부적절한 패턴 가능성뿐만 아니라, 어렸을 때 가족구성원과 범인 간에 충분한 접촉이 없었음을 보여 주었다. 거의 70%가 넘는 가정들이 알코올 남용의 문제점이 있었으며, 가족들의 1/3 정도는 약물 남용의 전력이 있었다. 가족구성원 간의 성적 문제가 존재하거나 혹은 보고된 거의 절반 정도의 사례에서 그러한 의심이 있었다고 한다. 그래서 대부분의 살인범이 훌륭한 삶의 질을 경험하거나 혹은 가족구성원과 긍정적인 상호작용을 경험한 것 같지는 않았다. 그들의 자신의 가족들에 관해 살인범들이 묘사한 패턴들을 조사한 결과, 인간은 가정생활에서 높은 정도의 불안정성(instability)과 가족구성원 간의 빈약한 수준의 애착에 영향을 받는다고 할 수 있다.

인터뷰가 진행된 살인범 가운데 단지 1/3 정도만이 한 지역에서 성장했다. 대부분의 경우(17명)는 이따금씩 불안정성을 경험했으며, 6명은 만성적인 불안정성 혹은 잦은 이사를 했다고 보고하고 있다. 18세가 되기 전, 40%가 넘는 남성들이 가족과 떨어져서 수양가정(foster homes), 주(州)정부에서 운영하는 시설, 구금센터 혹은 정신병원 등에서 살았다고 한다. 자료가 활용 가능했던 남성들 중 25명은 초기에 정신병적 어려움을 겪었으며, 그로 인해 가족 내에서 긍정적인 관계를 확립할 수 있는 기회들이 최소화될 수밖에 없었다고 한다. 게다가, 가족은 지역사회와 최소한의 관계를 맺고 있었기 때문에, 아이들에게는 가족 내에서의 불안정성을 보완해 줄 수 있는 외부 세계와 긍정적이며 안정적인 관계를 발전시킬 수 있는 기회가 줄어들었다.

앞에서 언급한 바와 같이 절반이 넘는 사례(20명)에서 양쪽 부모가 다 생존해 있었다. 아버지만 생존한 사례는 10명, 어머니만 생존한 사례는 3명, 양쪽 부모가 생존해 있지 않았던 사례는 2명이었다. 그런데, 중요하게도 소년이 12세가 되기 전 생물학적 아버지(生父)가 가정을 떠난 사례가 17건이었다. 이렇게 아버지가 가정을 버리게 된 이유는 다양했는데, 예를 들면 별거 혹은 이혼 등이었다. 21건의 사례에서 그(살인범)의 삶을 돌봐 주던 단계에서, 범인에게 영향력을 갖고 있었던 부모는 어머니였다는 사실이 그 당시에는 놀랄 만한 일은 아니었다.

단지 7건의 사례에서만 아버지가 가정에서 범인에게 영향력을 행사할 수 있는 위치에 있었다고 진술했다. 단지 2건의 사례에서만 양쪽 부모가 역할을 공유하는 상황이었다고 한다. 인터뷰 대상이었던 대부분의 살인범의 경우, 그들은 자신의 아버지와 원만한 관계를 갖지 못했다고 진술했으며, 어머니와의 관계는 감정적 측면에서 아주 모호했다는 점이야말로 가장 흥미로운 사실로 밝혀졌다. 보고된 사례 가운데 16건의 경우, 살인범들은 어머니와의 관계가 냉랭하거나 무관심한 관계였다고 진술했으며, 26건에서는 아버지와의 관계도 그러했다고 한다(Ressler et al., 2004a: 75).

20명의 범인들의 경우는 나이가 더 많은 형제들이 없었으며, 7명의 경우는 나이가 더 많은 누이들이 없었다. 인격이 형성되는 과정에서 바람직한 역할 모델(role model)의 관점에서 보면, 이러한 범인들의 경우 부모의 역할에서 부족한 부분을 보충해 줄 수 있는 나이 많은 형제들이 결여되어 있었다고 할 수 있다. 대신에, 그들은 감정적으로 결핍된 상황에서 나이 어린 동생들과 경쟁할 수밖에 없었다. 긍정적인 애착 형성을 위해 범인들의 제한된 기회를 만들어 낸 것은 다름아닌 부모의 훈육에 대한 범인들의 인식이었다. 범인들은 자신들의 부모의 훈육이 공정하지 못하고, 적대적이며, 일관되지 못하고 학대적이었으며, 그들의 인격이 형성되어 가는 과정을 통틀어서, 어른들로부터 제대로 대우를 받지 못했다고 진술했다.

자료에 따르면, 36명의 살인범들 대부분이 성장 과정에서 가족구성원과의 빈약한 애착(애정) 관계를 가지고 있었다는 것을 보여 주었다. 그들은 아버지와 별로 관계를 맺지 못했고, 어머니와의 관계도 모호했으며, 나이 어린 동생들과의 애착도 별로 없었다고 느끼고 있었다. 그들의 부모는 약물 중독, 범죄 혹은 비정상적인 성적 행동과 같은 자신들의 문제로 이미 마음을 빼앗긴 상태였으며, 자주 다투었다고 한다. 부모가 자녀에게 제대로 된 지도(指導, guidance)를 거의 하지 않을 때, 부모는 잘못된 형태의 역할 모델을 하게 되는 것으로 나타난다.

표 7-1 연쇄살인범의 배경적 특성

가족 배경 (Family Background)	개인적 성장 과정 (Individual Development)	삶의 성취도 (Performance)
가족과 분리(Detachment)	공상에 대한 지배 (Dominance of fantasy)	학교생활의 실패 (School failure)
범죄자(Criminality)	개인적인 학대 경험 (History of personal abuse)	산발적인 직장 경력 (sporadic work record)
약물 남용 (Substance abuse)		비숙련직 고용 (Unskilled employment)
정신병적 문제 (Psychiatric problems)		바람직스럽지 않은 군복무 경력 (Poor military record) 자위행위(Solo sex)
성적(性的) 문제 (Sexual problems)		
일관성 없는 훈육 (Inconsistent discipline)		

출처: Ressler et al., 2004a: 78의 내용을 필자가 재구성함.

(2) 연쇄살인범과 어머니

페미니스트 이론가들은 남성들로 하여금 여성들을 살해하도록 몰아가는 대량학살적 측면을 어머니에 관해 그것을 비난하는 다른 측면으로 간단히 결론내리면서, 연쇄살인범이론에 관한 어머니의 요소를 아주 싫어한다. 아마도 그렇다. 그럼에도 불구하고, 상당히 많은 연쇄살인범의 어머니들은 아주 통제적이고 오만하고 혹은 그들의 아들들을 과잉 보호하는 경향을 보여 왔다(Vronsky, 2004: 272).

자신의 남성적 자율성을 성공적으로 극복할 수 있는 소년의 능력과 어머니로부터(남성들에 의해 직면되지 않는 도전) 영향을 받은 일부 연쇄살인범의 행동이 연관되면서, 성 정체성에 뿌리를 두고 있다는 이론이 지지를 받고 있다. 소년이 이러한 자율성을 성취하지 못할 때 혹은 이러한 자율성을 처리해 나가기 위한 것으로부터 그 자신을 위한 확고한 기초가 없을 때, 어린 시절에는 분노감이 발달한다. 그리고 계속해서 그 분노가 청년기에서 성년까지 옮겨간다.

케네스 비앙키의 눈에는 양어머니가 어린 케네스의 건강에 대해 신경질적으로 염려하는 것처럼 보였다. 그리고 그 어린이는 이러한 염려에 대해 불쾌한 감정으로 반응했다. 피터 우드콕을 양육한 어머니는 아주 통제적인 사람으로 설명된다. 그리고 그녀의 문젯거리였던 양자의 행동상 문제에 관한 도전을 즐겼던 것처럼 보였다. 체포되면서 우드콕은 단지 한 가지에 대해 두려워했다. "양어머니가 나를 찾아내는 것은 나의 공포였다. 어머니는 나에게 최대 공포였다. 만약 경찰이 어머니를 나에게 오도록 그냥 놔둔다면 어떻게 될지 몰랐다." 일명 '요크셔 살인마(Yorkshire Ripper)'라는 서트클리프(Peter William Sutcliffe)가 어머니의 스커트에 끊임없이 달라붙으려는 이상한 욕망을 제외하고는 정상적인 어린아이로 기억된다. 캘링거(Joseph Kallinger)의 어머니는 채찍으로 때리고 망치로 두들겨 패면서, 그의 성기를 잘라 버리겠다고 위협하며 아이가 밖에서 노는 것을 허용하지 않았다. 게인(Ed Gein)은 너무나 어머니를 공경했는데, 그는 어머니의 침대를 항상 성스러운 장소로 유지했다.

다른 연쇄살인범에게는 그들을 무시하거나 혹은 노골적으로 학대하던 어머니들이 있었다. 심지어 성인 시절에 쇼크로스(Arthur Shawcross)는 비판적인 그의 어머니를 즐겁게 해 주는 일로 늘 고민해 왔다. 11명의 매춘 여성을 살해한 후 체포되기 직전에, 그는 어머니에게 아주 고심하면서 고른 값비싼 선물을 보냈다. 그러나 어머니는 그것을 받자 되돌려 보내면서 그런 허접쓰레기에 돈을 낭비한 바보라고 편지를 썼다고 한다.

(3) 가정의 안정성과 집안 내력

FBI 연구에 따르면, 성적이면서 연쇄적인 살인범들은 유아기 때의 유대 관계가 거의 망가진 것처럼 보이는 종종 불안정한 가족 배경에서 나왔다고 한다. FBI 연구에서 단지 57%의 살인범만이 태어날 때 양쪽 부모가 있었다고 한다. 그리고 47%는 범인이 12세가 되기 전에 그들의 아버지가 떠났다고 한다. 우세한 부모로서 어머니가 66%의 사례에서 보고되었다. 44%에서는 그들의 어머니와 부정적인 관계를 갖고 있었다고 밝혀졌다. 아버지 혹은 남성 역할을 하는 부모와의 부정적 관계가 성적 살인범의 72%에서 보고되었다. 부모의 내력이 또한 어린이의 미래에 중요한 역할 모델이 되었다(Vronsky, 2004: 274).

워싱턴 의과대학(Washington School of Medicine)의 연구에 의하면, 범죄 경력을 갖고 있는 부모의 생물학적 어린이들이, 비록 그 어린이가 법적 부모에 의해 입양되었더라도, 성인으로서 그들 스스로 범죄를 저지를 가능성이 4배나 된다고 결론지었다. FBI 연구에 의하면, 범죄자의 50%는 범죄를 저지른 과거가 있는 부모를 두고 있었으며, 범죄자의 53%는 정신병력이 있는 가정 출신이었다. 예를 들면, 갈레고(Gerald Gallego)는 아버지인 제럴드 갈레고(Gerald Gallego, Sr.)가 두 사람을 살해한 죄로 미시시피 교도소의 가스실에서 26세 때 사형을 당했는데 그 때 그는 겨우 9세였다. 아들 제럴드는 13세 때 6세짜리 여자아이와 성관계를 한 것으로 범죄 혐의를 받았다. 32세가 될 때까지 무려 일곱 번이나 결혼했으며,

캘리포니아에서 살고 있었다. 맨스필드(William Mansfield)의 경우, 플로리다에 있는 그의 집에서 경찰이 적어도 여섯 명의 살해된 여성들의 유류품을 발견했다. 그런데 그의 아버지 윌리엄 맨스필드(William Mansfield Sr.)는 아동학대죄로 30년 간 교도소에 복역중이었다.

FBI의 연구 프로그램에 따르면, 이름을 밝히지 않은 살인범의 가정 배경을 다음과 같이 소개하고 있다(Vronsky, 2004: 274).

범인의 아버지는 13세 때, 총을 쏴서 그의 형제들 가운데 한 명을 살해했다. 이러한 범죄를 저지르기 전에, 아버지는 방화 및 보험 사기 혐의로 경찰의 조사를 받았다. 그 아버지는 살인을 시도했는데, 정신이상이어서 무죄가 선고되었다. 그는 재판 도중 과대망상증(편집증)을 앓고 있다는 진단을 받았다. 또한 저택 주변을 지나가는 사람과 사라진 입양된 아이를 포함하여, 다른 두 사람을 살해한 의심을 받고 있었다. 살인사건 후, 아버지는 주립(州立)정신병원에 수용되었다. 그런데 2년 후 그는 범인 어머니의 도움을 받아 병원을 도망쳤다.

2) 범죄자의 다양한 어린 시절

(1) 유아 시절의 연쇄살인범

연쇄살인범이 되도록 만든 가장 단순하고 일반적인 요소는 유아 시절 유대가 거의 부재했다는 점이다. 최초의 몇 주일부터, 유아는 웃음, 제스처 그리고 울음을 통해 어머니와 접촉하려고 시도한다. 만약 그 노력들이 애정이 넘치는 접촉과 관심으로 보상을 받게 되면, 아기는 붙잡고 먹기 위한 세상 속으로 뻗어나간다. 아기가 성장하면서, 유아는 이상한 사람들과 엄마 그리고 다양한 친숙한 사람들과 구별하기 시작한다. 그리고 유대가 형성되는 과정에서, 부모들과 친밀한 접촉을 추구한다. 이러한 초기 단계들은 성인의 인격에 중요하다. 왜냐하면, 행동과 인격 형성의 요소가 되는 사람의 '삶의 지식' 가운데 50%는 처음 12개월 이내에 취득된다고 한다. 다른 25%는 두 살 때쯤 취득된다. 그리고 나머지 삶의 지식 25%는 세 살 때부터 죽을 때까지 기간에 얻어진다고 한다.

사람의 감정과 접촉을 박탈당한 유아들은 정상적으로 성장한 사람의 감정 폭, 예를 들면 동정심, 감정이입, 양심의 가책 그리고 애정이 결핍되면서 실제로 두 살 무렵에 사이코패스로 발전될 수 있다. 다른 사람에게 양자(養子)로 보내기 위해 포기되었다는 것을 알면, 우드콕의 출생 당시 어머니가 아기를 돌보고 있는 동안에 얼마나 많은 애정을 그에게 보여 주었는지는 의문스럽다. 메이너드(Maynard) 가족이 그를 데리고 가기 전, 우드콕에게 이미 가해진 상처를 극복할 수 있는 사랑스러운 돌봄이라곤 전혀 없었다는 주장이 그래서 가능하다. 입양을 통한 양자 관계는 연쇄살인범의 가장 흔한 특징이다.

(2) 외로운 어린이로서 연쇄살인범

연쇄살인범들의 어린 시절에 매우 일반적인 한 가지 요인은 심지어 양육되는 과정에서 그들의 외로움과 또래로부터의 고립이라는 점이다. 어린 시절에 그들은 놀이친구들과 함께 거의 어울리지 않는다. 루카스(Henry Lucas)와 드살보(Albert DeSalvo)는 그들의 삶의 조건들에 의해 가족들 밖에서, 확실히 다른 어린이들로부터 고립되어 있었다. 그러나 다른 연쇄살인범의 과거사들은 종종 전형적인 우드콕의 그것들과 같은 것이었다. 어린이 사회의 미묘한 규칙들에 의해, 그들은 제대로 어울리지 못하며, 그들의 인생에서 이미 뭔가 나쁜 상태에 있었다. 버코위츠와 리프킨은 외로운 어린 시절을 보냈으며, 비밀스럽고 공격적 환상들을 잠복시켜 왔다. 버코위츠는 할머니, 할아버지가 먹는 부서지기 쉬운 마초와 짭짤한 크래커 박스들을 몰래 부숴버렸으며, 할아버지 할머니는 항상 그 과자들이 가게에서 부숴진 것이라고 생각했다.

리프킨은 대학교육을 받은 양부모에게 입양되었는데, 그들은 그를 잘 도와 주었으며, 그가 갖고 있는 장애(난독증: 독서장애)에 대해 아주 세심하게 배려했다. 학습장애로서 그것은 그가 읽고 정확하게 쓰는 것을 어렵게 만드는 것이었다(오스왈드[Lee Harvey Oswald] 또한 그런 장애를 갖고 있었다). 리프킨은 불행하게도, 매사에 서투른데다 약간 말더듬이였다. 그래서 그는 또래아이들에게서 따돌림을 당했다. 그는 또래아이들이 못살게 굴었으며, 고등학교에 다니던 시절 놀림감이 되었다. 그리고 트랙경기 팀원으로 활동했으며, 졸업앨범 사진 촬영사 노릇을 했음에도 불구하고 그는 매우 외로운 존재로 보냈다. 졸업 앨범이 나왔을 때, 그것을 위해 일했던 모든 학생들은 파티를 개최했는데, 조엘(Joel)만 초대받지 않은 유일한 학생이었다. 리프킨은 아무런 분노의 표시도 하지 않았으며, 늘 냉철한 침묵으로 괴롭힘을 받아들였다. 그런데, 얼마 후 고문하고 수동적인 여성들을 노예처럼 살해하면서, 그에게 잠복된 비밀스러운 환상들이 드러났다.

리프킨은 커뮤니티 대학 1학년 때 그런 짓을 했는데, 몇몇 여자 친구들도 있었다. 그러나 그 여학생들과 잘 어울리지 않고 감정적이질 못했다. 그 때까지 리프킨은 매춘 여성들을 보호하는 중이었다. 그는 한 여성을 부모님 집으로 데려갔고, 그 후에 그녀를 강탈했다. 그는 다음에 집으로 데리고 온 여성을 살해한 것을 비롯해 1992년까지 17명의 여성을 살해했다. 경찰이 평상시 불심검문을 하던 중 픽업 트럭에서 시체를 발견했다.

1998년, 경찰은 27세의 켄달 프랑수아(Kendall François)를 체포했다. 그는 키가 6피트 4인치, 몸무게가 300파운드나 되었으며, 공립학교 식당의 감독자였다. '더러운 냄새나는 놈(Stinky)'이라는 별명을 갖고 있었다. 그의 개인적인 위생 문제 때문에 붙은 별명이었다. 그는 뉴욕의 퍼그킵시(Poughkeepsie)에서 매춘 여성 8명을 살해한 혐의를 받았다. 시체들은 범인의 부모집 다락방에 있는 비닐봉지와 앞 현관 밑에서 발견되었다. 동네 사람들이 심한 악취가 난다고 불평을 했다. 그러나 프랑수아는 부모에게 그 냄새는 다락방에서 죽은 너구리 때문에 나는 것이라고 둘러댔다.

외로움은 이러한 개인적 시간과 공간을 만들어 준다. 범인은 시간과 공간 안에서 환상적인 삶이 발전되고 진화되고 그 안에서 머무른다. 그들의 외로움 이면에 있는 적대적이면서 사람을 무능력하게 만드는 상황들은 종종 이러한 환상들에게 복수와 권력에 대한 욕구에 초점을 둔 불쾌하고 폭력적인 환경을 제공한다(Vronsky, 2004: 272).

(3) 개별적인 성장 과정

살인범인들의 개별적인 성장 과정을 살펴보면, 두 가지 요소가 두드러져 보인다. 즉 환상적인 삶의 지배와 개인적인 학대의 경험이다(Ressler et al, 2004a: 76). 살인범의 대다수가 그들의 초기 성장 과정에서의 공상적 삶의 중요성을 잘 묘사할 수 있었다. 이러한 공상들은 주로 폭력적이며 가학적인 것이었다. 20명의 살인범이 18세가 되기 전에 강간에 대한 공상을 갖고 있었다. 그들 가운데 7명은 그러한 강간에 대한 공상을 느끼게 된 시점의 1년 이내에 이러한 공상들을 실행에 옮겼다고 한다. 이러한 살인범들 가운데에는 어린 시절 학대받은 증거들이 있었다. 신체적 학대는 31명 중 13명이었고, 심리적 학대는 31명 중 21명이었으며, 어린 시절 성적 학대 경험을 가진 자들도 31명 중 12명이나 되었다. 이러한 살인범에게 그들이 갖고 있는 성적 관심에 대해 등급을 매기라고 했을 때, 가장 높은 수준의 행동은 포르노그래피(81%)였으며, 그 다음으로는 강박관념에 사로잡힌 듯한 자위행위(79%), 물품기호증(fetishism, 성욕 도착, 72%) 그리고 관음증(엿보기, 71%) 순이었다. 이러한 성적 표현을 겉으로는 혼자서 한다는 데에 주목하는 것은 흥미로운 사실이다. 이러한 범죄자들이 어린 시절 경험한 신체적 성적 학대는 그들의 공상적인 삶을 위해 그들이 우선시하는 일에서 명백하게 드러난다. 게다가 살인범 자신과 그들의 살인행위를 준비한 것에 대해 질문을 받자, 그들은 공상의 중요성을 강간 및 살인 쪽으로 동일시하고 있었다.

첫 번째 살인을 저지른 후, 범인은 자신들이 뭔가에 마음을 빼앗긴 것을 발견하게 되며, 종종 그들이 저지른 행동에 의해 자극을 받기도 한다. 이러한 모든 것들은 그 다음에 저질러지는 살인사건을 위한 공상에 기여하고 있다. 불만족스러운 가족생활을 극복하기 위해 활용된 초기의 행동 유형들이 어떻게 한 어린이를 현실로부터 소외시키는지 그리고 그 어린이가 통제하려고 노력하는 자신의 사적(私的)인 폭력 세계로 들어가게 하는지를 이해하기 시작한다. 공상에 대한 통제가 어린이에게는 가장 결정적인 상태가 되며, 그 다음에는

안양 초등생 살해범, 스너프 무비 마니아

수원지검 형사3부(부장 김홍우)는 2008년 4월 11일 경기 안양 초등생 이혜진·우예슬 양 유괴·살해범 정아무개(39) 씨를 두 어린이에 대한 특정범죄가중처벌법상 영리 약취·유인, 성폭력범죄처벌법상 강간 등 살인, 사체 은닉 등 혐의로 구속 기소했다. 검찰은 이 날 정씨의 범행 동기에 대해 "정씨는 지난 10여 년간 각종 음란 동영상 이외에 「스너프」 동영상 70편을 인터넷에서 내려받은 뒤 반복 시청하면서 그 영향을 받았고, 성탄절 저녁에 외로움과 성적 욕망을 충족시키려는 충동으로 두 어린이를 유인했다"고 밝혔다. 스너프 영상물은 사람을 잔인하게 살해하는 장면을 연출과 여과 없이 담은 것이다.

검찰은 "정신 감정 결과, 정씨는 반사회적 인격장애로 진단됐고, 성적 가학증과 소아 성기호증이 의심된다"며 "그러나 사물 변별이나 의사결정 능력이 결여된 상태에서 범행한 것은 아니다"고 덧붙였다. 검찰은 이와 함께 "정씨는 아버지의 구타 속에서 성장했고, 부모가 이혼한 상태였다"며 "여러 차례 여성과 교제했으나 모두 헤어졌고 그 과정에서 여성에 대한 심한 배신감을 갖게 됐다"고 설명했다. 검찰은 또 "정씨가 안양에서 50대 여성을 성폭행하려 했던 사실이 추가로 드러나 조사중"이라며 "최근 5년간 일어난 부녀자 연쇄 실종사건과의 연관성에 대해 집중 조사할 계획"이라고 밝혔다.

한겨레신문, 2008년 4월 11일(김기성 기자)

남성에게 심각해진다. 이러한 것들은 더 나은 어떤 것으로의 도피와 같은 공상들이 아니라, 성폭행과 학대와 같은 처우로부터 회복되고 있는 어린이들에게서 종종 볼 수 있다(Ressler et al., 2004a: 76-77).

(4) 어린 시절의 정신적·신체적 쇼크

많은 연쇄살인범들이 실제로 충격받은 어린 시절을 갖고 있었다. FBI의 연구에서, 살인범들의 42%는 신체적 학대를, 74%는 심리학적 학대를 각각 보고하고 있다. 그런 반면에 35%는 어린 시절 성폭행 현장을 목격한 것으로, 43%는 그들 자신이 성폭행당한 것으로 보고되고 있다. '성적(性的)으로 스트레스받는 사건들'은 성적 동기의 살인범들 가운데 73%나 차지했다. 그리고 50%는 그들의 첫 번째 강간 환상이 12세에서 14세경에 시작했다고 인정했다.

FBI가 연구를 위해 조사한 범인들로부터 자기 동정 및 자기 변명적 경향을 없애기 위해 그 조사를 신중하게 구조화했다는 것을 반드시 알아야 한다. 질문을 받았을 때, 상당히 높게 보고된 학대 비율에도 불구하고, 53%의 연쇄적 그리고 성적 동기의 살인범들만이 그들 스스로 어린이로서 부당하게 대우받았다고 느끼고 있었다(Vronsky, 2004: 275).

출생에서 6~7세까지의 연구는 어린이의 삶에서 가장 중요한 성인의 모습이 전통적으로 어머니의 모습이며, 이 시기에 어린이들은 사랑을 배운다는 것을 보여 줘 왔다. 조사된 피실험자들과 그들의 어머니 사이의 관계는 접촉과 감정적 온기가 거의 없이 차갑고, 거리가 멀며, 애정이 없으며 무관심했던 것으로 밝혀졌다, 그러한 아이들은 사랑을 박탈당한 것이다. 때때로 어머니들은 아이를 양육할 때에도 아버지의 파괴적인 행동에 대해 균형을 유지하거나 상쇄할 수 없었다. 그들의 70% 이상이 어렸을 때 성적으로 고통받는 일들을 목격해 왔거나 그것의 한 부분이었다고 말했다.[7)]

8세부터 12세까지는 유년 시절에 존재하는 모든 부정적 경향이 약화되거나 강화된다. 이 시기의 남자아이들은 진실로 아버지를 원하지만, 피실험자 절반의 아버지가 이런저런 방법으로 사라지는 시기가 바로 이 때며, 이것은 친구들 앞에서 아이들을 당황하게 한다. 잠재적 살인자들은 그들의 첫 번째 8~12세까지의 외로운 기간 동안에 결정된다. 이러한 고립 또는 격리는 그들의 정신적 형성의 가장 중요한 면으로 고려된다. 그러한 아이들의 사춘기에 갖는 성적 활동은 다른 사람들과 연관되기보다는 오히려 자기 색정적(色情的)으로 시작한다. 3/4 이상, 12~14세까지는 절반 이상이 강간에 대한 환상을 가지고 있다고 보고된다. 80% 이상은 포르노그래피에 빠지며 페티시즘과 관음증의 경향이 있다. 정신적으로 상처를 받은 아이들이 청년기에 가까워짐에 따라 성적 교감의 전조가 되고, 긍정적인 정서 관계의 비용이 드는 사회적 기술을 발전시킬 수 없음을 알게 된다.

외로움과 고립, 격리가 언제나 잠재적 살인자의 내성적 성격을 의미하는 것은 아니다. 그 중에는 가끔 다른 사람들과 사교적이고 말을 잘하는 사람들도 있다. 후자의 외적인 동향은 그들 내면의 외로움을 감추는 것이다. 정상적인 소년이 활동적인 사회생활에 참여할 때까지, 외로운 소년들은 그들 자신에게만 의지하고 비정상적인 환상을 발전시킨다. 그러한 환상은 긍정적인 사람들과의 조우를 대체하기 위한 것이고, 환상에 의지할수록 그들은 인정된 사회 가치와의 접촉 기회를 잃는다.

모든 살인자들은 그들이 정상적인 교제가 없었다는 것을 알고 있고, 그것을 갖지 못했음을 분개한다. 그들의 공격적이고 살인적인 행동에 불씨를 공급하는 것은 바로 이 분개심 때문이다. 청년기에는 더한층 고독에 휩싸이고, 고독의 부유물인 수많은 몽상과 충동적 마스터베이션(자위행위), 거짓말, 오줌싸기, 악몽과 같은 행동을 한다. 젊은이들은 반사회적 행동에 대한 더 많은 기회를 가지고, 지금 학교에서, 거리에서 그리고 집으로부터 멀리 있다. 동물과 다른 어린이에 대한 잔인함, 도주, 무단 결석, 선생님에 대한 반항, 방화, 다른 사람과 자기 자신의 소유물을 파괴하는 것과 같은 일련의 행동들은 그런 심적 태도가 일찍이 존재하고 있었음에도 불구하고 청년기에 발현된다.

일부 정신의학자들은 사이코패스적 경향의 발달을 단순히 뇌의 방어적 기제로 설명한다.

7) http://www.criminalprofiling.ch/character.html

인간적 접촉과 감정이 거부된 유아는 단지 저절로 감각이 발전된다. 그 감각은 완전히 다른 사람은 안중에도 없다는 식으로 된다. 이것은 유아가 생존하기 위해 필요하다. 그 유아가 성인이 될 때, 자아 감각과 다른 사람들을 무시하는 감각은 '정신병리'로 개념 정의된다. 그래서 순수하게 방어기제로서, 유아의 뇌에서 시작하는 것이, 성인기에는 파괴적 기질이 될 수 있다 (Vronsky, 2004: 275).

신체적 충격, 특히 머리 부상은 많은 연쇄살인범들의 어린이 성장 과정에서 뚜렷하다. 넬슨(Earle Leonard Nelson)은 10세 때, 노면 전차 밑에서 질질 끌려간 적이 있었다. 그래서 6일 동안 코마 상태에 빠진 적이 있었다. 게리(Carlton Gary), 라미레즈(Richard Ramirez) 그리고 게이시(John Wayne Gacy)는 운동장의 그네에서 떨어져 의식을 잃은 적이 있었다. 하이드닉(Gary Heidnik)은 초등학교 시절 나무에서 떨어진 적이 있었으며, 그의 학교 친구들이 '축구공 머리(football head)'라고 놀림감이 될만큼 큰 상처를 입은 적이 있었다. 롱(Bobby Joe Long)은 조랑말에서 떨어진 적이 있었고, 매스꺼운 상태로 있었으며, 수 주일 동안 현기증이 났다고 한다. 거플러(Max Gufler)는 9세 때, 돌멩이로 머리를 맞은 후 통제할 수 없는 분노가 폭발하는 증세에 시달렸다. FBI의 성적 동기에 의한 살인범에 관한 연구에 따르면, 범인들의 29%는 어린 시절에 평균적인 사고 건수보다 높았다고 한다 (Vronsky, 2004: 275).

연쇄살인 흉악범 어린 시절 정신장애 겪어

대부분의 흉악범들은 어린 시절부터 심각한 정신장애를 겪었다. 하지만 주변에서는 이 같은 장애를 문제로 보지 않았고 치료하겠다는 생각도 하지 못했다. 2006년 서울 서남부 지역 연쇄살인범 정남규는 경찰 조사에서 어린 시절 겪었던 성폭행과 학교 폭력에 대해 진술했다. 정씨의 진술에서 그가 어린 시절부터 심각한 정신장애를 겪었다는 사실이 드러났다. 이 같은 현상은 연쇄살인범 유영철에게도 동일하게 나타난다. 유씨 역시 어린 시절 불우한 생활을 했고 동물을 전혀 거리낌없이 죽였다.

이들만이 아니다. 국내 대표적 연쇄살인범들은 어린 시절 정서적으로 불우한 환경에서 성장한 경우가 많았다고 한다. 지존파, 온보현, 정두영, 김경훈 등 연쇄살인범 대부분은 알코올 중독자인 아버지나 어머니가 집을 나가버린 환경에서 성장했다. 이들은 어린 시절 심각한 정신적 스트레스를 받았고 이 때문에 정신장애를 겪었다. 하지만 이들은 당시 어떠한 치료도 받지 못했으며, 10대 중반부터 소년원을 드나들며 범죄의 길로 들어선 것이다. 전성일 원장(전성일 신경정신과)은 "사춘기를 지나면 이미 늦게 된다"며 "아동기부터 조기에 발견해 치료해야 한다"고 지적했다.

내일신문, 2007년 2월 21일, 21면 (윤여운 기자)

4 폭력성 유발 요인

1) 생화학적 영향

연쇄살인과 연관되는 생물학적 요소들이 있는지 여부에 관해 의문들이 있다. 루카스(Henry Lee Lucas)가 유죄 선고를 받은 후, 그는 수많은 신경학적 검사를 받았으며, 상당히 광범위한 뇌 손상이 밝혀졌다. 작은 타박상들은 전두엽 부상을 암시하고 있었으며, 그리고 측두엽(側頭葉 혹은 측두부, temporal lobe)과 뇌하부에 있는 척수액(脊髓液, pools of spinal fluid)층에 손상이 있었다.

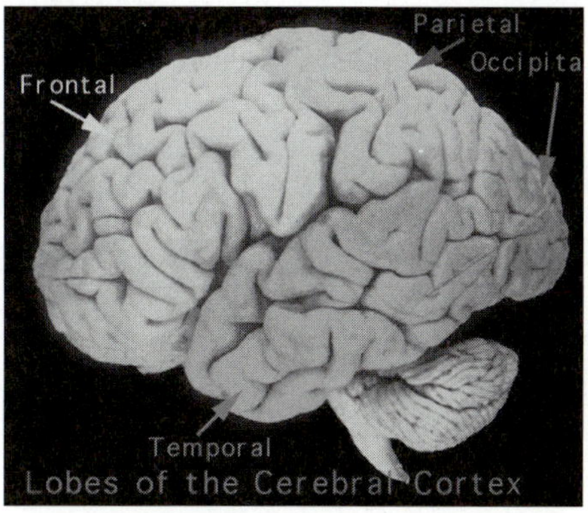

뇌의 일반적인 구조와 명칭들[8)]

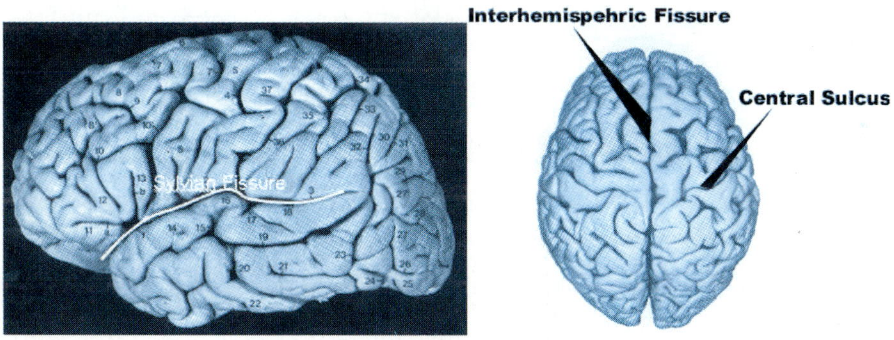

좌우 실비안 균열(Sylvian fissure)[9)]

뇌 조직을 둘러싸고 있는 부분에 악영향을 미치면서, 좌우 실비안 균열(Sylvian fissure)이 확장되어 있었다. 이런 상황은 뇌의 판단 기능의 중요한 손실을 의미했다. 아마도 이것은 어린 시절부터 유지되어 온 뇌 손상의 결과였다. CAT(computerized axial tomograpy: X선 體軸 단층 촬영) 스캔과 원자 마그네틱 공명(共鳴) 검사에 의하면, 폭력적 충동들에 대

8) http://serendip.brynmawr.edu/bb/kinser/images/humanlobes.gif(2008년 3월 7일 검색)
9) http://defiant.ssc.uwo.ca/Jody_web/fMRI4Dummies/brains/corticalsulci/sylvian_fissure.jpg(2008년 2월 7일 검색); http://www.ruf.rice.edu/~lngbrain/cglidden/fissurestop.jpg(2008년 2월 7일 검색).

한 통제가 저하된 사람과 일치하는 비정상적 뇌를 확인했다(Vronsky, 2004: 278).

독성검사(toxicology test) 결과 그의 뇌조직에서 이상하게 납(lead)과 카드뮴(cadmium)에 관한 높은 수치가 발견되었다. 그것은 뇌의 능력에 대한 중요한 부분을 파괴할 수 있는 수년 동안의 알코올 중독과 결합되었다. 카드뮴 중독의 세 가지 지표들은 꿈을 다시 기억할 수 있는 기능의 상실, 과도하게 강한 신체의 냄새 유발 그리고 냄새 감각의 상실이다. 루카스는 그의 꿈을 기억할 수 없었으며, 3일 이상씩이나 피해자 중 한 사람의 머리를 자동차에 싣고 살이 썩어가는 냄새를 알아차리지 못한 채 뜨거운 텍사스를 가로질러 운전했다. 그의 선생님의 회상에 따르면, 루카스가 어렸을 때 아주 심한 냄새를 풍겼다고 한다. 영양실조도 뇌손상에 중요한 역할을 미칠 수 있다. 바이올라(Viola)는 루카스와 그의 아버지에게 강제로 거리와 쓰레기통에서 음식을 찾도록 시켰다. 선생님은 루카스에게 따뜻한 음식을 먹이려고 그녀의 집으로 그를 데리고 갔다. 루카스는 그것은 구치소에 입감되기 전, 인생에서 처음으로 먹어 본 유일하게 따뜻한 음식이었다고 진술했다.

2) 약물 남용

임신을 했을 때, 산모(産母)가 알코올이나 약물을 남용하는 것은 또한 태아의 출생 전 뇌손상 기회를 증가시킨다. FBI 연구에 의하면, 69%의 범인들이 알코올 남용에 관한 가족 이력을 보였으며, 33%는 마약에 관련된 가족 문제를 갖고 있었다.

다른 가정폭력 역시 잠재적으로 태어나지 않은 어린이를 부상시킬 수 있다. 영국의 매케이(Patrick Mackay)의 아버지는 반복적으로 아내의 배를 발로 걷어찼다고 한다. 그녀는 아기를 출산할 예정이었다. 매케이의 아버지는 매케이가 10세 때 죽었는데, 죽을 때까지 폭력적이었고 학대적인 알코올 중독자였다. 그 당시, 아들은 아버지의 본성을 그대로 빼닮았다(Vronsky, 2004: 279). 그는 학교에서 다른 어린이들을 폭행했으며, 동물들을 고문했다. 그는 아버지처럼 어린 나이에 알코올에 중독되었으며, 그 영향 아래서 폭력적이 되었다. 그가 15세가 되었을 무렵 사회복지 담당자가 매케이를 묘사하기를, "냉혹한 사이코패스 살인자(a cold psychopath killer)"라고 했다. 매케이는 1974년 22세 되던 해, 영국 런던에서 살인을 저지르기 시작했다. 피해자들은 보통 나이가 많은 부인들이었으며, 그는 피해자를 칼로 여러 차례 찌르고 혹은 피해자들 집에서 목을 졸라 죽였다. 그리고나서 강도짓을 하곤 했다. 범죄를 저지르기 2년 전에 자신을 도와 준 적이 있는 64세 된 가톨릭 신부 집으로 강도질을 하려고 찾아왔다. 그는 신부를 칼로 찔렀다. 그리고나서, 도끼로 죽은 신부의 머리를 깨서 부숴 열었다. 그런데 이것으로도 신부를 살해하는 데에는 실패했다. 매케이는 신부를 물이 가득 담긴 욕조에 집어넣었다. 한 시간 동안 욕조의 모서리에 앉아서 신부가 죽어가는 모습을 지켜봤다. 경찰은 신부(神父)의 죽음이 매케이와 연관되어 있다고 판단했기 때문에 48시간 이내에 그는 체포되었다. 결국 5명을 살해한 혐의를 받게 되었다. 그러나 전체적으로는 11건의 살해 혐의를 받았다.

마지막으로, 연쇄살인범이 되도록 하는 것은 심리학자들에게 여전히 미스터리로 남아 있다. 심각하게 학대를 받은 어린이들 사례에서, 그들의 마지막 모습이 사이코패스적인 살인범으로 등장하는 것은 누구라도 이해할 수 있다. 그러나 버코위츠와 우드콕은 어떤가? 비록 양자로 입양되었지만, 그들은 비교적 안정적이고 애정이 깊은 가정에서 성장했던 것 같다. 수천 명의 어린이들이 입양되고 있지만, 그들이 모두 연쇄살인범이 되지는 않는다. 비록 수천 명의 어린이들이 버코위츠와 우드콕보다 훨씬 더 절망적이고 학대적인 조건에서 자랐지만, 그들 역시 연쇄살인범들이 된 것은 아니다. 문제의 일부분은 '건강하고' '행복한' 가정을 정의하는 것을 더 이상 확신할 수 없다는 점이다. 신체적이며 심리학적인 학대 사건이 종종 일반인들의 눈에는 감춰져 있다. 그리고 단지 마지막 20년이 되었을 때, 가족들 속에서 성적 학대에 의한 실제 피해 범위가 중요해졌다. 밀러(Alice Miller) 박사는 『당신이 믿는 신을 위해(*For Your Own Good*)』라는 책에서, 성인의 폭력적 행동의 발단은 어린 시절 성장과정에서 표면상으로 잘 드러나지 않는 잔인한 행위에서 발견된다고 썼다.

5 폭력에 대한 환상과 살인

1) 공격적 환상의 발현

살인의 전조(前兆)가 된 행위는 어린 시절부터 계속되어 인생의 오랜 시간 동안 존재하고 발전되어 온 것이다. 다시 말하면, 35세 정도의 사람이 완벽하게 정상인 상태에서 갑자기 변화하여 분열적이고 살인적인 행동을 나타내는 경우는 없다. 위에서 언급한 FBI 연구에서 인터뷰한 살인자들은 모두 그들의 세계를 효과적으로 통제할 수 있는 곳에서는 강제적이고도 위압적인 환상을 갖는다.[10] 환상은 정상의 삶에서는 얻을 수 없는 뜻밖의 일로 정의된다. 정상적인 사람들은 그들의 행동에 대한 한계로서 사회적 제약과 중용(中庸)을 배우는 반면, 비정상적인 사람들은 어린 시절부터 그들의 행동에 대해 거의 억제하지 않으며, 그런 환상을 실제로 이루어낼 수 있고, 아무도 그것을 막지 못한다고 믿는다. 범죄자의 환상을 위한 범행은 사춘기의 시작과 성적 발현에 영향을 받기 쉬운 청년기에 더욱 고립됨으

10) http://www.criminalprofiling.ch/character.html

로써 심각해진다. 이러한 경우, 공격적이며 사회에 의해 계속해서 속아 왔다고 믿는 감정 때문에 그러한 사람들의 적개심을 강렬한 시각적 요소와 지배, 복수, 간섭, 조작 그리고 통제와 같은 테마로 특정지어지는 환상으로 돌려놓거나 인격을 상실하게 할 수도 있다. 비정상적인 사람들은 애정과 관련이 있다는 것을 배우지 않은 채로 성적 충동을 느끼며 세상을 적대적(敵對的)인 눈으로 바라본다.

사고(思考)의 형태가 오로지 자신의 안으로만 향하고, 자신의 고독을 강화시키는 긴장을 감소하려는 시도는 오로지 자신만을 격려하려고 하기 때문에, 바깥 세상과 적절하게 상호작용하는 것은 거의 불가능하다. 그들의 반사회적 행동의 효과는 좀더 강력한 폭력의 단계로 밀어올리는 환상 속으로 일체화되고, 사회의 추궁으로부터 더욱 후퇴함으로써 결국엔 환상을 현실화하는 실험들을 더 많이 하게 된다.

2) 환상의 역할

유죄가 선고된 연쇄적인 성적 동기의 살인범들을 인터뷰한 FBI 행동과학부(BSU) 요원들은 많은 심리학자들이 지지했던 이론보다 다르고 더 복잡한 이론을 이끌어냈다. FBI는 연쇄살인범들이 그들의 삶에서, 극도의 학대적인 경험들에 대한 방어적・반작용적 반응으로서 살해했다는 의견을 거부했다. FBI 분석관들을 고민하게 만든 것은 그들이 인터뷰했던 연쇄살인범들 모두가 어린 시절 심각한 학대로 고통받은 것은 아니라는 사실이었다(Vronsky, 2004: 280).

연구에서 개념 정의된 것처럼, 공상(daydreaming)은 “어떤 일로부터 벗어나 관심의 이동을 표현하는 인지된 행동”이다. 환상(fantasy)은 “매우 큰 선입관으로 이루어진 정교한 생각”으로 정의되며, 종종 생각으로서, 이미지로서 혹은 오로지 감정으로서 표현되었으며, 공상을 만들어 가는 과정에서 고정되었다. FBI의 연구에 따르면, 82%의 범인들이 어린 시절에 공상을 했었다고 보고했다. 동일한 82%는 강박관념에 사로잡힌 듯한 자위행위(아마도 공상을 수반하면서)를 했다고 보고하고 있다(Vronsky, 2004: 280).

범인들이 청년기에 도달하고 성년이 되었을 때, 단지 1% 정도만이 공상과 자위행위에 빠졌다. 환상은 불안 혹은 공포를 경감시키는 데 도움을 준다. 학대받은 어린이는 자신을 괴롭히는 사람을 파괴할 수 있는 힘과 수단을 키우면서, 이해할 수 있을 정도로 그의 공격적인 환상들로 발전될 수도 있다. 그러나 이러한 환상들을 자극하는 것이 엄청난 학대 혹은 폭력적 사건들로 발전되는 것에 반드시 필요한 것은 아니다. 부모의 이혼, 가정의 질병 혹은 심지어 친구들로부터 거절당한 것과 같은 비교적 일반적인 사건들이 모두 어린이에게 통제력 상실감, 불안감 그리고 공포심을 줄 수 있다. 그리고 아마도 스트레스를 극복하는 방법으로서, 공격적인 환상을 불러일으킬 수 있다. 오로지 이 시점에서, 연쇄살인범들의 어린 시절에 언급된 다른 요소들이야말로 영향을 미칠 수 있다. 다른 사람들과의 유대와 접촉감이 결핍된 어린이는 공상을 내면화시킬 것이며, 공상과 현실 간의 경계를 희미하게 할 것이다. 그 자신의 개인적인 세계 속에 살면서, 계속적으로 공상과 현실 간의 경계를 줄여가는 동안 그 안에서 위안을 찾음으로써 공상을 반복하고 정교화시키기 시작한다.

FBI가 인터뷰한 살인범들 가운데 71%는 어린 시절에 고립감을 느꼈다고 한다. 청년기로 성장하면서, 고립감은 명백하게도 범인들의 77%까지 증가했다. 그러한 증가된 사회적 고립감은 사람들과의 만남에 대한 대체물로서, 환상에 대한 의존을 오로지 강화시켰을 뿐이다. 그리고 앞서 살펴본 바와 같이, 많은 연쇄살인범들이 외롭고 고립된 어린 시절을 보냈다. 개인의 인성 발달은 사회적 상호작용보다는 환상적 삶과 그 주제들에 의존하게 된다. 어린이가 자신의 환상적 세계에서 갖고 있는 완전한 도피와 통제는 특히 만약 어린 시절의 삶에서 계속된 스트레스가 있다면, 그것은 중독적인 것이 된다. 만약 특별한 환상이 폭력, 복수 혹은 살인과 관련되면, 그것들은 그러한 중독의 일부가 된다. 그것들이 자위행위와 결합되었을 때, 환상에 관한 성적(性的)인 요소로 발전된다. 심리학자들은 이러한 과정을 전통적인 조건화(classical conditioning)로 정의하고 있다. 오르가즘과 함께 환상화된 계기들의 반복된 결합이 결국 성적으로 자극되는 본능으로 이어진다.

어린 소년들을 살해한 연쇄살인범 주버트(John Joseph Joubert)는 속옷만을 입은 소년들의 목을 조르고 칼로 찔러 죽이는 환상으로 강박관념에 사로잡혀 자위행위를 한 청년으로 알려져 있다. 주버트는 이러한 이미지들이 자위행위 과정을 초래했는지 혹은 자위행위가 환상을 야기시켰는지 여부에 대해 기억해 낼 수 없다고 진술했다. 폭력과 성관계는 살인적 망상과 결합된다. 그것은 종종 비밀로 유지된다. FBI의 연구에서, 이름을 밝히지 않은 한 살인범이 말하기를, "내 문제가 무엇인지를 찾아내는 데 아무도 방해하지 않았다. 그리고 아무도 환상적 세계에 대해 몰랐다."고 했다 (Vronsky, 2004: 281).

반복된 환상에 관해 계속적으로 다듬고 개선시켜 나가면 결국 그것은 장래의 행동을 위한 사전 연습이 된다. 어떤 시점에서, 연쇄살인범은 청년으로서 혹은 성인으로서(종종 심지어 어린이로서), 그 환상들을 미리 실행해 보는 세상 속으로 옮겨놓기 시작한다.

환상에 관한 이러한 사례는 켐퍼가 어느 날 저녁에 칼로 무장하고 선생님의 시체와 사랑을 하는 환상을 품고 학교 선생님의 집으로 갔을 때, 그가 저질렀던 것과 같다. 13세의 주버트는 자기의 자전거에 여자아이를 태우고 뾰족한 연필로 그 아이를 푹푹 찔렀다. 리셀(Monte Ralph Rissell)은 19세 때 다섯 명의 여성을 강간하고 살해했으며, 9세 때 이미 사촌에게 공기총을 쐈다. 테드 번디가 3세 때, 15세 된 이모가 어느 날 아침에 일어나 침대 커버를 들어 올렸더니, 그 밑에 세 개의 정육점용 칼이 숨겨진 채 그녀 옆에 놓여 있는 것을 발견한 바 있다. 성인이 되자, 번디는 그러한 수단으로 한 여성에게 덫을 놓아 성공한다면, 그가 저지를 행동에 대한 아무런 명확한 계획도 없이, 여성들의 차를 파괴하기 시작했다.

어린 시절에 살인의 환상들에 관해 가장 일반적으로 실험해 보는 것은 동물을 고문해 보고 죽이는 것 그리고 다른 친구들을 괴롭히는 것과 연관된다. FBI의 연구에 따르면, 범인들의 36%가 어린 시절, 동물에 대해 잔인함을 드러냈다고 밝히고 있다. 그리고 46% 정도는 성인이 될 때까지 그런 행동을 했다고 한다. 다른 어린이들을 괴롭히는 행동은 어린 시절부터 청소년기까지 54%에서 64%로 증가했다. 동물에 대한 잔인함과 다른 아이들을 괴롭히는 것과 부수하여, 다른 행동의 특성들이 FBI 조사에서 다음과 같이 보고되었다(Vronsky, 2004: 282).

- ▶절도행위는 어린 시절에는 56%, 청소년기에는 81%
- ▶불 지르기는 어린 시절에 56%, 청소년기에는 52%
- ▶침대에 오줌싸기는 어린 시절에 68%, 청소년기에는 60%
- ▶악몽을 꾸는 것은 어린 시절에 67%, 청소년기에는 68%
- ▶반항적인 태도는 어린 시절에 67%, 청소년기에는 84%

불을 지르고, 동물에 대해 잔혹함을 보이고, 침대에 오줌을 싸는 것은 연쇄살인범들의 어린 시절 내력과 함께 가장 빈번하게 확인되는 행동의 3요소다. 대부분의 정신의학자들은 어린 시절에 나타나는 세 가지 모든 행동들의 출현은 장래에 폭력적인 성인이 될 수 있는 높은 가능성의 신호가 된다는 데에 동의하고 있다. 예를 들면, 부수고 쳐들어가기, 방화, 엿보기 그리고 노출증과 같은 경미한 범죄들을 저지르는 것은 또한 연쇄살인범의 내력에 관한 일반적인 특성이다. 빨랫줄에서 여성들의 내의를 훔치는 행위(fetish theft) 혹은 주거침입 절도 중에 신발을 훔치는 행위와 같은 물품기호증으로 인한 절도행위는 연쇄살인범들의 어린 시절 기록에서 종종 발견된다. 예를 들면, 브러도스 같은 자는 여성의 신발에 사로잡혀 있었으며, 심지어 학생 시절에는 선생님의 신발을 훔치기도 했다. 20년이 지나 성인이 되었을 때, 그는 한 피해자의 발을 난도질하여 잘라냈다. 그리고 그것을 자기 집 냉장고에 보관했으며, 그가 제일 좋아하는 하이힐 구두들 중 하나에 신겼다. 브러도스의 사례는 중요한 교훈을 보여 준다.

대부분의 경미한 성적(性的) 범죄자들이 살인을 저지르는 쪽으로 진행되지는 않지만, 대부분의 연쇄살인범들은 경미한 범죄를 시작한다. 이러한 범죄들은 종종 환상에 관한 탐색을 실제 영역 안으로 실험하게 된다. 특히 어린 나이에, 한 개인이 이러한 범죄들에 대해 추적을 피하거나 혹은 제재를 회피한다면, 그의 환상에 관한 최후의 치명적인 정점 쪽으로 범인을 이끌어가는 일종의 불패감으로 발전시킬 수 있다.

FBI의 연구에서(아마도 에드먼드 켐퍼에 관한 연구 같은), 한 살인범이 환상과 살인 간의 결합을 쉽게 만들었다. "살인은 매우 현실적이며, 그것은 당신이 영화에서만 보는 것이 아니다. 당신은 생존하기 위해 모든 실질적인 것을 해야 한다는 말처럼"(Vronsky, 2004: 283).

불행스럽게도, 환상과 현실 세계는 좀처럼 병행되지 않는다. 그리고 연쇄살인범은 그가 종종 머무르고 있었던 환상들을 현실 세계에서 완벽하게 실현하려는 시도를 하면서, 종종 좌절되기도 한다. 상상했던 것처럼, 환상들을 정확하게 실현하려던 그의 시도에 실망하게 되었을 때, 그의 이상적인 환상을 성취하기 위해, 그의 절망적인 시도를 완성시킬 수 있는 것을 찾으면서, 살인범은 살인을 또다시 반복해 저지른다. 여러 방법으로, 연쇄살인은 일종의 시작에서 끝까지 경험을 학습하는 것이다.

연쇄살인범 커내난[11)]

몇몇 연쇄살인범은 그들이 환상을 현실화하는 데 실제로 성공하면 살인행위를 멈춘다. 켐퍼의 가장 깊은 환상은 그의 어머니를 살해하는 것이었다. 그리고 마지막으로 그가 그것을 실행하고, 한 명의 여성을 더 살해한 후, 그는 그 자신으로 돌아왔다. 커내난(Andrew Cunanan)의 환상은 그의 리스트에 있는 톰 크루즈(Tom Cruise), 실베스터 스텔런(Sylvester Stellon) 그리고 지아니 베르사체(Gianni Versace)와 같은 유명한 사람을 살해하는 것이었다. 베르사체를 살해한 후, 의심의 여지없이 그것이 만족스럽지 않았다는 것을 알았다. 커내난은 그의 환상을 계속해서 추구했지만, 아무런 의미를 찾을 수 없었으며, 결국 1997년 7월 23일 그는 자신의 집 2층에서 자살했다.

그런데, 다른 연쇄살인범은 그들의 깊은 환상을 실현할 수 있는 실마리를 일단 찾으면, 그 환상-그들이 결코 망설이지 않으려고 하는 그리고 그들에게 항상 더 많은 요구들을 남겨 주는 것으로부터-을 반복하기 위해 살인행위를 계속한다. 그들은 '안전 상태'로 돌아오면, 그들의 살인사건들 속에서 숙달된 의식주의적(儀式主義的) 일상을 살기 시작한다. 일단 그들이 환상을 실현하게 되면, 다른 살인범들은 자신의 환상에 싫증을 느낀다. 그리고 그들은 더 격렬한 '높은 것'에 관한 중독적인 탐색을 하면서, 더 치밀한 혹은 폭력적인 환상 쪽

11) http://en.wikipedia.org/wiki/Andrew_Cunanan(2008년 2월 8일 검색)

으로 상승된다.

연쇄살인범의 인생은 생물학적, 환경적 그리고 사회적 상황들의 복잡한 칵테일이다. 연쇄살인범을 형성하는 명확한 공식이 있는 것은 아니다. 정신적인 쇼크 상황들에 있는 일부 어린이들은 익살스러운 환상에 의지하기도 한다. 그래서 위대한 코미디언이 되기도 한다. 또 다른 아이들은 그들의 환상을 그림으로 표현하면서 화가가 되기도 한다. 그리고 다른 아이들은 건축가, 사업가, 법률가, 정치가 그리고 장군들(몇몇 사례에서, 연쇄살인범이 살해한 시체의 수를 훨씬 더 초과하는 숫자의 살인을 저지른 것에 대해 메달과 훈장이 수여된다)이 된다. 얼마나 많은 성공적인 사람들이 연쇄살인범들이 가졌던 것과 같은 정신적 쇼크를 받은 어린 시절을 가질 수 있었는지는 상당히 주목할 만하다.

연쇄살인범을 만드는 중요한 열쇠는 그들의 환상의 성질과 그들이 그 환상을 어떻게 실현하느냐에 달려 있다. FBI 요원들은 연구를 위해 유죄를 선고받은 연쇄살인범들을 인터뷰했는 바, 살인범들이 갖고 있는 어려움 중의 하나는 바로 그들의 어린 시절 환상들이었다. 그 어두운 영역 어디에선가 살인범의 씨앗(seed)을 잉태하고 있다(Vronsky, 2004: 284-285).

FBI의 보고에 따르면, 살인범들과 인터뷰한 연구에서 그들의 내면 세계가 골치 아픈, 다른 사람들을 지배하려는 재미없는 생각으로 가득 차 있었다는 사실을 밝혀냈다. 이러한 생각들은 다른 사람을 향한 광범위한 행동을 통해 표현된다. 어린 시절 이러한 행동들에는 동물에 대한 잔인함, 다른 어린이들에 대한 학대, 파괴적인 행동 유형, 다른 사람을 무시함, 불 지르기, 물건 훔치기, 다른 사람의 물건 부수기 등이 포함된다. 청소년기와 성인기에 살인범들의 행동은 더욱 폭력적이 된다. 폭력적인 행동, 주거침입 절도, 방화, 유괴, 강간, 비성적(非性的) 살인 그리고 마지막으로 강간, 고문, 살해 후 시체 절단 그리고 시체성애적 행동과 연관된 성적 동기에 의한 살인을 저지른다. 켐퍼는 말하기를, "내가 살인을 저지르기 오래 전에, 나는 살인을 저지르게 될 것이라는 것을 알았다. 그것은 결국 살인과 같은 것으로 가게 되었다. 그 환상들은 너무나 강렬했다. 환상들은 너무나 오래 지속되었고, 너무나 정교했다"(Vronsky, 2004: 285).

3) 살인의 실행

살인행위를 재촉하는 것처럼 보이는 많은 범죄 전의 스트레스 원인은 매일 많은 사람들에게 발생하는 스트레스 요인과 같다(실직, 교제 관계의 단절, 재정문제). 정상적인 사람들은 정상적인 발전 유형의 도움으로 잘 대처하지만, 그렇지 못한 잠재적 살인자는 내부적으로 방향을 정하고 다른 모든 것들을 배제하기 위해 자신의 문제에 초점을 맞추고, 그 문제의 해결책으로서 환영(幻影)에 초점을 맞춘다. 왜냐하면, 그의 정신적 대처 능력에 문제가 있기 때문이다. 그는 불을 지를 수도 있고, 따라서 이전에는 압박에도 불구하고 잘 대처했을지도 모르지만 지금은 압도적으로 보이는 다른 문제에 부딪친다. 그는 이전에 그의 인생에서 일어났던 모든 것에 의해 경계선을 넘을 것을 강요받는다. 수많은 폭력행위 후에, 얼마 지나지 않아 자신이 무적이고 결코 잡히지 않을 것이라고 믿게 될 것이다. 잠재적 살인자가 폭력행위를 할 준비가 되고, 다음에 그럴듯한 희생자(대개 특히 상처받기 쉬운)가 나타나고, 잠재적 살인자가 현실적 살인자가 되는 지점에서 모든 것이 이루어진다.[12]

그리고나서, 문지방을 건너게 되며 돌이킬 수 없는 지점을 지나가 버린다. 격앙된 흥분상태를 경험하고 그것을 좋아했던 그는 아마도 놀라고 전율하게 된다. 며칠 후, 여전히 풀어진 상태에 있는 그는 기분이 나쁘고 자신의 충동을 통제하려고 애쓸지도 모른다. 대개 시간이 더 지날수록 그 사람은 그 어느 때보다 더욱 자기 중심적이 되는 것을 느끼기 시작하고, 체포되지 않고 다시 그것을 할 수 있다고 확신하게 된다. 그는 첫 번째 살인의 상세 정보를 자신의 환상에 합체시키고, 미래의 범죄를 구성하기 시작한다. 이제 뒤따르는 범죄에서, 첫 번째 살인에 선행했던 생활 스트레스가 존재할 필요가 없을지도 모른다.

다음 희생자는 아마도 더욱 조심스럽게 탐색됨에 따라 살인은 더욱 솜씨있게 이루어질 것이며, 장소는 더욱 멀어지고, 처음 범죄에서 보여 줬던 명백함보다 더 많은 폭력성을 보여 줄 것이다. 그리고나서 연쇄살인범이 될 것이다.

6 범인의 성취도

살인자들의 범행을 조사한 결과에 따르면, 다른 역설적인 것이 드러난다. 지능과 많은 영역에 걸친 잠재력에도 불구하고, 학업의 성취, 고용 관계, 성적(性的) 관계 그리고 군 복무와 같은 내용들은 종종 빈약하다. 이러한 영역의 모든 부분에서 성취도(performance)는 실제 잠재력에 못 미쳤다. 비록 이러한 남성들이 학교에서 좋은 성적을 얻을 수 있는 지능을 가졌지만, 그들의 학업상의 실패는 초등학교 수준의 성적을 반복해 왔던 데에서 발견된다. 인터뷰를 했던 대다수의 살인범은 고등학교를 졸업하지 않았다. 종종 남성들에 의해 학창생활의 실패가 언급되고 있었는데, 그들은 어린 시절의 실패를 자신이 불완전하다는 생각과 연관지었다. 그 남성들(살인범)은 실제로 전문기술이 요구되는 직업에 필요한 지적 능력

12) http://www.criminalprofiling.ch/character.html

을 갖고 있었다. 그런데, 대부분의 범죄자들은 별로 숙련되지 않은 기술을 사용하는 직장에서 빈약한 고용 경력을 갖고 있었다. 단지 20% 정도만이 비교적 안정된 직장에서 일했던 것으로 밝혀졌다.

범인들의 절반 정도는 군대에서 근무한 바 있다. 군복무 경험을 갖고 있는 14명 중의 단지 4명만이 명예 전역을 했으며, 4명 중의 한 명은 군복무 중에 범죄 경력을 갖고 있었다. 2명은 일반적인 전역을 했고, 3명은 불명예 전역을 당했다. 3명은 바람직스럽지 않게 전역을 했으며, 2명은 의료상의 문제로 전역했다. 범인들의 성적(性的)인 행위는 일반적으로 자위행위 수준이었다. 비록 20명의 살인범들이 오르가즘에 도달하기 위해 합의하에 처음 성관계를 했던 나이를 진술했지만, 그들은 광범위한 그리고 같은 또래와 관련된 성관계 이력에 대해서는 진술하지 않았다. 합의하에 처음 성관계를 경험한 연령은 11세에서 25세에 걸쳐 분포되었다. 나이를 진술하지 않은 16명 가운데 많은 범인들이 합의하에 '정상적인' 성관계를 결코 경험하지 않았다는 사실을 알 수 있었다. 그들은 자위행위를 선호하는 것이 명백했다.

범인들과의 인터뷰를 통해, 범인들의 경우 낮은 자기 존중감에 대한 여러 표현들이 드러났다. 대다수의 범인은 자신의 어린 시절부터가 잘못되었다고 느끼고 있었다. 다시 말하면, FBI에서는 공상적인 삶의 중요성을 추측할 수 있었다. 삶의 성취도가 빈약한 것을 보상하는 방법이 공상이라는 것으로 나타난다. 그러한 공상에서는 다양한 변수들이 통제될 수 있다(Ressler et al., 2004a: 77-78).

7 연쇄살인범의 태도와 신념 상태

하나의 그룹으로서 살인범들에 대한 배경적 특성을 평가하면서 쟁점들을 살펴볼 때 하나의 행위 유형이 성적(性的)인 동기에 의해 저질러진 살인사건에 중요한 것으로 나타난다. 비록 살인범들의 개인적인 역량(높은 지능, 잘생긴 외모, 평균적인 사회경제적 가족의 지위, 장남이거나 혹은 둘째아들로 태어난 것 등)은 성공을 하는 데 보통 긍정적인 속성들이지만, 이러한 남성들(살인범)에게 부정적인 결과를 야기하는 무엇인가가 일어난다. 가족의 구조와 기능에 관해 지각된 특성들, 학대 경험, 공상에 대한 지배, 혼자서 성적 행위를 하는 것을 선호하는 것 그리고 이러한 남성들의 인생 실패로부터, 그러한 자료들은 어떤 태도의 출현을 보여 주고 있다(Ressler et al., 2004a: 78).

(1) 사람의 가치를 저하시키는 태도

이 연구에서 범인들은 낮은 수준의 사회적 애착을 경험했으며, 또래들뿐만 아니라 가족 구성원으로부터도 떨어져 있음을 느꼈다고 진술하고 있다. 일반인들이 타인에 대한 민감성을 발전시키는 데 필요한 사회적 유대를 범인은 경험하지 않았다. 종종 범인들은 자기 자신을 외로운 인간으로 묘사하거나 혹은 자신들의 연령과 비슷한 타인들과는 다른 존재로 느꼈다. 이러한 결정적인 태도에는 다른 사람들의 요구 사항을 고려하지 않거나 혹은 타인의 요구 사항에 무관심해 하는 생각들이 포함된다. 중요하게도, 살인범들은 타인과의 관계에 가치를 두고 있지 않으며, 자기 중심적이었다.

(2) 세상을 부당하다고 평가하는 태도

범인은 가정에서의 훈육, 학교에서의 실패 그리고 다른 부족한 성취를 부당하고 불공정한 세상의 한 부분으로 인식하고 있었다. 그들의 결정적인 생각은 다른 사람들이야말로 자신들의 운명에 대해 책임이 있다는 것이다.

(3) 일관성이 없다고 평가된 권위와 삶

이러한 범인들은 권위와 삶에 대해 일관성이 없으며, 예측할 수 없는 그리고 불안정한 것으로 평가한다. 결과적으로, 살인범들은 권위에 가치를 두지 않거나 신뢰하지 않는다.

(4) 공격을 통해 지배하겠다는 망상에 사로잡힌 모습

강력하고 유력하게 되고자 하는 그리고 통제하고자 하는 강한 열망은 공격을 통해 지배하겠다는 것은 점차 망상이 된다. 이러한 욕망은 결국 가족들로부터 당한 학대 경험에 대해 범인이 반응하는 방식에서 비롯된다. 그것은 그들의 공상들 속에서 나타나며, 나중에는 그들의 행동 속에 드러난다.

(5) 자위행위를 선호하는 태도

이러한 범인들은 가족 외의 다른 사람들과는 거의 관계를 맺지 않는 것으로 보고되고 있다. 오히려 그들은 공격에 관한 공상과 그들이 동시에 경험하고 있는 학대의 실상들로 결합된 자위행위를 선호하는 것을 인정하고 있다. 그들에게 시각적으로 흥미가 있는 것들(포르노그래피, 물품기호증 그리고 관음증)은 성관계와 공격을 강화시켰다.

(6) 공상을 현실로 생각하는 태도

사교적인 세계에 살인범들이 적극적으로 참여하는 것은 제한되어 있었다. 성취하고 적응하려는 그들의 노력은 좌절되었다. 불완전하다는 생각과 자신의 삶을 정복하고자 하는 욕구는 공상과 망상이 지배하는 사적인 세계에 관한 자신들의 성장 과정에서 나타났다. 이러한 퇴행적 사고는 범죄 행동을 명령하는 생각을 야기한다.

(7) 다른 이상행동들

이러한 자료에 따르면, 강간, 살해 후 시체 절단행위, 고문 그리고 살인과 같은 이상행동들은 범인들의 배경적 특성과 그들의 태도와 신념 그 두 가지에 근원을 두고 있다고 한다. 범행 현장에서 확인된 이러한 이상행동들은 그러한 범죄에 대해 책임이 있는 범인의 인격적 특성 유형을 이해하는 데 몇몇 단서를 제공한다.

① 살해 전 강간행위

강간은 한 개인의 존귀함과 가치를 절대적으로 무시하는 태도를 보여 주는 성적인 이상행동이다. 강간에 대한 공상은 피해자에 대해 힘을 행사하거나 통제하려는 것에서부터 좀 더 폭력적이고 가학적인 환상에 이를 정도로 광범위하다. 사람을 살해하기 전에 강간하는 범인들은 결과에 상관없이 다른 사람들을 지배하려는 것을 추구한다. 사람을 살해한 후에 성적으로 폭행하는 범인들(屍姦, necrophilia)은 피해자로부터의 저항 혹은 거절에 대한 공포감 없이 피해자에 대해 완전한 지배를 얻고자 생명이 없는 상태를 추구한다. 두 가지 사례에서, 상당히 많은 성적 기능 장애가 있으며, 아주 빈번하게는 사정(射精)에 실패하는 경우도 있다. 이러한 범인의 불완전성이 피해자에게 투사되는 것이며, 살인행위로 상승하는 데 역할을 하게 된다(Ressler et al., 2004a: 80).

② 살해 후 시체 절단행위와 고문

시체 절단행위는 1차적 환상(가학성) 혹은 2차적 환상(다시 말하면, 시체 처리 행위로서)에 내포되어 있다. 시체 절단과 같은 환상에는 시체를 자르거나 시체 위에 뭔가를 표시하는 혹은 성(性)과 연관성이 신체 부위에 대한 절단행위에 이르는 상징적 행위 유형이 포함된다. 이러한 행동은 시체를 처리하거나 운반할 목적으로 시체를 절개하는 실질적 측면과는 대비된다. 피해자를 고문하는 행위는 가학적 환상의 일부다. 그러한 환상들에는 자위행위적 조건을 강화시키는 자극의 몇몇 유형이 포함되며, 얇게 베어내는, 자르는, 불로 지지는, 머리카락이나 신체 일부를 잡아당기는 그리고 물어뜯는 것을 포함한다.

③ 살인

살인행위는 타인을 지배하려는 극단적인 표현이다. 범인의 공격은 다른 힘이나 영향력에 의한 사회적인 모형에서 나온 것이 아니라, 그 자신의 공상에서 비롯된 스스로 형성된 것이다. 다른 사람을 지배하려는 생각은 그의 폭력과 공격을 통해 나타난다. 이러한 살인범의 경우, 성적 흥미는 우아함이나 만족감이라기보다는 오히려 폭력과 착취와 연관된다. 살인에 대한 환상은 의식적인 주도면밀한 계획에서 분노 감정이 순간적으로 분출되는 것에 이르기까지 다양하다. 비록 살인범의 공상적 삶이 그의 약탈적 행동들을 발전시키지만, 그 환상을 최초로 실현시킴으로써 현실로 만든다. 환상을 실행하는 것은 현실과 환상을 연결시켜 준다. 그리고 그 환상은 현실이 된다. 살인범인 그 자신은 지금이야말로 현실을 통제할 수 있다고 믿는다(Ressler et al., 2004a: 80).

8 성적 학대 경험과 강력범죄

1) 성적 학대 경험과 살인범

성적 학대의 이력이 있는 성적 살인범들(n=12)과 그러한 이력이 없는 살인범들(n=16)을 비교한 연구 결과에 따르면, 동물 성애(性愛, zoophilia)와 성적 새디즘을 포함하여, 피해자의 시체를 토막내면서 성적 도착에 이르는 살인자의 극단적인 표현과 함께, 초기의 성적 학대와 성적 일탈들 간의 유의미한 차이에 접근할 수 있다. 성적 학대 이력이 있는 살인범이 성적 학대의 이력이 없는 살인범보다 더 이른 시기에 강간에 대한 환상을 갖고 있으며, 사춘기와 성인기에 동료 간 성행위를 혐오하는 것으로 보고되고 있다.

동물에 대한 잔학성을 포함하여 어린 시절의 성장기 모든 단계에 걸쳐 행동적 요소를 비교해 보면 유의미한 차이점과 고립, 경련, 어린이에 대한 잔인한 행위를 포함하여 유의미한 것에 접근할 수 있는 차이점이 존재한다. 가출하는, 수면 문제가 있는, 공상하는, 반항적인, 어른들에게 공격적인 것을 포함하여 어린이에 대한 성적 학대 경험을 갖고 있는 살인범들과 그런 경험이 없는 살인범들 간의 청소년기에 유의미한 차이점이 있다. 그리고 불끈하는 성질과 자기 스스로 수족(手足)의 일부를 절단하는 것을 포함하여, 유의미한 것에 접근할 수 있는 중요한 지표들이 있다.

성적인 범죄를 저지르는 과정에, 성적 특색이 있는 행위의 유래와 의미가 전문가들의 문헌에서 함축적 주제가 되어 왔다. 범죄자의 일탈적 성적 행위들은 다음과 같이 보고되어 왔다(Ressler et al., 2004b: 61).

- ▸ 성적 기능 장애(dysfunction)의 관점
- ▸ 성적 각성(sexual arousal)의 관점

▶ 새디즘적 환상(sadistic fantasies)의 관점
▶ 어린 시절 성적 학대(childhood sexual abuse)의 관점

사이코패스적 장애로 진단을 받고 정신병원에 입원한 16명의 남성 환자들에 관해 영국에서 실시된 연구 보고서에서, 새디스트적 환상과 행위 간의 심각한 연관성이 논의되었다. 저자들은 "만약 새디스트적 환상이 새디스트적 행위의 발생과 지속에 역할을 한다면, 몇몇 사람들에게 어떠한 요소가 그들의 환상을 실행하도록 하는가?"라는 의문을 제기하고 있다. 어떤 해답이라도 다양한 요소들을 포함할 것이라고 비록 그들이 믿고 있더라도, 저자들은 어린 시절의 학대(끈으로 묶이고 항문성교를 당하는 등) 혹은 청소년기의 성적(性的) 경험을 포함하여 새디스트적 환상에 관한 13명 정도 되는 부집단(subpopulation)에서 관찰된 요소들을 심사했다.

어린 시절의 성적 학대 경험과 그 이후에 발생한 문제들과 행위들을 연결시키는 것이 새로운 생각은 아니다. 1895년 프로이트는 그의 여성 환자들이 갖고 있는 히스테릭(hysterical, 병적 흥분)한 증상들이 어린 시절의 정신적 외상 경험으로 거슬러 올라갈 수 있으며, 그 정신적 충격(혹은 쇼크)은 항상 환자의 성생활과 관련된다고 믿고 있었다. 종종 사춘기 이후에 기억으로서 나중에 되살아날 때, 이러한 정신적 충격은 스스로 그 증상이 나타난다. 그런데 프로이트는 그 후 1905년에 그의 신념을 바꾸었다. 그리고 그의 환자들이 보고했던 성적인 유혹이 실제 사건에 관한 모든 보고서라기보다는 각 개인들에 의해 만들어진 환상들이었다고 말했다.

이러한 반전은 심리학적 조사에 관한 우선순위에서 중요한 방향 전환을 가져왔다. 외부적으로 실제적인 정신적 외상은 유아기의 성적 욕망과 환상에 의해 중요하게 대체되었다. 과거 십여 년 동안, 임상 의사들과 페미니스트들은 이러한 관점에 도전해 왔다. 그리고 지금 그들은 어린 시절의 성적 학대가 사회문제에서 광범위한 분야에 걸쳐 공통적인 기초가 되어 왔음을 주장한다. 이러한 주장들은 가출한 청소년, 청소년 비행, 매춘 여성, 정신병 환자, 실질적인 학대자, 그리고 성범죄자들 사이에서 발견된 초기 어린 시절의 성적 학대가 널리 행해진 것에 대한 관찰에 근거하고 있다.

2) 레슬러 등의 관련 연구 동향

(1) 연구 당시 FBI 상황

FBI 요원들은 1970년대 초반 미해결된 살인사건의 프로파일링에서, 지역의 법집행기관

들을 지원해 주는 일에 관련되었다. 종종 '동기가 없는' 것으로 일컬어지는 이러한 범죄들은 성적 요소를 포함하여 요원들에 의해 분석되었다. FBI 요원들은 범죄 현장 정보에 아주 민감하며, 범행 현장에서 발견된 증거들의 가치에 의거 살인범의 성격적 특징을 분류하는 데 노력을 쏟았다. 이러한 증거를 통해 그들은 조직화된 혹은 비조직화된 것으로 범행 현장 패턴을 특징짓는 새로운 유형론을 고안해 냈다. 이러한 유형론은 범죄를 저지른 후 행동에 관한 '직감'뿐만 아니라, 범행에 대한 기대, 계획 그리고 정당화하려던 노력을 포함시킨 동기부여적 구조를 의미했다. 결과적으로, 피해자에 대해 저질러진 범행들에서의 차이 그리고 동기부여적 구조에 관한 하위 범주들을 제시하면서, 살인범의 행동을 지배하는 사고방식의 패턴에 관해 특별한 강조가 부여되었다.

조직화된/비조직화된 유형론을 발전시키기 위해 범죄자들에 대한 선정과 사용된 방법론은 그 밖의 다른 곳에서 보고되었다(Ressler & Burgess, 1985). 간단히 말하면, FBI 전문요원들은 1979년부터 1983년에 걸쳐 미국의 다양한 교도소에서 공식적인 기록과 범죄자들과의 인터뷰를 통해 자료를 수집했다(Ressler et al., 2004b: 63).

(2) 연구방법론

연구를 질적으로 하기 위해 범행 현장 관찰, 증거물을 통해 살인범은 성적 동기에 의한 살인사건으로 분류되었다. 이러한 관찰 사항에는 피해자의 복장 혹은 의복 상태, 피해자의 신체 중 성적인 부분의 노출, 피해자 신체의 성행위적 자세, 피해자의 신체 구멍에 대한 이물질의 삽입 여부 혹은 성관계의 증거 등이 포함된다. 일차적인 분석은 성적 동기에 의해 부녀자를 살해한 36명의 범인들의 범행 현장에 관한 자료들을 중심으로 실시되었다. 이전에 성적으로 학대를 당했던 살인범들을 확인하는 것은 인터뷰를 통해 혹은 그 범인이 어렸을 때, 청소년기 혹은 성인이었을 때 성적으로 학대를 당했는지 여부에 관한 공식 기록 자료를 통해 실시되었다. 증상과 범행에 관한 자료는 비슷한 방법을 통해 취득되었다. 'YES'라는 응답은 범인의 노출과 배경에 관한 기록을 통한 확인을 필요로 했다. '의심된다'는 것으로 기록된 응답은 범인의 기억력을 토대로 한 것이었다. 연구의 이러한 측면을 위해 두 가지 응답은 'YES'로 코드화되었다. 물론 이러한 변수에는 한계가 있었다.

수 년이 지나면서, 기억이 흐려져서 기록될 수 없었거나 혹은 기억을 재구성하는 데 범인의 실수로 인해 부정확하게 기록되었을 수 있다. 게다가 성범죄 피해자에 대한 증가된 사회적 관심이 범인들로 하여금 긍정적인 답변을 하도록 영향을 끼쳤었을 수 있다. 이 연구의 대상이 된 모든 범인들이 성적 동기에 의한 살인범으로 유죄를 선고받았다는 사실을 기억하는 것은 중요하다. 이 보고서는 유죄를 선고받은, 수감되어 있는, 성장 과정 초기에 성적인 학대를 받은 것에 관한 유용한 자료를 갖고 있는 성적인 살인범들에 관한 분석에 근거하고 있다. 또한 그들의 성적 · 공격적인 홍미, 환상들 그리고 실제 상황이나 그들의 범행에 근거한 것들이다.

자료를 수집하던 시점에, 이러한 살인범들은 연구 목적을 위해(다시 말하면, 그들의 청원 절차는 완벽했다) 활용 가능했던 성적으로 동기부여된 살인범의 집단을 대표하고 있었다. 그들은 또한 전문요원들에 의해 수행된 심층 인터뷰에 참가가 가능했다. 만약 그들이 실제 정신적으로 장애가 있어서 인터뷰 질문(N=2)에 대답할 수 없었다면, 살인범들은 표본에서 제외되었다. 수사용 프로젝트를 위해 그들은 법집행 프로파일링 기법에 선별되었다(Ressler & Burgess, 1985). 추가적으로, 그들은 임의적인 표본을 대표하지는 않는다.

(3) 레슬러 등의 연구 결과

이전에 성적 학대를 받은 것에 대해 질문을 받았을 때, 12명 혹은 응답한 살인범(28명)의 43%가 어린 시절(1세에서 12세 때까지) 그러한 학대에 관한 내용을 응답했다. 9명(32%)은 청소년기(13세에서 18세까지), 10명(37%)은 18세가 넘었을 때에 성적 학대를 당한 경험이 있는 것으로 각각 응답했다(Ressler et al., 2004b: 64).

① 증상과 행동적 암시들

성적(性的)으로 학대를 받았던 살인범들에게서 어린 시절, 청소년기 및 성인 시절에 존재하는 증상과 행동에 의해 어린 시절 및 청소년기에 성적으로 학대를 받지 않았던 살인범들의 그것과 비교한 내용은 다음과 같이 제시되어 있다. 절대 다수의 증상과 행동상의 암시의 경우, 성적으로 학대를 받았던 범죄자들 쪽에서 훨씬 더 높게 발생한다. 어린 시절 성적으로 학대를 받았던 범죄자들은 그렇지 않은 자들보다 상당히 높은 정도로 어린 시절부터 다음과 같은 증상을 보고하고 있다. 즉 동물에 대한 잔혹함, 고립, 경련(특히 소아의 驚氣), 어린이들에 대한 잔혹함과 어른들에 대한 공격성을 보였다. 게다가, 어린 시절 성적으로 학대를 당한 남성은 청소년기에, 더 많이 다음과 같은 증상들을 겪고 있는 것으로 보고되고 있는 바, 수면 곤란 문제, 고립, 결석, 자기 절단행위, 불끈하는 성질, 반항적이며 어른들에게 공격적이었다.

성인기에는 볼품없는 외모, 수면 문제, 고립, 자기 절단행위 그리고 불끈하는 성질들에서 차이점이 눈에 띈다. 청소년기에 성적으로 학대를 받은 경험이 있는 자들은 그렇지 않은 범죄자들에 비해 청소년기에 학교 결석, 방화 그리고 동물에 대한 잔혹함 등과 같은 증상이 훨씬 더 많이 보고되고 있다. 성인기와 청소년이었을 때에 성적인 학대를 받았던 그러한 사람들의 차이점에는 악몽, 공상, 반항 그리고 어린이들에 대한 잔혹함과 같은 행동적 암시들이 포함된다.

② 성적인 문제들

전체 살인범 표본에 관한 연구자들의 분석에 따르면, 살인범들에 관한 50%가 넘는 보고서가 다양한 성적인 문제들과 관련되어 있음을 보여 주었다. 이러한 것들에는 성적 갈등(69%), 성적 기능 부전(69%), 성적 억제(61%), 성적인 무지(59%), 성적 기능 장애(56%)가 포함되었다(Ressler et al., 2004b: 64).

성적 행동과 관련하여, 모든 살인사건의 50%가 넘는 범인이 포르노그래피(81%)에 관심을 갖고 있음을 보여 주었다. 성욕 도착(물품기호증, 물건 훔치기, 입기 혹은 여성의 내의를 갖고 자위행위하기; 특정한 신체 부위, 물건들 혹은 무생물인 물건에 대한 유혹 72%), 관음증(71%), 전체의 39% 정도는 결박해 놓은 상태에서 성행위하는 것(bondage sex)에 흥미를 갖고 있다고 보고하고 있다. 그리고 25% 정도는 외설스러운 노출행위에 관련되어 있다고 한다. 전체의 23% 정도는 살인범들이 동물과의 성적 접촉에, 외설스러운 전화 통화(22%), 다른 사람들을 문지르는 것(18%), 성(性)을 바꿔서 옷을 입는 행위(17%), 매춘(11%) 그리고 분변기호증(糞便嗜好症, 7%)에 각각 흥미를 갖고 있는 것으로 드러났다.

어린 시절 혹은 청소년기에 조기(早期) 성적 학대와 성적인 문제들 간의 관련성에 대한 분석에 따르면, 성적으로 학대를 받았던 경험이 있는 범인들이 성적 갈등(92% 대 40%; p=.01), 성적 기능 장애(69% 대 50%) 그리고 성적 기능 부전(77% 대 60%)을 더 많이 갖고 있는 것으로 나타났다. 그런데 두 그룹 간에 성적 무지에 관한 차이는 거의 없었다.

어린 시절 및 청소년기의 성적 학대와 성적 행위에 참여한 것들 간의 관련성에 대한 분석에 따르면, 성적으로 학대를 받은 살인범들이 다음과 같은 이상적인 성적 행위들에 훨씬 더 많이 관련되는 것 같다고 하는 바, 동물과의 성적 접촉(40% 대 8%; p=.06), 피해자를 결박한 상태에서의 성관계(55% 대 23%), 물품기호증(83% 대 57%), 외설스러운 전화 통화(36% 대 15%), 외설스러운 노출(36% 대 21%), 포르노그래피(92% 대 79%), 프로타주[13] (27% 대 15%), 옷을 바꿔입기(18% 대 7%) 등이다. 관음증과 같은 부분에서는 주목될 만한 차이가 아주 적거나 혹은 거의 없는 실정이다.

③ 강간의 환상

몇 살 무렵에 강간에 대한 환상을 느끼기 시작했는지에 대한 질문에 대해 응답한 36명의 살인범들 가운데 19명의 경우는 나이가 5세에서 25세 정도였다. 평균 나이에 관한 테스트 결과에 대한 차이점에 따르면, 성적으로 학대를 받은 경험이 있는 살인범들(11명)은 그러한

13) 프로타주(frottage)는 옷을 입은 채 몸을 남의 몸이나 물건에 문질러 성적 쾌감을 얻는 이상 성욕의 하나다.

경험이 없는 살인범들(8명)보다 훨씬 더 어린 나이에 환상을 느끼기 시작했다고 한다. 즉 성적 학대 경험이 있었던 살인범의 경우는 11.6세였으며, 그렇지 않았던 살인범의 경우는 15.3세였다 (t= 1.99, p=0.05)(Ressler et al., 2004b: 66).

④ 합의에 의한 첫 번째 성관계

19명의 살인범들의 경우, 처음으로 합의에 의한 중요한 성적 경험을 한 나이는 11세에서 35세였다. 평균 나이에 관한 테스트 결과에 대한 차이점에 따르면, 성적 학대 경험이 없는 살인범이 범행을 저지르는 나이(16.2세)보다 성적으로 학대받았던 살인범들이 이러한 성적 행위들을 더 일찍 저지른 것(14.7세)으로 보고되었다. 그런데, 이러한 차이는 통계적으로 유의미한 수준은 아니었다 (t=1.12, p=0.14).

⑤ 성행위에 대한 혐오

합의에 의한 성행위 경험을 가져보지 못했기 때문에 합의에 의한 성행위를 한 나이에 관해 질문을 했을 때, 몇몇 살인범이 대답을 하지 못했다는 사실은 인터뷰를 진행한 요원들에게는 확실했다. 따라서, 그들이 명시적인 혐오감 혹은 동료들과의 성행위를 하는 것에 대한 억제를 경험했는지 여부에 관한 질문에 대해 대답을 할 때, 26명의 살인범들이 긍정적인 반응을 한 것은 그리 놀랄 만한 것은 아니다.

이러한 조사에 응답한 26명의 살인범들 가운데 11명은 어린 시절에 성적인 학대를 받은 경험이 있으며, 15명은 그렇지 않았다고 한다. 결과에 따르면, 성적으로 학대를 받은 살인범(9%)과 비성적으로 학대를 받은 살인범(7%)의 경우, 어린 시절 성적 행위에 관한 혐오감에서는 별다른 차이점이 없음을 보여 주었다. 어린 시절에 성적으로 학대를 받은 경험이 있었던 살인범들이 성적 학대를 받지 않았던 자들보다 청소년기(73% 대 27%)와 성년기(73% 대 33%; p=0.05)에 성행위에 관해 훨씬 더 많은 혐오감을 보였다 (Ressler et al., 2004b: 67).

⑥ 살해된 피해자를 절단하기

어린 시절의 성적 학대 경험과 살해된 피해자를 절단하는 행위 간의 관련성을 평가했더니 긍정적인 결과를 보여 주었다. 시체를 절단한다는 것은 주도면밀하게 피해자의 시체를 자르는 것으로 정의되는 바, 종종 사후(死後)에, 그리고 성행위에 관련이 있는 신체 부위, 예를 들면 가슴, 성기, 복부가 절단 부위에 해당한다. 성적으로 학대를 받은 경험이 있는 살인범들은 그렇지 않은 살인범들보다 훨씬 더 피해자의 시체를 절단하는 경향이 있다 (67% 대 44%). 청소년기에 성적 피해자화(化)와 살인범죄 피해자의 절단행위 간에 긍정적인 상관성이 있음을 또한 알 수 있다 (78% 대 42%; p=.07).

표 7-2 성적으로 학대받은 살인범들과 학대받지 않은 살인범들의 성행위에 관한 억제 혹은 혐오 (비율)

성적 학대				
	어린이로서		청소년으로서	
성행위에 대한 혐오	네(11명)	아니오(15명)	네(8명)	아니오(18명)
어린 시절에	9%	7%		
청소년기에	73%	27%	63%	39%
성년기에	73%	33%	63%	44%

*p<0.05
출처: Ressler et al., 2004b: 67. Table 4-3를 인용.

표 7-3 살인범죄 피해자에 대한 절단행위와 살인범의 성적 피해자화

피해자에 대한 절단행위			
어린 시절에 피해자화	네(%)	아니오(%)	N
네	67	33	12
아니오	44	56	16
청소년기에 피해자화			
네	78	22	9
아니오	42	58	18

*p=0.07
출처: Ressler et al., 2004b: 67. Table 4-4를 인용.

3) 연구 결과와 쟁점

(1) 성적 흥미와 행동

성적 흥미와 행동들에 관한 조사에서, 연구자들은 초기의 성적 학대와 성적 비행(性的 非行)의 발전 혹은 정신적 성기능 장애(DSM-Ⅲ 1980) 간에 몇몇 연관성을 발견했다. DSM-Ⅲ(1980)에 의해 설명되는 바와 같이, 정신적 성기능 장애에 관한 중요한 특징은 성적 흥분을 위해 비정상적 혹은 기괴한 형상 혹은 행동들이 필요하다는 점이다(Ressler et al., 2004b: 68). 게다가, 그러한 행위들은 무의식적으로 반복되는 경향이 있으며, 성적 자극을 위해 마음속에 그리는 필요한 이미지가 자위행위적인 환상들 속에 포함되는 것이 틀림없다. 살인범들에 관한 표본에서, 성적으로 학대를 당한 범죄자들은 그렇지 않은 살인범죄자들보다 동물을 상대로 성욕을 만족시키는 동물 성애적(動物性愛的, zoophilia) 성적 도착 증세 및 강간 범죄를 통한 환상을 더 일찍 경험하기 시작하는 경향이 있다. 감정적 자극을 얻고

유지하기 위해 요구되는 범죄자의 환상적 생활에 관한 복잡성과 기괴성에 따르면, 도착 증세의 극단적 표현은 결국 피해자의 시체를 절단하는 행위에 있다고 한다. 성적 학대를 받은 경험이 있는 범인과 그렇지 않은 범인에 대해 어린 시절, 청소년기 그리고 성인 시절의 발전 단계를 상호 교차 비교해 보면, 행동상의 많은 중요한 차이점이 있다.

수면 문제, 악몽, 공상, 볼품없는 외모를 가졌다는 생각 그리고 경련, 자기 절단행위, 학교 무단 결석, 불끈하는 성질, 반항, 방화, 어린이나 동물에 대한 잔혹함, 어른들에 대한 공격성 등과 같은 다양한 증상의 클러스터들과 함께 어린 시절 성적 학대의 결과로서 보고된 고립된 행동을 우리는 일관성 있게 주목하고 있다. 그런 증상들 가운데 몇 가지는 내면화된 노출되지 않는 성적 학대의 결과를 보여 주지만, 반면에 다른 증상들은 외향적인 공격성을 보여 주는 것이다.

어린 시절에 괴롭힘을 당하지 않은 범죄자들보다 동료 간 성적 행위에 관해 더 광범위한 혐오감을 갖고 있는 것으로 보고하면서, 어린 시절에 괴롭힘을 당했던 살인범들 간에 비록 차이점이 발견될 수 있을 것으로 기대되지는 않았지만, 어린 시절에 괴롭힘을 당한 범죄자들은 청소년기에 동료 간의 성행위에 대한 더 많은 혐오감을 갖고 있으며, 또한 청소년기에 괴롭힘을 당한 범죄자들은 조사가 진행되던 시점에 높은 비율의 혐오감을 갖고 있는 것으로 보고되었다. 이러한 발견에 따르면, 어린이의 성장 과정 중 서로 다른 시점에서 어린이에 대한 괴롭힘과 상호작용을 하면서, 청소년기에 동료 간의 성관계를 기피하려는 행위와 연관되어 있는 성에 관한 발달상의 기본적인 문제들 간에는 상당히 복잡한 연관성이 있다고 한다. 이러한 혐오 감정은 구조적인 발달과 규범적인 성적 상호작용상의 경험을 위태롭게 할 뿐만 아니라 사회적 고립을 증가시키기도 하며, 욕구 발달과 발산을 위해 환상에 의존하는 경향을 불러일으킨다는 것으로 추측된다.

성욕과다증(hypersexuality) 혹은 성적 상호 관계는 어린 시절 성적 학대를 경험한 자들에 대한 중요한 지표가 된다. 어린이들은 성에 관해 구두로 혹은 행동으로 성에 관해 표출할 수 있다. 종종 이러한 성에 관해 외부적으로 다른 사람들에게 공격적으로 표현될 때, 이것은 초기의 성적 학대에 관해 공격적이며 착취적인 성질에 곧바로 영향을 미친다. 성(性, sex)은 이러한 살인범들(어린 시절 성적 학대를 받은 그리고 받지 않았던)을 그들의 동료들과 연관짓기보다는, 어떤 면에서 그 관계를 방해할 수 있다. 어린 시절 처음 피해를 당할 시점에, 학대를 한 성인의 역할은 반복된 환상 속에서 계속 유지되며, 더 선호되는 성관계는 어린이-성인 간의 한 짝을 이루는 것이라는 주장이 있다. 게다가 좀더 어린아이들, 또래 그리고 성인들과의 관계는 공격에 의해 만들어진다(Ressler et al., 2004b: 69).

(2) 살해행위

범행 현장 증거에 대한 분석을 통해 얻은 하나의 결과는 성적 학대와 관련이 있는 중요성의 단계에 접근했다는 점이다. 성적으로 학대를 경험한 범인들과 그러한 학대 경험을 보고하지 않은 범인들 간에는 피해자에 대한 성폭행 스타일에서 놀랄 만한 차이점이 있었다. 어린 시절에 성적 학대를 경험한 범인의 경우, 피해자를 살해한 후 피해자의 시체를 절단하는 경향이 있었다. 반면에 어린 시절 성적 학대를 경험하지 않았던 범인은 피해자를 강간한 후 살해했다.

숨겨진 그리고 해결되지 않은 초기의 성적 학대는 신체 절단자들에 관한 하위 분류 내에서 묘사되는 기괴한, 성적·가학적 행동에 대한 자극 쪽으로 기여하는 요소가 될 수 있다고 연구자들은 추측했다. 비록 신체를 절단하는 자의 고의(혹은 의도)에 관해 수집된 체계적 자료들을 갖고 있지 않지만, 몇몇 살인범은 자발적으로 정보를 제공했다. 한 살인범에 따르면, 신체 절단을 위한 실질적인 이유를 갖고 있었음을 암시하면서, 그러한 신체 절단행위는 시체를 처리하는 방법의 하나였다고 말했다.

그런데, 부검(剖檢) 보고서에 의하면, 피해자의 시체를 잘라내는 것 외에, 한 살인범은 피해자를 살해한 후, 그가 주장했던 뭔가를 기억하지 못하도록, 피해자의 손톱을 빼내기도 했다고 한다. 이 살인범은 첫 번째 살인행위로 교도소에 수감되었다. 범인이 석방되었으나 그가 누군가를 다시 살해하게 될 것임을 알았다. 살인행위가 아니라, 피해자에 대한 성공적인 사지 절단에서 높은 단계의 감정적 각성을 추구했으며, 생각과 계획이 필요했던 행동으로서, 수사가 어렵도록 신체의 일부를 처분하려고 했다고 폭로했다.

맥컬로흐와 동료들(MacCulloch et al., 1983)은 가학적 환상을 갖고 있는 성범죄자들의 표본에서, 어려서부터 그들은 사회적 그리고 성적 관계에서 곤란함을 갖고 있었다는 점을 관찰했다. 그들의 주장에 의하면, 사회적·성적 접근에서의 이러한 실패는 부적당하다는 느낌의 발전과 단호함이 결여되어 있다는 것에 대해 부분적으로 책임이 있을 수 있다고 한다. 실제 세상에서 일어나고 있는 사건들에 대한 이러한 통제 무능력은 그 남자(살인범)로 하여금 자신이 통제할 수 있는 내면 세계인 환상의 세계로 움직이게 하고 있다. 이러한 통제와 지배에 관한 환상은 퍼져 있는 실패감에서 나오는 안도감 때문에 반복되는 쪽으로 이어진다.

맥컬로흐와 동료들의 주장에 의하면, 성적 자극이 가학적인 환상에 관련되어 있을 때, 환상에 대한 추가적인 형상과 내용은 전통적인 조건 모형 안에서 평가될 수 있다. 가학적 환상들 쪽으로 강하게 진행하려는 경향은 그때에 습관화의 관점에서 이해될 수도 있다. 아이셍크(Eysenck, 1969)에 따르면, 비정상적인 환상의 요소들을 실행하려는 것은 상대적으로 짧은 단계이며, 그러한 범인들의 인격은 반복된 사고 혹은 계획 쪽으로 기울어지게 된다. 이러한 사례들에서, 환상은 이론적으로 적어도 조건적인 흥분의 한 부분을 형성할 수 있을 것이며, 가능하게도 성적 자극을 위한 필요한 조건이 될 수 있다. 그래서 맥컬로흐와 동료들이 쓰고 있는 조건 모형은 이러한 병적인 인격적 특성들에서 가학적 환상들의 강력함과 영속성뿐만 아니라, 비성적(非性的)이면서 성적(性的)인 범죄들 쪽으로 진행한다고 설명할 수 있다.

이 모형은 라인하트(Reinhardt, 1957)가 "가학적 살인범죄자들 속에 성적 환상 쪽으로 나아가려는 것"이라고 불렀던 것에 대해 설명해 준다. 시체를 절단하는 살인범에 관한 마지막 사례는 반복적인 살인사건을 조종하면서 시체를 성공적으로 처리하려는 현실 지향적 환상을 인식력의 조합이라고 강조한다. 비록, 당시의 연구에서 모든 살인사건들이 성적 요소를 내포하고 있지만, 동기가 다양하다는 것은 명백하다. 몇몇 피해자들은 강간을 당하고 살해당했다. 그런데 다른 피해자들은 살해당한 후 성적으로 신체 부위를 절단당했다. 라다(Rada, 1978)에 따르면, 사람을 살해하는 강간범들이 살해행위를 통한 성적 만족감을 보고하는 경우도 드물지만, 사후에 성적 행위를 실행하는 경우도 없다고 한다(Ressler et al., 2004b: 70).

이와는 반대로, 종종 색정적 살인범이라고 불리는 가학적 살인범들은 의식화(儀式化)된 가학적 환상을 실행하기 전 혹은 동시에 피해자를 살해한다. 이 연구에서 나온 증거에 의하면, 성적 학대 경험을 갖고 있는 살인범들은 피해자에 대한 통제를 하기 위해, 성적인 표현을 하기 전에, 먼저 피해자를 살해할 것이다. 살인범은 반드시 신체와의 접촉을 통해 성적 오르가즘의 경험을 갖는 것은 아니며, 오히려 신체 주변 혹은 신체 위에서 자위행위를 할 수 있다.

아마도 시체를 절단하는 것과 같은 대체 행위, 혹은 1970년 브리테인(Brittain)의 연구에서 지적된 것처럼, 아마 남성의 성기 대체물을 사용함으로써 대체 행위를 통한 살인범의 긴장 완화가 일어날 수 있다. 당시의 연구와 일치되면서, 다른 사람의 연구들(MacCulloch et al., 1983)은 살인행위 후에 뒤따라 나오는 안도감과 비정상적 행동을 뒷받침하고 있다. 살인범들 가운데 많은 숫자는 살해행위 후에 집으로 돌아가서 깊은 잠을 잔다고 털어놓았다.

어린 시절의 성적 학대, 그 결과로서 생긴 증상과 범죄 행동에 관한 변수들에 대해 구체적 자료의 분석에 따르면, 몇 가지 변수들(예를 들면, 공상, 고립감, 어린이와 동물에 대한 잔혹함)은 성적 동기에 의한 살인범들에 관한 하위 범주들(다시 말하면, 강간 살인범, 살인 시체절단범)에서 중요한 역할을 한다. 살인에 대한 동기는 복잡하게 진행하는 절차이며, 이는 피해자를 파괴하여 희생시키면서, 성적(性的) 지배를 하고자 하는 욕구에 근거한 것이라는 징후가 있다. 성적 학대 경험을 갖고 있는 살인범과 경험이 없는 살인범 간에 그 징후의 형태에서 중요한 차이점이 있다는 것은 유죄가 선고된 살인범들에 관한 실험적 연구에서 나온 것이다(Ressler et al., 2004b: 70).

성적 살인에 대한 심리학적 동기에서, 차이점이 있는지 여부가 비록 확실하지는 않지만, 명백한 것은 살해 후 시체를 절단하는 살인범의 하위 집단에서 발견된 특별한 행위들이 초기에 나타난다는 것이다. 이러한 살인범들의 삶에서, 성적 괴롭힘의 구체적인 충격과 피해자의 시체에 대한 후속적인 절단행위(토막내는)와의 관련성은 추가적인 수사를 필요로 한다. 성적으로 학대당했던 청소년과 시체를 절단하는 살인범 간의 가능한 연관성을 추측하는 것은 자기 절단행위가 그 다음에 옮겨져서, 다른 사람에게 그러한 시체 절단행위가 실행되는 곳에서 미리 계획된 패턴을 제시하고 있다.

레슬러 등의 실험적 연구는 답을 하는 것보다 훨씬 더 많은 질문을 제기하고 있다. 드러난 어린 시절의 성적 학대에 대한 최근의 이해는 우선적인 치료와 법률적인 절차, 2차 결과 그리고 예방 노력들에 초점을 맞춰 왔다. 그러나 드러난 어린 시절의 성적 학대와 그것의 장기적인 영향에 관한 연구자들의 이해는 성별 차이점과 행동 결과에 관해 제한되어 있다. 행동상의 차이점에 관해 발견한 것이 제시되어 있는 가운데, 어린이에 대한 성적 학대 사례들을 일찌감치 어떻게 찾아낼 것인지뿐만 아니라, 특히 비범죄적 상황에서 학대받았던 성인들 안에 있는 행위 결과 쪽으로 좀더 들어가서 찾아낼 것인지에 대해서도 알아내야 하는 것은 더욱더 절박해지고 있다. 성적 동기에 의해 살인을 반복하는 살인범에게는 그들의 내부적인 처리작용과 인식작용은 성적으로 폭력적인 행동들에 관한 환상을 유지시키고 영속시키는 것처럼 보인다(Ressler et al., 2004b: 71).

결과적으로, 임상의학자들은 범죄적 환상뿐만 아니라, 가학적 환상을 보고하는 환자들의 기록에 대해 주의하고, 내용, 지속 기간, 진행 정도 그리고 환상에 의해 촉발된 감정에 관한 체계적인 내력을 기록해야 한다.

법집행 요원들의 입장에서는, 동기가 없는 것처럼 보이는—다시 말하면, 피해자와 비면식 관계이고, 피해자의 사망으로 얻을 수 있는 이익이 없는—살인사건이야말로 피해자와 그 범죄가 폭력적이고 가학적인 환상을 반영하면서, 범인에게 상징적 의미를 갖고 있는 것처럼 보이는 것이 틀림없다.

36명의 살인자들에 대한 배경 자료 분석과 그들과의 인터뷰에서 FBI는 무엇을 찾아낼 수 있었을까? 비록 일부 추측은 사실상 일반적일 수 있으며, 성적 동기에 의해 살인을 저지른 모든 범인에게 적용될 수는 없지만, 선별한 표본들은 어린이/청소년의 에너지가 목표를 지향하는 학습행동이라기보다는 오히려 잘못된 공상 쪽으로 모아지고 있다는 것을 보여 주고 있다.

빈번한 자위행위를 통해 나타난, 자위행위에 대한 과도한 개입, 시각적인 고립된 성적 경험들에 대한 선호, 특정한 물건들을 좋아하는 경향(물품기호증), 엿보는 행위(관음증)와 같은 것은 범인이 지배하는 공상적 세계와 연관을 갖게 되었을 것이다. 포르노에 대한 높은 흥미는 현실 및 타인과의 관계를 맺는 것으로부터 이탈시키며, 더 나아가서는 환상을 더 강화시킨다. 흥분은 살인자의 내부에 있는 것이지, 다른 사람들과의 관계 속에 있는 것이 아니다. 살인자의 행동의 근원은 그들의 보이지 않은 경험에서 비롯되는 것처럼 보인다. 낮은 사회적 애착, 신체적, 감정적 그리고/혹은 성적 학대 그리고 폭력에 대한 지배, 성적으로 변화된 환상적인 삶의 결합은 강간, 시체 절단행위, 고문 그리고 살인과 같은 이상행동을 유발시키는 태도와 생각 쪽으로 움직이게 한다. 이러한 살인자에 대한 중요한 관계 결핍들 중의 하나는 남성과의 상호작용에 있으며, 아마도 아버지가 없는, 냉담한 그리고 무능한 아버지로부터 유래된 것이다. 성적인 이상행동 이면에 있는 몇몇 역동적인 것을 이해하는 것은 법집행 요원들에게 그들이 신원을 확인해서 체포하려는 용의자들에 대해 몇 가지 훌륭한 통찰력을 제공한다(Ressler et al., 2004a: 81).

제8장

프로파일링 I

연쇄살인범 영역에서 프로파일링

1. 연쇄살인범에 대한 일반적 분류
2. FBI의 연쇄살인범에 대한 분류법
3. 홈스 분류학
4. 히키(E. W. Hickey)의 접근
5. 케펠(R. D. Keppel)과 월터(R. Walter)의 접근
6. 여성 연쇄살인범
7. 다른 분류 및 범죄자 유형

chapter 08

연쇄살인범 영역에서 프로파일링

1 연쇄살인범에 대한 일반적 분류

연쇄살인범 그리고 연쇄살인사건이라는 표현이 널리 사용된 것은 1980년대 중반이었다. 그 이전에는 대량살인범, 성욕 살인, 비면식 살인, 오락 혹은 스릴 추구 목적 살인이라는 용어들이 사용되었다. 최근에는 연속된 약탈(sequential predation)이라는 용어가 학문적인 문헌에서 평가를 얻고 있다. 연쇄살인범이라는 용어가 무엇을 뜻하는지에 대해 아무도 정확하게 정의한 것은 아니다(Vronsky, 2004: 327). 연쇄살인범들(serial killers)과 연쇄살인(serial murder)에 관한 개념 정의는 전문가마다 다르다.

연쇄살인범이라는 용어는 레슬러(Robert K. Ressler)에 의해 만들어진 것으로 알려져 있다. 그에 따르면, 연쇄살인범의 피해자 모두가 비면식 관계였던 것은 아니기 때문에 비면식 살인이라는 용어는 적절하지 못하다고 한다. 1974년 레슬러는 영국 경찰학교인 브램스힐(Bramshill)에서 강의를 맡고 있었는데, 거기서 일련의 연쇄적인 것으로서-강간범죄, 방화범죄, 주거침입 절도 혹은 살인사건들의 연속-범죄에 대한 설명을 듣게 되었다. 연쇄살인범은 더 완벽한 살인, 즉 그들의 환상에 더 가까운 살인을 저지르기 위해 모든 살인사건 이후에 그들의 긴장과 욕망을 증폭시킨다고 믿었다. 범인들은 살인을 저지를 때 만족을 얻기보다는, 오히려 연쇄살인범들은 종종 끝나지 않는 순환 속에서 그들의 연쇄살인을 반복하는 쪽으로 부추겨진다고 한다. 레슬러는 그것은 그가 취급하고 있는 대량살인 사건들에 관한 매우 적절한 설명이며, 연쇄살인범이라는 용어 이면(裏面)에 있는 역사라고 주장하고 있다(Ressler & Shachtman, 1992: 32-33; Vronsky, 2004: 328). 그러나 다른 사람들이 이전에 그 용어를 사용했다고 주장하면서, 레슬러를 문제삼는 사람들도 있다.

뉴턴(Michel Newton)은 작가인 브로피(John Brophy)가 『살인의 의미(*The Meaning of Murder*)』라는 책에서 그 용어를 사용했다고 말한다(Newton, 1992: 205). 앤 룰(Ann Rule)은 연쇄살인범이라는 용어 표현을 써가면서, 브룩스(Pierce Brooks)를 공로자로 인정했다(Vronsky, 2004: 329). 그러나 룰은 1980년 번디(Ted Bundy)에 관한 책 『내 곁의 낯선 자(*The Stranger Beside Me*)』에서, 연쇄살인범에 관한 최근의 개념을 소개하고 있다. 용어 자체는 결코 등장하지 않는다. 번디는 아직도 '대량살인범'으로 서술되고 있다. 심지어 다른 사람들이 그 용어를 이전에 사용했더라도, 레슬러가 최소한 법집행 공동체 내에서 그것을 널리 유행하는 방향으로 소개했던 것처럼 보인다.[1]

여러 형태의 연쇄살인자들은 범행 패턴에 기초하여 세 가지 범주 중 하나로 분류되어 왔다.[2] 대부분 연쇄살인은 성범죄라고 할 수 있는데, 그러한 특징적인 형태들을 입증할 만한 사실이 있다. 연쇄살인에 대한 전통적인 패턴은 마치 정상적인 성적 기능이 괴상하게 왜곡된 것이라고 보았다. 연쇄살인범들은 『*The Only Living Witness*』와 같이 흉악 범죄를 다룬 소설을 선호할 뿐만 아니라, 다양한 살인행위에 대한 비교 연구에 좀 더 학구적이 된다고 한다.

테드 번디의 범행을 소재로 한 책의 표지[3]

1) 대량(집단)살인범

대량살인(mass murder)은 살인사건을 저지르는 동안에 냉각기를 거치지 않으면서 한 장소에서 3명 혹은 그 이상의 피해자를 살해하는 경우에 해당된다(Bartol & Bartol, 2005: 338). 연쇄살인범들에게 쏟아지는 관심에 비교했을 때 놀랍게도 대량살인범들에게는 관심이 거의 쏠리지 않고 있다. 아마도 이것은 대량살인사건이, 비록 놀랍기는 하지만, 연쇄살인사건만큼 흥미를 불러일으키거나 전혀 미스터리하지 않기 때문이

1) http://www.criminalprofiling.ch/character.html; 다중살인(mass murderer), 연쇄살인(serial murderers) 그리고 마구잡이식 살인(spree killers)으로 소개하는 경우도 있다. 범죄분석실, 『수사연구』 2002년, 2월호, 99면.
2) http://www.criminalprofiling.ch/character.html
3) Stephen G. Michaud, Hugh Aynesworth 그리고 Roy Hazelwood(Contributor)가 연쇄살인범 테드 번디(Ted Bundy)의 범행에 관해 1999년 출판한 책이다.

우범곤 순경 사건(1982년 4월)[4)]

대구지하철 참사(2003년 2월)[5)]

김동민 일병 GP 총기 난사(2005년 6월)[6)]

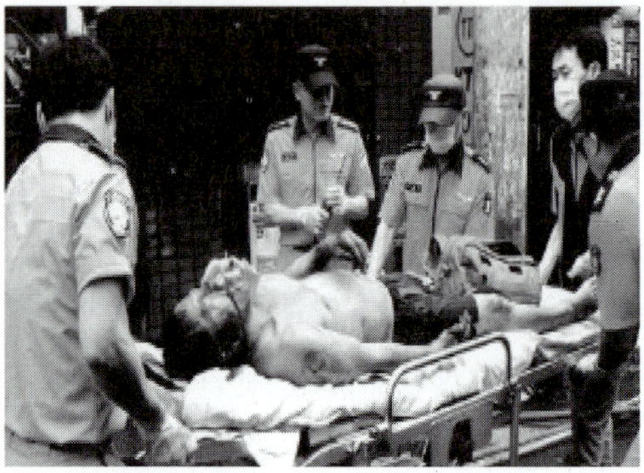

잠실고시원 방화(2006년 7월)[7)]

국내에서 발생한 대량살인 사례들[8)]

다. 게다가 대량살인사건은 순식간에 일어나고, 아무런 경고도 없어 예측하기조차 힘들다. 그리고나서 살인사건이 보통 끝난다. 범인이 여자나 남자 누구거나 간에, 범인의 인생은 보통 현장에서 끝난다는 것이 명백하다. 대량(집단)살인범들은 어디에서든 몇 분에서 며칠까지 지속되는 기간 동안 4명 또는 그 이상의 희생자들을 죽인다(Hartman, 2004: 20).

대부분의 집단살인범은 정신적 장애를 가졌으며 누구에게든, 우리의 가까운 근처에서 폭

4) 의령경찰서 궁유지서 소속 우범곤(27) 순경이 동거녀와 말다툼을 한 후 화풀이로 총기를 난사해 주민 56명 사망, 34명 중경상을 입힌 후 자살

5) 우울증 등 정신질환을 앓던 김모(56) 씨가 대구 '중앙로역'에 진입하는 지하철에 불을 질러 196명 사망, 140여명 중경상

6) 선임병의 가혹행위에 불만을 품은 김동민(22) 일병이 경기도 연천군 비무장지대 감시초소(GP) 내무반에서 총기를 난사해 8명 사망

7) 내연녀의 변심에 노래방 주인 정모(52) 씨가 불을 질러 같은 건물 고시원에서 살던 8명 숨지고, 12명 부상

8) http://news.chosun.com/site/data/html_dir/2007/04/21/2007042100049.html(2007년 4월 22일 검색).

발한다는 문제점을 안고 있다. 희생자의 대부분이 어린아이였던 21명을 샌디에이고의 맥도날드에서 살해한 허버티(James Huberty)와 텍사스의대학 캠퍼스 탑에서 30명 이상의 타인에게 사격을 가한 휘트먼(Charles Whitman)은 집단살인범의 실례다. 집단살인범들은 때때로, 그들의 가족구성원만을 죽이는 경우와 자신과 연관이 없는 희생자들을 죽이는 경우로 분류되기도 한다. FBI에서는 두 가지 유형의 대량살인사건을 제시하고 있는데, 전통적인 그리고 가족 간 대량살인사건이다(Bartol & Bartol, 2005: 338).

(1) 전통적인 대량살인사건 유형

전통적 대량살인범 유형은 한 시점에서 그리고 한 장소에서 한 사람이 저지르는 것과 연관된다. 그 시간의 기간은 몇 분 혹은 몇 시간 심지어 며칠 동안이 될 수 있다. 전통적 대량살인범은 보통 정신적으로 장애가 있는 자로 설명되는데, 이러한 문제와 관련되지 않은 그룹의 사람들에 대해 범인이 행동하는 시점에, 범인 자신의 문제가 증가된다. 범인은 총격을 가하거나 칼로 찌름으로써 자신의 적대감을 폭발시킨다.

전통적 대량살인범의 사례는 찰스 휘트먼이다. 그는 탄약 한 상자, 무기, 로프, 무전기와 음식을 소지하고 무장한 채, 텍사스 주 오스틴(Austin) 시에 바리케이드를 설치했다. 그리고 90분 동안 사격을 가했으며, 60명을 살해하고, 30명이 넘는 사람들에게 부상을 입혔다. 탑에서 총격을 가하는 동안 사살되면서 그의 행위는 멈춰졌다. 제임스 허버티는 전통적 대량살인범의 다른 사례였다. 권총으로 무장한 채, 패스트푸드 레스토랑에 들어가 많은 사람들을 죽이고 부상을 입혔다. 그는 히스패닉 지역공동체(San Ysidro) 내에 있는 패스트푸드(맥도날드) 레스토랑을 범행 대상으로 선택했다. 왜냐하면, 그는 명백히 히스패닉 계통의 사람들과 어린이들을 싫어했기 때문이다. 결국 현장에서 진압하는 경찰에게 사살되었다.

좀더 최근의 다른 사례로서, 펜실베이니아 대량살인범 시그리스트(Sylvia Seegrist: 여성이었던 범인이 입고 있는 군복 스타일의 복장 때문에 '람보 여사(Ms. Rambo)'라는 별명이 붙은) 사건이다. 그녀는 1985년 10월 펜실베이니아 몰에 있던 쇼핑객들을 향해 총격을 가해 3명을 살해하고 7명에게 부상을 입혔다. 그녀는 종신형을 선고받았다.

대량살인범들은 좌절하는 경향이 있으며, 자신들의 삶에 관해 아무런 도움을 받을 수 없다고 느끼며, 분노하는 사람인 경우가 많다. 그들은 보통 35세에서 45세에 이르는 연령층이며, 자신들을 위해 일이 잘 진행될 것 같은 기회가 거의 없다고 확신하고 있다(Bartol & Bartol, 2005: 344). 그들의 개인적 삶은 자신의 기준에 맞춰 볼 때 거의 실패했으며, 종종 그들은 중요한 직장을 잃어버리는 것과 같은 비극적 혹은 심각한 손실로 인해 괴로워한다. 게다가 대량살인사건은 보통 주의깊게 범행을 계획하고, 아주 장시간에 걸쳐서 계획을 한다. 그뿐만 아니라, 대량살인범에 의해 범행 대상으로 선택된 피해자들의 유형에는 범인의 불평 대상자(예를 들면, 직장 내 동료들처럼) 혹은 범인이 증오하거나 자신의 불행에 대해 책임있다고 비난하는 사람들이 포함될 수 있다.

대량살인범들은 종종 총에 매우 높은 관심을 갖고 있다. 특히 반자동 권총에 대해 그러하다. 왜냐하면 반자동 권총은 짧은 시간 내에 사망자의 숫자를 최대화할 수 있기 때문이다. 상당한 정도로 높은 파괴력을 갖고 있는 반자동 혹은 자동총기류들에 대한 이용가능성은 최근 발생하는 대량살인사건들에서 점증하는 많은 사망자 숫자에 어느 정도 책임이 있다.

게다가 대량살인범들은 대체로 범행 현장에서 죽기로 마음먹고 있다. 자살하거나 혹은 법집행 공무원들에 의해 사살되기도 한다. 또한, 대량살인범들은 종종 사회적으로 격리되어 있으며, 친구 혹은 의지할 만한 사람과의 강한 사회적 유대가 없는 고립된 자들이다. 그들의 사회적 고립은 아마도 사람들을 아주 싫어하는 태도와 사람들 간의 사교적인 적절한 기술이 결여된 것과의 결합으로 인한 것이다.

대량살인사건은 범인에게 심지어 다른 사람들을 지배하기 위해, 통제하기 위해, 충격을 가하기 위해 그리고 자신에 대한 인정을 받기 위한 일종의 기회인 셈이다. 비록 전통적인 대량살인범은 범행 현장에서 자살하기로 마음먹고 있다고 보통 주장되지만, 연구자들에 의하면, 5명 중 단지 1명 정도가 명백히 자살하려는 의도를 갖고 있다고 한다. 예를 들어 한 연구에 따르면, 근 21년 동안 495명의 대량살인범을 조사했는데, 그들 중 21%만이 현장에서 자살했다. 다른 2% 정도는 자살을 시도했으며, 3% 정도는 경찰에 의해 사살당했다. 통계자료에 의하면, 전반적으로 가족구성원이 저지르는 대량살인의 경우, 전통적인 대량살인사건보다 자살할 가능성이 훨씬 더 높은 것으로 나타났다(Bartol & Bortol, 2005: 345).

(2) 가족구성원 간 대량살인사건 유형

대량살인범의 두 번째 유형은 가족구성원 간의 살인행위다. 가족 간 대량살인 유형은 적어도 3명 이상의 가족이 보통 다른 가족구성원에 의해 살해당하는 경우가 이에 해당하며, 매우 빈번하게 범인은 자살하게 된다. 그래서 가족구성원 간 대량살인 및 자살사건으로 분류된다. 만약 3명 이상의 가족구성원이 살해되고 범인 자신이 자살한다면, 그것은 전통적 의미의 대량살인 및 자살로 분류된다. 범인이 자살하지 않고 4명 혹은 그 이상의 사람을 살해했다면, 그 범인은 가족살해범으로 불린다. 1972년 뉴저지 주 웨스트필드(Westfield)에서 그의 가족 모두를 살해했던 보험판매 사원 리스트(John List)가 이러한 사례에 포함된다. 리스트의 아내와 자녀들(16세, 15세 그리고 13세)의 시신이 마치 시체안치실에 있는 것처럼 슬리핑 백 위에 나란히 누워 있는 채로 그들의 방에서 발견되었다. 그들의 얼굴은 가려져 있었으며, 팔은 몸과 교차된 채로 접혀 있었다. 아들 한 명을 제외하고, 각각의 피해자는 왼쪽 귀 뒤쪽으로 한 번씩 총격이 가해졌는데, 아들에게는 여러 차례 총격이 가해졌다. 집에 대한 추가적인 수색을 통해 3층 화장실에서 범인의 어머니 시체가 발견되었다. 그녀 역시 왼쪽 귀 뒤쪽으로 총격이 가해졌다. 범인은 그 사건 이후에 사라졌으며, 그의 자동차가 공항 주차장에서 발견되었다(Hartman et al., 2004: 20).

가족 살인사건의 다른 사례에서, 비숍(William Bradford Bishop)이라는 자는 1976년 3월 메릴랜드 주 베테스다(Bethesda)에서 아내, 어머니 그리고 세 명의 자녀들을 때려 살해했다. 그리고나서 시체들을 노스캐롤라이나로 옮긴 뒤 가족들의 애완견 사체와 함께 얕은 도랑에 묻었다. 비숍은 정신병 치료중에 있었으며, 그에게는 항진정제가 처방되었었다. 범행 동기는 밝혀지지 않았다. 비숍은 해외 여러 나라에서 근무할 정도로 유망한 국무부의 중견간부였다. 후일 상위 직급으로 승진할 예정이었다. 비숍도 리스트처럼, 연방 법집행 당국의 수배 대상자가 되었다. 두 가지 범죄는 매우 주도면밀하게 계획되었다는 강한 암시가 있었으며, 그리고 그 남자들이 자살을 감행했는지 여부도 불확실하다.

(3) 제품 변경(독극물 투입)에 의한 살인

제품 변경 혹은 생산물 변경에 의한 살인사건은 흔히 어떤 사람에 의해 고의적으로 변경된 상업적 제품에 의해 야기된 사망을 일컫는다. 그러한 사건은 또한 대량의 사망을 야기할 수 있는 잠재성을 갖고 있다(Bartol & Bartol, 2005: 345).

1982년과 1986년 사이에, 직접적인 제품 변경에 의한 것으로 확인된 사건이 무려 12건 발생했다고 한다. 이러한 살인사건 형태는 드물다. 그리고 보통 경제적 이익을 얻기 위한 목적으로 저질러진다. 범죄자는 피해자(불법적 사망자)를 대신하여 소송을 제기함으로써 혹은 부당한 청구, 사업상의 조작을 통해 경제적 이익을 얻고자 한다(Douglas et al., 1992). 사업상의 조작 전략은 특정 제품에 변경을 가함으로써 경쟁하고 있는 다른 회사에 손해를 가하기 위해 시도하는 것이라고 일컬어진다. 불법적 사망사건이라고 주장하는 사건에서, 제품 변경에 의한 살인사건에 가장 빈번하게 활용되는 방법은 그 제품(상품, 물건) 안에 그 물건을 구입하기 전(만약 그 범죄가 부당한 청구 혹은 사업상의 조작과 연관된다면) 혹은 구입한 후에 청산가리(cyanide)를 삽입하는 것이다. 청산가리는 엄청난 약효(1온스 정도로 250명을 살해할 수 있는)와 그러한 약물의 용이한 취득 가능성 때문에 종종 극약으로 선택된다. 다행스럽게, 비록 제품을 변경하기 위해 수많은 협박들이 있지만, 극소수의 사건들만이 실제로 저질러진다. 협박의 거의 2/3 정도가 소매상 쪽으로 가해지며, 협박을 받은 제품들은 대체로 잘 알려진 전국 단위의 브랜드였다.

2) 격분/광포/흥분형 살인범

그 다음 추가적인 다중살인사건 유형은 격분/광란적 살인과 연쇄살인이다. (발작성) 광포한 살인범(spree murder)[9]은 보통 냉각기를 거치지 않은 채, 두 곳 혹은 그 이상의 장소에서 세 명 혹은 그 이상의 피해자들을 살해하는 경우를 일컬으며, 여흥(餘興) 살인범, '마구잡이식 살인'으로 표현되기도 한다. 그들은 살인행위 사이에 흥분된 격한 마음에 냉정을 되찾기 위한 시간적 간격을 두지 않는다. 그들에게 살해는 그것이 비록 짧은 시간 혹은 긴 시간 동안 지속된다고 하더라도 하나의 사건을 구성한다. 격분/광란적 살인사건은 두 곳 혹은 그 이상의 장소들에서 살인사건들 사이에 감정적 냉각기 없이 사람을 살해하는 것과 연관된다. 은행 내에서 몇 명의 피해자를 살해하는 은행 강도범은 인질을 붙잡고 도주하는 경우가 있으며, 주(州) 전역에 걸쳐 추적이 이루어지는 동안에 비행기 안에서 많은 사람을 살해하는 경우도 광포한 살인사건 유형의 하나다. 그 살해사건들은 한 가지 사건의 모든 결과들로서 그것을 저지르는 데 단시간 혹은 장시간이 소요될 수도 있다(Hartman et al., 2004: 20).

1949년 9월 6일에 뉴저지 주 캠든(Camden)이라는 도시에서, 광란적 살인범 언러(Howard Unruh)는 추가적인 탄약과 함께, 독일제 러거(Luger) 권총에[10] 탄환을 장전한 다음 마구잡이식으로 발사했으며, 동네를 가로질러 다니면서, 20여 분 동안 13명을 살해하고 3명에게 부상을 입힌 바 있다. 비록 그의 살인사건은 아주 짧은 시간에 벌어졌지만, 여러 장소를 이동하면서 저질러졌기 때문에 대량살인으로 분류되지 않았다.

2007년 4월 16일 발생한 버지니아공대 학살사건은 한국 국적(미국 영주권자)의 조승희(대학생)가 자신의 권총을 발사해서 32명을 살해하고(본인도 자살), 23명을 다치게 한 비극적 살인사건이다.[11] 버지니아공대 학살사건은 학교 내에서 발생한 총기 발사에 의한 것으로서, 사건 당일(4월 16일) 미국 버지니아 주 블랙스버그(Blacksburg)에 소재한 버지니아공대 캠퍼스에서 약 2시간 동안에 걸쳐 두 곳의 서로 분리된 장소에서 일어났다. 범인 조승희는 8세 때 한국에서 미국으로 부모를 따라 이민을 갔다. 조승희는 중학교 시절 심각한 불안장애로 진단과 치료를 받았고, 고등학생이 될 때까지 치료를 받았으며, 특별한 교육적 지원을 받았다. 버지니아공대에서 영어를 전공했으며, 2005년 대학에 재학 중 두 명의 여학생을 스토킹한 것에 대해 고발된 바 있다. 그런데 그는 버지니아 특별법원에 의해 정신적으로 병이 있다고 선고받은 바 있었다. 그것은 총기에 의한 폭력, 총기규제법, 정신건강 문제를

9) 광포성 살인범은 또한 격분에 의한 살인범(a rampage killer)이라고 일컬어지기도 한다.
10) http://en.wikipedia.org/wiki/Luger_pistol(2007년 10월 19일 검색).
11) http://en.wikipedia.org/wiki/Virginia_Tech_massacre(2008년 4월 3일 검색)

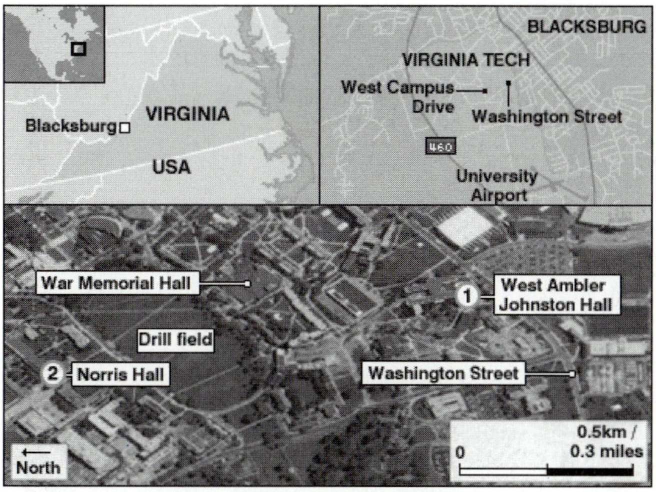

버지니아공대 총격사건 현장의 주변[12)]

다루는 미국 시스템의 간극, 범인의 정신 상태, 대학 행정당국의 책임, 개인의 사생활 보호 법령, 저널리즘의 윤리 그리고 다른 쟁점들에 관한 집중적인 논쟁을 촉발시켰다.

범인이 다중매체를 이용한 선언의 일부를 방송으로 내보낸 텔레비전 뉴스 회사들은 피해자의 가족들, 버지니아 주 법집행 당국자들과 미국정신과협회로부터 비난을 받았다. 정신적으로 건전하지 않은 자로 판정받은 범인에게 권총을 구입할 수 있도록 허용한 버지니아 법에 대해 신속한 개정을 초래했다. 또한 13년 이상 오래된 최초의 연방의 중요한 총기 통제 조치가 통과되는 데 기여했다. 이 법률은 '전국적인 신속한 범죄자 배경 체크 시스템'을 강화하는 내용을 담고 있으며, 2008년 1월 5일 부시(George W. Bush) 대통령의 서명을 받았다.

범행을 저지르는 동안, 범인은 두 자루의 권총을 사용했다. .22-칼리버 월터(.22-Caliber Walther) P22 반자동 권총(P22 semi-automatic handgun) 그리고 9mm 반자동 글록19 권총(Glock 19 handgun)이었다. 총격은 서로 분리된 사건(장소)에서 발생했다. 첫 번째 총격은 웨스트 앰블러 존스턴 홀(West Ambler Johnsonton Hall)이었으며, 두 번째 총격은 노리스 홀(Norris Hall)에서 각각 발생했다.

3) 연쇄살인범

연쇄살인(serial murder)은 보통 시간이 경과하면서, 범인 한 명(혹은 그 이상)이 수많은

12) http://news.bbc.co.uk/2/hi/americas/6560685.stm(2008년 4월 6일 검색)

표 8-1 버지니아공대 총격사건의 시간대별 재구성

07:15:	911 응급전화로 버지니아공대 기숙사의 하나인 '웨스트 앰블러 존스턴 홀'에서 총격이 발생, 남녀 한 명씩 숨진 채 발견됐다는 신고가 접수
07:30:	부상자 2명이 버지니아공대와 가장 가까운 몽고메리 리저널 병원으로 후송, 수사관들은 두 사건 관련 단서를 추적
08:00:	강의 시작. 경찰은 기숙사를 비우게 하고 목격자 청취를 시작. 범인이 교정을 벗어난 것으로 판단, 두 사건을 독립된 것으로 다루기로 학교의 동의 아래 결정
08:25:	대학 관계자들이 기숙사의 피해 상황을 파악, 학생들에게 공지할 수 있는 방안을 마련하기 위해 집결
09:26:	학생들에게 총격사건이 발생했으니 조심하고, 의심스러운 일을 목격하면 경찰에 신고하라는 내용의 이메일 발송
09:45:	공학부 건물인 노리스 홀에서 총격사건이 발생했다는 응급전화가 대학 경비 측에 걸려옴. 내용은 신원이 밝혀지지 않은 범인이 교실을 옮겨다니며 총을 쏘아 30명을 죽인 뒤 자살했다는 것. 범인이 아시아인이며 검은 재킷을 입고 있었다는 내용도 포함. 현장에 달려간 경찰은 건물 출입문이 체인들로 안쪽에서 막혀 있는 것을 발견했으며 출입문을 부수는 과정에서 총성을 들었음. 경찰은 총성이 들리는 2층으로 올라갔으며 도착하자마자 총성은 멈췄고 자살한 범인을 발견
09:55:	"총을 가진 남자가 교정에 난입했으니 추가 공지 전까지 건물 밖으로 나가지 말고 창문에서 떨어져 있을 것"을 촉구하는 두 번째 이메일이 학생들에게 전달. 교내 방송으로도 비슷한 메시지 전파
10:16:	건물 안에서 문을 잠그고 창문에서 떨어져 있으라는 세 번째 이메일 전달
10:52:	공학부 건물에서 총격사건이 발생, 여러 명의 희생자가 발생했으나 범인은 붙잡혔으며 경찰은 혹시 있을지 모를 다른 범인을 쫓고 있다는 네 번째 이메일 전달. 실제 범인은 숨졌으나 경찰은 기숙사와 공학부 건물 사건이 같은 범인이 저지른 것인지 확신 못했음.
12:15:	대학 학장과 경비대장이 기자회견을 갖고 20명 이상이 숨졌다고 발표. 오후 들어 희생자 숫자는 범인을 포함해 적어도 33명인 것으로 확인됨.

출처: http://www.kookje.co.kr/news2006/asp/center.asp?gbn=v&code=0400&key=20070418.33018002743

사람들(보통 최소한 3명 이상)을 살해하는 사건에 적용된다. 시간적 간격－종종 냉각기로 언급되며－은 며칠 혹은 몇 주일 정도가 될 수 있으며, 그렇지만 몇 개월 혹은 몇 년이 될 수도 있다. 냉각기라는 기간은 연쇄살인사건과 다른 다중살인사건과의 중요한 차이점이 된다. 살인사건은 미리 생각하고 계획된다. 그리고 범인은 보통 특별한 피해자를 범행 대상으로 선택한다.

연쇄살인범은 각 사건들 사이에서 감정적 냉각기를 가진 채 세 가지 혹은 그 이상의 분리된 사건에 관련되어 있다. 이러한 유형의 살인범은 특별한 피해자에 관해 예외가 가능하지만, 모든 국면에서 살인사건을 상상하고 계획하면서, 보통 범죄들을 미리 계획한다. 그리고나서, 범인에게 적당한 시간이 되었을 때 그리고 마지막 살인사건으로부터 감정적 냉각기에 접어들었을 때, 그는 다음 범행 대상자를 선택하며 범행계획을 진행시킨다. 그러한 냉각기는 다른 다중살인사건과 연쇄살인범을 구별해 주는 중요한 요소다. 그런데, 살인범들 간에는 다른 차이점이 있다. 전통적인 대량살인범과 광란적 살인범은 그들의 범행 피해자가 누구인가에 대해서는 별 상관이 없다. 그들은 누구든지 간에 접촉하게 되는 사람들을 살해할 것이다(Hartman et al., 2004: 21).

연쇄살인범은 광란적 살인사건을 저지를 수 있다. 와일더(Christopher Wilder)는 오스트레일리아 태생의 사업가이며, 자동차 경주 선수이기도 했다. 1984년, 그는 미국 전역을 돌아다니면서 젊은 여성들을 살해했다. 쇼핑몰에서 범행 대상자를 물색하거나 혹은 미인 컨테스트에서, 그리고 데이트를 통해 그들을 만난 다음에 납치하곤 했다. 연쇄살인범으로서 수배중에 그의 신원이 확인되었다. 그래서 FBI와 미국의 거의 모든 경찰관서로부터 추적받았다. 그때 그는 미국 전역을 누비면서 장기간에 걸쳐 광란적 살인행위를 계속했으며, 경찰과 총격전을 벌이다가 사살되었다. 와일더에 관한 분류는 연쇄살인 유형에서 광란적 살인 유형으로 변했다. 왜냐하면, 다중살인행위와 거의 7주 동안의 길어진 살인행위 동안에 냉각기가 거의 없었기 때문이다. 이러한 변화는 다른 연쇄/광란적 살인사건에서 발견된다. 도망자 신분과 범죄에 대한 높은 노출 가능성으로 인한 긴장은 범인에게 자포자기적 감정을 야기한다. 그의 행동들은 공개되어 일반인에게 알려지며, 가중된 압박감으로 보통 범인이 냉각기를 갖지 못할 수도 있다. 범인은 자신이 체포되리라는 것을 알게 되며, 곧 경찰과 직면하게 될 상황은 그가 저지르는 범죄의 한 요소가 된다. 경찰로 하여금 범인 자신을 사살하게 될 상황으로 어쩔 수 없이 자신을 몰아넣게 된다.

영국에서도 초기에 잭 더 리퍼라고 불리는 연쇄살인사건이 있었다. 더 최근에는 서트클리프(Peter Suttcliff)라는 런던시 북부지역의 홍등가에서 13명의 여성을 살해한 요크셔 살인마(Yorkshire Ripper) 등이 있다. 닐센(Dennis Nilsen)이라는 범인은 적어도 15명의 피해자를 살해한 것으로 알려져 있으며, 동성애라는 하부문화에 기해 피해자들을 살해한 영국 최초의 연쇄살인범이 되었다.

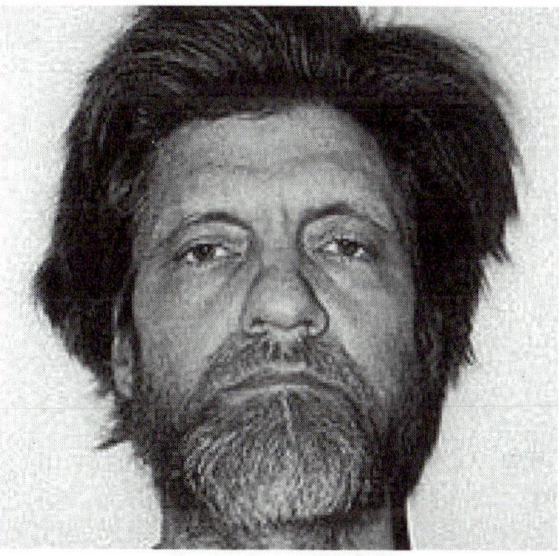
Unabomber사건의 진범(眞犯)인 카친스키의 경찰 입건 당시 사진[13)]

외관상으로는 한 곳에 머물렀지만, 자신이 신중하게 고안해 낸 우편물 폭탄을 통해 미국의 다른 여러 지역에서 희생자를 선택했던 'Unabomber'(FBI 사건명: UNABOM-

13) http://en.wikipedia.org/wiki/Theodore_Kaczynski(2008년 3월 3일 검색).

표 8-2 Unabomber 범행 기록

1. 일리노이 주립대학, 일리노이 주, 에반스턴: 1978.7.25. 일리노이 주립대의 시카고 서클 캠퍼스, 기계공학과 주차장에서 소포가 발견되었다. 소포에 적힌 수신인은 뉴욕 주 트로이의 렌슬러 폴리테크닉 연구소의 모 공학교수로 되어 있었다. 소포에는 반송인으로 노스웨스턴대학의 테크놀로지 연구소의 한 교수 이름이 적혀 있었다. 자신이 보내지도 않은 소포가 자신 앞으로 반송되어 온 까닭에 노스웨스턴대학 교수는 이 소포를 대학 경찰당국에 신고했다. 1978년 5월 28일 경찰관이 이 소포를 개봉했고, 그 경찰관은 폭발로 인해 경상을 입었다.
2. 노스웨스턴대학, 일리노이 주, 에반스턴: 1979.5.9. 노스웨스턴대학의 테크놀로지 연구소의 공동 이용 장소에 위장된 폭탄 장치가 놓여 있었다. 한 대학원생이 상자를 열려다 폭발로 인해 경상을 입었다.
3. 일리노이 주, 시카고: 1979.11.15. 소포로 위장된 폭탄 장치가 시카고로부터 알려지지 않은 수신처로 발송되었다. 폭탄은 비행기의 화물칸에서 폭발했으며, 그 때문에 비행기는 댈러스공항에 비상 착륙을 시도해야 했다. 12명의 승객이 연기로 인한 호흡 곤란을 겪고 치료를 받았다. 폭발로 인해 소포의 포장이 파손되어 수신자의 주소는 밝혀지지 않았다.
4. 일리노이 주, 시카고: 1980.6.10. 1980년 6월 8일자로 우체국 소인이 찍힌 위장폭탄이 일리노이 주 레이크 포레스트 시의 항공사 중역의 자택으로 배달되었다. 이 항공사 중역은 폭발로 중상을 입었다.
5. 유타대학, 유타 주, 솔트레이크 시티: 1981.10.8. 대학의 강의동 홀에서 폭탄 장치가 발견되었다. 이 폭탄은 폭탄제거반에 의해 제거되었다.
6. 반더빌트대학, 테네시 주, 내슈빌: 1982.5.5. 1982년 5월 5일 컴퓨터학과의 비서가 나무상자를 열다가 상자 안에 담긴 원통형 폭탄이 터졌다. 비서는 경상을 입었다.
7. 캘리포니아대학, 캘리포니아 주, 버클리: 1982.7.2. 캘리포니아대학 버클리 캠퍼스의 코리 홀 휴게실에 작은 금속제 원통형 폭탄이 설치되었다. 전자컴퓨터 공학과의 한 교수가 폭탄장치를 집어들었다가 부상을 입었다.
8. 워싱턴 주, 오번: 1985.5.8. 1985년 5월 8일 보잉사의 조립 부서에 소포 폭탄이 배달되었다. 1985년 6월 13일, 근로자들이 소포를 열다가 폭탄장치를 발견했다. 폭탄제거반에 의해 폭탄장치는 부상자 없이 제거되었다.
9. 캘리포니아대학, 캘리포니아 주, 버클리: 1985.5.15. 버클리 캠퍼스 코리 홀의 컴퓨터실에서 폭탄이 터졌다. 전자공학과의 대학원생 한 사람이 왼쪽 눈의 시력을 부분적으로 잃었고 오른손의 네 손가락을 잃었다.
10. 미시간 주, 앤아버: 1985.11.15. 솔트레이크 시티로부터 교과서 크기의 소포가 미시간 주 앤아버의 미시간 대학 교수의 자택으로 배달되었다. 1985년 11월 15일 한 연구조교가 소포를 열다가 부상을 당했다.
11. 캘리포니아 주, 새크라멘토: 1985.12.11. 휴 스크러턴 씨가 자신의 컴퓨터 대여업소 밖에서 폭탄을 집어들다가 사망했다. 폭탄은 건물의 후문 근처에 교통방해물로 위장되어 있었다.
12. 유타 주, 솔트레이크 시티: 1987.2.20. 컴퓨터 판매업소인 CAAM사의 후문 근처에서 역시 교통방해물로 위장된 폭탄이 터졌다.
13. 캘리포니아 주, 티뷰론: 1993.6.22. 한 저명한 유전학자가 자택에서 1993년 6월 18일자의 소인이 찍힌 소포를 받았다. 이 유전학자는 소포를 열려다가 중상을 입었다.
14. 예일 대학, 코네티컷 주, 뉴 헤이븐: 1993.6.24. 예일대학의 교수이자 컴퓨터 과학자인 사람이 자신의 사무실로 배달된 소포를 열다가 폭탄이 터져 심한 부상을 입었다.
15. 뉴저지 주, 노스 캘드웰: 1994.12.10. 뉴욕 시의 광고회사 중역인 토머스 모서 씨가 자신에게 배달된 소포를 열다가 자택에서 사망했다.
16. 캘리포니아 주, 새크라멘토: 1995.4.24. 캘리포니아 임업협회의 회장인 길버트 머리 씨가 자신의 사무실에서 소포를 열다가 사망했다. 소포는 해당 사무실에서 근무했던 전임자를 수신인으로 한 것이었다. 소포가 발송된 시점은 Unabomber가 『뉴욕 타임스』와 1993년 6월 24일 폭탄 소포를 받았던 예일대학 교수 앞으로 편지를 보냈던 시점과 동일한 것으로 밝혀졌다.

"UNiversity and Airline BOMber", 본명: Theodore Kaczynski)는 연쇄살인범이 갖는 특성들의 이례적 조합을 잘 보여 주고 있다.

범인은 그들의 살해를 계획하기 때문에 종종 범죄 사이에 먼 거리를 여행하기도 하고, 개인 특유의 이유 때문에 살해하기도 한다. 일반적으로 그들은 25~34세 정도의 백인 남성이다. 적어도 평균적인 지능을 갖고, 그들 중 많은 사람이 사생아였으며 어린 시절 학대당한 경험이 있다. 그들은 사람을 통제하고자 하는 욕망을 채워 줄 특별한 타입의 나약한 희생자를 선택하는 경향이 있고, 교살을 하거나 찔러 죽이는 것처럼 손에 도구를 들고 살해하기를 더 좋아한다. 그들은 희생자에 대한 지배와 제어를 포함한 가학적 환상에 사로잡혀 있는 경우가 대부분인데, 이런 환상은 흔히 성적(性的)으로 발현되며 다머(Jeffrey Dahmer)의[14] 경우가 특히 그렇다.

연쇄살인범은 미국과 영국에서 점점 증가 추세에 있다. 1950년대와 1960년대 미국에서 시간이 경과하면서 한 명의 범인이 10명 혹은 그 이상의 피해자들을 살해한 사건은 겨우 두 건에 불과했다. 그런데 1970년 이후 연쇄살인범으로 정의되는 적어도 40명의 범인들이 있었다.

미국 법무부에서는 1970년대 및 1980년대 미국에서, 어느 특정 시점에 약 35명 정도의 연쇄살인범이 활동했었다고 결론을 내리고 있다. 그런데, 연쇄살인범이 증가하고 있는지 혹은 법집행기관과 뉴스미디어 간에 의사소통과 컴퓨터 네트워크상의 경이적 발전이 범죄의 통계적 증가—적어도 부분적으로—를 설명할 수 있는지 여부는 논란거리로 남아 있다. 1970년 이전에, 법집행기관 간의 정보 교환은 매우 어려웠으며, 오늘날의 수준으로 보면 상당히 원시적이었다. 그래서 그들이 보통 하던 것처럼 한 지리적 장소로부터 다른 곳으로 이동했던 연쇄살인범들은 발각되지 않았다(Bartol & Bortol, 2005: 339).

대량살인범은 비록 영국에서는 드문 현상이긴 하지만, 미국에서는 증가하고 있는 것으로 보인다. 믿을 만한 자료에 의하면, 매년 미국에서 3,500명에서 5,000명에 이르는 피해자가 연쇄살인범 혹은 대량살인범에 의해 살해되는 것으로 추정된다(Holmes & De Burger, 1988). 이러한 추정은 아마 너무 높게 보일 수 있다. 그렇지만 해마다 미국 전역에서 저질러지는 살인사건의 14%에서 20% 정도가 대략적으로 설명될 수 있다. 1988년에 젠킨스(Philip Jenkins)에 의해 수행된 연구에 따르면, 연쇄살인범의 피해자는 대부분 젊은 여성

14) 일명 '밀워키의 식인종(the Milwaukee Cannibal)'이라는 별명이 붙여진 사건. 미국 북동부 미시간 호 주변의 밀워키라는 도시에서 1978년 6월 힉스(Stephen Hicks)라는 사람을 살해한 것을 필두로, 1991년 7월까지 확인된 것만 무려 17건의 살인사건을 저질렀다. 그는 이민자들이 많이 모여 사는 지역의 소수 백인들 중의 한 사람이었다. 대부분의 피해자들은 흑인, 아시아계 및 히스패닉 계통의 사람들이었다. http://www.bbc.co. uk/print/crime/caseclosed/dahmer1.shtml

연쇄살인

오늘날 연쇄살인은 마치 하나의 지구적 '사회 현상'이 아닌가 싶을 정도다. 그만큼 발생 빈도가 잦을 뿐 아니라 발생 지역도 광범위하다. 나라를 가리지 않는다. 게다가 연쇄살인에는 몇 가지 공통점이 있다. 무엇보다 범행 수법이 잔인하다. 대부분 희생자를 고문하고 폭행하는 등 괴롭히다가 잔혹하게 살해한다. 또 살해한 뒤에도 시신을 그냥 내버려두지 않는다. 신체 일부를 절단하는 등 훼손하는 것은 다반사고 심지어 희생자를 먹는 사례도 적지 않다. 역사상 가장 유명한 연쇄살인이라 해도 좋을 '잭 더 리퍼(찢어발기는 잭) 사건'은 가히 현대 연쇄살인사건의 모델로 불릴 법하다. 1880년대 영국 런던을 공포로 몰아넣은 이 사건의 희생자는 빈민가의 매춘부 5명. 대량살인이 난무하는 요즘에 비하면 많지는 않다. 그러나 희생자들의 시신이 무참하게 훼손돼 있었다는 점에서 뒤이은 엽기적 연쇄살인사건들의 효시라 할 만하다. 불행하게도 끝내 범인을 잡지 못한, 그래서 더 유명해진 이 사건과 달리 현재 연쇄살인범들은 대부분 검거되고 있지만 이들은 '잭 더 리퍼'의 변태적 수법을 충실히 따르고 있음을 보여 준다. 이를테면 미국 3대 연쇄살인마로 불려도 손색이 없을 존 웨인 게이시와 테드 번디, 그리고 제프리 다머의 경우. 게이시는 1972년부터 9~27세의 남자 33명을 성폭행하고 살해한 뒤 토막을 내 집 마당 등에 묻었다. 반면 번디는 1974년부터 12세짜리 소녀를 포함, 젊은 여성들만 골라 새디스트적 욕망을 충족하면서 살해했다. 그는 최소한 35명을 죽인 것으로 밝혀졌지만 스스로는 100명 이상을 죽였다고 진술했다. 그런가 하면 다머는 1978년부터 17명의 소년과 남자들만 골라 납치·성폭행·살해한데 더해 시신 일부를 냉장고에 보관해 놓고 먹기도 한 것으로 드러났다.

미국뿐이 아니다. 1990년 체포된 러시아의 안드레이 치카틸로는 1978년부터 35명의 소년·소녀를 포함해 무려 53명을 강간, 토막 살해했다. 교사 출신인 그는 희생자를 물어 죽이는가 하면 번디처럼 신체 일부분을 먹는 등 변태살인의 극치를 보여 주었다.

우리나라에서도 연쇄살인은 드물지 않다. 경찰수사 결과 부산·울산 일대에서 10개월 동안 9명을 살해하고 8명에게 중상을 입힌 것으로 밝혀진 정두영사건은 가장 최근의 예에 불과하다. 그러나 아직 미궁에 빠져 있지만 1986년부터 96년까지 11명의 여성 피해자를 낸 경기도 화성의 연쇄살인사건이 외국의 예와 마찬가지로 변태성욕 등에 의한 것이라면 정씨의 경우는 오직 돈이 목적이었다는 점에서 성격이 다르다. 말하자면 우리 사회의 가장 심각한 두 가지 고질, 즉 사람 목숨을 아무렇지도 않게 여기는 인명 경시와 배금주의가 합해져 만들어 낸 범죄인 셈이다. 모든 탓을 사회에 돌려서도 안 되겠지만 사회적 죄의식 결여는 고쳐져야 한다.

국민일보, 2000년 4월 17일 [한마당]

이며, 특히 매춘부로 활동하던 사람들이었다. 오늘날 연쇄살인범의 주요 피해자는 남자·여자 어린이(8세에서 16세 정도)가 되는 경향이 있다. 어린이 피해자의 증가에 대해 한때 FBI의 프리치(Louis Freech) 국장은 어린이 유괴사건과 살인사건에 대한 수사에 집중할 수 있는 전문화된 수사팀(어린이 유괴 및 연쇄살인사건 수사지원부: Child Abduction and Serial Killer Unit)를 만들기도 했다.

게다가 실종 및 학대 어린이 전담팀(Missing and Exploited Children's Task Force:

MECTF)이 1994년 의회의 옴니버스 범죄법안(Omnibus Crime Bill)이라는 법률 통과를 계기로 만들어졌는데, 해결하기 어려운 실종 및 학대 어린이 사건 수사를 도와 주기 위한 것이다. 어린이 유괴 및 연쇄살인사건 수사지원부와 MECTF는 '실종 및 학대 어린이를 위한 국립센터(National Center for Missing and Exploited Children)'와 긴밀하게 협조하고 있다. 1987년 '소년사법 및 비행(非行)방지국(the Office of Juvenile Justice and Delinquency Prevention)'에서는 가족이 아닌 사람들에 의해 유괴된 어린이 사건을 해결하기 위한 노력으로 여섯 가지 연구를 수행한 바 있다.

어린 시절에 폭력적 성향을 보이고 있는 전형적인 폭력범죄자와는 달리, 연쇄살인범은 비교적 늦은 나이에 반복적인 살인 경력을 시작한다. 젠킨스(Jenkins, 1988)에 따르면, 대부분의 연쇄살인범은 24세에서 40세 정도에서 살인 경력을 시작한다고 결론을 내리고 있다. 흥미롭게도, 연쇄살인범으로 체포된 자들의 평균 연령이 36세 정도다. 체포되는 시기는 전형적으로 살인을 시작한 약 4년이 지난 후였다고 한다.

연쇄살인범이 경찰에 의한 광범위한 체포 경력을 갖고 있는 가운데, 그러한 범죄 경력은 폭력범죄 경력보다는 경미한 연쇄적인 절도, 횡령 그리고 위조사건들에 대한 것이다. 놀랍게도, 그들은 광범위한 비행 경력을 갖고 있지 않았다. 젠킨스는 영국의 관련 사건들에서는 종국적인 살인 범행에 관한 초기 지표 혹은 예측 인자들을 제공하지 않는다고 결론을 맺고 있다. 영국에서 연쇄살인범이 최초의 살인사건을 저지를 때, 절반 정도의 범인들은 결혼한 상태였으며, 안정적인 가족 관계를 유지하고 있었고, 수년 동안 같은 집에서 거주하고 있었다. 대부분 안정적인 직업을 갖고 있으며, 상당히 당황스러운 것은 많은 범인들이 이전에 경찰관 혹은 경비원이었다는 점이다.

홈스와 드버거(Holmes & DeBurger, 1988)는 미국의 연쇄살인범의 특징을 분석한 바 있다. 일반적으로, 영국의 표본 유형과 특징이 미국의 그것과 근접했다. 그런데, 영국의 연쇄살인범은 대체로 같은 지역에서 머물렀던 반면에, 미국의 많은 연쇄살인범은 시골 지역으로 옮겨다니는 것을 선호했으며, 많은 주(州)와 다른 형사사법 관할 구역 내에서 살인범죄를 저지르는 것으로 나타났다. 홈스와 드버거는 또한 백인 남성이 백인 여성을 살해하는 사례가 훨씬 더 많다고 주장한다. 물론 거기에는 예외가 있는데, 31세의 백인 남성이었던 제프리 다머는 1991년 적어도 9명의 흑인 남성을 살해했다. 그는 명백하게 10년 이상의 기간에 걸쳐 살해했다(Bartol & Bartol, 2005: 340).

영국과 미국의 표본에서, 피해자들은 범인이 간간이 만나기만 했던 비면식자 혹은 사람들이었으며, 법집행기관이 범인의 신원을 확인하는 데 특별히 어렵게 만드는 범행 유형을 보였다. 게다가 살해에 대한 동기로 살인범을 체포하고자 하는 사람들이 이해하기에는 극히 어려운 것이었다. 역사상 미국에는 비록 비교적 드물기는 하지만, 가장 최근에 악명 높았던 에일린 워너스(Aileen Wuornos)를 포함하여 적어도 30여 명의 여성 연쇄살인범이 있었다.

히키(Eric W. Hickey)에 따르면, 서류상으로 34명의 여성 연쇄살인범을 확인한 바 있으며, 그들 중 82% 정도가 1900년 이후에 활동했다고 한다. 게다가, 여성 연쇄살인범과 남성 연쇄살인범 간에 확실히 구별되는 몇몇 차이점이 있다. 예를 들면, 거의 모든 비면식 피해자를 살해했던 남성 연쇄살인범과는 달리 여성 연쇄살인범의 단지 1/3만이 비면식 관계에 있는 피해자를 살해했다고 한다 (Holmes, Hickey, & Holmes, 1991). 여성 연쇄살인범의 대부분의 피해자는 남편, 전 남편 혹은 청혼자들이었다. 예를 들면, 거네스(Belle Gunnes)는 인디애나 주 라 포르트(La Porte)에서 14명에서 49명에 이르는 남편 혹은 청혼자들을 살해한 것으로 추정된다. 도스(Nannie Doss)는 오클라호마 주 털사(Tulsa)에서 11명의 남편과 가족구성원을 살해했다. 한편, 워너스는 그녀를 히치하이킹했던 7명의 남성들을 살해한 바 있다.

여성 연쇄살인범은 보험금 수령, 유산 배당, 신탁재산 그리고 부동산같이 주로 재물 혹은 금전을 얻을 목적으로 살해한다. 게다가 살해 방법은 통상적으로 독약을 이용한다. 보통 청산가리(시안화칼륨) 혹은 약물을 과다 복용시키는 방법 등이다. 대략 알려진 여성 연쇄살인범의 절반 정도가 남성 공범(共犯)을 갖고 있었다. 그러한 여성들은 사이비 종교의 예배 의식에 빠져 있거나 혹은 남성 연쇄살인범과 연관을 맺은 것 때문에 살해한다. 사이비 종교 예배 의식과 관련된 살인범의 사례는 맨슨(Charles Manson)의 여성 추종자들이다. 남성 연쇄살인범과 관련되어 살인사건을 저지른 사례로는 샤를렌 갈레고(Charlene Gallego)가 있다. 그녀는 연쇄살인범 제럴드 갈레고(Gerald Gallego)의 동거녀였다. 샤를렌 갈레고는 제럴드가 적어도 10여 명의 피해자를 선택, 납치 그리고 살해하도록 도와 주었다 (Bartol & Bartol, 2005: 340).

젠킨스(Jenkins, 1993)에 의하면, 최근에 널리 알려진 연쇄살인범의 이미지－성적 동기에 의해 살인하는 백인 남성－가 아마도 정확하지 않다고 주장한다. 그는 피해자학적 관점의 결여가 혼동과 왜곡된 정보를 조장하고 있으며, 연쇄살인범에 관한 최근의 상식은 다음의 두 가지 변수들에 강한 영향을 받고 있다고 한다. 즉 피해자에 대한 이용가능성과 그러한 피해자에 대한 법집행 당국의 태도다. 범인의 개별적 그리고 인성적 특성에 강하게 초점을 맞추기보다는, 피해자를 살해할 수 있는 사회적 기회를 또한 조사해 봐야 한다고 믿고 있다. 다른 말로, 연쇄살인범에 대해 우리가 알고 있는 것은 아마도 잠재적 피해자의 성격과 유형에 의해 강하게 영향을 받을 수 있다. 예를 들면, 젠킨스는 잭슨(Calvin Jackson)사건을 제시하고 있는데, 잭슨은 1974년 뉴욕의 호텔에서 몇 건의 살인사건을 저질렀다. 실제로, 연쇄살인범이었지만, 피해자들 가운데 아무도 경찰에 그 용의자를 신고하지 않았다. 잭슨의 살인사건은 가난한 손님들, 사회적으로 소외된, 대체로 잊혀진 그리고 대부분 노인이 묵고 있는 호텔의 1인실에서 발생했다(Bartol & Bartol, 2005: 341).

시간이 지나면서, 경찰은 알코올, 약물 혹은 고연령으로 피해자들이 사망하거나 부상당한 사건을 처리하기 위해 호텔로 출동했다. 무참한 살인사건으로 의심되었지만 경찰은 결코 그것을 연쇄살인범의 소행으로 보지 않았다. 왜냐하면, 피해자들이 고정관념적 프로파일에 부합하지 않았기 때문이다. 피해자들에 대해 이상한 성적 학대와 같은 증거가 없었기 때문에 경찰이 연쇄살인범의 가능성을 품을 이유가 없었다. 다른 연쇄살인범은 아마도 마약과 관련된 살인사건을 닮은 상황으로 짜맞추려고 할 수 있다. 그래서, 연쇄살인범들에 관한 오늘날의 지식은 아마도 확실한 범주의 범인들에게 제한될 수 있다. 알려진 연쇄살인범의 피해자 선택 과정을 살펴보면, 살인자들은 용이한 접근, 이동 그리고 많은 경보음 혹은 관심을 불러일으키지 않은 채 사라질 수 있는 상황을 제공할 수 있는 일단의 사람들을 선호한다.

피해자들은 종종 매춘부, 특히 거리의 여성, 거리의 도망자, 젊은 남자 떠돌이 그리고 이리저리 이동하는 공장 노동자들이다. 대학교 혹은 전문대학 캠퍼스에 있거나 혹은 근처에 있는 젊은 여성들, 그리고 나이가 좀 들고 외롭게 혼자 있는 가난한 사람이 그 다음에 선호되는 그룹처럼 보이며, 양 그룹에 대해 피해자 선택시에 가장 강력한 선택 변수는 용이한 이용가능성이다. 예를 들면, 알려진 연쇄살인범들이 주거에 침입하여 집에 있는 중산층 비면식 피해자를 살해하는 경우는 거의 없다(Bartol & Bartol, 2005: 341).

그런데, 연쇄살인범은 아주 쉽게 공격을 받을 수 있는 피해자를 선택하면서, 그들의 살인 경력을 시작한다. 그렇지만 그들은 살인행위를 지속하면서, 아마도 더 도전적인 피해자를 납치할 수 있는 능력에 대해 사실상 더 많은 신뢰를 갖는다고 지적되어야 한다. 다행스럽게, 아주 소수의 연쇄살인범만이 그들이 체포되기 전에 이러한 범행에 성공한다.

연쇄살인사건을 줄이기 위한 효과적인 방법은 특별한 고위험 그룹과 지역을 확인하고 보호하는 것 그리고 그들의 공격받기 쉬운 가능성을 감소시키기 위해 요구되는 사회적 수단을 강구하는 것이다.

범죄자 프로파일링 기법과 다른 수사 기법을 통해 범죄자에게 초점을 두는 것은 항상 유용성이 제한되어 있다. 왜냐하면, 우연한 사건과 범인에 의한 부주의가 혼합되면서 체포되기 때문이다. 동시에, 지역사회 지도자와 관계 당국은 잠재적 피해자들이 범죄에 이용될 가능성을 감소시키는 데 집중해야 한다. 미국에서 흑인들이 '일반적인' 살인사건에서 과장되고 있지만, 알려진 연쇄살인범의 1/5 정도만이 흑인이다. 라틴 아메리카인들과 다른 소수인종 집단의 연쇄살인범들의 숫자는 알려져 있지 않다. 이러한 불일치에 대한 한 가지 이유는 연쇄살인사건이 어떻게 확인되고 수사되는지에 달려 있다. 예를 들면, 만약 흑인 피해자들이 빈민지역, 인구밀집지역 그리고 범죄가 만연하는 근린 지역에 소재한 황폐한 아파트단지에서 발견되었다면, 법집행 당국은 연쇄살인범의 희생자로서 흑인 피해자를 수사하려는 경향에 소극적일 수 있다. 이러한 상황에서, 법집행 공무원은 몇몇 도시 지역의 끊임없는 폭력적 특징들의 장기간 흐름 속에서 피해자는 단순히 또 다른 죽음이라는 결론을 내릴 것이다(Bartol & Bartol, 2005: 342).

2 FBI의 연쇄살인범에 대한 분류법

20세기는 전문화의 시대다. 만약 그것이 사실이라면, 그것은 틀림없이 연쇄살인 분야에도 적용될 것이다. 연쇄살인범은 특별한 범주에 해당된다. 살인사건이 그 범주들을 정의해 주는 한계를 완전히 가로질러가는 경우는 좀처럼 없다. 이러한 종류의 범주는 경찰의 수사 과정에서 매우 중요하다. 범죄자 프로파일링은 경찰의 수사 절차에서 용의자의 가능한 특징들을 확인하는 데 도움을 준다. 폭력범죄를 수사하는 데, 법집행기관으로부터 도와달라는 요청을 받았을 때, FBI 아카데미의 행동과학부(BSU)에서 근무하는 요원들은 용의자의 행동에 근거한 프로파일을 제공한다(Campbell & Denevi, 2004: 99). 연쇄살인범을 범주화하기 위해 보편적으로 인정되는 단순한 시스템은 없다. 그것은 개별적인 수사관, 범죄학자 혹은 이러한 분류 범주들을 제안하고 있는 법심리학자에 따라서 다양하다. 연쇄살인범을 분류하는 데 아주 빈번하게 활용, 인용되는 몇 개의 범주가 제시되고 있다(Vronsky, 2004: 99).

1) FBI의 연쇄살인범 분류 배경

FBI가 처음으로 프로파일링에 대한 원칙을 담고 있는 책자를 출판하면서부터 연쇄살인범은 학문적인 분야에 종사하는 사람이나 일반인으로부터 흥미와 관심을 끌게 되었다. 실제로 이러한 주제는 오스카 위닝(Oscar-Wining)영화사에서 제작한 「양들의 침묵」과 「세븐(Seven)」, 「카피캣(Copycat)」 그리고 「X파일(X-file)」 등에 의해 대중적인 흥밋거리가 되었다. FBI에서 처음 연쇄살인범 유형을 체계적으로 분류했는데, '조직적인 그리고 비조직적인' 연쇄살인범 유형이다. 1978년 FBI는 연쇄살인사건에 대한 중요한 프로젝트를 시작했다. 그 프로젝트를 시작하는 데 중요한 자극이 된 것은 어떻게 하여 그 연쇄살인범이 성공적으로 경찰의 체포망을 피했는지를 밝혀내기 위해 범죄자들과 인터뷰를 한 것이 기초가 되었다. 그래서 FBI의 연쇄살인 프로젝트는 워싱턴의 관심을 끌게 되었다. 1980년대 초반 플로리다에서 연쇄살인범에 의해 여섯 살짜리 소년이 살해된 것을 계기로 대중의 항의가 거세졌다. 그래서 대중의 압력에 의해 FBI 연쇄살인 프로젝트가 전면에 부상하기 시작했으며, 연방정부가 공식적으로 재정적 지원을 했다. 1995년 조직 개편 단계에서 행동과학부(BSU)[15]와 폭력범죄자 검거 프로그램(Violent Criminal Apprehension Program: ViCAP) 그리고 국립폭력범죄분석센터(National Center for the Analysis of Violent Crime: NCAVC)가 한 부서로 통합되었다. 오늘날에는 중요 사건 대응그룹(the Critical Incident Response Group: CIRG)으로 불리고 있다(Godwin, 2001a: 61).

연쇄살인 프로젝트의 중요한 목적은 연쇄살인 범죄 유형에 대한 장래의 분류 작업을 하기 위한 기초로서 자백한 범인들과의 인터뷰를 활용하는 것이다. 그 당시에는 경찰 수사 과정을 지원하기 위해 사용되었다.

성적(性的) 동기에 의한 살인사건 범행 현장과 범인의 행동 유형에 대해 연구하기 위해 유죄를 선고받은 36명의 살인자들이 FBI 요원들에 의해 1979년에서 1983년에 걸쳐 인터뷰를 받았다. 이러한 연구 주제들은 25명의 연쇄살인범(서로 분리된 피해자들을 살해했으며, 사건들의 간격은 이틀에서 수 주일 혹은 수 개월 정도 서로 떨어져 있음)과 성적 동기에 의해 1명, 한꺼번에 2명 살해, 혹은 한꺼번에 대량살인사건을 저지른 11명의 범인들에 관한 자료들을 제시하고 있다. 이 연구의 주요 목적은 통계학적 추론 절차를 이용하여 조직화된 그리고 비조직화된 범인에 의해 저질러진 범죄들 간에 범죄 현장에서 의미 있는 행동상의 차이점이 있는지 여부에 대해 테스트해 보고, 조직화된 그리고 비조직화된 살인범을 프로파일링하는 데 유용한 변인들을 확인하기 위한 것이다. 이러한 목적을 달성하기 위한 연구를 위해 요원들은 첫째로 36명의 살인범을 조직화된 혹은 비조직화된 그룹으로 분류했다. 그래서 24명은 조직화된 살인범 그리고 12명은 비조직화된 살인범으로 분류되었다.

인터뷰는 구조화되지 않은 체크리스트 질문들에 의해 진행되었다. 인터뷰를 진행하기 전에 범행 현장 사진, 물리적 증거, 재판 기록, 피해 보고서, 검시 보고서, 수감 기록 그리고 정신병 검사 기록들을 통해 각 사건 범인에 대한 자료와 범죄들이 수집되었다. 그런데 이러한 사실에 대한 상세한 분석이 제시된 것은 아니었다. 대신에, 그 프로젝트를 통해 단순한 이분법이 등장했는데, 범죄자들을 '조직적 혹은 비조직적'이라고 분류한 것이다.

15) FBI에서는 1974년 연쇄강간 및 살인사건 수사를 위해 BSU를 설립했다. 1976년부터 1979년까지 몇몇 FBI 요원들-아주 유명한 더글러스(John E. Douglas)와 레슬러(Robert K. Ressler)-이 서로·다른 유형의 범죄자들에 관한 이론과 유형을 개발하기 위해 연쇄살인범들을 인터뷰 조사한 바 있다. http://www.apa.org/monitor/julaug04/criminal.html(2008년 3월 5일 검색).

분석 결과에 따르면, 조직화된 그리고 비조직화된 살인범들은 범죄 현장에서 유의미한 차이점이 있었다는 것이 확인되었다. 배경적인 차이점이 또한 그들 가운데 발견되었다. 조직화된 그리고 비조직화된 살인범 간의 차이점들이 분석되었던 범죄에 대해 네 가지 측면이 있었다(Campbell & Denevi, 2004: 99-100).

▸범행을 저지르는 동안의 살인범의 행동

▸피해자의 특성

▸범행 현장에 자동차를 사용했는지 여부

▸범행 현장에 유류된 증거 유형

범죄자가 감정적이고 범행 현장에 나타난 범인의 행동에서 조직적 징후들이 판명되지 않는 사건에서는 '범행 동기가 없다'고 해석될 수 있다. 명백한 범행 동기가 결여되어 있기 때문에 FBI 프로파일러들은 범행계획, 범행의 비합리성 혹은 범행 현장에서 불일치되는 부분에 대한 증거를 찾기 위해 그 범인이 조직적이었는지 아니면 비조직적이었는지를 판단해야 했다. 조직적 그리고 비조직적 살인범죄자 유형은 현장의 범주에 따라서 그 당시 살인범의 성격을 분류하는 데 활용되었다.

2) 범죄 분류 매뉴얼상의 분류

FBI의 행동분석 전문가들은 범죄 분류 매뉴얼(Crime Classification Manual)을 만들었다. 이 매뉴얼은 살인사건을 네 가지 주요 그룹으로 범주화하고 있다(Douglas, Burgess, Burgess, & Ressler, 1992: 17-18).

▸범죄기업적 살인(범주 100)

▸개인적 동기에 의한 살인(범주 120)

▸성적 살인(범주 130)

▸집단 원인 살인(범주 140)

이러한 그룹들은 좀더 세부적으로 40개 하위 그룹으로 나뉜다. 예를 들면, 개인적 동기에 의한 살인이라는 범주 밑에, 범주 122.01은 '자발적인 가정 내 살인'이다. 반면에, 범주 123.01는 '언쟁중 살인'이다. '범죄기업적 살인' 밑에 속하는 범주 101은 계약살인이며, 범주 107은 '보험상속 관련 사망'이다(Vronsky, 2004: 100).

연쇄살인의 경우 완전히 분리된 범주는 없다. 연쇄살인사건은 유형에 따라서 다양한 범주에 속하게 된다. 연쇄살인사건이 빈번하게 발생하는 가장 일반적인 그룹은 범주 130인데, 성적(性的) 동기에 의한 살인이다. 그 그룹은 다음과 같은 유형들을 포함하는 하위 범주로 나뉜다.

▸131: 조직화된 성적 동기에 의한 살인

▸132: 비조직화된 성적 동기에 의한 살인

▸133: 혼합된 성적 동기에 의한 살인

따라서, 단독 혹은 연쇄 성적 살인범은 처음에 조직화된, 비조직화된 혹은 혼합형으로 분류될 것이다. 이러한 세 가지 범주는 연쇄살인범 확인과 FBI에서 활용되며, FBI 시스템을 채용한 경찰관서에서 사용되는 프로파일링에 관한 기초적 건물의 블록들과 같다.

3) 연쇄살인범에 대한 FBI의 이분법: 조직적ㆍ비조직적 범죄자

살인범죄자들을 조직적 혹은 비조직적 범죄자 유형으로 범주화한 것은 피해자의 단정한 복장, 나체 여부, 피해자의 성적인 신체 부분의 노출, 피해자 신체의 체강에 대한 이물질 삽입 여부 혹은 성관계가 이루어졌는지 여부에 대한 증거를 토대로 이루어진 것이다. 다시 말하면, 조직적ㆍ비조직적 구조는 종종 범행 동기가 잘 나타나지 않는 범행 현장에서 성적 관련성이 있는 연쇄살인범에 대해 이들을 하위 그룹으로 분류하기 위해 개발된 것이라고 문헌상 FBI는 주장하고 있다(Ressler, Burgess, & Douglas, 1988).

조직적 그리고 비조직적 범죄 현장에서 나타난 차이점들은 통상적으로 정신병적ㆍ역동적 흐름의 형태로 설명되는데, 이 역동적인 흐름은 복수심과 새디즘 등이다. 이러한 범행 과정의 흐름에 대한 초점은 어린 시절의 경험을 통해 형성된 지속적인 자극이라는 관점에서 나타난다. 이러한 경험들은 특별히 갈등을 둘러싸고 조직화된다. 이 두 가지 유형 간의 차이점은 폭력과 성격 장애와 관련된 몇몇 전통적인 이론에서 유래되었다. 예를 들면, 조직적인 범죄자는 자신의 공격적인 행동에 대해 어느 정도 통제를 유지할 수 있는 능력을 가진 범죄자라고 한다. 그런 반면에 비조직적 범죄자는 통제를 유지할 능력이 없는 범죄자다. 그런데 이러한 두 가지 유형이 혼합된 제3의 유형도 있지만, 문헌상 거의 언급되지 않고 있다. 결국 이러한 혼합된 제3 유형의 범죄자는 조직적 혹은 비조직적 범주로 분류될 수 없는 범죄자들을 합쳐서 말하는 것이다. 그런데 아마도, 가장 빈번하고 익숙한 것은 FBI의 '조직화된/비조직화된' 분류일 것이다(Vronsky, 2004: 99). 비조직화와 조직화를 결정하는 것은 개인 탈선의 정도에 따른 것이고, 이는 범죄 장면을 얼마나 통제하는지 아닌지에서 찾을 수 있다. 사회적인가 아닌가라는 여부를 결정하는 것은 혼자인지 아닌지에 달려 있다.

(1) 조직화된 연쇄살인 범죄자

① 조직화된 살인범의 프로파일적 특징

FBI의 분류 방식에 따르면, 조직화된(비사회적) 연쇄살인 범죄자들은 일반적으로 아주 교활한 범죄자로 평가된다. 그리고 범행을 계획하는 데 상당히 많은 시간을 보내는 범죄자들이다. 이러한 범인의 특성과 행동은 범행 현장에 잘 반영되고 있다. 여기에는 또 다른 가정이 있는데, 범행에 몰입하면서 연쇄살인 범죄자의 범행계획은 범행을 통제하고자 하는 끊임없는 욕망으로 표출되고 있다는 점이다. 사체의 조건, 사체의 착의(着衣) 상태, 결박 수단의 선택 및 흉기의 종류, 사체의 유기 및 처리 장소 그리고 범행 현장을 향한 접근 방법을 통해 범죄자의 이러한 특성들은 범행 현장에 반영되는 경향이 있다고 FBI 프로파일러들은 주장한다. 조직화된 범죄는 자신의 살인 범행과 도주에 대해 주의깊게 계획한다. 그는 범행을 실행하기 전에 그 범죄에 대해 종종 수 주일, 수 개월 심지어 몇 년 동안 생각한다. 그는 자신의 범죄적 환상을 점진적으로 발전시켜 나간다. 그리고 자신의 살인적 욕망을 실행하기 위한 강박 충동이 자라고 있음을 알게 된다. 그는 주도면밀하게 피해자를 범행 대상으로 삼는다. 가능하면 오랫동안 피해자들에게 살그머니 접근한다. 그리고 범행 현장에서 피해자에 대한 통제를 확보한다. 종종 그는 피해자를 다른 장소로 데리고 간다. 그리고 시체가 전혀 발견되지 않도록, 모든 방법을 동원해서 시체를 처리한다. 살인범은 자신의 범죄에서 조직적이며 질서가 있다. 보통 세 가지 서로 분리된 범행 장소가 존재하는데, ① 피해자를 조우한 곳(E: Encounter), ② 피해자를 살해한 곳(A, M: Attack and Murder), 그리고 ③ 피해자의 시체를 처리한 곳(D: Body Dumpsite) 등이다.

FBI의 연구에 따르면, 조직화된 범죄자로 분류되어 수감된 연쇄살인 범죄자들은 살인을 저지르는 순간에 분노하는 마음 상태의 구조를 갖고 있었다고 추정한다. 그러나 범죄를 저지르는 동안 그들의 행동은 아주 차분하고 긴장이 풀어진다고 한다. 조직화된 범행 현장에서는 "살인을 저지르기 전, 저지르는 동안 그리고 범행을 저지른 후에도 질서가 잘 유지된 듯한 외형"을 갖추고 있음을 볼 수 있다.

범행은 계획된 것이며, 범인은 피해자를 유혹해서 죽이기 위해 속임수나 교묘한 수단을 사용할 가능성이 있다. 조직화된 범죄자는 범죄를 저지르기 전에 종종 자기의 생각을 기억하면서, 계속해서 범죄를 저지르며 그 계획을 발전시키는 자로 평가된다. 예를 들면, 범죄자의 범행계획과 피해자에 대한 통제는 로프, 체인, 수갑, 벨트 혹은 옷가지와 같은 결박 수단을 사용함으로써 주목을 받게 된다. 범죄자는 무기 혹은 흉기를 거의 대부분 범행 현장에 가져오며, 범행 현장을 이탈할 때에는 그러한 것들은 모두 가지고 간다. 조직화된 연쇄살인 범죄자는 또한 상황을 잘 파악하는데, 범행 현장에 유죄의 증거가 될 만한 것을 흘리는 경우가 드물다. FBI는 비조직화된 유형의 범죄자는 거의 대부분 사체를 절단하거나 사체에 대해 성적 행위를 저지르는 경향이 있는 반면에, 조직화된 연쇄살인 범죄자는 피해자를 살해하기 전에 강간하고 고문하는 경우가 많다고 주장한다. 그런데 이러한 가정들 역시 여러 연구에 의해 상당한 비판에 직면하고 있다(Hicky, 1991).

조직화된 범죄자 유형론은 몇몇 결점을 갖고 있다. FBI는 조직화된 연쇄살인 범죄자는 피해자에 대해 '통제와 지배'를 실현하려고 사람을 살해한다.

한편, 범인은 살인을 저지르기 전에 동시에 욕구 불만, 좌절, 적대감, 분노, 흥분, 자극을 느낀다고 주장한다. 그리고 범죄는 감정적이며 복수가 범행의 주요한 동인(動因)인 것처럼 FBI는 주장한다. 다른 한편으로, 감정적인 분노 상태에서 사람을 살해하는 연쇄살인 범죄자는 범행 현장에서 자신의 행동에 대한 통제력을 갖고 있다고 한다. 복수하려는 동기야말로 상습적인 살인 범죄에 대한 좋은 설명이 된다. 즉 범죄자의 과거 인생 경험에서 유래된 중요한 타인을 연상시키는 사람을 향한 공격적 욕구를 해소하기 위한 범인의 무의식적인 노력이라고 한다. 이러한 행위는 유혹적 혹은 거부하는 어머니 그리고 가혹하거나 존재하지 않는 아버지에 대한 오이디푸스적 충격에서 야기된 것이라고 추정된다. 에고(ego)의 방어가 그 행동을 예방할 수 없지만, 다른 대안적 대상, 피해자 쪽으로 그것을 돌릴 수는 있다(Godwin, 2001a: 64).

성적이고 공격적인 행동에 대한 것뿐만 아니라, 모든 종류의 행동을 표현하고 금지하는 일반적인 기준에 대한 패턴을 제시하는 것은 아이와 부모 사이의 관계라고 한다. 공격적 복수 충동이론의 약점은 갈등 때문에 끊임없이 오이디푸스 콤플렉스적 언어로 그 자신을 표현한다고 가정하는 것이다. 예를 들면 자신을 버렸던 실제 부모를 연상케 하는 차 안에 있던 한 쌍의 사람들에게 총을 쏴 살해했던 '샘의 아들'이라고 불린 버코위츠와 같은 일부 연쇄살인 범죄자에게 이러한 가정이 적용될 수 있다. 연쇄살인 범죄자에게 복수라는 관점은 약간의 타당성을 가질 수 있다. 그런데 오이디푸스 콤플렉스 이론은 왜 어떤 연쇄살인 범죄자가 반복적으로 복수를 추구하고자 하는지를 설명하지 못할 뿐만 아니라, 왜 유죄를 선고받은 살인범이 인생의 다른 측면에서 자신의 약화된 방어 능력을 증명해 보이지 않는지를 설명해 주지 못한다.

오이디푸스적 관념 때문에 고통당한 개인이 피해자를 향해 자신의 복수를 실행에 옮긴 것은, 결국 범인 자신 인생의 다른 영역에서 유사한 행동을 표출하기 위해 저질러진 것이라고 결론내리는 것은 합리적으로 보인다. 확실히, 연쇄살인 범죄를 둘러싸고 '복수'라는 관점에 초점을 맞추는 것은 연쇄살인 범인들 간에 존재하는 개별적인 차이점을 해명하기 위한 설명으로는 너무 광범위한 것으로 보인다.

조직화된 범죄자는 높은 출생 순위를 갖고 있는데, 가족 중에서 종종 첫째아들로 태어나는 경우가 있다. 범인 아버지의 직업 이력은 일반적으로 안정적이며, 부모의 훈육은 대체로 비일관적인 것으로 인식되고 있다. 비록 조직화된 살인범이 평균 혹은 그 이상의 지능(IQ)

을 가졌다 하더라도, 그는 종종 그 자신의 능력보다는 낮은 단계의 직장에서 일한다. 그러나 범인은 더 숙련된 직업을 선호한다. 그의 직업 이력은 또한 분산되어 있다. 약혼녀, 결혼, 고용 관계 그리고 여성들과의 관계와 같은 상황적 스트레스를 제거하려는 노력이 살인사건 이전에 종종 나타난다. 조직화된 범죄자는 사회적으로 적응되어 있으며, 대체로 배우자와 함께 생활한다(Campbell & Denevi, 2004: 101).

조직화된 범죄자는 살인을 저지르는 순간에 혹은 그가 우울한 상태에 있을 때, 분노와 같은 마음 구조를 가지고 있다고 보고하고 있다. 그런데, 범죄를 저지르는 동안에는 침착하고 긴장이 풀어져 있다는 것을 인정한다. 범죄를 저지르기 전에 술을 마셨을 수 있다. 조직화된 범죄자는 좋은 자동차를 갖고 있을 수 있다. 피해자 혹은 범행 현장에 대한 기억을 되살린다는 관점에서 환상이 지속되었다는 증거가 있다. 신문에 보도된 범죄 수사 과정을 범인이 좇아가고 있음을 암시하는 것으로서, 범죄사건에 대해 뉴스를 모아놓은 사례들이 종종 범인의 집을 수색하는 과정에서 발견되기도 한다.

② 범행 현장의 특징들

조직화된 범인의 범행 현장에서 중점적으로 관찰해야 할 부분은 범죄를 저지르기 전, 저지르는 중 그리고 저지른 후와 같은 몇몇 순서에 관한 외형들이 존재한다는 점이다. 주도면밀한 조직화된 범행 현장에 따르면, 조사될 수 있는 것을 숨길 목적으로 주의깊게 범죄를 계획했음을 암시한다.

비록 범죄가 사전에 계획되었더라도, 그 피해자는 범인에 의해 특별한 장소에서 미행당하고 있었기 때문에, 종종 비면식적 관계의 피해자가 범행 대상이 된다. 이러한 의미에서, 피해자는 우연하게 피해자가 된 것이다. 연쇄살인사건의 피해자들은 서로 공통적인 특징을 공유하고 있는 것으로 알려져 있다.

조직화된 범죄자는 사회적으로 어느 정도 적응되어 있으며, 공격을 하기 위한 전주(前奏)로서 피해자와 약간의 대화를 하거나 유사한 관계를 맺을 수 있다. 범인은 피해자에게 접근하기 위한 방법으로서, 분장과 같은 방법을 사용할 수 있다. 범인의 태도는 보통 의심스럽지는 않다. 그는 평균 혹은 평균 이상의 외모, 신장 그리고 몸무게를 가졌을 것이다. 그는 아마도 사업가적인 복장, 유니폼 혹은 산뜻한 차림, 캐주얼한 복장을 했을 수 있다.

조직화된 범죄자의 공격 스타일에서 피해자의 신뢰를 얻는 것에 목표를 두고, 물리적인 힘보다는 피해자를 손에 넣기 위해 언어적 수단을 활용하려는 노력이 먼저 있게 된다. 조직화된 범죄자는 종종 범행을 저지를 때, 자신의 혹은 피해자의 자동차를 이용한다. 살인뿐만 아니라, 강간범죄 역시 사전에 계획된 범죄라고 할 수 있다. 살인은 항상 강간 다음에 발생할 가능성이 있다. 공격자는 피해자의 생명에 대해 협박하고, 흉기를 마구 휘둘러댄다. 성폭행이 진행되는 동안 성적 통제는 특별한 유형의 반응(공포, 수동성)을 요구하기 위한 욕구 쪽으로 과거의 대화가 지속된다. 피해자의 행동이 수동적이 되고 고분고분해지면서 범인에 의한 공격이 증가될 수 있다. 로프, 체인, 테이프, 벨트, 의복류, 화학물질, 수갑, 재갈 그리고 눈가리개와 같은 물건들이 피해자를 감금하는 데 사용되고 있다는 사실에서 피해자를 통제하려는 시도들이 발견된다.

사용된 흉기의 형태에 따르면, 범인의 계획에서 그 범행이 가학적인 요소라는 것을 보여준다. 고문을 하고 주도면밀하게 서서히 죽음 쪽으로 몰아가면서, 살인행위는 성적으로 자극된다. 다른 사람의 생명에 대해 통제할 수 있는 힘은 피해자의 목 주변에 로프를 묶어 놓고, 강하게 혹은 느슨하게 하면서 피해자의 의식 상태가 약간 있거나 없어지는 모습을 지켜보면서 살해한 사건에서 볼 수 있다. 환상과 의식(儀式, ritual)이 조직화된 범죄자를 지배한다. 망상적이며 강박적인 소질이 행동 표면 혹은 범행 현장 유형에 나타난다. 종종 살인범은 흉기를 범죄에 이용하기 위해 그것을 갖고 출발한다. 범행 현장에 증거를 남기지 않으려고 주의깊게 행동하며, 종종 범행 현장에서 시체를 옮기기도 한다.

성적 행위들이 계획된 범죄적 환상의 일부가 되기도 한다. 촉발시키는 계기가 있을 때까지 살인행위가 의식한 동기가 아닐 수도 있다.

③ 구조화된(혹은 조직화된) 살인범 사례

다음의 사건은 한 명의 청소년 범죄자에 의해 다섯 명의 여성들이 강간당하고 살해당한 사건에 관련된 것이다.

피해자 1: 20대 후반의 한 여성이 자기 집 아파트 밖 약 150야드 정도 떨어진 숲이 우거진 배수로에서 발견되었다. 그녀의 자동차는 주차장에서 발견되었다. 경찰은 사건 현장을 다시 구성해 보면서, 피해자는 자신의 자동차를 주차시킨 후에 범인으로부터 접근을 당한 것으로 추정된다. 그녀는 직장에서 밤늦게 퇴근하여 집에 도착한 것으로 알려졌다. 그녀는 성폭행을 당하고, 물 속에 잠긴 다음 목이 졸린 채 도랑에서 발견되었다. 머리(頭部)는 피해자가 목을 졸릴 당시에 물 속에 잠겨 있었다. 몸에 심각하게 두들겨 맞은 증거는 없었다. 비록 몇몇 방어흔으로 보이는 상처들이 있었으며, 신체에 대한 절단행위는 없었다. 피해자로부터 발견된 유일한 물건은 값어치가 별로 나가지 않는 작은 반지였다. 피해자는 부분적으로 옷이 입혀져 있었다. 신발은 나중에 성폭행 장소로 추정되는 곳까지 질질 끌려다닌 채로 발견되었다. 이 장소에는 발자국들이 남아 있었지만, 자동차의 타이어 자국은 보이지 않았다. 피해자는 많은 사람이 살고 있으며, 주차장과 자동차들이 있는 고층 아파트에 거주하고 있었다.

피해자 2: 20대 중반의 여성이 옷을 완전히 입은 채로 첫 번째 피해자가 발견된 지점에서 1/4마일쯤 떨어진 물 가까이가 아닌 숲에서 발견되었다. 그녀는 가슴 부위를 반복적으로 칼에 찔린 채 사망했다. 비록 성폭행의 증거는 있었지만, 신체에 과잉 살육적인 증거와 절단된 흔적은 없었다. 당시 피해자는 밤늦게 집으로 돌아오던 중이었다. 확실하게 그녀는 자신의 자동차를 주차시켰으며, 아파트에 도착하기 전에 납치되었다.

피해자 3: 이 피해자는 신체적인 외모, 연령 그리고 살해된 방법면에서 두 번째 피해자와 유사했다. 성폭행의 증거가 있었으며, 살해된 후에 옷이 다시 입혀졌음을 암시하듯 속옷이 헝클어져 있었다. 피해자의 신발이 신겨져 있었지만 스타킹은 보이지 않았다.

피해자 4: 몇 달 후에 유사한 살인사건이 동일한 인근 지역에서 발생했다. 30대 초반의 한 흑인 여성이 살해된 채 발견되었다. 그녀는 보통 늦게까지 직장에서 일했으며, 집에는 새벽 02:00-03:00경에 도착했다. 아파트 단지 주차장에 자동차를 세워 놓았다. 비록 피해자가 다른 피해자들보다는 약간 멀리 떨어진 곳이었지만, 그녀 역시 자신이 살던 곳으로부터 약 반 마일 정도 떨어진 곳에서 발견되었다. 성폭행 증거가 있었으며, 목이 졸려 익사된 상태였다. 범행 수법과 장소는 첫 번째 살인사건과 유사했다. 그리고 피해자가 직장에서 일하는 스케줄과는 일관된 특징이 있었다.

피해자 5: 다섯 번째 피해자는 20대 중반의 여성이었다. 그녀는 새벽 1:30 혹은 2:30경 파티에서 마지막으로 목격되었다. 그녀는 몇몇 사람들과 함께 파티장을 떠났으며, 나중에 이전의 피해자들처럼 똑같이 숲이 우거진 배수로 주변에서 발견되었다. 그녀는 가슴이 여러 군데 칼에 찔렸고 시체의 일부분이 배수로에 묻혀 있는 상태였다. 거기에는 성폭행의 흔적이 있었다. 앞에서 언급된 사건의 동적인 상태와 패턴을 고려해 보면, 그 다음의 사건 현장 분석과 후속적인 범죄자 프로파일링은 가능하게 될 것이다.

다섯 건의 살인사건에서 보면 범인은 조직화된, 반사회적 성격의 소유자다. 그는 백인 청년이며, 높은 지능을 갖고 있다. 그리고 다른 사람을 잘 설득시키고 능숙하게 다루는 솜씨가 있었다. 범인은 지역사회에 잘 들어맞는 인물이며, 거기서 수년 동안 살고 있는 자였다. 범인은 모든 피해자들과 아주 가까이서 살고 있었다. 그는 범행을 저지를 때, 술 혹은 마약으로 어느 정도 취해 있는 상태였다. 가정에서는 첫 번째로 태어난 자식이었을 것이며, 성적으로 성숙된 상태였다. 그는 아마도 여자 친구가 있으며, 그런데 첫 번째 살인행위를 저지르기 전 최근에 어떤 문제를 갖고 있었다. 그의 나이를 고려한다면, 편부모와 살고 있으며, 걸어다니면서 범행 대상자를 고를 정도였기 때문에 차량을 갖고 있지는 않았다. 범행을 저지를 때에는 종종 피해자의 차량을 이용했다. 그는 아마도, 범죄사건에 대한 언론 보도를 지켜보고 있었으며, 경찰이 피해자들의 시체를 발견할 때, 그러한 장면을 지켜보는 군중 가운데 한 명이었을 것이다.

경찰 수사관은 다중 강간 살인사건을 수사하던 중 대도시 근교에서 반경 1마일 내에 거주했던 모든 피해자들과 매우 가깝게 살고 있는 17세의 백인 청소년을 지목하게 되었다. 그는 총명했다. 그렇지만 학교에서는 문제 학생이었으며, 홀어머니와 함께 살고 있었고, 자동차를 갖고 있지 않았다. 그는 또래들 중에서 남자다움을 뽐내려는 마초 레이디스 맨(macho ladies' man)으로 알려져 있었다.

그는 범행을 저지르기 전에 맥주를 마시고 마리화나를 피웠다. 그리고 자신이 자란 그 동네에서 범행 대상자를 골랐다. 그에게는 자신의 '약혼녀'라고 일컬어지는 여자 친구가 있었다. 그가 첫 번째 범행을 저지르기 바로 직전에, 그 여자 친구는 범인을 차버렸다. 그리고 나서 여자 친구는 대학으로 가버렸다. 그는 신문을 통해 그 범죄사건을 지켜봤으며, 한 사건에서는 창문을 통해 경찰 수사관을 목격하기도 했다. 그는 성폭행 및 강간범죄를 포함하여, 장기간의 비행(非行) 경력을 갖고 있었다.

<표 8-3>은 비조직적 혹은 조직적 범죄자의 성격적의 특징과 범행 후의 행동 및 범인 신문시 적절한 인터뷰 기법을 소개한 것이다.

(2) 비조직화된 연쇄살인 범죄자

① 비조직화된(비구조화된) 살인범의 프로파일적 특징들

비조직화된 연쇄살인범은 조직화된 연쇄살인범과는 정반대되는 성질을 갖고 있다. 비조직화된 연쇄살인범 역시 체포하기 어렵다. 조직화된 범죄자의 경우는 어떤 방식으로 예측이 가능하지만, 비조직화된 범죄자는 그렇지 않다. 비조직화된 범인에 대해서는 경찰이 추정하기 어렵다. 왜냐하면, 범인 자신은 주의깊게 사전에 계획하지 않으며, 또한 범인이 언제 다음 범행을 저지를지 알 수 없기 때문이다. 범인은 막연하고 강렬한 살인적 환상을 갖고 있다. 그리고 범인은 깊이 생각한 다음에 범행을 저지르지 않는다. 비조직화된 연쇄살인범은 보통 그 범행 대상자를 임의로 공격한다. 그의 범행은 종종 충동적인 범행이기도 하다. 피해자는 종종 폭력적이며 '전격적인' 공격에 의해 압도당한다. 범행에 사용된 무기는 파이프, 돌멩이 혹은 나뭇가지 등 종종 근처에서 발견된 물건일 수 있다. 범인은 보통 사회적으로 무능하며, 직장에 고용되어 있지 않거나 특별한 전문 기술이 없는 자다. 그리고 자신의 자동차를 갖고 있지 않으며, 그의 집 주변에서 피해자를 살해한다. 그는 종종 평균인들의

표 8-3 비조직적화 · 비사교적 및 조직화 · 비사회적 범죄자들의 개인적 특성 비교

비조직화, 비사교적 범죄자들의 개인적 특성 프로파일	조직화, 반사회적 범죄자들의 개인적 특성 프로파일
IQ 평균 80-95	IQ 평균 105-120
사회 적응 못함.	사회적으로 적응함.
혼자 살고, 보통 데이트도 안 함.	파트너와 살고, 데이트도 함.
아버지의 부재	엄격한 아버지
가족의 잠재적 폭행	가족의 신체적 폭행
범죄 장소 근처에서 살거나 일함.	잦은 이사
언론 매체에서 흥미를 느끼지 못함.	뉴스 매체를 따름.
고등학교 중퇴	대학 교육
집을 치우지 않고 기술 부족	기술도 가지고 집도 잘 유지함.
집에 비밀 장소 가짐	숨기는 장소를 가지지 않음.
밤에 뭔가 하는 습관	낮에 일함.
트럭 운전수	멋진 차를 몲.
기억을 없애기 위해 범죄 장소로 돌아옴.	경찰이 조사한 것을 보기 위해 범행 장소로 돌아옴.
희생자의 가족과 접촉하고 어울리기도 함.	경찰과 접촉하고 어울림.
경찰 일에 아무런 흥미를 보이지 않음.	혼자서 실험하지 않음.
혼자서 프로그램을 실험함.	경찰에 잘 협조함.
보통 시체를 버림.	한 장소에서 살해하고 다른 곳으로 옮김.
기습적으로 공격	시체를 절단함.
한 장소에서 죽이고, 그런 사명을 받음.	유혹을 해서 살해함.
희생자를 비인격화시킴.	인격적으로 대하고 대화도 함.
범행 장소를 그대로 방치함.	범죄 장소를 통제함.
물리적 증거 남김.	증거 거의 남기지 않음.
상담적 인터뷰에 적극적으로 대답함.	직접적 인터뷰에 가장 잘 호응함.

출처: Holmes & Holmes, 2002: 72-78.

지능보다 낮거나 혹은 정신이상자(psychotic)다. 피해자의 시체는 보통 범인과 피해자가 조우한 후 공격당한 장소에 유기된다. 그리고 범인은 시체를 은닉하려고 별 시도를 하지 않는다. 시체는 종종 엄청난 그리고 광포한 시체 절단의 대상이 되기도 한다. 범인은 종종 피해자의 소지품, 의복류 심지어는 피해자의 시체에서 나온 물건을 일종의 전리품으로 간직하는 경우가 있다. 범인은 자신의 범행 흔적을 지우려고, 증거를 파괴하기 위해 자신을 감추

려고 혹은 도주계획을 짜려는 노력을 별로 혹은 전혀 기울이지 않는다. 종종 범인은 다른 사람들로부터 소외되어 있으며 혼자 산다. 그래서 자기 자신에게 유죄가 입증될 만한 물건 혹은 행동을 감추려고 하는 범인이 없다. 증거들은 범인의 주거지 인근에서 열려 있는 채 혹은 심지어 전시되어 있는 채로 발견될 수 있다(Vronsky, 2004: 101).

비조직화된 살인범은 평균인들의 지능보다 낮고, 가족 관계에서 나중에 태어난 자식일 가능성이 높다. 또한 부모의 가혹한 훈육적 상황이 종종 보고된다. 아버지의 직장 경력은 대체로 불안정하며, 비조직화된 범인은 그 자신의 비일관적이며 열악한 직장 경력과 함께 이러한 패턴을 반영하고 있는 것 같다. 전형적으로 이러한 범인은 반복되는 강박관념(혹은 망상) 혹은 원시적인 생각에 이미 사로잡혀 있다. 그리고 범행을 저지를 당시에 범인은 마음의 구조가 혼란스러운 그리고 괴로운 상태에 빠져 있다. 비조직화된 살인범은 사회적으로 부적합한 상태다. 종종 그는 전혀 결혼을 하지 않은 상태이며, 독신으로 살거나 혹은 아버지와 살고 있다. 그리고 범행 현장과 아주 가까이서 거주한다. 이러한 범인은 사람들을 두려워하고, 아마도 잘 정의된 망상 체계를 만들어 놓고 있을 것이다. 범인은 자신의 거리적 공간 내에서 종종 피해자를 찾으면서, 스트레스 속에서 충동적으로 행동한다. 비조직화된 범인은 또한 성적으로 무능력한 자다. 종종 동료와 어느 정도의 성적 친밀감도 전혀 달성하지 못하는 경우도 있다. 이 사건에서, 비록 이러한 범인들이 이성애적(異性愛的)인 것처럼 주장되지만, 비조직화된 범인이 성(性)을 무시하고, 종종 성적 혐오감을 갖고 있다는 명백한 암시가 있다(Campbell & Denevi, 2004: 105).

프로이트는 『성이론(*Theory of Sexuality*)』이라는 저서에서, 성도착(性倒錯) 행위를 성행위 목적 살인과 시간(屍姦) 행위(necrophilia)로 결론짓고 있다: "그들의 살인사건들 가운데, 인간 정신작용의 일부가 현실화되었다는 것을 부인하기는 어렵다. 그리고 그것은 공포스러운 결과에도 불구하고, 인간 본능을 이상화시키는 것과 동등한 정도의 것이다."

프로이트의 주장은 연쇄살인 범죄자의 공격성을 성도착으로 분류하기 위한 방향을 제시하는 것처럼 보인다. 그리고 많은 이론가들은 비조직화된 범죄자가 우선적으로 성적 욕구 충족을 위해 사람을 살해한다고 주장하고 있다.

비사교적(비조직화된) 연쇄살인 범죄자는 외로운 인간, 남들과 떨어져 있는 인간 그리고 범행을 저지를 때 매우 소심한 인간으로 묘사된다. 그러한 범죄는 종종 아무런 계획 없이 저질러지며, 피해자들은 항상 순식간에 공격을 당한다. 연구자들에 따르면, 비조직화된 범행 현장은 범죄자의 범행 동기가 통제되지 않은 채 성적 욕구 충족으로 진행되었으며, 또한 다른 사람을 고려하면서 충동적인 행동을 통제하거나 행동을 바꿀 수 있는 능력이 없다는 것을 보여 준다. 다른 연구자들은 주장하기를, 비조직화된 연쇄범죄자에 대한 심리학적 부가물은 결국 피해자를 고문의 형태로 성적 학대를 가하는 것이라고 한다. 그런데, '고문'이라는 단어는 사실 연구자들에 의해 정의된 것은 아니다. 문헌상에는 가학적인 성욕구야말로 비조직화된 연쇄살인 범죄자에게는 일종의 자극이라고 한다.

이러한 관점에서 도출된 것은 범죄자가 작성한 '자기보고서'에서 수집한 일종의 편견이다. 결과적으로, 범죄자들이 매우 다양하기 때문에 살인 범죄가 지닌 다른 중요한 특성들을 제대로 설명할 수 없다는 것이 고려되고 있다. 전통적으로, 가학적 공격성에 관한 설명에 따르면, 범죄자는 피해자에게 고통을 가함으로써 그리고 살아 있는 피해자를 타락시킴으로써 성적 욕구를 충족시킨다고 한다. 연쇄살인 범죄에 대한 병적 원인은 성적 욕구 충족 때문이라고 하는 것은 종종 연쇄살인을 다루는 문헌에서 논란이 되고 있다. 성적 공격은 피해자를 타락시키고 정복하고 결국에는 파괴하는 방법이 된다(Godwin, 2001a: 66).

가학적 성욕구 공식에서, 범인은 굴복시킬 수 있고 고문을 가할 수 있는 범행 대상자에 대한 특별한 욕구 때문에, 성적 욕구 좌절을 해소하기 위해 살인을 저지른다고 가정하고 있다. 또 연구자들에 따르면, 범인이 예를 들면 거세 콤플렉스에 관한 고민을 줄임으로써 가학성이야말로 범인 개인의 힘을 북돋워 준다고 주장한다. 그런데, 스토(A. Storr)와 같은 이는 가학적인 성적 욕구 충족이론을 무시한다. 오히려 그는 살인사건이 성관계와는 관련이 거의 없으며, 성행위 유사적 행위, 힘 그리고 통제와 더 많은 관련이 있다고 주장한다.

폭스와 레빈(Fox & Levin, 1994)에 따르면, 스토의 관점과 일치하며, 피해자를 지배하는 것이 성적인 문제와 관련이 있는 연쇄살인 범죄에서 결정적인 요소라고 지적한다. 다른 문제는 새디즘에 관한 전통적인 해석이다. 예를 들면, 폭력적 공격이 진행되는 동안, 새디즘적 욕구 충족이 언제 시작되고 종료되는지를 결정하는 것이야말로 문제가 되는데, 범죄자의 관점에서 어떤 고려도 이루어지지 않고 있다. 행위의 연속으로서, 폭력적 행위를 고려하는 것이 훨씬 더 합리적인 것처럼 보인다.

비조직화된 범죄자는 또한 특별한 법의학적 증거를 보여 주는 범죄자로 간주되는데, 종종 지문, 혈흔이 묻은 발자국, 정액 등을 범행 현장에 남기고, 흉기를 사용하여 살인을 저지름으로써, 범행을 사전에 거의 혹은 전혀 준비하지 않았다는 증거를 보여 준다.

레슬러와 동료들(Ressler et al., 1988)은 비조직화된 연쇄살인범은 피해자를 곧바로 살해하기 때문에, 결박/감금 도구들을 사용하지 않으려는 경향이 있다고 주장한다. 비조직화된 유형의 살인사건에서, 피해자는 신체의 특정 부위가 절단되고 찔리면서 상처를 입으며, 완전히 비인격적 존재가 되어 버린다. 피해자에 대한 비인격적이고 가학적인 다른 사례들은 신체의 체강(體腔)에 특정한 물건을 삽입하는 형태로 나타나는데, 이러한 사례는 FBI가 주장하는 것처럼 신체 절단행위나 통제라기보다는 퇴행적 시간(屍姦)과 성적 대체의 형태라고 한다(Douglas et al., 1986; Godwin, 2001a: 65).

추가적인 성적 착취는 시체 훼손, 창자를 꺼내는 행위, 절단 그리고 흡혈과 같은 형태를 포함한다. 문헌에서는 다음과 같이 언급되는 바, 비조직화된 범죄자의 피해자는 전형적으로 과도한 살인과 안면 부위에 과도한 무지막지한 외상 흔적들이 발견된다. 이러한 정황은 결국 피해자가 자신을 공격한 가해자를 알았다는 것을 암시한다. 피해자를 살해한 동일 장소에 피해자를 그대로 유기하는 등 범인이 사체(死體)를 은닉하려는 아무런 시도도 하지 않음으로써 종종 범인이 별로 조직화되지 않았다는 증거들이 나타난다.

② 범행 현장의 특징들

비조직화된 범행 현장의 전반적인 인상은 범죄가 갑작스럽게 저질러졌으며, 발각되는 것을 피하기 위한 행동 계획이 없었다는 점이다. 범행 현장은 매우 무질서한 면을 보여 준다. 범행 현장에 무의식적, 상징적, 계획되지 않은 특징들이 남아 있다(Campbell & Denevi, 2004: 105).

피해자는 범죄자에게 알려져 있겠지만, 피해자의 연령과 성(性)은 필요한 사항이 아니다. 만약 범인이 이웃집의 문을 두드리면서, 피해자를 임의적으로 선택한다면, 문을 열어 주는 첫 번째 사람이 피해자가 될 것이다. 범인은 피해자가 자신보다 우세한 상황이 되는 위험한 상황을 감당할 수 없기 때문에, 피해자를 통제하기 위해 곧바로 살해할 것이다. 이러한 범인은 완전히 무방비 상태인 피해자와 맞닥뜨리면서, 순식간에 번개처럼 공격하는 스타일을 구사한다. 범인은 또한 뒤에서 피해자에게 접근하여, 전혀 예기치 못할 정도로 여성을 압도하면서, 혹은 총으로 갑자기 살해할 수 있다. 이러한 공격은 폭력적인 기습이며, 그리고 피해자 자신의 통상적인 활동이 이루어지는 장소에서 거의 충동적으로 일어난다. 이러한 범인들은 극도의 야만성을 보이면서, 피해자의 특정 신체 부위를 공격 대상으로 삼고, 피해자의 인격을 완전히 파괴한다.

과잉 살해행위 혹은 피해자의 안면에 대한 과도한 폭행을 가하는 것은 종종 피해자를 비인격화하려는 시도다. 그렇게 얼굴을 파괴하려는 행동은 피해자가 범인을 알고 있는 면식관계라는 점을 암시하거나 혹은 피해자가 범인의 심리적 스트레스를 유발한 사람과 닮았거나 그러한 사람을 대표한다는 것을 암시한다. 범인은 아마도 마스크를 착용했거나 장갑을 끼고 있을 것이다. 혹은 피해자의 눈을 가리거나 공격할 때 피해자의 안면을 가릴 것이다. 명령하거나 지시하는 등의 말을 제외하고는 최소한의 구두 표현이 교류될 뿐이다. 피해자가 순식간에 살해되기 때문에, 구속이나 감금 수단은 별로 필요하지 않다. 성적인 가학행위들이 종종 신체 절단행위의 형태로 살해 후에 이루어지는 경우가 보통이다. 범인은 피해자의 복부 내에 칼에 의해 야기된 노출된 상처 부위로 사정(射精)하는 것을 포함하여 다양한 성적 행위를 시도한다. 소변, 배변 그리고 자위행위를 한 흔적이 피해자의 의복류와 집에서 발견된다. 피해자의 얼굴과 성기 그리고 가슴 부위를 절단하는 행위, 창자를 꺼내는 행위, 절단행위 그리고 흡혈행위 등이 피해자의 신체에서 발견된다(Campbell & Denevi, 2004: 106).

비조직화된 범인들은 죽은 시체를 보관한다. 한 살인범은 두 명의 여성을 살해하고나서, 시체의 부분들을 8년 동안 범인의 집에서 보관한 적이 있었다. 그는 피해자의 시체로 마스크를 만들었으며, 피해자의 피부 가죽을 갖고 드럼을 만들고 시트 커버를 만들었다. 그보다 이른 시기에, 범인은 여덟 살이 더 많은 여성의 시체를 무덤에서 파내 비슷한 방식의 시체 절단행위를 저질렀다. 사망 현장과 범행 현장은 피해자가 살해될 당시의 자세로 피해자를 그대로 놔둔 채, 보통 비조직화된 범인에 의해 저질저진 살인사건들에서 동일하다. 만약 범인이 시체를 절단한다면, 그것은 아마도 범인에게 특별한 의미를 갖게 하는 특별한 방식으로 위치하게 될 것이다. 시체를 감추려는 시도가 전혀 없으며, 지문과 발자국은 발견될 수 있다. 경찰은 수사를 할 때 활용할 수 있는 수많은 증거들을 갖게 될 것이다. 보통 살해에 사용된 무기는 범행 현장에서 취득된 것 중의 하나이며, 수사관들에게 증거를 제공하면서, 그곳에 유류되어 있을 것이다.

③ 비조직화된 살인사건 사례

살인사건 1: 오후 6시경 집으로 돌아온 남편이 침실에서 살해된 부인을 발견했다. 부검 결과에 따르면, 피해 여성이 쓰레기통을 비우려고 밖으로 나갔을 때, 범인의 공격에 맞닥뜨린 후 아침 나절에 살해된 것으로 나타났다. 피해자는 머리에 4발의 총탄을 맞았으며, 그녀의 집에서 취득된 칼로 피해자의 창자가 밖으로 끄집어내졌다. 가슴에서 생식기에 이르기까지 난도질된 것 외에, 별다른 성폭행 혹은 학대와 같은 증거는 발견되지 않았다. 피해자는 처음에 복부 쪽이 칼로 베어졌으며, 범인은 피해자의 신체 내부 장기를 체강 외부로 끄집어냈다. 피해자의 입에는 나중에 동물의 오줌으로 밝혀진 것으로 채워져 있었다. 쓰레기들은 집 주변에 흩어져 있었다. 요구르트 컵이 발견되었으며, 살인범이 피해자로부터 피를 받아내기 위해 그 컵을 사용한 것으로 나타났다. 그리고 그것을 마셨다.

① 범죄 i: 같은 날, 주거침입 절도 사건이 피해자의 주거지에서 1/4 마일쯤 떨어진 곳에서 발생했다. 쓰레기들이 집 주변에 온통 흩어져 있었다. 주거침입 절도범이 여성의 옷에 오줌을 눈 흔적이 발견되었으며, 또한 집안에 배변을 본 흔적이 발견되었다. 그 당시 집에는 아무도 없었다(Campbell & Denevi, 2004: 107).

② 범죄 ii: 이틀 후, 같은 이웃에서 개의 시체가 발견되었다. 그 개는 머리에 총을 맞았으며, 탄환은 첫 번째 살인사건 현장에서 사용된 총에서 발사된 것과 같은 것으로 확인되었다. 개의 창자는 끄집어내어졌다(Douglas, Burgess, Burgess, & Ressler, 1992: 17-18).

살인사건 2: 첫 번째 사건이 발생한 지 4일 후 한 여성이 이웃과 함께 하루 정도 걸리는 소풍을 가기 위해 남자 친구를 차에 태우려고 기다리던 중, 남자 친구의 자동차가 이웃집의 차도 쪽에 서 있는 것을 발견했다. 그녀는 남자 친구에게 곧바로 가겠노라고 전화했다. 그런데 전화상으로 응답이 없었다. 그녀는 창문 밖으로 내다보면서 다시 확인하려고 했는데, 남자 친구의 자동차가 지금 막 가버린 것을 알았다. 그녀는 뭔가를 의심하면서, 그 집 쪽으로 갔는데, 거기서 남자 친구, 이웃집의 여자 친구 그리고 그 집 아이들의 시체를 발견했다. 그런데 그 집의 22개월 정도된 아기가 보이지 않았다. 아기의 침대에 놓여 있는 베개에서 뇌와 두개골에 관련된 물질로 보이는 것을 따라서 총알 자국을 발견했다. 이러한 물질은 또한 반쯤 채워져 있는 욕조 안에서도 발견되었다. 마치 아기를 살해한 후 욕조에서 그 시체를 씻고, 그 다음 범죄 현장에서 버린 듯한 것을 암시하고 있었다. 피해 여성은 심하게 칼로 난자당했으며 시체가 절단되어 있었다. 그녀는 침실에서 살해되었으며, 피해자의 가슴 부위에서 골반 부위에 이르는 내장들이 끄집어내졌다. 비장(脾臟), 신장(腎臟), 생식기를 포함하여 내부의 신체 조직들이 제거되고 시체가 절단되어 있었다. 성기 외부 주변에 특별한 공격의 징후들은 보이지 않았다. 살인범은 피해자의 안구를 빼내려고 시도했던 것 같았다. 또한 항문에 칼을 쑤셔 넣었다. 피해자의 이 신체 부분을 심하게 칼로 잘라놓았다. 피가 묻은 지문이 확실하게 피해자의 복부, 어깨 주변, 무릎에서 발견되었다. 마치 피해자의 피를 담기 위해 양동이를 사용한 듯한 것을 암시하면서. 그뿐만 아니라 동그란 모양의 혈흔이 바닥에서 발견되었다.

행동과학부(BSU)에 의해 확인된 프로파일로부터 다음과 같은 범죄 관련 정보들이 추출되었다(Campbell & Denevi, 2004: 107).

- 용의자에 대한 인상과 특징: 백인 남성으로서 나이는 25~27세 가량일 것이다.
- 영양 부족인 듯한 약간 마른 체격일 것이다.
- 피해자 중 한 명이 소유하고 있는 차량이 유기된 장소에서 1마일 이내에 혼자 거주하는 자일 것이다.
- 범인의 주거지는 확실히 단정하지 않고 난잡할 것이며, 범죄에 관련된 증거는 범인의 주거지에서 발견될 것이다.
- 용의자는 정신병력을 갖고 있을 것이며, 약물 복용 경험을 갖고 있을 것이다.

- ▸ 용의자는 고용되어 있지 않은 독신이며, 다른 남성들 혹은 여성들과의 교제가 없을 것이다.
- ▸ 아마도 대부분의 시간을 용의자 자신의 집에서만 보내고 있을 것이다.
- ▸ 만약 용의자가 누군가와 함께 거주한다면, 그들은 아마도 용의자의 부모일 것이다. 그런데, 이 사건에서는 그럴 것 같지 않다.
- ▸ 범인은 이전에 군대에서 복무한 경험을 갖고 있지 않을 것이다.
- ▸ 고등학교를 졸업했거나 혹은 대학을 중퇴했을 것이다.
- ▸ 아마도 한 가지 혹은 몇 가지 형태의 편집증적 정신병을 앓고 있을 것이다.

이러한 프로파일에 따라서 경찰 수사관들은 도난당한 차량의 반경 1마일 내로 수색 범위를 좁혔다. 그리고 위에서 언급된 용의자 프로파일에 부합되는 용의자를 찾아나섰다. 신장이 5피트 11인치 정도 되고, 몸무게가 149파운드 정도 되는 27세의 백인 남성이, 차량이 방치된 그 지역과 같은 블록 내에 소재하는 한 아파트 단지에서 확인되었다. 이 남자는 총을 소지하고 있었으며, 피해자를 살해할 때 범인이 사용한 무기와 일치했다. 또한 범인의 아파트에서 동물 시체 혹은 사람 시체의 일부로 보이는 수많은 것들이 발견되었다. 그 남자는 이전에 편집증적 정신분열자로 진단을 받았다.

그리고 죽은 새의 피를 뽑아내어 마셨다는 것이 알려진 후 한때 정신병원에 입원하기도 했다. 퇴원 후 그는 피가 묻은 상태로 사막에서 발견되었으며, 허리에 간단히 옷을 걸친 차림이었다. 그는 경찰에게 자신은 비행접시에 희생되고 있었다는 등 횡설수설했으며, 곧 석방되었다. 그런데 그 주변의 인접한 곳에서 아이의 시체가 발견되었다. 증거는 그 남자의 아파트에서 발견되었는데, 피에 대한 망상, 시체 절단 그리고 사람과 동물의 시체를 먹었을 가능성을 암시하고 있었다.

(3) 혼합된 범주의 살인범

FBI 시스템은 또한 살인사건을 조직화된 그리고 비조직화된 양쪽의 성질로 혼합된 살인범 유형으로 분류하기도 한다. 이러한 이유는 2명 혹은 그 이상의 살인범들이 팀을 이뤄서 범행을 저지를 수 있기 때문이다. 공격은 조직화된 살인범에 의해 시작되지만, 그러나 범행 중간에 방해받기도 하고, 악화되어서 혼란스러운 상태가 될 수 있다. 한 범죄에서 다른 범죄로 진행되면서, 범인이 젊거나 혹은 약물이나 알코올 사용 등으로 범인의 인성적 특징들이 영향을 받아 변화될 수 있다. 조직화된 혹은 비조직화된 살인범 유형 분류에 대한 비판에 따르면, 이러한 혼합형 살인범 유형은 이 분류 시스템의 약점, 즉 너무 많은 연쇄살인범들이 딱 들어맞는 범주에 해당되지 않으며, 따라서 '혼합형'으로 분류된다, 즉 분류 체계로서 의미 없는 것이 아닌가 하는 의구심을 갖게 한다. 실제 범행에서, 이러한 세 가지 범주가 어떻게 범인들에게 나타나느냐 하는 것은 이러한 조직화된, 비조직화된, 혼합된 인격적 특징들을 반영하는 연쇄살인범들에 대한 몇몇 실제 사건 연구를 통해 아주 잘 설명된다 (Vronsky, 2004: 102).

4) FBI의 이분법에 대한 논란

FBI의 이분법 분류에 대해 자세하게 살펴보면, '범행 현장 체크리스트'와 관련하여 비교하는 경우에, 그들의 '이야기식 서술'에서 몇 가지 불일치가 나타난다고 한다(Godwin, 2001a: 65). 비조직화된 범죄자 유형에 대한 이야기식 버전은 실제로 광범위한 계획과 범행에 대한 사전 고려를 필요로 하는 조직화된 범죄자 유형의 행동들을 많이 포함한다. 예를 들면, 사체에 대한 성적 행위, 범행 현장을 다시 가보는 것과 장갑을 끼는 것과 같은 행동은 인식 있는 계획과 도구적 초점을 암시하는 것으로 보인다. 그런데 각 범행 현장 유형에 적합한 서술적 단어들로 이루어진 체크리스트는 복수와 과도한 공격성이 많이 혼합되어 있음을 반영하는 것 같다. 얼굴에 무지막지한 상처를 내고 순식간에 공격을 가하는 행동들은 성적 욕구 충족이라는 중요한 초점이 새겨진 것이라고 볼 수 있다. 이러한 행동모형들의 조합은 일반적으로 조직화된 연쇄범죄자 유형을 의미하는 것으로 해석된다. 그런데, 실제로 그들은 조직화되었다기보다는 비조직화된 것을 보여 준다. 사체를 절단하고, 사체에 대한 성행위를 하고, 사체의 일부를 먹는 연쇄살인 범죄자가 또한 비조직화된 범죄자라는 가정은 확실히 질문에 대해 지나치게 개방되어 있다 할 것이다.

이러한 불일치 외에, 조직화 그리고 비조직화라는 이분법 유형론에는 두 가지 정도의 또 다른 결점이 있다.

첫째, 각 유형을 설명하는 행위들이 상호 배타적이지 않으며, 다양한 조합이 주어진 범죄 현장에서도 발생할 수 있다. 이것은 물론 여기서 논의된 모든 살인범죄자 분류 계획에서 약점이 있다. 둘째, 왜 연쇄살인 범죄자가 반복적으로 살인을 저지르는 욕구를 갖고 있는지에 대한 논의가 없고, 복수와 가학성 욕구가 진행되는 것이 너무 모호하다는 점이다. 조직적 그리고 비조직적 분류 방식 역시 왜 연쇄살인 범죄자들이 어떤 피해자는 선택하고 다른 대상은 간과해 버리는지에 대한 이유를 또한 제시하지 못한다. 조직화된 그리고 비조직화된이라는 분류 표시는 DSM-Ⅲ-R에서 나타나는 것들과 유사한 임상적 평가처럼 보인다. 헤어(Robert Hare)라는 학자는 DSM-Ⅲ-R에서 소개하는 반사회적 성격장애 범주란 주로 반사회적인 범죄 행동에 대한 측정 수단이지, 정신병리학적인 행동을 보이면서 평범하게 교제하는 개인들을 대상으로 인격장애에 관한 인격 특성을 측정하는 것은 아니다.

또한 FBI의 연쇄살인범 표본에 대한 신뢰성이 제기되기도 한다. FBI 프로젝트 안에는 36명의 살인범죄자들과 인터뷰한 내용이 들어 있다. 그 중 25명은 연쇄살인범으로 분류된 자들이고, 11명은 1명 혹은 2명을 살해한 범인들이었다. 36명에 대한 하위 표본은 비조직적 그리고 조직적 범죄자 유형으로 분류되어 있다. 인터뷰에 응한 범죄자 중 33명은 백인이었다. 마지막 프로젝트에서 참여하는 것에 동의한 범죄자들은 피해자에게 배상하기 위해 주의를 끌려고 혹은 약간의 법적인 이익을 얻기 위한 동기에서 참여했다고 보고하고 있다(Godwin, 2001a: 65-66).

부시와 카바노(Busch & Cavanaugh, 1986)는 FBI 연쇄살인 범죄자 분류 모형의 타당성에 대해 다음과 같이 결론을 내렸다: 연쇄살인 범죄자 분류는 대체로 약점이 있다. 왜냐하면, 그것은 서술적이며, 모든 연쇄살인 범죄 인구에 대해 충분히 일반화하기가 어렵다. 그들은 또한 FBI가 수행한 연구는 특별한 목적을 위해 수집된 자료에 의존하고 있기 때문에 연구자들의 가정을 확인시키는 경향이 있다고 했다. 부시와 카바노는 FBI가 제시한 연쇄살인범에 대한 동기 유발적 모형은 통계적인 지지가 부족하고, 추정에 관한 확인을 지지하려는 경향 때문에 범행 현장의 다양한 변수들로부터 도출된 결론이 불가피하게 한쪽으로 편향될 수 있다고 경고하고 있다. 캔터(David Canter) 역시 경찰에게 알려진 것은 범죄자의 동기가 아니라 범죄자의 행동이라는 것을 지적하면서, 범죄자의 동기에 근거를 둔 살인범죄자 분류에 대해 의문을 제기하고 있다.

요약하면, 범인의 프로파일적 특성과 관련하여 조직화된 그리고 비조직화된 성적인 동기의 살인범 간의 차이점에 관한 연구와 범행 현장에서 암시하는 것들은 범죄자 프로파일링에 관한 수사 기법을 위한 중요한 기초를 제공한다. 두 가지 연구 목표를 달성함으로써 FBI는 범죄자 프로파일링에 도움이 될 수 있는, 조직화된 그리고 비조직화된 성적(性的) 동기의 살인범들을 구별하는 여러 가지 변수가 존재한다는 것을 확인했다.

해결되지 않은 사건들이 모두 성공적으로 프로파일링된다는 것을 의미하지는 않는다. 단지 이 연구가 실험적이었으면 하는 바람을 갖고 있으며, 범행 현장 분석에서 중요한 변수들을 FBI가 확인했음을 보여 주고 있다(Campbell & Denevi, 2004: 108).

두 번째 중요한 단계는 이전에 확인된 변수들을 활용하고 행동과학부(BSU) 요원들에 의해 이미 프로파일된 사건의 결과를 비교하면서 더 앞선 과학적 연구를 위해 프로파일 테스트를 수행하는 것이다. 더 나아가 프로파일적 특성은 '전문가들'에 의해 활용된 연역적 추론을 하는 것은 법집행기관을 위해 전문지식에 기반을 둔 시스템을 확립하면서, 기술(art) 상태에 있는 프로파일에 더 발전된 것을 제공할 것이다. 전문가의 지식에 기반을 둔 시스템은 인공적인 지능 영역의 부분 집합적인 것이다. 이러한 시스템은 전문가들과 겨룰 수 있는 컴퓨터 프로그램을 창안해 내기 위해 그들의 지식과 추론 패턴을 활용함으로써 이끌어낼 수 있다.

이러한 시스템은 최소한의 훈련만으로도 활용하기가 용이하며, 사용자들과 접속할 수 있는 영어로 된 컴퓨터상의 인터페이스를 갖고 있다. 오늘날 많은 분야에서 활용되는 전문 시스템은 끊임없이 개정되고 있으며, 더 많은 지식이 그것들의 활용과 적용을 통해 얻어진다. 전문 시스템은 결코 숙련된 대표적인 수사관들을 대체할 수 없을 것이며, 오히려 이 시스템은 활용을 통해 얻은 지식에 의해 끊임없이 업데이트되는 수사상의 도구다.

3 홈스 분류학

연쇄살인에 대한 연구를 전공한 루이빌대학(University of Louisville)의 범죄심리학자인 홈스(Ronald M. Holmes)는 연쇄살인범을 연구한 전문가로서, 연쇄살인범에 대해 심리학적 프로파일링 유형을 네 가지 하위 형태로 분류한 바 있다(Holmes & DeBurger, 1988).

로널드 홈스[16]

그의 이러한 유형학은[17] 살해 동기를 기록한 인터뷰 자료에서 인식된 연쇄살인범의 강압적인 특징에 기초한 것이다. 이는 인간 간의 발전의 법칙을 포함하고, 폭력의 범주에서 그들의 위치에 기초를 두고 있다. 홈스와 드버거(Holmes & DeBurger, 1988)는 범인들의 범행 동기에 기초하여 연쇄살인범들을 유형화하려는 시도를 했다(Bartol & Bartol, 2005: 342).

또한 홈스와 홈스(Holmes & Holmes, 1996)는 연쇄살인 범죄자 유형을 네 가지로 분류하면서, 살인하는 과정에서 행동과 과정에 초점을 두고 세분하기도 했다.[18]

① 행동에 초점 맞춘(신속한 살인) 경우

▸ 망상가형: 그에게 살해할 것을 지시하는 다양한 목소리를 듣거나 보고, 그 목소리는 신(神)이나 악마에게서 비롯되며 폭력으로 나타난다.

16) http://www.louisvilleky.gov/Coroner/aboutthecoroner.htm(2008년 3월 5일 검색)

17) 이 유형 분류는 어떠한 엄격한 과학적 조사에 의해 확인된 것은 아니며, 이는 단지 사례에 기초하고 있다고 한다.

18) http://faculty.ncwc.edu/toconnor/401/401syl.htm

▸ 전도사형: 지구에서 좋은 이웃을 남기고 나머지 집단을 멸종시킬 사명을 띠고 사냥에 나선다.

② 과정에 초점 맞춘(서서히 살인) 경우

▸ 만족에서 비롯된 쾌락주의자들: 살해함으로써 기쁨을 느끼나, 다소 거기에서 개인적인 만족을 느끼거나 이익을 얻기도 한다. 보통 여성 살인자들이 이 범주에 속한다.

▸ 성욕에서 비롯된 쾌락주의자들: 살인자와 섹스를 하며 기쁨을 느끼고, 살해하는 동안 섹스를 하는 것에서 에로티즘을 경험한다.

▸ 스릴감에서 비롯된 쾌락주의자들: 죽임으로써 짜릿함을 느끼고, 희생자의 최후의 고통에서 흥분을 느낀다.

▸ 권력형: 지배를 하면서 기쁨을 느끼고, 희생자의 공포에서 전율과 짜릿함을 경험한다.

다음 <표 8-4>는 홈스가 범행의 특징과 관련된 여섯 가지 유형을 중심으로 분류한 것이다.

표 8-4 홈스가 분류한 연쇄살인범 유형의 특징들

특징	망상가	전도사	만족	정욕	스릴감	권력이나 지배
범행 장소 통제	X	O	O	O	O	O
과잉 살해	O	X	X	O	X	X
고문	X	X	X	O	O	O
시체 이동	X	X	X	O	O	O
특정 희생자	X	O	O	O	O	O
무기 휴대	O	X	O	X	X	X
희생자와의 이전 관계	X	X	O	X	X	X
희생자 식별	O	X	O	X	X	X
비정상적 성교	X	X	X	O	O	O
무기를 사용한 고문	X	X	X	O	O	O
교살	X	X	X	O	O	O
성기 삽입	?	X	보통	X	X	X
물건 삽입	O	X	X	O	O	O
사간(死姦)	O	X	X	O	X	O

출처: http://faculty.ncwc.edu/toconnor/401/401syl.htm

1) 망상가형(幻想型) 연쇄살인범

망상가형은 매춘부, 동성애자 혹은 부랑자와 같은 특별한 집단의 사람들은 없어져야 한다고 주장하면서, 목소리나 망상에 의해 동기부여된 연쇄살인범을 일컫는다(Bartol & Bartol, 2005: 342). 망상가형 연쇄살인범은 종종 '신으로부터 받은 계시'에 기초하여 범죄를 저지른다. 많은 사건에서, 이러한 유형의 범죄자는 정신병자 혹은 그렇지 않으면 정신적으로 장애가 있는 자로 불린다.

'환영(幻影)에 사로잡혀 연쇄살인을 저지르는 형태'는 그에게 특정한 종류의 사람들을 죽이라고 명령하는 소리를 듣거나 환영을 보기 때문에 살해할 것을 강요받는 것처럼 느끼며, 이런 타입은 정신병자인 경우가 많다. 망상가형 연쇄살인범에게 사람을 살해하도록 부추긴 것은 범죄자들이 음성(환청)이나 본 환상에 의해 추진된 형태다. 텔레파시나 정신적인 메시지를 받아들이며, 높은 수준의 헌신을 추구하고, 자아가 거세되며, 정신이나 악마에 의해 자신이 소유되어 있다고 믿는다.[19]

17세의 시카고 대학생인 윌리엄 하이렌스(William Heirens)는 1942~46년 사이에 아파트에 들어가 집을 부수고 3명의 여자를 죽였다. 그는 잔인하고 지배적인 어머니에게 양육되었고, 섹스가 더러운 짓이라 배웠으며, 전 생애를 통해 그는 소녀와 접촉할 때마다 상처를 입었던 것으로 보고되었다. 그는 뛰어난 주거침입 절도자였고, 총과 여자의 속옷을 수집하는 것에서 희열을 느꼈다. 그는 그의 은밀한 방에서 여자의 속옷을 입고 포즈를 취하기도 했다. 그는 절도를 해서 홍청거리다가 체포되자 살인한 것을 자백했고, 자아를 잃어버렸으며, 자신을 '조지 머맨(George Murman)'이란 사람이 지배하고 있으며, 그가 살인을 저질렀지 자신이 살인을 저지른 것이 아니라고 주장했다. 일리노이 주는 그 이야기를 믿지 않았고, 그에게 무기징역을 선고했다.

허버트 뮬린(Herbert Mullin)은 24세로, 1972년부터 1973년까지 산타크루스 고등학교에서 종교적인 장학금을 받는 육상선수였다. 1965년 오토바이 사고로 절친한 친구를 잃은 후에 정신이상 증세를 보였으며 사회에서 이탈했다. 1969년 그는 가족에게 인도에 가서 종교 공부를 하겠다고 말했고, 부모는 그를 정신병원에 보냈는데 피해망상증으로 진단받았다. 그는 환각제를 실험해 보기 시작했고, 정신병원을 들락거렸으며, 다음 2년 동안 대지진을 극복하라는 목소리를 들었다고 했다. 그가 의사에게 말하지 않은 것은 지진을 막기 위해 그에게 살인을 할 것을 말했던 그 목소리 중의 하나다. 그는 산으로 질주해 살인을 저질렀다. 그는 야구 방망이로 두 명을 때려 죽였고, 맨손으로 한 명의 희생자의 내장을 찢었다. 그리고

19) http://faculty.ncwc.edu/toconnor/401/401syl.htm의 내용을 중심으로 소개했다.

너덜해진 시체를 버려두었다. 그는 그때, 그 목소리의 일부가 그가 사람들을 죽이도록 시킨 사람에게서 온 텔레파시였다고 믿기 시작했다. 그래서 그는 총을 사서 주립공원으로 가 메시지를 찾기 시작했다. 그는 한 공원에서 하루에만 다섯 명을 쏘았으며, 석 달 후 다른 공원에서 네 명의 캠퍼로 구성된 한 그룹을 쏘았고, 또 다른 두 사람을 쏘았다. 피해자학은 산타크루스 지역에서 모든 희생자를 제외한 특별한 사회적 그룹도 반영하지 못했다. 1973년에 배심원은 그의 기소를 결정했고, 2025년까지 보호관찰시킬 것을 선고했다.

하비 캐리그넌(Harvey Carignan)은 살인자 수배 광고에 나왔는데, 그는 39세의 베테랑 군인으로 실제로 폭력적인 성적 살해 혐의로 군에서 축출되었다가 가석방된 자다. 그의 연속 살인 경력은 1972년 주유소를 관리하던 시애틀에서 시작되었으며, 주유소에서 일을 구하는 적어도 두 명의 소녀를 때려 죽였다. 1973년, 그는 미네아폴리스로 가서 유사한 4~5건의 살인을 저질렀는데, 이때 어린 여자 희생자를 강간하고, 지방 신문의 수배 광고에 답변했다. 그는 결국 살아남아 길가에 버려진 희생자에 의해 정체가 밝혀졌다. 경찰이 그의 차를 찾았고, 그들은 지도에서 희생자가 있던 붉은 동그라미를 친 곳을 찾았다. 체포된 후 그는 공손히 그가 신으로부터 개인적으로 음탕한 여자를 공격하도록 명령을 받았다고 설명했다. 실제로, 하비는 신이 그에게 화를 낸 생존한 여자를 죽이지 못한 것에 유감스러워했다. 그는 신을 그의 얼굴을 가리는 두건인 커다란 모습으로 묘사했다. 그는 감옥에서 100년 후에 석방되도록 선고되었고, 1993년 보호관찰이 선고되었다.

조셉 캘링거(Joseph Kallinger)는 뉴저지 주 버전에서 입에 게거품을 물고 혀로 미친 듯이 막 지껄여대기 시작했다. 그리고 1973년부터 1974년까지 필라델피아 주위에서 세 명을 죽인 12세 소년을 도와 주었다. 그는 신과 악마에게서 동시에 모든 인류를 파괴시킬 메시지를 받았다고 했다. 그는 후에 자아를 파괴하고, 자신을 찰리라고 이름붙여 그가 살인을 저질렀다고 주장했다. 미친 듯한 이상한 몸짓에도 불구하고, 그는 재판정에 섰고, 법정은 그에게 무기징역을 선고했다. 그는 교도소에서 자살했다.

2) 임무 지향형 혹은 사명형 연쇄살인범

사명형 살인범들은 특정한 그룹의 사람들은 반드시 파괴되거나 혹은 제거되어야 한다는 것을 자기 스스로 결정한다(Bartol & Bartol, 2005: 342). 그들은 환상을 보지 않으며, 목소리를 듣지 않고 심리학적으로 이상한 행동을 보이지 않으면서, 하루하루의 일상에 기초하여 자기 역할을 한다. '사명감에 기인하는 형태'는 살 가치가 없다고 믿거나, 그러한 사람들이 없다면 이 세상이 더 좋아질 거라고 믿는 특정한 집단의 사람들을 죽이려 한다. 사실상 이런 유형의 연쇄살인범은 정신병자가 아니며, 그들과 가까이 지내는 사람들은 그들을 훌륭한 시민으로 묘사한다. 사명형 연쇄살인범의 경우, 범행을 촉진시킨 것은 어떤 그룹에 속해 있는 사람들을 근절시켜야 한다는 의식에 입각한 살해 요구다. 사회를 정화하고 비범죄화하기 위한 것들에 초점을 맞추며, 주로 약물중독자나 동성애자, 소수인종, 도색가들을 제거하는 데 맞춰진다.[20]

본 그린우드(Vaughn Greenwood)는 31세의 흑인으로 1964년부터 1975년까지 로스앤젤레스에서 11명의 알코올 중독 건달들을 종교 의식을 거행하는 것처럼 살해했다. 모든 희생자들은 목구멍이 절개된 상태로 죽었고, 시체 주위에는 소금이 뿌려졌으며, 희생자의 신발은 벗겨져 시체를 향하도록 놓여졌다. 경찰은 백인을 범인으로 간주해 찾느라 많은 시간과 노력을 허비했으나, 1975년 그린우드는 결국 용의자로 잡혔다. 그는 무기징역으로 수감되었다.

캐롤 콜(Carroll Cole)은 40세의 술고래로 1971년부터 1980년까지 샌디에이고에서 종종 라스베이거스를 방문했다. 그는 몇 주(州)를 횡단하며 35명의 '행방불명 여자'들을 죽여 왔다. 왜냐하면 그들은 그에게 그의 엄마를 생각나게 했다. 대부분의 희생자는 주차장에서 목이 졸렸고, 그들의 시체를 자신의 집에 두고 잔 것으로 보고되었다. 1981년 기소되었을 때, 그는 희생자 중의 한 명을 먹었다는 거짓 주장을 해서 미친 것처럼 자신을 방어했다. 안락사로 사형이 선고되었고, 그는 재판 결과에 감사했다.

제브라 킬링스(Zebra Killings)는 1973년부터 1974년까지 흑인 회교(回敎) 사상에 집착한 5명의 미국계 흑인집단의 구성원으로 모든 백인을 악마로 규정짓고 멸종시켜야 한다고 주장했다. 그들은 모두 15명의 남자, 여자아이들을 캘리포니아 곳곳에서 죽였고, 다른 8명의 희생자는 불구로 만들었다. 그들은 '죽음의 천사'라 불린 엘리트 집단이었고, 특정 백인을 살해한 경험이 있는 자만이 가입 자격 요건이 되었다. 경찰은 그들이 135명 정도 살해를 저질렀다고 추정했고, 캘리포니아에 몇몇 미국계 흑인들이 소요를 일으켰다. 1975년 기소는 캘리포니아 법 역사상 가장 길었고, 범죄자 중 4명은 무기징역을 선고받았다.

칼튼 게리(Carlton Gary)는 1977년부터 1978년까지 '스타킹 교살자(the Stocking Strangler)'로서, 조지아 주 애틀랜타 시에서 '노파 살해' 전문이었다. 그는 높은 지능지수를 가지고 있었고, 7명의 나이든 여자를 강간해 그들의 스타킹으로 목졸라 죽였다. 살인 동기가 섹스인지 강도인지에 대해선 알려져 있지 않다. 그는 결국 마취제 거래중에 체포되었다.

유사한 살인자는 윌리엄 핸스란 이름으로 더 이상 나이든 여자는 없다는 문구를 신문사에 편지로 보냈다. 그리고 노파 살해를 멈추지 않거나 체포되지 않았다면, 30일마다 흑인 여자를 죽인다는 공포는 계속되었을 것이다. 핸스는 또한 만 달러를 요구했고, 그의 언급은

20) http://faculty.ncwc.edu/toconnor/401/401syl.htm

악마의 힘으로 규정되었으며, 요새의 군인으로 밝혀졌다. 이 사례는 CID 군대와 애틀랜타 경찰 간에 협조의 좋은 사례이고, 미 연방수사국의 보조에 의해 수사가 이루어졌다.

조셉 프랭클린(Joseph Franklin)은 37세의 신나치주의자로서 위스콘신의 매디슨에서 왔고, 다른 종족 간의 결혼은 신에 대항하는 원죄라 했다. 그는 또한 그가 형사사법 제도에서 지나치게 흑인에게 관대하다고 생각하는 판사에게 초점을 맞추었다. 그는 래리 플린트를 쏜 것으로 추정되었는데, 이는 『허슬러』 잡지에 다른 종족 간의 결혼으로 기사가 실렸기 때문이다. 그는 놀라운 칼잡이었고, 1977년에서 1981년에 걸쳐 나라 곳곳을 돌아다니며 15명을 저격했는데, 거의 대부분이 흑인 남성과 백인 여성 커플이었다. 그가 가장 선호했던 범행 지역은 쇼핑몰 꼭대기였고, 결국 꼭대기나 현관 쪽에서 돌아다니는 커플들을 저격하기 시작했다. 그는 몇 번 기소를 면했는데, 이는 그가 너무나 동적이었고, 유일한 증거력은 그가 저격이 일어나는 도시에 있었다는 것뿐이었다. 유타 주 법정은 결국 1981년 그에게 무기징역을 선고했다. 다른 주 즉 위스콘신이나 인디애나, 오클라호마, 오하이오, 플로리다 등의 주에서는 1986년 유타 주 판결을 뒤따랐고, 이 사건은 종결되었다.

3) 쾌락추구형 연쇄살인범

쾌락추구형(hedonistic) 연쇄살인범은 즐거움을 얻으려고 애쓰고, 스릴을 추구하며, 자기 자신의 기쁨을 위해 다른 사람들은 이용 대상이라고 여기고 있다. 들리는 바에 의하면, 쾌락형 연쇄살인범은 살인행위 그 자체에서 상당한 정도의 만족을 얻는다고 한다. '쾌락추구형'은 스릴을 느끼기 위해 살인을 한다. 이러한 살인자들은 단순히 살인행위를 즐기며, 성적 흥분은 이런 유형의 살인자들이 갖는 공통점이다.[21)]

쾌락추구형 연쇄살인범은 쾌락주의자로서, 흥미 혹은 스릴을 추구하는 살인범이라는 꼬리표가 붙은 자들이다. 그들이 저지르는 범죄들은 대체로 그들에게 성적인 의미를 지니고 있다. 보통 권력 지향적이며, 색욕에 의한 살해자로 세분화되고, 이는 강간이나 누군가를 죽이는 행동으로 나타나며, 과잉 살상, 시간, 식인행위 등이 그 구체적 사례다. 다시 말하면, 고문이나 강간, 쾌감을 위해 죽이고자 하는 열망, 불구로 만들거나 식인 등을 통해 쾌감을 느끼기도 한다. 강간과 살해는 적절한 모험의 일부로 여기며, 더 나아가 경력이나 서비스 계약으로 보고 있다.

제리 브러도스(Jerry Brudos)는 일찍이 어린 시절에 구두 미신을 갖게 된 오리건 주 포틀랜드 출신의 28세 전기기술자였다. 유년 시절, 그는 그가 '빌려온' 여자 구두를 가지고 놀

21) http://faculty.ncwc.edu/toconnor/401/401syl.htm

았다. 사춘기에 이르러 그는 여성들이 검정색 스파이크 힐 구두를 신는 광경을 흉내내게 됨으로써 오로지 성적으로 변모되어 갔다. 17세 때, 그는 젊은 여성을 사진 찍으면서 그녀의 옷을 강제로 벗긴 죄목으로 체포되었고, 그 후 정신병원 입원과 반사회적 인격장애 진단을 받았다. 제리는 육군에서 단기간의 복무를 마친 후에 결혼했는데, 부인으로 하여금 집 주변을 알몸으로 걸어다니도록 요구했다. 또한 그녀가 속옷 차림 자세를 취하는 것을 즐겼다. 1968년, 그의 첫 번째 피해자는 젊은 여성 백과사전 판매원이었는데, 곤봉으로 두들겨 맞아 죽었다. 그는 그녀의 왼쪽 다리를 잘랐고 강에다가 신체의 나머지 부분을 던져버렸다. 그는 차고 안 냉장고에 왼쪽 다리를 보존시켜 놓고서 또한 차고에서 스파이크 힐 구두를 그의 방대한 수집품들과 함께 하는 놀이를 위한 특별한 용무 동안에 끄집어 내곤 했다. 모두 여섯 여성의 다리가 제리의 수집품의 일부가 되었다. 두 번째 피해자와는 시체와 성교를 시작하면서부터 가슴을 잘라내고 그들을 뒤섞었고, 그들의 고통의 짧은 순간을 사진에 담아내는 동안에 피해자들을 죽이기 위한 여러 다른 방법들을 사용했다. 그의 세 번째 피해자는 근처 오리건 주립대학의 학생이었는데, 그곳에서 그는 캠퍼스 주위에 은폐하기 위해 땅을 팠다. 1969년 재판에서, 정신이상자라는 변호는 실패했고 무기징역을 선고받았다.

1968년에서 1972년까지 '흡혈귀 강간범'으로 널리 알려진 웨인 보든은 몬트리올 출신의 26세의 매력적인 젊은 남자로 그는 5명의 여성 피해자들의 가슴에 항상 물어뜯은 흔적을 남겼다. 모든 피해자는 자신의 아파트에서 발가벗기고 교살되어 죽은 채 발견되었는데, 저항의 흔적은 발견되지 않았다. 수사관들은 소녀들이 데이트(또는 날짜 기입)한 것을 살펴보았고, 곧 '빌'이라는 이름을 포착했다. 경찰은 심지어 혐의자의 사진까지 갖고 있었다. 경찰은 그가 몰고다니던 차의 한 종류인 모든 푸른색 메르세데스를 검색함으로써 그를 체포했다. 그는 법정 치과 의술을 통해 배수의 자유형 판결의 유죄를 선고받았다. 치과 의사는 가슴을 물어뜯은 흔적과 보든의 이빨 사이에서 유사한 29개 흔적들을 증명할 수 있었다.

리처드 코팅햄은 31세의 컴퓨터 프로그래머로 뉴욕 시 중심가에 위치한 블루 크로스-블루 쉴드(Blue Cross-Blue Shield)의 유망한 종업원이었다. 그는 결혼했으며, 세 아이를 둔 존경받을 만한 사람이었다. 그는 1977년에서 1980년에 걸쳐 뉴욕과 뉴저지에서 6명의 매춘부를 강탈하고 항문성교했으며 구강성교를 하도록 강요했고, 그녀의 가슴을 물어뜯었다. 살해한 뒤 수족을 절단했다. 때때로 그는 그들의 손과 머리를 잘랐고, 나중에 모텔 방에다가 불을 지르기도 했다. 그는 거의 항상 가슴을 얇게 베어냈다. 1년이 넘도록 그가 공격한 많은 생존자들이 나타나 이를 폭로했고, 그들의 증언은 법정 증거를 보강하여 그를 뉴저지와 뉴욕 양쪽 재판에서 배수의 자유형을 선고받도록 했다.

'남쪽 지방의 살인범'으로 널리 알려진 팀 스펜서는 35세의 리치먼드 거주자로, 1984년에서 1987년에 걸쳐 잔인하게 6명의 여자와 1명의 남자, 총 7명을 강탈하고 교살했으며, 1명의 남자는 육교에 매달린 채로 버려져 있었다. 각각의 범죄는 얼마간 서로 달랐는데, 탁월한 리치먼드 경찰은 모방 범죄자들을 의심했고, 1985년 그들은 살인자 중 하나를 위해 잘못된 사람에게 유죄를 인정했다. 그들은 그것이 다른 사람의 DNA 증거를 경유한 것임을 알아차렸다. 이는 버지니아 법 역사상 DNA '지문'을 이용한 최초의 사례였고, 이는 스펜서에게 유죄 입증을 하고 부정하게 유죄 입증을 당한 사람에게 결백을 증명케 해 주었다. 스펜서는 사형을 언도받았다.

해리슨 그레이엄은 28세로 필라델피아 지방의 슬럼가에서 3층 아파트에 세들어 살던 정신적으로 발달이 늦은 약물남용자였다. 그는 그의 아파트로에서 냄새가 난다는 이유로 퇴거당했으나, 그곳에 다시 돌아오기 위해 소규모 재산을 놓고 간다고 주장하면서 침실 문에 떠나기 전에 못질을 해놓았다. 그가 절대로 다시 돌아올 수 없게 되었을 때, 당국은 문을 부수고 들어가 시체 7구를 찾아냈는데, 모두가 부패 단계에 있었다. 오직 두 개의 몸뚱이만 확인이 가능했고, 그 중 하나는 그의 전 여자 친구였다. 그는 제 발로 경찰로 찾아갔고, 1986년에서 1987년에 걸쳐 그녀들과 성교를 가지는 동안에 교살했으며, 시체와 성교한 사실도 인정했다. 그는 통산 7년형의 살인죄를 선고받았고 7년형의 시체모독죄도 아울러 선고받았다.

'게인스빌의 살인자'로 널리 알려진 대니 롤링은 45세로서, 일련의 성적 일탈자로 플로리다대학 캠퍼스를 위협했다. 경찰 간부의 아들이었던 범인은 어렸을 때의 관음증이 강간 살인으로 진척되었다. 게인스빌에 위치한 여성들의 기숙사 방에서 1990년에서 1994년에 걸쳐 그가 강간하고 살해한 5명의 여성은 성적으로 노골적인 자세가 취해진 채로 시체가 유기되어 있었다. 그는 피해자 중 한 여성의 남자 친구와 난투 끝에 검거되었다. 재판에서, 롤링은 그가 '제미니'라 불리는 악마에 의해 살해했다면서 공포스러운 악몽 때문이라고 주장했으며 감옥에 있으면서 성적으로 노골적인 환상의 예술 제작 활동 공예품을 생산해 왔다. 그는 또한 샌드라 런던과 함께 일련의 『살인자 완성』이라는 책을 공저하기도 했다.

'미시간의 살인자'로 널리 알려진 노먼 콜린은 30세의 미시간 주 입실란티 거주자로서, 1967년부터 1969년까지 미시간대학에서 다양한 방법들—총기, 칼, 뭉툭한 기구들, 교살 등—을 사용하여 7명의 여학생들을 살해했다. 피해자들은 모두 성불구가 되었다. 그는 피해자 중 한 사람의 장례식장 응접실에서 폭로했고, 만약 시체의 사진을 찍을 수 있느냐고 장의사에게 문의했는데, 그러나 하고자 하는 만큼 혐의자를 훌륭히 묘사하는 결과를 가져오지 못했다. 유명한 네덜란드 심령술사 피터 휴코는 살인자가 다시 공격하려 할 때에 제대로 정확한 예언을 했다. 그러나 그 외 몇몇은 콜린이 그의 마지막 피해자와 함께 소다수 판매점을 떠났을 때 훌륭한 묘사를 해 주었다. 살인자는 그 어떠한 것도 인정하지 않았고, 그러한 기질의 증거는 1970년에 그에게 중노동형의 판결을 내리는 데 종종 이용되었다.

도널드 에번스는 34세로 미시시피 주 빌럭시 출신의 떠돌이였는데, 다머 사건 동안 어느 날 경찰서로 출두하여 1977년에서 1991년까지 적어도 60명을 살인했다고 자백했다. 경찰은 즉시 다머의 기록의 몇몇에 대해 의심했고, 그가 자백한 14명의 살인자들을 앨라배마, 애리조나, 캘리포니아, 아이다호, 콜로라도, 워싱턴, 와이오밍, 사우스 다코타, 미시간, 펜실베이니아, 켄터키, 남·북 캘리포니아, 조지아를 포함하여 여러 주(州)를 넘나들며 조사했다. 워싱턴 주에서 그의 행동은 미궁에 빠진 '그린 리버 살인사건'에 대해 의심을 하는 동안에 당국의 감시를 받았다. 에번스는 명백히 이용 가능한 여성 매춘부 등을 표적으로 삼았다. 그는 해병대에서 전역한 후 살인을 하기 시작했다고 주장했다. 그는 사형에 대한 교환 조건으로 경찰이 그가 원하는 장소에다 매장함을 보여 주는 것에 대해 동의했다. 그 어느 누구도 그렇게 나쁘게 사형을 원하는 몇몇 사람을 묘사하는 것을 원하지 않았기 때문에 그가 공정한 재판과 법률가를 구하는 과정에서 야기된 문제점이 발생했고 또 계속되었다.

'I-5 살인자'로 널리 알려진 랜디 우드필드는 오리건 주 살렘 출신의 바텐더로 1980년에서 1981년에 걸쳐 적어도 60명의 여성들을 강탈하고, 적어도 18명의 다른 이들을 살해하여 워싱턴 주에서 캘리포니아에 이르기까지 I-5 회랑을 따라 그들 사체를 흩뿌려 버렸다. 오로지 한 번의 트라이 아웃을 성공시킨 후에 파커스(Green Bay Parkers)에 의해 절대로 달리는 것을 거절당하지 않은 탁월한 대학 미식 축구 선수 우드필드는 '영웅'의 지위에 익숙해져 있었다. 그는 다량의 피를 흘리면서도 스스로를 질질 끌고가 전화기로 가서 경찰에 신고한 한 피해자의 결단에 의해 검거되었다. 서로 갈라진 상태에서 술집으로 향하고 있었다는 우드필드의 알리바이는 그로 하여금 배수의 판결을 받게 했다.

'강 주변 매춘부 살인자' 또는 '엘지노어 호수의 살인자'로 널리 알려진 윌리엄 서프는 41세로 리버사이드 카운티, 캘리포니아 출신의 정부 주식 사무원이며 경찰 간부를 흉내내는 것, 책을 집필하는 것, 장난감 자동차를 운전하는 것, 그리고 공공지역 봉사활동을 하는 것을 좋아했다. 그의 이웃은 그를 항상 다른 사람들을 돕는 일을 하는 '친근한 바보'로 묘사했다. 그러나 그는 텍사스에서 1970년대를 보내는 동안 감옥에서 다소의 시간을 보내며 아내와 함께 그들 2개월 된 딸을 때려 숨지게 했다. 그는 1984년에서 1993년에 걸쳐 리버사이드의 오렌지 작은 숲에 그가 살해한 13명의 피해자 매춘부 모두를 내다버렸다. 당국에서는 그 지방에서 22명이나 되는 많은 죽음들에 관해 그에게 연관이 있는 것으로 의심했다. 그는 밴에서 붉은 빛 지역 주변을 어슬렁거리다가 그러고나서 칼로 피해자들을 죽였다. 결국 유죄가 입증되었으며, 1995년 사형을 선고받았다.

조셉 브리겐은 46세의 캘리포니아 농촌의 돼지 키우는 농부로, 주(州)박람회에서 항상 '푸른 리본 돼지상'을 받았다. 영양이 좋고 살찐 돼지들은 항상 경매에서 최고가(最高價)의 가격으로 인기를 끌었다. 그는 "이것은 모두 사료 때문이다"라고 말했다. 그는 또한 목장일을 유지하기 위한 무자격자에 대해 설명했는데, 샌프란시스코의 거리에서 아주 쇠약한 사람을 데려다가 채용했다. 이것은 1984년에서 1902년까지 목장 일을 도와 주는 사람을 살인하는 것으로 바뀌어 돼지 사료로 쓰기 위해 그들의 시체를 갈았는데, 그들 목장 일꾼들 중 한 명이 몇몇 시체 부위를 발견하여 경찰에 신고했다. 경찰은 땅 속에 묻혀 있는 적어도 12개의 두개골을 찾아냈다. 조셉은 그의 돼지들이 인육의 안정된 규정식이 필요했으며, 그들이 월급을 달라고 요구하면 목장 인부들을 죽였다고 설명했다.[22] 1902년, 그는 종신형을 선고받았다.

허만 드렌스는 버지니아 주 클락스버그 출신의 49세 지역 거주자로 그의 집 지하방에 공명장치를 설치했다. 그는 밤에 지하방에서 나는 피해자의 괴성 소리를 들으면 그것이 그에게 성적 흥분을 가져다 주었다고 나중에 경찰에 털어놓았다. 1929년에서 1932년까지 농장에 여성이 나타났을 때, 때때로 아이들과 함께, 그는 그들을 모조리 지하방 아래로 던져넣고, 은행과 그들이 보유한 모든 다른 자산의 유동자금에서 그들이 가진 어떠한 돈이라도 인출할 수 있는 증서에 그들이 서명할 수 있는 컴퓨터 버킷을 아래로 내려보냈다. 아이들은 즉시 해머로 쳐서 죽여 버렸고, 여성들은 굶도록 놓아두거나 아니면 때려 죽였다. 우편 검열관이 그를 붙잡았고, 교수형이 선고되었다.

'산성 목욕 살인자'로 널리 알려진 존 헤이는 1944년에서 1949년에 걸쳐 그가 농장에서 갖고 있었던 황산의 큰 통에다 피해자들을 집어넣음으로써 사람을 살해했다. 그들은 영국 런던의 한 호텔 장기 투숙객이었다. 그는 "너는 나를 가질 수 없어, 어느 시체라도 가질 수 없어"라고 적힌 편지와 전화로 경찰을 비웃었으나, 증거가 될 큰 통과 법원이 유죄 입증을 한 의치에서 인공 틀니 한 세트가 발견되었다. 그것은 가장 냉혈한, 일찍이 존재했던 동정 없는 전문적 살인자의 하나로 간주되었다.

글레넌 이글맨은 그들 생명보험과 지급되지 아니한 치과 의사 어음증권 때문에 7명을 살해한 세인트루이스의 치과 의사였다. 그는 1963년에서 1985년까지 범행에 다양한 수단을

22) 필자가 지난 2002년 12월 연구차 방문했던 캐나다 광역밴쿠버 시 포트 코퀴틀람(Port Coquitlam)에서 로버트 픽튼이라는 돼지농장 주인에 의해 발생한 연쇄살인사건의 경우도 이와 유사한 경향을 보이고 있는데, 살해한 피해자의 사체를 농장 주변에 암매장했다. 사체를 돼지 사료로 사용했는지는 밝혀진 바 없다. 농장 주변의 땅을 정밀 분석한 결과, 피해자들의 사체의 일부가 발견되어 DNA분석을 거쳐서 피해자 신원을 확인한 바 있다. 한편 이 사건을 전후하여 인근 도시의 60여 명의 여성들이 실종된 것으로 신고되어 현재까지 관련 피해자가 더 있을 것으로 보고 정밀 토양분석 작업이 진행된 바 있다.

이용했는데, 차 폭발과 사격도 포함되었다. 그는 그의 전 남성 환자를 죽임으로써 보험료를 챙겼고 그리고나서 그들 미망인이 된 아내들에게 구애를 펼침으로써 사업상의 목적을 위해 그에게 돈을 투자하게끔 했다. 그들의 보험금을 지불하지 않는 모든 남성 환자들은 거의 다 살해되었다. 그는 송화기에 비밀조사 장치를 설치한 여성 피해자에 의해 검거되었다. 그는 종신형을 선고받았다.

도널드 개스킨은 남캘리포니아 출신의 청부살인자로 모든 사람들이 '작은 동물'이라 불렀다. 그는 범죄 지하 세계의 과격파 그룹에서 활동하는 것으로 알려져 있었으나, 1970년에서 1975년에 걸쳐 또한 수수료를 벌기 위해 그가 살해한 남성, 여성, 아이들 총 8명을 그가 배열한 그의 재산에다 매장 장소를 더하여 명백히 활동했다. 경찰은 사라진 사람들을 조사하면서 그를 추적했고 그의 재산에 남아 있는 잔존물 다소를 파내었다. 작은 동물은 주 경계선을 넘나들다가 체포되었고 사형을 선고받았다. 감옥에 있는 동안, 그는 정직한 혈청을 기증했고(나트륨 아미탈) 총 13명의 살인자에 대해 자백했으나, 이들 사건은 끝내 규명되지 않았다. 또한 감옥에 있는 동안에, 다른 죄수들에게 계약 성공을 계속적으로 실행함으로써 사형 집행을 회피해 왔다.

4) 권력/통제형 연쇄살인범

권력/통제형(power/control type) 연쇄살인범은 피해자의 생사 여탈권에 대한 완전한 통제를 가함으로써 만족을 얻으려고 애쓴다. 성적 요소는 존재하기도 혹은 존재하지 않을 수도 있다. 그러한 기본적인 동기는 도움을 받을 수 없는 피해자에 대해 막강한 힘을 행사하는 것이다. '권력욕에서 기인하는 형태'는 희생자를 포로로 삼고 지배해서 괴롭히며 그들이 모든 명령에 복종하기를 강요한다. 사람을 살해하도록 촉진시킨 것은 성적 만족감과 피해자를 완전하게 지배하기 위한 욕구인 것이다. 협박이나 명성에 대한 열망 등의 이유로 살해를 저지르며, 살게 하거나 죽게 하는 것을 지배하려 한다.[23]

딘 콜과 웨인 헨리는 텍사스 주 휴스턴 출신의 17세 본드 흡입자로, 1970년에서 1973년에 걸쳐 자동차 편승 여행자나 방랑자로 붙잡은 32명의 소년들을 강탈하고, 고문하고, 살해했다. 웨인은 통상 소년들을 찾았으며, 딘과 웨인은 날마다 그들과 항문성교를 즐겼고, 다른 고통스러운 모욕으로 살해했다. 그들이 '고문회의'라 불렀던 죄목으로 모두를 구속했다.

로버트 한센은 알래스카 주 앵커리지 거주자로, 1977년에서 1981년에 걸쳐 17명의 여성을 고문하고 성적으로 학대한 후 살해한 인물로 알려져 있다. 그들을 살해하는 데 사용한

23) http://faculty.ncwc.edu/toconnor/401/401syl.htm

방법은 그 지역에서 사냥해 온 알몸의 소녀들을 돌려세워 선두로 내세운 뒤 고성능 소총으로 위협하여 동물처럼 그들을 밧줄로 아래쪽으로 질질 끌었다. 대부분의 피해자들은 매춘부, 나체쇼 댄서, 혹은 나체 술집 여자들이었다. 그는 '사냥'되기 전 도망친 한 매춘부에 의해 고소당했으며, 비행 물체의 증거에 의해 입증될 수 있는 4개 사건들을 인정했고 각 법원에서 99년형을 선고받았다.

로버트 베델라는 39세로 캔자스 시에 위치한 마약중독자나 주말 사탄 숭배자에게서 나타나는 용암 전등, 복제 두개골, 향냄새, 그리고 다른 종류의 공급원에게서 특화된 동네의 신형 가게인 봅스 비자레 바자(Bob's Bizarre Bazaar)의 주인으로 1984년에서 1988년에 걸쳐 그의 집에 6명의 남자들을 가두고, 고문하고, 성적으로 폭행하고, 살해했으며, 그들 신체를 해체했다. 창고에 두개골을 제외한 잔류물을 배열하고, 두개골은 뒷마당에다 묻어버렸다. 1988년, 베델라는 거의 형벌을 면하는 기술적 결점과 함께 재판 후 배수형의 판결을 선고받았다. 수감된 후 그는 피해자 가족을 돕기 위한 신용기금을 마련했다.

볼프강 아벨과 마리오 푸를란은 27세로 이탈리아 밀라노의 부유한 부모 밑에서 태어났다. 룸메이트가 되어 생활했던 그들은 대학을 졸업하고, 이탈리아와 서중앙유럽의 알프스 지역을 넘나들며 1977년에서 1986년에 걸쳐 동성애자들을 살해하는 방랑 여행을 향해 출국했다. 그들은 그들이 '인간 이하'로 생각되면 닥치는대로 살해했고 비록 극우주의자는 아니지만 '루드비히'가 책임이 있다는 것에 의해 극우주의자 단체가 지휘한다고 생각하는 경찰을 위해 그들은 범죄 장면에 대한 기록을 남겨두었다. 그들 13명의 피해자 중에는 집시족, 마약중독자, 매춘부 그리고 물론 동성애자도 포함되어 있었다. 끝을 향해서, 그들은 방화와 폭탄, 포르노 영화극장을 태우는 것으로 특화시켰고, 동성애자 디스코장은 가장 많이 붐비는 장소와 때를 골라 방화했다. 수백 명의 사람들이 그들의 행동에 의해 일생에 상처를 입었다. 그들은 그들의 속바지 안쪽으로부터 촉진제를 비밀스럽게 풀어넣는 동안 붐비는 디스코장 단골손님에 의해 결국 검거되었다. 1987년, 이탈리아 법원은 그들에게서 부분적인 광기를 발견했고, 그들 부모의 알프스산맥 성 안에서 30년형의 '개방구금'('가택구금'과 동등한)을 선고했다.

하비 글랫맨은 모델이 되려는 데 흥미를 가진 소녀들을 노린 할리우드 사진 작가였다. 한번은 아름다운 소녀가 그의 '작업실'로 찾아왔는데, 그들은 체포되고, 구속되고, 그리고나서 난폭하게 강도를 당했다. 1951년에서 1958년에 걸쳐 그는 종종 그가 소녀를 체포하는 장면을 사진으로 찍었고, 그들을 죽였으며, 그리고 사막에 매장 장소를 만들었다. 그는 마지막 한 명이 저항으로 도망치기 전까지 4명의 피해자를 살해했다. 1959년 지하 가스실에서 사형이 집행되었다.

'정오의 살인자'로 널리 알려진 클라우스 고스만은 19세로, 독일 누젠버그대학 신학 전공의 학생이었는데, 제2차 세계대전 중 미군에 의해 아버지가 총에 맞아 죽는 것을 보았다. 1960년에서 1965년에 걸쳐 그는 소총 소리를 숨길 수 있는 정오 교회 종소리를 이용하여 저격 위치로부터 닥치는 대로 7명의 사람들을 쏘았다. 모든 면에서 완벽주의자인 고스만은 최후의 살인을 계획했으나 마지막 사격 후에 신속한 경찰의 대응으로 결국 체포되었다. 재판에서, 그가 여배우 엘케 좀머를 납치하기 위한 치밀한 계획을 꾸미고 있었다는 사실이 밝혀졌다. 그는 종신형을 선고받았다.

'카사노바 살인자'로 널리 알려진 폴 존 노울스는 1973년에서 1974년까지 평생 비행자에서 학교 선생, 어린 소녀들, 아주머니, 그가 술집에서 만난 사람들, 그리고 경찰 간부에 이르기까지 총 8명의 피해자를 닥치는 대로 죽였다. 통상 버지니아 주에서 조지아 주에 이르기까지 I-95회랑을 따라 활동했다. 때때로 십대 여성 피해자를 강간했다. 그는 일련의 살인자에 관한 『킬링 타임』이라는 책을 저술한 영어 저널리스트 샌디 포크와 함께 일을 수행했다. 그는 법무관에게 테이프로 기록된 고백을 넘겼고 책이 그에 관해 씌어지는 것으로 진행되는데 대해 매우 우쭐해 했다. 그는 그녀에게 한 번 "1년 이내로 나는 죽을 것이다"라고 말했는데, 정말로 탈출을 시도하다가 차의 추적을 허용함으로써 미 연방수사기관에 의해 총에 맞아 죽었다.

프레드릭 모어는 비엔나에서 미국으로 건너온 이주자로 연로한 사람들을 위해 집에서 간호직으로 일했다. 그는 자신의 목 주위에 청진기를 달고서 하얀 가운을 입는 것을 즐겼으며 환자들은 그들 두고 '의사 선생'이라 불렀다. 그는 1914년에서 1916년 사이에 클로로포름 질식사에 의해 8명의 환자를 죽인 것에 대해 책임이 있었다. 그는 결국 붙잡혔는데 범죄적으로 발광한 것으로 증명되었다. 정신병원에서 탈출한 이후 소식이 끊겼다.

5) 추가된 살인범 유형

홈스와 드버거의 분류 유형 목록에 대해, 적어도 두 가지 유형이 추가될 수 있는데, 인정 추구형(recognition seeker)과 물질 획득 추구형(material-gain seeker)이다(Bartol & Bartol, 2005: 342). 몇몇 연쇄살인범들은 자기 인정에 관한 도전 차원에서 그리고 매스미디어로부터 인정받기 위해 살인할 수 있다.

(1) 인정 추구형 연쇄살인범

15세 때 처음으로 피해자를 살해했다고 주장한 루카스(Henry Lee Lucas)는 인정 추구형의 전형적인 범죄자 사례다. 그는 어린 시절 어머니로부터 말할 수 없을 정도로 잔인한 짓을 당한 것을 포함하여 어린이 학대와 무시와 같이 어두운 성장 경험을 갖고 있었다. 첫째로, 연쇄절도 범죄를 저질러서 교도소에 수감된 경력이 있었다. 24세가 되던 즈음에 자기 어머니를 살해했으며, 그 범죄로 인해 교도소에서 복역했다. 10년이 지난 1970년 가석방되었다.

그 다음 15년이 지나면서 번갈아가며 떠벌리기도 했다. 다른 수많은 사람들을 살해한 것을 부인하면서, 한때 그와 그의 친구가 저지른 살인사건의 피해자가 500명이 넘을 정도라고 주장하기도 했다. 비록 법집행기관의 요원들은 루카스가 자신의 행위를 과장한다고 믿고 있었지만, 많은 사람들은 그가 적어도 90~100여 건의 해결되지 않은 살인사건과 연관되어 있다고 믿었다. 결국 루카스는 1980년대 중반에 다시 살인사건에 대해 유죄가 선고되어 사형선고를 받았다. 1998년 그에 대한 형량은 가석방 없는 종신형으로 감형되었다(Bartol & Bartol, 2005: 343).

(2) 물질 획득 추구형 연쇄살인범

물질 획득 추구형은 인정 추구형 연쇄살인범과는 달리 돈과 물질적 보상을 위해 연쇄적으로 살인하는 경우다. 많은 여성 연쇄살인범이 이러한 사례에 포함되며, 보험금 수령, 유언을 통한 재산의 분배 그리고 다른 물질적 취득을 위해 남편이나 청혼자를 살해한다. 연쇄살인범을 유형화하는 이러한 다양한 시도에도 불구하고, 폭스와 레빈(Fox & Levin, 1998)은 연쇄살인범의 중요한 동기는 피해자의 생명에 대한 지배와 통제라고 반박하고 있다. 압도적으로, 피해자를 자기 수중에 붙잡아놓고 통제하면서, 성적 판타지에 기초하여, 남성 연쇄살인범들은 물색한 비면식 피해자를 범행 대상으로 삼고 있다.

그들의 연구에 따르면, 연쇄살인범은 또한 오디오나 비디오테이프, 사진, 의복류, 신체의 일부와 같이 피해자에 관한 거억될 만한 물건과 피해자에 대한 일종의 전리품과 같은 물건을 수집하는 경향이 있다. 이러한 물건들은 범인들로 하여금 피해자와 연관된 통제, 지배 그리고 성적 판타지를 완화시키도록 해 준다.

최근 이러한 주제에 관한 광범위한 매스미디어의 보도 및 수많은 흥미로운 책들에도 불구하고, 지난 10년에서 15년 동안 연쇄살인범에 관해 경험적이고 제대로 된 연구가 거의 없었다. 활용 가능한 많은 정보들은 일화와 같은, 인터뷰 혹은 사례연구 방법들을 통해 수집되었다. 이러한 내용은 정보의 제공에는 유익하지만, 이러한 연쇄살인범을 예측하고 확인하는 과정에서, 체계적으로 그리고 기능적으로 유용한 데이터베이스를 제공하는 데에는 실패했다고 할 수 있다.

젠킨스(Jenkins, 1988)는 교도소에 한때 수감되었던 연쇄살인범들에게 어떤 일이 일어나고 있는지에 관해 몇 가지 중요한 점을 제시하고 있다. 거의 확실하게, 연쇄살인범은 자신의 정신이상을 주장하거나 죄를 감경시키려고 시도한다. 그렇지만 거의 성공하지 못한다. 영국, 캐나다, 미국의 극단적인 폭력범죄자들, 특히 연쇄살인 혹은 대량살인범에 관련된 사건에 대해, 그들의 범행을 정신이상 탓으로 돌리는 것에 일관되게 매우 소극적이다. 연쇄살인범에 관해 갖고 있는 대부분의 지식은 임상적 관찰, 수사보고서 그리고 일화적 자료에 기초하고 있다. 그러한 자료들의 일부는 인기 있는 소책자로 된 소설들에서 발견되는 것처럼, 선정적이며 지나치게 극적이다.

한편, 많은 임상적 자료와 보고서들은 사실과 일치하며, 비교적 일관적이다. 그리고 그것은 연쇄살인범을 이해하는 데 많은 도움을 준다. 그런데 광범위하고 체계적인 자료 수집과 분석을 통해 찾을 수 있는 것처럼, 연쇄살인범에 대한 우리의 지식은 광범위하고 좀더 양적인 자료들로 훨씬 더 확장될 수 있다. 그런데, 연쇄살인사건이 극도로 다른 폭력범죄들과 비교하기에는 매우 드문 사건이기 때문에, 더욱 완벽한 분석을 위해 필요한 만큼의 사건들이 실제로 지금 현재에는 잘 입수되지 않고 있다(Bartol & Bartol, 2005: 343).

4 히키의 접근

연쇄살인범과 그들의 피해자에 관한 히키(Eric W. Hickey)의 연구는 실제로 203명의 연쇄살인범(34명의 여성, 169명의 남성)에 관한 자료를 토대로 1795년에서 1988년에 걸쳐 발생한 범죄에 관해 이루어졌다(Hickey, 1991).

히키의 연구는 범행 현장에 나타난 범죄자의 행동에 관한 것이라기보다는 주로 연쇄살인 범죄 피해자들에게 초점을 두었다. 연쇄살인 범죄자에 대한 그의 연구는 문헌상 가장 완벽한 것 중의 하나로 평가받고 있다(Godwin, 2001a: 72-73). 히키는 그의 자료로부터 동기 분류법을 개발했다. 연쇄살인 범죄자의 범행 동기는 "재정적 안전, 복수, 향락 그리고 성적 흥분"에 초점을 맞추는 것으로 보인다고 주장한다.

그런데, 히키의 동기 유형에는 몇 가지 문제점이 있다. 대부분의 연구자들은 그 자신의 연구에 포함시켰던 많은 여성 연쇄살인 범죄자들을 제외시키고 있는 것 같다. 히키는 그 자신이 '미망인(black widow)'이라고 명명한 여성 범죄자들을 포함시켰다. 그러한 여성들은 대체로 이익을 위해 사람을 살해했다. 연구에서 언급된 34명의 여성 연쇄살인 범죄자들 가운데 53%는 종종 경제적 이익을 위해 사람을 살해했다. 살해 동기의 41%는 전적으로 재정상의 이익을 위해서였다고 한다. 히키의 연구에서 흥미로운 것은 범죄자가 작성한 자기보고서에 의존한 것이 아니라 오히려 사건 파일에서 얻은 자료를 토대로 한 것이라는 점이다. 그의 연구에서 남성 연쇄살인 범죄자에 관한 자료들은 준비가 잘된 것 같지 않았다.

히키의 연구에서 또 하나 관심을 끄는 것은, 비록 정확한 비율을 제시하지는 않았지만, 연쇄강간범이었던 연쇄살인 범죄자들이 자신도 어렸을 때 성적으로 학대를 받은 경험이 있다는 주장을 한 바 있다. 실제로 이와 유사한 연구를 한 헤이즐우드와 워렌(Hazelwood & Warren, 1989)에 따르면, 41명의 연쇄강간범 가운데 76%의 범죄자들이 어렸을 때 성적으로 학대를 받았다는 것을 밝혀냈다. 이러한 연구 결과는 매우 흥미롭다. 왜냐하면 연쇄살인범의 배경에서 평범한 모습이 결국 외상성 경험의 형태로 나타날 수 있다는 점을 암시하기 때문이다.

5 케펠과 월터의 접근

로버트 케펠 박사[24)]

지금까지 소개된 모든 분류 방식에 대한 문제는 FBI 분류 방식인 조직화된/비조직화된/혼합된 연쇄살인범 유형이 너무 막연한 것으로 입증되었다는 점이다(Vronsky, 2004: 201). 특히 '혼합형'은 종종 의미가 없는 범주라고 일컬어지기도 한다. 환상에 사로잡힌/사명 완수형/쾌락주의적/권력통제형 범주들은 범죄자의 범행 동기를 평가하는 데 도움이 된다. 그러한 범인들의 신원(정체)과 연결되는 요소들에 대해 많은 것을 기여하지 못한다. FBI 자체 프로그램인 ViCAP과 같은 주요한 북미 지역의 컴퓨터화된 살인사건 추적 시스템, 워싱턴, 오리건 그리고 아이다호 주에서 활용중인 살인사건 수사추적 시스템(the Homicide Investigation Tracking System: HITS), 혹은 캐나다의 폭력범죄 연계분석 시스템(Violent Crime Linkage Analysis System: ViCLAS)에 의해 FBI 쪽에서 저술한 『범죄 분류 매뉴얼(*Crime Classification Manual*)』 같은 것을 포함하여 이러한 범주들 가운데 어느 것도 범죄를 분류하는 데 실제로 사용되는 것은 없다(Keppel & Birnes, 2003: 132). 가장 최근에 제시된 새로운 분류 시스템(Recent Revisions in Serial Killer Categories)은 유명한 범죄학자인 케

24) 1980년대 초반부터 워싱턴 주 시애틀 시 근교 호수를 중심으로 발생한 그린 리버 살인 사건(테드 번디 사건 등) 수사를 담당해 오던 중, 워싱턴대학에서 박사학위를 취득하고 수사관직에서 은퇴했다. 후일 샘 휴스턴 주립대학 형사사법대학의 교수로 전직, 현재는 범죄자 프로파일링을 담당하고 있다. 필자는 2004년 8월경 그를 만나 면담한 바 있다.

"여성 48명 내가 죽였다" …美 희대의 살인범 자백

1980년대 초반부터 미국 워싱턴 주에서 발생한 이른바 '그린 리버(Green River)' 연쇄살인사건의 용의자인 게리 리지웨이(54)가 여성 48명을 살해했음을 인정했다고 미 언론들이 5일 보도했다. 전직 트럭 도장공인 리지웨이는 시애틀 킹 카운티 고등법원에서 열린 재판에서 사형을 면하는 조건으로 자신이 48건의 살인사건을 저질렀음을 인정했으며, 내년 열릴 선고 공판에서 가석방 없는 종신형을 선고받을 것으로 보인다고 AP통신이 전했다. 그는 이에 따라 미국 역사상 최악의 연쇄살인범으로 남게 됐다. 1970년대 시카고에서 존 웨인 게이시라는 남자는 33명을 살해한 혐의로 유죄 평결을 받았고, 워싱턴 주에서 성인 여성과 소녀 30여 명을 살해했다고 자백한 테드 번디는 사형이 집행됐다.

『시애틀 타임스』는 사건 발생 당시 10대와 20대였던 희생자 중 상당수가 매춘 전력이 있었다고 보도했다. 리지웨이는 재판에서 "나는 워싱턴 주의 희생자 명단에 있는 48명을 살해했다"며 "잡히지 않고 원하는 만큼 죽일 수 있다고 생각했기 때문에 매춘부들을 노렸다"고 자백했다.

당초 1984년 리지웨이를 용의자로 지목했으나 증거 부족으로 체포하지 못한 미 수사 당국은 1987년 그의 자택에서 타액을 채취한 뒤 유전자 분석 기술이 발달한 2001년 DNA 분석을 통해 그를 체포했다. 살인사건은 1982년 여름부터 1984년까지 집중적으로 발생했으며, 초기 희생자들이 잇따라 워싱턴 주 그린 리버에서 발견돼 이 사건은 '그린 리버 연쇄살인사건'으로 불려 왔다.

국민일보, 2003년 11월 7일자, 10면(남혁상 기자)

펠(Robert D. Keppel) 박사가 고안한 것인데, 그는 테드 번디 사건, 애틀랜타 어린이 살인사건과 그린 리버 살인사건을 포함하여 50명의 연쇄살인범 수사를 한 베테랑이다. 그의 분류 방식은 성적인 '표시(signature)'가 있는 살인사건들—단순살인사건과 연쇄살인사건 둘 다—을 분류하는 데 초점을 두고 있다. 강간범들에 대한 FBI의 분류를 위해 헤이즐우드(Roy Hazelwood)와 버제스(Ann Burgess)에 의해 1980년대에 처음 개발된 범주들에 기초를 두고 있다.

케펠 박사는 워싱턴 주 킹 카운티(King County)의 강력반(Major Crime Unit)에서 오래 근무했다. 테드 번디 사건의 수사 책임자로 일했으며, 수사관으로 재직하면서 2,000여 건의 살인사건에 관여했고, 50여 건 연쇄살인사건을 경험한 바 있다고 한다.[25]

수사상의 목적을 위해 케펠과 월터(R. Walter)는 성적(性的)인 살인범죄자들의 범행 동기가 프로파일될 수 있는 이론적인 범주를 제시했다 (Keppel & Walter, 1999: 417-437). 즉 성범죄자의 유형을 다음 네 가지로 나누었다 (Godwin, 2001a: 74).

- ▶무력을 행사(고집)하는 형태의 강간, 살인범들
- ▶무력을 확신하는 형태의 강간, 살인범들
- ▶분노와 복수 지향적 강간, 살인범들
- ▶분노와 흥분 지향적 강간, 살인범들

25) http://www.crimelibrary.com/criminal_mind/profiling/keppel2/1.html?sect=20

미국판 '살인의 추억'…21년간 48명 연쇄살해 범인 추적

2003년 11월 5일 미국 워싱턴 주 시애틀에서 열린 '그린 리버 연쇄살인사건' 재판에서 용의자 게리 리지웨이(54)가 유죄를 인정하면서 48명의 희생자를 낸 미국 최악의 연쇄살인사건은 마침표를 찍었다. 그 순간 법정에 앉아 있던 데이브 레이처트(Dave Reichert) 킹 카운티 보안관(54)의 '(평생) 임무도 완성됐다'. 레이처트 보안관은 1982년 여름 시애틀 남쪽 그린 리버 강변에서 연쇄살인의 첫 희생자를 발견한 이래 21년간 이 사건의 범인을 좇아왔다.

30대 초반의 열혈 형사였던 그의 머리는 이제 백발이 됐다. 당시 열 살이던 장남은 사건을 처음 맡을 당시의 아버지 나이가 됐다. 레이처트 보안관은 사건 초기에는 몇 년간 이 사건 하나만 전담했다. 1986년에는 연쇄살인범의 심리를 알기 위해 70년대 유명했던 플로리다 연쇄살인사건의 범인으로 사형을 기다리던 테드 번디를 만나기도 했다. 그러나 성과가 없자 전담팀이 해산되고 상부의 지시로 사건에서 아예 손을 떼야만 했다.

『인터내셔널 해럴드 트리뷴』은 9일 레이처트 보안관에 대한 기사에서 "그는 공식적으로는 수사에서 손을 뗐지만 개인적으로는 범인을 계속 좇았다"고 전했다. 레이처트 보안관은 1997년 킹 카운티 보안관으로 임명되자 예전의 전담반을 다시 불러모았다.

그는 희생자를 발견했을 당시의 한 장면이 끊임없이 따라다녔다고 회고했다. 사건 초창기 희생자 마르샤 채프먼(당시 31세)의 시신이 물에 잠긴 상태에서 팔 하나만 수면 위로 삐죽 나와 있었다는 것. 그는 "팔이 물결에 따라 흔들리는 모습이 마치 '도와 줘요, 나 여기 있어요'라고 말하는 것 같았다"며 "그 장면이 생각날 때마다 오싹했다"고 털어놓았다. 범인 리지웨이는 1984년에도 용의자로 지목됐으나 증거 부족으로 풀려났다. 레이처트 보안관은 당시 그의 타액을 채취해 보관하고 있다가 2001년 11월 유전자(DNA) 감식을 통해 7건의 살해 혐의를 확인했고, 사건은 풀리기 시작했다. 전직 동료였던 밥 케펠은 "레이처트 보안관은 하루 24시간 이 사건과 함께 살았다"고 말했다.

동아일보, 2003년 11월 10일자, 12면(김성규 기자)

1) 무력 행사(고집)형 강간살인범 유형

무력 고집형 강간살인범의 경우, 강간을 계획한 일련의 행위라고 설명된다. 나중에 피해자를 확실히 통제하기 위해 공격을 증가시킨 데 따른 반응의 형태로 계획 없이 살해하는 경우다. 이러한 행동들은 강제적인 공격 그리고 협박에 의해 특징지어진다. 무력 고집형 강간 살인에서 케펠과 월터의 주장에 따르면, 살인이라는 것은 결국 공격받기 쉬운 피해자에 대한 통제를 유지하기 위한 행위들 중에 하나라는 것이다. 강한 이미지와 우세한 폭력을 사용하여 공격함으로써 살인자는 상황에 대한 완전한 지배를 보여 주는 것이다.

이러한 유형의 살인범은 강간범죄는 계획되었지만 살인사건은 계획되지 않은 곳에서 범죄를 저지른다. 그리고 피해자는 남성 혹은 여성이 될 수 있다. 그러한 살인은 범인이 피해자를 통제할 목적으로 공격을 증가시키는 결과로서 발생한다. 이 범죄에 대한 범행 동기의 중심은 여성 혹은 남성 피해자에 대한 범인이 남성적 무력(힘)을 주장하는 것이다(기억해 둘 것은 많은 강간범죄에서 성행위와 성적 욕망은 실제로 낮은 순위다. 무력 행사는 대부분 공격과 통제에 관한 것이다). 이러한 유형의 살인범들은 범인들의 과거 경험들에 기초를 두고 범행 수법을 발전시키고 진전시키는 등 학습적 곡선을 갖는다.

물색되는 피해자는 기회가 주어졌을 때, 갑자기 취해진 비면식적 관계의 사람들 쪽으로 초점이 맞춰진다. 피해자는 노상에서 발견되고 혹은 범인은 자신들의 집 주변 혹은 직장 근처에서 피해자를 찾아나선다. 만약 피해자가 노상에서 납치되었다면 그 피해자의 시체는 대체로 피해자가 살해된 장소에서 다른 어딘가에 유기되었을 것이다. 만약 피해자가 자기 집에서 살해되었다면, 그 때에는 피해자의 시체가 보통 어떤 자세 혹은 사후(死後) 신체 절단행위에 의해 흐트러지지 않은 채로 현장에 남겨지게 된다. 피해자의 옷이 벗겨져 있으며, 그 혹은 그녀는 두들겨 맞거나 주먹으로 맞은 흔적들을 보이게 된다.

종종 칼 혹은 로프와 같은 흉기를 범죄 현장에 가져오게 되며, 그리고 범인 혼자서 범죄를 저지른다는 것은 남성적 특징에 관한 중요한 부분이다. 피해자에게 가해진 폭력 정도는 범인이 믿고 있는 것이 사악하거나 혹은 비정상적인 수준에 의해 좌우된다. 그래서 피해자에 대한 시체 절단행위는 드물다. 피해자를 살해하기 전에 범인이 여러 번의 강간범죄를 저지르면서 사정(射精)을 한 흔적들이 무력 행사형 범행 현장에서 자주 발견된다. 살인을 저지른 후 범인은 피해자와 아무런 관계도 맺지 않는다. 주의깊게 법과학 증거를 말끔히 제거하고 조직화된 범행 현장을 뒤로한 채 떠난다. 그 자신의 이미지는 이러한 범죄 유형에서 도저히 의심할 수 없다고 살인범은 느낀다. 그리고 범인은 그 범죄에서 자기 자신을 감정적으로 이탈시키고 재빨리 그 범죄를 반복하도록 한다(Vronsky, 2004: 202).

무력 행사형 살인범은 대개 20대 초반의 연령대다. 그들의 남성다움 속에서 내면적으로 아주 불안정할 때, 그들은 일종의 원시적인 방법으로 남성 이미지를 발산하는 것에 사로잡혀 있다. 그들은 종종 보디빌더들이며, 문신을 보이고, 잘 관리된 자동차를 운전하며, 무기를 휴대하고, 무술에 참여하고, 믿음직스러운 신체적인 자세와 형태를 유지한다. 그들은 공격적이고 거만하며 다른 사람들에게 겸손하게 굴며, 혼자인 채로 경계선상에서 역할을 한다. 그들은 다른 사람들에 의해 '팀 플레이어'로 인식되지는 않는다. 그들은 아마도 실패한 결혼 및 관계 이력을 갖고 있을 것이다.

'변덕스러움을 통제'하는 자로서, 그들의 이전 배우자들에 의해 기억될 수도 있다. 그들은 제한된 남성다움의 감각을 가지고 있으면서 전형적인 고등학교 중퇴자들이다. 이것은 포르노그래피에 관한 그들의 성향에 따르면 별로 상상력이 없다는 것을 의미한다. 그들의 성향은 보통 『플레이보이(*Playboy*)』 혹은 『펜트하우스(*Penthouse*)』와 같은 잡지에서 발견되는 전통적인 '부드러운' 수준의 외설 잡지 정도에 국한된다. 그들은 군복무 경력을 갖고 있겠지만, 별로 좋지 못할 것이다. '집단활동'과 같은 사회적 기술 부족 때문에, 종종 원래 기간보다 일찍 복무 기간을 종료했다. 그들의 범죄 경력은 강도, 절도 그리고 주거침입 절도범죄와 같이 무력 시위적(행사적) 범죄들을 보여 주게 될 것이다(Vronsky, 2004: 203).

2) 무력 확신형 강간살인범 유형

무력 확신형 강간살인범의 경우, 피해자에 대해 계획하지 않은 과잉 살육에 뒤따라 계획된 강간으로 설명된다. 이러한 형태의 성적인 살인사건은 '이상화된 유혹과 정복적인 환상'에 의해 동기가 부여된 살인이다. 케펠과 월터에 따르면, 이러한 형태의 살인자는 유혹을 통해 그의 성적인 능력을 표현하며, 그것이 실패할 때 살인사건을 통해 그 범죄자로 하여금 새로이 환상 체계를 만들어 내도록 한다고 지적하고 있다(Godwin, 2001a: 74).

이러한 유형의 살인범의 경우, 살인사건이 계획되지 않는 동안에 강간은 다시 계획된다. 이러한 유형의 살인범들이 갖고 있는 주요한 범행 동기는 유혹을 현실화하고 환상을 정복하는 것이다. 범인은 자신이 피해자들을 '만족시키는' 중이며 혹은 피해자의 다른 애인들보다도 '더 나은' 사람이라는 확신을 얻으려고 한다. 살인행위는 피해자의 행동이 자신의 환상과 상충되거나 혹은 그 환상이 중간에 차단될 때 발생한다. 살인범은 분노하기도 하며, 또한 피해자를 냉혹하게 살해하기도 한다. 그리고나서 그 환상들을 자신과 조우하는 사람들에게 다시 실행하는 수가 있다.

살해 후 시체 절단행위와 시체 성애적 행동은 종종 범인이 그의 환상을 현실화하려고 고집할 때 일어난다. 강간이 실패할 때 살인행위가 일어나기도 한다. 무력 확신형 살인범은 범죄 피해자를 주도면밀하게 물색하며 몰래 추적한다. 그리고 종종 피해자는 우연히 아는 사람 혹은 이웃사람일 수 있다. 피해자는 범인보다 10세 혹은 15세 정도 나이 어리거나 나이가 많은 경우가 빈번하다. 만약 피해자가 어떤 유형의 정신적 혹은 신체적 장애를 갖고 있다면, 나이가 비슷한 피해자가 선택되었을 것이다.

살인범의 마음 한가운데 있는 것은 범인의 환상과 피해자가 쉽게 공격당할 수 있을 가능성이지, 피해자의 '유형(type)'이 아니다. 범인은 자신의 환상을 물색한 피해자들에게도 맞추려고 할 것이다. 범인은 피해자를 통제하기 위해 위협과 협박을 사용한다. 그는 일종의 무기 사용에 대한 이른바 심리적인 학습곡선—첫 번째 범행을 저지를 때에는 종종 범행 현장에 아무것도 가져오지 않는다; 두 번째 범행에는 실제로는 발사하지 않을 총을 휴대한다; 세 번째 범행에는 칼을 휴대한다. 범인은 이 칼을 실제로 피해자를 살해하는 데 사용할 것이다—을 갖고 있다.

강간범죄를 계획하고 저지르는 동안 범인은 피해자의 기분이 좋은지 혹은 피해자가 즐기고 있는지 여부를 물어보면서-소위 '신사인 척하는 강간범'이라고 불리는-자기 자신이 정중하고 신사 같은 존재로 인상지어질 수도 있다. 범인은 자신의 성행위 능력에 대해 확신을 얻으려고 한다. 만약 그것을 얻지 못하면 폭력적이 되며, 결국 죽음을 초래하게 된다. 일단 피해자가 살해되면, 범인은 시체 성애적 행동, 시체 절단행위 그리고 사이비 종교 의식을 거행해 가면서 환상을 지속시키려고 시도한다. 사정(射精) 행위의 흔적은 보통 범행 현장에서 발견되지 않는다. 왜냐하면, 강간행위가 성공하지 못했으며, 환상이 중간에 차단되었기 때문이다.

다시, 살인범들은 살해 후 행동과 사이비 종교 의식을 거행하면서 일부 만족을 찾을 때 범인은 자신의 범죄를 반복하도록 재강화된다. 그리고 연달아 행위를 하면서, 치명적 가능성(치사율)을 증가시킨다. 그는 아마도 피해자와의 관계를 통해 자신의 환상을 유지하기 위한 시도로서 기억될 만한 물건들과 신문 기사를 오려낼 수 있다. 그러한 범인은 대체로 20대 중반이며, 아주 강렬한 환상적인 삶과 범인이 감정적으로 불안하거나 혹은 우둔하게 보일 만큼 현실 세계와 괴리되어 있다. 환상을 키워가면서, 범인은 남자 혹은 여자 친구와 동떨어져서 혼자 산다. 그리고 무시무시한 외톨이로 인식된다. 성적 관계 혹은 연애 관계를 발전시키는 데 필요한 사회적 상호작용에 무능력하다.

그는 거절당하는 것을 아주 무서워하며, 환상을 통한 성적 에너지에 초점을 맞추고 창문으로 엿보기, 특별한 의복 좋아하기, 방화(放火) 저지르기 혹은 절도하기와 같이 혼자서 할 수 있는 성적 행동들 쪽으로 대체하는 것을 선호한다. 범인은 이러한 행동과 관련된 광범위한 경찰 기록을 갖고 있다. 그의 환상은 종종 아주 어린 나이에 나타나기도 하며, 다른 환경적 도전은 어린 시절에 다른 환경적 도전과 어려움에 의해 지지되기도 한다. 그는 보통 자신의 교육과정을 완수하지만 성취도가 낮은 것으로 인식된다. 마찬가지로 군복무 기록도 복종적이지만 별로 뛰어나지 못한 군인으로서의 이력을 보여 준다. 그는 덜 성숙하며, 참여자로서가 아닌 관망자로서의 삶을 산다. 그는 자부심이 결여되어 있으며, 부모와 함께 최저 생계 수준의 수입으로 살고 있으며, 비천한 직업에서 최소한의 임금을 받는 곳에 고용되어 있을 것이다. 친숙함은 자신의 확신에 절대적이며, 그는 같은 이웃들 사이에서 일하고 생활하고 범죄를 저지른다. 그의 가장 일반적인 이동 교통 수단은 걸어다니는 것이다. 그러나 만약 범인이 자신의 자동차를 갖고 있다면, 그 자동차는 상당히 낡았으며 제대로 관리 유지되지 않았을 것이다. 그는 비조직화된 범행 현장을 그대로 놔둔 채 그곳을 떠난다(Vronsky, 2004: 204-205).

3) 분노와 복수 지향적 강간살인범 유형

분노와 복수 지향적 강간살인범의 경우, 강간이 계획된 곳에서 최초의 살인사건이 과잉살인과 관련된다. 이러한 유형의 살인범은 과거 어떤 여성과의 나쁜 관계 때문에 여성들에게 보복하면서 복수할 목적으로 살인을 저지르는 것이다(Godwin, 2001a: 74).

분노 복수형 살인범의 경우, 강간과 살인사건 둘 다 계획된 것이다. 종종 살인사건은 '과잉살해' 행위와 관련된다. 즉 피해자를 살해하는 데 필요한 폭력보다 더 많은 과도한 폭력이 행사된다. 그리고 보통 그 피해자는 여성이다. 살인범이 범죄를 저지르도록 하는 중요한 범행 동기는 복수를 하고자 하는, 심지어 그것에 결부된 혹은 여성을 대체물로 여기고, 그 여성에 대해 복수하고자 하는 범인의 욕구다. 여하튼 그 여성은 범인의 인식 속에서 범행 대상이 된다.

분노는 종종 현재 혹은 과거에 범인에 대해 힘을 행사한 그의 어머니, 아내, 선생님 혹은 직장의 상급자와 같은 여성에 의해 야기된다. 범인이 생각하기에, 동일한 여성 혹은 다른 여성이 범인을 비판하고, 잔소리하고, 무시하고, 거절하고, 얕잡아 보는 혹은 범인을 경멸할 때 분노는 촉발된다. 그러나 범인의 공격의 초점이 되는 것은 대부분 의심받지 않는 대체물로서의 피해자일 가능성이 높다. 대체물로서 피해자는 아마도 범인과 비슷한 연령대 혹은 나이가 더 많은 경우일 것이다. 그리고 이전에 잠재적인 피해자로 물색되었을 것이다. 범인은 자신이 살고 있는 이웃 지역에서 일하고 직장과 가까운 지역에서 피해자를 이전에 봤을 것이다. 그리고 피해자의 주소나 피해자를 공격하기 쉬운 정도를 적어놨을 것이다. 일단 분노가 일어나면, 범인은 보통 상징적 피해자로 이전에 물색했던 자를 공격하기 위해 범행 현장으로 걸어서 가곤 한다. 만약 범인이 자동차를 이용한다면, 그는 아마도 현장까지 자동차를 몰고 갈 것이지만, 마지막 200~300피트 정도는 걸어갈 것이다.

몇몇 사례에서 분노 복수형 살인범은 아마도 범인을 화나게 했던 바로 그 사람을 공격할 것이다. 이러한 사건에서 피해자는 거의 항상 범인보다 나이가 어린 청소년 혹은 어린이들이다. 범인은 피해자의 거주지에 침입하기 위해 아마도 몇 가지 정도의 계략을 쓸 수 있다. 그리고 피해자로부터 부정적인 반응을 제거하기 위해 부적절하게 행동하면서 피해자와 직면하게 된다. 그는 전광석화처럼 공격을 하며, 피해자의 얼굴과 입을 가격하게 될 것이다. 공격이 상승하게 되면서, 범인은 피해자를 두들겨패거나 칼로 찌를 때 범행 현장에서 발견된 몇몇 도구를 사용할 수 있다.

공격의 주요한 초점은 피해자에 대한 폭행이기 때문에 범행 현장에서는 사정한 흔적이 발견되지 않을 것이다. 공격하는 동안 범인이 발기할 수 있게 되는지 여부는 범인의 연령,

감정적인 성숙도 그리고 경험에 달려 있다. 공격은 살인범의 분노가 충분히 만족될 때까지, 심지어 피해자가 사망한 지 오래되었을 때까지 지속될 것이다. 범인이 공격을 완료하면 범인은 피해자의 시체 위치를 복종적인 자세로 만들 것이다. 문에서 떨어진 쪽에, 얼굴을 밑으로 향하게 하고 혹은 뭔가로 눈을 덮어 두기도 한다. 범행 현장은 비조직화된 형태를 띠며, 살인에 사용된 무기는 종종 피해자 가까이에서 발견된다. 현장을 떠나기 전에 범인은 종종 피해자로부터 기억될 만한 몇 가지 물건 혹은 표시가 될 만한 물건을 취한다.

범인은 죄책감을 느끼지 않는데 그러한 살인행위에 대한 비난을 피해자 쪽으로 돌려버리며, 쉽게 연쇄적인 범행 유형에 빠져들게 된다. 분노 복수형 살인범은 대체로 연령이 20대 중반 정도이며 충동적이고 쉽게 화를 잘 내며 지나치게 자기 중심적이다. 그는 아마도 폭발적인 성격을 가진 것으로 이해될 수 있다. 그는 외로운 자이지만, 얕은 사회적 관계를 유지하고 있으며, 종종 오로지 제한된 술친구가 있을 뿐이다. 그리고 좀처럼 그들에게 자신의 상황에 관해 아무것도 드러내지 않는다. 그는 아마도 팀을 이루는 스포츠 경기에서 활동할 수 있다.

그는 여성과의 관계에서, 의존적이면서 저항적인 두 가지 측면을 가지고 있다. 종종 그러한 갈등을 해결하기 위해 폭력을 행사할 수 있다. 만약 결혼했다면, 거기에는 배우자를 학대한 경력과 추가적인 결혼 관계를 갖고 있을 것이다. 그는 폭행범죄, 부주의한 교통사고, 협박과 같은 충동적인 범죄를 반영하는 경찰 기록을 갖고 있을 수 있다. 그는 성적으로 좌절되었으며 종종 성불구자일 수 있다. 그리고 범인은 자신의 분노에 의해 성적으로 아주 흥분할 수 있다. 그러한 것들을 자신의 성적인 불완전성에 결부시킨다. 그는 포르노그래피를 감상하지는 않는다. 그러나 범인은 『플레이보이』 잡지와 같은 약간 부드러운 분위기의 도색 잡지 쪽에 일부 호기심을 갖는다. 그는 학교에서 훈육상의 문제점을 갖고 있었다. 종종 학업 성취도 낮은 학생 혹은 학업을 중도에 포기한 자이기도 하다. 이와 마찬가지로, 만약 범인이 군복무 경력을 갖고 있다면, 그는 훈육상의 문제점을 갖고 있으며, 군복무 초기에 전역했을 수 있다. 일반적으로, 상관과 갈등을 빚은 경력이 있을 것이다(Vronsky, 2004: 205-206).

4) 분노와 흥분 지향적 강간살인범 유형

마지막 형태의 성적인 살인은 분노와 흥분 지향적 강간살인이다. 성적인 공격과 살인 둘 다 계획된 것으로서, 개인적 욕구 충족을 위해 피해자에 대해 고통과 공포를 가할 목적으로 계획된 것이다. 이러한 유형의 살인은 고도로 특수화된 환상에 의해 촉진된 가학적 행동들과 관련된다(Godwin, 2001a: 74).

분노 흥분형 살인범들은 강간과 살인범죄 둘 다 계획한다. 중요한 범행 동기는 약탈적 범죄자로서 성적인 만족을 위해 피해자에게 고통을 주고 남성 혹은 여성 피해자에게 테러를 감행하는 것이다.

범죄는 일반적으로 피해자가 사망하기 전에 연장된 고문 그리고 피해자에 대한 절단행위에 의해 특징지어진다. 살인사건 그 자체는 범인에게 더 낮은 순위를 차지한다. 그는 그것에 이르는 과정에 초점을 맞추고 있다. 범인은 고도로 전문화된 그리고 힘과 통제를 표현하기 위한 범인의 욕구에 초점이 맞춰진 정교한 환상들을 갖고 있다. 범죄는 사이비 종교 의식처럼 진행되며, 종종 아주 치밀하게 만들어진 시나리오에 의해 진행되기도 한다. 그러한 시나리오는 진전되며, 피해자와 피해자를 거치면서 완성된다. 피해자는 종종 낯선 자이며, 범인의 관점에서 들어맞는 이상형－학생, 매춘 여성, 어린이, 나이 많은 노인, '매춘부 같은' 간호사 등등－피해자 유형이다. 피해자를 선호할 때 범인은 예를 들면, 금발, 긴 다리, 파란 눈, 작은 키 등 양자택일적으로 편향성을 보일 수 있다. 피해자에 의해 닳아진 신발 같은 것, 의복의 색깔 외에도 물품기호증적인 요소들이 있을 수 있다. 범인은 종종 피해자에게 접근해서 유혹하고 매력적으로 보이려 한다. 그는 피해자를 안전한 곳에서 멀리 이탈시킬 수 있을 때까지 계략을 유지한다. 그 시점에서 범인이 자신의 얼굴을 완전히 노출할 때까지, 범인의 행동은 친절하면서 위협적이고 망설이게 된다.

일단 범인이 공포감을 느끼면, 범인이 어린 시절부터 발전시켜 왔을 법한 복잡한 환상에 기초하여 그는 아주 고도화된 사이비 종교 의식적인 고문과 파괴 시간을 시작한다. 범인은 아마도 피해자를 강간하려고 시도할 것이며, 피해자가 사망할 시점에 사정을 할 것이다. 피해자가 죽은 후에 종종 2차적인 성적 폭행들이 있다. 어떤 물건을 삽입하거나 시체를 절단하거나 그리고 신체의 일부를 거둬들이기도 한다. 몇 가지 물품기호증에 초점을 둔 것을 반영하면서, 시체는 아마도 괴상한 상태로 옷을 입혀 놓거나 옷이 벗겨진 채로 범행 현장에 남게 된다. 의복류와 같은 물건들은 찢겨져 떨어져 나가거나 범인이 취하고, 혹은 시체 근처에서 잘 접혀진 채로 발견되기도 한다.

종종 의복이나 신체의 일부 혹은 다른 기억될 만한 물건들이 현장에서 없어지는데, 이러한 물건들은 범인에 의해 강박관념에 사로잡힌 듯한 자위행위를 하기 위해 반복적인 환각적인 시간에 사용된다. 이러한 범죄들은 피해자의 시체가 있는 곳에서 멀리 떨어진 채 범인이 편안하게 느끼는 장소에서 계속되며, 범인이 감정적으로 질릴 때까지 그리고 자위행위를 완료할 때까지 멈추지 않는다. 분노 흥분형 살인범은 살인 흉기, 결박 도구, 고문 기구들로 구성되어 있는 '종합 살해 도구(murder kit)'를 갖고 있다. 범인은 그러한 것을 범행 현장에 휴대하며 조심스럽게 포장해 놓거나 나중에 안전하게 보관하기 위해 옮겨놓는다. 범인은 가능한 법과학적 증거를 범행 현장에 남길까봐 아주 조심스러워한다.

종종 피해자의 시체를 살해된 장소에서 다른 장소로 옮기기도 하며, 은닉하기도 한다. 그는 범인이 살고 있는 지역이나 직장에서 멀리 떨어진 곳에 피해자의 시체를 유기한다. 그런데, 아마도 범인은 추후에 자기 자신을 자극하기 위해 스스로 피해자를 수색하는 데 혹은 경찰의 살인사건 수사에 불쑥 끼어들기도 한다.

분노 흥분형 살인범의 연령은 유동적이다. 그러나 보통 그는 35세가 되었을 무렵에 종종 첫 번째 살인범죄를 저지를 정도로 성숙한 인간이다. 그는 종종 신체적으로 매력적이며, 머리가 좋은 그리고 외관상 사교적인 인간이다.

그는 강박적으로 조직화된 성향의 표시를 나타낼 수 있으며, 수년 동안의 전문대학 교육 혹은 4년제 대학교육 기간을 거쳤을 수 있다. 만약 범인이 군복무 경력을 갖고 있었다면 그의 기록은 대체로 좋았을 것이며, 아마도 장교로 승진할 수 있는 잠재적인 후보자로 선발되었을 수 있다. 본질적으로 분노 흥분형 살인범은 자신의 환상적인 삶으로부터, 자신의 전통적인 삶을 주의깊게 분리해 가면서 이중생활을 살고 있다. 그는 아마도 사적인 공간을 영위하고 있으며, 그 공간에 살인 도구, 피해자에게서 취득한 기억될 만한 물건들 그리고 다른 물품기호증적인 표시들을 보관하고 있다. 그러한 사적인 공간은 지하실에 있는 어두컴컴한 일종의 비밀스럽고 공포스러운 방, 다락방, 옷장, 차고 혹은 가까운 곳에 유기된 구조물들과 같은 곳이다. 그는 대체로 새디스트적인 포르노그래피 소설과 이미지들을 즐기는 자일 것이다(Vronsky, 2004: 206-208).

5) 케펠의 분류 방식에 의거한 범죄 분포

1995년 10월, 미시간 주 교도소에 수감된 재소자는 41,584명인데, 이 중 14%는 살인사건(5,928명)으로 복역중이다. 그들 가운데 2,476명의 살인범들－모든 살인범죄자의 42%에 해당－은 성적(性的) 동기에 의해 살인사건을 저질렀다. 유감스럽게도 이 통계 자료는 단순살인범인지 아니면 연쇄살인범인지 구별해 놓지 않았다. 이러한 범주들 중에서 범죄자의 분포는 다음과 같은 내용을 제시해 주고 있다. 무력 행사형 범죄자는 성적 동기에 의한 살인범의 38%, 분노 복수형 범인은 34%, 무력 확신형 21%, 그리고 분노 흥분형은 겨우 7%에 불과했다(Keppel & Birnes, 2003: 435).

6 여성 연쇄살인범

연쇄살인범을 그 혹은 그녀로 언급해야 하는 이유는 5명의 연쇄살인범 가운데 1명 정도는 여성 연쇄살인범이기 때문이다. 실제로 여성 연쇄살인범은 종종 전형적인 남성 연쇄살인범보다 훨씬 더 치명적이고, 훨씬 더 많은 피해자를 살해한다. 여성 연쇄살인범은 '조용한 살인범'이라고 일컬어진다. 왜냐하면, 그들은 좀처럼 시체를 도로변에 놔두고 현장을 떠나지 않기 때문이다. 이렇게 되면, 지역 주민들에게 쉽게 알려지기 때문이다(Vronsky, 2004: 209).

여자 연쇄살인범은 범죄학과 법집행 시에 항상 이례적인 존재로 평가되어 왔다. 히키(Hickey, 1991)는 여자 연쇄살인범에 대해 "그들은 조용한 살인자이며, 남성의 경우와 같이 치명적인 존재이지만, 그들의 살인이 쉽게 눈에 띄지 않기 때문에 우리는 그들을 좀처럼 인지하지 못한다"고 묘사했다. 여성 범죄에 관한 첫 번째 저자인 폴락(Otto Pollak)도 여성 범죄가 눈에 잘 띄지 않는다고 했다. 켈러허(Kelleher, 1998)는 여자 연쇄살인범이 더 성공적이며, 주의력이 높고, 예리하며, 차분하게 범죄를 수행한다고 했다. 1900년부터 8년 동안 100건이 체포되었으며, 이는 남자의 경우보다 2배나 많은 수치였다. 알라리드 등(Alarid et. al., 1996)은 체포된 여성 범죄자들과 인터뷰한 결과 그들 중 86%가 범행중에 남성 또는 여성 공범자들이 있었다고 한다.[26]

전체적으로 볼 때 연쇄살인범의 다수가 남성이라는 사실은 광범위하게 보면 맞는 내용이다. 그러나 반드시 그런 것은 아니다. 여성 대량살인범(혹은 다중살인범)은 전형적으로 공식적인 통계에서 누락되는 경우가 많은데, 이유는 이러한 범죄가 대중에게 별로 관심을 끌지 못했기 때문일 수도 있으며, 여성의 범행 동기를 남성의 범죄와 다르게 분류하기 때문이기도 하다.

더욱이 여성 살인범은 남성 파트너와 함께 피해자를 죽이는 경우가 많으며, 살인을 저지른 것에 대해 "공범이 시켰기 때문에" 혹은 "살인사건의 주범인 남성 동료가 죽이라고 강요했기 때문에" 할 수 없이 살인을 저지르게 되는 것으로 묘사되곤 한다. 일반적으로 여성이 자신의 욕구를 충족시키기 위해 사람을 죽이지는 못할 것이라고 생각하거나 내적인 충동(혹은 정서적 충동)에 의해 살인을 저지른다는 사실이 여성의 이미지와는 맞지 않기 때문에 여성들은 연쇄살인을 할 능력이 없는 것으로 간주되는 경향이 있다. 이러한 생각은 일반적으로 잘못 알려진 경우에 해당한다(국립과학수사연구소 범죄분석실, 2002: 99).

1) 여성 연쇄살인범의 일반적 경향

통계적으로 여성 범죄는 모든 재산 범죄 중 28%, 폭행 범죄 중 18%를 차지한다. 하지만

26) http://faculty.ncwc.edu/toconnor/401/401lect01.htm.

같은 시기에 남성의 범죄 증가율이 57%인데 비해, 1970년 이후 138%의 증가 추세에 있다. 여성 범죄는 FBI Part II에서 담당한다. 여성 범죄는 매춘과 탈주에서는 남성보다 더 많은 수를 차지한다. 그리고 횡령(41%), 사기(39%), 문서 위조(36%), 금전 절도(33%) 등에서 상당한 수를 차지한다. 여성의 살인행위 경력은 남성보다 두 배 이상 길다. 남성들이 평균 4년이 넘는 정도의 살인 경력을 갖고 있는 반면, 여성들은 그보다 훨씬 더 긴 8년 정도다 (Kelleher & Kelleher, 1998). 그들의 살인행위는 종종 집에서 이루어지기도 하며, 병원, 양로원, 기숙사 혹은 호텔과 같이 전문적인 시설이 갖추어진 장소에서 일어나는 경우도 있다. 그런 곳에서는 종종 살인행위가 눈에 띄지 않으며 혹은 살인사건으로 인식되지 않는다. 연쇄살인이 아닌, 수감된 여성 살인범에 대한 연구에 따르면, 여성들이 살인범죄를 저지를 때 그들의 평균 77% 정도는 고용되지 않은 상태였으며, 그들 가운데 65%는 흑인 여성이었고, 76%는 자녀가 있었다. 그리고 그들의 평균적인 연령은 27세 정도였다고 한다. 여성 연쇄살인범은 젊고 가난하고 종종 사회경제적 계층에서 역할을 하고 있는 자들이다. 그러한 사회경제적 계층 내에서는 개인 간 폭력이 종종 빈번하고 '받아들여지는' 분위기다. 특히, 여성 연쇄살인범에 관한 통계는 본질적으로 다른데, 95%는 백인이고, 그들의 평균 나이는 30세 정도, 겨우 10% 정도만이 고용되지 않은 것으로 나타났다. 10% 정도는 전문직이었고, 10% 정도는 전문적인 기술이 있는 노동자였으며, 15% 정도는 중간 정도의 기술을 갖고 있는 자들이었다. 11% 정도는 자영업자 혹은 구멍가게 주인이었다. 그리고 41%는 알려지지 않았다 (Hickey, 1991: 217).

개인 간 폭력이 덜 수용되는 높은 사회경제적 계층에서는 범죄 이면에 일종의 정신병리학적인 문제가 제시되고 있다. 종종 개인 간에 폭력으로 반응하는 것이 유일하게 생존할 수 있는 방법이 되고 있는 사회 내에서 가난하고 고용되어 있지 않은 여성은 그들이 가장 분노하고 있는 시점에 동시에 살인을 저지를 수 있다. 그러나 더 많은 중산층 여성 연쇄살인범은 살인 범행을 심사숙고하고 주의깊에 계획한다. 여성 연쇄살인범의 범행 동기는 본질적으로 단순 여성 살인범, 심지어 남성 연쇄살인범의 범행 동기와는 다르다. 평균적으로 여성 연쇄살인범의 74%는 적어도 부분적으로는 개인의 경제적 이익을 얻기 위해 동기부여된다. 중산층에 대한 열망에 근거한 비극적인 생각이다 (Wesheit, 1984: 478).

또한 언론매체 보도를 통해 일반 시민들에게 영향을 끼친 세 가지 유명한 사례가 있다. 1992년에 워너스(Aileen Carol Wuornos)는 히치하이킹 도중에 7명의 남성을 살해한 혐의로 플로리다 법정에서 유죄 판결을 받았고, 미국 내에서 최초의 여성 연쇄살인범으로 기록되었다. 1995년에 스미스(Susan Smith)는 사우스 캐롤라이나 주에서 두 명의 아들을 안전띠로 묶고 차를 호수에 굴려서 살해한 나쁜 엄마로 기록되었다. 사건이 발생한 호수는 유령이 나온다고 전해진다. 1998에 우드워드(Louise Woodward, a British Nanny)는 매사추세츠 주에서 'shaken baby syndrome'으로[27] 유명해졌으며, 부모들이 모든 곳에서 비밀리에 유모를 감시하는 것이 유행이 되었다. 이 중 어떤 것도 여성연쇄 살인범의 전형적인 유형이 될 수는 없다(워너스는 일찍 검거되었고, 스미스와 우드워드는 세 명 이상을 살해하지 못했다). 그러나 각 사례는 매체에 의해 많은 관심을 받았다.

2) 여성 연쇄살인범에 대한 구체적 유형 분류

여성 연쇄살인에 관한 연구는 거의 없었다. 가장 뛰어난 저서인 마이클과 켈러허(Michael & Kelleher, 1998)는 『성적(性的) 살인』에서 레슬러, 버제스 그리고 더글러스에 의한 조직적/비조직적 살인 유형을 동기와 유형으로 나누는 것은 부적절하다고 주장했다. 대신에 다른 유형을 주장했는데, 단독으로 범행하는 연쇄살인과 공범이 있는 연쇄살인으로 구분하는 것이다.[28]

(1) 미망인형(독거미형) 연쇄살인 범죄자 사례

독거미형은 여성 연쇄살인범에 관한 가장 일반적인 유형이다. 이러한 여성은 그들의 남편, 자녀 그리고 애인과 같이 자신과 광범위한 관계를 확립해 온 피해자들에게 초점을 맞추고 있다. 이러한 연쇄살인범들 유형 가운데 거의 85%는 피해자를 살해할 때 독약을 사용한

표 8-5 여성 연쇄살인범에 대한 켈러허의 분류

단독 범행	공범이 있는 경우
미망인(Black Widow)－다양한 배우자와 파트너 또는 가족구성원을 살해하는 경우	팀형 살인자(Team Killer)－팀에 의한 살인 또는 최소한 2인 이상이 살인 과정에 참여하는 경우
죽음의 천사(Angel of Death)－자신이 의료적으로 간호하고 있는 사람들을 체계적으로 살해하는 경우	정신 문제가 있는 범죄자(Question of Sanity)－명백히 닥치는 대로 살인하거나 또는 나중에 정신이상 판결을 받게 되는 경우
성적 약탈(Sexual Predator)－성적(性的) 원인에 의한 체계적 살인	이유가 밝혀지지 않은 범죄자(Unexplained)－살인의 동기나 이유를 명확히 설명하지 못하는 경우
복수(Revenge)－미움이나 질투와는 별개인 체계적인 살해	미해결된 범죄자(Unsolved)－여성이 행한 살인이라고 말하기에 부적당한 경우(미해결)
이익 범죄자(Profit or Crime)－금전적 이익을 얻거나, 다른 범행 도중에 벌어지는 살인	

27) http://www.seizure.co.kr/mailzine/sfmagazine_15.html
28) 여기에서는 http://faculty.ncwc.edu/toconnor/401/401syl.htm에 소개된 내용을 중심으로 소개한다.

표 8-6 공범 유무에 대한 연역적 특성

단독범행	공범이 있는 경우
살인범이 보통 성인이며, 주의력이 있고, 사려가 깊으며, 고도로 내면적으로 조직화되어 있다. 그들은 보통 희생자들의 집이나 직장에서 공격한다. 또한 독물, 주사약의 투여, 질식 등 특정의 무기를 사용한다.	살인범이 보통 미성년이며, 공격적이고, 내면적으로는 비조직화되어 있다. 또한 보통 계획적 살인이 아니다. 그들은 보통 여러 장소에서 범행을 하고, 총과, 칼 또는 고문에 의한 방법을 사용한다.

다(Kelleher & Kelleher, 1998: 29). 그들의 범행 동기는 물질적인 것을 얻기 위한 것인 바, 그들은 그러한 피해자들의 재산을 요구하거나 유산을 받으려고 한다. 혹은 그들이 가입해 놓은 보험을 노리기도 한다.

미망인(Black Widows: BW)에 의한 살해는 보통 25세 이후의 범죄 경력에서 출발한다. 그들은 10년 또는 그 이상을 주기로 그들의 배우자, 파트너 또는 가족구성원을 살해한다. 실질적으로 그들은 그들의 개인적 관계 속에서 범행을 하는 셈이다. 10~15년을 주기로 6~8명의 희생자를 살해하는 경우 법집행 당국은 느슨해지게 되고 희생자가 13명에 이르는 경우도 있었다. 독극물에 의한 살해는 무기에 의한 살해보다 소량에 의한다는 점과, 사용 물질이 다양하다는 점, 보험과 상속 절차에 유리하다는 이유로 무기를 사용하는 경우보다 선호된다.

거네스(Belle Gunness)는 '푸른 수염의 여인(Lady Bluebeard)'을 20세기 최초의 미망인으로 칭했다. 그녀는 결코 재판을 받지는 않았다. 1896년에서 1908년에 걸쳐 시카고 외곽의 농장에서 남편과 일용 노동자, 그녀가 양자로 삼은 아이들을 포함해 49명을 살해했다. 대부분의 살인은 농장에서 발생했음에도 불구하고, 약물 중독에 의한 대장염 진단으로 사망했다. 마침내 그녀는 농장을 방화했고, 머리 없는 시체를 그녀로 가장하여 그녀의 죽음으로 형사사법 당국을 조롱했다. 경찰은 몇 년 후 그 머리를 발견함으로써 그녀의 머리가 아닌 것으로 판단했고, 1935년에 이르러서야 범죄 수사가 실패했다는 사실을 알게 되었다.

길리건(Amy Gilligan)은 코네티컷 주의 윈저(Windsor)에서 간호사로 근무했는데, 1901년에서 1914년 사이에 성인 남자 5명을 살해했다. 또한 그녀는 자신을 비난하는 성인 여자 9명을 약물 투여로 살해했다. 마지막 피해자의 유가족이 검시를 요구했고, 약물 중독이라는 결과가 나타나 그녀는 여생을 감옥에서 보냈다.

트루블루드(Lydia Trueblood)는 1915년에서 1919년 사이에 5명의 배우자를 살해했고, 자식을 포함한 다른 가족도 아이다호 주 포카텔로(Pocatello)에서 약물 중독으로 살해했다. 마지막에 피해자의 몸에서 비소가 검출되기 전까지 그녀는 피해자를 장티푸스 또는 감기로 위장하려 했다.

마틴(Rhonda Bell Martin)은 앨라배마 주 버밍햄(Birmingham)에서 1932년에서 1956년까지 그녀의 어머니와 2명의 남편, 5명의 자식을 살해했다. 부검 결과 그녀는 자신의 범죄를 시인했고 1957년 전기 의자로 보내졌다.

깁스(Janie Lou Gibbs)는 조지아 주 코델(Cordele)에서 1965년에서 1967년 사이에 남편과 4명의 자식을 방화하여 살해했다. 그녀는 범죄를 자백했고, 수령한 보험금은 교회에 기부되었다.

호이트(Waneta Hoyt)는 뉴욕 주 오스웨고(Oswego)에서 1965년에서 1971년에 걸쳐 질식사의 방법으로 6명의 자식 중 5명을 살해했다. 이 사례는 영아급사증후군(Sudden Infant Death Syndrome: SIDS)으로 보고되었다.[29] 나머지 한 명은 특별한 관찰 속에서 양육되었다. 그 한 명의 자식도 결국 사망했으며, 법정에서 유·무죄가 반복되다가 그녀의 자백으로 나머지 일생을 감옥에서 보내게 되었다.

바필드(Margie Velma Barfield)는 53세 된 여자로, 노스캐롤라이나 주 럼버튼(Lumberton)에서 1969년에서 1978년에 걸쳐 남편, 약혼자 그리고 그녀의 어머니를 포함해 7명을 살해했다. 그녀는 피해자가 취침중에 있을 때 방화하여 소사시켰고, 또한 약물 과다 투여로 살해했다. 살인사건을 위장염에 의한 사망으로 위장하려 했다. 그녀는 1984년 사형당했으며, 1976년 이후 최초의 여자 사형수가 되었다.

무어(Blanche Taylor Moore)는 1966년에서 1989년 사이에 2명의 남편과 1명 또는 그 이상의 애인과 사제 그리고 아버지와 시어머니를 비소 중독에 의해 살해했고, 이 살인을 위경련으로 위장하려 했다. 그녀는 1991년에 약물 투여의 방법으로 사형당했다.

럼브레라(Diana Lumbrera)는 텍사스 주 포트워스(Fort Worth)에서 1977년에서 1990년에 걸쳐 그녀 자신의 자식 6명을 질식사시켰다. 그녀는 죽음에 임박한 자식들을 병원에 데리고 가서 자식들이 숨을 쉬지 않는다고 하소연하고 병원 직원들을 원망했다. 이 사례는 '갓난아기의 침대사(crib death)'로 전국에 보도되었으나 병원 당국자의 노력으로 체포되었으며, 종신형을 언도받았다.

29) 영아급사(嬰兒急死)증후군(SIDS)은 비교적 건강하던 영아가 특별한 이유 없이 갑자기 사망한 경우로 부검을 시행해도 뚜렷한 사인을 밝히지 못하는 경우를 일컫는다. 주로 수면중에 사고가 발생하므로 침대사(crib death 또는 cot death)라고도 한다. 국내에서는 정확한 발생 보고가 없으나 미국에서는 1년에 약 800명의 영아가 이 증후군으로 사망하며 전 세계적으로는 신생아 1,000명당 1 내지 5명이 이 증후군으로 사망한다고 한다. 영아급사증후군은 역학적 조사에 의하면 약 90%가 첫 6개월 이내에 발생하며 2내지 4개월 사이의 연령층에서 가장 흔하다. 대부분의 경우 집에서 야간 수면시 사망하므로 발생 시간을 정확히 알 수 없는 경우가 많으며 상기도 감염의 증세가 선행된다. http://aid.infomed.co.kr/path/HTM/PED2.htm#5)%20

(2) 죽음의 천사형 연쇄살인 범죄자 사례

죽음의 천사(Angels of Death: AD)형은 아기들, 환자들 혹은 노인들을 살해하는 간호사 혹은 탁아소에 있는 어린이들을 살해하는 보모와 같이 그들이 돌보는 피해자를 살해하는 여성을 일컫는다. 범행 동기는 이익을 취하는 것에서부터, 자신들이 은밀하게 야기한 의료적 응급 상태로 고통받고 있는 환자를 소생시켰을 때, 그들이 받는 관심이나 칭찬에 이르기까지 범위가 다양하다. 다른 유형에 따르면, 이들은 다른 사람의 생명을 결정함으로써 일종의 권력감과 스릴을 얻고자 한다. 어떤 유형의 환자들은 더 이상 살 가치가 없다고 믿고 범행을 저지른 자들은 사명 완수형인 경우이며, 그런 반면 불필요한 고통으로부터 환자를 구한다는 신념을 갖고서 피해자들을 살해하는 오도된 자비감을 갖고 있는 범죄자 유형도 있다(Vronsky, 2004: 220-221).

죽음의 천사형은 범죄 경력이 21세부터 시작되었고, 간호 업무를 하면서 병원 등 사망이 주기적으로 발생하는 곳에서 범죄를 저질렀다. 병원에서는 살인이 쉽게 위장되고 범죄자는 피해자의 삶과 죽음을 결정할 수 있는 쾌감을 느낀다. 또한 병원에서는 생명을 연장하거나 단축시킬 수 있는 장비에 쉽게 접근할 수 있다. 1~2년을 주기로 8명의 희생자가 발생했고, 범죄자가 이동할 수 있기 때문에 피해자는 16명 또는 그 이상이 될 수도 있다.

존스(Genene Jones)는 27세의 직업간호사로 불치병을 앓고 있는 어린이들을 담당했다. 텍사스 주 샌안토니오(San Antonio)에서 1984년에 11명을 살해한 혐의로 종신형을 언도받았다. 그녀 역시 이동이 가능했기(다른 병원으로) 때문에 전문가의 의견에 따르면 1978년에서 1982년 사이에 46명 이상에게 범행을 저질렀을 가능성이 있다고 한다. 그녀는 강심제와 헤로인을 투여하는 방법을 사용했다. 그녀의 뻔뻔함은 CDC의 수사 과정에서도 계속되었다.

라찰스(Terri Rachals)는 23세로 1985년에서 1986년까지 올버니(Albany)에서 중환자실 간호사로 일했다. 1986년에 6명을 살해한 혐의로 기소되었지만 폭행 혐의만을 인정하여 17년형을 선고받았다. 그녀의 변호 내용은 '기억상실 상태'로 고생한다는 것과 피해자들이 죽음을 간청했다는 것이었다. 그녀의 범행 수단은 염화칼륨을 주사하여 심장을 정지시키는 방법이었다. 조지아 주 당국은 그녀를 20여 건의 위와 같은 범행으로 기소했다. 1986년의 신문들은 그녀를 '세기의 여성 살인자'로 표현했고, 사람들은 그녀에 대한 관대한 판결에 모두가 놀랐다.

(3) 성적(性的) 약탈형 연쇄살인 사례

성적 약탈(Sexual Predators: SP)형은 여성이 단독으로 행하는 경우는 거의 드물지만,

미국 역사상 유일하게 한 가지 경우가 있다. 켈러허(Kelleher, 1998)는 다른 나라와의 비교 연구를 시도했고 워너스의 경우는 빙산의 일각이라는 의문을 갖게 되었다. 이러한 연구를 바탕으로 그들의 남성 파트너의 경우처럼 여자 성범죄자들은 보통 30대 또는 중년이며, 지역적으로 이동하고 살해에 대한 환상적 강박을 가지고 있고 평균적으로 체포되기 전 3년 동안 약 6명의 피해자를 기록하고 있음을 밝혔다.

에일린 워너스(Aileen Wuornos)는 33세의 직업 매춘부로, 1989년에서 1990년 사이에 플로리다에서 7명의 남자를 살해했는데 피해자들은 일반적인 매춘을 제안받은 인물들이었다. 성행위 도중 그녀는 피해자들을 22구경 소총으로 가슴 또는 머리에 반복적으로 발사하여 사망에 이르게 했다. 그런 후에 피해자의 물건을 훔치고 시체를 유기했다. 그녀의 첫 번째 피해자는 강간범으로 알려졌다(그녀가 방어 행위 도중에 벌어진 사고로 위장). 두 번째 피해자는 퇴직한 경찰관과 현직 경찰관이었다. 목동과 전도사, 트럭 운전사, 배달부 등이 연이어 피해자가 되었다. 당국은 2명의 추가 피해의 경우를 의심했지만 시체가 발견되지 않았다. 그녀는 6명을 살해했다고 자백했지만 그것은 오로지 정당방위라고 주장했다. 1992년 재판에서 6년간 교제한 동성애 파트너가 증언을 했고, 그녀의 정당방위 주장은 기각되었다. 그녀가 아동기에 받았던 성적 학대에 대해 판사는 동정하지 않았고 전기 의자로 보내졌다.

(4) 공범으로서 성적 동기의 여성 연쇄살인범 사례

남성과 비슷한 범행 수법으로 성적(性的) 동기에 의한 단독 여성 살인범과 관련된 사례들이 없다는 것이 논쟁의 여지가 되고 있는 반면, 성적으로 새디스트적인 연쇄살인 사건에 남자 범인의 공범으로서 가담한 수많은 여성에 관한 사례들이 있다. 남자 범인은 종종 짝을 이뤄 범죄를 저지를 때 주도적 역할을 수행하며, 실제 살인사건을 저지른다. 그러나 항상 그런 것은 아니다. 거의 44%의 여성 연쇄살인범은 그들의 범죄를 일종의 공범으로서 저지르고 있는데, 종종 남성 파트너와 한 짝을 이룬 채 범행을 저지른다.

1930년대 중반에, 미국의 심리학자 머슬로(Abraham H. Maslow)는 '지배(dominance)'에 관련된 성적 행동에 관한 수많은 연구를 수행한 바 있다. 그는 사로잡혀 있는 상태에서 지배력이 가장 강한 원숭이들은 거의 끊임없는 성관계에 매달리고 있으며, 그러한 성관계적 성질은 종종 '비정상적인' 것이었다. 수컷 원숭이가 다른 수컷 원숭이들에게 올라타면서, 심지어 지배력이 강한 암컷 원숭이들이 수컷 원숭이들에게 올라타는 사례도 있었다면서 그러한 환경 속에서 성관계는 영장류의 성적 충동이라기보다는 오히려 지배력의 표현이었다고 결론맺었다. 그는 또한 새로운 원숭이가 그들의 무리에 소개되면 낮은 지배력을 갖고 있는 원숭이들은 새로운 원숭이에게 극도의 폭력적인 양상을 띤다고 지적한다. 머슬로는 원숭이들의 이러한 공격 행동을 사람들 사이에서 보이는 낮은 자기 존중감에 나타나는 폭력 유형과 결부시켰다.

머슬로는 관심을 여대생들에게 돌리고 있는데, 상당히 많은 여대생들을 면담하여 1939년 여성들의 성(sexuality)은 또한 일종의 지배력과 연계된다는 결론을 도출했다. 그는 사람들이 다음 세 가지 범주들 중 어느 하나에 해당된다고 했는 바, 높은 지배력(high-dominance), 중간 정도의 지배력(medium-dominance) 그리고 낮은 지배력(low-dominance)이다. 높은 지배력을 갖고 있는 여성은 성관계가 문란하고, 성적으로 모험적이며, 노골적이었다. 중간 정도의 지배력을 행사하는 여성 또한 매우 성적이지만, 동시에 한 명의 남성과 관계를 맺는 경향이다. 낮은 지배력을 행사하는 여성은 매우 낮은 성적 견해를 표현하며 드물게 관계하고 있다. 그리고 성관계의 유일한 목적은 자녀를 낳기 위한 것으로 인식하고 있다. 머슬로는 각각의 범주에 해당하는 성적 특징은 성적 욕망과는 아무 관련이 없다고 지적한다. 성적 충동이 각각의 유형 내에서 동일하게 강렬한 반면, 여성이 실제로 관계하는 성관계의 횟수는 다르다. 머슬로에 따르면, 여성들은 동일한 지배적인 그룹 내에서, 자기 자신보다 약간 더 지배적인 남성을 선호하는 것을 또한 밝혀냈다.

높은 지배력을 행사하는 여성은 남성들의 낮은 지배력 때문에 대부분의 남성을 거절했다. 낮은 지배력을 행사하는 여성은 중간 정도의 지배력을 행사하는 남성이 자신들을 위협하고 있다는 것을 알아차린 반면에, 중간 정도의 지배력을 행사하는 여성은 너무 높은 지배력을 행사하는 남성이 너무 무섭다고 했다. 각각의 여성은 그들의 지배적인 계층 내에서가 아닌, 훨씬 더 지배적인 남성에게 합치되었다. 머슬로에 따르면, 이것은 남성-여성 간의 관계에서 정상적인 과정이며, 그것은 종종 동성애적 관계에서도 적용될 수 있다고 한다.

(5) 복수형 연쇄살인 사례

복수형 살인(Revenge: RE)은 여성의 경우에는 드물다. 좀더 일반적인 것이 복수심에 기인한 한 차례의 범죄다. 복수에 의한 연쇄살인자의 다른 점은 냉각 기간이 없이 자신의 분노에 압도당한 '복수심에 의한 동기'라는 점이다. 그들은 보통 22세 전후에서 범죄 경력이 시작되고 피해자는 가족 또는 분노를 유발하는 상징체로서, 피해자학과 주목할 만한 일치점을 보인다. 이 살인의 전형적인 유형은 2년 여의 기간 동안 3~4명의 피해자가 발생한다는 것이다. 비록 복수형 살인자가 그들의 범죄에서 자신의 감정을 숨기고 성공적으로 범행을 마쳤다고 하더라도 그들은 때때로 부주의하고 계획에 엉성함을 보인다. 아이러니하게도 그들이 체포되었을 때 자신이 너무 지나쳤음을 후회하는 경향이 있다.

에서리지(Ellen Etheridge)는 22세에 텍사스의 백만장자와 결혼했고 8명의 전처 소생 자식이 있었다. 그녀는 남편이 자식들에게 쏟는 애정을 질투했고, 1912년에서 1913년 사이에 2명씩 6개월 간격으로 4명을 독살했다. 검시(檢屍) 결과 독살임이 판명되었고, 그녀는 체포되었으며 자백했다. 그리고 종신형이 선고되었다.

와이스(Martha Wise)는 39세의 미망인으로 오하이오 주에서 연하의 남자와 사귀었는데, 집안에서 그들의 교제를 반대했다. 1924년에서 1925년에 걸쳐 그녀는 자신의 가족을 한 사람씩 독살하려 했으며 3명의 피해자가 발생된 후에야 체포되었다. 그녀는 범죄 사실을 자백했으며 재판정에서 악마가 자신에게 그렇게 시켰다고 했다. 결국 종신형이 선고되었다.

존슨(Martha Ann Johnson)은 22세로, 조지아 주에 거주했으며 250파운드의 체중을 가졌다. 4명의 아이가 있었는데, 체중 문제로 남편과 다툰 후 1977년에서 1982년 사이에 자신의 아이들을 질식사시켰다. 그녀는 SIDS(영아돌연사)라 주장했다. 1989년까지 기소되지 않았다가 1990년 재판에서 자백했으며 사형을 선고받았다.

(6) 이익 범죄자형 연쇄살인 사례

이익 범죄자(Profit or Crime: PC) 중 여성은 드물고 잘 알려져 있지 않다. 흔히 청부 살인업자를 고용하여 그들의 배우자 또는 사업의 경쟁자를 살해하는 방법을 택한다. 그들은 보통 가장 사려깊고 교활하며 주의깊은 연쇄살인자로 간주된다. 그들의 범죄 경력은 보통 25~30세에서 시작되며 10여 년을 지속한다. 은퇴하기 전까지 보통 10명의 피해자가 발생하나 25명까지 기록된 경우도 있다. 그들은 살인에 매우 다양한 방법을 사용하며 범행을 행할 때도 매우 냉정하다.

포포바(Madame Popova)는 러시아에서 살인 청부업을 운영했다. 잔인한 남편으로부터 아내들을 해방시킨다는 목적으로 돈을 받고 살인을 저질렀다. 1879년에서 1909년에 걸쳐 독약, 암살자의 고용 또는 그녀 스스로 300명의 희생자를 냈다. 러시아 경찰은 남편을 살해한 것을 후회하는 한 여자의 제보로 그녀를 체포했으며, 그녀는 사형당했다.

영(Lila Young)은 28세로, 캐나다 노바 스코샤(Nova Scotia) 주 핼리팩스(Halifax)에서 1927년에서 1947년까지 20년간 아동보호소를 운영했다. 남편과 같이 제7 안식교 신자로 수백만 달러가 걸려 있는 입양사업 도중 사업 진행 속도가 느려지자 100명의 아이들을 아사시키고 매장했다. 종업원들의 진술에도 불구하고 아동의 영양에 관한 법규 문제 때문에 기소되지 않았다. 이들 부부는 퀘벡으로 은신했다고 한다.

한(Anna Marie Hahn)은 26세로, 코네티컷 주에 거주했으며 독일에서 이민 와 노인들의 시중을 드는 일에 종사했다. 1932년에서 1937년 사이 일년 여 기간 동안 5명의 피해자를 속여 정교한 방법으로 금품을 취득한 후 마침내 살해했다. 또한 독물에도 전문가였으며, 신속하게 피해자들을 처리했지만 그녀의 행동을 의심한 은행원의 신고로 적발되었다. 경찰은 그녀가 매장한 피해자들의 사체를 발견했다. 그녀의 안락사 주장은 기각되었고, 1938년 오하이오 주 역사상 최초로 전기 의자로 사형이 집행된 여성이 되었다.

푸엔트(Dorothea Puente)는 57세의 매력적인 캘리포니아에 사는 여성으로, 스페인어를 유창하게 구사했다. 새크라멘토(Sacramento)의 호화 아파트에 거주했으며, 그녀의 고객들을 속여 사회보장기금과 주(州)에서 지급하는 보조금을 받아서 사용했다. 1986년에서 1990년까지 25명의 피해자를 살해한 후에도 피해자들의 사회보장 체크를 그대로 사용했다. 주민들에 의한 악취의 신고로 경찰관들이 7구의 시신을 발굴했으며, 그녀는 9명을 살해한 혐의로 기소(2구는 강에서 발견)되어 1993년 재판에서 종신형을 언도받았다.

(7) 팀형 연쇄살인 범죄자 사례

팀형 살인자(Team Killers: TC)는 여성 연쇄범죄의 1/3을 차지하는데, ① 남・여 혼성팀, ② 여성들로만 이뤄진 팀, ③ 가족으로 구성된 팀 등 세 유형이 있다.

①의 경우가 가장 일반적이며, 범죄가 일반적으로 성적인 경향을 띠기 때문에 여성 멤버는 전형적으로 20세 가량이며 범죄 경력도 1~2년으로 짧은 경우가 대부분이다. 피해자는 평균적으로 9~15명이고, 총과 칼을 포함한 다양한 방법으로 범죄를 저지른다.

라야(Raya)와 사키나(Sakina)는 결손가정의 자매였다. 이집트 알렉산드리아에서 많은 사람들이 종종 라야와 사키나의 집을 17~50세의 유부녀들의 간통 장소로 칭한다. 그들은 1920년에서 1921년 사이에 이 여자들 가운데 17명을 약물과 질식의 방법으로 살해했으며 피해자를 매장하고 피해자의 금품을 취했다. 경찰은 악취 제보로 두 명의 악녀를 체포할 수 있었고, 사형에 처해졌다.

파커(Bonnie Parker)와 배로(Clyde Barrow)는 불황기의 17세와 21세의 팀으로 텍사스 주 댈러스에 거주했으며, 1930년에서 1934년에 걸쳐 차량 절도, 강도, 은행강도 등의 갱 집단을 구성하여 16명을 살해했는데, 그들 중 13명은 경찰관이었다. 그들은 루이지애나 주 쉬레브포트(Shreveport) 외곽에서 매복중이던 경찰과의 총격전 도중 사망했다. 1967년 「보니와 클라이드(Bonnie & Clyde)」라는 제목으로 워렌 비티(Warren Beatty)와 페이 더나웨이(Faye Dunaway) 주연의 영화로 만들어지기도 했다.

벡(Martha Beck)과 페르난데스(Raymond Fernandez)는 '외로운 킬러들'이라는 애칭이 붙여졌다. 플로리다 주 펜사콜라(Pensacola)에 사는 27세의 커플로, 미국의 여러 도시에서 1947년에서 1949년 사이에 20여 명의 여성을 살해했다. 오누이의 포즈로 신문광고를 냈으며, 외로운 여성들에게 교제와 결혼을 위한 광고로 준수한 외모의 레이먼드를 이용해 속았다고 항의하는 피해자를 타살했고, 마사는 피해자 중에서 레이먼드와 너무 가까워진다고 생각하는 여성을 질투에 의한 분노로 살해한 경우도 몇 건 있었다.

퍼게이트(Caril Ann Fugate)와 스타크웨서(Charles Starkweather)는 제임스 딘(James Dean) 시대의 14세와 19세의 커플로, 네브래스카 주 링컨(Lincoln)에서 1958년 한 달 동안 범죄 행각을 벌였다. 카릴의 가족을 포함하여 11명을 살해했으며, 살해한 시신과 3일 동안 같은 집에서 생활하기도 했다. 한 명의 여자 피해자의 경우 찰스가 살해하기 전에 강간했는데, 카릴이 이 사실을 알고 질투심으로 피해자의 생식기를 절단했다는 기록이 있으나 그녀는 이 사실을 부인했다. 그들은 고속도로에서 체포되어 찰스는 1959년 전기 사형당했고, 카릴은 1976년 가석방되기 전까지 20년을 교도소에서 보냈다. 1973년에 「황무지(Badlands)」라는 영화의 주제가 되었고, 신(Martin Sheen)이 주연한 1994년 올리버 스톤(Oliver Stone) 감독의 「내추럴 본 킬러(Natural Born Killers)」의 모티브가 되었다.

'맨슨 가족' 또는 '맨슨 숭배집단(Manson cult)'으로 불리는 맨슨(Charles Manson)과 애트킨슨(Susan Atkins), 크렌윙켈(Patricia Krenwinkel), 휴튼(Leslie Van Houten), 브루너(Mary Brunner), 케사비언(Linda Kesabian)과 윗슨(Charles Watson)은 비틀스(Beatles) 시대의 가족으로 10대를 34세의 전과자(Manson)가 지도했으며 최전성기 때는 그 구성원이 50명이 넘었다. 그들은 캘리포니아 사막의 버려진 스튜디오에서 생활했다. 이들은 1968년에서 1969년 사이에 발생한 20건의 의식 살해(ritualistic murders)의 용의자로 지목되었으나 맨슨은 범행에 참가하지 않고 단지 지시하기만 했다. 1970년 재판에서 7명을 살해한 혐의를 인정받아 가족구성원 모두가 사형을 선고받았다. 그러나 사형은 자동적으로 자유형으로 바뀌었다. 왜냐하면, 사형은 위헌이라는 미 연방대법원의 판결 때문이었다. 이 사례에 관해 100여 권 이상의 책들이 쓰여졌다.

캐롤린 맥크래리(Carolyn McCrary)와 셔먼 맥크래리(Sherman McCrary), 진저 테일러(Ginger Taylor), 레이 테일러(Ray Taylor), 대니얼 맥크래리(Daniel McCrary) 등 '맥크래리 가족'은 텍사스 주 아텐(Athens)에서 무장 강도로 시작해서 납치, 강간, 살인범죄까지 확장시켰다. 진거(Ginger)는 맥크래리의 딸로, 레이(Ray)와 결혼했다. 대니얼(Daniel)은 맥크래리의 아들이며 진거와 형제 간이다. 이들은 1971년에서 1972년 사이에 22명을 강간 살해했으며, 이들의 대부분은 플로리다에서 캘리포니아까지 그들이 강도를 행한 상점의 점원들이었다. 그들은 피해자를 차 안에서 강간한 후 사살하고 시체를 창 밖으로 버렸다. 산타바버라(Santa Barbara)에서 경찰과의 총격전 끝에 체포되었는데 FBI는 12건의 미해결 살인사건이 이들과 연관되어 있을 것으로 추정했으나 그들은 단지 한 건의 사건으로만 기소되었으며, 구성원들은 5년에서 종신형까지의 형량을 선고받았다.

샤를렌 갈레고(Charlene Gallego)와 제럴드 갈레고(Gerald Gallego)는 '성노예 살인자(the Sex Slave Murderers)'로 불리며, 캘리포니아 주 새크라멘토에 사는 22세의 결혼한 커플이다. 13~16세의 젊은 여자들이 주로 희생자였으며 1978년에서 1980년 사이에 10명의 피해자를 유괴, 강간, 고문, 살해, 매장했다. 제럴드는 자신의 발기 불능 치료 수단으로서 어린 여성과 성관계를 갖는 것이라고 부인에게 확신시켰고 부인은 피해자를 유혹하고 통제하고 살해하는 것을 도왔다. 이들은 캘리포니아, 오리건 그리고 네바다 등지에서 피해자를 납치했다. 1983년에 제럴드는 사형을 당했고 샤를렌은 16년형을 언도받았다.

주디스 니들리(Judith Neelley)와 앨빈 니들리(Alvin Neelley)는 'the Night Rider and Lady Sundance'로 알려진 로마 출신의 19세와 29세의 결혼한 커플로 1980년에서 1982년에 걸쳐 15명의 젊은 여성을 강간 살해했다. 주디스는 경찰을 조롱하는 장난전화를 하는 습관을 가지고 있었고, 시체가 있는 곳에 대한 암시를 제공했다. 이것은 경찰이 전화의 배경소리를 듣고 그들의 위치를 추적하여 체포할 수 있는 빌미가 되었다. 앨빈은 조지아 주에서 종신형을 선고받았고, 주디스는 앨라배마에서 사형을 언도받았다.

번디(Carol Bundy)와 클라크(Douglas Clark)는 '황혼의 살인자(Sunset Slayer)' 또는 '할리우드 살해자(Hollywood Slasher)'로 불렸다. 남캘리포니아 지역을 1980년 한 해 동안 공포에 떨게 한 로스앤젤레스 출신의 38세의 부부로, 유괴, 성고문, 살인, 목을 베는 것 등으로 남녀 구분 없이 50명의 피해자가 있었다. 더글러스는 구강성교 도중에 피해자의 머리에 총을 쏘는 것을 즐겼으며, 캐럴은 더글러스가 전리품으로 가져온 머리를 장식해서 냉장고에 보관했다. 캐럴은 또한 악명 높은 연쇄살인범인 번디(Ted Bundy)와는[30] 아무 관계가 없지만 그의 비밀을 부인하는 것으로 여겼다. 그들은 체포되어 더글러스는 사형을, 캐럴은 종신형을 선고받았다.

브라운(Debra Brown)과 콜먼(Alton Coleman)은 21세와 28세의 아프리카계 미국인으로, 일리노이 주에 거주했다. 일리노이, 인디애나, 미시간, 오하이오 주 등지에서 그들은 1984년 7주간에 걸쳐 성적 살해를 범했다. 희생자들은 모두 아프리카계 미국인이었으며 피해자 중 8명은 강간당한 후 잔인하게 살해되었고 피해자의 나이는 7세부터 41세까지였다. 데브라는 고등학교를 중퇴한 후 끔찍한 살인자가 되었다. 그들은 FBI의 수배자 명단에 올랐고 곧 체포되었으며, 최소 세 개의 주(州) 이상에서 다양한 방법의 사형을 언도받았다.

코프먼(Cynthia Coffman)과 말로(James Marlow)는 24세와 29세의 애리조나 주 출신의 커플로, 1986년 캘리포니아 주에서 켄터키 주에 걸쳐 5주 동안 범죄 행각을 벌였다. 둘 다

30) http://www.crimelibrary.com/serial_killers/notorious/bundy/index_1.html?sect=1

마약중독자이고 제임스는 백인 우월주의자였다. 그들은 신시아가 투옥중인 남자 친구를 면회하다가 만나게 되었다. 그들은 현금지급기에서 나오는 여성을 주요 대상으로 삼았다. 그들은 4명을 목 졸라서 살해했고 그들 중 2명은 성폭행했다. 그들은 캘리포니아의 한 모텔에서 부주의하게도 자신들의 실명(實名)을 직접 서명하는 바람에 체포되었다. 1989년에 제임스는 사형, 신시아는 종신형에 처해졌다.

그레이엄(Gwendolyn Graham)과 우드(Catherine May Wood)는 24세와 25세의 레스비언 커플로, 그랜드 래피드(Grand Rapids) 출신이었다. 1987년에 자신들이 근무하는 병원에서 5명의 성인 여성을 살해하면서 성적 흥분을 느꼈다. 450파운드의 거대한 체중을 가진 우드는 성적으로 상대방을 지배하면서 흥분을 느끼는 스타일이었는데 그레이엄이 새 직장을 찾아서 텍사스로 떠나버리자 우드는 실망했으며 수사기관에 자수했다. 그레이엄은 종신형, 우드는 20년형을 선고받았다.

(8) 정신 문제가 있는 연쇄살인 범죄자 사례

정신 문제가 있는(Question of Sanity: QS) 연쇄살인범은 여성의 경우 거의 없는 범죄다. 죽음의 천사라는 이름은 정신이상이라는 성공적인 변호 수단이 될 수 있다. 특히 정신적으로 혼란한 상태에 있는 경우에는 더하다. 하지만 일반적으로 정신이상이라는 방어 수단은 연쇄살인 사건의 경우에는 거의 성공하지 못한다.

토판(Jane Toppan)은 26세의 보스턴 출신의 간호사로 1880년에서 1901년에 이르기까지 매사추세츠 주에서 31명의 병원 환자에게 모르핀을 투여했고, 20년의 경력 동안 70명 이상을 살해했다는 의심을 받았다. 체포되자 그녀는 더 많은 사람을 죽이고 싶다고 말했으며, 31건의 사건만이 해결할 수 있는 단서를 얻었다. 그녀의 자살 기도 전력은 정신이상으로 판별받는 데 도움이 되었고, 죽을 때까지 40년 동안 병원에 수감되었다.

테렐(Bobbie Sue Terrell)은 29세 정신분열증 환자로 일리노이 주 우드론(Woodlawn) 출신이다. 일리노이와 플로리다에서 야간교대 간호사로 근무했으며, 환상 증세를 보였다. 1984년에서 1985년까지 12명의 희생자를 인슐린 과다 투여로 살해했다. 경찰은 그녀의 정신병 경력을 발견하여 체포가 가능했다. 정신이상으로 판결되어 65년형을 언도받았다.

(9) 이유가 밝혀지지 않은 연쇄살인 범죄자 사례

이유가 밝혀지지 않은(Unexplained: UN) 여성 연쇄살인범은 동기 없는 살인자다. 살인자 자신과 전문가들 모두 왜 그런 살인을 저질렀는지 설명할 수 없는 살인을 말한다.

윌리엄슨(Williamson)은 75세의 미혼녀로, 펜실베이니아 주 존스턴(Johnston)에서 은둔

생활을 했다. 사망 시 불가사의한 기록을 남겼는데, 거기에는 형사사법 당국에게 그녀의 집 다락에 있는 상자를 살펴볼 것을 요구했다. 그 안에서 1923년에서 1933년에 발생한 것으로 보이는 5명의 신생아 시체가 발견되었는데 아이들은 그녀가 낳은 사생아로 생각되었다. 그러나 이 범죄를 설명할 수는 없었다.

힐리(Audrey Hilley)는 42세의 주부로, 앨라배마 주 애니스턴(Anniston)에 살았다. 1975년에서 1979년 사이에 이웃집 아이들에게 독이 든 커피를 제공하여 그녀의 가족을 포함한 3명이 살해되고 많은 사람들이 심각한 병을 앓게 되었다. 그녀의 쌍둥이 자매와 이중인격 증상으로 고생했으며, 의식을 잃었다고 주장, 정신이상으로 판정되었고, 수감과 자유생활을 반복했으며 그녀의 기괴한 행동 역시 계속 반복되다가 마침내 종신형을 언도받았다.

폴링(Christine Falling)은 17세로, 플로리다 주 페리(Perry)에서 보모로 일했다. 누군가가 아이들이 우는 소리를 막으라는 환청 때문에 1980년에서 1982년에 걸쳐 5명의 이웃 아이를 질식사시켰다. 종신형을 언도받았다.

수전(Susan)과 카슨(James Carson)은 30세의 히피족이다. 샌프란시스코 출신으로 캘리포니아에서 항아리 공장을 운영했다. 정기적으로 환각제를 복용했으며 여행 도중에 개명했다(Suzan과 Michael Bear). 1981년에서 1983년 사이에 이슬람 신념을 수행하기로 결심하고 친구들과 공장에 정기적으로 방문하는 고객들을 악마라고 생각하여 그들의 두개골을 때리고 쏘는 방법으로 3명을 살해했다. 성적이거나 금전적인 동기는 발견되지 않았으며, 그들은 악마로부터 세상을 구하기 위한 정당한 행동이었다고 주장했다. 25년형을 언도받았다.

⑽ 미해결된 여성 연쇄살인범 범죄자 사례

미해결(Unsolved)된 여성 연쇄살인범 사례는 끝끝내 해결되지 않은, '그린 리버 킬러(Green River Killer)'[31] 또는 '조디악 킬러(Zodiac Killers)' 사례와 유사하다. 수사관들은 이러한 사건들이 아주 드문 경우이기 때문에 해결하는 데 어려움을 겪는다고 한다.

킹스버리 런의 도살자(The Butcher of Kingsbury Run)는 1935년에서 1938년 걸쳐 클리블랜드와 피츠버그 간의 버려진 철로에서 12명을 연쇄살인한 용의자로 지목되었다. 모든 피해자는 거세되고 목이 잘렸으며, 경찰은 정육점에서 일한 경력이 있는 자의 소행으로 판단하고 그녀를 지목했으나 완벽한 알리바이를 가지고 있어서 해결할 수 없었다.

31) 미국 워싱턴 주 시애틀 시 근방의 킹스 카운티(Kings County)에서 발생한 20여 건의 연쇄살인사건, 그 중 4명의 피해자를 살해한 것으로 알려진 리지웨이(Gary Leon Ridgway)는 DNA 분석 결과 일부 살인사건의 범인으로 체포되었다. 그러나 나머지 상당수의 살인사건은 아직까지 미해결된 상태다. http://www.crimelibrary.com/serial_killers/predators/greenriver/8.html?sect=2&curPage=2

미시간병원 살인사건(The Michigan VA Hospital Murders)은 1975년에 발생한 5명의 살인사건을 포함해 많은 환자들에게 근육이완제를 투여한 사건으로, 근육이완제는 FBI와 CDC의 수사 도중에도 정맥주사를 통해 같은 사건이 계속 발생했다. 이 사건은 기술적인 죽음의 천사형 살인사건으로 생각되나 용의자는 검거되지 않았다.

캘리포니아 카운티 리버사이드(Riverside)병원 살인사건은 1984년에 발생한 24명의 살인사건을 포함하여 많은 환자들에게 리도케인(lidocaine)을 과다 복용시킨 사건으로, 대부분의 환자들이 중환자실에 있는 상태다. 디아즈(Robert Diaz)는 이 병원의 남자 간호사로 1984년에 12건의 살인을 했으나, 이 사건의 범행은 부인했다. 사건을 설명할 수 있는 증거가 발견되지 않아 미제 사건으로 남아 있다.

1984년에서 1985년 걸쳐 발생한 메릴랜드 주 프린스 조지(Prince George)병원 살인사건은 17명의 살인을 포함하여, 다른 많은 환자들에게도 칼륨을 투여한 사건이다. 대부분의 환자가 수술을 기다리거나 응급 상태에 있는 중환자실에서 발생했다. 형사사법기관은 병원 직원들을 용의자로 지목했으나, 주(州) 검사는 증거 불충분 등을 이유로 아무도 기소하지 않았으며, 미제 사건으로 남아 있다.

7 다른 분류 및 범죄자 유형

앞에서 언급한 유형들이 연쇄살인 분석에서 가장 빈번하게 인용되고 있는 반면, 연쇄살인은 많은 다양한 범주와 유형들로 혼재되어 있을 수 있다. 이러한 범주들은 모든 종류의 범주들, 즉 심리학적, 병리학적, 범죄학적, 사회학적 그리고 심지어 점성학적인 범주에 기초하고 있다. 점성학적 연구에 의하면, 많은 연쇄살인범은 쌍둥이별자리 혹은 궁수자리별의 징조 하에 출생했다고 한다. 예를 들면, 다머(Jeffrey Dahmer), 버코위츠(David Berkowitz, 샘의 아들), 윌리엄스(Wayne Williams), 롤링(Danny Rolling, 게인스빌 교살자), 서트클리프(Peter Sutcliffe), 쇼크로스(Arthur Shawcross), 체이스(Richard Chase, 뱀파이어 킬러) 등은 쌍둥이별자리의 영향을 받고 태어난 자들이었고, 다른 범인들, 즉 닐센(Dennis Nilsen), 번디(Ted Bundy), 켐퍼(Edmund Kemper)는 궁수자리별의 영향 하에 태어났다고 한다(Lasseter & Holliday, 1990). 연쇄살인범은 그들의 성(gender), 사회적 정체성(identity)에 의해 분류되기도 한다. 즉 게이 살인범, 여성 살인범, 팀을 이루는 살인범, 사이비 종교 의식적 살인범, 직업적 살인범, 의료적 살인범, 가족살인범 등 다양하다(Vronsky, 2004: 209).

제9장

프로파일링 I

각국의 범죄자 프로파일링 활용 실태

1. 미국의 범죄자 프로파일링 활용 실태
2. 캐나다의 ViCLAS와 프로파일링
3. 독일 연방범죄수사청(BKA)과 ViCLAS 활용 실태
4. 영국 경찰의 프로파일링 활용 실태
5. 스위스의 프로파일링 활용 실태
6. 기타 유럽 국가들의 프로파일링 활용 실태
7. 한국의 범죄자 프로파일링 활용 및 연구 실태

chapter 09

각국의 범죄자 프로파일링 활용 실태

1 미국의 범죄자 프로파일링 활용 실태

1) FBI의 프로파일링 활용 부서

미국의 경우, FBI 본부가 있는 버지니아 주의 콴티코(Quantico), 지부(支部) 그리고 일반 경찰에서 활용하고 있다. 오늘날 프로파일링에 관해 연구와 개발의 중요한 원천이 되는 것은 수사지원부(Investigative Support Unit)다. 이 부서는 1950년대 후반 FBI의 두 명의 전문가, 즉 테텐(Howard Teten)과 멀래니(Pat Mullany)에 의해 '행동과학부(Behavioral Science Unit: BSU)'로 출발했다. 지금은 국립폭력범죄분석센터(National Center for the Analysis of Violent Crime: NCAVC)의 일부로, 위기사건 대응팀의 주요한 부서의 하나로서, 정신건강 전문가로부터 상담훈련뿐만 아니라, 행동과학 혹은 법과학 훈련을 받은 요원 혹은 전문가로 구성되어 있다.[1] 이 부서는 배경에 관한 방대한 양의 자료들, 가족의 특성들, 현재의 행동들 그리고 범죄자에 대한 다양한 형태의 심리학적 소질들, 연쇄살인범과 같이 유죄를 선고받은 다수의 범죄자들과의 인터뷰를 통해 부분적으로 얻은 자료들을 축적해 놓고 있다. 게다가 수사지원부는 수사관, 심리학자, 범죄학자 그리고 전 세계에서 온 법률가와

1) http://www.criminalprofiling.ch/introduction.html

같은 전문가들에게 특수교육을 제공하고 있다.

(1) FBI의 프로파일러들

프로파일러가 되는 과정에는 하나의 과정만 있는 것이 아니기 때문에 신뢰할 만한 프로파일러가 되기 위한 전제 조건으로서 여러 가지 성취와 경험들이 요구된다. FBI에서는 프로파일러를 양성하기 위해 관련 업무에 경험이 있는 다양한 계급에 속하는 요원들 중에서 선발하고 있다.[2] 이렇게 선발된 요원들은 다양한 전문화된 교육과 훈련을 받게 되는데 법과학, 법의병리학, 성범죄 수사 기법, 인터뷰 및 신문(訊問) 기법 등이다. 더욱 전문화된 프로파일러가 되기 위해서는 이러한 교과목들뿐만 아니라 필요한 분야에 대한 지식을 필요로 한다. 최근 자료에 따르면, 13,000여 명의 FBI 요원 중 약 40여 명의 전문 프로파일러가 활동하고 있다고 한다.[3]

그뿐만 아니라 FBI에서 제공한 교육 프로그램을 통해 양성된 각급 경찰관서 지방 또는 주(州) 소속 경찰관이 해당 경찰관서 내 행동과학부(BSU)에서 관련 업무를 수행하고 있다. 각급 경찰관서의 전문 프로파일러들은 해당 경찰관서에서 관련 업무를 효과적으로 수행하는 데 필요한 자체 전문인력을 양성할 목적으로 교육 및 훈련을 실시하고 있다. 특히 프로파일링 업무는 수사 경험을 기본적으로 요구하고 있기 때문에, 수사관으로서의 경험을 대체할 수 있는 것은 없다고 한다. 따라서 개인의 대학 전공은 덜 중요하다. 왜냐하면, 프로파일러가 되는 데 필요한 전문화된 원칙을 배울 수 있기 때문이다. 대부분의 FBI 프로파일러는 하나 혹은 그 이상의 사회과학 분야 학위를 갖고 있다.

(2) 국립폭력범죄분석센터(NCAVC)

1982년 11월 범죄자 인성연구 프로젝트(Criminal Personality Research Project) 위원회의 구성원들과 다른 전문가들 간의 회의를 거쳐서 '국립폭력범죄분석센터'라는 개념이 구체화되기에 이르렀다. 이러한 조직 설립에 대한 제안은 몇 개월 후, 샘 휴스턴(Sam Houston)대학교(텍사스 주 헌츠빌 소재)의 형사사법연구소(Center for Criminal Justice)에서[4] 개최된 학회에서 만장일치로 통과되었다. 당시 대표자들은 FBI 아카데미(콴티코 소재) 내에 설립하고, 운영은 행동과학부에 근무하는 FBI 요원들이 맡도록 하는 데 동의했다. 1984

2) http://www.criminalprofiler.com/faq.htm(2008년 4월 20일 검색) 이 자료는 전직 FBI 요원으로서 프로파일러로 근무하다가 1995년 은퇴한 맥크래리(Mr. McCrary)가 제공한 내용이다.

3) http://www.criminalprofiler.com/faq.htm(2008년 4월 20일 검색)

4) 필자는 2001년 1월, 2005년 8월 이 기관을 연구교수 자격으로 두 차례 방문하여 관련 분야에 대한 자료 수집과 연구를 수행한 바 있다.

년 6월 21일 레이건(Ronald Reagan) 대통령이 공식적으로 센터 설립을 공표했다.5)

동 센터(NCAVC)의 임무는 연방, 주(州) 및 지방경찰관서 그리고 외국 법집행기관의 특이한 범죄 혹은 반복적 폭력범죄 수사를 도와 주기 위해 '수사 및 작전 기능'과 '연구 및 훈련 기능'을 함께 결합시켜 놓은 기관이다.6) 또한 전문가의 자문을 통해 국가안보, 부정부패 및 화이트 칼라 범죄 수사와 같은 비폭력 범죄에 대한 지원을 제공하고 있다. 경험이 많은 FBI 특수요원, 동 센터에 있는 다른 전문요원과 스태프들은 다양한 수사 분야 및 다른 법집행기관과 관련성이 있는 수사 업무를 지원 및 조언하고 있다. 동 센터의 서비스가 필요한 전형적인 사건은 어린이 유괴 혹은 미궁에 빠진 어린이 실종사건, 연쇄살인사건, 단독 살인사건, 연쇄강간, 강요행위, 협박, 납치, 뇌물, 방화 그리고 폭파사건, 대량 살상용 무기, 부정부패, 국내 및 국외 테러사건 등이다. 이러한 동 센터의 서비스는 연구 팀과 훈련 프로그램을 통해 지원되고 있다. 동 센터에 대한 지원 요청은 주로 FBI 각 지부에 파견되어 있는 폭력분석센터의 조정관들을 통해 이루어진다. 이러한 임무를 수행하기 위해 국립폭력범죄분석센터는 세 가지 기능을 가진 부서로 나뉘어 있다.7)

- ▸ 행동분석부(Behavioral Analysis Unit: BAU)
- ▸ 어린이 유괴 및 연쇄살인사건 수사지원센터(Child Abduction Serial Murder Investigative Resources Center: CASMIRC)
- ▸ 폭력범죄자 검거 프로그램(Violent Criminal Apprehension Program: ViCAP) 등

① 행동분석부

행동분석부(BAU)의 임무는 전형적인 폭력적 행동 혹은 폭력적 위협에 관련되어 있으면서, 복잡하고 시간을 다투는 중요한 범죄 사건들에 대한 경험 사례와 연구·훈련을 적용시킴으로써 수사 및 운용상의 지원에 토대를 두고 있는 행동전략을 제공하는 것이다.8)

행동분석부에서는 주로 폭력행위 혹은 협박 범죄와 관련된 것으로서, 시간적으로 급박한 사건 및 복잡한 범죄를 취급한다. 언급된 이 프로그램은 어린이 대상 범죄, 성인 대상 범죄, 의사소통에 의한 협박, 부정부패, 폭발물 범죄, 방화범죄 수사를 포함하고 있다. 행동분석부는 연방, 주(州) 그리고 지역 및 외국의 법집행기관들로부터 지원 요청을 접수하기도 한다. 행동분석부의 지원을 바라는 요청에 대응하는 것은 현장 NCAVC 조정관들의 네트워크를

5) http://en.wikipedia.org/wiki/National_Center_for_the_Analysis_of_Violent_Crime(2008년 4월 20일 검색): 이 자료는 2008년 4월 4일 최종 업데이트된 것이다.
6) http://www.fbi.gov/hq/isd/cirg/ncavc.htm(2008년 4월 18일 검색)
7) http://www.fbi.gov/hq/isd/cirg/ncavc.htm(2008년 4월 7일 검색)
8) http://www.fbi.gov/hq/isd/cirg/ncavc.htm#bau(2008년 4월 18일 검색)

통해 용이하게 이루어진다. 현장에서 사건에 관한 상담, 전화상으로 이루어지는 회의, 사건 수사관과 행동분석부에서 개최되는 자문을 통해 행동분석부의 서비스가 제공된다. 또한 '범죄수사적 분석'에 관한 절차를 통해서도 법집행기관들에 대한 행동분석부의 지원이 제공된다. 범죄수사적 분석은 범행적 관점과 수사상 관점 둘 다로부터 범죄사건을 재평가하는 절차다. 범죄수사적 분석은 범죄 행동에 관한 사실을 판단하고 평가하며, 범죄자의 행동을 해석하고 범죄가 저질러지는 동안에 보여 줬던 혹은 범행 현장에서 나타났던 피해자와의 상호작용을 포함한다.

행동분석부의 직원들은 다음과 같은 하나 혹은 그 이상의 서비스를 제공할 목적으로 상세한 범죄분석을 행한다. 즉, 범죄분석, 수사상의 제안, 알려지지 않은 범죄자들에 관한 프로파일, 협박 분석, 중요한 사건 분석, 인터뷰(신문) 전략, 중요 사건 관리, 수색영장의 지원, 기소(起訴) 및 공판(公判) 전략 그리고 전문가의 법정 증언과 같은 내용들이 서비스에 포함된다. 이와 같은 서비스뿐만 아니라, 행동분석부 직원들은 도전적이고 시간을 다투는 수사에 직면해 있는 수사관들을 지원하기 위해 '아동 납치사건 대응계획'을 만들어냈다. 행동분석부는 학교 행정 직원, 교사, 학부모 그리고 학교에서 그 협박 내용을 확인하고 평가하는 법집행기관에 『학교 내 총격: 협박분석 관점에서』라는 보고서를 배포했다. 행동분석부는 치과학, 인류학, 곤충학 혹은 병리학과 같은 다양한 법과학적 분야 속에서 전문가를 위한 참고 파일을 관리하고 있다.

2000년 4월, '아이오와대학교 부상방지센터'에서는 '직장 내에서의 폭력 개입 연구 워크숍'을 지원한 바 있다. 이 워크숍의 목적은 직장 내에서 폭력과 관련된 문제를 조사하여 이러한 공공보건상의 문제를 강조하기 위해 권장되고 있는 연구전략들을 발전시키는 것이었다. 이 워크숍은 산업 현장, 조직된 노동자단체, 지역, 주(州) 그리고 연방정부기관, 학계 내의 다양한 구성기관을 대표하는 37명의 초청받은 참가자들과 함께 했다.

② 어린이 유괴 및 연쇄살인사건 수사지원센터

어린이 유괴 및 연쇄살인사건 수사지원센터(Morgan P. Hariman Child Abduction and Serial Murder Investigative Resources Center: CASMIRC)는 1998년 10월 30일 의회에서 통과된 성적 약탈자로부터 어린이 보호법(the Protection of Children From Sexual Predators Act)이 공법(Public Law) 105-314의 일부로서 통과된 것을 계기로 설치된 부서다.

미국 의회에서는 연방검찰총장(연방법무부장관 겸직)으로 하여금 미국 전역에 걸쳐 어린이 유괴, 미궁에 빠진 어린이 실종사건, 어린이 살인사건, 연쇄살인사건에 관련된 문제들에서 연방 법집행기관에 자료, 훈련 그리고 다른 인접 전문 분야 전문지식의 적용을 조정하고 제공함으로써 연방, 주정부 및 지역법 집행 당국을 돕기 위해 FBI 소속의 국립폭력범죄분석센터 내에 동 센터(CASMIRC)를 설치할 수 있도록 했다. 의회에서 제정한 법률의 취지와 같이, 동 센터에 관한 전반적인 전략적 목적은 이러한 범죄사건의 충격을 감소시키는 것이다.

③ 폭력범죄자 검거 프로그램(ViCAP)

FBI의 심리학적 프로파일링 프로그램과 아주 근접한 것이 바로 '폭력범죄자 검거 프로그램(ViCAP)'이다 (Gilbert, 2001: 292). 이 프로그램은 1985년부터 실시되었으며, 컴퓨터의 지원을 받아 데이터뱅크의 형태로 설치되었다.[9)]

(3) FBI에서 운용중인 ViCAP 프로그램

① 프로그램의 개발 배경

미국 헌법상의 10차 수정 조항은 연방정부로 하여금 형법(刑法)을 집행할 수 있도록 규정하고 있다. 미국에서 법을 집행한다는 것은 의심의 여지없이 각 주의 책임 사항이라는 사실 때문에 연쇄살인범이 그토록 많은 살인사건을 저지르고도 붙잡히지 않게 되는 데 한몫을 했다. 연쇄살인범이 실제로 활동했었다는 것은 살인사건 해결률의 감소로써 알 수 있다. 1961년에는 살인사건 해결률이 93%였지만, 1990년의 경우 무려 67%로 떨어졌다. 부분적으로 이것은 두 가지 측면에서 연쇄살인범의 탓으로 돌릴 수 있다 (Ostenburg & Ward, 2000: 460).

- 여러 주(州)를 옮겨 다니는 등의 광범위한 이동 습관과
- 살인범들이 대체로 피해자에게 잘 알려져 있지 않았다 (비면식 관계)는 사실을 들 수 있다.

이처럼 살인범이 새로운 지역으로 이동할 때마다 검거 가능성은 줄어든다. 이동한 거리가 멀수록, 이동성이 있는 범인의 범행이 수사될 수 있는 가능성은 그만큼 줄어든다. 간과되어서는 안 될 것은 서로 다른 경찰관서 간에 상호 공조가 부족하다는 점이다. 비록 평범한 것은 아니지만, '악감정 혹은 불화(bad blood)'가 경찰관서 간에 존재했다. 이러한 이유 때문에 전국 단위의 폭력범죄자 검거 프로그램(ViCAP)의 개발이 유도되어 버지니아 콴티코에 소재한 미 연방수사국(FBI) 아카데미에서 1985년 6월 가동되었다.

ViCAP 프로그램은 '국립폭력범죄분석센터'에서 운용하고 있는데, 특별한 강력범죄 사건에 관한 정보를 수집하고 분석하려는 국가 차원의 자료 수집 노력의 일환이다. 과거 LA 경

9) http://www.polizei-psychologie.de/themen/verhalten.htm

찰청 소속 경감이면서 콜로라도 주 레이크우드(Lakewood) 시 경찰책임자였던 브룩스(Pierce Brooks)가 ViCAP이라는 프로그램을 착안한 것으로 알려져 있다.[10] 1950년대 살인사건을 수사하는 과정에서, 브룩스는 그 이전에 그와 유사한 범죄를 저질렀던 살인범들을 알게 되었다. LA 공립도서관에서 같은 방법으로 범죄를 저지른 보도한 신문 기사들을 찾는 데 무려 14개월이나 고생하면서, 그는 범죄자가 저지른 범행 수법들이 목록화되고 추적될 수 있는 국가 차원의 거대한 컴퓨터화된 데이터베이스의 유용성에 대해 구체화하기 시작했다. 그의 환상적인 아이디어와 저술은 오늘날 활용되고 있는 ViCAP 프로그램을 확립하는 데 FBI의 관심을 불러일으키고 동기를 부여했다(Gilbert, 2001: 292-293).

② ViCAP의 임무

ViCAP의 임무는 법집행기관 간의 협력, 의사소통 및 조정을 원활하게 하는 것이다. 그리고 폭력적 연쇄범죄자를 수사하고, 확인하고, 추적하고, 검거하고, 기소하기 위한 노력들을 지원하는 것이다. ViCAP은 폭력범죄, 특히 살인사건에 관해 자료를 수집하고, 보완하고 분석하기 위해 고안된 전국 차원의 데이터 자료 센터다.[11] 그러나 모든 살인사건이 ViCAP 프로그램에 의해 고려될 수 있을 정도로 적합한 것은 아니다(Ostenburg & Ward, 2000: 461).

FBI는 ViCAP 데이터베이스를 가동할 수 있는 소프트웨어를 무료로 주(州)와 지역의 법집행기관에 제공하고 있다. 이 프로그램은 미국 전역에 걸쳐 크고 작은 많은 기관에서 채택해 왔다. ViCAP에 제출되기 전에 지역 경찰 당국 혹은 법집행 당국에 의해 사건이 해결되고, 범인이 알려져 있거나 혹은 체포되었을 때, 범죄보고서 양식(Crime Report Form)은 계속 작성되어야 한다. ViCAP 파일에 있는 사건들은 그 때 가서 제공된 사실과 비교될 수 있을 것이다. 알려진 범죄자와 해결되지 않은 사건들 간에 일치점을 찾아내는 것이 이 프로그램의 목적이다.

③ ViCAP의 효용

ViCAP 프로그램 분석가들은 이전의 사건 수사에서 유사한 요소 혹은 특성들이 있었는지 여부에 대해 판단하고자 그러한 사건들을 연구한다. 다양한 형사재판 관할권 내에서 유사한 사건들을 서로 연관지으면서, ViCAP 프로그램은 수사와 검거망을 교묘히 빠져다닌 범인의 신원을 확인하고 검거하고자 한다. 전국에 걸친 자료 수집을 통해 ViCAP은 심각한 범죄를 수사하고 해결하려는 다양한 경찰관서의 노력에 대해 서로 연결시켜 주면서, 충고

10) http://en.wikipedia.org/wiki/Vi-CAP(2008년 4월 1일 검색)
11) http://www.fbi.gov/hq/isd/cirg/ncavc.htm#vicap(2008년 4월 7일 검색)

표 9-1 ViCAP을 활용한 사건 해결 사례

■레센데즈(Rafael Resendez)라는 범인에 관련된 사건

이전에 FBI에서 '10명의 중요한 수배범' 탈주자 ViCAP은 텍사스 주와 켄터키 주에서 발생한 다양한 범죄들에서 결국 용의자가 되었던 라미레즈 수사에 관련되어 있었다. 텍사스 주 당국에서는 두 건의 텍사스 주 사건이 동일한 범인과 연관되었을 것 같다는 것을 처음 알게 되었다. 그래서 ViCAP이 해당 사건들에 연결되었다. 그 두 사건에서 범인의 일정한 행동과 범행 방법에 근거하여, ViCAP은 2년 전 켄터키 주에서 발생했던 유사한 사건에 관해 텍사스 주에 알리게 되었다. 수사관들은 사건들에 부합되는 DNA분석과 함께 추가 수사를 진행했다. 그리고 이것은 전국적으로 자유롭게 도망다니는 연쇄범죄자가 있다는 것을 관계 당국들로 하여금 인식하게 하는 촉매제가 되었다. 미국 내 그 밖의 지역에서 발생하는 연관성이 있을 법한 다른 사건들을 텍사스 주 당국에게 제공함으로써 ViCAP은 수사 과정을 지원했다.

■현재에서 과거의 사건을 해결하다

ViCAP은 과거의 사건들을 해결하는 데 지속적으로 활용되었다. 1989년 펜실베이니아 주 출신 수사관들은 1951년부터 발생한 사건들을 ViCAP 데이터베이스에 입력했다. 이러한 사건에서, 한 남자가 어린 여자아이를 살해한 행위에 대해 유죄의 책임이 있는 것으로 확인되었다. 그 사건 이후 얼마 되지 않아서 일리노이 주 수사관들은 1957년에서 발생한 해결되지 않은 사건들을 입력했는 바, 그 사건은 약 8세 정도 된 소녀가 살해된 것이었다. ViCAP 분석요원들은 이 두 사건에서 공통점을 알아냈다. 이러한 유사점과 다른 관련된 증거로 인해 일리노이 주 수사관들은 거의 40여 년 전에 발생했던 한 사건을 해결할 수 있었다. 결국 그 부모에게 공포스러웠던 미스터리를 해결하게 된 것이다. 최근(2004년 5월)에 ViCAP 분석요원들은 플로리다 주에서 발생한 세 명의 실종자들을 신체적 특징에 근거한 그리고 DNA 비교를 통해 증명된 신원 불명의 사건들과 대조했다.

■동쪽에서 서쪽으로

ViCAP은 약 3,000마일 정도 떨어진 채 분리된 해결되지 않은 사건과 연관된 다른 사건을 지원한 바 있다. 1987년 11월, 노르웨이 국적자 한 명이 뉴욕에서 마지막으로 발견되었다. 외국의 법집행 요원은 ViCAP에 그 사건을 제출했다. 임무가 부여된 분석요원은 나중에 1987년 같은 달, 캘리포니아에서 한 시체가 발견되었다는 것을 알게 되었다. 그 사건은 끝내 해결되지 않았었다. 그런데, ViCAP의 도움을 통해 수사관들은 치과 치료 기록을 비교했다. 그리고 캘리포니아에서 발견된 시체가 다름아닌, 뉴욕에서 마지막으로 목격된 남자의 시체라는 것이 밝혀졌다. 이와 유사하게, 키 웨스트(Key West)라는 탐욕스러운 장기(chess) 선수이자 플로리다의 살인범은 그가 저지른 서부지역 해안가 살인사건에 관해 구치소에서 얘기했다. 그 사건은 동성애와 관련되어 있었다. 피해자는 야구 방망이로 심각하게 두들겨 맞아서 살해되었다. ViCAP 시스템의 검색을 통해, 사건을 정확하게 확인했다. 살해 현장의 호텔방에서 발견된 담배꽁초에 대한 DNA 비교를 통해 그가 서부지역 해안가 살인사건을 저질렀다는 것이 확인되었다. 또한 장기 조각이 살해 현장에서 발견되었다.

출처: http://www.fbi.gov/hq/isd/cirg/ncavc.htm#vicap(2008년 4월 7일 검색)

내지 경각심을 일깨우고 있다. 경찰관서들은 종종 그들의 인접한 지역의 외부에서 발생한 사건들을 잘 모르기 때문에, 이 프로그램은 연쇄 강력범죄자를 확인하고 그들과 관련된 범죄를 확인하는 데 상당히 중요한 것으로 증명되고 있다(Gilbert, 2001: 294). ViCAP 데이터베이스는 과거로부터 현재에 이르는 범죄사건들을 해결하는 데 효과적이다. 법집행관들은 2000년, 1980년대 혹은 심지어 1950년대에 발생했던 사건 사례에 관해서도 입력 및 사건

확인을 위한 접속이 가능하다.[12] ViCAP 시스템은 관할 경찰관서가 개별 범죄자들 간에 특별한 관련성을 추정할 수 없었던 많은 연방 주들에 걸쳐 발생하는 연쇄살인사건에서 지금까지 효과적이었다고 한다. 이 프로그램으로 미국 연방 내에서 유사한 살인범을 추적할 수 있다. 특히 인근 캐나다와 영국에서 동시에 유사한 프로그램이 실행되었다. 이 프로그램의 임무는 법집행기관 간의 협력, 의사소통 및 조정을 원활하게 하는 것이다. 그리고 수사하고, 확인하고, 추적하고, 검거하고 연쇄폭력 범죄자를 기소하는 데 지원하는 것이다. 소프트웨어를 종합하여 데이터베이스를 구축하고 있다. 대도시 경찰관서들(뉴욕, 로스앤젤레스, 시카고 및 디트로이트 및 댈러스, 캔자스 시 등)은 관련 절차들이 완전히 구비되어 있다.[13]

④ ViCAP 보고서의 구성

연쇄범죄자가 그들 관할구역에서 활동하고 있다는 의심이 들면 경찰은 그들의 살인사건에 관해 188개 항목으로 이루어진 표준 ViCAP 질문지를 채울 수 있으며, 알려지지 않은 범인에 관한 프로파일을 요청하면서 수사 지원 부서에 질문서를 제출할 수 있다. 질문서 양식에 빈 칸을 채워야 할 질문 내용은 피해자의 시체가 발견된 장소에 대한 설명에서부터, 폭행의 특징에 관한 상세한 내용, 피해자 시체 절단행위, 용의자 자동차에 대한 조건 그리고 피해자가 조우한 적이 있다면, 범인이 피해자에게 접근한 방법에 이르기까지 다양하다.

ViCAP 범죄보고서의 결과는 다음과 같이 이중으로 되어 있다.

첫째, 답변 내용에 관한 컴퓨터 분석을 통해 범죄자를 북미 지역 어디에서, 그 범인이 이전에 저질렀을 법한 다른 범죄들과 연계시킬 수 있는 패턴들을 확인시켜 준다. 각각의 연쇄살인범은 본인 스스로는 종종 모르고 있는 자신만의 개인적인 특징을 가진 것으로 알려져 있다. 완전하게 작성된 ViCAP 질문들은 이러한 개인적 특징을 확인시켜 주며, 그러는 동안 컴퓨터가 그것을 다른 사건들과 대조해 줄 수 있다.

둘째, ViCAP 보고서에 의해 공급된 자료는 범죄분석가들에게 살인범을 프로파일할 수 있도록 해 주며, FBI는 상당히 유용하나 아주 완벽하다고는 할 수 없는 기법을 개발했다. 보고서에 들어 있는 자료들에 관한 분석은 종종 범인의 인종, 연령, 사회적 지위, 고용 상태, 지능 그리고 성적(性的) 선호도에 대한 가능 높은 가능성을 확인시켜 준다. 그가 무슨 옷을 입었으며, 심지어 그가 몰고 다니는 차량의 모델에 대한 가능성까지 확인시켜 준다. 성공적인 프로파일링은 용의자의 폭을 아주 좁혀 줄 수 있다. 이것은 연쇄살인범이 저지른 미친 행동에 관해 확인될 만한 방법이 있다는 것을 의미한다(Vronsky, 2004: 28-29).

12) http://www.fbi.gov/hq/isd/cirg/ncavc.htm#vicap(2008년 4월 7일 검색)
13) http://www.polizei-psychologie.de/themen/verhalten.htm

이러한 정보들은 중앙컴퓨터로 전송되어 저장되며, 저장된 정보들은 비교·검색된다. 만약 아주 유사성이 있는 10건의 살인사건이 해당 사건에 보내지면, 그 자료들은 평가되며, 그 결과는 관할 경찰관서로 전달된다. 만약 필요하다면, 동시에 범인의 심리학적 모형 역시 제공된다. 문제는 시스템에 관한 것인데, 비록 이미 1986년부터 간단하게 만들어진 양식이 활용되고 있지만, 질문지를 기입함으로써 동시에 입력 작업을 진행하는 관계로 경찰관들을 통해 자료를 받아들이는 측면에서 어려움이 있다고 한다. 그래서 FBI는 관할 경찰관에게 직무 지시를 통해 자료의 상태가 개선되기를 희망했다.[14)]

⑤ ViCAP의 활용 절차

FBI Special Agent Robert K. Ressler & Pierce Brooks, co-founders of VICAP

ViCAP 공동 개발자인 레슬러와 브룩스[15)]

체포된 혹은 확인된 범죄자들과 함께 ViCAP상에 제출되는 기준에 맞는 사건들이 법집행기관의 수사관들에 의해 해결되지 않은 사건들과 비교하고 가능한 대조를 하기 위해 ViCAP 시스템에 입력될 수 있다. 한 사건이 ViCAP 데이터베이스에 입력되면, 그것은 범죄의 일정한 측면에 기초를 두고, 그 사건은 모든 다른 기입 사항에 대해 계속적으로 비교된다.[16)] 이러한 시스템의 목적은 살인사건의 특징적 측면과 속성을 찾아내고, 범행 수법에 관한 유사한 범행 패턴을 수사하는 것이다. 그리고 동일 범죄자에 의해 저질러진 범죄들을 ViCAP 운용 요원들로 하여금 정확히 찾아내도록 도와 준다. 만약 그러한 범행 패턴이 발견되면, 즉 연쇄살인범 용의자의 신원이 확인되면, 관련된 법집행기관에 그 결과가 통지될 것이며, 그들은 실마리가 될 만한 가치 있는 정보를 추적할 것이다.

ViCAP은 사건에 대한 평가를 위해 여러 법집행기관 간 회의를 조정함으로써 법집행기관들을 도와 줄 수 있다. 특히 용의자 혹은 용의자들이 미국 전역을 떠돌아다닐 때, 다양한 법집행기관 간 회의는 중요하다. 이전의 대책회의 가운데 매우 귀중한 결과물은 정보의 공

14) http://www.polizei-psychologie.de/themen/verhalten.htm
15) http://manuelcarballal.blogspot.com/2006/12/la-perfilacin-criminal.html(2008년 4월 7일 검색)
16) http://www.fbi.gov/hq/isd/cirg/ncavc.htm#vicap(2008년 4월 7일 검색)

유(共有)였다. 그리고 사건들을 함께 연관시켜 주던 신문(訊問)의 주제들, 성공적인 신문 기법들, 수색영장에서 확인할 수 있는 구체적인 증거, 수사를 실행하기 위한 독특한 실험실 테스트들과 같은 수사기관의 활동에 관한 조정이었다.

좀더 효과적이기 위해, 그 프로그램은 지역(local) 단위 및 주(state) 단위의 경찰관서의 관할 구역 내에서 발생한 살인사건에 관한 기록을 받아야 한다. 서로 따로 떨어져 있는 살인사건들 간에 연관성이 있을 때, 다른 관할구역에 있는 수사관은 다른 수사관의 관심사에

〈오후 여담〉 프로파일링

1956년 정신과 의사 제임스 브러셀 박사는 8년 동안 32개의 폭발물을 설치해 뉴욕 시민을 공포에 몰아넣은 '미친 폭파범'의 인상 착의를 마치 직접 본 것처럼 꼭 집어냈다. '코네티컷 주에서 어머니와 함께 사는 40대의 동유럽 이민자, 말쑥한 외모, W 자를 유방처럼 둥글게 쓰는 것으로 봐 어머니를 따르며 아버지는 증오함.' 검거된 범인 조지 메테스키의 특징은 브러셀 박사의 분석과 대부분 일치했다.

1983년 가을 미국 네브래스카 주 중산층 소도시인 벨르뷔. 13세의 대니 조 애벌리는 일요일 아침 신문을 배달하다 유괴 살해됐다. 몇 달 후 12월 같은 또래의 크리스토퍼 폴 월든이라는 소년도 유괴 살해되는 사건이 연이어 발생했다. 연방수사국(FBI) 범죄심리분석관 로버트 레슬러는 앳된 소년들이 난자된 채로 발견된 두 현장을 둘러본 후 용의자를 유추해 냈다. '20대 초반의 백인 독신 남성, 단독 범행, 탈선적이며 변태적 성경험자, 체구는 건장하지 못함, 범행 현장 근처인 공군기지의 현역 사병일 가능성, 보이스카우트 또는 리틀 야구단 코치, 추리 잡지나 경찰 잡지 구독.' 그의 분석은 꼭 들어맞았다. 범인은 레이더 정비병인 존 조지프 주버트 4세였다.

프로파일링(profiling) 수사 기법은 점쟁이나 마술사처럼 용의자를 꼭 집어내지만 철저한 과학수사다. 범행 현장 정보와 축적된 수사 경험을 통해 범인의 윤곽을 유추한다. 미국에서 1950년대부터 시도됐으나 1970년대 들어 피해자와 직접 관계가 없는 '묻지 마 살인'이 25%를 넘어서자 본격 도입됐다. 50여 년의 발전을 거쳐 지금은 학문의 경지에까지 이르렀다. 이 기법의 토대는 '강력범죄인 인성연구 프로젝트'였다. 윌리엄 웹스터 FBI 국장 시절 이후 강력범과의 면담을 금기시하는 관행을 깨고 직접 대면을 통해 범행 동기, 성장 및 주변 환경 등을 분석, 연구해 수사자료로 축적하고 있다. 또 강력사건은 컴퓨터에 입력시켜 유사사건과의 연관성 등 전국적인 공조 수사가 가능하도록 '강력범 검거 프로그램'을 가동하는 과학수사다.

경찰이 안양 초등생 유괴살해 사건을 마무리했지만 부실 수사 논란은 물론 사건 실체도 여전히 의문투성이다. 그나마 한국 최초의 프로파일러가 투입돼 용의자의 자백을 이끌어 냈다고 한다. 하지만 과학수사를 의미하는 원래의 프로파일링과는 거리가 있어 보인다. 이런 사건을 볼 때마다 한국식 프로파일링 개발 같은 과학수사가 아쉬워진다.

문화일보, 2008년 3월 27일자(최영범 논설위원)

대해 정보를 제공받는다. 이러한 노력을 조정하고자 그들의 전화번호가 교환된다. ViCAP은 제공된 정보만큼 유용해질 수 있다는 것을 명심해야 한다. 전국 단위의 법집행 자료로서 폭력범죄자들-특히 연쇄살인범들-을 조기에 인지하고 확인하고 궁극적으로 체포될 가능성을 증대시킬 수 있다. 오늘날 체크리스트 포맷에서, 그것을 완성시키는 데 더 적은 시간(15~20분)이 필요하다. 기대되는 것처럼, ViCAP 범죄 보고서 양식(Crime Report Form)이 사용되면서, 실무적인 경험에 근거하여 수정되어야 했다. 보고서 양식의 근본적인 목적은 명백하게 평범한 범죄자가 관련된 사건들을 인식하고 대조하는 것이었다(Ostenburg & Ward, 2000: 460-461).

ViCAP은 또한 수사상 지원에서, 서비스(예를 들면, 스케줄, 범죄정보센터[NCIC][17] 오프라인 검색, NLETS[18] 상의 검색, 수사 모형 등), 중요한 사건관리 자문, 조정, 원활화 그리고 범죄분석에서 훈련 과정을 제공한다. 만약 요청을 받게 되면, ViCAP 부서 요원들은 『FBI의 법집행 공보(*FBI's Law Enforcement Bulletin*)』지와 법집행 온라인 뉴스레터 그리고 다른 출판물을 통해 알리기 위해 'ViCAP 경보' 통지를 준비할 것이다. 이러한 공지 내용에는 전형적으로 범죄자의 인상 착의를 설명하는 자료들, 범죄(들), 배경, 범행 수법(MO), 범인의 이동과 날짜를 보여 주는 지도들, 범인과 자동차에 관한 사진들, 그리고 요청을 한 부서에서 접촉한 근무자의 성명과 전화번호를 다룬다.[19]

(4) 워싱턴 주 등에서 활용하고 있는 HITS

폭력범죄 수사를 개선하기 위해 다른 관할 경찰관서와 해당 지역 경찰관서를 연결하는 최고의 정점은 최근에 만들어진 '살인사건 수사 및 추적 시스템(Homicide Investigation and Tracking System: HITS)'이다(Weston, Lushbaugh, & Wells, 2000: 229). 이 프로그램은 워싱턴 주에 본부를 두고 있으며, 워싱턴 주를 둘러싼 다른 주들(캘리포니아 주와 오리건 주)의 인근 지역과 서부 캐나다 국경 인근 지역에 서비스를 제공하고 있다.

HITS는 살인사건, 살인 미수, 실종된 사람, 살인사건의 피해자로 추정되는 미확인된 사람, 그리고 약탈적 성범죄자[20]들에 관한 정보를 수집하고 분석하는 컴퓨터화된 프로그램이다. HITS는 워싱턴 주 법집행기관과 범죄가 발생할 때, 이러한 범죄들에 관한 정보를 자발적으로 제공하기 위해 주(州)의 경계를 넘어서는 관할 부서의 협력 활동에 의존하고 있다.

17) FBI 내에 설치된 부서로, National Crime Information Center의 약어임.
18) National Law Enforcement Telecommunications System의 약어임.
19) http://www.fbi.gov/hq/isd/cirg/ncavc.htm#vicap(2008년 4월 7일 검색)
20) 약탈적 성범죄는 피해자가 범인에 대해 비면식적 관계에서 발생하는 경우를 말한다.

그리고 이러한 정보는 시스템을 구성하는 파일에 저장된다. 살인사건 혹은 강간사건을 수사할 임무가 부여된 지역의 수사관들에게 중요한 이점은 어떤 경찰관서에서는 활용할 수 없는 관련된 정보를 초기에 그리고 지속적으로 접근할 수 있다는 점이다. 살인사건 수사 및 추적 시스템(HITS)은 미국 전역에 걸쳐서 발생하는 범죄를 추적할 수 있도록 해 주는 수사관들에 의해 완성된 컴퓨화된 형식이다. 범죄 발생 장소, 범죄의 특징, 사용된 흉기나 무기, 범죄 현장에 유류된 구별될 만한 증거(예를 들면, 이상한 심벌의 존재와 같은) 그리고 범행 발생 일자와 같은 매우 결정적인 통계를 포함하여, 250여 개에 이르는 변수들이 각 범죄에 관해 입력될 수 있다. 그 시스템은 여섯 개의 서로 다른 출처로부터 축적된 정보를 통합시킨다. 그것은 특별한 범죄 유형에 대해 몰두하고 있는 일곱 가지 데이터베이스들 중의 하나다. HITS가 살인사건에 집중되고 있는 반면, 다른 여섯 가지 데이터베이스는 성적 폭행사건에 관한 자료와 초동 수사 자료(범죄사건의 유형이 판단되기 전에), 교정청(알려진 유죄자가 어떤 범죄에서 관련성을 갖고 있다고 의심받고 있을 때), 갱과 관련된 범죄들, 범죄사건의 시간적 순서(범죄사건을 둘러싸고 알려진 혹은 의심받고 있는 사건의 연속성) 그리고 폭력범죄자 검거 포프로그램(ViCAP)을 추적한다.[21]

2) FBI 행동과학부 인턴십 연구 과정

FBI에서는 장래 법집행 관련 부서에 근무하게 될 대학생들에게 무료 인턴십 프로그램(FBI Academy's Nonpaid Internship Program)[22]을 운영·제공하고 있다. 이 과정은 FBI 행동과학부의 필요와 관련 분야에 관심 있는 대학생들의 요구를 반영한 것이다.

지원 자격은 다음과 같다. 만 18세 이상의 미국 국적자여야 하며, 또한 대학에서 평점 3.0 이상의 성적을 유지한 학생이어야 한다. FBI 요원 채용 기준에 적합한 기준을 충족시켜야 하고, 불법적 약물 사용 전력이 없어야 하며, 거짓말탐지기 실험과 약물검사를 거쳐야 한다. 약간의 보안심사 및 신원조사를 거쳐야 한다. 형사사법학 혹은 인접 관련 분야 학문(예를 들면 사회학, 행동과학이나 심리학 등)과 그 밖에 사례별로 다른 전공 분야 대학생들도 지원 가능하다. 수업료는 면제되지만, 숙박비·교통비 등은 자비(自費) 부담이다. 제공된 프로그램을 통해 일정한 학점을 취득, 관련 대학이나 기관으로부터 인정을 받을 수 있다.[23]

---

21) http://ils.unc.edu/~nassk/inls258/unsolved.html(2008년 4월 7일 검색)

22) FBI Academy's Nonpaid Internship은 FBI Behavioral Science Unit-Research Internship이라고 일컬어진다. 즉 국립폭력범죄분석센터(NCAVC)는 행동과학부(BSU: Behavioral Science Unit)의 후신(BSU)이며, 국립폭력범죄분석센터 내에 행동분석부(BAU: Behavioral Analysis Unit), 폭력범죄자 검거 프로그램(ViCAP) 등이 설치되어 있다. 오늘날 BSU는 BAU로 불리고 있으며, 여러 다른 기관으로 나누어졌다. http://en.wikipedia. org/wiki/Behavioral_Analysis Unit (2008년 4월 20일 검색)

이 프로그램은 최소 14주간에 걸쳐 진행되는데, 수업은 월~금요일까지 매일 08:00~14:30까지이며, 주당 40시간이다.[24] 9월 첫째 주부터 시작되는 가을 학기와 1월 둘째 주부터 시작되는 봄 학기로 나뉜다. 이 과정에서 학생들은 다음과 같은 내용을 교육받고 도와주고 함께 연구를 진행하는 역할을 수행한다.

3) 뉴욕 존 제이(John Jay) 형사사법대학 사례

뉴욕시립대학교(City University of New York: CUNY) 형사사법대학 학부과정(John Jay Colllege of Criminal Justice) 및 동 대학원 박사과정 프로그램을 소개한다.[25]

학부 과정에는 경찰학 전공, 범죄 및 컴퓨터정보 시스템 전공, 사법 및 공공행정 전공, 교정학, 소방학, 형사사법 전공(문학사 및 이학사), 법과학, 법심리학, 범죄학, 행정학, 민간경비학 등 20여 개 세부 전공을 설치 운용하고 있다.[26]

특히 법심리학 전공 커리큘럼을 상세히 소개하면 다음과 같다.

동 대학교 박사 과정 프로그램은 크게 법심리학 전공 및 형사사법학 전공 분야로 나뉜다. 각 전공 분야는 또 두 가지씩 세부 전공으로 나뉜다.[27]

형사사법학 박사 과정은 형사사법, 범죄학 및 법과학 영역에서 학제간 교육을 실시하고 있으며, 이론과 경험적 연구 및 규범학적 분석을 결합한 과정이다.[28] 대학원생이 중점적으로 교육・훈련받는 분야는 사회과학방법론, 연구설계, 통계학과 자료 검색 등이다. 학생들이 범죄학이론, 형법, 형사절차법, 조직행동, 공공정책분석 및 형사사법심리학 등에 관한 배경적 토대를 갖추고 있어야 한다. 세부 전공은 범죄학과 일탈, 법심리학, 법과 철학 그리고 공공정책과 조직행동 등 4개 분야다. 형사사법학 박사 과정은 다양한 학구적인 분야를 망라하고 있는데, 인류학, 역사, 법률, 철학, 정책과학, 공공행정, 심리학 및 사회학 등이다. 특히 법과학 세부 전공은 생물학, 생물화학 그리고 화학 분야 전문교수들이 강의를 맡고 있다. 법과학 집중 과정에서는 특별 프로그램을 운영하고 있는데, 범죄수사학, 분광학(spectroscopy), 독물학, 혈청학, 유전학적 분류법 강좌가 개설되어 있다. 법과학 전공자에게는 일반화학, 조직화학, 미적분학, 물리학, 통계학, 생화학, 물리화학 강좌를 수강토록 하고 있다.

23) http://www.fbi.gov/employment/bsuintern.htm(2008년 4월 20일 검색)
24) https://www.psichi.org/pubs/articles/article_597.asp(2008년 4월 20일 검색)
25) http://web.jjay.cuny.edu/~crjphd/program/specialization.html
26) http://www.jjay.cuny.edu/programsUndergraduate/progUndeGradBacc.asp(2008년 4월 20일 검색)
27) http://www.jjay.cuny.edu/academics/736.php(2008년 4월 20일 검색)
28) http://www.jjay.cuny.edu/academics/744.php(2008년 4월 20일 검색)

2 캐나다의 ViCLAS와 프로파일링

캐나다 연방경찰(RCMP)에서는 프로파일링 업무를 전담 수행하는 부서(Behavioural Sciences Branch in HQ Ottawa)를 설치하여, 각 주 경찰에서 의뢰된 사건을 분석하여 그 결과를 통보하며, 교육 및 업무 지도를 병행하고 있다. 특히 ViCLAS라고 알려진 '폭력범죄 연계분석 시스템(ViCLAS)'은 캐나다 경찰의 프로파일링 업무를 획기적으로 개선한 컴퓨터화된 시스템의 일종이다. 여기에서는 ViCLAS 활용 실태와 수사경찰 일선에서 프로파일링 업무를 수행하고 있는 밴쿠버 경찰청 담당 경찰관과의 인터뷰 사례를 소개한다.

1) 폭력범죄 연계분석 시스템

(1) ViCLAS는 무엇인가?

캐나다 연방경찰을 중심으로 활용되고 있는 '폭력범죄 연계분석 시스템(Violent Crime Linkage Analysis System: ViCLAS)'은 데이터뱅크 시스템에 관한 것이다. 특히 심각한 폭력범죄 영역에서 연쇄적인 범죄자를 효과적으로 신속하게 처리하기 위해 활용되고 있다.[29] 범죄수사학적 관점에서 특정 개별 사건이 연쇄범죄자 혐의 여부에 대한 확인 절차를 거치는 바, 범죄자 신원 확인 혹은 범행 관련성 여부 확인 쪽으로 기여한다. ViCLAS는 경찰로 하여금 중범죄자에 대해 아주 긴급한 필요가 있을 때, 나중에 재확인할 수 있거나 범죄자 및 사건에 대한 정보를 파악하고 자료로서 저장할 수 있게 해 줌으로써, 지역에 관계없이 범행 관련성 여부를 확인·파악할 수 있도록 만들어진 개념이다. 사건 자료의 입력은 168개의 질문 사항으로 구성된 포괄적인 카탈로그를 매개로 진행된다. 이러한 정형화된 사건 기술(記述)은 범행을 상세하게 표현하면서, 기본적으로 알려진 혹은 알려지지 않은 범죄자의 확인된 범행 유형을 묘사하고 있다. 이러한 시스템은 범죄자 수사와 사건 해결에 크게 도움을 준다.

ViCLAS에는 '윈도를 위한 FOXPRO'라는 스프트웨어를 통해 사용자로 하여금 친숙하게 자료 입력이 가능하도록 하고 있으며, 현재 캐나다에는 하나의 데이터베이스가 모든 ViCLAS 센터에서 활용되고 있다. 새로운 시스템은 '512 메가바이트(megabyte) 램(ram)'과 '16 기가바이트(gigabyte) 하드드라이브(hard drive)'가 장착된 'Hewlett Packard Quad

29) http://www.bka.de/kriminalwissenschaften/viclasinter.html(2008년 4월 20일 검색)

Pentium Pro 200'에서 작동되고 있다. 데이터베이스는 'Microsoft SQL 서버'에서 작동되고 있다.[30]

(2) ViCLAS의 개발 과정

미국 FBI가 운영하는 폭력범죄자 검거 프로그램(Violent Criminal Apprehension Program: ViCAP)이 인근 캐나다와 영국에서도 비슷한 형태로 활용되었지만, 그보다 훨씬 이전에 캐나다에서는 자체 분석 시스템이 가동되고 있었다. 자동화된 사건 연계 시스템에 대한 연구를 진행하면서 캐나다 경찰 공동체가 '중요 범죄 파일(Major Crimes File: MCF)'이라는 캐나다 최초의 자동화된 사건 연계 프로그램을 시도했다. 이는 캐나다에서 최초로 시도한 자동화된 '사건 연계분석'이었다.[31] 살인사건과 관련된 자료들이 현장 수사관들에 의해 '빈 칸 채우기(fill-in-the-blank)' 형식의 질문지에 기입된다. 그리고나서 자료 입력을 담당한 지역의 범죄분석가들에게 송부된다. 그 당시 후속적인 분석들은 키워드와 숙어 형태로 혹은 그것으로 이루어진 결합에 의한 질문에 근거하고 있었다. 1990년대, MCF는 거의 80여 건의 사례들을 데이터베이스화했다. 그런데, 사건과 관련하여 적중된 사례가 없어 이 시스템은 수사 지원 수단으로서 좋은 평판을 얻지 못했다. 형식을 보면, 경찰의 수사 결과가 통일되지 않은 채로 완전한 문장 형식으로 이루어진 이 시스템은 관련성이 있는 범죄 수사를 위해서는 부적합했다고 한다.[32]

캐나다 전역의 주요 경찰관들로 구성된 '캐나다 경찰정보센터 자문위원회(The Canadian Police Information Centre: CPIC)'에서는 강력범죄 관련 정보를 취합, 수집 및 비교할 수 있는 중앙저장소 설치에 동의한 바 있다. 이러한 이유로 캐나다 연방경찰(RCMP)은 미국 FBI에서 활용하는 폭력범죄자 검거 프로그램(ViCAP)에 대해 1991년 그 이전의 경험을 토대로 독자적인 노스아메리카(Northamerica) 스타일의 컴퓨터 시스템을 설치, 개발하기에 이르렀다.[33]

1991년 매케이(Ron MacKay) 경감[34]은 MCF 시스템에 대한 개략적인 감사 업무를 수행하면서 치명적인 결함을 발견했다. 그래서 MCF 시스템을 조사하고, 이 시스템을 더 개선

30) http://www.rcmp-grc.gc.ca/viclas/viclas_e.htm(2008년 4월 20일 검색)
31) http://www.rcmp-grc.gc.ca/viclas/viclas_e.htm(2008년 4월 20일 검색)
32) 1990년대까지 MCF는 거의 800여 건의 사례가 데이터베이스에 저장되었다. 그런데, 소위 연관성(사건분석이 적중된)이 입증된 경우가 없었으며, 수사 지원 수단으로서 별반 명성을 얻지 못했다고 한다: http://www.rcmp-grc.gc.ca/viclas/viclas_e.htm(2008년 4월 20일 검색)
33) http://www.rcmp-grc.gc.ca/ viclas/viclas_e.htm
34) 매케이 경감은 2002년 9월 연방경찰에서 은퇴한 후, 계약직 공무원으로서 연방경찰에서 전문 프로파일러로 근무중이다.

할 수 있을지 혹은 아예 새롭게 다른 것으로 대체해야 할 것인지를 결정할 수 있는 직책을 맡게 되었다. 1991년경 심각한 범죄 유형에 대한 수사 경험은 매우 풍부하지만 컴퓨터에 대한 기술이 거의 없었던 존슨(Greg Johnson) 경사가 오늘날 ViCLAS이라는 분석팀에 충원되었다. 온타리오 주경찰의 올버(Sharon Olver) 경사를 포함하여 다른 경찰관들과 함께 가장 성공적인 미국식 '자동화된 사건 연계 시스템'을 연구하기 위해 8개월을 투자했다.

물론 그들은 다음과 같은 유사한 심각한 범죄 연계분석 시스템을 심사했다.

▶FBI의 폭력범죄자 검거 프로그램(ViCAP)[35]

▶아이오와 주 성범죄분석 시스템(Iowa State Sex Crimes Analysis System)

▶미네소타 주 성범죄분석 시스템(MINN/SCAP)

▶워싱턴 주 살인사건 수사 및 추적 시스템(HITS)

▶뉴욕 주 살인범죄 수사 및 추적 시스템(HALT)

▶뉴저지 주 살인범죄 평가 및 분석 추적(HEAT)

▶펜실베이니아 주 ATAC 프로그램 등

연구 결과, 이러한 시스템은 가치 있는 수사 지원 수단으로서 당시 캐나다의 MCF 방식에 획기적인 개선을 가져올 수 있는 것들이었으나 유감스럽게도 당시 연구진과 캐나다 경찰의 요구를 충족시킬 만한 것이 거의 없었다. 그래서 이러한 시스템의 장점들을 모두 통합할 수 있는 새로운 캐나다식 시스템이 개발되어야 한다는 데 의견이 모아졌다.

미국의 시스템들을 연구하는 과정에서 밝혀진 다른 결점들은 국가 차원의 모든 주요 범죄를 연계한 시스템이 아니라는 점이었다. FBI의 ViCAP 시스템은 미국의 모든 경찰관서에서 활용되지 않았으며, 그리고 심각한 성폭력 범죄를 추적하는 것이 아니었다. 연구에 의하면, 성범죄 과정에서 종종 발생하는 폭력 증가가 종국적으로는 살인범죄로 이어질 수 있다는 사실을 밝혀냈다. 미국식 특히 FBI의 ViCAP의 경우, 모든 미국 경찰관서에서 채택된 것이 아니었기 때문에 심각한 성폭력 범죄를 추적할 수 없었다는 것이다. 게다가 소프트웨어를 심사하면서 심각한 연쇄범죄에서 중요한 내용을 포착해야 할 질문 유형을 연구하게 되었다. 입력 사항은 토론토에 있는 '클라크(Clarke) 정신병연구소'의 콜린스(D. Peter Collins)를 포함한 행동과학 분야의 수많은 전문가에 의해 시도되고 제공되었다. 그리고 많은 학자 및 전문가의 도움으로 262개의 질문 리스트가 공식화되었다. 그 질문들에는 피해자학, 범행 수법(MO), 법과학 및 행동과학적 정보를 포함하는 등 사건의 모든 측면에 대한 상세한 내용을 담고 있다.

35) http://www.rcmp-grc.gc.ca/viclas/viclas_e.htm(2008년 4월 20일 검색)

질문 사항은 책자 형식으로 함께 편집되었다. 그리고 가능한 한 많은 질문이 개방된 채로 종결되는 것을 지양하도록 설계되었다. 이렇게 함으로써 자료 수집을 표준화하고, 더 효율적인 연구 및 가능성을 찾을 수 있도록 했다. 질문지(입력 양식)가 완전히 기입되어 수사관들의 지침이 될 수 있기 위해서는 완성되는 데 거의 2시간 정도 걸린다고 한다. 수사관들에게는 가이드로서 활용되었다. 만일 수사관이 모든 질문 사항들에 제대로 답을 하려면, 철저하게 수사해야 한다.

질문의 내용은 수사관들에게 범인의 행동에 근거한 범죄를 연계시킬 수 있는 능력을 제공하는 것이다. 연구에 따르면, 연쇄범죄자는 탐욕스러운 공상에 의해 범죄를 저지르도록 동기부여되었다는 것을 보여 주었다. 범인은 그들의 범행 수법 혹은 장소를 변경할 수 있으나, 그들의 공상은 여전히 변하지 않은 채 남아 있을 것이라는 점이다. 매케이 경감에 따르면, "범죄에 대한 공상적 의식(儀式, ritual)은 시간과 공간이 지나도 계속 남아 있을 것이다. 25세 때, 화가 나서 강간을 저지른 범인은 35세가 되어서도 화가 나면 강간을 저지른다"라고 설명하고 있다.[36]

연구의 일부가 완성되면서, 데이비드슨(Keith Davidson) 경사에 의해 기본형(prototype)이 개발되었다. 그는 원래 브리티시 컬럼비아 주 강력범죄 분석을 담당한 조정관이었는데, 자격이 입증된 범죄수사 분석관으로서 관련을 맺게 되었다. 그는 미국에서 개최된 '사건 연계분석 시스템' 학회에 참석한 후 그 시스템을 캐나다에서도 활용해야겠다고 마음먹었다. 그는 당시 이미 존슨 경사가 캐나다의 관련 시스템에서 근무하고 있다는 것을 알게 되었고, 그래서 브리티시 컬럼비아 주 내에서도 그러한 사건 연계 시스템을 설계하고 운용하기로 결심했다. 그가 개발한 시스템은 MaCROS라 부른다. 비록 오늘날의 수준에서 보면, 그 시스템은 비교적 낮은 수준의 기술이었지만, 오늘날 ViCLAS의 개념과 동일하다. ViCLAS가 기초하고 있는 다양한 행동과학 원칙들을 합쳐 놓은 MaCROS는 고도의 프로파일 범죄분석에 유용한 도구임이 증명되었으며, 캐나다 전역에서 활용될 만큼 중요한 영향력을 가지고 있음이 확인되었다. 그는 오늘날 ViCLAS 시스템에서 중요한 역할을 계속하고 있다.

민간인 기술자들인 리플리(John Ripley)와 러리(Paul Leury)가 오타와에 있는 알곤퀸대학(Algonquin College)을 졸업하자마자 채용되었다. 존슨 경사와는 달리 그들은 비록 캐나다 연방경찰과 고도의 프로파일 강력범죄 수사에 관해 별로 아는 것이 없었지만, 컴퓨터공학과 소프트웨어 분야 전문가들이었다. 그들은 프로젝트가 진전되면서 계속 개발된 새로운 지식들로 무장하고 ViCLAS 시스템을 만드는 사업에 매진했다. 그 시스템은 '윈도를 위한

---

36) http://www.rcmp-grc.gc.ca/viclas/viclas_e.htm(2008년 4월 20일 검색)

FOXPRO'라는 최신 버전을 사용해 개발했으며, 개별 지역 네트워크에 데이터를 저장할 수 있게 되었다. 처음으로, 캐나다 전역에 걸쳐 그들 자신의 독립적인 지역 데이터베이스를 유지하게 되었다. 오늘날에는 최신 모뎀 기술과 자료의 보안성을 보장하기 위한 특수화된 암호 체계를 사용하면서, 각각의 데이터베이스들이 연결되었다. 일정하게 예정된 시간에 각 부서(Unit)는 그들의 새로운 그리고 편집된 사건들을 오타와에 있는 서버(server)에 위치한 데이터베이스에 입력하고, 다른 센터로부터 최근에 입력된 사건들을 다운로드받는다. 이러한 새로운 시스템은 무엇보다도 새롭게 확장된 그리고 유연한 소프트웨어로 운용되는 것이었다. 즉, '폭력범죄 연계분석 시스템(ViCLAS)'이 개발된 것이다. ViCLAS 개발에서 중요하게 고려되었던 것은 다름아닌, 변환시켜야 될 범죄 수사의 유형이었다.

캐나다 경찰은 여러 언어로 제작하여 활용 가능하도록 새로운 버전을 개발했으며, 더 나아가서 국제범죄 대책을 개선하기 위해 소프트웨어를 제작하기도 했다. 국제적으로 범행을 계획하고 있는 위험한 연쇄범죄자들 역시 이 프로그램을 통해 확인할 수 있도록 했다.[37]

(3) ViCLAS 입력 사항 및 활용

① ViCLAS 책자와 입력 사항

만약 심각한 범죄가 발생하여 그 범죄가 ViCLAS에 보고될 사건으로 확인되면, 수사관은 책자(booklet)로 만들어진 질문지를 완성한다. ViCLAS 책자 내용은 다음 쪽의 <별표>와 같다.

이와 같은 ViCLAS 질문지 책자에는 다음과 같은 범죄 유형이 입력된다.[38]

▶ 살인범죄: 성적인 목적, 불확실한 혹은 알 수 없는 동기를 갖고 저질러진 살인범죄와 반복될 위험성과 특별한 행위 상황 등과 같이 ViCLAS에 본질적인 사항들을 갖고 있는 기타 살인범죄

▶ 신체상의 폭력이 사용되거나 혹은 신체상의 폭력을 통한 협박이 이루어진 성적인 폭력범죄, 범죄에 대한 전체적인 정황으로 미루어보아 실종된 사건, 구두(口頭)로 교활하게 혹은 협박적인 태도를 보이는 등 신체적인 폭력을 통해 어린이를 자신의 통제 하에 두고 있는 혹은 그러한 범죄를 시도한 경우 및 어린이를 다른 장소로 옮겨놓은 것으로 의심받는 사건들

그리고 다음과 같은 자료들이 입력된다.

▶ 범죄자에 관한 자료

37) http://www.rcmp-grc.gc.ca/viclas/viclas_e.htm(2008년 4월 20일 검색)
38) http://www.bka.de/kriminalwissenschaften/viclasinter.html(2008년 4월 20일 검색)

- ▪ 행정 사항 기입(ADMINISTRATION): 입력 관서, 수사관 성명, 사건 형태, 사건의 종류, 범행 시점, 수사 착수 시점 등
- ▪ 피해자 관련 사항(VICTIM): 성명, 연령, 성(性), 주소, 전화번호, 인종, 신장, 두발 상태, 안경 착용 여부, 문신 여부, 복장 관련, 신체적 특징, 직업 상태, 소속 단체, 교통 수단 이용 상태, 혼인 상태, 사건 당시 가족 동거, 생활 스타일, 마지막 행동
- ▪ 범죄자 관련 사항(OFFENDER): 성명, 연령, 성, 전화 및 주소, 인종, 신장, 외모, 두발 상태, 홍채 색깔, 안경 착용 여부, 치아 상태, 턱수염 상태, 문신 여부, 의복 상태, 특징적 신체 특징, 사용 언어, 어투, 교통 수단 활용, 혼인 상태, 범행 당시 가족 동거 여부, 일반 생활 스타일, 약물 등 영향, 정신질환 여부, 주로 사용하는 손, 특별한 행동 특징, 성생활 습관, 성관계 수집품, 성관계 보조 수단, 체포 면탈 수단
- ▪ 추가 범죄 관련 사항(ADDITIONAL NAMES):
- ▪ 자동차 관련 사항(VEHICLE): 자동차 관련 여부, 소유 상태, 종류, 차량명, 연식, 번호, 색깔
- ▪ 범행 현장 관련 사항(SCENE): 범인 측면-범행 현장의 특성, 범인의 연고감, 실내외, 이웃, 주거지역, 상업지역, 교통기관 관련, 유흥지역 여부, 공공장소 및 개방된 장소, 외부, 주차지역, 물(水) 관련 지역; 피해자 측면
- ▪ 범죄 관련 사항(OFFENCE): 수사 결과 및 경험에 근거한 범행 동기, 피해자와 가해자 관련성, 피해자 접촉 사항, 성적 행동 관련, 피해자에게 가한 비성적(非性的) 행동들, 치흔 위치, 기괴한 행동, 상처 위치, 피해자 접촉 후 범행까지 경과 시간, 가해자의 분노 상태, 반항 억제 수단, 성기능 장애, 피해자에게 말한 내용, 범인이 사건을 표시한 방법, 피해자 옷 제거 방식, 정액 발견 위치, 착의 상태 변경 방법, 사체의 위치, 시간(屍姦) 여부, 피해자의 발견시 상태
- ▪ 피해자가 사망한 경우 혹은 사망한 채로 유기된 경우(CASES): 검시보고서 상세 기술
- ▪ 무기(흉기) 관련 사항(WEAPON): 흉기 사용 여부, 발견 및 은폐 여부, 흉기의 종류 및 유형
- ▪ 사건 전개 과정(SEQUENCE OF EVENTS): 사건 발생 과정을 시간 순서대로 서술
- ▪ 서술적 요약(NARRATIVE SUMMARY): 사건에 대한 요약
- ▪ 추가정보(ADDITIONAL INFORMATION): 사건과 관련된 추가 정보
- ▪ 생물학적 증거(BIOLOGICAL EVIDENCE): DNA 분석을 위한 생물학적 샘플
- ▪ 추가 중요 사항 입력란(ADDITIONAL KEY FACT):

- ▸ 피해자에 관한 자료
- ▸ 가해자와 피해자 간의 관계에 대한 사항
- ▸ 범죄 발생 장소에 관한 사항
- ▸ 피해 상황과 사망의 원인에 관한 사항
- ▸ 범죄를 저지른 동안 범인의 특별한 동작에 관한 사항들, 여기서는 특히 구두(口頭)로 표현하는 내용 및 신체적인 태도
- ▸ 사용된 무기(흉기)의 종류와 대상 그리고 이용된 자동차에 관한 사항 등

한편, ViCLAS는 다음과 같은 범죄 상황에서 널리 응용되고 있다.[39]

- ▸ 모든 해결된 혹은 해결되지 않은(미수 사건을 포함하여) 살인범죄
- ▸ 해결된 혹은 미해결된 성폭력 범죄

39) http://www.rcmp-grc.gc.ca/viclas/viclas_e.htm(2008년 4월 20일 검색)

▶ 범죄에 기인한 것으로 강하게 추정되는 상황이 있는 경우 및 피해자가 아직 생존해 있을 실종사건
▶ 신원이 확인되지 않은 살인사건 피해자, 사망 방법이 알려지거나 혹은 살해되었을 것으로 의심되는 곳에서 신원이 확인되지 않은 사체
▶ 그리고 부모가 아닌 타인에 의해 유괴된 사건 혹은 미수 사건 등

② ViCLAS 활용 과정

㈀ 질문지의 작성 및 입력

ViCLAS 시스템에 보고될 사건으로 확인되는 심각한 범죄가 일어나면, 수사관은 그 질문지 책자를 완성하게 된다. 그 책자는 범죄가 신고된 지역을 관할하는 연방경찰의 각 지역대별 ViCLAS센터에 송부되며, 그 범죄는 보고된다. 질문지로 이루어진 책자는 질적인 보증을 받기 위해 평가된다. 몇몇 센터에서는 실제로 이러한 절차를 두 번 정도 실시한다. 만약 질문지로 이루어진 책자가 질적 보증 평가에 통과되면, 그것은 훈련된 자료입력 공무원에[40] 의해 ViCLAS 컴퓨터 시스템에 저장된다. 만일 그 책자가 질적 평가에 통과되지 못하면, 수사관은 세부적인 사항을 정정하기 위해 직접 접촉해야 하며, 그 책자는 원 작성자에게 되돌려 주게 된다. 후일 완벽하게 작성한 후 다시 제출하도록 하고 있다.[41]

㈁ ViCLAS 센터 및 시스템 업데이트

ViCLAS센터는 캐나다 전 연방주(프린스 에드워드 아일랜드는 노바스코샤 주에 공동 설치)마다 설치되어 있다. 7개 지역은 연방경찰(RCMP)을 설치 유지하고 있으며, 온타리오 주 경찰과 퀘벡 주 경찰 그리고 몬트리올 도시커뮤니티 경찰(Montreal Urban Community Police)에서는 각각 1개씩 총 10개의 ViCLAS센터가 운영되고 있다. 물론 브리티시 컬럼비아 주 센터에서는 유콘 준주(Yukon準州)의 사건을 처리하며, 앨버타 주 센터는 노스웨스트 및 누나빗(Nunavit) 준주의 사건을 처리한다. 가장 규모가 큰 센터는 오릴라(Orillia)에 있는 온타리오 주 경찰에 의해 운영되고 있다. 그들의 경우, 41명의 전담 직원들이 ViCLAS 업무와 보직에 배치되어 있다. 동 센터는 나이애가라 지역경찰(Niagara Regional Police), 해밀턴 웬트워스 지역경찰(Hamilton Wentworth Regional Police), 워털루 지역경찰(Waterloo Regional Police) 그리고 런던 경찰서비스(London Police Service)의 사건들을

40) 필자가 캐나다 연방경찰의 관련 부서(RCMP 'E'Division)에서 견문한 바에 의하면, 이러한 작업은 대체로 경찰관이 아닌, 일반직 혹은 기능직 여직원들에 의해 입력이 이루어지고 있었다.

41) 실제로 작성상 약간의 오류들이 발견되면, 입력 담당 직원과 원래 작성한 수사경찰관 간에 전화로 혹은 서면으로 정정하고 있었다.

관할하고 있다. 이러한 지역은 그들 자신의 책자를 유지하고 있다. 자료를 입력하고 그 작업이 끝나면 전자 파일을 이용하여 온타리오 주 경찰 ViCLAS 센터에 송부한다. 그곳에서는 입력된 자료의 질적 평가를 수행하며, 장래의 절차와 분석을 위해 주 시스템에 저장된다.

㈐ ViCLAS 전문가의 요건 등

한번 ViCLAS 컴퓨터가 도입되면, 비록 그 시스템이 사용하기에 꽤 쉽다고 하지만, 그 시스템은 적절한 질문 사항을 만듦으로써 올바른 질문을 하고, 그 결과를 제대로 해석하기 위해서는 ViCLAS 전문가(프로파일러)를 필요로 한다. 이미 알려진 대로, 각 전문가들은 이전의 근무 경력을 근거로 선발된다. 바람직한 후보자는 성폭행 및 살인사건과 같은 심각한 범죄 수사에서 최소한 5년 정도의 경험과 인문학 관련 학구적인 경력을 가지고 있어야 하며, 컴퓨터와 다양한 소프트웨어 프로그램에 대해 훌륭한 지식을 가지고 있어야 한다.

각 전문가들은 자신의 기술을 끊임없이 발전시킬 수 있어야 한다. 그리고 장래에 심각한 연쇄적이고 이상심리 범죄자들에 대한 더 나은 통찰력을 제공하게 될 다양한 교육과정을 잘 활용할 수 있어야 한다. 비록 ViCLAS 전문가들은 개별 사건을 처리하는 데 종사하지만, 서로 떨어진 상태로 근무할 수는 없다. 그들은 종종 그들의 결론을 확신하기 위해서는 분석적 전략과 같은 문제에 관해 다른 전문가로부터 조언을 구하게 될 것이다. 비교적 새로운 이 분야에서 경험을 쌓고 전문성을 확립해 나가면서, 그들은 좀더 새롭고 혁신적인 접근들을 감당해 낼 것이다. 만약 ViCLAS 팀에 1명 혹은 2명 정도의 전문가가 배치되어 있다면, 그들은 캐나다 전역에서 그들이 할 수 있는 그 어떤 방식으로든지 기꺼이 도와 주려고 하는 다른 사람들과도 접촉할 수 있다.[42)]

㈑ 분석 과정

한번 책자 내용이 시스템에 입력·저장되면, ViCLAS 전문가는 분석적 절차를 시작한다. 만약 범인(여성 혹은 남성)이 밝혀지면, 이것은 피해자와 범인 양자에 대한 광범위한 배경 조사를 수행하는 것을 의미한다. 통상적인 분석에는 컴퓨터화된 경찰의 정보 수정 시스템을 통해 나온 자료, 가석방된 자(혹은 보호관찰 대상자)에 대한 자료 그리고 다른 신뢰할 만한 정보의 출처를 포함하여, 대상에 대해 유용한 모든 자료를 전문가가 평가하는 것을 의미한다.

전문가들은[43)] 어떤 사건에서 모든 진술 자료, 보고서, 활용 가능한 사진 자료, 그리고 수

42) http://www.rcmp-grc.gc.ca/viclas/viclas_e.htm(2008년 4월 20일 검색)

43) 2003년 5월 현재 캐나다 연방(RCMP) 및 지방자치경찰에는 약 7명 정도의 전문 프로파일러가 활동하고 있었고, 2007년 3월 현재 캐나다에는 약 60여 명의 ViCLAS 전문요원이 이 시스템에 접근할 수 있다고 한다. http://www.rcmp-grc.gc.ca/viclas/viclas_e.htm(2008년 4월 20일 검색)

사관들에게 언급된 사항 등을 평가할 것이다. 일단 전문가들이 그들의 배경 조사를 수행했다면, ViCLAS 컴퓨터 시스템의 다양하게 구조화된 질문 사항들을 확인함으로써, 그들의 경험과 전문성에 입각하여 결론을 이끌어 낼 것이다. 각 분석가는 그 자신의 고유한 접근 방식을 이 절차에 활용할 것이다. 그러나 경우에 따라서는 모든 분석가들이 피해자학적인 범행 수법 수사, 개별 사건과 연관을 맺게 하거나 혹은 범인의 신원을 밝혀낼 수 있는 단서로서 범행 현장에서 발견된 행동과학적 그리고 법과학적 자료들을 참고하게 될 것이다. 수사관들에게 피드백을 제공하기 위해, 분석에 대한 결과가 긍정적이든 부정적이든 간에 수사관들은 보통 서면으로 조언을 받게 된다.

잠재적인 연관성이 있는 경우 수사관들은 수사 결과를 ViCLAS 부서에 제출하도록 요청받게 된다. 잠재적 연관성이 있는 상황이라 함은 ViCLAS 전문가가 알려진 혹은 알려지지 않은 특정한 인물이 한 사건 혹은 그 이상의 범죄에 대해 책임이 있을 것 같다고 믿을 만한 이유를 갖고 있을 때다. 이러한 상황이 발생하면, ViCLAS 전문가는 데이터베이스상의 사건과 연쇄적 형태의 범죄를 연관시킨다. 수사관의 수사를 통해 연관성을 수사관이 인정하거나 거부함에 따라서 ViCLAS 기록은 그 때, 데이터 베이스상에 업데이트된다.

(4) 각국에서의 활용 및 평가

이 시스템은 시스템적으로 훌륭한 적합성과 사용되는 언어상의 문제에서도 구애받지 않고[44] 세계 각국의 많은 나라에서 채택·활용되고 있다. 즉 ViCLAS-데이터뱅크 시스템은 독일, 영국, 오스트레일리아, 덴마크, 영국, 네덜란드, 오스트리아, 벨기에, 스웨덴 그리고 미국의 각 연방주들(테네시 주, 인디애나 주 그리고 뉴저지 주)에서도 중요한 '사건 연계 시스템'으로 활용하고 있다. 그 밖에도 체코공화국과 스위스뿐만 아니라 수많은 국가들이 이 시스템을 이용한다.[45]

특히 캐나다 연방경찰이 이 소프트웨어를 무료로 제공하고 있으며, 필요한 기술적 지원은 물론 운용하는 데 필요한 훈련까지 도와 준다.[46] 시스템에 관한 정보 요구가 계속 이어져 왔는데, 최근에는 일본, 아르헨티나, 폴란드, 스위스, 남아프리카 공화국, 덴마크 그리고 미국 경찰관서에도 시스템에 관한 자료 제공을 요청해 오고 있다.[47] 많은 추가적인 요구와

44) ViCLAS는 다른 나라 언어로 번역 측면에서 상당히 우수성을 갖고 있다. 왜냐하면, 모든 데이터들이 각국 언어에 구애받지 않고 코딩이 가능하기 때문이다. 그 결과 여러 나라에서 활용되는 장점이 있다. http://www.polizei-psychologie.de/themen/ver halten.htm

45) http://www.bka.de/kriminalwissenschaften/viclasinter.html(2008년 4월 20일 검색)

46) http://www.rcmp-grc.gc.ca/viclas/viclas_e.htm(2008년 4월 20일 검색)

47) http://www.behavioural-sciences.org/viclas.asp?ID=7&page=1&lang=1

사실들 때문에 소프트웨어가 최근에도 계속해서 개선되고 있다. 그래서 일부 새로운 국가에 소프트웨어를 제공하는 데 일시 대기 기간이 필요하다고 한다.

1997년 5월까지 이미 약 20,000여 건의 관련 사건이 저장되어 있다. 이 중 3,200여 건이 개별 사건과의 연관성이 있는 것으로 활용되었다. 한편, 필자가 2003년 1월 캐나다 연방경찰의 관련 전문가와 인터뷰한 바에 의하면, 2002년 12월 현재 약 170,000여 건의 관련 자료가 축적되었다고 한다. 이 시스템을 통해 확인된 관련성에 관해, 의뢰된 사건들 중의 80%는 관련성이 있는 것으로 3%는 잠재적인 연관성이 있는 것으로 수사관들에게 통보되었다. 이러한 사건들은 수사관에 의해 연계된 것으로 이미 알려져 있다. 추가적인 7%의 사건이 ViCLAS를 통해 관련성이 있는 것으로 증명되었고, 나머지 10% 정도만이 지금까지 잠재적 관련성이 있는 것으로 확인되었다. 이 시스템에 대해 일선 경찰관들이 쉽게 활용할 수 있는 시스템이 되어야 하며, 자료분석 외에 더 확대된 범행 현장의 기능과 판단하는 데 정형화된 도움이 제공되어야 한다. 또한 캐나다에서는 행동 및 심리분석에 입각한 프로파일링과 관련한 전문학술지인 『캐나다 행동과학 저널(*Canadian Journal of Behavioral Science*)』이 출판되고 있는데, 내용은 주로 심리학 분야에 대한 기초적이며 경험적인 연구 결과를 싣고 있다.

ViCLAS 컴퓨터 시스템을 포함하여 ViCLAS 전문가들이 임의대로 활용했던 모든 수단을 사용함으로써 혹은 ViCLAS 강좌, 학회 혹은 교육과정에 참석한 수사관들 사이에서 이루어진 의사소통의 결과로서, ViCLAS 전문가 덕분에 사건이 해결된 만큼 성공적인 것으로 인식되고 있다.

(5) 캐나다 연방경찰의 ViCLAS 연수 프로그램

캐나다 연방경찰(RCMP)에서는[48] ViCLAS의 활용 및 이해력을 높이기 위해 오타와에 있는 연방경찰대학(Canadian Police College)에서 경찰관들을 대상으로 연수 프로그램(ViCLAS 전문가 과정)을 운영하고 있다. 특히 이 교육과정은 심각하고 연쇄적인 그리고 이상성격 범죄자들의 행동에 관한 폭넓은 지식을 교육생들에게 제공하기 위해 폭력범죄 연계분석 시스템(ViCLAS)에 관해 더 깊은 통찰력을 제공하고 있다.

이 과정은 각급 경찰관서 ViCLAS 부서에서 근무할 자 혹은 근무하는 경찰관들에게 제공된다. 특히 '분석' 업무를 담당한 직원들을 대상으로 한다. 연수 프로그램에 지원할 경찰

48) 캐나다의 연방경찰 산하 ViCLAS 센터는 다음의 각 연방 주 및 도시에 설치되어 있다: 필자는 그 중 밴쿠버에 소재한 연방경찰 'E'지역대 본부(British Columbia/Yukon, with RCMP "E" Division, Vancouver)에서 실습을 했다.

관들은 ViCLAS에 입력시키는 업무를 충분히 경험하고 있어야 하며, 컴퓨터 시스템에 완전히 숙달되어 있어야 한다. 이러한 내용은 연수 과정에서 제공되지 않기 때문이다. 그리고 연수 과정에 입소하기 전에 반드시 읽어야 할 몇몇 관련 서적이 있다.

교육생 선발 범주에 따르면, ViCLAS센터에 채용된 경찰관이어야 한다. 지원자는 데이터 입력 작업과 ViCLAS 3.0 혹은 4.0버전에 관한 질적 통제를 수행할 수 있는 충분한 경험을 갖추어야 한다. 외국인 지원자는 추가적인 관련 업무 계획을 확실하게 갖고 있어야 하며, ViCLAS센터와 연방경찰(RCMP) 간 업무 제휴에 관한 양측의 동의가 있어야 한다.

교육생들은 반드시 모든 필기시험에서 최소한 75% 이상의 성적을 거두어야 한다. 컴퓨터를 이용한 분석 과정(Computer Aided Analysis)의 말미에는 또한 실무적인 훈련이 이루어진다. 교육생들은 분석 대상이 되는 사건에 대한 잠재적인 연계성 확인과 그러한 결과들에 대한 제대로 된 답변 준비(그와 같은 결론에 도달한 데 대해 근거를 제시할 수 있어야 한다)를 포함하여, 이러한 훈련 과정을 성공적으로 통과해야 한다. 교육 기간은 3주간(15일)이며, 학급 규모는 20명이다.[49]

2) 캐나다 밴쿠버경찰청 사례

밴쿠버경찰청에서는 ViCLAS 시스템을 매우 효과적이고 활용 가능한 자동화된 폭력범죄 연계 시스템이라고 인식하고 있으며, 동 경찰청은 이 시스템을 매우 선호하고 지지하는 경찰관서다.[50] 연방경찰관과 수시로 협력하면서, 개선된 이 시스템을 통해 최대의 장점을 얻을 수 있도록 전담 직원을 배치해 놓았으며, 물론 수사과의 강력범죄 담당 수사관들은 ViCLAS 입력에 관한 사전교육을 이수한 상태다. 담당 경찰관에 따르면, 수년 전 스탠리공원(Stanley Park)에서 발생한 한국인 여자 유학생 피습사건에 관한 자료 역시 입력되어 있다고 한다. 다음은 필자가 2003년 1월 21일 밴쿠버경찰청 수사과에서 프로파일링 업무를 담당하고 있는 경찰관들과 인터뷰한 내용을 정리한 것이다.

① 살인전담반(Homicide Squad) 쿠퍼(Bob Cooper) 반장

밴쿠버 경찰청 관내 연간 살인사건 사례는 2002년의 경우 15건 정도 발생했으며 매년 줄어드는 추세다. 그러나 인근 다른 도시(광역밴쿠버 시)에서는 살인사건이 빈발한다(2002년 약 100여 건 발생). 살인사건 해결률은 80% 정도 된다. 아시아인들 중에는 베트남, 중국인 범죄자들이 극심하다. 현행범을 체포하여 24시간 구치 가능하지만, 그 이상은 법원의 영장

49) http://www.cpc.gc.ca/courses/descript/viclas_e.htm(2008년 4월 11일 검색). 자료에 의하면, 2003년 8월 11일~29일까지 교육과정이 개설된 바 있었다.

50) http://www.city.vancouver.bc.ca/police/InvesServDiv/viclas/viclas.html

이 필요하다. 수사와 공소 분리, 검사는 법적 자문을 하는 역할, 모든 수사는 경찰이 주도적으로 실행한다. 자신은 29년째 경찰로 근무중이다.

② 프로파일링 담당 월(Bruce Wahl) 경찰관

돼지농장 포트-코퀴틀람사건을 소개해 주었다. 2002년 당시까지 15명을 살해한 후 암매장한 것으로 밝혀졌다. 엄청난 수사력을 투입했으며, 사체 흔적(뼈 조각 찾아냄, 농장 주변에서 발굴 전문가와 인류학 전공 대학생들 동원, 컨베이어 벨트 이용)을 찾아내고 있다. 최근에 범행 현장을 극도로 통제, 사진 촬영이 불가능할 정도다. 처음에는 단순사건으로 추적(총기 불법 소지 등)했으나, 나중에 대표적인 연쇄살인사건으로 판명되었다.

수 개월 전 스탠리공원에서 발생한 한국인 유학생 '박지원 양 폭행사건'을 설명해 주었다. 자신은 그 사건으로 한국의 모 TV사와 인터뷰까지 했으며, 현재 자신은 60~70건 정도를 프로파일링하고 있는데 대상은 살인, 성폭행, 절도 및 폭력, 가정폭력, 남편에 의한 아내 및 어린이 구타, 아동 및 성인 폭행 등이다. 살인전담반에는 2년 반 정도 근무했으며, 동료인 마크(Mark)는 5년 정도 근무하고 있다. ViCLAS를 활용, 관련 자료가 입력되면, 오타와에서 취합되어 데이터베이스화되는 데 사건 내용, 피해자, 가해자 관련 내용을 중심으로 기재, 입력한다고 한다.

훌륭한 프로파일러가 되려면, 사회학, 심리학, 법의학, 풍부한 수사 경험을 겸비해야 하는데, 자신은 프로파일링과 관련하여 전문적인 교육을 받지 않았으며, 사례도 아직까지는 많이 축적되지 않았다고 한다.

③ 살인전담반 체로노프(Mark Cheronoff) 경찰관

2002년 7월 10일 18:24경 밴쿠버경찰청 관내에서 발생한 살인사건을 설명하면서 전형적인 프로파일링 사례로 소개해 주었다.

▸ 피해자는 창녀이자 마약 상용자였다. 피해자는 목 주변에 심한 좌상을 입고 출혈 과다로 사망, 피해자 왼쪽 옆구리에 수회 찔린 자국이 있었으며, 피해자의 왼쪽 손은 방어흔으로 보이는 깊은 상처 여러 개가 나타남.

▸ 범행 현장 상황 등: 건물 1층 뒤쪽 출입문 주변에서 무참히 살해, 21:30경 경찰에 신고된 사건이다. 현장 주변 방범용 CCTV 녹화 내용을 면밀히 분석, 관련 자료가 정리되어 있었다. 현장 주변에 물리적 증거 거의 발견 안 됨. 지문, DNA분석 가능한 증거는 발견 못했으며, 피해자의 손톱까지 분석했으나 가해자의 것으로 추정된 증거는 발견 못함. 다행히 핏자국이 묻어 있는 상태로 현장에 유류된 족적(신발 자국)을 채취하여 사건 발생 직후 미국 FBI에 분석 의뢰해 7일 만에 분석 결과를 송부받았다. 신발자국

은 나이키(NIKE) 회사의 제품으로 동일한 상품 견본까지 보내옴. 족적(피해자는 사건 현장에 전도되어 있는 관계로 피해자의 족적이 남아 있기는 논리적으로 불가)을 통해 범인의 신장을 추정했다. CCTV에 최종 촬영된 시간과 피해자가 그 건물 현관 주변에서 사라진 시간 등을 종합해 보건대 불과 3분 이내에 피해자가 현장에서 살해된 것으로 평가. 그 건물에 거주하고 있는 자들을 중심으로 탐문 수사, 거주자들 대부분 범죄 전과 경력이 있었던 자들로 밝혀짐, 수사관 2명이 무려 140여 명을 인터뷰했다고 함.

▶ 사건 관련 자료 분석 의뢰: 현장 주변 문 손잡이에 유류된 혈흔을 캐나다 연방경찰본부가 있는 오타와에 DNA분석 의뢰했는데, 무려 3개월 만에 검사 결과를 통보받았으며, 분석 시간이 많이 걸리는 관계로 수사에 별 도움이 되질 못했다고 함. 프로파일링 핸드북에 기재된 내용을 중심으로 사건분석, 인터뷰 자료, 범행 현장, 검시 결과, 현장 사진, 피해자 상황, 현장에 연고감 있는 자, 법의학적 소견, 날씨, 인구사회적 자료들까지 기재하여 온타리오 주 오타와 인근에 있는 글로체스터(Gloucester)라는 도시에 있는 연방경찰의 프로파일링 전문부서에 송부했고, 프로파일 분석 결과는 2002년 9월 24일경 회보받았다고 함.

▶ 프로파일 분석 결과와 수사관의 견해 비교: 수사관 자신의 견해로는 사건 현장에 연고감이 있는 자만이 알 수 있는 1층 후미진 입구(건물의 뒤쪽) 문 주변에서 범행이 발생했다는 점, 칼을 평소에 가까이 할 수 있는 위치에 있는 자, 피해자의 반항을 제압할 수 있는 물리력을 행사, 범행 후 범행 용구와 혈흔 등이 부착되어 있는 의복을 신속하게 은닉할 수 있는 자, 또한 폐쇄회로가 설치되어 있지 않은 건물의 일부분에서 사건이 발생한 점. 용의자는 그 건물 1층 현관에서 유리벽을 사이에 두고, 피해자와 대화(폐쇄회로 자료 참조), 범행 후 신속하게 현장을 이탈하고, 범행 도구 및 혈흔이 묻은 의복을 손쉽게 은닉할 수 있는 상황, 복잡한 건물 상황을 잘 아는 자(물론 용의자는 그 건물에 관리자로 근무하는 자임)의 소행으로 판단, 피해자는 1층 현관 앞에서 유리벽을 사이에 두고 건물 안의 누군가와 몇 분 정도의 짧은 대화를 나누고, 건물 뒤편으로 피해자가 이동함. 이는 폐쇄회로의 자료를 통해 시간(時間), 분(分) 단위로 움직임이 확인됨. 1층의 누군가와 대화를 나누었는지는 탐문치 못했음.

사소한 일에도 짜증을 잘 내고, 쉽게 화를 잘 낼 수 있는 성격의 소유자란 프로파일 분석 결과와 수사관이 혐의점을 두고 있는 용의자의 상태가 비슷하다고 함. 그 수사관은 현재까지 그 건물 관리부서 직원으로 근무하고 있는 43세의 멕시코계 다혈질적(아주 경미한 일에도 심각하게 화를 잘 내는 자, 부인의 진술 포함)인 'A'를 유력한 용의자로 보고 계속하여 탐문하고 있는 중임.

현재까지 범행을 입증할 만한 유력한 증거 발견치 못하고, 멕시코계 RCMP 비밀수사관이 용의자와 긴밀하게 접촉, 끈질기게 추적중이라고 함. 전문가(온타리오에 있는 프로파일러)의 분석 결과와 수사관 자신이 사건 수사를 통해 얻어낸 자료를 중심으로 판단하건대, 용의자의 상황이 70~80% 정도 일치한다고 결론을 내리고 있음. 2명의 수사경찰관이 관련 업무를 수행하기에는 많은 어려움이 있다고 언급한 바 있음.

밴쿠버경찰청 수사부서(Investigation Division)와 직무 분담을 소개하면 다음과 같다.[51]

■ 법과학지원과

▸ 경제범죄수사계(폭력범죄가 아닌 사기사건 관련)

▸ 컴퓨터범죄수사계

▸ 총기류 및 범행도구분석계

▸ 과학수사계(2개 반으로 편성, 각 반은 8명씩 교대근무, 계장 1명, 교관 1명, 사진 촬영 분야 2명, 행정 지원 1명). 직무 내용은 감식 업무, 증거 수집, 보존, 분석, 제출, 법인류학, 혈흔, 증거 오염 방지, DNA, 지문, 족흔적, 모발 및 섬유 수집, 사진 촬영, 현장 측정 및 요도 작성, 타이어흔, 공구흔 채취 등이다.

■ 중요범죄수사과

▸ 중요범죄수사지원계

▸ 살인사건수사 1팀(16명), 2팀(16명), 일반 행정직원 3명

■ 법무지원팀

■ 실종자수사계(3개 반으로 편성)

▸ 실종자수사반: 해마다 약 2,500여 건 취급

▸ 부검 및 검시지원팀(피해자 신원을 확인 위한 공개 수배)

▸ 증인보호팀(밴쿠버경찰관 내 및 주(州) 경찰관 내 증인 보호 담당)

■ 강도 및 폭력범죄수사계(강력계)

반장 2명, 수사관 22명, 행정 지원 2명, 분석관 1명 등이 배치되어 있다. 모든 심각한 폭력범죄(살인 미수 포함), 은행 및 보석가게 강도사건, 감금죄, 납치사건, 방화(放火)사건, 주거

51) http://vancouver.ca/police/Investigation/index.htm(2008년 4월 13일 검색)

침입 범죄를 취급하고 있다.

■ 법정 출두 및 유치장관리과
▸ 지문자동감식계(AFIS)
▸ 문서계
▸ 밴쿠버유치장
▸ Station NCO

■ 특별수사과
▸ 가정폭력 및 스토킹수사계
▸ 고(高)위험범죄자수사계
▸ 거짓말탐지기반
▸ 어린이/여성 대상 성범죄수사계(수사관 16명, 분석관 1명, 기능직 1명)
▸ 풍속사범수사계(매춘, 포르노그래피, 성착취 관련 사범)[52]

3) 최근 활용중인 지리학적 프로파일링

(1) 지리학적 프로파일링의 개념 및 개발

지리학적 프로파일링(geographic profiling)은 범죄자가 가장 있을 법한 장소들에 대해 예측하는 것을 도와 주는 수사 기법이다. 예를 들면, 범행 현장과 범인의 지리감을 판단하는 중요한 요소가 될 수 있는 집, 직장, 사회적 활동 지역, 여행 루트 등이 이에 해당한다. 이 기법은 연쇄 강간범죄, 연쇄살인사건, 연쇄 방화사건, 연쇄강도, 연쇄 주거 침입사건, 연쇄폭파 및 약탈성 범죄(강간살인, 어린이 학대 등), 여러 장소에 걸쳐서 발생하는 범죄 유형(공중전화를 이용한 범죄, 신용카드 관련 범죄, 노출 범죄) 그리고 실종사건 등에 응용 가능하다. 그런데 이러한 기법을 완벽하게 활용하기 위해서는 동일 유사한 사례나 관련된 장소가 적어도 5건 정도는 되어야 한다. 그렇지만 경우에 따라서 이보다 적은 사례를 가지고 사건이 해결되는 경우도 있다.[53]

범인의 행동을 주로 분석하는 행동분석적(심리학적) 프로파일링과 지리학적 프로파일링과의 가장 큰 차이점은 범죄자 프로파일링은 용의자 지향적이지만, 지리학적 프로파일링은

52) http://www.city.vancouver.bc.ca/police/Investigation/index.htm(2008년 4월 18일 검색)
53) http://www.criminalprofiling.ch/types.html#geoprofiling(2008년 4월 18일 검색)

장소 지향적이라는 점이다. 즉 다음 범행이 어떤 장소에서 발생할 것인가를 예측할 수 있으며, 용의자의 생활 근거지, 활동무대를 추정하여 용의 지역에서 집중적 탐문 수사를 실시함으로써 범인을 조기에 검거하는 데 도움을 주는 기법인 것이다.[54]

지리학적 프로파일링 수사 기법은 밴쿠버경찰청의 수사 경찰관으로 근무하던 로스모(Kim Rossmo) 경감에 의해 7년 동안 사이먼 프레이저(Simon Fraser)대학 박사 과정에서 연구한 결과로서 개발된 것이다. 범죄자 프로파일링(범죄자 유형 분석기법)과 지리학적 프로파일링은 상호 보완 관계에 있다. 범죄자 프로파일링은 범죄자의 가능한 생활 상태와 범죄자의 심리 상태를 판단하는 데 중요한 역할을 한다. 특히, 범행 장소가 몇 군데 되지 않는 경우처럼 범죄 공간에 대한 정보의 양이 매우 적은 사건들에서 그러하다. 결과적으로 범죄자 프로파일링은 지리학적 프로파일을 구성하는 데 매주 중요한 가치가 있다.

이러한 기법이 실무적으로 최초로 활용된 것은 1990년이었다. 이 기법은 당시에 '지리정보에 근거한 범죄자 추적(Criminal Geographic Targeting: CGT)'이라고 불리었다. 지리학적 프로파일링은 특별히 수사 지원 기법으로서, 연쇄 폭력범죄사건 해결을 돕기 위해 고안되었다. 그리고 연쇄 범죄사건을 처리하고자 자료관리 전략의 기능을 가지면서, 과다한 자료에 대한 선별 작업을 도와 주기 위한 것이었다. 이러한 절차는 연관된 연쇄범죄의 장소 분석, 그러한 범죄가 발생하는 장소에 대한 연고감(neighbourhoods)적 특성 그리고 범인은 자신이 거주하거나 근무(활동)하는 지역에서 범죄를 저지를 가능성이 매우 높다고 하는 범인의 심리학적 프로파일에 토대를 두고 있다. 지리학적 프로파일링은 수사 활동에 초점을 맞추는 데 활용될 수 있을 때 최선의 정보관리 전략으로서 받아들여진다. 용의자와 범행 장소를 우선적으로 고려함으로써 도움을 줄 수 있으며, '지오프로파일(geoprofile)'이라고 정의되는 지역(장소)에서 전개될 수 있는 수사 전술을 발전시키는 데 활용된다. 이러한 전략들은 범죄자를 찾아내는 일을 최적화할 수 있도록 장소 지향적 초점을 제공함으로써, 전통적인 수사 기법을 보충할 목적으로 고안된 것이다.

(2) 활용 실태

로스모 박사에 의해 발전된 기법은 후일 특허를 받아, 1994년 캐나다의 환경범죄학연구사(Environmental Criminology Research Inc.: ECRI)가 상업적으로 개발했다. 개발된 소프트웨어는 캐나다 연방경찰 및 주(州)경찰, 미국의 일부 경찰관서, 영국, 싱가포로, 네덜란드 등지에 판매되었으며, 일본과는 구매 상담중이라고 한다. 특히 로스모 박사가 프로그램의 정확성 여부를 검증하기 위해 캐나다에서 발생한 악명 높은 연쇄살인사건의[55] 범인 주

54) 캐나다 연방경찰의 프로파일러인 필러(Scot Filer)가 필자에게 언급한 내용이다.

거지를 테스트한 결과 범인인 올슨의[56] 집이 4평방 블록 안에 있다는 것을 밝혀냈다고 한다. 캐나다에서 활동중인 지리학적 프로파일러들은 로스모 박사(밴쿠버경찰청 출신, 현재 텍사스 주 소재 대학에서 교수로 재직중), 필러(Scott Filer: RCMP Vancouver), 무어(Brad Moore: Ontario Provincial Police), 칼(Carl: RCMP Ottawa) 경찰관 등이 있다.

캐나다 연방경찰에서는 전문가 양성 과정을 설치 운영중에 있는데, 이 과정은 12개월 연수 과정이다. 교육 내용은 수학, 컴퓨터, 심리학, 범죄지도(crime mapping), 법과학, 신문기술(interrogation skill) 등이며, 8개월간 과정 수업(course work)을 마치고, 4개월 간은 실무부서에 근무하면서 경험을 쌓는다고 한다. 교육 기간 중에는 실무훈련을 위해 영국의 브램스힐(Bramshill), 미국의 FBI 등지에서 교육을 이수하기도 한다. 이러한 과정이 끝나면 시험을 치르고, 합격되면 자격을 인정받는다. 그 후 1년간 시보(試補) 기간을 거친다.

3 독일 연방범죄수사청(BKA)과 ViCLAS 활용 실태[57] -연방수사청 범죄학연구소(KI) 사례를 중심으로-

1) ViCLAS의 소개

1970년대 동독에서는 개별 범죄자에 대한 분석을 목적으로 체계적 교육을 통해 알려지지 않은 범죄자를 확인하기 위한 수사심리학적 노력이 전개되었다. 심리학적 범인 프로파일을 통해 전체적인 유사성을 찾아내는 것이었다. 물론 서독에서는 연방범죄수사청(BKA)에서 경찰 단계에서 프로파일링 방법을 개발해야 한다는 취지로 1993년부터 관련 업무를 담당할 팀을 구성했다.[58] 이러한 업무의 기본적인 원칙으로 신뢰를 확보하기 위해 연방범죄수사청

55) 1980년을 전후하여 캐나다 밴쿠버에서 발생한 연쇄살인사건으로서, 범인은 올슨(Robert Clifford Olsen)이었다. 그는 1982년 1월 11일 11건의 살인사건으로 종신형을 선고받았다.

56) [돼지농장 주인 살인 혐의 4건 또 추가]. 2002년 10월 2일자. 다운타운 이스트 지역 실종 여성들을 살해한 혐의로 구속된 포트-코퀴틀람 돼지농장 소유주 로버트 픽튼(52)에게 살인 혐의 4건이 추가되어, 2002년 10월까지 살인 혐의가 총 15건으로 늘어났다(2008년 4월 현재 26건으로 확인). 사건을 수사중인 특별수사반은 픽튼 소유 농장을 수색하는 과정에서 발견된 DNA를 실종 여성 가족들의 DNA와 비교, 픽튼의 범행 증거로 제시하고 있다. 픽튼이 살해한 것으로 보이는 이들 여성은 대부분 다운타운 이스트 지역에서 윤락과 마약 등에 관련했던 것으로 알려졌다(2008년 4월 현재, 6건에 대해서는 유죄 인정됨). 경찰에 따르면 밴쿠버 다운타운 이스트 지역에서는 1980년 대 이후 현재까지 약 60여 명의 여성이 실종됐다. 만일 픽튼의 범행이 모두 유죄로 판명될 경우 이 사건은 지난 1982년 브리티시 컬럼비아 주에서 어린이 11명을 살해한 클리퍼드 올슨 사건을 능가하는 캐나다 사상 최악의 연쇄 살인사건으로 기록될 것으로 보인다. http://www.vanchosun.com/article/news/canadadisplay.php?page=1&tid=2135:

57) http://www.bka.de/kriminalwissenschaften/viclasinter.html 참조.

전문가들은 공갈 협박 및 납치·유괴사건에서 범인에 대한 프로파일을 작성하기 위해 세계 최초로 관련 기법을 개발하려고 노력했다.

얼마 후 바이에른 주에서는 특별한 프로젝트가 마련되어 독일에서 미국 FBI식 방법론이 검증을 받게 되었다. 이러한 두 가지 경험이야말로 운용 가능한 사건분석(Operativen Fallanalyse: OFA)이라는 개념에 영향을 미치게 되었다. 결국 1990년 말 몇몇 주(州) 범죄수사청에서 이러한 것들이 실행되었다.

당시 독일에서는 프로파일링이라는 표현 대신에 '사건분석(Fallanalyse)'이라는 개념이 활용되었다. 인성적 프로파일은 오로지 전문가들에 의해 완성되었다. 이렇게 확대된 수사기법은 알려지지 않은 범죄자의 특성을 예상하는 것에 한정될 뿐만 아니라, 목적을 갖고 범죄자 집단에 대한 행동 재구성 및 해석을 함으로써 장래의 위험성, 수사에 관련된 취약한 부분이나 그러한 범인의 주거지와 같은 한 개인의 특성에 관해 추론할 수 있게 되었다. 그러한 현대화된 수사 기법 사례로서, ViCLAS 데이터뱅크 시스템이 일컬어지고 있다. 원래 캐나다를 중심으로 활용되던 ViCLAS이 독일에 소개된 것이다. 그것은 범죄자의 '행동에 관한 지문(Verhaltensfingerabdruck)'을 파악하는 것인데, 특수한 소프트웨어를 통해 행위의 연속성을 결합시켜 주거나 혹은 지리적 사건분석을 가능케 하거나 그러한 목적을 갖고 대량 유전자 테스트를 실시할 수 있도록 혹은 용의자를 선별할 수 있도록 해 준다. 이러한 노력이 전개되는 가운데, 독일 연방범죄수사청 소속의 범죄학연구소(Kriminologisches Institut: KI)가 중심이 되어 '폭력범죄 연계분석 시스템(ViCLAS: Analyse System zum Verknuepfen von Gewaltdelikten)'을 도입하여 활용되고 있다. 1999년에 도입되어, 같은 해 캐나다 연방경찰로부터 최신 Version(3.0)을 입수했으며, 수사경찰의 담당연구팀(AG)은 ViCLAS 시스템 소개에 대한 초안을 마련했다(Baurmann, 1999: 825). 동년 1월 22일 연구, 평가 및 분석 차원의 새로운 활용 수단으로서 집중적이고 개념적인 준비 절차와 동의 절차(Abstimmungsprozess)를 거친 후 ViCLAS에 대해 최종 동의했다. 이 시스템은 2000년 6월 7일부터 전연방 차원에서 가동되었다. 또한 ViCLAS 담당 부서에서 근무할 직원들에 대한 교육을 실시했다(Dewald, 2002: 248). 특히 계약에 따른 협정을 통해 독일연방범죄수사청(BKA)은 독일 내에서 캐나다 연방 경찰당국의 단일 파트너로서 이 프로그램을 사용·교부할 수 있게 되었다. 연방범죄수사청은 ViCLAS에 관한 내용을 독일어 사용 지역에 맞게 독일어로 번역했다. 연방범죄수사청은 ViCLAS의 중요성을 조정하기 위해 캐나다 경찰과 유럽지역의 ViCLAS 사용 국가들과 상시 교류 관계를 유지하고 있다.

58) http://www.polizei-psychologie.de/themen/verhalten.htm

2) 독일 경찰의 프로파일링 활용 실태

자료 입력 및 저장 절차에 따르면, 각급 경찰관서의 담당 경찰관들에 의해 ViCLAS 입력 양식이 작성된 후, 늦어도 3주 안에 각 주의 ViCLAS 통합 부서(대체로 주 범죄수사청-LKA 혹은 바이에른 주의 경우 뮌헨지방경찰청)에 송부된다. 입력 문항에 관한 내용들은 거기서 질적인 심사를 거친다. 그리고 적합하면 ViCLAS 데이터뱅크에 저장된다. 물론 그 단계에서는 훈련을 받은 분석가에 의해 체계적인 분석이 뒤따른다. 이러한 연구 및 탐색의 결과로서, 각급 업무 담당기관에게 예를 들면, 보고된 사건이 연쇄적 사건의 일부인지 그렇지 않은지에 대해 결과 통보가 이루어진다.[59]

훈련된 전문가를 통해 7,000여 건의 해결된 그리고 미해결된 형사사건에 관한 자료를, 특히 성적인 동기에 의해 촉발된 폭력범죄와 살인사건을 위주로 신속하게 입력시켰다. 데이터뱅크에 저장된 자료들 중 2/3는 해결된 사건에 관한 것이다. 그렇게 함으로써 400여 명의 연쇄범인에 관한 자료가 ViCLAS에 입력되었고, 잠재적 연쇄사건 범인으로 의심되는 175명의 자료들이 담겨져 있다. 각급 주(州)경찰의 ViCLAS 담당부서는 그러한 자료를 온라인상으로 ViCLAS 데이터뱅크로 전송하면, 그 자료들은 독일의 다른 주경찰 담당 부서에서도 불러올 수 있다. 독일 연방수사국의 ViCLAS 본부는 외국의 관련 자료 조회 업무를 위탁 수행하고 있으며, 독일에서 외국으로 조회할 사항에 대해서도 모든 책임을 맡고 있다. ViCLAS 시스템은 연쇄적인 범죄에 대한 파악과 심각한 폭력범죄 영역에서 범인의 신원 확인에 도움을 준다. 독일 연방범죄수사청의 관련 업무 책임자인 슈스터(Leo Schuster)는 "ViCLAS 시스템상의 데이터뱅크 도입이야말로 독일 수사경찰 업무에 획기적인 이정표가 될 것이다. 그리고 연방범죄수사청과 각 주 경찰 간에 폭력범죄 문제를 처리하는 데 아주 효과적인 수단이 될 것이다"라고 언급했다.[60] 특히 입력된 사례의 수가 많을수록 프로파일의 관련성이 높아진다고 한다(Dewald, 2002: 253).

4 영국 경찰의 프로파일링 활용 실태

영국에서도 수차례 악명 높은 연쇄살인사건이 발생하여 법집행 당국, 일반 시민 그리고 관련 전문가의 프로파일링에 대한 관심을 불러일으키기에 충분했다. 앞에서도 언급된 바와

59) http://www.bka.de/kriminalwissenschaften/viclasinter.html(2008년 4월 20일 검색)
60) http://www.bka.de/pressemitteilungen/2002/pm020802.html

같이 리버풀대학의 캔터(David Canter) 교수 등이 관련 분야 전문가로 명성을 얻고 있다. 브램스힐 경찰대학교에서도 전문가 양성 과정을 운영하고 있다. 필자는 캐나다 연방경찰관들과의 면담을 통해 영국 경찰의 경우, 심리학적 프로파일링뿐만 아니라 지리학적 프로프알링 분야에서도 상당한 수준의 응용이 이루어지고 있음을 알았다.

1) 대표적 연쇄살인사건 사례: 프로파일링에 대한 관심

19세기 이후 최근까지 영국에서 발생한 악명 높은 연쇄살인사건 사례를 보면 <표 9-2>와 같다.

표 9-2 영국의 대표적 연쇄살인사건 사례

피해자 수	범행 기간	연쇄살인범 명단	사건 명칭
500명 이상 추정?	19??~1998	Dr. Harold Shipman	Dr. Death
21	1852~1872	Mary Ann Cotton	
16+	1828	William Burke & William Hare	Edinburgh Body Snatchers
15+	1944~1948	John George Haigh	Acid Bath Murderer
15+	1978~1983	Dennis Nilsen	
15	1954~1958	Peter Manuel	
13	1975~1980	Peter Sutcliffe	The Yorkshire Ripper
12+	1967~1990	Fred & Rosemary West	
12?	1974~1975	Patrick Mackay	
11?	1982~1990	Robert Black	
10+	1842~1856	William Palmer	
9+	1853~1862	Catherine Wilson	
9	1975~1983	Kiernan Kellly	
8+	1943~1953	John Reginald Haliday Christie	
7	1964~1965	Jack the Stripper	Identity unknown
7	1986	Keneth Erskine	The Stockwell Strangler
6	1974~1978	John Childs	
6	1974~1978	Harry McKenny	
8+	1943~1953	John Reginald Haliday Christie	
7	1964~1965	Jack the Stripper	Identity unknown
7	1986	Keneth Erskine	The Stockwell Strangler

피해자 수	범행 기간	연쇄살인범 명단	사건 명칭
6	1974~1978	John Childs	
6	1974~1978	Harry McKenny	
5	1963~1964	Ian Brady & Myria Hindley	The Moors Murders
5 ? -	1995~1998	Stephen Akinmurele	
5	1993	Colin Ireland The Gay Slayer	
5	1888	Jack the Ripper	Identity unknown
5	1977~1978	Roy Fontaine	The Monster Butler
5	1881~1892	Dr Neil Cream	
5	1974~1975	Donald Neilson	The Black Panther
4	Feb 1942	Gordon Cummins	
4	1986~1987	Michael Lupo	
4	1975~1976	Mark Rowntree	
4	1955~1957	Mary Wilson	
4	1995	Peter Moore	
4	1982~1986	Beverly Allit	Killer Nurse
3	1915~1939	William Burkitt	
3	1946	Neville Heath	
3	1982~1986	John Duffy	The Railway Rapist/Killer
3	1982~1986	David Mucahy	Accomplice to Duffy
3	1951~1952	John Straffen	
3+	1828	Thomas Wainewright	Wainewright The Poisoner
3	1962~1972	Graham Young	
3	1897~1902	George Chapman	The Borough Poisoner?
3	1913~1914	George Smith	Brides in the Bath
3	1968~1969	Bible John	Identity unknown

출처: http://www.murderuk.com/serialkillers/serial.htm

2) 잭 더 리퍼

1888년 영국 런던의 이스트 엔드(East End)라는 지역에서 5명의 여성을 살해한 범인의 정체가 아직도 미스터리로 남아 있다.[61] '살인마 잭'이라는 이름은 살인사건 역사에서 가장

61) http://www.bbc.co.uk/history/historic_figures/ripper_jack_the.shtml(2008년 4월 20일 검색)

악명 높은 것이 되었다. 그런데 놀라운 사실은 범죄자의 신원이 오늘날까지 확인되지 않고 있다는 점이다. 1888~1891년간에 걸쳐, 그 이름은 런던시내 이스트 엔드라는 지역의 거주자들에게는 공포 그 자체로 여겨졌다. 그래서 그 이야기는 아직도 미궁 속에 빠진 미스터리가 되었다. 1888년 8월에서 11월 사이, 런던의 화이트채플(Whitechapel) 지역은 5건의 야만적인 살인사건의 현장이었다. 살해된 여성들은 창녀다. 한 명의 피해자−Elizabeth Stride−를 제외하고, 모든 피해자들의 시체가 무시무시하게 토막난 상태였다.

그 범인에게 '갈기갈기 찢어발기는 잭(Jack the Ripper)'이라는 별명이 붙여졌는데, 그것은 살인범이라고 주장하는 어떤 자에 의해 중앙뉴스 에이전시(Central News Agency)에 송부된 한 통의 편지에서 비롯된 것이다. 범인은 아주 가난한 화이트채플 지역과 영국 런던에 인접한 지역에서 활동중이던 신원이 확인되지 않은 연쇄살인범이었다. 그 공포스러운 살인범을 체포하기 위해 런던 수도경찰청 내 수사관들로 전담반이 편성된 바 있다.

1888년 10월 13일 『런던뉴스(*London News*)』에 '잭 더 리퍼 용의자 모습'으로 게재된 내용[62)]

1888년 8월 31일 오전 4시경, 니콜스(Mary Ann Nicholls)라는 피해자에 대한 첫 번째 살인사건이 발생했다. 귀 밑부터 목 아래 부분까지 깊게 절단된 상처에선 아직 피가 흘러나왔고, 시체의 눈은 허공을 응시하고 있었다. 살인마 잭의 첫 범행으로 기록된 사건이다. 채프먼(Annie Chapman)은 9월 8일 살해되었다. 스트라이드(Elizabeth Stride)와 에도우스(Catherine Eddowes)는 9월 30일 각각 살해되었으며, 켈리(Mary Jane Kelly)는 11월 9일 살해되었다.

전문가들에 따르면, 범행 현장에서 피(血)가 별로 없었다고 보고된 것은, 피해자들로 하여금 소리를 지르지 못하도록 먼저 목을 졸라 살해했기 때문이라고 한다. 세 명의 피해자로부터 신체의 내부 장기들이 제거된 것으로 미루어 볼 때, 살인사건 당시에 살인범은 몇몇 수사관들로 하여금 해부학적 혹은 외과 수술에 관한 지식을 갖고 있었음을 보여 주는 것이라고 믿게 했다. 피해자들은 매춘행위로 돈을 버는 여성들로 추정되었다. 그 살인사건들은 공공장소에서 혹은 반(半)공공 장소에서 야간 혹은 새벽녘에 저질러졌다. 피해자의 시체가

62) http://en.wikipedia.org/wiki/Jack_the_Ripper(2008년 4월 20일 검색)

토막난 뒤에 피해자의 목이 잘렸다. 창녀들에 대한 폭력이 드문 현상은 아니었으며, 야만스럽게 두들겨 맞았던 여성들에 관한 많은 사례들이 있었다. 그러나 이러한 살인사건의 특성들은 살인범들 간의 연관성을 제시하는 것처럼 보였다. 에도우스의 살인사건 현장으로부터 1/4 마일 정도 '떨어진 곳에서, "유대인 남자들은 아무런 비난받을 필요가 없다"라는 단어들이 벽 위에 분필로 낙서처럼 씌어진 채 발견되었다. 그것은 실제로 범인에 의해 씌어진 것으로 추정되었다. 한 경찰관이 유대인이 많이 거주하고 있는 지역에서 반유대인(anti-Semitic) 반발 동향이 일어날 것을 두려워하여 낙서를 지워버렸다. 살인범은 또한 종종 몇몇 공공기관에 편지를 보내면서 접촉해 왔던 것으로 알려졌다. 그런데 이러한 편지들은 분필로 쓴 메시지와 비슷했다. 믿을 만한 확실한 것은 증명되지 않았으며, 사람들을 감쪽같이 속여 왔다.[63]

끝내 범인의 정체는 밝혀지지 않았다. 주도면밀한 살인 행각을 당시의 조악한 법의학이 따라잡을 수 없었던 것이다. 어쨌든 이 사건 이후 경찰의 과학적 수사 기법이 엄청난 발전을 이루는 계기가 된 것도 사실이다. 살인마 잭의 사례는 100년이 훨씬 넘도록 끊이지 않는 호기심과 음모론의 대상이 됐다. 살인마 잭을 연구하는 학문(ripperology)까지 생겨났다. 영화 「프롬 헬(From Hell)」은 수많은 가설 중 그 배후가 영국 왕가이고 이를 실행하는 것이 비밀결사 프리메이슨이라는 음모론을 다뤘다. 수많은 소설과 논픽션으로 다뤄졌고, 1990년

19세기 英 연쇄살인마 '잭 더 리퍼' 몽타주 공개

19세기 영국의 전설적인 연쇄 살인마 '잭 더 리퍼(Jack the Ripper)'의 몽타주가 공개됐다. 영국 BBC방송은 2006년 11월 20일 런던 경시청이 현대 과학기술을 동원, 전설적인 살인마 '잭 더 리퍼'의 몽타주를 제작했다고 보도했다. 몽타주는 프레드 웨스트와 이언 헌틀리 등 연쇄살인범을 연구해 온 경시청 분석팀의 로라 리처즈 팀장이 병리학자와 역사학자, 지리학자까지 포함한 전문팀을 구성, 118년 된 증거들을 분석한 뒤 작성됐다. 조사 결과 '잭 더 리퍼'는 25~35세 사이 남성으로, 키는 164~169cm 정도로 땅딸만한 체격의 소유자로 보인다고 경시청은 밝혔다. 리처즈 팀장은 "이번 조사로 살인범이 어디에 살았는지도 꼽을 수 있다"면서 "놀랄 정도로 평범한 얼굴이었지만, 비정상적일 정도로 잔인했던 인물이었다"고 말했다.

'잭 더 리퍼'는 1880년대 런던 동부의 화이트채플에서 최소 5명의 성매매 여성을 살해한 뒤 사체를 절단하고, 장기를 훼손하는 잔악한 수법으로 악명이 높았던 영국 최초의 연쇄살인범이다. 잭 더 리퍼는 지난 100여 년 동안 수많은 대중 예술의 모티프가 돼 왔으며, 빅토리아 여왕의 손자인 앨버트 왕세자가 잭 더 리퍼란 설도 꾸준히 제기되고 있다.

문화일보, 2006년 11월 21일, 29면(신보영 기자)

63) http://www.bbc.co.uk/history/historic_figures/ripper_jack_the.shtml(2008년 4월 20일 검색)

대에만 정기간행물 6종이 발행됐다. 인형과 조각상도 만들어졌고, 밥 딜런은 '살인마 잭'을 타이틀로 음반을 내기도 했다. BBC 『히스토리 매거진』은 한때 '역사상 최악의 영국인'으로 살인마 잭을 선정했다 (동아일보, 2006: 8.31: 27).

3) 피터 서트클리프

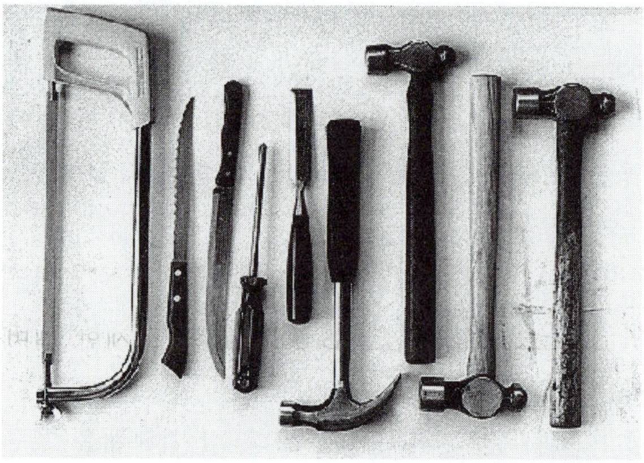

서트클리프의 재판 과정에서 제출된 흉기들[64]

서트클리프(Peter William Sutcliffe, 1946년 7월생)는 보통 '요크셔 살인마(Yorkshire Ripper)'라고 언급된다. 오늘날에는 쿠넌(Peter William Coonan)이라고 알려져 있다. 그는 1975년부터 1980년에 걸쳐 13명의 여성을 영국 북부 지역에서 살해한 것으로 그리고 7명의 피해자를 공격한 것으로 체포되어 재판을 받았으며, 1981년 유죄를 선고받았다.[65] 범인은 '요크셔 살인마'라 불리었던 35세의 기혼자로서 트럭 운전사였다. 20명의 여자를 몽둥이로 때리고 칼로 찔렀으며, 그 중 13명을 죽였다. 그 범죄의 생존자들에 따르면, 당시 가해자는 성인이며 평균 크기의 백인 남자라고 주장했다. 희생자는 16~47세였으며, 학생에서 매춘부에 이르는 다양한 직업을 갖고 있었고, 범인은 깜깜한 거리를 홀로 걷고 있었다고 한다. 살해자는 명백히 100년 전 '잭 더 리퍼'라는 유명한 살인자 이후 그러한 유형이었다.[66]

관련 범죄에 대한 5년 여 동안의 경찰 수사는 영국 역사상 가장 비용이 많이 들고 집중적이었다. 1,000만 달러 이상의 비용이 들었고, 25만 명을 인터뷰했으며, 3만 가구와 18만 대의 자동차가 조사되었다. 30,000여 건의 진술서가 작성되었다.[67] 경찰과 신문사는 자신을 범인이라고 하는 수백 통의 전화와 제보를 받았고, 이 중 몇 건은 꽤 믿을 만했으며, 공중파 텔레비전과 라디오, 축구 경기 등에서 방영되었다. 그러한 전화는 사기로 판명되었다. 서트

64) http://www.execulink.com/~kbrannen/tools.gif(2008년 4월 21일 검색)
65) http://en.wikipedia.org/wiki/Yorkshire_Ripper(2008년 4월 20일 검색)
66) http://faculty.ncwc.edu/toconnor/401/401lects.htm
67) http://www.associatedcontent.com/article/321624/peter_sutcliffe_the_yorkshire_ripper.html (2008년 4월 21일 검색)

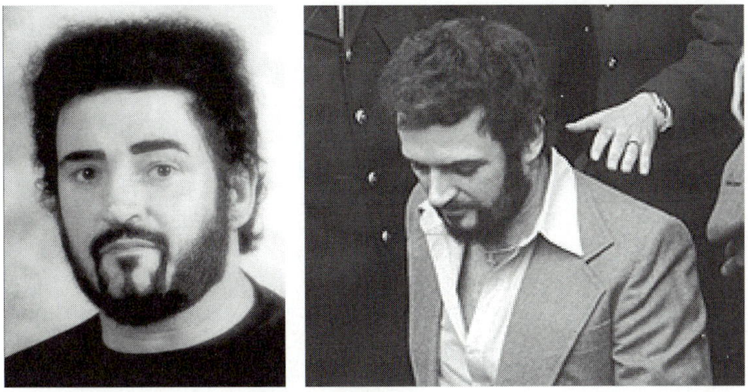

요크셔 살인마의 범인 피터 서트클리프[68)]

클리프는 1981년 1월 체포되었고, 여성 혐오주의자로 판명되었다.[69)] 1981년 1월 2일, 셰필드(Sheffiled)의 브룸힐(Broomhill)에 소재한 멜버른 가(Melbourne Avenue)에 있는 라이트 트레이드 하우스(Light Trades House)의 차로상에서 라이버스(Olivia Reivers)라는 매춘부(당시 24세)와 함께 있었는데 경찰의 불심검문을 받았다. 위조된 자동차 번호판이 제대로 맞지 않았기 때문에 체포되었다. 그는 자신이 저지른 범죄와 관련하여, 듀스버리(Dewsbury)경찰서로 이송되었다. 듀스버리경찰서에서 그는 요크셔 살인마 사건과 관련하여, 그동안 알려진 용의자의 신체적 특징과 비슷한 부분을 많이 갖고 있었기 때문에 신문을 받았다. 그 다음날, 멜버른 가(街)를 따라 체포된 시점과 장소에서 그가 처분하려고 했던 칼, 망치, 로프가 발견되었다. 그가 경찰서 화장실 물탱크에 숨겨놓았던 두 번째 칼이 발견되었다.

경찰은 브래드퍼드(Bradford)의 히튼(Heaton) 지역에 소재한 '가든 레인 6번가(6 Garden Lane)'라는 곳에 있는 범인의 집에 대한 수색영장을 발부받았다. 그리고 신문하기 위해 부인을 경찰서로 데리고 왔다. 그의 재판에서, 서트클리프는 13건의 살인사건(murder)에 대해 무죄 주장을 하지 않고, 책임 경감(減輕, diminished responsibility)을 근거로 일반 살해죄를 주장했다. 그는 또한 7건의 살인 미수 사건에 대해서도 유죄를 인정했다. 편집증적 정신분열자라고 증상을 진단한 4명의 정신과 의사의 보고서에 근거하여, 공소관은 피고인의 주장을 받아들이는 쪽으로 기소했다. 그런데, 공판법관인 보어햄(Boreham) 씨는 평소와는

68) http://www.thesun.co.uk/sol/homepage/news/article238377.ece;http://www.cbc.ca/news/backg round/crime/british-serial-killers.html(2008년 4월 21일 검색)
69) http://www.brainyhistory.com/events/1981/january_4_1981_153453.html(2008년 4월 21일 검색)January 4, 1981 in History Event: British police arrest Peter Sutcliffe, the "Yorkshire Ripper"

달리 기소 이유에 관한 구체적인 설명을 요구했다. 그리고 공소관 하버스(Michael Havers) 경에 의한 두 시간에 걸친 주장을 들은 후, 90분간의 점심 시간 동안의 휴정 그리고 추가적인 40분간의 법률적인 논의를 거친 뒤 그는 책임이 감경된 유죄 인정을 기각했다. 대신에, 그 사건은 배심재판에서 심리되어야 한다고 주장했다. 재판은 2주간 지속되었으며, 변호사인 채드윈(James Chadwin)의 노력에도 불구하고, 그는 13건의 살인사건에 대해 유죄가 인정되었다.[70]

재판의 법관은 서트클리프는 구제받을 수 없는 상황이라면서, 자신의 신념을 말했다. 그리고 서트클리프는 결코 교도소를 떠나서는 안 된다고 희망했으며, 가석방이 고려될 수 있기 전에 최소한 30년간의 징역형을 복역해야 한다고 권고했다. 이러한 권고는 적어도 서트클리프가 2011년 65세가 될 때까지 자유롭게 되지 않을 것임을 의미했다. 1981년 종신형을 선고받았으며, 그 후 수감 기간 중, 동료 재소자로부터 양쪽 눈을 찔리는 등 심각한 공격을 당하기도 했다.[71] 재판이 종료된 후, 서트클리프는 수사관을 공격한 두 건의 사건을 인정했다. 그런데, 이러한 범죄에 대한 기소는 그 당시 '공적(公的)인 이익이 없는' 것이라고 판단되었다. 웨스트 요크셔(West Yorkshire) 경찰은 여성 피해자들이 익명으로 처리되기를 바란다는 것을 명확히 했다.[72] 이 사례에서 영국 경찰은 홈스(Holmes)라는 컴퓨터를 이용한 데이터베이스를 사용했고, 그들의 ViCAP 버전이 되었다.

3) 영국의 ViCLAS 활용 실태

영국의 경우, 경찰학교에 프로파일링 연구 부서를 설치 운용하면서 업무를 담당한 경찰관들을 교육·훈련시키고 있다. 또한 ViCLAS 시스템을 도입하여 실무에 활용하고 있다. 최근 브램스힐(Bramshill)에서 개최된 "행동과학적 분석: 프로파일링의 활용"에 대해 초점을 둔 학회야말로 국립범죄연구부(National Crime Faculty: NCF)에 의해 매우 성공이라는 평가를 받았다고 한다. 특히 동 학회에는 유럽 각국에서 관련 분야 전문경찰관들이 대거 참여했는데, 지리학적 프로파일링 시스템과 ViCLAS를 활용하고 있는 독일, 스웨덴, 체코, 포르투갈, 덴마크와 캐나다의 경찰관들이었다. 국립범죄연구부(NCF)의 범죄분석가인 로랜즈(Karen Rowlands)는 "금번 학회는 ViCLAS에 관해 유럽에서 개최된 최초의 모임이었고, 매우 성공적인 것으로 받아들여진다"고 평가한 바 있다. 특히 ViCLAS는 연쇄폭력범 혹은 연쇄살인범 수사를 담당하는 경찰관들을 도와 주는 과히 혁명적인 시스템이라고 평가받고

70) http://en.wikipedia.org/wiki/Yorkshire_Ripper(2008년 4월 20일 검색)
71) http://www.murderuk.com/serial_peter_sutcliffe.html(2008년 4월 21일 검색)
72) http://en.wikipedia.org/wiki/Yorkshire_Ripper(2008년 4월 20일 검색)

있다.73) 그러한 평가 배경에는 수준 높은 프로파일링을 통해 몇몇 유명한 사건들-영국에서 발생한 린(Lyn)과 러셀(Megan Russell) 사건 수사, 모나크(Monarch) 작전과 DJ 강간범 체포, 링크(Lynx) 작전, 강간범 바웰(Clive Barwell) 체포 그리고 소호(Soho) 가(街) 폭발사건 등-을 해결했기 때문이라고 한다. 당시 활용된 시스템은 또한 독일에서 'Shotgun Rapist'라 불리는 사건에 대해 사용했던 지리학적 프로파일링 방식이었다. 한편, 경찰 일선에서도 이러한 ViClAS 시스템을 운영하는 등 프로파일 기법이 널리 활용되고 있다. 런던시 경찰청(City of London Police)의74) 사례를 들면 다음과 같다.

런던시 경찰청의 수사 지원 부서(Investigation Support Unit)에는 1명의 거짓말탐지기 조사관, 3명의 범죄분석관 그리고 1명의 민간인 ViCLAS 조정관이 배치되어 있다.

- ▸ 거짓말탐지기 조사관은 범죄 수사와 관련된 용의자에 대한 진술 분석과 인터뷰뿐만 아니라 거짓말탐지기 검사를 수행하는 임무를 맡고 있다.
- ▸ 범죄분석관은 다양한 기능을 담당하고 있는데, 범죄 유형과 경향 분석, 용의자를 확인하고, 범죄 예방 차원의 조치들을 지원하는 등의 임무를 수행한다. 또한 컴퓨터 범죄를 수사할 수 있도록 특별히 훈련을 받았으며, 모든 고위험성 범죄자들의 모니터링뿐만 아니라 이들은 성범죄자 등록과 같은 업무에 대해서도 책임을 지고 있다.
- ▸ ViCLAS 조정관은 모든 ViCLAS 입력 자료(책자)를 수령, 이를 모니터링하고 영국의 ViCLAS 센터에 송부하는 임무를 맡고 있다. ViCLAS 조정관은 모든 제출된 ViClAS 서류에 대해 질적 평가를 수행하고 있으며, 제출된 모든 기록들이 ViCLAS 센터의 기준에 부합하도록 상세하게 기록을 유지한다. 또한 성범죄 등록에 관한 업무도 맡고 있다.75)

5 스위스의 프로파일링 활용 실태

스위스의 경우, 프로파일링이 일정한 기반 위에서 교육되거나 활용되는 특별한 태스크포스(Task Force)나 경찰관서 혹은 연구기관이 있는 것은 아니다. 그 까닭은 스위스에서 저

73) http://www.training.police.uk/news/worldwide/worldwide_1/viclass.html

74) http://www.cityoflondon.police.uk/CityPolice/About/Who/(2008년 4월 29일 검색). 런던시 중심부(1평방 마일)를 관할하는 경찰관서다. 경찰관 800여 명, 일반직원 400여 명이 배치되어 근무중이며, 관할 거주인구 8,600여 명, 유동인구 350,000여 명이다. 광역 수도경찰청(Metropolitan Police Service: New Scotland Yard)과는 다르다.

75) http://police.city.london.on.ca/Organization/CID/cidinvestsupport.htm

질러지는 심각한 폭력범죄 혹은 연쇄살인사건의 발생 빈도가 비교적 적어서 그렇다고 한다.[76] 경찰, 탐정, 심리학자, 정신병리학자 그리고 범죄학자 혹은 임상병리학자, 법과학적 배경을 갖고 있는 사람들은 종종 전문 프로파일러의 도움 없이 범죄를 해결해야 할 임무를 수행하고 있다. 그렇지만 스위스 역시 프로파일링 네트워크의 구축, 개선된 지원, 정보 및 전문화된 노하우는 범죄사건의 해결 절차를 개선시킬 것이며 한층 더 강화할 것이다. 결국 프로파일 기법을 통해 형사사법 당국이 대체로 큰 도움을 받을 것이다.

한편, 정부나 경찰 차원의 이러한 경향과는 달리 바젤(Basel)대학교 법과대학(Rechstswissenschaftliche Fakultaet)의 범죄자 프로파일링과학연구소(Criminal Profiling Scientific Research)에서는[77] 범죄자 프로파일링 관련 자체 연구 홈페이지를 구축하고, 관련 분야 연구를 수행하고 있다. 그 사이트에서는 각종 최신 자료를 제공함으로써 영어권 자료뿐만 아니라 독일어권 국가의 자료까지 제공함으로써 유용하게 활용되고 있다. 2000년에는 우수한 사이트로 선정되기도 했다.

그리고 최근에는 세계 각국의 ViCLAS 활용 추세에 힘입어 스위스에서도 2003년 1월 1일부터 ViCLAS 시스템이 도입·활용되기 시작했다.[78]

6 기타 유럽 국가들의 프로파일링 활용 실태

유럽의 경우, 인터폴을 중심으로 1993년 3월경에 사무총장 산하에 범죄정보분석팀(Analytical Criminal Intelligence Unit: ACIU)을 설치하여 충분한 범죄분석 역량을 갖추고 있다. 인터폴에 따르면, 범죄 투쟁에서 인터폴 회원국에게 제공될 수 있는 지원 수준에 대해 의미 있고 긍정적인 영향력을 가지고 있다고 한다.

한편 네덜란드, 오스트리아, 스웨덴 등지에서는 최근 ViCLAS 시스템을 채택하여 활용중에 있으며, 폴란드와 덴마크 등지에서는 캐나다 연방경찰에 ViCLAS 시스템 관련 자료 제공 요청을 해놓은 상태라고 한다.[79]

특히, '노르웨이 행동분석학회(Norwegian Association for Behavior Analysis)'에서 발행하는 『행동분석 유럽 저널(*The European Journal of Behavior Analysis*)』은 개별 인간

76) http://www.criminalprofiling.ch/
77) 동 연구소에서는 프로파일링 관련 인터넷 사이트 'http://www.criminal profiling.ch/'를 운영하고 있다.
78) http://www.criminalprofiling.ch/viclas.html
79) http://www.behavioural-sciences.org/viclas.asp?ID=7&page=1&lang=1

행동의 분석과 관련된 실험 결과와 개념적·이론적 논문들을 주로 게재하며, 또한 사례평가에 대한 논문들도 싣고 있다.

7 한국의 범죄자 프로파일링 활용 및 연구 실태

한국에서도 수년 전 경기도 화성에서 10여 건에 달하는 연쇄살인사건이 발생해 세간의 이목을 집중시킨 바 있다. 용인에서 발생한 6건의 택시강도 살인사건이나 정두영사건, 유영철사건, 정남규사건 등은 다행히 범인이 검거되었다. 또한 외국에서나 있을 법한 엽기적 범죄 행태(토막살인 등)들이 우리나라에서도 발생하고 있다. 또한 주택가에서 빈발하는 연쇄방화사건은 일반 시민의 불안감을 조장하는 등 형사사법기관에 대한 불신마저 초래하고 있는 실정이다. 특히 특이한 심리 상태 하에서 저질러지는 범죄 유형에 대해 좀더 전문적인 수사 기법 개발이 중요시되고 있는 가운데, 경찰의 범죄 대응 역량 강화 노력은 당연하다 할 것이다. 이와 관련, 한국 경찰에서도 다방면의 노력을 전개하고 있다. 선진 각국의 관련 연구 동향과 실무계의 상황에 비하면 부족한 면이 있지만, 경찰청, 과학수사연구소나 대학의 심리학 전공 교수들을 중심으로 전개되고 있는 관련 분야 연구 동향 및 홈페이지 제작 활동 등은 시의적절한 노력들로 평가된다.

1) 경찰청

2000년을 전후하여, 서울 서대문 여중생 살인사건, 부산 연쇄살인사건(일명 정두영사건) 등 충격적인 흉악범죄가 발생함에 따라 경찰청 수사국 과학수사과(현 과학수사센터)에서는 4월 24일, 범죄심리 등 관련 분야를 전공한 대학교수, 정신과 의사 등 11명을 '범죄심리분석자문위원회' 위원으로 위촉하여 흉악범의 범죄심리와 행동을 분석한 바 있다. 이러한 자문을 통해 범죄 예방 및 이상심리자에 의한 범죄를 수사하는 데 도움을 얻고 있으며, 범행 현장의 물리적 증거 외에 무형의 심리적 증거(단서)를 찾아 사건 해결에 활용하고 있다(경찰청, 2001: 181). 그 후 경찰청에서는 이상심리자에 의한 연쇄 강력범죄를 효과적으로 해결하기 위해 전문 부서를 창설하고자 노력했다. 이와 관련, 필자는 2002년을 전후하여 경찰청의 재정 지원을 받아 국내에서 처음으로 「강력범죄에서의 범인상 추정기법(Criminal Profiling) 도입에 관한 연구」를 수행한 바 있으며(임준태, 2003), 이 연구에서 미국, 캐나다, 영국, 독일 등 각국 경찰의 프로파일링 활용 동향, 실태 및 도입 방안을 제시했다. 국내의 강력범죄 발생 실태를 반영, 각종 사회과학적 원리를 활용한 범죄분석 및 수사 지원 체제가 필요해졌

정씨, 범죄심리분석관 투입 후 입 열어, 프로파일링 기법에 의한 심리전에 심경 변화

범죄심리분석관들의 심리전이 통한 것인가. 안양 두 어린이 살해 사실을 시인하고도 왜 그랬는지 범행 동기를 속 시원히 밝히지 않아 수사관들의 애를 태웠던 피의자 정모(39) 씨가 순순히 입을 열고 있다. 정씨는 성추행 사실이 알려지는 것을 막기 위해 두 어린이를 살해했고, 2004년 7월 발생한 군포 40대 여성 실종사건도 자신이 저지른 범행이라고 털어놓았다고 수사본부가 22일 전했다.

그에게서 일어난 급격한 심경 변화는 범죄심리분석관들을 전격 투입한 것과 시기적으로 맞물린다. 경찰은 지난 20일 경찰청 범죄정보지원계 권일용 경위와 경기경찰청 과학수사계 고은경 경장 등을 정씨를 조사하는 현장으로 보냈다. 정씨가 자백한 범행 동기가 석연치 않은 데다가 2004년 이후 군포와 안양 등지에서 발생한 부녀자 연쇄 실종사건과의 연관성을 찾아내야 할 필요성도 커졌기 때문이다.

이들 중 권 경위는 범행 현장에 남은 흔적을 통해 범인의 성격과 심리, 성별 등을 추정해 용의자를 좁히거나 검거된 용의자에 대한 심문 전략을 제공하는 프로파일링(profiling) 기법을 국내 범죄 수사에 접목시킨 개척자로 꼽힌다.

이들은 첫날 3시간 동안 정씨와 마주 앉아 이야기를 나눴고 21일 다시 그의 눈을 바라보며 심리를 분석해 가면서 차분히 설득 작업을 펴나갔다. 첫날의 첫 대면은 탐색전이었다. 심리적인 공략 포인트가 무엇인지를 찾는 작업이 이뤄졌다. 본격적인 자백 유도는 이튿날 이뤄졌다. 이 날은 10시간 이상 팽팽한 심리전이 진행됐다. 심리분석관이 먼저 정씨와 이야기를 나누고 거기서 도출된 심문 전략을 가지고 수사관들이 심문을 하는 작업이 번갈아가며 이뤄졌다.

밤 10시가 넘어서면서 정씨가 흔들리기 시작했고 급기야 눈물을 흘리며 무너졌다. 숨겨 왔던 범행 동기를 밝힌 것이다. 2004년 군포 40대 여성도 살해했다고 자백했다.

권일용 경위는 "그가 성적(性的)인 동기를 숨기려 했던 것은 자존감을 지키려는 방어 심리 때문이었다"면서 "수사 기법상 자세하기 밝힐 수는 없지만 자존감에 상처를 입지 않으면서 스스로의 범행을 객관적으로 바라볼 수 있도록 유도했다"고 말했다.

앞서 권 경위 등 프로파일러들은 두 어린이 실종사건이 발생한 직후 ▲고립된 생활을 하고 있고, ▲성적(性的) 환상을 가지고 있으며, ▲알코올 등 약물 의존성이 있는 사람으로 범인의 윤곽을 그려냈다. 2개월여 뒤 붙들린 피의자 정씨의 성향은 이들의 분석과 일치했다. 국내 범죄 수사에 프로파일링 기법이 도입된 것은 2000년부터다.

연합뉴스, 2008년 3월 22일(토)

으며, 이러한 연구 동향과 치안 상황을 고려하여 범죄분석 기법을 수사에 적극 도입하기에 이르렀다. 2004년 7월 과학수사과 내에 '범죄분석팀(Violent Crime Analysis Team: ViCAT)'을 설치하게 되었다.[80] 2005년부터 최근까지 심리학, 사회학 등을 전공한 전문 인

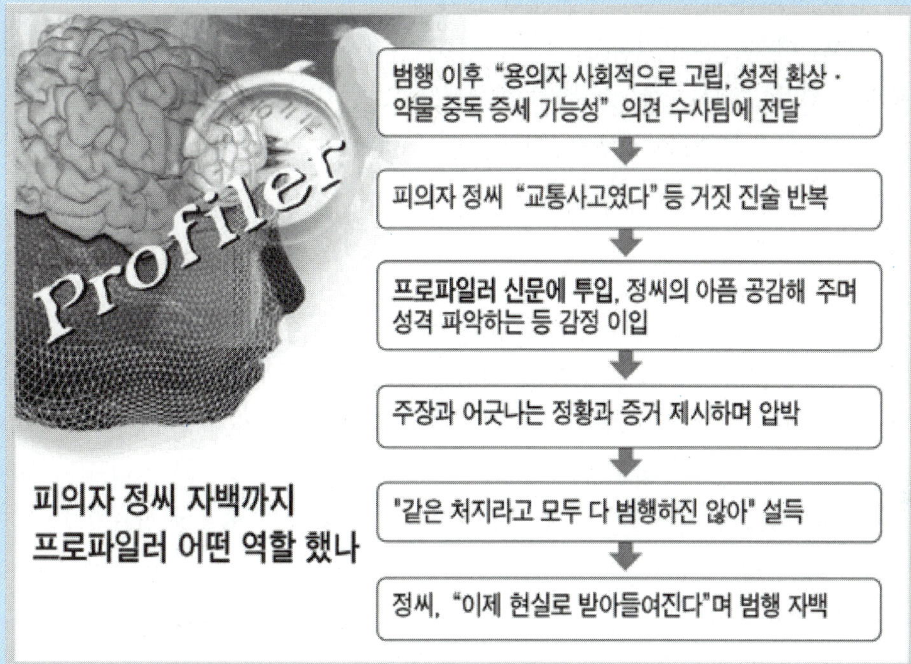

중앙일보, 2008년 3월 24일(임주리 · 홍혜진 · 김형수 기자)

력 30여 명을 경찰관으로 특별 채용하여 각 지방경찰청 범죄분석팀에 배치했고, 2008년 5월을 전후하여 9명이 추가 배치되었다. 범죄분석 요원은 각종 강력사건 발생 초기에 현장 및 범죄자의 행동 등을 분석하는 이른바 범죄자 프로파일링 기법을 활용하여 범죄자의 유형 분석, 수사 대상자 압축, 신문 전략 등을 담당 수사팀에 지원하고 있다.

경찰에 따르면, 프로파일링 수사 기법을 활용하기 위해서는 현장 감식을 통해 살해 방법과 수단, 이동 경로, 시신 유기 방법 등을 포괄한 범인의 범행 수법(MO: *modus operandi*)을 분석한다. 분석된 결과물이 나오면 이를 이미 수집된 범죄자 데이터와 비교해 가며 수사 대상을 추려 나가게 된다. 경찰은 이를 위해 지난 2005년 하반기부터 경찰청 과학수사센터 산하 범죄정보분석팀에서[81] 살인과 강도, 성폭력 등 9대 강력범죄 범인을 상대로 인터뷰를

80) 경찰청에서는 동년 6월경, 범죄분석 요원 18명을 대상으로 두 차례에 걸쳐 전문화 교육을 실시했다. 이와 관련 필자도 4시간에 걸쳐 외국의 범죄분석 사례를 강의한 바 있다.

81) 최근 프로파일링 기법은 과학수사의 한 분야로 주목받고 있다. 2006년 12월 4일 서울지방경찰청은 전국의 강력범죄 250건에 대한 보고서를 통해 범죄행동을 분석한 결과 2006년 10월에 발생한 살인사건 범인을 검거했다. 경찰청은 지난 2000년부터 서울지방경찰청에 설치 운영한 범죄분석팀을 강화해 지난 12월 1일 경

해 가며 범죄 유형과 범인의 심리 유형을 분석해 데이터베이스를 구축해 오고 있다.[82] 한편, 체계적이고 효율적인 범죄분석을 위해 2006년 1월부터 과학적 범죄분석 시스템(SCAS)을 구축하여 범죄분석 자료를 관리하기 시작했다. 아울러 2006년 12월부터 ViCAT 후속으로 과학수사센터 내 범죄정보지원계 소속의 '범죄행동분석반(팀)'을 신설,[83] 운영하는 등 범죄분석을 활성화하고 있다(경찰청, 2007: 187).[84]

2) 국립과학수사연구소 범죄심리과

국립과학수사연구소는 크게 법의학부와 법과학부로 편성되어 있다. 법의학부에 소속된 '범죄심리과'는 범죄심리의 분석 및 연구, 법최면 검사 및 연구, 범죄 원인/범죄 예방과 청소년 비행 등에 관한 연구를 수행하는 '범죄분석실'과 폴리그래프(polygraph)를 이용하여 피검사자 진술의 진위 여부를 확인하는 거짓말 탐지 검사 및 관련 연구를 수행하는 '심리연구실'로 구성되어 있다.[85] 특히 프로파일링과 관련성이 많은 곳은 바로 범죄분석실이다. 범죄분석실에는 과장 1명, 연구원 등이 근무하고 있다. 강력범죄를 저지른 피의자와의 인터뷰를 통해[86] 범죄 및 범죄심리를 종합적으로 분석·연구하고, 최면을 이용하여 범죄 피해자/목격자의 사건 관련 기억을 회상시켜 해결 단서를 확보하는 법최면 검사를 실시하며, 범죄 원인/범죄 환경/범죄 예방과 청소년 비행 등에 관한 연구 업무를 수행하고 있다.[87] 이 연구실에서는 오랜 기간 연구된 범죄자의 일반 통계와 이론 등을 토대로 2000년 1월부터 프로파일링을 위한 준비 작업의 일환으로 살인, 연쇄강간, 방화, 강도, 절도 등 프로파일링 대상 범죄자 검거시 범인과의 심층 면담을 통해 성장 환경과 성격, 범행 자극 요인 등에 대한 자료를 수집하고 있는데, 2003년 5월 현재 약 500여 건의 자료를 수집·축적해 놓았다고 한다.[88]

찰청 과학수사센터에 '범죄행동분석반'을 신설했다(내일신문, 2006년 12월 13일, 20면).

82) http://news.nate.com/Service/news/ShellView.asp?ArticleID=2008031416440652158&LinkID=7&lv=20 (2008년 4월 21일 검색)

83) 2008년 4월 현재, 동 부서 팀장은 권일용 경위(국내 최초의 프로파일러로 알려지고 있음)가 맡고 있다.

84) 2006년부터 범죄분석 요원(30여 명)을 선발, 각 지방청별로 3~4명씩 배치하여 관련 업무를 수행하고 있다.

85) 국립과학수사연구소 홈페이지: http://www.nisi.go.kr/(2008년 4월 21일 검색)

86) 통상 피의자에 대한 심층면접은 강덕지 범죄심리 과장이 직접 실시하고 있으며, 다른 연구원들은 녹취 등을 수행한다.

87) http://www.nisi.go.kr/(2008년 4월 21일 검색)

88) 관련 사건이 사회 이목을 끌어 언론에 공개되면서, 연구자들이 사건 내용을 접하게 되며, 경찰 체포·단계(10일 이내)에서 현지 출장 등을 통해 심층 면접이 이루어지고 있다고 한다. 구치소나 교도소에서는 특별면회 형식으로 피의자, 피고인을 인터뷰할 수 있지만, 허용된 시간이 30분 정도로 제한되어 있어 거의 불가능하다고 한다. 미국의 경우처럼, 교도소나 구치소에 수감되어 있을 동안 심층 면접이 이루어진다면 더욱더 내실 있는 자료가 축적될 것으로 본다. 따라서 교정 당국과 경찰과의 협조가 절실한 실정이다.

2000년 7월 『범죄의 심리학적 분석』이라는 책자를 통해 1차로 연쇄강간·살인 등 18건에 대한 분석 자료를 공개한 바 있다. 2001년에 두 번째로 연쇄살인 등 20건에 대한 심리분석 자료를 발표하기도 했다(김용화, 2002: 89). 그리고 관련 연구 자료의 일부를 월간 『수사연구(搜査硏究)』지에 연속적으로 게재하는 등 프로파일링 연구에 관심을 불러일으키고 있다. 범죄자와의 인터뷰를 통해 한국적(한국식) 프로파일링 변인(변수) 도출과 검증을 위한 자료 수집을 계속하고 있다. 특히 2000년 8월부터 서울지방경찰청 과학수사계 범죄분석 요원과 함께 범죄의 심리학적 분석과 범죄 현장을 접목시키는 작업을 진행중이다.

한편, 범죄분석실에서 현재까지 추진해 온 범죄자 면담 자료 축적 등은 선진국에서 활용되는 프로파일링 단계까지는 미치지 못하지만, 데이터베이스 마련 차원에서 보면 상당히 진일보한 조치로 볼 수 있다. 또한 관련 전문가에 의하면, 프로파일링도 중요하지만 우선되어야 할 사항으로 '사건 현장 중심의 과학 수사 정착'이 강조되고 있다. 더군다나 특이범죄자를 심층 면접하기 위해서는 범죄자의 심리 상태를 이해하고, 면담자와 인터뷰 대상자 간의 상호작용도 중요한데 일부 수사관들이 범인을 피의자 다루듯이 면담을 진행하는 경우, 범죄자의 심리 상태를 심층 분석하는 데 다소 한계가 있다는 지적도 제기되었다. 현재 경찰 수사 단계에서 작성되는 각종 통계 자료와 관련, 프로파일링을 병행할 때는 현행 수법(手法) 원지, 202통계, Compstat 자료 입력, 프로파일링 자료 입력 등 중복되는 경우도 있지만, 목적과 기준이 다르기 때문에 입력 항목이 누락되는 경우도 있는 등 수사 과정에서 구조적인 문제점이 개선되어야 할 부분으로 지적된다. 프로파일링이 과학적·객관적 수사 기법으로 활용되기 위해서는 수집·작성된 프로파일을 통해 전문가들이 분석하는 경우, 동일·유사한 결론이 도출될 수 있는 과학성 확립이 중요하다.[89]

3) 서울지방경찰청 행동과학팀

서울지방경찰청에서는 형사과 과학수사계 소속하에 2000년 2월 범죄자 프로파일링 관련 부서를 신설한 이래, 현장 감식 경험과 수사 경험을 가진 요원을 배치하여 연쇄살인, 가학적인 성폭행 범죄 등을 대상으로 프로파일링을 실시하고 있다.[90] 최근 관련 부서 명칭을 '행동과학팀(舊 범죄분석팀)'으로 바꾸었으며, 관내에서 강력범죄자가 발생하면 현장감식반

89) 프로파일링은 객관적이고 사실적이며 물리적인 범행 현장의 정보를 심리통계적 분석 절차에 의해 범인의 유형에 대한 추론을 출력해 내는 과정인데, 입력(투입, input)되는 범행 현장의 정보가 수사담당자의 일반적인 추론과 판단을 거쳐서 결정된 후 2차 정보가 되어서는 안 된다고 한다(김용화, 2002: 139). 이 점에 관해 국과수 범죄심리과 강덕지 과장도 현장수사 관계자의 전문성, 과학성이 기본 전제가 된다는 것을 강조한 바 있다.

90) http://www.smpa.go.kr/smpa2007/smpa/smpa_org_023.asp(2008년 4월 23일 검색)

과 동행 · 임장하여 사건을 분석하고 있다.[91] 범인 검거시에 심층 면담하고 범행 중 범죄자 행동을 피드백하는 과정을 통해 자료를 수집하고 있다. 지난 수년 간 서울지방경찰청 '행동과학팀'에서는 한국형 프로파일 모형을 개발하기 위해 남다른 노력을 해 왔다.[92] 지난 1980~2002년 서울 및 전국 일원에서 발생한 살인사건 중 1,300여 건을[93] 대상으로 SPSS 통계기법에 의한 판별 분석과 일반통계 분석을 했다. 정확한 유용성을 검증하기 위해 같은 기간 서울에서 발생한 살인사건 500건 중 연쇄적이거나 범행 현장에 특별한 개인적 특성이 드러나 있고 피의자와 심층 면담을 통해 프로필 자료가 입수된 100건을 연구 대상 자료로 활용

마포 발바리 검거, 첨단 수사 "프로파일링" 1등 공신

서울 서남부 연쇄살인과 마포 연쇄 성폭행 사건 해결에 첨단 수사 기법인 '프로파일링(범죄심리 행동분석)'이 결정적인 역할을 했다. 프로파일링 기법이란 범죄자의 행동 패턴과 외부 환경을 데이터베이스화하여 심리를 분석, '범죄의 재구성'을 통해 사건 정보를 종합적으로 파악하는 작업이다. 경찰청은 연쇄살인범 유영철사건을 계기로 지능화 · 강력화 · 연쇄화하고 있는 각종 강력 범죄에 대비하기 위해 2000년부터 서울경찰청 과학수사계에 범죄분석팀을 신설해 운영하고 있다. 서울 서북부 지역을 돌며 1년 여 동안 여성 13명을 잇달아 성폭행한 '마포 발바리' 김모(31) 씨는 범죄 장소에서 지리적인 유사점이 발견된 데다 김씨가 사용한 수표에 이서한 가짜 이름과 범행할 당시 공범이 있는 것처럼 속이기 위해 자신이 부른 이름이 같은 것을 분석한 것이 검거에 결정적인 도움이 됐다.

최근 서울 영등포 연쇄살인사건은 연관이 없던 강력사건으로 보였으나 새벽에 집중된 범행 시간, 범행 도구, 서울 서남부에 집중된 장소 등의 유사점이 발견되면서 동일범의 소행으로 밝혀졌다. 범죄분석팀은 여러 사건에서 범죄자의 유형, 지역 범위, 연쇄성 여부 등을 다양한 범위로 분석한다. 최근 20년 간 한국에서 나타난 800여 건의 살인사건을 특징별로 항목화해 놓고, 강력범죄가 발생할 때마다 피의자와 직접 면담해 심리 상태를 역추적하는 한편 비슷한 유형의 범죄가 발생할 때 참고 자료로 활용하고 있다. 범죄분석팀 권일용 경사는 "목격자 진술에 대한 평가나 기억을 회상해 몽타주를 그리게 하는 등 수사의 일부분은 항상 범죄 프로파일링 기법이 활용되고 있다"며 "범죄분석 요원(프로파일러)들은 일선 경찰을 그림자처럼 지원하는 팀"이라고 말했다. 권 경사는 "흔히 무(無)동기 범죄로 일컬어지는, 이상 심리를 가진 사람들의 이상 동기 범죄가 늘어날 것"이라며 "이들은 자신의 주관이 뚜렷하기 때문에 범죄를 계속 일으킬 가능성이 크고, 이러한 복잡화 · 연쇄화되는 사건의 해결을 위해 프로파일링 기법은 필수"라고 말했다.

세계일보, 2006년 4월 2일, 9면.

---

91) 2008년 4월 현재 프로파일링 업무에 6명의 경찰관이 배치되어 관련 직무를 수행하고 있다.

92) 서울 지방경찰청의 프로파일링 부서는 한국의 관련 분야 업무를 개척하고 발전시키는 데 중요한 역할을 했다.

93) 500건의 살인사건 자료는 서울에서 발생한 것이며, 피의자가 이미 검거된 사건들로서, 피의자의 배경에 관한 정보나 범행 동기가 밝혀진 자료들이라고 한다. 한편, 나머지 800건에 대해서는 일반 통계분석을 했다. 이들 사건들은 사건 내용을 객관적으로 파악할 수 있는 것들로서, 살인 동기별, 발생 장소별, 발견 당시 피해자의 상태, 범행 도구별, 범죄 현장 특징별, 사인별(死因別), 피해자 상태별, 사체 처리별, 피해자 의복 상태별, 결박 상태별, 성폭행 관련별 등의 범주로 구분하고 있다(김용화, 2002: 141, 156).

했다. 또한 도출된 살인범 프로파일링 모형을 한국 내에서 실제 발생한 몇 건의 살인사건에 적용하여 그 유용성을 검증하기도 했다. 이러한 과정을 통해 살인범 프로파일링 모형의 타당성을 입증하기도 했으며(김용화, 2002: 166). 이 연구를 기반으로 한 프로파일링 관련 학술 논문이 수년 전 발표된 바 있다. 최근까지 제시된 살인범 프로파일링의 모형은 14개 범주 및 163개 변인들로 구성되어 있는데,[94] 범죄 현장과 새로운 범죄 수법의 등장에 대해 추가・삭제할 범주 및 변인에 대한 지속적이고 적시성 있는 대책이 필요하다고 한다. 그간 어려운 여건에도 불구하고, 한국형 프로파일링 모형 개발에 기여한 점은 향후 관련 분야 연구에 많은 시사점을 제공할 것으로 평가된다.

4) 학계 동향

경기대학교에서는 국내에서 처음으로 대학원 과정에 범죄심리학 전공 강좌를 개설, 운영하고 있으며, 최근까지 범죄분석 요원을 다수 배출한 바 있다. '한국심리학회'에서는 범죄수사와 프로파일링 활용 방안에 관한 주제로 학회를 개최했으며,[95] '한국사회 및 성격심리학회'와 경기대 범죄심리학과와 공동 주관으로 이와 유사한 주제의 학술 세미나를 개최하기도 했다.[96] '한국범죄심리학회'가 창립되어 관련 분야 연구에 중요한 기반을 제공하고 있으며, 일부 심리학과 교수와 학생들이 중심이 되어 범죄자 프로파일링에 대한 연구가 진행되기도 한다. 최근까지 많은 연구자들이 범죄자 프로파일링과 지리학적 프로파일링 분야에 대한 연구 결과를 발표하고 있다.[97]

94) 14개 범주로는 사인(死因), 발생 시간, 발생 장소, 피해자 상해 상태, 피해자 결박 등 상태, 성폭행 관련, 범행 도구, 범행 동기, 범죄 현장 특징, 피해자 의복 상태, 사체 처리, 범행 후 행적, 피의자 특징, 피해자 특징 등이다(김용화, 2002: 167 이하).

95) 2001년 개최된 동 학회 주관 심포지엄에서 박광배 교수의 「범죄자 유형 파악(Criminal Profiling)」이라는 논문과 경찰 실무자들인 이동환・권일용의 「범죄수사와 심리학」이라는 논문이 발표되는 등 관련 분야에 대한 학계, 실무계의 관심이 높아졌다.

96) 2003년 5월 개최된 동 학술 세미나에서, "범죄심리학의 과거", "한국 범죄심리학의 현재", "한국 범죄심리학의 발전적 전략", "범죄심리학과 수사심리학", "프로파일링", "한국 경찰의 범죄심리 수사기법 활용의 실제" 등 다양한 주제로 학계와 실무자들이 참가했다.

97) 필자의 경우, 2006년 7월 환경범죄학회(캐나다, ECCA), 2006년 8월 유럽범죄학회(독일, ESC), 2007년 10월 아시아경찰학회(서울, AAPS) 등에서 논문을 발표했다.

제 10 장

프로파일링 I

지리학적 프로파일링

1. 지리학적 프로파일링의 개념과 이론적 배경
2. 지리학적 프로파일링 기법의 발전 과정
3. 지리학적 프로파일링의 다양한 기법
4. 지리학적 프로파일링 기법 활용 사례
5. 지리학적 프로파일링을 통한 한국의 연쇄 강력범죄 분석

chapter 10

지리학적 프로파일링

1 지리학적 프로파일링의 개념과 이론적 배경

1) 지리학적 프로파일링 기법의 개념

2002년 가을 무렵, 미국에서는 소위 '워싱턴의 스나이퍼(snippers)'사건으로 인해 엄청난 관심을 끌었던 적이 있다. 버지니아 주, 메릴랜드 주 그리고 워싱턴 시에 걸쳐서, 겉으로 보기에 거의 무차별 살인사건이 저질러진 것이다. 수사 진행 과정을 통틀어 언론의 중요한 관심을 끌었던 쟁점들 가운데 하나는 살인범을 검거하기 위해 여러 경찰관서에서 활용했던 다양한 '새로운' 수사 기법들이었다. 언론을 통해 많이 언급된 새로운 수사 기법 중 하나는 바로 지리학적 프로파일링(geographic profiling) 기법이었다(Paulsen & Robinson, 2004: 120). 지리학적 프로파일링 기법은 범죄자(혹은 용의자)의 주거지가 소재할 가능성이 가장 높은 장소를 찾아내기 위해 일련의 관련된 범죄 장소를 분석해 내는 수사 방법이다(Rossmo, 2000: 1).

범인이 피해자를 물색하는 유형과 방법은 범죄 지리적 관점에서 분석될 수 있는데, 이러한 물색 유형, 범행 현장 혹은 범행 장소를 분석함으로써 범죄자가 주거할 가능성이 높은 지역을 파악하는 것이 가능해진다. 이처럼 이 기법은 범행 지역을 중심으로 연쇄 강력범죄자의 예상 주거지역 수색 범위를 좁혀 주는 데 도움을 주기 위해 발전된 논리와 원칙들 그리고 아이디어를 활용한 것이다. 즉 지리학적 프로파일링은 범죄자가 가장 있을 법한 장소를 예측할 수 있게 도와 주는 수사 기법으로서, 다양한 범행 현장의 지역적 상황이나 배경 속에서 예상되는 범인의 공간적 행위나 공간적 관련성들에 초점을 두고 있다. 예를 들면, 범행 현장과 범인의 지리감을 판단하는 중요한 요소가 될 집, 직장, 사회적 활동 지역, 여행 루트 등이 이에 해당한다.

지리학적 프로파일링 기법은 강도, 주거침입 절도, 강간 혹은 살인사건과 같은 연쇄범죄를 수사하는 데 우선적으로 활용될 수 있는 수사 기법으로서 개념은 새롭지만, 지도와 기초적인 공간분석은 그동안 법집행 당국에서 용의자를 검거하는 데 도움을 주기 위해 수 년 동안 사용되어 왔다(Paulsen & Robinson, 2004: 137). 연쇄강간, 연쇄살인, 연쇄방화, 연쇄강도, 연쇄 주거침입 사건, 연쇄폭파 및 약탈성 범죄(강간살인, 어린이 학대 등), 여러 장소에 걸쳐서 발생하는 범죄 유형(공중전화를 이용한 범죄, 신용카드 관련 범죄, 노출 범죄) 그리고 실종사건 등에 응용 가능하다. 그런데 이러한 기법을 완벽하게 활용하기 위해서는 동일 유사한 사례나 관련된 장소가 적어도 5건 정도는 되어야 한다. 그렇지만 경우에 따라서 이보다 적은 사례를 가지고 사건이 해결되는 경우도 있다.[1]

로스모(Kim Rossmo) 박사에 따르면, 범인이 '적당한 범행 대상자'를 선택하는 데 지리학적 특성은 중요한 역할을 한다. 범인이 범행 대상자를 물색할 때에는 피해자에 대한 '장소적 적합성'이 있어야 한다. 먹이를 공격하는 데 적합한 지역인가? 충분하고 적당한 범행 대상자들이 있는 곳인가? 나에게 친숙한 곳인가? 안정감을 가질 수 있는 곳인가? 체포될 가능성이 낮은가? 도주로(逃走路)는 있는가? 범인이 이러한 요소들을 고려하는 것처럼, 프로파일러도 범죄에 대한 효과적인 분석과 수사를 진행하기 위해서는 이러한 내용을 분석해야 한다(Holmes & Holmes, 2003: 215).

이와같이 범죄공간에[2] 대한 지리학적 특성 분석은 연쇄범죄를 성공적으로 수사하기 위한 정보와 전략에 관한 잠재적인 하나의 자료다. 특히 로스모는 지리학적 프로파일링을 하는 데 고려되어야 할 요소들로서 다음 사항들을 제시하고 있다.

- ▶ 범죄 발생 장소의 유형
- ▶ 간선도로와 고속도로
- ▶ 물리적 그리고 심리학적 장애물들

1) http://www.criminalprofiling.ch/types.html
2) 이러한 범죄공간의 범위에는 범인과 피해자가 접촉한 장소, 피해자를 공격한 장소, 범죄 발생 장소, 시체를 처리한 장소 및 자동차를 유기한 장소 등이 제시된다.

▶주변 토지의 이용 상태

▶이웃 주민들의 인구 통계적 특성

▶피해자의 일상적 활동들

▶전이 현상 등

따라서 지리학적 프로파일링을 통해 다음 범행이 어떤 장소에서 발생할 것인가를 예측할 수 있다. 용의자의 생활 근거지, 활동 무대를 추정하여 의심되는 지역에 집중적 탐문 수사를 실시함으로써 범인을 조기에 검거하는 데 도움을 주는 기법인 것이다.[3]

범인의 행동을 주로 분석하는 심리학적 프로파일링과 지리학적 프로파일링과의 가장 큰 차이점은 아래 표와 같다.

표 10-1 프로파일링에 관한 구별 개념

심리학적 프로파일링 (Psychological Profiling)	지리학적 프로파일링 (Geographic Profiling)
범죄자 프로파일링(Criminal Profiling) 혹은 행동분석적 프로파일링(Behaviour Profiling)으로도 불린다. 범죄의 특징으로부터 범인의 특성을 추론하는 것이다. 범인에 의해 저질러진 범죄를 분석함으로써, 개인의 주요한 인격적 특징과 행동적 특성을 확인하는 것이다. 그래서 범인의 성격분석 혹은 범죄자의 행동 프로파일링으로 알려져 있다. 이 기법은 1개의 사건을 통해 범인의 심리학적, 행동적 특성을 밝혀내는 작업이다. ☞용의자 지향적(What kind of person?)	범죄자의 주거지가 있을 가능성이 매우 높은 지역을 확인하기 위해 범행 장소에 관한 자료를 분석하는 연쇄강력 범죄에 대한 정보관리 전략이라고 할 수 있다. 이 기법은 많은 사례를 통해 범인의 주거지, 은신처 등을 압축, 추정, 범인 추적 및 발견을 용이하게 한다. ☞장소 지향적(Where do you go to find?)

출처: Ainsworth, 2001: 8.

요컨대 지리학적 프로파일링 기법은 연쇄살인 범죄, 연쇄강간, 연쇄방화 범죄, 연쇄폭파 사건들을 수사할 때 수사관을 도와 주기 위해 고안된 전략적인 정보관리 시스템 중의 하나라고 할 수 있으며(Rossmo, 2001: 159), 이러한 프로그램은 일선 경찰관들과 형사 소추기관들을 지원하고 있다. 또한 여러 범행 현장 혹은 다른 중요한 지리학적 특성과 관련된 단일 범죄 사건들에도 적용될 수 있다.

이 모델의 예측력은 범행 현장의 수(數)와 관련이 있다. 즉 더 많은 범행 현장이 있을수록 범죄자의 주거지를 예측하는 데 더 효과적이다. 다양한 지역에서 범죄자가 거주하고 있을 가능성을 확인함으로써 그리고 지도상(地圖上)에서 그러한 결과들을 보여 줌으로써, 범

3) 캐나다 연방경찰(Royal Canadian Mounted Police: RCMP) 소속 지리학적 프로파일러인 필러(Scott Filer)는 두 가지 프로파일링 기법을 특징적으로 구분하고 있다.

죄자를 체포하려는 경찰의 노력들에 도움이 될 수 있다. 지리학적 프로파일링은 수사관들이 활용할 수 있는 여러 수단들 중의 하나로서, 수사상의 다른 경찰 수단들과 연관을 맺었을 때 제대로 잘 활용될 수 있다.

사건 관계자의 주소와 관련된 정보는 최적의 기록 시스템 중의 한 요소이며, 지리학적 프로파일은 매우 효과적인 지원 수단으로서, 다양한 범주 내에서 응용될 수 있다. 지리상의 범죄 유형들은 수사의 단서이며, 그러한 내용을 적절하게 기록하고 분석하면, 범죄자의 이동 방향을 찾아내는 데 활용될 수 있다. 이러한 정보는 경찰관서로 하여금 그들의 범죄 수사 활동에 초점을 맞출 수 있도록 해 주고, 지리학적으로 용의자를 우선적으로 추적할 수 있도록 해 주며, 범죄자가 활동할 가능성이 매우 높은 것으로 추정되는 장소들에 대해 순찰경찰력을 집중할 수 있도록 해 준다(Rossmo, 2001: 161-162). 그런데 모든 유형의 범죄자들 혹은 범죄 종류가 지리학적으로 프로파일링될 수 있는 것은 아니라는 점을 명심해야 한다.

그런데, 지리학적 프로파일링 기법에 관한 가장 큰 오해 가운데 하나는 수사를 지원한다는 관점에서 지리학적 프로파일링 기법이 실제로 무엇을 제공하느냐에 관련된 것이다. 많은 사람들, 즉 법집행기관 외부와 내부의 사람들은 지리학적 프로파일이 범죄자에 대한 수색을 할 수 있도록 범인의 정확한 집 위치를 수사기관에 알려 준다고 잘못 믿고 있으며, 범인이 살고 있는 곳을 보여 주기 위해 지리학적 프로파일을 통해 지도상에 'X'라고 기입할 수 있다고 잘못 믿고 있다는 것이다(Paulson & Robinson, 2004: 138).

한편, 심리학적 프로파일링은 예상되는 범인의 동기, 행위 및 생활 스타일에 관한 통찰력을 제공하고 이는 곧바로 범인의 공간적 활동에 연결된다. 범죄자의 가능한 일상생활과 마음 상태 간의 관련성을 결정하는 데 중요한 역할이 있는 바, 최소한의 공간적 정보(범죄 발생 장소와 몇 가지 관련성이 있는)가 있는 사건들에서 지리학적 프로파일을 특별히 재구성함으로써, 결과적으로 더욱더 큰 가치를 갖게 된다. 심리학적 프로파일과 지리학적 프로파일은 수사관으로 하여금 문제가 되고 있는 범죄사건에 대해 책임이 있는 범죄자의 윤곽을 파악하는 데 도움을 주며, 상호 협력적 역할을 한다. 따라서 심리학적 프로파일링과 지리학적 프로파일링은 두 가지 방법이 상호 보완작용을 한다는 점에서 중요하다.

2) 이론적 배경

범죄 발생에서 지리학적 패턴에 대한 연구는 사실 19세기 중엽부터 발전되어 왔으며, 범죄공간에 대한 가장 유명한 연구로는 20세기 초반 시카고대학이 중심이 된 시카고 시에 대한 연구를 들 수 있다. 지리학적 프로파일링 기법을 설명할 수 있는 배경은 일상활동이론, 합리적 선택이론을 포함하여 수많은 이론적 출처로부터 유래되고 있는 바, 심리적인 지도

(地圖), 공간 인식 그리고 범행을 저지르기 위해 이동한 거리에 관한 연구까지 포함된다 (Paulsen & Robinson, 2004: 137). 이 기법은 코헨과 펠슨(Cohen & Felson, 1979)의 일상 활동이론적 접근에 의해 형성되었다고 할 수 있다(Rossmo, 2001: 162). 그런데, 지리학적 프로파일링 기법에 가장 큰 영향을 미친 것은 범죄유형이론과 브랜팅햄(Paul Brantingham)과 브랜팅햄(Patricia Brantingham)이라는 부부 교수[4]에 의해 수행된 연구에 가장 직접적으로 연관된다. 그들의 연구에 따르면, 범죄자가 출몰할(혹은 나타날) 장소를 예측하기 위해 범죄자의 활동공간에 관한 이해 기법을 활용했다. 브랜팅햄 교수는 범행 장소 선택 모형을 제시하고 있는데, 범인을 포함한 각 개인들은 일정한 환경 내에서 임의적(무작위적)으로 움직이지는 않는다고 한다. 지리학적 프로파일링 기법은 본질적으로 이러한 아이디어를 갖고 있으며, 그것들을 반대로 활용한 것이다. 범인이 범죄를 저지르려고 선택한 장소에 관한 정보를 활용함으로써, 지리학적 프로파일링 기법은 범인이 거주하고 있을 법한 가장 가까운 장소를 판단하기 위한 시도다. 로스모(Rossmo, 2000)는 “두 가지 모형이 다른 목적과 입력 사항들을 갖고 있는 반면에, 그들의 기초적인 개념과 아이디어들은 비슷하다”고 언급했다(Paulsen & Robinson, 2004: 137).

3) 환경범죄학과 지리학적 프로파일링

지리학적 프로파일링의 이론적 토대를 제공하고 있는 환경범죄학은 범죄자의 이동성과 범죄자의 범행 근거지가 된 집(home, residence, working place)과 범행 대상 지역과 연관되어 있다(Godwin, 2001c: 276). 즉 환경범죄학적 관점에 따르면, 범죄자의 주거지 및 생활 근거지(혹은 범인의 주거지 주위에 있는 완충지대)와 범행 장소 간에 일정한 연관성이 있으며, 범인이 범죄 대상자를 물색할 때 일정한 공간적 패턴을 갖고 있다고 한다.

1970년대 후반 브랜팅햄 부부에 의해 생태학적 전통에서 유래된 ‘환경범죄학(environmental criminology)’이라는 용어가 등장했다. 환경범죄학은 범죄자의 이동성과 범죄자의 범행 근거지가 된 집과 범행 대상 지역의 관계와 관련이 있다. 범죄자는 인구통계적 특성에 근거하기보다는 범죄자 개인이 갖고 있는 정신적 이미지와 관련 있는 지역을 바탕으로 범죄를 저지르는데, 범인은 정신적으로 더 잘 알고 있는 곳 그리고 더 친숙한 공간, 즉 자신의 집과 가까운 곳에서 잠재적인 범행 기회를 갖게 되며, 범행 장소는 범죄자가 거주하는 장소와 체계적인 관련성이 있다고 한다. 환경범죄학은 장래 범죄가 저질러질 수 있는 그러한 지역을

4) 캐나다 광역 밴쿠버 소재 사이먼 프레이저 대학교 범죄학부에 재직하고 있는 부부 교수다. 환경범죄학의 권위자로 알려져 있다. 필자는 두 번에 걸친 동 대학교 방문교수 기간 중에 면담하고, 관심 분야에 대해 견해를 나눈 바 있다.

예측하고자 한다. 브랜팅햄은 도시공간에서 발생하는 범죄를 찾아내기 위해 이론적 공간 모형을 제시했는데, 그의 모형은 범행 기회와 범죄자의 동기 개념, 이동성의 개념, 다음 범죄 대상이 예상되는 지역과 범죄자의 주거지를 예측하기 위한 인식 둘 다 포함하는 개념을 활용한다(Godwin, 2001c: 276-277).

연쇄살인사건을 해결하는 데 도움이 된 요소들에 관한 최근 연구에 따르면, 시간과 장소가 매우 중요하다는 것이 증명되었으며, "피해자와 범인이 최초로 접촉한 장소, 성폭력이 일어난 곳, 살인사건 장소 그리고 시체가 발견된 장소에 대한 정보가 많을수록 살인사건이 더 잘 해결될 것"이라고 한다. 일반적으로 범인들은 그들과 곧바로 인접한 환경과 주변지역 안에서 특정 범행 대상자에 집중하면서, 범인들이 아주 잘 아는 지역에서 범죄를 저지른다고 한다. 적지만 점점 증가하는 연구 문헌에 따르면, 범죄 장소는 범죄자가 거주하는 장소와 체계적인 관련성을 갖고 있다(Godwin, 2001b: 259).

시간이 지나면서 여러 건의 살인범죄를 저지르는 범죄자가 있는 경우에 범인의 주거지와 범행 장소와의 관련성은 이러한 범죄의 배후에 있는 심리학적 메커니즘을 명확히 하는 데 중요한 도움을 주게 된다. 즉 연쇄살인 범죄자의 행동에 대한 두 가지 중요한 지리적 측면은 관련된 심리학적 절차에 관한 유용한 지표를 제공한다.

첫째, 피해자가 처음 마주친 그 지점(PFE)[5]은 항상 그 범죄 피해자의 사체(死體)가 유기되었거나 혹은 매장된(buried: BD)[6] 장소와는 결국 다른 곳이라는 사실이다. 만약 연쇄살인범이 자신의 일상적인 활동들로부터 그의 범죄 행동을 발전시켜 나간다고 가정한다면, 피해자가 최초에 마주친 그 장소(PFE)는 시체가 유기된 장소보다 범인의 주거지에 더 가까울 것이라는 점이다. 그런데, 범인의 행동이 특별한 범죄 대상자를 목표로 아주 전문적으로 주의깊게 계획되었다면, 피해자가 최초에 범인을 마주친 장소가 범인의 집에서 훨씬 더 멀거나 혹은 적어도 범인의 집에서 사체를 유기한 장소(BD)까지 거의 비슷한 거리로 떨어져 있을 것이다.

이와 함께 두 번째 중요한 고려 사항은 시간이 흘러가면서 범죄가 진행된다는 점이다. 그것은 범죄자의 특징적인 행동으로서 범죄자가 범행을 많이 저지르게 될 것이라는 가정이 하나 있고, 연쇄적 살인이 증가하면서 이것은 범인의 집으로부터 떨어진 곳에서 반영될 수 있다는 것이다.

한편 시간이 지남에 따라 범죄자는 살인행위를 그 자신의 일상생활 영역으로 통합시키고, 그래서 이후의 범죄들은 이전에 저질러진 것들보다 집에서 훨씬 더 가까운 곳에서 저지를

5) Point at which the victim is First Encountered에서 유래된 철자.
6) Body Dump Site를 의미함.

것이라고 하는 좀더 도전적인 가정이 있다. 연쇄살인 범죄자는 자신들의 범행이 한 번 이루어지게 되면 범행 수법이 더욱 발전하게 된다. 그러므로 홈스와 드버거(Holmes & DeBurger, 2004), 홈스와 홈스(Holmes & Holmes)와 같은 전문가들이 강조하듯이, 경찰에 의해 충분히 통제될 수 있도록 범죄자들에 대한 신원 확인을 초기에 하는 것은 결과적으로 매우 중요하다.

살인사건을 해결하는 것과 수많은 중요한 장소에 대한 정보를 입수하는 것 간에 관계가 있다는 것은 기정사실화되어 있다. 연쇄살인사건을 해결하는 데 기여했던 요소들에 관한 최근 연구에 따르면, 시간과 장소가 매우 중요하다는 것이 증명되었으며, "피해자와 범인 간에 최초로 접촉했던 장소, 성폭력이 일어난 곳, 살인사건 장소, 사체가 발견된 장소에 대한 정보가 많을수록 살인사건이 더 잘 해결될 것이다"(Keppel & Weis, 1994: 386-401). 그러나 아쉬운 점은 이러한 장소에 대한 중요성과 경찰 수사에 투입된 엄청난 비용에도 불구하고, 왜 그러한 것들이 중요한지에 대한 상세한 고려가 거의 연구되지 않았다는 것이다.

FBI 행동과학부에서 근무하다가 퇴직한 전직 요원들에 의해 기록된 일련의 전기적 사례에서는 범죄자가 이동하는 거리는 연쇄살인사건 수사 해결에 중요한 요소가 된다고 한다. 그런데, 행위와 관련된 다양한 범죄를 저지르기 위해 연쇄살인범이 이동한 거리에 대한 가정을 테스트하는 경험적 연구들은 이러한 것과 별 관련이 없었다. 결과적으로, 범죄를 저지르기 위해 연쇄살인범이 이동을 하도록 한 절차에 대한 이해가 아직 발전되지 않았다는 것이다.

그런데, 하나의 유명한 예외로 로스모의 '지리정보에 근거한 범죄자 추적(Criminal Geographical Targeting: CGT)'이라는 업적이 있다. 그는 연쇄살인범이 살고 있을 것 같은 장소를 암시하면서, 범인은 피해자의 사체를 유기하고 떠난 현장으로부터 추정된 거리가 점점 멀어져 간다는 가설에 토대를 둔 환경범죄학과 수학적 모형을 결합했다. 비록 로스모가 그의 알고리즘에 관한 타당성을 증명하기 위한 연구 혹은 다른 접근 방식과 어떻게 비교할 수 있는지에 대해 공식적으로 제시하지는 않았지만, 그는 자신의 연구 기법의 유용성에 대한 실증 사례를 제시했다. 로스모의 연구가 토대를 두고 있는 것은 심리학적 원칙들이 구체적으로 명료하게 표현된 것은 아니었다. 그러나 그의 구상은 브랜팅햄 부부로부터 유래된 것으로 보이는데, 범인은 그들과 곧바로 인접한 환경과 주변 지역 안에서 특정 범행 대상자에 집중하면서, 일반적으로 범인은 그들이 아주 잘 아는 지역에서 범죄를 저지른다는 사실을 밝혀냈다(Godwin & Canter, 2001b: 261).

이러한 경향은 범인이 그 자신의 집으로부터 멀어질수록 범죄를 저지를 가능성은 줄어든다고 하는 '약화(弱化) 기능(decay function)'에 근거한다. 그들이 제시한 약화에 대한 이유들이 실제로 명확하지는 않지만, 그것은 종종 '최소 희생(노력) 원칙'과 관련되어 표현된다. 결국 동등한 가능성들 가운데 그 밖의 모든 조건들이 동일하다면, 또한 여러 가지 방향들이 활용 가능하다고 할 때, 범인은 가장 가까이 있는 피해자를 범행 대상자로 선택할 것이라는 가정이다.

4) 범죄자의 행동과 지리적 공간

(1) 범행 공간의 지리학적 이해

지리학의 하위 연구 영역으로서, 범행 공간에 대한 지리학적 이해는 일반 사람들이 여행에 관해 그리고 관련된 행동에 대해 어떤 식으로 의사결정을 하는지 설명해 주는 당시의 이론들을 연구자들이 비판하면서, 1960년대에 그 자체 분야로서 발전되어 왔다.

특히, 범행 공간에 대한 지리학적 이해는 사람들이 용무를 해결하기 위해 이동 경로를 결정하는 것, 주택을 선택하는 것과 같은 의사결정과 그리고 좀더 일상적인 행동들을 포함하여 다른 의사결정을 할 때 연관된 이론들을 비판했다. 렌거트(Rengert, 1989)는 범행 공간에 대한 지리학적 이해에 대해, 사람들의 행동을 결정하는 데 우선하는 각자의 행동공간에 대한 의사결정이라고 개념 정의했다. 좀더 평범한 용어로 표현하면, 범행 공간에 대한 지리학적 이해는 사람들이 음식점에서부터 범행과 관련되는 유흥가에 이르는 모든 것을 찾으러 이동하는 것과 관련하여, 왜 그리고 어떻게 결정하는지에 대해 연구의 관심이 모아져 있다(Paulsen & Robinson, 2004: 121).

범행 공간에 대한 지리학적 연구가 시작된 것이 오래되지는 않았으며, 이러한 학문 분야는 범죄가 저질러지는 공간에 대한 의사결정을 연구하는 데 응용되기 시작했다. 대체로, 범행 공간에 대한 지리학적 연구는 두 가지 영역으로 나뉘는 바, 범죄와 형사사법에 대한 의미를 갖고 있다. 범행 공간에 대한 지리학적 연구의 첫 번째 영역은 공간 내에서의 범죄 행동(behavior in space)이라는 용어로 소개된다. 이 분야는 범죄와 관련되어 있기 때문에, 렌거트(G. Rengert)는 '공간 내에서 범행'을 범행 기회와 범죄자의 공간적 행동에 관한 사회적, 경제적, 물리적 그리고 생리적 긴장들의 지리학적 분포를 고려하는 접근들을 연구하는 것으로 개념 정의하고 있다. 개념 정의에서 암시하듯이, 이러한 범죄연구 영역은 어떻게 범행 기회에 관한 공간적 구조가 범죄의 지역적 분포를 형성할 수 있는지를 다룬다. 게다가, 범행 공간에 관한 연구는 전문적인 영역이며, 공간 내에서 범행 기회와 긴장들의 결합이 어떻게 범행 패턴에 영향을 미치는가를 탐구하는 것이다. 이러한 범행 공간에 관한 지리학적 연구 분야에 의해 강하게 영향을 받아온 범죄학적 연구는 범죄유형이론과 범행 기회 구조

이론을 포함하고 있다. 범행 기회에 대한 지리적 분포가 어떻게 범행 패턴에 영향을 미치는지를 알아볼 수 있는 좋은 사례는 바로 상점 절도에 관한 공간적 분포라고 할 수 있다. 대부분의 도시에서 상점 절도 범죄는 특정한 장소에서 아주 빈발하는 범죄 유형이라고 할 수 있다. 특히, 그러한 장소는 가게들이 아주 밀집되어 있는 곳이다. 상점 절도가 빈번하게 발생하는 특정한 지점들은 쇼핑 구역이 있는 지역과 각종 쇼핑몰과 가게들이 아주 밀집한 지역 내에서 하나의 클러스터를 형성하는 경향이 있다. 왜냐하면, 상점 절도를 하려면 가게와 상품들이 있어야 하기 때문이다. 필라델피아에서 어떻게 범행 기회구조가 주거침입 절도의 지리적 분포에 영향을 미치는지를 분석하면서, 렌거트는 어떤 지역 내에 있는 주거용 주택들의 숫자는 '범죄의 매력성(criminal attractiveness)'을 측정하는 중요한 단서가 되었다는 사실을 발견했다.

이러한 분야에 대한 연구는 그 결과면에서 비교적 명백하게 보이면서, 그럼에도 불구하고 범행 기회구조와 범죄 분포에 대한 영향은 형사사법 실무자와 범죄학자들에게 똑같이 중요하다. 특히, 범행 기회 구조이론을 통해 범죄의 공간적 패턴을 예견할 수 있다. 그리고 이러한 쟁점을 다루기 위해 효과적인 형사사법 정책이 고안될 수 있다.

행동공간에 대한 다른 일반적인 지리학적 연구는 '공간적 행동(spatial behavior)'이다. 공간적 행동은 물리적 환경 내에서 물리적·사회적 요소들에 대한 수동적 존재로서라기보다는 오히려 범죄에 적극적인 가담자로서 특정 개인에 초점을 맞추고 있다. 공간 내의 행동연구는 좀더 특정한 분야이며, 범행 기회와 제약과 관련되어 있는 반면에, 이 연구 분야는 범죄가 저질러지는 공간 내에서의 사람의 역할에 주목하고 있다. 특히, 공간적 행동은 개별 행위자와 공간적 지식 관점에서 그들의 차이점과 공간적 행위에 초점을 맞추고 있다. 공간 개념 내에서 행위를 다루는 범죄학자들의 연구가 다소 제한을 받아온 반면에, 공간적 행위 개념을 다루는 연구는 훨씬 더 광범위해졌다. 특히, 마음속에 갖고 있는 정신적 지도, 공간에 대한 인식, 범죄를 저지르기 위한 이동과 같은 공간적 행위 개념들을 다루는 연구는 상당히 광범위하며, 지리학적·범죄학적 문헌 속에서 잘 확립되어 왔다(Paulsen & Robinson, 2004: 121-123).

연구 결과에 따르면, 공간에 대한 인식이 어떻게 범죄 유형에 영향을 미치는가의 관점에서 범죄자들은 다른 지역이 훨씬 더 좋은 잠재적 범행 기회를 갖고 있는 곳으로 인식하면서도, 실제로는 그들이 잘 알고 있는 인근 지역에서 범죄를 저지르는 경향이 있다는 것이 일관되게 제시되고 있다.

렌거트와 와실치크(Rengert & Wasilchik, 1985)에 따르면, 주거침입 절도범은 자신들이 평소에 이동하는 경로상에 제한된 거리 내에서 그리고 범인의 주거지와 직장 사이에 이르는 이동 경로를 따라 소재한 장소를 범행 장소로 항상 선택했다는 것을 밝혀냈다. 게다가 다른 연구 결과에 따르면, 거의 모든 강도범, 주거침입 절도범, 연쇄강간범 그리고 연쇄살인범들이 범인이 평소 다니는 길과 서로 만나는 길 주변의 한정된 공간 내에서 범죄가 저질러지고 있음을 밝혀냈다.

전반적으로, 일관되게 다음과 같은 연구 결과가 제시되고 있다. 대부분의 범죄자는 그들이 알고 있는 공간 내에서 범죄를 저지른다. 즉 범인의 일상적인 활동이 이루어지는 서로 다른 길이 마주치는 지점이나 평소 통행하는 노상 주변에 집중되고 있다. 그리고 범죄를 저지르기 위한 목적으로 공간을 치밀하게 답사하는 경우는 매우 드문 현상이라고 한다(Paulsen & Robinson, 2004: 130).

(2) 범죄를 저지르기 위한 공간 이동

범행의 지리학적 개념과 관련된 것은 범죄자가 범죄를 저지르기 위한 공간 이동에 관한 문제다. 범죄를 저지르기 위한 이동은 범죄학적 연구의 한 분야가 되고 있으며, 범죄를 저지르기 위해 이동하는 거리에 관심이 쏠려 있다. 특히 범죄자의 주거지에서 범행 장소까지의 거리에 초점이 맞춰져 있다. 범죄를 저지르려고 범인이 이동한다는 생각은 비교적 단순하지만, 어디에서 그리고 왜 범인이 범죄를 저지르기 위한 특별한 장소로 이동하는지에 관한 이해는 대다수의 범죄학이론에 영향을 미치고 있다(Rengert, Piquero, & Jones, 1999).

범죄를 저지르기 위한 범인의 이동성이 일상활동이론, 합리적 선택이론, 차별적 접촉이론 그리고 몇몇 범죄 유형에 해당될 수 있는 범죄유형이론을 포함한 수많은 다른 이론들에 영향을 받는 반면에, 일반적으로 범죄를 저지르기 위한 범인의 이동성은 하나 혹은 그 이상의 중요한 공간적 요소들에 의해 영향을 받게 될 것이라고 생각된다. 특히, 표적의 매력성, 공간적 매력성 그리고 목표물의 배경은 범죄를 저지르기 위한 범인의 이동성에 중요한 영향력을 모두 갖고 있다고 여겨진다.

장소에 관한 표적의 매력성은 범인으로 하여금 특정 지역 내에서 범행 가능한 상당한 정도의 높은 가치 있는 표적물이 있다고 유혹하는 것을 말한다(Rhodes & Conly, 1991). 특히 이러한 지역 내에서는 범인이 실행 가능한 범행 기회에 관해 높은 가치를 두고 있기 때문에, 표적의 매력성이 있는 지역 쪽으로 이동하게 될 것이다. 이론적으로, 지역에 대한 표적의 매력성이 높을수록, 범인들은 그러한 지역에서 범죄를 저지르기 위해 먼 거리를 이동할 가능성이 높아진다. 범인으로 하여금 표적의 매력성을 높게 판단하도록 하는 지역 특성의 사례로서는 높은 소득을 갖고 있는 거주자, 독신 가정의 비율이 높은 곳 혹은 잠재적인 많은 피해자들이 거주하는 지역들이다(Rhodes & Conly, 1991). 이전에 언급된 범인의 활동공간에서, 범죄 유발 요인과 범죄를 유인하는 것들은 둘 다 어떤 지역에 대한 표적의 매력성을 증가시킬 수 있는 요인들이다.

표적의 매력성과는 달리, 공간적 매력성이 높은 지역은 범인에게 공간적으로 가깝거나 혹은 범인에게 잘 알려져 있는 장소들이다. 이러한 장소는 범죄를 저지르기 위해 짧게 이동할 수 있는 거리 혹은 범행을 저지를 때 비교적 편안하게 느낄 수 있는 주변 환경을 제공한다. 만약 범인에게 그러한 장소가 알려져 있지 않거나 혹은 들키지 않고서는 그러한 장소에 접근하는 것이 매우 어려운 곳이라면, 비록 표적의 매력성 관점에서 높이 평가한다고 할지라도, 그러한 장소에서는 피해를 당하지 않을 것이다(Rhodes & Conly, 1991).

공간적 매력성 측면에서, 범죄자의 합리적 선택은 모든 것이 동일할 때 범죄를 저지르기 위해 범인의 주거지에서 가장 가까운 곳을 선택할 것이라는 최소 희생의 원칙(the least effort principle)에 달려 있다. 이동 거리의 관점에서, 범인의 범행 결정 과정에 마지막으로 중요하게 영향을 미치는 것은 범행 표적의 배경(target backcloth)이라고 할 수 있다. 표적물의 배경 혹은 피해자의 배경이라고도 일컬어지는 것은 특정 지역 내에 있는 범행 대상물 혹은 피해자들의 공간적 분포다(Brantingham & Brantingham, 1991). 특히 범인이 특정한 유형의 피해자를 물색할 때, 범행 대상으로 적당한 피해자들의 위치가 범인이 범행을 저지르는 지역 내에서 통일적으로 분포하지 않을 수 있다는 것은 바로 범행 표적물의 중요한 배경이 된다(Paulsen & Robinson, 2004: 131).

범인이 특정 유형의 범죄 피해자를 물색하는 사건들에서, 범죄를 저지르기 위해 이동하는 것과 범행 장소는 범인의 활동공간보다는 피해자의 활동공간에 의해 더 많은 영향을 받을 것이다. 물건이 보관되어 있는 창고에만 방화를 저지르는 것을 즐기는 연쇄방화범은 표적물의 배경이 범인의 이동 경로에 어떤 영향을 미치는가를 판단할 수 있는 좋은 사례가 된다. 그런 범인이 저지른 사건에서, 범행에 적당한 피해자가 있는 지역(물품 보관창고들이 있는 지역)은 표적의 배경이 될 것이며, 계속해서 범죄를 저지르기 위한 이동 경로가 될 것이다.

반대로, 특별한 범행 대상(피해자) 유형을 갖지 않는 연쇄방화범은 매우 다른 표적의 배경과 범행 이동 경로를 갖게 될 것이다. 예를 들면, 물품 보관창고에 방화를 저지르는 범인과 특별한 피해자 유형을 갖지 않은 방화범의 범행 장소는 서로 다른 지리적 특성을 보여주고 있다. 특히 연쇄살인범과 연쇄강간범과 같은 연쇄범인이 특정한 범죄 유형을 저지르기 위한 이동 경로를 이해하는 데 범행 표적의 배경은 특히 중요한 것으로 알려지고 있다(Paulsen & Robinson, 2004: 131).

2 지리학적 프로파일링 기법의 발전 과정

1) 지리학적 프로파일링 기법의 개발

1986년 초반 르 보(James L. Le Beau)는 범죄자를 수색하는 지역을 줄여나가는 방법으로 수사상의 지리통계적 분석기법(geostatistical analysis)과 범죄 유형 연구(crime pattern research)의 잠재력을 알았다. 실질적인 지리학적 프로파일링 기법은 1990년대에 이르러 발전되었다고 한다(Rossmo, 2000: 195). 1992년경, 캔터(David Canter)가 운영하는 영국의 서레이(Surrey)대학(현 리버풀대학)의 수사심리학 연구그룹(Investigative Psychology Research Group)에 의해 많은 연구들이 수행되었다. 이들의 접근 방식은 미 연방수사국의 연역적인 접근과 반대로 결정적으로 귀납적인 것이었고, 광범위한 공간적 원칙들과 함께 한때는 지리학적 프로파일링으로 불리는 방법들을 활용하기도 했다(현재는 수사심리학적 분석이라 부른다).[7]

이러한 기법이 최초로 실무적으로 활용된 것은 1990년이었다. 당시에 이것을 '지리정보에 근거한 범죄자 추적(Criminal Geographic Targeting: CGT)'이라고 불렀다. 이 CGT 알고리즘은 범죄를 저지르기 위해 범인이 이동하는 것을 재현해 주는 '거리 감소 방정식'을 채용하고 있다(Rossmo, 2001: 162).

지리학적 프로파일링은 특별한 수사 지원 기법으로서 연쇄 폭력범죄 사건 해결을 돕기 위해 고안되었다. 그리고 연쇄범죄 사건을 처리하기 위해 자료관리 전략 기능을 가지면서, 과다한 자료에 대한 선별 작업을 도와 주기 위한 것이었다. 연관된 연쇄범죄의 장소 분석, 그러한 범죄가 발생하는 장소에 대한 연고적 특성 그리고 범인은 자신이 거주하거나 근무(활동)하는 지역에서 범죄를 저지를 가능성이 매우 높다고 하는 범인의 심리학적 프로파일에 토대를 두고 있다.

지리학적 프로파일링은 수사활동에 초점을 맞추기 위해 활용될 경우 최선의 정보관리 전략으로서 받아들여질 수 있다. 용의자와 범행 장소를 우선적으로 고려함으로써 도움을 줄 수 있으며, '지오프로파일(geoprofile)'이라고 정의되는 지역(장소)에서 전개될 수 있는 수사 전술을 발전시키는 데 활용될 것이다. 이러한 전략들은 범죄자를 찾아내는 일을 최적화할 수 있도록 장소 지향적 초점을 제공함으로써 전통적인 수사 기법을 보충하기 위해 고안된

7) http://faculty.ncwc.edu/toconnor/401/401lect01.htm

지리학적 프로파일링 기법을 개발한 로스모 박사[8)]

것이다.[9)]

지리학적 프로파일링 기법에 대해 가장 중심적 역할을 한 사람으로 인정받고 있는 인물은 다름아닌 로스모(Kim Rossmo)였다. 그는 캐나다 밴쿠버 시 경찰청에서 수사간부(inspector)로 근무했던 전직 경찰관이며, 사이먼 프레이저 대학교 범죄학부(School of Criminology)에서 박사학위를 취득했다. 즉 로스모가 박사학위 과정에서 7년 동안 연구를 하면서 개발해낸 연구 결과다.

1995년 로스모는 연쇄범죄자 확인을 위해 상당히 유망한 수사 기법으로 등장한 지리학적 프로파일링 기법에 바탕을 둔 박사학위 논문을 완성했다. 그는 또한 '지리정보에 근거한 범죄자 추적(CGT)'이라고 불리는 컴퓨터 프로그램을 개발했다. 이 기법은 범죄자가 저지른 범죄의 지리적 혹은 공간적 특성들을 분석하기 위해 고안된 것이다(Bartol & Bartol, 2005: 334). CGT는 범죄자가 거주하고 있을 영역이라고 추정될 만한 다양한 지역에 통계적 가능성들을 지정해 주는 3차원 지도를 생성해 준다. 3차원 지도는 또한 범죄가 발생했던 거리 지도 혹은 지형 지도(topographic map) 위에 놓여진다. 그 프로그램은 알려진 범인의 이동 패턴, 가능한 범죄자들이 편안하게 여기는 가능한 구역 그리고 범인이 피해자를 물색했던 패턴을 고려하고 있다. 최종적으로, 프로그램의 목표는 범인의 주거지의 위치, 범행을 저지르는 과정에서 토대 역할을 한 곳을 정확하게 가리켜 주는 것이다.

로스모에 의해 발전된 지리학적 프로파일링 기법은 후일 특허를 받아 1994년 캐나다의 '환경범죄학연구사(Environmental Criminology Research Inc.: ECRI)'가 상업적으로 개발했다.

8) http://www.all-about-forensic-psychology.com/images/kim_rossmo.gif;http://www.missingpeo ple.net/kim_rossmo_press.jpg;http://i.cnn.net/cnn/2002/TECH/biztech/10/08/profiling.tech/story.rossmo.ap.jpg(2008년 5월 10일 검색)

9) http://www.criminalprofiling.ch/types.html(2008년 3월 29일 검색)

2) 로스모의 지리학적 프로파일링에 대한 배경

(1) 인도의 무장강도 사건에 관한 아이디어

연쇄범죄자에 관해 컴퓨터로 작동되는 지리학적 프로파일링 분야에서 가장 최근의 발전은 캐나다에서 이루어졌다. 그곳에서 기본적으로 새로운 차원의 방법이 프로파일링 시스템에 추가되었다. 그 시스템은 오리온(Orion)이라고 불리며, 밴쿠버경찰청 수사관이었던 로스모가 개발한 것으로서, 법지리학적 프로파일링의 원칙(the principle of geoforensic profiling)에서 작동된다(Vronsky, 2004: 361). 이 시스템을 특별하게 만든 것은 용의자에 대한 가설적 인성 특징을 확인하는 것이 아니라는 점이다. 그것은 용의자가 살고 있는 장소 그리고 심지어 용의자의 가능한 신원을 찾아낸다.

로스모는 'dacoity'(인도어로 dakaitee, '무장강도[armed robber]라는 의미)로 불렸던 기원전 500년 이래, 인도 지역에 역병처럼 번지고 있던 시골 지역의 특별한 범죄 유형을 해명하는 것에 깊은 감명을 받았다. 무장강도(dacoity)는 한 동네의 5명 혹은 그 이상의 범죄자들로 구성된 갱이 그 동네를 급습하고 다른 동네를 강도질했다. 무장강도는 항상 밤에 범죄를 저지르고, 항상 새 달이 뜰 때에 그랬다. 왜냐하면, 인도의 시골 지역에는 전깃불이 거의 없었기 때문이다. 새로 뜨는 단계의 달(moon)은 약탈 대상자에게 거의 완전히 어두움으로 덮어 주었다. 인도 경찰은 그 무장강도 갱들을 체포하기 위해 지리학적 프로파일링 시스템을 체계화했다. 경찰은 한 사람이 걸어서 그 시골 지역을 가로질러 이동할 수 있는 속도를 계산하고 반경 거리를 좌표로 위치를 정했다. 왜냐하면, 새벽녘에 들에서 일하는 농부들이 그 지역을 통과하여 이동하는 낯선 사람을 관찰할 수 있기 때문에, 그 갱은 발각되지 않기 위해서는 해가 뜨기 전에 자기 동네 지역으로 들어가야만 한다는 것을 경찰은 알았다. 그래서 갱들이 올 수 있는 가능한 동네가 곧바로 확인되었다. 무장강도 갱단은 그들이 속한 계급의 구성원은 공격하지 않는다는 전통을 따르고 있었는데, 일단 갱단이 온 동네가 확인하면, 경찰은 추가적으로 계급에 의해 그 대상자를 추려낼 수 있었다.

그 시점에서, 표준화된 경찰 수사 기법은 용의자들의 리스트를 줄여 나가는 쪽으로 초점이 맞춰질 수 있었다. 로스모는 경찰견을 데리고 용의자를 추적했던 동료 경찰관의 이야기를 또한 들었다. 그들은 로스모에게 다음과 같은 내용을 말해 주었는데, 용의자들은 도보로 도망가려는 시도를 할 때, 거의 항상 동일한 행동을 한다. 예를 들면, 오른손잡이 용의자들은 옆으로 방향을 바꿀 때, 왼쪽 방향으로 도는 경향이 있다; 장애물을 만났을 때, 그들은 오른쪽 방향으로 움직인다; 유죄의 증거가 될 만한 물건을 집어던질 때 그들은 오른손을 사용해 던졌다; 그리고 큰 건물 안에서 숨을 때, 그들은 담장 밖에서 숨는다고 한다. 로스모는 법지리학적 프로파일링이 시도된 사건들을 연구했다(Vronsky, 2004: 361).

(2) 로스모의 오리온(Orion) 시스템 적용

부오노(Angelo Buono)와 비앙키(Kenneth Bianchi)가 시체를 로스앤젤레스에 있는 언덕에 유기할 때에, LA경찰청에서는 각 위치(시체 유기 장소) 간의 거리를 측정하고, 그리고나서 컴퓨터를 이용하여 지도 위에 좌표를 정해서 원을 그렸다. 각 원의 중심은 피해자들을 물색할 가능성을 표시한 것이다. 원의 둘레는 최대로 피해자를 취할 수 있는 능력을 표시했다. 반면에, 반지름은 그 능력을 표시했다. 다양한 위치로부터 이끌어진 벡터(vector)들이 약 3평방 마일 지역으로 범위를 좁혔다. 그곳은 로스앤젤레스 경찰이 그 당시 연쇄살인범을 두려워하게 할 시도로서 정복을 착용한 경찰관을 집중적으로 배치했다.

나중에, 부오노와 비앙키가 체포되었을 때, 몇몇 피해자들이 강간을 당하고 살해되었던 부오노의 주거지와 실내장식품 가게는 위치를 정해 곡선으로 그린 지역 중심에서 가까웠다. 로스모의 오리온 시스템은 지리학적 요소뿐만 아니라, 교통 흐름, 도심의 지역 설정(urban zoning), 인구조사 자료, 가장 있을 법한 범인의 장소와 함께 나타날 수 있는 범인의 인성적 특징 프로파일들(offender personality profiles)까지 고려하고 있다(Vronsky, 2004: 362).

비록 오리온이 모든 유형의 범죄자 인성 특징에 작동한 것은 아니지만, 그것은 이동성이 없는 연쇄범죄자들－강간범, 은행강도범, 어린이 학대범—이 범죄를 저지르고 있는 동일한 지역에 살면서, 거주지를 바꾸지 않는 살인범들을 분석하는 데 상당히 효과적이었다. 오리온은 대부분의 범죄자가 자신의 집과 너무 근접해도 공격하지 않는 경향이 있을 뿐만 아니라, 너무 불편할 정도로 멀리 떨어져 있어도 범행을 저지르지 않는 경향 둘 다 있다는 사실을 고려하면서, 범인이 가장 공격할 법한 구역－다시 말하면, 위험한 곳들(*jeopardies*)로 알려진－을 수학적으로 나누었다. 그런 위험한 곳들로부터 프로파일된 범죄자의 인성적 특징에 의존하여 오리온은 각 범행 장소로부터 '감소'되는 것을 측정하면서, 범인이 거주 가능한 장소를 계산하기 시작한다. 범죄를 저지르기 용이한 장소야말로 가능한 범인의 거주지 쪽으로 상당히 가까워진다.

실질적으로, 그 시스템은 감소될 정확한 비율을 삼각 측량하기 위해 몇몇 범행 현장들을 필요로 한다. 그것은 엄밀하게 보면 연쇄살인범에게 상당히 강력한 도구다. 오리온은 6건 혹은 그 이상의 범죄 건수가 시스템에 입력되면 90% 이상 정확해진다. 밴쿠버에서 오리온이 온라인으로 갔을 때, 그것은 신속하게 그 자체로 어린이 학대범을 체포하는 데 증명되었다. 범인은 도시 내 여러 지역에서 어린이를 공격하고 있는 중이었다. 경찰은 범인의 차량 특징이 묘사된 정보를 갖고 있었다. 범인이 범행하는 시점의 교통 유형을 판단한 후에, 오리온은 공업지역, 상업지역 그리고 비주거 지역을 제외하고, 위험한 곳을 좌표로 위치를 결정했다. 인구조사 자료와 심리학적 프로파일링을 통해 확인된 범인의 가능한 인구사회학적 배경을 반영한 것에 기초하여, 오리온은 범인이 거주하고 있을 법한 가능성 있는 장소의 순서에 따라서 우편번호 코드 리스트를 계산했다(Vronsky, 2004: 362).

이러한 우편번호 코드들은 자동차 등록과 운전자의 면허 파일을 통해 특징이 묘사된 용의자의 자동차와 대조하기 위해 걸러진다. 가장 짧은 용의자 리스트가 확인되고, 연속해서 표준적인 경찰 수사 절차에 따라 수사된다. 그리고나서 신속하게 어린이 학대범의 체포 쪽으로 이어진다. 이러한 모든 시스템이 자동화되고 있지만, 프로파일러(Profiler: 컴퓨터 프로그램명)와 오리온은 그 프로그램들 속에 정보가 저장되는 것에 지나지 않는다. 다른 프로파일 유형들이 지리학적 공간 내에서 다르게 작용하기 때문에, 오리온에 의해 작동된 지리학적인 추적(geographical targeting)은 용의자에 관한 심리학적 프로파일의 양에 달려 있다.

이와 마찬가지로, 자료를 분석하는 프로파일러(컴퓨터 프로그램)의 능력은 오로지 그것을 위해 프로그래머인 사람에 의해 작성된 인공지능 규칙(artificial intelligence rules)에 달려 있다. 게다가 만약 현장에 있는 경찰이 범행 현장의 특징들을 인식하지 못하고, 주의하지 않고 확인하지 않으면, 거기에는 프로파일러라는 컴퓨터 프로그램에 입력할 사항이 아무것도 없다.

마지막으로, 이러한 컴퓨터 시스템의 출력물은 단지 가장 높은 가능성 비율을 제시해 줄 뿐이다. 자료를 해석하고 효과적인 방법으로 수사에 짜맞추는 것은 여전히 인간인 수사관의 몫으로 남아 있다. 프로파일링에는 아직도 매우 많은 사람의 활동을 필요로 한다. 왜냐하면, 사람보다 컴퓨터가 더 빨리 정보를 처리하는 반면에, 범인의 마음을 포함하여 인간 사고력의 깊이와 유연성은 컴퓨터의 그것을 훨씬 더 능가하기 때문이다. 종종 컴퓨터의 인공지능－오로지 인간의 마음만이 그것을 유지할 수 있는－에 관해 엄격하게 정의된 규칙들을 종종 피해 갈 수 있을 방법면에서 범죄자의 상상력은 창조적이다. 프로파일링은 컴퓨터에 의해 접근할 수 없을 정도로 많은 직관적 기술로 이루어져 있으며, 그것은 정확한 과학이다(Vronsky, 2004: 363).

(3) 공간분석 기법이 사용된 몇몇 사례들

지리학적 프로파일링 기법을 논하는 과정에서 로스모에 따르면, mapping(범죄 발생시 표시)과 공간분석 기법이 사용된 몇 가지 주요 범죄 수사 유형을 제시하고 있다.

① 언덕 위의 교살자(Hillside Strangler) 사건

로스앤젤레스 경찰청(LAPD)에서는 살인행위가 벌어진 장소를 판단하기 위한 시도로서,

피해자들이 납치 장소와 시체가 유기 혹은 매장된 장소를 지도상에 표시하기 시작했다. 이러한 분석 결과는 경찰이 판단하기에 범인이 거주할 것 같은 느낌이 드는 3평방마일 이내 지역에 수사력을 집중하기 위해 활용되었다. 비록 이 분석 결과를 통해 범인을 체포하는 데에는 이르지 못했지만, 수사의 초점이 된 지역은 범인이었던 부오노의 자동차 가게가 위치한 장소와 아주 근접한 곳이었다는 것을 후일 알게 되었다.

② 안드레이 치카틸로 사건

러시아 수사 당국에서는 용의자의 출몰이 예상되는 몇몇 기차역 주변에 순찰경찰력을 집중시키기 위해 지리학적 분석 기법을 활용했다. 분석 결과는 후일 범인을 체포하는 데 기여했으며, 범인이었던 치카틸로(Andrei Chikatilo)가 저지른 53명의 여성과 어린이 살해사건에 대한 유죄 입증에 도움이 되었다.

③ 철로 살인사건

학자들과 수사관들이 소위 철로 살인사건(Railway Killer)을 수사하는 과정에서 DNA 테스트를 실시한 몇몇 용의자 명단을 압축하는 것을 도와 주기 위해 공간분석 기법을 활용했다. 용의자 명단은 5,000명에서 2,000여 명으로 압축되었고, 뒤피(John Francis Duffy)라는 자가 체포되었는데, 실제로 범인은 용의자 명단 가운에 한 명이었다. 그 결과 런던 시 지역에 거주하는 7명의 여성들에 대한 강간 및 살인사건에 대해 유죄가 입증되었다. 수사 과정에서 도움을 주기 위해 범죄 발생 지역을 지도에 표시하고(mapping), 공간분석을 활용했던 초기의 몇몇 사례는 유치한 수준이었으며, 많은 사건에서 직접적으로 범인을 체포하는 데에 이르지는 못했지만, 수사관은 미래의 지리학적 프로파일링 기법 발전을 위한 기초를 다졌다고 할 것이다(Paulsen & Robinson, 2004: 137-138).

3) 로스모의 연쇄범죄자 분류 동향

로스모는 피해자를 물색하기 위해 연쇄범인이 사용한 네 가지 패턴을 다음과 같이 정의한다(Bartol & Bartol, 2005: 334).

- ▸사냥꾼형(hunter)
- ▸몰래 남의 땅에 들어가 불법적으로 가축들을 낚아채는 형(poacher)
- ▸제물(祭物) 낚시꾼형(troller)
- ▸덫을 놓는 사냥꾼형(trapper) 등

로스모(Rossmo, 2001: 167)는 "사냥꾼형은 범인들이 생각하기에, 그들이 잘 알고 있는 공간 내에서 적당한 표적들이 있는 지역을 수색하면서, 피해자를 찾아 나서기 위해 특별히 범인의 주거지로부터 출발하는 범죄자들이다"라고 말한다. 범인의 주거지 혹은 근린 지역과 가까운 곳에서 범죄가 보통 일어날 정도로, 이러한 사냥꾼형 범인은 지리적으로 안정적이다. 몰래 남의 땅에 들어가 가축을 낚아채는 형의 범인은 더 이동적이며, 적당한 표적물을 찾는 경우에 그들의 이웃지역으로부터 좀 멀리 떨어진 곳으로 이동하는 경향이 있다. 그런 반면에, 제물 낚시꾼형은 특별히 범행 대상자인 피해자를 찾아 나서기보다는 오히려 다른 행동을 하는 도중에 우연히 부딪히는 상대방을 피해자로 삼는다. 덫을 놓는 사냥꾼형은 범인에게 다가오도록 피해자를 유혹하는 상황을 만들어 낸다.

비록 지리학적 프로파일링 기법이 원래는 살인, 강간 그리고 방화범을 수사하는 데 도움을 주고자 고안된 것이지만, 지금은 연쇄폭파범, 은행강도, 어린이 유괴범을 수사하는 데 사용되고 있다. 지리학적 프로파일링 기법은 여전히 다양한 연쇄범죄들에 대해 예측상의 타당성을 확립하기 전에 알아야 할 것이 있다. 활용 가능한 연구의 대부분은 로스모 자신에 의해 이루어졌지만, 로스모에 따르면, 그의 명성에 맞게, 본질적으로 이 기법은 범죄를 반드시 해결하는 수단이 아니라, 오히려 감시, 순찰력의 집중(saturation patrol), 잠복 그리고 모니터링을 하기 위한 적절한 지역을 확인하는 데 도움을 주어야 하는 수사상의 도구라는 점을 강조하고 있다.

4) 지리학적 프로파일링 결과와 수사 절차

범인이 살고 있는 곳을 보여 주기 위해 지도상에 'X'를 표시한다기보다는 오히려 지리학적 프로파일링 기법은 확률 지도(probability maps: 범인이 거주하고 있는 지역을 중심으로 확률로써 지도상에 표시)의 형태로서 산출 결과를 제공하는 것이다. 보통 위험스러운 지역-(jeopardy surfaces)-으로 혹은 Q range라고 불린다. 이것은 수색지역 범위 내에서 범인이 거주하고 있을 법한 가능성이 가장 높은 지역을 알려 주는 기능을 한다(Paulsen & Robinson, 2004: 138).

지리학적 프로파일링 기법의 산출 결과를 보여 주는 한 사례에서, 색깔이 진하고 어둡게 표시된 지역은 범인의 거주지가 위치할 가능성이 가장 높은 지역을 추정해 준다고 할 수 있다. 이러한 정보는 새로운 수사상 전략을 발전시키기 위해 법집행기관의 (수사) 요원들에 의해 활용된다. 지리학적 프로파일링 결과가 어떻게 수사 절차에 영향을 미칠 수 있는지에 관해 몇몇 다른 사례들을 소개하면 다음과 같다.

(1) 용의자 우선순위 정하기

이러한 프로파일링 결과에 근거하여 가장 가능성이 높은 지역에 살고 있는 용의자가 추가적인 수사상의 초점을 받게 될 것이다. 로스모에 따르면, 이것은 용의자들이 너무 많아서 관련된 '정보들이 과도한' 상황으로 인해 수사기관이 어려움을 겪고 있을 때 특히 도움이 된다고 한다.

(2) 순찰력의 집중

피해자를 찾기 위한 수색을 전개하거나 혹은 범인이 살고 있을 법한 지역 내에서 경찰 순찰력을 증가시킬 수 있다.

(3) 인근 지역을 정밀하게 살피기

경찰은 범인을 찾기 위해 가가호호 방문하여 정밀하게 조사할 수 있다. 혹은 범인이 거주하고 있을 법한 지역 내에서 우편물 관련 정보를 요청할 수 있다(Paulsen & Robinson, 2004: 138-140).

(4) 경찰정보 시스템

가석방자 혹은 보호관찰 대상자들이 거주하고 있는 곳과 같이 경찰의 데이터베이스 내에서 취득된 자료, 범죄자 관련 자료 그리고 범죄정보 관련 자료들이 프로파일링 결과와 함께 중복적으로 활용될 수 있다. 이러한 정보를 활용함으로써 용의자들은 수사활동에 추가될 수 있을 것이다.

(5) DNA 수색

지리학적 프로파일들은 DNA 테스트에 관련된 비용을 줄이기 위해 DNA 표본을 제출하도록 요구받은 각 개인들(용의자)의 리스트를 줄여 나가는 데 사용될 수 있다. 사실 DNA 테스트를 통해 용의자를 압축하는 방법은 영국에서 여러 차례 사용된 수사 기법이다. 지리학적 프로파일 그 자체만으로는 범죄사건을 해결할 수 없다는 것을 강조하는 것이야말로 또한 중요하다. 지리학적 프로파일링은 오히려 전반적 수사전략의 한 부분이다. 지리학적 프로파일은 전통적인 경찰의 수사 기법을 통해 연관성이 있다고 의심되는 연쇄적인 범죄사건을 수사하는 쪽으로 활용되어야 한다. 수사 기법으로서 지리학적 프로파일링은 한계를 갖고 있다. 심지어 그 기법을 가장 많이 지지하는 사람들조차 프로파일될 수 없는 수많은 유형의 범죄들이 존재한다는 것을 지적하고 있으며, 단지 어떤 사건들에 대해서만 유용한 결과를 산출해 낼 수 있다고 한다(Rossmo, 2000).

3 지리학적 프로파일링의 다양한 기법

지리학적 프로파일링 기법은 비교적 최근에 발전된 것이기 때문에, 범죄자 수색 대상 지역을 정확하게 지적해 내야 하는 요구의 관점에서 그 타당성을 평가한 연구 자료들이 거의 없다. 추가적으로 이런 문제가 복합됨으로써, 최근에는 단지 서로 다른 세 가지 모형이 언급되고 있다. 로스모 모형, 캔터 모형, 레빈 모형이 바로 그것들이다. 각각의 모형은 서로 다른 컴퓨터 소프트웨어와 연관되어 있는 바, Rigel(Rossmo), Dragnet(Canter) 그리고 Crimestat(Levine)이다 (Paulsen & Robinson, 2004: 140).

지리학적 프로파일링 모형의 상업적 활용의 특성으로 인해 각각의 조직은 이러한 제품의 유용성에 관련된 부정적 연구 결과를 회피하고자 하기 때문에, 이러한 서로 다른 모형들의 타당성을 둘러싼 연구에 실제로 한계를 갖게 한다. 특히, 어떤 한 모형이 다른 모형보다 더 유용성이 있다는 연구 결과는 매우 전문화되고 이와 아울러 값비싼 프로그램의 판매를 감소시키는 결과를 낳게 할 수도 있다. 기본적인 이론적 배경과 기초가 되는 통계에서 세 가지 모형이 거의 비슷하지만, 그 기법의 유용성에 영향을 미칠 수 있는 각각의 서로 다른 방법론에서 중요한 차이점들이 있다.

1) 로스모 모형

범죄자의 지리정보에 근거한 범죄자 추적(CGT)으로 알려진, 로스모 모형(Rossmo model)은 연쇄범죄자들에 관한 연구에 기초하고 있으며, 범죄자의 주거지를 추정하기 위한 브랜팅햄의 수색 모형을 기초적인 원칙으로 삼고 있다. 특히, CGT는 범인의 집에서 멀리 떨어질수록, 범죄자의 활동이 줄어든다는 원칙과 함께 '거리 감소 기능'을 따르고 있다. 다음 네 가지 단계와 연관된 로스모 모형을 사용함으로써 프로파일링을 실행하고 있다.

① 범인에 의해 연쇄적으로 저질러진 사건들 가운데, 사건들의 모든 범위를 넘는 곳까지 확장되는 직사각형 수색지역으로 정의된다. 이 직사각형 수색지역은 격자형으로 이뤄져 있으며, 격자는 거리를 계산하여 사용된다.

② 격자형으로 이루어진 미국 뉴욕시내 맨해튼 지역의 거리에 착안하여, 일명 '맨해튼 거리식 측정법'은 각 범죄 발생 장소와 각 격자형 칸(grid cell) 간의 거리를 측정하는 것으로 고안된 것이다.

③ 그리고나서 이러한 거리들은 각각의 범죄 발생 장소와 각 격자형 칸에 해당하는 숫자

들을 만들어 내기 위해 완충지대와 비교된다. 그래서, 만약 아홉 군데의 범죄 발생 장소가 있다면, 각각의 격자형 칸은 범죄 발생 장소와 연관된 아홉 가지 숫자를 갖게 될 것이다.

④ 최종적으로, 각각의 격자형 칸에 해당하는 단독의 점수를 만들어 내기 위해 이러한 숫자들은 함께 곱해진다. 각 지점들의 점수가 높을수록, 각각의 격자형 칸에 해당하는 장소가 범인의 주거지일 가능성이 높아진다(Paulsen & Robinson, 2004: 140-141).

로스모 모형에 대한 정확성의 관점에서는 연구 결과가 상당히 제한되어 있다. 로스모 모형을 활용함으로써 성공한 많은 사례들이 있지만, 이 모델의 타당성을 평가한 실제 연구는 로스모 자신에 의해 수행되었다. 로스모(Rossmo, 2000)는 보고하기를, 사이먼 프레이저 대학교 연쇄살인범 연구에 따르면, 그 밖의 모든 조건들이 동일하다면, CGT를 이용한 지리학적 프로파일을 통해 무작위로 수색할 경우, 12% 내에 있는 범인의 주거지를 찾을 수 있다고 한다. 또한 이 모형의 타당성은 범행 장소의 숫자가 연쇄적으로 증가되었을 때 향상된다는 중요한 점을 발견했다. 즉 각각의 범죄 발생 장소가 여섯 군데로 흩어져 있어서 당초에 수색 대상이었던 그 넓은 지역들을 단지 10% 범위 내로 줄여 줄 수 있는 지리적 프로파일을 제공한다.

2) 캔터 모형

두 번째 지리학적 프로파일링 모형은 캔터(David Canter)와 영국 리버풀대학교 수사심리학연구소에서 활동하던 동료들에 의해 발전된 것이다. 로스모 모형처럼, 캔터 모형(Canter model)은 대부분의 범죄가 범인의 집과 가까운 지역에서 발생된다는 전제에 기초하고 있다(Paulsen & Robinson, 2004: 141).

실무적으로, 로스모 모형과 캔터 모형 사이에는 두 가지 중요한 차이점이 있다. 첫째, 로스모 모형은 범인의 주거지를 판단하는 데 초점이 맞춰져 있는 반면에, 캔터 모형은 법집행기관(수사기관)을 위해 실무적 수색 지역에 초점이 두었다는 것이다. 특히, 캔터 모형은 비록 범인의 주거지일 필요는 없지만, 범행을 저지르는 데 근거지로 활용되었을 법한 장소에 대한 가능성을 보여 주는 산출 결과를 제공함으로써 범죄자에 대한 수색 전략을 제시한다. 두 모형 간의 두 번째 차이점은 통계학적·수학적 차이로서, 특히 두 모형은 격자형 칸과 범행 장소들 간에 거리를 계산하기 위해 서로 다른 거리 감소 기능(공식)을 활용한다는 점이다.

두 모형의 기초가 되는 유사한 이론적 배경 때문에, 관련된 프로파일링 절차가 상당히 유사하다. 레빈(Levine, 2002)에 따르면, 가장 있을 법한 범인의 주거지를 판단하기 위한 캔터 모형에 의해 사용된 5단계 절차를 다음과 같이 소개하고 있다.

① 직사각형 연구 지역은 대체로 연쇄적으로 발생한 범죄 장소의 범위보다 20% 정도 더 광범위하게 정의된다. 이러한 수색 장소에 대해 13,300칸으로 이루어진 격자형 지역이 분석 대상으로 올려지게 된다.

② 거리 감소 계수(distance decay coefficient)가 선택된다. 로스모 모형과는 달리, 캔터 모형은 이 모형의 민감성을 평가하기 위해 연속적인 거리 감소 계수를 사용한다. 이러한 방정식은 어떤 격자형 칸이 한 건의 범죄를 저지른 범인의 주거지일 가능성을 암시한다.

③ 범인에 의해 사용된 다른 수색 지역들을 밝혀내기 위해 각각의 격자형 칸과 각 범죄 간의 거리는 계수를 표준화함으로써 분할된다. 캔터는 MID point와 Q range라는 다른 두 가지 계수를 사용한다.

④ 계산한 수치는 각 칸과 각 범죄 간의 거리를 측정함으로써, 각 격자형 칸에 대해 부여되며, 가능성 판단은 각 격자형 칸에 대해 부여된다.

⑤ 수색비용 지수는 범인을 찾기 위해 수색했던 조사 대상 지역의 비율에 의해 한계가 정해진다(Paulsen & Robinson, 2004: 142).

로스모 모형처럼, 실제 연구들은 단지 캔터와 동료들에 의해 수행된 것만 있을 정도로, 범죄자의 주거지를 예측하는 데 캔터 모형의 타당성에 관한 연구는 매우 희소하다. 특히, 캔터와 동료들(Canter et al., 2000)에 의한 연구 결과에 따르면, 그들의 모형을 통해 수색 대상 지역 범위의 상위 5% 이내에서 모든 범죄자들의 주거지 51%를 예측할 수 있으며, 수색 대상 지역 범위의 상위 25% 이내에서 87% 정도의 범인 주거지를 예측할 수 있다고 한다. 전반적으로 이 모형을 통해 범인의 주거지를 찾기 위한 최초의 직사각형 수색 지역 범위를 전체 크기의 11% 정도로 줄여줄 수 있었다.

3) 레빈 모형

마지막 지리학적 프로파일링 모형은 'Crimestat'이라는 공간분석 소프트웨어를 운용하는 레빈에 의해 고안된 것이다. 레빈 모형(Levine model)은 이전의 두 가지 모형들과는 차이가 있는데, 엄격히 말하면 지리학적 프로파일링 기법이라기보다는, 오히려 범행 목적 이동거리 측정 모형(journey to crime[JTC] model)이라고 할 수 있다.

지리학적 프로파일링 기법과 JTC 모형 간의 중요한 차이는, 엄밀하게 말하면 JTC 모형은 통계학적 모형이며, 대체로 지리학적 프로파일링 기법의 개념적 틀을 무시한다는 점이다. 이것은 두 모형이 계산식과 기본적 가정에서 다르다는 것을 말하려는 것은 아니다. 실제로, 레빈에 따르면, 그의 JTC 모형은 로스모 모형을 바탕으로 하여 만들어졌으며, 그 모델링 역량을 확대한 것이라고 한다.

이런 식으로 레빈 모형으로 지리학적 프로파일링을 실행하는 것은 로스모 모형의 여러 단계들과 유사한 네 가지 단계를 포함하고 있다(Paulsen & Robinson, 2004: 142-143).

① 한 격자(grid)는 연구될 한 지역 위에 얹어지게 된다. 로스모나 캔터의 모형과는 달리, 최선의 연구 지역이라는 것은 없으며, 그래서 프로그램 사용자는 반드시 연구할 지역을 선택할 시점에 주의를 기울여야 한다.

② 각 범죄 발생 장소와 각 칸(cell) 간의 거리는 계산된다. 중요한 것은 로스모 모형에서는 범죄 발생 장소와 각 격자형 칸 사이의 거리를 측정하기 위해 (간접적인) 맨해튼식을 사용한 반면에, 레빈 모형에서는 각각의 범죄 발생 장소와 각각의 격자형 칸 중심 사이의 거리를 측정하는 것이라는 점이다. 레빈(Levine, 2002)에 따르면, 이러한 방식은 통상적으로 범죄자들이 이동한 경로들이 거의 알려져 있는 경우에 더 정확한 방법이라고 한다.

③ 거리 감소 기능은 각각의 격자형 칸과 범죄와 짝을 이루도록 적용되며, 모든 범죄사건에 대한 가치를 합산하게 된다. 레빈 모형은 프로그램 사용자로 하여금 다섯 가지 수학적 함수들 가운데 하나를 혹은 범인이 범죄를 저지르기 위해 이동한 거리를 모형화하기 위해 경험적으로 추론된 하나의 함수를 사용할 것인지 여부를 결정할 수 있도록 허용해 준다.

④ 거리 감소 공식을 사용함으로써 가능성 추정은 각각의 격자형 칸에 부여된다. 이러한 격자형 칸에 나타난 산출 수치는 연구 대상 지역 내에서 범인의 주거지가 있을 가능성이 가장 높은 곳과 가장 낮은 곳을 보여 주는 지면 위의 확률이다.

다른 모형들처럼, 레빈 모형의 정확성에 관한 연구는 매우 제한되어 있다. 최근까지 레빈 모형에 관한 유일한 분석은 Crimestat 프로그램에 포함되어 있는 문서에 대해 레빈에 수행한 소규모 분석이 있을 뿐이다. 이 분석에서는 메릴랜드 주 볼티모어 카운티로부터 여러 건의 범죄 혐의가 입증된 50명의 범인들에 관한 작위적 표본들이 사용되었다.

그런데, 로스모에 의해 수행된 연구 결과와 캔터와 동료들(Canter et al., 2000)에 의해 수행된 연구 결과와 상반되게, 레빈(Levine, 2000)은 여섯 가지 단순한 공간분포 방법론의 정확성에 대해 자신의 모형에 의한 정확성을 비교하려고 했다. 확실히 레빈은 JTC 모형의 산출 결과와 평균 중심, 최소 거리 평균, 직선 평균, 삼각형 평균, 기하학적 평균 그리고 조화

평균으로 산출된 결과를 비교했다. 중요하게도, 그 결과에 따르면, JTC 모형은 5건 미만의 범죄 혹은 10건 이상의 범죄와 연관된 연쇄적 범죄들에 대해서는 가장 정확했던 반면 다른 모든 방법론과는 엇갈리게 최소 거리의 중심이 가장 낮은 평균 실패율을 갖고 있었다고 한다 (Levine, 2002).

4) 지리학적 프로파일링에 대한 비판

연쇄범죄를 수사하는 데 투입되는 시간과 인력의 양을 획기적으로 줄여 주는 데 도움을 줄 수 있다는 측면에서 지리학적 프로파일링 기법에 대한 이점들이 받아들여지고 있지만, 지리학적 프로파일링 기법의 개념과 함께 몇 가지 문제점이 있다 (Paulsen & Robinson, 2004: 143).

첫째, 지리학적 프로파일링 기법이 경험적 연구에 토대를 두고 인정되고 있지만, 프로파일링에 대한 일반적 분야는 타당성, 신뢰성 그리고 이론적 기반이 부족하다고 심각하게 비판을 받아왔다. 특히 미국 심리학회로부터 가장 심각한 비판이 제기되고 있는데, 미국 연방수사국(FBI) 내 행동과학부(BSU)의 유명한 심리학적 프로파일러들의 프로파일에는 신뢰성과 타당성에 관한 문제들에 대해 프로파일러들의 고심이 결여되어 있다고 비판한다 (Poythress et al., 1993). 게다가 FBI는 심지어 프로파일링 절차가 과학보다는 오히려 예술에 가깝다는 것을 받아들인다 (Hazelwood & Douglas, 1980). 비록 지리학적 프로파일링 기법이 이론적 원칙들에 기초하고 있고, 범죄자의 공간적 행동에 관한 연구 결과에 토대를 두고 있지만, 집합적 연구에 기초를 둔 개인 행동에 관해 추론하도록 함으로써 주변 문제들이 여전히 존재한다 (Van Koppen & de Keijser, 1997). 지리학적 프로파일링 기법에 관련된 두 번째 문제는 프로파일을 생성해 내는 프로파일링 알고리즘을 고안하고 테스트하는 데 사용된 자료들에 관한 것이다. 범죄자가 범행을 저지르기 위해 이동하는 거리에 대한 연구를 비판하면서 언급되었지만, 통계적 계산과 알고리즘이 모든 범죄자에 대한 완전한 추출(selection)이 아니라, 오로지 체포된 범인과 관련된 연구에 기초를 두고 있다는 점이다.

캔터와 동료들(Canter et al., 2000)에 의해 수행된 연구에 따르면, 실제로 이러한 문제점을 다음과 같은 잠재적 문제점으로 언급하고 있다. 즉 제시된 연구 결과에 대한 한계는 바로 사용된 그 종합 자료로서의 기능이다. 단지 체포된 범인만이 표본에 포함되었다. 그래서 체포된 범인의 이동 요소가 수사망을 피해 간 범인의 이동 요소와 동일한 것이었는지 여부에 대한 의문은 여전히 열려 있다. 피해자의 시신이 처리되었던 장소들이 발견되었기 때문에, 비로소 경찰의 관심을 받게 된 범죄자들에게 비슷하게 모형들이 적용되고 있다. 게다가, 그러한 모형들이 특별히 적은 규모의 표본들에 대한 계산에 근거하고 있다는 것이다.

캔터 모형에서, 연쇄범죄자의 장소 선택 행동과 관련된 수학적 공식은 단지 범인의 주거지와 다른 장소에 피해자들의 시체를 매장했던 79명의 연쇄살인범의 표본에서 얻은 것이다(Canter et al., 2000). 그래서 29명의 피해자를 살해한 게이시(John Wane Gacy)와 같은 연쇄살인범의 경우, 범인이 피해자를 범인의 집 지하실에 매장했다는 이유로 분석에서 제외되었다. 레빈(Levine, 2002: 343)은 더 나아가서, 캔터 모형에서 사용된 경험적 모형은 엄밀하게 말하면 이론적 기초가 없는 실용적인 것이라고 언급하고 있다. 전반적으로, 지리학적 프로파일링 패키지를 설명하기 위해 사용된 수학적 추론이 방정식을 만드는 데 활용된 데이터베이스 때문에 아주 심하게 제한을 받을 가능성이 존재한다.

마지막으로, 지리학적 프로파일링 기법의 타당성에 관한 연구가 매우 제한적인 것으로 묘사되고 있다. 출판된 연구 결과에 따르면, 범인의 주거지가 있는 지역을 예측하기 위한 로스모 모형과 캔터 모형의 타당성을 강하게 지지하고 있지만, 그 연구는 양적 측면에서 아주 제한되어 있다. 확실히, 소수의 논문들만이 두 모형의 타당성에 관해 발표된 것이었으며, 지리학적 프로파일링 방법론의 기초 개발자들 중 한 명이라도 연구진에 포함되지 않은 채 어느 한쪽 모형에 관해 연구한 것은 하나도 없었다는 점이다. 모든 연구에는 모형 개발자들이 참가했다는 것이다. 이러한 다른 두 모형이 법집행기관 및 수사기관에서 활용하기 위해 만들어진 상업적 소프트웨어와 관련되어 있기 때문에, 독립적인 연구자들에 의한 연구가 부족한 것은 더욱더 문제가 된다(Paulsen & Robinson, 2004: 146-147).

4 지리학적 프로파일링 기법 활용 사례

로스모가 개발한 프로그램은 범인이 주로 정주(定住, anchor, 체류)하는 지점(home, residence)으로부터 범죄 발생 장소 간 거리에 대한 상대적 가능성을 측정해 주는 통계적 공식을 사용함으로써 컴퓨터 프로그램은 여러 가지 색깔의 3차원 영상을 제시해 준다. 다시 말하면, 중앙의 가장 붉은 색을 띠는 곳은 '위험한 지역(jeopardy surface)'이라고 일컬어지는데, 범죄가 가장 잘 일어날 것 같은 지역을 의미한다. 이것은 거리(street)가 포함된 일반 지도상에서 표현될 수 있는 바, 토지의 높고 낮음을 등고선의 변화를 통해 표시해 주는 일반 지도와 같이 복잡하고 다양한 지리학적 특성을 3차원상의 다양한 색상으로 보여 준다. 지도상에서 '가장 높고 뾰족하게' 나타나는 지역은 그야말로 범인이 거주 혹은 존재할 가능성이 높은 지역을 암시해 준다(Innes, 2003: 160).

1) 캐나다의 클리퍼드 올슨 사건

특히 로스모는 이 프로그램의 정확성 여부를 검증하기 위해 캐나다에서 발생한 악명 높은 연쇄살인범이었던 클리퍼드 올슨(Robert Clifford Olsen)의 주거지를 테스트했다.[10] 범인은 캐나다에서 많은 사람을 살해했으며, 무엇인가를 제공하면서 피해자를 유인하는 수법을 사용했다. 그의 유령 건설회사는 사람을 살해하는 장소로 쓰였다. 올슨은 브리티시 컬럼비아 주 밴쿠버에 거주한 자다. 그는 1940년 1월생이며, 1957년(17세)부터 1981년(41세)까지 94회 정도 경찰에 체포될 정도로 인생의 대부분을 경찰과 실랑이를 벌여온 자였다. 1980년 밴쿠버 교외에 있는 서리(Surrey)라는 도시에서 크리스틴 웰러라는 12세짜리 아이(#1)를 유괴한 뒤 살해했으며, 사체를 절단하여 숲속에 유기한 바 있다. 마침 그 사체는 크리스마스 날에 발견되었다. 1981년 4월 16일 콜린 다이노라는 13세짜리 아이(#2)가 사라졌으며, 1주일 채 지나지 않아서 다림 좀스러스라는 16세짜리 아이(#3)가 밴쿠버 쇼핑몰에서 납치되었다. 그 아이는 결국 5월 2일 죽은 채 유골이 발견되었다. 올슨은 1981년 5월 15일 결혼했는데, 4일 후 16세짜리 샌드라 볼프스타이너라는 아이(#4)가 실종되었다. 그 아이는 인근 랭리라는 도시에서 히치하이킹을 하던 중이었다. 같은 6월 21일 13세짜리 아다 코트라는 아이(#5)가 집으로 돌아오던 중 인근 도시인 코퀴틀람에서 실종된 것으로 신고되었다.

같은 달, 사이먼 패링턴이라는 9세짜리 아이(#6)가 실종되었다. 14세짜리 레이먼드 킹스라는 아이(#7)가 7월 23일 뉴 웨스트민스터에서 실종되었으며, 시체는 2주 후 위버 호숫가에서 발견되었다. 주시 코즈마라는 14세짜리 아이(#8)가 같은 해 7월 9일 실종되었으 며, 절단된 아이의 시체가 위버 호수에서 7월 25일 발견되었다. 테리 린 카슨이라는 여자 아이(#9)가 서리라는 도시의 주택가에서 실종되었다. 그 장소는 이전에 살해된 크리스틴 웰러(첫 희생자)가 살았던 동네였다. 그녀의 시체는 위버 호숫가에서 발견되었다. 7월 25일 18세짜리 시그럼 안드라는 아이(#10)가 밴쿠버 인근에서 히치하이킹하던 중에 납치되어 살해되었고, 그의 신원은 치아 상태를 통해 확인되었다. 7월 30일 17세 된 루이제 차트란드라는 아이(#11)가 메이플 리지에서 히치하이킹을 하던 중 사라졌다. 결국 경찰이 올슨을 추적하여 체포했다. 1982년 1월 11일 그는 11명을 살해한 범인으로 유죄가 선고되었으며, 11건에 대해 종신형이 선고되었다.[11]

올슨의 경우, 대체로 광역 밴쿠버 시의 자신의 집과 사무실을 범행 근거지로 삼고, 인근 도시에서 11건의 연쇄살인사건을 저질렀다. 장소적 이동이 비교적 적은 안정적 형태를 보

10) 이하 내용은 제5회 아시아경찰학회(2004년 8월 개최 장소: 샘휴스턴 주립대학)에서 발표된 라이프닉(Leipnik) 박사의 논문인 "Application of Geospatial Technologies in the Analysis of Serial Crime"을 참고했음.
11) 캐나다에는 사형 제도가 없다.

그림 10-1 올슨에 의해 피살된 11명의 희생자와 범행 장소

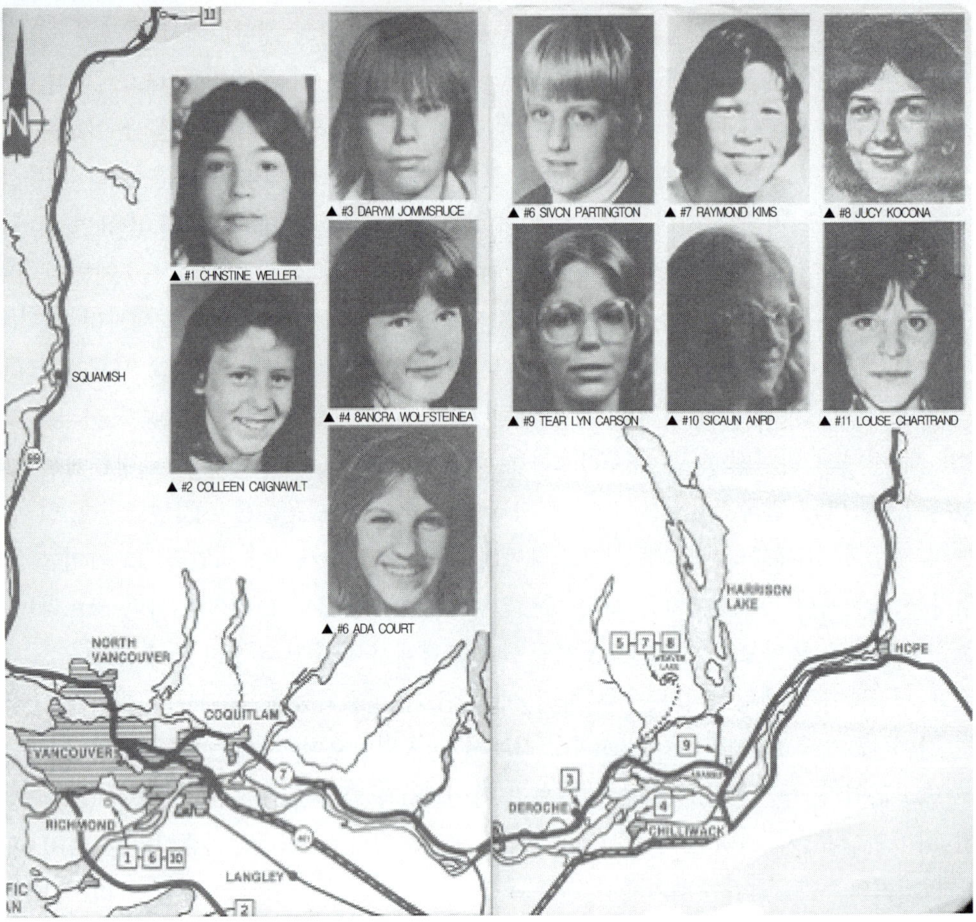

였던 범인으로 평가된다. 올슨사건은 상당히 복합적인 공간분석이 필요한 연쇄살인 사례였다. 밴쿠버에서 발생한 초기의 연쇄살인사건들은 로스모와 캐나다 연방경찰에 의해 분석되었다. 11건의 살인사건이 RIGEL GIS라는 소프트웨어를 활용하여 공간 분포에 의거하여 분석되었다. 범인의 집과 범인의 사무실이 범죄와 가장 관련성이 높게 예측되었다. 그 결과, 범인이었던 올슨의 집이 4평방 블록 안에 있다는 사실을 밝혀냈다.

[그림 10-1]은 RIGEL GIS 소프트웨어를 활용하여 11건의 연쇄살인이 발생한 장소를 근거로 범인의 주거지를 3차원 영상으로 예측한 것이다.12) 이러한 능력은 GIS 프로그램의 특

12) 밴쿠버에 소재한 환경범죄학연구사(Environmental Criminology Research Inc.: ECRI)가 로스모와 공동으로 개발한 지리학적 프로파일링 시스템이다. 리겔(RIGEL)은 컴퓨터화된 지리학적 프로파일링 워크스테이

광역 밴쿠버 시 지도상에 나타난 연쇄살인사건 장소들

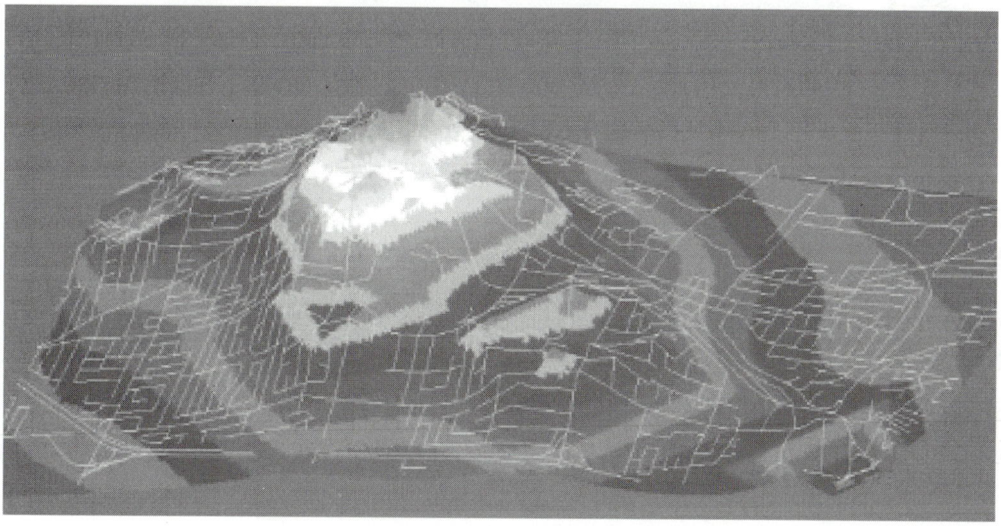

RIGEL 프로그램을 이용하여 예측된 범인의 주거지

션이며, CGT(Criminal Geographic Targeting) 알고리즘에 특허를 받은 것이다. 필자는 회사 관계자로부터 프로그램에 대해 상세한 설명을 청취한 바 있으며, 한국 경찰과 판매 상담을 하고 싶다고 했으며 북미지역의 경찰관서와 일본에서도 구매가 이뤄진 것으로 알려져 있다.

연쇄살인범 올슨의 집 및 사무실로 예측되는 장소

별한 기능이다. 중앙의 가장 높게 나타나는 부분은 범인의 주거지 혹은 범행 근거지(base 혹은 office)가 있을 가능성이 가장 높은 지역을 나타낸다.

올슨의 집이나 사무실이 존재할 가능성이 높게 예측되는 공간 범위이며, RIGEL 프로그램을 통해 분석·예측된 곳이다. 대부분의 조직화된 연쇄살인범은 자신의 집 혹은 사무실이 위치하고 있는 중심 장소에서 곧바로 범죄를 저지르지 않으며, 평소에 활동하는 공간 주변에서 범죄를 저지른다. 종종 이동하는 길은 범행 장소와 관련성이 있다.

2) 기타 사례

종종 이러한 지리학적 프로파일링은 한 군데 이상의 뾰족한 지점을 보여 주기도 한다. 그것은 범인이 여러 다른 곳에 존재할 수 있음을 암시하는 것이다. 실제로 1994년부터 1998년 사이 영국에서 '마르디 그라 폭파범(Mardi Gra Bomber)'사건으로 알려진 범인의 경우,[13]

광역런던시 주변에서 몸값을 요구하며 무려 36군데에 폭발물을 설치한 적이 있었다. 이러한 요구는 우편으로 전달되는가 하면, 다른 한편으로 현금자동인출기, 수퍼마켓, 공중전화부스, 상업지역 그리고 개인 주거지에 이르기까지 광범위한 대상자들에게 배달되기도 했다. 광역런던시 경찰청(Scotland Yard)은 두 가지 정점(頂點, peak)을 제시한 캐나다의 전문 프로파일러로부터 지리학적 특성에 관한 정보를 요청했다. 그 정점 가운데 첫 번째 것은 런던 서쪽 지역의 치스윅(Chiswick) 근방이었고, 나머지 하나는 런던 남서쪽이었다. 결국 범인들은 현금인출기에서 요구한 돈을 꺼내다가 체포되었다. 경찰은 나중에 두 범인이 치스윅 지역 근방에 살고 있었으며, 또한 그들의 가족이 런던 남서쪽에 살고 있다는 것을 확인했다.

1995년 10월 어느 날 밤, 캐나다 브리티시 컬럼비아 주에서 한 남자가 야구 방망이를 마구 휘두르면서 10대 소녀 2명에게 공격을 가했다. 그 중 한 명은 살해되어 시체가 20마일 떨어진 곳에 유기되었으며, 다른 한 명은 비틀거리면서 겨우 병원까지 도망갔다. 며칠 후 범인은 살해된 피해자의 가족에게 수차례 전화를 걸면서 욕설을 퍼부었다. 죽은 자의 묘비를 훼손하는가 하면 훔쳐가 버렸다. 결국에는 렌치(wrench: 공구의 일종) 둘레를 종이로 감아서 피해자의 집 창문에 던졌다. 그러한 행동이 모두 합쳐서 13차례나 되었다. CGT에 의하면, 범인의 주거지로 추정되는 장소가 아주 작은 지역으로 표시되었으며, 범인은 결국 검거되었다(Innes, 2003: 102).

그뿐만 아니라 지리학적 프로파일링은 무고한 시민을 석방시키는 데에도 중요한 역할을 했다. 실제로 로스모는 밀가드(David Milgaard) 사건(강간살인)에서 지리학적 프로파일링 기법을 활용하여 피고인이 범죄를 저질렀다는 증거가 부족하다고 주장했는데, 후일 DNA 분석까지 이루어짐으로써 결국 무죄로 풀려날 수 있었다.

이처럼 지리학적 프로파일링 기법은 상당히 빠르게 보급되고 있다. 몇 년 전에 밴쿠버경찰청은 미국, 영국, 독일, 벨기에, 그리스, 남아프리카, 멕시코, 오스트레일리아, 뉴질랜드 그리고 중동에 있는 몇몇 국가로부터 프로그램 서비스를 요청받기도 했다. 오늘날까지 미국의 FBI, 뉴욕경찰청, 캐나다 연방경찰, 영국의 런던수도경찰청 그리고 다른 경찰관서에서 1,500여 건이 넘는 사건과 관련이 있는 100여 건 이상의 수사 업무에 도움을 주었다. 실제로 영국에서는 국립범죄연구소와 경찰을 중심으로 범죄 수사에 종사하는 요원들에게 조언과 전문 감정을 지원해 주고 있다(Innes, 2003: 161-163).

13) 실제로 체포된 범인은 당시 61세의 에드거 피어스(Edgar Pearce: 224년 형을 선고받음)와 그의 형인 67세의 로널드 피어스(Ronald Pearce)였다.

5 지리학적 프로파일링을 통한 한국의 연쇄 강력범죄 분석[14)]

1) 분석 대상 사건과 분석모형

(1) 분석 대상 사건들

여기에서는 지난 2000년 4월 검거된 정○○사건(경남지역), 2004년 7월 체포된 유영철사건(서울서부), 2006년 4월 체포된 정남규사건(서울 서남부지역), 천안지역 연쇄살인사건, 대전 및 마포지역에서 발생한 연쇄 성폭행사건, 서울 용산지역 초등생 성폭행/살해사건, 군포 및 춘천/광주시 인근에서 발생한 (납치)강도 살인사건 등 동종·유사 사건을 3회 이상 저지른 12명(공범 포함)의 범인에 의해 저질러진 사건 가운데 총 118건에 대해 분석했다.

(2) 한국의 연쇄 강력범죄 분석모형

외국의 선행 연구 사례들(성적 동기의 연쇄강간/살인사건 및 재산/이욕/기타 동기의 연쇄살인)과 지리학적 프로파일링 기법에 착안하여 국내에서 최근 수년 간 발생된 연쇄 강력사건들 가운데 범행 동기가 알려진 일부 범죄들을 분석했다. 범행 동기, 범행의 지속성, 범인의 연령에 따라 범인의 주거지와 범행 장소 간의 평균 이동 거리상 차이가 있는지 여부에 초점을 두었다. 그래서 범행 동기, 범인 연령, 범행 반복성을 독립변수로 설정하고,[15)] 이에 따른 평균 이동 거리의 변화 여부를 종속변수로 설정, 확인하고자 했다.

수사 자료상의 접근 제한성으로[16)] 수년 전부터 최근까지 언론에 공개된 연쇄 강력범죄만을 선정했으며, 범인의 주거지와 범행 장소는 동(洞) 단위 주소까지 가능한 한 확인했다.

평균 범행 이동 거리(주거지→범행 장소까지)를 확인하기 위해 직선 거리가 아닌 차량 혹은 걸어서 접근 가능한 도로상의 최단 거리(Manhattan distance 혹은 Manhattan

14) 이하 내용은 임준태, "지리학적 프로파일링을 통한 한국의 연쇄강력범죄 분석," 『한국경찰연구』 2006년 겨울호, pp. 161-188에 수록된 내용을 일부 수정하여 전제했음을 밝혀둔다.

15) 선행 연구의 검토를 통해 연쇄 강력범죄의 동기를 성적, 기타(재산 취득 등) 동기로 구분했음을 참고했으며, 청소년과 성인의 범행 이동 거리에서의 차이점을 참고하여 독립변수로 설정했다. 이는 각 사건의 수사자료의 접근 제한성으로 인한 각 개별 범죄자와 피해자의 인구통계학적 정보와 최초의 조우 장소와 범행 장소 등의 구체적 내용에 대한 접근의 한계, 피해자와 피의자의 개인 정보 보호 원칙 등으로 인해 좀더 다양한 측면에서의 분석을 시도하기에 자료 수집에 한계가 있었음을 밝힌다.

16) 피의자와 피해자의 실제 거주지, 범행 장소 및 다양한 인구사회학적 자료를 확인하고자 했으나, 사건 관계자의 개인 정보 보호 문제 등으로 자료 취득이 사실상 어려웠다.

표 10-2 한국의 분석 대상 연쇄 강력범죄 개요

순번	피의자	연령	거주지	공범 여부	기타
1	정○○*	38세	부산광역시 해운대구	단독	노약자, 부녀자 등 9명 강도살해(2000년 4월 검거)
2	유○○*	37세	서울특별시 마포구	단독	노약자 및 부녀자 20명 살해(2004년 7월 검거)
3	명○○	34세	경기도 시흥시	단독	천안연쇄살인사건 주범 2006년 4월 18일 검거
4	김○○	53세	서울특별시 강북구	단독	용산 어린이유괴살인사건
5	이○○	45세	대전광역시 대덕구	단독	일명 대전발발이사건 주범 114건/피해자 184명
6	김○○	31세	서울특별시 서대문구	단독	2006년 4월 27일 검거, 일명 마포발발이사건 주범 14건의 성폭행 등
7	정○○*	37세	인천광역시 부평구	단독	2004년 1월~2006년 4월까지 25건의 강도상해/살인을 저질러 13명 살해, 20명 중상 2006년 4월 24일 검거
8	김○○	26세	경기도 군포시	단독	여성 3명 (납치) 강도살해 2006년 7월 5일 검거
9	김○○*	39세	전라북도 전주시	공범	부녀자 3명 (납치) 강도살해
	조○○*	30세	강원도 춘천시	공범	
10	김○○	39세	서울특별시 강서구	단독	인천 계양 초등생 납치강간사건 총 10명(초 4명, 중 3명, 고 3명)을 유인해 성폭행(강간 치상)
11	김○○	30세	대전광역시 유성구	단독	대전서구 인근 연쇄강도강간사건 주범 6건/피해자 7명

그림 10-2 연구분석 모형

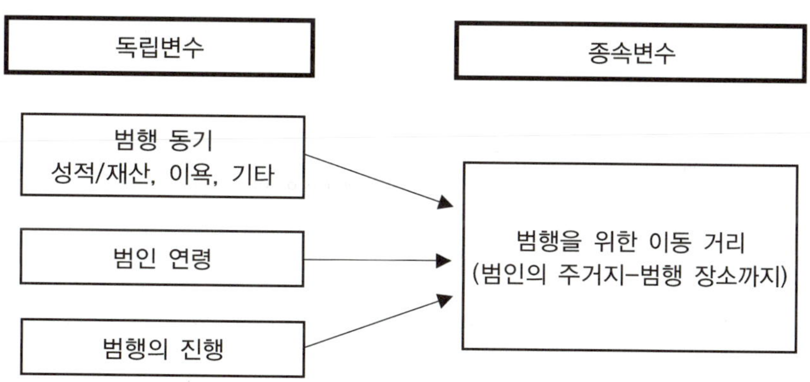

metrics)를 중심으로 측정했다.[17] 즉 이동 거리 측정은 네이버 맵(Naver Map)에서의 거리 측정과 만도 아이나비(INAVI) 맵상에서의 도구로 측정했다. 이는 통상적 이동 거리를 설명할 수 있으며, 실제 범인이 이동한 경로와는 근소한 차이가 있을 수 있다. 표본 수 및 자료의 제한으로 빈도분석 및 기본적인 상관 관계만을 파악했다.

(3) 가설의 설정

지리학적 프로파일링 기법에서 제시하고 있는 범인의 주거지와 범행 장소 간 이동 거리의 관련성을 찾아보고자 몇 가지 가설을 설정했다.

- ▶범행 동기별(性的 또는 기타[18])로 평균 이동 거리에 차이가 있을 것이다.
- ▶범행이 지속될수록 범행 이동 거리가 점점 짧아질 것이다(Godwin & Canter, 2001b: 259-274).[19]
- ▶범죄자의 연령은 범행 이동 거리의 장단(長短)에 영향을 미칠 것이다.

2) 조사 결과의 분석

(1) 범죄 유형

연쇄 강력범죄의 특성상 단일 유형의 단순 범죄만을 저지르는 경우는 드물다. 강도 후 강간, 강간 후 강도, 강도 후 살인, 강간 후 살인 등 결합형 범죄가 일반적이다. 이 연구에서는 강간 후 강도, 강간 후 살인, 성폭행을 성적 동기의 범죄로, 강도 후 강간, (납치) 강도살인의 경우는 비성적 동기의 범죄로 분류했다.

(2) 범인의 연령

118건(분석 대상)의 연쇄 강력범죄를 저지른 12명의 연령은 26~53세로 나타났으며, 이 중 30대가 차지하는 비율이 가장 높았다(75%).

(3) 범죄자의 범행 이동 거리 분포

분석 대상 118건 중 확인 가능한 117건 가운데 범인의 주거지에서 범행 장소까지 100m에서 4km 정도까지 이동한 경우는 27.1%(32건), 4~40km 이내에서 이동한 경우는 53.4%(63

17) 특정 지점들 간에 직선으로 도달하는 거리는 격자형 도로나 길을 따라 직접 걸어가거나 차량으로 도달하는 거리(Manhattan metrics 혹은 Manhattan distance)보다 1.27배 정도 길다고 한다(Rossmo, 2000: 199).

18) 금전 절취 또는 반사회적 인격장애에 기인한 불특정 다수에 대한 분노의 표출, 이욕 등.

19) 범행이 지속될수록 범행 장소는 범인의 주거지 쪽에 점점 가까워진다는 결과에 착안하여, 한국적 상황을 확인하고자 했다.

표 10-3 범행 동기별 범죄 사례

동기 유형	빈도	비율(%)
강간 등 성적(性的) 동기	73건	61.9
강도 및 비성적(非性的) 동기	45건	38.1
합 계	118건	100.0

표 10-4 범인의 연령별 분포

연령	빈도	연령	빈도
26세	1명	38세	1명
30세	2명	39세	2명
31세	1명	45세	1명
34세	1명	53세	1명
37세	2명	합계	118명

표 10-5 범행 이동 거리의 분포

이동 거리 (주거지→범행 장소까지)	빈도	비율	평균 이동 거리
100m~1km 이내	20건	27.1%	35.34km
1.1km~4km 이내	12건		
4.1km~10km 이내	29건	24.6%	
10.1km~20km 이내	14건	28.8%	
20.1km~40km 이내	20건		
40.1km~100km 이내	10건	19.5%	
100.1km~200km 이내	8건		
200.1km~400km 이내	5건		
합 계	118건	100%	

건)에 달했다. 10km 이내에서 이동한 경우는 51.7%(61건)에 달했으며, 비교적 장거리라고 할 수 있는 40km 이상 이동한 경우는 전체의 19.5%에 불과했다.

한국의 경우, 걸어서 10km 이상을 이동하는 것은 비교적 장거리로 인식되는 경향이 있으며, 특히 개인 차량, 대중 교통 수단(버스, 택시, 전철 등)을 이용한다면 더 먼 거리를 이동하면서 연쇄적으로 범죄를 저지를 가능성이 있다고 할 것이다.

(4) 가설의 확인

① 범행 동기별(性的 또는 기타 동기) 이동 거리 간의 상관성

- 가설 1. 성적(性的) 동기(강간)로 범행했을 경우 이동 거리는 짧아질 것이다.
- 가설 2. 재산/이욕(강도) 및 기타 동기로 범행을 저질렀을 경우 이동 거리는 길어질 것이다.

두 가설 모두 채택된다.

t-test 분석 결과를 통해 성적(性的) 동기였을 경우와 강도 목적 등 기타 동기였을 경우 이동 거리의 평균을 구하고 두 값이 통계적으로 유의한 차이가 있는지를 알아본 결과 $t=-2.553$, $p=0.014$로 나타나 유의한 차이가 있는 것으로 확인되었다($p<0.05$).

강간 등 성적 동기의 연쇄 강력범죄에서 범인의 평균 이동 거리는 20.1km이고, 재산/이욕(강도) 등 기타 동기의 경우 59.9km로 나타났다.

표준편차를 확인하면 강간은 32.3km 반경 내에서 범행을 저질렀으며, 강도의 경우는 101km 반경 내에서 범행을 저지른 것으로 나타났다.

성적 동기로 범행을 저지른 경우는 강도 등 기타 동기로 범행한 경우보다 이동 거리가

표 10-6 범행 동기별 이동 거리 t-test 분석표

	동기	N	평균	표준편차
이동거리	강간	73	20.1973	32.30766
	강도	45	59.9244	101.25977

t	자유도	유의확률(양쪽)
-2.553	49.576	.014

표 10-7 성적 동기의 연쇄 범행 지속과 이동 거리 상관분석

		범행 지속	이동 거리
범행 지속	Pearson 상관계수	1	.592(**)
	유의확률(양쪽)		.000
	N	73	73
이동 거리	Pearson 상관계수	.592(**)	1
	유의확률(양쪽)	.000	
	N	73	73

표 10-8 재산/이욕 혹은 기타 동기의 연쇄 범행 지속과 이동 거리 상관분석

		범행 지속	이동 거리
범행 지속	Pearson 상관계수	1	-.073
	유의확률(양쪽)		.633
	N	45	45
이동 거리	Pearson 상관계수	-.073	1
	유의확률(양쪽)	.633	
	N	45	45

짧으므로 연쇄강간 등 성적 동기의 범죄일 경우 근거리에 범인이 거주하고 있을 확률이 높으며, 강도/이욕 및 기타 동기의 범죄일 경우 원거리에 거주할 확률이 높음을 확인할 수 있다.

② 범행의 지속과 이동 거리 간의 관계

- 가설 1. 성적 동기였을 경우, 범행이 지속될수록 이동 거리는 짧아질 것이다.
- 가설 2. 재산/이욕 혹은 기타 동기였을 경우, 범행이 지속될수록 이동 거리는 짧아질 것이다.

가설 1은 기각되었고, 가설 2는 채택되었다.

상관분석 결과를 살펴보면 가설 1에서 성적 동기의 범행이 지속될수록 평균 이동 거리가 짧아지기보다는 오히려 길어지는 경향을 보인다.[20] 통계적으로 99% 신뢰 수준에서 유의한 차이를 보인다 ($p<0.05$).

표 10-9 개별 범죄자의 연령별 범행 이동 거리 간 상관 관계

		연령	이동 거리
연령	Pearson 상관계수	1	.009
	유의확률=p(양쪽)		.921
	N	118	118
이동 거리	Pearson 상관계수	.009	1
	유의확률(양쪽)	.921	
	N	118	118

20) 로스모(Rossmo, 2000: 103)에 따르면, 범인의 범죄 경력이 많을수록 범죄자가 이동하는 거리가 확대되며, 범행 대상 지역의 범위도 확대되는 경향이 있다고 한다.

한편, 재산/이욕 혹은 기타 동기의 경우, 범행이 진행될수록 이동 거리는 짧아진다. 그러나 통계적으로 유의한 차이라고 볼 수는 없다($p>0.05$).

③ 개별 범죄자의 연령별 범행 이동 거리와의 상관 관계

- 가설 1. 범인의 연령이 높을수록 이동 거리는 짧아질 것이다.
- 가설 2. 범인의 연령이 낮을수록 이동 거리는 길어질 것이다.

두 가설 모두 기각되었다.

상관분석 결과 연령과 이동 거리는 상관 관계가 없는 것으로 나타났다. 즉 연령과 이동 거리는 통계적으로 유의한 차이를 보이지 않는다.

브랜팅햄 부부는 일반적으로 범인은 자신이 아주 잘 아는 지역에서 범죄를 저지른다는 것을 밝혀낸 바 있다. 즉 범인은 가장 가까이 있는 피해자를 범행 대상자로 선택할 것이라는 가정이다.

몇몇 선행 연구들에 따르면, 범죄 유형에 따라서 평균 이동 거리가 조금씩 차이가 있지만, 대부분 범인의 주거지와 범행 장소 간에는 상당한 정도의 관련성이 입증되고 있다. 폭력성 범죄와 재산범죄 간에 이동 거리상의 차이를 보이는 경우도 있다. 범죄 경력이 많을수록 이동 거리가 확대되며, 범행 대상 지역의 범위도 확대되는 경향이 있음이 제시되었다. 청소년들의 경우, 자신의 주거지 근방에서 범죄를 저지를 가능성이 높으며, 성인들이 이동하는 거리보다 훨씬 더 짧은 거리를 이동한다고 한다. 연쇄살인사건에서 최초 범행은 범인의 주거지와 가장 가까운 장소에서 일어날 가능성이 있다는 연구 결과도 제시된 바 있다.

강간을 비롯한 성적(性的) 동기에 의해 저질러지는 연쇄범죄와 강도 등 재산적 동기에 의해 저질러지는 연쇄범죄 간에는 평균 이동 거리에서 상당한 정도의 차이가 발견되기도 했다. 이와 같은 연구 결과에 따르면, 강간범 혹은 연쇄 강간범죄자는 자신과 아주 친숙한 공간 부근에서 범죄를 저지르는 것으로 나타났다. 서로 다른 지역, 다른 문화권, 심지어 다른 범행 기간에서도 일관되게 이러한 공통된 현상을 보이고 있다.

최근 수년 간 한국에서 큰 이목을 끈 연쇄 강력범죄 사건들을 지리학적 프로파일링 기법에 착안하여 분석했다. 기초자료에 대한 접근성 제한으로 충분한 표본을 확보하기가 곤란하여, 언론에 대대적으로 보도된 몇몇 엽기적 흉악사건들만을 주로 분석했다. 특히 지리학적 프로파일링 기법에서 중요하게 여기는 범행 장소(encounter, attack, murder), 범인의 주거지(offender home, residence), 사체 유기 장소(body dump site) 등에 대한 자료는 가급적 행정구역상 동(洞) 단위, 번지까지만 추적했다.

범행 동기, 범인의 연령 및 범행 지속(독립변수)과 평균 이동 거리(종속변수) 간의 상관

성 여부에 대해 통계적 방법을 이용하여 분석했다. 제한된 표본으로 정확한 검증이 어려웠지만, 몇몇 시사점을 얻을 수 있었다.

▸ 범행 동기별 평균 이동 거리 분석에 따르면, 강간 등 성적(性的) 동기에 의한 연쇄 강력범죄자의 경우에는 재산/이욕(강도) 혹은 기타 동기에 의한 연쇄강력 범죄자들보다 훨씬 더 짧은 거리를 이동하는 것으로 나타났다. 이는 선행 연구 결과와 비슷한 양상을 보이고 있어서 성적 동기의 연쇄 강력범죄가 갖는 일반적 특징을 확인할 수 있었다.

▸ 범행의 지속과 평균 이동 거리 간에 상관성이 있을 것으로 예상했지만, 성적 동기의 연쇄 강력범죄에서는 이동 거리가 짧아지기보다는 오히려 길어지는 것을 확인할 수 있었다. 한편 재산/이욕 혹은 기타 동기의 경우, 비록 통계적으로 유의한 차이는 아니었지만 범행이 진행될수록 이동 거리는 짧아짐을 확인한 바 있다.

▸ 그리고 연쇄 강력범죄자의 연령별 평균 이동 거리에 대해서는 상관성이 입증되지 않았다.

표본의 불충분성, 사건 관계자에 관한 다양한 인구통계학적 자료와 정확한 주소 등이 확보되지 않아서 과학적 분석에는 미치지 못한 점이 아쉽다.

제 11 장

프로파일링 I

연쇄 강력범죄의 공간적 특성 분석

1. 서언
2. 범죄자의 공간 특성 분석에 관한 선행 연구
3. 고드윈(M. Godwin)과 캔터(D. Canter)의 범죄공간 분석 사례
4. 미국의 번디(Ted Bundy)사건에 대한 공간분석 사례
5. 캐나다의 돼지농장 연쇄살인사건 분석 사례
6. 한국의 연쇄살인사건 공간분석 사례

chapter 11

연쇄 강력범죄의 공간적 특성 분석

1 서 언

빈발하는 연쇄 강력범죄를 효과적으로 수사하기 위한 목적으로 지리학적 프로파일링 기법이 선진 각국에서 활용되고 있다. 특히 환경범죄학적 관점에서 논의되고 있는 범죄 발생의 상황적 통제, 즉 시간과 공간 특성 분석 역시 중요한 관심 대상이 되고 있다(Godwin, 2001c: 276-277).[1] 대체로 범인은 자신이 친숙하게 여기는 공간에서 범죄를 저지르는 속성이 있음을 감안하면, 범행 장소와 범인의 주거지 간에는 상당한 관련성이 있다 할 것이다. 그뿐만 아니라 범행 장소와 사체 처리 장소에 대한 공간적 특성을 파악하는 것은 연쇄살인과 같은 강력범죄 수사에서 중요한 실마리를 제공할 수 있다. 그래서 필자는 최근 국제학술회의에서 논의된 내용과 그동안의 연구 성과를 바탕으로 한국에서 발생한 연쇄살인사건, 미국 그리고 캐나다 등지에서 발생한 대표적인 연쇄살인사건들의 공간적 특성을 분석하게

1) 브랜팅햄 교수 등은 "범인은 자신의 주거지와 인접한 곳에서 잠재적 범행 기회에 대해 정신적으로 훨씬 더 잘 인식할 수 있는 지도를 갖고 있다"라고 언급했다. 또한 환경범죄학에 따르면, 범죄자의 이동성과 범인의 주거지와 범행 대상 지역 간의 관련성을 중시하고 있다.

되었다. 국내외 연구 기반이 상이하고, 자료분석 도구들이 아직 정치하지 못한 관계로 연구의 어려움이 많았지만, 향후 한국의 범죄 수사 역량을 향상시키는 데 일조하고자 연구를 진행하게 되었다. 이미 공개된 국내외 문헌 및 인터넷 자료를 분석하고, 미국과 캐나다의 현지 경찰관서를 방문하여 전문 프로파일러들과 인터뷰를 통해 취득된 자료를 활용했다.

2 범죄자의 공간 특성 분석에 관한 선행 연구

1) 국내의 연구 동향

임준태(2005: 447-494)의 「지리학적 프로파일링을 통한 연쇄살인사건 분석」에서는 화성연쇄살인사건, 정○○사건 및 유○○사건 등을 대상으로 범인의 주거지와 범행 장소 간 거리를 분석했다. 범인이 체포되지 않은 화성사건의 경우, 범인의 주거지를 추정・제시한 바 있다.[2]

박철현(2004: 61-92)의 「지리적 프로파일링을 이용한 연쇄방화범의 거주지 추정: 동래연쇄방화사건의 사례」에서는 방화사건을 분석했다. 범인의 실제 거주지를 중심으로 반경 750m 이내에서 방화를 저지른 것은 하나도 없었으며, 750m~1km 사이에서는 18건 중 5건(27.8%), 1~2km 내에서는 9건(50%), 그리고 2~3km 사이에서 방화를 한 경우는 4건으로 각각 나타났다.

김상균(2005: 69-104)의 「침입절도범의 Geographic Profiling에 관한 연구: 범행 이동 거리의 지각을 중심으로」에서는 침입절도 52건, 폭력범죄 45건을 표본으로 삼았다. 범죄 유형별, 나이, 범죄 경력, 공범 유무, 범행 시간, 범행 장소 등에 따른 범죄자의 범행 이동 거리와의 관련성을 분석했다(김상균, 2005: 92).[3] 침입절도, 연령이 많을수록, 재범, 공범, 주간(晝間)일 경우에 훨씬 더 먼 거리를 이동하면서 범죄를 저지르는 것으로 나타났다. 특히 침입절도는 평균 이동 거리가 약 3.99km, 폭력은 약 1.99km 정도였는데, 침입절도 범죄를 저지를 경우 평균 이동 거리가 약 2km 정도 긴 것으로 밝혀졌다. 이러한 결과는 외국의 선행연구와 일치하는 것으로 분석되었다.

2) 사건의 경우, 범행 장소와 사체 유기 장소 그리고 범인의 주거 지간에 상당한 관련성이 있음에 주목하고, 대부분의 범행 장소들이 포함되는 반경 6.7km 공간 내에 범인의 주거지(혹은 생활 근거지)가 있을 것으로 추정했다.

3) 대인범죄는 종종 즉시에 일어나고, 가족구성원이나 친구 간에 일어난다. 이러한 요소들은 긴 거리 이동을 완화시키는 경향이 있다고 한다.

권혁우(2006)는 석사학위 눈문에서 "최근 3년 동안 대구에서 발생한 방화 사건 292건 가운데 연쇄방화 6건을 지리학적 프로파일링을 통해 분석한 결과, 동일범으로 추정되는 연쇄방화는 일반적으로 범인의 집에서 먼 쪽으로부터 집 방향으로 진행된다"고 밝히고, "연쇄방화범이 집 가까운 곳으로 가면 불안한 심리를 안정시킬 수 있기 때문인 것"으로 분석한 바 있다.[4]

2) 외국의 관련 연구 동향

(1) 캔터와 그레고리의 연구

캔터와 그레고리(Canter & Gregory, 1994)가 수행한 연쇄강간범에 대한 연구에 따르면, 범죄가 저질러지는 장소를 정의하면서, 범인의 집은 범죄자 입장에서는 일종의 근거지(기지)로 활용될 수 있다는 점을 밝혀냈다. 그들은 마치 노동자들이 멀리 떨어진 곳에서 통근하듯이 아주 극소수의 범죄자만이 범죄를 저지르기 위해 특정한 장소에 진입하며, 86%의 사건에서 범인의 집은 가장 멀리 떨어진 서로 다른 두 범죄에 의해 정의된 원(圓) 안에 존재했다고 주장한다.

수많은 다른 연구에서도, 범죄자는 그들의 범죄를 저지르기 위해 근거지가 되는 자신의 집에서 매우 멀리 떨어진 곳으로 진출하는 것을 확실히 꺼린다는 것을 보여 주고 있다. 그런데 이러한 연구들은 연쇄살인범을 다룬 것이 아니며, 시간이 지나면서 거리상 변화의 가능성이 있다는 점을 고려하지 않았을 뿐만 아니라, 사체 유기 장소와 피해자가 가해자를 최초로 조우했던 장소 둘 다 고려하지 않고 있다. 연쇄살인 범죄를 수사하는 과정에서 범죄 발생 장소는 범죄의 유형을 이해하고 다음에 발생할 범죄를 예측하는 데 매우 중요한 요소가 되는데, 범행 대상자를 찾기 위해 이동한 거리의 양, 범죄 발생 장소와 사체 처리 장소의 지리학적 분산을 포함한다(Godwin, 2001b: 263).

(2) 홈스와 홈스의 연구 동향

홈스와 홈스(Holmes & Holmes, 1998)는 범죄 발생 장소의 지리학적 유형에 따라 특정 지역에 살면서 종종 범인의 집을 근거지로 그 지역과 인근에서 범죄를 반복적으로 저지르는 범인을 '지리적으로 안정적인 유형'의 연쇄살인범이라고 부르고,[5] 사람을 살해하기 위해

4) 한겨레, 2006년 8월 8일, 11면; 권혁우(대구지방경찰청 광역수사대장)의 경북대 수사과학대학원 석사논문 관련 자료.

5) 최근 발생한 유영철사건과 화성연쇄살인사건의 경우, '안정적인 유형'의 연쇄살인범으로, 정두영사건은 '이동

범죄지를 이동하면서 비교적 광범위한 지역에 걸쳐 계속적으로 움직이는 범인을 '지리적으로 이동성이 있는 유형'의 연쇄살인범으로 분류하고 있다(Roh, 2004: 39).

즉 전자의 경우(집을 범행 근거지로 삼는 연쇄살인범들)는 그들의 집을 범죄를 저지르는 본부로 여기면서 한 장소에서 범죄를 저지른다. 범행 대상자를 찾기 위해 그리고 사체를 처리하기 위해 먼 곳으로 이동하지 않는다. 반면에, 후자(이동 경향이 높은 범인들)는 적당한 범행 대상자를 물색하기 위해 먼 곳까지 이동하기 때문에, 이곳저곳 이동하면서 범죄를 저지른다. 결국 살인 장소와 사체 처리 장소가 대체로 광범위하게 분산된다(Roh, 2004: 40). 즉 안정적인 연쇄살인범은 보통 범인의 주거지 주변에서 범행 대상자를 물색하고 집에서 멀리 떨어져 있지 않은 곳에 시체를 유기하는 경향이 있지만, 이동적 경향이 있는 범죄자는 적합한 범행 대상자를 물색하기 위해 먼 거리를 이동하면서 범행 장소와 사체를 처리하는 장소 역시 광범위하게 분산되고 있다.

예를 들면 다머(Jeffrey Dahmer)와 같은 범인은 자신이 거주하고 있던 밀워키 근처에서 범행을 저질렀다. 그런데 번디(Ted Bundy)의 경우는 범행 대상자를 물색하기 위해 상당히 먼 거리를 이동한 경우다(Holmes & Holmes, 2002: 211). 특히 테드 번디를 인터뷰한 학자들에 따르면, 그를 지리학적으로 이동성이 강한 어떤 한 지역에서 사건을 저지르고나서 다른 지역으로 이동해 또 다른 범죄를 저지르는 연쇄살인 범죄자(geographical-transient serial murder)로 분류하고 있다. 그는 그런 식으로 무려 미국의 10여 개 주를 돌아다니면서 범행을 저지른 것으로 알려지고 있다.

이처럼 두 집단에 의해 저질러지는 범죄의 지리학적 유형이 상당히 다르기 때문에, 이러한 분류는 중요하다. 범죄와 관련된 지리학적 정보는 범죄 수사에서 매우 중요한 요소의 하나로 간주되고 있다. 피해자가 마지막 목격된 장소, 피해자와 범인이 최초로 조우한 장소, 범죄 발생 장소 그리고 피해자의 사체가 처리된 곳과 같은 내용들이 그러한 자료를 구성한다. 예를 들면, 집 근처에서 범행 장소를 선택하려는 경향(소위 '최소 노력의 원칙')을 갖고 있는 잘 알려진 연쇄범죄자는 특정한 안정된 주거지도 없이 여러 지역을 돌아다니면서 범죄를 저지르는 범죄자 유형에 대체로 적용되기 어렵다.

그런데 높은 이동성 경향을 갖고 있는 연쇄살인 범죄자에 대한 지리학적 프로파일링은 상당히 어렵게 인식되고 있다. 왜냐하면, 그들의 범행 장소는 대체로 특별한 지리학적 유형을 갖고 있지 않기 때문이다(Roh, 2004: 40-41). 게다가 이동성 경향이 높은 연쇄살인 범죄자에 대한 연구가 별로 중요하지 않은 것으로 여겨지고 있다.

성이 있는 유형'의 범인으로 구분해 볼 수 있다. 미국의 경우, 악명 높은 연쇄살인범 제프리 다머는 전자에, 테드 번디의 경우는 후자의 유형에 속하는 것으로 이해할 수 있다.

특히 홈스와 홈스(Holmes & Holmes, 2002: 213)가 연구한 800여 건이 넘는 살인사건에 따르면, 여행이 이루어지고 이동한 거리에 대해 흥미있는 내용들을 제시하고 있는데, 즉 살인 · 강간 · 어린이 성학대와 같은 연쇄 범행이 저질러지는 경우, 범죄자의 움직임과 범행 장소의 지리학적 특성은 중요할 뿐만 아니라, 또한 예측 가능하다고 한다. 이동성 경향이 높은 연쇄범죄자가 움직이는 곳을 예측하기는 매우 어렵다. 그럼에도 불구하고, 연쇄살인범 연구에서 밝혀진 가장 기본적인 특성은 범인의 주거지(집)가 중요하다는 것이다. 즉 범죄 발생 장소와 범죄가 저질러질 가능성 둘 다 연쇄살인범의 근거지인 집에 기초를 두고 결정된다고 한다(Roh, 2004: 42). 따라서 범인의 지리학적 유형이 상당히 다르긴 해도, 범죄와 관련된 지리학적 특성과 정보는 범죄 수사에서 매우 중요한 요소의 하나로 간주되고 있다.

(3) 히키의 연구

한편, 히키(Eric W. Hickey)는 지리학적 특성에 근거한 연쇄살인 범죄자를 세 가지 유형으로 분류하고 있는 바, 이동성 살인범, 지역적인 연쇄살인범[6] 그리고 특별한 장소 지향적 연쇄살인범이다. 예를 들면, 지리학적 특성이 풍부한 연구들이 안정적인 연쇄살인범의 관점에서 잘 확립되어 있다. 이러한 연구에 의해 밝혀진 가장 기본적인 특성은 범인의 주거지(집)의 중요성이다. 범죄 발생 장소와 범죄가 저질러질 가능성 둘 다 연쇄살인범의 근거지인 집에 기초를 두고 결정된다(Roh, 2004: 42).

(4) 범행 동기별 이동 거리의 차별성에 관한 연구

캔터와 그레고리(Canter & Gregory, 1994)는 1980년대 영국의 광역런던시와 잉글랜드 남동부 지역에서 45명의 연쇄강간범이 저지른 251건의 사건을 대상으로 범죄공간의 특성을 분석한 바 있다. 그들은 주변 지역에 대한 지식, 돈 그리고 시간과 같은 자원에 쉽게 접근 가능한 범인일수록 더 멀리 떨어진 곳으로 범죄를 저지르기 위해 이동한다고 밝혔다(Rossmo, 2000: 100).

연쇄살인사건에서 최초 범행은 범인의 주거지와 가장 가까운 장소에서 일어날 가능성이 있다(Warren et al., 1995). 바렛(Barret, 1990)과 캔터(Canter, 1994)의 연구에서도, 연쇄살인범의 첫 번째 범행은 무의식적 · 충동적일 수 있으며, 시간이 덜 소요되는 쪽으로 피해자를 선택하는 경향이 있다고 한다. 또한 범인의 범죄 경력이 많을수록 범죄자가 이동하는 거리가 확대되며, 범행 대상 지역의 범위도 확대되는 경향이 있다고 한다(Rossmo, 2000:

6) 어떤 특정한 지역에 머무르면서, 범인이 살고 있는 주거지역 혹은 인근 지역 내에서 특별한 유형의 범행 대상자를 물색하고 살해하는 유형이다.

103).

르보(Le Beau, 1987a: 125-141)는 연쇄강간범과 단순강간범 간의 지리적 특성에서 상당히 의미있는 내용들을 발견했다. 대체로 체포되지 않은 연쇄강간범은 피해자와의 거리에서 가장 짧게 이동하는 경향이 있었으며, 반면에 단순강간범은 피해자와 비교적 먼 거리를 이동하는 경향이 있음을 제시했다. 다른 연구에서 르보는 주거지에서 피해자를 처음 접촉한 중요한 지점까지 강간범이 이동했던 거리에 초점을 맞추었는데, 연쇄강간범이 이동한 평균 거리는 1.77마일이었으며, 단순강간범은 평균 3.5마일 정도 이동했다고 한다.

캔터와 라킨(Canter & Larkin, 1993: 63-66)은 주거지와 범행 장소 간에 상당한 관련성이 있음을 시사하면서, 범인의 주거지로부터 범행 장소까지의 평균 거리가 1.53마일이었다는 것을 밝혀냈다. 특히 몇몇 사례에서는 주거지와 범행 장소 간 거리가 겨우 0.61마일에 불과한 경우도 있었다.

토팔린(Topalin, 1992)은 1980년대 영국 런던에서 발생한 (연쇄)강간범죄를 대상으로 범인이 목표가 되는 범행 현장까지 이동한 평균 거리가 2.81마일 정도였다는 것을 밝혀냈으며, 또한 20% 정도의 범죄에서는 범인의 주거지와 매우 인접하거나 혹은 범인의 주거지 내에서 발생했다는 것을 밝혀내기도 했다.

아미르(Amir, 1971)는 1958~1960년까지 필라델피아에서 발생한 강간사건을 대상으로, 범인의 주거지로부터 5블록 이내에서 피해자를 강간한 사건은 표본의 72% 정도였다는 것을 밝혀냈다.

파일(Pyle, 1974)이 1972년 오하이오 주 애크런(Akron) 시에서 발생한 강간사건을 분석한 것에 따르면, 범인의 주거지로부터 범행 현장까지의 평균 거리는 약 1.34마일 정도였다고 한다.

얼랜슨(Erlanson, 1946: 339-342)은 시카고 지역에서 발생한 강간사건을 분석했는데, 범인의 인근 주거지(같은 경찰서 관할구역 내)에서 발생한 사건들은 약 87%에 달했다고 한다.

화이트(White, 1932: 498-509)가 인디애나 주 인디애나폴리스에서 발생한 사건을 분석한 바에 따르면, 강간범은 자신의 주거지에서 1.52마일 정도 떨어진 장소에서 범죄를 저지른 것으로 나타났다.

가버와 고세일(Gabor & Gottheil, 1984: 267-281)이 캐나다 온타리오 주 오타와 시에서 발생한 강간사건을 대상으로 연구한 것에 따르면, 강간범들은 주거지에서 평균 1.43마일 정도 떨어진 곳에서 범행을 저지르는 것으로 나타났다.

로즈와 콘리(Rhodes & Conly, 1991)가 워싱턴 시에서 발생한 사건들을 대상으로 분석한 것에 따르면, 범인 주거지와 범행 장소 간의 거리가 평균 1.15마일 정도라는 것을 밝혀냈다. 이러한 여러 연구 결과에 따르면, 강간범 혹은 연쇄강간 범죄자들은 자신과 아주 친숙한 공간 부근에서 범죄를 저지르는 것으로 나타났다. 서로 다른 지역, 다른 문화권, 심지어 다른 범행 기간에서도 일관되게 이러한 공통된 현상을 보이고 있다(Alston, 2001: 235).

범죄 공간의 특성에 대한 몇몇 연구들은 다음과 같은 공통점들을 제시하고 있다(Rossmo, 2000: 99).

- ▸범죄는 종종 범죄자의 주거지와 비교적 가까운 곳에서 저질러진다. "범죄자가 이동하면서 범죄를 저지를 때 아주 멀리 가는 것 같지 않다. 대부분의 범죄는 범죄자의 주거지 1마일 내에서 저지르는 것 같다"(McIver, 1981: 22). 시간은 범인에게도 돈과 같이 중요한 것이기 때문에, 범행을 저지를 때에도 가급적 그것을 아끼려는 태도를 견지한다(Brantingham & Brantingham, 1984; Rhodes & Conly, 1981). 이러한 범죄 유형은 '가장 가까우면서 최소 비용'이라는 원칙을 일관되게 유지하고 있다. <표 11-1>은 이러한 범죄의 공간 특성에 대한 연구 결과를 요약해서 보여 주고 있다.
- ▸범죄공간의 특성에 따르면, 범죄 발생 건수와 함께 범죄자의 집으로부터 거리가 가까워지는 일종의 '거리 감소 기능'을 경험하게 된다. 범인의 이러한 이동 거리 패턴은 인간의 다른 활동 형태와도 유사하다고 한다.
- ▸청소년들의 경우, 자신의 주거지 근방에서 범죄를 저지를 가능성이 높으며, 성인들이 이동하는 거리보다 훨씬 더 짧은 거리를 이동한다(Baldwin & Bottoms, 1976).
- ▸범죄 유형에 따라서 범인이 움직이는 거리상의 차이가 꾸준히 발견되고 있다. 예를 들면, 폭력범죄의 경우 보통 재산범죄의 경우보다 훨씬 더 범인의 주거지 근방에서 일어난다(Rhodes & Conly, 1981).

표 11-1 범죄공간 분석 사례들(대인범죄와 재물범죄)

출처	범죄 유형	범죄 장소	기간	이동 거리
Aitken et al. (1994)	성적 동기에 의한 어린이 연쇄살인	영국	1960~1991	91.6% 〈 5마일
Alston(1994)	비면식범에 의한 성폭행	캐나다	1977~1993	31.1%<0.5㎞; 44.4%< 1㎞ 55.6%<1.5㎞; 60.0%<2㎞; 75.6%<3㎞
Amir(1971)	강간	필라델피아	1958~1960	72%가 5블록 이내 주거지 근방

출처	범죄 유형	범죄 장소	기간	이동 거리
Bullock(1955)	살인	휴스턴	1945~1949	40% 〈 1블록; 57% 〈 0.4마일 74% 〈 2마일 이내
Canter & Larkin (1993)	연쇄살인	광역런던 시 및 남동부 잉글랜드	1980년대	평균 1.53마일; 87% marauders; 13% commuters
Erlanson(1946)	강간	시카고	1938~1946	87%가 주거지 근방 (같은 경찰관할 구역 내)
Rhodes & Conly (1981)	강간	워싱턴 시	1974	평균 1.15마일; 62% 〈 1마일
Gabor & Gottheil (1984)	살인	오타와	1981	평균 0.54마일; 71%가 시내 거주자들
Le Beau(1987)	연쇄강간	샌디에이고	1971~1975	평균 1.77마일
Rossmo & Baeza (1998)	연쇄강간	뉴욕 시	1984~1992	주거지로부터 평균 2.5마일
Sapp et al.(1994)	연쇄방화	미국		27.1% 〈 0.5마일; 56.8% 〈 1마일 77.1% 〈 2마일; 81.2% 〈 5마일 86.6% 〈10마일; 95.1%는 친숙한 공간
Canter & Hodge (1997)	연쇄살인	미국		평균 40㎞; 사체 유기 장소 최소 9㎞, 최대 90㎞ 89% 약탈자; 11% 통근자
		영국		사체 유기 장소 평균 24㎞ 최소 6㎞, 최대 36㎞ 86% 약탈자; 14% 통근자
White(1932)	폭력범죄	인디애나폴리스	1930	0.85마일(평균)
Rand(1986)	살인	필라델피아	1968~1975	53.13% 주거지역 내
	강간	필라델피아	1968~1975	53.13% 주거지역 내
Baldwin & Bottoms (1976)	재산범죄	영국 셰필드	1966	47% 〈 1마일; 69% 〈 2마일
	파괴범	영국 셰필드	1966	54.4% 〈 1마일; 74.8% 〈 2마일
	절도죄	영국 셰필드	1966	51.9% 〈 1마일; 74.3% 〈 2마일
Boggs(1965)	강간·강간	세인트 루이스		대부분 비주거지역 내에서 발생
Capon & Nicols (1976)	강도	미국 마이애미	1971년	⅓ 〈 1마일; ½ 〈2마일; ⅔ 〈3마일
	무장강도	미국 마이애미	1971년	26% 〈1마일; 45% 〈 2마일; 59% 〈 3마일
Rand(1986)	강도	필라델피아	1968~1975	31.87% 주거지역 내
Rhodes & Conly (1981)	강도	워싱턴 시	1974	평균 2.10마일; 37% 〈 1마일

출처: Rossmo, 2000: 105-110의 <Table 7. 1>을 재구성.

(5) 범행 이동 경로에 관한 선행 연구

수행된 많은 양의 연구들이 비교적 적절했던 심리적 지도(mental map)와 인지 공간에 관한 연구와 비교할 때, 상당한 정도의 연구들은 범인이 범죄를 저지르기 위해 이동하는 경로(criminal's journeys to crime)에 관한 것이다. 일반적으로, 범행 이동 경로에 관한 연구에 따르면, 범인의 범행 이동 경로에 관한 두 가지 종합적인 원칙들을 암시해 줄 수 있는 매우 일관된 중요한 발견들을 제시하고 있다(Paulsen & Robinson, 2004: 131-132).

첫 번째 중요한 발견 사항은 범인의 범행 이동 경로상에는 확실한 거리 감소 요소들이 있다는 점이다(Rengert, Piquero, & Jones, 1999). 간단히 언급하자면, 거리 감소의 원칙(distance decay)이라는 것은 일반적으로 범인은 그들의 주거지에 근접한 범행 대상물을 선택한다는 것이다. 그리고 집에서 멀리 떨어질수록 범인이 저지르게 될 범죄는 점점 줄어든다는 것이다(Phillips, 1980).

로스모의 주장에 따르면, 범인이 수사망을 피하기 위해 범인 자신의 집 주변에서는 범죄를 저지르지 않는 이른바 완충지역(buffer distance)이 있다고 한다. 범인의 주거지 인근 지역에서 특히 강도범죄와 같은 범죄를 저지를 경우 범인은 쉽게 발각되어 체포될까봐 두려워 범행 대상을 물색하려고 하지 않는다는 것이다. 따라서 완충지역의 거리를 벗어나 범인의 집에서 멀리 떨어질수록 범죄가 줄어든다. 이러한 발견은 매우 일관적이고 확고한 것이어서, 그것은 범인이 범행 대상을 물색할 때, 자신의 주거지 주변의 지리적 특성을 고려한다는 주장(criminal geographic targeting: CGT[7])-지리학적 프로파일링 기법)에 대한 기초를 제공하고 있다(Paulsen & Robinson, 2004: 133).

그리고 이러한 연구 결과는 범죄자에 대한 전반적인 프로파일링을 하는 데 중요한 역할을 한다(Canter & Larkin, 1993; Le Beau, 1987; Rossmo, 2000). 이러한 거리 감소 기능에 대한 설명은 두 가지 서로 다른 범주 가운데 하나에 해당된다. 즉 두 가지 범주는 범행 실행의 용이성 및 주변 지역 사정을 잘 아는 것이라고 할 수 있다(Von Koppen & De Keijser, 1997). 범행 실행의 용이성이라 함은 범죄자 입장에서 볼 때 쉽고 신속하게 범죄를 저지르려는 그리고 더 나아가 범인의 주거지와 비교적 가까운 거리를 이동하려고 하는 본성에 기인한다는 의미다. 이와 비슷하게, 관련된 주변 지역 사정을 잘 아는 것이라 함은 범죄자는 자신의 주거지에서 멀리 떨어진 곳보다는 가까운 곳을 더 잘 알고 있다는 의미다.[8]

7) 범인이 범행 대상을 물색(targeting)하는 데서 범인 주거지 주변의 지리적 특성을 고려한다는 의미로서, '지리정보에 기초한 범행 추적'이라는 표현을 사용한다.

8) "똥개도 자기 집에서는 한 수 먹고 들어간다", "똥개도 제 집에서는 크게 짖는다"는 우리나라 속담을 예로 들 수 있다.

따라서 범죄자는 체포될 가능성 혹은 발각될 위험성을 줄이기 위해 자신이 잘 아는 지역 내에서 범죄를 저지르게 된다고 한다.

범인의 범행 이동 경로에 관한 연구 결과에서 발견된 다른 중요한 점은 범죄자가 범죄를 저지르기 위해 이동한 거리는 범인의 다양성과 범죄의 구체적 특성들에 따라서 매우 광범위하다는 것이다. 이러한 영역에서 연구 결과에 따르면, 수많은 범인과 범죄 그 자체의 특성에 기인한 변수들이야말로 범죄를 저지르기 위해 범인이 이동한 경로(journey to crime)에 영향을 미치는 것이라고 한다.

특히 범죄 그 자체의 특수성에 기인한 변수들을 살펴보면, 다음과 같은 결과들을 알 수 있다(Paulsen & Robinson, 2004: 134-135).

① 재산범죄와 대인범죄

범죄자는 주거침입 절도, 자동차 절도와 같은 재산범죄를 저지르기 위해서는 살인, 강도 혹은 강간범죄와 같은 대인범죄(폭력범죄)보다는 더 멀리 이동하는 경향이 있다(Baldwin & Bottoms, 1976; Brantingham & Brantingham, 1991; Le Beau, 1987; Phillips, 1980; Pyle, 1974).

② 개별 범죄의 경우

연구 결과에 따르면, 심지어 재산범죄와 대인범죄와 같은 일반적인 범죄의 범주에서도 차이가 있으며, 특별한 구체적 범죄 사이에도 이동 거리에 차이가 있다고 한다(Rhodes & Conly, 1991). 대인범죄들 가운데 무장을 한 강도범이 그렇지 않은 강도범에 비해 더 멀리 이동하는 경향이 있음이 발견되었다(Nichols, 1980).

③ 도시의 유형

매우 밀집되어 있고, 좀더 확실하게 구분될 정도의 도심지역을 갖고 있는 오래된 도시들에서 범행을 저지르는 범죄자들은 새롭고 훨씬 더 분산되어 있는 도시에서 범행을 저지르는 범죄자들보다 훨씬 더 짧은 거리를 이동하는 것으로 나타났다(Brantingham & Brantingham, 1991).

④ 시골지역과 도시지역

시골지역 및 도시 및 시골 혼합 지역에서 거주하는 범인들은 순수한 도시지역에 거주하고 있는 범죄자들보다 범죄를 저지르기 위해 훨씬 더 먼 거리를 이동하는 것으로 나타났다(Barker, 2000).

⑤ 범죄자의 인근 주거 형태

범인이 범죄를 저지르기 위해 이동한 거리는 독신자 가구, 다가구 및 소규모 상업지역으로 이루어진 범죄자의 주변 환경 범위와 거리상으로 정비례 관계(더 멀리 이동)에 있다. 반대로 범죄자의 인근 주거환경이 산업지대, 과도기적 형태 그리고 혼합지역에서는 이동 거리가 반비례 관계에 있다(Rhodes & Conly, 1991).

⑥ 성별

일반적으로 비록 남성 범죄자가 범행을 저지르기 위해 엄청난 거리를 이동한 것은 아니지만, 여성 범죄자는 남성 범죄자에 비해 훨씬 더 짧은 거리를 이동하는 것으로 나타났다(Brantingham & Brantingham, 1991; Phillips, 1980; Rengert & Wasilchick, 1985; Repetto, 1974).

⑦ 인종

흑인 범죄자는 백인 범죄자에 비해 범죄를 저지르기 위해 더 짧은 거리를 이동하는 것으로 나타났다(Carter & Hill, 1978; Nichols, 1980; Phillips, 1980).

⑧ 연령

청소년은 성인 범죄자에 비해 자신의 주거지 인근에서 범죄를 저지르는 경향이 있으며, 훨씬 덜 이동하는 경향이 있다(Gabor & Gottheil, 1984; Rhodes & Conly, 1991).

⑨ 소득 수준

경제적 지위가 비교적 낮은 범죄자는 경제적 사정이 나은 범죄자에 비해 훨씬 더 짧은 거리를 이동하는 경향이 있다(Orleans, 1973).

⑩ 사전에 계획된 혹은 계획되지 않은 범죄

강간 및 살인범죄와 같이 사전에 계획되지 않은 채 상황적으로 유발된 범죄의 경우는 강도 및 주거침입 절도범죄와 같이 사전에 미리 계획된 범죄보다 범인의 주거지 가까이에서 발생하는 경향이 있다(Rhodes & Conly, 1991).

⑪ 피해자와 범인의 관계

피해자와 범인이 서로 아는 관계인 경우(면식 관계)보다, 면식 관계가 아닌 때에 범인은 범죄를 저지르기 위해 더 멀리 이동하는 경향이 있다(Le Beau, 1987; Rhodes & Conly, 1991).

⑫ 범죄자의 범죄 경력

범죄 경력이 있는 범죄자(전과자)는 그렇지 않은 범죄자보다 범죄를 저지르기 위해 훨씬 더 멀리 이동하는 경향이 있다(Rhodes & Conly, 1991). 게다가 범죄자는 첫 번째 범행의 경우 범인의 주거지 인근에서 범행을 저지르며, 더 많은 범행 경험을 얻으면서 그 이동 거리를 확대하는 경향이 있다(Barker, 2000; Le Beau, 1987).

⑬ 피해자를 공격하는 유형

범행을 저지르기 위해 범인이 이동한 거리는 피해자를 공격하는 데 사용한 범행 수법에 따라서 달라진다. 르보(Le Beau, 1987)가 연구를 통해 발견한 사실에 따르면, "피해자로부터 신뢰를 얻는" 방식의 피해자 공격 유형을 사용했던 강간범은 불법적 침입 혹은 심지어 강제로 납치하는 등의 방법과 그러한 공격 유형의 범인보다 훨씬 더 먼 거리를 이동한 것으로 나타났다.

게다가, 캔터와 라킨(Canter & Larkin, 1993)의 연구 결과에 의하면, 약탈자형 공격 수법을 가진 강간범은 자신의 주거지를 마치 기지처럼 삼고 피해자를 사냥하는 식의 공격 방법을 사용하는 경향이 높은 반면에, 통근자형 강간범은 범행을 저지르기 위해 자신의 주거지에서 훨씬 멀리 떨어진 곳까지 오가면서 범행을 저지르는 경향이 있다고 한다. 또한 연구 결과에 따르면, 범죄를 저지르기 위해 범인이 이동하게 될 거리는 시간이 경과되면서 변할 것이라는 점과 범인의 연령이 높아질수록 그리고 범행 경력이 많아질수록 더 멀리 이동하게 될 것이라는 점을 반드시 숙지해야 한다(Canter & Larkin, 1993). 전반적으로 범행을 저지르기 위해 범인이 이동하는 것에 관련된 연구들은 범인의 이동 거리에 대해 비교적 완전하고 중요한 정보를 제공하고 있다.

⑭ 관련 선행 연구에 대한 비판들

범행을 저지르기 위해 이동하는 것에 관련된 연구 문헌을 살펴보면, 연구 결과들이 잘 확립되고 일관되었다는 것을 확실하게 보여 준다. 그런 반면에, 범행을 저지르기 위해 이동하는 것을 연구한 것에 대해 몇몇 중요한 비판들이 있는데, 대개는 범행을 저지르기 위해 이동할 때 활용된 방법에 관련된 것이다.

첫 번째 비판은 대부분의 범죄 실행이 범인의 집에서 시작된다는 가정과 관련된 것이다. 범행을 저지르기 위해 이동한 거리를 측정하는 경우에 거의 대부분의 연구자들은 범인이 범행을 저지르기 위해 자신의 집이나 혹은 중요한 거주지에서 출발했다는 가정을 하면서 범인의 집주소와 범죄 현장 간의 거리를 측정한다는 점이다.

그런데, 몇몇 연구자들의 연구 결과에 따르면, 범인이 범죄를 저지르기 위해 자신의 집에서 항상 출발하는 것은 아니라는 점이다. 특히 렌거트, 피퀘로와 존스(Rengert, Piquero, & Jones, 1999)의 연구에 따르면, 몇몇 주거침입 절도범은 자신의 집에서 1마일 이상 떨어진 곳에서, 도시지역에서는 확실한 거리를 이동하여 범행 대상 물색을 시작하는 것으로 알려져 있다. 게다가 페티웨이(Pettiway, 1995)의 연구에 의하면, 크랙형 마약 상용자의 25%만이 자신의 집에서 출발하여 마약을 구입하기 위해 이동하며, 그들 가운데 30% 이상은 마약을 구입하기 위해 쇼핑가, 상업지대 및 다른 지역에서 출발한다고 한다. 이러한 가정의 영향은 다름아닌 범행을 저지르겠다고 처음 결정하는 순간부터 범행 지점에 도착할 때까지 범인이 범행을 저지르기 위해 실제로 얼마나 많이 이동했는지에 관한 실상을 모호하게 할 수 있다는 점이다. 이러한 범인의 '집 중심의' 가정에 근거하여 범행을 저지르기 위해 이동한 거리에 관한 연구를 통해 아마도 범인의 집에서 범행 지점까지 거리를 더 정확하게 측정하게 될 수 있을 것이다. 이러한 정보가 여전히 유효하지만, 범행을 저지르기 위해 이동하는 거리가 정확하다고 말할 수는 없다(Paulsen & Robinson, 2004: 136).

첫 번째 비판과 관련하여 거의 비슷하게, 두 번째 중요한 비판 역시 범행을 저지르기 위해 실제로 이동한 거리를 측정하는 데 사용된 방법에 관련된 것이다. 특히, 범인이 범행을 저지르기 위해 처음 출발했던 지점을 심지어 알고 있었더라도(대개는 알 수 없는), 범행을 저지르기 위해 이동한 거리를 연구한 것을 통해 범인이 범행 지점에 도착할 때까지 거쳐왔던 정확한 경로(exact route)를 우리는 거의 알 수 없다. 대신에, 범인이 범행 장소까지 이동한 거리를 측정하기 위해 연구자들은 세 가지 서로 다른 방법들(Manhattan distance, Crow Flight, 또는 Wheel distance) 가운데 하나를 사용한다.

이러한 각각의 방법이 범인의 집과 범행 장소까지의 거리를 다르게 측정할 수 있지만, 그것들 가운데 어느 방법도 범죄와 관련된 실제 이동 거리를 측정하는 데 사용되지는 않는다. 범죄를 저지르기 위해 범인이 거쳐 왔던 실제 이동 경로를 측정하지 않고, 범행 이동 거리를 다시 연구하는 것은 단지 범인의 집에서 범행 지점까지의 거리를 측정하는 것이다. 이것이 중요한 정보인 반면에, 범행 지점까지 범인이 이동한 거리와 동의어는 결코 될 수 없다. 또한 범인이 범죄를 저지르기 위해 실제 이동한 거리가 과장되거나 과소 평가될 수도 없다.

범인이 범죄를 저지르기 위해 이동한 것에 관한 연구에 대한 세 번째 중요한 비판은 이전에 언급되었던 거리 감소 기능의 정확성에 관한 문제다. 특히 이 비판에 따르면 거리 감소 기능은 생태학적 오류라고 불리는, 즉 개인적 수준의 범죄 자료를 합계 처리함으로써 만들어진 통계적 가공(artifact)이라고 한다(Rengert, Piquero, & Jones, 1999). 실제 자료처럼 만들어진 것을 사용함으로써, 반 코펜과 드 케이서(Van Koppen & de Keijser, 1999)는 실제로 존재하지 않음에도 불구하고, 개인적 수준의 범죄 자료를 합계 처리함으로써 거리 감소 기능을 만들어 낼 수 있음을 증명해 보였다.

한편, 렌거트, 피쿼로와 존스(Rengert, Piquero, & Jones, 1999)는 반 코펜과 드 케이서가 지적한 점들에 대해 상당히 설득력 있게 반박할 수 있었다. 그렇지만 개인적 수준에서 측정된 범행 목적 이동 거리를 합계 처리함으로써 사용된 방법에 관해 여전히 의문이 남아 있다. 범죄를 저지르기 위해 이동한 거리에 대한 연구를 둘러싼 마지막 비판은 공식 자료에 과도하게 의존한다는 점에 관한 것이다. 몇몇 주목할 만한 예외는 있지만(Rengert & Wasilchick, 1985), 범행을 목적으로 이동한 거리에 관한 거의 모든 연구가 구체적 범죄로 인해 체포되거나 기소된 범인에 관련된 것이라는 점이다. 수많은 연구자들이 지적해 온 것처럼 공식적인 범죄 통계를 활용할 때 심각한 문제가 있다는 점이다.

우선적이면서 가장 중요한 것은 공식적인 범죄 통계 자료가 모든 범죄에 관한 완전한 기록이라기보다는 오히려 그것은 단지 경찰에 알려진 모든 범죄의 기록이라는 점이다. 대부분의 범죄는 경찰에 잘 알려지지 않으며, 공식적 범죄 통계 자료에 등재되는 것은 단지 형사사법 관할 구역 내에서 발생한 범죄의 부분적인 지표일 뿐이다. 이러한 신고되지 않은 범죄는 보통 '암수 범죄(dark figure of crime)'라고 불린다. 그리고 그것은 해마다 미국에서 발생하는 모든 범죄의 중요한 일부로 취급되고 있다(Robinson, 2002).

중요하게도, 연방 법무부 통계에 따르면, 피해자들은 발생된 세 건의 재산범죄 가운데 한 건을 신고하고 있으며, 부상을 입은 폭력적인 사건이거나 재산적 손실이 250달러가 넘는 사건일 경우에는 피해자가 더 많이 신고하는 경향이 있다. 게다가, 경찰에 신고된 모든 사건들 가운데 범인이 체포된 사건은 거의 없으며, 더 나아가서 범행을 저지르기 위해 이동한 거리를 연구하는 것에 활용된 잠재적인 표본의 크기도 제한을 받고 있다. 연방법무부 통계(2000)에 의하면 2000년도 경찰에 신고된 폭력범죄 가운데 사건 해결률은 47.5%에 불과했으며, 신고된 재산범죄의 경우 사건 해결률이 겨우 16.7%에 불과했다고 한다. 게다가 1971년 이래 신고된 폭력범죄의 사건 해결률이 50%를 넘어본 적이 없었으며, 재산범죄의 경우 사건 해결률이 19%를 넘은 적이 없었다고 한다(Burean of Justice Statistics, 2000). 공식적인 범죄 통계 자료에 전적으로 의존하는 것은 충격적인 바, 범죄자 인구를 거의 대표할 수 없을 정도의 그리고 규모가 적은 표본에 근거하여 연구자들이 범인의 이동 거리에 관한 추정을 하고 있다는 사실이다. 어떤 의미로, 범죄를 저지르기 위해 범인이 이동한 거리에 대한 연구는 모든 범죄자에 관한 완전한 표본이라기보다는 단지 체포될 정도로 매우 운이 나쁜 그리고 성공적으로 기소되었던 범죄자들이 범행 목적 이동 거리에 관한 연구로서만 가장 잘 설명될 수 있다(Paulsen & Robinson, 2004: 137).

3 고드윈과 캔터의 범죄공간 분석 사례

연쇄살인범의 범행 장소, 사체 처리 장소 및 피해자와의 최초 조우 장소 간의 유기적 관련성, 즉 주거지가 있는 장소에 대한 심리적·지리학적 영향력, 피해자가 최초로 범인과 마주친 장소↔시체가 유기된 장소, 두 장소↔범인의 집까지 떨어진 거리의 차이와 변화에 대해서 고드윈과 캔터(Godwin & Canter, 2001: 263)에 의한 실증적 연구가 있다.[9] 이 연구는 미국에서 해결된 연쇄살인사건 중 10명 이상의 피해자를 살해한 54명의 범인과 이들에 의해 저질러진 540건의 살인사건을 대상으로 분석한 것인데, 이러한 자료들은 미국의 다양한 경찰관서와 HITS, ViCAP 그리고 HALT 프로그램에 의해 수집·활용된 것들이다.

1) 연구 전제 설정 및 진행

연쇄살인범이 범죄를 저지르기 위해 이동하는 것에 대해 다음과 같은 세 가지 가정이 전제되었다.

- 가정 1: 피해자를 감금 살해하고, 그 사체를 유기하면서, 범인의 집은 연쇄살인범의 행동에 대한 초점으로서 작용한다. 관심의 초점은 범행에서 매우 중요한 중심부 역할을 하는 것으로 가정된다. 집, PFE 그리고 BD와 같은 장소의 성질과 관련하여 이들의 거리 간에는 일정한 규칙이 있을 것이라는 가정과 함께, 집→PFE까지 거리는 통상적으로 집→BD까지 거리보다 짧을 것이다. 만약 집이 PFE와 BD 둘 사이에 의미를 갖고 있다면, 그때에 가정된 규칙이 있을 경우 그 집이 중심부가 될 것이다.
- 가정 2: 범인이 피해자를 찾아 나서고 사체를 유기하기 위해 이동하는 거리에서 차이가 존재할 것이다. 사체를 버리는 행동은 아주 중요한 증거로서의 의미를 가진다. 그래서 사체를 버리는 것은 완충적인 곳에서 이루어질 뿐만 아니라, 더 먼 장소에서 이루어질 가능성이 있다.
- 가정 3: 그 장소가 피해자에게 치명적인 조우 장소의 위치가 아니더라도, 피해자의 사체를 버리기 위해 연쇄살인범이 이동하는 거리는 시간이 지나면서 체계적으로 변할

9) 미국에서 해결된 54명의 연쇄살인사건 범인들에 관한 내용인 바, 각 범인은 서로 다른 날과 서로 다른 장소에서 적어도 10명 이상의 살인사건을 저지른 자들이었다. 대부분의 범죄자는 다른 살인사건과 관련해서 용의자로 지목된 자들이었다. 혐의는 있었지만, 기소되지 않은 다른 사건들은 그 연구에서 다루어지지 않았다. 연구에서는 처음 확인된 10명의 피해자로 한정되었다. 그래서 모두 합쳐서 54명의 범인과 540명의 피해자만을 대상으로 분석한 것이다.

수 있다. 즉 일시적 연속 범죄와 관련해 이동한 거리와 방향에서, 초반의 범행과 후반부의 범행 간에 약간의 차이점이 있을 거라고 가정되었다.

범행의 근거지가 된 집의 물리적 주소, 최초의 운명적 만남이 이루어졌던 피해자의 위치(PFE), 그리고 피해자의 사체가 유기된 장소(BD)를 확인하고 기록하는 것에 상당한 노력이 전개되었다. 연구가 진행되는 동안, 범인이 범행을 저지를 당시에 거주했던 장소를 범행 근거지가 된 범인의 주소지로 정의했다. 자료가 수집된 모든 사건에서, 한 명의 범죄자는 한 곳의 근거지를 갖고 있었다. 운명적 만남이 이루어졌던 위치는 중요한 접촉 장소 혹은 피해자가 마지막 목격된 장소로 정의되었다. 사체를 유기한 장소는 피해자의 시체가 발견된 최종 묘지로 정의되었다. 연구 결과는 다음과 같다(Godwin & Canter, 2001: 264).

- ▸92%의 사건에서, 범인과 피해자는 사건 이전에 전혀 만난 적이 없었다.
- ▸3% 사건에서는 두 사람들이 기본 장소에서 서로 본 적이 있는 친구 사이였다.
- ▸1%의 사건에서는 피해자와 가해자가 서로 가족 관계였다.
- ▸4%의 사건에서는 아마도 1년에 한 번 서로 만났을 정도였지만, 거의 알지 못하는 관계였다. 이 경우에는 일방적으로 안다고 진술한 것을 포함한다. 즉, 범인은 피해자를 알고 있었지만, 피해자는 범인을 모르는 관계였다.
- ▸살인사건이 저질러질 때, 28%의 피해자가 적극적으로 매춘행위를 하고 있던 시점이었다.

각 피해자가 유괴·납치된 장소, 사체가 유기된 장소와 함께 각각의 연쇄살인 범죄자의 근거지가 된 물리적인 집 주소가 범죄 지도 전문가들에 의해 지도에 표기되었다. 이것은 상업적으로 활용 가능한 지도 프로그램인데, 주간(州間)의 경계, 주요한 호수와 바다 그리고 주간 고속도로 네트워크를 표시하고 있다. 각각의 모든 최초 조우 장소와 사체 유기 장소들 간의 거리뿐만 아니라, 범인의 집에서→피해자와 최초의 운명적인 조우가 이루어졌던 장소 그리고 범인의 집에서→사체가 유기된 장소까지의 거리가 모두 측정되었다. 그렇게 고안된 거리 매트릭스는 모든 후속적인 분석의 기초가 되었다.

이러한 실험을 위한 적절한 통계학적 절차로서 소위 최소 공간 분석기법(Smallest Space Analysis: SAA)이 활용되었다. 이것은 다차원적 스케일링 테크닉이라고 하는데, 거트맨(Guttman, 1968)이 개발했으며, 링고스(Lingoes)에 의해 컴퓨터화되었다(Bloombaum, 1970). 이 프로그램은 결합계수(association coefficient)의 순위와 기하학적 공간에서 거리의 순위 간에 가장 적합한 것을 찾아내기 위한 시도로서 활용된다. 순위를 매기는 것은 극단적 평가에 덜 민감할 뿐만 아니라, 수학적으로 더 효율적인 해결책을 부여하기 위해 사용될 수 있다. 그래서 절차는 '최소' 공간 분석이라고 불린다. 그것은 많은 심리학적 연구에서도 또한 적합하다고 한다(Godwin & Canter, 2001b: 266).

2) 분석 결과

(1) 연쇄살인범에 대한 초점으로서 범인의 집

사체 유기 장소와 피해자가 범인을 최초로 운명적으로 만난 두 장소 간의 지리학적 장소에서, 범인의 집의 위치가 갖는 역할을 탐구하기 위해서는 모든 장소가 다른 모든 장소와 관련성이 있다는 것을 고려하는 것이 필요하다. 주거지, 범행 장소 그리고 사체 처리 장소 간의 유기적 관련성이 이탈계수(coefficient of alienation)로 측정되었다. 이탈계수가 작을수록 적합도는 좋아진다고 한다. 일반적으로 받아들여질 수 있는 이탈계수는 0.24이다. [그림 11-1]에 나타난 최소 공간분석(SAA) 도면에서 0.30이라는 이탈계수를 갖고 있는데, 그것은 약간 높은 것으로 2차원상에서 해석할 만한 점(plot)을 제공하고 있다. 기하학적 거리를 사용한 유사한 결과는 3차원적 공간에서 밝혀졌는데, SSA 도면에서 각 점은 평균 장소를 나타낸다. 그래서 도면을 가로지르는 상대적 거리는 연쇄살인범의 범행 근거지인 집에서 피해자를 유인·납치하기 위해 그리고 살해 후 사체(死體)를 처리하기 위해 평균적으로 이동했던 상대적인 거리를 나타낸다(Godwin & Canter, 2001: 267).

연쇄살인범의 범행 근거지가 된 집은 별(★)로 표시된다. 예를 들어 [그림 11-1]에 따르면, 집에서 그들의 최초 조우 장소(PFE)까지의 거리는 일곱 번째, 여덟 번째 사체 유기 장소 간의 거리보다 덜 멀다는 것을 보여 준다. 범인의 집은 PFE 위치들 사이에 둘러싸인 지역 내에 위치하고 있으며, 한편으로는 사체 유기 장소들에 의해 둘러싸여 있다는 해석은 컴퓨터에 의해 지원받고 있다. 그리고 이것은 범인의 집이 이러한 범죄에 대해 지리학적인 초점 역할을 한다고 확실히 증명하고 있다.

(2) 범인과 피해자의 최초 조우 장소와 사체 유기 장소

PFE들 중 9개 장소는 SSA 상에서 다른 어떤 사체 유기 장소(BD)보다 집 쪽으로 더 가깝게 위치하고 있었다. 이것은 평균적으로 범인이 사체를 처리하는 장소보다 집에서 좀더 가까운 장소에서 피해자와 최초의 접촉을 하려는 경향이 있었음을 보여 준다.[10] 그럼에도 불구하고 SSA 도면상에서 의미하는 바와 같이 동일한 일반적 지역 내에서 다섯 번째 살인을 저지르기 위해 피해자와 최초로 조우한 장소는 수많은 사체 유기 장소(BD)보다는 집으

10) 유영철사건에서 이와 같은 경향을 쉽게 발견할 수 있다.

그림 11-1 범인의 집에서 피해자와 최초 만남이 이루어졌던 곳(PFE)과 사체 유기 장소(BD)까지 이동한 평균 거리

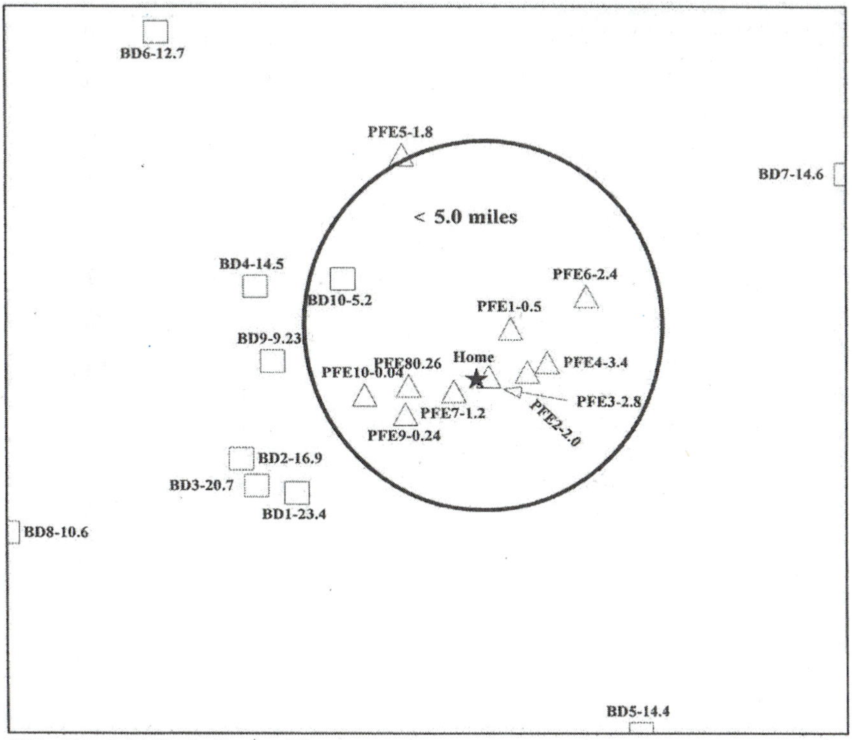

BD - Victims' Body Dump Sites
PFE - Victims' Points of Fatal Encounters
Variables represent mean distances - Figures are in miles
G-L Coefficient of Alienation = 0.302
N=54 Serial killers

로부터 훨씬 멀리 떨어져 있다. 이러한 것은 특수한 자료 세트에 대한 인위적 산물과 2차원적 해법이 될 수 있으며, 특히 주목할 가치가 있다.

PFE가 상대적으로 BD 장소보다 집 쪽으로 더 가깝다는 것을 밝혀낸 것은 매우 흥미롭다. 왜냐하면, 합리적 모델링보다 생활 스타일을 고려하는 쪽으로 강조하는 것이 이러한 유형의 범죄에 대해 유효할 수 있다는 것을 의미하기 때문이다. 만약에 완충 절차가 존재한다면, 피해자와 최초로 조우하는 것보다 사체 유기 장소가 훨씬 더 분명하다.

구체적으로 첫 번째 범행부터 열 번째까지 저질러진 연쇄살인 범죄에 대해 PFE와 BD 장소까지의 거리를 분석한 결과는 <표 11-2>와 같다.

<표 11-2>는 연쇄살인 범죄자가 피해자들을 유괴하기 위해 근거지가 된 범인의 집에서

표 11-2 연쇄살인범의 집에서 피해자를 최초로 조우한 장소 및 사체 처리 장소까지 이동한 t-test 평균 거리

범행(Offense)	집→조우 장소까지 평균 거리 Home to PFE χ(SD)	집→사체 유기 장소까지 평균 거리 Home to BD χ(SD)	t-value
1번째	0.55(1.9)	23.4(64.7)	2.24**
2번째	2.03(3.00	16.9(25.9)	3.04*
3번째	2.86(3.8)	20.7(40.8)	2.64**
4번째	3.40(4.0)	14.5(19.1)	3.61*
5번째	1.87(3.6)	14.4(21.4)	3.91*
6번째	2.24(2.1)	12.7(26.9)	3.02*
7번째	1.20(3.0)	14.6(21.2)	2.09**
8번째	0.26(2.2)	10.6(21.0)	4.36*
9번째	0.24(1.6)	9.23(8.0)	1.27
10번째	0.04(1.7)	5.28(7.7)	0.33

t-test at 95% CI; df=53; T *Significance at $p<0.01$; T **Significance at $p<0.05$ Each offense equals 54 crime sites

사체를 유기한 장소까지 이동했던 거리의 평균이다. 이것은 이미 SSA로부터 밝혀진 결과를 고려할 수 있는 다른 방법을 제시하고 있는 것이다. 이 표는 전통적인 간격 매트릭스를 사용하기 때문에 범인 집의 중요성을 나타낼 수는 없지만, 평균적으로 피해자를 유괴하는 것보다 피해자의 사체를 처리하기 위해 연쇄살인범이 얼마나 멀리 이동했던가를 확실하게 보여 주고 있다(Godwin & Canter, 2001: 268).

- 집→BD까지의 평균 거리는 14.3마일(표준편차 SD=5.0)이다.
- 연쇄살인범이 집에서 피해자를 유괴하기 위해 이동했던 전체 평균 거리는 1.46마일이다(표준편차 SD= 1.25).

<표 11-2>에서 요약된 바와 같이 처음부터 여덟 번째까지 범행을 하는 동안에는 각 PFE와 각 BD에 대한 평균 거리에서 이러한 차이점들은 통계학적으로 의미가 있다. 이것은 SSA에서 도출된 결론에 대한 훨씬 더 강한 지지를 제공하고 있지만, 이러한 차이점은 고려해 볼 만한 크기라는 것을 보여 준다. 적어도 이 표본에서 범인이 피해자를 접촉하고 그녀를 유괴했던 지점은 대체로 집 쪽으로 가깝다는 것이 함께 주장될 수 있다. 그러나 그때 사체를 제거하기 위해 그는 약간 멀리 이동할 것이며, 종종 각 범죄를 위해 다른 방향을 선택할 것이라는 추정이 가능하다.

.그림 11-2 범인 집에서 피해자를 최초 조우하고, 사체 처리를 위해 이동한 거리 변화

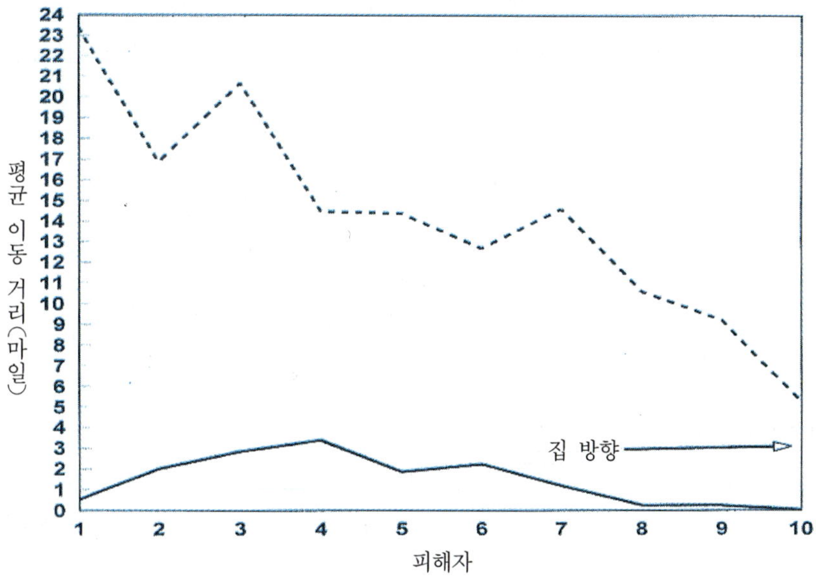

N=54 Serial Killers
------- Victims' body dump sites
____ Victims' points of fatal encounter sites
BD Overall mean = 14.3 miles SD = 5.0
PFE Overall mean = 1.46 miles SD = 1.25

(3) 사체 유기 장소 쪽으로 거리상의 변화

모든 첫 번째 사체 유기 장소의 평균 거리(집→BD)는 24.5마일이었다. 그리고 열 번째 사체를 유기한 열 곳의 장소에 대한 평균 거리는 모두 범인의 집에서 0.4마일 떨어진 곳이었다(Godwin & Canter, 2001: 270). 연쇄살인범의 범행 근거지가 된 집에서 열 번째 피해자를 유괴하기 위해 이동했던 평균 거리는 0.2마일이었다. 그뿐만 아니라 범인이 피해자와 접촉하기 위해 이동했던 거리(PFE)에서 집 쪽으로 근접하고 있다는 상당한 정도로 일관성이 확인되었다. 즉 연쇄살인범이 집에서 사체 유기 장소까지 이동한 거리 간의 관계는 시간이 지남에 따라 변한다는 것이다. 피해자의 숫자가 늘어남에 따라 집에서 사체 유기 장소까지의 거리는 대체로 직선 방향으로 좁혀진다.

(4) 범인의 집, 유괴 및 사체 유기

살인사건의 숫자가 증가하면서 살인범은 일반적으로 피해자의 사체를 유기하기 위해 더 좁은 장소를 찾는 경향이 있다. 아홉 번째, 열 번째 범죄를 저지를 때까지 범인은 자신의 집에서 좀더 가까운 곳에 피해자의 사체를 유기(BD)하고 있다. 연구된 열 건의 살인사건 모

두(총 540건)에서, 사체 유기 장소 및 최초 조우 장소가 범행의 근거지가 되는 집 쪽으로 근접하는 경향을 보이고 있다. 보통 범인의 집에서 2마일을 넘지 않는다.

연쇄살인사건에서는 이러한 일상적인 활동과 범인의 접촉 패턴 간에 연관성을 볼 수 있다. 또한 매일매일 다른 사람들과 접촉하면서 범죄가 발전되어 나간다는 것을 보여 주고 있다. 범인은 통상적으로 접근성을 가지고 있는 집 주변 지역에서 잠재적인 피해자에 대해 인식하고 있으며, 이는 연쇄살인 절차의 첫 번째 단계로 가정될 수 있다.

한번 피해자가 유괴・납치되어 살해되고나면, 그 때는 범인이 자주 왕래하는 것으로 알려진 장소로부터 시체를 멀리 떨어뜨리게 한다. 그리고 그 다음의 피해자도 같은 방식으로 발견된다. 그런데, 사체를 치우고 처리하는 것은 좀더 세심한 절차를 요하며, 그곳에서 증거가 될 만한 것들은 범인에 의해 거의 인식된다. 또한 사체가 버려진 장소는 범인의 집으로부터 훨씬 더 분산될 가능성이 있다. 현재의 연쇄살인범의 경우, 범인이 사체를 유기하는 장소가 사건이 연쇄적으로 진행해 가면서 그들의 집 쪽으로 더욱 근접해 간다는 결론은 매우 흥미롭다. 그들의 범죄는 일상생활과 점점 통합되어 가고 있으며, 약간의 자신감이 늘어나거나 혹은 사체를 운반하는 위험을 감소시키기 위한 결정을 증가시킴으로써 시체를 유기하는 장소와 조우 장소가 서로 점점 더 가깝게 된다는 주장과 일치하게 된다(Godwin & Canter, 2001: 272).

4 미국의 테드 번디 사건에 대한 공간분석 사례

미국인에게 '연쇄살인범' 하면 제일 먼저 떠오르는 인물이 바로 테드 번디(Ted Bundy)다. 그는 1989년 사형으로 죽기 직전에 가서야 1970년대 중반 공포의 4년 동안을 열 개가 넘는 주(州)를 휩쓸고 다니며 40여 명의 젊은 여자들을 살해했다는 사실을 모두 시인했다. 이러한 범행을 저지름으로써 테드는 미국 역사에 남는 가장 무섭고 활동력이 왕성한 엽기적 연쇄살인범으로 자리매김되었다. 미국 전역을 장거리 이동하면서 유사 동종 범죄를 저질렀는데, 이동성 연쇄살인범의 대표적 사례가 될 것이다. 테드에게 두드러지는 것은 일반적으로 접할 수 있는 살인광들의 특성과는 달라도 너무 달랐다는 점이다. 테드는 사회의 주류문화에 속해 있었다. 어느 정도였느냐 하면, 워싱턴 주의 공화당에서는 그를 고용한 적도 있었다. 그곳에서 테드는 눈부시게 활약했는데 영리함이 지나칠 정도로 교활한 인간이었다. 곧 머리가 상당히 좋았다는 얘기다. 붙잡혀 들어간 감옥을 탈출하는 데 두 번씩이나 성공했다. 또한 보통사람들은 따라잡을 수 없는 워낙에 멋진 인물이었기 때문에 사형당할 날을 기

다리며 독수공방하는 테드에게 젊은 여자들의 결혼 신청이 줄을 이었다고 한다.[11]

1) 테드 번디의 범행 장소 및 이동 장소 분석[12]

비록 번디는 3건의 살인사건에 대해 유죄 판결을 받고 1989년 사형에 처해졌지만, 30여 건이 넘는 살인 혹은 성폭행을 저지른 것으로 알려져 있다. 그는 1973년 6월부터(오리건 주) 1978년 8월까지(플로리다 주) 약 5년 동안 살인범죄에 관련된 것으로 알려져 있다. 그의 범행 지역은 워싱턴 주(11건), 오리건 주(3건), 유타 주(8건), 콜로라도 주(5건), 아이다호 주(1건) 그리고 플로리다 주(6건)에 이를 정도로 여러 지역에 걸쳐 분포되어 있다.

테드는 조직화된 연쇄살인범의 모든 특성을 잘 보여 준다(Roh, 2004: 50). 피해자에게 접근하고 유괴·납치하는 방법을 포함하여 그들을 강간 살해하고 시체를 처리할 특별한 장소에 이르기까지 주도면밀하게 계획을 세우고 준비했다. 범행 대상자를 물색하기 위해 이쪽 주(州)에서 저쪽 주로 이동할 정도로 매우 활동적인 여행가였다.

번디는 4세 때 어머니를 따라 워싱턴 주 시애틀 인근 지역인 타코마(Tacoma)에 거주하게 되었다. 시애틀에 소재한 워싱턴대학에 입학하는 등 워싱턴 주에서 젊은 시절을 보냈다. 그 후 여러 주(州)를 거치면서 끔찍한 연쇄살인을 저질렀다. 대체로 워싱턴-오리건 주, 유타-콜로라도 주,[13] 플로리다 주 등으로 나누어 볼 수 있다. 그는 어느 한 특정 지역에 머무르면서 범행을 저지르기에는 무척 바빴다. 도시의 주변에서 범행 대상자를 물색했으며, 또한 멀리 떨어진 곳까지 이동했다. 그야말로 전형적인 이동성이 매우 높은 연쇄살인 범죄자로 분류된다. 그러나 워싱턴/오리건 주, 유타/콜로라도 주, 플로리다 주 등 범죄 발생 권역별로 분류했을 때에는 어느 정도 안정적 성향을 보이고 있다.

2) 워싱턴 및 오리건 주 지역에서의 공간적 특성

이곳에서 발생한 범죄 형태는 서로 다른 두 가지 범행 유형을 보여 준다. 대부분의 범죄는 시애틀 주변 그가 살고 있는 주거지 인근 지역에서 연쇄살인 범죄를 저질렀는가 하면, 다른 몇몇은 집에서 멀리 떨어진 두 개 주(州)를 왔다 갔다 하면서 범죄를 저질렀다. 특히 5번 고속도로를 많이 이용했다고 한다. 집 주변에서 범행을 저지른 경우, 범죄 발생 지역은 한 곳의 점으로 모일 정도로 좁은 지역에 집중되어 있었다. 그렇지만, 주거지를 벗어나 이

11) http://www.hardplanet.net/forum_viewtopic.php?4.62
12) 이 글은 Roh, 2004: 50-57의 내용을 주로 참조했다.
13) 그의 조부모를 만나기 위해 종종 해당 지역을 거쳐 갔다. 그뿐만 아니라 1974년 유타대학에 지원하여 1975년 가을 학기까지 법대(Law School)에서 수학했다.

그림 11-3 번디가 여러 주(州)를 이동하면서 범행을 저지른 동향

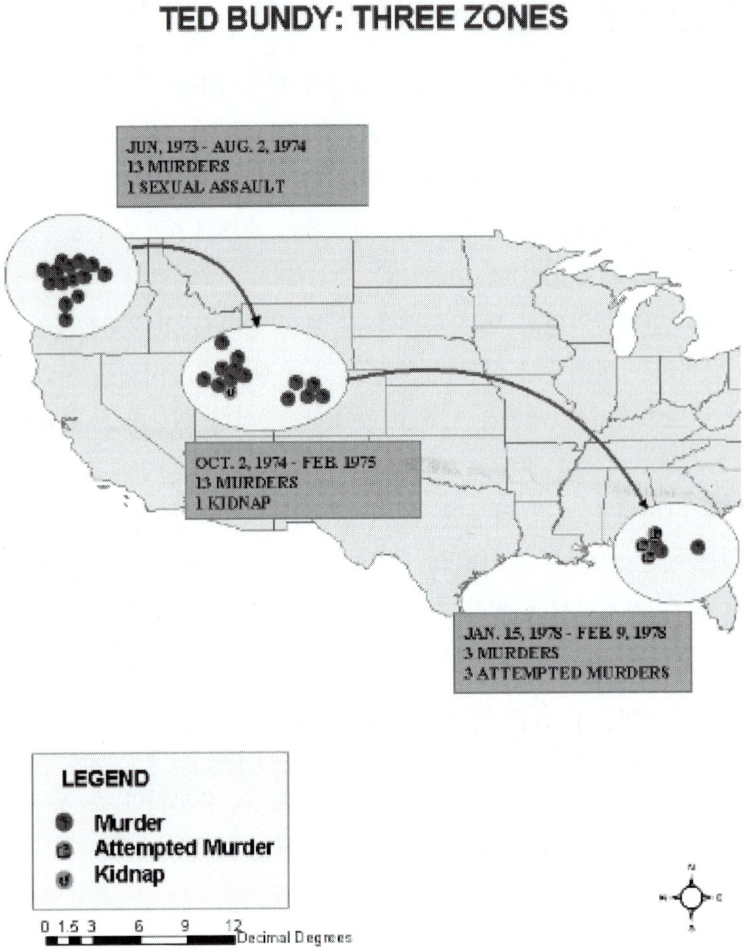

동하면서 범행을 저지른 경우에는 범죄 발생 장소가 상당히 분산되는 경향을 보였다.

한번 시애틀 지역에서 범죄를 저지르면, 그 다음에는 시애틀에서 멀리 떨어진 곳에서 범죄를 저지르고, 그 다음에 다시 시애틀에 돌아와서 범죄를 저지르는 식으로 일정한 반복적인 유형을 보이고 있다. 그는 범죄를 저지르면서 관할권이 서로 다른 형사사법 당국들 간에 협조가 잘 안 된다는 점을 염두에 두고 범죄를 왔다 갔다 하면서 저질렀다. 범행 장소가 여러 주에 걸쳐 널리 퍼져 있는 경우에 개별 경찰관서의 관할구역 내에서는 1건의 살인사건이 발생하더라도 연쇄살인사건으로 인식되지 않을 것이므로, 그만큼 체포될 위험성이 줄어들 것이라는 점을 계산에 넣고 있었다.

그림 11-4 워싱턴 -오리건 주 지역에서 저지른 테드 번디의 범죄 동향

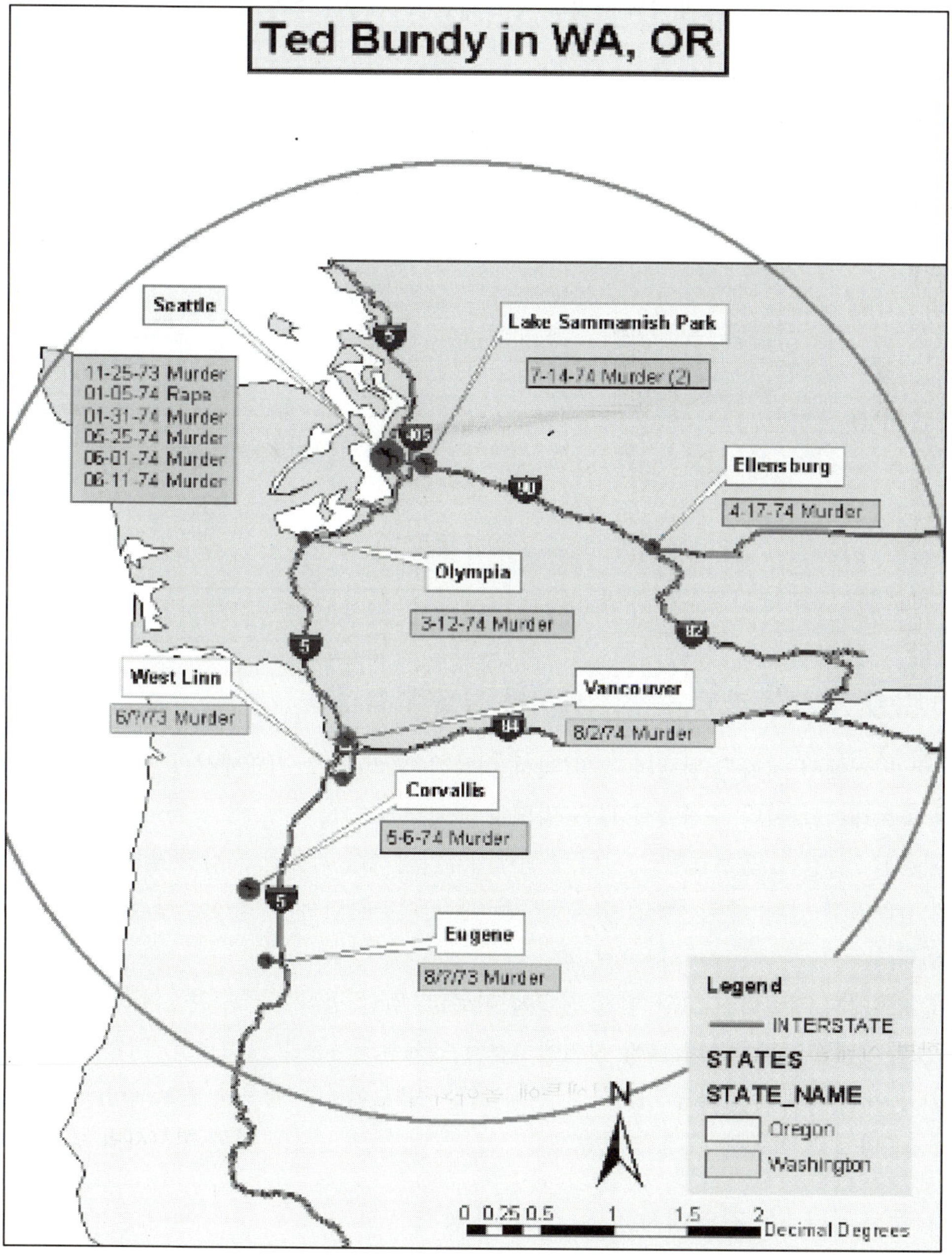

그림 11-5 워싱턴 및 오리건 주에서 범행을 저지르기 위해 이동한 거리

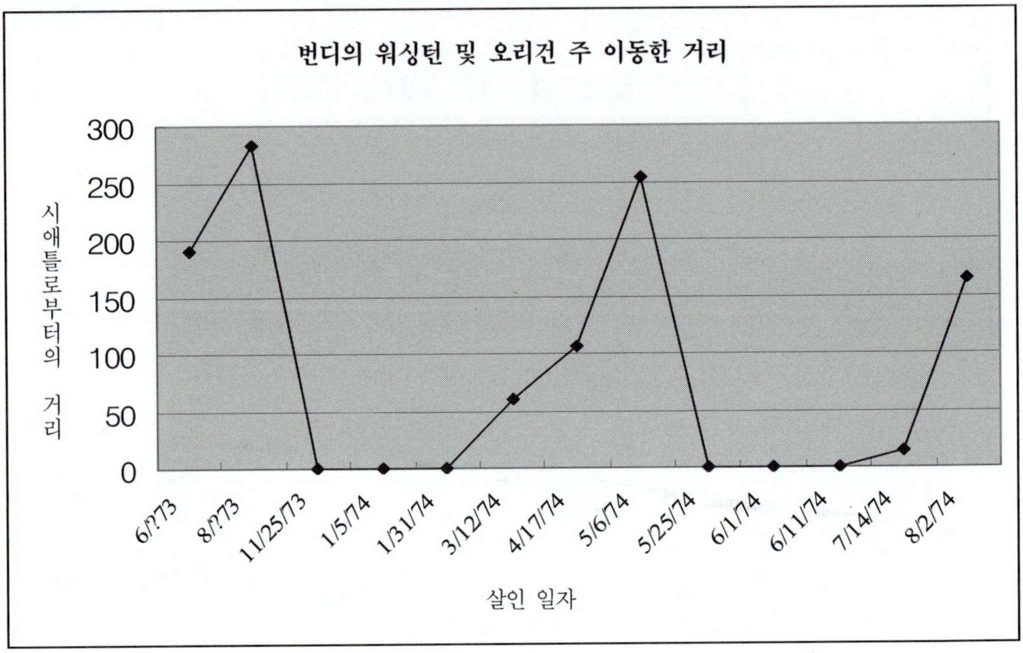

3) 유타 및 콜로라도 주 지역에서의 공간적 특성

이곳 지역에서 저지른 범행의 유형 역시 워싱턴-오리건 주 지역에서의 경향과 유사했다. 특히 솔트레이크 시티 주변에서 많은 범행이 저질러졌는데, 마치 이 지역이 범행 근거지처럼 활용된 것 같다. 솔트레이크 시티 주변에서 7건의 살인과 1건의 납치 범행을 저지른 것으로 알려지고 있다. 주간(州間) 고속도로를 따라 이동하면서 범행 장소가 분산된 것을 알 수 있다.

이 지역에서 저질러진 그의 범행 전술에 따르면, 일반 법집행 공무원들의 수준을 넘어설 정도였다. 1974년 10월부터 11월 사이에 4건의 연쇄살인사건을 저지르고, 1건의 유괴를 저질렀다. 이 지역에서 범죄를 저지르기 위해 가장 멀리 이동한 경우는 솔트레이크 시티에서 무려 540마일을 이동한 사례도 있었다.

4) 플로리다 주 지역에서의 공간적 특성

테드의 범죄는 주로 탈라하세(Tallahassee)에서 많이 발생했으며, 이전의 다른 주(州)들에서 저지른 범행들에 비해 훨씬 더 부주의한 것으로 비교된다. 아마도 탈라하세를 일종의

그림 11-6 유타-콜로라도 주 지역에서 저지른 테드 번디의 범죄 동향

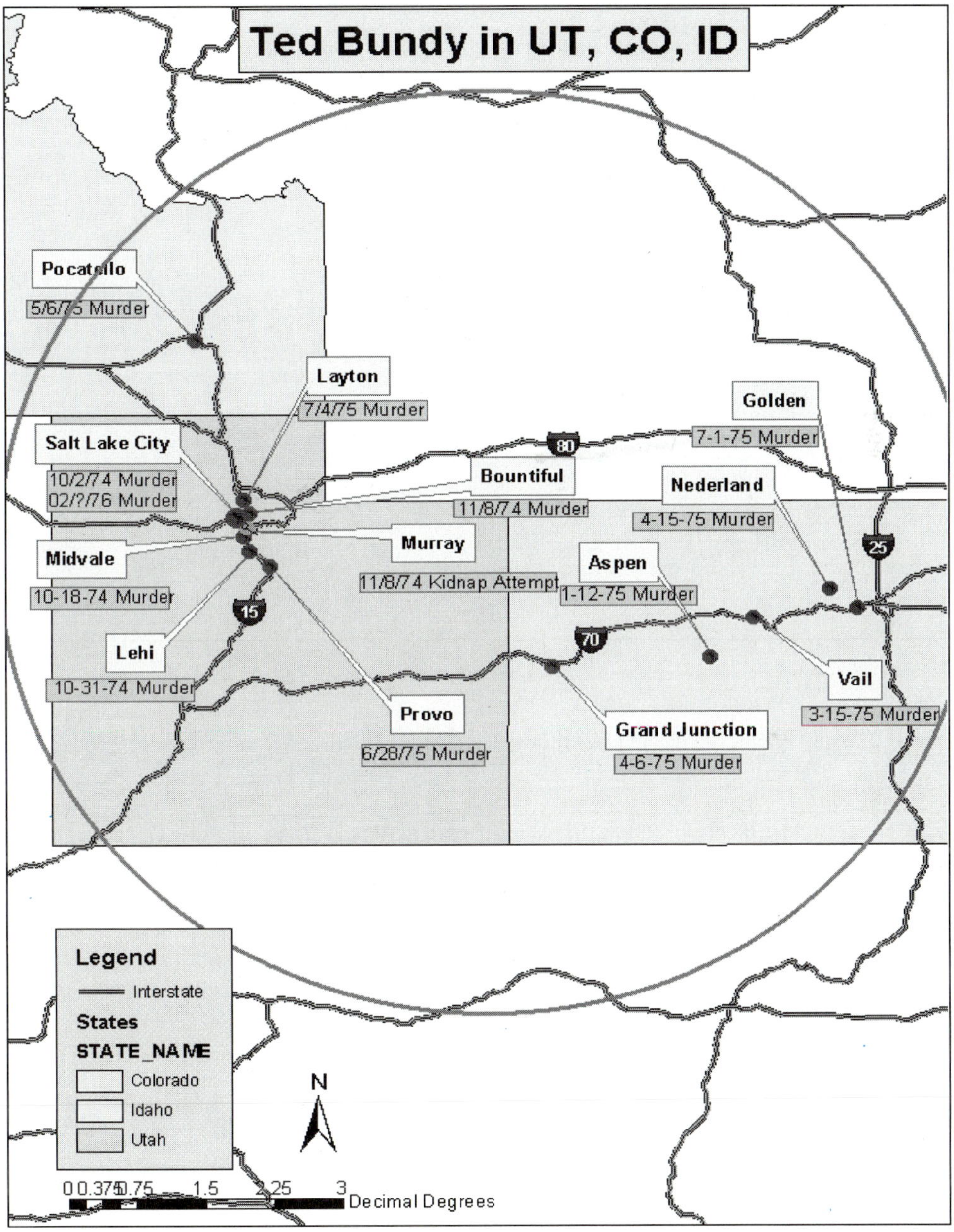

범행을 저지르기 위한 근거지로 정하고, 플로리다 내의 다른 도시들과 인접 도시들로 이동했다. 플로리다주립대학 주변에서 2건의 연쇄살인과 2건의 살인 미수를 저지른 것으로 추정된다.

그림 11-7 유타 및 콜로라도 주에서 범행을 저지르기 위해 이동한 거리

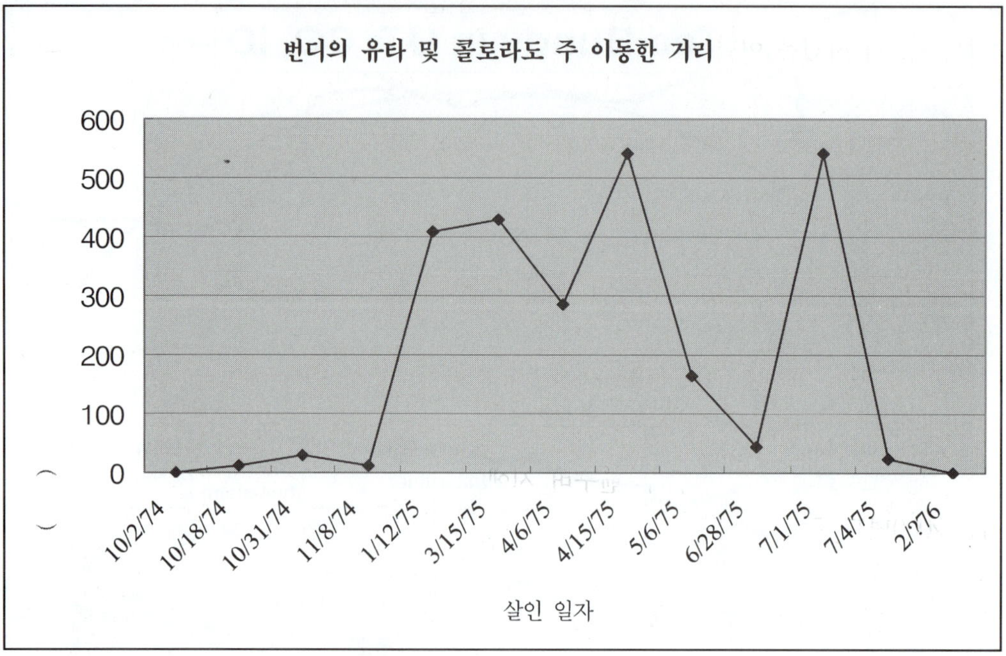

한편, 그는 전형적으로 조직화된 범죄자 유형에 속하는데, 한 도시에서 하룻밤 사이에 다섯 번씩이나 범죄를 저지를 정도로 집중력이 뛰어나며 비범한 인간이었다. 그뿐만 아니라 하룻밤에 같은 지역에서 두 번씩이나 여성을 납치하려고 기도한 바 있었다. 한때 그는 가필드 카운티(Garfield County) 구치소에서 탈주에 성공한 적도 있었다.

5 캐나다의 돼지농장 연쇄살인 사건 분석 사례

연쇄살인사건 사례들은 대체로 미국이나 영국에서 많이 알려져 있지만, 캐나다에서도 관련 범죄 유형들이 종종 발생하고 있다. 최악의 연쇄살인사건 범인에 대한 재판－일명 돼지농장 연쇄살인사건－이 진행되고 있다. 범인은 바로 로버트 픽튼(Robert William Pickton, 1949년생)으로서, 캐나다 브리티시 컬럼비아 주 포트 코퀴틀람 시에 거주하면서 돼지농장을 경영하던 자다.

2007년 6월 말 현재, 무려 49명의 여성을 살해한 혐의를 받고 있는 가운데, 1차로 6명에

대한 1급 살인죄로 기소되었다. 범인은 광역 밴쿠버 외곽도시에 거주하던 독신자로서 대부분의 피해 여성을 자신의 돼지농장과 집으로 유인하여 살해한 후 시체를 농장 안에 묻어 유기했다. 이 사건은 이미 국내에도 알려져 있다. 필자는 관련 사건에 대한 소식을 접하고, 2002년 12월 사건 현장인 범인의 돼지농장을 직접 방문하여 연방경찰 및 밴쿠버경찰청 수사관들과 면담한 바 있다. 이 사건을 연구하면서 캐나다의 ViCLAS를 국내에 소개할 수 있게 되었으며, 이는 한국에서 ViCAT이 출범하는 데 좋은 본보기가 되었다. 또한 국내에 '범죄자 유형 분석기법(criminal profiling)'이 본격적으로 소개된 것 역시 필자가 이 사건에 관심을 갖고, 경찰청 연구 과제를 수행하면서였다고 할 수 있다. 여기에서는 픽튼 사건을 중심으로 소개하고자 한다.

1) 밴쿠버 다운타운에서 잇따라 실종된 여성들

캐나다 최악의 연쇄살인범으로 지목되어 재판을 받고 있는 로버트 픽튼

캐나다 브리티시 컬럼비아 주 밴쿠버 시에서는 2000년도 초반까지 수십 명의 여성이 실종되었다고 가족들이 경찰에 신고한 바 있다. 이에 경찰은 그 사건들을 대부분 살인사건으로 처리했다. 당시 70여 명의 실종자 가족들이 밴쿠버경찰청과 연방경찰(RCMP) 관계자를 면담했는데, 이미 경찰에서는 과거 20여 년 전부터 실종된 여성에 관련된 46건의 사건을 추적중이었다. 그 기간 동안에 가족들은 실종 여성을 찾고 있는 경찰 수사에 대해 별다른 정보가 없어서 무척 애를 태우고 있었다. 실종된 딸의 한 부모는 "이 실종사건은 이제 살인사건으로 수사해야 한다. 우리 아이가 살해된 것이 틀림없다"고 주장했다. 그 면담 석상에서 실종자 가족들은 밴쿠버 시내 동쪽 우범지역(Vancouver's Downtown Eastside)에서 매춘 여성과 마약 거래자로 추정되는 여성들 31명이 실종되었으며, 경찰에서는 살인사건으로 취급하고 있다는 설명을 들을 수 있었다. 당시 경찰은 브리티시 컬럼비아 주의 다른 도시들에서 발생한 살인사건 15건을 포함해서 수사중이라고 밝혔다. 수사관들은 실종자 가족에게 그동안 진행된 수사 과정을 설명해 주었다. 관련된 용의자 600여 명을 수사선상에 올려놓고 수사중이라고 밝혔다. 그런데 대부분의 피해자는 여전히 실종된 채로 알려져 왔으며, 2001년 10월까지 범행 현장이 발견되지 않았다.

공교롭게도 2001년 11월 밴쿠버에서 250km 떨어진 미국의 워싱턴 주 시애틀에서 그린

공중에서 촬영한 픽튼의 돼지농장 모습(가운데 공터처럼 보이는 곳)

리버 살인사건(Green River Killer)으로 알려진 리지웨이(Gary Ridgway)라는 연쇄살인범(49명의 여성들을 살해한 것으로 추정, 트럭 운전사, 52세)이 유전자 감식 결과 체포되었다. 그래서 밴쿠버경찰 수사관들은 1985년 이후 실종된 45명의 여성과 범인 간에 관련성이 있을 것으로 믿고 미국 경찰과 공조하면서 사건을 대조하기 시작했다. 범인에 대해 기소된 4건의 살인사건은 1982~1984년까지 시애틀 지역에서 그린리버 연쇄살인범에 의해 저질러진 49건의 사건들 가운데 일부로 알려졌다. 실제로 리지웨이는 1985~1988년에 무려 44명의 매춘 여성들이 살해된 사건에도 관련이 있었다. 1984년 이래 그린 리버 살인사건의 용의자로 의심을 받고 있었지만, 캐나다 경찰의 용의선상에는 나타나지 않았다. 캐나다 경찰 수사관들은 범인이 수시로 캐나다 국경을 넘나들었기 때문에, 사건 관련성에 대한 약간의 희망을 갖고 있었다. 캐나다 밴쿠버 경찰에서 미국 서부 해안지역 샌디에이고 경찰에 이르기까지 수십 건의 미제(未濟) 살인사건들을 추적하고 있는 경찰관서에서는 이 연쇄살인범에 대해 무척 많은 관심을 갖게 되었다.

2) 로버트 픽튼에 대한 경찰 수사

픽튼이 처음으로 캐나다 경찰의 주의와 관심을 받게 된 것은 1997년 살인 미수 혐의를 받은 것이 계기가 되었다. 1997년 3월 27일 픽튼의 돼지농장에서 한 여성(Wendy Lynn

단서를 찾기 위한 경찰 수사관들의 돼지농장 수색 작업

Eistetter)이 칼에 찔린 채 피를 흘리면서 현장에서 가까스로 도망쳐 나와 이웃 사람들에게 도움을 요청했다. 그 사건은 경찰에 신고되었고, 범인에게는 살인 미수 혐의가 적용되었다. 경찰은 당시 범인에게 흉기로 폭행한 혐의, 불법 감금 그리고 피해자의 생명을 위태롭게 한 혐의를 제기했다. 그러나 나중에 픽튼의 돼지농장을 수색했지만, 별다른 증거를 발견하지 못했다. 검찰에서는 1998년 1월까지 사건에 대한 기소를 유예했으며, 결국 그 사건은 기각되었다. 이후 경찰과 세간의 관심으로부터 픽튼 사건은 잠시 잊혀졌다.

그러던 중 경찰은 평소 이웃 주민들로부터 픽튼이 불법으로 총기를 소지하고 있다는 첩보를 입수했다. 이를 계기로 2002년 2월 5일 경찰은 픽튼과 그 형제들이 소유하고 있는 돼지농장에서 불법 무기를 압수하기 위해 수색영장을 집행하게 되었다. 곧바로 픽튼은 체포되어 수감되었으며, 돼지농장을 수색하는 과정에서 천식에 대한 의사처방전을 포함하여 수년 전 실종된 여성의 개인 소지품들(신분증 포함)이 발견되었다. 그래서 경찰은 브리티시컬럼비아 주에서 실종된 여성들을 수사하기 위한 과정으로서 법원으로부터 두 번째 돼지농장 수색영장을 발부받았다.

연방경찰(RCMP)과 밴쿠버경찰청 소속의 특별수사관들이 합동으로 돼지농장을 폐쇄시켰다. 그 다음날 픽튼은 법률에 위반하여 무기를 소지한 점, 정당한 소지 허가 없이 무기를 소지한 점, 허가 없이 장전된 무기를 비밀리에 소지한 점 등의 혐의로 형사 책임을 지게 되었다. 그는 며칠 후 석방되었으며, 경찰의 감시하에 놓이게 되었다.

3) 계속적으로 발굴되는 시체들과 연쇄살인 혐의

돼지농장에 대해 수색이 진행되었다. 애벗스웨이(Sereena Abotsway)와 윌슨(Mona Wilson)이라는 여성의 유골이 발견되었으며, 드디어 2002년 2월 22일 금요일 픽튼은 체포되었다. 이들 두 명의 여성을 살해한 혐의로 형사 책임(1급 살인)을 지게 되었다. 돼지농장을 수색하면서, 땅 속에 묻혀 있던 돼지 뼈들과 함께 섞여 있는 실종된 여성들의 유골과 뼛조각들이 잇달아 발견되었다. 밴쿠버경찰청에 신고된 실종 여성들의 가족들 DNA와 돼지 농장에서 발견된 뼛조각들의 DNA를 서로 비교 대조하면서, 추가적으로 실종 여성들의 신원이 속속 확인되기 시작했다.14)

- 2002년 4월 2일 맥도넬(Jacqueline McDonell), 록(Diane Rock) 그리고 보톰리(Heather Bottomley)라는 여성들의 유골과 뼈들이 발견되면서, 이들에 대한 살인 혐의 3건이 추가되었다.
- 2002년 4월 9일 6번째 살인사건이 확인되었는 바, 희생자는 조스버리(Andrea Joesbury)였으며, 곧이어 울프(Brenda Wolfe)라는 여성의 신원이 확인되면서 7번째 살인 혐의가 추가되었다.
- 2002년 9월 20일 4명의 피해자들(Georgina Papin, Patricia Johnson, Helen Hallmark 그리고 Jennifer Furminger)의 신원이 확인됨으로써 4건의 살인 혐의가 추가되었다.
- 2002년 10월 3일 4명의 피해자들(Heather Chinnock, Tanya Holyk, Sherry Irving 그리고 Inga Hall)의 신원인 확인됨으로써 4건의 살인 혐의가 추가되었다. 이로써 총 15건의 살인사건을 저지른 것으로 판명되었으며, 캐나다에서 가장 많은 피해자를 살해한 연쇄살인사건으로 기록되었다.

2005년 5월 26일까지 12건의 살인사건 혐의가 추가되었으며, 도합 27건의 연쇄살인사건으로 기록되었다.

시체 발굴 작업이 진행되고 있는 픽튼의 돼지농장 모습

14) 필자는 2003년 1월경 사체 발굴 현장에 임장하여 사진을 촬영한 바 있다. 범행 현장은 일반인들의 출입이 금지된 채 아직도 발굴작업이 진행중이다. 인류학을 전공하는 대학원생들의 지원을 받아 동물의 뼈와 사람의 유골을 일일이 분류하여 DNA검사를 진행하고 있다. 사건 관할은 연방경찰이 근무하는 지역인 관계로 연방경찰에서 비용을 부담하고 있다.

시체 발굴 작업이 진행되고 있는 픽튼의 돼지농장 모습

시체 발굴을 하기 위해 동원된 장비들

4) 인류학 전문가들을 동원한 시체 발굴과 법과학적 분석

돼지농장에 대한 수색 작업은 계속되었다. 포크레인을 이용해 농장 안에 있는 엄청난 양의 토양을 분석했다. 돼지농장 어딘가에 매장되었을 피해자들의 사체 흔적과 유골을 발굴하기 위해 2미터 안팎의 깊이로 모든 흙을 파헤쳤다(사육하던 돼지가 죽으면 2미터 깊이의 구덩이를 파고 매장했던 점에 착안). 흙 속에 있는 뼛조각들을 찾아내기 위해 파낸 흙 모두를 컨베이어 벨트 위를 지나가게 하면서, 임시로 고용된 인류학 전공 대학원생들로 하여금 육안으로 동물의 뼛조각들(사람의 유골과 죽은 돼지의 뼈들이 혼재됨)을 골라내게 했다. 이러한 과정을 거치면서 수십만 점의 뼛조각들을 찾아냈다. 유전자 감식을 통해 돼지 뼈와 사람의 유골 흔적을 1차로 구분했다. 사람의 뼛조각들은 정밀하게 유전자 분석을 하여 이미 신고된 실종자 가족들의 유전자정보와 대조함으로써 피해자의 신원을 확인하기에 이른 것이다.

이러한 방법으로 시체 발굴은 계속되었는데, 2003년 11월까지 진행된 작업에 무려 7천만 달러(약 600억 원)가 소요되었다. 물론 비용은 브리티시 컬럼비아 주정부가 부담했다. 2007년 6월 말 현재까지도 발굴 작업이 진행되고 있는데, 앞으로 그 비용이 얼마나 더 소요될지 모른다. 한국의 경찰이라면 과연 이러한 발굴 작업이 가능할까?

그 후에도 발굴 작업과 유전자 분석과 대조를 통해 피해자의 신원이 추가적으로 확인되었다. 검찰에서는 27건의 살인 혐의로 피고인을 기소했지만, 법원에서는 26명에 대한 1급 살인(first-degree murder) 혐의만을 인정한 재판이 현재 진행되고 있다.

살인범죄 현장인 로버트 픽튼 소유 돼지농장 전체는 철조망을 쳐서 폐쇄했다. 발굴 작업을 원활히 하기 위해 돼지농장 내부의 모든 건물들은 완전히 철거한 상태이며, 아직도 발굴 작업이 진행중이다. 시체 발굴과 피해자 신원 확인을 위한 법과학적 분석은 대단히 어려운 상황이었는데, 피해자의 시체가 대부분 심각하게 부패되었으며, 일부는 곤충들과 사육하고 있던 돼지들이 이미 먹어 치워버린 상태이기도 하다. 발굴 작업에는 엄청나게 육중한 장비들이 설치되기도 했다. 50피트(약 15미터)짜리 컨베이어 벨트 2개, 덤프트럭 및 시체 흔적을 찾아내기 위한 토양분류기가 포함되었다. 사건 현장을 발굴하기 위해 52명의 법과학 및 인류학 전문가들과 30~40여 명의 수사관들이 합동으로 작업을 진행했다.

2004년 3월 10일, 돼지농장에 설치된 기계로 피해자의 인육(人肉)을 갈아서 돼지고기와 함께 혼합되었다는 것이 한때 밝혀지기도 했다. 이 돼지고기들은 상업적으로 결코 판매되지는 않았지만, 범인의 친구들과 방문자에게는 나눠졌다고 한다. 또 다른 주장에 따르면, 피해자 시체들 중 일부는 사육하는 돼지에게 직접 먹이로 제공되었다고 한다.

인류학 전문가들이 컨베이어 벨트 위를 지나가는 흙을 조사하면서 뼈를 골라내는 장면

필자가 촬영한 돼지농장 연쇄 살인사건 현장

5) 공판 과정에서 드러난 범행 수법

지난 2007년 1월 22일 첫 공판이 열리던 날, 검사의 주장에 의하면, 범인은 비밀수사관(재소자 위장 수사요원)에게 자신은 49건의 살인사건을 저질렀다고 진술했다고 한다. 이후 진행된 공판에서, 픽튼을 체포해 신문했던 비밀수사관의 증언이 있었다. 당시에 범인은 50

명까지 살해하기로 마음먹었으며, 49명을 살해하고나서 체포되었다고 진술했다고 한다. 그러면서 픽튼은 한쪽 손의 손가락 다섯 개를 펴고, 다른 쪽 손가락은 오므려서 원을 만들어 보이면서 '50'이라는 숫자를 제스처로 보여 주었다고 한다. 범인은 피해자를 한 명 더 살해해서 50명을 채우려고 했지만, 자신의 범행 수법이 엉성하여 체포되었으며, 비밀수사관에게 자신은 연쇄살인범이라고 고백했다.

프레빗(Derrill Prevett) 검사는 첫 공판에서, 반쯤 토막난 피해자의 두개골과 발을 포함하여 살인 혐의자인 픽튼의 돼지농장에서 발견된 여러 증거들에 대해 배심원들에게 설명했다. 피해자의 시체 일부는 쓰레기통 바닥에 있는 쓰레기봉지에 담겨져 있었으며, 혈흔이 유류된 피해자의 옷가지들은 픽튼이 생활하고 있던 트레일러 내부에서 발견되었다. 일부 피해자의 턱뼈와 치아들이 도살장 인근 바닥에서 발견되었으며, 범인의 집 세탁실에서 22구경 권총도 발견되었다. 그 권총에는 음경 모양의 딜도(dildo, 性具)가 부착되어 있었으며, 범인과 피해자의 유전자가 유류되어 있었다.

배심원들에게 비디오테이프가 상영되었는데, 그 속에는 픽튼이 음경 모양의 딜도를 권총 발사시 소음을 줄이기 위한 장치로 사용했다는 주장이 포함되었다. 2007년 2월 2일 진행된 공판에서 다양한 범행 관련 정보들이 법정에 제시되었다. 픽튼이 거주하고 있던 트레일러에서 찾아낸 22구경(탄환이 장전된) 권총, 여러 상자 분량의 탄환들, 야간 투시용 고글, 2쌍의 수갑, 3ml 분량의 청색 액체가 들어 있는 주사기, 'Spanish Fly'로 표기된 성욕 촉진제 등이었다.

300여 명이 넘는 내외신 기자들의 법원 주변 취재 모습

범인 친구였던 처브(Scott Chubb)의 진술 내용을 녹화한 비디오 내용에 따르면, 범인은 헤로인에 중독된 여성을 손쉽게 살해하는 방법–자동차 유리 세정제를 피해자에게 주사함–을 말해 주었다고 한다. 두 번째 비디오테이프가 상영되었는데, 그 안에는 범인의 다른 친구인 벨우드(Andrew Bellwood)가 범인은 피해 여성들에게 수갑을 채운 뒤 목졸라 살해했으며, 시체의 내장을 꺼내고 난 후 돼지에게 먹였다는 진술 내용이 포함되어 있었다. 픽튼의 돼지 도살장에서 발견된 쓰레기통의 내

용물을 촬영한 사진들은 피해 여성이었던 윌슨(Mona Wilson)에 관련된 것이라고 한다. 법정에서 비밀수사관의 증언에 의하면, 범인은 한 여성을 얼음 송곳으로 살해했으며, 시체를 처리하기 위한 가장 좋은 방법으로 시체를 바다에 던져 버리기도 했다는 것이다. 어떻게 피해 여성들을 총으로 살해했으며, 시체 머리를 뜨거운 물에 집어넣고 머리카락을 제거하는 작업을 비밀수사관에게 털어놓기도 했다.

또한 원고측 프레빗 검사의 주장에 의하면, 범인은 피해자를 살해한 다음 정육점에서 고기를 토막내듯이 시체를 처리하기도 했으며, 두개골은 수직으로 이등분하고, 나머지 신체의 일부는 돼지농장 냉장고에 은닉했다고 밝혔다. 2002년경 픽튼의 돼지농장을 면밀하게 수색한 경찰수사관들에 의해 냉장고 안에서 두 명의 피해자 신체 일부와 두개골이 발견되었다. 두 명의 여성을 살해한 혐의로 우선적으로 구속되었다. 당시에 현장에는 이등분된 두개골과 오른쪽 손 두 개, 양쪽 발들의 앞부분이 발견되었다.

6) 연쇄살인범에 대한 재판 진행

2006년 1월 30일 피고인에 대한 형사재판이 시작되었다. 희대의 연쇄살인범은 브리티시 컬럼비아 주법원에서 진행된 재판에서 무죄를 주장하고 있는 상황이었다. 그래서 정식재판에 회부되었는 바, 배심원들 면전에서 어떤 증거들이 인용될 수 있는지를 결정하는 데에만 무려 1년이 걸렸다. 법원에서는 재판 진행중에 제시된 증거들에 대해서도 언론을 통해 공표되는 것을 금지했다.

2006년 3월 2일, 윌리엄스(James Williams) 판사는 27건의 살인 혐의 중 1건은 증거 부족으로 기각했다. 2006년 8월 9일, 윌리엄스 판사는 26건의 기소 사건 가운데 6건에 대해서만 집중적으로 재판하기로 했다. 물론 나머지 20건의 살인사건들이 기각된 것은 아니다. 검

재판정에 모습을 드러낸
피고인 픽튼(2007년 2월)

2007년 6월 현재 형사재판이 진행중인
사건(6건)의 피해자들

찰은 후일 다른 재판에서 그 사건들을 다루기로 했다.

재판이 시작되기 전까지는 현장에서 수집된 증거들도 언론에 공개되지 않았다. 왜냐하면 재판 과정에 선입견이 초래되는 것을 방지하기 위해 법원에서 금지했기 때문이다. 법원이 언론에 의한 사건 관련 내용 공표를 금지함으로써 법원과 검찰의 결정에 대한 정확한 사항은 알 수 없다고 한다. 윌리엄스 판사에 따르면, 26건의 살인사건을 한꺼번에 재판하게 되면 배심원들에게 엄청난 부담을 초래할 수 있으며, 배심 재판에만 무려 2년이 걸리기 때문에, 자칫하면 오심(誤審)할 가능성이 증가한다고 했다. 윌리엄스 판사가 재판하기로 선택한 6건의 사건이 다른 사건들과는 실질적으로 다른 증거를 갖고 있다는 점 또한 밝혔다.

배심원 선정 절차는 2006년 12월 12일 마쳤는데, 이틀이 걸렸다고 한다. 6건의 살인사건 재판을 위해 주(州)정부는 3,500여 명 배심원 후보자 명부에서 473명을 1차 선정했다. 그 가운데 12명의 배심원과 2명의 후보 배심원이 최종 선정되었다. 첫 배심 재판이 2007년 1월 8일 개최되기로 했지만, 1월 22일로 연기되었다.

2007년 1월 22일, 픽튼이 6명의 피해자(Marnie Frey, Sereena Abotsway, Georgina Papin, Andrea Joesbury, Brenda Wolfe 그리고 Mona Wilson)들에 대해 저지른 1급 살인사건에 대한 첫 재판이 열렸다. 사건에 대한 공표 금지가 마지막으로 해제되면서, 캐나다 시민들은 역사상 최초로 그토록 오랫동안 진행된 수사 과정을 통해 밝혀진 상세한 내용들에 대해 들을 수 있게 되었다.

일명 '돼지농장 살인사건'의 경우, 2008년 3월 현재 6명의 여성들에 대한 '2급 살인죄'가 인정되어 범인에게는 가석방 없는 25년 징역형이 선고되었다.[15] 나머지 20여 명의 여성들

캐나다 연쇄살인범 "49명 죽였다"

캐나다 범죄 사상 최악의 연쇄살인범인 로버트 윌리엄 픽튼(57)이 49명의 여성을 살해했음을 자백했다고 22일 시작된 공판에서 검찰이 밝혔다. 캐나다통신(CP) 등 언론 보도에 따르면 데릴 프레빗 검찰 기소관은 이 날 뉴웨스트민스터 법원에서 열린 재판 모두진술을 통해 "픽튼은 49명의 여성을 죽였다고 경찰 수사관과 교도소에 투입된 재소자 위장 수사요원에게 진술했으며 그 내용을 담은 비디오테이프를 공개하겠다"고 말했다. 검찰은 픽튼이 "50명을 채운 뒤 살인을 그만두려 했으나 일을 망치는 바람에 1명을 남겨놓고 붙잡히게 됐다"고 진술했다고 배심원단에게 밝혔다.

검찰은 이어 픽튼농장에서 발견된 신체 일부에서 채취한 DNA 증거가 희생자들과 일치하며 현장에서 범행 도구와 희생자들의 유류품이 발견되는 등 픽튼이 범인임은 의심의 여지가 없다고 진술했다.

매일경제, 2007월 1월 23일

15) http://www.cbc.ca/canada/british-columbia/story/2008/02/26/bc-picktonoppal.html(2008년 3월 29일 검색)

을 살해한 혐의도 받고 있다. 한편 픽튼의 항소심은 2009년 이후에 진행될 것으로 알려지고 있다. 캐나다 최악의 연쇄살인사건인 돼지농장사건에 대한 재판이 언제 종결될지는 예측하기는 어렵다.

7) 공간적 특성

관련 재판에 대한 내용에 대해 피고측 변호인이 취재 및 언론 보도를 제한해 줄 것을 요청하고 있는 터라 구체적인 사건 내용이 공개되지 않는 실정이다. 범인은 피해 여성들을 접촉하기 위해 밴쿠버 다운타운 이스트 지역까지 종종 나타난 바 있다. 살해된 것으로 밝혀진 피해 여성들의 사체(26건)가 모두 범인의 집 주변에서 발견된 점으로 보아 범행 현장과 사체 처리 장소가 매우 밀접한 관련을 갖고 있다. 범인은 대체로 공간 이동이 비교적 적은 안정적 연쇄살인 범죄자로 분류될 수 있으며, 사체 유기 장소가 타인에게 거의 노출되지 않은 사유지(私有地)였기 때문에, 수십 명이 희생당할 때까지 수사의 진전이 없었다고 할 수 있다. 또한 사체를 2m 깊이로 땅을 파고 유기한 터라 평소 감시중이던 경찰조차 징후를 발견할 수 없었다. 돼지농장사건은 최근 한국에서 발생한 유영철사건처럼 범행 현장이 범인의 주거지 내부였기 때문에 외부인에게는 거의 발각될 가능성이 낮았다고 할 수 있다.

6 한국의 연쇄살인사건 공간분석 사례

1) 화성연쇄살인사건

(1) 사건 개요

1986년 9월 15일 오전 6시 20분쯤 수원에서 열무를 판 뒤 딸네집에서 잠을 자고 귀가하던 이○○(71) 씨가 화성군 태안읍 안녕리 목초밭 짚더미에서 실종 닷새 만에 하체가 벗겨지고 목이 졸린 시체로 발견됐다. 부녀자만을 노리는 엽기적 연속 범행과 5년 이상 범인을 검거하지 못한 채 미궁에 빠진 경찰 수사의 시작을 알리는 것이었다. 1986년 한 햇 동안 반경 1km 이내에서 발생한 부녀자 성폭행 살해사건만도 무려 네 차례나 됐다. 주춤하던 살인사건의 망령이 되살아난 것은 1988년 9월 7일 안○○(52) 씨가 러닝셔츠로 목이 졸리고 흉기로 난자당한 시체로 발견되면서부터다. 같은 해 9월 16일 박○○(당시 13) 양이 안방에서

다시 시작된 화성연쇄살인사건

이번 20대 여인 살인사건 역시 피해자를 나체로 만든 후 입에 재갈을 물리고 강간하는 등 범행 수법이 종전의 연쇄살인사건과 판에 박은 듯 비슷해 이 지역 일대 주민들을 공포의 도가니로 몰아넣은 바 있다. 경기도 화성 인근 지역에서 또다시 같은 수법의 부녀자 피살사건이 발생해 경찰이 수사에 나섰다…… 오산시 지곶동 서랑공동묘지 부근 농수로 안에 20대 후반으로 보이는 여자가 피살된 채 버려져 있는 것을 성묘객이 발견했다…… 숨진 여인은 옷이 완전히 벗겨진 채 검정 양말로 입에 재갈이 물려져 있고 가슴·배꼽·왼쪽 허벅지 등 전신에 예리한 칼자국이 27군데나 나 있고 양쪽 무릎이 완전히 꺾인 채 버려져 있었다. 목에는 졸린 흔적과 함께 깊이 5cm의 흉기 자국이 발견됐다…… 여인의 시체가 발견된 곳은 민가에서 3백여 떨어진 한적한 곳으로 1988년 9월 7차 화성 연쇄살인사건이 발생했던 팔탄면 가재리 야산에서 동남쪽으로 3km 가량 떨어진 곳이다. 숨진 여인이 발가벗겨진 채 입에 양말로 재갈이 물려져 있는 등 범행 수법이 비슷한데다……

중앙일보, 1996년 11월 4일, 22면

강간당한 채 살해된 뒤 용의자가 검거돼 해결의 실마리를 보였던 연쇄살인사건은 이를 비웃듯 1990, 91년 잇따라 중학생과 60대 부녀자 성폭행 사건이 벌어져 주민들을 아연케 했다. 1차 사건을 제외하고 모두 강간 피살되었다. 한편, 무고한 부녀자 10명이 희생돼 '얼굴 없는 범행'으로 각인됐던 연쇄살인사건 이후 5년여 만인 1996년 11월 3일에 다시 화성 인근 지역에서 같은 수법의 살인사건이 발생해 충격을 안겨 준 바 있다(11차 사건).

현장 약도는 [그림 11-9], 사건 개요는 <표 11-3>과 같다.

그림 11-9 화성연쇄살인사건 현장 약도

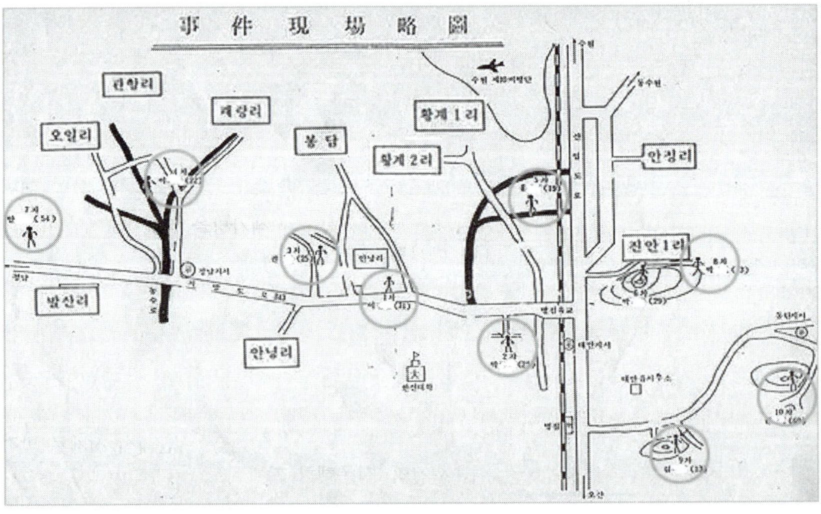

표 11-3 화성연쇄살인사건의 개요

	일시	피해자 특성	범행 수법	사체 유기 장소
1차 가을	1986년 9월 19일. 오후 2시 경기도 화성시 태안읍 안녕리 풀밭에서 발견	이순0씨 (71세)	하의가 벗겨진 채 목졸린 시체로 발견. 마을 앞 목초 밭에서 목이 졸려 살해. 하의가 벗겨져 있었으나 별다른 폭행 흔적은 없음. 일 주일 전쯤 살해된 것으로 추정	풀밭
2차 가을	1986년 10월 23일. 오후 2시 50분 발견. 태안읍 진안리 농수로에서 알몸 시체로 발견	박00씨 (25세)	양손이 뒤로 묶이고 스타킹으로 목이 졸려 살해되고 강간 흔적 있음. 등과 하체에 심한 상처	농수로
3차 겨울	1986년 12월 21일. 낮 12시 30분 경기도 화성시 정남면 관항리 관항천에서 발견	이00씨 (22세)	옷이 입혀져 있고 하체에 심한 상처. 강간 흔적 있음. 시체는 일 주일 전에 살해된 것으로 추정됨. 스타킹으로 목졸린 채 발견. 머리에 팬티 씌움.	논두렁
4차 겨울	1987년 1월 11일. 이 태안읍 황계리 황구천 둑에서 발견	홍00양 (18세) 여고생	입에 재갈이 물리고 양손이 스타킹과 브래지어로 뒤로 묶인 상태에서 목도리로 목졸린 채 발견. 우산 손잡이로 음부 난행. 피해자의 목도리로 목이 졸린 시체로 발견됨. 피해자 국부에서 B형 혈액형 검출. 1월 10일 밤 8시 30분쯤에 살해된 것으로 추정됨.	황계리 논
5차 봄	1987년 4월 23일. 오후 2시 태안읍 안녕리 공장 옆 넝쿨 밑에서 발견	권00씨 (25세)	브래지어로 양손이 묶이고 하의가 벗겨진 채 공장 옆의 울타리 넝쿨 밑에서 시체로 발견됨. 시체가 부패되어 몇 달 전에 살해된 것으로 추정됨. 현장에 도장이 떨어져 있고 피해자의 옷으로 겨우 신원을 확인함.	공장 옆 넝쿨 밑
6차 봄	1987년 5월 9일. 오후 3시 남편 마중 갔다가 태안읍 진안리 야산에서 발견	박00씨 (29세)	하교하는 초등학교 학생들에 의해 시체로 발견됨. 시체는 브래지어, 내의, 블라우스로 각각 세 차례 목이 졸리고, 목, 어깨 등에 돌로 찍은 듯한 상처. 팬티, 청바지는 입은 채로 살해되어 있고 폭행 흔적 없음.	진안리 야산에서
7차 초가을	1988년 9월 8일. 09:30경 화성시 팔탄면 가재리 농수로에서 발견	안00씨 (52세) 주부	블라우스로 목이 졸려 살해된 시체로 발견됨. 입에 재갈. 양손 뒤로 묶여 있고 강간 흔적. 먹던 복숭아가 국부 안에서 발견됨.	농수로, 목격자있음
8차 여름	1989년 7월 9일. 수원시 오목천동 농수로에서 알몸의 시체로 발견	정00양 (16세) 여고생	학교에서 자율학습을 마치고 돌아오던 중. 숨진 정양은 가슴은 예리한 흉기로 도려내져 있었고 옷이 벗겨져 거의 반듯하게 농수로에 눕혀지고 풀숲으로 덮여 있었음. 다음날 10일 인근에서 범인이 버린 것으로 보이는 정양의 유부와 책가방을 찾아냄. 그러나 유력한 단서를 찾는데는 실패하여 범인을 검거하지 못함.	농수로
9차 초겨울	1990년 11월 15일. 태안읍 병점5리 석재공장 뒤 야산에서 발견	김00양 (14세) 여고생	목졸린 채 발견. 음부에 볼펜·숟가락·포크 삽입	석재공장 뒤 야산
10차 봄	1991년 4월 3일. 경기도 화성시 동탄면 반송리 야산에서 발견	000 (14세 여중생)	하의가 벗겨지고 스카프로 목졸린 채 발견. 음부에 양말 삽입. 귀가하다가 행방불명. 야산에서 시체로 발견된 사건임. 성폭행한 뒤에 살해	반송리 야산

	일시	피해자 특성	범행 수법	사체 유기 장소
11차 초겨울	1996년 11월 3일 오후 4시 20분경 오산시 지곶동에서 발견(11월 1일 사망 추정)	20세 후반 추정	숨진 여인은 옷이 완전히 벗겨진 채 검정 양말로 입에 재갈이 물려져 있고 가슴·배꼽·왼쪽 허벅지 등 전신에 예리한 칼자국이 27군데나 나 있고 양쪽 무릎이 완전히 꺾인 채 목에는 졸린 흔적과 함께 깊이 5㎝의 흉기 자국 발견	공동묘지, 민가에서 3백여m 떨어진 곳

(2) 범죄 수법 분석

연쇄살인사건과 무관한 것으로 밝혀진 1개 사건을 제외하고 총 9건 중 8건이 19:00~23:00경에 발생했고, 나머지 1건만 06:20경에 발생했다. 다른 측면에서는 3건이 야산, 나머지 6건은 논과 농수로에서 발생했으며, 눈·비·안개·흐린 날에 5건, 맑은 날에 4건이 발생했다. 살해 수법은 스타킹·블라우스 등을 이용한 교살(絞殺)이 7건, 액살(목을 매어 죽임) 2건이며, 이 중 음부 난행은 4건이다. 또 5명의 피해자가 버스에서 내린 뒤 혼자 귀가하

[설왕설래] 공포에 떠는 화성

1991년 7월 무려 17명을 살해해 미국을 깜짝 놀라게 한 엽기적인 연쇄살인마 제프리 다머, 7명의 어린이를 유괴해 살해한 미국인 앨버트 피시, 2002년 끔찍한 살인으로 독일을 떠들썩하게 했던 아민 마이베스 등은 하나같이 정신질환자들이다. 인간이기를 포기한 잔인무도한 만행을 한 차례도 아니고 연거푸 저지를 수 있었던 것은 이들이 제정신이 아니었기에 가능했다. 정신병력이 있는 가정에서 태어나 보육원에서 길러졌거나 극도의 애정결핍증을 갖고 있던 문제아였다. 1970년대 미국 텍사스에서 무려 33명을 살해한 희대의 살인마를 소재로 한 2003년 개봉 영화 「텍사스 전기톱 연쇄살인사건」은 제목 그 자체로도 우리의 간담을 서늘하게 한다. 우리나라에선 이런 끔찍한 범행의 공포 그 자체가 아니라 범인을 좇는 형사들의 애환이 영화화됐다. 2003년 상영된 「살인의 추억」이 그것이다. 1986년 9월부터 1991년 4월까지 5년여 동안 10건의 살인사건이 경기도 화성시 반경 3km 안에서 저질러졌으나 사건의 단서는 아직도 오리무중이다. 희생자는 주로 10대와 20대 여성이지만 50대와 70대도 포함돼 있는 등 상대를 가리지 않고 범행했으며, 그 수법이 끔찍하기 짝이 없다. 연인원 10만 명 이상의 경찰을 투입하고도 검거에 실패했으며, 2006년 4월 3일로 공소시효가 만료돼 범인을 잡아도 처벌할 수 없게 돼 버렸다. 아직도 지워지지 않는 충격에 괴로워하고 있는 화성시 주민들이 또 공포에 휩싸였다고 한다. 최근 한 달 사이 여성 3명이 이곳에서 실종되는 사건이 발생한 것이다. 마지막 연쇄살인사건이 있은 지 16년 만에 또다시 끔찍한 일들이 벌어지고 있으니 걱정하지 않을 수 없다.

세계일보, 2007년 1월 10일(임국현 논설위원)

다 살해됐으며, 나머지 4명의 피해자도 혼자 귀가하던 중 변을 당했다.

사건 발생 월별 동향은 1월, 4월(2건), 5월, 7월, 9월(2건), 10월(2건), 11월(2건), 12월(1건) 등이다. 대체로 가을/겨울/봄철에 옥외(논, 농수로, 풀밭, 야산 등)에서 사건이 발생하는 경향이 뚜렷하다. 야외에 풀이나 나무가 별로 우거지지 않는 시기에 집중되는 경향을 보이고 있다.

통행인이 적은 추동절의 흐린 날 초저녁에 주로 범행이 이루어졌고 14세 여중생부터 71세 노인까지 피해자가 특정되지 않았다(연합뉴스, 2003. 9. 8). 경찰은 "연쇄사건이 대부분 야산 등 인적이 드문 곳에서 한밤중에 발생해 왔으며, 부녀자를 성폭행한 뒤 입고 있는 블라우스 등 옷가지로 목을 졸라 살해한 뒤 유기해 왔다"며 물증 미확보를 미궁에 빠진 수사의 주원인으로 돌려왔다.

(3) 사건 수사 관련 동향

4차 사건 발생 일 주일 뒤 화성경찰서에 형사 30명으로 구성된 수사본부가 설치됐다. 이듬해 경찰은 수사본부장을 경기지방경찰청 부국장으로 격상하고, 수사요원을 114명으로 증원했으나 사건이 해결되지 않자 1996년 10월 수사요원을 16명으로 줄였다. 이후 화성서장을 본부장으로 7명이 수사본부 요원으로 편성된 바 있다. 동원된 경찰력은 일반 경찰과 여경, 기동대 등을 모두 포함해 2,055,584명으로 집계됐으며, 이 사건과 관련해 경찰의 수사를 받았던 대상자는 모두 21,280명에 달한다. 또 지문 대조 수사 40,116명, DNA 감정 수사 570명, 모발 감정 수사 180명 등이며 부수 범죄자 검거 실적도 1,495명에 이른다(연합뉴스, 2003. 9. 8).

그러나 이 사건이 해결되기는 현실적으로 어려워 보인다. 1988년 9월에 발생한 7차 사건이 지난 6일로 공소시효가 만료됐고, 9차(1990년 11월), 10차(1991년 4월) 사건의 공소시효가 만료되었다. 수사본부의 형사들은 사실상 현장수사를 접은 지 오래됐으며, 가끔 걸려오는 주민들의 제보나 첩보를 확인하는 수준이다. 영화 「살인의 추억」이 개봉된 후 '화성사건의 범인으로 보이는 사람을 알고 있다'는 등의 제보가 늘었으나 거의 대부분 사건 해결에 도움이 되지 못했다.

국립과학수사연구소에서는 연간 6천 여 건에 이르는 성폭력 용의자의 DNA와 살인범의 정액에서 추출한 DNA와 대조하는 작업을 벌이는 등 수사를 계속했다. 7차 사건은 1988년 9월 7일 오후 9시 30분께 당시 화성군 팔탄면 한 마을의 농수로에서 마을 주민 안모(52, 여)씨가 성폭행당한 뒤 숨진 채 발견된 사건으로 10건의 연쇄살인사건 중 유일하게 목격자가 확보됐었다. 경찰은 목격자의 진술을 바탕으로 '스포츠형 머리에 신장 165~170cm, 오뚝한

화성에서 잇따라 발생한 여성 실종사건은 1986년부터 1991년까지 여성 10명이 연달아 피살돼 전국을 공포의 도가니로 몰아넣은 사건을 연상시키고 있다. 사진은 9번째 살인사건 현장[16]

코에 날카로운 눈매의 24~27세 가량 남자'를 현상 수배하고 20만 장의 전단을 전국에 배포한 바 있다.

그렇지만, 1차 사건부터 범인 검거는 고사하고 윤곽도 파악하지 못한 경찰은 그동안 '여자에 굶주린 정신도착자'에 주안점을 두고 용의자 1만 8천 여 명을 수사했다. 경찰은 지문과 유전자 감식 의뢰만도 4만 여 건을 하는 등 의욕을 보여 왔으나 증거가 없는 상태에서 강압과 인권 침해에 의존한 경찰의 무리한 육감(六感) 수사로 용의자에 대한 자백 강요, 가혹행위 등의 무리수를 두는 등 오점을 남기기도 했다(중앙일보, 1993. 8. 4).

(4) 범인의 이동성 및 범죄공간 분석

화성사건에서 현재까지 범인이 검거되지 않았기 때문에 범행 현장 혹은 범인이 피해자를 최초로 접촉한 장소에 대한 정보는 알 수 없다. 그러나 시체가 유기된 장소에 대해 동(洞) 혹은 리(里) 단위의 행정구역까지 공개되어 있다.

- ▶12건 중 6건이 태안읍 관내(안녕리1·5차; 황계리 4차; 진안리 2·6차; 병점5리 9차)에서 시체가 집중 발견되었으며, 인접한 수원시 오목천동 농수로상(8차), 보통리 야산(12차), 정남면 관항리(3차), 동탄면 반송리(10차), 오산시 지곶동(11차)까지 포함하면, 대체로 태안읍에 집중되는 경향을 확연히 알 수 있다(7차 사건 제외).
- ▶송산리 화산저수지를[17] 중심으로 반경 4.2km 이내에 이들 8건이 포함된다.

16) 출처: 뉴스메이커, 2007년 1월 25일자(목).

그림 11-10 화성연쇄사건의 시체 유기 장소 분포도

▸ 송산리 화산저수지를 중심으로 반경 6.2km 이내에 11건이 포함된다(7차 사건 제외).

▸ 수원시 오목천동 사건(8차)을 제외한 11건이 정남면 괘량 4리 '임의의 점'을 중심으로 반경 6.7km에 포함되고 있다.

12건 범죄 장소 간 상호 직선 거리를 분석해 보면 다음과 같다.

▸ 팔탄면 가재리 농수로상(7차) 사건↔태안읍 병점5리 상에서 발견된(9차) 사건 간의 직선 거리는 약 13.5km 정도이며,

▸ 팔탄면 가재리 농수로상 사건↔수원시 오목천동 농수로상 사건 간 직선 거리는 11km 정도였다. 범죄 장소 간 직선 거리가 가장 먼 팔탄면 가재리(7차)와 태안읍 병점5리(9차) 사건이 포함되는 임의의 원 안에는 12사건이 포함된다.

볼드윈과 보톰스(Baldwin & Bottoms, 1976), 로즈와 콘리(Rhodes & Conly, 1991)의 연구 결과를 참고해 보면, 가장 멀리 떨어져 있는 두 범행 장소(7차와 9차 사건)에 의해 정의된 임의의 원 안에 범인의 주거지가 존재할 가능성은 86% 정도 된다고 추정할 수 있다. 또한 각국의 관련 분야 전문가들이 연쇄강간/살인사건을 분석한 바에 따르면－Le Beau(1.77마일), Canter & Larkin(1.53마일), Toplain(2.81마일), Pyle(1.34마일), White(1.52마일),

17) 태안읍 관내에서 발생한 6건의 시체 유기 장소와 가장 가까운 중심 역할을 할 수 있는 곳이다.

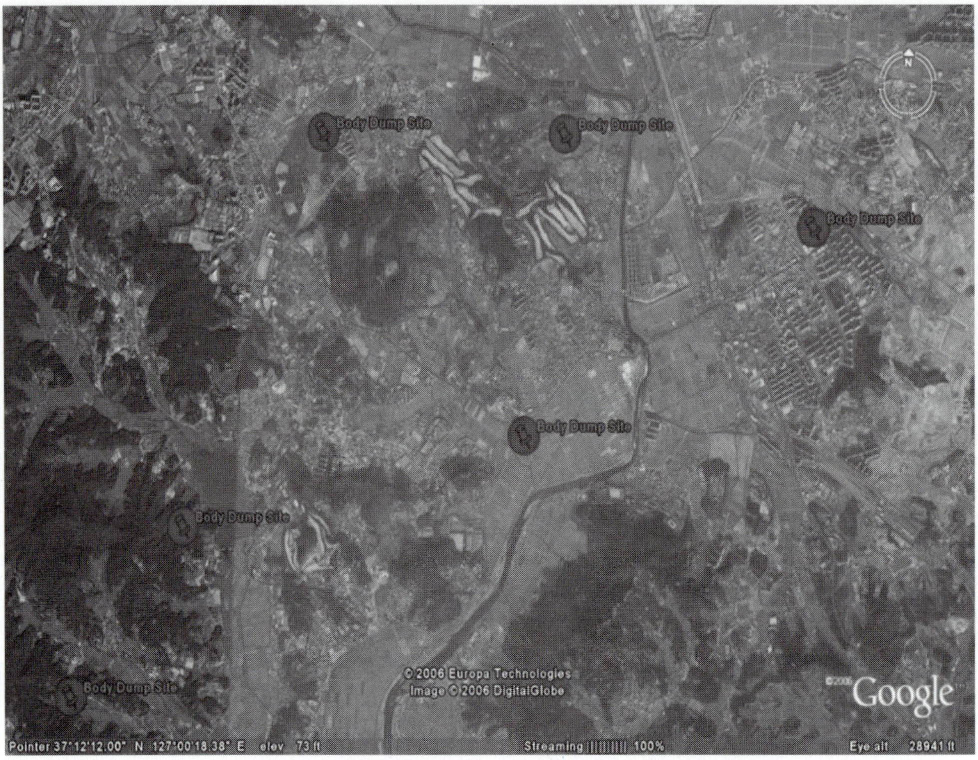

화성사건 발생지 주변의 구글(Google) 인공위성 사진

Gabor & Gottheil(1.43마일), Rossmo & Baeza(2.5마일)－범인이 이동한 평균 거리는 대체로 2~4km 이내에 집중되고 있음을 알 수 있다.

따라서 화성연쇄살인사건의 경우, 화산저수지를 중심으로 한 반경 4.2km 이내에 범인의 주거지가 존재할 가능성이 높다고 추정할 수 있다.

화산저수지(6건의 사건들이 집중되는 중심)를 기준으로 한 범인의 '이동성' 분석에 따르면, 1차 안녕리(남쪽)→2차 진안리(북쪽)→3차 정남면(남쪽)→4차 황계리(북쪽)→5차 안녕리(남쪽)→6차 진안리(북쪽)→7차 팔탄면(남쪽)→8차 수원(북쪽)→9차 병점리(동쪽)→10차 동탄면(동쪽)→11차 오산시 지곳동(남쪽)→12차 보통리(남쪽) 방향으로 이동하면서 범행을 저지르는 등 일정한 규칙성('남→북→남→북')을 발견할 수 있다.

(5) 최근의 화성 여대생 피살사건 등

장기간에 걸친 화성연쇄살인사건 이후 최근 또다시 여대생이 실종된 후 변사체로 발견되어 화성 주민들의 불안감이 더해지고 있다. 지난 2004년 10월 27일 오후 8시 25분쯤 화성시

그림 11-11 화성연쇄사건 범인의 주거지 추정 공간

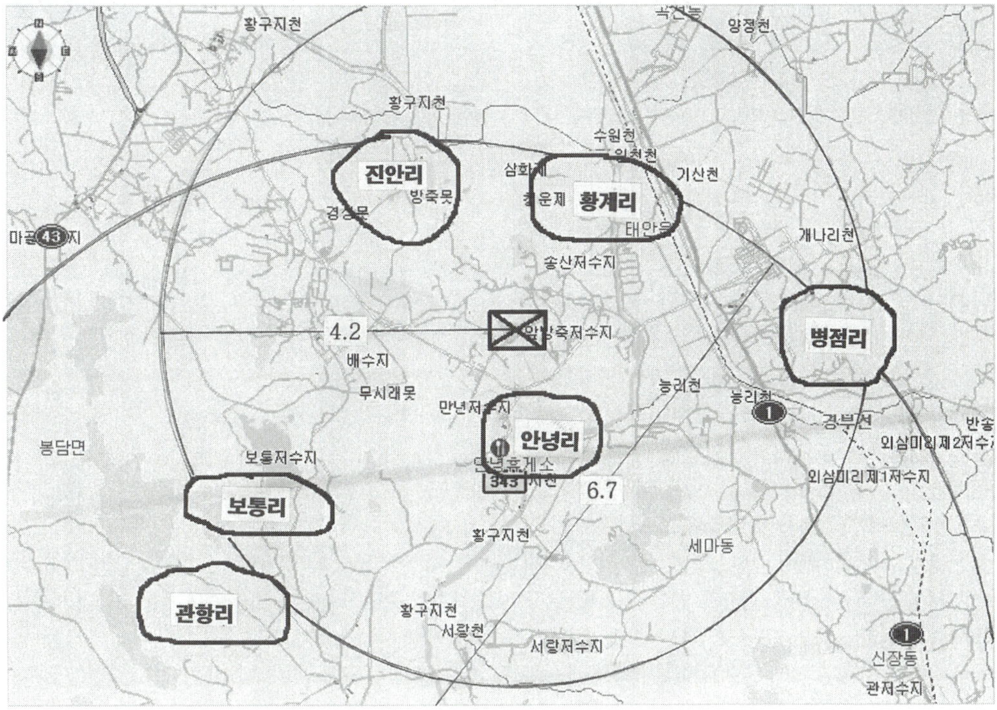

표 11-4 화성사건의 시체 유기 장소 간 거리와 이동 방향

사건 순서	1차	2차	3차	4차	5차	
지역	태안읍 안녕리	태안읍 진안리	정남면 관항리	태안읍 황계리	태안읍 안녕리	
방향	南	北	南	北	南	
거리	2km	3km	6km	1.3km	2km	
6차	7차	8차	9차	10차	11차	12차
태안읍 진안리	팔탄면 가재리	수원시 오목천동	태안읍 병점리	동탄면 반송리	오산시 지곶동	정남면 보통리
北	南	北	東	東	南	南
3km	10.4km	6.4km	4km	5.7km	5km	3.7㎞

* 화산저수지를 중심으로 한 것임.

비봉IC 인근서 휴대전화 꺼져

첫 번째 실종자는 안양시에 사는 노래방 도우미 배모 씨(45·여). 2006년 12월 12일 오후 10시 40분쯤 군포시 금정동 먹자골목에서다. 배씨는 이곳에서 "ㅅ노래방(금정동 소재)에 아는 사람이 만나자고 해 간다"며 언니와 헤어지면서부터 행적이 묘연해졌다. 배씨는 다음날 새벽 3시 55분쯤 지인과 두 차례 통화를 끝으로 화성시 비봉면 자안리 주변에서 휴대폰이 꺼진 상태에서 실종됐다.

두 번째도 노래방 도우미인 박모 씨(36·수원시). 2006년 12월 24일이다. 박씨는 이 날 새벽 2시 20분 수원시 팔달구 화서시장에서 만난 고향 언니에게 "잘 아는 사람과 제부도(화성시 소재)로 놀러 간다"고 말한 뒤 2시간 후인 이 날 새벽 4시 20분쯤 화성시 비봉IC 부근에서 휴대전화 전원이 꺼지면서 실종됐다. 경찰은 "휴대전화 통화 내역을 조회한 결과, 실종되기 전 박씨는 친구와 전화 통화를 하고 음성 메시지까지 체크했던 것으로 확인됐다"고 밝혔다. 박씨가 타의가 아니라 자의에 의해 잘 아는 누군가와 함께 화성시로 가다 실종됐다는 것을 입증해 주는 대목이다.

세 번째는 화성시 ㅁ기업 경리직원 박모 씨(52·군포시). 2007년 1월 3일 오후 5시 59분쯤 화성시 비봉면 양노리 부근에서 사라졌다. 경찰의 휴대전화 위치 추적 결과, 박씨도 회사에서 10여 km 떨어진 화성시 비봉면 양노리에서 휴대전화 전원이 꺼진 것으로 확인됐다. 박씨는 평소 회사에서 마을버스를 이용해 5분 거리의 남양동 시외버스 터미널로 이동해 좌석버스를 갈아타고 집(군포시)으로 퇴근해 왔으며 휴대전화가 꺼진 곳은 퇴근길 중간 정도의 위치다.

노래방 도우미 배씨, 박씨 그리고 경리직원 박씨 등 3명 모두 화성시 비봉면에서 휴대전화 전원이 꺼지면서 사라졌다는 공통점을 갖고 있다. 노래방 도우미 박씨가 실종된 비봉IC를 기점으로 했을 때 경리직원 박씨는 1.5km, 노래방 도우미 배씨는 5km 떨어진 곳에서 각각 휴대전화가 꺼졌다.

실종된 3명 중 화성에 연고가 있는 사람은 경리직원 박씨 한 명뿐이다. 배씨와 박씨는 각각 안양과 수원에 살고 있다. 그러면 왜 이들의 휴대전화는 모두 비봉면에서 꺼진 것일까. 단순히 우연으로 보기에는 어려운 대목이다. 경찰도 이 부분에 대해서는 명쾌하게 설명하지 못하고 있다. 여러 가지 가능성을 놓고 수사가 진행중인 만큼 결과를 기다려보자는 것이다…… 수사본부 관계자는 "같은 지역에서 부녀자들이 잇따라 실종됐지만 실종 장소가 화성연쇄살인사건이 발생한 태안읍 일대와는 거리상 20km 가량 떨어져 연관성이 없다"고 말했다.

뉴스메이커, 2007년 1월 25일

봉담읍에 사는 노모 양이 실종된 후 10월 30일에 노모 양의 집에서 2km 가량 떨어진 정남면 보통리 저수지 둑에서 속옷과 반소매 티셔츠 등이 발견됐다. 또한 10월 31일에는 보통리 저수지에서 정남면사무소 방향으로 1.2km 거리의 도로변에서 수영복과 수영모자, 물안경 등이 발견된 바, 노씨의 소지품 대부분이 실종 장소 인근 도로변에서 발견돼 범인의 동선(動線)은 확인됐지만 노씨의 행방은 파악되지 않았다.

경찰은 연인원 13,000여 명을 동원한 수색에도 별 다른 진전이 없자 수색을 중단했는데, 시체는 결국 2004년 12월 12일 실종 현장에서 4~5km 떨어진 정남면 보통리 야산에서 경찰이 아닌 주민에 의해 발견됐다(세계일보, 2004. 12. 14). 사체 발견 지점이 유류품을 수거했던 도로에서 1.6km 떨어진 거리였다. 시체의 부패 정도가 심해 사인(死因)을 알 수 없을 뿐 아니라 용의자의 흔적을 찾기 어려워 향후 수사에 난항이 예상된다. 그뿐만 아니라 2007년 1월을 전후하여, 인근 지역에서 부녀자 3명이 잇달아 실종되는 사건이 발생하기도 했다.

2) 정두영사건

(1) 사건 개요

연쇄살해범 정두영(鄭斗英)은 1999년 6월 이후부터 2000년 4월 16일까지 부산, 울산, 경남지역, 대전, 천안 등지에서 23건의 강도·살인 행각을 벌여 철강회사 회장 부부 등 9명을 살해하고 10명에게 중·경상을 입히는 잔혹한 범행을 저질렀다. 1986년 부산에서 방범대원을 살해한 적이 있어 지난 1975년 김대두사건(17명 살해) 이후 유영철, 정남규에 이어 세 번째로 사람을 많이 죽인 살인범으로 기록되었다. 정두영은 2000년 12월 부산고법에서 사형을 선고받은 뒤 상고를 포기하고 사형수로 수감중이다. 사건 개요는 <표 11-5>와 같다.

(2) 범행 수법과 수사 과정

경찰조사 결과, 정두영의 살인 동기는 단순히 금품에 있었고, 낮 시간대 노약자와 부녀자만 있는 집에 침입해 눈만 마주치면 마구잡이식으로 흉기와 둔기를 휘두른 것으로 밝혀졌다.[18] 그는 금품을 훔치다 들키면 흉기나 둔기 등으로 잔혹하게 목격자를 살해했으며 연쇄살해 동기에 대한 조사 과정에서 "내 속에 악마가 있었던 모양"이라고 말해 수사관들을 경악케 했다.

정두영사건에는 일반적으로 알려진 연쇄살인범의 범행 동기(금전 취득)와 자못 다른 특징을 나타냈다. 범인은 과거 칼을 지니고 다니다 자율방범대원의 불심검문에 걸리는 바람에 살인죄를 저지르고 12년간 옥살이를 한 후 절대 칼을 휴대하지 않았고, 주로 둔기와 맨주먹을 사용했다고 한다. 체구가 작은 범인은 지난 1999년 10월 울산에서 침입한 집에서 대치한 남성과 육탄전을 벌이다 밀리자 집에 있던 망치로 상대를 제압했다고 한다.

경찰은 사건 현장을 어지럽히는 등 단순강도 소행으로 위장한 범인의 교활한 수법에 농락당한 채 초동 수사에 허점을 드러낸 데 이어 공조 수사를 외면해 강력범죄 수사력에 허점을 노출하기도 했다. 1999년 4월 30일 부산 남구 대연동의 가정집에서 700만 원을 턴 것을 시작으로 범인은 1999년 출소 이후 모두 13번, 한 달에 한 번꼴로 범행을 저질렀는데도

18) http://kr.ks.yahoo.com/service/ques_reply/ques_view.html?dnum=QAHADAS&qnum= 1189822(2004-07-03).

표 11-5 연쇄살인범 정두영사건 개요

횟수	범행 일시	피해자 특성	범행 수법	장소
2000년 정두영(鄭斗永·33·전과 6범·부산시 해운대구 반송동 150의 2113)				
	1983년 11월 15세	2차례 특수절도로 소년보호처분 소년원 수감		
	1986년 5월 18세	수영 초등학교 침입, 교사를 찌름.	흉기로 찌름.	부산시 수영구
	1986년 6월 (18세)	방범대원 김모(男, 43)	살인	부산시 수영구 망미동 주택가
	살인죄로 12년 복역.. 1998년 6월 출소			
	특수절도로 1998년 10월 구속- 두 차례 6개월 복역................ 1999년 3월 출소			
	1999년 4월 30일	발각 안 됨.	700만 원 절취	부산시 남구 대연동 가정집
	1999년 5월	가정집 절도, 불구속	500만 원 금품 절취	대전 소재
	1999년 6월 2일	고검장 관사 침입, 06:30경		부산시 서구 부민동
		관사 옆 손모 씨(69·여) 집 가정부 이영자(女, 59)*	흉기로 찌름.	부산시 서구 부민동
	1999년 9월 15일 이모家(女, 42)		900만 원 절취	부산시 서구 동대신동 이웃집
		가정부 조풍자(女, 54)*		부산시 서구 동대신동 2가 빌라
	1999년 10월 2일 박모(男, 60),	아내 김모(女 54),* 아들(24, 대학원생)*	300만 원 금품 강취	울산시 남구 옥동
?	1999. 12. 14-20	3건의 강절도 발생		부산시 서구 대신동
	2000년 3월 11일 박춘기(남, 43)家	처형 김업순(女, 48),* 가정부 김태순(女, 55)* 부인 김필자(女, 39) 중상	6,000만 원 상당 금품 강취	부산시 서구 서대신동 3가 411
	4월 6일	대전으로 간다고 집을 나옴.		
?	4월 7일	홍아무개(67)씨 家 강도사건		부산시 수영구 남천1동
	4월 8일	DCM 철강 정진태 회장(76),* 부인 손호석(女, 71),* 파출부 황태순(女, 50)* 친척 김경순(女, 75) 늑골 중상	흉기로 난자 벤스. 롤렉스시계	부산시 동래구 온천3동 1240의 3
	4월 11일	무학소주 최위승 회장 김모 重傷 가함.	금품 강취	경남 마산시 평화동
	4월 12일	박모(51)家, 아내를 인질로 현금 요구, 당일 체포	1,000만 원 요구	충남 천안시 원성동

※ 참고 : ?: 사건 내용이 불명확한 것임. *: 피살된 피해자들
출처: 동아일보, 2000년 4월 17일자.

부산 철강社회장 살해범 검거

한달전에도 둘殺害

◇14일 경찰에 잡힌 철강회사 DCM회장 부부 살해 용의자 정두영. /天安=全宰弘기자 jhjun@chosun.com

인질극 벌이다 잡혀

부산 철강회사 DCM 회장 부부 등 3명을 살해한 범인은 약 한달 전에도 부산에서 가정집에 침입, 금품을 빼앗은 뒤 2명을 살해했던 '살인마'인 것으로 경찰 조사결과 드러났다.

충남 천안경찰서는 천안의 한 가정집에서 인질 강도극을 벌인 혐의로 붙잡아 조사 중이던 정두영(31·부산 해운대구 반송동)으로부터 철강회사 DCM 정진태(鄭鎭太·76·부산 동래구 온천동) 회장부부 등 3명을 살해했다는 자백을 받아냈다고 14일 밝혔다.

경찰은 또 정을 추궁, 지난달 11일 부산 서구 서대신동 박모(43)씨 집에 침입, 6000여만원 어치의 금품을 빼앗고 박씨 처형 김모(48)씨 등 2명을 살해했다는 자백도 받아냈다.

정은 경찰에서 "돈이 궁해 전혀 모르는 정 회장 집에 담을 넘어 침입, 범행을 저질렀다"며 "상황이 다급해 정 회장 부부 등을 살해하게 됐다"고 진술했다.

이날 부산으로 압송된 정은 보도진 앞에서 "다른 범행도 저질렀는지 여부는 지금 밝히지 않겠다"고 말했다. 경찰은 정의 이 같은 진술로 미뤄, 여죄가 더 있을 것으로 보고 조사 중이다.

경찰은 정이 정 회장 집에서 강탈해간 외환은행 부산 사직동지점 발행 30만원짜리 수표와 경주시청 인근 모 빌라 주차장에 버려둔 정 회장의 경남 44가 2484호 벤츠승용차를 증거품으로 압수했다.

정은 지난 12일 오후 2시쯤 충남 천안시 원성동 박모(51)씨 집에 침입, 박씨의 부인을 인질로 잡고 현금 1000만원을 요구하다 출동한 경찰에 붙잡혔다.

천안경찰서는 정을 조사하는 과정에서 ▲부산 서부경찰서에서 배포한 서대신동 살인사건 범인 몽타주와 흡사한 데다 ▲서대신동 사건의 수법이 DCM 회장 부부 살인 사건과 비슷한 사실을 발견했다. 천안서 관계자는 "동래경찰서에 문의한 결과, 정이 DCM 회장으로부터 강탈해간 외환은행 발행 수표가 있으니 확인해보라는 말을 듣고 소지품을 조사한 결과 정이 문제의 수표를 갖고 있음을 알아냈다"고 말했다.

/天安=任度赫기자 dhim@chosun.com
/釜山=李吉星기자 atticus@chosun.com

체포된 연쇄살인범 정두영과 관련 기사(조선일보, 2000년 4월 15일자)

경찰은 단 한 건에서도 사건 해결을 위한 실마리를 찾지 못했다.

또 전체 13건의 절반에 가까운 6건의 강·절도 행각이 부산시 서구에서만 이뤄졌고, 서대신 3가에서는 4건의 범죄가 반경 500m 이내에서 10개월 동안 집중적으로 발생했는데도 추적 수사에 실패한 것은 물론 방범망에도 완전히 구멍이 뚫린 것으로 드러났다. 그뿐만 아니라 10개월 동안 범인이 연쇄적으로 강도살인 사건을 저질렀는데도 범행을 자백하기 전까지는 이들 사건이 동일범의 소행인지조차 파악하지 못하는 등 민생 치안에 큰 허점을 드러냈다.

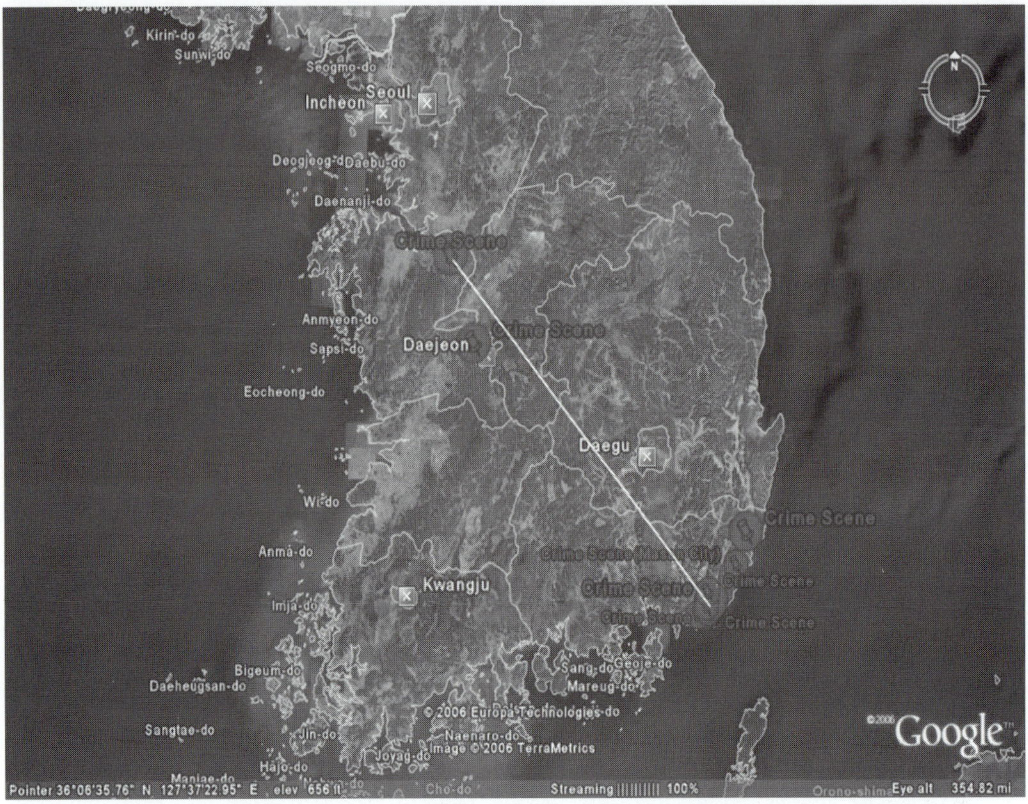

정두영사건 장소에 관한 구글(Google) 인공위성 사진

그림 11-11 정두영사건에서 범인의 집과 범행 현장 간의 거리 변화

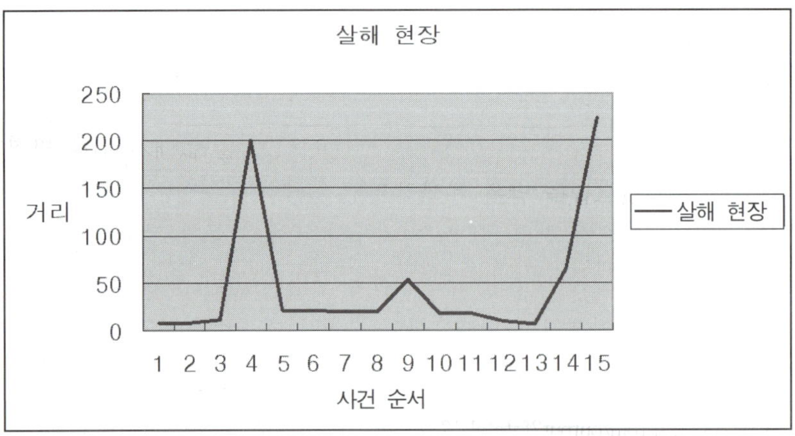

(3) 정두영사건의 공간적 특성

정두영은 이동성이 높은 유형의 연쇄강도살인범으로 분류될 수 있다. 부산, 경남, 마산, 울산, 대전, 천안 등 비교적 많은 거리를 주기적으로 이동하면서 동종 유사 범죄를 저질렀다. 대체로 피해자와의 최초 조우 장소가 범행 장소와 동일한 행태를 띠고 있다. 그뿐만 아니라 범행 현장에서 살해 후 사체를 유기했기 때문에 사체 유기 및 처리 장소의 특징을 발견하기는 어렵다. 결국 범행 장소(최초 조우 장소)와 범인의 주거 지간의 거리 규모가 일정하게 반복하는 경향이 있다.

3) 유영철사건

(1) 사건 개요

지난 2004년 7월 18일 21명의 부유층 노인과 여성들을 살해한 '희대의 살인마' 유영철이 경찰에 체포되었다. 범인은 1975년 연쇄살인범 김대두사건 이후 가장 많은 피해자를 살해한 범인으로 서울 시민들을 엄청난 공포로 몰아넣었다. 그가 저지른 사건의 개요는 다음과 같다.[19]

- ▶범인은 2003년 9월 24일 서울 강남구 신사동 2층짜리 단독주택에 침입, 이 집에 살고 있는 모 대학 명예교수인 이모(73) 씨와 부인 이모(68) 씨를 둔기로 추정되는 도구로 머리를 34군데 내리쳐 숨지게 하면서 '서울판 살인의 추억'의 서막을 올렸다.
- ▶이어 10월 9일에는 종로구 구기동 주차관리원 고모(61) 씨의 2층 단독주택에서 고씨 어머니 강모(85) 씨와 부인 이모(60) 씨, 아들(35) 등 일가족 3명을 역시 둔기로 얼굴 안면부를 가격 살해했다.
- ▶같은 해 10월 16일 수십 억대 재력가인 최모(71) 씨의 강남구 삼성동 2층짜리 단독주택에 침입, 최씨 부인 유모(69) 씨를 둔기로 살해했다.
- ▶같은 해 2003년 11월 18일 종로구 혜화동 110여 평 규모 2층짜리 단독주택 집주인 김모(87) 씨와 파출부 배모(53, 여) 씨를 살해한 뒤 증거를 없애기 위해 방화까지 했다. 한편, 경찰이 유씨 뒷모습을 담은 폐쇄회로TV(CCTV) 화면과 족적을 확보, 수사망을 좁혀 오자 유씨는 부유층 노인 연쇄살인을 잠정 중단한 바 있다.
- ▶2004년 3~7월 서울 지역 보도방, 출장마사지 여성을 범행 대상으로 삼아 김모(25, 여) 씨 등 11명을 잇따라 살해했다.

19) http://www.donga.com/fbin/output?f=totalcl&code=cl_&n=200407180018(2008년 4월 24일 검색)

연쇄 살인범 범행

2003년	
9월 23일	모대학 명예교수 이모씨(73) 부부
10월 9일	고모씨(61) 일가족
10월 16일	유모씨(69·여)
11월 18일	김모씨(87) 등 2명
2004년	
2월 9일	정모씨(47)
3월 중순	전화도우미 권모씨(24·여)
6월 17일	출장마사지사 김모씨(26·여)
6월 중순	〃 장모씨(26·여)
6월 중순	〃 우모씨(28·여)
7월 1일	〃 김모씨(25·여)
7월 9일	〃 고모씨(24·여)
7월 13일	〃 임모씨(27·여)
미상	김모씨(27·여)
미상	신원미상 3명

이외 3건, 3명에 대한 살해혐의 조사 중

범행 장소의 일부인 범인의 집 화장실

▸ 지난 4월 14일 오후 10시께 서울 중구 황학동 도깨비시장에서 경찰을 사칭해 불법 복제 CD와 가짜 비아그라를 판매하던 노점상을 단속하겠다고 협박, 이 노점상을 미리 준비한 수갑으로 채워 인천 월미도로 끌고 가 살해한 뒤 사체를 유기한 것으로 확인되었다.

(2) 범행 수법 및 동기

범인은 자신이 가진 컴퓨터 기술을 이용, 경찰 신분증을 위조하고 남대문에서 수갑을 구입해 윤락 단속을 나온 경찰 행세를 하면서 보도방, 출장마사지 여성을 자신의 집으로 유인, 잔혹하게 살해했다. 사전에 범행 지역을 답사, 치밀하게 계획을 세운 뒤 살인을 저지르는 '계획살인범'의 면모를 과시했고, 경찰의 DNA 감식까지 고려해 증거를 없애는 주도면밀함을 보였다.

부유층 노인 연쇄살인의 경우 유씨는 길가에서 멀리 떨어지거나 정원이 넓어 외부에서 집안 상황을 파악할 수 없는 부유층 동네의 100평 이상 2층 단독주택을 주요 범행 대상으로 선정, 목격자가 나타날 가능성을 최대한 줄였다. 또 가족들이 모두 외출하고 노인 혼자 집을 지키던 점심 시간 전후나 오후 시간대를 이용해 범행을 저질렀고, 노인 외에 일가족이 함께 있을 경우에는 상대를 가리지 않고 모두 둔기로 머리를 수 차례 쳐서 잔혹하게 살해했다. 유씨는 부유층 주택가에서 연쇄살인을 저질렀지만 현장에서 현금과 저금통장, 귀중품

‘노인 연쇄살인’ 꼬리 잡혔다

혜화동 살인 용의자 인근 CCTV에 뒷모습 찍혀

현장서 200m 떨어진 곳에서 사망 1시간 뒤에 검정색 점퍼에 캐주얼화… 전국에 전단 수배

최근 잇따라 발생한 고급주택가 노인 연쇄살인범으로 추정되는 용의자의 뒷모습이 찍혀 경찰이 수사에 급피치를 올리고 있다. ▶문화일보 10월 17일자 31면 참조

지난달 18일 대낮에 서울 종로구 혜화동 주택에 침입, 노인과 파출부를 둔기로 때려 숨지게 하고 불을 지른 ‘혜화동 노인 살해사건’ 직후 유력한 용의자 모습이 찍힌 폐쇄회로(CC)TV 화면이 발견됐다.

서울 동대문경찰서는 이 사건 현장에서 사라진 검정색 점퍼와 동일한 옷을 입은 남자의 뒷모습이 찍힌 CCTV 화면을 확보하고 이를 지명수배 전단지로 만들어 전국에 배포했다고 5일 밝혔다.

CCTV 판독결과 용의자는 허리 아래까지 내려오는 검정색 점퍼를 걸치고 검정색 가방을 메고 있었던 것으로 확인됐으며 1m68~1m69의 키에 30대 전후로 추정되고 있다.

경찰은 김모(87)씨와 파출부 배모(57)씨의 사망추정 시간이 지난달 18일 오전 11시~정오이고 용의자가 CCTV에 찍힌 시간도 이날 낮 12시29분이기 때문에 이 남자가 범인일 가능성이 높은 것으로 보고있다. 용의자는 사건 현장에서 200여m 떨어진 J빌딩 1층에 설치된 CCTV에 찍혔고 경찰은 CCTV 화면 보정 작업을 통해 비교적 선명한 용의자 화면을 확보했다.

동대문경찰서 김동규 형사과장은 “인근 주민들을 대상으로 탐문수사를 벌인 결과 CCTV에 찍힌 용의자가 주민이 아닌 것으로 판단돼 지명수배를 결정했다”며 “용의자가 천천히 좌우를 둘러보고 유유히 걸어가는 등 전혀 초조한 모습을 보이지 않은 것으로 미뤄 단순 초범은 아닌 것으로 추정하고 있다”고 밝혔다. 특히 이 용의자는 지난 9월 9일과 10일 서울 구기동과 삼성동에서 각각 발생한 노인 살해사건의 현장에서 발견된 발자국 흔적과 비슷한 크기의 캐주얼화를 신은 것으로 나타나 최근 발생한 부유층 노인 연쇄 살해사건이 동일범의 소행일 가능성도 한층 높아졌다. 서울시내 전 경찰서는 지난달 18일을 전후해 금융기관의 CCTV 자료를 일일이 뒤져가며 비슷한 모습의 용의자를 찾는데 주력하고 있다.

경찰은 이 용의자와 관련된 제보전화(112 혹은 02-765-1669)를 기다리고 있으며, 신고보상금으로 5000만원을 내걸었다.

유회경기자 yoology@munhwa.co.kr

용의자가 입은 점퍼와 동일한 옷의 목뒷부분. 모델은 경찰. 경찰제공

서울 혜화동 로터리에서 서울시장 공관 방향 이면도로에서 찍힌 용의자의 뒷모습. 경찰제공

출처: 문화일보, 2003년 12월 5일자.

등에는 전혀 손을 대지 않아 원한 등에 의한 단순 살인이 아닌 부유층과 사회에 대한 ‘증오범죄’임을 드러냈다.

또 보도방과 출장마사지 등을 통해 알게 된 여성을 자기 집으로 불러 살해한 뒤 증거를 없애기 위해 사체를 토막낸 뒤 암매장하는 잔혹의 극치까지 보였다. 범인은 혜화동 노인 살인사건 현장에서 강도로 가장하기 위해 일부러 곡괭이 등을 사용, 금고문을 뜯어내려 한 흔적을 남겼고, 이 과정에서 손에 상처가 나서 피가 흐르자 경찰의 DNA 감식까지 고려해 현장에 불을 질렀던 것으로 나타났다. 보도방, 출장마사지 여성을 토막, 살해하면서 피해자 신원을 확인하지 못하게 피해자 지문을 흉기 등을 이용해 없애고 사체를 검은 비닐봉지로 5~6겹을 싸서 수차례 운반, 암매장한 뒤 봉지를 다시 거둬오는 치밀함을 보였다.[20]

경찰조사 결과, 범인은 부유층과 여성에 대한 증오감 등으로 무고한 시민들을 잔혹하게 살해한 것으로 나타났다. 절도죄로 수감 중 안마사 일을 하던 부인에게 이혼을 당했고, 출소 뒤 전화방에서 일하던 여성 김모 씨에게 청혼을 했으나 전과자·이혼남이라는 사실이 드러나 거절당하자 여성과 사회에 대해 증오심을 키워 갔다고 한다. 범인은 자신과 일방적으로 이혼한 전처를 살해할 계획을 세웠으나 자녀를 생각해 이를 포기하고 살해 대상으로

20) http://www.donga.com/fbin/moeum?n=killer$c_202&a=v&l=4&id=200407180081

재판정에 출두하고 있는 범인 유영철

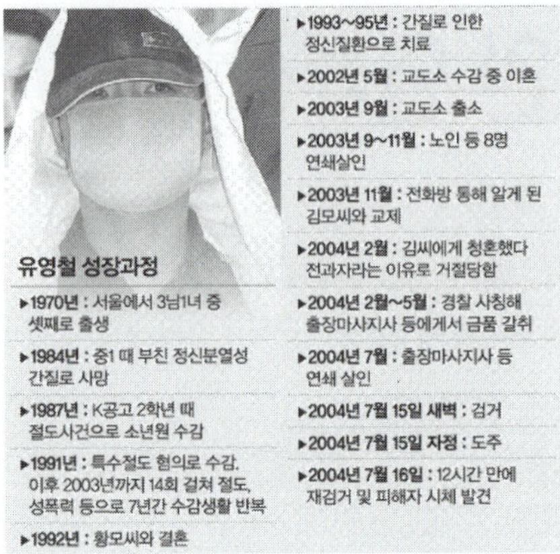

범인의 성장 과정 및 범행 관련 동향[21)]

그림 11-12 연쇄살인범 유영철의 주거지, 범행 장소 및 사체 유기 장소

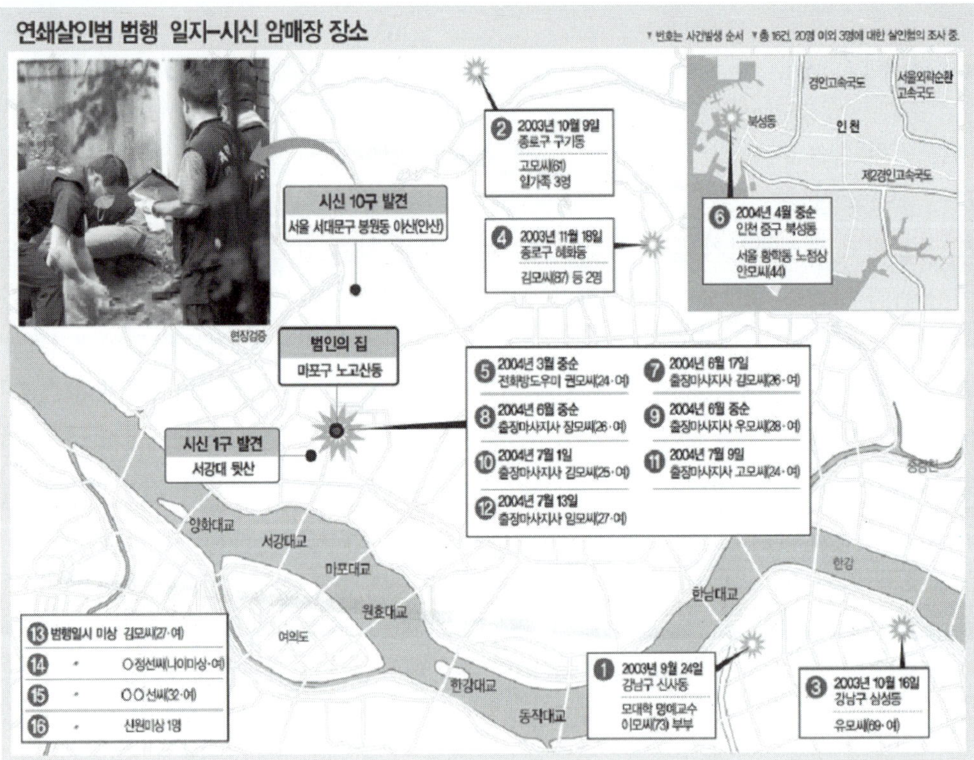

출처: http://www.donga.com/fbin/output?rellink=1&code=c_&n.

21) http://www.donga.com/fbin/moeum?n=killer$c_195&a=v&l=2&id=200407180235(2008년 4월 24일 검색)

그림 11-13 유영철사건에서 집, 범행 현장, 사체 유기 장소 간 거리 변화

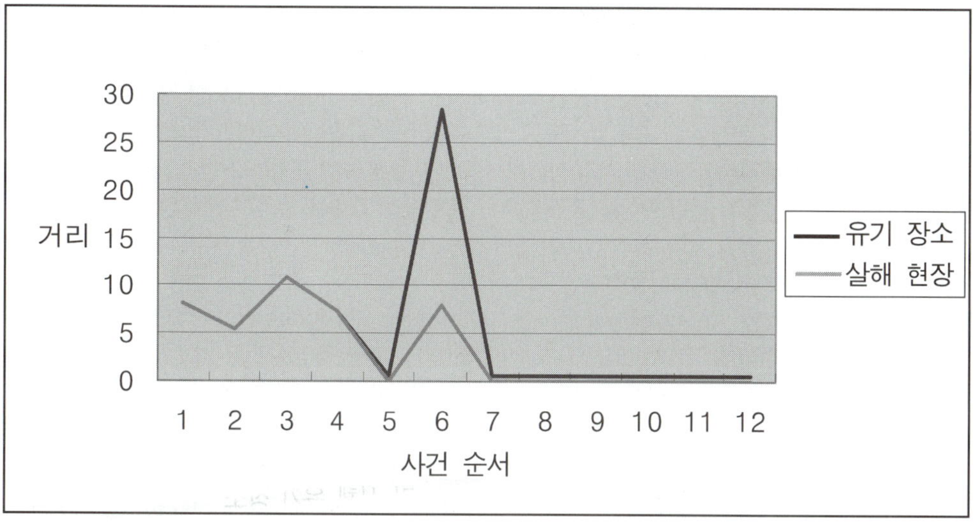

유영철사건의 시체 유기 장소 주변 수색 장면

〈취재 수첩〉 '사형 집행' 법무부의 고민

최근 법무부가 연쇄살인범 유영철에 대해 지난 1997년 이후 9년째 중단된 사형 집행 여부를 검토하고 나서면서 우리 사회의 '뜨거운 감자'였던 사형제 존폐 논란이 다시 확산 조짐을 보이고 있다. 각 시민사회 단체들은 찬반 논거를 제시하며 입장을 밝혔고, 포털 게시판 등에는 사형 집행에 대한 찬성론과 반대론을 각기 내세운 네티즌들의 논쟁이 뜨겁다. 파문이 확산되자 법무부는 "유씨에 대한 사형 집행을 구체적으로 검토한 바 없고, 사형제 폐지와 관련해 백지 상태에서 국민 여론을 수렴중"이라고 한 발 물러섰다. 하지만 내부적으로는 최근의 법질서 문란 현상과 공권력 경시 풍조 등에 경종을 울리기 위해 검토가 불가피하다는 입장을 분명히 하고 있다. 법무부의 한 고위 관계자는 1월 3일에도 "(유씨에 대한) 사형 집행을 해야 당연한 것 아닌가"라고 속내를 털어놓았다.

사형제 폐지에 반대하는 시민단체와 네티즌들은 "이미 국회에 사형제 폐지 법안이 제출된 마당에 사형 집행 검토는 있을 수 없다"며 "유씨의 죄는 나쁘지만, 국가가 개인을 죽이는 것은 별개의 문제"라고 사형 집행에 반대했다.

반면 사법 질서와 피해자 인권을 강조한 사형 찬성론자 측에서는 "유씨에게 희생당한 희생자들과 그 가족을 생각해 보라"며 "법과 원칙에 따라 처리하지 않으면, 오히려 정부의 직무유기"라고 맞섰다.

2006년 이 맘 때 법무부는 "존폐 논의를 원점에서 내실 있게 해보자"며 사형제 재검토 방침을 밝혔고, 여야 정치권에서는 사형제 폐지 법안을 국회에 제출했다. 그러나 무려 175명이 서명해 국회에 제출된 사형제 폐지 특별법안은 1년 여가 지나는 동안 본격 토론도 해보지 못한 채 소관 상임위인 법사위를 맴돌고 있을 뿐이다.

대다수 국민들에게 법질서 확립과 인권은 두 가지 모두 포기하기 힘든 가치다. 하지만 사형제를 둘러싸고 반복된 논란은 자칫 소모적 감정다툼으로 흐르기 쉽다. 기왕 사형제 존폐 논의에 대한 국민적 관심이 높아가는 이상 이제 정치권과 시민사회는 컨센서스를 모아가야 하고, 이를 토대로 정부는 하나의 정책을 선택해야 할 때다.

문화일보, 2007년 1월 3일, 3면(김남석 기자)

보도방이나 출장마사지 여성을 택했노라고 했다. 자신의 처지를 비관하면서 이를 부유층 탓으로 돌리고 서울시내 일대 고급 주택가를 골라 부유층을 살해하겠다는 계획을 세웠다고 밝혔다.

(3) 범행의 공간적 특성: 주거지, 범행 장소 그리고 사체 유기 장소

1회에서 6회까지 범행을 저지를 때에는 주거지와 범행 장소까지 이동 거리가 '멀리 떨어진 곳→가까운 곳'으로 반복하면서 피해자와 최초 조우 장소가 범행 장소화되었다. 7회부터는 본격적으로 최초 조우 장소가 범행 장소(범인의 집)와 동일해지면서 일정하게 떨어진 장소가 사체 유기 장소로 선택되었다.

시간과 범행이 진전됨에 따라 범행 장소가 범인의 주거지와 점점 더 가까워지면서 최초 조우 장소로 굳어지고 있으며, 사체 처리 장소와 거의 동일한 거리 내로 좁혀지고 있다. 이러한 경향은 고드윈과 캔터의 공동 연구 결과에서도 제시된 바와 같이 범행 장소/최초 조우 장소(PFE)와 사체 유기 장소(BD) 간의 연관성을 반영하고 있다. 범행 장소(최초 조우 장소)가 범인의 주거지와 점점 가까워지는 것뿐만 아니라, 동일한 장소화되고 있음을 명확하게 알 수 있다.

4) 서울 서남부 지역 연쇄살인사건: 정남규사건

(1) 사건 개요

지난 2004년 1월부터 2006년 4월까지 서울 영등포 · 관악 · 구로구, 경기 부천 · 군포시 등 서울 서남부 지역에서 여성 · 노약자 등을 노린 살인사건이 잇따라 주민들을 공포에 떨게 만들었다. '서울판 살인의 추억'이라는 말도 돌았다. 2006년 4월 22일 새벽 서울 영등포구 신길동에서 주민 신고로 붙잡힌 용의자 정남규(37)는 모두 24건의 살인 · 강도상해 범행으로 13명을[22] 숨지게 하고 20명을 다치게 한 혐의로－일명 서남부 지역 연쇄살인사건－2006년 11월 항소심에서 사형을 선고받았다(한겨레, 2006. 12. 21: 10).

범인은 서남부 지역 연쇄살인사건 중 2월 26일 신림동 여학생 피습사건, 4월 22일 고척동 여대생 살해사건, 5월 9일 보라매공원 여대생 살해사건 등 3건의 유력 용의자로 주목되었다. 특히 2월 26일과 4월 22일, 5월 13일, 6월 17일이 공교롭게 모두 목요일이었고 5월 13일과 6월 17일엔 비까지 내린 탓에 '비오는 목요일 괴담'이 떠돌면서 '서울판 살인의 추억'이라는 별칭이 붙어 시민을 불안에 떨게 한 바 있다.

2006년 4월 22일 오전 4시 45분께 서울 영등포구 신길동 김모(47) 씨의 반지하 집에서 격투가 벌어졌다. 이 싸움은 김씨가 아들과 합세해 둔기를 휘두르는 괴한의 팔을 꺾자 싱겁게 끝났다. 그러나 2년 넘게 이어진 서남부 연쇄살인이 종지부를 찍는 순간이었다. 연쇄살인범 정남규는 인연도 원한도 없는 사람을 대상으로 살인을 저지르는 이른바 이상(異常) 동기 범죄자였다는 점에서 큰 충격을 주었다. 불특정 다수를 대상으로 한 '묻지 마 연쇄살인'에 시민들은 공포에 떨었다(한국일보, 2006. 12. 19: 8).

(2) 수사 과정 및 재판 과정에서의 진술 동향

범인은 범행 동기에 대해 "직장도 못 구하고 결혼도 못해 화가 나 부자만 보면 죽이고 싶

22) 범행 당시에는 현장에서 13명을 살해했으나, 중상해 피해자 1명이 치료 도중 후일 병원에서 사망함으로써 사망자 숫자는 14명이 되었다.

어진다"고 진술한 것으로 알려졌다. 경찰에 따르면 특수강도 등 전과 5범인 정씨는 평소 대인기피증이 심하고 자신만 불이익을 많이 받고 가난해서 늘 손해만 본다는 편집증적인 사고를 보인 것으로 알려졌다. 범인은 극심한 대인기피증 때문에 낮에는 주로 집에 틀어박혀 공상과학 소설을 읽고, 밤에는 혼자서 마라톤을 즐기는 마라톤 마니아인 것으로 알려졌다. 경찰은 "범인은 강도 행각을 벌이려고 가정집에 침입했다가 현금이나 귀금속이 없으면 둔기로 머리를 가격하는 등 원한 관계도 없는 '무동기 범행'을 저질렀다"고 말했다.

검찰은 또 "정남규의 정신분석을 의뢰한 결과 분열성 인격장애와 비사회적 인격장애가 겹친 혼재성 인격장애를 겪고 있는 것으로 나타났다"고 밝혔다(노컷뉴스, 2006. 6. 7).

표 11-6 서울 서남부 지역 연쇄살인사건 개요

범행 일시	범행 수법, 대상 및 개요
2004년 1월	경기도 부천시 원미구 초등생(남) 2명(13, 12세) 살해
2004년 1월 30일 03:00	구로구 구로동 한 빌라 현관 계단에서 흉기로 원모(44) 씨를 수차례 찔러 중상
2004년 2월 10일	경기도 군포 우유배달원 손모 씨(여, 28) 살해
2004년 2월	서울 동대문구 이문동 전모 씨(여, 24) 살해
2004년 2월	주소 불명 2건(상해)
2004년 2월 26일 06:30	관악구 신림4동 재래시장 노상에서 여고생 박모(18) 양을 흉기로 마구 찔러 중상
2004년 4월 8일	영등포구 신길4동 길게 흉기로 가슴 등을 찔려 피해자 정모(여·29) 씨 중상
2004년 4월 22일 04:51	신길6동 김모 씨(24) 중상
2004년 4월 22일 06:30	구로구 고척동에서 여대생 김모 씨(여·20) 살해
2004년 5월 9일 02:00	동작구 신대방동 보라매공원 앞 여대생 김모 씨(여·23) 흉기로 마구찔러 살해
2004년 5월	서울 동대문구 휘경동 오모 씨(22, 여) 중상
일자 불확실	이문동 모 교회에 방화
2005년 4월 18일 03:19	금천구 시흥3동 황모 씨(47, 여) 및 아들(이모, 13) 2명 중상(강도)
2005년 5월 30일	경기도 군포 김모 씨(여, 41) 살해
2005년 6월 4일 02:55	광명시 철산동 주택 김모 씨(남, 36) 등 2명 상해
2005년 10월 9일 03:20	관악구 봉천 11동 장애인 홍모(40, 여), 최모 씨(38, 여) 2명 중상
2005년 10월 19일 05:22	관악구 봉천10동 1명 중상, 변모 씨(26, 여) 살해(강도, 방화)
2006년 1월 18일 05:50	수유동 송씨 딸 2명(22, 18), 아들(14) 등 3명 살해. 송씨 중상
2006년 3월 27일 04:50	관악구 봉천8동 세 자매: 김모 씨(24, 20여) 등 2명 살해, 1명 중상(16, 다음날 사망)(강도, 방화)
2006년 4월 22일 04:50 김씨 가족들에 의해 체포	영등포구 신길동 김모 씨(47) 반지하 침입절도 김씨 아들(24) 둔기로 상해(강도)

현장 검증에 나온 범인 정남규

법정에서 범인은 범행 동기에 대해 "담배를 피우고 싶은 것처럼 사람을 죽이고 싶은 충동을 느꼈다"며 "피해자에 대해 미안한 마음이 든 적은 전혀 없다"고 말해 방청석을 경악케 한 바 있다. 또 "죽는게 두렵지만 여러 사람을 죽였으니까 당연히 나는 사형 선고를 받아야 한다고 생각한다"며 담담하게 심경을 토로하기도 했다. "밖에 나가면 살인을 다시 할 것이다. 독방에 갇혀 살인을 하지 못해 우울하고 조바심이 난다"고 언급한 바 있다. 범인은 젊은 여성, 여자 어린이, 남자 어린이 등의 순으로 범행 대상 순위를 정해 놓기도 했다고 털어놓았다. 또한 "사람을 죽이고 난 뒤 말로 표현할 수 없을 정도로 환희를 느꼈다"고 진술, 마지막까지 반성의 기미는 보이지 않았다고 한다(한국일보, 2006. 7. 8: 10).

'서울 서남부 연쇄살인범' / 1심서 사형 선고

서울남부지법 제11형사부(재판장 이태섭)는 21일 서울 서남부 지역 등에서 13명을 연쇄살인한 혐의(강도살인 등)로 구속 기소된 정아무개(37) 씨에게 사형을 선고했다. 재판부는 판결문에서 "피고인은 자신의 범행이 그동안 겪은 폭력과 성추행 등에 기인한 것이라는 취지로 진술하는 등 범행을 정당화하고 잘못을 뉘우치지 않으며, 사회에 복귀할 경우 재범의 위험성이 매우 높은 것으로 보인다"며 사형을 선고한 이유를 밝혔다.

재판부는 "피고인은 피해자들과 아무런 관계가 없고, 범행 동기는 사회에 대한 불만과 적개심을 표출하고 살해와 방화를 통해 만족을 얻기 위한 것"이라며 "피해자들과 유족들의 정신적 고통과 피해가 이루 말할 수 없이 중함에도 그 고통을 덜어 주거나 피해를 회복하기 위한 아무런 노력도 하지 않았다"고 덧붙였다. 정씨는 최후 진술에서 "이상하게 삶이 꼬인 것 같다. 가혹하고 혹독한 폭력이 이런 결과를 낳은 것 같다. 국가와 사회가 도움을 줬더라면 이런 비극적인 일은 일어나지 않았을 것"이라고 말했다.

한겨레, 2006년 9월 22일, 12면(유신재 기자 ohora@hani.co.kr)

(3) 범행 수법 및 공간적 특성

정남규는 수법과 대담성에서 2004년 20명을 살해한 혐의로 검거된 살인마 유영철을 능가했다. 2004년 1월부터 관악구 봉천동 세 자매 살인, 경기 부천시 초등생 2명 납치 살인 등

그림 11-13 서남부 지역 연쇄살인사건 발생 장소 및 개요

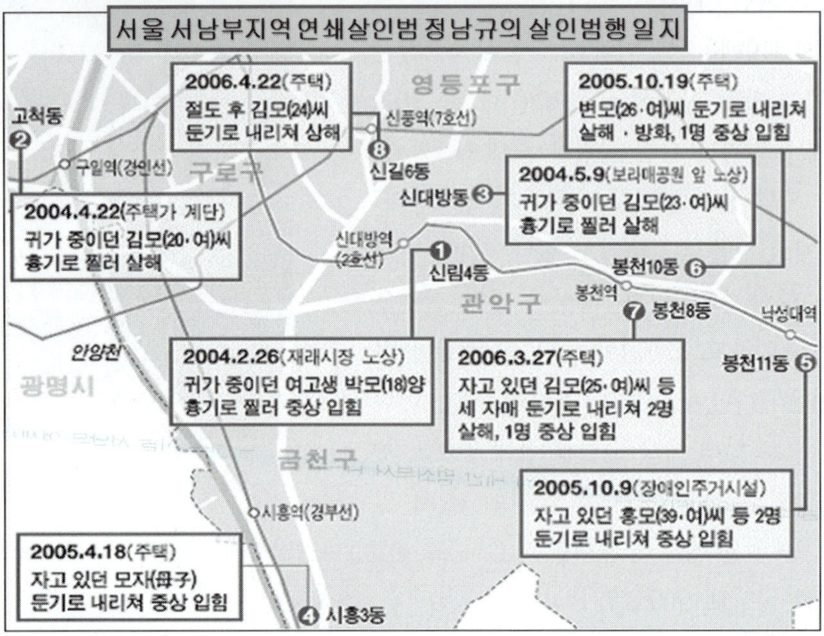

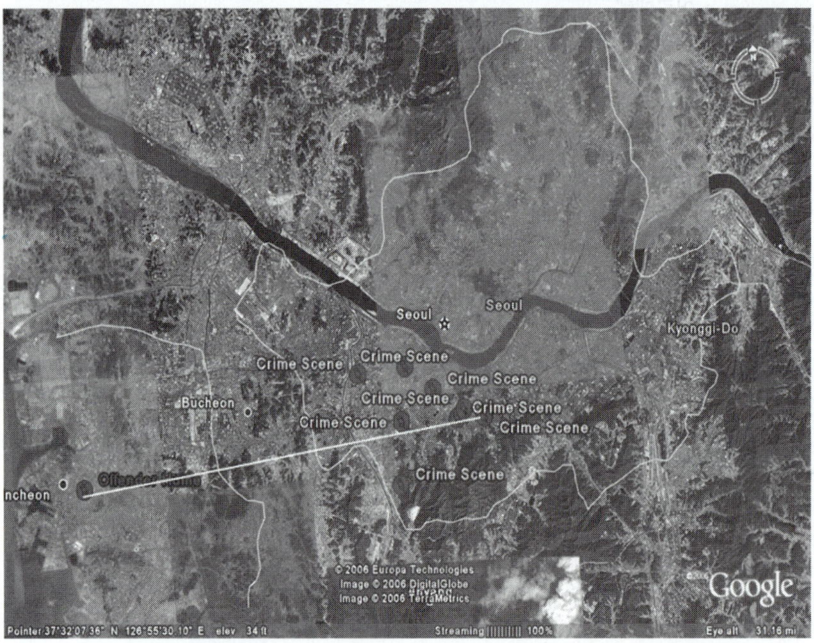

서울 서남부 지역 연쇄살인사건 지역 구글 인공위성 사진

13명의 목숨을 빼앗은 정남규는 완전 범죄를 꿈꾸며 체력 단련을 하고 관련 자료를 모았다. 범행 장소를 2004년 길거리, 2005년 주택 등으로 바꿨고, 범행 도구 역시 달리 썼다(한국일보, 2006. 12. 19: 8).

범죄를 저지른 시간은 대체로 03:00~05:00경이며, 인적이 드문 새벽 시간에 범행이 집중되고 있다. 또한 범행 대상 지역은 대부분 지하철 노선(2호선, 국철 등)으로 연결되어 있는 지역들에 집중되고 있다. 이는 범행 후 신속하게 현장을 이탈할 목적이 깔려 있었던 것으로

서울 서남부 연쇄살인 범죄 분석해 보니…

#2004년 3월 어느날. 서울 이문동 한 중국집에 모자를 눌러 쓴 사내가 찾아왔다.

그는 1개월 전 동네에서 벌어진 전모(24 · 여) 씨 살해사건에 대해 물었다. 중국집 주인은 단지 그를 "눈동자가 빠르게 돌아가는 남자"로 기억했다. 2년 뒤 전혀 다른 사건 현장(봉천8동 세 자매 피살)에서 미궁에 빠진 용의자에 대한 증언이 나왔다. "눈을 빨리 움직이는 남성!" 그는 바로 서울 서남부 연쇄살인범 정모(37) 씨였다. 서남부 연쇄살인범 정씨에 대한 범죄분석 보고서(가안)가 나왔다. 서울경찰청 과학수사계 범죄분석팀(프로파일링팀)은 "정씨의 여죄가 남아 완벽하진 않지만 집중 면담과 성격검사 등을 통해 정씨의 프로파일링을 작성했다"고 밝혔다. 무엇보다 그는 흔히 비교되는 연쇄살인범 유영철(36)과는 본질적으로 달랐다.

■ 복기(復棋)하듯 범행 현장에 다시 갔다

정씨는 자신이 저지른 범죄의 현장을 꼭 다시 찾았다. 심지어 주민을 상대로 수사 동태를 파악하는 대담함도 보였다. 정씨를 면담한 권일용(프로파일러) 경사는 "정씨가 사건 발생 1개월 뒤엔 꼭 현장을 찾았다"고 했다. 인터넷과 언론매체 발달로 수사정보를 쉽게 접하면서 '범인은 현장에 다시 안 간다'는 게 최근 통설. 정씨는 이를 역이용했다.

하지만 자신의 실수를 확인하려는 고전적인 이유가 아니었다. 권 경사는 "정씨는 범행을 통해 희열을 체험했고, 그 느낌을 다시 맛보기 위해 현장을 찾았다"고 말했다. 권 경사는 또 "'범행 대상을 물색하다가 실패했을 때도 다음 범죄를 위한 준비 단계로 지난 사건의 현장을 찾았다'고 진술했다"고 전했다. 유영철은 달랐다. 그는 인터넷으로 정보를 수집해 범행의 실수 및 대처 방안을 분석했다. 범행 장소 역시 초기 몇 건을 제외하곤 통제 가능한 자신의 오피스텔로 한정했다.

■ 범행 자체를 즐겼다

정씨는 범행 뒤처리나 피해자의 상태, 시체 처리에 대해선 관심이 없었다. 정씨는 사회적 반감에 따른 응징 수단으로 범행을 저지른 유영철과 달리 오로지 범죄 자체에 탐닉했다. 그는 면담에서 "고통스러워하는 피해자를 보기 위해 돌려세우고 때렸다"고 말했다. 유영철이 공격 대상을 꼭 살해하고 시체 처리까지 깔끔히 했다면 정씨는 자신의 만족이 충족되면 피해자의 상태가 어떻든 서슴없이 현장을 떠났다. 정씨가 범행 뒤 불을 지른 것도 증거를 없애기 위한 우발적인 수단이었다. 정씨 프로파일링엔 그의 성격도 담겨 있다. 경찰은 "그를 지지받지 못하고 고립된 생활, 원만한 대인 관계를 유지하지 못하는 형태의 삶"이었다고 진단했다. 정씨는 프로파일러에 대한 언급도 했다. 정씨는 "완전 범죄를 추구했는데 현장에 남겨진 것 외에 내 행동을 분석한다는 걸 알고 좌절감을 느꼈다"고 털어놓았다. 실제 그의 집에선 서울경찰청 프로파일러에 대한 자료가 발견됐다…… 서울경찰청 범죄분석팀은 정씨 검거(4월 22일) 1개월 전에 이미 연쇄살인으로 가닥을 잡고 있었다.

한국일보, 2006년 5월 31일, 8면(고찬유 기자)

추정되며, 범인이 사전에 범행 대상 지역에 대한 물색 및 관찰한 흔적이 있다 할 것이다. 그리고 방범시설이 취약한 단독주택들이 밀집되어 있는 서울 서남부 지역이 범행 대상지가 되었다. 일부 범행에서 경제적 목적의 강도살인 행태가 나타났지만, 대부분의 범행들이 소득 수준이 높지 않은 지역에 초점이 맞춰진 것이라서, 범행 동기를 경제적 목적으로 추정하기에는 다소 어려움이 있다 할 것이다.

범인의 주거지였던 인천에서 범행 현장까지 대중교통을 이용, 왕래하면서 범행을 저질렀다. 따라서 범인은 범행을 위한 공간 이동적 특성에 따르면, 전형적인 이동성 경향이 높은 연쇄살인 범죄자로 분류된다. 이는 전술한 정두영사건에서 나타난 것처럼, 비성적(非性的) 동기의 연쇄살인범들 공간 이동 특성과 유사한 면을 보이고 있다. 피해자들은 주로 방어 능력이 약한 여성들에게 집중되었지만, 다른 연쇄살인범들과는 달리 범행에 대한 성적(性的) 동기는 별로 나타나지 않은 것으로 알려지고 있다.

제 12 장

프로파일링 I

연쇄살인범으로부터 살아남기

1. 연쇄살인범을 피하기
2. 당신의 직관(直觀)을 믿어라
3. 다른 사람 자동차에 절대 타지 마라
4. 표리부동한 경고 사인을 인식하면서 낯선 사람을 대하라
5. 절망적인 조치들
6. 도망가기

chapter 12

연쇄살인범으로부터 살아남기

이 장에서 소개할 정보는 FBI가 연쇄살인범과 그들로부터 살아남은 피해자들과의 인터뷰 내용에 근거한 것이다. 이것은 '어떻게' 살아남을 것인가에 대한 가이드가 아니다. 연쇄살인범과 그들의 행동 간의 유사성이 많이 있었을 것이다. 결국 각 사람은 완전히 새롭고 알려지지 않은 인격적 특징을 드러낼 수 있는 개별적인 능력이 있다. 여기의 정보는 활용 가능한 몇 가지 선택 사항과 서로 연관된 위험들을 확인할 목적으로 제시된 것이다. 그것들은 절대 안전한 조치는 아니다. 만약 당신이 그것들 가운데 어떤 것이라도 선택한다면, 당신은 당신 자신의 위험으로 그렇게 하는 것이다(Vronsky, 2004: 364).

1 연쇄살인범을 피하기

당신은 그 사실을 심지어 알지도 못한 채 이미 연쇄살인범을 피한 생존자일 것이다. 당신이 극장 안 혹은 레스토랑에서 그 자 옆에 앉았을 수도 있다. 당신은 거리에서 그 자를 지나쳤을 수 있으며, 그 자 옆에 자동차를 주차시켰을 수 있다. 연쇄살인범 누군가가 당신에 접근했을 수 있다. 짐을 자동차로 옮기는 일을 도와달라고 혹은 잃어버린 강아지를 찾는 데 도와달라고 했던 낯선 사람으로부터 이상한 요청을 받은 것을 기억하는가?

바(bar)에서 어떤 남자의 관심이 당신한테로 방향이 돌려졌는가? 당신에게 그들의 차에 태워 주는 호의를 베푼 친절한 한 쌍의 남녀, 그들은 훌륭하게 보였지만, 아마도 거기에는 정당하지 못한 뭔가가 있었다. 그리고 당신은 그러한 호의를 거절했는가? 아마도 당신은 살아 있다. 단순히 당신이 혼자서 걸어가는 대신에 1분 이상 친구와 잡담을 나눴기 때문이다. 혹은 당신이 심지어 기억하지 못하는 그 밖의 누군가가 당신이 자동차에 타려고 할 때 주차장에 도착했기 때문이다. 아마도 당신은 동성애를 하는 자에 의해 집으로 초대되었던 이성간(異性間) 성적 행위를 하는 남성일 것이다. 그래서 당신은 그를 거절했다. 아마 당신이 게이(gay)라면, 당신은 몇 가지 설명할 수 없는 이유 때문에 별로 좋아하지 않았던 게이로부터 온 초대를 거절했다.

연쇄살인범이 당신을 몇몇 종류의 알아채지 못하는 접촉 속에-그가 그 일을 끝내려고 하는지 여부는 종종 당신에게 달려 있다-관련시켰을 때, 살인을 저지르려고 당신을 거기에 짜맞추기 시작한다. 연쇄살인범은 이동성이 있고 어떤 거리에서 누군가와 지나칠 기회 혹은 누군가와 우연한 접촉을 갖는 것이 모두 점성학적인 것은 아니다. 그런데, 당신 자신의 행위와 행동들은 극적으로 그러한 기회를 증가시킬 수 있다(Vronsky, 2004: 364-365).

FBI는 연쇄살인범의 피해자들을 범주화하고 있는데, '고위험성 피해자(high risk)' 혹은 '저위험성 피해자(low risk)'로 나눈다. 그리고 종종 그러한 범주는 당신의 행동과 당신이 취하는 단순한 선택에 달려 있다. 어떻게 연쇄살인범이 피해자를 물색하는지에 관한 설명으로써 위험을 판단하기 위해서는 다양한 요소들이 함께 비교된다는 사실을 알게 된다.

일부 요소들, 예를 들면 연령, 인종과 같은 것은 피해자의 통제하에 놓여 있지 않으며, 반면에 다른 것은 그런 경우도 있다. 그래서 연쇄살인범과 피해자에 대한 FBI의 연구에 근거하여, 미국에서 백인이 되는 것은 곧바로 당신의 위험을 증가시키는 것이라는 사실을 말할 수 있다. 92%의 피해자는 백인이었다(비록 최근에 흑인 연쇄살인범들과 흑인 피해자들이 증가하고 있지만). 여성인 경우(82%), 미혼인 경우(80%), 나이가 15~28세 정도인 경우(73%) 모두 당신으로 하여금 상당히 높은 위험 속으로 처하게 한다(Ressler et al., 2004: 200).

그것과는 반대로, '피해 용이성(victim facilitation)'은 당신을 심지어 훨씬 더 높은 위험성 범주로 몰고갈 수 있다. 불량한 근린 지역에 소재한 주거지와 같은 요소들, 매춘 여성과 같은 행위, 섹스산업에 고용된 경우, 히치하이커 혹은 히치하이커를 차에 태우는 습관, 야간에 고용되어 일하는 경우, 편의점 직원 혹은 웨이트리스로서 임시노동자들 같은 손님을 접대하는 직업 등은 모두 당신이 연쇄살인범의 관심에 근접하게 될 통계학적 가능성을 증가시킨다. 불량한 근린 지역에 소재한 싸구려 호텔을 체크해 보라. 이러한 '높은 촉진제들'은 연쇄살인범의 피해자 가운데 11~13% 정도라는 것이 분명하다(Hickey, 2002: 255). 혼자 있지 않는 것은 기껏해야 당신의 안전에 최저한의 효과를 갖는다는 데에 주목해야 한다. 37% 혹은 1/3보다 더 많은 비율의 피해자들이 살해될 때 친구와 함께 있었다. 동료의 존재는 그들의 죽음에 기여하면서, 심지어 잘못된 안전감을 증가시키기도 했었다. 다른 또래와 동행하는 어린이 혹은 10대 청소년은 단지 조금 안전할 뿐이다. 큰 그룹—5명 및 그 이상은 심지어 2명의 연쇄살인범으로 이뤄진 팀에 의해서도 쉽게 다루어지지 않는다—의 경우, 만약 범인이 그 그룹으로부터 한 명의 피해자를 분리시킬 수 없다면 훨씬 더 안전하다(Vronsky, 2004: 365-366).

2 당신의 직관(直觀)을 믿어라

연쇄살인범으로부터 접근을 당했지만 그에게서 벗어난 사람들에 관한 이유를 재음미해봄으로써 나타난 한 가지 매우 중요한 교훈은 결코 당신의 본능이나 혹은 직관적 통찰력을 과소 평가하지 않는 것이다. 다름아닌 '기분 나쁜 느낌' 혹은 '여성들의 직관력'과 같은 설명할 수 없는 이유로, 연쇄살인범의 덫 속으로 걸어가는 것을 거절했던 여성들에 의해 수많은 이유들이 제시되고 있다. 실제로 여성의 직관력 혹은 남성의 '좋은 느낌'이 여섯 번째 감각은 아니다. 당신은 아마도 위험을 명확하게 설명하는 구체적인 뭔가를 인식했었다. 그러나 당신의 뇌는 당신의 그 인식에 사로잡히지 않았다. 당신은 당신이 보았던 그것이야말로 그것을 논리적으로 분석해 준다는 것을 아직도 모르고 있다. 그것은 직관적 통찰력이다.

번디(Ted Bundy)가 캠퍼스에서 붕대를 감은 채, 자기의 책을 자기 자동차 안으로 옮기는 것을 도와달라고 요청하면서 접근을 시도했던 여성을 기억하는가? 그는 그녀가 범인의 폴크스바겐 자동차 쪽으로 접근했을 때, 운전석 옆좌석(일명 조수석)이 없다는 것을 알아차렸다고 보고하고 있다. 그녀가 설명할 수 없었던 몇 가지 이유의 경우, 그녀는 갑자기 뭔가 두려움을 느꼈으며, 범인의 책을 자동차 후드 위에 올려놓았다. 그녀는 '비이성적인' 불안감에 의해 당혹감을 느끼면서 황급히 서둘러 빠져나왔다. 아마도 왜냐하면, 번디가 더 쉽게 피해자들을 옮기기 위해 틀림없이 승객용 좌석을 제거했기 때문에, 그것이야말로 그녀의 생명을 구해 준 것이다. 그러나 그녀는 그것을 논리적으로 설명하지 못했다. 만약 뭔가 제대로 된 느낌이 들지 않는다면, 그것은 아마도 제대로 된 것이 아닐 것이다. 결코 그러한 느낌들을 간과해서는 안 된다. 낯선 사람 앞에서 '비이성적으로' 행동한다고 해서 당황해하거나 혹은 무례하게 보일까봐 두려워하지 마라. 죽는 것보다 무례한 것이 낫다(Vronsky, 2004: 366).

3 다른 사람 자동차에 절대 타지 마라

요컨대, 일단 사람들이 자동차에 타게 되면 살아서 돌아온 피해자들이 거의 없다. 19세의 다론치(Carol DaRonch)는 쇼핑몰에 있었다. 옷을 산뜻하게 차려 입은 번디가 정중하게 접근하여 자신은 경찰수사관이라고 하면서 그녀에게 자동차 운전면허 번호를 보여달라고 했다. 그리고나서 범인은 그녀에게 자신과 동료에 관한 사항을 알려 주면서, 자기 동료는 추측컨대 근처 어딘가에 있으며, 자기들은 이곳 주차장에서 최근에 발생한 자동차 관련 몇 건의 절도사건을 수사중이라고 했다. 도난당한 물건이 있는지 확인하기 위해 그를 따라서 그녀의 자동차 쪽으로 동행하는 것을 마다할 수 있겠는가? 그녀의 자동차를 '검사한' 후 번디는 그녀에게 폴크스바겐 자동차에 타고 경찰서까지 가서 '보고서를 작성'하겠다고 설득하려고 했다. 그녀는 불쾌했다. 왜냐하면 아무것도 도난당한 것이 없었으며, 게다가 경찰관이 모는 폴크스바겐 자동차에 대해 의심스러워졌기 때문이다.

모르몬교 공동체에서 예의바르게 그리고 권위를 존중하면서 자랐지만, 다론치는 번디에게 그의 신분증 같은 것을 보여달라고 말할 수 있는 대담성(용기)이 있었다. 그가 조그만 금색 배지가 들어 있는 지갑을 단순히 슬쩍 보여 줄 때, 그것을 자세히 들여다보겠다고 요구할 정도로 충분한 용기가 있었던 것은 아니었다. 그녀의 염려에도 불구하고, 번디가 보여준 권위감 같은 분위기는 그녀의 좋은 감각을 압도해 버렸다. 그녀는 폴크스바겐 자동차에 함께 탔으며, 그는 운전해서 달리기 시작했다. 번디는 그녀에게 안전띠를 단단히 채우라고 말했다. 그러나 그 순간 그녀는 범인의 몸에서 술 냄새를 맡았으며 거절했다. 길을 따라가다가, 번디는 갑자기 자동차를 세우려고 으슥한 곳으로 자동차를 몰았고, 그녀에게 수갑을 채우려고 했다. 그녀는 저항했으며, 번디는 갑자기 두 손을 낚아채서 같은 손에 수갑을 채웠다. 그녀는 자동차 밖으로 굴러 나오려고 했다. 그러는 동안 번디는 쇠지레(crowbar) 혹은 타이어 아이언(tire iron)으로 그녀의 머리를 때리려고 했다. 발로 차고, 비명을 지르고, 그녀의 머리를 내리치는 공격을 막아가면서 다행히도 그녀는 겨우 그 범인으로부터 빠져나왔다. 수년이 지나, 그녀는 그 살인사건 재판에서 번디의 공격으로부터 유일하게 살아남은 자로서 증언하게 되었다(Vronsky, 2004: 367).

연쇄살인사건에 관한 연구에 따르면, 78%의 사건들에서 살인범은 자동차를 살인사건에 직접 혹은 간접적으로 이용했다. 자동차를 이용한 연쇄살인범의 50%는 피해자를 태우는데 사용했다(James, 1991: 297). 캐나다에서 14세의 마해피(Leslie Mahaffy)가 집에 늦게 들어온다고 부모로부터 벌을 받으면서, 문 밖으로 쫓겨난 채 문이 잠겨버린 상황이었다. 그 날 밤 그 집 앞을 지나가는 잘생기고 매력적인 한 남자 버나도(Paul Bernardo)와 조우했다. 몇 분 동안 그 남자와 잡담을 하다가, 그녀가 그에게 담배를 하나 달라고 하자 그는 저쪽 길가에 있는 자동차 안에 담배가 있다고 말했다. 그녀는 그 순간에 운명적인 상황이 되었다. 그녀는 담배를 피우기 위해 자동차의 승객 좌석에 앉았다. 그리고는 그 남자와 계속 얘기했다. 심지어 자동차의 문을 약간 열어놓은 채 조심스럽게 출발했다. 그녀의 다리는 바깥쪽으로 나와 있는 상태였다. 그 순간, 마해피는 열려 있는 문 쪽으로 몸을 돌려서 담배 연기를 내뿜으려고 했다. 바로 그 순간 버나도는 올가미를 닫아버렸다. 그는 그녀의 목에다 칼을 들이대면서 다리를 차 안으로 집어넣으라고 말했다. 버나도는 피해자를 뒷좌석 쪽으로 밀어 넣었다. 강제로 눈을 가리게 하고 담요를 덮어버렸다. 그리고나서 그는 조용하게 40마일 정도 자동차를 몰아서 집으로 돌아왔다. 거기에는 본인과 아내 호몰카(Karla Homolka)가 있었다. 납치해 온 여성을 강간한 후 살해했다. 다시 반복한다: 절대 차에 타지 마라! 그리고 아무리 집에 늦게 들어온다고 아이들을 밖에 내보낸 후 문을 잠그지 마라. 또한 자동차 안에 아기 좌석 혹은 어린이들의 장난감들이 있는 모습에 바보처럼 속지 마라. 혹은 심지어 자동차 안에 어린이들이 있더라도. 리지웨이는 그린 리버 살인자(Green River Killer)로 알려진 자인데, 자신의 아이가 자동차 안에서 잠을 자는 동안에, 자기의 피해자들 가운데 한 명의 시체와 성적(性的) 관계를 갖기 위해 시체를 유기한 장소로 돌아가기도 했다(Vronsky, 2004: 368).

4 표리부동한 경고 사인을 인식하면서 낯선 사람을 대하라

부처님의 말씀을 인용하면서 위협을 예견하는 전문가인 드 베커(Gavin de Becker)에 의하면, 사람에게는 잠재적인 폭력에 대한 행동적 암시가 있다고 한다(de Becker, 1997). 낯선 사람이 보이지 않는 동기를 갖고 당신에게 접근할 때 표리부동한 예고적인 경고 표시(signature)가 있을 수 있다. 표면적으로 나타나는 접촉보다 더 많은 것들이 있을 수 있다는 표시들을 인식할 수 있도록 노력하라. 이러한 표시에는 다음과 같은 사항들이 포함된다(Vronsky, 2004: 368-370).

▸ 가장(假裝)된 약자(弱者): 거짓으로 약자인 것처럼 행세한다. 낯선 사람은 그가 당신보다 신체적으로 더 연약하다는 것을 당신으로 하여금 알도록 애쓴다. "이것을 저의 자동차로 옮기는 데 도와 주십시오. 예전에 등을 다쳐서 이것을 옮기기가 어렵습니다." 그

는 팔에 붕대(깁스)를 하거나 지팡이를 짚고 걷는다. 그것은 테드 번디가 그의 몇몇 피해자를 유인했던 방법이다.

- 너무 많은 정보를 준다: 낯선 사람은 당신에게 불필요한 그리고 너무 자세한 정보를 제공한다. "내 여동생이 똑같은 스웨터를 입고 있다. 동생은 캘리포니아에 살고 있는데, 작년에 이사했다. 동생의 남자 친구는 동생에게 크리스마스 선물로 그것을 주었다. 그러나 그 후에 그들은 헤어졌다……." 누군가가 당신에게 거짓말을 하고 있을 때, 심지어 그것이 당신에게 그럴듯하게 들릴지라도, 그는 자신이 말하고 있는 것에 대해 별로 신뢰를 갖고 있지 않다. 그리고나서 그것을 보강하기 위해 필요한 것 이상으로 상세한 내용들로 채우려고 한다. 이렇게 상세한 내용을 드러내는 것은 또한 그 낯선 사람의 실제 모습보다 당신에게 더욱더 친숙하게 보이게 할 수 있다.
- 요청하지 않은 약속: "딱 술 한잔 하고나서, 당신을 집으로 데려다 드리겠습니다. 약속합니다." 당신은 결코 그로 하여금 당신에게 뭔가 해 주는 약속을 요구해서는 안 된다. 요청하지 않은 약속의 갑작스런 제의는 예고된 범행의 신호가 될 수 있다.
- 친절한 권위자/기관원: 낯선 사람은 일종의 위협적이지 않은 권위를 보인다. "나는 이곳 공원의 순찰대원이다. 당신은 이 표지를 보지 않은 것 같다. 이곳은 폐쇄되었다. 당신을 에스코트해서 데리고 나가겠다." "나는 경찰관이다. 당신은 여기서 혼자 걸어다녀서는 안 된다. 우리는 이 근방에서 연쇄살인범을 찾고 있는 중이다. 차에 타라. 내가 당신을 이곳 밖으로 데리고 나가겠다." 당신은 그 관계자(기관원)가 불친절한 분위기로 바뀔까봐 두려워서 협조하기를 원한다. 이것은 또한 어려운 상황이다. 왜냐하면, 몇몇 연쇄살인범은 경찰 신분증과 경찰과 같은 차량으로 속임수를 쓰고 다가오기 때문이다. 만약 당신이 잘못을 저지르지 않았는데 체포될 것 같으면, 그로 하여금 정복 입은 경찰관을 불러달라고 주장해라.
- 당신의 자존심을 건드린다: 낯선 사람은 그들이 틀리다는 것을 증명하도록 당신이 도전받게 될 것을 기대하면서, 묘하게 비판적인 방식으로 당신을 낙인시키려고 한다. "당신은 아마도 이 상자를 들어올려 자동차에 싣는 데 도와 줄 만큼 충분히 힘이 세지 않을 것 같다." "당신은 나한테 겁먹지 않았다. 그렇지?"
- 협력하자고 한다: 종종 속임수를 쓰는 낯선 사람은 당신과 협력하려고 노력한다. 당신과 그는 갑자기 '우리(we)'가 된다. "나는 혼자 술 마시는 것을 싫어한다", "나는 우리가 함께 갈 만한 멋진 곳을 안다." "나 또한 거기에 가려고 한다. 우리는 거기에 내 차로 갈 수 있다." 이것은 당신과 뭔가 유대를 만들려는 시도이거나 신속하게 친근감을 형성하려는 시도다.

- 여성에 관한 것을 언급한다: 낯선 사람은 다른 여성 혹은 어린이와의 연관 속에서 자기 자신에 대한 이미지를 보이고 있다. 그래서 그 이상한 사람이 당신에게 별로 관심이 없으며, 별로 해롭지 않은 사람이라는 것을 당신으로 하여금 믿게 하려고 한다. "나는 여기 캠퍼스에 아내를 데리러 왔다. 당신은 야간 강좌가 있는 곳을 아는가? 내 차에 타시오. 내가 태워 주겠습니다. 그러면, 당신이 그곳을 나한테 알려 줄 수 있습니다." "내 딸이 당신이 입은 것과 같은 스웨터를 원하고 있습니다. 그래서 나는 여러 곳에서 그것을 찾던 중이었습니다. 그것을 어디서 구하셨나요? 내가 차를 태워드리면, 그곳을 알려 줄 수 있습니까?" 어린이 혹은 애완동물에 대해 언급하는 태도 역시 친절하며 해를 끼치지 않는다는 모습을 보여 주는 것이다.
- 부담을 지우기: 어떤 낯선 사람이 당신에게 도와달라고 한다. 그리고나서 당신으로 하여금 그에게 일종의 부담감을 느끼도록 한다. 그때 그 부담은 당신으로 하여금 공격받기 쉬운 위치로 몰아넣기 위해 조작될 수 있다. "당신이 그것을 자동차로 옮기는 것을 도와 드리겠습니다"라는 것은 "나를 저기 있는 모퉁이로 데려다 줄 수 있겠습니까?"로 이어진다. 당신은 집에서 나와서 당신의 타이어가 펑크난 것을 발견한다. "내가 당신을 위해 펑크난 타이어를 교체해 드리겠습니다"는 "내가 손을 씻으러 안으로 들어가도 되겠습니까?"로 이어질 수 있다. 그러나 아마도 그는 첫 장소에서 일부러 당신의 타이어를 펑크 낸 바로 그 사람일 것이다. 그의 도움을 받아들임으로써 당신은 그와 같은 단순한 요청을 거절하는 것이 나쁜 것이라고 느끼게 될 수 있다.
- 약한 제3자에게 호소하기: "여기서 더 멀리 떨어지기 전에 잃어버린 애완견 퍼피를 찾는 것을 도와 주세요." "나는 나이 드신 분들에게 드릴 약을 전해 드려야 합니다. 그러니 당신은 거기에 주차시킬 수 없습니다. 이쪽으로 와서 내가 일을 할 동안 5분만 내 차에 앉아 계셔 주시겠습니까?" "딸을 잃어버렸는데, 당신이 그 아이를 찾는 데 도와주실 수 있겠습니까?"
- 대답을 결코 들으려 하지 않는다: 전통적인 수법이다. 당신이, "괜찮습니다. 됐습니다. 나는 당신의 도움이 필요하지 않습니다"라고 여러 번 말했음에도 불구하고, 그 낯선 사람은 계속해서 당신을 도우려고 억지를 쓴다. 만약 당신이 어느 정도 약하게 사양하거나 불확실한 인상을 주게 되면, 그는 계속 억지를 부릴 것이다. 약간 퉁명스럽고 무례하게 보이는 것을 두려워하지 말고, "그만두라고 말했잖아요. 저리 가세요. 나는 당신의 도움이 필요 없습니다"라고 단호하게 말하라.

5 절망적인 조치들

그런데, 만약 당신이 무작위로 연쇄살인범에 의해 범행 대상으로 물색된 단지 불운했던 75%의 피해자 중에서 당신 자신을 찾을 만큼 충분히 불행했다면 그리고 범인으로부터 벗어나거나 혹은 자유롭게 될 수 없었다면, 거기에는 아직도 당신이 할 수 있는 일들이 있다. 우리가 여기서 언급하고자 하는 핵심은 연쇄살인범이 당신에 의해 퇴짜맞게 되는 것을 거절하고 그리고 우연한 접촉의 단계 밖으로 이동하는 곳에 있다.

말로, 태도로, 무기를 보임으로써 혹은 행동으로써, 그는 당신과 직면할 수 있다. 그리고 그는 만약 당신이 그의 요구대로－자동차에 타는 것, 당신의 옷을 벗으라고 하는 것, 당신의 눈을 감게 하고, 조용히 하도록 하고, 방향을 바꾸게 하고, 당신의 손을 등 뒤로 돌리게 하고, 범인과 성관계할 것을 요구하는 등 그 요구가 무엇이든지 간에－순순히 따르지 않는다면, 무력(武力)을 사용할 태세가 되어 있음을 암시하고 있다. 만약 당신이 안전하게 도망갈 형편이 못된다면, 당신은 무슨 일을 할 수 있는가(Vronsky, 2004: 371)?

FBI에서 연구한 연쇄살인범 가운데 7.5%의 피해자는 살아남은 자들이었다고 한다. 용기를 북돋우려는 것이 아니다. 그럼에도 불구하고, 그것은 반가운 소식이다. 그 당시 FBI는 피해자들이 살아남을 수 있었던 결과가 피해자의 어떤 행동에 의한 것인지를 규명해 보려고 노력했다. 문제는 범인에게 저항할 수 있었는지 여부다. FBI는 연쇄살인범들에게 물어보았다. 피해자들은 범인의 행동에 대해 어떻게 받아들였는가? 연쇄살인범들의 의견에 의하면, 모든 피해자 가운데 28%는 순순히 범인의 지시에 따르거나 혹은 저항을 하지 않았다고 한다. 31%는 말(口頭)로써 협상하려고 시도했으며, 7%는 말로써 범인에게 복종할 것을 거부했다. 10%는 비명을 지르고, 5%는 도망가려고 시도했으며, 19%는 싸우려고 시도했다고 한다.

연쇄살인범들이 진술한 바에 따르면, 피해자로부터 저항에 직면하게 될 때 34%는 별다른 반응을 나타내지 않았으며, 15%는 말로써 피해자에게 위협을 가했고, 25%는 그들의 공격 수준을 증가시켰다고 한다. 그리고 25%는 철저하게 폭력적이 되었다고 한다. 게다가 2/3 이상의 사건에서 살인범은 피해자로부터 저항에 직면했으며, 사건들의 절반 정도에서는 범인이 그것을 증가된 무력으로 대처했다고 한다. 요약하면, 저항은 무력을 촉발시키거나 혹은 폭력의 수준을 증가시켰다. 그런데, 다음 사항은 반드시 지적되어야 하는 바, 연구에 나타난 피해자들 가운데 살인범의 진술처럼 요구 사항에 순순히 따랐던 피해자들은 모두 예외없이 살해되었다는 사실이다. 비명, 도망 혹은 싸움의 형태로 물리적 저항을 했던 28명의 피해자 가운데 3명만이 생존할 수 있었다.

그래서 저항을 하는 경우에는 예외적일 정도로 아주 적은 이점이 있다. 나쁜 소식은 저항하고 순순히 따르는 두 가지 모두 결국에는 죽음으로 이어진다는 사실이다. 물론, 당신을 살해할 의도를 갖고 있는(범인이 말해 주지 않으면) 연쇄살인범을 당신이 직면하고 있다는 것을 당신은 모른다. 종종 연쇄살인범 그 자신의 의도가 당신을 살해할 것인지가 불확실하다고 한다. 중요한 위협은 강간 혹은 신체적 감금 속박이다—그것으로부터 벗어나기를 희망하면서, 어떤 사람은 결과적으로 나중에 살해될 뻔한 상황으로부터 도망칠 수 있을 것이다(Vronsky, 2004: 371-372).

성적 동기의 살인 및 연쇄살인사건에 관한 FBI 연구에 의하면, 108명의 유죄 선고받은 연쇄강간범과 그들의 389명의 피해자에 관한 연구를 언급하고 있다. 이러한 연구로부터 수집된 자료는 매우 귀중한 것이다. 연쇄살인사건이 대부분 성적 범죄이고, 종종 강간과 함께 시작하거나 종료된다. 강간은 FBI에 의해 연구된 98%의 연쇄살인사건에서 발생했다. 56%는 피해자가 사망하기 전에, 그리고 42%는 피해자가 사망한 후에 발생했다고 한다. 그 연구는 네 가지 유형의 강간범을 확인했는데, 몇몇 전문가는 지금 강조하고 있듯이 이러한 유형들은 연쇄살인범 분류 시스템에도 적용된다(Vronsky, 2004: 372-373).

① 무력 확신형 혹은 보상형 강간범

이러한 유형의 강간범은 종종 강간에 대한 환상을 갖고 있으며, 실제로 피해자가 그것을 좋아할 것이라고 생각하고 있다. 강간의 결과로서, 피해자는 범인과 사랑에 빠질 것이라고 환상하고 있다. 범인은 전희(前戲)를 시도하려고 할 것이며, 그 후에 피해자와 데이트를 하려고 한다. 강간은 성적 흥분과 자기 통제 상실의 결과다. 이러한 유형의 강간범은 보상형(compensatory)이라고 불린다. 왜냐하면, 범인의 불치적인 불완전감 때문이며, 이것은 결국 범인으로 하여금 만약 그 범인이 그것을 강간으로 보상하지 않으면, '정상적'인 여성은 자신과 성관계 갖기를 원하는 자가 아무도 없을 것이라는 쪽으로 이끌게 된다. 강간은 고도의 성적 행동이며, 범인은 종종 관음증, 과도한 자위행위 그리고 노출증과 같은 성적 비행(非行) 이력을 갖고 있다. 그는 피해자가 자신에게 하도록 허용하는 것을 할 것이다.

② 무력 행사형 혹은 착취적 강간범

여기서 성적 요소는 덜 중요하다. 그리고 강간은 강간범이 자기 자신의 허약한 자아와 피해자를 굴욕적으로 만들고 지배함으로써, 또 자신에게 복종시킴으로써 불완전감을 일으켜 세우려고 하면서 공격적인 표현이 더 많다.

③ 분노 복수형 혹은 대체된 강간범

성적 공격은 성냄, 격노의 표현이다. 피해자는 종종 강간범의 실제 증오 대상의 대역으로서 역할을 하게 된다. 그 행동은 단순한 강간에서 고도로 치밀한 살인행동과 살해 후 시체 절단행위에 이르기까지 다양할 수 있다. 켐퍼(Edmund Kemper)의 경우, 이러한 대체된 강간범으로 설명될 수 있다. 왜냐하면, 그는 마지막으로 자기가 실제로 살해하고 싶었던 대상 -그의 어머니-을 살해하기 전에 8명의 피해자를 살해했기 때문이다. 그런데, 대부분의 대체된 범인은 그들의 깊은 증오의 대상을 살해할 수 있는 기회를 가질 수 없다. 따라서 '무고한' 피해자들을 살해하는 것을 계속하고 있다.

④ 분노 흥분형 혹은 새디스트적 강간범

성적 행동은 성적 욕구와 융합된 공격의 표현이다. 순환적으로, 성적 흥분은 공격적 욕구를 유발하고, 교대로 추가적으로 강간범을 흥분시킨다. 종종 그 공격은 유혹으로 시작한다. 그러나 강렬하고 폭력적인 공격 상태로 상승된다. 강간범은 종종 피해자의 신체 일부, 예를 들면 가슴 부위, 항문, 엉덩이, 입, 성기와 같은 부분에 공격의 초점을 맞춘다. 버나도(Paul Bernardo)는 새디스트적 성격을 가진 대표적인 범인이었다. 강간 연구에 따르면, 서로 다른 유형의 강간범은 각기 다른 방식으로 피해자의 행동에 반응한다고 한다. 특별한 행동 유형은 다른 그리고 그 반대적 유형을 가진 범인보다 어떤 한 유형의 범인으로 초래되는 위험으로부터 도망치는 데 훨씬 더 효과적이라고 한다. 몇몇 강간범들과 함께 행동은 공격을 상승시킨다.

6 도망가기

범인으로부터 도망가는 것은 모든 조치들 가운데 가장 좋은 그리고 가장 안전한 것이다. 그러나 그것은 지금 이러한 선택에 대해 너무 늦었다고 생각된다. 그럼에도 불구하고, 만약 도망치는 것이 전폭적으로 더 가능해 보인다면, 당신은 여러 가지 사항들을 고려해야 한다 (Vronsky, 2004: 373).

만약 범인이 리벌버형 권총을 갖고 있다면, 중심부에서 회전하는 드럼을 갖고 있는 권총 유형인 바, 실탄을 재장전하기 전에 기회는 단지 여섯 발의 사격만을 할 수 있을 뿐이다. 최소한으로 그렇게 하는 데에는 적어도 5초의 시간이 종종 걸린다. 도망가면서 총이 발사되는 것을 셀 수 있는 냉정한 마음을 갖는다면 일단 한 번 여섯 발의 실탄이 발사되고나면, 곧장

달릴 수 있는 여분의 힘을 당신에게 주는 것을 도와 줄 수 있다. 그런데, 그 위험은 몇몇 38구경(caliber) 리벌버 권총들은 단지 다섯 발만을 갖고 있다는 것이다. 반면에 몇몇 22구경 리벌버 권총들은 여덟 발 내지 아홉 발을 갖고 있다는 점이다. 게다가, 스피드로더라고 불리는 장치는 장전하는 시간을 줄일 수 있다. 그런데, 리벌버 권총이 여섯 발을 발사할 수 있는 무기라는 점은 유리하게 계산된 위험이다. 또한 총열이 짧을수록 무기의 유효 사거리도 짧아진다.

먼 거리에 있는 대상물을 맞히기 어려운 것은 자동 권총들(반자동)에도 적용된다. 먼 거리의 대상물을 맞히는 것이 TV에서 보는 것처럼 쉬운 일이 아니다. 자동 권총은 중심부에 돌아가는 드럼이 없는 사각형 모양의 총기다. 이러한 무기들은 아주 다양한 종류의 용량을 갖고 있는데, 7발에서 17발까지 발사할 수 있다. 탄환이 발사된 숫자를 세는 것이 별로 도움이 되지는 않지만, 당신이 위협을 받고 있는 특별한 종류의 무기에 관한 상세한 내역에 구체적으로 친숙하지 않다면, 권총이 발사되는 속도 비율을 정확하게 세기란 불가능하게 할 것이다(우선 무엇보다도, 당신은 그 총기에 탄환이 장전될 수 있는 최대한의 용량도 정확하게 알 수 없을 것이다).

만약 공격하는 범인이 정말로 사격 실력이 나쁜 자가 아니라면, 총으로 무장한 범인을 앞질러 도망간다는 것은 사실상 불가능하다. 그런 반면에, 공격자는 종종 당신만큼 겁이 많을 수 있다. 그리고 가능하면 약물이나 알코올의 영향에 있을 것이다. 이것은 범인의 사격 실력을 낮출 수 있는 중요한 요소다. 총기로 무장한 범인을 앞질러 도망가기 위해 시도하는 것은 매우 위험하다. 그리고 아주 위험스러운 계획이다. 그러나 완전히 불가능한 것은 아니다.

마지막으로, 도망가는 것에 관해 주의할 점은 새디스트적인 범인의 경우에는 도망가는 것이야말로 범인의 공격성을 실제로 증가시킬 수 있으며, 결국 폭력의 상승으로 이어지게 될 수 있다는 것이다. 그런데 새디스트적 범인에 의한 공격으로부터 살아남을 수 있는 기회는 어쨌든 아주 적다. 도주하는 것은 항상 당신이 끊임없이 경계하면서 선택해야 할 사항이다. 어떠한 경우에도, 항상 도망갈 준비 태세가 되어 있어야 한다. 그런 반면에, 도망가는 것이 곧바로 선택 사항이 아닌 경우에, 다음과 같은 전략들 중의 하나를 추구해야 한다(Vronsky, 2004: 375-376).

① 구두(口頭)로 직면할 수 있는 저항

말로써 저항하는 것은 곧바로 도주할 수 있는 수단이 없는 곳에서 공격자에게 직면했을 때, 당신이 처음에 취해야 행동이어야 한다.

비명을 지르지 마라. 목으로부터 나오는 비명은 잘못하면 장난처럼 될 수 있다. 또한 공격자에게 공포감을 투사할 수 있다. 대신에, 당신의 횡경막으로부터 나오는 큰소리로 고함치고 부르짖어라. 그것은 당신이 호흡하는 것을 곤란하게 하지 않으면서 범인으로 하여금 공격적인 자세를 취하지 못하게 하면서, 또한 당신으로 하여금 일격을 가할 수 있는 준비도 하게 할 수 있다.

당신이 쉬운 범행 대상자가 되지 않을 것이라는 명백하고 간결한 메시지를 공격자에게 전달해야 한다. 연쇄살인범은 종종 물리적 힘을 사용할 것인지에 대해 아직 결정하지 않은 채 피해자에 대한 자신의 접근을 시작하는 경우가 있다. 힘을 사용할 것인가에 대한 결정은 그의 공격에서 어떤 순간에는 불가피할 것이다. 그러나 범인이 공격을 저지를 준비 태세가 된 것보다 더 일찍 결정을 고려하도록 공격자를 강제함으로써, 당신은 그 공격을 완화시킬 수 있다. 종종 공격은 공격자(범인)와 피해자 간의 술래잡기 같은 역동성에 의해 앞서게 될 수 있다. 공격자는 아마도 그가 피해자를 정복할 것이고, 피해자를 손에 넣을 수 있거나 혹은 피해자가 복종적인 그리고 공포스러운 태도로 행동할 것이라는 확신을 필요로 할 수 있다. 피해자를 범인의 손아귀에 넣는 것이 쉽지 않을 것이라는 대담하고 구두적인 암시들은 몇몇 공격자의 자기 확신을 흔들어 놓을 것이다.

② 신체적으로 직면할 수 있는 저항

신체적 저항은 온건한 대응, 예를 들면 버둥거리거나 주먹으로 때리거나 발로 차거나 그리고 밀쳐내는 것과 폭력적 대응, 즉 범인을 심각하게 다치게 하거나 죽이려고 의도한 대응, 예를 들면 얼굴, 눈, 샅 그리고 목을 가격하는 것과 같은 두 가지 방법의 대응을 포함하고 있다.

그러한 방어 수단들을 사용하는 것은 피해자의 덩치와 힘, 무기의 존재, 장소 기타 등등에 달려 있다. 그러한 조치들은 신속하고 강력하게 그리고 결정적으로 취해져야 한다. 그리고 곧바로 도주가 이어져야 한다. 도망가는 것이야말로 당신의 목적이다.

그런데, 신체적 저항이 공격자에 의해 증가된 무력을 초래하게 될 것이라는 사실을 피해자는 예견하고 있어야 한다. 한 연구에 따르면, 심각하게 부상당한 강간 피해자의 저항 효과에 관해 밝혔는데, 오로지 41%만이 저항한 후에 부상을 입었으며, 다른 59%는 저항 없이 부상을 입게 되었다고 한다(Quinsey & Upfold, 1985: 40-50).

다른 연구에 의하면, 어떤 유형의 강간범(무력 확신형, 분노 복수형, 분노 흥분형)은 더 심각하게 저항하는 피해자를 부상시키는 경향이 있으며, 그런 반면에 피해자의 부상은 무력 확신형 강간범들에게 대한 저항에 의해서는 영향받지 않았음을 보여 주었다(Prentky, Burgess, & Carter, 1986: 73-98).

다른 연구에 따르면, 연쇄살인범은 두 가지 유형이 되는 경향이 있었다.

- ▶ 폭력 증가형은 범인의 범죄 경력이 진행될수록, 그들의 폭력 수준을 증가시키는 경향을 갖고 있었던 범인이다.
- ▶ 폭력 비증가형은 폭력 수준을 증가시키지 않는 범인이다.

이 두 가지 유형의 타입은 서로 다른 대응 패턴을 보여 준다. 강간범의 범죄 경력이 초기, 중기 혹은 후기 단계인지 여부와 그들의 범죄 유형에 따라 대응 패턴들도 또한 다양하다.

이 연구에 따르면, 피해자의 저항은 사용된 무력의 양과 연관되지는 않으며, 오히려 범인이 피해자와 함께 보낸 시간의 양에 관련된다고 한다. 저항하는 피해자에 대한 공격이 수동적인 피해자에 대한 시간보다 2~3배 정도 오랫동안 지속되었다고 한다. 이것은 저항을 극복하기 위해 필요한 시간뿐만 아니라, 특정한 범인들의 유형에 의해 피해자의 저항으로부터 취득되는 추가적인 만족 때문이었다(Hazelwood, Reboussin, & Warren, 1989: 65-78).

③ 구두로 비대항적 설득하기

많은 사례에서 연쇄살인범은 피해자의 '자아감을 없앤다.' 피해자는 범인의 환상 속에서 다른 사람 혹은 소품을 위한 일종의 대체품인 셈이다. 테드 번디는 피해자와의 확장된 대화에도 마음을 빼앗기는 것을 피했다고 진술하고 있다. 왜냐하면, 그렇게 하면 그 자신에게 피해자의 인격적 특징을 기억나게 하기 때문이었다고 한다.

FBI는 폭력적 상황의 긴장을 완화하기 위한 가장 효과적이고 바람직한 방법은 대화를 하는 것이라고 제안한다(Vronsky, 2004: 376). 아마도 당신과 그는 처음에 맥주를 마시러 갈 수 있다는 것을 강간범에게 얘기하라고 한다. 이것은 말처럼 바보 같은 짓은 아니다. 어떠한 종류의 예기치 않았던 반응이라도 강간범을 속여 시간을 지연시킬 수 있으며, 그것은 피해자에게서 도망갈 수 있는 국면을 만들 수 있는 시간을 줄 수 있다. 공격자의 인식 속에서, 당신 자신을 인격화하는 데 초점을 맞춰라: 연쇄살인범을 너무 멀리 나아간 미래 쪽으로는 좀처럼 생각하지 않는 경향이 있기 때문에, 현재형 문장으로 대화를 유지하라고 FBI는 제안하고 있다.

공격자는 아마도 틀림없이 공상을 하고 있는 바, 범인이 당신을 공격할 때 범인은 그의 어머니, 여동생 혹은 딸을 강간하고 살해하는 모습을 틀림없이 공상하고 있을 것이다. "나는 성병(VD: venereal disease)을 가졌다" 혹은 "나는 임신했다"와 같은 표현들도 반드시 피해야 한다. 그러한 표현은 당신이 어쨌든 "나쁜" 그리고 강간과 살해되어야 할 가치가 있다는 범인의 환상을 강화시킬 수 있기 때문이다.

피해자에 관해 뭔가를 배우면서, 피해자에게 공감하는 연쇄살인범에 대한 수많은 설명들이 있다. 리셀(Monte Rissell)은 다섯 명의 여성들을 살해했으며, 피해자들 가운데 한 명에게 암(癌)으로 사망한 아버지가 있다는 얘기를 듣고서 그녀를 풀어 준 적이 있다. 왜냐하면, 범인 자신의 아버지가 암으로 사망했기 때문이다. 롱(Bobby Joe Long)은 적어도 10명의 여성을 살해했는데, 유괴한 여자아이가 어렸을 때 학대를 당했다고 털어놓자 가엾다고 느껴 그 아이를 풀어 줬다. 와일더(Christopher Wilder)는 그가 유괴한 피해자들 중 한 명을 비행기에 태워 집으로 돌려보냈다. 그럼에도 불구하고, 이러한 모든 사례에서 생존한 피해자들이 강간을 당했다는 사실을 상기해야 한다.

연쇄살인범과 어떤 종류의 인간적 연관을 만드는 것은 연쇄살인범 자신이 피해자를 유혹하기(같이 협력하면서) 위해 사용한 전술과 유사하다. '당신과 그 범인'을 '우리'로 전환시키는 것은 어떤 유형에서는 효과가 있을 수 있다. 불행하게도, 범인이 피해자를 살해한 후 피해자에 대해 연쇄살인범이 동정심을 느끼는 것에 대한 상당히 많은 이유들이 있다. 마음속의 후회와 함께, 시체가 매장된 장소를 방문했던 켐퍼의 사례에서처럼, 동정심은 종종 그 피해자를 재빨리 그리고 고통 없이 살해하면서 범인에 의해 표현되기도 한다. 드살보(Albert DeSalvo)는 그가 좋아했던 피해자 중의 한 명은 괴롭히지 않기로 했다. 그러나 오로지 강간한 후에 그리고 그녀를 처음 목 졸랐다. 그런데, 그의 공격이 절정에 달하면 설득적 대화는 일반적으로 제대로 효과를 발휘하지 못할 것이다. 심지어 그가 당신을 좋아할지라도, 공격자가 더욱더 지능적일수록, 당신을 살려 두려고 하지 않을 것 같다. 왜냐하면, 그는 당신이야말로 목격자라는 것을 알기 때문이다(Vronsky, 2004: 377-378).

④ 신체적 설득: 신체적으로 마음을 돌리게 하기

궁지에 몰린 상태에서 공격자를 제지하기 위해 당신은 밀쳐내고, 뒤틀고, 맞붙어 씨름하고, 빠져나오고, 발로 차고 그리고 다양한 온건한 무력적 수단들을 사용할 수 있다. 물론 이런 것은 당신 자신의 힘과 체력에 달려 있다. 그렇지만, 결국에는 당신이 그 공격자(범인)를 누그러뜨리거나 혹은 당신이 쉽사리 굴복당할 피해자가 되지 않겠다는 것을 그에게 설득시켜라. 이러한 전술을 구사하는 것은 당신의 저항이 결국에는 어떤 유형의 범죄자를 흥분시켜서 그의 공격을 증가시킬 수 있을 것이다.

다른 유형의 신체적 설득 방법에는 거짓으로 기절하기, 숨이 막히는 듯한 표정, 발작(졸도 혹은 정신적 질병 혹은 다른 질병 혹은 울기, 토하기 혹은 대변과 소변 통제의 상실과 같은 실질적인 신체적 대응이 가능하다. 이러한 모든 반응은 잠재적 강간범의 흥미를 잃게 할 수 있다. 그러나 반면에, 새디스트적 혹은 대체된 분노 강간범의 경우에는 오히려 그들은 흥분시킬 수도 있다. FBI가 제안하기를, 이러한 것은 그 결과들을 보면 너무 특이해서

믿을 만하지 못하다고 한다(Vronsky, 2004: 378).

⑤ 어쩔 수 없는 동의

어쩔 수 없이 동의하는 피해자는 공격자에게 말한다. "나를 해치지 말아 달라. 그러면 당신이 원하는 대로 하겠다." 이것은 짧은 시간에 폭력을 완화시킬 수 있다. 그리고 피해자는 도망갈 수 있는 시간을 벌 수 있다. 이것은 마지막 방책으로서 FBI에 의해 권장되고 있다. 왜냐하면, 마지막에 당신의 생존을 보장해 줄 수 있는 것이 거의 없기 때문이다. 게다가 어쩔 수 없는 동의는 또한 어떤 유형의 범죄자들에게는 증가된 폭력을 자극할 수도 있다.

리셀은 매춘 여성에게 권총을 들이댄 채 강간을 계속해서 저질렀다. 그녀는 특별히 낯선 사람과의 성관계를 두려워하지는 않았다. 강간에 대한 폭력적 측면을 완화시키기 위한 시도로 그녀는 가능한 한 협조적인 것처럼 시도했다. 그러한 반응에도 불구하고 범인은 그녀를 살해했다. 그는 나중에 설명하기를, "그녀는 내가 원하는 것이 무엇인지 물었다. 이런 암캐 같은 년이 나를 통제하려고 들었다." 코팅햄(Richard Cottingham)의 마지막 피해자는 그를 신뢰했다. 그는 성관계를 갖기 위해 그녀에게 수갑을 채울 필요가 없었다. 그러나 성관계는 그가 공격하려던 목적이 아니었다. 그는 강간을 계속했으며, 몇 시간 동안 그녀를 고문했다.

홈스(Ronald Holmes)에 의해 프로파일된 임무형 연쇄살인범 한 명은 이 세상에서 매춘 여성들을 제거하는 것이야말로 자신의 임무라고 자백했다. 최소한 12건 정도에서 권총을 여성들에게 들이대었으며, 여성들로 하여금 그가 강간할 수 있도록 허락할 것을 요구했다(Vronsky, 2004: 379).

그는 말했다. 그가 해치지 않고 풀어 준 여성들은 피해 여성이 그로 하여금 강간할 수 있도록 허용해 주기 전에, 그가 반드시 살해하겠다고 했던 여성들을 풀어 주었다고 말했다. 그런데, 세 명의 피해자는 살해될 것이 두려워 강간을 어쩔 수 없이 받아들였다. 그는 강간한 후 살해했다. 왜냐하면, 그들이 어쩔 수 없이 동의함으로써 그들이 매춘 여성들이라는 사실이 증명되었기 때문이다(Holmes & Holmes, 1998: 82-83).

협상에 의한 어쩔 수 없는 동의는 상황을 더 나쁘게 만들 수 있다. 기억하라, 사회복귀 카운슬링 학생이었던 사만스(Beverly Samans)는 드살보한테 살해당했다. 그녀는 범인이 자신을 강간하지 않는다고 약속하자 가능하면 오랫동안 애무할 수 있도록 어쩔 수 없이 동의했다. 그 대신에, 조우자로서의 특유한 말씨를 만들려고 했던 그녀의 시도는 드살보에게 그의 아내를 떠올리게 했으며, 그는 특히 '자신을 통제하려는' 사만스의 시도에 분노했다. 그는 그녀를 22번이나 칼로 찔렀다. 드살보가 살해했던 피해자 가운데 많은 분노를 보인 유일한 피해자였다.

다른 한편으로, 와일더의 피해자 가운데 한 명은 모텔 방에서 사로잡힌 자였는데, 자신의 생명을 위해 필사적으로 욕실로 들어가서 비명을 지르기 시작할 기회를 가질 때까지 어쩔 수 없이 동의했다. 와일더는 1984년에 12명의 여성을 강간한 후 살해했다. 그리고 첫 번째 살인행위가 발각되자, 전국을 돌면서 대량살인을 저질러 왔다. 결국, 어쩔 수 없는 동의 하나만으로는 당신의 생명을 좀처럼 구할 수는 없다. 그런데, 도주를 위한 준비 행위로서, 어쩔 수 없는 동의 행위는 고려할 만한 가치가 있다.

연쇄살인범의 손아귀에서 살아남는다는 것은 기껏해야 아주 최소한의 경우이며 특이한 과정이다. 이러한 유형의 범인한테서는 저항이 당신의 생명을 구해 줄 수 있겠지만, 그와 다른 유형의 범인한테서는 오히려 저항이 당신을 저주스럽게 죽음으로 몰아갈 수도 있다. 명백하게도, 네 가지 인격적 특징 프로파일 가운데 어떤 것이 공격자에게 적용되는지 가려내는 시도는 공격 시점에서 피해자에게 도움이 되는 실행 가능한 제안은 아니다(Vronsky, 2004: 379).

FBI는 피해자에게 살아남을 수 있는 기회를 약간이라도 논리적으로 그리고 통계학적으로 증가시킬 수 있는 것에 기초하여, 권장된 접근들의 플로차트 분류를 개념 정의했다(Vronsky, 2004: 380).

폭력은 범인으로부터 증가된 공격을 초래한다는 가정하에서 FBI의 권장 사항이 효과가 있다. 그래서 첫 번째 대응으로 폭력적이어서는 안 되며, 이러한 이유 때문에 FBI는 피해자는 처음에 말로써 하는 저항을 통해 자기 자신을 주장하도록 권장하고 있다. 만약 말로써 하는 저항이 별 효과가 없으면, 피해자는 두 가지 전략 가운데 하나를 갖는다. 만약 범인이 무장했다면, 그 때에는 말로써 설득하는 것이 권장된다. 대화 속으로 범인을 끌어들이기 위해 그리고 공격으로부터 그를 다른 방향으로 조종할 수 있도록 시도하라. 만약 범인이 무기를 갖지 않은 채, 피해자 쪽으로 그의 공격적인 행동을 고집한다면, 그 때에는 온건한 신체적 저항이 곧바로 권장된다. 이것은 보상형 강간범들에게 효과적일 수 있고 종종 착취형 강간범들에게도 효과가 있다. 그런데, 만약 이러한 반응이 범인으로부터 증가된 분노와 공격을 초래한다면, 피해자는 곧바로 저항을 멈추어야 한다. 만약 공격자가 그의 폭력성을 이 시점에서 멈추고, 기꺼이 대화 상태로 들어간다면, 그는 착취형 인격적 특징을 가진 범인일 가능성이 높다. 그리고 피해자는 그 사례에서 말로써 범인을 속일 수 있는 시도를 해야 한다. 만약 전략이 실패하면, 공격자는 그의 공격을 계속해서 상승시킨다. 그리고나서 피해자는 어쩔 수 없는 동의와 폭력적 저항 속에서 어려운 결정을 할 필요가 있다. 정신을 잃어버린 듯한 태도, 울것나 구토와 같은 신체적 설득은 권장되지 않는다. 공격자가 특별히 피해자의 훌륭한 신체 상태에 대해 염려하고 있지 않아 보이기 때문이다. 그리고 실제로 범인의 공격에 대해 가시적인 물리적 반응에 의해 흥분하게 될 수 있다.

참고 문헌

국내 문헌

경찰청(2001), 『경찰백서 2001』, 서울: 경찰청.

경찰청(2007), 『경찰백서 2007』, 서울: 경찰청.

곽대경(2001), "경찰 수사를 위한 범죄심리 연구의 활용 방안," 『한국경찰학회보』 제3호, 용인: 한국경찰학회.

국립과학수사연구소 범죄분석실(2001), "범죄 프로파일의 소개," 『수사연구』, 12월호.

국립과학수사연구소 범죄분석실(2002), 『수사연구』, 2월호.

권창국(2002), "범죄자 프로파일링 증거의 활용과 문제점에 관한 검토," 『한국공안행정학회보』, 제14호.

김상균(2005), "침입절도범의 Geographic Profiling에 관한 연구: 범행 이동 거리의 지각을 중심으로," 『한국공안행정학회보』, 제21호.

김용화(2002), "한국의 살인범 Profiling 모형에 관한 연구," 동국대학교 대학원 박사학위 논문.

박광배(2001), "범죄자 유형 파악(Criminal Profiling)," 『범죄와 심리학』, 한국심리학회 2001년도 춘계 심포지엄 자료집.

박철현(2004), "지리적 프로파일링을 이용한 연쇄방화범의 거주지 추정: 동래연쇄방화사건의 사례," 『형사정책』, 제16권 제2호.

서보학(2005), "검찰·경찰 간의 합리적 수사권 조정 방안," 『검·경 수사권 조정에 관한 공청회 자료집』.

이종주(2002), "검찰의 과학수사," 『제6회 한국법과학회 추계 학술발표대회 자료집』, 한국법과학회.

임준태(2003), "강력범죄에서의 범인상 추정기법(Criminal Profiling) 도입에 관한 연구," 『치안논총』, 제19집.

임준태(2004), "강력범죄에서의 범죄자 유형 분석기법(Criminal Profiling)의 도입에 관한 연구," 『한국공안행정학회보』, 제17집.

임준태(2005), "지리학적 프로파일링을 통한 연쇄살인사건 분석," 『한국공안행정학회보』, 제19호.

임준태(2006), "지리학적 프로파일링을 통한 한국의 연쇄강력범죄 분석," 『한국경찰연구』, 제5권 제2호.

국외 문헌

Ainsworth, Peter B.(2001), *Offender Profiling and Crime Analysis*, Devon, UK: Willan Publishing.

Alarid, L., J. Marquart, V. Burton, F. Cullen, & S. Cuvelier(1996), "Women's Roles in Serious Offenses," *Justice Quarterly* 13(3), 432-54.

Allison, Julie & Lawrence Wrightsman(1993), *Rape: The Misunderstood Crime*, Newbury Park, CA.: Sage Publications.

Alston, Jonathan D.(2001), "Psycho-Geographical Profiling," *Criminal Psychology and Forensic Technology: A Collaborative Approach to Effective Profiling*, ed. G. M. Godwin.

Amir, A.(1971), *Patterns in Forcible Rape*, Chicago: University of Chicago Press.

Archbold, Mike(2003), *King Country Journal*, 8 November.

Associated Press(1984), "Trial on TV May Have Influenced Boy Facing Sexual-Assault Count," *Omaha World Herald*, 18 April.

Associated Press(1991), "British Court Rejects Precedent, Finds a Man Guilty of Raping Wife," *Boston Globe*, 15 March.

Associated Press(1994a), "Judge Who Told Rape Suspect to Get a Girlfriend Orders Him into Custody," *Manchester Union Leader*, 19 February.

Associated Press(1994b), "Jury Recommends Death for Florida Killer of Five," *New York Times*, 25 March.

Associated Press(1999), "Mental Disorder Gene Identified," *New York Times*, 1 October.

Avakame, Edem(1998), "How Different is Violence in the Home: An Examination of Some Correlates of Stranger and Intimate Homicide," *Criminology* 36.

Axelrod, Alan & Guy Antinozzi(2003), *Criminal Investigation*, Indianapolis, IN: Alpha Books.

Baldwin, J. & A. E. Bottoms(1976), *The Urban Criminal: A Study in Sheffield*, London: Tavistock Publications.

Barker, M.(2000), "The Criminal Range of Small-town Burglars," D. Canter & L. Allison(eds.), *Profiling Property Crimes*, Aldershot: Ashgate.

Barret, G. M.(1990), "Serial Murder: A Study in Psychological Analysis, Prediction, and Profiling," Unpublished master's thesis, Louisville, KY: University of Louisville.

Bartol, Curt R. & Ann M. Bartol(2005), *Criminal Behavior: A Psychological Approach*, 7th ed., Upper Saddle River, NJ: Pearson Prentice-Hall.

Baurmann, C.(1999), "ViCLAS—Ein neues kriminalpolizeiliches Recherchewerkzeug," *Kriminalistik*, December.

Bender, Laura(1959), "Children and Adolescents Who Have Killed," *American Journal of*

Psychiatry 116.

Best, J.(1988), "Missing Children: Misleading Statistics," *Public Interest* 92.

Bjerregaard, Beth & Alan Lizotte(1995), "Gun Ownership and Gang Membership," *Journal of Criminal Law and Criminology* 86.

Brantingham, Paul J. & Patricia L. Brantingham(1984), *Patterns in Crime*, New York: Macmillan.

Brantingham, Paul J.. & Patricia L. Brantingham(1991), *Environmental Criminology*, Prospect Heights, IL: Waveland.

Brent, David, Joshua Perper, Christopher Allman, Grace Moritz, Mary Wartella, & Janice Zelenak(1991), "The Presence and Accessibility of Firearms in the Home and Adolescent Suicides," *Journal of the American Medical Association* 266.

Browne, Angela(1992), "Violence against Women: Relevance for Medical Practitioners," *Journal of the American Medical Association* 267.

Brownmiller, Susan(1975), *Against Our Will: Men, Women and Rape*, New York: Simon & Schuster.

Bureau of Justice Statistics(2000), Retrieved from the University of Albany(State University of New York) website:www.albany.edu/sourcebook/1995/ pdf/t420.pdf

Burgess, A. G., A. W. Burgess, J. E. Douglas, & R. K. Ressler(1992), *Crime Classification Manual*, Reprint ed., New York: Lexington Books.

Busch, Katie A. & James L. Cavanaugh(1986), "The Study of Multiple Murder: Preliminary Examination of the Interface between Epistemology and Methodology," *Journal of Interpersonal Violence* 1.

Campbell, John H. & Don Denevi ed.(2004), *Profilers*, Amherst, NY: Prometheus Books.

Canter, David(1995), *Criminal Shadows: Inside the Mind of the Serial Killer*. London: Harper Collins.

Canter, D. & A. Gregory(1994), "Identifying the Residential Location of Rapists," *Journal of the Forensic Science Society* 3, 169-175.

Canter, D. & S. Hodge(2000), "Criminal's Mental Maps," L. S. Turnbull, E. H. Hallisey, & B. D. Dent(eds.), *Atlas of Crime: Mapping the Criminal Landscape*, Phoenix, AZ: Oryx, 186-191.

Canter, D. & P. Larkin(1993), "The Environmental Range of Serial Rapists," *Journal of Environmental Psychology* 13: 63-66.

Cao, Liqun, Anthony Adams, & Vickie Jensen(1997), "A Test of the Black Subculture of Violence Thesis," *Criminology* 35.

Capaldi, Deborah & Gerald Patterson(1996), "Can Violent Offenders Be Distinguished from Frequent Offenders: Prediction from Childhood to Adolescence," *Journal of Research in Crime and Delinquency* 33.

Carter, R. & K. Q. Hill(1978), "Criminal's and Noncriminal's Perceptions of Urban Crime," *Criminology* 16, 353-371.

Chew, Kenneth, Richard McClearly, Maricres Lew, & Johnson Wang(1999), "The Epidemiology of Child Homicide in California, 1981 through 1990," *Homicide Studies* 3(2), May.

Cohen, Lawrence E. & Marcus Felson(1979), "Social Change and Crime Rate Trends: A Routine Activity Approach," *American Sociological Review* 44, 588-605.

Collins, James & Pamela Messerschimidt(1993), "Epidemiology of Alcohol-Related Violence," *Alcohol Health and Research World* 17.

Cook, Patrick E. & Dayle L. Hinman(1999), "Criminal Profiling: Science and Art," *Journal of Contemporary Criminal Justice* 15, August.

Daly, Martin & Margo Wilson(1994), "Evolutionary Psychology of Male Violence," *Male Violence*, ed., J. Archer, London: Routledge.

Davison, Gerald C., John M. Neale, & Ann M. Kring(2004), *Abnormal Psychology*, 9th ed., Hoboken, NJ: John Wiley and Sons, Inc.

De Becker, Gavin(1997), *The Gift of Fear*, New York: Dell.

Decker, Scott(1994), "Gangs and Violence: The Expressive Character of Collective Involvement," Unpublished manuscript, University of Missouri-St. Louis.

DeKeseredy, Walter, Martin Schwartz, & Karen Tait(1993), "Sexual Assault and Stranger Aggression on a Canadian Campus," *Sex Roles* 28.

Dewald, Michael(2002), "Die Datenbank ViCLAS," *Kriminalistik*, April.

DiManno, Rosie(2003), "Sniper Suspect Remembered as Clever, 'Obedient' Child," *Toronto Star*, November 26.

Donnerstein, Edward, Daniel Linz, & Steven Penrod(1987), *The Question of Pornography*, New York: Free Press.

Douglas, John E. & Ann W. Burgess(1986), "Criminal Profiling: A Viable Investigative Tool against Violent Crime," *FBI Law Enforcement Bulletin* 55, 9-13.

Douglas, John E., Ann W. Burgess, Allen G. Burgess, & Robert K. Ressler(1992), *Crime Classification Manual*, New York: Lexington Books.

Douglas, John E. & Mark Olshaker(1997), *Journey into Darkness*, New York, NY: Pocket Star Books.

Douglas, John E., Robert K. Ressler, Ann W. Burgess, & Carol R. Hartman(2004), "Criminal Profiling from Crime Scene Analysis," *Profilers*, Amherst, New York: Prometheus Books.

Dowd, Allan(2004), "New Remains Found at Accused Canada Killer's Farm," *Reuters* January 27; "B.C. Missing Women Investigation Cost $70M," *Canadian Press*, February 21; "Canadian Police Confirm Finding Remains of Nine More Vancouver Women at Pig Farm," *Associated Press*, January 27.

Downs, Kala & Steven Gold(1997), "The Role of Blame, Distress, and Anger in the Role of Blame, Distress, and Anger in the Hypermasculine Man," *Violence and Victims* 12.

Earls, Felton(1998), *Linking Community Factors and Individual Development*, Washington, D. C.: National Institute of Justice.

Egger, Steven A.(1984), "A Working Definition of Serial Murder and the Reductions of Linkage Blindness," *Journal of Police Science and Administration* 12.

Egger, Steven A.(1998), *The Killers among Us: An Examination of Serial Murder and Its Investigation*, Upper Saddle River, N.J.: Prentice-Hall.

Egger, Steven A.(1999), "Psychological Profiling," *Journal of Contemporary Criminal Justice* 15, August.

Ellis, Lee(1991), "A Synthesized (Biosocial) Theory of Rape," *Journal of Consulting and Clinical Psychology* 39.

Ellis, Lee & Anthony Walsh(1997), "Gene-Based Evolutionary Theories in Criminology," *Criminology* 35.

Erlanger, Howard(1976), "Is There a Subculture of Violence in the South?," *Journal of Criminal Law and Criminology* 66.

Erlanson, O. A.(1946), "The Scene of Sex Offences," *Journal of Criminal Law & Criminology* 31, 339-342.

Ewing, Charles Patrick(1990), *When Children Kill*, Lexington, Mass.: Lexington Books.

Federal Bureau of Investigation(1997), *Uniform Report 1996*.

Federal Bureau of Investigation(1998), *Uniform Crime Report 1997*.

Federal Bureau of Investigation(1999), "Crime in the United States," *Uniform Crime Report 1998*, Washington, D.C.: US. Government Printing Office.

Federal Bureau of Investigation(2003), *Preliminary Uniform Crime Report 2002*, Washington, D.C.: U.S. Government Printing Office, June 16.

Federal Bureau of Investigation(2004), *Uniform Crime Report 2001*, Washington, D.C.: U.S. Government Printing Office.

Felson, Richard & Marvin Krohn(1990), "Motives for Rape," *Journal of Research in Crime and Delinquency* 27.

Feucht, Thomas(1996), *Drug Use Forecasting 1995*, Washington, D.C.: National Institute of Justice.

Finkelhor, David, Gerald Hotaling, & Andrea Sedlak(1992), "The Abduction of Children by Strangers and Non-Family Members: Estimating the Incidence Using Multiple Methods," *Journal of Interpersonal Violence* 7(2), June.

Fox, J. & J. Levin(1994), *Overkill: Mass Murder and Serial Killing Exposed*, New York: Plenum Press.

Freilich, Joshua, Nelson Pichardo Almanzar, & Craig Rivera(1999), "How Social Movement

Organizations Explicitly and Implicitly Promote Deviant Behavior: The Case of the Militia Movement," *Justice Quarterly* 16, 6555-6583.

Fumento, Michael(2002), *Hudson Institute, American Outlook*, Spring.

Gabor, T. & E. Gottheil(1984), "Offender Characteristics and Spatial Mobility: An Empirical Study and Some Policy Implications," *Canadian Journal of Criminology* 26, 267-281.

Gastil, Raymond(1971), "Homicide and the Regional Culture of Violence," *American Sociological Review* 36.

Gastil, Raymond(1975), "Comments," *Criminology* 16.

Geberth, Vernon J.(1995), "The Signature Aspect in Criminal Investigation," *Law and Order*, November.

Geberth, Vernon J.(1996), *Practical Homicide Investigation: Tactics, Procedures and Forensic Techniques*, Boca Raton: CRC Press.

Gebhard, Paul, John Gagnon, Wardell Pomeroy, & Cornelia Christenson(1965), *Sex Offenders: An Analysis of Types*, New York: Harper & Row.

Gene, Johnson(2003), "Green River Killer May Contribute Little to Serial Killer Studies," *Associated Press*, November 9.

Giannangelo, Stephen J.(1996), *The Psychopathology of Serial Murder*, London: Praeger.

Gilbert, James N.(2001), *Criminal Investigation*, 5th ed. Upper Saddle River, New Jersey: Prentice-Hall.

Gill, John(2004), "Missing Children: How Politics Helped Start the Scandal," FatherMag.com.

Godwin, Grove Maurice(2001a), "Reliability, Validity, and Utility of Extant Serial Murderer Classifications," *Criminal Psychology and Forensic Technology: A Collaborative Approach to Effective Profiling*, London: CRC Press.

Godwin, Grove Maurice(2001b), "Geographic Profiling," *Criminal Psychology and Forensic Technology: A Collaborative Approach to Effective Profiling*, London: CRC Press.

Godwin, Grove Maurice & David Canter(2001), "Encounter and Death: The Spatial Behavior of U.S. Serial Killer," *Criminal Psychology and Forensic Technology: A Collaborative Approach to Effective Profiling*, London: CRC Press.

Goldstein, Paul, Henry Brownstein, & Patrick Ryan(1992), "Drug-Related Homicide in New York: 1984-1988," *Crime and Delinquency* 38.

Goldstein, Paul, Patricia Bellucci, Barry Spunt, & Thomas Miller(1991), "Volume of Cocaine Use and Violence: A Comparison between Men and Women," *Journal of Drug Issues* 21.

Green, William (1988), *Rape*, Lexington, Mass.: Lexington Books.

Greene, Michael(1993), "Chronic Exposure to Violence and Poverty: Interventions That Work for Youth," *Crime and Delinquency* 39.

Greig, Charlotte, Paul Roland, Nathan Constantine & Jo Durden Smith(2007), *The World's*

Worst Criminals, London: Arcturus Publishing Ltd.

Groth, A. Nicholas & Jean Birnbaum(1979), *Men Who Rape*, New York: Plenum Press.

Harris, Keith(1996), "Crime and Region: Is the South Still Different?," Paper presented at the annual meeting of the American Society of Criminology, Chicago, November.

Hartman, Carol R., John E. Douglas, Robert K. Ressler, & Ann W. Burgess(2004), "Criminal Profiling from Crime Scene Analysis," *Profilers*, ed., John H. Campbell, & Don Denevi, Amherst, NY: Prometheus Books, 13-33.

Hawley, F. Frederick & Steven Messner(1989), "The Southern Violence Construct: A Review of Arguments, Evidence, and the Normative Context," *Justice Quarterly* 6.

Hazelwood, Robert R. & John E. Douglas(1980), "The lust murderer," *FBI Law Enforcement Bulletin* 49(4), 18-22.

Hazelwood, Robert R. & Janet Warren(1989), "The Serial Rapist: His Characteristics and Victims," *FBI Law Enforcement Bulletin*, January 18-25.

Hazelwood, Robert R., Ronald Reboussin, & Janet I. Warren(1989), "Serial Rape: Correlates of Increased Aggression and the Relationship of Offender Pleasure to Victim Resistance," *Journal of Interpersonal Violence* 4(1), March.

Hickey, Eric W.(1991), *Serial Marderes and Their Victims*, Pacific Grove, CA: Brooks/Cole.

Hickey, Eric W.(2002), *Serial Murderers and Their Victims*, 3rd ed., Belmont, Calif.: Wadsworth/Thomson Learning.

Holmes, Ronald M. & James DeBurger(1988), *Serial Murder*, 2nd ed., Newbury Park, Calif.: Sage.

Holmes, Ronald M. & Stephen T. Holmes(1996), *Profiling Violent Crimes: An Investigative Tool*, London: Sage Publications.

Holmes, Ronald M. & Stephen T. Holmes(1998), *Serial Murder*, 2nd ed., Newbury Park, CA: Sage Publications.

Holmes, Ronald M. & Stephen T. Holmes(2002), *Profiling Violent Crimes: An Investigative Tool*, 3rd ed., London: Sage Publications.

Holmes, Stephen T., Eric W. Hickey, & Ronald M. Holmes(1991), "Female Serial Murderesses: Constructing Differentiating Typologies," *Journal of Contemporary Criminal Justice* 7, 245-256.

Holtzworth-Muroe & Gregory Stuart(1994), "Typologies of Male Batterers: Three Subtypes and the Differences Among Them," *Psychological Bulletin* 116.

Homat, Robert J. & Daniel B. Kennedy(1998), "Psychological Aspects of Crime Scene Profiling: Validity Research," *Criminal Justice and Behavior* 25(3), September.

Innes, Brian(2003), *Profile of a Criminal Mind: How Psychological Profiling Helps Solve True Crimes*, Pleasantville, New York: The Reader's Digest Association, Inc.

Innes, Christopher(1988), *Profile of State Prison Inmates 1986*, Washington, D. C.: Bureau of

Justice Statistic.

Internet Crime Archives, "Killers on the Run," http://www.mayhem.net/Crime/killersatlarge.html.

Jackson, Janet L. & Debra A. Bekerian(2001), "Does Offender Profiling Have a Role to Play?," *Offender Profiling Theory, Research and Practice*, New York.: John Wiley and Sons.

James, Earl(1991), *Catching Serial Killers*, Lansing, MI: International Forensic Services.

Jenkins, Philip(1988), "Serial murder in England 1940-1985," *Journal of Criminal Justice* 16, 1-15.

Jenkins, Philip(1993), "African-Americans and Serial Homicide," *American Journal of Criminal Justice* 17(2).

Jenkins, Philip(1994), *Using Murder: The Social Construction of Serial Homicide*, New York: Aldine de Gruyter.

Joubert, Paul & Craig Forsyth(1988), "A Macro View of Two Decades of Violence in America," *American Journal of Criminal Justice* 13.

Kageyama, Yuri(1998), "Court Orders Japan to Pay Sex Slaves," *Boston Globe*, 28 April.

Keeney, B. T. & K. Heide(1994), "Gender Differences in Serial Murderers," *Journal of Interpersonal Violence* 9(3), September.

Kelleher, Michael & C. L. Kelleher(1998), *Murder Most Rare*, New York: Dell Books.

Keppel, Robert D. & William J. Birnes(1995), *The Riverman: Ted Bundy and I Hunt for the Green River Killer*, New York: Pocket Books.

Keppel, Robert D. & William J. Birnes(2003), *The Psychology of Serial Killer Investigations*, New York: Academic Press.

Keppel, Robert & R. Walter(1999), "Profiling Killers: A Revised Classification Model for Understanding Sexual Murder," *International Journal of Offender Therapy and Comparative Criminology* 43, 417-437.

Keppel, Robert D. & J. Weis(1994), "Time and Distance as Solvability Factors in Murder Cases," *Journal of Forensic Science* 39.

Knight, Raymond(1997), "Validation of a Typology of Rapists," *Sex Offender Research and Treatment: State-of-the-Art in North America and Europe*, eds., W. L. Marshall & J. Frenken, Beverly Hills, CA: Sage Publications.

Kocsis, Richard(2002), "Investigative Experience and Accuracy in Psychological Profiling of a Violent Crime," *Journal of Interpersonal Violence* 17(8), August.

Kocsis, Richard, Harvey Irwin, Andrew Hayes, & Ronald Nunn(2000), "Expertise in Psychological Profiling: A Comparative Assessment," *Journal of Interpersonal Violence* 15(3), March.

Kowalski, Gregory & Thomas Petee(1991), "Sunbelt Effects on Homicide Rates," *Sociology and Social Research* 76.

Lasseter, Don & Dana Holiday(1999), *Zodiac of Death*, New York: Berkley Books.

Lattimore, Pamela, Christy Visher, & Richard Linster(1995), "Predicting Rearrest for Violence among Serious Youthful Offenders," *Journal of Research in Crime and Delinquent* 32.

Le Beau, James L.(1986), "The Geographical Profiling of Serial and Non-serial Rape Offenders," Unpublished manuscript, Southern Illinois University, Carbondale, IL.

Le Beau, James L.(1987a), "The Methods and Measures of Centrography and the Spatial Dynamics of Rape," *Journal of Quantitative Criminology* 3.

Le Beau, James L.(1987b), "Patterns of Stranger and Serial Rape Offending Factors Distinguishing Apprehended and At-Large Offenders," *Journal of Criminal Law and Delinquency* 78.

Lemmon, John(1999), "How Child Maltreatment Affects Dimensions of Juvenile Delinquency in a Cohort of Low-Income Urban Youths," *Justice Quarterly* 16.

Levine, Ned(2002), "Crimestat: A Spatial Statistics Program for the Analysis of Crime Incident Locations(version2.0)," Ned Levine & Associates, Houston, TX, and the National Institute of Justice, Washington, DC, Retrieved from the National Archive of Criminal Justice Data website: www.icpsr.umich.edu/NACJD/crimestat.html

Lewis, Dorothy, Ernest Moy, Lori Jackson, Robert Aaronson, Nicholas Retifo, Susan Serra & Alexander Simos(1985), "Biopsychosocial Characteristics of Children Who Later Murder," *American Journal of Psychiatry* 142.

Lewis, Dorothy et al.(1988), "Neuropsychiatric, Psychoeducational, and Family Characteristics of 14 Juveniles Condemned to Death in the United States," *American Journal of Psychiatry* 145.

Loever, Rolf & Dale Hay(1997), "Key Issuses in the Development of Aggression and Violence from Childhood to Early Adulthood," *Annual Review of Psychology* 48.

Loftin, Colin & Robert Hill(1974), "Regional Subculture of Violence: An Examination of the Gastil-Hackney Thesis," *American Sociological Review* 39.

Luckenbill, David & Daniel Doyle(1989), "Structural Position and Violence: Developing a Cultural Explanation," *Criminology* 27.

MacCulloch, M. G., P. R. Snowden, P. J. Wood, & H. E. Mills(1983), "Sadistic Fantasy, Sadistic Behavior and Offending," *British Jounal of Psychiatry* 143, 20-29.

MacDonald, John M. & David L. Michud(1996), *Criminal Interrogation*.

MacDonald, John, Geoffrey Alpert, & Abraham Tennenbaum(1999), "Justifiable Homicide by Police and Criminal Homicide: A Research Note," *Journal of Crime and Justice* 22, 153-64.

MacPherson, Myra(1989), "The Roots of Evil," *Vanity Fair*, May.

Malamuth, Neil & John Briere(1986), "Sexual Violence in the Media: Indirect Effects on Aggression Against Women," *Journal of Social Issues* 42.

Marcus, Robert & Lewis Gray Jr.(1998), "Close Relationships of Violent and Nonviolent African American Delinquents," *Violence and Victimization* 13.

McGuire, Stryker(1996), "The Dnublane Effect," *Newsweek*, 28 October.

McIver, J. P.(1981), "Criminal Mobility: A Review of Empirical Studies," S. Hakim & G. F. Rengert(eds.), *Crime Spillover*, Beverly Hills: Sage Publications, 20-47.

McLaren, Angus(1993), *A Prescription for Murder: The Victorian Serial Killings of Dr. Thomas Neill Cream*, Chicago: University of Chicago Press.

Messner, Steven(1983), "Regional and Racial Effects on the Urban Homicide Rate: The Subculture of Violence Revisited," *American Journal of Sociology* 88.

Messner, Steven & Kenneth Tardiff(1986), "Economic Inequality and Levels of Homicide," *Criminology* 24.

Meyer, Thomas(1984), "Date Rape: A Serious Campus Problem That Few Talk About," *Chronicle of Higher Education* 29, 5 December.

Michaud, Stephen G. & Hugh Aynesworth(1983), *The Only Living Witness: A True Account of Homicidal Insanity*, New York: New American Library.

Moenssens, A., J. Starrs, C. Henderson, & F. Inbau(1995), *Scientific Evidence in Civil and Criminal Cases*, 4th ed., New York: Foundation Press.

Muller, Damon(2000), "Criminal Profiling: Real Science or Just Wishful Thinking?," *Homicide Studies* 4(3), August.

Neapolitan James L.(1999), "A Comparative Analysis of Nations with Low and High Levels of Violent Crime: Toward an Integrated Theory in Criminology," *Journal of Criminal Justice* 27(3), 259-274. May.

Newton, Michael(1992), *Serial Slaughter: What's Behind America's Murder Epidemic?*, Port Townsend, Washington.: Loompanics.

Newton, Michael(2000), *The Encyclopedia of Serial Killers*, New York: Facts on File.

Nichols, W.(1980), "Mental Maps, Social Characteristics, and Criminal Mobility," D. Georges-Abeyie & K. Harries(eds.), *Crime: A Spatial Perspective*, New York: Columbia University Press.

Orleans, P.(1973), "Differential Cognition of Urban Residents: Effects of Social Scales on Mapping," R. M. Downs & D. Stea(eds.), *Image and Environment*, Chicago, IL: Aldine.

O'Toole, Mary Ellen(2004), "Criminal Profiling: The FBI uses Criminal Investigative Analysis to Solve Crimes," *Profilers*, John H. Campbell & Don Denevi ed., Amherst, NY: Prometheus Books.

Ostenburg, James W. & Richard H. Ward(2000), *Criminal Investigation*, 3rd ed., Cincinnati, OH: Anderson Publishing Co.

Ousey, Graham(1999), "Homicide, Structural Factors and the Racial Invariance Assumption," *Criminology* 37, 405-425.

Palmiotto, Michael J.(2004), *Criminal Investigation*, 3rd ed., Dallas: University Press of America.

Paulsen, Derek J. & Matthew B. Robinson(2004), *Spatial Aspects of Crime: Theory and Practice*, Boston: Pearson.

Peak, Kenneth J.(2003), *Policing America: Methods, Issues, Challenges*, 4th ed., Upper Saddle River, New Jersey: Prentice-Hall.

Pettiway, L.(1995), "Coping Crack: The Travel Behavior of Crack Users," *Justice Quarterly* 12, 499-524.

Philips, P.(1980), "Characteristics and Typology of the Journey to Crime," D. E. Georges-Abeyie & K. D. Harries(eds.), *Crime: A Spatial Perspective*, New York: Columbia University Press.

Pinizzotto, A. J. & N. J. Finkel(1990), "Criminal Personality Profiling: An Outcome and Process Study," *Law and Human Behavior* 14, 215-234.

Porter, S., D. Fairweather, J., H. Drugge, A. R. Birt, & D. Boer(2000), "Profilers of Psychopathy in Incarcerated Sexual Offenders," *Criminal Justice and Behaviour* 27, 216-233.

Poythress, N., R. Otto, J. Darkes, & L. Starr(1993), "APA's Expert Panel in the Congressional Review of the USS Iowa Incident," *American Psychologist* 48, 8-15.

Prentky, R., A. Burgess, & D. Carter(1986), "Victim Responses by Rapist Type: An Empirical and Clinical Analysis," *Journal of Interpersonal Violence* 1.

Pyle, G. F.(1974), *The Spatial Dynamics of Crime*(Research Paper No. 159), Chicago: Department of Geography, University of Chicago Press.

Quinsey, V. L., M. E. Rice, & G. T. Harris(1995), "Actuarial Prediction of Sexual Recidivism," *Journal of Interpersonal Violence* 10, 85-105.

Quinsey, V. L. & D. Uphold(1985), "Rape Completion and Victim Injury as a Function of Female Resistance Strategy," *Canadian Journal of Behavioral Science* 17.

Rada, Richard ed.(1978), *Clinical Aspects of the Rapist*, New York: Grune & Stratton.

Raine, Adrian, Monte Buchsbaum, & Lori LaCasse(1997), "Brain Abnormalities in Murderers Indicated by Positron Emission Tomography," *Biological Psychology* 42.

Raine, Adrian, Patricia Brennan, & Sarnoff Mednick(1997), "Interaction between Birth Complications and Early Maternal Rejection in Predisposing Individuals to Adult Violence: Specificity to Serious, Early - Onset Violence," *American Journal of Psychiatry* 154.

Randall, Susan & Vicki McNickle Rose(1984), "Forcible Rape," *Major Forms of Crime*, ed., Robert Meyer, Beverly Hills: Sage Publications.

Reinhardt, J. M.(1957), *Sex Perversions and Sex Crimes: A Psychocultural Examination of the Causes, Nature and Criminal Manifestations of Sex Perversions*, Springfield, IL:

Charles C. Thomas.

Rengert, G.(1989), "Behavioral Geography and Criminal Behavior," D. Evans & D. Herbert(eds.), *The Geography of Crime*, New York: Routledge.

Rengert, G., A. Piquero, & P. Jones(1999), "Distance Decay Reexamined," *Criminology* 37(2), 427-445.

Rengert, G. & J. Wasilchick(1985), *Suburban Burglary: A Time and Place for Everything*, Springfield, IL: Charles C. Thomas.

Reppetto, T.(1974), *Residential Crime*, Cambridge, MA: Ballinger.

Ressler, Robert K. & Ann W. Burgess(1985), "The Men who Murder," *FBI Law Enforcement Bulletin*, 54(8), 2-6.

Ressler, Robert K., Ann W. Burgess, & John E. Douglas(1988), *Sexual Homicide: Patterns and Motives*, Lexington, MA: Lexington Books.

Ressler, Robert K., Ann W. Burgess, John E. Douglas, Carol R. Hartman, & Ralph B. D'Agostino(1986), "Sexual Killers and Their Victims: Identifying Patterns through Crime Scene Analysis," *Journal of Interpersonal Violence* 1(3), September.

Ressler, Robert K. et al.(2004a), "The Men Who Murdered," *Profilers*, ed., John H. Campbell & Don Denevi, Amherst, NY: Prometheus Books, 73-82.

Ressler, Robert, Ann W. Burgess, Carol Hartman, John E. Douglas, & Arlene McCormack(2004b), "Murderers Who Rape And Mutilate," *Profilers*, John H. Campbell & Don Denevi ed. Amherst, NY: Prometheus Books.

Ressler, Robert K., John E. Douglas, A. Nicholas Groth, Ann Wolbert Burgess(2004c), "Offender Profiles: A Multidisciplinary Approach," *Profilers*, John H. Campbell & Don Denevi(eds.), Amherst, NY: Prometheus Books, 35-40.

Ressler, Robert K. John E. Douglas, A. Nicholas Groth, & Carol R. Hartman(2004), Offender Profiles: A Multidisciplinary Approach, *Profilers*, John H. Campbell & Don Denevi(eds.), Amherst, NY: Prometheus Books.

Ressler, Robert. K. & T. Shachtman(1992), *Whoever Fights Monsters*, London: Pocket Books.

Richards, H., J. Casey, & S. Lucente(2003), "Psychopathy and Treatment Response to Incarcerated Female Substance Abusers," *Criminal Justice and Behavior* 30, 251-276.

Rhodes, W. M. & M. C. Conly(1991), "Crime and Mobility: an Empirical Study," *Environmental Criminology*, P. J. Brantingham & P. L. Brantingham(eds.), California: Sage Publications.

Riedel, Mark(1998), "Counting Stranger Homicides," *Homicide Studies* 2(2), May.

Robinson, M.(2002), *Justice Blind? Ideals and Realities of American Criminal Justice*, Upper Saddle River, NJ: Prentice-Hall.

Roh, Sung-Hoon(2004), "Where are you guys going?: Geographic Profiling of Five Traveling Serial Killers," The 5th AAPS Annual Conference Proceedings.

Rossmo, Kim(1997), "Geographic Profiling," J. L. Jackson, & D. A. Bekerian(eds.), *Offender Profiling: Theory, Research and Practice*, Chichester: John Wiley and Sons, 159-175.

Rossmo, Kim(2000), *Geographic Profiling*, New York: CRC Press.

Rossmo, Kim(2001), "Geographic Profiling," *Offender Profiling: Theory, Research and Practice*, Janet L. Jackson & Debra A. Bekerian(eds.), New York: John Wiley and Sons.

Russell, Diana(1975), *The Politics of Rape*, New York: Stein and Day.

Russell, Diana(1985), *Sexual Exploitation*, Beverly Hills: Sage Pubications.

Russell, Diana(1991), "Wife Rape," *Acquaintance Rape: The Hidden Crime*. A. Parrot & L. Bechhofer(eds.), New York: John Wiley and Sons.

Safarik, Mark(1999), "Profiling: The Use of Behavioral Assessments in the Analysis of Violent Crimes," The Varieties of Homicide and It's Research Proceedings of the 1999 Meeting of the Homicide Research Working Group FBI Academy, Quantico, Virginia, Edited by Paul H. Blackman et al.

Saltzman, Linda, James Mercy, Patrick O'Carroll, Mark Rosenberg, & Philip Rhodes(1992), "Weapon Involvement and Injury Outcomes in Family and Intimate Assaults," *Journal of the American Medical Association* 267.

Sampson, Robert & William Julius Wilson(1995), "Toward a Theory of Race, Crime and Urban Inequality," *Crime and Inequality*, John Hagan & Ruth Peterson Stanford(eds.), CA: Stanford University Press.

Sarason, Irwin G. & Barbara R. Sarason(2002), *Abnormal Psychology: The Problem of Maladaptive Behavior*, 10th ed., Upper Saddle River, NJ: Pearson Education, Inc.

Schechter, Harold(2003), *The Serial Killer Files*, New York: Ballantine Books.

Schwartz, Martin(1991), "Humanist Sociology and Date Rape on the College Campus," *Humanity and Society* 15.

Scudder, Robert, William Blount, Kathleen Heide, & Ira Silverman(1993), "Important Links between Child Abuse, Neglect, and Delinquency," *International Journal of Offender Therapy* 37.

Selkin, James(1994), "Psychological Autopsy: Scientific Psychohistory or Clinical Intuition?," *American Psychologist*, 49(1), 74-75.

Seltzer, Mark(1998), *Serial Killers: Death and Life in America's Wound Culture*, New York: Routlege.

Serin, R. C. & N. L. Amos(1995), "The Role of Psychopathy in the Assessment of Dangerousness," *International Journal of Law & Psychiatry* 18, 231-238.

Sheley, Joseph & James Wright(1993), *Gen Acquisition and Possession in Selected Juvenile Samples*, Washington, D.C.: National Institute of Justice.

Shook, Lyle L.(1990), *Investigation of Variant Sex Styles*, Montgomery, Ala.: Auburn University at Montgomery.

Shotland, R. Lance(1989), "A Model of the Causes of Date Rape in Developing and Close Relationships," *Close Relationships*, C. Hendrick(ed.), Newbury Park, CA: Sage Pubications.

Siegel, Larry, J.(2001), *Criminology: Theories, Patterns, and Typologies*, 7th ed., Belmont, CA: Wadsworth/Thomson Learnings.

Simons, Marlise(1998), "Bosnian Serb Pleads Guilty to Rape Charge Before War Crimes Tribunal," *New York Times*, 10 March.

Skeem, J. L., J. F. Edens, & L. H. Colwell(2003), "Are There Racial Differences in Level of Psychopathy? A Meta-analysis," Paper presented at the 3rd annual conference of the International Association of Forensic Mental Health Service, Miami, FL, April.

Smith, M. Dwayne & Victoria Brewer(1992), "A Sex-Specific Analysis of Correlates of Homicide Victimization in United States Cities," *Violence and Victims* 7.

Sperry, Paul(2002), "Cops 'Wasted Time' Hunting White Guy," http://worldnetdaily.com/news/ article.asp?ARTICLE_10=29422 October 25.

Straus, Murray(1991), "Discipline and Deviance: Physucal Punishment of Children and Violence and Other Crime in Adulthood," *Social Problems* 38.

Teten, Howard(1995), "Offender Profiling," *The Encyclopedia of Police Science*. W. Bailey (ed.), NY: Garland. http://faculty.ncwc.edu/toconnor/401/401lect01.htm.

Turver, Brent E.(1997), *CP101: An Introduction to Criminal Profiling*, Course notes.

Turvey, Brent E.(1999), *Criminal Profiling: An Introduction to Behavioural Evidence Analysis*, London: Academic Press.

Turvey, Brent E. & M. S. January(1998), "Deductive Criminal Profiling: Comparing Applied Methodologies between Inductive and Deductive Criminal Profiling Techniques."

Tyler, Kimberly, Danny Hoyt, & Les Whitbeck(1998), "Coercive Sexual Strategies." *Violence and Victims* 13.

Ullman, Sarah(1999), "A Comparison of Gang and Individual Rape Incidents," *Violence and Victimization*, 14, 123-134.

U.S. Department of Justice(1996), *Crime in the United States, Press Release*, Washington, D.C.: FBI National Press Office, October 13.

Van Koppen, P. & J. de Keijser(1997). "Desisting Distance Decay: On the Aggregation of Individual Crime Trips," *Criminology* 35(3), 505-515.

Vaughn, Michael(1999), "Police Sexual Violence: Civil Liability Under State Tort Law," *Crime and Delinquency* 45: 334-57.

Vistica, Gregory(1996), "Rape in the Ranks," *Newsweek*, 25 November.

Vronsky, Peter(2004), *Serial Killers: The Method and Madness of Monsters*, New York: Berkley Books.

Wade, Carole, Carol Travis, Deborah Saucier, & Lorin Deborah(2006), *Psychology*, 2nd ed., Upper Saddle River, NJ: Perason Prentice-Hall.

Warr, Mark(1998), "Rape, Burglary and Opportunity," *Journal of Quantitative Criminology* 4.

Warren, Janet I., R. Reboussin, & R. R. Hazelwood(1995), *The Geographic and Temporal Sequencing of Serial Rape*(Federal Bureau of Investigation), Washington, DC: U.S. Government Printing Office.

Warren, Janet, Roland Reboussin, Robert Hazlewood, Natalie Gibbs, Susan Trumbetta, & Andrea Cummings(1998), "Crime Scene Analysis and the Escalation of Violence in Serial Rape," *Forensic Science International.*

Wesheit, R. A.(1984), "Female Homicide Offenders: Trends over Time in an Institutionalized Population," *Justice Quarterly* 1(4).

Weston, Paul D., Charles Lushbaugh, & Kenneth Wells(2000). *Criminal Investigation: Basic Perspectives*, 8th ed., Uppers Saddle River, NJ: Prentice-Hall.

White, R. C.(1932), "The Relation of Felonies to Environmental Factors in Indianapolis," *Social Forces* 10.

Williams, Kirk & Robert Flewelling(1988), "The Social Production of Criminal Homicide: A Comparative Study of Disaggregated Rates in American Cities," *American Sociological Review* 53.

Wilson, Lincoln & Richard Kocsis(1997), "Validity, Utility and Ethics of Profiling for Serial Violent and Sexual Offeders," *Journal of Psychiatry, Psychology and Law* 4.

Witkins, Gordon(1990), "Did the FBI Ignore the 'Tafoya Profile'?," *U.S. News & World Report*, November 17.

Wolfgang, Marvin & Franco Ferracuti(1967), *The Subculture of Violence*, London: Tavistock.

Wormer, Katherine & Chuk Odiah(1999), "The Psychology of Suicide-Murder and the Death Penality," *Journal of Criminal Justice* 27.

Wyden, Peter(1963), *The Hired Killers*, New York: Bantam Books.

찾아보기

ㄱ

ㄴ

ㄷ

ㄹ

ㅂ

ㅅ

ㅇ

저자 소개

임준태(林俊泰, Lim, Joon-Tae)

서울 보성고등학교 졸업
국립경찰대학 법학과 졸업(5기)
연세대학교 행정대학원(사법행정 전공)
독일 프라이부르크 법과대학 법학박사(Dr. jur. Polizeiwissenschaft u. Kriminologie)
연세대학교 대학원 법학박사(형사법 전공)

[경 력]
현) 동국대학교 경찰행정학과 교수
연세대·고려대 법무대학원 및 행정대학원 외래교수
경희대 법과대학 겸임교수
국무총리실 정책평가위원회 전문위원
한국경찰발전연구학회 회장
치안정책연구소 연구관 및 연구위원
아시아경찰학회(AAPS) 이사(Committee Member)
한국형사정책학회 이사
한국공안행정학회 이사
국회입법고시, 행정고시 및 5급 승진시험 출제위원
경찰청 『경찰 60년사』 집필위원
삼성화재 보험범죄방지자문위원
수사전문화과정 수료(한국)

-Forensic Behavioral Science, Crime Scene Investigation Geographic Profiling in BCIT, Canada
-Sam Houston Univ. at Texas in USA Visiting Scholar
-School of Criminology at Simon Fraser Univ. in Canada Visiting Scholar
-Max-Planck Institute for Public and International Law at Heidelberg In Germany Visiting Scholar
-Justice Institute of British Columbia in Canada Visiting Scholar

[저 · 역서]
-법과학과 범죄수사, 21세기사, 2007
-독일 형사사법론, 21세기사, 2007
-비교수사제도론(공저), 진영사, 2007
-비교경찰제도론(공저), 법문사, 2007
-경찰행정학(공저), 이퍼블릭(법문사), 2005
-경찰학개론(공저), 이퍼블릭(법문사), 2005
-탐정학개론(공역), 좋은 세상, 2003
-범죄예방론, 좋은 세상, 2003
-범죄통제론, 좋은 세상, 2001

[연구 논문]
-강력범죄에서의 범인상 추정기법(Criminal Profiling) 도입에 관한 연구
-연쇄살인사건의 공간적 특성분석에 관한 연구
-지리학적 프로파일 기법을 이용한 연쇄강력범죄 수사
-과학수사 기반 구축을 위한 법과학교육 활성화 방안
-지리학적 프로파일링을 통한 연쇄살인사건 분석
-독일 경찰제도와 수사구조에 관한 연구
-동서독 통일 후 동독 경찰의 민주화 과정
-효율적 범죄대책을 위한 바람직한 검찰-경찰 관계 구상
-독일 민간경비산업의 현황 및 과제
-뉴욕 경찰의 범죄통제 전략에 관한 고찰
-캐나다 경찰에 관한 연구
-각국의 유치장 운영 실태 및 개선 방안
-각국 경찰의 수사비 책정에 관한 연구
-집회시위시 발생하는 소음의 합리적 규제 기준에 관한 연구

-21세기 미래지향적 교통경찰 조직에 관한 연구
-한국 경호경찰의 발전 방안에 관한 연구
-한국 정보기관의 발전 방향에 관한 연구
-선진 외국 경찰의 치안활동 사례 및 적용 방안
-파출소 제도 개선과 순찰근무 효과성 강화 방안 연구
-The 12th International Society of Criminology, "Crime Reporting Behaviour in Korea and Germany: A Comparative Study in German and Korean Police"
-DAAD Seminar 2003 in Seoul, "The Role of Private Security for the Internal Security"
-The 4th AAPS Annual Conference Dec. 2003 in Seoul, "Comparative Study on Security Guard Training Program between Korea and Germany"
-The 14th International Society of Criminology, "Better Policing in Crime Prevention through the Police Training: A Comparative Study on Training Programs among Different Countries"
-The 14th International Environmental Criminology and Crime Analysis(ECCA) Symposium July 25-28, 2006, Vancouver, Canada
-The European Society of Criminology 2006 Conference Aug. 26-29, Tübingen, Germany
-The 15th International Society of Criminology

프로파일링

펴낸날 / 제1판 제1쇄 2009년 1월 20일
지은이 / 임준태
펴낸이 / 임춘환
펴낸곳 / 도서출판 대영문화사
주소 / 서울 용산구 청파동 1가 178-2 ㊄ 140-869
등록 / 1975년 12월 26일 제3-16호
전화 / (02)716-3883, (02)714-3062
팩시밀리 / (02)703-3839
우체국 온라인 / 011353-02-009106

© 임준태, 2009

ISBN 978-89-7644-291-8

[값 39,000원]

* 잘못된 책은 바꾸어 드립니다.
* 이 책의 내용은 저작권법의 보호를 받습니다.